Corsini (Hrsg.)
Handbuch der Psychotherapie

Raymond J. Corsini (Hrsg.)

Handbuch der Psychotherapie

Herausgeber und Bearbeiter
der deutschen Ausgabe: Gerd Wenninger

Zweiter Band: N–Z

Beltz Verlag · Weinheim und Basel 1983

Die Originalausgabe erschien unter dem Titel
„Handbook of Innovative Psychotherapies"
© 1981 by John Wiley & Sons, Inc., New York.
All rights reserved.
Übersetzt aus dem Englischen von:
Hannelore von Gemmingen, Astrid Gessert, Sylvia Höfer, Ingrid Koch-Dubbers, Barbara Lorey, Margret Schmitz, Jürgen Schneeweiß und Gerd Wenninger.

CIP-Kurztitelaufnahme der Deutschen Bibliothek

Handbuch der Psychotherapie / Raymond J. Corsini
(Hrsg.). Hrsg. u. Bearb. d. dt. Ausg.: Gerd Wenninger.
[Übers. aus d. Engl. von: Hannelore von Gemmingen...].
– Weinheim ; Basel : Beltz
  Einheitssacht.: Handbook of innovative psycho-
  therapies ⟨dt.⟩
  ISBN 3-407-83057-2

NE: Corsini, Raymond J. [Hrsg.]; Wenninger, Gerd
[Bearb.]; EST

Bd. 2. N–Z. – 1983.

Alle Rechte, insbesondere das Recht der Vervielfältigung und Verbreitung sowie der Übersetzung, vorbehalten. Kein Teil des Werkes darf in irgendeiner Form (durch Photokopie, Mikrofilm oder ein anderes Verfahren) ohne schriftliche Genehmigung des Verlages reproduziert oder unter Verwendung elektronischer Systeme verarbeitet, vervielfältigt oder verbreitet werden.

© 1983 Beltz Verlag · Weinheim und Basel
Gesamtherstellung: Beltz, Offsetdruck, 6944 Hemsbach über Weinheim
Umschlaggestaltung: E. Warminski, Frankfurt/Main
Printed in Germany

ISBN 3 407 83057 2

Inhaltsverzeichnis zum zweiten Band

Naikan-Therapie *David K. Reynolds*	769
Neubewertendes Counseling *George Lockwood*	782
New-Identity-Prozeß *Daniel M. Casriel*	802
Nichtdirektive Psychoanalyse *J. H. Paul*	824
Orgontherapie *Elsworth F. Baker und Arthur Nelson*	845
Personal-Construct-Therapie *Franz R. Epting und Patricia A. Boger*	864
PLISSIT-Modell *Jack S. Annon*	880
Poesietherapie *Arthur Lerner*	901
Primärbeziehungstherapie *Genevieve Painter und Sally Vernon*	916
Primärtherapie *Robert F. A. Schaef, Dennis O. Kirkman und Barbara Ungashick*	936
Provokative Therapie *Frank Farrelly und Scott Matthews*	956
Psychoanalyse *S. O. Hoffmann*	978
Psychodrama *Grete Anna Leutz und Ernst Engelke*	1008
Psychoimaginationstherapie *Joseph E. Shorr*	1032
Psychosynthese *Martha Crampton*	1052
Radikale Psychiatrie *Claude Steiner*	1074
Radix-Gefühlserziehung *Elaine Warburton*	1090
Rational-emotive-Therapie *Bernd H. Keßler*	1105
Rebirthing *Eve Jones*	1127
Recall-Therapie *Norman I. Kagan und Richard McQuellon*	1148
Selbstsicherheitstraining *Andrew Salter*	1169
Sexualtherapie *Dianne Gerard*	1187
Social-Influence-Therapie *John S. Gillis*	1205
Streßmanagement *Harry A. Olson und Joan Roberts*	1220
Strukturierte Lerntherapie *Robert P. Sprafkin, N. Jane Gershaw und Arnold P. Goldstein*	1236
Tanztherapie *Diane Duggan*	1256
Themenzentrierte Interaktion *Paul Matzdorf und Ruth C. Cohn*	1272
Transaktions-Analyse *Ute Hagehülsmann und Heinrich Hagehülsmann*	1315
Transzendenztherapie *Adrian von Kaam*	1357
Triadisches Counseling *Paul B. Pedersen*	1382
Verbale Verhaltenstherapie *Hugh A. Storrow*	1402
Verhaltenstherapie *Eva Jaeggi*	1418
Vierundzwanzig-Stunden-Therapie *Eugene E. Landy und Arnold E. Dahlke*	1428
Z-Prozeß-Beziehungstherapie *Robert W. Zaslow*	1450
Ausgewählte deutschsprachige Literatur	1475
Sachregister	1478
Autorenregister	1487
Verzeichnis der Autoren dieses Handbuchs	1497
Verzeichnis der Übersetzer	1501

Inhaltsverzeichnis zum ersten Band

Inhaltsverzeichnis zum zweiten Band	VII
Vorwort der amerikanischen Ausgabe	IX
Vorwort zur deutschen Ausgabe	XI
Aktualisierungstherapie *Everett L. Shostrom und Dan Montgomery*	1
Aqua-Energetik *Paul Bindrim*	23
Autogenes Training *Heide F. Brenneke*	52
Bioenergetik *Wolf Büntig*	66
Biofeedback *Albert G. Forgione und Reed Holmberg*	111
Direkte Psychoanalyse *John N. Rosen*	132
Eidetische Psychotherapie *Anees A. Sheikh und Charles S. Jordan*	146
Entspannungsprogramm *Alan C. Turin und Stephanie N. Lynch*	166
Ermutigungstherapie *Lew Losoncy*	177
Feministische Therapie *Laura S. Brown und Nechama Liss-Levinson*	195
Fixed-Role-Therapie *Jack R. Adams-Webber*	216
Focusing *James R. Iberg*	231
Funktionale Psychotherapie *Joseph T. Hart, Richard J. Corriere und Werner Karle*	259
Gestalttherapie *Lotte Hartmann-Kottek-Schroeder*	281
Holistische Erziehung *Will Schutz*	321
Hypnotherapie *Burkhard Peter*	336
Impasse-Priority-Therapy *Nira Kefir*	368
Individualpsychologie *Ulrich Seidel*	390
Integrative Therapie *Walter J. Urban*	414
Integritätsgruppen *Anthony J. Vattano*	434
Katathymes Bilderleben *Hanscarl Leuner*	451
Klientenzentrierte Psychotherapie *Carl R. Rogers*	471
Körpertherapie *Barry Green*	513
Kognitive Verhaltenstherapie *John P. Foreyt und G. Ken Goodrick*	529
Konfrontative Therapie *Raymond J. Corsini*	555
Kreative Aggression *George R. Bach*	571
Krisenmanagement *James L. Greenstone und Sharon B. Leviton*	587
Kunsttherapie *Myra Levick*	601
Kurztherapie *Lynn Segal*	620
Mainstreaming *Werner M. Mendel und Sophie Goren*	638
Meditation *Roger N. Walsh*	652
Morita-Therapie *David K. Reynolds*	679
Multimodale Therapie *Arnold A. Lazarus, Charles B. Kreitzberg und Valerie J. Sasserath*	697
Multiple Familientherapie *John W. Raasoch*	716
Musiktherapie *Volker Bolay*	729
Mutual-Need-Therapie *Jesse Lair*	755

Naikan-Therapie

David K. Reynolds

Naikan-Therapie erinnert mich sehr stark an die Auffassungen der katholischen Kirche über die Sünde, wie sie mir vor ungefähr 50 Jahren nahegebracht worden waren, als ich eine Konfessionsschule besuchte. Es handelt sich um einen moralistischen, philosophischen *Standpunkt, der wiederum sehr der Theorie von O. Hobart Mowrer ähnelt, die in Anthony Vattanos Kapitel über* Integritätsgruppen *zusammengefaßt wird. Nach traditioneller katholischer Lehre soll man vor dem Einschlafen die Ereignisse des Tages überdenken, man soll überlegen, was man richtig und was man falsch gemacht hat, man soll seine Fehler echt bereuen und dankbar für das sein, was einem gegeben worden ist, man soll für Führung, Einsicht und die Kraft, ein tugendhaftes Leben zu führen, beten – und man soll sich überlegen, wie man irgendwelchen Schaden, den man angerichtet hat, wiedergutmachen kann. Im katholischen Denken und Glauben wird das im allgemeinen als* Gewissensprüfung *bezeichnet.*

So, wie ich sie verstehe, besteht darin die wesentliche Botschaft der Naikan-Therapie. Man beachte, daß der Therapeut in diesem asiatischen Verfahren eine wirklich nichtdirektive Rolle *einnimmt. Diese Therapie ist echte* Selbsttherapie, *wie sie von Sigmund Freud praktiziert wurde, über die Karen Horney geschrieben hat und von der Theodore Reik behauptete, sie sei die beste aller Therapieformen. Dieses Kapitel hat viele wichtige Implikationen für die Zukunft der Psychotherapie, und sein Gegenstand sollte nicht als ein fremder Ansatz betrachtet werden; vielmehr verlangt es eine sehr genaue Analyse. David Reynolds präsentiert einen äußerst überzeugenden Standpunkt, und man bedenke, daß es sich bei der Naikan-Therapie um einen neu erschlossenen Ansatz auf dem Gebiet der Psychotherapie handelt.*

Naikan-Therapie (jap.: „Naikan" = Selbstreflexion, Selbstbeobachtung, „Innenschau") ist eine *meditative* Behandlungsform, die in Japan von Isshin Yoshimoto, einem Laienpriester und ehemaligen Geschäftsmann aus dem Jodo Shinshu-Buddhismus, entwickelt worden ist. Der Naikan-Klient entwickelt durch *Selbstreflexion* über seine Vergangenheit, für die er eine Anleitung erhält, ein Verständnis dafür, wie viel andere Menschen für ihn getan haben, wie wenig er ihnen zurückgegeben hat und wie viel Kummer und Sorgen er den ihm bedeutsamen Menschen in seinem Leben bereitet hat. Die Therapie zielt explizit darauf ab, existentielles *Schuldbewußtsein* zu erzeugen und gleichzeitig das Empfinden zu wecken, daß man trotz seiner Unzulänglichkeiten geliebt und umsorgt worden ist. Diese vorbereitenden Einsichten erzeugen den *Wunsch zur Selbstaufopferung* im Dienste anderer, um sein „soziales Konto" wieder auszugleichen. Im Laufe des therapeutischen Prozesses nehmen übermäßige Selbstbezogenheit und das Fokussieren von Symptomen ab.

Geschichte

Naikan-Therapie entstand aus „mishirabe", der religiösen Praxis einer Subsekte von Jodo-Shinshu-*Buddhismus*-Priestern. Diese Priester zogen sich in Höhlen oder an andere isolierte Orte zurück und meditierten für lange Zeitperioden über die Äußerungen der Liebe Buddhas in ihrem Leben, um erleuchtet zu werden. In ihrem Bemühen, geistige Einsicht zu gewinnen, gaben sie die Annehmlichkeiten des Lebens auf und entsagten Speise, Trank und Schlaf. Nach einigen anfänglichen Mißerfolgen erzielte Isshin Yoshimoto auf diese Weise „satori" („Erleuchtung"). Er entschloß sich, aus der „mishirabe"-Praxis eine Methode der *Charakterbildung für Laien* zu machen. Er gab dem Meditationsprozeß Struktur, indem er drei Themen einführte, nämlich

1. Was habe ich von anderen empfangen?
2. Was habe ich ihnen zurückgegeben? und
3. Welchen Kummer habe ich ihnen bereitet?

Er schaffte die asketischen Elemente des Fastens und Wachens ab. Schließlich vereinfachte er die Isolationsbestimmungen und entwickelte ein Verfahren zur häufigen Kontrolle der Fortschritte des Klienten bei seiner Selbstreflektion.

Nachdem Yoshimoto durch die Erträge seines Kunststoffunternehmens wohlhabend geworden war, gab er zu Beginn der fünfziger Jahre die Leitung seiner Firma ab und widmete sich völlig der Naikan-Therapie. Die ersten Erfolge mit Naikan-Therapie wurden im japanischen *Strafvollzugssystem* erzielt. Naikan wurde in *Erziehungszentren für Jugendliche* im Rahmen von Rehabilitationsprogrammen für Soziopathen und Suchtkranke und in Strafanstalten für erwachsene Straftäter eingesetzt (Kitsuse, 1965). Die Rückfallraten von Strafgefangenen, die Naikan praktiziert hatten, waren signifikant geringer als die von Strafgefangenen ohne diese Praxis. Die Behandlung gedieh eine Weile, bis ihre Verwendung in den Strafanstalten des Landes infolge politischen Druckes starke Einschränkungen erfuhr.

Während der gleichen Zeit stieg die Zahl privater Klienten, die im Naikan-Zentrum in Nara* behandelt wurden, auf über 30 pro Woche. Diese Klienten kamen zur Behandlung wegen familiärer Probleme, Schwierigkeiten bei der Arbeit, unglücklicher Liebesbeziehungen, psychophysiologischer Beschwerden und einer Vielzahl neurotischer Symptome. Andere wollten ihren Charakter stärken oder eine praktische Methode zur Entwicklung ihres geistigen Selbst finden.

In der Mitte der siebziger Jahre wurden weitere Naikan-Zentren eröffnet. Im Jahre 1979 existierten über 15 private Naikan-Einrichtungen. Einige waren auf Strenggläubige des Shinshu-Buddhismus oder anderer Religionen eingestellt, einige stellten psychiatrische Einrichtungen dar, die intensive Programme zur Rehabilitation von *Alkoholikern* durchführten, wieder andere benutzten Naikan in Verbindung mit *Hypnose* (Ishida, 1969), *Autogenem Training* und anderen *meditativen* Techniken (Reynolds, o. J.).

Seit den sechziger Jahren wird Naikan in zwei anderen Bereichen praktiziert, in der *Geschäftswelt* und in *Schulen*. Ein Zentrum in Tokio bietet spezielle

---
* Eine sehr alte Kaiserstadt in Japan mit buddhistischer Tradition.

Programme für Geschäftsleute an. Viele japanische Unternehmen lassen ihre Angestellten, besonders, wenn sie neu sind, an speziellen Kursen zur Charakterbildung teilnehmen (Rohlen, 1976). Einige Unternehmen (darunter auch Krankenhäuser) benutzen Naikan als Teil dieser „seishin kyoiku"-Trainingsprogramme und übernehmen die Gebühren und Reisespesen für ihre Angestellten. In Schulen haben einzelne Lehrer zum Praktizieren von Naikan im Klassenzimmer und auch bei Sportteams angeregt. Jedoch haben die Ähnlichkeit von Naikan mit religiösen Praktiken und seine nicht unmittelbar offensichtliche Relevanz für das Bestehen von Aufnahmeprüfungen für Colleges eine größere Verbreitung in öffentlichen Bildungsinstitutionen Japans verhindert.

Nur sehr wenige westliche Personen haben eine intensive Naikan-Woche in Japan mitgemacht; vielleicht zehn Forscher und Kliniker haben dem Nara-Zentrum kurze Besuche abgestattet, um Beobachtungen zu machen. Die Zahl der Neurotiker, die im Westen mit Naikan behandelt worden ist, ist sogar noch geringer. Im Prinzip ist dieses Therapieverfahren in den Vereinigten Staaten unerprobt. Kürzlich eingeführte Neuerungen in dieser Technik könnten Naikan jedoch zu einem vielversprechenderen „Kandidaten" für ernsthafte Versuche im Westen machen.

Die japanische Literatur über Naikan ist nicht so umfangreich wie die über *Morita-Therapie*. Es existieren jedoch viele Fallgeschichten, und es sind Tonbandaufnahmen und Transkripte von Naikan-Gesprächen unmittelbar verfügbar. Während der letzten Jahre hat man sich vereint bemüht, den Wirkungskreis von Naikan auszuweiten und diesem Verfahren in der akademischen Psychologie und in medizinischen Kreisen zu größerem Ansehen zu verhelfen (Murase/Johnson, 1973). Es wurde mit sorgfältiger, wissenschaftlicher Forschung begonnen, und im Jahre 1978 wurde eine nationale Organisation von Therapeuten, Forschern und ehemaligen Klienten gegründet. Zu jährlichen Treffen kamen an die 150 Mitglieder aus allen Gegenden Japans zusammen, von Hokkaido im Norden bis Kagoshima im Süden. Das Herz der Naikan-Bewegung befindet sich aber immer noch im historisch bedeutsamen Kansai-Gebiet in Mitteljapan.

Es gibt nur wenige englischsprachige Arbeiten, die sich mit Naikan beschäftigen (siehe Literaturhinweise). Das erste englischsprachige Manuskript von Buchformat über diesen Gegenstand wurde jetzt zur Veröffentlichung eingereicht (Reynolds, o.J.), und es sind englische Übersetzungen japanischer Schriften in Arbeit.

Gegenwärtiger Stand

Etwa 2000 Klienten nehmen jedes Jahr an intensiver Naikan-Therapie teil. Einige praktizieren Naikan zu Hause weiter, aber viele von ihnen wiederholen sie in der intensiven Form ein zweites oder drittes Mal.

Da Naikan innerhalb kurzer Zeit starke Wirkung hat, wird es in der letzten Zeit immer häufiger in japanischen *Strafanstalten* benutzt, besonders in *Rehabilitationszentren für Jugendliche*. Wie in den Vereinigten Staaten herrscht auch in Japan eine Tendenz, Straftätern kürzere Strafen aufzuerlegen. Aufgrund von Nachuntersuchungen, die über einen Zeitraum von zwei Jahren durchgeführt wurden und Heilungs- und Besserungsraten von 60 Prozent erbrachten, ist das

Interesse an Naikan als Behandlungsmethode für *Alkoholismus* stark am wachsen. Verschiedene psychiatrische Kliniken benutzen Naikan regelmäßig im Rahmen umfassender Rehabilitationsprogramme.

Das Herz von Naikan bleibt in Japan am Naikan Kenshu Jo, dem Naikan-Ausbildungszentrum in Nara, wo Yoshimoto praktiziert. Zwar existiert eine nationale Organisation mit Geschäftssitz in Tokio und Mitgliedern in ganz Japan, ihre Funktion besteht jedoch hauptsächlich darin, die jährlichen Zusammenkünfte zu koordinieren, Forschung zu fördern und die *Naikan-Zeitschrift* zu vertreiben.

Naikan wird von Ärzten, Psychologen, Priestern, Pädagogen, Krankenpflegern und Laien praktiziert. Zur Ausbildung eines Naikan-Therapeuten gehört eine Woche intensives Naikan an einem der japanischen Zentren, am besten an dem in Nara. Während dieser Woche erhält der angehende Therapeut Gelegenheit, den ausbildenden Therapeuten bei den Visiten seiner Klienten zu begleiten und dann die Visiten alleine zu machen. Die Gebühren für Dolmetscher, Zimmer, Verpflegung und therapeutische Erfahrung betragen etwa $ 250 für eine Woche. Gegenwärtig bin ich der einzige amerikanische Therapeut mit einer qualifizierten Ausbildung in Naikan.

Theorie

Naikan zufolge lernen wir von frühester Kindheit an, andere Menschen für unsere eigenen Ziele zu benutzen. Jeden Tag nehmen wir auf zahllose Weise von anderen Menschen, ohne ihre Beiträge für unser Leben genügend zu schätzen oder Gegendienste zu leisten (Murase, 1974). Wir ignorieren oder rationalisieren diese Selbstsucht, da wir uns vor Schuldgefühlen und Selbstbezichtigungen fürchten, wenn wir uns prüfend betrachten. Dieser zur Aufrechterhaltung eines positiven Selbstbildes notwendige *Verzerrungsprozeß* erfordert Energie und eine verdrehte Lebensperspektive. Die Naikan-Technik ist so konzipiert, daß sie den Klienten zwingt, sich vielleicht zum ersten Mal in seinem Leben mit nüchternen, strengen Blicken zu betrachten. Er wird instruiert, *gegen sich selber Klage zu erheben,* wie es ein Ankläger vor Gericht tun würde (Takeuchi, 1965). Das Ergebnis dieser scheinbar harten Taktik ist jedoch recht überraschend. Mit den Tränen des Schmerzes und der Reue kommt die Erkenntnis, daß wir von anderen geliebt und umsorgt worden sind, obwohl wir deren Aufmerksamkeit als selbstverständlich hingenommen, verletzt und ausgenutzt haben. Der ehrlichen Musterung der schlechten Seiten der eigenen Person folgt tiefste Erleichterung. Der Mythos des Individualismus und der durch eigene Kraft gewordenen Person wird zerstört (Reynolds, 1977). Die natürlichen Folgen dieser *kathartischen Einsicht* sind tiefe Dankbarkeit und der Wunsch, sein „soziales Konto" wieder auszugleichen, indem man sich in den Dienst anderer stellt.

Das erste Modell des gebenden, bedeutsamen anderen Menschen ist die *Mutter.* Welche Fehler unsere Mutter (oder eine die Mutter ersetzende Person) auch gehabt haben mag, sie hat uns zur Welt gebracht, und durch ihre Bemühungen sind wir während der Jahre hilfloser Abhängigkeit, als wir unfähig und/oder uninteressiert waren, ihre Dienste in gleichem Maße zu erwidern, am Leben geblieben. Man beginnt mit Naikan-Reflexionen über die eigene Mutter.

Dem westlichen Theoretiker mag dieser Ansatz auf den ersten Blick rigide und antitherapeutisch vorkommen. Jeder von uns kennt Personen, deren Mütter scheinbar zumindest zum großen Teil dafür verantwortlich sind, daß ihre Zöglinge psychisch deformiert sind. Es wäre fast Sünde, eine Haltung der Dankbarkeit und Schuldgefühle gegenüber solchen Müttern zu propagieren. Allerdings versucht der Naikan-Therapeut keineswegs, *die Mutter* zu ändern oder kritisch zu bewerten. Welchen Schaden sie dem Klienten auch zugefügt haben mag, ein sorgfältiges Überdenken der Vergangenheit wird auch positive, sorgende Verhaltensweisen ans Licht bringen. Wäre das nicht der Fall, würde der Klient wahrscheinlich nicht am Leben sein. Wie dem auch sei, die Aufmerksamkeit gilt nicht der Mutter selbst, sondern dem, was *der Klient* für sie getan (oder nicht getan) und was er ihr angetan hat. Welche negativen Seiten sie in der Beziehung zu ihm auch gezeigt haben mag, sicher ist, daß der Klient kein völlig untadeliges Kind war. Und es ist der *Klient,* der wachsen soll, indem er seine strengen Bewertungen anderer Menschen überprüft, den anderen achtet und ihm dient. Dem Klienten wird nicht gesagt, er *müsse* herausfinden, daß seine Mutter ein *idealer* Mensch war. Vielmehr soll er ernsthaft feststellen, was sie für ihn getan hat, was er ihr zurückerstattet und welchen Kummer er ihr bereitet hat. In den meisten Fällen ist das Ergebnis einer solchen Überprüfung der Vergangenheit eine neue Einsicht in die Einzelheiten der Art und Weise, auf die „verursacht wurde, daß man lebt", wie der Japaner sagt.

Sieht man den therapeutischen Prozeß in weiter gefaßter Perspektive, so ist klar, daß unser gegenwärtiges Verhalten von unserer Vergangenheit beeinflußt ist. Es ist auch offensichtlich, daß die Vergangenheit nicht geändert werden kann. Sie ist erstarrt, unwandelbar. Gelingt es uns jedoch, unsere Wahrnehmung der Vergangenheit umzustrukturieren, so kann deren Einfluß auf uns verändert werden. Die *Umstrukturierung unserer Sicht der Vergangenheit* ist genau das, was Naikan zum Anliegen hat.

Eine theoretische Orientierung im Westen, die Naikan am nächsten kommt, ist vielleicht der Ansatz von O. H. Mowrer. Einfach gesagt behauptet Mowrer (1964), die Quellen neurotischer Symptome seien unsere Missetaten und unsere Versuche, sie vor wichtigen Bezugspersonen zu verbergen. Er schreibt die Verantwortung für Neurosen nicht der Umwelt, der Kindererziehung oder irgendeiner abstrakten „Gesellschaft" zu, sondern dem *neurotischen Menschen selbst.* Das erinnert mich an die Probleme, die ich während der ersten Zeit meiner Tätigkeit in Japan hatte. Meine Kenntnisse der japanischen Sprache waren zu diesem Zeitpunkt sehr begrenzt. Aber ich versuchte, meine unzureichenden Sprachvorbereitungen zu verbergen, indem ich nickte und so tat, als verstünde ich, selbst wenn mein Wortschatz Lücken aufwies und ich dem Gespräch nicht folgen konnte. Meine Bemühungen, meine Grenzen zu verdecken, machten es notwendig, Gespräche sehr kurz zu halten und sich zu erinnern, wem aus dem Weg gegangen werden mußte. Lange Gespräche oder wiederholte Konversationen mit einer Person erhöhten die Wahrscheinlichkeit, daß mein Geheimnis, meine Lüge, entdeckt würde. Meine sozialen Beziehungen wurden unbefriedigend, sogar lästig. Als ich endlich anderen gegenüber meine Unzulänglichkeit zugeben und sie bitten konnte, etwas zu wiederholen und langsamer zu sprechen, schwanden die unnötigen Spannungen, die diese Interaktionen begleiteten.

Mowrer argumentiert, die geeignete Therapie für den Neurotiker, der versucht, seine Schwächen und seine „Schlechtigkeit" vor anderen zu verbergen, bestehe darin, seine Fehler zuzugeben und zu versuchen, den Schaden wiedergutzumachen. Ohne auf die Wirksamkeit einzugehen, kann man sagen, daß dieser Ansatz sicherlich eine schwierige Lösung des Problems bietet. Es ist leichter, friedlich im Zimmer des Therapeuten zu sitzen und zu versuchen, sich von der *Richtigkeit* dessen, was man tut, zu überzeugen. Aber Mowrers Lösung ist in gewisser Weise Charakterbildung, und die Entwicklung des Charakters ist genau der Kurs, den japanische Therapeuten im allgemeinen und Naikan-Therapeuten im besonderen bei der Behandlung von Neurosen nehmen.

Wie wir sehen werden, gesteht der „Naikansha" (Klient) seine sozialen Versäumnisse und Missetaten erst dem Therapeuten, dann einer Gruppe von Mitklienten und schließlich den bedeutsamen Bezugspersonen in seinem täglichen Leben außerhalb des therapeutischen Rahmens ein. Endlich versucht er aus Gefühlen der Dankbarkeit und Verpflichtung heraus, die in ihm aufgestiegen sind, die Menschen in seiner sozialen Welt für das, was sie ihm gegeben haben, zu entschädigen.

Methoden

Die Naikan-Praxis läßt sich einfach und ohne Schwierigkeiten beschreiben. Im wesentlichen wird vom „Naikansha" (Klienten) verlangt, über seine Vergangenheit nachzudenken und seine Gedanken dem Therapeuten („Sensei") mitzuteilen. Die äußeren Gegebenheiten und der Stil können dabei etwas variieren, aber der Prozeß läuft in der Regel folgendermaßen ab.

Der Naikan-Klient hat vielleicht etwas in der Zeitung über Naikan gelesen, oder er kennt jemanden, der Naikan praktiziert, oder er wurde von seinem Schulleiter, Chef oder Arzt geschickt. Bei Ankunft im Naikan-Zentrum spricht er kurz mit dem Therapeuten über die Gründe seiner Teilnahme und hört sich zu seiner Orientierung ein kurzes Tonband an. 30 Minuten nach seiner Ankunft praktiziert er Naikan, wobei er in einer Ecke des Raumes (oder mit dem Gesicht zur Wand) hinter einem Wandschirm sitzt. Er kann auf den vorhandenen Kissen jede ihm bequeme Sitzhaltung einnehmen, aber er soll sich nicht hinlegen, da die Gefahr besteht, daß er einschläft.

Seine erste Aufgabe ist, darüber nachzudenken, wie er sich während der ersten Jahre der Hauptschulzeit seiner *Mutter* gegenüber verhalten und was er ihr gegenüber empfunden hat. Er soll überlegen, was sie für ihn getan hat (20 Prozent seiner Meditationszeit), welche Dienste er ihr erwiesen hat (20 Prozent) und welchen Kummer und welche Sorgen er ihr bereitet hat (60 Prozent). Das Ziel ist, sich spezifische Ereignisse und Handlungsweisen während dieses Zeitraumes in lebhaften Einzelheiten in Erinnerung zu rufen. Nach ein oder zwei Stunden erscheint der Therapeut, verbeugt sich vor dem Schirm, öffnet ihn, verbeugt sich nochmals und fragt den „Naikansha", worüber er nachgedacht hat. Der Klient „gesteht" dann der Reihe nach, was ihm gegeben worden war, was er erwidert und welchen Kummer er verursacht hat. Anschließend wird er angewiesen, weiter über sich selbst und seine Beziehung zu seiner Mutter nachzudenken, jetzt während der Periode seiner späteren Schulzeit. Hat er keine Fragen, wird das Gespräch mit Verbeugungen beendet, und der Therapeut überläßt ihn seinen weiteren Erinnerungen.

Bei jedem Gespräch hört der Therapeut den „Ergüssen" des Klienten bescheiden und wohlwollend zu. Anschließend stellt er das nächste Thema, beantwortet Fragen und spricht vielleicht ein Wort der Ermutigung, wie: „Bitte denken Sie tief nach."

Gewöhnlich werden Zeitabschnitte von jeweils drei Jahren (bei älteren Klienten kann man fünf oder zehn Jahre nehmen) zum Gegenstand der Reflexion gemacht, bis die Gegenwart erreicht wird. Dann kann zum *Vater* als Thema der Reflexion übergewechselt werden. Auch hier beginnen die Zeitabschnitte wieder mit der frühen Schulzeit und schreiten bis zur Gegenwart fort. Das gleiche Muster wird für Geschwister, Tanten, Onkel, Lehrer, Vorgesetzte, Schulkameraden, Arbeitskollegen, Ehemann, Ehefrau, Kinder und andere Bezugspersonen im Leben des „Naikanshas" wiederholt. Es können auch *spezielle Themen* wie Lügen, Stehlen, Übertreten der Schulordnung, Spielen und Trinken gestellt werden. Der zeitliche Rahmen kann dem Gegenstand entsprechend modifiziert werden, oder es kann eine Einteilung in jährliche oder gar monatliche Abschnitte in der jüngeren Vergangenheit vorgenommen werden.

Die Gespräche können auf Tonband aufgenommen werden. Mit Genehmigung der Klienten werden die besten Bänder vervielfältigt, die dann von Klienten mit ähnlichen Problemen gekauft werden können. Mehrmals täglich werden Musterbänder mit Lautsprechern übertragen. Sie bieten Modelle für richtiges Naikan und erziehen zum Naikan-Denken.

Die ersten Tage sind die schwierigsten. Die Unfähigkeit, sich zu erinnern, Muskelkrämpfe und Langeweile sind übliche Erscheinungen. Sobald der Klient sich jedoch im tiefen Naikan befindet, kann der Therapeut ihn fragen, über wen er im nächsten Zeitabschnitt nachdenken möchte, anstatt ihm das Thema vorzugeben. Die Naikan-Reflexionen dauern die ganze Woche lang jeden Tag von 5 bis 21 Uhr. Bei den meisten Zentren kommen die Klienten Sonntagnachmittags an und reisen am nächsten Sonntagmorgen ab.

Zum *Tagesablauf* im Naikan-Zentrum gehören drei Mahlzeiten, ein Bad, Körperpflege und jeden Morgen eine kurze Phase des Saubermachens. Der Klient nimmt seine Mahlzeiten hinter seinem Schirm ein. Es werden ihm 10 Minuten zum Baden bewilligt. Man sagt ihm, er solle nicht während des Badens Naikan praktizieren, sondern baden, während er Naikan praktiziert. Das gleiche gilt fürs Essen und selbst fürs Urinieren. Außer mit dem Therapeuten soll er nicht sprechen.

Während der Woche werden zwei *Gruppentreffen* organisiert, eins am Montag und eins am letzten Sonntag. Die „Naikansha" kommen zusammen, um einen Vortrag des Therapeuten zu hören und Fragen zu stellen. Am letzten Tag wird dazu ermuntert, vor der ganzen Gruppe über ihre Erfahrungen zu sprechen. Diese Sitzung wird auf Tonband aufgenommen und vervielfältigt, so daß Interessenten die Aufnahme kaufen können.

Einige Klienten bleiben mit ihren Therapeuten anschließend in schriftlichem Kontakt. In letzter Zeit bieten eine nationale Zeitschrift und Exklientengruppen Gelegenheit, zeitweise wieder mit Personen und Ideen von Naikan in Berührung zu kommen. Entlassene Klienten werden angehalten, Naikan-Reflexionen zweimal täglich für mindestens eine halbe Stunde durchzuführen. Morgens sollen sie in der gleichen Reihenfolge reflektieren, wie sie es beim intensiven Naikan taten. Abends sollen sie über die Ereignisse des Tages nachdenken – was sie erhalten haben, was sie erwidert haben und welchen Kummer sie anderen bereitet haben. Nachuntersuchungen zeigen, daß nur wenige Klienten „nichijo" – tägliches Naikan – fortsetzen. Noch weniger Klienten teilen ihre Reflexionen dem Therapeuten per Postkarte mit.

Anwendungsbereiche

Naikan ist bei einem weiten Spektrum von Klienten angewandt worden. *Psychosomatische* Probleme, *soziale* Schwierigkeiten, *Neurosen, Suchtkrankheiten* (einschließlich *Alkoholismus*) und *kriminelles* Verhalten haben gut auf dieses Behandlungsverfahren angesprochen. Auch *gesunde* Menschen, denen es um eine Weiterentwicklung ihres Charakters oder um geistige Einsicht geht, haben Naikan nützlich gefunden.

Für Psychosen, Senilität und andere organische Hirnsyndrome, für körperliche Störungen und viele neurologische Probleme ist Naikan keine geeignete Behandlungsmethode. Einige Praktiker berichten jedoch von einzelnen erfolgreich behandelten Fällen, bei denen Schizophrenie, senile Demenz, Depression und die Parkinson-Krankheit diagnostiziert worden waren.

In der Praxis schwankt die Zahl derer, die während einer Naikan-Woche vorzeitig aufgeben; in manchen Fällen gibt fast niemand auf, in anderen bis zu einem Drittel der Teilnehmer. An einigen Zentren kommt ein großer Prozentsatz der Klienten auf Anweisung von Schulen, Gerichtsbehörden, Arbeitgebern oder ihren Familien. Diesen Klienten fehlt die *Motivation,* sich dem mit Anstrengungen verbundenen Naikan zu unterziehen; dennoch beenden einige von ihnen die Woche erfolgreich. Es gibt bis jetzt noch keine guten Prognosemethoden, um festzustellen, wer von Naikan profitieren wird.

In Nara werden seit mehreren Jahren subjektive Einschätzungen dazu vorgenommen, welche Reflexionstiefe Klienten im Naikan erreichen; für beide Geschlechter ergab sich, daß Personen mittleren Lebensalters die besten Klienten sind.

Bei älteren Personen entstehen besondere Schwierigkeiten aufgrund von Erinnerungsschwächen. Dagegen findet man bei Jugendlichen eher Motivationsmängel. Der jüngste „Naikansha" war zum Zeitpunkt der Behandlung sechs Jahre alt, jedoch scheint ein Alter von zwölf oder dreizehn Jahren eine sinnvolle untere Grenze zu bilden.

Kürzlich eingeführte Neuerungen haben die Anwendungsmöglichkeiten von Naikan erweitert. Für einige Personen, die von dieser Form der Selbstreflexion profitieren könnten, ist es schwierig, sich so einzurichten, daß sie an einer Woche intensiven Naikans teilnehmen können. Eine Möglichkeit ist, *zu Hause ein Naikan-Tagebuch zu führen,* in dem jeden Tag für eine Stunde oder länger Erinnerungen festgehalten werden, die dann jede Woche dem Therapeuten vorgelegt werden, um sie zu kommentieren. Ein anderes Verfahren besteht darin, über zu Hause durchgeführte Naikan-Meditationen *schriftlich* zu korrespondieren oder *Tonbänder* einzusenden. Da es sich beim Naikan in der heute praktizierten Form ja bereits um eine Modifikation eines anderen Prozesses („mishirabe") handelt, bestehen auch keine grundsätzlichen Einwände gegen die Einführung weiterer neuer Techniken; wichtig ist nur, daß die in der fundamentalen Selbstreflexion über die drei Themen gewonnenen Einsichten anschließend gegenüber einer anteilnehmenden anderen Person in einer Art *Geständnis* offenbart werden.

Naikan ist in Verbindung mit *hypnotischer Therapie, Autogenem Training,* verschiedenen anderen Formen der *Meditation* und *Psychoanalyse* eingesetzt worden. Es wurde in *Rehabilitationsprogramme* Erziehung und Motivierung von Straftätern und Alkoholikern aufgenommen.

Fallbeispiel

Die Klientin, Frau O., ist eine Hausfrau mittleren Alters und führt ein Gasthaus. Ihr Mann ist Besitzer eines „ryokan" (ein japanisches Gasthaus) und Leiter eines Bauunternehmens. Sie klagte über folgende Beschwerden:

„Jeden Tag hatte ich einen schweren Kopf; ich kam nicht gut mit meiner Arbeit zurecht. Mir gingen immer wieder die gleichen Dinge durch den Kopf. Ich konnte mich anderen Menschen gut mitteilen. Ich lief mit einem langen Gesicht herum und machte meiner Familie viel Kummer. Jemand sagte mir, ich solle nach Nara zur Naikan-Behandlung gehen; es gäbe dort jemanden, der depressiven Menschen helfen könne. Ich wußte wirklich überhaupt nichts über Naikan, hatte nichts davon gehört, kein Wort darüber gelesen, aber ich dachte, warum soll ich's nicht versuchen?"

Die Depression war vor etwa fünf Jahren eingetreten und trat ein paarmal jährlich für ein oder zwei Wochen auf. Etwa sechs Monate bevor Frau O. ins Nara-Naikan-Zentrum aufgenommen wurde, war daraus jedoch ein schweres Problem geworden. Konkreter gesagt umfaßten die Symptome einen plötzlichen Widerwillen gegenüber ihrer Arbeit und Unzufriedenheit mit dem Leben. Die Klientin blieb einfach im Bett und stand nur auf, wenn es ihr danach war. Ihr Mann war tolerant und kritisierte sie nie wegen ihres Verhaltens, obwohl er darüber kaum erfreut sein konnte. Sie litt keine besonderen Schmerzen, fühlte sich aber müde und hatte keine Lust, die Hausarbeit zu erledigen.

Ihre Naikan-Reflexionen begannen mit der Aufgabe, Monat für Monat ihr Verhalten gegenüber ihrem Mann durchzugehen; angefangen wurde mit der Zeit vor sechs Monaten. Wir zitieren vom Transkript ihrer Naikan-Gespräche, die nach etwa der Hälfte der Zeit stattfanden. Der Gesprächsleiter war Yoshimoto Sensei (Y.).

Y: Worüber haben Sie für den Monat August nachgedacht?
O: Jedes Jahr im August ruft mein Mann die Familie für einen Familienausflug zusammen. Alle Kinder und Enkelkinder kommen. Wir gehen alle zusammen irgendwo hin. Es gibt nichts Schöneres, aber ich mache immer ein langes Gesicht. „Na gut, da jeder hier ist, werde ich wohl auch gehen", sage ich und gehe mit.
Y: Was haben Sie von Ihrem Mann empfangen, was haben Sie ihm zurückgegeben und welchen Kummer haben Sie ihm bereitet?
O: Er hat mich zu dem Ausflug mitgenommen. Das war etwas, was ich von ihm empfangen habe.

Y: Und was haben Sie ihm zurückgegeben?
O: Na ja, die Familie bat mich, Reisbällchen für alle zu machen, und obwohl mir's nicht danach war, konnte ich das nicht abschlagen. Aber ich habe sie versalzen.
Y: Welchen Kummer haben Sie ihm bereitet?
O: Obwohl es ein schöner Ausflug war, ein beneidenswerter Ausflug, zeigte ich keinerlei Freude, sprach kein Wort der Dankbarkeit aus. Die ganze Gruppe der Enkelkinder verlangte kein einziges Mal nach mir, und das machte mir überhaupt nichts aus. Ich sagte ihnen, daß ich Kinder nicht leiden könnte. Alle mochten sie den Opa. Als meine Tochter die Kinder fragte, wen sie am liebsten hätten, sagten sie alle: den Opa. Als die Kinder sagten, mich würden sie nicht mögen, fragte meine Tochter sie, ob es nett wäre, so zu reden, während ich direkt daneben stand. Na ja, sagten sie, sie ist nur mittelmäßig. Wenn ich einkaufen ging, habe ich nie etwas für die Enkelkinder mitgebracht. Jetzt habe ich darüber nachgedacht, warum ich nie etwas für sie gekauft habe.
Y: Wie waren die ersten Naikan-Tage für Sie?
O: Die ersten paar Tage habe ich den Sinn von Naikan wirklich nicht erkannt. Was soll ich sagen? Die ersten paar Tage bin ich einfach dagesessen und habe meine Zeit vertan. Nachts konnte ich nicht schlafen. Dann, am fünften Abend, begann ich nachzudenken. Was tust du hier? Ich habe die Bänder anderer „Naikansha" gehört. Am dritten oder vierten Tag schienen sie alle fähig zu sein, Naikan zu praktizieren, dem „Sensei" angemessene Antworten zu geben. Was ist mit mir los, fragte ich mich. Ich muß eine Art Dummkopf sein. Ich war fürchterlich traurig. Was sollte ich tun? Selbst während der Kriegsjahre hatten wir eine Menge Reis, tauschten Reis für Medikamente ein. Es fehlte uns an nichts. Vielleicht sollte ich etwas aufgeben. Morgen werde ich das Frühstück auslassen, dachte ich. Und obwohl Frau Yoshimotos Mahlzeiten ausgezeichnet sind, ließ ich das Frühstück stehen. Und anstatt meine Sitzposition zu verändern und hin und wieder aufzustehen, blieb ich den ganzen Morgen in der formalen Position sitzen, die Beine unter mir eingeschlagen. Ich glaube, an diesem Punkt begann ich mit Naikan.
Y: Sie haben auch das Mittag- und Abendessen gestern ausgelassen, nicht wahr? Waren Sie nicht hungrig?
O: Kein bißchen. Vorher knurrte mein Magen, selbst wenn ich eine Menge aß, aber jetzt nicht. Und ich langweile mich nicht im geringsten. Die zwei oder drei Tage, die mir bleiben, möchte ich völlig ausnutzen, ohne zu essen.
Y: Fasten ist kein wesentlicher Aspekt von Naikan, aber es ist wahr, wenn man sich wirklich der Selbstreflexion widmet und das Essen vergißt, scheint einem der Hunger nicht viel Kummer zu bereiten.
O: Das ist bestimmt wahr. Ich bin kein bißchen hungrig.
Y: Jetzt denken Sie bitte weiter über ihren Mann nach. Die Zeit ist knapp, halten Sie sich also dran.
O: Das werde ich. Danke.
Y: Worüber haben sie dieses Mal nachgedacht?
O: Ich habe über mich selbst und meine Beziehung zu meinem Mann im Monat September nachgedacht, was ich von ihm erhalten, ihm zurückgegeben und welchen Kummer ich ihm bereitet habe (ihre Stimme ist weich geworden und scheint von weither zu kommen). Zu diesem Zeitpunkt stieg mein

Blutdruck. Ich legte mich ins Bett und bekam Magenschmerzen. Mein Mann half mir ins Badezimmer. Er hielt mich und tat andere Dinge für mich. Er machte mich sogar sauber. Während des Naikans begriff ich, daß er etwas ganz Besonderes für mich getan hatte.
Y: Jetzt fühlen Sie Dankbarkeit. Was haben Sie damals gespürt?
O: Damals habe ich mir überhaupt nichts dabei gedacht; nur, daß es zu den Pflichten eines Ehemanns gehört. Meine Kinder sagten mir, wie glücklich ich mich schätzen könnte, so einen Mann zu haben. Er sorgte gut für unseren Lebensunterhalt, war tatkräftig und freundlich. Sie sagten mir, ich solle dankbar sein, jemanden wie ihn zu haben.
Y: Als sie das sagten, was haben Sie gedacht?
O: Ich dachte einfach, daß das normal war, daß er nur so war, wie er sein sollte. Er war mein Mann; schließlich, wenn ich krank bin, sollte er mich pflegen.
Y: Was fühlen Sie ihm gegenüber jetzt?
O: Ich begreife, wie selbstsüchtig ich gewesen bin. Ich fühle mich traurig und voller Bedauern (sie weint).
Y: Was haben Sie ihm im September zurückgegeben?
O: Nichts Besonderes.
Y: Welchen Kummer haben Sie ihm bereitet?
O: Ich habe immer geschlafen, wenn es mir danach war, und bin aufgestanden, wenn es mir paßte. Ich habe nichts von dem für ihn getan, was eine Ehefrau tun sollte.
Y: Wenn Sie unter diesen Umständen an der Stelle Ihres Mannes gewesen wären, was hätten Sie getan?
O: Ich wäre traurig geworden.
Y: Wenn Sie sehen würden, daß Ihre Schwiegertochter tut, was Sie getan haben, wie würden Sie reagieren?
O: Ich würde sie warnen. Das kannst du nicht machen. Benimm dich besser.
Y: Wie hat Ihr Mann reagiert?
O: Er blieb immer der gleiche. Vielleicht hatte er es mit mir aufgegeben. Er lachte zu Hause, wie üblich, und behandelte mich weiter freundlich.

Y: Worüber haben Sie in diesem Abschnitt nachgedacht?
O: Im Dezember – was ich von meinem Mann erhalten, ihm zurückgegeben und welchen Kummer ich ihm bereitet habe. Dezember ist für unser Geschäft eine sehr betriebsame Zeit. Mein Mann hat den Kopf voll von Gedanken an Rechnungen und ähnliches. Er hat alle Prämien vorbereitet, die die Angestellten des Gasthauses zum Jahresende erhalten. Dafür bin ich wirklich dankbar. Was ich ihm zurückgegeben habe? Am ersten Dezember war ich dafür verantwortlich, das Essen für eine große Feier vorzubereiten. Den Kummer, den ich ihm bereitet habe? Am Tag der Feier tat ich meine Pflicht, aber ich murrte und erschien nur vor den Gästen, wenn es absolut notwendig war. Soweit ich mich an den Tag zurückerinnere, sagte ich nur unfreundliche Dinge und zeigte den Gästen ein geplagtes Gesicht. Im gleichen Monat, später, als meine Tochter nach Hause kam, behandelte ich sie plötzlich, als würde ich sie nicht kennen. Das war das einzige Mal, daß ich meinen Mann weinen sah. Was sie auch sagte, ich fühlte nichts. Sie sagte mir sogar, ich wäre kaum eine

Mutter. Wenn ich daran denke, daß mein Mann die Kinder praktisch allein großziehen mußte (sie weint).
Y: Werden Sie das nächste Mal über den Januar nachdenken?
O: Ja, danke.
Y: Bitte denken Sie tief nach. Haben Sie irgendwelche Fragen?
O: Ich hatte eine Frage, aber ich habe sie scheinbar vergessen.
Y: Solche Fragen sind nicht des Grübelns wert; bitte setzen Sie Naikan fort.
O: Danke.

Y: Sie haben nichts gegessen. Wie fühlen Sie sich?
O: Kein bißchen hungrig.
Y: Wie viele Mahlzeiten haben Sie jetzt übergangen?
O: Fünf.
Y: Haben Sie das früher schon einmal gemacht?
O: Noch nie.
Y: Essen Sie zu Hause viel?
O: Wenn ich krank bin, habe ich nicht viel Appetit, aber sonst esse ich viel, drei Mahlzeiten täglich. Man sagt mir, ich würde dick werden.
Y: Was war die größte Zahl von Mahlzeiten, die Sie früher einmal hintereinander ausgelassen haben?
O: Eine Mahlzeit, wenn ich niedergeschlagen war.
Y: Wenn Sie jetzt nach Hause gehen würden und jemand fragte Sie über Ihre Depression, was würden Sie antworten?
O: Ich bin völlig geheilt (aus ihrer Stimme klingt helle Begeisterung). Naikan ist wunderbar! Ich habe vor, es allen zu sagen und sie anzuregen, auch Naikan zu versuchen.
Y: Haben Sie irgendwelche Fragen?
O: Vor drei Jahren sah ich ein Ehepaar, das mich wirklich beeindruckt hat. Das Gesicht des Mannes leuchtete, und die Frau schien gut für ihn zu sorgen. Sie respektierte ihn und zeigte ihm das. Ich dachte, so möchte ich sein. Aber leider konnte ich diese Hoffnung nicht verwirklichen.
Y: Wollten Sie mich etwas darüber fragen?
O: Oh ja, als ich an dieses Ereignis vor drei Jahren dachte, dachte ich auch an Ihr Gesicht. Ihre Frau zeigt Ihnen den gleichen unterstützenden Respekt, den ich damals sah. Wenn ich mich mit denen vergleiche, begreife ich, wie nachlässig ich gewesen bin.
Y: Nun, morgen werden Sie abreisen, nicht wahr? Nutzen Sie jede Sekunde, als hinge Ihr Leben davon ab.
O: Ja, danke.

Etwa zwei Wochen, nachdem sie nach Hause zurückgekehrt war, rief Frau O. im Zentrum an. Sie kam außergewöhnlich gut zurecht und arbeitete eifrig. Ihr Mann freute sich über die Veränderung, und ihre Freunde sprachen davon, auch zum Naikan zu kommen. Sie sagte, sie würde jeden Tag über die drei Themen nachdenken, während sie arbeitete. Ihre Arbeit war wieder interessant geworden. Ihre Kinder machten über die totale Veränderung ihrer Mutter Bemerkungen. „Ich verstehe jetzt wirklich, wie schlecht ich gewesen bin", sagte sie. Sie drückte wieder und wieder ihre Dankbarkeit aus und versprach, Herrn Yoshimoto hin und wieder anzurufen, um über ihre Fortschritte zu berichten. Zu diesem Zeitpunkt buchte sie auch eine weitere Naikan-Woche im Frühsommer, zu der sie mit ihrer Tochter kommen wollte.

Zusammenfassung

Eine Woche intensives Naikan ist für viele Klienten eine einflußreiche, lebensändernde Erfahrung. Man erhält eine *neue Lebensperspektive*. Man fühlt sich schuldig, aber dankbar; unwürdig, aber trotz seiner Unwürdigkeit geliebt. Gewöhnliche Schuld- und Minderwertigkeitsgefühle sind, verglichen mit den existentiellen Tiefschlägen, die das Selbstbild im Naikan erleidet, unbedeutend. Durch die Erfahrungen im Naikan wird ein neuer Fixpunkt geschaffen, ein *neuer Standard zur Selbstbeurteilung*. Die Bewertung der Tagesereignisse wandelt sich von „Warum mußte das passieren und habe ich bekommen, was mir zusteht?" (mit der Implikation, daß *ich* Besseres verdiene) zu „Wie dankbar bin ich für was immer heute passiert ist, und was habe ich für die Menschen meiner Umgebung getan?" In einer Hinsicht ist es natürlich unsinnig, für unnötige Verspätungen, verpaßte Telefonanrufe oder einen Motorschaden dankbar zu sein. In anderer Hinsicht ist *Dankbarkeit* jedoch keineswegs unsinnig; kein Mensch offenbart nur negative Züge. Außerdem zeigt sich bei Klienten, die Naikan gelernt haben, ein Wechsel von der Haltung eines passiven Opfers der „Schlingen und Pfeile des erzürnten Schicksals" zur Haltung eines Menschen, der sich für andere einsetzt – ein Wechsel von Selbstzentriertheit zur *Zentriertheit auf andere*. Bei einigen Klienten bewirkt dieser Wechsel den Übergang von der Kindheit zur *Reife*. Darüber hinaus kann dies einen Umschwung von Trübsal zu *Freude* signalisieren.

Literatur

Ishida, R. Naikan analysis. *Psychologia*, 1969, **12**, 81–92.

Kitsuse, J. I. Moral treatment and reformation of inmates in Japanese prisons. *Psychologia*, 1965, **8**, 9–23.

Mowrer, O. H. *The new group therapy*. Princeton, N.J.: Van Nostrand, 1964.

Murase, T. Naikan therapy. In Lebra, T. and Lebra, W. (Eds.), *Japanese culture and behavior*. Honolulu: University Press of Hawaii, 1974.

Murase, T. and Johnson, F. Naikan, Morita and western psychotherapy: A comparison. Paper presented at the American Psychiatric Association Meetings, Honolulu, 1973.

Reynolds, D. K. Naikan therapy—an experiential view. *International Journal of Social Psychiatry*, 1977, **23** (**4**), 252–264.

Reynolds, D. K. *The quiet therapies*. Honolulu: University Press of Hawaii, 1980.

Reynolds, D. K. *Naikan therapy: Meditation for self development in Japan*. Submitted for publication (n.d.).

Rohlen, T. *For Harmony and Strength*. Berkeley: University of California Press, 1976.

Takeuchi, K. On "Naikan." *Psychologia*, 1965, **8**, 2–8.

Neubewertendes Counseling*

George Lockwood

Als ich mit der Planung dieses Handbuchs begann, schrieb ich meinem Freund Albert Ellis, den ich gewöhnlich bei allem, was mit Psychotherapie zu tun hat, um seine Meinung bitte, da er von den mir bekannten Experten auf diesem Gebiet wahrscheinlich derjenige ist, der die größten Kenntnisse besitzt. Ich fragte ihn, was seiner Meinung nach die wichtigsten neuen Verfahren seien. Zu meiner Überraschung nannte er auch das Neubewertende Counseling, von dem ich nur vage gehört hatte.

Als ich Nachforschungen dazu anstellte, entdeckte ich, daß sich dieses Verfahren unauffällig verbreitet und in verschiedenen Kreisen recht großes Interesse erregt hatte. Als ich aber jemanden suchte, der darüber schreiben sollte, konnte ich niemanden finden. Weder war Harvey Jackins zu gewinnen, der dieses Verfahren ins Leben gerufen und ausgearbeitet hat, noch sonst jemand mit entsprechender Qualifikation. Daher wandte ich mich an meinen Freund George Lockwood mit der Bitte, dieses wichtige Verfahren zu untersuchen und darüber zu berichten. Meiner Meinung nach hat er die Aufgabe, dieses Verfahren zu erklären, ausgezeichnet erfüllt.

Der Leser kann darauf gefaßt sein, wichtige und von den bekannten therapeutischen Verfahren abweichende Informationen zu erhalten.

Neubewertendes Counseling wurde von Harvey Jackins in den fünfziger Jahren ausgearbeitet. Es handelt sich dabei um eine in der Entwicklung befindliche Theorie des menschlichen Verhaltens und um eine Reihe von Verfahrensweisen zur *Eliminierung menschlicher Irrationalität*. Der Mensch wird als ein grundsätzlich intelligentes, glückliches, liebendes und mit Macht ausgestattetes Wesen angesehen. Es wird jedoch angenommen, daß die Verwirklichung dieser Eigenschaften bei den meisten Menschen durch die schädigenden Wirkungen früher schmerzlicher Erfahrungen bis in die Gegenwart stark behindert wird. Diese unglückliche Entwicklung kann durch einen natürlichen Heilungsmechanismus korrigiert werden, der unter bestimmten Bedingungen im Anschluß an emotionale oder körperliche Traumata spontan wirksam wird. Diese angeborene Fähigkeit zur Heilung wird jedoch gewöhnlich durch soziale Lernprozesse blockiert, die das Kind darin bestärken, die Freisetzung von Emotionen zu unterbinden. Durch Wiederherstellung einer besonderen Art von Beziehung können der Heilungsmechanismus wieder in Gang gesetzt und unterdrückte Intelligenz, Lebensfreude, Liebe und Macht zurückgewonnen werden. Diese Beziehung kann einseitig ausgerichtet sein oder, was günstiger ist, es kann sich um eine partnerschaftliche Beziehung handeln, in der die beiden Partner abwechselnd die Rolle eines *Counselors* einnehmen, der sich dem anderen mit Anteilnahme und Aufmerksamkeit widmet. Die Aufmerksamkeit löst bei der

---

* Im Amerikanischen: *Reevaluation Counseling*.

Person, die die Klientenrolle innehat, die *Freisetzung schmerzhafter Gefühle* aus sowie eine anschließende *Neubewertung* der Inhalte vergangener, schmerzlicher Erfahrungen.

Geschichte

Vorläufer

In den frühen Entwicklungsstadien des Neubewertenden Counselings (NC) entschied sich Jackins, so wenig wie möglich auf bestehende Theorien zu rekurrieren und einen Neuanfang zu machen. Der Grund dafür lag in seiner Auffassung, keiner der existierenden Ansätze sei erfolgreich genug, um seine Unterstützung zu rechtfertigen. Die NC-Theorie wurde daher direkt aus den unmittelbaren Erfahrungen, die Jackins und seine Mitarbeiter machten, entwickelt. Sobald sie eine ausreichende Grundlage von erfolgreichen Maßnahmen zusammengestellt hatten, konstruierten sie schrittweise eine Theorie zur Erklärung der Ergebnisse. Jackins behauptet, es habe sich dabei um einen streng wissenschaftlichen und empirischen Prozeß gehandelt, da keine Schlußfolgerungen akzeptiert wurden, die nicht durch direkte Beobachtungen und Verhaltensdaten gestützt waren. Subjektive „Studien" und auf vergangenen Erfahrungen gründende Meinungen wurden angeblich nicht herangezogen. In dieser *induktiven* Weise schritt die Entwicklung der Theorie bis zum Beginn der sechziger Jahre fort. Zu diesem Zeitpunkt wurde ein paralleles System geschaffen, das auf *deduktiver* Logik beruhte. Dieses System bestand aus 24 Postulaten, mit denen die Absicht verfolgt wurde, unter den früher gezogenen Schlußfolgerungen logische Konsistenz herzustellen sowie einen Satz von Behauptungen zusammenzutragen, der die Grundlage der NC-Theorie bilden sollte. Außerdem dienten die Postulate als eine neue Quelle von Theoremen, von denen Hypothesen abgeleitet und anschließend an der Realität überprüft werden konnten. Während dieses deduktive System entwickelt wurde, arbeiteten NC-Praktiker weiterhin induktiv. Aus der Praxis herrührende und durch empirisches Material gestützte Einsichten wurden so formuliert, daß sie mit dem deduktiven System übereinstimmten. Die beiden Systeme ergänzten sich gegenseitig: Das eine sicherte *logische Konsistenz,* das andere garantierte *empirische Validität.*

Während der gesamten Entwicklungsphase des Neubewertenden Counseling nahm Jackins gegenüber *eklektischen* Ansätzen, bei denen wohlmeinende Praktiker versucht haben, es mit anderen Verfahren zu kombinieren, eine feindselige Haltung ein. Er behauptet, das Neubewertende Counseling beruhe trotz oberflächlicher Ähnlichkeiten mit anderen Verfahren auf einem ganz einzigartigen Satz von Annahmen. Ergänzt man das Neubewertende Counseling mit willkürlich ausgewählten Theorien und Maßnahmen, ohne sicherzustellen, daß deren theoretische Grundlagen mit ihm in Einklang sind, kann es zu inneren Widersprüchen mit schädlichen Wirkungen kommen. Außerdem vertritt Jackins die Auffassung, *Eklektizismus* interferiere mit der Generalisierbarkeit der Ergebnisse. Bei der Auswahl eines bestimmten Verfahrens gehe man häufig einfach davon aus, daß es zu einem bestimmten Zeitpunkt, in einer bestimmten Situation, bei einer bestimmten Gruppe gewirkt habe. Mit dem Neubewertenden

Counseling soll dagegen ein Ansatz entwickelt werden, der durchgängig bei allen Personen wirksam ist.

Anfänge

Nach Abschluß seines Mathematikstudiums arbeitete Jackins mehrere Jahre als Laborleiter. Während dieser Zeit war er politisch aktiv und wurde als Dichter und Erfinder bekannt.

Zu Beginn der fünfziger Jahre wurde er zufällig mit dem Problem psychischer Störungen konfrontiert. Jackins hatte einen Freund, dessen Geschäftspartner, den er selber nicht kannte, seit Monaten in psychiatrischer Behandlung war. Sein Zustand hatte sich so verschlechtert, daß man seine Einweisung in eine staatliche Institution auf unbestimmte Zeit angeordnet hatte. Jackins wurde von seinem Freund gebeten, dessen Partner in Sicherheit zu bringen, bevor dieser abgeholt werden würde. Jackins nahm den Mann zu sich nach Hause und versuchte, dessen ungestümes Verhalten zu bremsen, indem er ihm Fragen stellte. Der Mann begann zu weinen. Zunächst bemühte sich Jackins, ihn zum Aufhören zu bewegen. Als aber seine häufigen Ansätze, ihm Fragen zu stellen, immer wieder zu Tränen führten, kam Jackins zu dem Schluß, daß der Mann es vielleicht nötig hatte zu weinen. Der Mann weinte stundenlang, während Jackins ihm zuhörte und ihn ermutigte. Nachdem zwei Tage in dieser Weise vergangen waren, stellte sich, was Rationalität und Kompetenz des Mannes anging, eine merkliche Besserung ein. Diese Besserung steigerte sich während der folgenden Woche, die der Mann mit Weinen verbrachte. Den Tränen folgten viele Stunden, in denen er auf sehr unsicheren Beinen stand. Am Ende der zweiten Woche befand sich der Mann wieder an seinem Arbeitsplatz, er kam gut zurecht und konnte klar denken.

Jackins fand diese Ergebnisse so beeindruckend, daß er versuchte, sie bei anderen Personen zu wiederholen. Innerhalb weniger Monate hatte er häufig Erfolg, und er bemühte sich um eine allgemeine Erklärung hierfür. Er gelangte zu der Auffassung, die Gestörtheit von Menschen nehme ab, wenn man ihnen erlaubt, ihrem angestauten Leid zum Durchbruch zu verhelfen. Es bestand keine Notwendigkeit zu interpretieren, zu analysieren oder ähnlich autoritäre Taktiken anzuwenden. Die Psyche schien die Fähigkeit zu haben, *sich selbst zu heilen,* wenn man ihr geeignete Bedingungen bot. Der Helfer brauchte scheinbar nur herzliche Anteilnahme zu zeigen und erleichterte es somit der anderen Person, sich abzureagieren; der Rest lief als spontaner Prozeß ab.

Diese scheinbar natürliche Kapazität zur Rückgewinnung intelligenter Funktionsfähigkeit, der Fähigkeit zu lieben und sich des Lebens zu freuen, führte Jackins zu der Hypothese, es handele sich dabei um die wirkliche Natur des Menschen, die nur durch emotionales und körperliches Leid verdeckt werde. Als Ursachen allen menschlichen Dysfunktionierens sah er *Umweltfaktoren* an.

In den frühen Entwicklungsstadien des NC war das Konzept des *Co-Counseling* von entscheidender Bedeutung. Jackins gelangte zu der Einsicht, die Effektivität von Counselors werde im Laufe der Zeit nicht zunehmen, wenn nicht ihr eigener Leidensdruck vermindert wird. Außerdem werden Counselors mit der Zeit ungeduldig und wollen Erfolge bei ihren Klienten erzielen. Ihre Effektivität konnte erhöht werden, und die gewünschten Wirkungen traten ein, wenn Counselor und Klient regelmäßig ihre Rollen tauschten. Diese *partnerschaftliche* oder *Co-Counselingbeziehung* hat sich als so wirksam erwiesen, daß sie zum grundlegenden Verfahrensmodus des Neubewertenden Counseling geworden ist.

Mit dem *permissiven* Ansatz des Neubewertenden Counseling konnte ein zur Zuversicht verleitendes Ausmaß an Erfolg erzielt werden. Bestimmte Leidensmuster (Leidensmuster werden als die unglücklichen Folgen schmerzlicher Erfahrungen angesehen, die für rigides und zwanghaftes Verhalten verantwortlich sind) scheinen jedoch bestehen zu bleiben. Die zugrundeliegende Schwierigkeit wurde irgendwann im Jahre 1955 geklärt, als man zum ersten Mal auf den Unterschied von *chronischen* und *latenten Leidensmustern* aufmerksam wurde. Latente Leidensmuster werden in bestimmten Situationen ausgelöst, während chronische Muster scheinbar ständig wirksam sind und alles Verhalten durchdringen. Im Falle chronischer Muster hält Jackins es für notwendig, über den permissiven Ansatz hinauszugehen und wesentlich aktiver und direktiver zu werden.

Gegenwärtiger Stand

1952 wurde in Seattle die Personal Counselors Inc. gegründet, eine Organisation, die sich die Erforschung und Weiterentwicklung des Neubewertenden Counseling zum Ziel gesetzt hat. Sie gab Forschern Gelegenheit, sich ganz der Exploration des Neubewertenden Counseling zu widmen, und sie bot Ausbildungsmöglichkeiten und einen Counseling-Dienst an. Diese Organisation bildete für etwa 20 Jahre den Hauptträger der Entwicklung von Theorie und Praxis des Neubewertenden Counseling. Während dieser Zeit wurden viele NC-Kurse für die Öffentlichkeit durchgeführt, um Leute als *Co-Counselors* auszubilden. Die Teilnehmer dieser Kurse bauten allmählich Gruppen auf, die heute als „NC-Gemeinschaften" bekannt sind. Solche Gemeinschaften gibt es zur Zeit in 28 Ländern; sie sind über die ganzen Vereinigten Staaten und Kanada verbreitet.

Die Mitgliederzahl dieser Gemeinschaften nimmt ständig zu. In den letzten Jahren befand sich unter den Neuhinzugekommenen eine beachtliche Zahl von Klinischen Psychologen, Psychiatern und anderen, im therapeutischen Bereich tätigen Personen. Neue Mitglieder rekrutieren sich hauptsächlich aus den *Grundkursen* im Co-Counseling, in denen Theorie und grundlegende Techniken des Neubewertenden Counseling gelehrt werden. Diese Kurse dauern 16 Wochen und gestalten sich in Form von zweieinhalbstündigen wöchentlichen Sitzungen. Bei der Zulassung zu den Kursen wird eine Auswahl getroffen – es werden nur diejenigen Bewerber akzeptiert, von denen zu erwarten ist, daß sie in relativ kurzer Zeit fähige Counselors werden. In einigen Gemeinschaften laufen die Grundkurse unbegrenzt weiter; sie dienen den Teilnehmern als beständiger Rahmen für ihre theoretische und praktische Fortbildung. Andere Gemeinschaften bieten im Anschluß an den Grundkurs *Fortgeschrittenenkurse* an, die diese Funktion erfüllen.

Das gesamte Netzwerk der NC-Gemeinschaften wird von einer „Internationalen Bezugsperson" geleitet. Für jeden Ort wird eine „Örtliche Bezugsperson" gewählt. Sie ist für die

Entwicklung der Gemeinschaft verantwortlich, und sie bestimmt die Politik. Es gibt auch Bezugspersonen, die an der Spitze von internationalen Befreiungsbewegungen jeder der folgenden Gruppen stehen: Schwarze, Asiaten, Lateinamerikaner, junge Menschen, alte Menschen, Juden, Frauen, körperlich Behinderte, Homosexuelle, Ureinwohner Amerikas und Arbeiter. Außerdem existieren „Internationale Bezugspersonen" für bestimmte Interessengebiete, wie zum Beispiel Veränderungen auf dem Schulsektor, Universitäts- und Collegeangelegenheiten, Probleme von Männern.

Es gibt einen Verlag für Neubewertendes Counseling, Rational Island Publishers, der eine Reihe von Büchern, Schriften, Videobändern und Tonkassetten zur Theorie und Praxis dieses Ansatzes herausgegeben hat. Die Veröffentlichung begann mit einigen Vorläufern des Buches, das heute den Titel „Fundamentals of Co-Counseling Manual" (Jackins, 1962) trägt. Es enthält eine Beschreibung der elementaren Counselingtechniken, die in den Anfängerkursen gelehrt werden. „The Human Side of Human Beings" (Jackins, 1965) wurde kurz danach verfaßt. Dieses Werk gibt eine kurzgefaßte Einführung in das Neubewertende Counseling. Zwischen 1962 und 1973 erschien eine Sammlung von Essays und Artikeln in „The Human Situation" (Jackins, 1973). Zusammengenommen vermitteln diese drei Veröffentlichungen die grundlegenden theoretischen Kenntnisse, die notwendig sind, um ein funktionsfähiges Mitglied einer NC-Gemeinschaft zu werden. Wichtige theoretische Entwicklungen, die zwischen 1973 und Anfang 1977 stattfanden, werden in „The Upward Trend" (Jackins, 1978) wiedergegeben. Außerdem werden für folgende Gruppen jeweils eigene NC-Journale und -Zeitschriften herausgegeben: Wissenschaftler, Lehrer, College- und Universitätspersonal, NC-Ausbilder, im therapeutischen Bereich arbeitende Personen, Lohnarbeiter, junge NC-Anhänger, Juden, Asiaten, Schwarze, Eltern, Behinderte, ältere Menschen, Ureinwohner Amerikas, Männer, Lateinamerikaner, Priester, Nonnen, Homosexuelle, in der Psychiatrie tätiges Personal, Frauen und Personen, die an sozialen Veränderungen interessiert sind. Wichtige Medien zur Kommunikation der neuesten Entwicklungen auf theoretischem Gebiet sind die Journale „Present Times", das vierteljährlich erscheint und von den meisten Gemeinschaftsmitgliedern gelesen wird, und „Reevaluation Counseling", das für Personen gedacht ist, die NC-Kurse durchführen.

Bücher, Journale und ähnliches Material sind bei NC-Ausbildern erhältlich, oder sie können direkt bei den Rational Island Publishers in Seattle bestellt werden. Außerhalb der Anfängerkurse werden theoretische und praktische Kenntnisse über das Neubewertende Counseling gewöhnlich im Rahmen von Zweiergesprächen vermittelt. Ein erfahrener NC-Praktiker diskutiert diesbezügliche Fragen mit einem Interessenten, oder er bietet ihm eine Sitzung darüber an. Es wird davon abgeraten, sich nur auf schriftliche Kommunikationen zu verlassen, da nach Jackins' Erfahrung Mitteilungen dieser Form allzuhäufig unwissentlich vom Empfänger mißverstanden werden. Das Zweiergespräch gibt dem Austausch eine persönliche Note, wodurch vielen potentiellen Mißverständnissen vorgebeugt wird und bestehende falsche Auffassungen rasch beseitigt werden können*. Theoretisches und praktisches Wissen wird auch durch NC-Workshops vermittelt. Insgesamt werden jährlich in vielen Teilen der Welt und besonders in den Vereinigten Staaten mehrere hundert Workshops abgehalten, die von einem Wochenende bis zu zwei Wochen dauern.

Somers (1972) geht auf Ähnlichkeiten zwischen dem Neubewertenden Counseling und anderen Ansätzen des Counselings und der Psychotherapie ein, darunter

---

* Teilweise waren es diese Gründe, aus denen Jackins es abgelehnt hat, dieses Kapitel zu schreiben und hoffte, auch ich würde es unterlassen. Außerdem wendet er sich dagegen, Neubewertendes Counseling in die Reihe psychotherapeutischer Schulen oder Humangrowth-Bewegungen einzugliedern, da er der Überzeugung ist, es sei von ihnen allen verschieden.

auch die *Psychoanalyse, Gestalttherapie, Existentielle Therapie,* die *Lerntheorie* und *behaviorale Therapien* befinden. Schiff (1972) bespricht einige der sozialen Implikationen des Neubewertenden Counseling. Besonders hebt er hervor, daß gegenwärtige Probleme, die aufgrund der Abhängigkeit von qualifizierten Fachleuten auf dem Gebiet der Psychotherapie entstehen, wie hohe Kosten und begrenzte Verfügbarkeit, vermieden werden könnten, da für das Neubewertende Counseling *Laien* zur gegenseitigen Hilfe ausgebildet werden.

Experimentelle Untersuchungen über das Neubewertende Counseling haben im wesentlichen die Form von *Handlungsforschung* angenommen. Kennzeichnend für das Neubewertende Counseling sind seine *Praktikabilität,* seine unmittelbare *Relevanz,* für die Counselingsituation und seine *Flexibilität.* Bis jetzt wurden nur wenige der Studien formal aufgezeichnet. Es wurde auch kaum echte experimentelle Forschung betrieben, da spontanen Neuerungen gegenüber rigiden Kontrollen der Vorzug gegeben wird.

Theorie

Die menschliche Natur

Grundlegend für die Theorie des Neubewertenden Counselings ist die Definition der menschlichen *Intelligenz.* Unter Intelligenz wird die Fähigkeit verstanden, spontan neue und rationale Reaktionsweisen zu entwickeln, die den Anforderungen jeder gegebenen Situation genau entsprechen (Jackins, 1965). Diese Fähigkeit ist es, so wird angenommen, die den Menschen von allen anderen Lebewesen unterscheidet. Trifft der Mensch auf eine neue Situation, werden die eintreffenden Informationen mit gespeicherten Inhalten verglichen. Es werden Erinnerungen an erfolgreiche Reaktionen unter ähnlichen Umständen wachgerufen, und es werden Modifikationen vorgenommen, um Unterschieden in den Situationen Rechnung zu tragen. Diese Elemente werden dann benutzt, um eine neue Reaktion zu kreieren. Gleichzeitig läuft ein *Bewertungsprozeß* ab, bei dem die eintreffenden Informationen in brauchbare Abschnitte aufgeteilt, kategorisiert und im Gedächtnis gespeichert werden, um bei künftigen Reaktionen Verwendung zu finden.

Das Neubewertende Counseling geht außerdem noch von folgenden Annahmen über die menschliche Natur aus. Es wird behauptet, der Mensch werde mit einer wesentlich größeren Kapazität an intelligentem Verhalten geboren, als aus seinem gegenwärtigen Verhalten ersichtlich wird. Von als *Genies* geltenden Menschen wird angenommen, es sei ihnen einfach gelungen, die schädigenden Umstände zu vermeiden, die bei anderen Menschen die Realisierung dieser Fähigkeit behindern. Außerdem wird die Behauptung aufgestellt, *erfolgreiche Menschen* fänden eine natürliche Freude am Leben und sähen es mit allen seinen Ungewißheiten und Problemen eher als einen aufregenden und herausfordernden Prozeß an, nicht aber als einen von Angst geprägten und bedrückenden Kampf. Darüber hinaus wird ein dem Menschen angeborenes Verlangen postuliert, zu kooperieren, zu lieben und geliebt zu werden. Interessenkonflikte werden nicht für unvermeidlich gehalten, sondern eher als Ereignisse betrachtet, die völlig beseitigt werden könnten, hätten die Menschen nur die Freiheit, entsprechend ihrer wahren Natur zu leben. Jede Abweichung von diesem rationalen, Freude bereitenden, kooperativen und Liebe spendenden Funktionsmodus wird als Verzerrung der menschlichen Natur und als Ergebnis einer schädlichen Erfahrung angesehen.

Den Kern der Theorie und Praxis des Neubewertenden Counseling bildet der Unterschied, der mit dem oben beschriebenen Satz von Annahmen zwischen der Intelligenz oder dem rationalen Wesen des Menschen und den dazukommenden *irrationalen* Aspekten gemacht wird. Diese Unterscheidung beruht auf dem postulierten Kriterium für rationales Verhalten – der *Flexibilität*. Rationales Verhalten ist dadurch gekennzeichnet, daß es sich an der Umwelt ausrichtet. Es zeigt ständig Veränderung und Anpassung, um den feinen Nuancen, die jede neu entstehende Situation mit sich bringt, Rechnung zu tragen.

Menschliches Dysfunktionieren

Das zuverlässigste Kennzeichen *irrationaler* Reaktionen scheint ihr rigider, vorweg festgelegter Charakter zu sein. Eine Verhaltensweise ist irrational, wenn sie immer wieder in der gleichen Weise wiederholt wird, ungeachtet in der Umwelt eintretender Veränderungen und ohne Berücksichtigung ihrer möglicherweise unglücklichen Folgen. Jackins stellte in diesem Zusammenhang fest, daß eine unbewußt durchgeführte Handlung nicht unbedingt irrational sein muß; ein großer Teil des rationalen Verhaltens läuft auf unbewußter Ebene ab.

Der NC-Theorie zufolge ist der einzige Grund menschlichen Dysfunktionierens die *Rigidität,* die als Folge einer durch ein traumatisches Ereignis erzeugten Erfahrung von körperlichem oder emotionalem Schmerz zurückbleibt. Zum Zeitpunkt einer solchen Erfahrung tritt unsere Fähigkeit, rational zu denken, außer Kraft und die eintreffenden Informationen, die gewöhnlich analysiert und gespeichert werden, bleiben *unbewertet*. Sie werden im Geist als unverdaute Masse gespeichert, die alles, was sich während der schmerzlichen Episode ereignet hat, in unbearbeiteter Form genau abbildet. Die Gesamtheit dieser direkt gespeicherten Informationen wird als *„Leidensmuster"* bezeichnet. Wird ein Teil dieses Musters angesprochen, so wird die gesamte Einheit erinnert, was wiederum ein festgelegtes, vorbestimmtes Verhaltensmuster auslöst. Da es sich hierbei um einen Prozeß handelt, der nach dem Alles-oder-Nichts-Prinzip verläuft, ist es nicht möglich, einen relevanten Ausschnitt der Information mit anderen Informationen zu kombinieren, um eine völlig neue Reaktion hervorzubringen. Das Endergebnis ist eine allgemeine Abnahme der Intelligenz und eine Neigung, in bestimmten Situationen inadäquat zu reagieren.

Diese unbewertete oder fehl-gespeicherte Informationseinheit erzeugt jedesmal rigides Verhalten, wenn die jeweilige Person auf eine neue Situation trifft, die mit der schmerzlichen Episode ausreichend Ähnlichkeit hat, um die Erinnerung daran wachzurufen. Wurde die Erinnerung einmal aktiviert, ist es, als sei man gezwungen, die ursprüngliche Erfahrung erneut zu inszenieren. Ein *destruktiver Kreislauf* kommt in Gang, da die Information der zweiten Situation ebenfalls unbewertet gespeichert und das Leidensmuster damit ausgeweitet wird; für die Person bedeutet das, sich in Zukunft tendenziell noch irrationaler zu verhalten.

Wird ein bestimmter Satz fehl-gespeicherter Informationen ausreichend häufig reaktiviert, nimmt er chronischen Charakter an und schwindet allmählich aus dem Bewußtsein. *Chronische Leidensmuster* führen zu fixierten Haltungen und emotionalen Stimmungslagen und werden in persönlichen Merkmalen wie Körperspannungen, Tonfall, Körperhaltung oder Gesichtsausdruck manifest. Von der Mehrzahl der irrationalen Kräfte, die auf den Menschen einwirken, wird angenommen, sie seien durch diese chronischen Muster verursacht.

Die chronischen Muster werden sorgfältig von *latenten Mustern* unterschieden, die sich nur unter bestimmten Bedingungen zeigen. Beispielsweise mag jemand zwanghaften Ärger nur dann zum Ausdruck bringen, wenn er mit der Unfähigkeit anderer konfrontiert wird. Eine andere Person dagegen ist scheinbar der ganzen Welt gegenüber böse gestimmt; das wäre der Fall bei jemandem, der ein chronisches, mit Ärger gekoppeltes Muster besitzt. Obwohl sie in Ursprung und Wirkung ähnlich sind, erfordert die Überwindung chronischer Muster wesentlich größere Initiative, Fertigkeiten und Beharrlichkeit des Counselors als die Beseitigung latenter Muster.

Die auf die Unterdrückung der *flexiblen Intelligenz* zurückgehende Einschränkung des menschlichen Potentials ist von beträchtlichem Ausmaß. Nach Meinung von Jackins verwirklichen die meisten, nach herrschendem kulturellem Standard als „erfolgreich" anzusehenden Erwachsenen selten mehr als 10 Prozent ihrer angeborenen Kapazität für eine intelligente, glückliche Lebensform. Anders ausgedrückt, er glaubt, etwa 90 Prozent des Verhaltens dieser Leute bestehe in nichtanpassungsfähigen Denk-, Gefühls- und Reaktionsmuster. Die NC-Theorie sieht darin keinen unwiederbringlichen Verlust. Vielmehr wird angenommen, die flexible Intelligenz ziehe sich einfach zurück und verharre genau in dieser Form in einem Ruhezustand, aus dem sie jederzeit unter günstigen Bedingungen geweckt werden kann.

Wie bereits gesagt, wird von allen schmerzlichen Erfahrungen angenommen, sie seien das Ergebnis *ungünstiger Umweltaspekte*. Die Gesellschaft bildet mit ihren irrationalen Praktiken wie Ausbeutung, Vorurteilen und Kriegen eine Quelle für viele Traumata. Als bedeutsamster Faktor für die Verursachung von Störungen bei Menschen gilt jedoch das Leid, das wohlmeinende Eltern ihren Kindern zufügen. Das gesunde Verhalten eines Kindes kann beim Erwachsenen ein Leidensmuster auslösen, das sich wiederum schädlich auf das Kind auswirkt. Aufgrund seiner noch mangelhaften körperlichen und kognitiven Entwicklung und seiner lange anhaltenden Abhängigkeit von Erwachsenen ist das Kind für diese Art von Schädigung besonders leicht empfänglich. Außerdem wird auf diese Weise erzeugtes Dysfunktionieren noch durch einen *sozialen Lernprozeß* verstärkt, durch den der Mensch die für die Beseitigung solchen Dysfunktionierens notwendige Entladung zu vermeiden lernt. Beispielsweise bringt man Kindern bei, ihre Gefühle zu unterdrücken und statt dessen „brav" und „erwachsen" zu sein. Weigern sie sich, wird zu körperlichen oder gar chemischen Mitteln gegriffen; zum Beispiel werden Kinder geschlagen, oder man gibt ihnen Medikamente, damit „sie ruhiger werden".

Der Prozeß der Wiedergewinnung der Intelligenz

Die vielleicht wichtigste Annahme der NC-Theorie ist, daß der Mensch eine angeborene Fähigkeit besitzt, seine stillgelegte Intelligenz zurückzugewinnen. Dieser Prozeß kann sofort nach Beendigung des Traumas oder der Verletzung einsetzen und führt automatisch zur völligen Wiedergewinnung der Intelligenz, wenn er ungestört ablaufen kann.

An der Wiedergewinnung der Intelligenz sind zwei wesentliche Vorgänge beteiligt, die „Entladung" und „Neubewertung" genannt werden. Entladung besteht im *Abbau von Spannungen*. Dieser Prozeß ist durch eine Reihe von Gefühlen gekennzeichnet, die in bestimmter Ordnung aufeinanderfolgen. Den Anfang der Sequenz bildet der *Schmerz,* der als das heftigste aller Gefühle betrachtet wird. Die Freisetzung von Schmerz manifestiert sich in Tränen und Schluchzen. Nachdem eine solche Entladung wiederholt stattgefunden hat, setzt allmählich das nächste Stadium ein, in dem der Mensch zittert, bebt und in kalten Schweiß ausbricht, Symptome, die für das Abreagieren von *Furcht* kennzeichnend sind. Es folgen heftige Lachanfälle, die als leichtere Form der Furchtentladung gelten. Dann tritt in Form von lauten Worten oder Ausrufen, heftigen Bewegungen und Lachen der Ausdruck von *Ärger* in den Vordergrund. Daran anschließend beginnt die Person, zunächst zögernd, dann mit wachsendem Engagement zu sprechen, um die schmerzhaften Gefühle, die mit *Langeweile* verbunden sind, freizusetzen (Jackins, 1962). Während dieses Prozesses der Entladung werden die fehl-gespeicherten Informationen spontan erinnert und überprüft. Dies kann, muß aber nicht bewußt geschehen.

Auch von körperlichen Schmerzen wird angenommen, es handele sich um gespeicherte Spannungen, die nach Entladung drängen. Es wird jedoch vermutet, daß die mit körperlichem Unwohlsein verbundene Spannung gewöhnlich von einer Schicht emotionalen Leides umgeben ist, die zuerst abgebaut werden muß, bevor der dahinterliegende körperliche Schmerz freigesetzt werden kann. Die Entladung körperlicher Spannungen manifestiert sich äußerlich in Gähnen und manchmal darin, daß sich die Person streckt und kratzt.

Aufgrund eines großen Teils seiner unmittelbar gewonnenen Erfahrung mit dem Neubewertenden Counseling behauptet Jackins, diese spezifische Entladungssequenz trete bei praktisch allen Menschen auf. Mögliche Ausnahmen bilden nur Fälle, in denen wegen eines gelernten Widerstandes gegenüber einem bestimmten Modus der Entladung die Abfolge eine weniger deutliche Form annimmt oder bestimmte Wege der Entladung blockiert sind.

Während der Entladung und im Anschluß daran findet automatisch eine *rationale Bewertung* der fehl-gespeicherten Informationen statt. Zu dieser *Neubewertung* gehört eine Analyse des schmerzhaften Materials, bei der von einem logisch-empirischen Standpunkt ausgegangen wird. Im Verlauf dieser Analyse wird die Masse unbewerteter Informationen in brauchbare Abschnitte unterteilt, kategorisiert und gespeichert. In dieser Form kann sie für die *Kreierung rationalen Verhaltens* genutzt werden. Jackins behauptet, das Ausmaß, in dem Leidensmuster auf diese Weise eine Neubewertung erfahren können, hänge unmittelbar davon ab, wie weit der vorangegangene Entladungsprozeß zu Ende geführt worden ist.

Insgesamt kann der Prozeß der Wiedergewinnung der Intelligenz als ein

Vorgang angesehen werden, in dem ein zunehmend exakteres Bild der Realität gewonnen und verzerrte Konzepte und irrationale Auffassungen aufgegeben werden. Es wird angenommen, der Mensch werde durchgängiger fähig sein, sein Leben zu genießen, zu lieben und sich intelligent zu verhalten, wenn er ein klareres Bild der Realität hat.

Notwendige Bedingungen für die Wiedergewinnung der Intelligenz. Die notwendige und hinreichende Bedingung für die Wiedergewinnung der Intelligenz ist, wie Jackins (1973) behauptet, „die etwa gleichmäßige Verteilung der freien Aufmerksamkeit des Klienten auf den Schmerz, für den Entladung gesucht wird, und auf die äußeren Bedingungen, die im Widerspruch zu diesem Schmerz stehen". Die bloße Anwesenheit eines aufmerksamen Counselors während der Entladung und der Neubewertung ist oft ein bedeutsamer Faktor, durch den das Leidensmuster als unangemessen ausgewiesen wird. Die Wirksamkeit dieses Faktors kann erhöht werden, wenn der Counselor dem Klienten gegenüber Anteilnahme zeigt und zum Ausdruck bringt, daß er ihn ernstnimmt. Inwieweit dem Counselor die Verwirklichung einer solchen Haltung gelingt, hängt davon ab, in welchem Ausmaß er seinen eigenen Schmerz abreagiert, die NC-Theorie angenommen und die Bereitschaft entwickelt hat, sich ganz der Aufgabe zu widmen, den Wiedergewinnungsprozeß des Klienten zu fördern.

Beim Neubewertenden Counseling wird Wert darauf gelegt, durch die *Aufmerksamkeit,* die der Counselor dem Klienten entgegenbringt, eine besondere Form der Beziehung herzustellen. Gibt sich der Counselor als Autorität, und versucht er zu analysieren, zu verstehen und dem Klienten auf andere Weise das Denken abzunehmen, so behindert dies den Prozeß der Rückgewinnung der Intelligenz. Der Wiedergewinnungsprozeß kann nur im Rahmen einer *partnerschaftlichen Beziehung* stattfinden – in der der Klient die Vorgehensweise im wesentlichen selbst bestimmt und so weit wie möglich selber ein Verständnis der Theorie besitzt. Das Entstehen einer solchen partnerschaftlichen Beziehung wird durch den Modus des *Co-Counseling* gefördert, das heißt durch den regelmäßig vorgenommenen *Rollentausch* von Counselor und Klient.

Wenn der Counselor beginnt, die chronischen Leidensmuster des Klienten in Frage zu stellen, kommen weitere Elemente zu dieser Beziehung hinzu. Der Counselor übernimmt eine *aktivere Rolle* beim Identifizieren von Problembereichen und bei der Unterstützung des Klienten, eine Denk- und Handlungsrichtung einzuschlagen, die zur Entladung führen wird. Jackins stellte fest, daß diese Richtung genau entgegen den Inhalten des chronischen Musters laufen und innerhalb wie außerhalb der Sitzungen sorgfältig durchgehalten werden muß, soll das Muster schließlich seinen Einfluß verlieren.

Eine weitere notwendige Bedingung für die Überwindung der Einflüsse in der Vergangenheit erlebten Leides ist, wie die NC-Theorie behauptet, daß man sich in allen seinen Handlungen eher vom *Verstand* als vom Gefühl leiten läßt. Besonders wichtig ist das im Falle der chronischen Muster; um sie erfolgreich zu überwinden, muß man sehr viel Unangenehmes ertragen und ständig gegen den Leidensdruck angehen.

Methoden

Die methodische Grundlage des Neubewertenden Counseling wird von der *aufmerksamen Haltung* des Counselors gebildet, durch die er Anteilnahme und Interesse zum Ausdruck bringt. Es wird behauptet, diese Aufmerksamkeit mache etwa 90 Prozent guten Counselings aus. In erster Linie wird sie dadurch vermittelt, daß der Counselor *gut zuhört*. Allein dadurch läßt sich häufig beim Klienten eine bedeutsame Zunahme der Rationalität erzielen. Die zweitwesentlichste Form, Aufmerksamkeit zu zeigen, besteht im *Fragenstellen*. Damit wird nicht die übliche Absicht verfolgt, Daten zu sammeln, sondern dem Klienten soll dadurch versichert werden, daß der Counselor Interesse an ihm hat, und durch die Fragen soll die Aufmerksamkeit des Klienten wieder so ausgerichtet werden, daß sie in gleichen Teilen dem Leidensmuster und den realen Gegebenheiten, die im Widerspruch dazu stehen, gilt.

Die folgende Besprechung von Techniken liefert nur eine sehr allgemeine Beschreibung des Neubewertenden Counseling. Der eigentliche Kern der Methode besteht darin, für jede Situation mit einem bestimmten Klienten spontan eine spezifische Maßnahme zu entwickeln. Zwar sind Theorie und allgemeine Richtlinien für die Verfahrensweise von Bedeutung, sie bilden jedoch keinen Ersatz für die *ständige Wachsamkeit,* die notwendig ist, um jeden Klienten und jede Situation als vollkommen einzigartige Gegebenheit zu behandeln.

Spektrum der Techniken

Eine ständige Gefahr für den Counselingprozeß bildet die Wiederbelebung eines Musters, das so bedeutsam ist, daß es die gesamte freie Aufmerksamkeit des Klienten in Anspruch nimmt, ohne einen Teil übrig zu lassen, der dazu dienen könnte, das schmerzhafte Material von einem sicheren und objektiven Standpunkt aus zu betrachten. Obwohl der Klient in solchen Augenblicken äußerlich oft ruhig erscheint, ist kein weiterer Fortschritt möglich. Diese Gefahr kann vermieden werden, wenn man mit einem *Spektrum von Techniken* arbeitet. Man beginnt an einem Ende des Spektrums, indem man Methoden einsetzt, die sehr wenig freie Aufmerksamkeit des Klienten erfordern, und geht dann allmählich zu Maßnahmen über, die zunehmend mehr Aufmerksamkeit verlangen. Scheint sich die Gefahr einer Überstimulation anzubahnen, kehrt man zu der vorangegangenen Technik, die sich als wirksam erwiesen hat, zurück.

Eine der ersten Methoden des Spektrums besteht darin, die Aufmerksamkeit des Klienten auf verschiedene *Aspekte der Umwelt* zu lenken. Man vermutet, auf diese Weise freigesetzte Aufmerksamkeit werde für das rationale Denken verfügbar, was zu einer Steigerung des Wohlbefindens des Klienten führt. An nächster Stelle in der Hierarchie kommt eine Reihe von *Erinngerungsübungen,* die ebenfalls auf einfacheres Material abzielen. Zunächst wird der Klient aufgefordert, sich an erfolgreiche oder angenehme Augenblicke zu erinnern. Dann wird er gebeten, sich in rascher Abfolge ganz bestimmte Dinge ins Gedächtnis zu rufen; begonnen wird mit gewöhnlichen Erinnerungen, es folgen Erinnerungen an rationale Aktivitäten, bis dann wieder zu Erinnerungen an Erfolge oder angenehme Erfahrungen zurückgekehrt wird. Mit dem *Wechsel der*

Erinnerungsinhalte soll vermieden werden, daß ein zu großer Teil der freien Aufmerksamkeit durch besonders schmerzhafte Ereignisse, an die sich der Klient vielleicht erinnert, aufgesaugt wird. Sobald sich mehr und mehr freie Aufmerksamkeit ansammelt, fordert der Counselor den Klienten auf, sich in schneller und zufälliger Abfolge an leicht schmerzhafte Ereignisse zu erinnern. Durch diesen Prozeß wird weitere Spannung freigesetzt. Hat sich genügend freie Aufmerksamkeit angespeichert, kann zu einem Verfahren übergegangen werden, bei dem der Klient gebeten wird, sich seine *früheste Erinnerung* an ein Ereignis ganz bestimmter Art ins Gedächtnis zu rufen, und von dort ausgehend sich an immer spätere Ereignisse ähnlicher Natur zu erinnern, bis er in der Gegenwart anlangt. Dieser Prozeß wird sehr oft wiederholt, wobei der Klient die Liste seiner Erinnerungen durch weitere Erfahrungen, die ihm ins Gedächtnis kommen, ergänzt. Dabei wird ein Punkt erreicht, an dem es dem Klienten schwerfallen wird, die Reihe seiner Erinnerungen fortzusetzen, da *Entladung* und *Neubewertung* stattfinden und weil die Erinnerungen zunehmend dem Einflußbereich eines bestimmten Leidensmusters entzogen werden.

Einige Erinnerungen gewinnen an Lebendigkeit, anstatt zu verblassen. Sie sind von starken Spannungen begleitet und erfordern den Einsatz gründlicher Entladungstechniken, die von den oben genannten insofern verschieden sind, als die Entladung gewöhnlich einen größeren Betrag schmerzhafter Gefühle freisetzt und sich über einen längeren Zeitraum erstreckt. Damit dieser Prozeß in die Wege geleitet werden kann, wartet der Counselor auf Anhaltspunkte beim Klienten, anhand derer er erkennt, ob emotional besetztes Material besprochen wird. Dann wird die Aufmerksamkeit des Klienten auf diesen Punkt gelenkt, und er wird zur Entladung ermutigt. Die Ermutigung kann einfach dadurch geschehen, daß der Counselor dem Klienten gegenüber Aufmerksamkeit zeigt und ihn freundlich und direkt anblickt; er kann auch die Hand des Klienten halten und sich dabei warm und entspannt geben. Nach einer Weile wird der Klient dazu neigen, seine Aufmerksamkeit abschweifen zu lassen. Es liegt beim Counselor, sie immer wieder zu dem speziellen Gedanken oder Ausdruck zurückzubringen, der die Entladung bewirkt, bis keine Spannung mehr übrig ist.

Ein Klient wird vielleicht in zwanghafter Weise, aber ohne es zu wollen, das Auftreten der Entladung blockieren. Solche Blockaden werden *Kontrollmuster* genannt. Sie bestehen teilweise aus zum Zeitpunkt des Widerstandes beobachtbaren Verhaltensweisen. Da solche Blockaden wiederholt und in festgelegter Form eingesetzt werden, besteht eine Möglichkeit zu ihrer Durchbrechung darin, den Klienten zu Handlungsweisen aufzufordern, die diesem Verhaltensmuster zuwiderlaufen. Sitzt ein Klient beispielsweise zusammengesunken auf seinem Stuhl und trägt einen düsteren Gesichtsausdruck zur Schau, der auf ein *depressives Kontrollmuster* hinweist, kann man ihn auffordern, sich gerade hinzusetzen und Lebensbegeisterung in seiner *Mimik* auszudrücken. Wenn er über seine Erfahrungen, die er dabei macht, spricht, folgt wahrscheinlich die Entladung.

Soweit sind Techniken beschrieben worden, die für die Überwindung *latenter* Leidensmuster geeignet sind. Bei ihnen lenkt der Klient einen Teil seiner Aufmerksamkeit auf das schmerzhafte Material. Bei *chronischen* Mustern muß der Counselor einen genügend großen Teil der Aufmerksamkeit von solchem Material weglenken, damit dem Klienten die Möglichkeit gegeben ist, eine rationale und sichere Position einzunehmen, von der aus er arbeiten kann.

Außerdem ist es bei chronischen Mustern notwendig, über die oben beschriebenen permissiven Methoden hinauszugehen und wesentlich *aktiver* und *direktiver* zu werden.

Wird ein Muster chronisch, so sieht die Person dieses Muster vielleicht nicht länger als Problem oder als eine von ihr losgelöste Einheit. Folglich muß der Therapeut eine *aktive Rolle* übernehmen, um diese Muster ausfindig zu machen und als fremde Elemente zu identifizieren. Identifiziert werden sie, indem man *rigide* Verhaltensweisen ausmacht, wie eine monotone Stimme oder einen unbeweglichen Gesichtsausdruck. Die nächste Aufgabe des Counselors besteht darin, eine *Gegenrichtung* zu entwickeln – einen Weg, auf dem der Klient das Muster zu jeder Zeit in Frage stellen und widerlegen kann. Zur Bekämpfung eines depressiven Musters mag zum Beispiel gehören, daß man den Klienten zwingt, aktiver zu werden, in positiven Begriffen zu sprechen und aufsteigende negative Gedanken zu hinterfragen. Ist eine solche Vorgehensweise einmal etabliert und gelingt es dem Counselor, den Klienten dafür zu gewinnen, besteht dennoch die Schwierigkeit, sie durchzuhalten.

Das chronische Muster drängt den Klienten ständig, den angemessenen Handlungsverlauf zu vergessen, und es stiftet Verwirrung. Solche Hindernisse ergeben sich aufgrund der Tendenz des chronischen Musters, die freie Aufmerksamkeit des Klienten ganz in Anspruch zu nehmen und nichts übrig zu lassen, womit er einen objektiven Standpunkt einnehmen könnte. Dieser Kraft wirkt das Bemühen entgegen, zu allen Zeiten rational zu denken, was einen Aspekt aller Gegenbewegungen gegen chronische Muster bildet. Während dieser Phase besteht die Rolle des Counselors darin, das Muster zusammen mit dem Klienten *rücksichtslos zu bekämpfen* und dem Klienten gleichzeitig *Liebe* und *Unterstützung* entgegenzubringen. Der Klient muß häufig daran erinnert werden, welche Richtung er einschlagen muß, um gegen das Muster anzugehen. Dafür können besondere Hilfsmittel eingesetzt werden, wie *schriftliche Gedächtnisstützen* oder *Verdeutlichung des gewählten Handlungsverlaufs*. Als weitere Maßnahme zur Bekämpfung der Tendenz des chronischen Leidensmusters, Verwirrung und Vergessen zu verursachen, dient die Anregung des Klienten, einen Set *klar formulierter Ziele* zusammenzustellen. Diese Ziele sollen den Handlungsverlauf auf allen Ebenen bestimmen (auf der Ebene des Selbst, der Familie, der Menschheit usw.); sie können kurzfristiger und langfristiger Natur sein.

Unter den vielen Möglichkeiten, gegen die chronischen Muster anzugehen, befinden sich einige, die sich für die Bekämpfung fast aller Leidensmuster als geeignet erwiesen haben. Dazu gehört beispielsweise der *Prozeß bedingungsloser Selbstvalidierung*. Diese Maßnahme ist besonders wirksam im Kampf gegen die Eigenschaft des chronischen Musters, Verwirrung und Vergessen zu stiften, da sie klar definiert und gut ausgearbeitet ist und vom Klienten logisch verstanden werden kann, bevor er sich auf sie einläßt. Durch die Unterscheidung zwischen der Person, die in jeder Hinsicht gesund und gut ist, und dem Muster, das auf Kosten dieser Person existiert, wird klar, daß die wirkliche Person, die hinter der Nebelwand der Irrationalität liegt, ohne Tadel ist.

Im einzelnen gehört zu diesem auf Besserung gerichteten Prozeß, daß der Klient sich selbst und anderen gegenüber in Worten, Tonfall, Haltung und Gesichtsausdruck uneingeschränkte *Selbstachtung* zum Ausdruck bringt. Unvermeidlich werden Zweifel an der Gültigkeit dieser Aussagen auftreten. An solchen Stellen wird der Klient ermutigt, trotz dieser Zweifel weiterzumachen. Treten echte das Selbst invalidierende Gedanken auf, soll der Klient sich zwingen, sie zu überprüfen und ihnen *laut zu widersprechen*. Allein dadurch kann bereits die Gültigkeit der negativen Gedanken wirksam in Frage gestellt werden; gewöhnlich ist es jedoch notwendig, daß der Klient damit fortfährt, das genaue Gegenteil der negativen Inhalte auszudrücken. Beispielsweise mag sich jemand bei dem Gedanken erwischen, hoffnungslos langsam und unfähig zu sein. Dieser Gedanke würde dann in sein Gegenteil verkehrt, indem die Person erklärt, ausgesprochen fähig und geschwind zu sein. Solchen Erklärungen folgt häufig eine Entladung.

Gleichgültig, ob man gegen ein chronisches oder ein latentes Muster arbeitet, die entscheidende Gefahr für den Klienten wie den Counselor besteht immer in der Aufgabe des kritischen Denkens. Dem Neubewertenden Counseling zufolge erliegt man wahrscheinlich wieder den alten Mustern, sobald man zu denken aufhört. Zur Aufrechterhaltung des kritischen Denkens ist es notwendig, ständig wachsam zu sein und viel Unbehagen zu ertragen. Jackins bemerkt jedoch, man habe trotz des Unbehagens die Befriedigung, zu wissen, daß man sich einem äußerst wertvollen Ziel nähert.

Die wesentliche Methode zur *Befreiung von körperlichem Schmerz* besteht im Bemühen um Entladung der damit verbundenen emotionalen Spannungen. Es sollte vermieden werden, die Aufmerksamkeit des Klienten direkt auf den körperlichen Schmerz zu lenken, der dadurch nur noch stärker werden kann. Eine vollständige Freisetzung von Gefühlen führt automatisch zum *Gähnen*, einem Zeichen für körperliche Entladung. An diesem Punkt sollte der Counselor fortfahren, die Aufmerksamkeit des Klienten auf den Gedanken oder Ausdruck zu lenken, der das Gähnen ausgelöst hat. In dieser Weise sollte vielleicht stundenlang verfahren werden, bis der Punkt solange wie möglich bearbeitet worden ist.

Als Ergänzung zum Co-Counseling wird beim Neubewertenden Counseling auch Gebrauch vom *Gruppencounseling* gemacht. In der Gruppe wird jedem Mitglied der gleiche Betrag an Zeit zur Verfügung gestellt, um vor der Gruppe zu tun, was immer ihm emotionale Erleichterung verschafft. In diesem Rahmen werden Entladung und Neubewertung beschleunigt, wahrscheinlich weil sich die Wirkung der Aufmerksamkeit jedes einzelnen Mitglieds mit der der anderen addiert.

Auch Unterricht im Co-Counseling ist ein integraler Bestandteil des NC-Ansatzes. Durch regelmäßige Teilnahme werden die Co-Counselingpaare fähig, einen hohen Motivationsstand und eine wirksame Richtung bei der Bekämpfung der Leidensmuster beizubehalten. Ohne diese Form der Unterstützung verlieren Klient und Counselor häufig ihre Perspektive, und die Leidensmuster beginnen die Grundlage für Entscheidungen zu bilden, die den Klienten wie den Counselor in eine Sackgasse führen. Außerdem hat man festgestellt, daß dieser Unterricht, und damit auch die einzelnen Co-Counselingsitzungen, besser verlaufen, wenn sie im Rahmen einer starken örtlichen NC-Gemeinschaft stattfinden. Die Gemeinschaft, innerhalb der Neubewertendes Counseling praktiziert wird, hat sich als ein wesentlicher Aspekt dieser Methode erwiesen.

Anwendungsbereiche

Langfristig wird angestrebt, Neubewertendes Counseling für jeden nützlich zu machen, selbst für Menschen, die sehr stark leiden. Gegenwärtig ist die Entwicklung jedoch noch nicht so weit fortgeschritten, daß dieses Verfahren bei schwer gestörten Menschen angewandt werden kann. NC-Gemeinschaften bemühen sich, die notwendigen Bedingungen herzustellen, indem sie nur solche Personen als Mitglieder aufnehmen, die mit einem relativ geringen Aufwand an Zeit und Energie erfolgreiche Co-Counselors werden können. In dieser eingeschränkten Form geht der Wirkungsbereich des Neubewertenden Counseling über nationale und kulturelle Grenzen hinaus.

Das Neubewertende Counseling hat eine wichtige Funktion im *Kampf gegen soziale Unterdrückung* gewonnen, da es ihm hilft, rigide Reaktionsweisen zu überwinden, wodurch seine Bemühungen erfolgreicher werden. Jackins' Engagement in Gruppen, die sich für Befreiung einsetzen, ergab sich ursprünglich aus seiner Einsicht, es sei nicht ausreichend, sich nur von den schädlichen Wirkungen der Vergangenheit zu befreien. Ihm wurde klar, daß dem Menschen durch die irrationalen Vorgänge in der Gesellschaft täglich so viel neues Leid zugefügt wird, daß auch diesen Kräften entgegenzutreten ist.

Die erste entscheidende Initiative für die Anwendung der NC-Prinzipien in diesem Bereich entstand, als Jackins die Entdeckung machte, für die Aufrechterhaltung aller Unterdrückung sei scheinbar ein bestimmtes Leidensmuster verantwortlich. Sein Inhalt bestehe, wie er sagt, in der Auffassung, daß „es jenseits unserer Macht liegt, die uns unterdrückenden Situationen zu ändern ... und wir uns ihnen ‚anpassen' müssen" (Jackins, 1978, S. 25). Von dieser Ansicht wird behauptet, sie verschleiere die natürliche Neigung des Menschen, die Initiative zu ergreifen und Lösungen für die im Leben auftretenden Schwierigkeiten zu suchen. Mit der Entdeckung dieser Auffassung wurde es für Jackins klar, daß der Weg zur Befreiung von sozialer Unterdrückung über die *Befreiung des einzelnen von seinen festgelegten Mustern der Hilflosigkeit* führt.

Theorie und Methode des Neubewertenden Counseling wurden auch erfolgreich auf *Unterrichtssituationen* angewandt. Der NC-Theorie zufolge besitzt der Mensch eine Menge ungenutzter Intelligenz sowie eine natürliche Lernbegier, die ebenfalls durch von der Umwelt zugefügtes Leid blockiert ist. In den meisten Unterrichtssituationen bleiben diese Eigenschaften verdeckt, da keine Vorkehrungen für ihre Freisetzung getroffen werden. Die Studenten kommen mit einer depressiven, ängstlichen oder feindseligen Haltung, in der sie häufig verbleiben, was ihnen wenig freie Aufmerksamkeit läßt, um neue Informationen zu verdauen. Noch schlimmer ist, daß viele Lehrer dem bereits herrschenden Leid noch weiteres hinzufügen, indem sie nicht den Unterschied zwischen dem Studenten und seinem natürlichen Wunsch zu lernen und dem Muster, das einen Widerstand dagegensetzt, erkennen. Folglich versuchen sie, das äußerlich sichtbare Muster zu manipulieren und zu kontrollieren, während die eigentliche Person des Studenten, die dahinter verborgen ist, unbeachtet bleibt.

Dem Neubewertenden Counseling zufolge besteht die Hauptaufgabe des Lehrers darin, die Studenten in einen Zustand zu versetzen, in dem sie entspannt sind und sich wohlfühlen. Es wird angenommen, dies könne nur durch eine wirksame Nutzung der Prozesse der Entladung und der Neubewertung geschehen. Es sollte beachtet werden, daß einem Studenten, der sehr stark leidet, in der Unterrichtssituation nicht genügend Aufmerksamkeit geschenkt werden kann. Andere Studenten werden sich jedoch spontan auf die Suche nach neuen Informationen begeben, wenn man ihnen ausreichend Zeit widmet.

Der notwendige Affekt kann zum großen Teil während des Lernprozesses erregt werden. Beispielsweise kann chronischen Gefühlen der Einsamkeit durch eine freundliche Berührung und einen anteilnehmenden Blick des Lehrers widersprochen werden. Verbreitete Leidensursachen, wie *Invalidierung,* können vermieden werden, indem man die Studenten fühlen läßt, daß sie als die Personen, die sie sind, geliebt werden, und indem man ihre starken Seiten hervorhebt, anstatt durch Kritik zu belehren. Außerdem wird empfohlen, Zensurensysteme grundlegend zu revidieren oder besser ganz abzuschaffen. Zensuren werden nur als eine weitere Quelle der Invalidierung angesehen. Den Studenten, die sich nicht durch ausgezeichnete Leistungen hervortun, wird durch die Note gesagt, sie seien in irgendeiner Weise unvollkommen. Mit schlechten Zensuren wird auch ausgedrückt, der jeweilige Student sei für seine ungenügenden Leistungen verantwortlich und verdiene folglich auch, getadelt zu werden. Das Neubewertende Counseling behauptet, es sei unnötig, Studenten mittels eines Systems von Auszeichnungen und schlechten Zensuren zu motivieren, da die Lernsituation selbst mehr als genug Anreiz biete.

Die Lernsituation kann weiter verbessert werden, indem man die Lernenden andere Lernende unterrichten läßt. Genauso, wie eine partnerschaftliche Beziehung die günstigste Bedingung für das Counseling darstellt, scheint ein ähnlicher Rahmen auch für den Lernprozeß am geeignetsten zu sein.

Auch bei *Beziehungsproblemen* kann das Neubewertende Counseling angewandt werden. Wegen der Komplexität der Interaktionen, die sich entwickeln mag, kann es in diesem Bereich anfänglich schwieriger sein, mit dieser Methode Fortschritte zu erzielen. Anstatt auf ein Leidensmuster ist jetzt auf zwei oder mehr zu achten, die sich manchmal gegenseitig auslösen und so zu einer Kettenreaktion führen, die nur schwer aufzubrechen ist. Häufig muß eine Person eingesetzt werden, die eine neutrale Rolle übernimmt und damit als Puffer fungiert, der eine solche gegenseitige Beeinflussung verhindert. Dies kann erreicht werden, indem man gewisse Regeln festlegt; zum Beispiel kann man von den Partnern verlangen, Kommentare, die beim anderen potentiell ein Leidensmuster aktivieren, an die neutrale Person zu richten; oder man läßt jeden Partner die Verpflichtung eingehen, den anderen ausreden zu lassen. Der Einsatz einer neutralen Person wird als vorübergehende Phase angesehen, die beendet wird, sobald sich die Teilnehmer genügend von ihrem Leid befreit haben, um in Zukunft das gegenseitige Auslösen von Leidensmustern vermeiden zu können. Ab diesem Punkt wird dann den üblichen Regeln des Co-Counseling gefolgt. Ehepartner, die gelernt haben, wirksam in dieser Weise aufeinander einzugehen, können dann ihre Kinder dazunehmen. In dieser Situation sind oft *Kleingruppensitzungen* nützlich, in denen die Mitglieder gegenseitig ihre Wertschätzung ausdrücken können.

Einen weiteren Anwendungsbereich für das Neubewertende Counseling bildet die *Drogenabhängigkeit.* Der NC-Theorie zufolge unterscheiden sich die Ursachen dieser Form der Abhängigkeit nicht von denen anderer rigider und zwanghafter Verhaltensweisen. Durch Einnahme der Droge wird der Körper verletzt. Wie bei der Erfahrung emotionaler Traumata bleibt die zu diesem Zeitpunkt eintreffende Information unbewertet und wird in völlig unbearbeiteter Form als genaues Abbild aller zu diesem Zeitpunkt stattfindender Ereignisse gespeichert. Diese Art der Aufzeichnung schmerzhafter Ereignisse zwingt den Menschen, die schmerzliche Erfahrung zu wiederholen, wenn sie durch der ursprünglich traumatischen Situation ähnliche Umstände aktiviert wird. Auf diese Weise wird der Alkohol- oder Heroinabhängige gezwungen, die Einnahme seiner Mittel fortzusetzen.

Zunächst wird der Drogenabhängige durch den gleichen Faktor zur Einnahme von Drogen veranlaßt, der auch zu Formen der Abhängigkeit führt, die nichts mit Drogen zu tun haben, wie das zwanghafte Aufschieben von Dingen, die erledigt werden müssen, oder aggressive Ausbrüche. Als Reaktion auf den Schmerz neuaktivierter Leidensmuster ist man gezwungen, jede Möglichkeit zu ergreifen, die die schmerzhaften Gefühle unmittelbar abzutöten vermag, ungeachtet der langfristigen Folgen. Selbst wenn Drogen Schaden anrichten, ermöglichen sie doch häufig eine solche kurzfristige „Flucht". Da Drogenabhängigkeit aufgrund ähnlicher Prozesse entsteht und aufrechterhalten wird wie andere Formen des Dysfunktionierens, kann sie auch in ähnlicher Weise behandelt werden.

Wie Jackins entdeckte, kann das Neubewertende Counseling auch als eine Art *erster Hilfe bei Körperverletzungen* verwandt werden. Es ist ein Kennzeichen körperlicher Störungen, daß sie von einer Schale emotionaler Spannungen umgeben sind, die abgeworfen werden muß, bevor mit der körperlichen Entladung begonnen werden kann. Für einen kurzen Zeitraum direkt im Anschluß an die Verletzung trifft dies jedoch nicht zu. Scheinbar dauert es eine Weile, bis eine Schicht emotionalen Leides gebildet ist. Bevor dies geschieht, ist es möglich, die Aufmerksamkeit direkt auf das körperliche Unwohlsein zu lenken und die realen Umstände der Verletzung zu analysieren, womit Entladung ausgelöst wird. Wenn man sich ausreichend häufig auf dieses Material konzentriert und es in seinem vollen Umfang erfährt, erzielt man die völlige und anhaltende Beseitigung des Schmerzes sowie eine Beschleunigung des Heilungsprozesses (Jackins, 1962).

Fallbeispiel

Die folgende Fallgeschichte wurde einem aus erster Hand stammenden Bericht entnommen. Daten, die zur Identifizierung der Klientin führen könnten, wurden geändert.

Die Klientin (K.) war eine junge Frau. Ihr Vater (V.) hatte sich in den vergangenen 13 Jahren wiederholt wegen manischer Depression und Selbstmordversuchen in Kliniken aufgehalten. V. wurde zum ersten Mal in eine Klinik aufgenommen, als K. sieben Jahre alt war. Zu diesem Zeitpunkt begann K. sich schuldig zu fühlen, seine „Krankheit" nicht verhindert zu haben. Außerdem begann sie, ihren Vater zu hassen, und verlor schließlich jegliche Achtung vor ihm. K. wurde in ihrem Selbstausdruck immer gehemmter, da sie sich fürchtete, schmerzhafte Gefühle freizusetzen, die in ihr aufkamen. Sie fürchtete, falls sie das tue, werde sie ebenfalls für verrückt erklärt.

Als sie zum ersten Mal mit der optimistischen Auffassung des Neubewertenden Counseling über die menschliche Natur bekannt wurde, begann K. zu hoffen, ein Teil ihres Leides könne beseitigt werden, wenn sie eine neue, rationalere Sichtweise ihres Vaters und ihrer vergangenen Erfahrungen mit ihm entwickle. Sie fing mit dem Co-Counseling an und drückte zum ersten Mal eine Menge Ärger und Kummer über den Zustand ihres Vaters aus. Mit Fortschreiten dieses Prozesses begann sie ihre Erfahrungen, die sie mit V. gemacht hatte, mit alten Freunden zu teilen, ein Verhalten, vor dem sie sich früher gefürchtet hatte.

Das Counseling führte schließlich zur Klärung eines chronischen Musters, dessen Inhalt dergestalt war, daß es bei K. ein Gefühl der Machtlosigkeit erzeugte. Obwohl sie sich sehr weit geöffnet hatte, war K. sehr besorgt, ihre Entladung könne an einem Punkt so starke Ausmaße annehmen, daß man sie für zu „krank" halten würde, um in der NC-Gemeinschaft zu verbleiben. Indem sie immer mehr ihren Verstand zum rationalen Denken einsetzen konnte, begann sie zu verstehen, worin diese chronische Furcht wurzelte und wie sie mit der völligen Zurückweisung, die sie durch ihren Vater erfuhr, zusammenhing. Sie erkannte, daß ihre Angst, für verrückt gehalten zu werden, als Reaktion auf die unterdrückenden Kräfte der Kultur entstand, die dazu beitragen, daß sich Menschen hoffnungslos auf eine Rolle festgelegt fühlen, wenn sie einmal für „krank" erklärt worden sind. Aus dieser Furcht heraus hielt sie auch an ihrer Auffassung über ihren Vater als zerstörter Person fest; damit konnte sie sich selbst und anderen ihre eigene Normalität bestätigen.

Im Rahmen des NC-Gruppencounseling traf sie andere Personen, die den „psychischen Zusammenbruch" eines Elternteils erlebt hatten. Folglich begann sie, sich weniger dafür zu schämen und eine größere Bereitschaft zu entwickeln, dem damit verbundenen Leid ins Auge zu sehen und es mit anderen zu teilen. Während einer dieser Sitzungen wurde eine Gegenmaßnahme entdeckt, mittels der sie sowohl gegen ihre Auffassung von ihrem Vater als krankem Mann wie auch gegen ihre Furcht vor völliger Offenheit angehen konnte. Dazu gehörte, sogenannte „kranke" Menschen im Denken und Handeln ernstzunehmen und zu akzeptieren und darauf hinzuarbeiten, sie als im Kern gute und gesunde Personen zu betrachten, die äußerst schmerzlichen Erfahrungen zum Opfer gefallen sind.

Kurz nachdem sie sich auf diese Richtung eingelassen hatte, wurde die Klientin informiert, daß ihr Vater an seinem gegenwärtigen Aufenthaltsort gewalttätig geworden war, und man verlangte, daß er ihn verließ. Das konnte einen neuen Krankenhausaufenthalt bedeuten, was in K. die Furcht wiederaufleben ließ, ihr Vater könne einen weiteren Selbstmordversuch unternehmen. Außerdem hegte sie den Wunsch, ihrem Vater nahe zu sein, hatte aber gleichzeitig Angst, seiner Irrationalität ausgesetzt zu sein. Mit Hilfe ihres Co-Counselors gelang es K., einen Teil ihrer Furcht vor einem weiteren Versagen ihres Vaters zu entladen und wirksame Mittel zu planen, durch die sie V. unterstützen konnte, während sie gleichzeitig an ihrer vorher eingeschlagenen Richtung festhielt. Damit sie das erreicht, muß K. ständig nach dem wirklichen Vater, der hinter den Leidensmustern verborgen ist, Ausschau halten und ihn ernstnehmen. Anstatt ihn zu kritisieren, muß sie seine starken Seiten unterstützen, dabei aber gleichzeitig gegen ihren Wunsch angehen, die Verantwortung für sein Wohlbefinden zu übernehmen, da auch darin eine Form der Invalidierung gesehen wird, bei der der Glaube an seine Unfähigkeit gestärkt wird.

K.s Counselor entschied sich dafür, ihr zusätzliche Unterstützung zu geben, indem er sie bei ihrem ersten Besuch, den sie ihrem Vater abstattete, begleitete. Während dieser Zusammenkunft unterbrach der Counselor manchmal die Tendenz von K., zu viel für ihren Vater zu tun, während er an anderen Stellen die Art und Weise, wie sie ihren Vater unterstützte und ihm Wertschätzung entgegenbrachte, verstärkte. Durch diesen Prozeß begann die Klientin, ihren Vater in neuem Licht zu sehen. Sie bemerkte sein echtes Interesse an anderen Menschen und der Umgebung, sie erkannte, wie gut er es geschafft hatte, zu überleben und sich Hilfe zu holen, und sie begann, stärkeres Vertrauen in seine Fähigkeit zu entwickeln, sich von seinem Leiden zu befreien. V. fühlte sich seinerseits sicher genug, Dinge über sich selbst zu offenbaren, die er vorher seiner Tochter gegenüber nicht erwähnt hatte.

Mit Hilfe seiner Tochter ist es V. gelungen, eine neue Krankenhauseinweisung zu vermeiden. Er wohnt jetzt für sich alleine und sorgt für sich selbst. K. unterscheidet weiterhin zwischen der Person des Vaters und seinem Leidensmuster, und sie behält den Vater, den sie liebt, im Auge. Als Folge davon ist es ihr gelungen, die unbedingte Anerkennung, die sie für ihren Vater und seinen Lebensstil entwickelt hat, beizubehalten, was wiederum eine stärkere Selbstanerkennung bei ihr bewirkt hat. Außerdem ist K. inzwischen sozial aktiv geworden, indem sie gegen die repressiven Kräfte im psychosozialen Bereich ankämpft.

Zusammenfassung

Jackins behauptet, die Theorie des Neubewertenden Counseling sei ein streng wissenschaftliches System. Sie wurde auf *induktivem* Weg entwickelt; Schlußfolgerungen wurden nur aufgrund der Ergebnisse von aus erster Hand stammenden Erfahrungen gezogen. Zusätzlich wurde ein *deduktives* System entwickelt, um logische Konsistenz zwischen den Grundannahmen des Neubewertenden Counseling zu gewährleisten. *Eklektischen* Ansätzen, bei denen Techniken und Theoreme zusammengestellt werden, ohne auf ihre logische Konsistenz zu achten, sie genauen empirischen Kontrollen zu unterziehen und anschließend die Möglichkeiten zu ihrer Verallgemeinerung zu überprüfen, wird mit Skepsis begegnet.

Man ist nicht daran interessiert, mit dem Neubewertenden Counseling eine Theorie und Praxis zu entwickeln, die nur für eine bestimmte Gruppe der Population gilt. Vielmehr bemüht man sich um die Ausarbeitung eines Ansatzes, der *bei allen Menschen, in allen Situationen* und *zu allen Zeiten* wirksam sein wird.

Eine der wichtigsten Annahmen des Neubewertenden Counseling betrifft die menschliche Natur. Es wird behauptet, der Mensch werde mit einem riesigen Betrag an *Intelligenz* und *Lebensfreude* geboren und mit dem *Wunsch, zu lieben* und *geliebt zu werden*. Menschliches Dysfunktionieren wird nicht als Schwäche gesehen, sondern eher als ein fremdes Element, das auf Kosten der im Kern gesunden Person existiert. Dieses fremde Element unterscheidet sich in Ursprung und Natur von allen menschlichen Eigenschaften. Es entspringt der Erfahrung emotionalen oder körperlichen Leides, welche bewirkt, daß die zum Zeitpunkt der Verletzung eintreffenden Informationen in Form eines rigiden

Musters gespeichert werden. Die Natur allen emotionalen Dysfunktionierens, gleichgültig, welcher Form und Stärke, besteht im wesentlichen in der Wirkung, die eintritt, wenn man gezwungen ist, einer neuen Situation mit festgelegten und zwanghaften Verhaltensweisen zu begegnen, die durch diese rigiden Informationsmuster hervorgerufen werden. Eine zwanghafte Wiederholung findet dann statt, wenn die neue Situation Ähnlichkeit mit der ursprünglichen hat.

Von Vertretern des Neubewertenden Counseling wird auch behauptet, der Mensch brauche sich nicht an „Autoritäten" zu wenden, um Heilung oder Antworten zu finden. Die für die Heilung notwendigen Prozesse sind alle Teil der natürlichen Ausstattung des Menschen. Hilfe von außen hat nur die Funktion, die *geeigneten Bedingungen herzustellen,* damit die heilenden Kräfte spontan in Form von *Entladung* und *Neubewertung* wirksam werden können. Der Klient behält völlige Kontrolle über diesen Prozeß, er denkt für sich selbst und findet seine eigenen Lösungen. Der Counselor verhält sich dem Klienten gegenüber wie ein *Partner*. Direktiv wird er nur gegenüber dysfunktionalen Momenten beim Klienten, niemals gegenüber der dahinterliegenden Person.

Betrachtet man alle Formen der Irrationalität als etwas der menschlichen Natur Fremdes, für das es bestimmte Ursachen und bestimmte Möglichkeiten zur Abhilfe gibt, so hat man damit eine weitere wichtige Auffassung des Neubewertenden Counseling vor sich. Dysfunktionen, wie stark sie auch sein mögen, sind nicht etwas, das der Mensch als Teil seines Lebens akzeptieren muß. Es wird angenommen, solche Formen des Mißgeschicks könnten völlig und anhaltend überwunden werden.

Das Neubewertende Counseling zeichnet sich durch die verschiedenen Bereiche aus, in denen es Verantwortung übernimmt. Es beschränkt sich nicht auf persönliche Befreiung und betrachtet in der Gesellschaft notwendige, grundlegende Veränderungen nicht als entferntes oder unerreichbares Ziel. *Persönliches Wachstum* und *tiefgreifende soziale Veränderungen* werden als integrale Bestandteile des gleichen Prozesses gesehen; in beiden Bereichen wird der Fortschritt gefördert. Außerdem glaubt Jackins, das Neubewertende Counseling besitze vielleicht die Mittel, alle menschliche Irrationalität zu besiegen und eine der grundlegendsten Revolutionen, die jemals stattgefunden haben, hervorzubringen.

Literatur

Jackins, H. *Fundamentals of co-counseling manual.* Seattle: Rational Island Publishers, 1962.

Jackins, H. *The human side of human beings.* Seattle: Rational Island Publishers, 1965.

Jackins, H. *The human situation.* Seattle: Rational Island Publishers, 1973.

Jackins, H. *The upward trend.* Seattle: Rational Island Publishers, 1978.

Schiff, T. Reevaluation counseling: Social implications. *Journal of Humanistic Psychology,* 1972, **12,** 58–70.

Somers, B. Reevaluation therapy: Theoretical framework. *Journal of Humanistic Psychology,* 1972, **12,** 42–57.

New-Identity-Prozeß

Daniel M. Casriel

Im Laufe der Jahrhunderte hat es verschiedene Institutionen gegeben, wie etwa Klöster und Gefängnisse, die auf eine freiwillige oder unfreiwillige Umerziehung von Menschen abzielten, auf eine Veränderung in eine Richtung, die entweder von den Betreffenden selbst oder von anderen angestrebt wurde. Die vielleicht älteste und bekannteste dieser Institutionen befand sich in Epidaurus in Griechenland, einem Heilungsort, der als solcher mehr als tausend Jahre lang bestand.

In neuerer Zeit hat sich eine etwas andere Art von Behandlungszentren entwickelt, die eher auf psychologischen Erkenntnissen beruhen und nicht so sehr auf medizinischen Erkenntnissen, wie dies etwa bei Badeorten der Fall ist. Die Beispiele reichen von den Meditations-Aschrama im Orient über die diätorientierten „Abmagerungsfarmen" für reiche, gelangweilte Menschen bis hin zu Synanon, einer Organisation, die eine Vielzahl alternativer Behandlungsformen entwickelt hat – Daytop Village und Habilitat beispielsweise.

Daniel Casriel, der Autor dieses Kapitels, hat eine konventionelle Ausbildung in Psychodynamik und Psychiatrie hinter sich. Nach einem Besuch bei Synanon veränderte sich seine Denk- und Lebensweise. Er hat letztlich die Konzeptionen von Synanon zu einem eigenständigen System ausgebaut, das zunächst als Schreitherapie bezeichnet wurde und jetzt unter dem Namen New-Identity-Prozeß bekannt ist. Sein System weist in vieler Hinsicht Parallelen zu einigen anderen der in diesem Band vorgestellten Ansätze auf, insbesondere zu den Integritätsgruppen und dem Neubewertenden Counseling. Wie der Leser selbst feststellen wird, ist der gesamte Prozeß wohl durchdacht sowie theoretisch konsistent und findet allem Anschein nach guten Anklang; zudem hat er ständig weitere Fortschritte zu verzeichnen.

Der New-Identity-Prozeß, auch unter dem nicht ganz treffenden Namen *Schreitherapie* bekannt, ist ein umfassendes therapeutisches System zur Umformung der emotionalen, kognitiven und behavioralen Reaktionen des Menschen, insbesondere soweit sie das Geben und Empfangen von *Liebe* betreffen.

Das Instrumentarium dieser Therapie besteht aus *Bindung* (physische Nähe bei emotionaler Offenheit), aus *Schreien* zur Freisetzung der im Laufe der Lebensgeschichte aufgestauten Emotionen, um auf diese Weise den Klienten in die Lage zu versetzen, neue Eindrücke in sich aufzunehmen, ferner aus *Konfrontation* mit Verhaltensweisen und aus neuen *ABC-Informationen* (Affect, Behavior und Cognition).

Dieser Prozeß zielt nicht auf bloße Anpassung ab (die kognitive Absenz schmerzlicher Emotionen), sondern auf *Glück* (das kognitive Bewußtsein der Dominanz von Freude). Ein glücklicher Mensch ist autonom, erfolgreich und fehlbar, er vermag die Dinge im richtigen Licht zu sehen, Liebe zu geben und zu empfangen, seinen Bedürfnissen Ausdruck zu verleihen und sich in verantwortungsbewußter Weise eine hinreichende Befriedigung dieser Bedürfnisse zu verschaffen.

Der New-Identity-Prozeß läßt sich mit Erfolg bei *neurotischen* und *charakterlich* gestörten Persönlichkeiten aller Art bis hin zu *Kriminellen, Suchtkranken* und *Alkoholikern* anwenden. Er ist ebenfalls geeignet für die Behandlung sogenannter *Borderline-Schizophrener,* vorausgesetzt, daß die Störung nicht organisch bedingt ist.

Geschichte

Die für die Ausarbeitung dieses Systems wesentlichen Faktoren waren folgende:

1. Die Ausbildung in Adaptations-Psychodynamik (Adaptational Psychodynamics),
2. die Arbeit mit Drogenabhängigen und die Erfahrung mit Synanon im Jahre 1962 sowie
3. die Arbeit mit Synanontechniken in Daytop und bei der Behandlung von Privatpatienten.

Adaptations-Psychodynamik. Nach Absolvierung des Cincinnati College of Medicine im Jahre 1949 arbeitete ich am Columbia Psychoanalytic Institute for Training and Research, das damals unter der Leitung seiner Begründer Sandor Rado und Abram Kardiner stand, die die Adaptations-Psychodynamik entwickelt hatten. Ihre Theorie stellte insofern eine Erweiterung der Freudschen Lehre dar, als sie nicht nur von einer *Pathologie der Triebe* ausgingen, sondern auch von einer *Pathologie der Konditionierung,* die der Mensch in Säuglingsalter und Kindheit durch die für die Befriedigung seiner Bedürfnisse Verantwortlichen erhalten hat. Im Anschluß an einen achtzehnmonatigen Aufenthalt auf Okinawa, der mir einen fruchtbaren Einblick in einen fremden Kulturkreis verschaffte, nahm ich wieder Verbindung mit Kardiner auf, der für seinen anthropologischen Ansatz zur Erforschung der menschlichen Persönlichkeit berühmt war. Ich war mehr als sieben Jahre lang Kardiners Analysand und gelangte durch diese Erfahrung zu der Überzeugung, daß kein angeborener Charakterzug des Menschen ohne Sinn und Zweck ist.

Meine Erfahrung mit Synanon. Kurz nachdem ich im Jahre 1953 meine Privatpraxis eröffnet hatte, arbeitete ich im Auftrag verschiedener staatlicher Institutionen und Justizbehörden und unter Anwendung psychoanalytischer Techniken auf eine Rehabilitation junger *Drogenabhängiger* hin, von denen die meisten schwere Charakterstörungen aufwiesen. Ich stellte ebenso wie viele meiner Kollegen fest, daß sich die *Übertragung,* die für eine erfolgreiche Analyse entscheidend ist, bei der Arbeit mit Suchtkranken nicht einstellte, und das Programm scheiterte. Ich kam zu dem Schluß, daß es für die Arbeit mit Drogenabhängigen nur zwei Möglichkeiten gibt: Sie in ihrer Lebenswelt zu belassen oder sie einzusperren.

Diese Auffassung änderte sich schlagartig im Jahre 1962, als ich *Synanon* kennenlernte, eine Gemeinschaft zur Rehabilitation von Drogen- und Alkoholabhängigen in Kalifornien, die zu jener Zeit aus rund hundert Leuten bestand. Mein Aufenthalt dort, der im Rahmen einer vom National Institute of Mental Health im ganzen Land durchgeführten Untersuchung über die Einrichtungen zur Behandlung Drogenabhängiger erfolgte, sollte meine Einstellung nicht nur gegenüber der Drogenabhängigkeit, sondern gegenüber der gesamten angewandten Psychiatrie von Grund auf verändern.

Abgesehen von den unwahrscheinlich positiven körperlichen Aktivitäten und einer streng autoritären Struktur waren die beiden meiner Ansicht nach entscheidenden Faktoren bei Synanon folgende: 1. Die Menschen bringen *aufrichtige Liebe* und Mitgefühl ganz offen zum Ausdruck; 2. der Schwerpunkt liegt auf dem Verhalten, ausgelöst durch außerordentlich starke emotionale *Konfrontation* in Gruppen, heute allgemein als *Synanonspiele* bekannt.

Man vertrat dort die Auffassung, daß man erst nach dem Ablegen seiner unerwünschten Verhaltensweisen – wenn man also aufgehört hat, Rauschmittel zu sich zu nehmen – einen inneren Wandel vollziehen kann. Tatsächlich machten die Suchtkranken eine Wandlung durch und wurden zu produktiven, verantwortungsbewußten und liebevollen Menschen.

Meine Arbeit mit Synanontechniken. Angesichts der Möglichkeiten, die sich mir durch Synanon erschlossen hatten, und erfüllt von der Liebe und den Einsichten, die ich in den Konfrontationsgruppen erfahren hatte, an denen ich mich beteiligte, kehrte ich voller Enthusiasmus nach New York zurück und wurde im Laufe der folgenden zwei Jahre zum Mitbegründer von *Daytop Lodge*, einem Synanonzentrum in Westport, Connecticut , und von *Daytop Village* in New York; beide wurden zum Vorbild unzähliger, von der Regierung geförderter therapeutischer Gemeinschaften, die im Laufe der folgenden fünfzehn Jahre in der ganzen Welt entstanden.

Was mich insbesondere faszinierte, war die Aussicht, daß derartige Gruppen wie bei Synanon die Behandlung meiner schwierigsten neurotischen Klienten außerordentlich zu beschleunigen versprachen. Mit Hilfe einiger Leute mit Synanonerfahrung als Katalysatoren wandte ich die Technik im Jahre 1963 erstmals bei einer Gruppe von acht Klienten meiner Privatpraxis an. Die Technik erwies sich als unwahrscheinlich erfolgreich und bewirkte Durchbrüche, die zu einer ganz erheblichen Beschleunigung der in den analytischen Einzelsitzungen zu verzeichnenden Fortschritte führte. Sehr bald schon kamen Leute und baten mich darum, nur an der Gruppentherapie teilnehmen zu dürfen. Zunächst zögerte ich, aber als ich dann mit dem Gruppenprozeß vertrauter wurde und erkannte, daß diese eine sehr viel größere Sicherheit bot, ging ich dazu über, Anfragen nach Einzelsitzungen abzulehnen.

Innerhalb von sechs Jahren mußte ich dreimal umziehen, um den Zustrom an Klienten bewältigen zu können. Im Jahre 1970 verließ ich Daytop und begann mein eigenes Programm mit stationärer Unterbringung von Drogenabhängigen aus der Mittel- und Oberschicht. Damals nahmen jede Woche nahezu sechshundert Klienten an Gruppensitzungen teil.

In den seither vergangenen zehn Jahren hat sich der New-Identity-Prozeß wesentlich weiterentwickelt. Die emotional-konfrontative Gruppe stellt ein „emotionales Mikroskop" dar, durch das wir die „Landkarte der Emotionen" zum ersten Mal deutlich sehen und aufzeichnen können. Der Schwerpunkt bei diesem Prozeß hat sich unterdessen noch stärker auf die *persönliche Bindung* und auf das, was wir als *Liebe* erleben, verlagert. „Die Menschen sind am Verhungern, und Liebe ist das einzige, was sie zu nähren vermag."

Gegenwärtiger Stand

Zum Zeitpunkt der Niederschrift dieses Beitrags befindet sich die Behandlungs- und Ausbildungszentrale des New-Identity-Prozesses in einem Sandsteinbau in New York City. Dort werden rund um die Uhr sieben Tage in der Woche *fünf Programme* angeboten, die auf die individuellen Bedürfnisse zugeschnitten sind. Hierzu gehören:

1. AREBA (accelerated reeducation of emotions, behavior, and attitudes – beschleunigte Modifikation von Emotionen, Verhaltensweisen und Einstellungen), ein Behandlungsprogramm zur Rehabilitation junger Suchtkranker, die im Hause untergebracht sind. Die Unterbringungsdauer beträgt in dem dreiphasigen Programm 12 bis 24 Monate, wobei der Durchschnitt bei 15 Monaten liegt. Diejenigen, die das Programm zu Ende führen, sind zu über neunzig Prozent geheilt, d. h. sie sind drogenfrei, sozial „funktionsfähig" und befinden sich in schulischer bzw. beruflicher Ausbildung.
2. *Intensivkurs* für im Hause untergebrachte Nichtsuchtkranke, der aus täglich drei Gruppensitzungen an sechs bis sieben Tagen pro Woche besteht.
3. *Gruppentherapeutische Sitzungen* für nicht im Hause untergebrachte Klienten, an denen jedoch zum Teil auch die im Hause untergebrachten Klienten teilnehmen.
4. *Einzeltherapie* zur Behandlung von speziellen Problemen bzw. von Menschen, die aus dem einen oder anderen Grunde nicht an der Gruppenarbeit teilnehmen können.
5. Verschiedene *Ausbildungsprogramme* für Leute, die ein Zertifikat als Gruppenleiter im New-Identity-Prozeß erwerben möchten, unter anderem ein einjähriges Assistentenausbildungsprogramm und weniger konzentrierte Programme für praktizierende Therapeuten.

Darüber hinaus reise ich rund vier Monate im Jahr durch Europa und weitere zwei bis drei Monate im Jahr durch die Vereinigten Staaten, führe Workshops durch und bilde Therapeuten aus. Im Jahre 1980 gibt es sieben nationale Gesellschaften in den Vereinigten Staaten, in Schweden, in der Schweiz, in der Bundesrepublik, in den Niederlanden, in Frankreich und in Venezuela. Schätzungsweise 15 000 Menschen nehmen pro Woche an Sitzungen im New-Identity-Prozeß bzw. an einer modifizierten Form davon teil.

Eine detaillierte Einführung in diese Therapie findet sich in „A Scream Away From Happiness" (Casriel, 1972) sowie in dem demnächst erscheinenden Band mit dem Arbeitstitel „The Huggers" (Casriel, erscheint demnächst).

Theorie

Bei der Erarbeitung der Theorie des New-Identity-Prozesses habe ich humanistisches, neofreudianisches und behavioristisches Gedankengut mit Einsichten verbunden, die sich aus meinen eigenen Erfahrungen und Beobachtungen ergeben haben. Die Theorie läßt sich folgendermaßen zusammenfassen:

1. *Der Ursprung der Pathologie:* Der Mensch kommt mit ihm immanenten Werten und Rechten zur Welt. Die Pathologie rührt von einer frühen Konditionierung her, die sich diesen grundlegenden Rechten entgegenstellt, indem sie die Befriedigung der Bedürfnisse zu einem schmerzlichen Vorgang werden läßt. Aufgrund der *frühen Konditionierung* fallen die Entscheidungen, ob die Befriedigung der biologischen Bedürfnisse mit Lust oder Unlust verbunden ist; diese Entscheidungen stellen die zentrale Dynamik der Störung dar und sind ausschlaggebend für die Unterscheidung der einzelnen Kategorien von Störungen.
2. *Der Ort pathologischer Muster:* Der Mensch agiert diese frühen Entscheidungen im Zusammenhang mit der *Bindung* aus, die das einzige biologische Bedürfnis darstellt, zu dessen Befriedigung man auch noch als Erwachsener auf andere Menschen angewiesen ist.
3. *Die Schlüssel zur Veränderung:* Zur Veränderung destruktiver Muster müssen wir die gegenwärtig herrschende große Unkenntnis bezüglich der Dynamik und Biologie der Emotionen abbauen und neue Erkenntnisse darüber, daß zwischen Denken, Fühlen und Verhalten Wechselbeziehungen bestehen und diese für die Perpetuierung pathologischer Muster verantwortlich sind, zur Anwendung bringen.

Der Ursprung der Pathologie

Das System des New-Identity-Prozesses geht davon aus, daß man als guter Mensch geboren wird und allein schon deshalb Wert besitzt, weil man lebt. Daher hat jeder Mensch ein Recht,

1. auf seine Existenz als unabhängiges Lebewesen mit eigener Identität,
2. auf physische und emotionale Bedürfnisse und deren Befriedigung,
3. glücklich zu sein und
4. unvollkommen zu sein.

Die Pathologie entsteht im Laufe jener Jahre, in denen wir von anderen Menschen *abhängig* sind, aufgrund einer *Konditionierung,* durch die diese grundlegenden Rechte untergraben werden, indem uns suggeriert wird, wir müßten sie uns erst verdienen oder zu etwas werden, was wir nicht sind. Dies ist ein *schmerzlicher* Vorgang.

Das Verhalten eines jeden Lebewesens wird von dem *Streben nach Lust* und dem *Vermeiden von Unlust* geleitet. Das Gefühl einer Daseinsberechtigung ist lustvoll, das Gefühl, keine Daseinsberechtigung zu haben, dagegen von Unlust geprägt. Wir lernen es, als Säuglinge und Kleinkinder eine Daseinsberechtigung zu entwickeln, wenn unsere Bezugspersonen unsere biologischen Bedürfnisse (physisch, psychisch und emotional) in fürsorglicher, liebevoller Weise mit einem Minimum an Unlust befriedigen. Wir lernen es, uns als nicht daseinsberechtigt zu empfinden, wenn wir nicht diese liebevolle Fürsorge erhalten, wenn wir darum bitten oder endlos darauf warten oder uns manipulieren lassen oder ohne bzw. mit zu wenig oder auch mit zu viel auskommen müssen.

Angesichts dieses Dilemmas treffen wir schließlich zwei Grundentscheidungen, die eine im Hinblick auf den Umgang mit Lust, die andere im Hinblick auf den Umgang mit Unlust. Da diese Entscheidungen sich auf *Abhängigkeitsbedürfnisse* beziehen, ist natürlich damit zu rechnen, daß wir als Erwachsene unsere Pathologie in jenen Bereichen ausagieren, in denen wir uns nach wie vor von anderen abhängig fühlen, nämlich bei unseren persönlichen Beziehungen.

Akzeptierende und zurückweisende Menschen. Je nachdem, welche Entscheidung hinsichtlich des Umgangs mit der Lust wir getroffen haben, fallen wir unter eine der beiden Kategorien: *akzeptierende* oder *zurückweisende* Menschen.

In der Erfahrung der *akzeptierenden* Menschen überwiegt die Lust, ihre Bedürfnisse befriedigt zu bekommen, und sie beschließen: „Ich muß meine Bedürfnisse befriedigt bekommen, koste es, was wolle". Später akzeptieren sie menschliche Beziehungen auch um den Preis von Unlust, Demütigung und Verlust von Freiheit und Identität.

Zurückweisende Menschen erfahren die Unlust als größer als die Lust und sagen sich: „Hol's der Teufel. Ich lutsche halt Daumen und sehe zu, möglichst alleine zurechtzukommen." Sie werden später menschliche Beziehungen zurückweisen, ganz gleich, was sie das an Unlust, Entbehrung und Isolation kosten mag.

Neurotiker und Charaktergestörte. Abhängig von den Entscheidungen über den Umgang mit Unlust unterscheidet man Neurotiker von Charaktergestörten.

Neurotiker sind sich ihrer Unlust bewußt, haben aber Angst, sie zum Ausdruck zu bringen, und setzen ausgeklügelte *Abwehrmechanismen* ein, um dies zu verhindern, vor allem, wenn die Angst mit Wut verbunden ist. Sie sagen sich ungefähr folgendes: „Wenn ich meine Unlust herauslasse, kann ich sie gar nicht mehr bremsen" oder: „Irgendwer (jeder) wird mich ablehnen, ich werde meine Bedürfnisse nicht befriedigt bekommen, und dann werde ich sterben."

Im Gegensatz hierzu sagen *charaktergestörte* Menschen: „Der Schmerz ist zu groß, ich lasse ihn nicht zu." Sie treffen nicht eine Entscheidung für „Kampf oder Flucht", sondern „erstarren", indem sie sich einfach von der Unlust abkoppeln und diese durch destruktives Verhalten sich selbst und anderen gegenüber in Schach halten. Die meisten *Suchtkranken* – von den *Alkoholikern* bis zu den *Arbeitssüchtigen* („Workaholics") – haben die Angewohnheit, ihre Unlust zu verdrängen, und wissen noch nicht einmal, daß sie überhaupt vorhanden ist.

Der Ort gestörter Strukturierung: das fortdauernde Bedürfnis nach Bindung

Wenn wir dann allmählich selbst für die Befriedigung unserer Bedürfnisse nach Wärme, Nahrung, Wasser usw. sorgen können, werden die Einstellungen und Gefühle, die ursprünglich im Zusammenhang mit diesen Bedürfnissen konditioniert wurden, von diesen abgekoppelt, verbinden sich jedoch wiederum mit jenen anderen Bedürfnissen, zu deren Befriedigung wir nach wie vor von anderen Menschen abhängig sind. Letztlich gibt es nur noch ein Bedürfnis, und zwar das *Bedürfnis nach Bindung*.

Bindung bedeutet *physische Nähe*, verbunden mit *emotionaler Offenheit*. Eine dieser beiden Bedingungen alleine reicht nicht aus, um dieses Bedürfnis zu befriedigen. Bindung bedeutet nicht Sexualität, weil Sexualität ohne emotionale Offenheit das Bedürfnis nicht befriedigt.

Vom Augenblick unserer Geburt an bis zur Stunde unseres Todes ist Bindung Voraussetzung für Gesundheit. Dies gilt natürlich vor allem für das Säuglingsalter. James W. Prescott, ein Entwicklungsneuropsychologe am National Institute of Child Health and Human Development in Washington, D.C., führt derzeit Untersuchungen durch, deren Resultate darauf hindeuten, daß ein früher Mangel an Bindung tatsächlich zu Hirnschädigungen führt. Insbesondere führt dieser Mangel zu einer verzögerten oder gestörten Entwicklung der Dendriten – jener verästelten Nervenzellen des Nervensystems, die Zuneigung und Aggressionen steuern. Prescott ist der Auffassung, daß die Unfähigkeit, Zuneigung zu erleben und Aggression zu kontrollieren, umgekehrt proportional ist zu dem Ausmaß an Zuneigung im Säuglingsalter, und zwar infolge einer gestörten Entwicklung dieser Nervenzellen.

Die Befriedigung des Bedürfnisses nach Bindung ruft *Lust* hervor. Erfolgt sie nicht, entsteht *Unlust,* so wie jemand, der nicht genügend zu essen hat, Hunger bekommt, was ebenfalls Unlust erzeugt. Je größer das Bedürfnis oder der Wunsch nach Bindung und je höher Qualität und Quantität der Befriedigung dieses Bedürfnisses sind, desto eher erleben wir es als *Liebe*. Ohne Bindung fühlen wir uns nicht genügend liebenswert und gut oder daseinsberechtigt, und wir bleiben „schwächlich, argwöhnisch, weinerlich oder entwickeln eine Phobie gegenüber emotionaler Intimität". Wir sind konzentrationsunfähig oder sind von fixen Ideen besessen, unsere Wahrnehmung verengt sich, und wir fühlen uns leer. Bei ausreichender Bindung fühlen wir uns liebenswert, liebesfähig und stark: Was auch immer das Leben uns bringen mag, wir sind in der Lage, damit fertig zu werden.

In der westlichen Kultur, sowohl in den Vereinigten Staaten als auch in Europa, herrscht allgemeine *Bindungslosigkeit.* Der physische Kontakt im Säuglingsalter schwankt zwischen fünf und fündundzwanzig Prozent der Zeit gegenüber siebzig Prozent bei der Buschmännergruppe der Kung, deren Stammesleben demjenigen entspricht, das Jahrmillionen hindurch Grundlage der menschlichen Evolution war. Die Unlust, die sich aus dieser *Deprivation* ergibt, ist Ausgangsbasis der überwiegenden Mehrheit emotionaler Störungen. Pillen stellen keine Lösung dar. Hungrige Menschen zeigen Symptome des biologischen Bedürfnisses nach Nahrung, aber sie sind nicht krank. Wir verschreiben keine Pillen, um ihr Hungergefühl abzutöten. Wir geben ihnen zu essen, um ihr biologisches Bedürfnis zu befriedigen, und der Hunger verschwindet. Gleiches gilt im Hinblick auf das Bedürfnis nach Bindung.

Die Schlüssel zur Veränderung

Beim New-Identity-Prozeß wird der Mensch im freien Wechselspiel von Gedanken, Emotionen und Verhaltensweisen betrachtet, die sich um einen biologischen Organismus herum gruppieren, in dem ein Prozeß abläuft, bei dem Treibstoff aufgenommen, in Energie umgewandelt und diese wiederum auf unterschiedliche Weise freigesetzt wird. Beim gesunden Menschen tragen das Denken und die Emotionen dazu bei, die Wahrnehmung und das Erleben so zu organisieren und das Verhalten so zu steuern, daß die Lustempfindungen maximiert und die Unlustempfindungen minimiert werden.

Die Logik der Emotionen. Es gibt fünf Grundemotionen: Unlust, Lust, Angst, Ärger und Liebe.

Zwar werden diese fünf Emotionen im Körper lokalisierbar erlebt (Unlust im Bauch, Lust im Becken, Angst in der Kehle, Ärger in der Brust und Liebe im Herzen), aber biochemisch betrachtet handelt es sich um Reaktionen des gesamten Körpers, die vom vegetativen Nervensystem ausgelöst werden. Das vegetative Nervensystem besteht aus zwei Teilen – dem sympathischen und dem parasympathischen System. Das Zusammenwirken dieser Systeme versetzt uns physisch und psychisch in die Lage, Reize aller Art zu verarbeiten. Unser Gefühl physischer Reaktionsbereitschaft verstärkt das Selbstvertrauen, während unsere Emotionen Energie freisetzen und so zielgerichtetes Handeln ermöglichen. Offensichtlich haben sich die Emotionen als entscheidendes Element unseres Überlebenssystems entwickelt.

Wenn Unlust oder Gefahr den Originalreiz darstellen, dann wird nach Auskunft der Neurophysiologen das sympathische Nervensystem aktiviert, um den Körper zur *Flucht* bzw. zum *Kampf* zu mobilisieren. Der Stoffwechsel des Körpers steigt an, Zucker gelangt ins Blut und sorgt rasch für Energie, das mit Sauerstoff und Glukose angereicherte Blut fließt in die Skelettmuskeln und sorgt für Kraft und Reaktionsschnelligkeit bei Flucht bzw. Kampf. Der Körper nimmt eine Schutzhaltung ein. Eine dritte Option, auf die dann zurückgegriffen wird, wenn ein Entkommen unmöglich ist und der Kampf zu gefährlich oder aussichtslos erscheint, besteht in einem „Erstarren" – und zwar psychisch und/oder physisch, um sich von anderen und vom eigenen Körper zurückzuziehen und zu isolieren, um den eigenen Körper und damit auch die eigenen Emotionen zu immobilisieren. Es bedarf noch weitergehender wissenschaftlicher Untersuchungen zur Klärung des biologischen Vorgangs der Rückzugs- oder Erstarrungsreaktion.

Für die psychische und physische Gesundheit ist es von ganz entscheidender Bedeutung, daß wir Emotionen rasch zu mobilisieren und die dadurch freigesetzte Energie einzusetzen vermögen; ansonsten verkümmert unser Gefühl, in der Lage zu sein, große Lust zu erleben bzw. Unlust abzuwehren, und wir fühlen uns unsicher, ängstlich, angespannt und unfähig, mit den Herausforderungen des Lebens fertig zu werden. Fühlen wir uns aber hierzu fähig, geht es uns besser, auch wenn es sich um „negative" Emotionen handelt. Mit anderen Worten: Ärger kann als Stärke erlebt werden, Angst als Erregung, Unlust als erträglich oder befreiend und Lust und Liebe als lebenserhaltend.

Die Barrieren, die sich dem Erleben eines Gefühls der psychischen Bereitschaft entgegenstellen, beruhen weniger auf den Emotionen selbst, als darauf, wie bestimmte Emotionen mit Entscheidungen und Einstellungen im Hinblick auf Emotionen, Daseinsberechtigung, Überleben und *Identität* assoziiert werden.

Das Verhältnis von Einstellungen zu Emotionen. Das Wort „Einstellung" bezieht sich auf das Denken, aber da wir bei den Problemen eher auf den Kern der *Identität* eines Menschen abzielen, lassen sich die Trennlinien zwischen Denken und Fühlen und zwischen einem Gefühl und einem anderen immer schwieriger ziehen. Dies liegt daran, daß derartige Einstellungen auf einer tiefliegenden, präverbalen *Programmierung* beruhen, die erfolgt ist, noch ehe der Betreffende die Fähigkeit entwickelt hat, zwischen Denken und Fühlen zu unterscheiden. Untersuchungsergebnisse legen die Vermutung nahe, daß Entscheidungen als Folge dieser frühen Konditionierung in einem emotionalen Gedächtnis auf kortikaler Ebene auf der nichtdominierenden Seite des Gehirns gespeichert sind. Wenn dies der Fall ist, dann sind diese Einstellungen vermutlich einer Behandlung durch rationale, verbale Methoden nicht zugänglich: Es ist vielmehr so, daß durch die Therapie auch Emotionen freigesetzt werden müssen.

Nehmen wir zum Beispiel die Einstellung „Man kann keinem trauen". Sie wird dem Menschen vielfach im ersten Lebensjahr einprogrammiert, wenn es um das Überleben geht – um Leben oder Tod. Mit dieser Einstellung gehen unterdrückte Emotionen von Angst, Unlust und Ärger einher. Solange die damit verbundenen Gefühle nicht freigesetzt werden, wird es stets ein unterschwelliges Gefühl des Mißtrauens geben, das der Betreffende durch seine Art und Weise der Interaktion mit seiner Umwelt ständig zu verstärken sucht. Keine Behandlung wird hier Abhilfe schaffen können, solange diese Kräfte wirken.

Eine weitverbreitete Einstellung ist, daß eine oder mehrere Emotionen „gut" bzw. „schlecht" sind. Diese Einstellung kann schon sehr früh erlernt werden, beispielsweise wenn ein Säugling vor Wut schreit, weil er nicht herausgenommen oder gefüttert wird und die überarbeitete Mutter wiederholt mit Mißbilligung, Ärger oder roher Behandlung reagiert, dann reagiert der Säugling wiederum mit Angst auf ihren Ärger und lernt sehr schnell, daß Wut zu äußern gefährlich ist. Um der Gefahr zu entgehen, zieht das Kind die Schlußfolgerung, daß es immer dann, wenn es sich ärgert, „schlecht" ist und dafür bestraft werden kann; auf diese Weise lernt es, seine Wut zu unterdrücken.

Derartige Einstellungen sind recht zahlreich. In *Tabelle 1* sind noch andere weitverbreitete Einstellungen verzeichnet.

Tabelle 1: Emotionen und die durch sie bewirkten Einstellungen

Emotion	Einstellung gegenüber der Äußerung von Emotion
Ärger	Ich werde verrückt, richte andere Menschen zugrunde, werde selbst zugrundegerichtet, bin ein schlechter Mensch.
Angst	Ich bin hilflos, verrückt, unfähig, mich selbst zu schützen, weichlich, schlecht.
Unlust	Ich werde sterben, werde isoliert, zutiefst verletzt werden, ich werde vergehen, verrückt werden, häßlich sein.
Lust	Ich bin schlecht, kindisch, verantwortungslos, jemand wird böse sein, mich bestrafen, es wird mich teuer zu stehen kommen.
Liebe	Ich werde hereingelegt, zutiefst verletzt, im Stich gelassen, verachtet, abhängig, man wird mir Vorwürfe machen, ich werde für den geliebten Menschen verantwortlich sein (voll und ganz).

Ein Wort noch zu dem Begriff *Liebe:* Unsere Gesellschaft hat diesen Begriff verzerrt, ja geradezu pervertiert. Diese Einstellungen sind derart stark, daß das Wort „Liebe" neu definiert werden mußte. Letzten Endes hat zwar jeder von uns seine eigene Interpretation – Liebe ist eine ganz persönliche Angelegenheit –, aber im New-Identity-Prozeß wird die Liebe einfach als ein Gefühl definiert – als nicht mehr und nicht weniger –, nicht als etwas, das man versprechen, widerrufen, aufrechterhalten kann; es handelt sich nicht um eine Verpflichtung und auch nicht um eine Beziehung, sondern nur um ein *momentanes Gefühl*. Diese Interpretation versetzt viele Menschen überhaupt erst in die Lage zu akzeptieren, daß es möglich ist, für jemanden Liebe zu empfinden, der uns im Raum gegenübersitzt und dessen Namen wir nicht einmal kennen und den wir höchstwahrscheinlich auch nie wiedersehen werden.

Verhalten. Der New-Identity-Prozeß legt seinen Schwerpunkt vor allem auf das Verhalten. Wir leben in einer charakterlich gestörten Gesellschaft. Nur sehr wenige Klienten kommen ohne einen bestimmten Grad der Charakterstörung zu uns, und das Verhalten stellt den Hauptfaktor für die primäre Abwehr der charaktergestörten Persönlichkeit gegenüber ihren Gefühlen dar. Diese Menschen von ihrer Abwehrhaltung zu befreien, ist die schnellste Methode, um sie dazu zu veranlassen, sich mit Emotionen auseinanderzusetzen.

Die Forderung, ein charaktergestörter Mensch solle aufhören sich auszuagieren, ist das beste Mittel, um seine Motivation zu testen. Da sich der Betreffende seiner Unlust gar nicht bewußt ist, ist auch seine Motivation, sich zu verändern, praktisch gleich null. Nur wenn die Unlust unausweichlich wird, besteht die Wahrscheinlichkeit, daß er sich um eine Behandlung bemühen wird, und selbst dann wird er vermutlich nur solange dabeibleiben, als die Unlustgefühle andauern. Er hat ein sehr solides und vielfach auch überaus kunstvoll gewirktes Netz von Verhaltensweisen und Vorstellungen erstellt, das ihn davor schützt, sich verändern zu müssen; er gibt dieses Netz nur im äußersten Notfall auf und wird sich beim geringsten Anzeichen dafür, daß es wieder von Nutzen sein könnte, wieder seiner bedienen. Seine Angst vor emotionaler Unlust ist so groß, daß oftmals auch nur der leiseste Anklang daran seine Entscheidung reaktivieren wird, sie auszuagieren, anstatt sie zu empfinden.

Im Bewußtsein dieses Sachverhaltes tragen die Mitarbeiter und Teilnehmer am AREBA keine Samthandschuhe im Umgang mit charaktergestörten Neuankömmlingen. Wenn ein junger Suchtkranker von der Straße hereinkommt, fragen sie ihn nicht: „Was für Unlustgefühle haben dich hierhergeführt?", sondern: „Wo brennt's?" und sie nehmen den Betreffenden nicht in die Gruppe auf, bevor sie ihn nicht aus tiefster Seele haben um Hilfe schreien hören.

Auch für die Behandlung von Neurotikern ist das Verhalten wichtig, aber in einer subtileren Weise und vor allem in einer späteren Phase der Behandlung. Bei Neurotikern konzentriert sich der therapeutische Prozeß darauf, die Körpersprache zum Ausdruck und in Übereinstimmung mit den neuerworbenen Einstellungen und Gefühlen des Menschen zu bringen.

Methoden

Kommt jemand zum ersten Mal in das Casriel-Institut, so muß er erst ein *Aufnahmeinterview* mitmachen und an einer *Einführungsgruppe* teilnehmen, bevor er nach Belieben an den allgemeinen Programmen teilnehmen darf. In dieser Zeit beginnt der Therapeut damit, Antworten auf die im folgenden aufgeführten Fragen zu finden. Sie vermitteln ihm ein Bild von der Pathologie, die nicht symptomatisch (z. B. Angstreaktion oder depressive Reaktion), sondern *dynamisch* ist.

Ist dieser Mensch emotional offen oder verschlossen? Emotional offen bedeutet, daß jemand seine Gefühle zum Ausdruck bringt. Pseudo-offen sind Hysteriker, die keinen Zugang zu echten Emotionen haben. Emotional verschlossen ist jemand, der keine Erfahrung im Umgang mit Emotionen hat. Pseudo-verschlossen ist jemand, der niemals Gefühle zum Ausdruck bringt und gar nicht weiß, daß er überhaupt welche hat, bei dem sich aber die Gefühle, wenn er ihnen erst einmal freien Lauf läßt, in ungeahnt starker Form äußern.

Auf welcher Stufe der Persönlichkeitsentwicklung steht dieser Mensch in den einzelnen funktionalen Bereichen? Zu den funktionalen Bereichen gehören

1. die sozialen, sexuellen und persönlichen Beziehungen und
2. die schulischen und beruflichen Zielvorstellungen.

Die vier grundlegenden *Ebenen der Persönlichkeitsentwicklung* sind die folgenden:

	Säugling	Kind	Jugendlicher	Erwachsener
Einstellung	Hilflos	Abhängig	Herausfordernd	Selbstbewußt
	Irreal	Unaufrichtig	Unaufrichtig	Aufrichtig
Übertragung	Verehrung	Verführerisch	Vorwurfsvoll	Objektiv
	Magischer Wunsch, Gottheit	Schüchtern Manipulativ	Provokativ	Konfrontativ
Emotion	Fassungslos	Unsicher Ängstlich	Ärgerlich Kontrolliert	Angemessen
Verhalten	Ohnmächtig	Hilflos Verantwortungslos	Aggressiv Verantwortungslos	Verantwortungsbewußt

Ist dies ein zurückweisender oder ein akzeptierender Mensch? Pseudo-zurückweisende oder pseudo-akzeptierende Menschen (die so tun, „als ob", aber letztlich doch nachgeben) oder andere Varianten?

Welches sind die primären und sekundären verhaltensbezogenen Abwehrmechanismen dieses Menschen gegenüber der Unlust? (Flucht, Ärger, Rückzug oder Kontrolle) und welche Einstellungen sind mit diesen Verhaltensweisen verbunden?

Realisiert dieser Mensch seine beruflichen und sozialen Möglichkeiten? Nimmt er die sich ihm bietenden Optionen wahr?

Ist dieser Mensch fähig, sinnvoll mit allen seinen eigenen Emotionen sowie mit denen anderer Menschen umzugehen (kann er Ärger, Liebe, Angst, Unlust und Lust akzeptieren und zum Ausdruck bringen)?

Anhand der Antworten auf diese Fragen kann der Therapeut Symptome dynamisch interpretieren, z. B.:

Sadist	Einstellung: Gefühl: Verhalten:	Ein Liebesobjekt ist gefährlich Ärger Neutralisiert die Wirkung des Liebesobjektes, bis er sich sicher fühlt.
Masochist	Einstellung: Gefühl: Verhalten:	Ich habe keine Lust verdient Schuldgefühle, Angst Straft sich selbst dafür, daß er Lust empfindet.
Anal-obsessiver Mensch	Einstellung: Gefühl: Verhalten:	Ich kann nicht ohne meine Mutter sein Angst, Ärger, Schuldgefühle, Depression Handelt nur *für* oder *gegen* Autoritäten, nie für sich selbst.

Wenn jemand zur Therapie zugelassen wird, dann sieht die Abfolge der Behandlung im wesentlichen folgendermaßen aus:

Einführung in den New-Identity-Prozeß. Normalerweise zeigt der Therapeut die Videoaufnahme einer Sitzung und vermittelt einige grundlegende Informationen über die Logik der Emotionen, das Bedürfnis nach Bindung, den Unterschied zwischen emotionalem und intellektuellem Gedächtnis und dem Ziel des ganzen Prozesses – nämlich die Freisetzung und das Neuerlernen der Emotionen als unabdingbaren Schritt, um zu einer Veränderung der eigenen Lebensqualität zu gelangen.

Dann werden die Klienten auf die im Institut geltenden *Regeln* hingewiesen:

a) keine Gewalttätigkeiten,
b) keine Drogen und kein Alkohol,
c) kein Geschlechtsverkehr in den Räumlichkeiten des Instituts.

Für die *Gruppensitzungen* gelten drei weitere Regeln:

d) kein Rauchen,
e) keine Unaufrichtigkeit,
f) kein Herumschwafeln.

Das Hauptgewicht liegt auf den *Gefühlen* und nicht auf Fakten.

Positive Erfahrung von Bindung. Da Bindung vor dem Hintergrund emotionaler Offenheit erfolgen muß, geht es als erstes darum, dem neuen Klienten Zugang zu seinen Gefühlen zu verschaffen. Dies geschieht in „Emotionsgruppen".

Im allgemeinen beginnt eine Gruppensitzung mit einem „Reihumgehen", wobei jeder sagt, wie er sich gerade fühlt und was er gerne bearbeiten möchte. Wenn Gefühle an die Oberfläche kommen, geht der Therapeut kurz darauf ein; ansonsten berichtet jeder in der Gruppe kurz über sich; eine eingehendere Bearbeitung findet später statt.

Vielfach empfinden die Teilnehmer als erstes ein Gefühl der *Angst* vor der Gruppe. So geht es z. B. Mandy: Der Therapeut fordert sie auf, reihum mit jedem Blickkontakt aufzunehmen und zu sagen: „Ich habe Angst." Die Angst ist offenbar sehr groß, so daß der Therapeut sie auffordert, dies mit immer größerer

Lautstärke zu sagen, bis sie schließlich ihre Angst aus vollem Halse herausschreit. Jane steht auf, geht zu ihr hin, nimmt sie in den Arm und vermittelt ihr auf diese Weise Wärme und Zuwendung. Nach vielleicht einer Minute zeigt sich, daß Mandy weniger verschlossen ist und sich besser fühlt. Sie sagt das auch selbst und erklärt, warum sie in der Gruppe ist – sie leidet unter Depressionen, weil ihr Verlobter sie verlassen hat –, und dann geht es weiter mit dem „Reihumgehen".

Anschließend wendet sich der Therapeut, nachdem einige weitere Teilnehmer dran waren, wieder an Mandy und sagt: „Schau Dir jeden der Reihe nach an und sage: ‚Ich fühle mich zutiefst verletzt.'" Mandy geht brav von einem zum anderen, in Tränen aufgelöst; sie weint wirklich zum Herzerbarmen. „Nun stell' dir vor, Dein Verlobter sitzt vor Dir auf dem Boden und Du sagst: ‚Du hast mich zutiefst verletzt.'" Mandy fängt an: „Du hast mich zutiefst verletzt", und nachdem sie das ein paarmal wiederholt hat, macht sich ihr Körper von seiner zusammengekrümmten Haltung frei, ihre Stimme gewinnt an Festigkeit, und sie beginnt aus einer tief in ihrem Innern sitzenden Wut heraus zu schreien: „Du hast mich zutiefst verletzt, Du gemeiner Hund!" Sie weint eine Weile, dann dreht sie sich um und sagt mit wildem Blick: „Hab' ich 'ne Wut! Ich könnte ihn umbringen." Plötzlich sieht sie so aus, als ob sie Schuldgefühle hätte. „Es wäre sicher nicht richtig, das zu tun, aber Du hast ganz recht, das so zu empfinden", sagt der Therapeut. „Geh' jetzt zu jedem reihum und sage: ‚Meine Wut ist nichts Schlechtes.'" Mandy tut dies und schaut weniger schuldbewußt drein, als sie überall auf beifälliges Nicken stößt und Unterstützung durch die Gruppe erfährt. „Jetzt gehe mit irgendjemandem aus der Runde in den Nebenraum und laß noch etwas mehr von dieser Wut heraus und ein wenig Lust hinein."

Jeder Therapeut hat seinen eigenen *Arbeitsstil*. Einige arbeiten nur in einem Raum; Mandys derzeitiger Therapeut arbeitet in zwei Räumen: Der eine ist mit Matten ausgelegt, dort werden ausschließlich Emotionen bearbeitet (Aufarbeiten der Gefühle und Aufnahme einer Bindung zu einem Teilnehmer der Gruppe), der andere Raum dient dem Durcharbeiten von Einstellungen. Mandys Wahl fällt auf Jane, und sie machen sich zusammen an die Arbeit. Mandy weint immer noch; Jane hat sie in den Arm genommen und läßt ihr so Zuwendung und Trost zukommen; dabei erzählt sie ihr von ihren eigenen Erfahrungen und – das ist das Entscheidende – ist einfach da, ein warmer Teddybär, an dem Mandy Halt findet. Schritt für Schritt wird Mandy lernen, daß Wut und Unlust keine einander ausschließenden Empfindungen zu sein brauchen. Man kann auch Lust empfinden, wenn man Unlust durchstehen muß. Es werden ihr jetzt bestimmte Techniken beigebracht, um genau das zu lernen – beispielsweise durch den Mund zu atmen, statt die Zähne zusammenzubeißen.

Als die überwältigenden Emotionen etwas nachgelassen haben, kehren Mandy und Jane wieder zur Gruppe zurück, um ihre Einstellungen durchzuarbeiten.

Die Neuprogrammierung der Einstellungen durch Schreien. Hier beginnt nun die eigentliche Arbeit, die auf eine Veränderung, und zwar auf eine *dauerhafte* Veränderung abzielt. Es geht dabei um nichts Geringeres, als um das Einfordern von grundlegenden Rechten – das Recht zu existieren, Bedürfnisse zu haben, glücklich zu sein, Fehler zu machen, zu fühlen, klar zu denken, zu lieben und geliebt zu werden, erfolgreich, stark und schwach zu sein – kurz gesagt, so zu sein, wie wir tatsächlich sind.

Der Therapeut greift im wesentlichen Einstellungen auf, die durch die emotionale Bearbeitung aufgedeckt wurden, und macht korrigierende Aussagen, mit denen sich der einzelne auseinandersetzen soll. Der Mechanismus des Schreiens dient der *Neuprogrammierung* – was zuweilen endlos lange zu dauern scheint, in Wirklichkeit jedoch nicht der Fall ist.

Im Falle von Mandy liegt der Wut großenteils die Angst zugrunde, die Tatsache, daß ihr Verlobter sie nicht liebt, sei der Beweis dafür, daß sie nicht liebenswert sei und daher nicht in der Lage sein werde, ihre Bedürfnisse befriedigt zu bekommen. Daher konzentriert sich der Therapeut auf Aussagen, die Mandys Selbstwertgefühl und ihr Bedürfnis, geliebt zu werden, anerkennen. Zunächst geht sie im Kreise umher und sagt: „Ich bin Mandy, und ich bin in Ordnung." Ihre Stimme ist dabei ausdruckslos, auch wenn sie schreit. „Sag es Deinem Vater, sag ihm: ‚Ich bin Mandy, und ich will, daß man mich für voll nimmt!'" sagt der Therapeut. Mandy verliert offenbar den Mut. „Er hört es ja doch nicht. Er denkt, ich bin eine dumme Göre und habe ein Brett vor dem Kopf", stammelt sie. Jane läßt einen lauten Wutschrei los und dann noch einen und noch einen. „Laß Dir das nicht bieten!" schreit sie Mandy zu. „Los, sag dem Scheißkerl Deine Meinung. Laß Dich nicht unterkriegen!" Mandy druckst verlegen herum. „Was bringt's denn? Das ist ihm doch völlig egal!" „Das ist Dein Bier!" schreit ihr Rick quer durch den Raum zu. „Mach Du es so, wie ich auch. Halt's Maul und kümmere Dich um Deine Angelegenheiten!" „Komm, Mandy, mach schon", drängt Jane. „Stell Dich hin und sag's ihm, so." Jane steht auf, wirft den Kopf zurück und sagt immer und immer wieder mit lauter Stimme: „Jetzt hör mal zu, ich bin Mandy, und ich will, daß man mich für voll nimmt!" Mandy schaut ihr mit offenem Mund zu. Sie schaut den Therapeuten fragend an, der ihr ermunternd zunickt. Sie steht auf und bemüht sich, es Jane gleichzutun und fängt an, selbstbewußt aufzutreten. In dem Maße, in dem sie sich ihre Wut von der Seele schreit, wird ihre Stimme fester. Jane setzt sich wieder und feuert sie weiterhin an. Mandy macht dreimal bei allen Gruppenmitgliedern die Runde. Als sie aufhört, hat sie eine frische Farbe und einen lebhaften Gesichtsausdruck. Die anderen strahlen vor Freude.

Dies war das erste Mal, daß Mandy einen gesunden Egoismus hat, aber sie wird diese Gefühle noch oft üben müssen. Sie haben solange brach gelegen, daß sie erst durch immer neue emotional-einstellungsmäßige Ausstöße aufgebaut werden müssen, was nur durch wiederholte Verstärkung möglich ist.

Toms Fall ist ein weiteres Beispiel für die Schwierigkeit, das eigene Bedürfnis nach anderen Menschen zu akzeptieren. Tom hat eine charakterlich gestörte Persönlichkeit, wie sie im Lehrbuch steht: Als erste Störung hatte er sich zunächst orthopädische Operationen ausgesucht, als zweite Barbiturate. Er kam erst zur Behandlung, nachdem er seine Ehe, seine Kinder und seine eigene Gesundheit auf dem Altar des „Dienstes an der Menschheit" geopfert hatte. Es bedurfte der Erkrankung an Krebs, um aus dem Teufelskreis von Operationen herauszukommen und um Zugang zu seinem Schmerz zu bekommen. Er ist völlig durcheinander und aufgebracht, denkt voller Schrecken an ein Leben ohne seine Arbeit und hat furchtbare Angst vor einem einsamen Tod.

Trotz dieses ungeheuren Leidensdruckes erfordert es eine Woche intensiver Arbeit, bevor er in der Lage ist, offen zuzugeben, daß er emotionale Bedürfnisse hat. Aber auch hierbei handelt es sich um eine intellektuelle Erkenntnis, zu der er während einer Einzelsitzung gekommen ist. Dennoch ist das schon viel: Er akzeptiert intellektuell, daß der Zugang zu seinen eigenen Bedürfnissen und seinem grundlegenden Recht auf Bedürfnisse eine Grundvoraussetzung dafür ist, sich wohlzufühlen. Obgleich er dieses Bedürfnis nicht empfinden kann, verpflichtet er sich, die hierfür erforderliche Arbeit auf sich zu nehmen – und Arbeit kostet ihn das wahrhaftig!

Viele Stunden bringt er auf den Matten liegend zu und wiederholt immer wieder: „Ich habe Bedürfnisse", „Ich brauche Liebe" und „Liebe mich". Und dann kommen die Gefühle hoch. Erst die rituelle Wut, dann Angst und schließlich nach drei Tagen die ersten Schreie der Qual nach all den Jahren der Deprivation.

Immer, wenn bei Tom eine neue Art von Gefühlen hochkommt und aus ihm herausbricht, geht er zurück zu der Gruppe, in der die Einstellungen durchgearbeitet werden, und spricht über seine Einstellungen im Zusammenhang mit seinen Bedürfnissen und setzt sich mit ihnen auseinander. Er wird zu neuen Aussagen über seine Einstellungen angehalten, wie etwa: „Ich bin nicht schwach, wenn ich Bedürfnisse habe"; „Wenn ich Euch meine Bedürfnisse zeige, werdet Ihr mich deswegen nicht herabsetzen"; „Ich bin nicht schlecht, wenn ich Bedürfnisse habe"; „Ich bin ein Mann, und ich habe Bedürfnisse".

Zwei Wochen später ist ein neuer Klang in Toms Stimme zu hören. Endlich ist es ihm möglich zu sagen: „Ich habe Bedürfnisse", und zwar nicht als ein Eingeständnis von Schwäche oder als ein Vorwurf gegenüber seinen Bezugspersonen, sondern als eine Feststellung der Tatsachen und als sein gutes Recht und eine Bitte um Zustimmung. Er beginnt zu akzeptieren, daß es für jemand anderes ein Vergnügen sein kann, seine Bedürfnisse zu befriedigen.

Konfrontation mit den eigenen Verhaltensweisen. Erklärter Zweck der *Konfrontationsgruppe* ist es, die Intimität dadurch zu erhöhen, daß Gefühle und Gedanken offen und ehrlich zum Ausdruck gebracht werden. Nachdem sie ursprünglich nach dem Vorbild von *Synanon* arbeitete, weist die Konfrontationsgruppe heute einige zusätzliche Merkmale auf.

Das Prinzip lautet: 1. Laß das Gefühl heraus, das dich daran hindert, dem anderen näherzukommen; 2. beschreibe dein Gefühl und 3. sage, was du vom anderen möchtest. Diese letzte Komponente ist entscheidend, und sie ist auch das, was verhindert, daß die Konfrontation zu einer Treibjagd und die Gruppe zu einem Exekutionskommando wird, wie dies bei Synanon häufig der Fall war.

Die Vorteile der Konfrontation liegen beim Konfrontierenden und nicht beim Konfrontierten. Es wird von jedem erwartet, daß er ehrlich und offen mit seinen Gefühlen umgeht, und das bedeutet, sie voll und ganz zum Ausdruck zu bringen, und zwar durch *Schreien.*

Es gibt natürlich eine ganze Reihe positiver Aspekte ehrlicher Konfrontation. Typisch ist die Tatsache, daß das von A bei B beanstandete Verhalten vielfach genau dasjenige ist, das auch A selbst an den Tag legt, und dies wird A im Laufe dieses Prozesses bewußt. Die Teilnehmer lernen, daß Aufrichtigkeit im Hinblick auf die Gefühle niemanden umbringt und daß dabei kein Blut fließt. Es kommt vielmehr häufig vor, daß die Konfrontierenden letztlich einander in den Armen liegen. Aus diesem Grunde kommen viele Ehepaare, die Probleme miteinander haben, um ihre Schwierigkeiten in der schützenden Atmosphäre der Gruppe aufzuarbeiten. Dabei lernen sie, daß ganz unabhängig davon, wie wenig liebenswert ihre Gefühle und Einstellungen nach den in der Gesellschaft gültigen Maßstäben auch sein mögen, die ehrliche Äußerung der Gefühle letztlich dem Unter-den-Teppich-kehren vorzuziehen ist.

Anwendungsbereiche

Der New-Identity-Prozeß ist besonders geeignet für *Neurotiker* und charakterlich gestörte Menschen jeden Schweregrades. In der Reihenfolge ihrer Häufigkeit und Bedeutung sind die am häufigsten bearbeiteten Probleme

1. die Unfähigkeit, Liebe zu empfangen;
2. die Unfähigkeit, seinen Ärger zum Ausdruck zu bringen;
3. die Unfähigkeit, den Ärger anderer Menschen zu akzeptieren und
4. die Unfähigkeit, Liebe zu geben.

Die Unfähigkeit, Liebe zu empfangen, spielt besonders für zurückweisende Menschen eine Rolle, die zu dem Schluß gelangt sind, daß in intimen Beziehungen die Unlust größer ist als die Lust. Die zentrale Frage lautet hier: „Bin ich liebenswert?" Wenn der Betreffende hierauf zustimmende Antworten erhält und diese zu akzeptieren beginnt, stellt sich bei ihm zunächst ein Gefühl der Verwunderung ein und dann ein entsetzliches Unlustgefühl angesichts all der Jahre der Deprivation. Wenn jemand dann über dieses Unlustgefühl gesprochen hat – und nur dann –, vermag er, der die Liebe bis dahin gemieden hat, sie zu akzeptieren.

Diese Übung ist auch geeignet für akzeptierende Menschen, die zwar das Gefühl haben, daß ihnen Liebe zusteht, aber doch nicht in vollem Umfang oder nur zu einem hohen Preis.

Die Unfähigkeit, Ärger zum Ausdruck zu bringen, ist vor allem für akzeptierende Menschen ein Problem. Sie pflegen ihren Ärger zu unterdrücken, weil sie glauben, dies sei unter anderem der Preis, den sie für Liebe zu zahlen haben. Sie brauchen Übungen, damit sie es lernen, ihren Ärger zum Ausdruck zu bringen, um so ihre Persönlichkeit energisch zur Geltung bringen zu können.

Zurückweisenden Menschen helfen diese Übungen weiter, wenn dabei ihr Ärger, den sie im tiefsten Innern, auf der sogenannten *Identitätsebene* verspüren, zum Ausdruck kommt. Die Aussage, zu der sie gelangen, lautet: „Ich bin zutiefst verletzt worden. Das war nicht fair. Das ärgert mich, und ich werde es nicht zulassen, daß das nochmals passiert."

Manche Menschen können die Äußerung von Ärger nicht von physischer Aggression bzw. von Zurückweisung unterscheiden. Sie leiden unter der *Unfähigkeit, Ärger zu akzeptieren.* Bei der Konfrontation können sie jedoch dank der schützenden Atmosphäre innerhalb der Gruppe lernen, daß sie durchaus Ärger akzeptieren können, ohne deshalb im Unrecht zu sein oder sich verletzt zu fühlen, daß sie im Unrecht sein können, ohne Schuldgefühle haben zu müssen, und daß sie Fehler machen können, ohne deshalb schlecht oder dumm zu sein.

Die Unfähigkeit, Liebe zu geben, kommt vor allem bei Menschen vor, die befürchten, daß sie dadurch, daß sie jemanden lieben, für diesen Menschen verantwortlich werden. Andere fühlen sich so unzulänglich, daß sie glauben, ihre Liebe sei wertlos. Erst wenn Angst, Unlust und Ärger voll zum Ausdruck gebracht werden, können diese Menschen Liebe verstehen und anfangen, ein Gefühl der Liebe zu anderen Menschen zu empfinden.

Der New-Identity-Prozeß ist auch hervorragend geeignet für Menschen, deren Abwehrmechanismus in einem *Intellektualisieren* besteht – das sind diejenigen Menschen, die Jahre damit zubringen können, neue Einsichten zu gewinnen und sich dennoch nicht ändern. Im New-Identity-Prozeß geht es darum, eine neue Ebene des Glücks – des Wohlbefindens – zu erreichen. Neue Einsichten fallen dabei im allgemeinen als Nebenprodukt ab.

Fallbeispiel

Henry, einziger Sohn eines Arztes, war das jüngste von drei Kindern. Sein Vater hatte sich selbst hochgearbeitet, er war Sohn einer rumänischen Familie; seine deutschstämmige Mutter war Hausfrau. Bis zum Alter von fünf Jahren war Henry ein ruhiges und recht aufgewecktes Kind; er konnte schon mit dreieinhalb Jahren lesen, und sein IQ lag, wie später festgestellt wurde, bei 148.

Als Henry in die Schule kam, wurde er hyperaktiv, zum Teil, weil er sich so sehr langweilte, wie er sagt; aber aus seiner Unfähigkeit, sich anzupassen, zog er die Schlußfolgerung, daß er dumm sei. Er neigte auch zu Unfällen, so daß er immer wieder von seinem Vater genäht oder verbunden werden mußte. „Das waren die einzigen Gelegenheiten, bei denen er mir irgendwelche Aufmerksamkeit schenkte", sagte er.

Vom achten Lebensjahr an gab es Probleme – Gewalttätigkeiten, Vandalismus, Ladendiebstähle. Im Alter von 11 Jahren wurde er aus der Schule geworfen, weil er einen Lehrer angeschrieen hatte. In den Sommerferien, vor Beginn des nächsten Schuljahres, zog seine Familie dann in eine andere Stadt, und Henry, der sich für dumm, mißraten und unfallträchtig hielt und sehr einsam war, verlor den Halt, den er in seinem Freundeskreis gefunden hatte. Er hatte schon immer sehr viele Bücher verschlungen und fing jetzt an, sich noch mehr in seine Bücher zu vergraben.

In seiner neuen Schule begann Henry, LSD, Amphetamine und Barbiturate zu sich zu nehmen – was immer ihm in die Hände fiel. Er klaute seiner Mutter Schlaftabletten und machte sich heimlich über den Whisky her. Er stopfte das Essen ebenso schnell in sich hinein, wie er Bücher und Drogen konsumierte, und nahm schnell sehr stark zu.

Mit vierzehn Jahren war Henry praktisch permanent „high", zumeist mit LSD und Barbituraten. Dann begann er herumzuexperimentieren. Er fixte erstmals „Speed" (Benzedrine) und ging wenig später dazu über, mit „Speed" und Marihuana zu dealen. Noch im selben Jahr verpaßte er sich bereits den ersten Schuß Heroin. Als er fünfzehn war, schoß er sich jeden Tag Heroin und fuhr nach Harlem, um dort neuen Stoff zu beschaffen und um zu dealen. „Ich haßte es, dort hinzugehen oder in die Bowery Street und zu all den anderen Umschlagplätzen. Ich wußte, wie mein Leben weitergehen würde – daß es immer weiter bergab ging, und ich nahm mir vor, mich umzubringen, wenn es gar zu schlimm werden würde."

Die ganze Zeit hindurch las Henry weiterhin wie besessen und legte sich eine Philosophie zurecht, die negativ genug war, letztlich sogar seinen Selbstmord zu rechtfertigen.

Im Alter von sechzehn Jahren unternahm er einige Anstrengungen, um vom Heroin loszukommen. „Ich bekam fürchterliche Schwierigkeiten, meine Freunde waren wütend auf mich." Er nahm etwa vier Monate lang an einer *Gruppentherapie* teil, aber es zeigte sich keine Veränderung. „Mir ist damals kein Seelenklempner untergekommen, den ich nicht aufs Kreuz gelegt hätte", sagt Henry.

Es war ein schlimmes Jahr. Er hatte zum ersten Mal sexuelle Beziehungen zu einem Mädchen; da ihm das jedoch nicht ganz geheuer vorkam, hatte er schreckliche Angst, er könne homosexuell veranlagt sein. Außerdem verlor er erstmals einen Freund, der eine Überdosis Heroin genommen hatte; ein anderer Freund kam wegen Totschlags ins Gefängnis.

Was war denn nun eigentlich während dieser ganzen Zeit mit Henrys Eltern? Sie bekamen die meiste Zeit hindurch gar nichts mit. Henry war nur deshalb nicht verhaftet worden, weil sein Vater Arzt war, und bis ins darauffolgende Jahr war er auch einigermaßen gut in der Schule.

Im folgenden Jahr verließ er im Alter von siebzehn Jahren die höhere Schule und zog sich praktisch vollständig zurück. In dieser Zeit hörte er auch auf zu essen und magerte stark ab. Er nahm vier Schuß am Tag und hatte sich eine Hepatitis zugezogen. Seine Eltern machten sich endlich Sorgen um ihn und schickten ihn zu einem Psychiater, aber Henry führte ihn nur an der Nase herum und gab auf.

Im Juni 1972 machte sich eine von Henrys Schwestern, eine außerordentlich tüchtige Collegestudentin, große Sorgen, als sie merkwürdige Briefe von ihm erhielt. Sie fuhr zu ihm, um nach ihm zu sehen. Sie fand ihn in einem schlimmen Zustand vor: Er war abgemagert, von Wahnvorstellungen verfolgt, suizidgefährdet, depressiv und apathisch. Er wog nur noch 95 Pfund. Es war ihm völlig gleichgültig, was mit ihm vor sich ging. Sie überredete ihre Eltern, ihn in das Yale Psychiatric Institute zu schicken. Dort brachte er es fertig, auf der Station und in den Gruppen ein solches Chaos anzurichten, daß man ihn Ende August „hinauswarf". Er erinnert sich nur daran, daß er sich schrecklich leer fühlte und der Welt, der Menschen und seiner selbst überdrüssig war.

Zu jener Zeit hörte er von dem AREBA-Programm für Drogenabhängige. Er hätte zwar auch wieder in seine alte Lebensweise verfallen können, aber er hatte es einfach satt – er konnte sich nicht vorstellen, wieder die Hetzjagd aufzunehmen und sich diesem gräßlichen Zwang der Beschaffung von Drogen auszusetzen, nach Harlem zu fahren und sich so elend zu fühlen. Und auch der Schmerz ließ sich ja nicht vollständig unterdrücken. Es gab immer wieder einen Zeitpunkt, insbesondere bevor er sich einen Schuß gab, zu dem der Schmerz und der Haß unerträglich wurden.

In diesem seelischen und körperlichen Zustand kam Henry im Institut an. Als er jedoch aufgenommen worden war, wurde alles anders. Er geriet in Panik. Es war, als ob er auf einen anderen Planeten gekommen wäre. „Du kannst ja überhaupt nichts anderes", wurde ihm gesagt, „als Dir Rauschmittel zu spritzen. Jetzt hör mal gut zu und tue, was wir Dir sagen". Er sah, wie andere für ihr Verhalten offen zurechtgewiesen – „am Riemen gerissen" – wurden. Er erlebte, wie Leute sich gegenseitig anschrieen. Er erlebte, wie sich Leute gegenseitig

Zuwendung zukommen ließen und sich physisch nahe waren. Er erlebte, wie die Leute sowohl Vorwürfe als auch Liebe akzeptierten und Veränderungen durchmachten.

Er verwandte alle seine Überzeugungskraft darauf, den Therapeuten klarzumachen, daß er sich nicht unter Druck setzen ließ. „Vier Monate lang habe ich bei den Gruppensitzungen nicht einmal den Mund aufgemacht. Ich habe mich permanent krank gestellt und sah auch krank genug aus, um damit durchzukommen. Die meiste Zeit brachte ich mit Lesen zu."

Dann kam eines Tages Alan, ein Mitglied des Teams, in Henrys Zimmer, als dieser gerade im Bett lag und las – er hatte vorgegeben, sich zu elend zu fühlen, als daß er an diesem Tag hätte mitarbeiten können. Er wurde aufgefordert, eine vollständige Liste all dessen, was ihm an AREBA mißfiel, zu erstellen und wirklich alles zu notieren. Henry äußert sich hierzu folgendermaßen:

„Das war eine verrückte Zeit. Ich war immer ziemlich scharf darauf zu erfahren, was mit den anderen Leuten war und was für ein Spiel sie gerade spielten, und ich habe die ganze Zeit genau hingehört und zugeschaut. Ich habe keinen ausgelassen. Von da an wußten sie, daß ich nicht so verrückt war, wie ich es zu sein gemeint hatte.

Es war nicht so, daß ich keine Hilfe gebraucht hätte. Ich hatte unheimlich viele Probleme: Ich hielt mich damals für asexuell. Und ich war abgemagert, aber das hatten sie noch nicht mitgekriegt. Bei Männern kommt Anorexie unheimlich selten vor, und es war naheliegend, daß man es dem Heroin zuschrieb, daß ich so dünn war. Außerdem hatte ich es im Krankenhaus gelernt, etwas zu essen und es später, wenn es keiner sah, wieder zu erbrechen. Dan (Casriel) kam dann aber doch dahinter. Es war meine Art der Zurückweisung meiner eigenen unbefriedigten Bedürfnisse nach Liebe, und das verstärkte noch meine Unfähigkeit, Lust zuzulassen.

Aber von da an begann sich meine Einstellung zu verändern. Ich hörte auf, mich negativ auszuagieren und begann, emotional in den Gruppen mitzuarbeiten."

Das erste Problem, mit dem sich Henry befaßte, war die Feindseligkeit, die er gegenüber allen empfand, die ihm Zuwendungen gaben. Dies war deshalb so, wie er erkannte, weil diese Menschen ein Hindernis für seine Selbstmordabsichten darstellten. Er setzte sich aktiv sowohl mit der Angst als auch mit dem Ärger auseinander, aber er war nicht in der Lage, seine Unlust zu akzeptieren bzw. zum Ausdruck zu bringen.

Nachdem ihm acht Monate nach seiner Ankunft Privilegien bezüglich des Ausgehens eingeräumt worden waren, bekam Henry plötzlich Probleme. Er hatte sich bis dahin überhaupt noch nicht mit den Problemen im Zusammenhang mit seiner *sexuellen Identität* befaßt, nun aber begannen sie ihn zu quälen. Ihm war aufgetragen worden, auszugehen, um sich mit Mädchen zu treffen, aber er erhielt jedesmal einen Korb. Dann kam er jeweils in das Institut zurück und erbrach sich. Dies war ausschlaggebend dafür, daß er erstmals Zugang bekam zu seiner Unlust und sich daran machte, die uralten Unlustgefühle angesichts der Indifferenz seiner Mutter und seines Vaters ihm gegenüber durchzuarbeiten. Während er dies tat, begann er wieder zuzunehmen und erbrach sich nicht mehr regelmäßig. Er hatte allerdings einen ungesunden Hang zu Zucker und Kaffee entwickelt, und er setzte sich nicht mit seinen Ängsten vor der Homosexualität auseinander oder mit seiner Unlust im Zusammenhang mit Problemen der Impotenz und der Ablehnung.

Im Juni wurde Henry in die zweite Phase aufgenommen, das heißt, er wohnte im Institut, nahm jeden Tag an Gruppensitzungen teil, arbeitete jedoch außerhalb und hatte auch sonst Kontakte mit der Außenwelt. Er nahm eine Stelle in einem kleinen Einzelhandelsgeschäft an und wurde von der 29jährigen Inhaberin verführt. Er war sich nicht dessen bewußt, daß er in der Lage war, Lust zu erleben, aber er betete sie an. Als sie sich zehn Wochen später von ihm abwandte und ihn hinauswarf, verließ er AREBA, nahm wieder stark ab und kehrte in seine alte Umgebung zurück, um sich Heroin zu beschaffen. Einen Tag später war er wieder da: Er war einigen seiner früheren Freunde begegnet, und sie sahen aus wie steinalte Männer. Dorthin wollte er jedenfalls nicht wieder zurück.

Einen Monat lang wurde er wieder in Phase eins eingestuft und nahm wieder an der intensiven emotionalen Gruppenarbeit teil. Die meiste Zeit brachte Henry mit Arbeit auf der Matte zu und lernte, Lust aufzunehmen und seiner Feindseligkeit gegenüber seiner Mutter sowie der aufgrund der Zurückweisung durch seinen Vater erlebten Unlust Ausdruck zu geben. Er wurde auch dazu angehalten, mit einem Mitarbeiter des Hauses gemeinsam zu essen, da er nach wie vor recht unterernährt war und nur 105 Pfund wog.

Nach einem Monat wurde er wieder in den Status von Phase zwei versetzt; er nahm eine neue Stelle an, diesmal bei einem Onkel in einem Einzelhandelsgeschäft. Im Institut nahm er weiterhin an Gruppensitzungen teil. Außerdem war er als „Hausguru" für Einzelsitzungen mit Teilnehmern der ersten Phase verantwortlich. Dies entspricht der Theorie, daß, wenn jemand „so tut als ob" es ihm bereits gut gehe, er letztlich tatsächlich auch denkt und fühlt, als ob dies der Fall wäre.

Um Weihnachten 1973 herum, etwas über ein Jahr nach seiner Ankunft, wog er 130 Pfund, und obgleich er schon recht gut zurechtkam, hatte er das Gefühl, festgefahren zu sein. Es machte ihm noch immer Schwierigkeiten, mit jemandem ein Rendezvous auszumachen, und er stellte fest, daß Freunde des AREBA-Programms ihn dabei überrundeten. Das tat ihm sehr weh. Dann beging sein Onkel im Januar einen Selbstmordversuch und gab den Laden auf, so daß für Henry die einzige familiäre Bindung, die er gehabt hatte, abbrach. Zur gleichen Zeit starb der Verlobte einer seiner Schwestern, und als seine Familie sich bemühte, ihr Zuwendung und Trost zukommen zu lassen, empfand er entsetzliche Wut und Eifersucht darüber, daß ein Mädchen in der Lage war, sich helfen zu lassen, was er selbst nicht vermochte.

Als nächstes hatte er eine Stelle in einer Buchhandlung. Innerhalb von vier Monaten stieg er zum Einkäufer und dann zum stellvertretenden Geschäftsleiter auf. Er war allerdings nach wie vor etwas abgemagert und hatte noch immer Schwierigkeiten, Lust zuzulassen. Aber er hatte endlich damit begonnen, das Problem der Sexualängste anzugehen.

Kurz nachdem er in der Buchhandlung angefangen hatte, begann er mit Kursen an der Long Island University. Im Juni zog er in eine eigene Wohnung und begann mit der dritten Phase des AREBA-Programms, während der man weiterhin gewisse Verpflichtungen innerhalb des AREBA-Programms hat, aber außerhalb lebt, arbeitet und Kontakte pflegt.

Für eine erfolgreiche Beendigung des AREBA-Programms muß der Klient

1. „clean" sein – das heißt frei von Drogen und Alkohol;

2. eine feste Beziehung zu einem Menschen des anderen Geschlechts haben und
3. entweder eine Stelle haben oder in einem Ausbildungsverhältnis stehen.

Im Juni 1974 war es soweit. Henry hatte eine nette Freundin, mit der er auch sexuelle Beziehungen unterhielt. Er hatte eine leitende Position in der Buchhandlung und bekam in allen Kursen, die er noch immer an der Long Island University belegt hatte, hervorragende Noten. Sein Tagesprogramm war so voll, daß er das AREBA-Programm aufgab, zweimal in der Woche kam er jedoch weiterhin zur Einzeltherapie in das Institut. Bei diesen Einzelsitzungen ging es hauptsächlich darum, sein Selbstbild zu erweitern. Im Laufe des folgenden Jahres fand er sich allmählich besser mit seiner Sexualität zurecht und brachte seine Anorexie unter Kontrolle.

Nachdem er zwei Jahre lang an der Long Island University gewesen war, zog er nach Antioch. Dort fühlte er sich erstmals intellektuell herausgefordert. Er erzählte: „Ich hatte eine großartige Zeit. Ich begann mich politisch zu engagieren. Es gab keine Kundgebung, an der ich nicht teilgenommen hätte. Ich widmete mich aber auch kreativeren Aktivitäten – Schreiben, Zeichnen und Fotografieren, und ich war mit einem wunderbaren Mädchen befreundet."

Im Jahre 1978 verließ Henry die Hochschule von Antioch im Alter von 24 Jahren mit einem doppelten Abschluß in Psychologie und Kommunikationswissenschaft und einer ganzen Reihe zusätzlicher Leistungsnachweise. Heute, ein Jahr später, lebt Henry in New York, ist zum Teil als freier Fotograf tätig und daneben in Teilzeitarbeit als Berater für Phase zwei im AREBA-Mitarbeiterteam. Er lebt ein erfülltes und abwechslungsreiches Leben und will sich unter Umständen auch in Zukunft in der Drogenarbeit engagieren. Er ist noch immer mit dem Mädchen von der Long Island University befreundet und kommt sehr gut mit seiner Sexualität zurecht. Er wiegt 145 Pfund.

Zusammenfassung

Sehr viele Menschen verwechseln fälschlicherweise den New-Identity-Prozeß mit der *Primärtherapie*. Einmal abgesehen von der Tatsache, daß sich beide Therapieformen des *Schreiens* bedienen, um übermäßige Emotionen freizusetzen, weisen sie doch erhebliche Unterschiede auf.

Bei Janov konzentriert sich der Prozeß vorwiegend auf Unlustgefühle, wobei man immer wieder auf frühe Erlebnisse zurückgeht, bis die uralten lebensgeschichtlichen Emotionen abreagiert worden sind. Die Theorie besagt, daß nach dem Abbau alter Emotionen die Persönlichkeit wieder in der Lage ist, sich selbst zu regulieren. In der Primärtherapie werden Isolation und andere Formen von Streß eingesetzt, und es werden nur in sehr geringem Umfang Kognitionen und Verhaltensweisen bearbeitet.

Der New-Identity-Prozeß dagegen legt das Schwergewicht auf die Lust im *Hier und Jetzt* und befaßt sich mit negativen Emotionen nur insoweit, als diese die Fähigkeit des Betreffenden blockieren, *Lust* und *Liebe* in sich aufzunehmen. Das Schreien dient nicht nur der Abreaktion, sondern auch der Vorbereitung des Körpers zur Aufnahme neuer Botschaften. Kognitionen und Verhaltensweisen werden ebenso eingehend behandelt wie Affekte. Der New-Identity-Prozeß ist in erster Linie ein *Rekonstruktionsvorgang*.

Der Hauptunterschied zwischen der Primärtherapie und dem New-Identity-Prozeß liegt wohl darin, daß es sich bei letzterem um einen *Gruppenprozeß* handelt. Was Richard Beauvais, der 1964 Mitglied in Casriels Gruppe war, hierzu geäußert hat, läßt sich kaum prägnanter formulieren:

> „Wir sind hier, weil es letzten Endes keine andere Zuflucht vor uns selbst gibt.
> Der Mensch läuft solange vor sich selbst davon, bis er sich selbst in den Augen und in den Herzen seiner Kameraden widerspiegelt.
> Er findet keine Ruhe, solange er ihnen sein Geheimnis nicht preisgegeben hat.
> Aus Angst davor, erkannt zu werden, kann er weder sich selbst noch irgendeinen anderen Menschen kennenlernen – er wird einsam bleiben.
> Wo sonst, wenn nicht in unserem gemeinsamen Urgrund, können wir einen derartigen Spiegel finden?
> Hier in der Gemeinschaft kann der Mensch sich endlich klar erkennen,
> nicht als den Riesen seiner Träume,
> nicht als den Zwerg seiner Ängste,
> sondern als Mensch – als Teil eines Ganzen mit seinem Anteil an dessen Sinnhaftigkeit.
> In diesem Urgrund können wir alle Wurzeln schlagen und nicht mehr länger wie im Tode alleine wachsen,
> sondern lebendig, als Mensch unter Menschen."

Wir leben in einer charakterlich gestörten Gesellschaft; das heißt in einer Gesellschaft, die sich dafür entschieden hat, ihre Unlustgefühle nicht wahrzunehmen, und die sich auf eine für den einzelnen und die Allgemeinheit destruktive Weise ausagiert. Ein großer Teil unserer verhaltensmäßigen Isolation ist sozial sinnvoll, da sie jedoch unsere *Entfremdung* von unseren innersten Gefühlen aufrechterhält, ist sie pathologisch.

Sie ist daher für den einzelnen, für die Gesellschaft und letztlich angesichts der großen Macht der westlichen Nationen für die ganze Welt destruktiv. Wie können wir das Leiden anderer Menschen nachvollziehen, wenn wir so wenig Zugang zu unseren eigenen Gefühlen, unserer eigenen Unlust haben?

Literatur

Casriel, D.H. *So fair a house: The story of Synanon*. Englewood Cliffs, N.J.: Prentice-Hall, 1963.

Casriel, D.H. *A scream away from happiness*. New York: Grosset & Dunlap, 1972.

Casriel, D.H. and Amen G. *Daytop: Three addicts and their cure*. New York: Hill and Wang, 1971.

Casriel, D.H. *The huggers*. (forthcoming).

Nichtdirektive Psychoanalyse

I. H. Paul

Psychotherapie betrachte ich als ein Gebiet, auf dem die Verfechter der verschiedenen Theorien und Systeme unerbittlich um die Vorherrschaft ringen. Und es gibt heute viele Konkurrenten im Bereich der Psychotherapie, denen es um Überlegenheit geht – mindestens 300. Es gibt wahrscheinlich genauso viele Wege zur psychischen Gesundheit und zur Selbstentfaltung, wie es Wege zum Heil gibt. Ich glaube aber, daß zwar einzelne Praktiker trotz theoretischer und philosophischer Unterschiede in ihrer Arbeit vorankommen können, bestimmte Systeme hingegen auf lange Sicht die Führung übernehmen und andere sich unterordnen müssen. Sehen wir uns nur an, was aus DuBois' Medizinischen Moralisierungen, Weir Mitchells Ruhebehandlung und Burows Phyloanalyse geworden ist – alles Systeme, die in der Praxis keine Relevanz mehr haben.

Das System, das sich schließlich durchsetzen wird, wird es vermutlich schaffen, in einer Auflösung bestehender Unterschiede die gegenwärtig noch als unvereinbar betrachteten Elemente zu verbinden. I. H. Pauls Nichtdirektive Psychoanalyse ist meiner Meinung nach ein Beispiel dafür, welche Richtung die eklektische Psychotherapie einschlagen wird. Am Ende werden die brillianten Ideen der großen Pioniere und der vielen anderen, die in diesem verwirrenden Bereich der Psychotherapie arbeiten, in einem System zusammengefaßt werden, das universal akzeptiert werden wird. Ich glaube, es ist nur eine Frage der Zeit, bis wir eine einzige, von allen anerkannte Psychotherapie haben werden. Es kann sein, daß die Nichtdirektive Psychoanalyse die endgültige Antwort ist.

Nichtdirektive Psychoanalyse ist eine *Mischung* aus *traditioneller Psychoanalyse* und *Klientenzentrierter Therapie.* Sie ist ein *interpretatives* und auch ein *nichtdirektives* Verfahren. Es begegnen sich ein Therapeut und ein Klient auf vornehmlich verbaler Ebene; der zentrale Prozeß ist eine Untersuchung, die sich in der Hauptsache auf den intrapsychischen (phänomenalen und seelischen) Bereich des Klienten konzentriert. Um durchgehend Nichtdirektivität sicherzustellen, bewahrt der Therapeut eine streng neutrale und unpersönliche Haltung und verläßt sich hauptsächlich auf den Modus interpretativer Intervention, um den therapeutischen Prozeß unter Kontrolle zu halten. Zusammen mit ihrem Rückgriff auf die zentralen Konzepte der *Psychoanalyse (Widerstand, Regression, Übertragung* und *Katharsis)* qualifiziert sich diese Methode damit als psychoanalytische Vorgehensweise. Als nichtdirektiv kann sie insofern gelten, als der Klient, soweit das möglich ist, Form und Inhalt der Sitzungen bestimmt; der Therapeut ist bemüht, sich entsprechend einer nichtautoritären und spezifischen Rollendefinition zu verhalten, wodurch er – was kennzeichnend für die nichtdirektive *Klientenzentrierte Therapie* ist – sowohl die Individualität und Autonomie des Klienten als auch dessen Selbstheilungs- und Selbstverwirklichungspotential respektiert. Diese Form der Therapie kann demnach als Klientenzentrierte Therapie mit Interpretationen und/oder als Psychoanalyse ohne deren direktives Element aufgefaßt werden. In meinen Veröffentlichungen habe ich es vorgezogen, die Methode informell als „Psychotherapie" zu bezeichnen (1973, 1975,

1979). Um den Absichten dieses Handbuches entgegenzukommen, habe ich sie hier aber mit dem deskriptiven Namen „Nichtdirektive Psychoanalyse" belegt.

Geschichte

Die Entwicklung und die Veränderungen der psychodynamischen Psychotherapie sind das Erbe, das die Nichtdirektive Psychoanalyse angetreten hat. Genauer gesagt, ihre Geschichte ist mit der der *Psychoanalyse* und der der *Klientenzentrierten Therapie* identisch.

Insofern der Hauptinterventionsmodus des Analytikers die *Interpretation* und seine Grundhaltung die der *Neutralität* ist, ist die Psychoanalyse von Hause aus eine nichtdirektive Form von Therapie. Im Anschluß an Freud haben Analytiker (wie etwa Menninger, 1958, und Brenner, 1976, um nur zwei zu nennen) jedoch einen Satz von Direktiven und Bedingungen für notwendig erachtet, um den „analytischen Prozeß" in Gang zu halten. Darüber, was dazu gehören sollte, hat es nie Übereinstimmung gegeben. Aus der Überzeugung heraus, daß sich bei genauerer Betrachtung bestimmte Direktiven und Bedingungen als nicht notwendig erweisen, haben sich einige einflußreiche Analytiker (z.B. Fenichel, 1941; Singer, 1965; Langs, 1974) dafür eingesetzt, in dieser Hinsicht Flexibilität zu zeigen. Die Bedingung täglich stattfindender Sitzungen und die Verwendung der Couch, die Anweisungen, frei zu assoziieren und Träume zu erzählen und die verschiedenen Abstinenzregeln sind in unterschiedlicher Weise modifiziert und gelockert worden. Hellmuth Kaiser (1965) entwickelte, um ein extremes Beispiel anzuführen, aus der Psychoanalyse eine Methode, die insofern *radikal nichtdirektiv* ist, als die einzige vom Klienten zu erfüllende Bedingung darin besteht, zu den Sitzungen zu erscheinen. Es besteht keinerlei Vorschrift, worüber zu sprechen ist, und der Analytiker beschränkt sich auf Interpretationen der Abwehr von Gefühlen, Impulsen und Motiven, die ins Bewußtsein dringen wollen. Kaiser formulierte die Aufgabe des Analytikers in einer Weise, wonach größter Wert darauf gelegt wird, in Klienten ein *Verantwortungsgefühl* für ihre Gedanken und Handlungen zu fördern. In ähnlicher Weise haben viele Therapeuten der Rogersschen Tradition ihre Restriktionen, was das *Interpretieren* anbetrifft, gelockert und sich auf die Psychoanalyse zubewegt. Levy (1963) und Bone (1968) haben darauf hingewiesen, daß die Unterschiede zwischen analytischem und klientenzentriertem Verfahren übertrieben und fehlgedeutet worden sind und die beiden Methoden mehr gemeinsam haben, als gemeinhin anerkannt wird. Ist mit Interpretationen notwendigerweise eine Wertung verbunden? Haben sie notwendigerweise einen schädlichen Einfluß auf das Explorationsverhalten des Klienten? Werden durch sie Widerstände und Übertragungen „geschaffen"? Das sind wesentliche Fragen. Rosalea Schonbar (1968) kam zu dem Schluß, daß man Interpretationen diese Vorwürfe nicht machen kann. Sie beschreibt, wie sie den interpretativen Modus in die Struktur der Klientenzentrierten Therapie hereingenommen hat und zog den Schluß, daß es zum Akt des Interpretierens keiner bedeutsamen Veränderung in der mit dieser Therapie verbundenen Grundhaltung bedarf – die, so behauptet sie, grundlegende Voraussetzung für jeden erfolgreichen Therapeuten ist, ganz gleich welcher Richtung er angehört.

Die besondere Geschichte der Nichtdirektiven Psychoanalyse ist zum einen durch meine Ausbildung, zuerst in Klientenzentrierter Therapie und dann in psychoanalytischer Therapie, zum anderen durch meine daran anschließende Erfahrung im Ausbilden von Therapeuten geprägt. Meine Ausbildung bestimmte ihre Struktur und Ausrichtung; das Schwergewicht, das auf die Technik gelegt wird, geht auf meine Lehrerfahrungen zurück. Die Methode hat sich, abgesehen von der klinischen Praxis, auch aus pädagogischen Erwägungen und Erfahrungen heraus entwickelt; es bestand das Bedürfnis, explizite und konkrete Prinzipien und Richtlinien zu formulieren, die sich auf dem Wege geordneten Studiums und angemessener Ausbildung erlernen lassen können, und deren Erwerb nicht zu stark von bestimmten prädisponierten Persönlichkeitszügen und Talenten abhängt. Die Ausübung von Psychotherapie wurde von daher als eine *Fertigkeit* mit objektiven und spezifizierbaren, vom Therapeuten zu erfüllenden technischen Bedingungen angesehen, für die nicht erlernbare Eigenschaften kaum notwendig sein sollten. Es war eine Methode auszuarbeiten, die fertigkeitsorientiert war, einer genau festgelegten Technik bedurfte und deren Grenzen dem Therapeuten verhältnismäßig wenig persönlichen Spielraum lassen.

Im Verlauf von zehn Jahren, in denen ich Psychotherapie lehrte, wurde meine Methode immer strenger und karger. Das Interview zum Beispiel – Befragen und Explorieren – wurde völlig aufgegeben; der Einsatz konfrontierender und diagnostizierender Interpretationen wurde stark eingeschränkt; und während der gesamten Therapie blieb der Therapeut eng an dem, was ihm seine spezifische Rollendefinition vorschrieb. Für diese Entwicklungen gibt es mehrere Gründe, einer ragt jedoch heraus: Klinische Erfahrung machte sehr deutlich, daß die therapeutische Effektivität einer Technik mit der Reinheit und der Strenge ihrer Verwirklichung korreliert. Wie dem auch sei, die Methode, die sich schließlich herausgebildet hat – die Nichtdirektive Psychoanalyse – erfordert Studium, Arbeit und Praxis; als wichtige natürliche Fähigkeiten braucht der Therapeut *Empfindsamkeit, Einfühlungsvermögen* und *Scharfsicht*. Der größte Anteil der Varianz wird durch die Fähigkeit, zu verstehen und Verstehen zu vermitteln, erklärt, eine Fähigkeit, die selbst wiederum großenteils eine Funktion des Verständnisses ist, das man von der besonderen *Dynamik* der Methode besitzt. Die technischen Regeln und Prinzipien der Nichtdirektiven Psychoanalyse beruhen auf dieser besonderen Dynamik.

Gegenwärtiger Stand

Innerhalb der breiten Kategorie psychoanalytisch orientierter Psychotherapie, aber auch unter der Rubrik *Existentieller* und *Humanistischer Therapie* wird Psychotherapie, die *nichtdirektiv* und auch *psychoanalytisch* vorgeht, viel praktiziert und gelehrt. Die Nichtdirektive Psychoanalyse ist eine besondere Form dieser Therapie, die im Rahmen des von der Graduate School der City University of New York am City College ausgerichteten Programms Klinischer Psychologie praktiziert und gelehrt wird.

Ich habe diese Methode in zwei Büchern und einem Aufsatz beschrieben und erläutert. „Letters to Simon: On the Conduct of Psychotherapy" (1973) ist eine informell gehaltene Abhandlung, die in Form von an einen fiktiven Studenten gerichteten Briefen verfaßt wurde und ein breites Spektrum von Fragen behandelt, die die Theorie und Praxis der Nichtdirektiven Psychoanalyse betreffen. „Psychotherapy as a Unique and Unambiguous Event" (1975) ist eine Erläuterung der Grundrichtung und der wesentlichen Begriffe dieser Methode; diese Darstellung ist um eine paradigmatische klinische Situation angeordnet, die in konkreten Einzelheiten untersucht wird. „The Form and Technique of Psychotherapy" (1979) ist eine umfassende Erklärung und Diskussion der Hauptregeln und -prinzipien dieser Methode wie auch ihres therapeutischen Hintergrundes. In diesem Buch werden die Interventionsmodi der Psychotherapie, das Problem der Wahl des richtigen Zeitpunktes für Interventionen, die Struktur und die Formulierung von Interpretationen sowie Wesen und Grenzen einer neutralen, unpersönlichen und beständigen Haltung eingehend untersucht.

Theorie

Die Nichtdirektive Psychoanalyse gründet nicht auf irgendeiner einzelnen Theorie des Verhaltens und der Persönlichkeit. Aufgrund ihres relativ *pragmatischen* Ansatzes, der sich weitgehend auf in klinischer Praxis als nützlich erwiesenen Verfahren stützt, verträgt sie sich mit einer Reihe ganz verschiedener und selbst nichtpsychoanalytischer Theorien. Sie greift auf eine Vielzahl sehr unterschiedlicher Konzepte zurück, die die Struktur, Funktion, Entwicklung und Veränderung von Persönlichkeit und Verhalten betreffen.

Eine *Theorie unbewußter psychischer Prozesse* zum Beispiel ist nützlich, aber nicht unerläßlich. Ihr Hauptnutzen liegt wahrscheinlich in ihrem Beitrag, sicherzustellen, daß unsere Interpretationen nichtdiagnostizierend und nichtkonfrontierend bleiben. Wenn wir nämlich die Hypothese akzeptieren, daß sich eine wirkungsvolle Interpretation an die vorbewußten Derivate unbewußter psychischer Prozesse wendet und ihre ideale Funktion darin besteht, das Auftauchen unbewußter Gedanken, Erinnerungen und Phantasien zu fördern (d. h. Klienten entdecken zu helfen, was sich in ihrem Geist abspielt), dann haben wir eine praktische Richtlinie für die Formulierung und Strukturierung unserer Interpretationen wie auch für die Wahl des Zeitpunktes, an dem wir sie vorbringen. Das gleiche kann für das *Konzept der Abwehr* gesagt werden. Der wirksamen Interpretation geht es um eine Kontaktaufnahme mit einer Art Barriere (einer Schwelle, einer Gegenbesetzung oder einer Abwehr); die Barriere wird in irgendeiner Weise durch die Interpretation geschwächt, nicht nur um die Aufdeckung unbewußter Inhalte, sondern auch um deren Reorganisation zu ermöglichen. Eine andere in klinischer Hinsicht nützliche Theorie dreht sich um das *Konzept des Ich;* versteht man es als das Exekutivorgan der Persönlichkeit, das unter dem Druck konkurrierender und konfligierender Kräfte steht, dann werden unsere Interpretationen den intrinsischen und häufig konfligierenden Interessen des Ichs Rechnung tragen, indem sie seine „synthetische Funktion" ansprechen (Hartmann, 1958).

Dagegen wird man ohne den *psychodynamischen Standpunkt* wohl kaum auskommen; er kann aber auf die Behauptung reduziert werden, daß mit Verhalten und Erfahren immer ein *Zweck* und ein *Ziel* verfolgt werden. Jeder psychische Akt, so wird angenommen, ist im Hinblick auf Zwecke und Ziele entweder instrumental oder konsumatorisch; alles Verhalten gründet auf Bedürfnissen, Trieben, Wünschen, Phantasien und ähnlichem. Natürlich kann der dynamische Standpunkt für eine stärker ausgearbeitete Theorie der Motivation stehen. Von seiner Warte kann Verhalten als *Resultante* einer Hierarchie zusammen- oder gegeneinanderwirkender Kräfte gedeutet werden; damit wird die zusätzliche Annahme gemacht, daß kein Verhalten Ergebnis eines einzelnen Triebes oder Zweckes ist – es sind immer zwei oder mehrere wirksam. Wenn diese Kräfte zusammenwirken, wird das Verhalten als *überdeterminiert* oder als mehrfache Funktionen erfüllend begriffen (Waelder, 1936); wenn sie gegeneinanderwirken, wird von *Konflikt* gesprochen. *Fehlangepaßtes Verhalten* kann als das Ergebnis eines Konflikts verstanden werden, der durch Überdetermination intensiviert, vergrößert und aufrechterhalten wird.

Während die *Praxis* der Nichtdirektiven Psychoanalyse keine besondere psychologische Theorie verlangt oder impliziert, stützt sie sich doch sehr stark sowohl auf eine bestimmte Theorie der Psychotherapie als auch auf Konzepte, die sich auf therapiespezifische Prozesse beziehen. Ihr grundlegende Annahme ist, daß Psychotherapie eine einzigartige Situation sein kann und daß wir uns als Psychotherapeuten eindeutig definieren können. Ihre grundlegende These lautet, daß Psychotherapie verhältnismäßig *unstrukturiert* sein kann, ohne gleichzeitig unklar sein zu müssen, und unsere *Nichtdirektivität* und *Neutralität* uns nicht davon abhalten zu braucht, aktiv und effektiv zu sein.

Kurzfristiges und unmittelbares Ziel des Klienten ist es, eine besondere psychische Erfahrung zu machen, eine Erfahrung, die als *therapeutischer Prozeß* bezeichnet wird. Der therapeutische Prozeß ist als das zentrale Geschehen der Nichtdirektiven Psychoanalyse definiert. Er wird als ein intrapsychischer und geistiger Prozeß gegenüber einem interpersonalen und auf der Verhaltensebene ablaufenden Prozeß begriffen; er wird als ein Prozeß angesehen, der auf dem *Akt des Entdeckens* in Abhebung von dem des Lernens beruht und viele seiner theoretischen Merkmale mit der von der Psychoanalyse angenommenen „relativen Ich-Autonomie" (Rapaport, 1967) gemeinsam hat. Der therapeutische Prozeß meint sowohl die Arbeit der Klienten als auch deren subjektives Erleben, während sie ihre innere und äußere Wirklichkeit ausdrücken, untersuchen und explorieren, während sie sich bemühen, ihr Verhalten, ihr Selbst und ihre geistigen Prozesse zu artikulieren und zu verstehen. Zu diesem Prozeß gehören die Akte der *Reflexe* und *Introspektion,* des *Wiederempfindens* und *Erinnerns* und der *Reorganisation* und *Rekonstruktion;* in seinem Verlauf wird die Aufmerksamkeit hauptsächlich auf die *innere Realität* der Affekte und Impulse, der Bedürfnisse und Erwartungen, der Einstellungen, Überzeugungen und Werte, der Gewohnheiten, von Abwehr und Phantasien gerichtet. Besonders betont wird das Erleben von sowohl *Individualität* und *Autonomie* als auch das Gefühl, einen *eigenen Willen* zu haben. Schließlich handelt es sich hier um einen Prozeß, in dem es im wesentlichen um die komplementären Vorgänge des „Verstehens" und des „Verstandenwerdens" geht.

Kurz gesagt, der therapeutische Prozeß ist eine auf das Selbst gerichtete untersuchende Aktivität, die sich darum bemüht, zu *artikulieren,* zu *verstehen* und zu *entdecken.* Es handelt sich hierbei um ein umfassenderes Konzept als das, was mit dem „analytischen Prozeß" in der Psychoanalyse gemeint ist; ihm ist weder aufgegeben, genetische Rekonstruktionen zu erstellen, noch Erfahrungen und Verhalten in ihre Bestandteile und Determinanten aufzulösen. Der therapeutische Prozeß vertraut darauf, daß der Klient Wahl und Entscheidung treffen kann, und verläßt sich nicht auf die eher passive Methode des freien Assoziierens. Mit dem „analytischen Prozeß" (wie auch dem, was in der *Existentiellen* oder der *Humanistischen Psychotherapie* und anderen Therapien diesem Prozeß entspricht) teilt er die Überzeugung, daß der Klient, so wie er als Mensch mit eigenem Willen und Verantwortung, als seinem Leben die Richtung angebender Agent tatsächlich existiert, Hauptgewicht der Entdeckung sein muß, die dem Kernprozeß der Therapie Fundament und Rahmen gibt. Der im Wesen des Klienten liegenden *Autonomie* kommt als Gegenstand der Entdeckung oberster Rang zu; gleichzeitig ist sie die entscheidende Bedingung, unter der die Untersuchung des Selbst stattfindet.

Die *technischen Regeln und Prinzipien,* von denen wir uns als Therapeuten leiten lassen, sind in ihrem Wesen eng mit dem Ziel verbunden, den therapeutischen Prozeß voranzutreiben und zu optimieren. Insofern dieser Prozeß als das Kerngeschehen der Nichtdirektiven Psychoanalyse – und als Geschehen, das die als Therapieziele angestrebten langfristigen Veränderungen und Reorganisationen zustandebringt – angesehen wird, haben wir als Therapeuten seine Integrität zu schützen, indem wir mit unserem Verhalten seine ungestörte Entwicklung fördern und in Gang halten; ebenso müssen wir solches Verhalten zu vermeiden suchen, mit dem der therapeutische Prozeß verhindert, erschwert oder gestört wird.

Von daher werden sich *nichtdirektive* Therapeuten – soweit das durchführbar und mit guter klinischer Praxis vereinbar ist – einer wie auch immer gearteten Steuerung des Klienten enthalten; wir führen weder ein Interview, noch geben wir Ratschläge; wir urteilen nicht, und wir kritisieren auch nicht; wir geben keine Verstärkung in Form von Belohnungen, Bestrafungen und Anreizen irgendwelcher Art, und wir behalten unsere persönlichen Gefühle, Einstellungen, Überzeugungen und Meinungen für uns. Statt dessen bewahren wir, wenn wir auch so fürsorgend und taktvoll wie nur möglich sind, eine *neutrale* und *unpersönliche Haltung;* wir beobachten, ohne dabei in unserer Teilnahme über Empathie hinauszugehen, wobei wir aber einen gewissen Grad an Wärme und Enthusiasmus zeigen; schließlich ordnen wir uns völlig dem Ziel unter, den Klienten zu verstehen, und stützen uns hauptsächlich auf die *Interpretation* als Mittel, unser Verstehen mit dem Klienten zu teilen.

Unser „Partizipieren" am therapeutischen Prozeß besteht darin, Interpretationen anzubieten. Diese Formulierung ist jedoch insofern irreführend, als sie den Therapeuten als jemanden darstellt, der ein Verstehen der inneren und äußeren Realität der Klienten oder Informationen über diese Realität zur Verfügung stellt und das zum Wohl der Klienten unternimmt; aus ihr könnte auch der Schluß gezogen werden, Therapeuten helfen Klienten, Entdeckungen zu machen, indem sie Interpretationen geben, um das Auftreten solcher Entdeckungen zu maximieren. Anstelle dieser Formulierung ist einer weniger eingängigen der Vorzug zu geben: Interpretieren ist die Methode des nichtdirektiven Therapeuten, mit der er den therapeutischen Prozeß *supervisioniert.* Mit dieser Formulierung wird hervorgehoben, daß die mit dem Anbieten von Interpretationen verfolgte Hauptabsicht darin besteht, den gegenwärtig ablaufenden Prozeß selbst zu fördern. Da dieser Prozeß als etwas *Intrapsychisches* verstanden wird und als etwas, das *autonomes Handeln* auf seiten der Klienten mit sich bringt, und da es vorrangiges Ziel für die Klienten ist, *aktiv* zu sein (sich aktiv um Verstehen zu bemühen, aktiv ihre synthetische Funktion zu üben und zu stärken und auf diesem Wege ihre Kontrolle und ihre Freiheit zu maximieren), ergibt sich als Hauptziel des Therapeuten nicht die Vermittlung von Information oder von Verstehen und Einsicht, sondern vielmehr liegt es darin, für die Klienten *optimale Bedingungen* dafür zu schaffen, sich offen und frei explorieren zu können und sich selbst so total und authentisch wie möglich zu erleben. Von daher paßt es nicht zu den Zielen und dem Geist der Nichtdirektiven Psychoanalyse, die Rollen dergestalt aufzuteilen, daß der Klient *Fakten* und der Therapeut die *Bedeutungen* liefert. Und es paßt auch nicht ganz dazu, sich den Therapeuten als jemanden vorzustellen, der an dem Prozeß des Aufdeckens und des Erklärens als eine Art Partner partizipiert. Unsere Funktion als Therapeut besteht in der Hauptsache darin, den Therapieprozeß selbst voranzutreiben, und mit unserem Versprechen, uns zu äußern, wenn wir „etwas Nützliches zu sagen" haben (siehe Abschnitt „Methoden"), ist in Wirklichkeit gemeint, wenn wir „etwas Nützliches für den therapeutischen Prozeß zu sagen" haben.

Die Nichtdirektive Psychoanalyse verlangt den unbedingten Glauben daran, daß es therapeutisch wirksam ist, wenn die Klienten sich das, worüber sie während der Sitzungen sprechen wollen, frei aussuchen. Als Therapeuten müssen wir von allen Hypothesen absehen, mit denen wir vom Klienten angesprochenen Themen unterschiedlichen Wert zuschreiben (Kindheitserinnerungen, traumatische Erlebnisse, interpersonale Beziehungen, Phantasien und Träume usw.). Wir müssen dazu bereit sein, in unserer Arbeit nicht nur von der Oberfläche des Bewußtseins des Klienten auszugehen, sondern auch von der Matrix, die uns durch die Entscheidungs- und Willensprozesse des Klienten vorgegeben wird. Wir müssen uns auch davor zurückhalten, das interpretative Verfahren in einer direktiven Weise zu verwenden. Ob das alles möglich ist, ist eine theoretische Frage; sie kann aber auf der empirischen Ebene untersucht werden.

Allgemein definiert handelt es sich bei einer *Interpretation* um jeden Versuch, Gedanken, Wünsche, Absichten und Gefühle in Worte zu fassen – um eine Bemerkung, die das anspricht, was in der Psyche des Klienten vorgeht (was ihm auf der Seele liegt), auch wenn mit dieser Bemerkung keine Erklärung versucht wird und kein Grund zu der Annahme besteht, das Angesprochene sei verborgen oder maskiert oder vorbewußt gewesen. Eine Interpretation sollte in jedem Fall „Verstehe ich Sie richtig?" als Frage mitenthalten; sie sollte nie über die Anweisung „Richten Sie Ihre Aufmerksamkeit darauf!" hinausgehen. Wenn die Interpretation aber Resonanz dessen ist, worauf der Klient seine Aufmerksamkeit richtet, wenn sie das anspricht, was der Klient anspricht, wird auch diese Anweisung inkonsequent. Das für Therapeuten gültige zentrale Kriterium dafür, zu welchem Zeitpunkt eine Interpretation zu geben ist, verlangt, daß sie nur dann anzubieten ist, wenn das Ausmaß, in dem sie die Aufmerksamkeit in ihrer Richtung verändert, ein Minimum beträgt, nur dann, wenn sie keine neue Idee aufdrängt oder der Aufmerksamkeit eine andere Richtung gibt. Die wirkungsvolle Interpretation gibt nur dann eine Erklärung, wenn der Klient etwas erklärt bekommen will, und sie versucht auf eine Art und Weise zu erklären, die mit dem

Modus, in dem der Klient erklärt und versteht, harmoniert. Außerdem wird sie in einer Weise formuliert, die direkt mit dem Denken und der Erfahrung des Klienten korrespondiert; sie greift dabei nicht auf theoretische oder nomothetische Erwägungen zurück. In ihrer Form ist sie *nichtdiagnostizierend;* in ihrer Natur ist sie auch *nichtkonfrontierend.* Ihre direktiven Eigenschaften können also auf einem Minimum gehalten werden.

Eine *nichtdirektive psychoanalytische Sitzung* kann *nicht* als ein Interview aufgefaßt werden; der Modus des Interviews wird streng gemieden. Das bedeutet, Therapeuten halten sich davor zurück, Fragen zu stellen oder nach Gefühlen zu bohren; auch konfrontieren wir nicht, halten dem anderen keinen Spiegel vor. Der Modus des Interviews trägt dazu bei, uns zum Diagnostiker, zum Problemlöser zu machen; das gleiche kann für den Modus des Konfrontierens gesagt werden, der uns zudem noch als wachsame Beobachter bestimmt. Beide Modi führen dazu, Klienten in eine passive Position und in die eines Objekts zu drängen. Im Gegensatz dazu werden wir durch den interpretativen Modus als *Beobachter* definiert, der versucht, zu verstehen und sich einzufühlen, dessen Ziel nicht so sehr ist, Probleme aufzudecken als vielmehr, sie zu erfassen und zu begreifen; und insofern unsere Interpretationen eher den Akt des Teilens als den des Gebens verkörpern, gestatten wir dem Klienten, eine stärker aktive Position einzunehmen, in der er *Subjekt* ist. In dem Ausmaß, in dem gut formulierte und zum rechten Zeitpunkt angebotene Interpretationen geteilte Entdeckungen und weniger von einer Seite aus gemachte Beobachtungen sind, wird das Risiko geringer, daß sie uns zu jemandem machen, der kontrolliert; sie maximieren dann vielmehr kurzfristig die Freiheit eines Klienten und auf lange Sicht seine Autonomie.

Es gibt jedoch Umstände, unter denen bestimmte *Anweisungen* den therapeutischen Prozeß fördern können, ohne ihn zu schädigen. Einer bezieht sich auf *Undeutlichkeit* bzw. *Zweideutigkeit* der Kommunikation, ein anderer auf *Schweigen.* Den Klienten zu fragen: „Was denken sie gerade?", wenn er in Schweigen verfällt, kann manchmal notwendig sein, und es ist möglich, diese Frage eindeutig als eine Direktive auszuweisen. Das gilt ebenso für die auf Klärung abzielende Frage: „Was meinen sie, wenn sie sagen ...?" Solche Anweisungen können mit den Prinzipien der Nichtdirektiven Psychoanalyse völlig übereinstimmen; ihr Einsatz hängt – wie der anderer nichtinterpretativer Interventionsmodi, die gewöhnlich in der Therapie Verwendung finden – vom Zusammenhang und von der klinischen Beurteilung ab.

Methoden

Den Ablauf der Psychotherapie in *drei Stadien* – das Anfangs-, das Mittel- und das Endstadium – aufzuteilen, ist mehr als eine didaktische Tradition; die Stadien können ein wesentlicher Aspekt der Dynamik der Therapie sein, indem sie bedeutsame Folgen für die Auswahl von Methoden und Technik haben. Obwohl unser Ziel als nichtdirektive Therapeuten darin besteht, hauptsächlich durch Anbieten von Interpretationen zu partizipieren, ist die Therapie behutsam durch ihre Entwicklungsstadien und Veränderungen zu manövrieren, und wir müssen auf eine Vielfalt von Entwicklungsmöglichkeiten und schwierigen Situationen

(Stocken des therapeutischen Prozesses und Krisen zum Beispiel) achten. Es ist nützlich, sich daran zu erinnern, daß nicht alles, was sich in der Therapie ereignet, durch die „Mühle" der Interpretation muß; es gibt Dinge, die *direkt* geregelt werden müssen (nichtdirektiv zu sein bedeutet nicht, indirekt zu sein).

Bei diesen Fragen dreht es sich um „geschäftliche" Angelegenheiten, die, so lassen sie sich allgemein umreißen, zur Struktur der Therapie und damit auch zu der hier zu verwirklichenden Interaktionsform, zu Zeitplanung und Honorar und ebenso zu Art und Grenzen unserer Erwartungen und Anforderungen zu klären sind. Wenn sich ein Klient zum Beispiel vom Therapeuten wünscht, daß dieser in den Sitzungen eine aktive Rolle übernimmt, etwa indem er Leitfragen stellt, kann es ein Fehler sein, darauf mit einer Interpretation zu reagieren, die diesen Wunsch zu erklären sucht (der Klient könnte zum Beispiel überhaupt kein Interesse daran haben, den Wunsch erklärt zu bekommen). Es ist aber ganz im Sinne der von dieser Methode gefolgten Richtung, wenn man darauf antwortet, nichtdirektive Therapeuten zögen es vor, solch eine Modifikation zu unterlassen, und die Begründung dafür erläutert – vorausgesetzt natürlich, wir entscheiden uns dafür, dem Wunsch nicht zu entsprechen und die Modifikation nicht vorzunehmen.

Die Nichtdirektive Psychoanalyse enthält auch kein grundsätzliches *Verbot* jeglicher „Manipulation". Ob eine Handlung von seiten des Therapeuten oder eine Modifikation im Verfahren, der es bei einem Klienten bedarf oder um die er bittet, vorgenommen wird, ist in jedem Fall vor dem Hintergrund des in der Therapie erreichten Stadiums abzuwägen. Ist eine solche Handlung oder Modifikation für den optimalen Verlauf des therapeutischen Prozesses notwendig, dann zählt das als Hauptkriterium. Jede Handlung oder Modifikation wird zudem hinsichtlich dieses Kriteriums geprüft: Wird damit die Fähigkeit des Therapeuten eingeschränkt, zuzuhören und soweit neutral zu bleiben, daß er den therapeutischen Prozeß in befriedigender Weise überwachen kann? Das kann unter anderem davon abhängen, wie flexibel wir sind und in welchem Entwicklungsstadium sich die Therapie befindet – davon, was sich bislang ereignet hat und wo die Therapie jetzt steht. Es kann einen bedeutsamen Unterschied machen, ob wir eine Modifikation in eine Therapie einführen, die erst kürzlich begonnen hat, oder in eine Therapie, die bereits in ihr Mittelstadium vorangeschritten ist.

Im *Anfangsstadium* geht es hauptsächlich darum, die Struktur und die Therapie zu bestimmen und damit vorzuzeichnen, wie Klient und Therapeut sich in die Therapie einbringen werden. Oberste Aufgabe des Therapeuten ist es hier, den therapeutischen Prozeß *einzuleiten* und zu *fördern*. In der Praxis heißt das, wir müssen Art und Grenzen unserer Nichtdirektivität, unserer Neutralität und Unpersönlichkeit und auch unserer Fürsorge festlegen; den Klienten müssen wir auf eine Weise mit unserer Methode bekannt machen, die Unklarheiten auf ein Minimum reduziert, selbst wenn die Unstrukturiertheit der therapeutischen Situation ein Maximum erreicht. Von daher wird es sich überhaupt nicht vermeiden lassen, eine Instruktion zu erteilen; man kann die Instruktion aber so sorgfältig formulieren, daß ihre direktiven Eigenschaften minimal bleiben. Eine bündige Formulierung, die eher in Kenntnis setzt als instruiert, die das Wesen der in der Nichtdirektiven Psychoanalyse herrschenden Interaktionsformen und ihrer Orientierung vermittelt und dem Klienten den weitest möglichen Spielraum gibt, um so zu beginnen, wie er will und es für angebracht hält, würde folgendermaßen lauten: *Sie können über solche Dinge reden, über die Sie reden wollen. Worüber Sie sprechen, ist Ihnen überlassen. Ich werde zuhören und versuchen, Sie zu verstehen. Wenn ich etwas Nützliches zu sagen habe, werde ich es sagen.* Diese *grundlegende Instruktion* unterrichtet Klienten darüber, daß sie die Freiheit haben, so offen zu reden, wie sie wollen, und sich dabei nur nach sich selbst zu richten brauchen. Mit dieser Instruktion wird von Klienten weder verlangt, ihre Gedanken mit dem Therapeuten zu teilen oder ihre Gefühle auszudrücken, noch wird ihnen damit nahegelegt, über sich selbst zu sprechen. Sie können das tun, wenn sie sich dafür entscheiden und es wollen.

Außer durch Fragen und Probleme, die gewöhnlich im Zusammenhang mit der grundlegenden Instruktion aufkommen und Struktur und Anforderungen des Verfahrens betreffen, ist das Anfangsstadium häufig durch Themen gekennzeichnet, die sich um Bedeutung und Implikationen des Umstandes drehen, daß man in Therapie ist. In vielen Fällen begegnet man der *Phantasie des Geheiltwerdens,* wobei der Klient selbst passiv bleibt („Wenn Sie erst einmal alle Fakten kennen, werden Sie mich wieder hinkriegen"); man stößt auf die Überzeugung, in der Therapie zu sein, sei etwas, dessen man sich zu schämen habe, es sei eine Art Niederlage („Ich packe es nun einmal nicht allein"); es besteht die Erwartung, schockiert und verletzt zu werden, Dinge zu hören, die die eigenen, am meisten gefürchteten Urteile über sich selbst bestätigen, nämlich geisteskrank oder unnormal zu sein; und es gibt die Furcht, Therapie werde es für sie in mancher Hinsicht schwerer werden lassen. Diese Themen sind – zusammen mit der Frage des Verfahrens („Kann ich mich wirklich auf Sie verlassen?"), der ersten Darstellung der vorliegenden Probleme, der Lebensgeschichte, bedeutsamer Erlebnisse und des gegenwärtigen Funktionierens und ähnlichen Punkten – Kennzeichen des Anfangsstadiums.

Im *Mittelstadium* werden – ähnlich dem entsprechenden Entwicklungsabschnitt einer Sonate – die Exposition und die Themen des Anfangs wiederholt, zusammengefügt, variiert und entwickelt. Das ist das Stadium, in dem größere Umorganisationen und Transformationen geschehen, in dem die wesentlichen Entdeckungen und Einsichten gemacht beziehungsweise gewonnen werden, in dem sich die hauptsächlichen *Übertragungen* und die schwerer überwindbaren Stockungen einstellen. Hier findet der Hauptkampf für und gegen Veränderung statt. Der Anfang ist häufig durch Optimismus und Enthusiasmus gekennzeichnet; im Gegensatz dazu ist das Mittelstadium in vielen Fällen von Verzweiflung und *Widerstand* gezeichnet, weil jetzt der eigentliche Unwille des Klienten, sich zu verändern, sichtbar und mächtig wird und sich den nach Veränderung und Entwicklung drängenden Kräften entgegenstellt. Jetzt ist der Zeitpunkt, an dem seit langem gefestigte Verhaltensmuster abgebaut und verändert werden können; die Übertragungen erreichen jetzt ihre größte Intensität und werden mit ihrer ganzen Kraft wirksam. Deshalb werden therapeutische Fertigkeit und Wendigkeit im Mittelstadium gewöhnlich ihrer härtesten Belastungsprobe ausgesetzt: Gespür und Geschick im wirksamen Einsatz des interpretativen Modus kommt jetzt größte Bedeutung zu.

Die Kriterien für Interpretationen, für die Güte ihrer Formulierung und die Wahl des Zeitpunktes ihres Einsatzes, können sich im Verlauf der Therapie verändern. Am Anfang kann manch nützlicher Dienst durch Interpretationen geleistet werden, die in den späteren Stadien ganz überflüssig werden. Zuerst müssen Klienten zum Beispiel lernen, wie Therapeuten partizipieren – wie wir einfühlsam und ruhig zuhören, wie wir unser Verstehen in Worte fassen, ohne zu urteilen und zu kritisieren; beim Anbieten von Interpretationen haben wir unter Umständen nur das als Ziel vor Augen. Es ist nicht ungewöhnlich (besonders im Anfangsstadium der Therapie), daß Interpretationen als *Direktiven* und als *Kritik* aufgefaßt werden und Klienten so reagieren, als wären sie bewertet worden. Solche unbeabsichtigten und ungewollten Nebeneffekte können nicht völlig ausgeschlossen werden. Wir können uns aber aktiv darum bemühen, sie aufzuheben, indem wir Klienten immer wieder über unsere nicht als Parteinahme aufzufassenden Absichten aufklären und indem wir ihre Reaktion interpretieren. Zu einer gut verwirklichten Technik gehört aber nicht nur, darauf zu achten, wie der Klient auf jede Interpretation reagiert, sondern auch Interpretationen zu vermeiden, die zu stark eine Bewertung und Lenkung implizieren. In diese Richtung tendieren besonders zwei Arten von Interpretationen (vornehmlich im Anfangsstadium): *diagnostizierende* und *konfrontierende*. Solche Interpretationen sollten deshalb bis zu den späteren Stadien zurückgestellt und auch dann nur eingesetzt werden, wenn sie unumgänglich sind. Schwer zu vermeiden sind sie, wenn es um Abwehr und Widerstand geht, da es schwierig werden kann, vernünftige und vertretbare Interpretationen für Abwehr und Widerstand zu geben, ohne dabei diagnostizierend und konfrontierend zu sein. Zuweilen ist es auch unmöglich, auf Diagnostizieren und Konfrontation ganz zu verzichten.

Eine andere technische Richtlinie dreht sich um *klinisches Taktgefühl:* Nichtdirektive Therapeuten vermeiden es, den Klienten zu schockieren oder so starke Emotionen bei ihm zu erzeugen, daß Abwehrmaßnahmen ausgelöst werden. Was „klinischer Takt" ist, läßt sich nicht so einfach beschreiben und durch Merkmale kennzeichnen – am besten läßt sich das am Beispiel veranschaulichen. Klinischer Takt spielt eine wichtige Rolle in der Nichtdirektiven Psychoanalyse und trägt viel zu ihrer Einzigartigkeit bei. Es darf nie so sein, daß Klienten mit der Befürchtung zur Sitzung kommen, wir könnten ihnen einen heftigen Schock versetzen oder intensive Gefühle bei ihnen auslösen; welche Schocks und Emotionen sich einstellen, das darf nur von ihnen abhängen. Dem Gebot des Takts – wie auch dem der Wirksamkeit – können wir gerecht werden, wenn unsere Interpretationen bündig, aber nicht barsch sind und wenn sie langsam fortschreitend angeboten werden. Häufig ist es möglich, eine Interpretation so aufzutrennen, daß ihre Bestandteile das Problem allmählich einkreisen und der Klient an ihrer Schlußformulierung teilnehmen kann. (Ganz anders ist das bei Interpretationen, die als solche verborgen bleiben oder nur als *Anspielung* gegeben werden; diese Interpretationen haben im allgemeinen keine Wirkung.)

Von den drei Stadien ist das *Endstadium* gewöhnlich am problematischsten und am stärksten von Ungewißheit geprägt. Die Frage der *Beendigung der Therapie* ist hier gewöhnlich das Hauptthema, weil daran eine Fülle von Bedeutungen und Folgen für den Klienten gekoppelt ist und die *Ablöseproblematik* im Vordergrund steht. Die in diesem Stadium angelegte Ungewißheit kreist um zwei Fragen: Hat die Nichtdirektive Psychoanalyse eine Art natürlichen Schluß? und: Woran läßt sich erkennen, daß „Heilung" erfolgt ist?

Als Antwort – zumindest als überzeugende und nützliche Arbeitshypothese – können wir die Behauptung akzeptieren, die Nichtdirektive Psychoanalyse habe einen natürlichen Entwicklungsverlauf, der von „Heilung", von Veränderung in

Persönlichkeit und Verhalten oder von Symptom- und Problemlinderung verhältnismäßig unabhängig ist. Man könnte auch sagen, der therapeutische Prozeß sei – ähnlich einem organischen Prozeß – durch als Teil seiner Natur auftretende Entwicklungsstadien gekennzeichnet. Dementsprechend ist das Ende, genauso wie der Anfang und die Mitte, das Ergebnis von Prozessen, die in der Therapie angelegt sind, und hat seine charakteristischen Bestimmungsmerkmale.

Häufig ist das Endstadium ebenso deutlich ausgeprägt wie der Anfang. Das ist besonders dann der Fall, wenn es von der Ablöseproblematik als dominierendem Thema bestimmt wird. Das Endstadium kann sich aber auch durch andere Eigenheiten auszeichnen, zum Beispiel dadurch, daß Klienten ihre Bemühungen auf eine Konsolidierung dessen richten, was sie in ihrer Erfahrung an Positivem aus der Therapie bezogen haben. Die Wendung ihrer Blickrichtung auf die *Zukunft* wäre ein anderes Beispiel. Der Übergang in das Endstadium läßt sich in manchen Fällen durch ein Stocken in der Aktivität des Klienten, in anderen durch massierte therapeutische Arbeit, zuweilen durch das Auftauchen eines völlig neuen Themas und gelegentlich durch Regression oder das Wiedererscheinen eines alten Symptoms markieren. Dem Endstadium wird häufig starker Widerstand entgegengesetzt – hauptsächlich wegen der daran geknüpften Beendigung der Therapie.

Für den Therapeuten bringt das Endstadium eine Vielzahl methodischer Probleme und Situationen, in denen ihm Verfahrensfehler unterlaufen können, und es stellt unsere Strenge und Beständigkeit auf die Probe. Unsere Hauptaufgabe ist es, sicherzustellen, daß der Entschluß, die Therapie zu beenden, in erster Linie *vom Klienten* und nicht von uns gefaßt wird. Genauso wie der Klient bei der Aufnahme der Therapie eine aktive Rolle spielte, muß er auch bei ihrer Beendigung eine aktive Rolle übernehmen; optimal ist es, wenn dieser Entschluß dem Klienten nicht aufgedrängt wird. Sehr typisch ist es für Klienten, die Beendigung als eine Entscheidung zu erleben, die *wir* getroffen haben; wir müssen dann in der Lage sein, ihnen zu sagen: „Es war meine Interpretation, ja, ich habe es mit Worten zum Ausdruck gebracht; dabei bezog ich mich aber direkt auf Ihr Erleben der Therapie; Ausgangspunkt waren Ihre Gedanken und Gefühle."

Wir müssen uns auch dessen bewußt sein, daß die Beendigung der Therapie integraler Bestandteil ihres Prozesses ist und daß keine nichtdirektiv psychoanalytische Behandlung als abgeschlossen gelten kann, solange sie sich nicht ausführlich mit den an die Beendigung geknüpften Konflikten und Phantasien befaßt hat – unter denen die Problematik der *Ablösung* natürlich am deutlichsten hervortritt. Da die Ablösung für eine relative *Ich-Autonomie* von zentraler Bedeutung ist, bildet sie auch für die der Nichtdirektiven Psychoanalyse zugrundeliegenden Dynamik den Mittelpunkt. Autonom und frei zu sein bedeutet, sich mit Ablösung abgefunden zu haben. Trotz allem ist Ablösung genauso relativ wie Autonomie. In diesem Sinne kann die Beendigung der Therapie als ein *Ende auf Probe* angesehen werden. Genauso wie die Anfangsphase zuerst als *Versuchsstadium* angesehen werden kann, so kann der Schluß des Endstadiums als Ende bis auf Widerruf aufgefaßt werden.

Anwendungsbereiche

Wenn wir bestimmen sollen, ob sich ein Klient für die Nichtdirektive Psychoanalyse bzw. ob sich die Nichtdirektive Psychoanalyse für einen Klienten eignet, müssen wir uns auf unser klinisches Urteilsvermögen und unser Wissen über das Wesen und Bedingungen des therapeutischen Prozesses verlassen. Zunächst muß sich der *Klient* aber für die Therapie entscheiden; die Erfahrung, die sie anzubieten hat, muß in bedeutsamem und großem Umfang „gewollt" werden. Der Klient muß deshalb imstande sein, das Wesen des Verfahrens zu verstehen und sich vorzustellen, was es heißt, die mit ihm verbundenen Bedingungen zu erfüllen. Hat der Klient verstanden, was das Verfahren beinhaltet, muß er die Freiheit haben, sich dafür oder dagegen entscheiden zu können.

Der Klient muß dazu fähig sein, sich selbst zum Gegenstand seines Fragens zu machen, muß *Reflexion* und *Introspektion* betreiben können. Die Ausübung dieser Funktion baut auf der Fähigkeit auf, innere von äußerer Realität unterscheiden zu können, als Teil der inneren Realität ablaufende Geschehnisse auszumachen und ihnen Verursachung oder Verantwortung zuzuschreiben. Von daher wird *Realitätsprüfung* und psychologische Orientierung in bestimmtem Ausmaß vorausgesetzt. Darüber hinaus ist eine gewisse *Frustrationstoleranz* notwendig; der Klient muß die neutrale und unpersönliche Haltung des Therapeuten ertragen können, eine Haltung, durch die die elementarsten menschlichen Bedürfnisse frustriert werden können (das Bedürfnis nach Unterstützung, nach Pflege, Abhängigkeit, Liebe und ähnlichem).

Eine wichtige Frage ist, *wie viel Zeit* zur Verfügung steht und wie dringlich die Probleme des Klienten sind. Da sich eine nichtdirektive psychoanalytische Behandlung über *mehrere Jahre* hinzieht (im allgemeinen über einen Zeitraum von zwei bis vier Jahren) und sich ihre positiven Effekte möglicherweise erst in spätem Stadium – vielleicht auch gar erst nach Abschluß – der Therapie einstellen, müssen die vorliegenden Probleme von einer Art sein, die nicht nach unmittelbarer Lösung verlangt. Im Rahmen unserer Überlegungen müssen wir deshalb auch abschätzen, *wie ernsthaft* diese Probleme den Klienten einschränken. Eine wichtige Bedingung ist schließlich auch, daß das Bedürfnis, sich zu ändern, auch wirklich gespürt wird. Der Klient muß Veränderung wollen und den Nutzen sehen, den Veränderung für ihn hat. Wird das Problem in der äußeren Realität lokalisiert und fühlt der Klient sich dafür nicht verantwortlich, dann ist die Nichtdirektive Psychoanalyse möglicherweise nicht die Methode der Wahl.

Führen diese Anforderungen und Kriterien zu dem Schluß, daß nur ein „normaler" Erwachsener geeigneter Klient für uns ist? Engen sie die Gruppe in Frage kommender Klienten drastisch auf nur einige wenige ein? Schließen wir damit Kinder, Psychotiker und alle anderen außer einer begrenzten Gruppe von Neurotikern und charaktergestörten Personen von der Behandlung aus? Weisen wir mit diesen Bedingungen Menschen mit ernsten Symptomen und schwerwiegenden Problemen zurück? Diese Fragen werden wir nur dann mit ja beantworten, wenn wir die Anforderungen und Kriterien zu streng auslegen und die Nichtdirektive Psychoanalyse als ein Verfahren auffassen, in dem für Flexibilität und Modifikation kein Raum ist. Natürlich werden die gestellten Anforderungen von manchen Klienten nicht erfüllt werden können; anderen könnte mit diesem Verfahren auch Schaden zugefügt werden. Von einem Klienten, der zum Beispiel unter einer akuten Depression leidet, kann hinsichtlich der meisten Bedingungen kaum erwartet werden, daß er diese toleriert, und erst recht nicht, daß er von ihnen profitiert; ebensowenig wird das ein Klient, der sich in einem akuten Krisenzustand befindet. Klienten, die in ihrer Fähigkeit zur Realitätsprüfung ernsthaft eingeschränkt, solche, die psychotisch und möglicherweise auch schon die, die dem Borderlinesyndrom zuzuordnen sind, eignen sich im allgemeinen nicht für dieses Verfahren. Ferner gibt es Klienten, deren vordringliches Bedürfnis eine medizinische Behandlung, Rekonditionierung, eine authentische menschliche Begegnung oder Gruppentherapie ist. Ein Klient, der nach einem Verfahren sucht, das ohne Umweg direkt ein Symptom zu beseitigen vermag, tut gut daran, sich nicht auf die Nichtdirektive Psychoanalyse einzulassen.

Bei der Nichtdirektiven Psychoanalyse handelt es sich aber nicht um ein rigides System, das völlig unter der Herrschaft seiner Regeln steht. Die Regeln und Prinzipien sind allenfalls Standards, die wir als *Ideal* anstreben; es besteht aber keinerlei Hoffnung, daß wir sie jemals ganz verwirklichen werden. Darüber hinaus muß in jedem Einzelfall sorgfältig abgewogen werden, wie es um die Erfüllung der an dieses Verfahren geknüpften Anforderungen und Kriterien steht. Wenn man auf ihrer Erfüllung besteht, sind Relativierungen wie „ein gewisser Grad", „in bestimmtem Ausmaß" und „in bedeutsamem und großem Umfang" wesentlich. Inwieweit ihnen in jedem Fall entsprochen ist, kann nur aufgrund einer klinischen Beurteilung gesagt werden. Im übrigen kann jemand hinreichend motiviert sein, in genügendem Ausmaß zur Realitätsprüfung fähig und psychologisch orientiert sein und auch alle die anderen Bedingungen erfüllen und dennoch unter einer Fülle diverser psychischer Probleme einschließlich Angst, Depression, Hemmungen und anderen Symptomen leiden. Schließlich sei noch erwähnt, daß die Erfahrung einer Nichtdirektiven Psychoanalyse auch jemandem gut tun kann, der eigentlich ziemlich „normal" ist.

Zu Beginn einer Nichtdirektiven Psychoanalyse muß der Therapeut bestimmen, ob ein Klient für dieses Verfahren geeignet ist und ob Modifikationen vorzunehmen sind; unsere Aufgabe ist es deshalb, eine Beurteilung des Klienten vorzunehmen und damit im Zusammenhang die *Indikationsfrage* abzuklären. Die Umstände können eine Reihe *diagnostischer Interviews* verlangen, die dem Klienten gegenüber einfach als der Therapie vorgeschaltete Stufe erklärt werden können. Unter bestimmten Umständen können wir davon ausgehen, daß sich die Indikationsfrage ohne den Einsatz eines Interviews angemessen abklären läßt, wir uns bei ihrer Beantwortung statt dessen auf die ersten therapeutischen Sitzungen stützen können. Häufig ist es möglich, in diesen Sitzungen genügend diagnostisches Material zu sammeln, um zu entscheiden, ob es irgendwelcher größerer Modifikationen bedarf oder ob der Klient eine völlig andere Art von Therapie oder Behandlung braucht. So zu verfahren heißt, zunächst einmal davon, daß Nichtdirektive Psychoanalyse die angemessene und geeignete Behandlung ist, als *Arbeitshypothese* auszugehen, um dann diese Hypothese auf der Grundlage der ersten Sitzungen zu bestätigen oder zurückzuweisen. In dieser Weise zu beginnen, hat nicht nur den Vorteil, ökonomisch zu sein. Er liegt vielmehr auch darin, daß in der Therapie so jede Transaktion – vom allerersten Anfang an – bedeutsame Folgen für ihren weiteren Verlauf hat.

Natürlich muß jeder Klient für sich herausfinden, ob es sich hierbei um die richtige Therapie für ihn handelt, und auch, ob der Therapeut der geeignete ist.

Aus diesem Grund muß erläutert und besprochen werden, wie die Therapie ablaufen wird – welches ihre Struktur und Interaktionsform, ihre Bedingungen und Grenzen sind und ebenso, über welchen Zeitraum sie sich wahrscheinlich erstrecken wird. Das kann als „Geschäftliches" aufgefaßt und als solches behandelt werden. In ähnlicher Weise sind berufliche Qualifikationen und Erfahrung des Therapeuten zu diskutieren. Wenn wir auch bemüht sind, eine streng unpersönliche Haltung zu wahren, müssen wir doch spezifizieren, was im einzelnen uns die Fähigkeit gibt, mit diesem besonderen Klienten eine Therapie durchzuführen. Die entscheidenden Fragen: „Ist das die richtige Behandlung für mich?" und: „Sind Sie der Therapeut, den ich brauche?" lassen sich am besten beantworten, wenn die ersten Sitzungen als *Probezeit* definiert sind.

Ganz gleich, ob wir eine Probezeit ausdrücklich festlegen oder nicht, es ist wichtig, daß wir uns in den ersten Sitzungen bemühen, dem Klienten ein vollständiges Bild des ganzen Umfangs unseres Ansatzes und unserer Technik zu vermitteln. Dafür gibt es zwei Gründe: Zum einen geht es uns darum, die vom Klienten zu leistende Arbeit in Qualität und Art beurteilen zu können, herauszufinden, ob er für unser Verfahren geeignet ist und ob Modifikationen eingeführt werden müssen; zum anderen wollen wir mit diesen Sitzungen ein getreues Bild der Therapie geben, so daß der Klient für sich selbst entscheiden kann, ob eine solche Therapie für ihn angebracht ist, ob er sie will. Die Nichtdirektive Psychoanalyse verlangt, daß der Klient gegenüber dem Therapeuten niemals in einer passiven Position ist, in der er sich dem Therapeuten fügt. Das muß auch für die Entscheidung gelten, ob die Therapie aufgenommen wird oder nicht. Es ist äußerst wichtig, daß der Klient seine Wahl unabhängig und seine Entscheidung aktiv trifft; damit ist unserer Neigung, Ratschläge zu erteilen und zu überzeugen, das Wort zu reden und Empfehlungen zu geben, starke Zurückhaltung auferlegt. Aber selbst diese Forderung kann gelockert werden – in gewissem Ausmaß.

Fallbeispiel

Der Klient wurde mir von einem Facharzt überwiesen, der ihm zwei Behandlungsmöglichkeiten zur Wahl vorlegte. Eine bestand in *Verhaltenstherapie,* die sich auf seine Symptome konzentrieren würde – einen sich immer wieder einstellenden schwachen, aber störenden *Angstzustand* und eine zeitweilige, in der letzten Zeit häufiger erlebte *sexuelle Impotenz*. Der Klient bevorzugte die andere Möglichkeit, eine herkömmliche *psychoanalytische Therapie;* als er erfuhr, daß es etwa sechs Monate dauern würde, um zu erkennen, ob dieses Verfahren Hilfe brächte, entschied er sich, es auf einen Versuch ankommen zu lassen. Als er mich aufsuchte, um einen Termin zu vereinbaren (nachdem er mir vom Facharzt angekündigt worden war), schlug er folgendes als Vereinbarung vor: Wenn nach Ablauf von sechs Monaten keine erhebliche Linderung seiner Symptome festzustellen wäre, würde er zur Verhaltenstherapie überwechseln.

Die erste Sitzung setzte so ein, daß er in der Mitte meines Praxisraumes stand, ein paar Sekunden auf die Couch starrte und dann fragte: „Wo soll ich mich hinsetzen?" – obwohl nur zwei Sitzgelegenheiten vorhanden waren und ich mich bereits auf einer niedergelassen hatte. Seine nächste Frage lautete: „Was soll ich Ihnen erzählen?" Als ich ihm daraufhin die grundlegende Instruktion (siehe

Abschnitt „Methoden") gab, sah er mich verwirrt an. „Ich vermute denn, ich soll Ihnen etwas von mir berichten", sagte er dann, und ohne mir Gelegenheit zur Antwort zu geben (d.h., den ersten Teil der grundlegenden Instruktion zu erläutern), fuhr er damit fort, mir eine systematische Darstellung seines Lebens zu geben (wobei er es nur unterließ, mir sein Alter zu nennen). In einer späteren Sitzung „beichtete" er, daß er diese Darstellung eingehend geprobt hatte, weil er sicher war, ich würde ihn darum bitten, und sich „das so gehört".

Er war ein kleingewachsener, etwas übergewichtiger Mann, der etwa 30 Jahre alt zu sein schien. Er war ziemlich steif und machte einen unbeholfenen Eindruck, sprach schnell und flüssig, häufig mit einer Vehemenz, die ihm den Atem nahm; gegenüber der Therapie nahm er eine nüchterne, fast geschäftsmäßige Haltung ein. Er bemerkte, er wäre nie in Psychotherapie gewesen, weil er überzeugt war, er könnte mit seinen Problemen selbst fertig werden. Er sprach davon, unabhängig zu sein und sich auf sich selbst verlassen zu können, aktiv und ehrgeizig zu sein. Er beschrieb sich selbst als Junggesellen, der gegenwärtig „eine ernsthafte Beziehung mit einer Frau habe", die ihn heiraten wolle; angesichts seiner sexuellen Problematik meinte er aber, damit würde er ihr gegenüber unfair sein. Als Pianist und Komponist wäre er, so sagte er, mit seiner Karriere zufrieden, und sein einziges Problem bestünde darin, daß ihn seine Angst zuweilen in seiner Fähigkeit zu üben beeinträchtigte. Er hatte zwei ältere Brüder, die außerhalb der Stadt wohnten, wodurch ihm die Last aufgebürdet wurde, sich um seine Mutter zu kümmern, die mittellos und häufig krank war. Als er zwölf war, verlor er seinen Vater, der an einer kardiovaskulären Erkrankung starb.

Zu Beginn der zweiten Sitzung fragte er nach den „Regeln". (Hätte ich nicht die Erwartung, daß er über seine Kindheit erzählte? Hätte er nicht frei zu assoziieren, auf der Couch zu liegen?) Als ich meine grundlegende Instruktion wiederholte und ihm genau beschrieb, in welchem Maß ich meine Absicht, nichtdirektiv zu bleiben, verwirklichen würde, reagierte er mit Skepsis und Unbehagen. Dennoch, und irgendwie sollte sich das als charakteristisch für ihn erweisen, schob er seine Gefühle schnell beiseite und fuhr mit seinem Bericht fort. Bereits nach wenigen Sitzungen wurde deutlich, daß er Entscheidungen vermied und einige Strategien besaß, um in ihm ja nicht das Gefühl aufkommen zu lassen, sein Leben werde durch seine aktive Kontrolle bestimmt. Die Hauptstrategie bestand darin, Aspekte seiner Umgebung so zu arrangieren, daß Bedingungen durch andere Personen oder die objektive Situation vorgeschrieben würden; er konnte sich dann passiv und gehorsam fügen. Gewohnheitsmäßig kam er immer wieder auf die Frage zurück, ob etwas richtig oder falsch, gut oder böse wäre, was dann zur Grundlage seines Handelns wurde und seinem Bedürfnis entsprach, sich davor zurückzuhalten, auf einen Impuls oder Wunsch hin zu agieren. Da meine therapeutische Arbeit „richtig" sein mußte (der ihn überweisende Facharzt hatte ihm gesagt, ich wäre der „richtige" Therapeut für ihn), würde er von daher auch „brav" sein und mitmachen. Während des Anfangsstadiums erinnerte er sich an eine Begebenheit aus der frühen Kindheit, in der ihn sein Vater wiederholt ermahnte, ein „braver Junge" zu sein. Er bekannte sich auch zu einem Gefühl der Scham darüber, in Therapie zu sein, so, als wäre es ein Zeichen der Schwäche, als bedeute es, ein „böser Junge" zu sein. „Ich bin ein böser Junge" war auch ein Hauptthema in der Therapie und ein zentrales Merkmal seines Selbstbildes.

Von einigen wenigen bedeutsamen Ausnahmen abgesehen, war es während der gesamten Therapie so, daß die Sitzungen jeweils aus einem zusammenhängenden Bericht über ein einzelnes Thema bestanden (in einem wandte er sich seiner Beziehung zu seiner Mutter zu, in einem anderen ging es um seine Freundin, in einem um seine Karriere, einem wiederum anderen um seine gesellschaftspolitischen Ansichten). Jeder dieser Berichte war so angelegt, daß er die 50 Minuten ausfüllen würde. Hatte er sich einmal in der Zeit verschätzt und etwas „freie Zeit" über, verspürte er ein Unbehagen. Er redete ohne jede Pause, so daß ich ihn unterbrechen mußte, um eine Bemerkung machen zu können.

Allmählich erkannte er, daß es ihm sowohl darum ging, das Aufkommen spontaner Gedanken und Erinnerungen zu vermeiden, als auch darum, mich nicht zum Sprechen kommen zu lassen. Ein Grund dafür war die Angst, ich könnte etwas Falsches sagen (etwas „Dummes"), und dann würde er sich von mir enttäuscht fühlen – und es war unbedingt wichtig, daß er von meiner Seite aus niemals eine Enttäuschung erlebte, was – im Zusammenhang mit seinem Vater – ein wesentliches Moment der Übertragungssituation war. Eine andere Angst war, ich könnte etwas sagen, das ihn verletzt – hauptsächlich dadurch, daß es seine schlimmste Befürchtung im Hinblick auf sich selbst bestätigt, nämlich die, „ein böser Junge zu sein". Auch beschäftigte er sich fast zwanghaft mit der Frage, ob er sich selbst heilen oder ob ich ihm Heilung bringen würde; eine Phantasie stellte sich ein, in der er – selbst eine passiv-submissive Haltung einnehmend – mich als die gute Mutter sah, in deren Macht es stand, ihn vor dem Tod zu bewahren, im Unterschied zu seiner eigenen bösen Mutter, die es nicht vermochte, seinen Vater zu retten. Er gab zu, daß er von Anfang an die Überzeugung hatte, ich wartete nur auf den rechten Augenblick, um ihm eine gründliche diagnostische Bestimmung (die „Heilung") zu geben. Mit der Pünktlichkeit und dem Eifer, mit denen er zu den therapeutischen Sitzungen erschien und das Honorar bezahlte, wollte er, so entdeckte er, von vornherein ausschließen, daß ich ihn als böse verurteile. Die Tatsache, daß er selten schwieg und, wenn er nichts sagte, sich unbehaglich fühlte, führte ihn zu der Einsicht, daß Schweigen mehrere Bedeutungen hatte; dazu gehörte eine wichtige Identifikation mit dem toten Vater (der häufig in mürrisches Schweigen verfiel, während seine Mutter unaufhörlich redete). Mich still zu halten, war auch ein bedeutsamer Aspekt der Übertragungssituation, was zum Teil im Endstadium sichtbar wurde und mit Todesphantasien bezüglich meiner Person gekoppelt war.

Zwei Übertragungsreaktionen leiteten das Mittelstadium ein. Eine davon war, daß er, was mich betraf, immer neugieriger wurde. Von seinem Arzt hatte er gehört, daß ich über Musik Bescheid wußte; während er über seine beruflichen Erlebnisse sprach, redete er zuweilen über unbekannte technische Details, um zu sehen, ob ich nachfragen würde. Dieses versteckte Interesse an meinem musikalischen Wissen führte zur Erinnerung eines in gleicher Weise heimlichen Interesses, das er an dem „Geschäft" seines Vaters hatte; sein Vater sprach nie über seine Arbeit, er ließ sich auch nie nackt sehen.

In der zweiten Übertragungsreaktion ging es um das Ausmaß meines Interesses an ihm. Diese Frage kam zum erstenmal im Zusammenhang damit auf, daß ich ihn an etwas erinnerte, was er mir erzählt hatte. Ein paar meiner Bemerkungen, die ich im frühen Stadium der Therapie gemacht hatte, beeindruckten ihn, weil sie anzeigten, daß ich die Einzelheiten seiner Berichte im Gedächtnis behielt, und das beunruhigte ihn. Es bedeutete, daß ich zu genau aufpaßte, zu stark interessiert war – und vielleicht gar aus „bösen" Motiven. Im Zusammenhang damit tauchte als Thema Voyeurismus auf, etwas, zu dem er sich bekannte und dessen er sich sehr schämte. Hier lag, wie sich herausstellte, ein Grund für etwas, das mir bei ihm auffiel: Wenn er über Sex sprach, verwandte er immer nur sehr allgemeine Begriffe. (Bei der Beschreibung eines erfolglosen Versuches, geschlechtlich zu verkehren, ging er über „Ich konnte nichts bringen" nicht hinaus.) Trotz der Tatsache, daß er nach ungefähr drei Monaten Therapie ein fast völliges Zurückgehen seiner Impotenz erlebte – die ja schließlich Hauptgrund war, aus dem er einen Therapeuten aufsuchte, vermied er ängstlich das Thema Sex („Letzte Nacht habe ich es gut gebracht" war alles, was er zu sagen hatte). Er explorierte aber die Gründe für dieses Vermeiden. Allmählich verstand er, daß er Sex als etwas betrachtete, das unanständig war und das im Verborgenen bleiben mußte; er erkannte auch, daß er seit langem unerlaubte exhibitionistische Phantasien hatte. Er schaffte es aber nicht, sich von der Überzeugung zu trennen, ich würde Ekel empfinden und abgestoßen werden und gleichzeitig fasziniert und erregt werden, wenn er mich Einzelheiten hören ließe.

Mein Erinnerungsvermögen war Aufhänger mehrerer bedeutsamer Einsichten: Es wurde bezeichnend für ihn, mich jedesmal, wenn er jemanden erwähnte, genau daran zu erinnern, um wen es sich handelte; zur Karikatur wurde es in einer Sitzung, als er sich dabei ertappte, wie er mich daran erinnerte, wer seine Freundin war – über die er wirklich sehr viel gesprochen hatte. Er erkannte daraufhin sein Bedürfnis, mich auf sichere Distanz zu halten und zu vermeiden, mein Gedächtnis auf die Probe zu stellen; er hatte Angst, ich könnte diese Probe nicht bestehen, und dann würde er beleidigt und enttäuscht sein. Einmal jedoch ließ mich mein Gedächtnis im Stich, als ich vergaß, daß wir vereinbart hatten, eine Sitzung ausfallen zu lassen. Nachdem er zunächst vergebens versucht hatte, alle Schuld auf sich zu nehmen, erlebte er ein unverhältnismäßig starkes Unbehagen angesichts der Möglichkeit, ich könnte einfach vergessen haben. Im Zusammenhang mit der Übertragungssituation erwies sich das als bedeutsam und warf ein Licht auf seine Unfähigkeit, sich irgendwelchen Ärgers oder einer Enttäuschung gegenüber seinem Vater zu entsinnen oder gar in der Retrospektive zu erleben. Ihm wurde deutlich, was für ein idealisiertes und unrealistisches Bild er von seinem Vater hatte – genauso wie das Bild, das er von mir besaß –, und akzeptierte, daß in seiner Kindheit Ärger und Enttäuschung wahrscheinlich eine wichtige Rolle gespielt hatten. Es geschah aber erst später in der Therapie, daß er irgendwelche von diesen Gefühlen in ihrer ganzen Intensität wirklich erlebte; als er sich der Beendigung der Therapie gegenübergestellt sah und die Phantasie hatte, wenn ich perfekt wäre, würde ich ihn nicht verlassen, reintegrierte er seine frühere Phantasie, daß sein Vater, wäre dieser perfekt – und er selbst ein „braver Junge" – gewesen, nicht gestorben wäre.

Zur Einleitung des Mittelstadiums gehörte auch ein vom Klienten erlebtes Stocken („Ich haben Ihnen jetzt alles gesagt, was es zu sagen gibt – was passiert jetzt?"); er gab zwar zu, daß er nicht das Gefühl hatte, die Therapie zu steuern, sondern nur das tat, „was sich gehörte", wollte aber dennoch, daß ich die Richtung der therapeutischen Sitzungen bestimmte. Wir hatten mehrere Sitzungen auf die Exploration verwandt, wie er es vermied, das Gefühl zu bekommen, in seinem Alltag Kontrolle zu besitzen, indem er die Verantwortung außerhalb seiner Person liegenden Faktoren zuschrieb und seine Umwelt so strukturierte, daß er sich schließlich dem Diktat dieser Umwelt unterwerfen mußte. Anschließend beschäftigte ihn die Frage, ob er sich auf die Couch legen sollte, und er probierte auf verschiedenen Wegen, mich dazu zu bringen, ihm eine in diese Richtung gehende Anweisung zu geben („Sagen Sie mir doch wenigstens, ob das nach Ihrer Meinung als Fachmann hilfreich sein könnte!"). Mit der Bemerkung, er fühlte sich an jenem Tage erschöpft, legte er sich schließlich hin und gab eine exakte Darstellung berufspolitischer Aspekte seines Faches.

Die sechsmonatige Probezeit verstrich, ohne daß es weiter bemerkt wurde. Zu diesem Zeitpunkt empfand er eine ausgeprägte Abhängigkeit von der Therapie, was bis zu deren Ende ein Hauptthema blieb. Sein sexuelles Problem hatte sich gegeben, er litt aber weiterhin unter gelegentlich auftretenden Angstzuständen. Er bemerkte, daß seine Angst sich dann einzustellen pflegte, wenn er allein und am Arbeiten war, besonders am Klavier; ihm fiel auf, daß seine Angst mit dem Gefühl, eingeschlossen zu sein, und der Versuchung zu masturbieren zusammenhing. (Sein Masturbieren ließ sich weit in seine Vergangenheit zurückverfolgen; er deutete das an, explorierte es aber nie. Seine Gewohnheit zu masturbieren gab er zu einem frühen Zeitpunkt in der Therapie auf, im Endstadium stellte sie sich aber für kurze Zeit wieder ein als Teil des Versuches, die Beendigung der Therapie zu vereiteln und einen Mißerfolg zu beschwören.) Er ging auch der Möglichkeit nach, seine Angst habe mit Gefühlen zu tun, die er dazu hatte, wie er seine Mutter umsorgte, und mit Phantasien, in denen es darum ging, daß er den Platz seines Vaters eingenommen hatte. Er fühlte aber weiterhin, gegen seine Angst könnte er nichts machen, und versuchte, mich dazu zu bringen, ihn in seiner Entscheidung zu bestätigen, sich in dieser Hinsicht geschlagen zu geben und einfach zu lernen, mit seiner Angst zu leben. Es handelte sich hier um einen Teil eines umfassenderen Widerstandes gegen jegliche größere Veränderung in seiner Persönlichkeit, was so formuliert wurde: „Das starrköpfige und enttäuschte Kind [in mir] – der böse Junge – ist fest entschlossen, sich Veränderungen zu widersetzen."

Ein kritischer Vorfall ereignete sich im Verlauf des Mittelstadiums. Seine Mutter wurde krank und mußte sich einer Operation unterziehen. Als ich es am Tage nach der Operation versäumte, mich nach dem Verlauf der Operation zu erkundigen, warf er mir voller Empörung vor, mir läge nichts an ihm. Zum erstenmal in der Therapie erlebte er Gefühle der Wut, die sich gegen mich richtete; es war eine Wut, die er, wie er sich dunkel erinnerte, empfunden hatte, als er Kind war. Dann erschloß sich ihm eine wesentliche Einsicht: In ihm lebte die Idee, daß seine Mutter sich nicht genügend um seinen Vater gekümmert, ihn nicht angemessen betreut hätte und er deshalb gestorben wäre. Er kam auch zu der Erkenntnis, daß die von ihm so betonte Unabhängigkeit, in deren Besitz er sich wähnte, aus der Überzeugung wuchs, er müßte sich um sich selbst sorgen, weil seine Mutter es nicht täte. Dieses Thema wurde dann durch die Aufdeckung einer älteren Vorstellung vervollständigt: Statt ihm hätte sich seine Mutter eigentlich ein Mädchen gewünscht (und es wurde dann leider nur ein „böser Junge"!); aus diesem Grund hätte sie sich nicht in der Weise um ihn gekümmert, wie sie sich um seine Brüder kümmerte. Was hier aufgedeckt worden war, hatte weitreichende Auswirkungen auf sein Selbstbild und ließ ihn eine Reihe verschiedener Äußerungen (über seine Identität und seine Abwehren) machen, die auf den Wunsch zurückgingen, ein Mädchen zu sein. Während dieser Phase der Therapie geschah es denn auch, daß er mit dem Ausruf herausplatzte: „Diese Therapie funktioniert ja tatsächlich!" Und zum erstenmal wurden Spontaneität und Enthusiasmus zu Kennzeichen des therapeutischen Prozesses.

Das Endstadium wurde (gegen Ende des zweiten Jahres der Therapie) mit dem Thema eingeleitet, sein Tod stünde unmittelbar bevor. In seiner Phantasie herrschte die Überzeugung, er müßte wie sein Vater sterben. Anlaß für dieses Thema war ein Traum, der ihn bewegte. Er erzählte selten seine Träume und glaubte nicht, daß ihnen viel Bedeutung zukäme. Dieser Traum löste jedoch starke Gefühle aus und beschäftigte ihn mehrere Sitzungen lang. Es ging um eine Beerdigung, scheinbar um die seines Vaters, der Sarg war jedoch leer. Dem Vorschlag, die Beerdigung in dem Traum wäre seine eigene, widersetzte er sich zunächst; er wies auch die Idee zurück, der Traum könnte etwas mit der Therapie zu tun haben und bedeuten, daß er nun in das Endstadium der Therapie eintrat. Erst auf meinen Verweis hin, dieses Stadium müßte keineswegs kurz sein oder zu einem schnellen Ende führen und könnte vielmehr als Probezeit aufgefaßt werden, akzeptierte er es, daß er sich jetzt dem Problem der Ablösung gegenübergestellt sah. Am bedeutsamsten war jedoch, daß er sich jetzt mit dem Problem der Trauer auseinanderzusetzen hatte, und er mußte feststellen, den Tod seines Vaters nie richtig betrauert zu haben. Das wiederum brachte ihn dazu zu explorieren, wie seine Gewohnheiten und Charakterzüge als eine Form der Trauer und auch als Versuch gedeutet werden konnten, die Trauerarbeit zu vermeiden.

Die letzten Sitzungen bestanden hauptsächlich aus Rekapitulation. Er machte eine Reihe von Versuchen, mich dazu zu bringen, meine neutrale und unpersönliche Haltung zu lockern und ihm diagnostische Interpretationen zu geben und auch Ratschläge zu erteilen. Für einen kurzen Zeitraum trat eine Verschlimmerung seiner Angstzustände auf. Er machte auch eine leichte Phobie durch, allein in abgeschlossenen Räumen zu sein. Das wesentliche Ereignis war aber seine Entscheidung, in die Wohnung seiner Freundin einzuziehen und einen Termin für die Hochzeit festzulegen. Ein paar Wochen vor Beendigung (nach zweieinhalbjähriger Therapie) verkündete er stolz, daß sie Nachwuchs erwarteten.

Zusammenfassung

Die Nichtdirektive Psychoanalyse will eine in ihrer Art einzigartige und besondere therapeutische Erfahrung anbieten, die in der Hauptsache auf einer *freiwilligen Exploration* des eigenen Selbst gründet. Die hier praktizierte Interaktionsform und Orientierung leiten sich in erster Linie von der Annahme her, daß Psychotherapie potentiell ein besonderes und einzigartiges Geschehen ist, das sich in seinem Wesen von allen sozial vertrauten interpersonalen und professionellen Paradigmata unterscheidet; zu dieser Annahme gehört auch, daß Psychotherapeuten eine einzigartige und besondere Rollendefinition in ihrer Arbeit verwirklichen, eine Definition, die sich an keiner Stelle mit der anderer Berufe, die in unserer Gesellschaft Dienste am Menschen leisten, überlappt. Ein Therapeut kann in seiner Arbeit Wege beschreiten, die sich signifikant von denen unterscheiden, die ein Arzt, ein Sozialarbeiter, ein Lehrer, ein Ingenieur oder ein

Priester in seiner Arbeit einschlägt. Ein Therapeut kann in seiner Arbeit und seiner Beziehung zum Klienten Wege gehen, die ganz spezifisch die eines „Psychotherapeuten" sind.

Dem Verfahren liegen zwei fundamentale Thesen zugrunde. Die erste beinhaltet, daß Psychotherapie relativ *unstrukturiert* sein kann, ohne gleichzeitig unklar zu sein. Die zweite besagt, daß Therapeuten *nichtdirektiv* und *neutral* und dennoch *aktiv* und *effektiv* sein können. Ja, die Methode basiert auf der Überzeugung, daß die Wirksamkeit einer in ihrem Verlauf der Erwartung entsprechenden psychotherapeutischen Behandlung wesentlich erhöht werden kann, wenn ein Therapeut so nichtdirektiv und neutral wie nur möglich ist, dem Klienten möglichst wenig Orientierung und Ratschläge gibt und ebensowenig Bewertung und Verstärkung vornimmt. Wenn sich der Therapeut so verhält, kann er aktiv an den zentralen Prozessen der Therapie partizipieren und sie damit in ihrer Wirksamkeit unterstützen.

Literatur

Bone, H. Two proposed alternatives to psychoanalytic interpretation. In E. F. Hammer (Ed.), *Use of interpretation in treatment*. New York: Grune & Stratton, 1968.

Brenner, C. *Psychoanalytic technique and psychic conflict*. New York: International Universities Press, 1976.

Fenichel, O. *Problems of psychoanalytic technique*. New York: Psychoanalytic Quarterly, 1941.

Hartmann, H. *Ego psychology and the problem of adaptation*. New York: International Universities Press, 1958.

Kaiser, H. *Effective psychotherapy*. New York: Free Press, 1965.

Langs, R. *The technique of psychoanalytic psychotherapy*. New York: Aronson, 1974.

Levy, L. *Psychological interpretation*. New York: Holt, 1963.

Menninger, K. *Theory of psychoanalytic technique*. New York: Basic Books, 1958.

Paul, I. H. *Letters to Simon: On the conduct of psychotherapy*. New York: International Universities Press, 1973.

Paul, I. H. Psychotherapy as a unique and unambiguous event. *Contemporary Psychoanalysis*, 1975, **12**, 21–57.

Paul, I. H. *The form and technique of psychotherapy*. Chicago: University of Chicago Press, 1979.

Rapaport, D. The theory of ego autonomy: A generalization. In M. M. Gill (Ed.), *Collected papers*. New York: Basic Books, 1967.

Schonbar, R. Confessions of an ex-nondirectivist. In E. F. Hammer (Ed.), *Use of interpretation in treatment*. New York: Grune & Stratton, 1968.

Singer, E. *Key concepts in psychotherapy*. New York: Random House, 1965.

Waelder, R. The principle of multiple function: Observations on overdetermination. *Psychoanalytic Quarterly*, 1936, **5**, 45–62.

Orgontherapie

Elsworth F. Baker und Arthur Nelson

Eine der faszinierendsten Persönlichkeiten in der Geschichte der Psychotherapie ist Wilhelm Reich. Übereinstimmend schreibt man ihm zu, in seinen frühen Jahren – als orthodoxer Analytiker – ein Genie gewesen zu sein.

In seinen späteren Jahren, als er sein eigenes Psychotherapiesystem entwickelte, sieht man ihn als Verrückten an.

Ich glaube, daß eine Anzahl meiner Psychologiekollegen über die Reichschen Ideen und Verfahren falsch informiert ist, und ich freue mich deshalb um so mehr, hiermit einem großen Leserkreis eine ausgewogene Darstellung der Orgonomie und Orgontherapie Reichs vorstellen zu können. Wie viele Leser wahrscheinlich wissen, sind eine ganze Reihe von Ansätzen aus der Arbeit Reichs hervorgegangen. Ich kann nicht beurteilen, ob sie den originalen Ansatz Reichs weiterentwickelt haben oder nicht, aber ich halte es für wesentlich, dem Leser zuverlässige Informationen über die Orgontherapie zu vermitteln.

Eine Reihe der neueren Methoden, bei denen ein breites Spektrum von Techniken auf eine etwas wild zusammengewürfelte Art zum Einsatz kommt, benutzen auch häufig einige der Körperübungen und Konzepte, die zwar von Reich stammen, worauf aber nicht hingewiesen wird. Ich nehme an, daß eine finale Zukunftstherapie Elemente der Reichschen Orgontheorie enthalten wird. Der Leser möge sich freuen, über Reich direkt von Elsworth Baker und Arthur Nelson zu erfahren.

Die Orgontherapie geht auf die Arbeit Wilhelm Reichs zurück. Sie ist eng verknüpft mit einer Vorstellung von Gesundheit, die auf dem Funktionieren *biologischer Energie* im Körper (*Orgon,* wie sie von Reich bezeichnet wurde, abgeleitet von „Organismus" und „Orgasmus") basiert. Wenn diese Energie frei und kräftig durch den Körper strömt, ist eine Bedingung von Gesundheit erfüllt. Wenn diese Energie blockiert wird, so entwickeln sich psychopathologische Symptome und manchmal auch körperliche Funktionsstörungen. Die Orgontherapie selbst ist mit der Methodologie Reichs verknüpft. Sie wurde von ihm entwickelt, um die Patienten durch ein Beseitigen der *Blockierungen,* die das freie Fließen der Energie im Körper hemmen, zu heilen.

Geschichte

Reich begann sich als Medizinstudent für *Psychoanalyse* zu interessieren und erhielt das ungewöhnliche Privileg, 1920 in die Psychoanalytische Gesellschaft in Wien eintreten zu können, obgleich er noch Student war. Er erlangte rasch Ansehen und wurde 1927 Direktor des Seminars für Psychoanalytische Therapie in Wien. Reich begann sich für die Auswirkung der Psychoanalyse zu interessieren, insbesondere suchte er nach den Ursachen von unbefriedigenden Resultaten. Er fand heraus, daß alle erfolgreichen Klienten ein befriedigendes Sexualleben entwickelt hatten, die erfolglosen Klienten hingegen nicht. Reich fing an, darüber nachzusinnen, was das Sexualleben befriedigend machte. Sexuelle Aktivität allein garantierte keine Befriedigung, selbst dann nicht, wenn der Mann eine Ejakulation hatte und die Frau zum Höhepunkt kam. Er fand heraus, daß eine spezifische Art von Fähigkeit notwendig war für sexuelle Befriedigung – Reich nannte sie *Orgastische Potenz.* Sie trat dann auf, wenn durch eine erfolgreiche Therapie alle Blockierungen und Widerstände aufgelöst worden waren.

Der *Orgasmus* von Patienten mit orgastischer Potenz wies die Charakteristika auf, die sich stark von denen neurotischer Klienten unterschieden. Der Orgasmus dieser Klienten mußte durch die *geschlechtliche Vereinigung* ausgelöst werden (bei den Frauen war eher die Vagina als die Klitoris beteiligt); ein Orgasmus durch die Stimulierung der prägenitalen Zonen hatte nicht denselben Effekt. Orgasmus bedeutete weitaus mehr als nur einen lokal begrenzten Höhepunkt – er löste im ganzen Körper unwillkürliche Kontraktionen aus, d. h. ein unwillkürliches Zusammenziehen und Ausdehnen des ganzen Plasmasystems. Außerdem trat ein völliger Stillstand psychischer Aktivität auf – es gab keine irgendwie gearteten bewußten Phantasien mehr, sondern statt dessen eher eine Trübung des Bewußtseins im Augenblick des Höhepunkts.

In seinem Buch „Charakteranalyse" (1971) prägte Reich den Begriff der *Charakterpanzerung,* um das chronische (defensive) Reaktionsmuster eines Menschen zu beschreiben, das seinen Ursprung in der Kindheit hat – chronische Veränderungen, die das Ego aufbaut, um sich vor äußeren und inneren Gefahren zu schützen. Daraus ergibt sich, daß der Mensch charakteristische *Verteidigungsmuster* in seinem *Verhalten* entwickelt, die eher in ihrer *Art* als in ihrem Inhalt deutlich werden – das „Wie" eher als das „Was". Genau diese Merkmale – z. B. Nachgiebigkeit, Mißtrauen, Arroganz usw. – wirken als Widerstand in der Analyse. Diese Intuition führte Reich zu der Weiterentwicklung seiner Techniken der *Charakteranalyse.* Der gesamte neurotische Charakter wird bei der Behandlung als ein verdichteter rigider und unflexibler Verteidigungsmechanismus deutlich. Bei einer erfolgreichen Analyse dieser Charaktereigenschaften rief Reich häufig *starke Emotionen* hervor, zu deren Äußerung er die Klienten ermutigte. Außerdem stellte er fest, daß durch das Freiwerden von Affekten, die oft seit der Kindheit verschlossen gewesen waren, Veränderungen in der Haltung, im Ausdruck und im Tonus des Körpers auftraten, ja manchmal sogar tiefgreifende Veränderungen. Er war davon überzeugt, daß es neben der *psychischen Charakterpanzerung* eine *somatische Muskelpanzerung* gab.

Raknes (1970), einer von Reichs Nachfolgern, schrieb hierzu:

„Reich wurde bald klar, daß die Muskelpanzerung, die aus Krämpfen, Spasmen und Spannungen besteht, nichts anderes als Ausdruck verdrängter Gefühle und Vorstellungen und die somatische Verankerung der Neurosen darstellt. In psychoanalytischen Kreisen wurde oft die Frage gestellt, wo die verdrängten Gefühle und Gedanken lokalisiert sind. Die Antwort darauf war in der Regel, daß sie im Unterbewußtsein sind. Nun hat Reich gezeigt, daß sie genauso in der Muskelpanzerung enthalten sind, in den Spasmen und Spannungen, denen sich der Mensch nicht bewußt ist, die ihm fremd sind.

Diese Entdeckung führte zu einer neuen Form der psychotherapeutischen Techniken: Die Neurose wurde von der körperlichen Seite her in Angriff genommen, zum Teil dadurch, daß man den Patienten auf die chronischen Verspannungen hinwies, und andererseits ließ man sie ihn durch direkte Manipulation spüren. Durch diese Lockerung der Verklemmungen und Spannungen konnte man ihm Gefühle und Erinnerungen ins Bewußtsein rufen, die er bis dahin völlig verdrängt hatte" (S. 20–21).

Die *somatische Panzerung* hemmt mit der gleichzeitig vorhandenen *psychischen Panzerung* die *Energie*. Sie stört das freie Strömen der Energie im Organismus. Energie, die sich nicht entladen kann, staut sich und schlägt sich unter Umständen in neurotischen Symptomen nieder. Ziel der Therapie ist es, diese Stauungen abzubauen, indem die Panzerung aufgebrochen, das freie Fließen der Energie wieder hergestellt und die orgastische Potenz erreicht wird.

Gegenwärtiger Stand

Der Ausbildungs- und Schulungsbereich der Orgontherapie wird vom American College of Orgonomy in New York verwaltet. (Es handelt sich nicht um eine Schule, sondern um eine Organisation analog dem American College of Physicians.) Die Organisation wird von engagierten Ärzten und qualifizierten Mitarbeitern getragen, die einen entscheidenden Beitrag zur Weiterentwicklung der „Orgonomie" bzw. „Orgontheorie" geleistet haben.

Die Anforderungen an die Ausbildung der Orgontherapeuten sind hoch – verlangt wird der Grad eines M.D. (Magister), eine Tätigkeit als Assistenzarzt und darüber hinaus eine Ausbildung entweder in einem psychiatrischen Krankenhaus oder in der Inneren Medizin. Die technischen Seminare und die Supervision der Therapiepraktikanten sowie auch die notwendige Eigentherapie werden von Mitgliedern des College durchgeführt. Im allgemeinen sind ständig einige Praktikanten in der Ausbildung. Die Dauer der Ausbildung hängt hauptsächlich von dem Grad der erforderlichen Neustrukturierung des Charakters ab, die eine objektive Haltung bei der Behandlung von Klienten gewährleistet. Die durchschnittliche Ausbildungsdauer beträgt mindestens drei Jahre. Zur Zeit werden befähigte Kandidaten, die den „Ph.D." besitzen, in „Orgonomic Counseling" geschult.

Außerdem wird seit 13 Jahren von dem College das „Journal of Orgonomy" herausgegeben, eine halbjährlich erscheinende Zeitschrift mit den neuesten klinischen und theoretischen Aufsätzen über Orgontherapie und Beiträgen über Orgonphysik, biosoziale Probleme und ähnliche interessante Themen.

Eine sorgfältige Darstellung der Orgontherapie wird von Baker in „Man in the Trap" (1967) und in einem zweiteiligen Artikel im „Journal of Orgonomy" (1978) gegeben. Zur historischen und theoretischen Entwicklung der Orgontherapie verweisen wir den Leser auf die Arbeiten von Reich „Die Funktion des Orgasmus" (1970) und „Charakteranalyse" (1971). In dem Buch von Raknes „Wilhelm Reich and Orgonomy" (1970) findet sich ein Überblick über die verschiedenen Aspekte und Verästelungen der Reichschen Arbeiten.

An der New York University School of Continuing Education werden fortlaufend Kurse über die Arbeit Wilhelm Reichs für Laien oder andere Berufe angeboten, in denen wissenschaftliche und soziale Orgonomie im Mittelpunkt stehen.

Theorie

Reichs Arbeit ist auf den Grundlagen der *Psychoanalyse* aufgebaut, die auch in der Orgonomie weiterhin gültig sind. Eine besondere Bedeutung wird dabei der *psychosexuellen Entwicklung* beigemessen, die mit der Wandlung der Libido-Entwicklung einhergeht. Das Ego durchläuft verschiedene Entwicklungsstufen bis hin zum *Ödipuskomplex*. Eine erfolgreiche Lösung dieses Konflikts führt zu der Stufe der *genitalen Sexualität* und zu emotionaler Gesundheit. Fixierungen oder Regressionen auf prägenitale Stufen und/oder Schwierigkeiten bei der Lösung des ödipalen Konflikts führen zu emotionalen Störungen. Dies hat zur Folge, daß die Energie gehemmt wird und somit weniger Energie für ein autonomes, erwachsenes Verhalten zur Verfügung steht. *Psychische Energie* war für Freud eine Metapher. Für Reich ist sie physikalisch und objektiv existent, er konnte sie experimentell beweisen und nannte sie *Orgon*.

Die individuelle Entwicklung des *Charakters* ist folglich abhängig von dem Ausmaß der Fixierung bzw. Panzerung aller erogenen Zonen, in denen der überwiegende Teil der Energie konzentriert ist. Deshalb ist es einleuchtend, daß für diese Zonen charakteristische Symptome auftreten, wenn die Energie, die in dieser Zone konzentriert ist, ansteigt bzw. blockiert wird. Eine Blockierung oder Panzerung kann in jeder Zone auftreten und bedeutet, daß sich die Person zwar jenseits dieser Zone entwickeln konnte, aber diesen Bereich nicht völlig aufgeben konnte. Die sich daraus ergebenden Symptome wirken sich auf die Persönlichkeit aus und, das ist sehr wichtig, verhindern eine vollständige *genitale Entladung*, d.h. emotionale Gesundheit. Es gibt zwei Arten von *Sperren*, *unterdrückte* und *unbefriedigte*. Die letztere wird als ein ständiges Bedürfnis empfunden und drückt sich beispielsweise im „Überessen" oder im „Überreden" der oral unbefriedigten Sperre aus. Die erstere führt zu dem Bedürfnis, sich gegen alles, was aus dieser blockierten Zone herrührt, zu wehren, und manifestiert sich z. B. in mangelndem Appetit oder lakonischer Sprechweise.

Die Sperren sind funktional identisch mit der Muskelpanzerung. Eine *orale Sperre* manifestiert sich z. B. in Krämpfen der Gesichts- und Kopfmuskeln, wie den Muskeln unter dem Kinn, der Kaumuskulatur usw. Die Charakterformen werden bestimmt durch die besondere Konstellation der Sperren der *erogenen Zonen*. Sperren in *nicht-erogenen Zonen* führen zu Rigidität des Charakters. In der Orgonomie unterscheiden wir vier bedeutende erogene Zonen: die *okulare, orale, anale* und *genitale* Zone. Die okulare Zone ist eine wesentliche Erweiterung der anerkannten analytischen Theorie. Orgontherapeuten sind der Auffassung, daß Sperren in dieser Zone für so wichtige Krankheitsbilder wie Paranoia und Schizophrenie verantwortlich sind. Bei einer gesunden Entwicklung erfüllt jede Stufe eine zeitlich begrenzte Funktion, ist nicht gesperrt, und der Mensch kann sich hin zu der genitalen (End-)Stufe entwickeln.

Die Mehrheit aller Menschen erreicht eine frühe genitale Entwicklungsstufe (die der *phallisch-narzißtischen* oder *hysterischen*), aber eine frühere prägenitale Blockierung kann zu einer Regression auf eine vorhergehende libidinöse Stufe führen. Bei einem „phallischen" Menschen mit überwiegend oral unterdrückter Stauung wird z. B. der phallische Funktionstypus weitgehend verdrängt, und sein Verhalten ist vorwiegend das eines oralen Typus, das sich z. B. in Depressionen äußert.

Die Funktionsweise der Therapie besteht in der *Umkehrung* des Prozesses der *Panzerung*. Die Panzerung wird dadurch abgebaut, indem die verdrängten Gefühle auf methodische und konsequente Weise hervorgerufen und entladen werden. Denn das, was als Gefühl empfunden wird, ist die Bewegung der Energie im Körper, z. B. in den Muskeln als Wut, auf der Haut als angenehmes Prickeln oder im Inneren als Ängstlichkeit. Wenn die Panzerung aufgelöst und eine natürliche Sexualität erreicht worden ist, liegt ein einmaliges physiologisches Ergebnis vor, nämlich ein objektives Kriterium für eine erfolgreiche Therapie: Am Ende eines vollständigen Ausatmens tritt ein spontanes Vorschieben des Beckens auf, begleitet von einem Vorschieben der Schultern. Das ist das, was Reich als *Orgasmusreflex* bezeichnet und bedeutet, daß der Klient *orgastische Potenz* besitzt, in der Lage ist, alle überschüssige Energie, die normalerweise im Leben aufgebaut wird, entladen kann, und nun über eine *gesunde Sexualökonomie* verfügt. Ein solcher Organismus ist außerstande, eine Neurose aufrechtzuerhalten, da Neurosen nur auf der Basis von Energie-(Libido-)Stauungen existieren. Die *Funktion des Orgasmus* besteht somit darin, die *Energieökonomie des Organismus* zu regulieren.

Durch das Erreichen orgastischer Potenz erfährt der Klient grundlegende Veränderungen. Die Symptome verschwinden. Der Körper entspannt sich im Gegensatz zu vorhergehenden Verkrampfungen, die durch die Muskelkontraktionen, die die unterdrückten Gefühle zurückhielten, verursacht worden waren. Dies läßt sich häufig an einem weicheren, ausdrucksvolleren Gesicht ablesen. Die Augen leuchten, und der ganze Körper drückt Lebenskraft aus, verbunden mit einem allgemeinen Gefühl von Wohlbefinden. Viele fundamentale Verhaltensmuster werden spontan verändert.

Methoden

In der Praxis der Orgontherapie gibt es drei Zugänge zum Klienten – die *Atmung,* das *direkte Einwirken auf die verkrampften Muskeln* und die *Zusammenarbeit mit dem Klienten*. Welcher Zugang Priorität hat, ist jeweils abhängig vom individuellen Fall, obwohl in den meisten Fällen alle drei Methoden notwendige Werkzeuge sind.

Wir wollen zunächst die *Atmung* betrachten. Sie hat verschiedene Funktionen. Klinisch gesehen betrifft die erste somatische Sperre (Abwehr), die bei Kindern beobachtet wird, den Atmungsmechanismus. Der Atem wird angehalten, und dadurch verringert sich sowohl Angst als auch das Fühlen im allgemeinen. Die Ateminhibition wird chronisch, und gewöhnlich sitzt dann auf der Couch des Analytikers der Erwachsene in einer chronischen Einatmungsposition und atmet nur selten tief aus.

Während der Therapie wird der Klient aufgefordert, so voll und tief durchzuatmen, wie es ihm bequem möglich ist, und sich auf seine Brustbewegungen zu konzentrieren. Dadurch wird die durch die Biographie des Klienten bedingte Inhibition verändert. Diese Taktik allein löst manchmal schon ein erhebliches Freiwerden von Gefühlen aus, insbesondere Ärger und Weinen. Sie ist hilfreich, schwere Sperren in anderen Teilen des Körpers aufzudecken und zu überwinden.

Atmen lädt den Organismus mit Energie auf. Dies wird oft durch ein Prickeln und Fließen im Körper wahrnehmbar. Die ansteigende Ladung übt oft einen inneren Druck auf die Sperren aus. In analytischen Begriffen ausgedrückt: Tiefes und volles Atmen erleichtert den Abbau von Verdrängungen.

Der zweite Zugang besteht aus einem *direkten Einwirken auf die verkrampften Muskeln,* um die Spannungen zu lösen. Auf die Verspannungen der Skelettmuskulatur kann direkt eingewirkt werden, auf die der inneren Organe und Gewebe nur indirekt. Um die Skelettmuskulatur zu aktivieren, muß man zunächst die Verspannung derartig intensivieren, bis sie nicht mehr aufrechterhalten werden kann. Diese geschieht, indem man mit dem Daumen direkt auf den Muskel drückt. Die besten Ergebnisse erzielt man durch einen Druck in der Nähe des Ursprungs des Muskels, des empfindlichsten Bereichs. Selbstverständlich wird sich der Muskel solange wieder verspannen, bis das Gefühl oder die Vorstellung, die verdrängt wird, freigeworden und ausgedrückt worden ist. Wenn die Muskeln nicht mit der Hand erreichbar sind, müssen andere Methoden angewendet werden, wie z. B. bei der Aktivierung der Augen, wenn man den Klienten den Strahl einer kleinen Taschenlampe mit den Augen verfolgen läßt.

Drittens arbeiten die Orgontherapeuten auf eine *Zusammenarbeit mit den Klienten* hin (mit Hilfe von charakteranalytischen Methoden). Dies wird erreicht, indem die *Widerstände* des Klienten in die Therapie eingebracht und gegenüber dem Therapeuten offengelegt und überwunden werden. Dies ist insofern von außerordentlicher Bedeutung, weil der Klient auf alle mögliche Weise versuchen wird, seine Unbeweglichkeit aufrechtzuerhalten und sein Selbst zu verbergen. Dahiner steht eine starke Angst vor Expansion und Bewegung. Jeder Klient beginnt eine Therapie mit Mißtrauen und Argwohn. Dieser Widerstand ist emotionaler Natur und kann auf die Dauer nicht verborgen werden. Er muß erkannt und an die Oberfläche gebracht werden. Jede Abwehr beginnt mit negativem Transfer. Der Klient muß darüber frei reden können. Mangelnder negativer Transfer ist auf eine Blockierung durch die *Haltung des Therapeuten* zurückzuführen – ständige Freundlichkeit oder anderes Verhalten, das den Klienten hindert, dem Therapeuten negative Gefühle entgegenzubringen. Der Therapeut sollte wiederholt das Verhalten seines Klienten ihm gegenüber herausarbeiten oder das Verhalten der Klienten nachahmen. Es ist nötig, darauf zu beharren. Die Panzerung schützt gegen Reize von außen und innen. Die Therapie bringt dieses Gleichgewicht durcheinander, und das ist es, wogegen sich der Klient sträubt. Der Widerstand wird immer von der Seite des Ego angegriffen. Der Klient versteht dies besser, und somit wird der negative Transfer aufgelöst. Wir kümmern uns nicht darum, was der Klient abwehrt, sondern daß er abwehrt und *wie* er das tut. Zum Schluß kommt das, *was* abgewehrt wird, heraus.

Das Auflösen der Panzerung macht den Klienten hilflos. *Kastrationsangst* läßt ihn seine Potenz verlieren, und er empfindet seinen ganzen Charakter als krank, nicht nur seine Symptome. Wenn seine Potenz nicht zusammenbricht, hat ihn die Therapie nicht berührt.

Angst ist die Basis aller Verdrängung und steht hinter allen Verspannungen. Der Klient ist ständig bemüht, seine Angst zu kontrollieren. Eine Heilung erfolgt dadurch, daß man ihn zwingt, dieser Angst gegenüberzutreten und die verbotenen Gefühle zum Ausdruck zu bringen. Das wichtigste Gefühl, das hervorgerufen werden muß, ist *Wut*. Bevor nicht das Gefühl von Wut befreit worden ist, kann der Klient auch nicht das weichere Gefühl von *Liebe* und *Begehren* erfahren. Es muß aus jedem Segment herausgelöst werden.

Reich entdeckte durch die Reaktionen des Körpers während des Auflösungsprozesses der Panzerung, daß sich der Körper, funktional gesehen, in *sieben muskuläre Segmente* gliedert, von denen jedes als Einheit funktioniert und bis zu einem gewissen Grade von den anderen Segmenten unabhängig ist. Die sieben Segmente werden als das *okulare, orale, zervikale, thorakale, Zwerchfell-, abdominale* und *pelvikale* Segment bezeichnet. Man arbeitet vom Kopf nach unten herab, indem die einzelnen Schichten der Panzerung von außen nach innen abgebaut werden. Jedes Segment kann unter Umständen keinerlei Reaktion zeigen, bevor nicht weitere Segmente befreit sind. Bei jeder „Befreiung" eines Segments kann die Panzerung eines vorhergehenden Segments wieder auftreten und muß weiterhin beachtet werden, da der Organismus nicht an Bewegung gewöhnt ist und versucht, zu seiner früheren Unbeweglichkeit zurückzukehren. Er muß schrittweise an Beweglichkeit gewöhnt werden. Die Behandlung erfordert, daß der Klient nur leicht bekleidet auf der Couch liegt, damit der Therapeut seinen Zustand angemessen beobachten und behandeln kann. Dafür muß der Klient Verständnis haben.

Sobald dem Therapeuten der Zugang zum Klienten gelungen ist, kann er damit beginnen, die Panzerung *einzeln* in den verschiedenen Segmenten aufzulösen. Im allgemeinen wird zuerst mit dem *Brustkorb*, dem *thorakalen Segment*, begonnen. Die *Atmung* ist der wichtigste Aspekt der Therapie. Sie hebt den *Energiespiegel* und regt den Energiefluß an. Wenn der Brustkorb nicht zu fest gespannt ist, ist die Atmung keine so schwere Aufgabe. Wenn er aber beim Einatmen hochgehalten wird und sich nicht bewegt, ist er stark „gepanzert". Hier greift der Therapeut ein und bearbeitet die Brustmuskulatur mit den Händen, insbesondere die Interkostal- und Spinalmuskulatur. Die letztere verursacht Zurückhaltung, „Ich-will-nicht"-Haltung und Trotz. Die Pektoral- und Trapezmuskeln werden genauso gelockert. Wenn der Klient ausatmet, wird auf den Brustkorb Druck ausgeübt. In allen Fällen lassen wir den Klienten zunächst eine Zeitlang atmen, bevor wir aktiv seine Panzerung in Angriff nehmen.

Der Brustkorb verschließt Wut, Weinen und Sehnsucht. Wenn er befreit ist, entsteht ein Gefühl von Leichtigkeit und Lebensfreude. Die Wut kann durch Schlagen, Würgen, Sichwinden und Kratzen freigesetzt werden. Wir ermuntern den Klienten, sich vollkommen gehen zu lassen. Die Brust kann solange nicht völlig befreit werden, bevor nicht die ersten drei Segmente gelöst sind, und der Rest kommt erst heraus, wenn wir das Becken erreicht haben. Nach einer leichten Lockerung der Brust, damit der Klient zumindest angemessen atmen kann, gehen wir zu den anderen Segmenten in der Reihenfolge von oben nach unten vor.

Die Panzerung im *okularen Segment* läßt sich an einer steifen und unbeweglichen Stirn ablesen. Sie erscheint manchmal flach. Der Klient kann seine Augen nicht weit öffnen, und in manchen Fällen erscheinen sie stumpf, leer, ängstlich, traurig oder mißtrauisch. Die Beweglichkeit der Augen ist merklich herabgesetzt. Schizophrene scheinen manchmal einen in die Ferne verlorenen Blick zu haben, die Augen haben einen leeren Ausdruck. Die wenigen Klienten, deren Augen frei sind, haben einen vertrauensvollen Blick. Der Klient wird gebeten, die Stirn zu bewegen, manchmal erscheint es notwendig, den Prozeß damit einzuleiten, daß die Stirn mit den Händen bewegt wird. Dann wird der Klient aufgefordert, die Augen zu rollen, die Wand zu fixieren und die Augen während des Atmens zu öffnen und wieder zu schließen. Der Therapeut läßt den Klienten mit den Augen einen Lichtpunkt oder den Finger verfolgen. Der Klient soll versuchen, die Augen weit zu öffnen. Auch hier kann es nötig sein, sie mit den Fingern weit zu öffnen. Wir versuchen einen Gefühlsausdruck in die Augen treten zu lassen: Ärger, Kummer, Ängstlichkeit – letzteren durch Schreien bei geöffneten Augen. Mißtrauen bringen wir dadurch zum Ausdruck, daß wir den Klienten aus den Augenwinkeln heraus sehen lassen. Schließlich Flirten, Lächeln oder Sehnsucht – sie werden durch Ausatmen und Lächeln bei weit geöffneten Augen hervorgerufen.

Wenn die Augen frei sind, kann man Bewegungen und eine steigende Spannung in den Lippen und Kinnbacken beobachten. Es ist jetzt Zeit, zu dem nächsten, dem *oralen Segment* überzugehen. Es handelt sich um ein extrem wichtiges Segment, da nur das orale und genitale Segment die orgastischen Konvulsionen auslösen können. Sie sind die einzigen wichtigen erogenen Zonen, die realen Kontakt und Verbindung mit einem anderen Organismus leisten können. Die orale Zone stellt die Mittel für die Aufnahme von Nahrung, Flüssigkeit und Luft zur Verfügung, für verbale Kommunikation, Gefühlsausdruck und erotischen Kontakt. Wenn die Funktionen durch Verdrängung gehemmt sind, dann fehlt in all diesen wichtigen Funktionen das Gefühl der Befriedigung, und die Lebensfreude wird ersetzt durch ein armseliges, bloßes Überleben oder durch Depression. Für den Rest seines Lebens wird ein unbefriedigter Mensch versuchen, dieses Bedürfnis durch übermäßiges Essen, Trinken, Reden und emotionale Labilität zu ersetzen.

Der freie Ausdruck des oralen Segments hängt von der freien Mobilität des okularen oder ersten Segments und manchmal von der Lockerung tieferliegender Segmente ab. Die Kinnbacken sind gewöhnlich angespannt, bei zusammengebissenen Zähnen, oder aber unnatürlich locker. Das Kinn hängt entweder herunter oder ist hochgezogen, ist flach, bleich und leblos. Es kann bei Mißtrauen oder Stolz vorgeschoben sein, was ein Anspannen der Mundhöhle bewirkt und das Weinen zurückhält. Der Therapeut schiebt sanft den Unterkiefer zurück, läßt den Klienten atmen und versucht, den Kiefer zu lockern. Dies kann manchmal Weinen auslösen.

Manchmal redet der Klient wenig, oder er redet unaufhörlich, wie unter einem Zwang stehend. Man kann Verachtung, ein sarkastisches Lächeln oder einfältiges Grinsen beobachten. Der Mund kann traurig oder sogar grausam sein. Das orale Segment hält wütendes Beißen, Schreien, Weinen, Saugen und Grimassieren zurück. Der Klient hat meistens das Bedürfnis zu beißen, und wir erlauben ihm, auf ein geeignetes Objekt, wie z. B. ein Handtuch, zu beißen. Wenn wir an den submentalen Muskeln (die Muskeln unter dem Kinn) arbeiten, oder wenn der Klient würgt, kann Weinen ausgelöst werden. Manchmal kann auch Schreien dazu führen. Wenn nicht, fordern wir den Klienten auf, Weinen zu imitieren. Das Unterdrücken von Weinen tritt häufig zusammen mit Übelkeit auf, die hervorgerufen wird durch die Muskelanspannung in der Mundhöhle.

Das *zervikale Segment* hält vor allem Ärger und Weinen zurück. Der Nacken ist steif, die Muskeln sind angespannt, und der Nacken wölbt sich manchmal beim

Atmen. Ärger und Weinen werden manchmal buchstäblich heruntergeschluckt, ohne daß sich der Klient dessen bewußt ist. Zervikale Sperren können auch die Stimme verändern, zu einer weinerlichen, dünnen Stimme oder zu einem harten Atmen und Husten führen.

Der *Würgereflex* spielt eine wichtige Rolle bei der Lösung der Kehle, aber es kann vorkommen, daß die Arbeit direkt am Schlüsselbein und an den tieferliegenden Nackenmuskeln ansetzen muß, während man den Klienten mehrmals schreien läßt.

Das *Zwerchfellsegment* ist eines der am schwierigsten zu behandelnden Segmente. Wenn man an ihm angelangt ist, kann man sicher sein, daß man eine schwere Zeit mit ihm zubringen wird: Die Sperre enthält mörderische Wut. Man kann sie an der Lordosis (Krümmung der Wirbelsäule nach vorn) und der paradoxikalen Atmung erkennen. Die Ausatmung ist schwierig. Der Therapeut ruft wiederholt den Würgereflex hervor, ohne daß die Atmung unterbrochen wird. Der Klient wird aufgefordert, Wut auszudrücken, Mordgefühle zu empfinden. Die vier ersten Segmente müssen frei sein, bevor das Zwerchfell gelöst werden kann. Wenn sich dieses Segment öffnet, tritt Erbrechen auf. Dann erscheinen wellenartige Bewegungen im oberen Teil des Körpers, die von einem Gefühl des Gebens begleitet werden.

Das sechste oder *abdominale Segment* bringt im allgemeinen wenig Schwierigkeiten mit sich, wenn die oberen Segmente frei sind.

Das *Becken,* das siebente Segment, wird immer als letztes befreit. Wenn es früher geöffnet wird, kann der Klient mit den sexuellen Impulsen noch nicht umgehen, und es tritt entweder Verwirrung oder Desintegration auf. Oder aber frühere Probleme, wie z. B. sadistische Impulse, werden in das Sexualleben hineingetragen.

Das Becken enthält Ängstlichkeit und Wut. Letztere ist entweder anal und überwältigend oder phallisch und stechend. Wir fordern den Klienten auf, zu treten, oder zu stampfen, um die anale Wut zu entladen, und mit dem Becken zu stoßen, um die phallische Wut herauszulassen. Bevor der Ärger nicht freigesetzt ist, ist ein Wohlbefinden im Becken unmöglich. Die unterschiedlichen Verkrampfungen müssen gelöst werden. Hierzu wird der Klient angeleitet, seine Schließmuskeln wiederholt zu entspannen und zu kontrahieren. Sobald dies gelingt, bewegt sich das Becken nach jedem Ausatmen spontan nach vorn, und man bezeichnet dies als *Orgasmusreflex.* Der Organismus ist nunmehr in der Lage, sich vollständig hinzugeben. Diese Fähigkeit nimmt in den ersten ein oder zwei Jahren nach Abschluß der Therapie noch weiter zu.

Anwendungsbereiche

Der erste Schritt der Behandlung besteht in der *Auswahl* der Klienten. Es ist ratsam, außer bei jungen Kindern und Minderjährigen, nur solche Klienten anzunehmen, die *freiwillig* eine Therapie anfangen wollen, also nicht die, die kommen, weil sie der Ehemann, die Frau, Eltern oder Freunde dazu überredet haben. Es ist schon schwierig genug, wenn ein Klient ernsthaft Hilfe sucht – und unmöglich, wenn er dazu gezwungen wird. Man sollte niemals einen Klienten annehmen, den man nicht mag. Eine Therapie ist zu schwierig, um intensiv mit jemandem zu arbeiten, den man nicht mag, und es ist nicht fair, weder dem Therapeuten selbst noch dem Klienten gegenüber. Es ist ratsam, nur solche Klienten anzunehmen, mit denen man sich gut versteht und mit denen man sehr leicht arbeiten kann.

Der zweite Gesichtspunkt ist die *Eignung* des Bewerbers für eine Therapie. Manchmal läßt sich dies nicht sofort feststellen, aber man sollte diesem Punkt große Aufmerksamkeit widmen. Der Klient dürfte kaum geeignet sein, wenn er nicht begreift, was man von ihm will und ihm die Therapie fremd und unverständlich erscheint. Wer sofort begreift und versteht, was man von ihm will, ist im allgemeinen ein geeigneter Bewerber. Ungewöhnliche Reaktionen, wie z. B. irrationales Verhalten, Änderung der Gesichtsfarbe, Schock oder extreme Schwäche, sollten einen wachsam werden lassen und verlangen äußerste Vorsicht. Eine Tendenz zur Entwicklung ernster körperlicher Symptome im weiteren Verlauf der Therapie ist Grund genug, um die Therapie abzubrechen.

Vor jeder Therapie ist wichtig, vom Klienten seine *persönliche Geschichte* erzählt zu bekommen und ihn einer *medizinischen Untersuchung* zu unterziehen. Die Geschichte selbst ist relativ unbedeutend. Was für uns wichtig ist, sind die Reaktionen des Klienten auf diese Ereignisse, die physiologisch in der Charakterstruktur verankert sind. Genau das ist es, was in der Therapie aufgewühlt wird. Es ist wichtig, einschätzen zu können, „aus welchem Stoff der Klient gemacht ist". War er in der Lage, soziale Kontakte aufzubauen oder hat er eher den Kontakt zu anderen Menschen vermieden? Wie ist seine Haltung dem anderen Geschlecht gegenüber? Ist er zu echten Anstrengungen bereit, damit es ihm besser geht, oder möchte er es sich leicht machen?

Alter, Rigidität, eine streng orthodoxe *religiöse* und/oder *politische Einstellung* und die *Umwelt* können einen Therapieerfolg verhindern. Schließlich können auch reale Umstände erschwerend sein, auf die der Therapeut keinen Einfluß hat. Eine Frau z. B., die mehrere kleine Kinder hat, kann mit einem impotenten Mann verheiratet sein, den sie aber aus Gründen der materiellen Sicherheit nicht verlassen kann.

Körperliche Leiden erschweren eine Therapie und sollten – wenn möglich – behandelt worden sein. Eine Therapie wird durch somatische Biopathien – d. h. körperliche Leiden, die vor allem auf verdrängte Gefühle zurückzuführen sind, erheblich erschwert.

Abgesehen von diesen Einschränkungen eignen sich die meisten psychiatrischen Kategorien für eine Orgontherapie, insbesondere *Neurosen* und *Schizophrenien*.

Nicht alle Fälle aber lassen sich behandeln, manche könnten sich dadurch auch verschlimmern. Es ist wichtig, die Personen, die eine Erweiterung und Veränderung nicht ertragen können und auf jeden Fortschritt in der Therapie negativ reagieren oder ernste somatische Leiden entwickeln, zu erkennen und auszusieben.

Die Techniken der Orgontherapie hängen weniger von verbaler Kommunikation ab als andere therapeutische Verfahren und sind daher häufig sehr erfolgreich bei der Behandlung pathologischer Strukturen, die auf andere Weise sonst nicht erreichbar sind. Die Therapie besteht zu einem Teil aus *körperorientierten Techniken,* erfordert aber auch eine stetige *Charakteranalyse* der Widerstände des Klienten. Das Verfahren ist recht einfach, dennoch ist die Orgontherapie nicht nur einfach mit einer „Bearbeitung" verkrampfter Muskeln oder der Produktion dramatischer Gefühlsausbrüche gleichzusetzen. Der Therapeut muß in der Lage sein, eine genaue *Diagnose* zu stellen, die Charakterstruktur und die ihr zugrundeliegende Charakterdynamik zu verstehen. Er muß wissen, wann und wie er Techniken der Orgontherapie konsequent und logisch anwenden kann. Darüber hinaus sind physiologische und anatomische Kenntnisse notwendig, um sicher mit chronischen Muskelspannungen, körperlichen Reaktionen und allen psychosomatischen Zuständen umgehen zu können. Deshalb sind eine sorgfältige Ausbildung und Erfahrung notwendig – wenn man eine Katastrophe vermeiden möchte, insbesondere deshalb, weil der Klient durch die Therapie zutiefst emotional und körperlich erschüttert werden kann und die Möglichkeit eines Suizids, einer Psychose oder schwerer körperlicher Krankheiten als Ergebnis einer Fehlbehandlung außerordentlich real ist. Wie schon Reich feststellte, ist die Orgontherapie „nicht mehr und nicht weniger als ein biopsychiatrischer Eingriff, der nur mit sehr erfahrenen und geschickten Händen und Apparaten sorgfältig ausgeführt werden kann ..."

Viele der „Körpertherapien" und anderer kathartischer Therapien sind der Reichschen Arbeit entliehen oder von ihr abgeleitet. Die *Bioenergetik* ist eine der wenigen Therapieformen, die auf diesen Ursprung verweist. In der Bioenergetik werden die Konzepte der Muskelpanzerung und der Energiebewegung benutzt und viele der therapeutischen Techniken sind ähnlich. Die Bioenergetik hat allerdings einen Eckpfeiler der Therapie aufgegeben – nämlich die Orgasmustheorie und das Ziel orgastischer Potenz. Es ist vielleicht das Ergebnis einer verhängnisvollen Veränderung der Reichschen Theorie und seiner Techniken, daß die Beckenpanzerung zu frühzeitig entfernt wird – mit der Folge, daß die orgastische Potenz nur in seltenen Fällen erreicht wird.

Fallbeispiel

Der folgende Fall, den Charles Konia, M. D. of Caston, Pennsylvania, behandelt hat, vermittelt ein klares und verständliches Bild einer Orgontherapie.

Anamnese

Bei der Klientin handelte es sich um eine 25jährige, weiße, alleinstehende Lehrerin, die die Therapie aufsuchte, weil sie den Wunsch verspürte, zur Ruhe zu kommen, und aufhören wollte, vor sich selbst davonzulaufen. Am meisten fühlte sie sich in ihrem Verhalten Männern gegenüber beeinträchtigt. Sie hatte eine Reihe von sich wiederholenden unbefriedigenden, kurzen sexuellen Erfahrungen hinter sich. Im allgemeinen wählte sie Männer aus, die sie ausnutzten und oft sogar körperlich mißhandelten. Sie war völlig unfähig, sich zu verteidigen oder sich von allein aus diesen Situationen herauszuziehen, die gewöhnlich damit endeten, daß sie sitzengelassen wurde.

Als ich ihr zum ersten Mal begegnete, hatte sie ungefähr 25 Pfund Übergewicht. Bei Depressionen und Angst nach einer unglücklichen Liebesaffaire kompensierte sie typischerweise mit Essen. Sie war unfähig, eine längere Zeit allein zu sein und brauchte die ständige Bestätigung und Nähe eines anderen Menschen. Sie war frigide und nur zu minimalem genitalen Erleben durch orales genitales Vorspiel fähig. Dabei hatte sie oft masochistische Phantasien von sexueller Unterwerfung oder stellte sich vor, selber einen Penis zu besitzen.

Vorgeschichte

Die Klientin war ein Einzelkind. Sie hatte nur wenige Erinnerungen an ihren Vater, jedoch gab es zwei deutlich unterscheidbare Bilder, die sie sich ins Gedächtnis rufen konnte. Bei dem ersten war sie von ihrem Vater unter ihr Bett gejagt worden, weil sie ein Kleid ihrer Mutter mit einer Schere zerschnitten hatte, war dann aber doch nicht von ihm bestraft worden. Das hatte in ihr ein bestimmtes Gefühl sexueller Erregung hinterlassen. Das zweite stammte aus der Zeit kurz vor seinem Tod, als sie acht war. Zu dieser Zeit hatte sie ihn zufällig nackt gesehen, und sie interpretierte dann seinen Tod als Strafe. Unmittelbar nach seinem Tod fing sie an, übermäßig zu essen, und wurde immer dicker. Darüber hinaus wurde sie ihrer Mutter gegenüber so gehässig, bis sie völlig die Kontrolle über sich verlor und einem Onkel mütterlicherseits anvertraut werden mußte. Sie erklärte ihr gehässiges Verhalten gegenüber ihrer Mutter damit, daß diese sich nicht wiederverheiratet und einen neuen Vater ins Haus gebracht hatte. Gleichzeitig löste ihr Verhalten die Angst in ihr aus, ihre Mutter könne sie auch verlassen, und sie verwandelte sich deshalb in ein „liebes kleines Mädchen".

Körperliche Erscheinung

Die Klientin neigte dazu, sanft und verführerisch zu sprechen. Wenn sie erschrak, wurde ihr Gesichtsausdruck gleichgültig oder ruhig. Sie war durchschnittlich groß und kräftig gebaut. Abgesehen von ihrer Korpulenz, die sich besonders an ihren Beinen, Oberschenkeln und ihrem Bauch bemerkbar machte, fiel ihr Mund als hervorstechendstes Merkmal auf. Er schien eine enorme emotionale Ladung zurückzuhalten. Der Ausdruck wechselte je nach Stimmung zwischen Grinsen, Ekel, Gleichgültigkeit oder Langeweile. Ihr Gesicht schien angespannt und aufgedunsen. Ihre Augen hatten einen erschrockenen Ausdruck und traten leicht hervor, waren aber lebendig und ausdrucksvoll.

Behandlung

Die okularen und oralen Segmente. Ich konzentrierte mich zuerst auf ihren gleichgültigen Gesichtsausdruck, der für mich ihre oberste Schicht von Wut verdeckte. Sie gab zu, hinter ihrer Gleichgültigkeit die Angst zu verbergen, ihren Ärger zu zeigen, und sie glaubte, daß sie einen „Tritt ins Gesicht" bekommen würde, wenn sie ihre wahren Gefühle zeige. Gleichzeitig bearbeitete ich ihre Gesichtsspannung, indem ich sie Grimassen schneiden ließ. Dies machte ihr Angst, und sie erinnerte sich an ihre Unfähigkeit, ihren Ärger über die Hilflosigkeit und das mangelnde Verständnis ihrer Mutter auszudrücken. Wenn sie böse war, pflegte ihre Mutter zu sagen: „Was habe ich nur getan, daß ich dich verdient habe?" Dadurch fühlte sie sich frustriert und wertlos, aber sie zahlte es ihrer Mutter dadurch zurück, indem sie immer boshafter ihr gegenüber wurde.

Allmählich, als ihr Gesicht etwas seinen aufgedunsenen Ausdruck verlor und ausdrucksvoller wurde, trat ihr Mißtrauen den Männern gegenüber zutage. Sie gab zu, nicht zu wissen, wie sie sich jemandem gegenüber, der nicht so schlimm und „verrückt" wie sie sei, verhalten solle. Sie hatte Angst davor, daß jeder Mann herausfinden würde, wie sie wirklich sei und nichts mehr mit ihr zu tun haben wolle. Deshalb war das sicherste Mittel, um eine Zurückweisung zu vermeiden, sich sexuell zu unterwerfen und ein „Gefäß" zu werden.

Der Diskussion dieses Materials folgte bald ein höhnisches Lächeln, und sie konnte einige kurze ärgerliche Ausrufe ausstoßen. Jedoch blieb ihr Ärger bald wieder in der Brust stecken, und sie bekam Atemnot. Ich drückte gegen ihre Trapezmuskeln, um diesen Ärger anzustacheln, und das führte zu noch ärgerlicheren Gesichtsausdrücken und Ausrufen. Sie war über diesen Ausbruch außerordentlich erfreut, wurde aber sofort wieder ängstlich und hatte das dringende Gefühl, noch mehr tun zu müssen. Ich interpretierte das als Furcht, keine gute Klientin zu sein und mein Mißfallen zu erregen, und verband das mit dem Verhalten, Männern aus Angst heraus gefallen zu wollen. Sie verließ die Sitzung mit einem ernsten Gesichtsausdruck. In den nachfolgenden Sitzungen zeigte sie sich mir gegenüber verärgert wegen meiner Interpretation, sie wußte aber, daß ich Recht hatte. Als sie etwas mehr Vertrauen gewonnen hatte, stellte sie fest, daß ich der einzige Mann sei, dem sie nicht gefallen müsse. Diese Erklärung befriedigte mich nicht völlig, weil ich wußte, daß sie immer noch unfähig war, ihre Gefühle, und besonders Ärger, in ihren Augen zu zeigen. Deshalb kehrte ich zu einer Aktivierung der Augen zurück, indem ich sie ihre Augen rollen und Furcht zeigen ließ. Allmählich wurden sie weniger proptotisch. Und dann, als ich Druck auf ihren Kaumuskel ausübte, konnte sie Ärger in ihren Augen zeigen, und sie rief „aufhören". Sie hatte einen Blick, als wollte sie mich erstechen. Das war der heftigste Ausdruck von Ärger, den sie gezeigt hatte, und anschließend erschien ihr Gesicht offener. Sie fing an, sich in ihrem Alltagsleben zu behaupten.

Als sie allmählich Vergnügen daran fand, ärgerliche Gesichter zu schneiden und so in gewisser Weise den Kontakt zu sich selbst verlor, wußte ich, daß ein Schritt vollzogen war, und ich wartete ab, was als nächstes geschehen würde. Ich mußte nicht lange warten. In der nächsten Sitzung hatte sie einen verlorenen Ausdruck in den Augen und erzählte, daß ihr Gewicht ständig ansteige. Sie äußerte mehr Mißtrauen. Der Ausdruck von Wut in ihrem Gesicht jenseits einer bestimmten Schwelle erfüllte sie mit Angst, sie drehte ihren Kopf zur Seite, damit ich nicht ihre ärgerlichen Blicke sehen konnte. Ich aktivierte wieder ihr Entsetzen, indem ich sie dazu brachte, mit ihren Augen erschreckt zu gucken. Das löste in ihr die größte Furcht aus, die sie jemals erlebt hatte. Sie weinte und hatte Angst davor, allein zu sein. Als ich sie in der nächsten Sitzung wiedersah, hatte ihr Gesicht wieder dasselbe typische geschwollene, aufgedunsene Aussehen wie bei unserem ersten Zusammentreffen. Sie berichtete, daß sie die ganze Woche über unaufhörlich gegessen habe. Sie sah abwechselnd verwirrt, verloren, ängstlich und ärgerlich aus. Während der Sitzung machte ich sie darauf aufmerksam, daß sie mir gefallen wolle, und bezog dies auf ihre Angst, verlassen zu werden. Ich wies darauf hin, daß jede Zurschaustellung von Ärger mit Verlassen verbunden war. Diesmal war es einfach, die Furcht in ihren Augen zu mobilisieren. Wenn sie die Augen rollte, wollte sie am liebsten während der ganzen Sitzung vor Schmerz schreien. Dabei weinte sie oft und hatte in der unteren Gesichtshälfte einen Ausdruck von Traurigkeit. Ihre verstärkte Furcht machte es notwendig, tiefere Gefühle in ihrer Kehle abzublocken. Das Beißen in ein Handtuch half ihr teilweise, die Sperre in der Kehle zu aktivieren.

In dieser Zeit beendete sie gerade trotz ihrer Ängste eine unbefriedigende Beziehung zu einem Freund. Allmählich setzte sie sich in ihren Beziehungen zu Männern durch und entwickelte das Gefühl, daß sie in einer Beziehung auch einige Rechte habe. In der Therapie wurde sie in gewisser Weise „widerborstig" und hatte entschieden, mir keine Gefühle mehr zu zeigen, um mir zu gefallen, bevor sie sie nicht wirklich selber empfand.

Zu dieser Zeit versuchte ich, ihre orale Wut zu aktivieren, indem ich auf die Kaumuskulatur drückte, aber dies erwies sich als verfrüht. Sie wurde wieder mißtrauisch und schaute mich an, als wollte ich sie verlassen. Ich ging deshalb zu ihren Augen zurück und ließ sie noch mehr Furcht, im Wechsel mit Ärger, ausdrücken. Dies löste mörderische Gedanken und Gefühle mir gegenüber aus, weckte aber auch Schuldgefühle in ihr. Als sie ihre Furcht zulassen konnte, wurde ihre Kehle spontan aktiviert, und sie gab tiefe ängstliche Laute von sich. In dieser Zeit war ihre Furcht so stark, daß sie mich berühren mußte, um sich zu überzeugen, daß ich noch im Raum war. Sie erinnerte sich, daß ihre Mutter jedwede Zurschaustellung von Ärger mißbilligte, und sie hatte das Gefühl, verrückt zu werden.

Nun wurde ihre orale Wut durch Beißen zugänglich. Sie knurrte, machte mit ihrem Kiefer Beißbewegungen und verspürte den Wunsch zu töten. Dies war der bisher stärkste Ausdruck von Ärger. Er nahm die Form blinder Wut gegenüber ihrer Mutter an, weil diese so überkritisch und kontrollierend gewesen war, und darauf folgte zum ersten Mal ein Zittern ihrer Lippen.

Das abdominale Segment. In der nächsten Sitzung erzählte sie folgenden Traum: Ihr Vater ist krank, und ihre Mutter hindert sie, ihn zu sehen. Sie erinnerte sich, daß zu der Zeit, als ihr Vater starb, ihr niemand etwas von seinem Tod gesagt hatte, lediglich, daß er krank und weggegangen sei. Das hatte es ihr ermöglicht, die Realität seines Todes zu leugnen, und noch Jahre später war sie auf der Suche nach ihm. Jetzt löste eine Aktivierung der Furcht in ihren Augen tiefe Verlustängste aus. Sie empfand starke Angst und wollte schreien „Vater, verlaß mich nicht!", brachte es aber nicht heraus. Dies führte zu tiefem Schluchzen. Sie fing an, ein Gefühl der Trauer über den Tod ihres Vaters zu empfinden.

In ihrem Alltagsleben konnte sie allmählich ertragen, über gewisse Zeiträume hinweg allein zu sein, und sie kam in die Therapie mit einem starken Gefühl der Wut im Bauch (wo der größte Teil ihres Fetts lagerte). Diese Wut verstärkte wieder ihre Ängste, verlassen zu werden. Sie wurde „steif vor Angst" und schrie laut vor Schrecken. Dies wechselte ab mit eher abdominaler Wut, die schließlich zu starken Krämpfen im Bauch führten. Sie erinnerte sich an die Zeit kurz vor dem Tod ihres Vaters, als sie ihn zufällig nackt gesehen hatte. Sie fühlte sich in gewisser Weise für seinen Tod verantwortlich, da dieses Bild angstauslösend und verboten war. Ihre Eßsucht hatte sofort nach seinem Tod angefangen.

Eine tiefergehende Aktivierung ihrer Verlassensängste löste Atemnot und Todesangst aus, und sie fing an Armen und Brust an zu zittern. Sie identifizierte diese Furcht als Strafe dafür, daß sie ihren Vater getötet hatte. Danach kam es zu heftiger Wut mir gegenüber, die sie auch in ihrem Bauch fühlte. Sie schaute mich haßerfüllt an und rief „Ich hasse Sie!". Sie verglich mich mit ihrem Vater und stellte fest, daß sie mich liebte, aber ich sie nicht, und ich sie genauso wie ihr Vater verlassen würde. Nach diesem Ausbruch verlor sie in der folgenden Woche etwas Gewicht im abdominalen Bereich. Dieser Gewichtsverlust verstärkte ihre schreckliche Furcht, und eine Zeitlang brachen laute, angsterfüllte Schreie aus ihr heraus. Sie führten zu Empfindungen im Becken und in ihren Oberschenkeln, wobei ihr Geschlecht noch ausgespart blieb.

Dann kam es zu tiefer Trauer über den Tod ihres Vaters. Sie fühlte starke Sehnsucht nach ihm, begleitet von einem Gefühl der Leere in ihrem Magen. Sie beschrieb Phantasien, in denen ihr Vater in ihrem Bauch war. Sie empfand einen starken Widerwillen, ihre Trauer zuzugeben, weil sie sie verletzbar machte. Zum ersten Mal in ihrem Leben fing sie an, genitale Empfindungen zu haben, hatte aber Angst davor, es mir zu erzählen, aus Furcht, als geheilt betrachtet und entlassen zu werden. Ich versicherte ihr, daß dies nicht der Fall sei und sie erst anfange, genitale Gefühle zu haben. Es gebe noch eine Menge Arbeit zu verrichten. Sobald sie mir mehr vertraute, hörten die Krämpfe in ihrem Unterbauch allmählich auf, und sie entwickelte ein beinahe unerträgliches Verlangen nach ihrem Vater. Sie schrie unkontrolliert „Vater, warum hast du mich verlassen, warum mußtest du sterben?" Ein weiterer Ausdruck dieses Verlangens in ihrem Unterbauch führte zu starker Angst in ihrem Perineum. In dieser Zeit entwickelte sie Ängste vor einer Blinddarmentzündung und vor dem Tod. Sie hatte das Gefühl, dies sei eine Strafe für ihre sexuellen Gefühle ihrem Vater gegenüber. Das Verlangen nach ihrem Vater entwickelte sich allmählich zu der Wunschvorstellung, ihn sowohl mit ihrer Vagina als auch oral aufzunehmen.

Endstadium: das Beckensegment. Daraufhin massierte ich leicht ihren Kiefer. Das löste heftiges Beißen aus, begleitet von einem Pressen im Becken. Sie empfand eine sehr starke Wut im Becken und in den Oberschenkeln, so, als würde sie mit ihrer Vagina „beißen". Daraufhin fühlte sie ein starkes genitales Verlangen und hatte das Gefühl, daß ihre Vagina mit einem Penis gefüllt werden wollte. Während der Sitzung führte die Atmung zu einem Zurückziehen des Beckens im Moment der Ausatmung (präorgastische Empfindungen).

In der darauffolgenden Sitzung führte die Aktivierung des Kiefers zu heftigen Muskelzuckungen, die sie sehr erschreckten. Ich wußte, daß sie anschließend rasch den Orgasmusreflex entwickeln würde, sobald ihr Kiefer nachgab, vorausgesetzt, daß sie nicht in einem anderen Segment festgehalten wurde. Ich hatte mich nicht getäuscht. Der Reflex tauchte innerhalb weniger Minuten auf. Zuerst wurde sie davon erschreckt, und sie schrie vor Angst. Aber dann überflutete sie eine sehr starke Welle sexueller Erregung und sie rief „Ich fühle es! Es ist wunderbar!" Ihr Kiefer schien gelöst und ihr ganzes Gesicht entspannt, und es bekam einen vorher nicht vorhandenen Ausdruck von Ernsthaftigkeit und Tiefe. Sie fühlte sich lebendig und „sexuell".

In den letzten Sitzungen konzentrierte ich mich darauf, das „Beißen" ihres Mundes und ihrer Vagina zu beseitigen. Während einer der Sitzungen wurden ihre angenehmen Gefühle im Becken blockiert. Dies führte zu heftigem Wutausbruch allen Menschen gegenüber, mich eingeschlossen. Sie schrie, schlug und trat um sich. „Ich möchte mich wohlfühlen! Ich will keine Therapie mehr!"

Indem sie ihre Bindungen mir gegenüber aufgab, löste sie langsam ihre ödipalen Bindungen an ihren Vater. Sie wurde fähig, sexuell offen zu bleiben und genitale Befriedigung zu erlangen. Entsprechend veränderten sich ihre Beziehungen zu Männern. Anstatt die Männer nach neurotischen Motivationen und Wunschvorstellungen auszuwählen, war für sie nunmehr ausschlaggebend, ob diese ihre wahren Bedürfnisse befriedigen konnten oder nicht. Die Therapie war nach 215 Sitzungen beendet.

Diskussion

Für die erfolgreiche Behandlung eines Klienten ist es notwendig, vor einer sorgfältigen biopsychiatrischen Diagnose die Struktur der Panzerung sowohl vom charakterologischen als auch vom biophysischen Standpunkt aus genau zu erkennen. Da die Hauptsperre dieser Klientin im Beckensegment lag und eine zweite Ursache der Panzerung aus dem oralen Segment kam, kann man diese Klientin als hysterisch mit oraler Blockierung bezeichnen. Ihre Beckenpanzerung wurde durch die Tatsache deutlich, daß das hervorstechendste Merkmal ihres neurotischen Charakters ein ständiger Drang nach genitalem Kontakt war, mit gleichzeitigem Weglaufen vor sexuellen Gefühlen, durch Angst hervorgerufen (Fenichel, 1945). Das Ergebnis davon war, daß sie immer unbefriedigt blieb.

Ihre Basisstruktur wurde durch eine schwere prägenitale (orale) Blockierung kompliziert. Ihr Mund hatte eine genitale Funktion übernommen und diente als Ersatz für ihre sexuellen Wünsche. Anders als der einfache Hysteriker, der auf die ersten Anzeichen sexueller Begegnung und/oder Gefühle reagiert, heftete sich diese Klientin hartnäckig an jeden Mann, mit dem sie eine Beziehung einging. Deshalb wurde eine ständige Aktivierung ihres oralen Blocks während der Therapie notwendig. Bevor der Therapeut eine tieferliegende Panzerschicht lösen konnte, mußte er immer wieder zu dem oralen Segment zurückkehren und das Gefühl, das zurückgehalten wurde, befreien.

Um die Behandlung dieser Klienten verstehen zu können, ist es wohl am hilfreichsten, Schritt für Schritt in logischer Folge den Schichten der Panzerung zu folgen, und zwar in Richtung von außen nach innen.

Psychologisch gesehen, verfolgt man die Schichten ausgehend von den oberflächlichsten Charakterzügen des Klienten zu den tiefergelegenen Gefühlen, die dem Unterbewußtsein Freuds entsprechen (oder in orgonomischen Begriffen: Sekundärtriebe), bis hin zur erfolgreichen Lösung des ödipalen Konflikts (Fenichel, 1945). Vom biophysischen Aspekt aus gesehen, arbeitet man sich durch die Segmentschichten der Panzerung hindurch, ausgehend von den in den oberen Segmenten an der Oberfläche liegenden Merkmalen (Augen, Gesichtsausdruck usw.) durch das zervikale, thorakale, Zwerchfell-, abdominale Segment bis hin schließlich zum pelvikalen Segment, wo der ödipale Konflikt gründlich durchgearbeitet wird.

Das Können eines Therapeuten hängt von seiner Fähigkeit ab zu erkennen, welcher Aspekt der Panzerung am dichtesten an der Oberfläche liegt und somit zuerst Aufmerksamkeit verdient. Der oberflächliche, gleichgültige Gesichtsausdruck dieser Klientin verdeckte die oberste Schicht ihrer Angst vor Gefühlsäußerungen. Wenn sie das täte, würde ihr „ins Gesicht getreten". Durch das Ausdrücken dieser Furcht trat ihr gehässiger Ärger hervor. Er richtete sich vornehmlich auf ihre Mutter, von der sie kontrolliert worden war und die sich störend auf ihr Leben ausgewirkt hatte. Indem dieser Ärger direkt gezeigt wurde, kam eine tiefere Schicht zum Vorschein, nämlich ihr gegenwärtiges Mißtrauen Männern gegenüber aus Furcht, von ihnen zurückgewiesen zu werden. Diese Furcht führte dazu, daß sie sich wie ein nettes, süßes kleines Mädchen verhielt, und verwandelte sie später in ein „Gefäß", das von jedem Mann benutzt werden konnte. Das Durcharbeiten dieses Mißtrauens löste höhnische und andere ärgerliche Gesichter aus. Dieser Ärger wiederum ließ eine tieferliegende Angst vorm Verlassenwerden erkennen, die auf einer oral abhängigen Stufe an ihre Mutter gerichtet war. „Verlaß mich nicht so wie Vater" schien sie an diesem Punkt zu fühlen. Bis dahin hatte sich die Aufmerksamkeit vor allem auf ihr erstes und zweites (okulares und orales) Segment konzentriert, aber nachdem ihre Gefühle tiefer wurden, trat eine Sperre in ihrer Kehle auf. Das Bewußtwerden ihrer Angst, von der Mutter verlassen zu werden, löste zorniges Beißen, das ihre Wut darüber ausdrückte, aus. Zu diesem Zeitpunkt hatte die Klientin zum erstenmal fließende oral-genitale Empfindungen, verbunden mit einem Zittern der Lippen. Auf diese Wut folgte eine tiefere Furcht vor dem Verlassenwerden vom Vater, die langsam einer tiefen Wut ihm gegenüber wich, und somit allen Männern gegenüber. Die Quelle dieser Wut spürte sie vor allem im oberen Teil ihres abdominalen Segments. Dem Ausdruck dieses Hasses folgte eine noch tiefere Angst davor, verletzt zu werden, die von ihrem Unterbauch ausging. Diese Furcht basierte auf ihrem Gefühl, daß ihr Vater sie verlassen würde, wenn sie ihm gegenüber irgendwelche Gefühle ausdrückte. Darauf folgte tiefer Kummer und das Verlangen nach ihrem Vater (lokalisiert im unteren Teil ihres Abdomens). Gleichzeitig verlor sie an Gewicht (Aufgabe des in ihrem Bauch einverleibten Vaters), gefolgt von Empfindungen in ihrem Becken und in den Oberschenkeln. Daraus entwickelten sich allmählich präorgastische Empfindungen, und es kristallisierten sich Inzestwünsche und Kastrationsängste heraus (das sexuelle Tabu des Verlangens nach ihrem Vater und das Wiederaufleben ihrer Angst vor Bestrafung, ihn nackt gesehen zu haben). Dies wiederum wich einem heftigen „Beißen" ihres Mundes und ihrer Vagina, das auf dem Impuls beruhte, den Penis ihres Vaters abzubeißen und zu schlucken. Schließlich erfolgte die völlige Aktivierung ihres Kiefers: Ihr Organismus gab mit Zuckungen im Becken und Kiefer nach, und das führte zum Orgasmusreflex und der Orgasmusangst (Todesfurcht). Das Akzeptieren dieser Gefühle löste nach kurzer Zeit starke Gefühle genitaler Erregung aus und stellte somit die volle Genitalität her.

Zusammenfassung

Wilhelm Reich verließ schon zu Beginn seiner psychoanalytischen Praxis in den späten zwanziger Jahren den Platz hinter der Couch, um sich neben den Klienten zu setzen, ihn anzusehen und von ihm angesehen werden zu können. Dadurch stellte er einen Kontakt zu dem Menschen her, der sich hinter der von ihm behandelten Neurose verbarg. Er beobachtete den Körper des Klienten genauso, wie er ihren Worten und Emotionen zuhörte. Bei zunehmender affektiver Befreiung beobachtete er Veränderungen in der *Körperhaltung*. Diese wurden begleitet von Veränderungen der *Charakterzüge*, wie z. B. Arroganz, Spott, Gefälligkeit usw. Intuitiv stellte er eine Verbindung zwischen den beiden her – d. h., die Neurose besitzt eine somatische Begleiterscheinung (oder, um seinen Ausdruck zu benutzen, eine *funktionale Äquivalenz*). Dies führte zu Beginn bis Mitte der dreißiger Jahre zu einer bedeutenden Erneuerung der therapeutischen Technik, der Behandlung der Neurose auf *somatischer* Ebene. Zur gleichen Zeit begann er mit der Untersuchung der Effektivität der Psychoanalyse. Er fand heraus, daß nur die Klienten ein befriedigendes Sexualleben mit einer spezifischen orgastischen Reaktion erlangten, die ihre Therapie erfolgreich abgeschlossen hatten. Anschließend untersuchte er die orgastische Funktion in Verbindung mit seinen neuen therapeutischen Techniken. Er fand heraus, daß die Leute, sobald sie sich besser fühlten und sie ihre Charakter- und körperliche Panzerung verloren hatten, manchmal einen spontanen physiologischen Körperreflex entwickelten, den Reich als *Orgasmusreflex* bezeichnete. Darunter versteht man die Fähigkeit zu einer spezifischen *orgastischen Entladung* – der *orgastischen Potenz* (dies wird durch Klientenberichte bestätigt).

Somit gab es physiologische Kriterien für Heilung. Die psychoanalytischen Theorien der psychosexuellen Entwicklung und Charakterlehre, wie auch die Konzepte der Libido und der psychischen Energie, blieben für Reich gültig. Für die Orgontheoretiker jedoch ist, im Gegensatz zu Freud, die „physische Energie" keine Metapher. Reich sah einen indirekten Beweis für eine reale Energie in der Tatsache, daß verspannte Muskeln nach emotionaler Befreiung weich wurden, stumpfe Augen hinterher zu leuchten begannen.

Reich führte den Beweis, daß diese Energie physikalisch und objektiv existiert, und nannte sie *Orgon*. Für Reich stellte der *Orgasmus* einen wichtigen Regulierungsmechanismus für diese Energie dar, und bei vorhandener orgastischer Potenz gibt es folglich keine libidinösen Stauungen – und somit auch keine Symptome. Der Mensch verfügt damit über eine *gesunde Sexualökonomie*.

Die orgonomischen Therapietechniken bestehen zur Zeit aus einer Kombination von Körpermethoden (Atmen und direkte Arbeit mit den Muskeln) zusammen mit charakteranalytischen Methoden. Charakter ist somit gleichbedeutend mit einer spezifischen Blockierung des Stroms der *Orgonenergie,* und die Therapie hat zum Ziel, diese Energie freizusetzen, damit sie ungehindert durch den Organismus fließen kann – als Zeichen von Gesundheit.

Die Erkenntnisse Reichs haben uns zu einem neuen, tieferen Verständnis der Funktionsweise des Menschen geführt, wie auch zu tiefgreifenden Neuerungen in der therapeutischen Theorie und Praxis.

Literatur

Baker, E. F. *Man in the trap*. New York: Macmillan, 1967.

Baker, E. F. Orgone therapy. *Journal of Orgonomy*, 1978, **12 (1,2)**, 41-54, 201-215.

Konia, C. Orgone therapy: A case history. *Psychotherapy: Theory, Research and Practice*, 1975, **12 (2)**, 192-197.

Nelson, A. Orgone (Reichian) therapy in tension headache. *American Journal of Psychotherapy*, 1976, **30 (1)**, 103-111.

Raknes, O. *Wilhelm Reich and orgonomy*. New York: St. Martin's, 1970.

Reich, W. *The function of the orgasm*. New York: Farrar, Straus, 1970.

Reich, W. *Character analysis*. New York: Farrar, Straus, 1971.

Personal-Construct-Therapie

Franz R. Epting und Patricia A. Boger

In diesem Handbuch gibt es zwei Beiträge über George Kellys „Personal-Construct-Theorie". Das nachfolgende Kapitel beschäftigt sich mit einem breiten Spektrum von Themen, die mit Kellys „Personal-Construct-Therapie" zusammenhängen; Adams-Webbers Beitrag befaßt sich mit Kellys Fixed-Role-Therapie.

Begeisterte Anhänger der „Personal-Construct-Theorie" nahmen nach der Lektüre von Kelly oft von anderen Persönlichkeitstheorien Abschied. Kelly hat eine solch komplexe und zugleich logische Art zu denken, daß man dann, wenn man sein System verstanden hat, meint, er könne absolut Recht haben. Kelly bittet Sie lediglich darum, Ihre eigenen Persönlichkeitskonzepte vorübergehend zu vergessen und es einmal mit seinem zu versuchen. Wenn das nicht gelingt, können Sie ja wieder zu Ihrem früheren Konzept zurückkehren. Obwohl Kelly traditionell als Vertreter kognitiver Theorien klassifiziert wird, eröffnet uns das vorliegende Kapitel, in dem emotionale und nichtverbale Komponenten hervorgehoben werden, eine etwas andere Sicht seiner Realitätskonstruktion. In diesem Handbuch finden Sie auch noch andere Kapitel, die sich damit befassen, wie wir die Realität konstruieren. Kellys Sichtweise allerdings ist komplex und umfassend.

Die erstaunliche Erfindungskraft der Seelenärzte, ungewöhnliche Methoden zur Behandlung der Psyche zu entwickeln, wird in diesem Kapitel von Franz Epting und Patricia Boger einmal mehr belegt. Sie zeigen, wie Kellys Theorie in einer ziemlich innovativen Weise auf die Psychotherapie angewandt werden kann.

Die Theorie von den personalen Konstrukten (personal construct theory) und ihre psychotherapeutischen Methoden wurden erstmals 1955 von George Kelly der Öffentlichkeit präsentiert. Theorie wie Therapie stellen das Modell von der *Person als Wissenschaftler* vor. Jeder Mensch entwickelt eine Theorie über die Welt, um diese besser verstehen und zukünftige Ereignisse besser vorhersagen zu können. An diesen Ebenen des Verstehens und der Vorhersage knüpft das System der personalen Konstrukte an.

Personale Konstrukte sind *bipolare Bedeutungsdimensionen,* die eine Person benutzt, um Lebensereignisse zu verstehen. In der Psychotherapie werden diese Bedeutungsdimensionen auf zwischenmenschliche Beziehungen konzentriert und gewöhnlich durch solche Bezeichnungen gekennzeichnet wie „mitteilsam – schüchtern", „gütig – grausam", „freundlich – unfreundlich" usw. Solche Konstrukte werden anhand von alltäglichen Situationen im Hinblick auf ihre Vorhersageeffizienz und ihren langfristigen Nutzen empirisch überprüft. Das Konstruktsystem einer Person wird auf der Grundlage dieser Testergebnisse modifiziert. Kelly beschrieb seine theoretische Position als *konstruktiven Alternativismus –* die Welt kann auf unterschiedliche Weise rekonstruiert werden, und alle Sichtweisen lassen sich revidieren bzw. durch andere ersetzen.

Da die Personal-Construct-Therapie darauf abzielt, daß sich kontinuierlich bessere Konstruktsysteme entwickeln, ermuntert der Therapeut den Klienten dazu, zu *experimentieren* und *neue Hypothesen zu überprüfen.* Die therapeutische Sitzung bietet die Möglichkeit zum Testen, und dem Therapeuten fällt dabei die Aufgabe der Validierung zu. Wenn es sowohl in den Therapiesitzungen als auch im Alltag allmählich zu Validierung und Invalidation kommt, ändert sich das Konstruktsystem des Betreffenden. Das Ziel der Personal-Construct-Therapie ist konstruktive Veränderung. Die Therapie ist also insofern ein Modell der Theorie, als sie den Klienten in der Therapie als einen Wissenschaftler betrachtet, der an der Bildung von Hypothesen, am Experimentieren und an der Veränderung bzw. Revision ursprünglicher Vorstellungen mitwirkt.

Geschichte

Obwohl Kelly in seinen Arbeiten verschiedene Philosophen und Psychologen erwähnt, schrieb er ihnen selten irgendeinen besonderen Einfluß zu. Er erwähnte sie vielmehr einfach nur in Zusammenhang mit seiner Arbeit. Auf keinen anderen Philosophen wird z. B. öfter verwiesen als auf Shakespeare. Allein schon das Spektrum der Personen, die Kelly erwähnt, weist auf seinen Bildungshintergrund hin: Er setzte sich nicht nur mit Psychologie auseinander, sondern auch mit Technik, Ökonomie, Pathologie der Sprache und Ethnologie, um nur einige Bereiche zu nennen.

Seine philosophische Position ist der *konstruktive Alternativismus;* Kelly hatte allerdings nicht die Absicht, daraus ein vollständiges philosophisches System zu entwickeln. Er stellte unmißverständlich fest, daß seiner Meinung nach die Interpretation der Wirklichkeit durch den Menschen immer revidierbar und auswechselbar ist. Den Menschen steht es frei, die Welt in unterschiedlicher Weise zu rekonstruieren; niemand sollte ein „Opfer seiner eigenen Biographie" werden. Kelly zufolge sind wir sowohl frei als auch determiniert. Frei sind wir insofern, als wir unsere Lebensumstände analysieren bzw. rekonstruieren können und deshalb nicht von ihnen beherrscht werden. Determiniert aber sind wir durch das Spektrum unserer eigenen Konstruktsysteme; denn das System schränkt unsere Rekonstruktionsfähigkeit ein. Wir setzen also unserer Freiheit durch die Art unserer Konstruktsysteme Grenzen. Wenn wir Systeme auf breiter Grundlage entwickeln, schenken wir uns selbst eine größere Bewegungsfreiheit in der Welt.

Um Kellys Position zu verdeutlichen, soll der konstruktive Alternativismus mit anderen theoretischen Systemen verglichen werden. Er sah seine Theorie als im wesentlichen monistisch an und die Person wie das Konstruktsystem als ein Ganzes, nicht als selbständige Einheiten. In der Nachfolge von Spinoza stehend, stellte Kelly fest, daß er bereit war, die pluralistischen Aspekte des *Monismus* anzuwenden, wenn dies den Zwecken der Theorie dienen würde. Die Personal-Construct-Theorie könnte auch empirisch und pragmatisch genannt werden. Kellys Interpretation von „der Person als Wissenschaftler", der bestrebt ist, Phänomene sequentiell vorherzusagen, zu kontrollieren und dafür Erklärungen anzubieten – und somit zum Verstehen zu gelangen, diese Auffassung illustriert die empirischen Grundlagen der Theorie. Er erwähnte, daß John Dewey ihn beeinflußt habe; aber auch Immanuel Kant, Charles Peirce und William James ist wohl eine Wirkung auf Kellys theoretische Position bezüglich der antizipatorischen Natur der Person zuzuschreiben.

Zwei andere Einflußnahmen verdienen ebenfalls Erwähnung: die des Philosophen Hans Vaihinger und des Psychologen J. L. Moreno. Kelly glaubte, daß sich in Vaihingers (1925) Philosophie des „Als-Ob"* Anknüpfungspunkte für die Psychologie bieten. Kelly wandte die „Als-Ob-Philosophie" auf seine Terminologie und Hypothesen an und schlug einen alternativen Gebrauch von Sprache – die einladende Stimmung – als eine Methode vor, Gedanken auf die Zukunft hin auszurichten, um den Blick frei für Voraussagen zu bekommen. Die „einladende Stimmung" ermöglicht die Existenz von alternativen Konstruktionen oder Interpretationen der Wirklichkeit. Diese Art von Hypothesenbildung verleiht dem einzelnen die Freiheit, neue Wege einzuschlagen, ohne sie gleich als absolute Wahrheiten einzuschätzen.

Eine weitere sichere Methode zur Exploration von Änderungen bringt Kelly in seiner *Fixed-Role-Therapie* zum Einsatz. Der Klient wird in einem *Persönlichkeitssketch* aufgefordert, so zu handeln, als ob er die Person wäre, die im Sketch charakterisiert wird. Unter Verwendung von *Rollenspieltechniken* arbeiten Klient und Therapeut bei der Formulierung neuer Hypothesen zusammen, die sie in der Therapiesitzung und in „geschützten" Situationen des wirklichen Lebens überprüfen. Kelly war von Morenos (1934) Arbeiten über das *Psychodrama* fasziniert, in denen sehr oft Rollenspieltechniken angewandt werden. Moreno griff im Psychodrama allerdings auf die klassische Persönlichkeit zurück, die das griechische Drama impliziert, während Kelly nur bis zur Entwicklung des Stegreiftheaters im Europa nach dem Ersten Weltkrieg zurückging. Zweifellos wurde er auch von der Zeit beeinflußt, die er als Schauspiellehrer an einem Junior College in Iowa verbracht hatte.

Kelly begann seine akademische Karriere als Psychologe Anfang der dreißiger Jahre, in den Jahren der großen Weltwirtschaftskrise, am Fort Hays Kansas State College. In dieser Zeit der Entwicklung, Herausforderung und theoretischen Grundlagenforschung finanzierte der Staat Kansas eines von Kellys Projekten: *Mobile psychologische Beratungsstellen,* die überall eingesetzt werden sollten.

Der Zweite Weltkrieg unterbrach Kellys Karriere als außerordentlicher Professor für Psychologie, und er wurde als Psychologe beim Marineflugwesen bis 1945 mit einem Trainingsprogramm für Piloten beauftragt. Nach seiner Tätigkeit an der Universität von Maryland wurde Kelly Direktor für Klinische Psychologie an der Ohio State University. Während seiner Jahre an der Ohio State University reifte Kellys „Personal-Construct-Theorie" voll aus. Die ersten paar Jahre widmete er sich hauptsächlich der Organisation und Administration des klinischen Programms. Später hatte er mehr Zeit für seine Studenten und diskutierte Ideen, die für die Theorie, die er entwickelte, von Bedeutung waren. Endergebnis seiner Bemühungen war das zweibändige Werk „The Psychology of Personal Constructs", das 1955 erschien.

Obwohl Kelly weniger als viele andere berühmte Psychologen publizierte, war er aktiv in seinem Fach. Er war Präsident sowohl der klinischen als auch der beratenden Abteilung der American Psychological Association. 1965 verließ Kelly die Ohio State University, um den Riklis-Lehrstuhl für Verhaltensfor-

---

* Entsprechend dieser Philosophie hat ein Modell eine „Als-ob"-Funktion und befähigt uns, unsere Beobachtungen so auszudrücken, *als ob* die Dinge so seien.

schung zu übernehmen. Diese neue Position hätte es ihm ermöglicht, ganz seinen wissenschaftlichen Interessen nachzugehen. Doch er starb im März 1966 im Alter von 62 Jahren.

Gegenwärtiger Stand

Obwohl die Personal-Construct-Psychotherapie noch nicht zur Gründung eines selbständigen Instituts zur Ausbildung von *Konstrukttherapeuten* geführt hat, sollte ihr Einfluß nicht unterschätzt werden. Während seiner Jahre an der Ohio State University stand Kelly im Mittelpunkt einer aktiven Studentengruppe. Im Verlauf dieser Arbeit entwickelte Kelly seine „Personal-Construct-Theorie", die in sein zweibändiges Werk (1955) über dieses Thema einfloß. Ein klarer Beweis der Begeisterung für Kelly und den Glauben an seine Theorie sind die Forschungsanstrengungen dieser Studentengruppe und jener Wissenschaftler aus Europa, die zu Studienzwecken an die Ohio State University kamen. Als seine Studenten ihr Studium an der Ohio State University abschlossen und sich selbst an anderen Universitäten niederließen, begann eine zweite Generation von Kelly-Studenten heranzureifen. Es ist also den Bemühungen der Studenten von George Kelly zu verdanken, daß diese Theorie allmählich an Popularität gewinnt.

1976 wurde, in Zusammenarbeit mit dem Nebraska-Symposium über Motivation, der Erste Internationale Kongreß über die „Personal-Construct-Theorie" in Lincoln, Nebraska, abgehalten. Der Kongreß stellte die erste offizielle Versammlung von Vertretern der Konstrukttheorie aus der ganzen Welt dar. Sie kamen hauptsächlich aus den Vereinigten Staaten, Kanada und England; es gab aber auch Vertreter aus den Niederlanden, Neuseeland, Hongkong, Südafrika und anderen Ländern, woraus hervorgeht, daß die Worte George Kellys weiter gedrungen waren als viele Psychologen sich bis dahin vorgestellt hatten. Ein zweiter internationaler Kongreß, mit über 200 Teilnehmern, wurde 1978 an der Universität Oxford abgehalten; ein dritter fand 1979 in den Niederlanden statt und war ebenfalls gut besucht. Der vierte Kongreß fand 1981 an der Brock University in Kanada statt. Schon bald nach dem ersten Kongreß wurden Al Landfield und Franz Epting Ko-Koordinatoren des „Personal Construct Theory Clearing House". Das Clearing House war ursprünglich von Landfield gegründet worden, damit eine jährliche Liste mit Literaturhinweisen erstellt würde; aber seitdem hat sie ihre Funktionen erweitert und besorgt nun auch Mitgliederlisten, Newsletters, forschungsbezogene Informationen für die Mitglieder, neue Ausbildungsprogramme in der „Personal-Construct-Psychologie" und kurze Nachrichten über internationale Kongresse.

Seit Kellys ursprünglicher Formulierung sind eine Reihe verschiedener Ansätze zur Personal-Construct-Psychotherapie entwickelt worden. Ein Beispiel ist die Arbeit von Donald Bannister und seinen Kollegen über *schizophrene Denkprozesse*. Kelly hat darauf hingewiesen, daß schizophrene Denkprozesse als *lockere Konstrukte* beschrieben werden könnten (ein lockeres Konstrukt wird definiert als eines, das zu verschiedenen Vorhersagen führen kann). Bannister (1963) schrieb, daß bei denkgestörten Schizophrenen niedrige Korrelationen zwischen Konstrukten und zwischen Mustern von Konstruktbeziehungen vorfindbar wären. Da ihre Denkmuster anscheinend rein zufällig sind, erhebt sich die Frage: „Wie kamen sie zustande?" Kelly stellte fest, daß eine Änderung im Konstruktsystem dann auftritt, wenn die Vorhersagen der Person bestätigt bzw. verworfen worden sind. Bannister stellte die Hypothese auf, daß der denkgestörte Schizophrene ein Produkt von „Serieninvalidation" oder wiederholter Invalidation von Konstruktvorhersagen sei. Er postulierte, daß der Lockerungsprozeß eine Strategie sei, die angewandt werde, um das Nichteintreffen von Vorhersagen zu vermeiden. Mit der Lockerung vermeidet der Schizophrene mit Erfolg eine weitere Invalidation. Er bezahlt dafür einen hohen Preis – aus ihm wird eine recht bedeutungslose Existenz.

Bannisters Forschungsarbeit hat außerdem zu einigen wichtigen Entdeckungen geführt, die im Zusammenhang mit dem Prozeß der Entwicklung eines „normalen" Konstruktsystems zum lockeren System des denkgestörten Schizophrenen stehen. Er fand heraus, daß normale Versuchspersonen, deren Vorhersagen reihenweise invalidiert wurden, die Beziehungen zwischen Konstrukten nicht lockerten, sondern vielmehr die Struktur der wechselseitigen Beziehungen änderten, um verzerrte Verbindungen herzustellen. Fallgeschichten von denkgestörten Schizophrenen mit häufigen Wahnvorstellungen weisen auch darauf hin, daß Verzerrungen des Inhalts der tatsächlichen Lockerung vorangehen. Die Bildung neuer Muster, Inhaltsverzerrungen und nachfolgende Lockerung ergeben ein so außergewöhnliches System, daß eine Validierung immer unwahrscheinlicher wird.

Der logische Behandlungsansatz, der von Bannister und seinen Kollegen formuliert wurde, war die *Serienvalidation* (Bannister et al., 1975). Das Team versuchte, wie der Klient auch, Ereignisse zu antizipieren und zu validieren. Wenn dies gelang, dann sollte der Klient allmählich eine Reihe damit zusammenhängender Konstrukte entwickeln, die eventuell stabil genug sein würden, um einer Invalidation standzuhalten. Das Experiment erbrachte unterschiedliche Resultate. Es war unmöglich, so starke Kontrolle über die Umgebung zu gewinnen, um eine „Serienvalidation" sicherzustellen. Interaktionen mit anderen Klienten und mit Familienmitgliedern machten die behutsame Validation durch das Team oft zunichte. Dieser Versuch jedoch war wichtig, weil er den Weg für die spätere Forschung auf dem Gebiet der „Serienvalidation" in der Kliniksituation ebnete.

Ein weiteres Beispiel für die Entwicklungen in der Personal-Construct-Psychotherapie findet sich in Landfields Ausführungen über *selbstmordgefährdete* Menschen (Landfield, 1976). Ausgehend von Kellys (1955) Ergebnissen über „Auswahl" und „Organisation" stellte Landfield die Hypothese auf, daß der Selbstmord im „motivierenden Kontext" des bevorstehenden Zusammenbruchs des Konstruktsystems stehe. Daher könne die Selbstmordhandlung vom Konstrukttheoretiker als ein Versuch angesehen werden, jede weitere Invalidation des eigenen Systems zu vermeiden, oder, umgekehrt, als die endgültige Validation eines sinnlosen, eingeengten Systems, das für Vorhersagen über die Welt nicht mehr viel Nutzen hat.

Kellys Ergebnisse besagten, daß man Alternativen auswählt, die die Möglichkeit der Elaborierung seines Konstruktsystems steigern. Eine Alternative hierzu liegt in *„Einengung"*, die zu einer klareren Abgrenzung von Begriffen und mehr Gewißheit führt. Die Person, deren System sich rasch immer mehr einengt, kann die endgültige Gewißheit wählen – den Tod. Landfield beschrieb das Auftreten von Suizid im Zusammenhang mit Auflösung und Einengung. Er interessiert sich für die Erforschung des Suizidkontextes (bevorstehendes Versagen des Konstruktsystems) und seiner Absicht (Validation oder Invalidation des eigenen Lebens). Möglicherweise könnte man bei Wissen um den Kontext durch Kanalisierung der Selbstmordabsicht selbstzerstörerisches Verhalten verhindern.

Landfields Versuchspersonen wurden in verschiedene Gruppen unterteilt. Landfield benützte eine kombinierte Punkteliste für die Messungen von sozialer konzeptueller Auflösung, von „Einengung" im Zusammenhang mit Konstrukten und „Einengung" bei der Anwendung von Konstrukten und entdeckte, daß die stark suizidgefährdete Gruppe signifikant höhere Durchschnittswerte hatte als die anderen Gruppen. Diese Untersuchung ist richtungsweisend für die Vorhersage von Suizid. Die spätere Arbeit auf diesem Gebiet konzentrierte sich auf die Rekonstruktion des stark eingeengten Systems der suizidgefährdeten Persönlichkeit und machte Alternativen zum Suizid ausfindig.

Theorie

Kellys Persönlichkeitstheorie unterscheidet sich in mehreren wichtigen Punkten von den meisten anderen Persönlichkeitstheorien. Erstens wurde die „Personal-Construct-Theorie" von Kelly formell und systematisch in Form eines Grundpostulates und elf Folgesätzen vorgestellt. Auch wenn die Forschung zu unterschiedlichen Interpretationen geführt haben mag – die Postulate der Theorie bleiben doch heute noch leicht erkennbar. Zweitens ist die Konstrukttheorie reflexiv – sie schließt sich selbst in ihre Erklärung von Ereignissen mit ein. Kelly war sehr vorsichtig und versicherte, daß seine Theorie flexibel genug sein würde, um sowohl auf die *Person als Wissenschaftler* angewandt zu werden als auch auf den Wissenschaftler selbst, der an der Person experimentiert. Es sieht so aus, als ob er Erfolg gehabt hätte; die Theorie kann benutzt werden, um sich selbst und ihren Urheber zu beschreiben. Der dritte Unterschied liegt in der Abstraktionsebene, auf der die Theorie abgefaßt wurde. Kelly stellte sich für seine „Personal-Construct-Theorie" ein breites Spektrum von Anwendungsbereichen vor. Er war damit zufrieden, daß sie als *Metatheorie* bezeichnet wurde, und gab zu, daß er dies beabsichtigt hatte. Der letzte Faktor, der die Konstrukttheorie heraushebt, ist Kellys klare Definition der Meß- und Beurteilungstechniken: der *Role Construct Repertory Test* (*rep*-Test) und die *Selbstcharakterisierung* sowie deren Anwendung in der Therapie. Instrumente und Therapie bauen auf den zentralen Postulaten der Theorie auf. Im *rep*-Test wird die Person aufgefordert, einen Katalog personaler Konstrukte in bipolarer Form aufzustellen, wobei man das nachfolgend beschriebene Triadenverfahren anwendet. Bei der Methode der Selbstcharakterisierung wird die Person aufgefordert, sich selbst in einem kurzen Aufsatz zu beschreiben. Dem Aufsatz werden dann Konstruktdimensionen entnommen.

Persönlichkeit wurde von Kelly nie ausdrücklich definiert. Man hat allgemein angenommen, daß das Konstruktsystem der Kern der Persönlichkeit sein sollte. Jede Person benutzt ihr eigenes Konstruktsystem, um Ereignisse zu kategorisieren und Verhalten zu bestimmen – kurz, um die Welt zu verstehen. Konstrukte sind zahlenmäßig begrenzt, ihrer Natur nach dichotom und hierarchisch angeordnet. Die notwendige Mindestanzahl von Elementen zur Bildung eines Konstruktes ist drei. Dies können drei Freunde sein: John, Mary und Tom. Zwei der Elemente werden als ähnlich angesehen (z. B. John und Mary gelten als mitteilsam); sie bilden den *Konstruktbereich*. Das dritte Element (Tom) wird als sich von den beiden anderen unterscheidend betrachtet (schüchtern). Dieser Unterschied ist der *Kontrastbereich*. Ein Konstrukt erhält seine Bedeutung sowohl von der Ähnlichkeit als auch vom Kontrast.

Noch wichtiger für den Begriff der Persönlichkeit als die Konstrukte selbst ist die Art und Weise, in der sie angeordnet sind. Jede Person errichtet ein *hierarchisches System* von Konstrukten, in dem einige für wichtiger gehalten werden als andere. Wenn ein Konstrukt ein anderes subsumiert, kann man es als übergeordnet bezeichnen; das andere wird untergeordnet. Im obigen Beispiel könnte die Konstruktdimension „mitteilsam" vs. „schüchtern" unter das übergeordnete Konstrukt „sensibel gegenüber den Gefühlen anderer" vs. „insensibel gegenüber anderen" so subsumiert werden, daß man „schüchtern" als Form von Sensibilität einschätzt, während „mitteilsam" zu sein eine Ebene von Insensibilität impliziert. Kelly stellte fest, daß die jeweilige Anordnung des Systems die Persönlichkeit besser charakterisiert als die Konstrukte allein. Es wird deutlich, daß durch Einordnung der Konstrukte in ein personales System die Wechselbeziehungen zwischen den Konstrukten definiert sind. Sobald sie einmal angeordnet sind, ist das System nicht mehr statisch, sondern entwickelt und verfeinert sich ständig. Die Persönlichkeit ist also immer in einem Zustand ständiger Veränderung. Sie kann stets neu bestimmt werden. Der Prozeß der Therapie ist ein Mittel, bei dieser Rekonstruktion des Systems zu helfen.

Kelly beschäftigte sich nicht ausführlich mit dem Thema „Persönlichkeitsentwicklung". Er erklärte, wie Konstrukte entstehen – nämlich dadurch, daß Replikationen von Ereignissen konstruiert werden. Er erörterte die Arten von Konstrukten, die vorhanden sind – durchlässige, undurchlässige, übergeordnete, untergeordnete, sprachliche, vorsprachliche usw. Aber über die Umstände, die die anfängliche Bildung der einen oder anderen Konstruktart erleichtern würden, äußerte er sich nie klar. In der „Personal-Construct-Theorie" gibt es keine Entwicklungsstufen, durch die der Mensch hindurch müßte, um seine „Reife" zu erlangen. Vorsprachliche Konstrukte werden im Säuglingsalter entwickelt, und viele von ihnen hängen mit physiologischen Prozessen zusammen. Der Konstruktionsprozeß setzt sich im Grund vom Säuglingsalter über die Kindheit und die Jugend bis ins Erwachsenenalter fort. Die personalen Konstrukte werden im Laufe der Zeit modifiziert, damit sie ihre Vorhersageeffizienz aufrechterhalten.

Man hat darauf hingewiesen, daß der Gebrauch von Konstrukten mit zunehmendem Alter abstrakter und differenzierter werde. Kinder, die sich in einer intakten Umgebung entwickeln, werden kognitiv immer komplexer und entwickeln ein umfassenderes System zur Interpretation von Ereignissen, das sich leichter ändern läßt. Kelly erwähnte nie die Entwicklungsfaktoren, die zum Inhalt oder zur Struktur des Systems führen; in letzter Zeit gab es aber einige Versuche, die in diese Richtung zielten (Salmon, 1970).

Konstrukte sind ganz einfach Methoden, Ereignisse zu antizipieren. Da die Person der Reihe nach die Folgen von Ereignissen analysiert, werden die

Konstrukte verändert, damit das System nützlich wird. Diese Handlung wird nicht durch Motivation, Verstärkung oder Konsistenz bestimmt. Kelly lehnte diese Begriffe ab. Er sieht den Menschen in ständiger Entwicklung. Der Prozeß der Entwicklung ist also Bestandteil seiner Theorie und muß nicht durch Triebe erklärt werden. Lediglich die Richtung der Entwicklung muß erklärt werden – die Richtung der Persönlichkeitsänderung.

Wenn man die Persönlichkeit im Rahmen von Kellys System beschreibt, so ist es wichtig, auch die *Natur der Veränderung* kurz zu diskutieren. Nach Kelly befindet sich der Mensch in einem Zustand ständiger Veränderung. Das Prinzip der elaborativen Auswahl bezeichnet die möglichen Richtungen von Änderungen – *Erweiterung* oder *Eingrenzung*. Man nimmt allgemein an, daß die Person sich auf eine Erweiterung hinbewegt und damit die Angemessenheit des Systems erhöht. Es gibt aber Zeiten, in denen eine Erweiterung weder möglich noch wünschenswert erscheint und die Person sich dafür entscheidet, durch eine einengende Entwicklung das System genauer zu definieren.

Was ist dafür ausschlaggebend, ob sich jemand für eine Erweiterung oder eine Eingrenzung entscheidet? Kelly beschrieb drei Bedingungen, die die Bildung neuer Konstrukte, d.h. Persönlichkeitsänderung, begünstigen. Die erste Bedingung ist die *Verwendung neuer Elemente,* die „relativ losgelöst von alten Konstrukten" sind. Man sollte Vorsicht walten lassen und sicherstellen, daß sich die neuen Konstrukte in Zusammenhängen entwickeln, die nicht das Selbst oder Familienmitglieder mit einbeziehen. Die „Schutzzone" der Therapie ist ein idealer Ort für den Anfang. Der Therapeut ist eine neue Person für den Klienten und kann bei der Entwicklung neuer Konstrukte als „erfrischendes" Element dienen.

Ein zweite wesentliche Bedingung ist die *Existenz einer experimentierfreudigen Atmosphäre.* Andernfalls würden Rollenspiel und Charakterisierung bei den meisten Klienten nicht ankommen. Kelly glaubte, Psychotherapie sei eine spezifische Form des Experimentierens. Es werden in der therapeutischen Sitzung neue Konstrukte (Hypothesen) formuliert, getestet und modifiziert. Der Schlüssel bei diesem Prozeß liegt in der „einladenden Stimmung". Konstrukte werden „anprobiert, um zu sehen, ob sie passen", und können ohne nachhaltige Folgen für den Klienten außerhalb der Sitzung verändert werden. Die Konstrukte sind noch nicht verfestigt und werden viel mehr als Anregungen oder Vorschläge betrachtet. Diese tolerante Atmosphäre gestattet dem Klienten die größtmögliche Freiheit zum Experimentieren.

Die dritte Bedingung, die für die Bildung neuer Konstrukte notwendig ist, ist die *Zugänglichkeit validierender Daten.* Es ist unwahrscheinlich, daß ein Konstrukt abgeändert wird, solange keine Resultate über seine Vorhersagegültigkeit vorliegen. Invalidation kann auch Änderung bewirken, wenn sie in der förderlichen Atmosphäre der Therapie vorgebracht wird. Der Therapeut muß darauf achten, mit welchen Konstrukten experimentiert wird und muß versuchen, Daten zugänglich zu machen, die für jene Konstrukte von Bedeutung sind. Das Rollenspiel gibt dem Klienten die Möglichkeit, neue Konstrukte mit unmittelbarem Zugang zu validierenden Daten zu erproben.

Das Ziel der Personal-Construct-Therapie liegt darin, eine Veränderung – die Rekonstruktion des Systems – zu fördern. Der Therapeut muß aber darauf bedacht sein, vom Klienten keine Änderung erzwingen zu wollen. Die Bedürfnisse des Klienten müssen akzeptiert werden, selbst wenn das eine wiederholte Darstellung des früheren Selbst und eine damit einhergehende Scheu vor weiterem Experimentieren bedeutet. Kelly räumte ein, daß die Aussicht auf eine Änderung grundlegender Konstrukte gering sei.

Methoden

Die „Personal-Construct-Theorie" tritt im Gegensatz zu einigen anderen Theorien nicht für irgendeine besondere Therapietechnik ein, die bei allen Klienten unfehlbar einzusetzen wäre. Kelly beschrieb seine Psychotherapie als „eine Methode, an das ‚menschliche Unterfangen' heranzugehen, bei der alle Techniken einbezogen und mobilisiert werden, die der Mensch bislang erfunden hat" (Kelly, 1969, S. 221). Es gibt keine zentrale Technik; vielmehr ist es dem Therapeuten anheimgestellt, viele therapeutische Instrumente einzubauen. Die Therapie ist ein gemeinsames Wagnis, eine gemeinschaftliche Anstrengung von Klient und Therapeut. Dennoch gibt es verschiedene Techniken, die für eine Personal-Construct-Therapie charakteristisch sind. Wir wollen an dieser Stelle das *Enactment,* die *Gruppenpsychotherapie* und die *Pyramidenmethode* ausführen. Auf die *Fixed-Role-Therapie* gehen wir hier nicht ein, weil Adams-Webber darüber ein Kapitel in diesem Handbuch verfaßt hat.

Das *Enactment* (Schauspiel) ähnelt informellen Rollenspieltechniken und eignet sich für eine Therapiesitzung mit Klient und Therapeut als Teilnehmern. Der Therapeut kann die Situation dadurch strukturieren, indem er die Rollen vorher ausarbeitet; er kann aber auch das Enactment sich spontan entwickeln lassen. Außerdem kann der Therapeut die Richtung der Situation durch sein eigenes Enactment beeinflussen. Mit Hilfe des Enactments soll dem Klienten die Ausarbeitung seines Konstruktsystems ermöglicht werden. Wenn er im sicheren Rahmen der Therapiesitzung experimentiert, ist er davor geschützt, grundlegende Konstrukte vorzeitig mit einzubeziehen, und er wird ermuntert, die Probleme in der richtigen Perspektive zu sehen. Das Enactment sollte man als eine Methode zur Aufdeckung von Alternativen und nicht als eine Wiederholung alter Konstruktionen betrachten.

Kelly stellte in bezug auf die Verwendung des Enactments in der Therapie fünf Punkte in den Vordergrund: Erstens sollte der Therapeut sich daran erinnern, daß auf der nichtverbalen Ebene eine Menge zum Ausdruck kommen kann. Zweitens sollte der Sketch kurzgehalten werden – zwischen etwa zwei und 15 Minuten, im Durchschnitt etwa fünf Minuten. Als nächstes hob Kelly den Rollentausch hervor. Der Rollentausch ermöglicht es dem Klienten, vom Portrait des Therapeuten zu lernen, und wirkt ausgleichend, wenn der Klient das Gefühl hat, der Therapeut habe während der Sitzung die bessere Rolle gehabt. Viertens muß der Therapeut bereit sein, das Enactment dazu zu verwenden, den Klienten bei Schwierigkeiten zu schützen. Und schließlich sollte der Therapeut von Bewertungen Gebrauch machen, indem er aus den Berichten, die der Klient über Ereignisse abgibt, Szenen auswählt. Durch den Rückgriff auf berichtete Vorkommnisse wird das Enactment – im Gegensatz zur Fixed-Role-Therapie mit antizipierten und experimentelleren Szenen – unmittelbar seinen eigentlichen Zweck erfüllen.

Kelly schlug auch ein *gruppentherapeutisches Modell* vor, das dem Klienten Vorhersagen über andere Personen erleichtern sollte. Er sah Gruppenpsychotherapie als ein Verfahren an, das für sich alleine genommen und nicht nur in Verbindung mit Einzeltherapie zu verwenden ist. Die Funktion der Gruppentherapie ähnelt der der Einzeltherapie; sie hilft einzelnen Teilnehmern, effektivere Konstrukte zur Antizipierung von Ereignissen zu entwickeln. Kelly erörterte verschiedene Vorteile der Gruppentherapie. Erstens gibt sie dem Klienten eine breitere Grundlage zum Experimentieren und zur Entwicklung der neuen Rolle. Andere Mitglieder liefern die Gelegenheit zu mehr Abwechslung beim Experimentieren und ermöglichen daher die Ausarbeitung einer weiter gefaßten Rolle. Über die Gruppe entdeckt der einzelne, welche Konstrukte durchdringbar (auf Gruppenmitglieder leicht anwendbar) und welche undurchdringbar sind.

Ein weiterer Vorteil der Gruppe besteht darin, daß sie ein Instrument zum „Herausfiltern" von Ausschließlichkeitskonstrukten (rigiden Konstrukten) liefert. Indem der Klient die Vater- oder Mutterfiguren anderer Gruppenmitglieder teilt, erhält er eine Gelegenheit, Unterscheidungen und Verallgemeinerungen entlang jener Dimensionen vorzunehmen, die zuvor übersehen wurden. Gruppenpsychotherapie ist auch dann wirksamer als Einzeltherapie, wenn es um eine andere Form von Rigidität geht – um Stereotypen bei konstellatorischen Konstrukten. Ein Klient, der das Gefühl hat, daß alle Menschen nüchtern und emotionslos sind, kann in der Gruppe herausfinden, daß die Menschen nicht so einfach konstruiert sind. Eine Gruppensituation beinhaltet eine größere Vielfalt validierender Beweismittel. Ereignisse, in die mehrere Menschen verwickelt sind, sind komplexer und daher ergiebiger. Für den Therapeuten selbst ist damit der Vorteil verbunden, Abhängigkeit zu verteilen bzw. abzuwälzen und die verfügbare Zeit ökonomischer zu nutzen.

Landfield und sein Mitarbeiterstab haben ein spezifisches gruppentherapeutisches Verfahren entwickelt, das auf dem Konzept der Geselligkeit beruht und in der Konstrukttheorie als *interpersonale Transaktions-(IT)-Gruppe* bekannt ist (Landfield, 1979). Die IT-Gruppe soll zwischenmenschliche Beziehungen fördern. Dyadische Interaktionen werden in einem sogenannten „Rotationssystem" so eingesetzt, daß jedes Mitglied lernen kann, die anderen zu verstehen. Nach den Erfahrungen in den Dyaden werden die Teilnehmer zur Gruppeninteraktion zusammengebracht. Die Diskussionsthemen sind allgemeiner Natur. Die Teilnehmer werden angewiesen, beliebig viel oder wenig miteinander zu sprechen und dringend gebeten, sorgsam zuzuhören und Werturteile zu vermeiden. Landfield glaubt, daß sich dadurch Angst- und Bedrohungsgefühle vermindern und das Gruppenerleben verbessern lassen. Zu Beginn und am Ende jeder zweistündigen Sitzung werden „Stimmungszettel" verwendet, um persönliche Gefühle in die Interaktionen einzubringen und einen Index für den Stimmungswandel zu bekommen, der sich in der ganzen Gruppe vollzieht. Auf dem „Stimmungszettel" wird jeweils die emotionale Verfassung kurz beschrieben; jeder Teilnehmer heftet ihn an seiner Kleidung an. IT-Gruppen sind z.B. in Alkoholikergruppen, Kursen zur Vorbereitung auf das Sterben und Studentengruppen zur Bestimmung von Veränderungen angewandt worden.

Von Landfield stammt auch ein weiteres therapeutisches und diagnostisches Verfahren, die *Pyramidenmethode* (Landfield, 1971). Der Therapeut fordert den Klienten auf, den wichtigsten Charakterzug eines Freundes (das Konstrukt) zu beschreiben und leitet davon einen Kontrast ab. In weiteren Beschreibungen des anfänglichen Konstruktes und Kontrastes werden dadurch zwei zusätzliche Konstruktebenen (die Pyramide) eingeführt, daß man den Klienten bittet, sich mit der Bedeutung der ursprünglichen Konstruktdimension auseinanderzusetzen. In einer Sitzung werden höchstens zwei Pyramiden aufgestellt. Die Pyramidenmethode ist ein Alternativvorschlag zum *rep*-Test; denn er räumt dem Therapeuten größere Chancen ein, zu einem frühen Zeitpunkt in der Therapie den sprachlichen Bezugsrahmen des Klienten zu erfassen. Die Pyramidenmethode hilft auch dem Klienten selbst, sich seiner Sprache bewußter zu werden.

Andere von der Personal-Construct-Theorie abgeleitete Methoden, die in der Therapie benutzt werden können, sind *rep*-Testmethoden, Selbstcharakterisierung und Techniken, die das Verhalten zu anderen Menschen überprüfen. Durch den *rep*-Test können Klienten feststellen, wie sie sich selbst und andere sehen. Um ein wirksames Instrument zu sein, muß der Therapeut in der Lage sein, einen *rep*-Test mit relevanten Rollenfiguren auszuarbeiten und Beziehungsmuster zu analysieren. Die *Selbstcharakterisierung* wird in der *Fixed-Role-Therapie* verwendet, findet in allgemeinerer Form aber auch Anwendung in der Personal-Construct-Psychotherapie. Sie kann dazu benutzt werden, Veränderungen in der Selbstwahrnehmung des Klienten während der Therapie zu kontrollieren oder Probleme und Schlüsselkonstrukte im System des Klienten ausfindig zu machen (vgl. Mair, 1970).

Anwendungsbereiche

Nach Kelly läßt sich die „Personal-Construct-Theorie" am angemessensten auf die Psychotherapie anwenden. In Band I seiner „Psychology of Personal Constructs" skizzierte Kelly (1955) die Technik der *Fixed-Role-Therapie*. Viele gelangten zu der Ansicht, daß diese Technik die einzige therapeutische Intervention sei, die von Kelly angeregt wurde. Doch in Band II diskutiert Kelly über verschiedene andere Techniken, die sich für die Personal-Construct-Psychotherapie eignen. Ein Kapitel widmete er den Methoden, wie sich das Konstruktsystem eines Klienten lockern und festigen läßt; dabei werden u. a. *Traumdeutung, Entspannung, Kettenassoziation, „Summarization"* und andere Techniken verwendet. Kelly erfand auch eine „Personal-Construct"-Strategie für die Gruppentherapie (s. Abschnitt „Methoden") und für die Ausbildung von „Personal-Construct"-Psychotherapeuten. Es wird deutlich, daß für Kelly die Personal-Construct-Therapie ein umfassendes System mit einem breiten Spektrum an Behandlungsmöglichkeiten sein sollte.

Fransella (1972) hat als erste einen Aspekt der „Personal-Construct-Theorie" und die korrespondierenden Behandlungsstrategien bei *Stotterern* angewandt. In der Behandlung steht vor allem das Konstruktsystem und nicht so sehr das Stottern selbst im Vordergrund. Man geht von der Voraussetzung aus, daß die Art und Weise, wie die Welt konstruiert wird, das Verhalten bestimmt. Deshalb stellte Fransella die Hypothese auf, daß der Stotterer um das Stottern herum ein ausgefeiltes Subsystem aufgebaut hat, im Gegensatz zu den wenigen Konstrukten, die mit dem Akt des flüssigen Sprechens zusammenhängen. Für den Klienten lassen sich hinsichtlich seines Stotterns relativ leicht Vorhersagen treffen und validieren. Wer stottert, hat wenige Möglichkeiten, Situationen zu konstruieren, die nicht mit dem Stottern zusammenhängen. Wenn der Stotterer sich einer Situation gegenübersieht, mit der er nicht zurechtkommt, versucht er mit Hilfe des Stotterns Kontrolle über die Situation zu gewinnen, und so entsteht ein Kreislauf des Stotterverhaltens. Es ist wichtig, sich zu vergegenwärtigen, daß das Stottern aus der Sicht der „Personal-Construct-Theorie" kein abweichendes Verhalten ist. Es ist eine spezifische Fähigkeit und beinhaltet die größtmögliche Chance, Situationen zu antizipieren.

Fransellas Behandlungsansatz unterstreicht ihre Überzeugung, daß während des Rekonstruktionsprozesses Sprachflüssigkeit erlangt werden kann. Man darf allerdings nicht vergessen, daß diese beabsichtigte Verhaltensänderung auf den Klienten angstauslösend wirkt. Der Therapeut muß behutsam vorgehen, wenn er das Ziel der Sprachflüssigkeit ansteuert. Fransella therapierte eine Gruppe von 20 Stotterern, die versuchten, ihre theoretischen Formulierungen – wonach das Selbst als gewandter Sprecher rekonstruiert werden müsse – zu operationalisieren. Ein integraler Bestandteil der Behandlung war die Konzentration auf die Situationen, in denen die Person Sprachflüssigkeit entwickelte; diese wurden durch eine Reihe von Experimenten herbeigeführt, in denen der Klient die Rolle eines gewandten Sprechers spielte und seine Sprachflüssigkeit einstufte. Nach dieser Behandlung waren die Klienten eher in der Lage, sich selbst als Nichtstotterer einzustufen, während sie sich vor der Behandlung viel eher als Stotterer ansahen. Das Sprech- und Lesetempo erhöhte sich während der Behandlung erheblich. Am bedeutendsten an Fransellas Arbeit ist die Möglichkeit, ihre Behandlungsmethode auf andere Zielgruppen auszudehnen, z. B. auf *Lispler, Raucher, Drogen-* und *Tablettenkonsumenten* und auf Menschen mit sonstigen neurotischen Verhaltensweisen.

Rowe (1978) benutzte die „Personal-Construct-Theorie" als ein Element in ihrer Arbeit über *Depression*. Im Alltagsleben erlangen die Menschen in ihren Realitätskonstruktionen Gewißheit und vergessen dabei, wie veränderbar das Leben sein kann. Wenn irgendein ungeahntes oder unerwartetes Ereignis eintrifft, verzehrt sich die Person vor Angst und Furcht und bemüht sich, die Situation abzuändern (oder abzuleugnen) und ihre Sicherheit zurückzugewinnen. Wer unter Depressionen leidet, sieht sich von der Welt und den Menschen isoliert, und das wiederum macht es sehr schwer, eine Änderung herbeizuführen, da Änderung gewöhnlich ein Ergebnis von Interaktion ist. Der Deprimierte hat stark eingeschränkte Möglichkeiten zur Interaktion und der damit verknüpften Änderung. Rowe führte in ihrer Arbeit außerdem noch aus, daß viele Deprimierte irgendeine Variation des Konstruktes „Leiden-ist-eine-Tugend" übernommen haben.

Rowe setzte bei ihren Untersuchungen über Depression vor allem den *rep*-Grid-Test ein. Im Grid-Test wird jedes eingebrachte Konstrukt zur Einstufung von persönlichen Bekannten verwendet. Das *rep*-Grid bot eine Möglichkeit, Veränderungen im Klienten zu messen und seine Beziehungen zu wichtigen Bezugspersonen zu analysieren. Rowe meint, daß man erst die „Sprache" der Depression verstehen müsse, ehe man das Phänomen begreifen kann. Der Grid-Test läßt sich hierfür gut einsetzen. Er liefert einen Ausgangspunkt für ein Gespräch zwischen Klient und Therapeut, der die Konstrukte des Klienten direkt aus dem Grid entnimmt.

Die Personal-Construct-Therapie ist von Ryle auch auf Partnerschaften angewandt worden. Dafür entwickelte er die *Doppel-Dyaden-Methode* (double-dyad grid method). Beide Partner und ihre wechselseitigen Beziehungen, ihre Beziehungen zu ihren Eltern und zu anderen Paaren sind einbezogen. Jeder Partner fertigt zwei Versionen an: die eine für sich selbst und die andere aus der Sicht seines Partners. Ryle und Breen (1972) benutzten den Doppel-Dyaden-Grid, um sieben „nichtangepaßte" Paare mit sieben Kontrollpaaren zu vergleichen. Sie wollten herausfinden, ob sich diese zwei Gruppen voneinander unterscheiden und das Verständnis unter Problempaaren fördern läßt. Bei „nichtangepaßten" Paaren bestand jeweils die Tendenz, sich selbst als Kind und den Partner als Elternteil zu sehen; in der Kontrollgruppe kam das seltener vor. Bei sehr schlechten Beziehungen bestand die Tendenz, sich selbst immer kindähnlicher, den Partner aber immer weniger wie Vater oder Mutter zu betrachten – eine Situation, die Ryle doppelt deprivierend nannte. Das Doppel-Dyaden-Grid wurde als Therapieinstrument benutzt, um die Problembereiche in einer Beziehung abzustecken: z.B. Bereiche von Ähnlichkeit und Verschiedenheit sowie Fehlwahrnehmungen des jeweiligen Partners.

Morris (1977) hat den Ansatz der Konstrukttheorie auf die Gruppentherapie mit *ambulanten psychiatrischen Patienten* erweitert. Ravanette (1977) hat Kellys Theorie auf die Psychotherapie und „Grid-Arbeit" mit *Kindern* ausgedehnt. Er entwickelte dabei vier besondere Techniken: die Delinquenz-Implikations-Matrix, die Elaboration persönlicher Schwierigkeiten, die Elaboration von Beschwerden und die Wahrnehmung von Schwierigkeiten in der Schule.

Fallbeispiel

Dieses Fallbeispiel ist Fransellas (1972) Arbeit mit einer Gruppe von 20 Stotterern entnommen, von der im letzten Abschnitt schon die Rede war. Voraussetzungen für die Aufnahme in diese Behandlungsgruppe war, daß die Stotterer

1. über 17 Jahre alt waren,
2. keine psychiatrischen Störungen bzw. keine psychiatrischen Erfahrungen hatten und
3. ihrer Erinnerung nach schon immer stotterten.

Bei Therapiebeginn wurden zwei *rep*-Grid-Tests durchgeführt: einer mit dem Selbst als Stotterer, und den zweiten mit ihm als Nichtstotterer. Fransellas Beschreibung der Therapie mit „Luke" wird im Mittelpunkt der nachfolgenden Diskussion stehen. Fransella arbeitete über einen Zeitraum von vier Jahren ab und zu mit Luke. Sie wählte ihn für Tonbandaufzeichnungen aus und nahm ihn in ihr Buch auf, weil sie der Meinung war, er gebe einen „guten Prüfstein" für die „Personal-Construct-Theorie" ab.

Luke war bei Beginn der Therapie 26 Jahre alt. Fransella beschrieb ihn als den typischen „besessenen Wissenschaftler", der sich für Fakten und Zahlen interessiert. Er schien außerstande zu sein, sein Konstruktsystem zu lockern. Anfänglich konnte er für den „Nichtstotterer-Grid" kein einziges Konstrukt beibringen, weil er sich selbst nicht als Nichtstotterer sehen konnte. Die signifikantesten Clusters, die sich auf ihn als Stotterer bezogen, waren jene, die mit dem Selbst zusammenhingen (alle positiv bewertet) und jene, die Fransella in Verbindung zu seinem stotternden Selbst brachten (beliebt und geachtet zu sein, einen Status zu haben, Konstrukte im Zusammenhang mit Aggression). Diese letzteren Konstrukte traten in den Jahren der Therapie als immer wiederkehrende Themen auf. Als er einmal überhaupt nicht stotterte, wurde ein zweites Nichtstotterer-Grid angefertigt, und es traten verschiedene Konstrukte zutage. Doch man erkannte, daß sie eng mit dem zentralen Konstrukt „Achtung" verbunden waren.

Luke war ein besonders schwieriger Klient, weil seine zwischenmenschlichen Beziehungen unzulänglich waren. Dennoch besserte sich seine Sozialkompetenz im Verlauf der Therapie. Fransella half ihm dabei, indem sie sich auf die in der Umgebung bestimmter Konstrukte „mitenthaltenen Gefüge" konzentrierte und „die Evidenz überprüfte, die er benutzte, um seine Vorhersagen zu validieren" (Fransella, 1972, S. 225). Luke fand seine Evidenz (in einer feindschaftlichen Weise) dadurch, daß er sie erzwang, wenn es sie nicht gab. Durch die Untersuchung der „mitenthalten Gefüge" (welche Konstruktdimensionen das Vorhandensein anderer implizieren) hoffte Fransella, allmählich eine Invalidation einzuführen, so daß schließlich die Änderung des gesamten Systems erleichtert würde.

Am Ende der siebzehnten Sitzung begann Luke tatsächlich, sich im Geiste als sprachgewandte Person vorzustellen. Er begann, über folgendes seine Hypothesen aufzustellen: Wird er plätschernd plaudern, wird seine Sprache sich verfeinern, wird er imstande sein, sich selbst zu akzeptieren? Es wurde die Vorhersage gemacht, daß es zu einem Rückfall kommen würde, und zwar infolge der Gefahr, die durch die Vorstellung, sprachgewandt zu sein, ausgelöst worden war. Bei der nächsten Sitzung stellte sich heraus, daß der Rückfall stattgefunden hatte. Luke hatte sich mit anderen gewandten Sprechern verglichen und erkannt, welcher Unterschied bestand. Fransella versuchte, die Gefahr zu verringern, indem sie darauf bedacht war, ihn nicht zu zwingen, auf dem Weg der Rekonstruktion zu rasch fortzuschreiten. Die Gefahr schien nachzulassen, da Lukes Sprache sich in den nächsten Wochen verbesserte. Während der 21. Sitzung brachte er den Gedanken zur Sprache, daß er sich der Heilung widersetzen könnte.

Während der folgenden zwanzig Sitzungen wurden zufriedenstellende Fortschritte erzielt, wenn es auch einige erwartete Rückschläge gab. In der 42. Sitzung hatte Luke einen Einblick in seine Erfahrungen perfekter Sprachflüssigkeit. Er sah ein, daß er nicht erwarten konnte, in jeder Situation flüssig zu sprechen. Nachdem er dies gelernt hatte, konnte er in den „leichten Situationen" flüssig reden und regte sich nicht über Rückfälle bei den „schwierigeren Situationen" auf. Während der nächsten 20 Sitzungen verbesserte er sich weiter, und das Interesse konzentrierte sich mehr auf die Implikationen, die eine Sprachflüssigkeit auf seine zwischenmenschlichen Beziehungen hatte. Fransella faßte im Hinblick auf die Sprachflüssigkeit drei verschiedene Ebenen des Konstruierens zusammen, durch die Luke sich hindurchbewegte: Auf der untersten Ebene geht es um die Implikationen für die Sprachmechanismen (Ton, Emphase). Die nächste Ebene betrifft die Gesprächsstoffe und die Art, wie man ein Gespräch in Gang hält. Die oberste Ebene befaßt sich mit den Verzweigungen für die Beziehungen mit anderen Leuten – seine Kernrollenkonstrukte. Nach einem Rückfall, sechs Monate nach der 85. Sitzung (nach ungefähr drei Jahren Therapie), hat Luke seine Sprachflüssigkeit weiter verbessert.

Man sollte nicht annehmen, daß die lange Behandlungszeit eine Folge der Therapiemethoden sei. Die meisten Mitglieder der ursprünglichen Gruppe fühlen innerhalb von Monaten eine deutliche Besserung. Es war Lukes schwaches System zwischenmenschlicher Konstrukte, das dazu führte, daß sich seine Behandlung so lange hinzog. Fransella sah, daß ihre Therapie über die einfache Verminderung des Stotterns hinausging, und zwar bis zu dem Punkt, an dem Luke im Hinblick auf sich selbst und andere ein Konstruktsystem entwickelt hatte, das stark genug war, um ihn „ziemlich genaue Vorhersagen" machen zu lassen. Ein wichtiger Punkt bei Fransella ist, daß aufgrund der Art ihrer Forschung nur jene Themen diskutiert wurden, die allgemein mit dem Stottern in Verbindung stehen. Es ist möglich, daß die Therapie hätte verkürzt werden können, wenn Luke sich mehr auf Rollenbeziehungen als auf Sprachflüssigkeit konzentriert hätte. Später zeigte sich, daß sich nach einem gewissen Punkt die Sprachflüssigkeit alle 16 Wochen verbesserte, auch wenn in diesem Zeitraum nur zwei Sitzungen abgehalten wurden.

Zusammenfassung

Die Personal-Construct-Therapie beruht darauf, daß man den Klienten und die therapeutischen Beziehungen zu verstehen versucht, indem man *bipolare Konstruktdimensionen* als Analyseeinheiten verwendet. Zur Therapie gehört eine kognitive (begriffliche) Einschätzung des Sprachinhalts und der Denkstruktur des Klienten. Sie berücksichtigt Gefühle und Stimmungslagen, um jene Bereiche abzustecken, die für die therapeutischen Belange insofern sehr wichtig sind, als sie Hinweise auf den Übergang (Änderung) im System der Person liefern. Sie stützt sich vor allem auf das Verhalten des Klienten, indem sie sowohl innerhalb als auch außerhalb der Therapie *Rollenspiele* verwendet. Die Personal-Construct-Therapie spricht die kognitiven, affektiven und behavioralen Komponenten der grundlegenden Bedeutungsdimensionen des Klienten (die personalen Konstrukte) an, um die Fähigkeit des Klienten zur spontanen Entwicklung von Lebensentwürfen zu fördern. Der dieser Tradition verhaftete Therapeut hat keine Hemmungen, die unterschiedlichsten Techniken einzusetzen, um dem Klienten eine optimale Anpassung zu ermöglichen.

Dieses psychotherapeutische System ist auf eine breite Palette von Problemen angewandt worden, u.a. bei schizophrenen Denkstörungen, Eheproblemen, Sprachstörungen, Depression und Alkoholismus, um nur einige zu nennen. Die Anwendung der Personal-Construct-Therapie auf diese Bereiche wurde oft von einer empirischen Untersuchung des Verfahrens begleitet. Das ist weitgehend der Tatsache zu verdanken, daß Kelly *Bewertungsinstrumente* entwickelt hat, die sich sehr gut auf die psychotherapeutische Behandlung anwenden lassen.

Aufbauend auf den ursprünglichen Arbeiten von George Kelly (1955) liefern Jack Adams-Webber (1979), Donald Bannister (1975), Franz Epting (in Vorbereitung) und A. W. Landfield und L. M. Leitner (1980) auf den neuesten Stand gebrachte und detaillierte Berichte darüber, wie dieses psychotherapeutische System funktioniert. Die Personal-Construct-Therapie läßt sich am besten als

Abenteuer sowohl für den Klienten als auch für den Therapeuten einstufen. Sie vertritt die Ansicht, daß vom Klienten neue Bedeutungen geschaffen werden, während der Therapeut als *Forschungsberater* fungiert. Diese neuen Bedeutungen liefern die Grundlage für die Verhaltensänderung des Klienten und dafür, daß er Lebenssituationen besser versteht. Als psychotherapeutisches System wird sie ständig durch klinische und experimentelle Daten von Wissenschaftlern modifiziert, die auf diesem Gebiet tätig sind.

Literatur

Adams-Webber, J. R. *Personal construct theory: Concepts and applications.* New York: Wiley, 1979.

Bannister, D. The genesis of schizophrenic thought disorder: A serial invalidation hypothesis. *British Journal of Psychiatry,* 1963, **109**, 680–686.

Bannister, D. Personal construct theory psychotherapy. In D. Bannister (Ed.), *Issues and approaches in the psychological therapies.* New York: Wiley, 1975.

Bannister, D., Adams-Webber, J., Penn, W. and Radley, A. Reversing the process of thought disorder: A serial validation experiment. *British Journal of Social and Clinical Psychology,* 1975, **14**, 169–180.

Epting, F. R. *A personal construct approach to counseling and psychotherapy.* New York: Wiley, forthcoming.

Fransella, F. *Personal change and reconstruction: Research on a treatment of stuttering.* New York: Academic Press, 1972.

Kelly, G. A. *The psychology of personal constructs* (2 vols). New York: Norton, 1955.

Kelly, G. A. The psychotherapeutic relationship. In B. Maher (Ed.), *Clinical psychology and personality: The selected papers of George Kelly.* New York: Wiley, 1969.

Landfield, A. W. *Personal construct systems in psychotherapy.* Chicago: Rand McNally, 1971.

Landfield, A. W. A personal construct approach to suicidal behavior. In P. Slater (Ed.), *Explorations in intrapersonal space,* vol. 1. New York: Wiley, 1976.

Landfield, A. W. Exploring socialization through the interpersonal transaction group. In P. Stringer and D. Bannister (Eds.), *Constructs of sociality and individuality.* New York: Academic Press, 1979.

Landfield, A. W. and Leitner, L. M. (Eds.). *Personal construct approaches to psychotherapy and personality.* New York: Wiley, 1980.

Mair, J. M. M. Psychologists are human too. In D. Bannister (Ed.), *Perspectives in personal construct theory.* New York: Academic Press, 1970.

Moreno, J. L. *Who shall survive? A new approach to the problem of human interrelations.* Washington, D.C.: Nervous and Mental Disease Publication, 1934.

Morris, J. B. The prediction and measurement of change in a psychotherapy group using the repertory grid. In F. Fransella and D. Bannister (Eds.), *A manual for repertory grid technique.* New York: Academic Press, 1977.

Ravenette, A. T. Personal construct theory: An approach to the psychological investigation of children and young people. In D. Bannister (Ed.), *New perspectives in personal construct theory.* New York: Academic Press, 1977.

Rowe, A. *The experience of depression.* New York: Wiley, 1978.

Ryle, A. and Breen, D. A comparison of adjusted and maladjusted couples using the double dyad grid. *British Journal of Medical Psychology,* 1972, **45**, 375–382.

Salmon, P. A. A psychology of personal growth. In D. Bannister (Ed.), *Perspectives in personal construct theory.* New York: Academic Press, 1970.

Vaihinger, H. *The philosophy of "as if."* New York: Harcourt, 1925.

PLISSIT-Modell

Jack S. Annon

Auf dieses Kapitel bin ich besonders stolz, weil ich Jack Annon, seinen Autor, erst davon überzeugen mußte, daß dieses sich aus Permission, Limited Information, Specific Suggestions und Intensive Therapy zusammensetzende System (PLISSIT) nicht nur für die Behandlung sexueller Probleme relevant ist, sondern in Wirklichkeit ein allgemeines psychotherapeutisches System darstellt.

Dieses Kapitel zeigt, daß Annons Idee eines Vierstufenprozesses eine Art Äquivalent für das in der Medizin gängige Siebverfahren ist, einer Vorgehensweise, die sich einfach nur am „gesunden Menschenverstand" orientiert. Mein inzwischen verstorbener Lehrer Rudolf Dreikurs pflegte seinen Studenten zu erzählen, daß viele Psychiater ihre Patienten wahrscheinlich häufig dadurch geschädigt hätten, daß sie auf einer vollständigen Analyse bestanden, obwohl alles, was die Patienten brauchten, nur ein paar Ratschläge waren.

Annon führt uns vor, wie, ganz gleich, um welche Situation es sich handelt, wir in systematischer Weise vorgehen können, um Probleme von Klienten realistisch zu behandeln. Von daher sollte dieses Kapitel für jeden, der psychotherapeutisch tätig ist, Bedeutung haben.

In meinen Augen besteht eines der Hauptprobleme von therapeutischen Praktikern darin, so programmiert worden zu sein, daß sie praktisch unbedacht einem Verfahren folgen und sich im Umgang mit ihren Klienten nicht ihres gesunden Menschenverstandes bedienen. Annons PLISSIT-Ansatz ist gesunder Menschenverstand in Perfektion und sollte insbesondere für noch unerfahrene Therapeuten nützlich sein.

Dem PLISSIT-Ansatz kann der Kliniker ungeachtet seiner besonderen therpeutischen Orientierung folgen, wenn er Klientenprobleme in Angriff nimmt. Das PLISSIT-Modell, genauer gesagt müßte es P-LI-SS-IT heißen, sieht vier Stufen vor, auf denen jedes Problem von Klienten angegangen werden kann. Jeder Buchstabe beziehungsweise jedes Buchstabenpaar steht für eine Methode, die zur Bewältigung solcher Probleme in Frage kommen kann. Die vier Stufen heißen: *P*ermission/Erlaubniserklärung – *L*imited *I*nformation/begrenzte Information – *S*pecific *S*uggestions/spezifische Suggestionen – *I*ntensive *T*herapy/ Intensive Therapie.

Die ersten drei Stufen können unter dem Titel *Kurztherapie* zusammengefaßt und der vierten Stufe, der Intensiven Therapie, gegenübergestellt werden. Mit Kurztherapie ist in diesem Ansatz gemeint, daß die Therapie, was die *Zeit* und *behandelten Probleme* angeht, begrenzt ist. „In der Zeit begrenzt" heißt, der Kontakt mit dem Klienten findet vielleicht nur in einer zwischen 15 und 60 Minuten dauernden Sitzung statt, kann sich aber auch bis zu drei bis fünf Sitzungen ausdehnen. „In den Problemen begrenzt" heißt, der Ansatz der Kurztherapie eignet sich am besten bei Klienten, die ein oder zwei Probleme aufweisen. Die *Intensive Therapie* wird im PLISSIT-Modell als eine sehr auf den einzelnen zugeschnittene Behandlung angesehen, wenn mit der Standardbehandlung dem Klienten nicht geholfen werden konnte.

Geschichte

Die psychologische Behandlung von Klienten ist häufig kostspielig und zeitraubend gewesen. In der Vergangenheit war die Veränderungsprognose auch nicht gerade günstig; das galt besonders für Probleme, die seit langem als resistent gegen die meisten Behandlungsformen bekannt waren, wie etwa *sexuelle Probleme*. Mit dem Auftauchen des psychologischen *Lernmodells* wurden therapeutische Erfolge auf ökonomische Weise möglich. Es herrschte jedoch auch ein deutliches Bedürfnis nach einem *Breitbandansatz,* der dem Kliniker den Rückgriff auf eine breite Palette therapeutischer Verfahren zur Verwirklichung einer besonderen Behandlungsstrategie gestattete. Andererseits war klar, daß die bloße Verfügbarkeit eines besonderen therapeutischen Verfahrens nicht automatisch dessen Einsatz theoretisch und therapeutisch rechtfertigte. Welches Behandlungsverfahren in einem gegebenen sozialen Rahmen für welchen Aspekt des Problems eines Klienten eingesetzt wird, sollte aufgrund einer sorgfältigen Begutachtung der relevanten Faktoren in der Lebensgeschichte und der Umwelt dieses Klienten bestimmt werden.

Die am Anfang stehende *Begutachtung* sollte direkt im Hinblick auf das in Frage kommende Behandlungsverfahren erfolgen. Viele Kliniken, die eine umfassende und erschöpfende, der Behandlung vorgeschaltete Begutachtung vornehmen, unterwerfen dann doch alle ihre Klienten dem gleichen Therapieprogramm! Bei solchen standardisierten Programmen ist schwer zu erkennen, welchem Zweck die intensive Begutachtung dient.

Der Streß, dem viele Therapeuten, die in der Therapie einem Breitbandansatz folgen, gegenwärtig ausgesetzt sind, ist umsonst, wenn es zur Ordnung geeigneter Behandlungstechniken und für ihre Auswahl aus den uns zur Verfügung stehenden Interventionen keinen irgendwie theoretisch begründeten *Plan* gibt. Ohne solchen Plan unterscheidet sich die Breitbandbehandlung nicht viel von einem 08/15-Ansatz, bei dem dieselben Verfahren für alle Klientenprobleme eingesetzt werden.

Als Reaktion auf diese Situation haben wir es in praktischer wie theoretischer Hinsicht als wertvoll angesehen, eine Studie zu planen und durchzuführen, in deren Rahmen verschiedene Begutachtungs- und Behandlungsverfahren untersucht werden sollten; dabei wandten wir uns insbesondere dem Gebiet der Sexualität zu, weil Probleme aus diesem Bereich und sich ihrer Lösung in den Weg stellende Schwierigkeiten weit verbreitet sind.

In diese Richtung gehende Forschung (Annon, 1971) wurde mit dem Ziel betrieben, im Zusammenhang mit einer psychologischen Lerntheorie einen konzeptuellen Rahmen zur Ordnung und Behandlung sexueller Probleme zu entwickeln, zu testen und weiter zu verbessern. Aus diesem Vorhaben erwuchs ein Plan zur Ordnung und Behandlung solcher Probleme, der sich, als er in klinischer Praxis erprobt wurde, als äußerst wirkungsvoller Ansatz erwies und zu positiven Ergebnissen führte, insbesondere bei langwierigen sexuellen Problemen (z. B. *Fetischismus, Pädophilie, Transsexualität*). Als dieser Ansatz dann auf andere Probleme angewendet wurde, zeigte sich anfänglich, daß dieser Plan nicht immer angemessen war. Unser System war zum Beispiel dort nicht besonders geeignet, wo der Klient im Bedarfsfall nicht regelmäßig, möglicherweise sogar über einen großen Zeitraum hinweg, behandelt werden konnte. Ein wirksamer

Einsatz unseres Systems konnte auch nur durch jene Kliniker erfolgen, die ein gründliches Wissen der psychologischen Lerntheorie zusammen mit einschlägiger Ausbildung und Erfahrung in der Anwendung der Lerntheorie auf Probleme von Klienten besaßen. Schließlich wurde aber auch von denen, die ein geeignetes Training absolviert und angemessene Erfahrung gemacht hatten, berichtet, daß es, obwohl sie genügend Zeit für die Therapie zur Verfügung stellen konnten, häufig nicht notwendig war, bei der Behandlung einiger der häufiger auftretenden Probleme auf unseren Plan zurückzugreifen.

Es schien, als ob der von uns konzipierte Plan bei den Problemen angemessen war, zu deren Behandlung es *Intensiver Therapie* bedurfte, nicht aber im Falle solcher Probleme, bei denen mit dem Ansatz der *Kurztherapie* etwas ausgerichtet werden konnte. Notwendig war ein flexibles und umfassendes System, das vielen verschiedenen Institutionen angepaßt und das ebenso je nach Klient und verfügbarer Zeit vom Kliniker variiert werden konnte. Ein solches System sollte, wenn es andere in seiner Wirksamkeit übertreffen will, auch von Angehörigen der helfenden Berufe eingesetzt werden können; außerdem sollten in seinem Rahmen ein breites Spektrum von Behandlungsmöglichkeiten je nach Kompetenz des einzelnen Klinikers zur Anwendung kommen können. Im Idealfall würde ein solcher Ansatz auch einen Rahmen schaffen, in dem die Trennung der Probleme, die auf Ansätze der Kurztherapie ansprechen, von solchen, die wahrscheinlich Intensiver Therapie bedürfen, eingeplant und in dem deren Behandlung vorgesehen ist. Hilfreich wäre es auch, wenn sich die Durchführung von *Evaluationsforschung* einem solchen Rahmen einordnen ließe. Schließlich sollte dieses Modell denen, die an der Ausbildung oder am Training von Therapeuten beteiligt sind, eine Methode an die Hand geben, mit der sie ihre Trainingsverfahren auf die Kompetenz des individuellen Teilnehmers eines Therapiekurses abstellen können.

Nachdem wir über mehrere Jahre hinweg eine Reihe verschiedener Pläne entworfen und in diversen Einrichtungen bei einer Auswahl unterschiedlicher Probleme ausprobiert hatten, wurde für deren Behandlung schließlich ein Plan entwickelt, der günstig erschien. In diesem Stadium wurde unser Rahmen dann anderen weitergegeben und vermittelt; nach einer weiteren Verfeinerung entstand das endgültige Modell. Anwendbar war dieses Modell für uns anfänglich nur auf die Behandlung von Problemen aus dem sexuellen Bereich. Ein extensiver Gebrauch dieses Rahmens hat jedoch gezeigt, daß er sich ebenso auf viele andere Problembereiche anwenden läßt und auch für Forschung und Ausbildung genutzt werden kann. Seitdem ist dieses Modell durch Vorlesungen, Kurse, Beratungen, Workshops, Trainingsprogramme in Form von Tonbandkassetten (Annon/Robinson, 1977; Hindle, 1978), Aufsätzen (Annon, 1976b; Pion/Annon, 1975) und Büchern (Annon, 1975, 1976a) verbreitet worden.

Gegenwärtiger Stand

In den *helfenden Berufen* hat sich das PLISSIT-Modell bei einer Vielzahl von Leuten mit unterschiedlichem Ausbildungshintergrund in ihrem jeweiligen Arbeitsbereich als nützlich erwiesen. Gegenwärtig wird es zum Beispiel sowohl Psychologen (Annon, 1975, 1976a, 1980a) als auch Ärzten (Annon/Robinson,

1980b, 1981a; Croft, 1976) und Fachärzten etwa für Geburtshilfe, Gynäkologie und Urologie (Hindle, 1978; Pion/Annon, 1975) angeboten und von diesen eingesetzt. Der von uns konzipierte Plan wurde darüber hinaus in verschiedenen anderen Praxisfeldern als hilfreich erfahren, so etwa von Sozialarbeitern (Gochros, 1978; Hirayama, 1979; King, 1977), Spezialisten im Rehabilitationswesen (Annon/Robinson, 1981a), Sexualtherapeuten (Annon/Robinson, 1978; Fischer/Gochros, 1977) und Lehrern, zu deren Fächern „Familienleben" und „menschliche Sexualität" gehören.

Unser Modell scheint sich in der Arbeit mit *ganz verschiedenen Populationen* anwenden zu lassen, so etwa mit Collegestudenten diverser Studiengänge (Annon/Robinson, 1980b; Kelly, 1979), Eltern geistig retardierter Kinder (Hirayama, 1979) und mit institutionalisierten Jugendlichen (Annon/Robinson, 1981a).

Dieses Modell wurde aber nicht nur eingesetzt, um einzelnen Klienten und Paaren mit ihren vielfältigen sexuellen Problemen zu helfen, sondern es wurde auch in *Frauengruppen* (Morton/Pion, 1976) und in Gruppen eingesetzt, die sich aus gemischtgeschlechtlichen Paaren zusammensetzten und die im sexuellen Bereich in verschiedener Hinsicht unzufrieden waren (Baker/Nagata, 1978).

Schließlich konnte auch gezeigt werden, daß sich die PLISSIT-Methode ebensogut als ein Rahmen für *Forschung* wie für *Ausbildung* eignet und als Orientierungshilfe dienen kann, wenn es in klinischen Behandlungseinrichtungen um die praktische Verwertung der Prinzipien stellvertretenden Lernens durch den Einsatz auditiver und visueller Medien geht (Annon/Robinson, 1978, 1981b; Robinson, 1974a, b).

Es ist zu hoffen, daß der künftige Einsatz des PLISSIT-Modells den Bereich, in dem unser Plan nützlich sein kann, und dessen Grenzen genauer bestimmen wird.

Theorie

Die Entwicklung des PLISSIT-Modells erhielt ihren Anstoß durch Forschungsarbeiten, die aus der Absicht heraus betrieben wurden, in Zusammenhang mit einer psychologischen Lerntheorie einen Plan zur Ordnung und Behandlung sexueller Probleme zu konzipieren, auszuprobieren und weiter zu verbessern. Mit fortschreitender Forschung wurden verschiedene Schwächen der zu jener Zeit existierenden diagnostischen Strategien erkennbar. Als uns das A-R-D-System, wie es von Staats (1968) vorgeschlagen wurde, bekannt wurde, bauten wir es in unseren Forschungsansatz ein. Staats stellte das Konzept eines menschlichen Motivationssystems vor, das er als *Einstellungs-Verstärker-Diskriminations-System* (*A*ttitude-*R*einforcer-*D*iscriminative-Systeme) bezeichnete. Ihm zufolge kann ein und derselbe Stimulus in Verbindung mit klassischem und operantem Lernen mehrfache Funktionen besitzen. Das A-R-D-System steht für die drei Funktionen, die ein Stimulus erfüllen kann. Ein *Einstellungsstimulus* (attitudinal stimulus) ist als ein Stimulus definiert, der auf dem Wege des klassischen Konditionierens für eine emotionale Reaktion zum Auslöser wurde. Derselbe Stimulus wird dann auch als ein Verstärker in operanten Situationen fungieren und ebenso als diskriminativer Stimulus, der von außen beobachtbares Verhalten auslösen kann. Sowohl für die Behandlung komplexer Störungen als auch für eine Theorie dazu, wie verschiedene Verhaltensweisen und Einstellungen gelernt werden, hat dieses System viele wichtige Aussagen zu machen. Aus Raumgründen müssen wir es bei dieser kurzen Darstellung des Hintergrundes belassen; eine ausführlichere Erläuterung dieses Systems im allgemeinen (Staats, 1975) und im besonderen Zusammenhang mit menschlichem Sexualverhalten (Annon, 1975) kann an anderen Stellen nachgelesen werden.

Die wesentliche Schlußfolgerung aus dieser Forschungsarbeit war, daß eine innerhalb des A-R-D-Rahmens zu Beginn des Kontakts mit dem Klienten vorgenommene *Analyse* seines sexuellen Problems zusammen mit einer daran anschließenden sorgfältigen *Evaluation* des einschlägigen Verhaltensrepertoires der günstigste Plan ist, nach dem bei der Ordnung sexueller Probleme und bei der Entwicklung angemessener Behandlungsverfahren vorgegangen werden kann.

Diese Schlußfolgerung gründete auf einer Reihe von Überlegungen. Mit der Verwendung dieses Plans ist uns ein Weg vorgezeichnet, auf dem sich die ganze Skala von Umständen erfassen läßt, die mit dem Problem des Klienten verbunden sein können. Mit solch einem Ansatz wurde es auch möglich, Prioritäten für das Intervenieren in eine Ordnung zu bringen und den Zeitpunkt des Einsatzes von Interventionen zu bestimmen. Schließlich war das Befolgen eines solchen Plans an keine besondere verhaltenstherapeutische Technik bzw. kein besonderes Verfahren gebunden, sondern förderte die Entwicklung wirksamer Verfahren auf der Basis theoretischer Analyse.

Aus Gründen, die weiter oben dargestellt worden sind, entwickelten wir dann ein zweites Schema, um für klinische Zwecke einen Kurztherapieansatz bereitzustellen; beide Ansätze wurden anschließend im PLISSIT-Modell miteinander verbunden.

Eine graphische Darstellung des vorgeschlagenen Modells soll klären helfen, wie es theoretisch in verschiedenen klinischen Behandlungseinrichtungen angewendet werden kann. Jede Linie in *Abbildung 1* soll eines der verschiedenen Probleme repräsentieren, denen ein bestimmter Kliniker im Laufe der Zeit begegnet. Je nach Einrichtung, für die er tätig ist, seinem Beruf und seinem

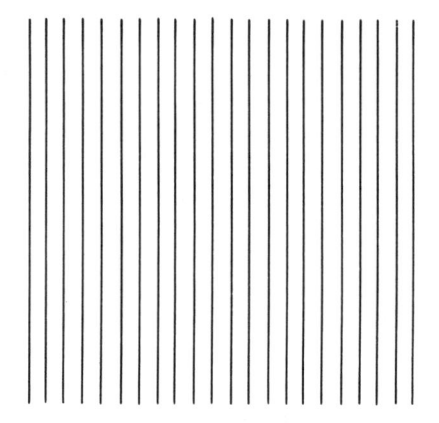

Abbildung 1: Sexuelle Probleme, die einem Kliniker in einem gegebenen Zeitraum präsentiert werden

Fachgebiet können diese Probleme dafür stehen, was er an einem Tag, in einem Monat oder auch in seinem ganzen Berufsleben antrifft. Wir haben oben die Gründe dafür diskutiert, warum es offensichtlich unangebracht wäre zu versuchen, jedes auftauchende Problem in genau der gleichen Weise zu analysieren und zu behandeln.

Abbildung 2 zeigt, wie in der Theorie das PLISSIT-Modell auf diese sich präsentierenden Probleme angewandt werden kann. Wie diese Abbildung veranschaulicht, können die ersten drei Stufen als *Kurztherapie* angesehen werden. Davon abzuheben ist die vierte Stufe, auf der mit *Intensiver Therapie* gearbeitet wird.

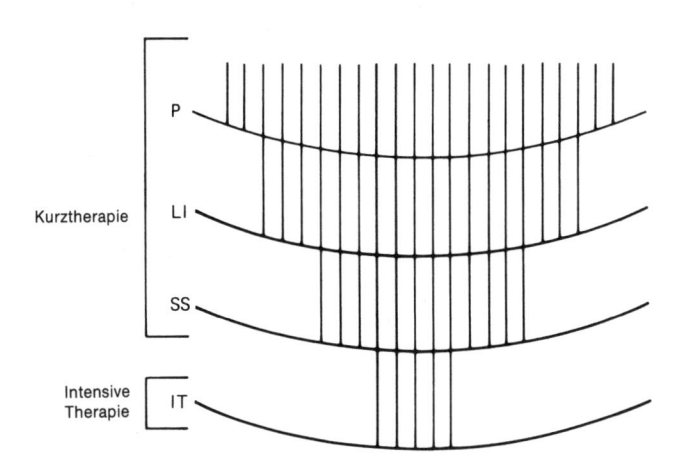

Abbildung 2: Anwendung des PLISSIT-Modells

Dieses Modell hat eine Reihe deutlicher Vorteile. Es kann in einer Vielzahl von Einrichtungen zur Anwendung kommen und der Zeit, die der Klient verfügbar hat, angepaßt werden. Je weiter wir in dem zweiten Schaubild nach unten gehen, um so mehr wird – theoretisch gesehen – vom Kliniker an Wissen, Ausbildung und Fertigkeit verlangt. Weil mit jeder Stufe der Anspruch an die Berufserfahrung steigt, wird dem einzelnen Kliniker auf diese Weise die Möglichkeit gegeben, den damit verbundenen Ansatz auf das Niveau seiner Kompetenz einzustellen. Das bedeutet auch, daß Therapeuten jetzt eine Richtlinie haben, die ihnen dabei hilft zu bestimmen, ob eine *Überweisung* an jemand anders angezeigt ist. Sehr wichtig ist, daß dieses Modell einen Rahmen gibt, in dem zwischen Problemen, die Intensiver Therapie bedürfen, und solchen, die auf Kurztherapie ansprechen, unterschieden werden kann.

Auf wie vielen Stufen sich Kliniker kompetent fühlen werden, wird direkt davon abhängen, wie viel Interesse und Zeit sie darauf zu verwenden bereit sind, ihr Wissen, ihre Ausbildung und ihr Geschick auf jeder Stufe zu erweitern.

Methoden

Wenn das PLISSIT-Modell auch auf ein weites Spektrum von Problemen angewandt werden kann, werden wir es hier, um eine gewisse Beständigkeit zu wahren, hauptsächlich im Zusammenhang mit *sexuellen Problemen* auf seiten des Klienten darstellen.

Erlaubniserklärung

Alles, was Menschen manchmal wissen möchten, ist, daß sie normal und nicht „pervers", „deviant" oder „abnormal" sind. In der Regel wollen sie das von einer Autorität hören. In vielen Fällen sind solche Menschen nicht aufgrund des von ihnen verwirklichten spezifischen Verhaltens beunruhigt, sondern durch den Gedanken, das, was sie tun, könnte „falsch" oder „schlecht" sein. Einen Therapeuten wollen Klienten häufig nur austesten, wie er auf ihre sie bewegenden Fragen reagiert. Der Kliniker kann in solchen Fällen seine Klienten darüber unterrichten, daß ihre Fragen in keiner Weise ungewöhnlich sind und von vielen Menschen geteilt werden. In einigen Fällen reicht es aus, den Klienten zu versichern, daß sie normal sind, und ihnen die Erlaubnis zu geben, mit dem fortzufahren, was sie bisher getan haben, um dem, was sich zu einem größeren Problem entwickeln könnte, die Grundlage zu entziehen. Das *Erteilen von Erlaubniserklärungen* kann sowohl als eine *präventive Maßnahme* als auch als eine *Behandlungstechnik* angesehen werden. Damit werden sicherlich nicht viele Probleme gelöst werden, aber, wie mit Abbildung 2 angedeutet wird, wenigstens einige. Mit dieser Maßnahme der Erlaubniserklärung ist für den Kliniker nur sehr geringe Vorbereitungszeit verknüpft. Das Erteilen von Erlaubniserklärungen kommt als Maßnahme bei Problemen aus verschiedenen Bereichen in Frage, so etwa im Zusammenhang mit Gedanken, Phantasien, Träumen und Gefühlen und ebenso bei beobachtbarem Verhalten.

Gedanken, Phantasien und Träume. Sexuelle Gedanken und Phantasien sind ein verbreiteter Anlaß für Beunruhigung. Es ist nicht ungewöhnlich für einen Mann oder eine Frau, sexuelle Gedanken oder Phantasien über andere als den eigenen Partner zu haben, über Menschen vom gleichen Geschlecht oder gar über die eigenen Eltern, Brüder und Schwestern oder Söhne und Töchter. Viele Menschen haben solche Gedanken gelegentlich. Wenn man den Klienten darüber aufklärt, kann das einen Teil seiner Angst oder Schuld darüber, „abnormal" zu sein, abbauen. Nur wenn solche Gedanken oder Phantasien bestehen bleiben oder andere Funktionsbereiche beeinträchtigen, werden sie wirklich zu einem Problem.

Auch für die Bewältigung von durch Träume ausgelöste Unruhe kann das Erteilen von Erlaubniserklärungen die angemessene Maßnahme sein. Für Menschen ist es nicht ungewöhnlich, gelegentlich zu träumen, an sexuellen Aktivitäten beteiligt zu sein, die mehrere Menschen einbeziehen. Um Angst oder Schuld abzubauen, reicht es gewöhnlich aus, dem Klienten zu versichern, daß solche Träume noch ganz im Bereich des Normalen liegen und keinesfalls selten sind bzw. nicht auf das Vorliegen von etwas „Abnormem" hindeuten. Häufig reicht eine Erlaubniserklärung aus, einen immer wiederkehrenden, angstbesetzten sexuellen Traum nicht mehr auftreten zu lassen; genauso können auf diese Weise hartnäckige Gedanken oder Phantasien in ihrer Auftretenshäufigkeit reduziert werden.

Gefühle. Nicht selten bekommen Menschen Angst, wenn sie eine sexuelle Erregung als Reaktion auf etwas erleben, was in ihren Augen als Stimulation eine solche Erregung nicht hervorbringen sollte. Viele Probleme dieser Art ergeben sich aus dem Unvermögen, eine Erregung, die aus sexuellen Gedanken und Phantasien resultiert, von einer Erregung zu unterscheiden, die Ergebnis direkter taktiler Stimulation ist.

Verhalten. Wie sicher sich ein Kliniker dabei fühlt, einem Klienten die Erlaubnis für die Ausübung bestimmter Verhaltensweisen zu geben, wird durch eine Reihe von Faktoren bestimmt, die im folgenden Abschnitt zu besprechen sind. Auf Verhalten bezogene Erlaubniserklärungen können für ein breites Spektrum sexueller Praktiken erteilt werden, die vom Kliniker als verbreitet und normal anerkannt werden, nicht aber vom Klienten.

Viele sexuelle Probleme lassen sich auch in der Weise regeln, daß man dem Klienten zugesteht, bestimmte sexuelle Praktiken *nicht* auszuüben, wenn er sich nicht ausdrücklich dafür entscheidet.

Der mit dem Erteilen von Erlaubniserklärungen verfolgte Ansatz hat mehrere Vorteile. Er läßt sich fast jeder Einrichtung anpassen und verlangt vom Therapeuten verhältnismäßig wenig Zeit und Vorbereitung. Mit ihm lassen sich Probleme ganz unterschiedlicher Art lösen, und er kann das Auftauchen neuer Probleme verhüten. Außerdem kann er in Verbindung mit den Interventionen der anderen Stufen des PLISSIT-Modells eingesetzt werden.

Grenzen. Es kann der Eindruck entstehen, daß dem mit dem Erteilen von Erlaubniserklärungen verfolgten Ansatz im wesentlichen die Annahme zugrundeliege, dem Therapeuten stehe es frei, jedem sexuellen Gedanken, jeder sexuellen Phantasie oder Praktik sein Plazet zu geben, auf die sich ein Erwachsener allein oder zusammen mit anderen, die willens sind, einzulassen wünscht. Im allgemeinen mag das zutreffen; es gibt hier jedoch klare Einschränkungen. Während letztlich dem individuellen Klienten die Wahl überlassen bleibt, welches Verhalten er verwirklichen will, können vom Therapeuten gegebene „Blanko"-Erlaubnisse fehl am Platz sein, wenn der Klient nicht die für eine Wahl relevante Information besitzt. Es gehört zu der Verantwortung des Klinikers, den unwissenden Klienten über nachteilige Folgen aufzuklären, die sich aus bestimmten Gedanken, Phantasien oder Verhaltensweisen ergeben können.

Andere Einschränkungen ergeben sich für das Erteilen von Erlaubniserklärungen aufgrund *gesetzlicher Bestimmungen* (z.B. was sexuelle Aktivitäten mit Kindern und Vergewaltigung angeht). Bis zu welcher Grenze sich Therapeuten beim Erteilen von Erlaubniserklärungen noch sicher fühlen und diesem Ansatz zu folgen bereit sind, wird im allgemeinen von der Breite ihres Sexualwissens, ihrer thereotischen Orientierung und ihrem Wertsystem abhängen.

Je mehr *Wissen* Kliniker über das in ihrer eigenen und in anderen Kulturen herrschende Sexualverhalten haben, desto ungezwungener werden sie sich fühlen, wenn sie sich auf dieser Behandlungsstufe bewegen. Die besondere *theoretische* oder *professionelle Orientierung* des Therapeuten kann den Spielraum eingrenzen, in dem das Erteilen von Erlaubniserklärungen für einen besonderen Gedanken, eine Phantasie, einen Traum, ein Gefühl oder ein Verhalten als noch angemessen empfunden wird. Kliniker mit psychoanalytischem Hintergrund zum Beispiel werden eher dahin tendieren, wiederholt auftretenden Träumen mit manifest sexuellem Inhalt ihre Zustimmung zu versagen, und es vorziehen, solches Material mit dem Klienten durchzuarbeiten. Es liegt auf der Hand, daß diese Entscheidung dem einzelnen Kliniker überlassen bleibt. Es ist nicht die Absicht dieses Kapitels, psychotherapeutisch Tätige, ganz gleich welcher Orientierung, dazu zu überreden, ihre Auffassung zugunsten eines lerntheoretischen Ansatzes aufzugeben. Wir gehen davon aus, daß Kliniker nur solche Empfehlungen geben werden, die ihnen in ihrem Bezugsrahmen angebracht erscheinen; wir hoffen aber, daß sie die Bereitschaft aufbringen werden, ein wenig zu experimentieren.

Ideal wäre es, wenn es Therapeuten vermeiden könnten, ihr *Wertsystem* bewußt ihren Klienten aufzudrängen. In der Praxis ist das jedoch nicht immer so einfach zu leisten. Mit diesem Ideal ist nicht die Erwartung verbunden, Therapeuten hätten ihr eigenes persönliches Wertsystem aufzugeben. Es kann Situationen geben, in denen die Ziele des Klienten in direkten Widerspruch zum Wertsystem des Klinikers geraten. Tritt dieser Fall ein, dann erfordert es die Verantwortung des Klinikers, den Klienten davon in unmißverständlicher Weise in Kenntnis zu setzen und ihn, wenn es angebracht ist, woandershin zu überweisen.

Ein letzter wichtiger Punkt ist, daß sich Kliniker auch selbst einen gewissen Freiraum gewähren. Sie sollten sich selbst zugestehen können, nicht Experten sein zu müssen. Sie dürfen keine Angst davor haben zu sagen, daß sie keine Antwort haben, wenn sie sie nicht kennen. Niemand ist ein allwissender Experte, in diesem Bereich nicht und in keinem anderen. Im klinischen Bereich wird von Theorie, Forschung und Praxis ein so weites Gebiet abgedeckt, daß von einem einzelnen Kliniker oder einer Gruppe von Klinikern nicht erwartet werden kann, auch selbst nur in einem Ausschnitt dieses Gebiets auf dem jeweils neuesten Stand zu sein. Kliniker tun für ihre Klienten, was sie tun können, und gehen dabei von ihrem eigenen Wissen und ihrer eigenen Erfahrung aus. In manchen Fällen ist das Wichtigste, was Kliniker anzubieten haben, ihre eigene Person – jemanden, der willens ist zuzuhören, der Anteilnahme, Verstehen und Respekt vermitteln kann und der dem Klienten keinen Stempel aufdrücken oder über ihn ein Urteil fällen wird. Wenn das Erteilen von Erlaubniserklärungen nicht ausreicht, das Problem des Klienten zu lösen, und der Therapeut nicht in der geeigneten Einrichtung arbeitet oder nicht genügend Zeit oder das relevante Wissen oder die notwendigen Fertigkeiten hat, dann ist es jetzt an der Zeit, den Klienten woandershin zu überweisen. Wenn es aber die Arbeitssituation des Therapeuten zuläßt, er das einschlägige Wissen und die erforderlichen Fertigkeiten besitzt, dann kann er zur zweiten Behandlungsstufe übergehen.

Begrenzte Information

Im Gegensatz zum Erteilen von Erlaubniserklärungen, bei dem Klienten im Grunde nur gesagt wird, es sei in Ordnung, weiterhin das zu tun, was sie bisher getan haben, wird Klienten im Rahmen *begrenzter Information* spezifische sachliche Information gegeben, die für ihr besonderes Anliegen unmittelbar Bedeutung besitzt. Das kann zum Ergebnis haben, daß sie mit der Ausübung ihrer bisherigen Praktiken fortfahren; es kann auch dazu führen, daß sie etwas anders machen werden.

Begrenzte Information wird gewöhnlich schon in Verbindung mit Erlaubniserklärungen gegeben. Wenn sie als Maßnahmen auch verschiedenen Stufen zugeordnet werden, kann ihr Einsatz natürlich Hand in Hand gehen. Beide können außerdem auch in Verbindung mit den zwei noch verbleibenden Behandlungsstufen zum Einsatz kommen. Weil jedoch mit dem Übergang zur jeweils nächsten Behandlungsstufe gewöhnlich ein Mehr an Zeit, Wissen, Erfahrung und Fertigkeiten auf seiten des Klinikers verlangt wird, wenn ein optimaler Effekt erzielt werden soll, wird jede Stufe getrennt dargestellt und diskutiert.

Begrenzte Information zu geben, meint genau das, was es sagt: Es ist wichtig, daß der Kliniker Information gibt, die sich auf das „begrenzt", was für die Frage oder das Problem des Klienten von unmittelbarer Bedeutung ist. Robinson (1974a, b) hat gezeigt, daß eine dreistündige Darstellung eines breiten Spektrums von Informationen zur Sexualität wenig ausrichtet, wenn es eine mit einem spezifischen sexuellen Problem verbundene Einstellung oder ein mit diesem Problem zusammenhängendes Verhalten zu ändern gilt; dagegen kann die Vorgabe begrenzter Information, die *unmittelbar* mit dem Problem des Klienten zu tun hat, eine signifikante Veränderung in für dieses Problem relevanten Einstellungen und Verhaltensweisen herbeiführen.

Grenzen. Das Ausmaß, in dem Kliniker bereit sind, bei der Behandlung sexueller Probleme begrenzte Information zu verteilen, hängt von der Breite des Wissens ab, über das sie im Bereich der Sexualität verfügen. In welcher Weise Kliniker ihren Klienten solche Informationen anbieten, bestimmt sich durch ihren individuellen Stil, der ihnen am besten liegt. Bei einem der äußeren Erscheinung nach konservativen Paar mittleren Alters, das zögernd fragt, ob analer Kontakt „normal" oder „pervers" ist, könnte man erwidern: „Solch eine Aktivität wird im allgemeinen nicht als ungewöhnlich oder abnorm angesehen. Eine kürzlich auf nationaler Ebene unter verheirateten Männern und Frauen bis zur Altersgrenze von 35 Jahren durchgeführte Befragung zeigte an, daß die Hälfte von ihnen Erfahrungen mit manuellem analen Vorspiel hat und mehr als 25 Prozent mit oral-analem Vorspiel." Einem jungen Paar, das ganz beiläufig fragt, ob es möglich ist, durch oral-genitalen Kontakt Bazillen zu übertragen, könnte man antworten, „Ja, das ist möglich. Der Mund hat eine sehr hohe Bakterienzahl."

Wie im Falle des Erteilens von Erlaubniserklärungen hängt das Ausmaß, bis zu dem sich Kliniker auf dieser zweiten Stufe wohlfühlen und die Bereitschaft haben, sie zu ihrem Ansatz zu machen, im allgemeinen von ihrer Wissensbreite, ihrer theoretischen Orientierung und ihrem Wertsystem ab. Im Zusammenhang mit der ersten Behandlungsstufe haben wir diskutiert, welche Grenzen durch diese Faktoren gesetzt werden; Ähnliches gilt hier auf der zweiten Stufe.

Auf dieser zweiten Behandlungsstufe können einige Probleme gelöst werden, die sich, solange man sich nur auf der ersten Behandlungsstufe bewegte und nur mit Permission arbeitete, nicht bewältigen ließen. Reicht auch begrenzte Information nicht aus, um das Problem des Klienten zu lösen, stehen dem Therapeuten zwei Möglichkeiten offen. Er kann den Klienten woandershin zur Behandlung überweisen oder, wenn das sein Arbeitsrahmen erlaubt und er das geeignete Wissen, die notwendigen Fertigkeiten und einschlägige Erfahrung besitzt, zur dritten Behandlungsstufe übergehen.

Spezifische Suggestionen

Bevor ein Therapeut seinem Klienten *spezifische Suggestionen* geben kann, muß er erst bestimmte wichtige und spezifische Informationen sammeln. Es wäre falsch, spezifische Suggestionen zu geben, ohne sich erst die dafür notwendige Information über den Klienten und die besondere Konstellation seiner Umstände verschafft zu haben. Wenn der Therapeut unmittelbar im Anschluß an die erste Darstellung des Problems durch den Klienten (nicht ihre „Etikettierung" des Problems) sich dazu hinreißen läßt, eine Anzahl von Suggestionen zu geben, verschwendet er damit möglicherweise nicht nur die Zeit des Klienten (z. B. dadurch, daß er Maßnahmen vorschlägt, die der Klient bereits ausprobiert hat), er kann damit auch dazu beitragen, daß das Problem im Dunkel bleibt. Wenn er auf der Basis unzulänglicher Daten unangemessene und möglicherweise unbrauchbare Behandlungsverfahren vorschlägt, kann es ihm unterlaufen, daß er die Notwendigkeit einer anderen angemessenen Behandlung, wie etwa die einer medizinischen Begutachtung und Therapie, übersieht.

Die Problemgeschichte. Für den Kliniker ist es notwendig, die Vorgeschichte des Problems zu kennen. Das hier vorgeschlagene Modell geht davon aus, daß auf dieser Stufe eine umfassende Geschichte nicht relevant und auch nicht notwendig ist. Wie Abbildung 2 andeutet, kann der mit spezifischen Suggestionen verfolgte Ansatz eine gewisse Zahl von Problemen, die die ersten beiden Behandlungsstufen ungelöst passierten, bewältigen; es bedarf aber keiner weiteren Erwähnung, daß dieser Ansatz nicht bei jedem dieser Probleme Erfolg haben wird. Wenn die dritte Behandlungsstufe den Klienten nicht weiterbringt, kann die Erhebung der vollständigen Geschichte ein erster notwendiger Schritt zur Intensiven Therapie sein.

Richtlinien für die Aufnahme einer Problemgeschichte, wie sie für einen der Kurztherapie zuzurechnenden Behandlungsansätze als notwendig angesehen werden, sind in Tabelle 1 skizziert. In welcher Detailliertheit eine Problemgeschichte erhoben wird, ist durch den Arbeitszusammenhang des Therapeuten und durch die ihm zur Verfügung stehende Zeit bedingt. Das in Tabelle 1 vorgeschlagene Format läßt sich auf eine Zeit von fünf Minuten und auch auf eine Zeit von fünf Stunden zuschneiden.

Zur Geschichte des sexuellen Problems und dessen Aufnahme ist es für den diesem Kapitel gesetzten Zweck nicht notwendig, weitere Informationen zu geben. Wem an einer detaillierteren Erläuterung der Aufnahme einer solchen Problemgeschichte und verdeutlichenden Beispielen gelegen ist, wird auf Annon

(1976a) verwiesen. Sind Therapeuten erst einmal mit den Richtlinien vertraut und haben sie das Gefühl, es fällt ihnen einfach, die Problemgeschichte im Gespräch mit dem Klienten zu erheben, dann können sie zur Ausführung der zur dritten Behandlungsstufe gehörenden Maßnahmen übergehen.

Tabelle 1. Die Problemgeschichte

1. Beschreibung des gegenwärtigen Problems.
2. Beginn und Verlauf des Problems.
   a) Beginn (Alter, allmählich oder plötzlich, vorausgehende Ereignisse, Kontingenzen).
   b) Verlauf (Veränderungen über die Zeit: Zunahme, Abnahme oder Fluktuationen in der Stärke, Häufigkeit oder Heftigkeit; funktionale Beziehungen mit anderen Variablen).
3. Konzept des Klienten zur Verursachung und Aufrechterhaltung des Problems.
4. In der Vergangenheit erfolgte Behandlung und Ergebnis.
   a) Medizinische Begutachtung (Fachrichtung, Datum, Form der Behandlung, Ergebnisse, gegenwärtige Einnahme von Medikamenten aus irgendwelchen Gründen).
   b) Therapeutische Hilfe (Orientierung, Datum, Form der Behandlung, Ergebnisse).
   c) Selbstbehandlung (Art und Ergebnisse).
5. Gegenwärtige Erwartungen an eine Behandlung und mit ihr verfolgte Ziele (konkrete oder ideale).

Wenn der Therapeut Erlaubniserklärungen oder begrenzte Informationen gibt, verlangt das vom Klienten im allgemeinen nicht, von sich aus – wenn er es nicht ausdrücklich will – irgendwelche Schritte zu unternehmen, um sein Verhalten zu verändern; dagegen sind spezifische Suggestionen *direkte Versuche,* dem Klienten dabei zu helfen, sein Verhalten zu verändern, um klar bestimmte Ziele zu erreichen. Im Rahmen der Kurztherapie heißt das, daß sich dieser Ansatz, was die Behandlungszeit und die behandelten Probleme angeht, Grenzen setzt. Viele Suggestionen können durch einen Therapeuten gegeben werden, dem nur ein relativ kurzer Zeitraum, nehmen wir an zwischen 10 und 30 Minuten, für ein Klienteninterview zur Verfügung steht. Spezifische Suggestionen können auch dann eingesetzt werden, wenn es die Situation nicht zuläßt, daß der Kliniker den Klienten mehr als nur einmal oder einige wenige Male sieht. Damit soll nur das Minimum notwendiger Zeit genannt sein; natürlich können die Zeitgrenzen ausgedehnt und dem Zeitplan des Klinikers angepaßt werden. Die mit dieser Behandlungsstufe verbundenen Maßnahmen sind jedoch hauptsächlich für den Einsatz im Rahmen der Kurztherapie vorgesehen. Wenn die Suggestionen nicht innerhalb eines relativ kurzen Zeitraums als hilfreich erfahren werden, dann ist wahrscheinlich Intensive Therapie der zweckmäßigere Ansatz.

Spezifische Suggestionen können wie die zu den zuvor besprochenen Behandlungsstufen gehörenden Interventionen sowohl als *präventive* als auch als *Behandlungsmaßnahme* verstanden werden.

Klienten spezifische Suggestionen zu geben, die für ihr besonderes sexuelles Problem unmittelbar bedeutsam sind, soll ihnen dabei helfen, ihre erklärten Ziele zu erreichen. Diese Art therapeutischer Interventionen ist besonders wirksam, wenn es um Probleme geht, die *Erregung, Erektion, Ejakulation, Orgasmus* oder *schmerzhaften Geschlechtsverkehr* zum Inhalt haben. Welche spezifischen Suggestionen gegeben werden (z. B. Umorientierung der Aufmerksamkeit, abgestufte sexuelle Reaktionen, Fokussieren der Sensibilität, „dating sessions", „alternate sessions", unterbrochenes Stimulieren, Technik zur Verhinderung vorzeitiger Ejakulation – „squeeze technique", Vaginalmuskeltraining). hängt von der Information ab, die bei der Aufnahme der Vorgeschichte des sexuellen Problems gewonnen wurde.

Grenzen. Wie wirksam die auf dieser dritten Behandlungsstufe des PLISSIT-Ansatzes eingesetzten Interventionen sind, hängt großenteils von der Breite des Wissens ab, das der Therapeut im Bereich der Sexualität und über das hier einschlägige Verhalten besitzt, von seinem Geschick, seiner Erfahrung und seiner Kenntnis der relevanten therapeutischen Suggestionen. Im übrigen finden wir hier wieder die gleichen Grenzen, wie wir sie bereits im Zusammenhang mit den ersten beiden Behandlungsstufen diskutiert haben. Es würde aus dem Rahmen dieses Kapitels fallen, spezifische Suggestionen für die einzelnen im Bereich der Sexualität auftretenden Probleme anzubieten. Eine detaillierte Darstellung solcher Suggestionen und ihres Einsatzes zur Behandlung der verbreiteteren heterosexuellen Probleme kann an anderer Stelle nachgelesen werden (Annon, 1976a).

Die Darstellung des im PLISSIT-Modell enthaltenen Kurztherapieansatzes ist mit der Besprechung dieser dritten Behandlungsstufe beendet. Eine ganze Reihe sexueller Probleme kann mit diesem Ansatz erfolgreich behandelt werden, aber es wird eine Zahl von Problemen geben, die auch mit diesem Ansatz ungelöst bleiben werden. Der Therapeut ist jetzt an einem Punkt angelangt, an dem er den Klienten an eine andere Einrichtung oder einen Kollegen überweisen kann oder, wenn er die erforderliche Zeit, das notwendige Wissen und relevante Erfahrungen und Fertigkeiten hat, an dem er zur vierten Behandlungsstufe übergehen wird.

Intensive Therapie

Es würde den Rahmen dieses Kapitels sprengen, zu beschreiben oder auch nur zu umreißen, wie sich die Behandlung sexueller Probleme bei Verwirklichung Intensiver Therapie gestalten könnte. Für einschlägig ausgebildete Therapeuten wäre es jetzt an der Zeit, mit solch einer Behandlung einzusetzen. Der Kliniker, der daran interessiert ist, wie von einem lerntheoretischen Ansatz ausgehend die intensive Behandlung sexueller Probleme verliefe, wird auf Annon (1975) verwiesen.

Anwendungsbereiche

Das PLISSIT-Modell ist von vielen Angehörigen der helfenden Berufe als nützlich empfunden worden. Gegenwärtig folgen ihm Mitglieder ganz unterschiedlicher Berufsgruppen, unter anderem Pfarrer, Schwestern und Krankenpfleger, Angehörige diverser nicht-akademischer Berufe mit therapeutischer Ausbildung, Ärzte verschiedener Fachrichtungen, psychiatrische Schwestern und Krankenpfleger, Psychiater, Psychologen, in Schulen arbeitende Counselors, Sozialarbeiter, Rehabilitationsspezialisten, Sexualtherapeuten, Angehörige anderer pflegerischer und Erzieherberufe und Lehrer.

Dieser Ansatz wurde in der Arbeit mit Kindern, Jugendlichen und Erwachsenen auf ein breites Spektrum von Problemen angewandt, angefangen von geistiger Retardiertheit und Körperbehinderung bis hin zu sexuellen Problemen und Bettnässen.

Da es sich bei dem PLISSIT-Modell nicht um eine Form der Psychotherapie, sondern um einen Rahmen dafür handelt, sind seine Grenzen in erster Linie im Kontext angelegt, in dem es der einzelne Praktiker anwendet. Wodurch die Grenzen auf jeder einzelnen Stufe dieses Modells bestimmt werden, ist bereits dargestellt worden.

Fallbeispiele

Erlaubniserklärung

Man trifft nicht selten auf Menschen, die auf der Ebene der *Gefühle* häufig mit Angst reagieren, wenn sie als Antwort auf eine vermeintlich ungehörige Stimulation eine sexuelle Erregung erleben. Es ist zum Beispiel ganz normal für eine ihr Kind stillende Mutter, gelegentlich einen gewissen Grad sexueller Erregung zu spüren, weniger aufgrund irgendwelcher latenter inzestuöser Strebungen als vielmehr als Folge direkter taktiler Stimulation ihrer Brüste. Ein anderes Beispiel ist der Vater, der eine Erektion erlebt, wenn er mit seinem kleinen Jungen auf seinem Schoß spielt. Das hat nichts mit latenten homosexuellen Neigungen zu tun, sondern ist Ergebnis einer direkten körperlichen Stimulation seines Penis. Dem Klienten zu versichern, daß es sich dabei um ganz normale, sehr verbreitete unwillkürliche Reaktionen auf taktile Stimulation handelt, kann unnötige Angst abbauen und verhindern, daß ein unbedeutendes Ereignis zu einem größeren Problem aufgebauscht wird. Erlaubniserklärungen für solche Gefühle sind ebenfalls am Platz, wenn sie beim Reiten oder Motorradfahren, Klettern an Bäumen und Tauen, beim Gebrauch von Tampons, beim Duschen, bei Darmausspülungen oder irgendeinem anderen Verhalten erlebt werden, das eine taktile Stimulation der Brüste, der genitalen oder analen Körperzonen einschließt.

Wenden wir uns nun der Ebene des *Verhaltens* zu. Man denke an ein Paar, das in seiner Lieblingszeitschrift liest, Menschen ihres Alters und mit ihrem Bildungshintergrund verkehrten im Schnitt annähernd zweieinhalbmal pro Woche geschlechtlich miteinander. Sie selbst haben vielleicht achtmal pro Woche oder achtmal im Jahr Geschlechtsverkehr miteinander. Jetzt beginnen sie sich Sorgen darüber zu machen, ob sie „normal", „sexuell überstimuliert" oder „sexuell unterstimuliert" sind. Um ihnen ihre Sorgen zu nehmen, reicht es unter Umständen aus, wenn der Kliniker ihnen eine Erlaubniserklärung dahingehend gibt, die von ihnen bevorzugte Häufigkeit, mit der sie geschlechtlich miteinander verkehren, beizubehalten. Es gibt zahlreiche andere Beispiele, wie der Mann, der es zwar sehr gern hat, wenn die Frau die Reitstellung einnimmt, sich aber daran erinnert, gelesen zu haben, daß dies auf latente homosexuelle Neigungen hindeutet; oder das junge Paar, das „insgeheim" an wechselseitigem oralgenitalen Kontakt Spaß findet, aber gelesen hat, das werde als „pervers" oder

„abnormal" oder als Symptom „homosexueller Tendenzen" betrachtet. Diese Aufzählung könnte noch lange so weitergeführt werden; worauf es uns in der Hauptsache ankommt, sollte aber schon jetzt klargeworden sein: viele sexuelle Probleme dieser Art können auf dem Wege des Erteilens von Erlaubniserklärungen gelöst werden.

Als ein Beispiel dafür, daß Erlaubniserklärungen auch dafür gegeben werden können, einem bestimmten Verhalten *nicht* zu folgen, wollen wir den Fall einer jungen Frau aufgreifen, die von ihrem Partner bedrängt wird, „multiple Orgasmen" zu erleben, oder die gelesen oder gehört hat, es sei das Recht jeder Frau, sie zu „erwarten und zu verlangen". Dabei ist sie aber mit dem eigenen Orgasmus, den sie im Zusammensein mit ihrem Partner erlebt, sehr zufrieden, und ihr ist es eigentlich egal, ob sie multiorgasmisch ist oder nicht. Für sie kann es eine Hilfe sein, wenn sie von einem ausgebildeten Counselor die Erlaubniserklärung erteilt bekommt, sich, solange sie sich nicht ausdrücklich dafür entscheidet, nicht zum Erleben multipler Orgasmen zu zwingen. Im Fall einer Frau, die wirklich gerne multiple Orgasmen erleben würde, aber Angst oder Bedenken hat, sie könnte dann zur „Nymphomanin" werden, kann dagegen eine Erlaubniserklärung für das Anstreben multipler Orgasmen hilfreich sein. Das Geben von Erlaubniserklärungen ist besonders dann angebracht und nützlich, wenn es in direkter Bezugnahme auf die Ziele des Klienten erfolgt. Wenn sich der Kliniker dessen bewußt ist, wird es ihm einfacher fallen zu entscheiden, in welcher Form das Erteilen einer Erlaubnis im Falle eines besonderen Klientenproblems am ehesten Hilfe bringen wird.

Wo die Grenzen für das Erteilen von Erlaubniserklärungen verlaufen, ist bereits weiter oben dargestellt worden; es könnte jedoch von Nutzen sein, hier noch einmal ein Beispiel dafür zu geben, wo eine Erlaubniserklärung unter Umständen deshalb *nicht* hilft, weil sie für eine Wahl erteilt wird, die ohne Besitz der dafür relevanten Information getroffen wird. So haben eine Reihe populärer Bücher „erlaubsnisgebend" gewirkt, indem sie ohne jede Differenzierung die Freuden und den harmlosen Spaß verherrlicht haben, die mit jeder beliebigen sexuellen Phantasie verbunden seien, der sich ein Mensch gerade hingeben möchte, Phantasien, mit denen er sich während masturbatorischer oder einer den Partner einbeziehenden sexuellen Aktivität beschäftigt. Die Lerntheorie sagt, und das wird durch klinisches Material erhärtet (Annon, 1973), daß systematisches Assoziieren von Gedanken und Phantasien mit sexueller Aktivität ein sehr wirksamer Weg ist, um sexuelle Erregung als Reaktion auf fast jeden Stimulus zu konditionieren. Diese Tatsache ist therapeutisch vorteilhaft eingesetzt worden. Wird eine solche auf Konditionierung hinauslaufende Aktivität von jemandem ausgeübt, der nicht angemessen informiert ist, können unter bestimmten Umständen jedoch unerwünschte Ergebnisse die Folge sein. Eine Frau zum Beispiel, deren Phantasie sich, während sie sich selbst stimuliert, ständig um Hunde dreht, kann sich schließlich in einer Situation wiederfinden, in der sie durch wirkliche, zu ihrer Umgebung gehörende Hunde sexuell erregt wird. Glücklicherweise findet eine solche Konditionierung nicht statt, solange der Klient nicht systematisch die gleiche Phantasie über einen ausgedehnten Zeitraum verwendet. Klienten über die möglichen Folgen ihres Verhaltens zu informieren und die endgültige Wahl ihnen zu überlassen, scheint in solchen Fällen eher angebracht zu sein, als „Blanko"-Erlaubnisse zu erteilen.

Begrenzte Information

Um zu veranschaulichen, wie eine Behandlung auf dieser Stufe aussehen könnte, wollen wir uns dem Fall eines jungen Mannes zuwenden, dessen Hauptkummer darin bestand, daß er sich inadäquat fühlte, weil er seinen Penis im Vergleich zu dem anderer Männer als zu klein ansah. Er hatte sich von jedem Sozialkontakt zurückgezogen, reagierte auf seine Situation mit Depression und erwog, seinen „defizitären" Penis auf dem Wege einer Operation korrigieren zu lassen. Ihm wurde die übliche Information gegeben, die in solchen Fällen angeboten werden kann (z. B. der verkürzende Effekt, der sich aufgrund der unterschiedlichen Perspektive ergibt, die der Wahrnehmende beim Betrachten des eigenen Penis gegenüber dem eines anderen Mannes einnimmt; fehlende Korrelation zwischen der Größe eines schlaffen und der eines eregierten Penis, mit Ausnahme der Tendenz des im schlaffen Zustand kleinen Penis, im eregierten Zustand länger zu werden als der im schlaffen Zustand längere Penis; die Vagina hat bei der Frau eine Tiefe von durchschnittlich sieben bis zehn Zentimeter und hat nach innen zu nur sehr wenig Nervenendungen). Ein paar Minuten einschlägiger Information dieser Art reichte aus, seine Einstellung zu verändern, und innerhalb von zwei Monaten hatte er viele Kontakte geknüpft und eine enge sexuelle Beziehung mit einer jungen Frau, mit der er sich schließlich verlobte. Es ist natürlich unmöglich zu sagen, was passiert wäre, hätte er solche relevante Information nicht bekommen; es scheint aber wahrscheinlich, daß sich seine Situation zunehmend verschlechtert hätte.

Wie das Erteilen von Erlaubniserklärungen kann auch die Vermittlung begrenzter Information ebenso als präventive Maßnahme wie Behandlungstechnik aufgefaßt werden. In der beschriebenen Situation wurde dem Klienten zugestanden, sich als jemanden zu erleben, der Kummer hat; ihm wurde auch gestattet, seinen eigenen Körper zu akzeptieren, aber nicht explizit die Erlaubnis gegeben, sexuellen Kontakt mit Frauen zu vermeiden oder zu suchen. Mit der Vermittlung einschlägiger Information wurde ihm eine Gelegenheit verschafft, sein Verhalten, wenn er das wollte, zu verändern.

Das Geben begrenzter Information ist auch eine ausgezeichnete Methode, *sexuellen Mythen* die Kraft zu nehmen. Hier ist an so spezifische Mythen zu denken wie die, die sich um die Größe der Geschlechtsorgane gebildet haben, oder so allgemeine Mythen, wie etwa die, Männer und Frauen unterschieden sich deutlich in dem Ausmaß, in dem sie sexuelle Beziehungen wollen und Freude aus ihnen beziehen, und in ihrer Disposition, auf sexuelle Stimulierung anzusprechen.

Allgemeine Mythen wie die eben genannten sind in unserer Kultur recht verbreitet, obwohl umfangreiches Material dafür vorliegt, daß Männer und Frauen, was ihre sexuelle Ansprechbarkeit und ihr sexuelles Erleben angeht, sich viel stärker ähneln als unterscheiden. Zahlreiche interkulturelle Vergleichsuntersuchungen aus Disziplinen wie Anthropologie und Soziologie stimmen in dem Ergebnis überein, daß Kulturen, in denen Frauen dazu ermutigt werden, ihre Sexualität offen auszudrücken, Frauen hervorbringen, die sexuell ansprechbar und in dieser Hinsicht frei von Hemmungen sind; in ihrer sexuellen Ansprechbarkeit unterscheiden sie sich danach nicht von Männern. Kulturen, die Frauen zum Erleben des Orgasmus ermutigen und es von ihnen erwarten, bringen Frauen hervor, zu deren Erleben Orgasmen selbstverständlich gehören; für den umgekehrten Fall gilt Entsprechendes.

Andere, verbreitet auftretende Fälle, bei denen begrenzte Information äußerst hilfreich sein kann, drehen sich um sexuelle Probleme im Zusammenhang mit Form, Größe und Gestalt von Brust und Genitalien, im Zusammenhang mit Masturbation, Geschlechtsverkehr während der Menstruation, oral-genitalem Kontakt, der Häufigkeit des Sexualkontaktes und sexueller Leistungsfähigkeit. Es kann nicht Gegenstand dieses Kapitels sein, zu jedem der vielen möglichen sexuellen Problembereiche ausführliche Informationen zu liefern, die auf dieser Behandlungsstufe vermittelt werden können. Informationen dieser Art können an anderer Stelle nachgelesen werden (z.B. Annon, 1976a).

Spezifische Suggestionen

Es sei daran erinnert, daß spezifische Suggestionen wie die auf den vorangegangenen Behandlungsstufen erfolgten Interventionen ebenfalls als präventive wie auch als direkte Behandlungsmaßnahmen aufgefaßt werden können.

Dazu zwei Beispiele: Einer Frau spezifische Wege vorzuschlagen, wie sie das Erleben von Schmerzen beim Geschlechtsverkehr vermeiden kann, bewahrt sie möglicherweise davor, einen Vaginismus zu erleben. Die direkte Behandlung von Problemen, die ein Mann im Zusammenhang mit der Ejakulation erlebt, kann im Hinblick auf möglicherweise später auftretende Erektionsprobleme vorbeugend wirken. Auf dieser Stufe zum Einsatz kommende Maßnahmen können außerdem leicht und in für die Behandlung günstiger Weise mit den zu den beiden ersten Stufen gehörenden Interventionen kombiniert werden.

Während man sich auf dieser besonderen Behandlungsstufe bewegt, können zwei Slogans häufig recht nützlich sein. Beide Slogans können direkt an den Klienten gerichtet werden; welcher von beiden angebracht ist, hängt von der besonderen Situation des Klienten ab. Einer von diesen Slogans ist von besonderem Nutzen im Falle von Klienten, für die ein spezifisches Merkmal ihres Körpers zum Problem geworden ist; er lautet: „Es ist nicht so wichtig, was du hast, sondern vielmehr, was du tust mit dem, was du hast." Der Einsatz dieses Slogans in Verbindung mit spezifischen Suggestionen dazu, „was sie tun mit dem, was sie haben", kann sehr wirksam sein, wenn es um Einstellungs- und Verhaltensänderungen in einem besonderen Problembereich des Klienten geht.

Zur Anwendung des zweiten Slogans dürfte es noch häufiger Gelegenheit geben. Viele Klienten, die mit sexuellen Problemen in Behandlung kommen, die ein Versagen in der Erregung, der Erektion, im Orgasmus oder in der ejakulatorischen Kontrolle zum Gegenstand haben, neigen dazu, jeden Sexualkontakt mit ihrem Partner als „letzten Versuch" anzusehen. Wenn der Mann wieder zu früh ejakuliert oder wieder keine Erektion zustandebringt, hat er oft das Gefühl, seine letzte Chance verpaßt zu haben. Ähnliches wird von Frauen berichtet, die zum Orgasmus kommen wollen. Gedanken wie „Wird es diesmal klappen? Diesmal muß es klappen oder ich sterbe!" sind in keiner Weise geeignet, den Klienten dem Erleben dieser Ziele näherzubringen. Dem Klienten dabei zu helfen, sich sagen zu lernen und zu glauben: „Es gibt immer einen anderen Tag" oder: „Es gibt immer noch ein anderes Mal" oder: „Es gibt immer noch eine andere Gelegenheit", kann viel ausrichten, wenn es darum geht, die selbstvernichtende und grimmige Entschlossenheit etwas abzuschwächen, mit der viele Klienten ihr besonderes sexuelles Problem zu überwinden suchen. Es mag eine Hilfe sein, solche Suggestionen als zu einer der drei folgenden Kategorien gehörig aufzufassen: Suggestionen, die sich allein an den Mann, Suggestionen, die sich allein an die Frau, und Suggestionen, die sich an ein Paar richten. Ziemlich häufig wird der Kliniker von einem Klienten aufgesucht, der ein heterosexuelles Problem, gegenwärtig aber keinen Partner hat. In solchen Fällen lassen sich eine Reihe von Suggestionen zum Gebrauch selbststimulierender Verfahren geben (Annon, 1973), die, bis ein Partner gefunden wird, helfen können. Häufig wird sich der Kliniker auch in einer Situation sehen, in der er es mit einem Klienten zu tun bekommt, bei dessen Partner das Problem liegt, der aber nicht in der Lage oder bereit ist, selbst den Kliniker zwecks Beratung aufzusuchen. Kann man davon ausgehen, daß dieser andere Partner auf Suggestionen wartet, ist es für den Kliniker wichtig, soweit das unter solchen Umständen möglich ist, eine ausführliche Problemgeschichte zu erheben. Je nach so erhaltener Information ist ihm dann anheimgestellt, Suggestionen zu geben, die er unter diesen Bedingungen für angemessen hält. Die nützlichsten Suggestionen sind gewöhnlich jedoch die, die beiden Partnern zusammen gegeben werden können. Sofern das möglich ist, sollte der Klient ermutigt werden, den Partner mitzubringen. Wenn das Paar zusammen kommt und bereit ist, im Sinne der Behandlungsvorschläge zu kooperieren, ist immer eine höhere Wahrscheinlichkeit gegeben, daß sie ihre Ziele erreichen werden, als wenn ein Partner allein kommt. Mit einem Menschen allein an einem Problem zu arbeiten, das ihn in seinem Zusammensein mit einem anderen in einer so intimen Situation zum Gegenstand hat, ist immer mit einem Risiko verbunden; der Kliniker sollte mit Entschlossenheit versuchen, beide Beteiligte zu sehen, wenn immer das möglich ist.

Lektüre. Kliniker können auch spezifische Literatur vorschlagen. Sie kann mehrere Funktionen erfüllen: Sie kann als ein anderes Mittel eingesetzt werden, mit dem Erlaubniserklärungen oder begrenzte Informationen zu einem Gebiet der Sexualität gegeben werden, in dem das Problem des Klienten liegt. Sie kann auch dafür herangezogen werden, um spezifische, vom Kliniker gegebene Suggestionen zu ergänzen oder um den Klienten in von ihm initiierten neuen Praktiken zu unterstützen. Schließlich kann Lektüre anstelle irgendwelcher anderen spezifischen Suggestionen vorgeschlagen werden, weil zu mehr aufgrund zeitlicher Beschränkungen auf seiten des Klinikers oder Klienten keine Gelegenheit besteht. Es wird davon ausgegangen, daß der Kliniker keine Literatur vorschlägt, solange er sich damit nicht selbst vertraut gemacht hat und sie guten Gewissens empfehlen kann.

Intensive Therapie

Aus Raumgründen können Beispiele für diese Behandlungsstufe nicht gegeben werden; Therapeuten, die an einer detaillierten Darstellung dazu interessiert sind, wie sich von einem lerntheoretischen Ansatz ausgehend die Intensive Therapie einer Reihe von sexuellen Problemen gestalten kann, sollten Annon (1975) heranziehen.

Zusammenfassung

Die Vorteile, die der Einsatz des PLISSIT-Modells haben kann, haben wir weiter oben dargestellt, und wir werden sie hier nicht noch einmal wiederholen. Denen, die an der Ausbildung oder am Training von Therapeuten beteiligt sind, kann dieses Modell einen Rahmen bieten, in dem sie ihre Trainingsverfahren auf die Kompetenz des einzelnen Teilnehmers eines Therapiekurses abstellen können. Klinikern, so ist zu hoffen, wird dieses Modell einen Rahmen an die Hand geben, in dem sie ihr Wissen, ihre Erfahrung und Fertigkeiten weiterentwickeln und ausdehnen können.

Beim Einsatz des PLISSIT-Modells werden Kliniker sich natürlich nach ihrer besonderen Einrichtung, der ihnen zur Verfügung stehenden Zeit und dem Niveau ihrer eigenen Kompetenz richten müssen. Als wichtig ist auch hervorzuheben, daß mit der *Kurztherapie,* wie sie in diesem Modell vorgesehen ist, nicht die Lösung jedes sexuellen Problems erwartet wird; mit ihr werden sich aber viele sexuelle Probleme bewältigen lassen.

Gambrill (1977) hält es für einen wichtigen Aspekt des PLISSIT-Modells, Klienten mit Sicherheit in den Genuß einer Therapie kommen zu lassen, die für sie geeignet ist; für ihn ist mit diesem Modell ebenfalls verbürgt, daß ein Problem, das mit Kurztherapie bearbeitet werden kann, nicht durch ein kostspieliges und zeitaufwendiges Behandlungsprogramm angegangen wird.

Ich bin der festen Überzeugung, und dabei stütze ich mich auf aus klinischer Erfahrung und empirischen Untersuchungen bezogenes Material, welches in seinem Umfang ständig wächst, daß es sich ethisch nicht vertreten läßt, Klienten in ein teures, sich über einen langen Zeitraum erstreckendes Behandlungsprogramm einzubeziehen, ohne zuerst zu versuchen, ihre Probleme mit Kurztherapie zu lösen. Wie die schematische Darstellung in Abbildung 2 impliziert, können viele sexuelle Probleme erfolgreich mit Kurztherapie behandelt werden, wenn der Kliniker zu ihrem Einsatz bereit ist. Andererseits wird es, wie das Modell ebenfalls zeigt, eine Zahl von Problemen geben, die mit diesem Ansatz nicht bewältigt werden können und ihn ungelöst passieren. Es wird Fälle geben, in denen spezifische Suggestionen, die vielen anderen helfen mögen, bei dem Problem eines besonderen Klienten wirkungslos bleiben, ganz gleich, ob der Kliniker eine einzelne Suggestion oder ein ganzes Dutzend davon gegeben hat. Es wird auch vorkommen, daß das Befolgen von Suggestionen durch zwischenmenschliche Konflikte vereitelt wird. Ist das der Fall und hat der Kliniker das Gefühl, alles, was im Rahmen einer Kurztherapie möglich ist, getan zu haben, dann ist es an der Zeit, mit der stark auf den einzelnen zugeschnittenen *Intensiven Therapie* zu beginnen.

Kelly (1979) hat auf diese im PLISSIT-Modell angelegte Unterscheidung zurückgegriffen, um *Sexualberatung* und *Sexualtherapie* einem Vergleich zu unterziehen. Er wies darauf hin, daß Sexualberatung sich stärker auf Maßnahmen konzentriert, die den Behandlungsstufen der Erlaubniserklärung und begrenzten Information zuzurechnen sind, und manchmal zur Stufe spezifischer Suggestionen übergeht. Sexualtherapie bewege sich dagegen in erster Linie auf den Stufen der spezifischen Suggestionen und der Intensiven Therapie.

Im PLISSIT-Modell ist mit Intensiver Therapie nicht die Verlängerung eines standardisierten Behandlungsprogrammes gemeint. Es liegt im Wesen solcher

Standardprogramme, für manche Menschen nutzlos zu sein oder auch eine Hilfe anzubieten, derer es nicht bedarf. Viele der zentralen Elemente einiger der gegenwärtig praktizierten Standardprogramme können mit Erfolg im Rahmen einer Kurztherapie eingesetzt werden. Intensive Therapie wird im PLISSIT-Modell als eine sehr auf den einzelnen zugeschnittene Behandlung verstanden, die deshalb notwendig ist, weil eine Standardbehandlung dem Klienten *nicht* dabei helfen konnte, seine Ziele zu erreichen. In unserem Rahmen ist mit Intensiver Therapie die Forderung verknüpft, zunächst die einzigartige Situation des Klienten und seine besonderen Erfahrungen sorgfältig zu analysieren, um dann ein für den Einzelfall spezifisches therapeutisches Programm zu entwerfen, das nur für diesen besonderen Klienten und seine Lebensumstände gilt. Das kann nicht stark genug betont werden, denn was bleiben dem Klienten nach der vierten Behandlungsstufe noch für Möglichkeiten?

Literatur

Annon, J. S. The extension of learning principles to the analysis and treatment of sexual problems. Ph.D. dissertation, University of Hawaii, 1971. Reprinted in *Dissertation Abstracts International,* 1971, **32 (6-B),** 3627. (University Microfilms No. 72-290, 570)

Annon, J. S. The therapeutic use of masturbation in the treatment of sexual disorders. In R. D. Rubin, J. P. Brady and J. D. Henderson (Eds.), *Advances in behavior therapy,* vol. 4. New York: Academic Press, 1973. (Also in J. Fischer and H. L. Gochros [Eds.], *A handbook of behavior therapy with sexual problems, vol. 1. General Procedures.* New York: Pergamon Press, 1977)

Annon, J. S. *The behavioral treatment of sexual problems: Intensive therapy.* Honolulu: Enabling Systems, 1975.

Annon, J. S. *The behavioral treatment of sexual problems: Brief therapy.* New York: Harper & Row, 1976a.

Annon, J. S. The PLISSIT model: A proposed conceptual scheme for the behavioral treatment of sexual problems. *Journal of Sex Education and Therapy,* 1976b, **2 (1),** 1–15. (Also in J. Fischer and H. L. Gochros [Eds.], *A Handbook of Behavior Therapy with Sexual Problems, vol. 1. General Procedures.* New York: Pergamon Press, 1977)

Annon, J. S. and Robinson, C. H. *The plissit approach to sex therapy.* Tape cassette E-7, Washington, D.C.: AASECT, 1977.

Annon, J. S. and Robinson, C. H. The use of vicarious learning in the treatment of sexual concerns. In J. LoPiccolo and L. LoPiccolo (Eds.), *Handbook of sex therapy.* New York: Plenum Press, 1978.

Annon, J. S. and Robinson, C. H. Sexual disorders. In A. E. Kazdin, A. Bellack and M. Hersen (Eds.), *New perspectives in abnormal psychology.* New York: Oxford University Press, 1980 (a).

Annon, J. S. and Robinson, C. H. The behavioral treatment of sexual dysfunctions. In A. Sha'Ked (Ed.), *Human sexuality in rehabilitation medicine.* Baltimore: Williams & Wilkins, 1981 (a).

Annon, J. S. and Robinson, C. H. A practical approach to day to day sexual problems. In D. A. Shore and H. L. Gochros (Eds.), *Sexual problems of adolescents in institutions.* Springfield, Ill.: Charles C Thomas, 1981 (a).

Annon, J. S. and Robinson, D. H. Sex therapies—peer and self-counseling. In W. E. Johnson (Ed.), *Sex in life.* New York: William Brown, 1981 (b).

Annon, J. S. and Robinson, C. H. Sexual disorders. In A. E. Kazdin, A. Bellack and M. Hersen (Eds.), *New perspectives in abnormal psychology.* New York: Oxford University Press, 1980 (a).

Annon, J. S. and Robinson, C. H. Treatment of common male and female sexual concerns. In J. M. Ferguson and C. B. Taylor (Eds.), *Comprehensive handbook of behavioral medicine, Vol. 1: Systems intervention,* New York: SP Medical & Scientific Books, 1980 (b).

Annon, J. S. and Robinson, C. H. Video in sex therapy. In J. L. Fryrear and B. Fleshman (Eds.), *Videotherapy, in Mental Health,* Springfield, C. C. Thomas, 1981 (b).

Baker, L. D. and Nagata, F. S. A group approach to the treatment of heterosexual couples with sexual dissatisfactions. *Journal of Sex Education and Therapy,* 1978, **4 (1),** 15–18.

Croft, H. A. Managing common sexual problems: A multilevel treatment model. *Postgraduate Medicine,* 1976, **60 (5),** 186–190.

Daniel, R. S. *Methods and materials for the human sexuality and family life professions. Vol. 1, An annotated guide to the audiovisuals.* Forthcoming.

Fischer, J. and Gochros, H. L. (Eds.). *A handbook of behavior therapy with sexual problems. Vol. 1, General procedures.* New York: Pergamon Press, 1977.

Gambrill, E. D. *Behavior modification: Handbook of*

assessment, intervention, and evaluation. San Francisco: Jossey-Bass, 1977.

Gochros, H. L. Personal communication, 1978.

Hindle, W. H. The brief management of sexual problems. In *Female Emotional Problems.* Tape cassette, vol. 25 (12). Los Angeles: Audio-Digest Foundation, 1978.

Hirayama, H. Sex education training for parents of the mentally retarded: Trainer's guide. Unpublished manuscript. Memphis, Tenn.: University of Tennessee, 1979.

Kelly, G. F. *Sexuality—the human perspective.* Woodbury, N.Y.: Barron's Educational Series, 1979.

King, N. J. Handbook of human sexuality. Unpublished manuscript. Victoria, Australia: Preston Institute of Technology, 1977.

Morton, T. L. and Pion, G. A sexual enhancement group for women. *Journal of Sex Education and Therapy,* 1976, **2 (1),** 35–38.

Pion, R. J. and Annon, J. S. The office management of sexual problems: Brief therapy approaches. *The Journal of Reproductive Medicine,* 1975, **15 (4),** 127–144.

Robinson, C. H. The effects of observational learning on the masturbation patterns of preorgasmic females. Paper presented at the annual meeting of the Society for the Scientific Study of Sex, Las Vegas, November 1974a.

Robinson, C. H. The effects of observational learning on sexual behaviors and attitudes in orgasmic dysfunctional women. Ph.D. dissertation, University of Hawaii, 1974b. Reprinted in *Dissertation Abstracts International,* 1975, **35 (9-B).** (University Microfilms No. 75-5040, 221.) (b)

Staats, A. W. Social behaviorism and human motivation. Principles of the attitude-reinforcer-discriminative system. In A. G. Greenwald, T. C. Brook and T. M. Ostrom (Eds.), *Psychological foundations of attitudes.* New York: Academic Press, 1968.

Staats, A. W. *Social behaviorism.* Homewood, Ill.: Dorsey Press, 1975.

Poesietherapie

Arthur Lerner

Die Vertreter verschiedener psychologischer Ansätze und Therapien haben etwas Seltsames an sich. Sie neigen dazu, vom Wert ihrer eigenen Arbeit so eingenommen zu sein, daß sie oft blind für den Wert anderer Standpunkte werden. Meine eigene Erfahrung mit mehreren Dutzend Personen, die neue Therapieverfahren eingeführt oder entwickelt haben, darunter auch einigen Autoren dieses Handbuches, bestätigt dies. Aber es gibt Ausnahmen, und eine davon ist Arthur Lerner. Er ist ein bescheidener und zurückhaltender Mensch mit ausgezeichneten Kenntnissen (unter anderem besitzt er zwei Doktorgrade, einen in Psychologie und einen in Literatur), der ungeheuer hart arbeitet und ein engagierter Vertreter der Poesietherapie ist, der aber gleichzeitig der Grenzen dieser Technik gewahr ist und sie eher als Hilfsverfahren *ansieht denn als Methode, die alle anderen Methoden erübrigen würde.*

Wer ein wirklich guter Therapeut sein möchte, sollte den Wert aller in diesem Handbuch angeführten Verfahren kennen und mit denjenigen experimentieren, die ihm persönlich liegen. Das Lesen oder Verfassen von Dichtung *kann manchen Menschen helfen, sich selber besser zu verstehen und zu lernen, wie man sich in der Welt zurechtfinden kann.*

Poesietherapie ist ein operationaler Begriff für das Verwenden von *Dichtung* in der therapeutischen Praxis. Die therapeutische Praxis kann die Form einer Einzelbehandlung, eines Gruppenprozesses und/oder von beiden annehmen. Dichtung ist ein eklektisches und begleitendes Phänomen in der therapeutischen Praxis, durch das jedes herrschende Psychotherapieverfahren *ergänzt* werden kann.

Geschichte

Vorläufer

Gesang, Gebet und *Dichtung* wurden seit frühesten Zeiten von Schamanen, Zauberdoktoren und Medizinmännern als Heilmittel eingesetzt. Außerdem enthalten die religiösen Schriften aller Gesellschaften poetische Formulierungen und dichterische Werke, die als heilende/ratstiftende/therapeutische Stützen fungieren.

In der griechischen Mythologie war Apollo der Gott des Lichtes, der Vernunft und der Dichtkunst. Sein Sohn Asklepios war der Gott der Heilkunde. So waren Dichtung und Heilen in einer Familie vereint. Vernunft und Emotion waren die beiden Hauptelemente des Lebens, mit denen die Griechen rangen. Ihre poetischen Dramen drehten sich um die tiefliegenden Kräfte des Lebens und den Preis, den man zahlt, wenn man verborgene emotionale Kräfte nicht beachtet. Ihr Ziel war, Gleichgewicht zu finden, einen ausgeglichenen Standpunkt – alles in Maßen.

Aristoteles betrachtete Literatur in seinen „Poetics" sehr stark von der Position eines Naturalisten oder Wissenschaftlers aus. Er glaubte fest an das Konzept der „psychagogia", der Befreiung der Seele durch den Impetus und die Macht der Kunst, und er behauptete, Dichtung sei tief verwurzelt in zwei Aspekten der menschlichen Natur, die er als Instinkte ansah, nämlich im Nachahmen und im Kombinieren von Harmonie und Rhythmus (oder Versmaß). Es ist interessant, daß man in gegenwärtigen psychologischen Theorien hierzu verwandte Vorstellungen finden kann, wie zum Beispiel die Konzepte des *Modells,* der *Integration,* des *Lebensstils,* der *Geschlossenheit* und einer ganzen Reihe anderer Begriffe.

Aristoteles war auch der Auffassung, Dichtung sei eine Form des Wissens mit einer positiven moralischen Wirkung auf die Psyche. Er hielt an dem Begriff „katharsis" fest, einer emotionalen Reinigung durch Mitleid und Furcht. Man tut gut, sich daran zu erinnern, daß Aristoteles' Bezugsrahmen in seinen „Poetics" die griechische Tragödie ist, deren Form und Geist immer poetischer Natur sind.

Zu dem in Aristoteles' Konzept der „katharsis" involvierten Prozeß gehört sowohl die Kontrolle wie auch die Steuerung der Emotionen, was an William Wordsworths Zeilen in „Intimations of Immortality" erinnert:

> Mit mir allein, ein schmerzlicher Gedanke kam,
> der rechtzeitig geäußert ihn leichter werden ließ.
> Jetzt bin ich wieder stark.
>
> (To me alone there came a thought of grief;
> A timely utterance gave that thought relief,
> And I again am strong.)

Anfänge

Zum Zeitpunkt der Abfassung dieses Artikels kann man nicht auf eine bestimmte Geschichte der Poesietherapie zurückblicken. Gewisse Ereignisse und literarische Beiträge markieren jedoch die Anfänge auf diesem Gebiet.

Am Pennsylvania-Hospital wird Poesietherapie seit fast 200 Jahren praktiziert und ist immer noch Teil der *Milieutherapie.* Jones (1969) weist darauf hin, daß das Pennsylvania-Hospital im Jahre 1843 mit der Veröffentlichung einer Zeitung, „The Illuminator", begann, bei der die psychisch kranken Patienten für den Inhalt (einschließlich dichterischer Werke), die Herausgabe und die Vervielfältigung verantwortlich waren.

In einem 1908 verfaßten Essay mit dem Titel „The Relation of the Poet to Day-Dreaming" bemerkte Sigmund Freud, daß der schöpferische Autor einem *Tagtraum* nahe und das Werk des Dichters dessen Tagtraum oder Wunsch sei. Carl Jung (1933) war der Ansicht, ein großes Kunstwerk sei aus psychoanalytischer Sicht wie ein Traum. Er glaubte, ein Gedicht berühre etwas im Menschen, das mit dem Problem der menschlichen Existenz und nicht unbedingt etwas mit einer persönlichen Sichtweise zu tun habe.

Ein wichtiges Buch von Prescott, „The Poetic Mind" (1922), war jahrelang ignoriert worden. Schließlich wurde es 1959 neuaufgelegt. Prescott, ein Professor für Englisch, beschäftigte sich mit zwei Aspekten der Dichtung, den *unbewußten*

Determinanten der Inspiration und dem *Phänomen des Traumlebens* in seiner Bedeutung für den dichterischen Ausdruck. Einigen seiner Gedanken legte er die Thesen von Reverend John Keble zugrunde, einem anglikanischen Geistlichen, der 18 Jahre vor Freuds Geburt mit seiner am 14. Juli 1833 in der St. Mary's Church in Oxford gehaltenen Predigt die *Oxford-Bewegung* ins Leben rief. Keble glaubte, Literatur sei verborgene Wunscherfüllung und Dichtung biete Möglichkeiten zur Abfuhr und Katharsis, wodurch Wahnsinn verhindert werde.

Blanton, der Autor von „The Healing Power of Poetry" (1960), beschreibt, wie umfassend ein Psychiater in seiner vierzigjährigen Praxis Dichtung therapeutisch eingesetzt hat.

Einen Hauptanstoß zur Entwicklung der Poesietherapie gaben die Bemühungen von Elfi Greifer (1902–1966) und des Psychiaters Jack Leedy. Greifer war Jurist und Pharamzeut, der in der Dichtung Zuflucht und Erleichterung fand. Er veröffentlichte, registrierte und kategorisierte Gedichte für bestimmte Leiden wie bei einem Rezept. In seinem Werk „Poetry Therapy" (1969) informiert uns Leedy, daß Greifer als Volontär unter psychotherapeutischer Supervision bei emotional kranken Personen Dichtung in die Behandlung eingeführt hat. 1959 ging Greifer ans Cumberland-Hospital in Brooklyn, wo er zusammen mit Samuel Spector und Leedy aus der Therapie mit Gedichten die Poesietherapie entwickelte. 1969 wurde die Association for Poetry Therapy geschaffen, die seitdem weltweite Konferenzen organisiert.

1971 richtete der Psychiater Julius Griffin das Calabasas Neuropsychiatric Center in Kalifornien ein. In der Überzeugung, der verwahrende Ansatz müsse durch einen therapeutischen ersetzt werden, machte er mir, Dichter und Psychologe, das Angebot, in der neugegründeten Institution Hausdichter und Poesietherapeut zu werden. In der Geschichte privater psychiatrischer Gesundheitseinrichtungen war das neu. Der Name des Zentrums wurde später unter neuer Leitung zu Woodview Calabasas Hospital geändert. Abrams (1978) liefert einen lebendigen Bericht über das Poesietherapie-Programm am Woodview-Hospital und macht deutlich, daß Dichtung leicht in das Behandlungsprogramm eines psychiatrischen Krankenhauses aufgenommen werden kann.

Ein anderes wichtiges Ereignis für die Entwicklung der Poesietherapie war die Gründung des Poetry Therapy Institute in Encino, Kalifornien, im Jahre 1973. Das Institut betreibt Ausbildung, Forschung und Therapie und bietet in Zusammenarbeit mit Colleges, Universitäten, Krankenhäusern, Kliniken, Schulen und Gemeindegesundheitszentren Workshops an. Im Sommer 1979 organisierte es zusammen mit dem Immaculate Heart College die First National Conference on Poetry Therapy in Los Angeles.

Gegenwärtiger Stand

Außer dem Poetry Therapy Institute in Encino, Kalifornien, bieten noch andere Organisationen Kurse und/oder Ausbildungsprogramme in Poesietherapie an. Dazu gehören die New School for Social Research in New York City, das St. Elizabeth's Hospital in Washington, D. C., das Institute for Sociotherapy in New York City, die American Academy for Poetry Therapy in Austin, Texas, die Association for Poetry Therapy in Columbus, Ohio, das Poetry Therapy Outreach Program in Fort Lauderdale, Florida, und das Louisville Poetry Therapy Institute in Louisville, Kentucky. Diese Liste ist keineswegs vollständig.

In „The Therapy of Poetry" (1972) meint Molly Harrower, Dichtung sei Therapie und habe unbedingt mit der normalen Persönlichkeitsentwicklung zu tun. Sie führt viele ihrer eigenen Gedichte an, um diesem Gedanken Nachdruck zu verleihen. Dadurch hat sie viele Menschen dazu angeregt, sich in ihrem normalen Entwicklungsprozeß auf ihre eigenen dichterischen Werke zu konzentrieren.

Leedy hat als Herausgeber von „Poetry the Healer" (1973) den Wirkungskreis der Dichtung als therapeutischer Modalität erweitert. In „Psychopoetry" (1976) geht Schloss auf den Einfluß von J. L. Moreno, dem Vater der *Gruppenpsychotherapie* und des *Psychodramas*, ein. Seiner Meinung nach gebrauchte Moreno den Begriff „psychopoetry", lange bevor Poesietherapie in ihrer gegenwärtigen Form praktiziert wurde. Schloss und Grundy (1978) haben diese psychodramatische Richtung ausgearbeitet, indem sie verschiedene *psychopoetische Techniken* erläutern.

In „Poetry in the Therapeutic Experience" (1978) weise ich darauf hin, daß Poesietherapie auf der Suche nach einer theoretischen Grundlage ist und sorgfältig definierter und ausgearbeiteter Forschungsansätze bedarf. Trotz mancher Hinweise auf den heilenden Einfluß der Dichtung in der Therapie ist Lauer (1978) der Meinung, Poesietherapie sei nicht ganz ungefährlich.

Da Poesietherapie ein *zusätzliches Hilfsmittel* darstellt, sind sich verschiedene Praktiker einig, daß nur speziell ausgebildete Personen (Helfer), die unter Supervision gewonnene Erfahrungen und eine Grundausbildung in Psychologie und Psychodynamik besitzen, als qualifiziert betrachtet werden sollten, Poesietherapie zu praktizieren. Andere Personen vertreten den Standpunkt, nur Angehörige anerkannter Berufe – wie Psychiater, Psychologen, Counselor und ähnliche – sollten von der Poesietherapie Gebrauch machen.

Zum gegenwärtigen Zeitpunkt ist nicht bekannt, daß irgendwelche renommierten Colleges oder Universitäten ein spezielles Lehrprogramm mit Poesietherapie als Hauptfach anbieten, das zu einem akademischen Grad führt. Von Zeit zu Zeit werden an verschiedenen Schulen Kurse in Poesietherapie unter Titeln wie „Therapie durch schöpferische Kunst" oder „Therapie durch expressive Kunst" angeboten. Im Moment „lernt" man Poesietherapie, indem man an Sitzungen teilnimmt, in denen sie praktiziert wird, und dann freiwillig oder gegen Bezahlung unter Supervision arbeitet. Gegenwärtig werden Poesietherapeuten per se nirgendwo anerkannt.

In den Anhängen zu „Using Bibliotherapy: A Guide to Theory and Practice" (1978) gibt Rubin Informationen über die Anerkennung von und Ausbildung in verschiedenen Verfahren, unter anderem auch für die Poesietherapie.

Theorie

Poesietherapie kann als „Fusion" zweier Gebiete betrachtet werden, *Dichtung* und *Therapie*. Man muß im Auge behalten, daß Dichtung länger als Therapie existiert und die theoretischen Grundlagen beider Gebiete auf verschiedenen Erfahrungen und Annahmen beruhen. Rothenburg (1973) verweist auf Ähnlichkeiten und Unterschiede von Dichtung und Therapie hinsichtlich des Prozesses des dichterischen Schaffens und des Prozesses der Psychotherapie. Bei der Formulierung seiner Annahmen geht er äußerst bedacht vor und rekurriert bei seinen Schlußfolgerungen auf drei Quellen, die den kreativen Prozeß zum Gegenstand haben, nämlich *Gesprächsstudien, Manuskriptstudien* und *experimentelle Studien*. Einer seiner Hauptpunkte, an den er uns erinnert, ist, daß der dichterische Prozeß als solcher keine helfende Beziehung umfaßt. Selbst wenn sich einige Dichter als Helfer betrachten, macht ihre Rolle nicht das Wesen des ganzen therapeutischen Prozesses aus.

Trotz der existierenden Schwierigkeiten beginnen sich einige *Verfahrensrichtlinien* abzuzeichnen, die schließlich zu einer verbesserten Theorie der Poesietherapie führen könnten. Die folgenden Gedanken sind nicht allumfassend und wurden nicht nach dem Grad ihrer Bedeutung geordnet; Psychologen werden sie von ihrem eigenen Bezugssystem her kennen.

1. Dichtung kann in einem therapeutischen Setting als *Hilfsinstrument* eingesetzt werden. Sie kann in Eins-zu-Eins-Beziehungen, Gruppen und/oder beiden verwandt werden.
2. Beim Gebrauch von Dichtung in der Therapie liegt das Schwergewicht auf den Reaktionen der Person; in Poesieworkshops liegt die Betonung auf dem Gedicht.
3. Das Gedicht kann (a) als Katalysator dienen, durch den Emotionen gefiltert werden, (b) Interpretationen liefern, (c) als projektives Instrument fungieren und (d) sogar wie ein Traum aufgefaßt werden.
4. Die wesentlichen Einflußmittel des Gedichts sind Metapher und Gleichnis.
5. Ein Gedicht ist am wirksamsten, wenn es die Gefühls- und Verständnisebene eines Menschen trifft. Das ist natürlich eine These aller vernünftigen Pädagogik, die auf bewiesenen Lerngesetzen beruht.
6. Ein Gedicht, das für Person A in einem bestimmten Moment Bedeutung besitzt, mag zu einem anderen Zeitpunkt bedeutungslos sein. Ebenso kann ein Gedicht bei Person A „wirken", aber nicht bei Person B mit einem ähnlichen Problem. Gegenwärtig gibt es keine Hinweise dafür, daß man für bestimmte Leiden Gedichte mit der Gewißheit verschreiben kann, sie werden heilend wirken.
7. Ein Gedicht in der Therapie kann einem Menschen helfen, ein besseres Verständnis seiner Gefühle, seines Lebensstils und seiner Neigungen zu gewinnen.

Beim Einsatz von Dichtung in der therapeutischen Praxis treten verbale und nonverbale Phänomene auf, die über die Interaktionen und Reflektionen, die den normalen Kommunikationsprozeß begleiten, hinausgehen. Meerloo (1969) behauptet, *Rhythmus* sei ein wesentliches Element im Leben und drücke Gefühle aus, die vorher unterdrückt waren. Jeder von uns neige zur Wiederholung archaischer Verhaltensmuster. Bereits im intrauterinen Leben sei der biologische Rhythmus ein entscheidender Aspekt des menschlichen Seins. Durch Rhythmus können wir verloren geglaubte Erinnerungen ans Licht bringen. Reim und Rhythmus der Dichtung haben häufig eine größere Wirkung auf unsere Persönlichkeit als die eigentliche Bedeutung der Worte.

Dazu kommt, daß unsere Wahrnehmung der Dinge nicht unbedingt ein „korrektes" Bild liefert. Nach Meinung Ansells (1978) erfahren wir Sprache und Verhalten im täglichen Leben durch ein Netzwerk von *Illusionen*. Dahinter lauert die Möglichkeit, die Walt Whitman in „Leaves of Grass" so pointiert ausgedrückt hat:

> Die entsetzliche Unsicherheit der Erscheinungen,
> Die Angst, schließlich doch getäuscht zu werden.
>
> (Of the terrible doubt of appearances,
> Of the uncertainty after all, that we may be deluded)

Es wurde auch vorgebracht, Dichtung ermögliche, wie alle Formen der Kunst, eine *ästhetische Erfahrung*, wenn sie in den Heilungsprozeß integriert wird. In der Poesietherapie hängt die ästhetische Erfahrung selbst jedoch, wiederum wie in allen Heilung bringenden Künsten, mit der Persönlichkeitsdynamik und mit den einzigartigen persönlichen Mustern zusammen, denen „Wachstum" und Verhalten folgen. Einige Autoren verweisen auf die Möglichkeit einer *Selbsthierarchie* (self-hierarchy-pattern). Edgar (1978), der einen Jungschen Bezugsrahmen auf die Poesietherapie anwendet, spricht von einem evolutionären und sequentiellen „Wachstums"-Muster beim In-Erscheinung-treten des Selbst.

Ich selbst habe die Erfahrung gemacht, daß ein Gedicht in der Therapie dazu befähigen kann, den Bewußtseinskreis zu erweitern, sich aus Situationen zurückzuziehen, Dinge zu verleumden, auf ein neueres Konzept, das gerade aufgetaucht ist, aufmerksam zu werden oder überhaupt nicht davon berührt zu sein. Hiermit soll betont werden, daß die von verschiedenen Theorien der Psychotherapie postulierten Dynamismen alle am Wirken sein können; Dichtung kann in die therapeutische Praxis *aller* Therapieverfahren aufgenommen werden. Es ist daher im Interesse des Poesietherapeuten, mit vielen Theorien der Persönlichkeit und der Psychotherapie vertraut zu sein, um Dichtung als wirksames *Hilfsinstrument* zu benutzen.

Durch den Einsatz von Dichtung in der Therapie werden häufig *Primärprozesse* ausgelöst, die über das geschriebene und gesprochene Wort hinausgehen und *Phantasien* und *archetypische Vorstellungen* aktivieren, die tief in der Psyche verborgen sind. Affekte, die durch Dichtung, und im wesentlichen durch Gleichnisse, Metaphern und/oder Rhythmen hervorgerufen worden sind, können in den Händen eines fähigen Therapeuten zu heilsamem *Selbstausdruck*, zu *Kreativität* und zur Steigerung der *persönlichen Achtung* führen und dem Klienten helfen, Einsicht zu gewinnen.

Worin besteht also das Ziel des Prozesses in der Poesietherapie? Unabhängig vom Bezugsrahmen des Therapeuten verweist Stainbrook (1978) pointiert auf die Bedeutung der vereinten Kräfte von Dichtung und Therapie, wenn er sagt:

„Letztlich, und vielleicht als Wichtigstes, besteht die Möglichkeit, daß die Fusion von Dichtung und Therapie im optimalen Fall eine Wiederbelebung und Auffrischung der Moral des Selbst bewirkt, indem sie die Ganzheit des Bewußtseins herstellt – eine Integration von Emotion, Kognition und Vorstellung, wodurch persönliche Bedeutung geschaffen und aufrechterhalten werden kann" (S. 11).

Methoden

In der ersten Sitzung der Einzel- wie auch Gruppentherapie besteht das Ziel des Therapeuten darin, dem Teilnehmer das Gefühl zu vermitteln, er sei an der „richtigen Stelle". Personen, die zum ersten Mal zur Therapie kommen, erleben gewöhnlich Gefühle der Angst und Frustration. Dieser Zustand legt sich häufig, wenn Dichtung zum *Katalysator* wird, durch den Emotionen und Gefühle ausgedrückt werden können.

Gruppensitzungen finden in der Regel in einem ziemlich großen Raum statt; die Teilnehmer sitzen im Kreis. Es gibt keine Tische oder Barrieren, hinter denen sich die Mitglieder distanzieren könnten. Es liegen vielleicht Gedichtbände innerhalb des Kreises auf dem Boden, oder die Mitglieder finden Abzüge von poetischen Werken auf ihren Sitzen, wenn sie den Raum betreten, oder es werden Abzüge verteilt. Außerdem bringen die Gruppenmitglieder ihre eigenen Gedichte mit. Auch Papier und Bleistift liegen aus. Für den Fall, daß Musik gespielt wird oder Gedichte laut vorgelesen werden, ist ein Schallplattenspieler und/oder ein Tonbandgerät vorhanden.

Findet die Therapie in einem *Krankenhaus* statt, sind die Patienten gewöhnlich von Fachleuten überwiesen worden. In anderen Institutionen, wie Kliniken, Beratungszentren und ähnlichen, kann man es mit einer ähnlich selegierten Patientenpopulation zu tun haben, oder es wird eine der Philosophie und dem Programm der Organisation gemäß modifizierte Selektion gegeben sein. Wichtig ist, den Teilnehmern gleich zu Beginn klarzumachen, daß sie *nicht* an einem *Poesieworkshop* teilnehmen. Sonst werden Personen, die gute Absichten haben und oft äußerst talentiert sind, erwarten, mit ihrer eigenen Dichtung Ruhm zu gewinnen.

Neben dem Therapeuten gibt es einen oder zwei *Helfer* in der Poesietherapie. Deren Funktionen werden der Gruppe in der ersten Sitzung erklärt. Sie assistieren dem Therapeuten in jeglicher Hinsicht; nur die endgültige therapeutische Verantwortung liegt beim Therapeuten allein.

Der Einsatz von verschiedenen Formen der Kunst in der Therapie, besonders von sprachlicher Kunst, wie Dichtung, ruft häufig Gefühle hervor, die an einen Zustand des *High-Seins* erinnern. Euphorie kann Teil einer therapeutischen Erfahrung sein, aber in sich selbst oder für sich alleine stellt sie keine Therapie dar.

Wir sind bisher von der Annahme ausgegangen, daß ein qualifizierter Therapeut anwesend ist. Gegenwärtig existiert kein sorgfältig definiertes Forschungsprogramm, das sich mit Fragen ihrer Selektion, ihrer gewonnenen Erfahrungen, dem Prozeß und Inhalt von Poesietherapiesitzungen und ähnlichem beschäftigen würde. Was man findet, ist „Poesietherapie" in Krankenhäusern, Kliniken, privaten Institutionen, Strafanstalten, Gesundheitszentren, Schulen, Gemeindezentren, Altersheimen und an vielen anderen Orten. Dort finden sich auch verschiedene Altersgruppen, Persönlichkeiten, Problemklassen, ethnische Gruppen und so weiter.

In einigen Fällen trifft man in den oben genannten Institutionen auf Dichtung unter Titeln wie „Wachstum durch Dichtung", „Kommunikation durch Dichtung" und ähnlichen. Am anderen Ende des Spektrums findet man Therapeuten und Helfer, die unter der Supervision eines ausgebildeten Therapeuten arbeiten und Poesietherapie bei Personen praktizieren, die von deren supervisierenden Therapeuten überwiesen worden sind. Nach jeder Sitzung werden Formblätter ausgefüllt, die vom supervisierenden Therapeuten eingesehen werden können, um ein besseres Verständnis der gesamten Fortschritte zu gewinnen. Die Helfer nehmen auch an Fallbesprechungen teil, wo sie Gelegenheit haben, gemeinsame berufliche Probleme zu diskutieren.

Nach meiner eigenen Erfahrung ist die *Endphase* jeder Gruppensitzung äußerst wichtig. Natürlich gibt es eine *Warm-up-Phase,* die sich verschieden gestalten kann, von der namentlichen Vorstellung und Fragen wie: „Wie fühlen Sie sich?" bis zu: „Wir wollen alles sagen, was uns einfällt". In der Endphase sitzen oder stehen die Teilnehmer gewöhnlich in einem Kreis, haben die Arme um ihre Nachbarn gelegt, sie gehen im Raum umher und sprechen ihre Gefühle aus. Jeder Therapeut merkt bald, daß es einige Teilnehmer gibt, die sich nicht gerne anfassen lassen oder die nicht gerne anderen den Arm um die Schultern legen. Diese Haltung wird respektiert, aber sie wird auch im Lichte der persönlichen Geschichte und Dynamik solcher Personen betrachtet.

Die *intuitive Erfahrung* ist ein entscheidender Aspekt beim Einsatz von Dichtung in der Therapie; der Therapeut findet bald nicht nur Gedichte, um das hervorgebrachte Material zu behandeln, sondern er findet eine Menge Gedichte, die Probleme persönlicher Verhaltensmuster berühren. Dichtung dient oft als „Aufweichungs"-Prozeß für tiefere Interpretationen und stellt für Helfer, Therapeut und Teilnehmer, die eine wichtige Trinität bilden, eine unwiderstehliche Herausforderung dar.

Anwendungsbereiche

Ein wesentliches Element in Poesietherapiesitzungen, ob sie einzeln oder in Gruppen stattfinden, sind die genuinen Gefühle, die durch Gedichte hervorgerufen werden können. Bei der Poesietherapie muß daher eine *Atmosphäre der Aufrichtigkeit* herrschen. Was man selber nicht sagt, sagt das Gedicht. Jeder wird als Person bloßgestellt, die anderen weh tut, die sich freut, die haßt, lächelt und fühlt. Der Therapeut bildet keine Ausnahme und kann sich nicht lange hinter Wissen, Titeln, Status oder dergleichen verstecken. Ein Gedicht, das sich als sehr wirkungsvoll für das Aufdecken von Gefühlen und vielen Formen der Abwehr erwiesen hat, ist William Blakes „A Poison Tree". Die ersten vier Zeilen scheinen die Wirkung auszumachen. Sie lauten:

> Meinem Freunde zürnte ich:
> ich sagt es ihm, der Zorn entwich.
> Ich zürnte meinem Feinde: doch
> ich sagt es nicht, der Zorn schoß hoch.
>
> (I was angry with my friend;
> I told my wrath, my wrath did end.
> I was angry with my foe;
> I told it not, my wrath did grow.)

Das Gedicht schafft Zugang zu vielen Gefühlsbereichen, die für theoretische Ansätze der Psychotherapie und Persönlichkeit von Belang sind.

Die Gruppen sind *geschlossen* oder *offen,* was von einer ganzen Reihe von Umständen abhängt. In der Regel kommen männliche wie weibliche Mitglieder mit vielfältigen Problemen. Manchmal werden bei Gelegenheit Jugendliche und Erwachsene zusammengefaßt, manchmal werden getrennte Gruppen für sie gebildet. Durch die Verwendung von Dichtung in der therapeutischen Praxis wird der theoretische Ausgangspunkt der Therapie oder des Therapeuten nicht verändert.

In der Regel kann das in der Poesietherapie liegende Heilpotential von den meisten Menschen genutzt werden. Eine Ausnahme bilden Personen, die ihre Probleme ausagieren, die unter starker Medikamenteneinwirkung stehen und depressiv, also „nicht dabei" sind, und schwer gestörte Personen, die nicht stillsitzen oder schweigen können (obwohl sogar sie manchmal profitieren). Ich habe auch Einzel- und Gruppensitzungen mit Blinden, körperlich- und geistig Behinderten und Analphabeten durchgeführt, wobei sich die Poesietherapie als wirksames Behandlungsverfahren erwiesen hat.

Da in der Dichtung Metaphern und Gleichnisse vorkommen, werden leicht *Primärprozesse* aktiviert. Zum Geschick eines Therapeuten gehören daher nicht nur therapeutische Fähigkeiten, sondern fundierte Kenntnisse aller Arten von Gedichten – klassische, moderne, universale, gute und schlechte. Wenn der Therapeut auf dem Gebiet der Dichtung nicht sehr bewandert ist, können die Helfer bei der Zusammenstellung eines wirkungsvollen Programms assistieren. In dieser Weise können Therapeuten mit einer neuen Modalität vertraut werden und sich gleichzeitig stärker auf die sie interessierenden Behandlungsaspekte konzentrieren.

Zum Schluß eine Warnung. Es liegt in der Natur der Sache, daß Dichtung ein äußerst verführerisches Mittel in der Therapie ist. Jeder Therapeut lernt früher oder später, wie wichtig es ist, der Grenzen gewahr zu sein. Zur Erläuterung wird das Gedicht „Schmerzen des Wissens" angeführt, das nach einer erregenden Gruppensitzung geschrieben wurde und es mir ermöglichte, meine eigenen verborgenen Probleme in Griff zu bekommen.

>Ich studierte Teile
>einer Blume,
>um zu verstehen,
>wie sie blüht.
>Ich erfuhr viel
>über meine Grenzen.
>Ich hatte die Erde
>und das Klima vergessen.
>
>(I studied parts
>of a flower
>to understand
>its flowering.
>I learned much
>about my limits.
>I had forgotten
>Earth and climate.)

Fallbeispiel

Als Fallbeispiel wird ein Ausschnitt einer Gruppensitzung präsentiert, womit ein Beispiel für exploratorische Möglichkeiten gegeben werden soll. Das Schwergewicht liegt auf dem *Prozeß* und darauf, wie Dichtung diesen Prozeß im Rahmen eines therapeutischen Milieus vorantreibt.

In diesem Beispiel wird Martin R. als zentrale Figur des Gruppengeschehens in den Poesietherapiesitzungen herausgehoben. Jede Sitzung dauerte eine Stunde. Die Sitzungen fanden einmal wöchentlich statt. Es handelte sich um eine offene Gruppe. Jede Woche kamen gewöhnlich ein oder zwei neue Leute dazu, während eines der alten Mitglieder entlassen wurde. Alle hier genannten Mitglieder kannten sich seit der ersten Sitzung und waren für acht Sitzungen zusammengeblieben. Die Gruppe bestand aus zehn Mitgliedern (in der letzten Sitzung waren nur acht anwesend), einem Helfer und dem Poesietherapeuten.

Martin R., 39 Jahre alt, hat während der letzten zwölf Jahre zeitweise immer wieder in psychiatrischen Anstalten zugebracht. Er war verheiratet, hatte einen fünf Jahre alten Sohn, den er „sehr liebte" und der zu ambivalenten Gefühlen Anlaß gab. Martin war als chronisch depressiv diagnostiziert worden.

Martins Eltern lebten beide noch. Er war das älteste von vier Kindern (zwei Schwestern und ein Bruder). In seinem dritten Jahr am College hatte er das Studium aufgegeben, nachdem er festgestellt hatte, daß „Buchhaltung nichts für mich ist". In seiner beruflichen Vergangenheit hat er alles Mögliche getan, zum Beispiel arbeitete er als Monteur, Fremdenführer, Gärtner, Lastwagenfahrer, Zeitungsverkäufer und Laufbote. Er hatte auch drei Jahre beim Militär verbracht, hauptsächlich als Schreibkraft, und war ehrenvoll entlassen worden. Soweit festgestellt werden konnte, waren während seiner Dienstzeit keine Krankenhausaufenthalte vorgekommen.

In seiner Jugend hatte er ein enges Verhältnis zu beiden Eltern und „kam ziemlich gut mit anderen aus". Er behauptete, seine Schwierigkeiten haben eingesetzt, als „ich anfing, zu viele Schmerzen in meinem Kopf zu spüren". Und das begann, soweit er sich erinnern konnte, als sein Bruder, der noch auf der Unterstufe der Höheren Schule war, eines Tages nach Hause kam und seinen Eltern mitteilte, er habe eine Stelle als Platzanweiser in einem Theater angenommen. Martin, der vier Jahre älter als sein Bruder ist, fühlte sich „wie vom Donner gerührt". Es wurde ihm deutlich bewußt, daß er sich gegenüber seinem Bruder und seinen Schwestern minderwertig fühlte. „Ich erinnere mich, daß ich das Gefühl hatte, die Welt würde zusammenbrechen. Mein jüngerer Bruder hatte eine Stelle angenommen, und das war für mich wie eine Demütigung." In der Poesietherapiesitzung, der dritten, an der er teilnahm, schrieb er folgende Zeilen:

> Ich erinnere mich an meinen Bruder als tatkräftigen Mann.
> Er bekam eine Arbeit und ich
> Fühlte mich hintenan.
>
> (I remember my brother as a husting man
> Who got a job and made me feel
> Like an also-ran.)

Die Gruppe begann das „hintenan" zu hinterfragen, und es wurde ziemlich deutlich, daß er seinem Bruder gegenüber feindselig eingestellt war. Das läßt sich aus den folgenden Zeilen ersehen, die er während der Sitzung schrieb:

> Mein Bruder Pete ist eine gute Seele.
> Er kennt seinen Platz und seine Ziele.
> Ich liebe und hasse ihn, beides stimmt,
> Aber mein Haß gewinnt.
>
> (My brother Pete is a good soul
> Who knows his place and goal
> My brother Pete I love and hate him so
> But my hatred steals the show.)

Da diese Sitzung ihrem Ende zuging, schlug man Martin vor, er solle über das, was er gesagt und geschrieben hatte, nachdenken und in der nächsten Sitzung dazu Stellung nehmen. Er erklärte sich damit einverstanden. Zu Beginn der nächsten Sitzung, der letzten, las er der Gruppe folgendes vor:

> Dies ist ein Wort an jeden von euch all'.
> Letzte Woche hab' ich wirklich gedacht,
> es ginge mir ans Fell. Deshalb
> sag' ich euch, Ehrlichkeit ist
> nicht leicht, auch nicht ins
> Innere zu dringen und
> etwas Neues rauszubringen;
> Du weißt nicht, wie
> du es sagen sollst,
> bist unsicher erst, dann
> paßt's, und
> du hast's am richtigen Platz.
>
> (This is a brief note to all of you.
> I really felt last week
> I had been gotten to. So I'll
> tell you, it ain't easy to
> be true, to reach
> inside and get something
> out which is new and
> you don't know how to
> put into words. You're
> shaky at first, but then
> it all fits
> and falls into place.)

Bei dieser Sitzung waren acht Personen anwesend; es folgen Ausschnitte aus dem Interaktionsprozeß.

Alice (48, Mutter dreier Kinder, als hypochondrisch und depressiv diagnostiziert): Martin, jedesmal, wenn ich dich reden höre, ist es, als ob ich mich selbst hören würde. Wir spielen beide Schallplatten, die einen Sprung haben – wie Verlierer.

Martin: Ich bin mir da nicht sicher.
Helfer: Martin, worüber bist du dir nicht sicher?
Martin: Ich weiß nicht – kann sein.

Jim (52, Vater zweier Kinder, Diagnose: Borderline-Schizophrenie): Ich schließe mich dem an. Kann sein, daß du es nicht weißt. Aber du klingst wie ich, und ich klinge, wie Alice es gerade gesagt hat. Ich klinge wie ihr beide. Ich habe am Wochenende folgendes geschrieben:

>Martin schrieb ein paar Zeilen, die haben mich
>Wirklich verletzt. Ich hörte sie wieder und wieder
>Gern. Ich bin nicht länger verkrätzt.
>Vielleicht hat Martin die Wahrheit gesät
>Was hilft, daß mein Baum gute Früchte trägt.

>(Martin wrote some lines which hurt me
>Real bad. I'm glad to hear them
>Again and again. I'm no longer sad.
>Martin may have planted the truth
>Which will help me grow healthy fruit.)

Poesietherapeut: Ich verstehe dich so, Jim, daß Martins Zeilen einen starken Einfluß auf deine Gefühle genommen haben, besonders während des Wochenendes. Vielleicht haben andere in der Gruppe das gleiche empfunden oder haben anders reagiert.

Jerry (49, Witwer, Vater von fünf Kindern, als chronischer Alkoholiker diagnostiziert): Ja, ich habe auch etwas empfunden. Es scheint, daß ich manchmal viel Wahres zu hören bekomme und mich dann davonmache, wenn mich nicht jemand auffordert zu schreiben oder ich etwas über meine Situation lese.

Helfer: Was geht im Augenblick in dir vor, Martin?

Martin: Diese Gruppe stellt komische Sachen mit mir an. Wenn ich in der Gruppe bin, erfahre ich eine Menge Dinge, die ich nicht verstehe. Aber ich weiß, daß ich lerne. Und es scheint mich auch zu berühren, wenn ich auf der Station bin – in meinem Zimmer. Als wäre die Gruppe schuld daran, daß ich schreibe. Hier ist, was ich vor einer Stunde geschrieben habe. Hier sind meine Zeilen:

>Immer, wenn ich ärgerlich bin, fühle ich mich minderwertig
>Immer, wenn ich mich minderwertig fühle, bin ich ärgerlich
>Beides geht Hand in Hand
>Ich frage mich oft, warum ich ärgerlich bin
>Ich habe nicht gelernt, völlig
>Mich selbst und frei zu sein.

>(Whenever I'm angry, I feel inferior
>Whenever I feel inferior, I'm angry
>They both go hand in hand
>I often wonder why I'm angry
>I haven't learned to be
>Totally me and free to be.)

Helfer: Martin, hast du mit deinem eigenen Therapeuten darüber gesprochen, wie du dich fühlst? Es sieht für mich so aus, als ob du hier einige Dinge sagtest, die du nur schwer mit anderen teilen kannst.
Jim: Martin! Wie findest du das hier? Ich habe es irgendwo aufgelesen. Ich dachte, es wäre tiefgründiges Zeug, aber je öfter ich es lese, um so einfacher wird es. Es ist eine Zeile von Shakespeare, hat man mir gesagt: „Was wächst, reift nicht vor seiner Zeit." Vielleicht ist deine Zeit jetzt gekommen. Was meinst du?
Martin: Die Zeile, die du gelesen hast, erinnert mich an einen Ausspruch in der Bibel, nämlich, daß es für alles eine passende Zeit gibt – ich vermute, meine Zeit ist da. Ich finde es immer noch schwierig, einfach zu kommunizieren.
Helfer: Innerliche Gesundung vollzieht sich oft in kleinen Schritten.
Martin: Ich glaube, das stimmt. Äußerliche Gesundung vollzieht sich auch in kleinen Schritten.
Poesietherapeut: Wie meinst du das? Ich verstehe nicht ganz, was du sagst?
Martin: (zögernd) Ich sage – ich glaube, ich bin –, daß mein Kopf und mein Körper mir oft gesagt haben, ich solle etwas vermeiden oder nein sagen. Ich habe gemerkt, daß ich ja gesagt habe, ohne es zu meinen. Was mich das gekostet hat! Ich brauchte eine Menge Kraft, um zu verhindern, daß mein Körper meine Lügen offenbarte.
Toni (25, geschieden, als chronisch depressiv diagnostiziert): Martin, ich weiß, was du meinst. Ich leide auch, wie du. Wir brauchen beide psychologische Einstimmung.
Poesietherapeut: Toni! Was ist psychologische Einstimmung?
Toni: Man bringt Geist, Körper und Herz in enge – ja, ich meine, daß alle drei miteinander übereinstimmen sollten. Ich habe diese Zeilen geschrieben und ich glaube, sie passen dazu. Hier:

> Geht's meinem Geist, meinem Körper und meinem Herzen wohl
> Fühl' ich mich auf der Höhe in jedem Zoll.
> Wenn alle drei im Mißklang sind,
> Fürcht' ich alles ist dahin.
>
> (When my mind, body, and heart feel right
> I'm at my best with all my might.
> When all three are out of whack
> I feel I'm going to crack.)

Martin: Richtig! Das finde ich auch! Es braucht Zeit. Was wir vorher über die passende Zeit gesagt haben.
Poesietherapeut: Mir scheint, vorher konntest du das nicht ausdrücken. Spürst du, was du sagst? Wie spürst du es?
Martin: Das ist die letzte Sitzung. Ich sage bloß, daß ich glaube, das, worüber wir reden, braucht Zeit. Ich muß nur geduldiger werden. Übrigens habe ich Notizen gemacht und ein Tagebuch geführt – ich habe sie nicht dabei, aber ich erinnere mich, daß eine Zeile, die ich geschrieben habe, so geht:

> Geduld ist eine harte Schule
> beim Lernen von Selbstkontrolle.
>
> (patience is a tough school
> in learning self-rule.)

Kurz danach endete die Sitzung und alle Gruppenmitglieder, einschließlich Martin, wurden innerhalb weniger Tage entlassen.

Zusammenfassung

Dichtung wird in der therapeutischen Praxis als *ergänzendes Verfahren* benutzt. Sie kann in *Einzeltherapie* und/oder *Gruppentherapie* praktiziert werden. In der Poesietherapie steht der Mensch im Mittelpunkt der Aufmerksamkeit und nicht, wie in Poesieworkshops, das Gedicht. Poesietherapie ist ein *eklektischer* Ansatz. Die Persönlichkeits- und psychotherapeutischen Theorien, die ihr zugrundeliegen, sind die gleichen, die man in dominierenden Therapie- und Persönlichkeitskonzeptionen vorfindet.

Der Einsatz von Dichtung in der Therapie gründet auf der Bedeutung, die der Offenheit, dem Gewahrsein des eigenen Körpers und der Gefühle und dem Akzeptieren der im *Hier-und-Jetzt* gemachten Lebenserfahrungen beigemessen wird. Wie zu allen therapeutischen Erfahrungen gehören auch zu dieser Erfahrung *erzieherische* und *spirituelle* Elemente, die die Bedingungen für die Konzentration auf das persönliche Potential des „Wachstums" und der Kreativität liefern. Die Tatsache, daß ein Gedicht sagt, was eine Person vielleicht fühlt, wirkt wie ein griechischer Chor, der das Drama vorantreibt.

Der Einsatz von Dichtung in der Therapie wird gegenwärtig in vielen Situationen praktiziert. Die Verbreitung dieser Bewegung wird durch speziell *ausgebildete Helfer* beschleunigt, die auf dem Gebiet der Dichtung bewandert sind und in ihrer therapeutischen Praxis supervisiert werden. Zur Zeit gibt es nicht viele Therapeuten, die in Dichtung versiert sind. Daher kommt dem Helfer eine bedeutsame Rolle im Prozeß der Poesietherapie zu.

Da die individuelle Persönlichkeitsentwicklung und die Erfahrungen in der Psychotherapie eng zusammenhängen, überträgt sich die Wirkung des Einsatzes von Dichtung in der Therapie auf die Zeit außerhalb der Sitzungen. Das schlägt sich häufig in der Weise nieder, daß die Teilnehmer Poesie lesen und/oder verfassen.

Poesietherapie kann bei jungen und alten Menschen unabhängig von Geschlecht, Rasse, Glauben und Bildungsniveau angewandt werden. Auch Analphabeten werden nicht ausgeschlossen, da Menschen ihre wesentlichen Gefühle häufig auf ihre ihnen eigene Weise durch Gesten und Äußerungen ausdrücken. Das gleiche gilt für Leute, die nicht die Muttersprache der Gruppe sprechen oder schreiben, aber mit ihrer eigenen Sprache vertraut sind.

Poesietherapie ist kein Allheilmittel und stellt keinen solchen Anspruch. Es bestehen widersprüchliche Meinungen über ihren Nutzen und über die praktizierenden Therapeuten. Zum gegenwärtigen Zeitpunkt ist es notwendig, viele der vorläufigen Beobachtungen und Schlußfolgerungen durch weitere Forschung und Daten zu stützen.

Die Poesietherapie ist dabei, aus den vielen unterschiedlichen Erfahrungen, Praxisberichten und Beobachtungen eine theoretische Grundlage zu entwickeln. Das Gebiet steht wirklich am Anfang seiner Entwicklung, obwohl man es als „alte neue" Disziplin betrachten könnte.

Es gibt zur Zeit auch Psychotherapeuten, die den Einsatz von Dichtung oder irgendeiner Form der Kunst in der Therapie ablehnen. Andererseits findet man Dichter, die glauben, ihr Gebiet werde korrumpiert. Aber obwohl viele kontroverse Fragen zu stellen und zu beantworten sind, schreitet die Entwicklung der Poesietherapie voran.

Gesunder Skeptizismus, Offenheit für neue Ideen und Respekt seitens Dichter und Therapeuten für das Bezugssystem des jeweils anderen werden dem Einsatz von Dichtung in der Therapie den Weg ebnen. Gleichzeitig weisen die hier gezogenen Schlußfolgerungen auf die Bedeutung von Metapher und Gleichnis in der heilenden Erfahrung hin.

Literatur

Abrams, A. S. Poetry thereapy in the psychiatric hospital. In A. Lerner (Ed.), *Poetry in the therapeutic experience*. Elmsford, N.Y.: Pergamon Press, 1978.

Ansell, C. Psychoanalysis and poetry. In A. Lerner (Ed.), *Poetry in the therapeutic experience*. Elmsford, N.Y.: Pergamon Press, 1978.

Aristotle. Poetics. In R. McKeon (Ed.), *The basic works of Aristotle*. New York: Random House, 1941.

Blanton, S. *The healing power of poetry*. New York: Crowell, 1960.

Edgar, K. The epiphany of the self via poetry therapy. In A. Lerner (Ed.), *Poetry in the therapeutic experience*. Elmsford, N.Y.: Pergamon Press, 1978.

Freud, S. The relation of the poet to day-dreaming. In E. Jones (Ed.), *Collected papers*, vol. 4. London: Hogarth Press and the Institute of Psycho-Analysis, 1949.

Harrower, M. *The therapy of poetry*. Springfield, Ill.: Charles C Thomas, 1972.

Jones, R. E. Treatment of a psychotic patient by poetry therapy. In J. J. Leedy (Ed.), *Poetry therapy*. Philadelphia: Lippincott, 1969.

Jung, C. G. *Modern man in search of a soul*. New York: Harcourt, 1933.

Lauer, R. Abuses of poetry therapy. In A. Lerner (Ed.), *Poetry in the therapeutic experience*. Elmsford, N.Y.: Pergamon Press, 1978.

Leedy, J. J. (Ed.). *Poetry therapy*. Philadelphia: Lippincott, 1969.

Leedy, J. J. (Ed.). *Poetry the healer*. Philadelphia: Lippincott, 1973.

Lerner, A. (Ed.). *Poetry in the therapeutic experience*. Elmsford, N.Y.: Pergamon Press, 1978.

Meerloo, J. A. M. The universal language of rhythm. In J. J. Leedy (Ed.), *Poetry therapy*. Philadelphia: Lippincott, 1969.

Prescott, F. C. *The poetic mind*. New York: Macmillan, 1922. (Reissued, Ithaca: Cornell University Press, 1959.)

Rothenberg, A. Poetry and psychotherapy: Kinships and contrasts. In J. J. Leedy (Ed.), *Poetry the healer*. Philadelphia: Lippincott, 1973.

Rubin, R. J. *Using bibliotherapy: A guide to theory and practice*. Phoenix, Ariz.: Oryx Press, 1978.

Schloss, G. A. *Psychopoetry*. New York: Grosset & Dunlap, 1976.

Schloss, G. A. and Grundy, D. E. Action techniques in psychopoetry. In A. Lerner (Ed.), *Poetry in the therapeutic experience*. Elmsford, N.Y.: Pergamon Press, 1978.

Stainbrook, E. Poetry and behavior in the psychotherapeutic experience. In A. Lerner (Ed.), *Poetry in the therapeutic experience*. Elmsford, N.Y.: Pergamon Press, 1978.

Primärbeziehungstherapie*

Genevieve Painter und Sally Vernon

Robert Postel, der diese Therapieform entwickelte, war ein merkwürdiger, einsamer Mensch. Ehedem hatte er am Alfred Adler Institut bei mir studiert – ein echtes Original mit einer einzigartigen Lebensauffassung. Wie Genevieve Painter und Sally Vernon im nachfolgenden Kapitel feststellen, ist es wirklich traurig, daß Postel starb, ehe er irgendetwas über sein therapeutisches System geschrieben hatte. Vor ein paar Jahren, als ich Herausgeber des „Journal of Individual Psychology" war, bat ich Postel, einen Beitrag für die Zeitschrift zu liefern. Bezeichnenderweise erhielt ich niemals eine Antwort. Doch einige Zeit später trafen wir uns zu einem wunderbaren gemeinsamen Frühstück, und da legte er mir mit Begeisterung seine Überzeugung dar, daß die Primärbeziehungstherapie unbedingt und im Grundsatz die richtige Methode sei, bestimmte Probleme zu behandeln: Gewisse deprivierte Leute müßten ihre Kindheit neu durchleben, aber dieses Mal in einer positiven Weise, mit liebevollen „Eltern".

Es ist erstaunlich, daß ein so verschlossener und unnahbarer Mensch wie Bob Postel eine solch liebevolle und zärtliche Therapieart erarbeiten konnte, und es freut mich sehr, daß dies die allererste veröffentlichte Darstellung dieser potentiell sehr wichtigen psychotherapeutischen Methode ist.

Die Primärbeziehungstherapie ist eine Form der „Bemutterung" (reparenting), und zwar für Personen, die sich von einem Elternteil oder von beiden Eltern stark zurückgewiesen fühlten oder die ihre Eltern schon früh verloren. Diese in die Tiefe gehende Therapie wurde in den sechziger Jahren von dem mittlerweile verstorbenen Robert Postel erfunden und beruht auf Adlers Theorie, derzufolge sowohl das verwöhnte als auch das vernachlässigte Kind einen *Lebensstil* manifestieren, der sich nicht zur Lösung sozialer Probleme eignet.

Im Hinblick auf das vernachlässigte Kind stellt Adler fest: „Ein solches Kind hat niemals erfahren, was Liebe und Zusammenarbeit sein können. Es empfindet, daß die Gesellschaft kalt zu ihm ist, und wird erwarten, daß sie immer kalt sein wird" (1958, S. 11). Als Erwachsener wird er gewöhnlich von Gefühlen der Einsamkeit, Wertlosigkeit, Bitterkeit und Feindseligkeit gequält, und ihm geht die Fähigkeit ab, dauerhafte, enge und sinnvolle *Beziehungen* herzustellen.

Die Primärbeziehungstherapie ist bei dem Klienten wirksam, der unfähig ist, ein breites Spektrum von Gefühlen zu erleben, weil er befürchtet, dabei die alten Wunden seines Lebens aufzureißen. Ein lebenslanger Zwang, Gefühle zu verdecken, führt zu einem erworbenen *Mangel an emotionaler Anerkennung*.

Die Primärbeziehungstherapie führt den Klienten in eine offene, enge und persönliche Beziehung mit einer *Mutter/Therapeutin* und danach mit einem *Vater/Therapeuten*. Mit jedem Therapeuten werden im Schnitt 30 Sitzungen für

---

* Im Amerikanischen: *Primary Relationship Therapy*

notwendig erachtet. Therapeut und Therapeutin agieren als *warme, fürsorgliche und lehrende Eltern*. In *Rollenspielen* wird der Klient gehätschelt und umarmt; es werden Geschichten erzählt; man spielt Gesellschaftsspiele und beschäftigt sich mit künstlerischen Aufgaben. Die Klienten werden auch an *gelenkten Phantasien* beteiligt, die entweder eine negative Kindheitserinnerung in eine positive verwandeln oder ihnen eine Erfahrung vermitteln, die sie als Kind gerne gemacht hätten.

Da Fortschritte durch „Heranwachsen" gemacht werden, wird der Hauptakzent zunehmend auf Fragen des *wirklichen Lebens* gesetzt – Sexualität, berufliche Zukunftsperspektiven. Dadurch, daß er die Mutter/Therapeutin und den Vater/Therapeuten als erwachsenes Vorbild erlebt, das seine Gefühle aufrichtig zeigt, entschlüsselt der Klient frühere und augenblickliche Verwirrungen und Deprivationen und legt die fehlenden Grundlagen, die er niemals zuvor hatte. Wenn der Klient ins Erwachsenenalter und in die Unabhängigkeit hineingewachsen ist, wird die Therapie abgeschlossen.

Geschichte

Die Primärbeziehungstherapie wurde in den sechziger Jahren von Robert Postel erfunden. Es ist zu bedauern, daß Postel, als er 1978 starb, noch nichts über seine innovative Therapie geschrieben hatte. Er war Adlerianer und arbeitete als Psychologe in der Chicagoer Praxis des verstorbenen Rudolf Dreikurs. Dort bat ihn eine hospitalisierte Schizophrene, sie nur festzuhalten und hin- und herzuwiegen. Er kam zu dem Schluß, daß sich ihr Zustand merklich verbesserte, und so wurde innerhalb des Adlerschen Rahmens eine neue Technik geboren. Als Postel seine Untersuchung solcher Klienten fortsetzte, die so gestört waren, daß sie hospitalisiert wurden, fand er heraus, daß die meisten von ihnen sich als Kinder entweder vernachlässigt, zurückgewiesen oder mißhandelt gefühlt hatten, und daß eine Form warmer, fürsorglicher und experientieller Therapie höchst wirksam war. Er dehnte diese Therapie auch auf nichthospitalisierte Klienten aus, die schon früh eine Zurückweisung erfahren hatten.

Als Adler (1958) über das *vernachlässigte Kind* schrieb, stellte er fest:

„Ein solches Kind hat niemals erfahren, was Liebe und Zusammenarbeit sein können; es formt sich eine Interpretation des Lebens, die diese wohlwollenden Kräfte nicht einschließt. Es ist verständlich, daß es dann, wenn es mit den Problemen des Lebens konfrontiert wird, deren Schwierigkeiten überschätzen und seine eigene Fähigkeit, mit der Hilfe und dem guten Willen anderer damit fertig zu werden, unterschätzen wird. ... Vor allem wird es nicht einsehen, daß es durch Handlungen, die für andere vonnutzen sind, Zuneigung und Wertschätzung gewinnen kann. Es wird daher mißtrauisch anderen gegenüber und unfähig sein, sich selbst zu vertrauen" (S. 17f.).

Adler hatte mehr über das *verwöhnte* als über das vernachlässigte Kind geschrieben, aber er glaubte, daß beide schlecht darauf vorbereitet seien, in der Welt kooperativ zu wirken:

„Der Neurotiker manifestiert von Beginn seines Lebens an den verwöhnten Lebensstil, der sich nicht für die Lösung der sozialen Probleme des Lebens eignet. Und aus dem potentiell neurotischen Kind wird später, wenn es mit einer schwierigen Situation konfrontiert wird, oft der neurotische Patient. ... Dieser Lebensstil kann gelegentlich bei Fällen angetroffen werden, wo wir mit keinerlei Berechtigung von Verwöhnen sprechen können, sondern vielmehr auf Vernachlässigung stoßen."

Adler verfolgte diese Richtung weiter und stellte fest:

„Dieser verwöhnte Lebensstil findet sich fast häufiger bei vernachlässigten Kindern oder bei denjenigen, die sich selbst vernachlässigt fühlen. ... Eine Person mit einem verwöhnten Lebensstil ist eher jemand, der verwöhnt werden möchte, als notwendigerweise jemand, der tatsächlich verwöhnt wurde" (Ansbacher/Ansbacher, 1964, S. 242).

Robert Postel verließ Dreikurs' Praxis, um seine Techniken des „reparenting" weiter auszuarbeiten. Er nannte seine neue Methode „Primärbeziehungstherapie" und bildete darin andere Therapeuten in seiner eigenen Praxis aus. Später hielt er offizielle Kurse für Therapeuten ab. Im Rahmen dieser Kurse wurde auch eine der beiden Verfasserinnen des vorliegenden Artikels von Postel in der Primärbeziehungstherapie ausgebildet.

Gegenwärtiger Stand

Postel bildete Leute aus, die im Klinikbereich, in Mental-Health-Zentren und in privaten Praxen arbeiteten. In seine Kurse kamen Psychiater, Psychotherapeuten, Sozialarbeiter, Berater, Lehrer und Geistliche. Da dieses Training in Chicago durchgeführt wurde, wird die Primärbeziehungstherapie in diesem Raum von mehr Therapeuten praktiziert als andernorts. Einige dieser Leute zogen in andere Teile der Vereinigten Staaten und setzten dort dieses Werk fort. Man findet sie im Mittleren Westen, in Kalifornien, in Oregon und auf Hawaii.

In Honolulu hat diese Arbeit u. a. in einer Dienststelle mit *nebenberuflichen* Mitarbeitern ihren Niederschlag gefunden, die mit den *Eltern mißhandelter Kinder* arbeiten. Der Elternteil, der jetzt seine Kinder mißhandelt, ist als Kind gewöhnlich ebenfalls vernachlässigt, zurückgewiesen oder mißhandelt worden und wiederholt jetzt dieses Muster bei seinem eigenen Kind. Diese Einrichtung wurde ins Leben gerufen, um einen nebenberuflichen Mitarbeiter in den Stand zu setzen, mit einem Klienten unter vier Augen in einer hilfeorientierten Beziehung zusammenzuarbeiten. Mit Hilfe einer Ausbildung in Primärbeziehungstherapie entwickelten die nebenberuflichen Mitarbeiter neue Erkenntnisse über den jeweiligen Hintergrund der Eltern und waren imstande, in ihrer helfenden Tätigkeit noch fürsorglicher zu sein.

Auf Hawaii ist die Primärbeziehungstherapie auch bis zu *Lehrern* und *Schulberatern* vorgedrungen. Natürlich haben Lehrer und Berater nicht die Zeit, eine extensive Einzeltherapie zu betreiben. Aber die Tatsache, daß sie die Techniken und die Fragen, um die es geht, verstehen, hilft ihnen, mit Schülern, die sich zurückgewiesen oder abgelehnt fühlen, besser umzugehen. Im wesentlichen ist die Primärbeziehungstherapie rekonstruktiv und kann, wenn sie in Schulen angewandt wird, abweisenden oder überbesorgten Einstellungen bei Erwachsenen entgegenwirken.

Theorie

Adler und Postel unterschieden das verwöhnte vom vernachlässigten Kind, die beide unfähig sind, später als Erwachsene mit den Herausforderungen des Lebens fertig zu werden. *Verwöhnte* Kinder wachsen in dem Glauben heran, sie verdienten eine Fortsetzung der besonderen Behandlung, die ihnen ihre Eltern angedeihen ließen. Da nicht viel von ihnen erwartet wurde, betrachten diese Leute als Erwachsene die Fähigkeit zur Zusammenarbeit nicht als wesentlichen Bestandteil des Lebens. Sie sind außerstande, die Aufgaben des Lebens zu erledigen, und sind unzufrieden, wobei sie in der Regel andere Personen für ihre Unzufriedenheit verantwortlich machen. Sie glauben, sie seien im Recht und die anderen im Unrecht, sie hätten Recht, und die anderen würden sich irren. Sie wollen häufig anderen gefallen, aber nur dann, wenn sie als Gegenleistung „Bonbons" (Gegenstände, ihren Willen, Sex usw.) bekommen. Sie erwarten, daß andere ihnen etwas geben und sich um sie kümmern.

Vernachlässigte (zurückgewiesene oder mißhandelte) Kinder hingegen kooperieren auch nicht mit anderen Menschen und wachsen in der Vorstellung auf, daß sie immer im Unrecht seien. Sie glauben, daß sie dann, wenn sie nur versuchten, ein wenig mehr zu gefallen und ein bißchen vollkommener zu werden, akzeptiert bzw. von anderen geliebt würden. Sie halten nie viel von sich selbst und meinen, daß sie sich negativ von anderen Leuten unterschieden. Sie setzen weder Vertrauen in sich selbst noch in andere und stellen deshalb keine engen, dauerhaften Beziehungen her.

Ätiologie

Die Ätiologie des *Syndroms der vernachlässigten Person* hängt mit den Eltern zusammen, die ihre Kinder vernachlässigten, mißhandelten oder zurückwiesen. Die Zurückweisung kann real sein oder vom Klienten nur so wahrgenommen werden, obwohl die Eltern den Klienten vielleicht geliebt haben. Das Gefühl, werden, obwohl die Eltern den Klienten vielleicht geliebt haben. Das Gefühl der Ablehnung kann auf folgendes Verhalten der Eltern zurückzuführen sein:

– Unfähigkeit, Liebe in einer Weise auszudrücken, die die Grundbedürfnisse des Kindes nach Wärme und Sicherheit erfüllt;
– Unfähigkeit zu körperlicher Berührung;
– Liebe mit Vorbehalten (ich hab dich nur lieb, wenn du brav bist, gute Noten bekommst, tust, was ich möchte);
– so häufige Abwesenheit von zu Hause, daß das Kind in bezug auf die Befriedigung seiner Grundbedürfnisse keine Abhängigkeit von diesem Elternteil entwickeln kann;
– Zurückhaltung und Unzugänglichkeit;
– inkonsequente Haltung in den Reaktionen auf das Kind, womit ein Sicherheitsdefizit geschaffen wird;
– inkonsistentes Rollenmodell (oft schizophren);
– so großes Unglücklichsein, daß das Kind gezwungen ist, dem unglücklichen Elternteil zu helfen und deshalb keine Unterstützung für sich selbst erhält;
– dem Kind wird nie erlaubt, richtig Kind zu sein.

Indikation für die Anwendung der Primärbeziehungstherapie

Die Primärbeziehungstherapie ist beim *neurotischen* oder *psychotischen* Klienten hilfreich, der sich vor körperlicher oder emotionaler Nähe fürchtet; der Schwierigkeiten hat, dauerhafte intime Beziehungen herzustellen; der viele Gefühle nicht hochkommen läßt, weil sie schmerzlich sind; der sich sehr unzulänglich fühlt und ein geringes Selbstwertgefühl besitzt; der sich nicht liebenswert vorkommt, deprimiert, pessimistisch oder suizidal ist; der sich fortwährend traurig, gekränkt oder einsam fühlt; der Schwierigkeiten hat, aus Angst vor Zurückweisung seine Wut auszudrücken; der von der Besorgnis erfüllt ist, seinen eigenen Erwartungen und denen anderer nicht entsprechen zu können; der unfähig ist, spielerisch das Leben zu genießen; oder der psychosomatische Beschwerden hat (vor allem Verdauungsstörungen und Kopfschmerzen).

Der *zurückgewiesene Klient* kommt wöchentlich einmal in eine Gruppe, um gegenwärtige Situationen, die er als Erwachsener durchlebt, zu verarbeiten. Er wird einer wöchentlichen *Einzelsitzung* zugewiesen, wo durch das „reparenting" eine Bindung zum Therapeuten und intensive Fürsorge hergestellt wird, um die Kluft von einer lieblosen Kindheit zum heutigen Leben zu überbrücken.

Der *verwöhnte und zurückgewiesene Klient* erhielt als Kind keine bedingungslose Liebe und Fürsorge, sondern materiellen Besitz; man hat ihm seinen Willen gelassen, ihm wenig Ordnung beigebracht oder ist überbesorgt gewesen. Ein solcher Klient fühlt sich zurückgewiesen, weil Liebe ihm verweigert oder an Bedingungen geknüpft wurde. Diese Person scheint sogar noch mehr Schwierigkeiten zu haben, sich den Forderungen des Lebens anzupassen, als diejenige, die nur zurückgewiesen wurde; denn sie erhielt in ihren Jugendjahren viele mehrdeutige Botschaften. Dieser Klient wird in einer *Gruppe* behandelt, damit er seine gegenwärtigen Lebensprobleme aufarbeiten kann, aber auch in *Einzelsitzungen,* damit er Fürsorglichkeit erfährt.

Der *verwöhnte Klient* benötigt nicht viel „reparenting", da ihm als Kind viel Wärme entgegengebracht wurde. Dieser Klient wird gewöhnlich ausschließlich oder meistens in einer *Gruppe* behandelt; dort soll er lernen, seine gegenwärtigen Probleme als Erwachsener aufzuarbeiten. Die Therapie des „reparenting" kann aber kurzfristig vonnutzen sein, um auf die Erfahrung eines breiteren Spektrums von Gefühlen einzuwirken, wenn der Klient in seiner emotionalen Bewußtheit eingeschränkt ist.

Die Primärbeziehungstherapie kann auf jeden Menschen angewandt werden, der an Zurückweisung (Vernachlässigung, Mißhandlung) leidet, sei er nun neurotisch oder psychotisch, jugendlich oder erwachsen. Als Ergebnis dieses Prozesses stellen sich u. a. die Zunahme von Eigenliebe- und Selbstwertgefühlen, eine bedeutsame Herabsetzung der Angstebene und von Depression, Gefühle der inneren Stärke sowie die Entwicklung einer sozialen Einbettung ein, die schließlich die Herstellung enger intimer Beziehungen ermöglicht.

Methoden

Diagnose

Folgende Fragen werden an den Klienten gerichtet, um festzustellen, ob er sich als Kind zurückgewiesen fühlte.

1. Als du vier, fünf oder sechs Jahre alt warst und aus einer Gemütsbewegung heraus auf deine Mutter zugingst, wie hat sie reagiert? Hat sie dich umarmt? Durftest du auf auf ihren Schoß klettern? Hat sie dich im Arm gehalten?
2. Wie war deine Mutter? War sie eine herzliche Persönlichkeit?
3. Entzog dir deine Mutter ihre Liebe, wenn du nicht brav warst oder etwas nicht geschafft hast? War ihre Liebe an Bedingungen geknüpft? Wurde sie böse, wenn du nicht brav warst?
4. Was für Gefühle hat das in dir ausgelöst?
5. Konntest du einen Weg finden, wie sich ihre Anerkennung gewinnen ließ?
6. Beantworte dieselben Fragen in bezug auf den Vater!
7. Was empfindest du für deine Brüder und Schwestern? Bekamen sie mehr Anerkennung als du? Welche Gefühle hatten sie deiner Meinung nach?
8. Wie gut warst du in der Grundschule? In der Mittelschule? In der Oberschule? (Eine zurückgewiesene Person erbrachte gewöhnlich während ihrer ganzen Schulzeit ähnliche Leistungen, weil sie versuchte, zu gefallen oder perfekt zu sein. Die verwöhnte Person leistet oft in der Grundschule mehr als später, wenn die Schule schwieriger wird.)
9. Wenn deine Eltern miteinander stritten, glaubtest du dann, du seist daran schuld? Wie empfandest du diese Streitereien? (Die zurückgewiesene Person fühlt sich oft für die Streitigkeiten der Eltern verantwortlich. Die verwöhnte Person kann sich unbeteiligt fühlen.)
10. Willst du der/die Beste oder perfekt sein? (Die zurückgewiesene Person möchte auch dann vollkommen sein, wenn sie sagt, daß niemand vollkommen sei. Die verwöhnte Person möchte die beste sein und andere übertreffen.)
11. Fühlst du dich manchmal traurig und weißt nicht, warum?
12. Hast du manchmal das Gefühl, daß irgendetwas an dir nicht gut genug ist, daß du zu ungeschickt bist, daß du das falsche Geschlecht hast usw.? Hast du bisweilen das Gefühl, daß an dir irgendetwas unannehmbar ist, und daß du nicht so gut wie andere bist, und daß man es dir dann, wenn man dir nahekommt, sagen könnte? (Die zurückgewiesene Person identifiziert sich stark mit dieser Frage und weint gewöhnlich, wenn man ihr diese Frage stellt, weil sie ein Leben lang diese verletzende Situation erlebt.)
13. Macht es dich traurig, daß deine Mutter (dein Vater) dich nicht liebhatte?
14. Wessen Liebe brauchst du mehr, die der Mutter oder die des Vaters? (Diese Frage wird gestellt, wenn ein Elternteil warm und fürsorglich und der andere abweisend war.)
15. Die Bedürfnisse des Kindes nach Anerkennung lassen sich auf sechserlei Weise befriedigen: Brav sein, gute Leistungen erbringen, unabhängig werden, kränklich sein, sich von anderen zurückziehen, den Kasper spielen. Welche Form paßt auf dich?

16. Warst du ein Einzelgänger? Hast du dich gewöhnlich hinter einer Wand versteckt? Hast du dich manchmal hinter einer Wand versteckt, bist dann einsam geworden und hast dich um Freundschaften bemüht und dich dann wieder versteckt?

Die zurückgewiesene Person legt eine große Traurigkeit an den Tag, wenn man ihr diese Fragen stellt. Sie hat das Gefühl, daß der eine oder beide Elternteile keine bedingungslose Liebe gaben. Sie ist häufig ein Einzelgänger gewesen bzw. ist es noch; sie strebt nach Perfektion und versucht, in der Schule gut zu sein, um Anerkennung zu gewinnen; sie fühlt sich wertlos und nicht liebenswert. Wenn ein Elternteil stirbt oder das Zuhause verläßt, wird das oft als Zurückweisung empfunden.

Nach der Diagnose wird der Klient zu einer wöchentlichen Einzelsitzung mit einer Mutter/Therapeutin oder einem Vater/Therapeuten und zu einer Gruppensitzung pro Woche bestellt. In der Regel beginnt die Therapie mit der „Mutter", da die erste natürliche Bindung, sogar noch vor der Geburt, zur Mutter besteht.

Einzelsitzungen

Wenn der Klient mit der Mutter/Therapeutin bzw. dem Vater/Therapeuten arbeitet, muß er eine fürsorgliche, lehrreiche, „elternähnliche" Beziehung erleben. Das Bedürfnis, akzeptiert zu werden, Vertrauen zu entwickeln und eine Bindung zu einem anderen Menschen herzustellen, ist die Grundlage des therapeutischen Prozesses, weil es in allen Fällen um Gefühle der Deprivation und des fehlenden Vertrauens geht.

Der Therapeut sucht die zugrundeliegenden Wut- und Trauergefühle, um dem Klienten zu helfen, diese zu erkennen, freizusetzen und mit ihnen fertig zu werden. Das Ziel besteht darin, zunächst die Abhängigkeitsgefühle des Klienten in seiner Kindheit festzustellen, sich dann auf seine Mitverantwortung in der Beziehung hinzubewegen und schließlich seine Selbständigkeit und das Treffen eigener Entscheidungen zu fördern. Außer in bezug auf das Säuglingsalter sind Kommunikation und das Bewußtwerden von Gefühlen das vorherrschende Thema der Therapie. Anfänglich übernimmt der Therapeut die Verantwortung, die Gefühle für alle beide zu erkennen und mitzuteilen, bis dann der Klient so weit eingearbeitet ist, daß es er alleine macht.

Der Klient läßt es zu, daß er verletzlich wird und sich Gefühlen öffnet, und zwar durch das Festhalten und Umarmen wie bei einem ganz kleinen Kind; durch Albernheit und Blödelei wie bei einem Vorschulkind; durch die Abenteuer und organisierten Spiele wie bei einem Grundschulkind; durch das Stellen von Fragen und die Realitätssuche des Frühreifen und durch die Diskussion und die Identitätssuche des Heranwachsenden.

Während des ganzen Prozesses führt die Aufrichtigkeit des Therapeuten im Hinblick auf sämtliche Gefühle (einschließlich Wut und Ungeduld) den Klienten dazu, daß er allmählich seine eigenen Gefühle akzeptiert und die Fähigkeit entwickelt, sich selbst und dem Therapeuten Vertrauen entgegenzubringen. An die Stelle der lange Zeit angestauten Wut und Trauer treten allmählich Gefühle der Freude; das hilflose Verhalten wird in die Fähigkeit umgewandelt, verschiedene Situationen des Lebens zu verarbeiten.

Primärbeziehungstherapie   923

Tabelle 1: Überblick über Aktivitäten

Emotionales Alter	Vorherrschende Gefühle	Verhalten	Bedürfnisse des Klienten
Mutterschoß, fetale Position	Dumpf, sicher	Verborgen, zurückgezogen, nicht berührbar.	Als Baby festgehalten und gewiegt zu werden; taktile Berührung (Streicheln); nur dasein zu dürfen; Zeiten, zu denen man schweigend gehalten wird.
1–2 Jahre	Angst, Depression, Verwirrung, Schmerz	Wird Arm um M/T bzw. V/T[a] legen; die Augen zeigen bisweilen Wärme; sucht M/T bzw. V/T nichtverbal aus der Gruppe heraus; sucht die Anerkennung durch M/T bzw. V/T.	Wärme von M/T bzw. V/T spüren; reagieren und von M/T bzw. V/T akzeptiert zu werden; tätscheln und festhalten; weinen dürfen; M/T- bzw. V/T-Feedback zu bekommen im Hinblick auf Gefühle von Gekränktsein und Traurigkeit.
3–4 Jahre	Wut, Schmerz, Zorn, Traurigkeit, bittersüß[b]	Temperamentsausbrüche; Verbalisierung von Kränkungen; Weinen, Schluchzen.	Kitzeln; Geschichten; unorganisiertes spontanes Spiel; Albernheit, Kinderreime; Phantasien mit M/T bzw. V/T, wobei der Klient mit ihm auf Reisen geht; daheim spielen; Wut in der Therapie abreagieren dürfen.
5–6 Jahre	Gekränktsein, Traurigkeit, bittersüß[b]	Beginnt mit Selbstkontrolle; spricht weiter über Kränkungen.	Organisierte Spiele und Phantasien: spazierengehen; Eis kaufen, ein Fest feiern; kooperative spielerische Betätigung; Geschichten mit Beteiligung des Klienten.
7–8 Jahre	Wut, Trauer, Wärme	Teilt Wut mit; konzentriert sich auf den Ursprung der Wut (Elternteil, Therapeut, wichtige Bezugsperson).	Rollenspiel (Probleme verarbeiten; Gefühle ausdrücken); Bewußtsein der Identifikation mit dem Elternteil; Phantasien, um Kindheitserinnerungen zu ersetzen; eine versäumte Erfahrung ausprobieren.

Tabelle 1: Überblick über Aktivitäten (Fortsetzung)

Emotionales Alter	Vorherrschende Gefühle	Verhalten	Bedürfnisse des Klienten
8–10 Jahre	Neugierde; Zusammenarbeit, Freude	Interessiert an Freunden; Abhängigkeit von Gleichaltrigen; Fragen über das Leben und über Werte.	Vermehrter Ausdruck von Gefühlen; Mitteilung und Diskussion in bezug auf das Leben; plant Aktivitäten und führt sie durch; bringt Ideen und Meinungen zum Ausdruck.
11–12 Jahre	Emotionales Auf und Ab beginnt erneut; rebellische Wut	Interesse an der Peer-Group, Sport, Organisationen; spricht über Aktivitäten.	Möchte, daß M/T bzw. V/T zuhört; die Abhängigkeit von M/T bzw. V/T verringert sich; Ausdruck von Gefühlen gegenüber M/T bzw. V/T.
13–14 Jahre, frühe Adoleszenz	Sagt M/T bzw. V/T, wenn er wütend ist; Erregung, unsichere Zuordnung	Interessiert an Rendezvous, daran, mit dem anderen Geschlecht zusammen zu sein; sexuelle Phantasien; möchte mit der Autorität fertig werden.	Teilt die Freuden des Heranwachsens mit; erörtert Fragen der Religion, des Sex und der Philosophie; Umgang macht Spaß.
15–16 Jahre, mittlere Adoleszenz	Große Spannbreite der Gefühle; wird leicht wütend auf M/T bzw. V/T: widerspricht offen	Weiß, was er von der Sitzung haben möchte; kann die Dinge selbst in den Griff bekommen.	Gleichberechtigung zwischen M/T bzw. V/T und Klient; Information über Sex und Rollen; Geld und Zielplanung; Beschäftigung mit den eigenen Kindern.
17–18 Jahre, späte Adoleszenz	Rebellion, Unabhängigkeit	Möchte Therapie abbrechen; braucht M/T bzw. V/T nicht mehr.	Was für eine Art Mann oder Frau möchte ich sein? Welches sind meine moralischen Werte? Wie werde ich mein Leben gestalten? Welche Art Lebensstil möchte ich haben?

[a] M/T = Mutter/Therapeutin
V/T = Vater/Therapeut
[b] Bittersüß: Traurigkeit des Klienten, gemischt mit der Wärme von M/T bzw. V/T.

In der *Tabelle 1* sind die emotionalen Bedürfnisse, die wichtigen Gefühle und das Verhalten aufgezeigt, die im Verlauf der Therapie auf jeder einzelnen emotionalen Altersstufe auftreten.

Nach Abschluß dieses Prozesses mit der Mutter/Therapeutin kommt es in der Arbeit mit dem Vater/Therapeuten wieder zu einer Regression. Gewöhnlich dauert der Prozeß mit dem zweiten Elternteil/Therapeuten nicht mehr solange. Gelegentlich geht der Klient zur Mutter/Therapeutin zurück, um einige Probleme endgültig zu lösen.

Zu den Instrumenten und Themen dieser Therapie gehören folgende:

1. *Grundregeln:* In der ersten Sitzung wird der Therapeut zum Klienten sagen: „Die Reise, auf die du gehst, kann schrecklich sein, aber sie ist nicht gefährlich, und ich werde dich auf dieser Reise begleiten. Ich erwarte lediglich von dir, daß du mit deinen Gefühlen ebenso aufrichtig bist wie ich mit den meinen. Alle Gefühle sind in Ordnung, auch sexuelle Gefühle. Kleine Jungen und Mädchen können sexuelle Gefühle für einen Elternteil empfinden. Wenn so etwas auftaucht, werden wir darüber reden, aber wir werden es nicht kritisieren.
2. *Suizidgedanken:* Diese Probleme sollten zu Beginn der Therapie angesprochen werden. Der Klient kann solche Überlegungen in der Vergangenheit gehabt haben, und die Angst davor und der Gedanke daran werden im therapeutischen Prozeß an die Oberfläche kommen.
3. *Phantasien:* Vermitteln Sie dem Klienten Erfahrungen mit einem Elternteil, die er in der Kindheit vermißt hat. Verwandeln Sie negative Erinnerungen in positive.
4. *Aktivitäten außerhalb des Sprechzimmers:* Gehen Sie zusammen spazieren, spielen Sie, geben Sie ein Fest, gehen Sie zusammen essen oder machen Sie ein gemeinsames Picknick.
5. *Telefonanrufe als Aufgabe:* Erlauben Sie einem Klienten, der Angst hat, den Therapeuten anzurufen, bzw. geben Sie einem Klienten, der zu oft anruft, begrenzte Zeiten für Telefonanrufe.
6. *Geschichten:* Lesen Sie dem Klienten Geschichten vor, die dem emotionalen „Alter" des Klienten entsprechen und mit seinen Problemen zusammenhängen.
7. *Spiele:* Spielen Sie Stegreifspiele und „dumme Spiele", kompetitive und nichtkompetitive Spiele. Diese geben dem Klienten Spontaneität und Selbstbewußtsein und vertiefen die Beziehung zum Therapeuten.
8. *Rollenspiel:* Der Therapeut fungiert als Vater bzw. Mutter und der Klient als Kind. Der Klient begegnet alten Situationen und Gefühlen, spielt Alternativen für alte Situationen durch, fügt Erfahrungen aus der Kindheit hinzu und bringt in positiver Weise neue Lösungen und Empfindungen zum Ausdruck.
9. *Aufgaben:* Hiermit sollen Probleme zwischen den Therapiesitzungen geklärt und neue Verhaltensweisen geübt werden.
10. *Selbstoffenbarung des Therapeuten:* Diese ermöglicht es dem Klienten, die Ersatzmutter/den Ersatzvater emotional und aufgrund des Gegensatzes zu verstehen; denn die Mutter/der Vater des Klienten war oftmals emotional verschlossen oder übte ständig Kritik.

11. *Problemlösen:* Durch Rollenspiel und Kommunikation erfährt der Klient eine Vielfalt von Wahlmöglichkeiten in Angelegenheiten seiner Kindheit und seines Erwachsenenalters. Früher sah der Klient oft nur „Entweder/Oder"-Lösungen.
12. *Künstlerische Betätigung:* Arbeiten und spielen Sie zusammen, um den Klienten zu ermutigen, seine Spontaneität und Kooperationsbereitschaft zu fördern und um Spaß zu haben, und schrauben Sie seine Ansprüche in bezug auf Perfektion und Wettbewerb herunter.
13. *Wichtige Bezugspersonen:* Halten Sie eine Sitzung zusammen mit einer Person ab, die im Leben des Klienten von Bedeutung ist und die ihn außerhalb der Therapie unterstützen und verstehen kann.
14. *Information:* Machen Sie Gebrauch von den Ressourcen, die die Gesellschaft zur Verfügung stellt, um dem Klienten zu helfen, Entscheidungen im Hinblick auf Arbeit und Ausbildung zu treffen, z. B. in Zentren für berufliche Rehabilitation und Bildungseinrichtungen.
15. *Bibliothek:* Therapeut und Klient stellen eine Bibliothek mit Büchern, Magazinen und anderer Literatur zusammen, um Verständnis und Bewußtsein des Klienten zu fördern und ihn zum Lesen zu ermuntern (einige Klienten können sich seit ihrer Kindheit schlecht konzentrieren). Es werden solche Bücher verwendet, die dem richtigen emotionalen Alter entsprechen.
16. *Big You, Little You* (Kirste/Robertiello, 1975): Der Klient trennt seinen Kind- vom Erwachsenenzustand ab und führt einen Dialog mit jedem; damit ermöglicht er dem „Kind", mit schmerzhaften und spannungsreichen Situationen fertig zu werden.
17. *Der Dämon:* Der verdrängte „Teufel" oder „böse Kern", den der Klient in seinem Selbst sieht (brüllender Tiger, Geier usw.) wird akzeptiert und benannt. Man hat seinen Spaß an ihm, indem man über ihn spricht, ihn zeichnet und sein Bild dann an die Wand hängt, um es zu bewundern.
18. *Elternuntersuchungsgruppe:* Der Klient liest „Children: The Challenge" (Dreikurs/Soltz, 1964) gründlich durch und nimmt als sein eigener Vater/seine eigene Mutter an einer „Elternuntersuchungsgruppe" teil, diskutiert sein eigenes Verhalten und das seiner Geschwister. Dabei entwickelt er Verständnis für die Position seiner Eltern und hört schließlich auf, seine Eltern zu beschuldigen.

Gruppensitzungen

Aufgabe der Gruppe ist es, sich mit gegenwärtigen Lebenssituationen – Beziehungen in Familie und Beruf – zu beschäftigen und die Meinungen anderer Personen zu erfahren. Diese Art von Gruppe ist mit ihrem Feedback aufrichtig, bisweilen konfrontativ, aber immer hilfreich. Da ein bis vier Mitglieder gewöhnlich *Aufgaben „in der Gruppe"* bearbeiten, wodurch ihre allgemeine Teilnahme eingeschränkt wird, ist die Gruppe ziemlich groß – sie umfaßt 12 bis 14 Leute. Dies erlaubt ungefähr 10 Leuten die Beteiligung an der allgemeinen Diskussion.

Es werden *Freundschaft* und starke *Verbundenheitsgefühle* gefördert, weil die meisten Klienten, die zur Therapie kommen, sich ganz isoliert fühlen und nicht wissen, wie man enge Beziehungen herstellt. Gruppensitzungen finden in der

Mittagszeit oder am frühen Abend statt und dauern eine Stunde, und die Mitglieder essen gemeinsam zu Mittag oder zu Abend, um soziale Bindungen zu stärken.

Der Ablauf jeder Gruppensitzung ist sehr stark strukturiert und in fünf Abschnitte aufgeteilt:

1. *Reaktionen* auf die letzte Sitzung und auf wöchentliche Ereignisse;
2. *Berichte* über Aufgaben, die außerhalb der Gruppe zu erledigen waren;
3. *Vorstellung eines neuen Mitgliedes* (die Gruppensitzungen gehen ohne Unterbrechung weiter, und neue Klienten können jederzeit hinzukommen);
4. aufeinanderfolgende *Vorstellung und Erörterung der Probleme* von zwei bis vier Klienten;
5. *Aufgaben zum Sitzungsende* – einige Aufgaben, die in der Gruppe zu lösen sind, werden am Ende durchgeführt, z. B. jeder Person eine Kritik von einem überkritischen Klienten zu übermitteln.

Die Abschnitte 1, 2 und 4 gehören zu jeder Sitzung; Abschnitt 3 nur dann, wenn eine neue Person hinzukommt; der Abschnitt 5 ist nur dann Teil der Sitzung, wenn jemand diese Aufgaben zugewiesen bekommen hat.

Das *Feedback* liefern der Therapeut und die Gruppenmitglieder während der Vorstellung und Erörterung von Problemen; dann wird eine Aufgabe vorgeschlagen, die sich auf das vorgestellte Problem bezieht. Aufgaben helfen dem Klienten, seine Angst zu desensibilisieren, ein neues Verhalten zu erfahren, ein ungewohntes Verhalten zu üben oder ein negatives Verhalten übermäßig stark an den Tag zu legen, um es zu löschen. Aufgaben werden zur Übung in der Gruppe oder außerhalb der Gruppe zugeteilt.

Beispiele für *Aufgaben „in der Gruppe"* sind:

1. *Gruppengastgeber/in:* Er/sie umarmt jedes Mitglied nach seiner Ankunft und beim Verlassen der Sitzung; das hilft dem Klienten zu fühlen, daß er zur Gruppe gehört;
2. *Gruppenprinz/Gruppenprinzessin:* Die Person wird von anderen Mitgliedern bedient (bekommt Bonbons, Kaugummi, einen Fußschemel, Schultermassage), um ihren Wunsch, verwöhnt zu werden, zu persiflieren;
3. *Maske:* Der Klient trägt eine Maske und berichtet im Verlauf der Sitzung über seine Gefühle, um mit seinen Gefühlen in Kontakt zu kommen. Die Gruppe fährt mit der Diskussion ohne die Personen fort, die ihre Aufgaben bearbeiten.

Beispiele für *Aufgaben „außerhalb der Gruppe"* sind:

1. *Gruppenmitglieder anrufen* und ihnen erlauben, dich anzurufen – für Personen, die sich isoliert fühlen;
2. *dumme und alberne Dinge tun* – für den Klienten, der versucht, perfekt zu sein;
3. *Leute bitten, Dinge für dich zu erledigen* (deinen Kaffee zubereiten, einen Einkauf machen) – für den Klienten, der Angst hat, um etwas zu bitten oder unfähig ist, von anderen etwas zu nehmen;

4. *freundlich, aber nicht kooperativ sein* – für den Klienten, der nicht assertiv ist.
– Die Aufgaben gelten für sechs oder mehr Sitzungen, bis der Klient die für ihn notwendige Lektion gelernt hat.

Durch den Einsatz des individuellen „parenting" und durch die Gruppensitzungen entwickelt der Klient eine positivere und optimistischere Einstellung zum Leben; Wut und Trauer lassen nach, und seine Fähigkeiten zur Verarbeitung mehren sich.

Anwendungsbereiche

Aus der Tatsache, daß man als Kind zurückgewiesen wurde, entwickelt sich eine sehr breite Palette an Verhaltensweisen und Einstellungen. Je nach dem Ausmaß der Entmutigung oder Nichtanpassung kann der Klient in viele diagnostische Kategorien fallen – sie reichen von den verschiedenen Neurosen zu Psychosen und Charakterstörungen. Alle können in der Primärbeziehungstherapie behandelt werden.

Neurose

Der neurotische Klient, der uns deshalb konsultiert, weil er Probleme mit seiner Familie, seiner Arbeit, mit Freundschaften oder intimen Beziehungen hat, wird der Gruppentherapie zugewiesen, wenn Zurückweisung (Vernachlässigung, Mißhandlung) im Spiel ist. Die Diagnose kann auf jede neurotische Störung lauten – Depression, Angst, Hysterie usw.

Psychose

Dem Grenzfall zum ernsthaft psychotischen Klienten kann mit einer individuellen, langfristigen, von Wärme und Fürsorge geprägten Therapie plus Gruppentherapie geholfen werden. Uns wurde z.B. eine 26jährige Schizophrene von einem Psychiater überwiesen, der sagte: „Entweder Sie nehmen sie in die Therapie, oder ich werde sie für den Rest ihres Lebens in eine Anstalt schicken müssen." Der größte Teil des Lebens der Klientin war von der Psychose bestimmt gewesen. Als sie geboren wurde, waren ihre Mutter 45 und ihr Vater 48. Die Eltern waren unfähig, sie zu akzeptieren, weil sie ihr Leben durcheinander brachte. Schon als kleines Kind war ganz klar gewesen, daß sie unerwünscht war. Ihr Zustand verbesserte sich in dieser Therapie, und sie war imstande, ihr Elternhaus zu verlassen.
Der weniger ernstlich gestörte Psychotiker kann ebenfalls von dieser Therapie profitieren. Häufig ist dieser Klient ein psychotischer „Grenzfall". Die warme, fürsorgliche Beziehung mit der Mutter/Therapeutin bzw. einem Vater/Therapeuten bietet in der Regel für diese Person die erste Gelegenheit, von einer anderen Person akzeptiert zu werden. Die Reaktion des Klienten wird schließlich zur Entwicklung von Vertrauen in den Therapeuten führen.

Hospitalisierte Klienten

In unserer Praxis akzeptieren wir keine Klienten, die hospitalisiert sind. Doch hin und wieder entwickelt ein Klient (Psychotiker oder Neurotiker) Angst oder ernsthafte Depressionen, nachdem er mit der Primären Beziehungstherapie angefangen hat. Um seinen gegenwärtigen Belastungen und Verpflichtungen zu entfliehen, kann er beschließen, eine Zeitlang in eine Klinik zu gehen. Wir können ihn zu diesem Schritt ermutigen oder nicht, doch wenn der Klient sich einmal für diese Alternative entschieden hat, unterstützen wir sie. Bislang hatten wir nur zwei Fälle (einen Neurotiker und einen Psychotiker), die diesen Entschluß faßten. Beide blieben drei oder vier Wochen lang in der Klinik. Wir waren an der Klinikbehandlung nicht beteiligt, blieben aber mit dem behandelnden Psychiater in Verbindung und besuchten jeden Klienten. Nach ihrer Entlassung diskutierten die Klienten ihre Klinikerfahrung mit ihren Therapiegruppen. Sie schienen von der Erfahrung insofern profitiert zu haben, als sie erkannten, daß die Klinik nur ein zeitweiliger Ausweg und nicht gerade der angenehmste Ort ist und daß es an ihnen selbst liegt, sich um ihre Verpflichtungen zu kümmern und gesund zu werden. Keiner von beiden Klienten kehrte in die Klinik zurück.

Heranwachsende und Kinder

Obwohl die Primärbeziehungstherapie allgemein als eine Psychotherapie für Erwachsene gilt, nehmen wir bisweilen auch Heranwachsende für eine vollständige Therapie und Kinder für eine kurze Zeit an. Dies kommt gelegentlich vor, wenn wir einen Elternteil in der Therapie haben, der unfähig ist, seinem Kind Fürsorge oder Unterstützung zu geben, und wenn das Kind zurückgezogen ist, sich abreagiert oder extrem aufsässig ist. Da das Kind keine Bindung zu seinen Eltern hat, kann ein fürsorglicher Therapeut es dazu bringen, anderen zu vertrauen und sich selbst als liebevollen Menschen zu akzeptieren. Meistens nehmen wir Heranwachsende nur in eine Jugendgruppe auf. Doch in den erwähnten Fällen gab es bei den Heranwachsenden schwere Depressionen, die von Gefühlen der Ablehnung herrührten, und die Gruppe alleine reichte nicht aus.

Ehe- und Familienberatung

Zuweilen konsultiert uns ein Klient, der sich zurückgewiesen fühlt, weil er Eheprobleme oder Probleme mit der Kindererziehung hat. Der Klient ist unfähig, eine enge Beziehung zu seinem Partner aufzubauen, und die tiefsitzende Wut kann dazu führen, daß er sein Kind mißhandelt, vor allem dann, wenn der Klient als Kind selbst mißhandelt worden ist. Die Notwendigkeit zu lernen, mit Ehe- und Erziehungsproblemen fertig zu werden, muß solange verzögert werden, bis der Klient die Ich-Stärke entwickelt, um mit seinem eigenen Leben fertig zu werden. Dies ist für die ganze Familie eine sehr schwierige Situation.

Wenn ein Partner eher in der Lage ist, mit den Kindern umzugehen, bitten wir ihn, sich um die Kinder zu kümmern, bis es dem Klienten besser geht. In einem

Fall wurde eine Mutter überwiesen, weil sie unfähig war, mit ihren beiden Kindern von drei bzw. vier Jahren fertig zu werden. Sie hatte sie sehr schlimm mißhandelt. Der Vater war außerstande, sich ihrer anzunehmen; deshalb wurden sie für ein Jahr zu Verwandten geschickt, bis die Mutter fähig war, zuerst mit sich selbst und dann mit den Kindern fertig zu werden. Zu diesem Zeitpunkt (bevor sie ihre eigene Therapie abschloß) wurde der Mutter in bezug auf Eheprobleme und Probleme mit der Kindererziehung geholfen.

Fallbeispiel

Joy, 26, verheiratet, arbeitet als Lehrerin für lernbehinderte Kinder. Sie wurde von Angstgefühlen gepeinigt, konnte aber ihre Gefühle meisterhaft verbergen. Sie erschien selbstsicher, leistungsfähig und gutaussehend. Unter ihrer Maske fühlte sie sich unsicher, unfähig, nicht liebenswert und häßlich. Sie hatte schon viele Jahre andere Arten von Psychotherapie erprobt.

Joys Mutter war eine Perfektionistin, die ihre Tochter, als sie klein war, wie eine schöne Puppe behandelte. Sie kleidete sie schön, drehte ihr die Haare auf und sorgte dafür, daß sie ausgezeichnete Manieren annahm. Joys Mutter war auch sehr kritisch, weil Joy das perfekte Kind sein sollte – ein Kind, das den Status der Mutter im Leben heben konnte. Joys Mutter war selber von einer strengen Mutter erzogen worden und hatte von keinem Elternteil Wärme erfahren. Sie hatte nicht gelernt, zärtlich zu sein.

Nach mehreren Sitzungen in der Primärbeziehungstherapie und in Gruppensitzungen, in denen sie meistens nur zuhörte, war Joys Fassade während einer einzigen Visite abgebröckelt.

J.: Ich habe Angst. Ich habe das Gefühl, über dem Boden zu schweben.
T.: Schon gut. Komm, setz dich hierher, eng neben mich, auf unser Kissen, und ich halte dich fest (Therapeutin wiegt Joy hin und her, als ob sie ein ganz kleines Kind sei).
J.: Mein Herz schlägt schnell.
T.: Es wird gleich langsamer schlagen (sanft). Mach die Augen zu. Wir gehen auf eine schöne Reise. Schau dir diese großen Ballons mit den schweren Seilen an – einer ist für dich und einer für mich. Jetzt binde ich den einen um deine Taille und den anderen um meine. Und jetzt halte ich dich fest, damit du ganz sicher bist. Sind sie nicht schön? Es sind Ballons wie aus dem Disneyland. Wir beginnen abzuheben. Schon steigen wir nach oben, gerade ein Stückchen über dem Boden, und jetzt schon ein bißchen höher. Wir sind gerade über den Dächern der kleinen Häuser und steigen höher, damit wir ungestört fliegen können. Jetzt haben wir nichts mehr im Weg und sind schon ganz schön weit oben. Ach, geht's uns gut! Es ist so schön hier oben. Uns beiden gefällt das riesig. Wir möchten eine Zeitlang hierbleiben und einfach die Schönheit, den Frieden und die Stille genießen (jetzt ist Joy entspannt in den Armen der Therapeutin und freut sich still).
T.: Wir werden jetzt landen. Ganz langsam gehen wir nach unten. Wir genießen den Abstieg; er ist leicht. Langsam herunterkommen, ganz langsam herunterkommen. Da sind wir schon unten auf dem Boden, und es geht uns

gut. Joy, jedes Mal, wenn du das Gefühl hast, du schwebst, denk nur daran, dir das Ballonseil umzubinden und sanft zu landen, genauso wie wir es gerade gemacht haben. Wir fühlst du dich?
J.: Ich fühle mich wohl. Ich habe keine Angst, und ich schwebe auch nicht mehr.

Anmerkung: Die Therapeutin machte bei Joys Halluzinationen des Schwebens mit und führte sie sanft in die Wirklichkeit zurück. Es war das erste Mal, daß die Therapeutin von Joys psychotischen Neigungen erfuhr. Sie traten von Zeit zu Zeit wieder auf. Dann hatte sie entweder das Gefühl, daß die Dinge unwirklich seien oder daß sie schwebe.
Joy fühlte sich eine Zeitlang als ganz kleines Mädchen. Die Therapeutin verbrachte einen großen Teil der Zeit damit, sie still zu hätscheln, und es kam mit Joys Hilfe auch noch zu anderen gelenkten Phantasien.

T.: Komm, laß dich halten. Mach die Augen zu. Kannst du dich als kleines Mädchen sehen? Wie alt bist du?
J.: Ich bin ein Jahr alt und fange gerade mit dem Laufen an.
T.: Ja, du bist mein schönes, kleines Mädchen, und du wachst gerade am heutigen Morgen auf. Ich werde dich jetzt anziehen.
J.: Nein (erschrocken)! Ich will nicht, daß du mich in ein schönes Kleid steckst.
T.: Nein, natürlich nicht! Du bist mein hübsches Baby, mein kleines Mädchen. Du bist schön, wenn du keine Kleider an hast. Ich werde dir nur eine Windel umbinden, damit du mir nicht auf den Boden machst. Du bist zum Liebhaben, gerade so, wie du bist. Du brauchst ja gar kein schönes Kleidchen.
J.: Das ist schon besser (entspannter). Ich denke, ich gehe an einem Kaffeetisch vorbei und bewundere die Sachen, die auf dem Tisch stehen.
T.: Ja, du kannst dir diese Sachen anschauen. Du bist wirklich neugierig!
J.: Ja, stimmt. Wirst du nicht böse sein, wenn ich diese Dinge anfasse?
T.: Nein, kleine Mädchen dürfen auf Erkundungsreisen gehen. Es gibt hier sowieso nichts, was zerbricht.

Anmerkung: Joy erhält die Gelegenheit, anerkannt zu werden und dafür geliebt zu werden, daß sie sie selbst ist – ohne Kleider. Es wird ihr auch erlaubt, ein ganz kleines Mädchen zu sein und sich mit einer helfenden Ersatzmutter an ihrer Umgebung zu freuen.
Als sie anfing, sich in der Therapie älter zu fühlen (fünf oder sechs Jahre alt), hatte Joy Freude an künstlerischer Betätigung und entfaltete beträchtliches Talent.

J.: Manchmal komme ich mir sehr komisch vor, so, als ob es jemand oder etwas anderes in mir gäbe, was niemand kennt.
T.: Kannst du mir von diesem Etwas in dir ein Bild zeichnen? Joy, ist das irgendetwas Schlechtes, ist etwas nicht in Ordnung? Würdest du es mich sehen lassen? Wie sieht es denn aus?
J.: Wie ein gräßliches, unheimliches Ding in einem Horrorfilm. Es kann über dich herfallen, und du fängst an zu schreien. Du wirst es nicht mögen.

T.: Na, ich glaube, ich kann damit umgehen. Ich möchte dieses Etwas kennenlernen. Vielleicht möchte es nur jemanden wissen lassen, daß es existiert. Ist es wirklich so scheußlich?
J.: Also vielleicht, wenn ich es zeichne, kannst du es sehen. Es kaut manchmal an meinem Magen. Ich habe das Gefühl, daß es sich immerfort von mir ernährt. Schau, ich glaube, es ist wie ein Tausendfüßler.
T.: Mit all den Beinen muß es sich komisch in dir anfühlen.
J.: (in das Gesicht des Tausendfüßlers vertieft) Die Augen sind nicht in Ordnung. Er muß böse sein.
T.: Mir kommt er traurig vor. Ich kann beinahe Tränen in seinen Augen sehen.
J.: Er ist traurig. Er ist sehr traurig.
T.: Wenn niemand weiß, daß er da ist, dann muß er sich auch sehr einsam fühlen.
J.: Er ist nicht wirklich böse, gelt? Er ist einsam und traurig. Da, jetzt kannst du die Tränen sehen (Joy zeichnet in das Gesicht des Tausendfüßlers Tränen hinein).
T.: Ich möchte mich um den Tausendfüßler kümmern (schlingt ihre Arme um Joy). Wäre es ihm recht, wenn ich seine Freundin wäre?
J.: Ja, er hat Vertrauen zu dir, aber er hat auch Angst. Ja, er möchte, daß du seine Freundin bist. Er hat Angst, daß du denken wirst, er sei häßlich und gräßlich, und daß du ihn nicht wirklich mögen wirst.
T.: Wir werden nett zu ihm sein, damit er lernt, daß er nicht häßlich und gräßlich ist. Joy, kannst du den Tausendfüßler akzeptieren und mir helfen, mich um ihn zu kümmern?
J.: Das möchte ich schon.

Anmerkung: Der Tausendfüßler repräsentierte für Joy den dunklen Punkt in ihr, der unannehmbar war. Sie wollte diesen dunklen Punkt nicht sehen und ihn vor dem Rest der Welt versteckt halten. Dadurch, daß wir sie ermuntern, ihren dunklen Punkt zu benennen und zu zeichnen, hatten wir den versteckten Teil Joys anerkannt, der die Wunden repräsentierte, die Zurückweisung und Traurigkeit und das Gefühl, keine Liebe zu verdienen, zurückgelassen hatten. Das Bild wurde an die Wand des Sprechzimmers der Therapeutin gehängt, und Joy und die Therapeutin spielten mit dem Tausendfüßler. An die Stelle der Traurigkeit trat zuerst Verwirrtheit und dann ein Glücksgefühl.

Während ihrer Therapie begann Joy einmal, plötzlich zu schluchzen und zu schreien.

J.: Ich bin an einem finsteren Ort und kann nicht mehr herauskommen. Es ist ein schwarzes Loch oder eine Höhle.
T.: Halt meine Hand fest. Du bist nicht allein. Ich werde bei dir sein.
J.: Ich kann nicht heraus. Es gibt keinen Ausweg (schluchzt).
T.: Ich laß dich nicht allein. Wir werden gemeinsam den Ausgang finden. Wir wollen langsam gehen und schauen, was über uns ist. Diese Höhle hat einen Tunnel, und ich werde nicht von dir fortgehen. Ich glaube, jetzt kommt eine Biegung. Ja, der Tunnel wendet sich nach links. Halt dich fest. Es wird schon alles gut gehen. Vorn ist ein schwaches Licht. Kannst du es sehen?

J.: Ja (klammert sich immer noch an die Therapeutin).
T.: Wir werden auf das Licht zugehen, und dort wird ein Weg nach draußen führen. Ja, es wird schon heller. Ja, das Licht kommt vom Ende des Tunnels. Es gibt Felsen, auf die wir klettern können. Hier, ich werde dir helfen. Alles okay?
J.: Ja, ich hab's geschafft (schluchzt nicht mehr).
T.: Hier bin ich. Schaffst du es durch das Loch?
J.: Ja, aber ich habe Angst.
T.: Ich habe auch Angst, aber ich werde nicht aufgeben. Wir werden sehen, was draußen ist.
J.: Geh du zuerst.
T.: Ja. Ich bin schon draußen. Gib mir deine Hand. Wir haben es geschafft. Wir sind draußen. Schau, wo wir sind! Wir sind auf dem Gipfel eines Berges.
J.: Es ist nicht mehr schwarz.
T.: Wir wollen uns hinsetzen und ein wenig ausruhen. Wir können später hinuntersteigen.
J.: Ich fühle mich sicher (wird immer noch von der Therapeutin festgehalten).
T.: Bleib nur ruhig und freue dich, daß du in Sicherheit bist. Wir haben Zeit, uns sicher zu fühlen.

Im folgenden drucken wir einen an die Therapeutin gerichteten Brief ab, der nach fünf Monaten Therapie verfaßt wurde:

Liebe Genevieve,

ich habe auf die Therapie in so vieler Hinsicht stark reagiert. Ich möchte mit dir Verbindung haben. Es ist mir unangenehm, dich während der Arbeit anzurufen, weil ich weiß, daß du viel zu tun hast, und ich finde es unfair, dir in dieser Situation die Zeit zu stehlen. [Joy hatte die Erlaubnis erhalten anzurufen, wenn sie wollte.]

Außerdem weiß ich, daß du manchmal weg bist, und um ehrlich zu sein, ich glaube, ich wäre traurig, wenn eine Sekretärin mir sagte, daß du nicht in der Stadt seist. Ich ziehe es also vor, irgendwie nicht zu weit zu gehen. Ich glaube, ich habe ein bißchen Angst, von Gefühlen überwältigt zu werden, mich nach dir auszustrecken.

Nach unserer letzten Sitzung habe ich Freude empfunden. Ich bin sogar freudig auf- und abgesprungen. Ich habe auch begriffen, daß ich vorsichtig war, die Freude zu akzeptieren, mein Bewußtsein behielt die Kontrolle.

Ich habe erkannt, daß ich fortwährend wünsche, von anderen akzeptiert zu werden. Ich fühle meine Spannung, beobachte, wie sie sich manifestiert, und weiß genau, wo sie herkommt. Es ist schwierig, mich mit etwas außerhalb von mir selbst zu beschäftigen, da ich ständig andere Leute oder mich selbst beobachte.

Tom [Ehemann] zum Beispiel erzählte mir etwas über einige seiner Gedanken, und ich konnte ihn nur am Rand meines Bewußtseins sehen. Ich war mir hauptsächlich bewußt, daß ich von ihm akzeptiert werden wollte. Nicht verbal. Tiefer. So, wie wenn ich meinen Kopf in seinen Schoß lege. In einem solchen Zustand erscheine ich irrational, da scheinbar jede kritische Bemerkung meine Gefühle verletzt oder mich zornig macht usw. Tatsächlich könnte es einfach eine Feststellung der Tatsachen sein. Ich glaube, ich halte nach Mißbilligung von seiten Toms Ausschau. Mich selbst beobachten, das ist das Wort!

Auch dann, wenn ich mich von irgendetwas überwältigt fühle (seelische Konflikte, wie Entscheidungen oder selbst ambivalente Gefühle), bin ich für gewöhnlich traurig. Ich weiß das, weil ich heute vormittag aufhörte damit, beschließen zu wollen, was ich heute in einer angstvollen Weise tun sollte. Und als ich eine Pause machte, da fiel ich auf eine tiefere Stufe zurück und fühlte mich klein und traurig.

Es gefällt mir, dies alles zu wissen. Es hilft mir, mich selbst zu verstehen. Es macht den Umgang mit Kollegen und Bekannten von draußen leichter. (Ich suche deren Anerkennung nicht so sehr.) Es hat den Umgang mit engeren Freunden und Tom freier, aber nicht leichter gemacht. Ja, eher schwieriger. Ich bin mir meines tiefen Wunsches, von ihnen geliebt und akzeptiert zu werden, so bewußt, daß ich nicht weiß, was ich tun soll. Das ist so, wie wenn man während eines Gewitters einen Kaffeeklatsch abhält.

Was dich anbelangt, so empfinde ich eine starke Wärme. Ich fühle mich nur sicher, wenn du mir deine besondere Liebe schenkst (dich auf mich konzentrierst). Wenn du über etwas nachdenkst (und nur du bist), fühle ich mich unsicher. Dann ist es wie bei Freunden – ich möchte das Gefühl des Naheseins und deine ungeteilte Aufmerksamkeit haben. Mit meinem Kopf weiß ich, daß es absurd ist, deine ganze Aufmerksamkeit zu beanspruchen. Die Wahrheit ist, daß mein Hunger so groß ist, daß ich Schwierigkeiten habe, mich auf irgendetwas anderes zu konzentrieren.

Was die Therapie anlangt, so fühle ich mich im Grunde positiv und geborgen. Meine einzige Befürchtung ist, daß ich niemals erfüllt sein kann. Einen Brunnen mit einem Meßbecher zu füllen – das ist meine Analogie.

Bis Mittwoch,
Deine Joy

P. S.: In gewisser Hinsicht ist es noch nie einfacher gewesen, mit mir zu leben. Jetzt fürchte ich nicht mehr, was drinnen ist. Daher fühle ich mich weniger aus dem Gleichgewicht gebracht. Meine Schwierigkeit entsteht dann, wenn ich die Traurigkeit oder die Furcht vor deren gewaltigen Ausmaßen bekämpfe.

Joy blieb ein Jahr in der Therapie. Ihre Therapie war noch nicht wirklich abgeschlossen, als sie mit ihrem Mann, der versetzt worden war, wegzog. Nachdem sie einmal die Kleinkindphase überwunden hatte, ging ihre Therapie zügiger voran. In ihrem Alter und ihren Gefühlen erlebte sie ein Auf und Ab. Als sie fortzog, hatte sie ein gutes Gefühl, die Therapeutin zu verlassen, die ihr versicherte, daß sie imstande sei, mit ihrem Leben selbst fertig zu werden. Am Anfang hatte Joy sich sehr stark vor Schwangerschaft und Mutterschaft gefürchtet. Als sie sich in ihrem neuen Zuhause eingerichtet hatte, freute sie sich auf das Muttersein und war zu einer Schwangerschaft entschlossen. Später schickte sie der Therapeutin ein Bild von ihrem Baby und ihren Eltern und versicherte ihr, daß sie bereits eine enge Beziehung zu ihrer Tochter habe.

Zusammenfassung

Die Primärbeziehungstherapie ist eine Form der Psychotherapie, die sich für die Person eignet, die sich von einem oder beiden Elternteilen stark abgelehnt fühlt. Robert Postel, der die Therapie in den sechziger Jahren entwickelte, starb, ehe er etwas über seine Therapie geschrieben hatte. Postels neuer Ansatz beruht auf Alfred Adlers Theorie, daß das vernachlässigte Kind niemals Liebe gekannt hat, die Gesellschaft als kalt empfindet und glaubt, daß diese immer gefühllos und kalt sein werde.

Die Therapie hüllt den Klienten in eine warme, fürsorgliche und unterstützende Beziehung ein, zuerst mit einer *Mutter/Therapeutin* und dann mit einem *Vater/Therapeuten,* um Kindheitsprobleme wie Vernachlässigung, Wut, Angst usw. aufzuarbeiten. Der Klient wird auch einer Therapiegruppe zugewiesen, um gegenwärtige Fragen des Erwachsenen zu verarbeiten.

Die Therapie ist sowohl für *neurotische* als auch für *psychotische* Klienten nützlich – für jeden, der sich mit dem Problem des Zurückgewiesenwerdens (Vernachlässigung, Mißhandlung) konfrontiert sieht. Zu den Ergebnissen dieses Prozesses gehört, daß die Gefühle der Eigenliebe und des Selbstwertes wachsen, während die Angstebene und Depression erheblich vermindert werden. Weitere Resultate sind u. a. Gefühle von innerer Stärke und die Entwicklung einer sozialen Einbettung, die es schließlich ermöglicht, enge, intime Beziehungen herzustellen.

Da dieser Prozeß eher empirisch als verbal oder erkenntnisorientiert ist, scheint er im Klienten eine tiefgehende und andauernde Veränderung auszulösen.

Literatur

Adler, A. *What life should mean to you.* New York: Capricorn Books, 1958.

Ansbacher, H. and Ansbacher, R. *The individual psychology of Alfred Adler.* New York: Harper Torchbooks, 1964.

Dreikurs, R. and Soltz, V. *Children: The challenge.* New York: Hawthorn Books, 1964.

Kirsten, G. and Robertiello, R. *Big you, little you.* New York: Dial Press, 1975.

Montagu, A. *Touching: The human significance of the skin.* New York: Perennial Library, 1972.

Primärtherapie

Robert F. A. Schaef, Dennis O. Kirkman und Barbara Ungashick

Die Primärtherapie ist vielleicht der bekannteste aller neueren psychotherapeutischen Ansätze. Ich vermute, daß auf diesen Ansatz mit am häufigsten in diesem Handbuch Bezug genommen wird. Bei meiner Suche nach qualifizierten Fachleuten, die dieses Kapitel schreiben könnten, hatte ich das Glück, auf den Erfahrungsschatz von Robert Schaef, Dennis Kirkman und Barbara Ungashick zurückgreifen zu können.

Primärtherapie ist gewiß eine Neuheit, selbst wenn ein Studium der Geschichte der Psychotherapie zeigt, daß dieses Verfahren in Theorie und Praxis enge Parallelen mit dem Ansatz von Anton Mesmer, einem der ersten modernen Gruppenpsychotherapeuten, und mit der Arbeit von J. L. Moreno, einem weiteren Initiator der modernen Gruppenpsychotherapie, aufweist. Die Primärtherapie hat starke Ähnlichkeiten mit den Verfahren der Aqua-Energetik, der Kreativen Aggression, des New-Identity-Prozesses und der Z-Prozeß-Beziehungstherapie, die ebenfalls in diesem Handbuch dargestellt werden. Sie besitzt auch Gemeinsamkeiten mit Morenos Psychodrama und Perls Gestalttherapie.

Mit diesem Kapitel wird dem Leser ein intellektueller Genuß geboten. Es liefert eine knappe, kompetente Darstellung der Theorie und Praxis der Primärtherapie.

Primärtherapie ist ein *Bildungsprozeß*. Er gründet auf der natürlichen Tendenz des Menschen, sein ungeheures Potential, das ihm als Mensch gegeben ist, zu verwirklichen. Der Schwerpunkt liegt auf der Erfahrung und dem Ausdruck von in der Vergangenheit blockierten Gefühlen und ihrer Integration in die Gesamtheit der Lebensfunktionen. Wir glauben, daß Bewußtsein und Physiologie vom Augenblick der Empfängnis an Ergebnis der Organismus-Umwelt-Interaktion sind. Traumatische Interaktionen erzeugen Fehlanpassung, die sich bis ins Erwachsenenalter fortsetzt. Die Therapie besteht darin, dem Klienten seine inneren Körpersysteme (Gehirn/Geist, Muskel-, propriozeptive Systeme usw.) näherzubringen, in denen die Erinnerungen an frühere, gewöhnlich *schmerzhafte* Ereignisse oder Zustände gespeichert sind; wegen ihrer zerstörerischen Natur waren sie damals nicht völlig bewußt. Diese Ereignisse oder Zustände werden in ihrem ganzen Umfang, gewöhnlich in mehreren Sitzungen, in Erfahrung gebracht. Dabei werden sie in den Körper und das Bewußtsein *reintegriert;* als Folge davon erlangt der Klient erweitertes Bewußtsein und volle Funktionsfähigkeit.

Geschichte

Arthur Janov war ein Psychotherapeut mit 17jähriger Berufserfahrung, als einer seiner Klienten während einer Sitzung die seltsame Geschichte von Ortiz, einem Unterhaltungskünstler, erzählte, der Windeln trug, Milch aus einer Flasche trank und „Mama!" und „Papa!" schrie, bis er sich in eine Plastiktüte übergab. Janov sah, wie fasziniert sein Klient von diesem Akt war, und forderte ihn auf, auch „Mama! Papa!" zu rufen.

„Plötzlich wand er sich gequält auf dem Boden. Sein Atem ging schnell und stoßweise: ‚Mama! Pappa!' tönte es in lauten Schreien fast unfreiwillig aus seinem Mund. Er schien sich in einem Koma oder hypnotischen Zustand zu befinden. Sein Winden ging in kleine Zuckungen über, und schließlich stieß er einen durchdringenden, todesähnlichen Schrei aus, der die Wände meines Zimmers erschütterte. Das ganze Vorkommnis dauerte nur wenige Minuten, und weder Danny noch ich begriffen, was geschehen war. Alles, was er hinterher sagen konnte, war: ‚Ich habe es geschafft! Ich weiß nicht was, aber ich kann *fühlen!*'" (Janov, 1970, S. 9–10).

Kollegen beschreiben Janov als einen kritischen Beobachter, der seine Ideen auf der Grundlage dessen entwickelte, was er sah und was seine Klienten ihm über ihre Erfahrungen berichteten. Er entwickelte keine kognitive, interpretative Struktur zur Beschreibung des Phänomens. Vielmehr erkannte er, daß diese Ereignisse in sich und für sich Bedeutung haben; er ließ ihnen freien Lauf und stellte dann mit Hilfe der Rückmeldung des Klienten fest, was geschehen war. Schließlich kam er zu der Auffassung, daß Menschen alte, vergessene und schmerzhafte Erfahrungen noch einmal durchleben, und zwar in einer Art und Weise, die durch das *Nervensystem* und nicht durch bewußte Steuerung bestimmt ist. Es schien sich um eine neurologische Sequenz von Aktivitäten zu handeln, die vom Klienten nicht kognitiv kontrolliert wurde.

Auf der Grundlage dieser erstaunlichen Anfänge begann Janov eine Theorie zu entwickeln, die als Primärtherapie bekannt und von ihm später als „das Heilverfahren für Neurosen" propagiert wurde. 1970 veröffentlichte er das erste Buch über seine Theorie und seine Beobachtungen, „The Primal Scream", das wahrscheinlich von mehr Leuten gelesen wurde als irgendeine andere Arbeit auf diesem Gebiet.

Es wird berichtet, daß er zu Beginn seiner Arbeit mit dem neuen Verfahren hauptsächlich mit jungen Erwachsenen zu tun hatte. Diese Klienten hatten Erfahrungen mit Drogen und Halluzinogenen, besaßen wahrscheinlich relativ wenig intakte Abwehrsysteme und fühlten sich vielleicht von der Philosophie der *Antipsychiatrie* angezogen, die eine enorme individuelle Ausdrucksfreiheit zuließ und eine gewisse Mißbilligung des Establishments zu unterstützen schien (Yoko Ono und John Lennon waren zwei der ersten Klienten dieser Generation). Es ist möglich, daß diese jungen Klienten zu der anfänglichen Entwicklung dieser Therapie wesentlich beigetragen haben, da sie williger, offener und vielleicht abenteuerlustiger als das durchschnittliche Klientel eines Klinikers waren.

Wie weiterhin berichtet wird, war Janov von dem, was er lernte, sehr beeindruckt, und er wandte sich damit an seine Kollegen in Psychologiekreisen in Kalifornien. Man begegnete seinen Ideen mit Ablehnung; manchmal machte man sich gar darüber lustig. Janov stellte einige Auffassungen in Frage, die in Fachkreisen seit langem heiliggehalten wurden – er versuchte, traditionelle Konzepte, die die Natur des Menschen betrafen, über den Haufen zu werfen. Er bemühte sich um eine *Neudefinition* der Psychotherapie, was wohl für seine traditionsverhafteten Kollegen bedrohlich war (Von der Geschichte her ist man natürlich mit solchen Reaktionen auf die Einführung revolutionärer Vorstellungen vertraut). Seine Kritiker behaupteten, er betone sensationelle Aspekte seines Erfolges, berichte nichts über seine Mißerfolge und verfolge einen theatralischen Behandlungsansatz.

Später ließ Janov die Bezeichnung „Primärtherapie" gesetzlich schützen mit dem Ziel, daß nur er sie legal praktizieren konnte. (Dagegen wurde inzwischen von der International Primal Association vor Gericht Einspruch erhoben, dem auch stattgegeben wurde; Janov legte gegen diese Entscheidung jedoch Berufung ein.) Außerdem schreibt er in seinen Schriften, nur ein von ihm anerkannter Therapeut dürfe Primärtherapie praktizieren.

Janovs Einstellung gegenüber der Fachwelt, die er in „The Primal Scream" darlegt, und die trügerische Einfachheit seiner Konzepte haben wahrscheinlich dazu beigetragen, daß sich viele Leute ohne fachliche Qualifikation zum Primärtherapeuten erhoben haben. Als die Primärtherapie in den frühen siebziger Jahren an Popularität gewann, beherrschten schlecht ausgebildete und unerfahrene Personen, von denen viele echte Scharlatane und Kurpfuscher waren, und wohlmeinende Ignoranten die Szene.

Primärtherapie wurde mehr als nur ein interessanter Beitrag zum Wissensschatz der Menschen. Sie war „in" geworden und löste, was ihre Attraktivität für die allgemeine Öffentlichkeit anging, die *Encounterbewegung* der sechziger Jahre ab. Aber abgesehen von den Dilettanten und denjenigen, die versuchten, einen neuen Lebensstil zu kreieren, der sich von einer Welt der Gefühlslosigkeit abhob, gab es auch viele, die nach einem Leben voller Leiden eine legitime Hoffnung in der Primärtherapie sahen.

Janov versuchte, der Therapie eine sehr präzise und vorhersagbare Form zu geben. Er bemühte sich, Techniken zu definieren, die, einmal gelernt, bei jedem Klienten angewandt werden konnten und zu den erwünschten Ergebnissen führten. Beispielsweise erwartete er einen naturgegebenen, chronologischen Ablauf des therapeutischen Prozesses. Es schien sinnvoll, daß der Klient mit einem gegenwärtigen Gefühl beginnen und von da aus zurückgehen sollte, wobei er auf Ereignisse in seiner Kindheit, der präverbalen und schließlich sogar der pränatalen Periode treffen würde. Diese *Linearität* hat sich aber in der Praxis nicht bestätigt.

Von Zeit zu Zeit kam es am Primal Institute zu Meinungsverschiedenheiten über philosophische Fragen. Ein entscheidender Bruch ereignete sich 1974. Zu diesem Zeitpunkt verließen ein großer Teil des Personals und der Klienten das Institut. Diese Spaltung führte zur Gründung des Denver Primal Center. In diesem Zentrum wird von der Prämisse ausgegangen, die Therapie sei keineswegs präzise und linear, sondern in Wirklichkeit äußerst individualistisch. Janov war ursprünglich der Meinung, mit dieser Methode könne, sobald sie perfekt wäre, allen „Neurotikern" geholfen werden. Das ist nicht richtig. Janovs Verfahrensmodell ist einfach nicht für jeden geeignet. Auch wenn es Ähnlichkeiten zwischen Klienten gibt, so ist der ausschlaggebende Faktor doch die besondere „Spur" (track) oder die Abfolge neurologischer Ereignisse, die für jede Person eine spezifische Bedeutung hat.

Mitte der siebziger Jahre ließ das Interesse an der Primärtherapie nach. Als Mode war sie am Aussterben, und die meisten psychotherapeutischen Einrichtungen weigerten sich immer noch hartnäckig, den Behauptungen Janovs als gültige Auffassungen Beachtung zu schenken. Heute, über zwölf Jahre nach dem ersten „Urerlebnis" (primal), sieht es dennoch so aus, als habe die Primärtherapie als eine radikale neue Möglichkeit zum Verständnis des menschlichen Lebensprozesses überlebt.

Gegenwärtiger Stand

Die anerkannte Autorität auf dem Gebiet der Primärtherapie ist Arthur Janov mit seinem Institut in Los Angeles, The Primal Institute. Dort ist auch der Sitz der Primärtherapie. Das Institut ist im wesentlichen eine Poliklinik, an der Janov Klienten auf seine traditionell primärtherapeutische Weise behandelt. Begonnen wird mit einem *dreiwöchigen Intensivkurs,* an den sich für einen Zeitraum von einem Jahr *Folgesitzungen* anschließen. Wahrscheinlich existieren an die 200 Therapeuten und/oder Zentren, die Primärtherapie oder eine ihr ähnliche Therapieform an verschiedenen Orten in der Welt praktizieren. Ballungszentren der Primärtherapie sind der Raum von New York City, Kalifornien, das Great-Lakes-Gebiet und Toronto. Das Denver Primal Center ist das zweitgrößte Zentrum für Primärtherapie. Hier werden den Klienten verschiedene Programme angeboten.

Primärtherapie gewann nicht nur in den Vereinigten Staaten an Bedeutung, sondern auch in vielen anderen Ländern. Ein beträchtliches Interesse an der Primärtherapie von Laien besteht besonders in Australien, Kanada, Nordeuropa und vor allem in Westdeutschland, wo es nicht genug ausgebildete Therapeuten gibt, um das Interesse an der Primärtherapie abzudecken. Die Wartelisten sind dort so lang, daß wohlhabende Westdeutsche häufig zur Behandlung in die Vereinigten Staaten kommen.

Es ist schwierig, eine *Ausbildung* zu bekommen, da Janov nur Personen ausbildet, die eine Zeitlang Klienten an seinem Institut waren. Hat sich jemand therapeutisch ausbilden lassen, so wird ihm die Anerkennung zum Therapeuten wieder abgesprochen, falls er das Primal Institute verläßt, um sich selbständig zu machen. Das Denver Primal Center dagegen bildet interessierte Fachleute aus und fördert dieses Interesse. (Wahrscheinlich gibt es sehr viel mehr praktizierende Therapeuten, die mit Techniken der Primärtherapie arbeiten, als wir wissen. Viele von ihnen werden keine formale primärtherapeutische Ausbildung oder Erfahrung haben, sich aber von der Philosophie der Primärtherapie angezogen fühlen.)

Seit mehreren Jahren werden an Universitäten Kurse für fortgeschrittene Semester angeboten, die sich unter anderem mit der Primärtherapie beschäftigen. Einige laufen unter so unglücklichen Bezeichnungen wie „Fad Therapies" – Modetherapien – (University of Colorado Medical School) und „Pop Psychotherapy" (Metropolitan State College of Denver). Andere Universitäten, besonders diejenigen mit einer psychologischen Abteilung humanistischer Orientierung, schließen Primärtherapie in ihren allgemeinen Überblick über psychotherapeutische Verfahren ein.

Janov ist der einzige, der etwas in Umfang und Darstellung Bedeutsames über diesen Gegenstand geschrieben hat. Bis jetzt hat er fünf Bücher veröffentlicht (1970, 1971, 1972, 1973, 1975). Er gibt auch das „Journal of Primal Therapy" heraus. Das Denver Primal Center veröffentlicht das „Denver Primal Journal". In der allgemeinen Literatur findet sich eine begrenzte Anzahl von Artikeln zu diesem Thema. Viele dieser Artikel wurden von einem kritischen Standpunkt her verfaßt und beinhalten zumeist negative Reaktionen auf eine zu vereinfachende und auf Sensationslust abgestellte Darstellung einer ziemlich komplexen Theorie, die Janov in seinem ersten Buch, „The Primal Scream" (1970), formuliert hat.

Janov hat sich von Beginn an bemüht, die Richtigkeit seiner Theorie zu beweisen. Er besitzt ein eigenes Forschungsinstitut, The Primal Foundation, das von Michael Holden, M. D., einem Neurologen, geleitet wird. Bei dem größten Teil seiner Forschung geht es um den Nachweis von signifikanten und anhaltenden physiologischen Veränderungen als Folge von „Urerlebnissen". Manifestationen der Spannungsreduktion, wie herabgesetzte Körpertemperatur, niedrigerer Blutdruck und Veränderungen des Musters der Hirnwellen, werden als direkte Folgen der Primärtherapie ausgewiesen. Viele dieser Untersuchungen veröffentlichte Janov in seinem letzten Buch, „Primal Man. The New Consciousness" (1975).

Unabhängig davon wurde mit Forschungsarbeiten begonnen, die Fragen wie die Wirkungen pränataler und nataler Erfahrungen auf die spätere Persönlichkeitsentwicklung zum Gegenstand haben. Obwohl sie selber nicht zum Gebiet der Primärtherapie gehören, bestätigen diese Studien einige der Grundannahmen Janovs, denen zufolge sehr frühe *Traumata* für Neurosen und Psychosen verantwortlich sein können. Ein bekanntes Beispiel ist Frederick Leboyer (1975), ein Pionier der Methode der *sanften Geburt*. Vorläufige Nachuntersuchungen von Rapaport (1975/76) ergaben, daß Kinder, die nach der Methode von Leboyer geboren wurden, im Alter von drei und vier Jahren besser angepaßt, das heißt fröhlicher, ruhiger und entspannter sind als Kinder, die nach der normalen Krankenhausmethode entbunden wurde.

1972 wurde in Montreal die International Primal Association gegründet. Diese Gesellschaft informiert über Therapeuten, die Primärtherapie praktizieren.

Theorie

Bei der Entwicklung der Primärtheorie der Persönlichkeit ging man von Beobachtungen des psychotherapeutischen Prozesses aus und verwertete die konkreten Ereignisse in der Therapeut-Klient-Interaktion. Theoriebildung dieser Art führt zu einer Reihe von Annahmen, die eng mit der therapeutischen Praxis zusammenhängen und diese beeinflussen. Diese Annahmen betreffen im allgemeinen die Entstehung, Entwicklung und Modifikation von Dysfunktionen des Organismus. Da Therapeuten jedoch auch ein Ziel für ihre Klienten haben, entsteht neben der „Neurosen"-Theorie auch eine Theorie des Wohlbefindens.

Einige Annahmen der Primärtheorie sind gut gesichert; andere, die erst kürzlich direkt aus der Praxis abgeleitet wurden, sind eher provisorischer Natur. Wieder andere konnten nicht aufrechterhalten werden, da neue Daten sie als ungültig ausgewiesen haben. Es folgen allgemeine Aussagen über theoretische Auffassungen sowie eine Zusammenfassung der Grundannahmen der Primärtherapie.

Die Sichtweise der Realität ist dadurch bestimmt, wie man eintreffende Informationen selektiert und verarbeitet (Spinelli/Pribram, 1967). Die Natur dieser Selektion und Verarbeitung ist eine Funktion der Struktur des menschlichen *Nervensystems* (Festinger et al., 1967). Davon wiederum hängt die Qualität des Bewußtseins ab (Sperry, 1951). Die Struktur des Nervensystems ist das Ergebnis genetischer Determinanten, die sich über Millionen von Jahren in dialektischer Beziehung mit der Umwelt entwickelt haben – der Prozeß beginnt jeweils mit der Empfängnis des Organismus und setzt sich während der Ontogenese fort, bis der Organismus stirbt. Die Struktur des Organismus wird durch die *Interaktion mit der Umwelt,* in der er lebt, bestimmt. Als Reaktion auf eine Umgebung, die sehr säurehaltig oder sauerstoffarm ist, wird z. B. ein Pantoffeltierchen besondere Proteine produzieren, um sich diesen Bedingungen anzupassen und zu überleben. Das führt zu körperlichen Strukturveränderungen, die wiederum die Funktionen des Tieres beeinflussen. Es handelt sich dabei um einen fortlaufenden Wachstumsprozeß lebender Organismen. Je höher die Ebene in der phylogenetischen Stufenleiter ist, um so ausgeprägter sind die Effekte ungünstiger Umweltbedingungen (Simeons, 1960). Das heißt, je höher die Entwicklungsstufe des Tieres ist, um so einschneidender wirken sich mangelhafte Entwicklungsbedingungen aus.

Für viele Menschen ist die *intrauterine* Umgebung inadäquat und streßhaft. Der Fötus reagiert auf körperliche und psychobiologische Ereignisse bei der Mutter und wird von ihnen beeinflußt. Die Reaktionen reichen von leichter Reizung bis zu echter Schädigung, was davon abhängt, wie stark von lebensförderlichen Normen abgewichen wird. Schlechte Ernährung, Krankheit, Drogen-, Zigaretten- und Alkoholkonsum haben offensichtlich einen Einfluß, unbeachtet bleibt im allgemeinen jedoch die „psychische" Umgebung – wie sie körperlich erfahren wird. Wir finden es einleuchtend, daß durch eine psychische Variable – zum Beispiel mütterliche Angst – ein Übermaß an adrenalen Alkaloiden erzeugt werden kann, die auf das Kind einwirken, was dann genauso zu einem Streßzustand führt, wie er durch eine physische Variable, zum Beispiel starkes Rauchen, erzeugt werden kann. Diese Auffassung wird durch Forschungsergebnisse gestützt (Ferreira, 1969). Das Kind zeigt auf alle Reize viszerale Reaktionen, die über das autonome Nervensystem laufen. Auf diese Art kann sich der für das Kind typische Reaktionsstil auf künftigen Streß herausbilden. Mit der Entwicklung des Kortex wächst die Fähigkeit zur Unterdrückung, Somatisierung und Symbolisierung dieser frühen Ereignisse. Die frühen *Traumata* werden sich später in Träumen, in der Persönlichkeitsstruktur und der Symptomatologie manifestieren. Konventioneller Auffassung zufolge beinhaltet die intrauterine Umgebung eine neutrale Erfahrung, aus der der Säugling als „tabula rasa" auftaucht. Aber die Logik der biologischen Entwicklung des Menschen und unsere eigenen klinischen Beobachtungen sagen uns, daß es oft diese frühen Zeiten sind, in denen unsere Probleme letztlich „wurzeln".

Reift das Kind heran und bleiben seine Bedürfnisse unbefriedigt, beginnt die Situation ernst zu werden. Das Kind durchläuft eine Reihe wichtiger Entwicklungsstadien, auf die es unzureichend vorbereitet ist. Bei diesen Stadien handelt es sich um physiologisch ausgelöste Ereignisse, die, so ist es in der Evolution vorgesehen, mit einer körperlichen und emotionalen Bereitschaft für ihr Auftreten korrespondieren sollen. Diese Stadien treten unabhängig davon auf, ob ein Mensch darauf vorbereitet ist. Wenn das Kind infolge schwerer *Traumata,* einer gegenwärtig feindseligen Umwelt oder früherer Beeinträchtigungen seiner Entwicklungsmechanismen nicht ausreichend auf das nächste Stadium vorbereitet ist, werden wir vielleicht später einen Menschen antreffen, in dessen Verhalten und Einstellungen sich das Verhaftetsein an einem bestimmten Stadium einer unvollständigen Entwicklung reflektiert (Pearce, 1977). Beispielsweise sollte ein etwa zehn Monate altes Kind in der Lage sein, mit einer selbständigen Exploration der Umwelt zu beginnen. Das Kind wird jedoch häufig zur Mutter zurückkehren müssen, um sich zu vergewissern, daß sie noch da und es nicht von ihr verlassen worden ist. Hat das Kind aufgrund vergangener Erfahrungen gelernt, an der Anwesenheit der Mutter bei seiner Rückkehr zu zweifeln, wird es sich vielleicht entscheiden, sich niemals zu entfernen. Ein solches Kind kann sich zum übermäßig abhängigen Erwachsenen entwickeln, der unfähig ist, Entscheidungen zu treffen, sich passiv-aggressiv verhält, asthmatisch ist und so weiter. Ein anderes Kind hat vielleicht im Säuglingsalter gelernt, daß Signale, die es ausgesandt hat, um Aufmerksamkeit zu erregen oder seine Bedürfnisse befriedigt zu bekommen, ignoriert worden sind. In Anpassung an diese begrenzte Fürsorge bildet dieses Kind eine Haltung der Unabhängigkeit aus – „Ich kann es alleine" –, lange bevor es die entsprechende Altersstufe erreicht hat. Seine Persönlichkeit ist nicht nur durch Unabhängigkeit gekennzeichnet, sondern auch durch Abwehr von Intimität und die Unfähigkeit, enge Bindungen einzugehen.

Unserer Meinung nach reicht es nicht aus, über den stagnierten oder unvollkommenen Entwicklungsverlauf nur zu sprechen. Für den Klienten ist es notwendig, in der therapeutischen Situation nicht nur die Erinnerungen aufleben zu lassen, die mit der Stufe, auf der die Entwicklung anhielt, verbunden sind, sondern auch die entsprechenden *Gefühle*.

Unsere westliche Kultur fördert die *Unterdrückung* von Gefühlen und preist diejenigen, die sich weigern, ihre Emotionen zur Schau zu stellen. Beispielsweise lobte man Jacqueline Kennedys „Stärke" und „Tapferkeit", weil sie während der schrecklichen Ereignisse von 1963 nicht weinte. Kleinen Jungen bringt man bei, Weinen sei unmännlich, während man aggressive oder selbstbehauptende Tendenzen bei kleinen Mädchen zugunsten schüchterner und zärtlicher Reaktionen abzuschwächen sucht.

Dieses *kulturell* tief verwurzelte Verhalten läuft der menschlichen Natur zuwider und verursacht Konflikte im Organismus, sobald eine emotionale Reaktion verlangt wird, die jedoch nicht empfunden oder ausgedrückt werden kann. Der von seinen Gefühlen abgeschnittene Mensch verliert eine fundamentale organische Existenzform, die die Farbe, den Stoff, die Freude und den Wert des Lebens ausmacht, und ist zu einem faden Dasein verdammt, das biologisch nie intendiert war. Wer mit seinem empfindsamen Selbst in Verbindung bleibt, beginnt vielleicht, sich Vorwürfe zu machen und ein schlechtes Gewissen zu entwickeln, da er unfähig ist, so zu funktionieren, wie es die Gesellschaft verlangt. Wenn wir die Verbindung zu unserem zentralen Selbst verlieren, können wir auch niemals richtige Bindungen zueinander eingehen.

Zusammengefaßt vertreten Primärtherapeuten folgende Auffassungen:

1. Vom Augenblick der Empfängnis an werden im Organismus Erfahrungen gespeichert. Diese Konzeption läuft den meisten psychologischen und medizinischen Vorstellungen zuwider, denen zufolge der Embryo, der Fötus und selbst das neugeborene Kind erfahrungslos sind (Ferreira, 1969).

2. Da der Organismus bei der Befriedigung seiner Lebensbedürfnisse von der Umwelt abhängig ist, die auf diese Bedürfnisse aber, mit oder ohne Grund, nicht immer eingeht, sind einige seiner Erfahrungen traumatischer Natur.
3. Je früher eine traumatische Erfahrung in der Entwicklung des Organismus auftritt, um so einschneidender ist ihre Wirkung.
4. Erfahrungen einer feindseligen Umwelt oder Erfahrungen von lebensbedrohlichen oder traumatischen Erlebnissen werden blockiert, so daß sie nicht voll erlebt oder bewußt werden. Sie beeinträchtigen ein geradliniges Wachstum. Zellen verändern ihre Struktur, Körperteile verlieren ihre Empfindlichkeit, Vorkommnisse werden vergessen oder nicht wahrgenommen.
5. Fragmente der blockierten Erfahrungen bleiben bis ins Erwachsenenalter bestehen. Eine scheinbar isolierte Taubheit der linken Hand eines Erwachsenen kann später damit in Verbindung gebracht werden, daß er als Kind wiederholt auf die linke Hand geschlagen worden war, als er Schreiben lernte.
6. Im Organismus gespeicherte Erfahrungen können zurückgewonnen werden; das heißt, sie können wiederempfunden werden.
7. Abwehrformen, die das Wachstum behindern, werden vom Klienten abgelegt. Das Tempo dabei bestimmt er selber.
8. Das Empfinden und Integrieren von blockierten Erfahrungen und das Äußern unterdrückter Gefühle ist von therapeutischem Nutzen.
9. Unsere Kultur fördert die Unterdrückung der Äußerung negativer Gefühle wie auch der Erinnerung an sie.
10. Der Mensch benötigt Anleitung, um Gefühle und Empfindungen identifizieren zu lernen; das gilt besonders für Gefühle, die Relikte früher Traumata sind.
11. Gefühle sind das grundlegende Material und der Modus operandi der Veränderung.

Methoden

Zum Aufnahmeverfahren für die Primärtherapie gehört, daß der Klient eine *Autobiographie* schreibt, seine Geschichte darstellt, sich einer *ärztlichen Untersuchung* unterzieht und an einem *Eingangsgespräch* teilnimmt. Wird der Klient angenommen, entscheidet die gesamte Personalgruppe darüber, welchem Therapeuten er zugeteilt wird und zu welchem Termin er beginnen kann.

Zum Gesamtprogramm gehört ein *dreiwöchiger Intensivkurs*. Der Klient widmet seine gesamte Zeit der Therapie und hat täglich eine Sitzung, die bis zu drei Stunden dauern kann. Der Therapeut ist Tag und Nacht einsatzbereit, und es können zusätzliche *Krisensitzungen* eingerichtet werden. Jeder Klient trifft sich zweimal mit einem Therapeuten, der von anderem Geschlecht als sein Haupttherapeut ist, und er kann zusätzlich zu den regulären Sitzungen an bis zu sechs *Gruppensitzungen* teilnehmen. Bei den Gruppensitzungen lernt der Klient die anderen Therapeuten kennen. Im Anschluß an die drei Intensivwochen hat der Klient die Möglichkeit, zwischen Einzel- oder Gruppensitzungen zu wählen und sich den (die) Therapeuten auszusuchen.

Andere Klienten entscheiden sich für nur ein oder zwei Wochen intensiver Therapie, an die sich weitere Sitzungen anschließen. Es gibt auch Leute, die mit wöchentlichen Einzelsitzungen beginnen und die Intensivperiode ganz übergehen. Wir empfehlen den Klienten, sich für einen Zeitraum von 8 bis 12 Monaten der Therapie zu widmen.

Das *therapeutische Setting* ist etwas ungewöhnlich. Im Zentrum gibt es zwei Gruppenräume und eine Reihe kleiner Einzelräume. Fenster sind keine vorhanden. Boden und Wände sind gepolstert und schalldicht. Kissen, Decken und Taschentücher sind die einzigen Einrichtungsgegenstände. Die Sitzungen finden gewöhnlich bei Dämmerbeleuchtung statt. Das Gebäude ist Tag und Nacht geöffnet; die Klienten können für sich alleine „fühlen" oder in Gegenwart eines anderen Klienten, der bei ihnen bleibt, und sie können sich jederzeit als Gruppe treffen, ohne daß jemand vom Personal anwesend ist. Eine andere wesentliche Abwandlung der üblichen psychotherapeutischen Praxis besteht darin, daß bei der Raumplanung von dreistündigen Sitzungen ausgegangen wird. Die Sitzungen dauern ein bis drei Stunden.

In jeder Sitzung wird das Schwergewicht auf *Gefühle* gelegt, die der Klient vorher noch nie gespürt, über die er noch nie gesprochen hat; es geht um Dinge, die wehtun – Worte, Blicke, Taten. Es werden Erinnerungen aufgedeckt; Vernachlässigung wird körperlich wiedererfahren. Bedürfnisse werden nicht nur zu psychologischen Konzepten, sondern zu „klaffenden Wunden", die um des Überlebens willen verdeckt worden sind – zu physiologischen Mangelerscheinungen, die es notwendig gemacht haben, von der potentiellen Entwicklungsbahn des Organismus abzuweichen. Es handelt sich dabei um Faktoren in der Entwicklung des Klienten, die in und für sich bereits *desintegrierender* oder *traumatischer* Natur sind, die aber mit späteren, gewöhnlich innerhalb der Familie auftretenden Ereignissen kombiniert oder von ihnen „überlagert" werden. Das Fehlen von Zusammenhängen innerhalb des Organismus wird verstärkt, wenn Versuche, den Schmerz „loszuwerden", oder Bemühungen um Reintegration blockiert werden; die natürliche Ausdrucksform wird verweigert. Eben diese natürliche Ausdrucksform versucht die Therapie wiederherzustellen.

Diese *Dynamik* wird am Beispiel Carls deutlich, dessen Bewerbung und Eingangsgesprächen wir den größten Teil der folgenden Informationen entnehmen. Mit 19 Jahren hatte er zu trinken begonnen. Vorher war bei ihm katatone Schizophrenie diagnostiziert worden. Drei Jahre lang, im Alter von 16 bis 19 Jahren, konnte er sich nicht dazu aufraffen, sich von einem Stuhl zu erheben. Sitzend beobachtete er, wie sich die Zeiger der Uhr drehten, wie die Zeit verflog. Carl kam aus einer wohlhabenden und gebildeten Familie (die Mutter war Biologieprofessorin). Er war jedoch unfähig, länger als drei Monate hintereinander zu arbeiten, konnte sich keinerlei Mühen unterziehen und nahm immer mehr den Lebensstil eines hartnäckigen Alkoholikers an, der sich in der Stadt herumtrieb. Carl kam aber nicht deshalb zur Therapie, weil er Schwierigkeiten mit Gefühlen hatte, sondern weil er unter unerträglichen Schmerzen litt. Er war nicht mehr lebensfähig und glaubte, unmittelbar vor dem Tod zu stehen; er sah alles schwarz. Äußerlich wirkte er unordentlich und zerzaust; in seinem Ausdruck schwankte er zwischen Apathie und starker Angst. Carl begann mit einem *dreiwöchigen Intensivkurs*.

Im Intensivkurs sprach Carl hauptsächlich über seine Mutter, insbesondere erwähnte er, daß sie ihn ständig kritisierte. Er beschrieb eine Szene, die sich ereignet hatte, als er sieben Jahre alt war, und bei der seine Mutter eine besonders verletzende Bemerkung gemacht hatte (ein nützliches Hilfsmittel in der Primärtherapie ist die *Konstruktion von Szenen,* sog. *Urszenen;* damit wird dem Klienten geholfen, Einzelheiten zusammenzutragen, die zu einem früheren, bedeutsamen Ereignis gehören):

T: Was würden Sie ihr sagen, wenn sie Sie in dieser Weise verletzen würde, Carl?
C: Oh, ich könnte niemals etwas sagen. Ich würde mich einfach weiter in mich zurückziehen.
T: Sagen Sie es ihr jetzt. Sehen Sie sie einfach direkt an und sagen Sie ihr, was Sie empfinden.

So unmittelbar mit dem Gefühl konfrontiert war Carl selten in der Lage, mehr als ein paar Worte herauszubringen, bevor er auf dem Boden zusammenbrach. Dort wand er sich und wölbte fast in Krämpfen seinen Rücken, den Kopf gegen die gepolsterte Wand gepreßt, und schien große Schwierigkeiten mit dem Atmen zu haben. Nachdem diese Abfolge häufig wiederholt und von verschiedenen Aspekten seines Lebens aus angegangen worden war (daß er fühlte, sein Vater sei bei dem Versuch, ihn vor der Mutter zu retten, gestorben; daß er seine Fähigkeit, Basketball zu spielen, verloren hatte; Ereignisse während des Beginns seiner Katatonie), begann er sich ein Bild davon zu machen, worauf sein Körper scheinbar hinaus wollte.

In diesen Sitzungen offenbarte Carl Einzelheiten einer besonders *traumatischen Geburt* und Schwierigkeiten, die zu Beginn seines Lebens aufgetreten waren. Er berichtete, daß er als Kind immer aktiv – sehr aktiv – sein wollte. Er wollte tatsächlich nie stillsitzen. Dieses Verhalten stellte für ihn eine Möglichkeit dar, mit den früh in seinem Leben verursachten Schmerzen umzugehen. Es diente dazu, den Überschuß „loszuwerden", die Kanäle für den direkten Ausdruck offenzuhalten. Wie so häufig in unserer Kultur wurde jedoch spontanes, lärmendes und unorthodoxes Verhalten in Carls Familie nicht gerne gesehen. Anweisungen wie „sei ordentlich", „sei still", „benimm dich" waren für ihn familiäre und gesellschaftliche Aufforderungen, seine primären Impulse, selbst wenn sie symbolisiert waren, zu verleugnen und sich der kulturellen Norm anzupassen. Die Fürsorge und die Umweltbedingungen, die Carl, besonders angesichts seines *intrauterinen Traumas,* als Kind benötigt hätte, waren nicht gegeben. Vielmehr war, wie so häufig, das Gegenteil der Fall.

Primärtherapeuten vermuten, daß Gedankengänge ätiologische Komponenten aufweisen – daß in der Sprache, in der Art und Weise, wie sie gebraucht wird, und in ihrem Inhalt Erfahrungen *symbolisiert* sind. Es ist die Erfahrung, der wir auf der Spur sind, da ihre Vernachlässigung und ihr Ausdruck meistens die Wurzeln der Desintegration bilden. Der Therapeut versucht, den Klienten hinter seine Symbolisierungen, an den „Kern der Sache" zu führen. Diese Führung kann unterschiedliche Formen annehmen, vom einfachen Vermitteln von Sicherheit über die Techniken der Therapie bis zum intuitiven Erfassen eines „opening". Mit „opening" kommt zum Ausdruck, daß eine Person entweder aus eigenem Antrieb oder mit gewisser Hilfe (wie bei Carl) etwas beginnt, was wie eine neurale Abfolge aussieht. In der Psychoanalyse läßt der Klient Gedanken aufeinanderfolgen, was von gelegentlichen Affekten begleitet wird. Der Analytiker besitzt Kenntnisse darüber, was die Muster und Inhalte dieser Zickzackwege bedeuten können (im Zusammenhang mit Übertragung, Widerstand, Träumen usw.). Nach Meinung der Primärtherapeuten beginnt jedoch der Körper des Klienten zu *erleben,* und die Interpretation der Bedeutung des Erlebens obliegt allein dem Klienten. Voraussetzung dafür ist, daß der Klient genügend Sicherheit erhält, damit er nicht symbolisieren oder sich verbal verteidigen muß.

„Spurensuchen" (tracking) ist ein anderes Wort zur Benennung des Vorgangs, der wie ein autonomer neuraler Prozeß aussieht. Zum Verständnis der Erinnerung, des Lernens und der Informationsverarbeitung beschreibt Steven Rosen in „The Conscious Brain" (1973) ein Modell der Nervenbahnen:

„Beim Durchlaufen einer bestimmten Abfolge von Erinnerungsspuren schreitet das Gehirn von einem Zustand zum nächsten fort, wobei es der durch die verschiedenen einzelnen Spuren vorgegebenen Ordnung folgt. Dieses Phänomen ist analog der synaptischen Übertragung oder dem axonalen Feuern zu sehen – alle diese Prozesse laufen nur in einer Richtung ab. Ein Zustand löst den nächsten aus, was nicht reversibel ist. Die einzelnen Zustände des Gehirns, die mit Erinnerungen zusammenhängen, sind daher wahrscheinlich synaptischer Logik gemäß in einer Sequenz angeordnet, bei der ein Zustand fast unvermeidlich auf den anderen folgt. Es ist, als ob der Richtungspfeil der Zeit an der Synapse lokalisiert wäre, jedenfalls was Erinnerungen angeht" (S. 210).

Die Aufgabe des Therapeuten besteht darin, den Klienten an zunehmend *spezifischere* Erfahrungen heranzuführen, die ihn erkennen lassen, welche Ursachen für welche Gefühle verantwortlich sind. Das ist der ideale Weg; der Klient macht etwas durch, was wie eine autonome, neurale Abfolge aussieht und sich auch so anhört. Es ist ein *Selbstheilungsprozeß* des Organismus. Es gibt Augenblicke, in denen es nicht einmal eines Wortes des Therapeuten bedarf. Andererseits gibt es Zeiten, in denen der Schmerz so stark, der psychische Schaden so groß und die Abwehrstruktur so verfestigt oder kompliziert ist, daß die natürlichen Heilungsprozesse des Organismus zunächst einmal nicht in Gang kommen können. An solchen Punkten ist es Aufgabe des Therapeuten, sozusagen zum *Katalysator* zu werden.

Die ideale Form des Heilungsprozesses, die angestrebt wird, besteht in einem *autonomen, geordneten Ablauf* bzw. einer Sequenz (sequencing). Dabei vollzieht der Organismus Heilung und Integration in einer Art und Weise und mit einer Geschwindigkeit, die von ihm selbst bestimmt wird. Es kann damit beginnen, daß der Therapeut ein „opening" aufgreift, das heißt einen Punkt, an dem Gefühle aufsteigen. Dafür folgendes Beispiel:

B: Wissen Sie, im Augenblick habe ich wirklich Angst. Meine Arme und Beine zittern.
T: Wovor haben Sie Angst?
B: Oh, ich weiß nicht. Ich glaube, daß ich es nicht richtig mache, daß Sie es nicht billigen werden.
T: Haben Sie das früher schon einmal erlebt?
B: Oh ja, jedesmal, wenn ich im Büro etwas darstelle, denke ich an nichts

anderes als an die Reaktionen der anderen Architekten. Wissen Sie, wirklich negativ. Das macht mich fast völlig unfähig, und mein Magen verkrampft sich sofort.
T: Ben, versuchen Sie jetzt, sich so stark wie möglich auf diese Empfindungen zu konzentrieren. Erlauben Sie ihrem Körper, diese so auszudrücken, wie es dem Gefühl entspricht.
B: (zittert und schluchzt einige Minuten) Dazu ist mir gerade etwas eingefallen. Ich erinnere mich, wie ich mit fünf Jahren bei einem Theaterstück in der Schule mitgespielt habe. Meine Mutter und mein Onkel waren unter den Zuschauern. Offenbar bin ich dabei mit meinem Text durcheinandergekommen, und hinterher habe ich mich sehr geschämt und war ganz aus der Fassung. Als ich meine Mutter und meinen Onkel hinter die Bühne kommen sah, wollte ich zu ihr rennen und weinen, aber dann sah ich ihren Gesichtsausdruck. Meine Mutter und mein Onkel lachten. Meine Mutter dachte, was passiert war, wäre lustig! Sie lachte über mich (er beginnt heftig zu schluchzen)! Lach mich nicht aus, verdammt nochmal! Lach mich nicht aus! Mammi! Mammi! ...

Von diesem Punkt aus durchlebte Ben eine noch frühere Zeit, als seine Mutter seine Bedürfnisse mißverstand oder übersah. Beruhigte sie ihn nicht, dann quängelte und weinte er.

In darauf folgenden *Nachsitzungen** wurde deutlich, daß Ben von seiner Mutter gelernt hatte, seine Gefühle und Bedürfnisse seien nicht „richtig", sie seien etwas, dessen man sich schämen müsse. Er begriff auch, daß die Summe der ihm zugefügten Verletzungen zu dem Zeitpunkt *symbolisiert* wurde, als er an dem Theaterstück teilnahm. In späteren Situationen, in denen eine Darbietung von ihm verlangt wurde, erlebte er große Angst: Er wollte nicht als wertlos angesehen werden oder sich infolge der Reaktionen anderer wertlos fühlen. Mit dem Abbau dieser Hemmungen gelang es Ben, einen Teil seiner selbst zurückzugewinnen, den er vorher verleugnen mußte. Sein Körper erledigte das in *geordneter Abfolge*. Das gleiche Gefühl wurde über verschiedene Stadien zurückverfolgt: Ausgegangen wurde von einer gegenwärtigen Situation, die zu einer früheren Situation führte; an diese schloß sich eine Erinnerung an, die eine noch frühere Erinnerung auslöste, bis der anfängliche Ursachenkomplex aufgedeckt wurde. Diese Erinnerungen waren emotional besetzt. Da Ben diese frühen Schmerzen nicht erleben oder ausdrücken konnte, mußte er bei seinen Bemühungen um persönliche Integration zu *Symbolisierungen* und *Generalisierungen* greifen.

Gruppensitzungen können sich in Form und Struktur unterscheiden. Sie können beispielsweise eine ähnliche Gestalt wie *Workshops* annehmen; dabei trifft sich ein Therapeut mit der gleichen Gruppe von vier bis sechs Klienten regelmäßig für mehrere Stunden (täglich oder wöchentlich). Solche Gruppen können ein bestimmtes Thema zum Gegenstand haben, wie Sexualität oder Kreativität; das Ziel besteht dann in der Arbeit an Problemen, die die Klienten

---

* Den letzten Abschnitt einer Sitzung bildet eine sogenannte Nachsitzung. Während dieses Zeitraums hat der Klient Gelegenheit, seine gerade gemachten Erfahrungen ins volle Bewußtsein und in seine gegenwärtigen Lebensfunktionen zu integrieren.

auf diesen Gebieten haben. Die *Drop-in-Gruppe* ist eine regelmäßig tagende Gruppe, die für alle Klienten offen ist. Die Klienten tragen sich vor Gruppenbeginn in ausgelegte Listen ein. Dabei geben sie an, mit welchem Therapeuten sie arbeiten möchten und in welchem Raum sie sich befinden werden. Sie begeben sich in diesen Raum und lassen, während sie auf den Therapeuten warten, allen Gefühlen, die aufsteigen, freien Lauf.

Die diensthabenden Therapeuten sehen die Listen ein und teilen die Klienten etwa gleichmäßig unter sich auf, so daß jedem Therapeuten mehrere Klienten zufallen. (Es hat Gruppen gegeben, an denen bis zu 50 Klienten und 10 bis 12 Therapeuten teilgenommen haben. Inzwischen sind die Gruppen in der Regel jedoch kleiner; gewöhnlich arbeiten zwei oder drei Therapeuten in jeder Gruppe.) Die Therapeuten suchen dann ihre Klienten alle zwei Stunden zweimal auf und verbringen jedesmal etwa 15 Minuten mit ihnen.

In allen Räumen wird die *Nachgruppe* angekündigt, zu der sich Klienten und Therapeuten in dem großen Gruppenraum versammeln (Nachgruppen haben ähnliche Funktionen wie Nachsitzungen). Anstelle des Dämmerlichtes herrscht jetzt helle Beleuchtung. Während der folgenden ein oder zwei Stunden wird die Gruppe von einem oder zwei Therapeuten geleitet; sie bilden sozusagen den Fokus, an den Kommentare, Fragen und Gefühlsäußerungen gerichtet werden und von dem die meisten Antworten kommen.

Die Nachgruppe erlaubt es den Klienten, Gefühle, die in den vergangenen zwei Stunden aufgekommen sind, weiterzuerleben; über das, was sie gefühlt haben, zu sprechen, womit der ansonsten vagen Gefühlserfahrung eine kognitive Struktur gegeben wird; sich mit anderen anwesenden Personen auseinanderzusetzen, die durch ihre Gegenwart oder auf direkterem Weg Gefühle bei ihnen ausgelöst haben, und diese Gefühle durchzuarbeiten; über Ereignisse in ihrem gegenwärtigen Leben zu sprechen. Auf diese Weise erfahren die Klienten, daß andere in der ihnen eigenen Weise und Geschwindigkeit fühlen und dabei Besserung erfahren. Das hilft ihnen, sich selbst und ihren eigenen Prozeß zu akzeptieren.

In der Therapie wird angestrebt, eine Umgebung herzustellen, in der sich der Klient allmählich zu einer Person entwickeln kann, die im täglichen Leben Gefühle erfährt und angemessen ausdrückt, sobald sie auftreten; er soll auch lernen, wie mit Gefühlswallungen umzugehen ist, die seine Funktionsfähigkeit zu stören oder in falsche Bahnen zu leiten drohen. Auf dem Weg zu diesem Ziel vollziehen viele Klienten einen oder beide der folgenden Schritte:

1. Der Klient kommt ins Zentrum und „fühlt" für sich alleine. Für diesen Zweck ist das Zentrum 24 Stunden lang geöffnet. Im Laufe der Jahre wurde es zu einem sicheren Ort, an dem man sich zu jeder Tages- und Nachtzeit hinlegen und tiefe Gefühle ausdrücken kann.
2. Es wird ein „Kameradschaftsdienst" eingerichtet, bei dem ein Klient einem anderen Gesellschaft leistet, während dieser Gefühle erlebt. Die Gegenwart eines anderen kann bei Personen, die alleine keine Gefühle ausdrücken können, erleichternd wirken.

An irgendeinem Punkt wird der Klient beginnen, sich von der therapeutischen Umgebung zu distanzieren – er wird immer weniger auf formale Sitzungen angewiesen sein. Das Bedürfnis, starke Gefühle freizusetzen oder loszuwerden, tritt seltener und mit verringerter Intensität auf. Einige Klienten beenden die Therapie für mehrere Monate und kehren dann gelegentlich zurück. Andere machen von dem Zentrum für sich alleine oder mit „Kameraden" jahrelang weiter Gebrauch, bevor sie genug „Material" integriert haben, um sich von der Sicherheit des Zentrums völlig zu lösen. Es ist uns wichtig, die individuelle Zeiteinteilung eines Klienten zu respektieren. Eingegriffen wird nur, wenn das Wachstum behindert zu sein scheint. Vor allem schätzen wir den jedem Klienten eigenen Maßstab für das, was richtig und wahr ist; dieses Bewußtsein versuchen wir zur Blüte zu bringen, so daß der Mensch schließlich von diesem wundervollen Ort aus, der in ihm selber liegt, leben kann.

Anwendungsbereiche

Wem es nicht gelingt, gemäß den von unserer Kultur gesetzten Maßstäben zu leben, der ist in den Augen anderer Menschen fehlangepaßt oder krank, und er sieht sich auch häufig selber so. Woran er sich im Grunde nicht anpassen kann, sind kulturelle Gegebenheiten, die entmenschlichend und selber – in bezug auf den Menschen – fehlangepaßt sind. Die Abwehrmechanismen solcher Menschen sind unzureichend; sie helfen ihnen nicht dabei, sich den Härten des täglichen Lebens anzupassen. Solchen Leuten fehlt eine in sich geschlossene Lebensform; gleichzeitig werden sie irgendwo zwischen den Werten und Erwartungen der Familie und Kultur und den lange verleugneten und gefürchteten *primären Impulsen* und deren Äußerungsformen, die sie in ihrem Körper spüren, gefangengehalten. Unfähig, sich vollkommen in eine der beiden Richtungen zu bewegen, erleiden sie „Nervenzusammenbrüche" oder „Angstanfälle"; diese werden durch Bezeichnungen und Diagnosen wie paranoide Schizophrenie oder manische Depressivität stigmatisiert, Bezeichnungen, die in Wirklichkeit Beschreibungen von Symptomen bzw. von Versuchen des Organismus sind, *Integration* herzustellen, *sich selbst zu heilen.*

Viele Leute, die zur Primärtherapie kommen, haben bei anderen Therapieverfahren „versagt". Sie waren nicht fähig, sich so zu entfalten und zu verändern, wie sie es sich gewünscht haben – die Barrieren zu einem erfüllten und angenehmen Leben scheinen unüberwindbar zu sein. Viele Personen sind effektiv „funktionsfähig", wenn sie zum Zentrum kommen, klagen aber über eine *diffuse Unzufriedenheit* mit ihrem Leben: sie möchten sich selbst besser kennenlernen, um ein erfüllteres Leben zu führen. Andere leiden unter bestimmten Symptomen, wie *Phobien, Depression* oder *Drogenabhängigkeit.* Wieder andere suchen eine menschlichere, sachgemäßere und individuellere Behandlung als die, die sie bisher erfahren haben.

In diesem Abschnitt werden Klienten beschrieben, die das volle Programm durchgemacht haben, dessen Kern der dreiwöchige Intensivkurs bildet. – In den Jahren 1978/79 experimentierten wir mit *Modifikationen* dieses Programms; gegenwärtig behandeln wir einige Klienten auf der Basis ein- oder zweimal wöchentlich stattfindender Sitzungen. Im Laufe der Zeit werden wir Daten über diese neue Gruppe zur Verfügung haben.

Selbstselektion

Der „typische" Bewerber für unser volles Programm hat sich seit über einem Jahr (manche sogar seit bis zu sieben Jahren) mit dem Gedanken getragen, Primärtherapie zu beginnen. Meistens hat er das Buch „The Primal Scream" (Janov, 1970) oder andere Literatur über Primärtherapie gelesen und deshalb unser Zentrum ausgewählt. Einige Bewerber werden zu hohen, falschen Erwartungen verleitet, die bei einer Eingangsbefragung abgeklärt werden müssen. Viele kommen von weit her, zum Beispiel aus Australien und Deutschland. Oft beschreiben sonst unempfindsame Personen, daß sie beim Lesen von Material zur Primärtherapie tiefe Gefühle erlebt haben. Einige sprechen von einem tiefen „inneren Wissen", daß dieser Prozeß helfen wird. Dann beginnen sie, ihr Leben so einzurichten, daß sie sich die für die Therapie notwendige Zeit freinehmen können. Viele unserer Bewerber kommen auch auf Empfehlung früherer Klienten.

Wenn sie sich schließlich bewerben, sind die Leute gewöhnlich hochmotiviert, in den Prozeß einzusteigen, obwohl sie sich gleichzeitig etwas davor fürchten. Insgesamt 2,5 Prozent der Klienten brechen die Therapie ab, alle während der ersten sechs Monate, die Mehrzahl davon jedoch während des ersten Monats.

Beschreibung unserer Klientenpopulation

Die folgenden Daten basieren auf 250 aufeinanderfolgend behandelten Fällen. Insgesamt lassen sich bei diesen Klienten im Vergleich zu nationalen Standards folgende Merkmale feststellen:

1. Größere Geburtstraumata (Früh- oder Spätgeburten, Beckenendlage, Kaiserschnitt, Zwillinge, über 10 Pfund Gewicht bei der Geburt, besonders kurze oder lange Wehen, Geburtsfehler oder -verletzungen).
2. Mehr Konflikte mit dem Gesetz, vorangegangene Psychotherapie und Krankenhausaufenthalte (Psychiatrie), Selbstmordversuche, „psychische Krankheiten" in der Familie, Drogen- und Alkoholabhängigkeit oder übermäßiger Gebrauch dieser Mittel.
3. Mehr Geschwister.
4. Weniger Ehen: Bei einem Durchschnittsalter von 29 Jahren waren 53 Prozent dieser Stichprobe nie verheiratet (der nationale Standard liegt bei 18 Prozent).
5. Größere Arbeitslosigkeit: 42 Prozent (nationaler Standard 8 Prozent) sind arbeitslos. Einfluß darauf nimmt die Tatsache, daß eine Reihe von Leuten von weit her kommen und ihre Arbeit aufgeben, um die Therapie durchzuführen.

Von den 180 dieser insgesamt 250 Klienten litten 95 Prozent an multiplen psychosomatischen Störungen. Am häufigsten (21 bis 81 Prozent) traten Störungen in folgenden Systemen auf: Skelettmuskulatur, Magen und Darm, Atmung, Sinnesorgane, Herz und Blutgefäße.

Wir haben den Eindruck, daß unsere Klienten in ihrer Kindheit häufiger mißhandelt worden sind (psychisch, sexuell und körperlich) als die Klienten, die in Kliniken und von sonstigen Praktikern behandelt werden.

Zwar wenden wir auf unsere Klienten keine klinisch diagnostischen Kategorien an, aber wir haben außerdem den Eindruck, daß unsere Population Personen umfaßt, bei denen Psychosen, Neurosen, Persönlichkeitsstörungen, psychosomatische Störungen und spezielle Symptome diagnostiziert würden, wie sie im „Diagnostic and Statistical Manual of Mental Disorders" (DSM II, 1968) definiert sind.

Zusammengefaßt haben wir es also mit einer Gruppe von in vielerlei Weise beeinträchtigten Klienten zu tun, die *extreme Lebensprobleme* erlebt haben und *hochmotiviert* sind, ihren Lebensstil zu ändern.

Klienten mit dem besten Erfolg

Wie bei den meisten Therapieverfahren wird jeder hochmotivierte Klient, der bereit ist, den Schmerz und das Unbehagen zu ertragen, die mit dem Ringen um Selbstfindung verbunden sind, wahrscheinlich positive Veränderungen zeigen. Es gibt jedoch einige Klientinnentypen, für die diese Methode besonders geeignet ist.

Menschen, die zu ihrem *Körper* Verbindung haben, scheint es leichter als anderen zu fallen, in den Prozeß der Primärtherapie einzusteigen und Nutzen daraus zu ziehen. Das kommt daher, weil wir uns während der Therapiesitzung auf den Körper, das Gesicht, Gesten, grobe Bewegungen und Empfindungen konzentrieren. Da es uns um die Wiederentdeckung und den Ausdruck von Gefühlen geht und Gefühle im Körper ihren Anfang nehmen, ist es wichtig, sich sobald wie möglich auf dieses Niveau zu begeben. Allgemeine Richtlinien für den Therapeuten sind dabei, sich von der Gegenwart zur Vergangenheit, vom Allgemeinen zum Spezifischen, vom Kognitiven zum Körperlichen zu bewegen. Körperliche Daten geben unserer Meinung nach auch zuverlässigere Auskunft darüber, was in einem Menschen vorgeht, als kognitive Daten. Auch deshalb halten wir es für wirksamer, mit Körpermanifestationen zu arbeiten.

Menschen, die zu ihrem Körper Verbindung haben, können das auf verschiedene Weise zeigen. Ein Teil dieser Leute somatisiert seinen Schmerz. Dazu gehören sowohl Personen mit schwerem Asthma oder Arthritis wie auch Personen, die an Spannungen in bestimmten Körperteilen oder im ganzen Körper leiden. Wenn sie zur Therapie kommen, zeigen sie bereits körperliche Manifestationen der zugrundeliegenden Schmerzen, und es ist leicht, sie zu ihren Gefühlen zu führen.

Eine zweite Gruppe steht auf andere Art mit ihrem Körper in Verbindung. Obwohl diese Leute größtenteils gelernt haben, Botschaften des Körpers zu ignorieren (zum Beispiel: „Du bist müde, es ist Zeit, aufzuhören" zugunsten einer drängenderen, internalisierten Botschaft der Umwelt: „Aufgeber kommen nie zu etwas"), sind sie dennoch gewahr, daß der Körper etwas mitteilt. Mit etwas Hilfe im *Fokussieren* finden sie ihre eigene „Spur", die zu ihrer Vergangenheit führt. Mit Personen dieser Gruppe ist es oft leichter zu arbeiten als mit den meisten anderen.

Eine andere Gruppe, die profitiert, sind Leute, die „nichts getan bekommen". Bei ihnen scheinen sich die Züge neurasthenischer Neurotiker, asthenischer und unangepaßter Persönlichkeiten zu vereinen. Häufig beziehen sie Sozialfürsorge.

Zu Beginn ihrer Therapie verbringen sie einen großen Teil der Zeit mit Gefühlen, die von Geburts- oder vorgeburtlichen Traumata herrühren. In dieser Gruppe treten positive Veränderungen im allgemeinen langsamer in Erscheinung als in der oben erwähnten zweiten Gruppe. Man findet eine lange Phase langsamen „Wachstums", der eine Blütezeit folgt, in der sie einen Platz in der Welt einnehmen, der ihrem Lebensalter entspricht. Ein Grund für die langwierige Entwicklung dieser Leute scheint darin zu liegen, daß sie nicht nur ihre Gefühle in der Therapie empfinden, sondern auch lernen müssen, Dinge in der realen Welt zu tun, die sie als Kinder nie gelernt haben. Sie müssen Bewältigungsmechanismen entwickeln, die andere Personen bereits in ihrem Repertoire haben, selbst wenn sie sie überhaupt nicht oder nicht effektiv einsetzen.

Fallbeispiel

In diesem Abschnitt setzen wir den Bericht über Carl fort, mit dem im Abschnitt über „Methoden" begonnen wurde.

Carl kam in einem Zustand der „Überlastung" zu uns. Daran, wie er aussah, sich bewegte, was er sagte und wie er es sagte, konnte man sehen, daß sein Nervensystem zu viele Schmerzen *(Urschmerzen)* bewältigen mußte. Es fehlte ihm der innere Mechanismus, um die Schmerzen zurückzuhalten, das heißt, abzuwehren, um sich „davon loszumachen". Gleichzeitig hatte er keinen direkten Zugang zu dem, was das alles bedeutete, Verbindungen waren unterbrochen, und er konnte die Fülle von Gefühlen nicht auf einmal integrieren. Daher bestand eine doppelte Aufgabe: Erstens mußte ihm geholfen werden, die Intensität seiner Schmerzen zu vermindern, damit er seine Erfahrungen nach und nach in erträglichen Portionen integrieren konnte. Zweitens mußte ihm geholfen werden, in sequentieller Weise Zugang zu den tieferen Ebenen seiner Psyche und seines Körpers zu finden.

Ausgehend davon wurde eine „Gelegenheit" wahrgenommen, die die Ebene repräsentierte, auf der er Integration erzielen konnte, das heißt, auf der er ein Gefühl erleben konnte, wußte, daß es ein Gefühl war, und verstand, wo es herkam und was es in seinem Leben bedeutete. In diesem Fall konnte er über ein Lied von Joan Baez, das er an diesem Tag gehört hatte, weinen. Man erlaubte ihm und ermutigte ihn, so viel wie möglich zu weinen, um einen Teil der emotionalen Last, die er trug, abzubauen. Er sprach darüber, was Joan Baez sagte, was ihre Worte für ihn bedeuteten und wie er sich dabei fühlte. Als nächstes sprach er darüber, wie er als Teenager vom Rock-and-Roll beeindruckt war, und daß Musik anscheinend die einzige Sache war, der er sich hingeben konnte. Von da aus ging er zu etwas über, was er später als seinen Geburtsablauf beschrieb und was bereits dargestellt wurde (in „Methoden"). An diesem Punkt sprach der Therapeut die Ebene an, die Carl für sich selbst etabliert hatte, als er ein Teenager war. Der Therapeut verschob den Fokus allmählich mehr in die Gegenwart, blieb aber immer auf der Ebene, die Carl als Bezugspunkt festgelegt hatte. Der Rest unserer Sitzung war folgendermaßen charakterisiert: Wir bauten auf dem auf, was Carl integrieren konnte, das allgemeine Schmerzniveau wurde gesenkt, und es wurde ihm erlaubt, das körperliche Trauma, in dem er geboren war und in dem er lebte, immer weiter zu erfahren.

Aus dem Gesagten wird offensichtlich, daß die Aufgabe mit Carl (und das ist häufig der Fall) darin bestand, die Bedeutung dessen, was bereits am Ablaufen war, zu integrieren und ihm wirklich zu helfen, innere „Haltepunkte" zu entwickeln. Er begann sich selber zu akzeptieren, als er erkannte, daß er nicht nur die Fähigkeit in sich trägt, seine „innere Hölle" zu konfrontieren und zu bewältigen, sondern sich auch andere Bereiche in seinem Leben verändern lassen.

Im Anschluß an den Intensivkurs traf sich der Therapeut während der nächsten vier Monate zweimal wöchentlich und in den darauffolgenden vier Monaten einmal wöchentlich mit Carl. Die Sitzungen dauerten durchschnittlich anderthalb bis zwei Stunden. Die Integration seiner Gefühlserfahrungen in sein gegenwärtiges Leben ermöglichte es Carl, einfache, aber grundlegende Veränderungen vorzunehmen. Seine Einstellung, es stehe ihm nur zu, unter den einfachsten Umständen zu leben, begann sich zu ändern; er zog von der Innenstadt (wo er ein kahles Zimmer in einem Übernachtungsheim hatte) in eine Wohnung in der Nähe eines Parkes. Damit begann die Entwicklung seiner „Abwehr", die es ihm ermöglichte, zu „funktionieren", ohne dabei aber das Wachsen seiner Integrität zu behindern. Einer der bedeutenderen „Durchbrüche" war Carls Wut, die lange Zeit nach innen gerichtet war und Selbsthaß und Unbeweglichkeit verursachte. Als die heftige Wut, die mit seiner Geburt und späteren Phasen zusammenhing, abgebaut wurde, war er nicht mehr von großen Mengen Koffein zu seiner Stimulation abhängig; vielmehr begann eine Lebendigkeit aus seinem Inneren zu strahlen, die in seiner Beziehung mit dem Therapeuten genährt und gefördert wurde. Nach einer besonders explosiven Sitzung entdeckte Carl, daß er sogar besser sehen konnte, und er mußte sich eine neue Brille verschreiben lassen.

Da Carl gerne handwerklich arbeitete und im Freien war, nahm er eine Stelle als Schreiner an. Daraufhin stellte er sofort eine Stereoanlage in seiner Wohnung auf („Lange lebe Rock'n Roll", sagte er). Carls Beziehungen mit Frauen brereiteten ihm große Frustrationen; starke Angst und heftige Bedürfnisse spielten dabei eine Rolle. Als er jedoch einmal mit einer Frau zusammen war, mit der er sich häufiger traf und von der er sich angezogen fühlte, offenbarte er ihr seine infantilen Bedürfnisse und sagte ihr, er hätte Angst, sie würde ihn deshalb zurückweisen. Die Tatsache, daß sie für das, was Carl über sich zu sagen hatte, offen war und ihm Raum gab, seine Gefühle in einem realen Kontext zu explorieren, erwies sich als ausgesprochen nützlich im Hinblick auf seine „Barrieren" gegenüber Frauen.

Gelegentlich, wenn seine „Depression" wieder auftrat, trank er immer noch heftig; jedoch war das mehr eine Manifestation extremer Schmerzen (d.h. er wußte, es war symptomatisch für Gefühle) und geschah eher periodisch, als daß es sein Lebensstil gewesen wäre. Den letzten Kontakt hatten wir mit Carl 10 Monate nach Beginn der Therapie. Er machte einen zuversichtlichen Eindruck und schien sehr ermutigt davon zu sein, daß er sein lebenslanges „Versagens"syndrom durchbrochen hatte. Zu diesem Zeitpunkt war er dabei, in die Vorberge zu ziehen, wo er in einer Hütte leben und arbeiten wollte.

Zusammenfassung

Theorie und Methode der Primärtherapie haben ihre Wurzeln in der *humanistischen Bewegung*. Im wesentlichen ist die Primärtherapie *klientenzentriert*. Sie versucht jedoch, den „unterstützenden, menschlichen" Ansatz mit einer strikten Methode zu verbinden, die auf entwicklungspsychologischen Erkenntnissen und der Biologie der menschlichen Existenz beruht. Der theoretischen Struktur unterliegt implizit das Vertrauen in die „Richtigkeit" der organismischen Prozesse. Jede Person trägt ihren eigenen Heilungsprozeß in sich, der wirksam wird, wenn ihr eine geeignete therapeutische Umgebung geboten wird. Jede neurologische und biochemische Besonderheit ist eine Variation von *„Desintegration"*, die durch nichtempfundenen *Schmerz (Urschmerz)* erzeugt wird. Diesem Thema wird durch ein neurologisches Funktionsmodell eine weitere Dimension hinzugefügt, wodurch die Primärtherapie zu einem der wenigen, wenn nicht gar zum einzigen Verfahren wird, das durch eine operationale Beschreibung neurophysiologischer Vorgänge untermauert ist. Während das zentrale Thema einen Bezugspunkt bietet, liefern seine individuellen Variationen die Richtungshinweise für den Verlauf der Wachstumsprozesse eines Menschen. Auf diese Weise kann die Theorie aus Erfahrung und Praxis hervorgehen – nicht umgekehrt. Da es sich im Prinzip um ein *offenes Verfahren* handelt, können Informationen aus anderen Bereichen, wie der Embryologie, der Anthropologie, Ethologie und so weiter ohne weiteres integriert werden; wichtig ist nur, daß ein *ganzheitlicher* Ansatz gefunden wird, der angesichts der komplexen und interaktiven Natur der menschlichen Existenz den einzig geeigneten Rahmen zu bieten scheint.

Die Primärtheorie postuliert, daß sehr frühe *traumatische* Ereignisse und/oder negative Umwelteinflüsse die Grundlage für später eintretende Neurosen und Psychosen bilden; Erinnerungen an diese Ereignisse und Umstände werden im Organismus gespeichert; eine spätere Rückgewinnung und Integration dieser Gegebenheiten ist möglich, indem man dem Menschen erlaubt und ihn dabei unterstützt, unbewußtes Material nicht nur auf kognitivem Weg hervorzubringen, sondern die Gefühle und körperlichen Empfindungen, die zum Zeitpunkt ihres ursprünglichen Auftretens nicht voll erfahren werden konnten, richtig zu *durchleben*. Fehlangepaßte Verhaltensweisen werden durch frühe Traumata motiviert. Unser gegenwärtiges Leben ist durch frühere Verhaltensmuster beeinflußt, die zum Teil während der Kindheit und Jugend ausgebildet wurden, aber auch während des Säuglingsalters und der peri- und pränatalen Phase.

Der besondere Beitrag der Primärtherapie zur Erweiterung unseres Verständnisses des Menschen besteht in der Einbeziehung der als wichtig betrachteten *pränatalen* Monate in den therapeutischen Prozeß. Diese Erweiterung ist nicht nur theoretischer Natur, sondern ergab sich aus Praxis und Beobachtung; es wurde deutlich, daß uns frühe Ereignisse nicht nur zugänglich sind, sondern im symptomatischen Verhalten von jedem von uns in Erscheinung treten. Es sind diese Symptome, wegen derer sich Leute in Therapie begeben.

Der Ansatz der Primärtherapie wurde bei einer Vielfalt von Symptomen erfolgreich angewandt. Beispielsweise wurden verlorengegangene Fähigkeiten – klar zu denken, zu lesen, erfolgreich zu studieren und freiheraus zu reden – wiedergewonnen, nachdem der Klient mit alten Gefühlen in Berührung gekommen war. Vormals institutionalisierte Patienten kommen in der Außenwelt wieder zurecht. Auch für unüberwindbare Barrieren zwischen Eheleuten sowie Eltern und Kindern wurden alternative Lösungen gefunden.

Psychosomatische Störungen haben äußerst gut auf dieses Behandlungsverfahren angesprochen. Personen mit Rückenschmerzen, die durch Streckverbände, Operationen und Prothesen Linderung gesucht haben, zeigten erhebliche Besserungen. Auch seit vielen Jahren und trotz vieler „Heilmittel" anhaltender Bluthochdruck konnte signifikant und dauerhaft gesenkt werden. Jahrelang erfolglos behandelte Hautleiden schwanden im Verlauf der Therapie. Progressiv verlaufende Arthritis einer 45jährigen Frau besserte sich ebenfalls.

Die Rückgewinnung unterdrückter Gefühle kann eine äußerst schwierige Alternative sein, aber für einige Menschen ist sie das einzige Verfahren, das echte Aussichten auf Erfolg hat. Aufgrund der ungewöhnlichen Erfahrung der Personen, die wir angeleitet haben – und wir schließen uns selber ein –, drängt es uns, Verhaltenswissenschaftlern, Ärzten, Eltern, Philosophen und anderen Denkern sowie Lehrern und Gesetzemachern zu sagen: „Seht es euch an. Schaut euch an, was hier passiert."

Literatur

Ferreira, A. J. *Prenatal environment.* Springfield, Ill.: Charles C Thomas, 1969.

Festinger, L., Ono, C., Burnham, C. A. and Bamber, D. Efference and the conscious experience of perception. *Journal of Experimental Psychology,* 1967, **74**, 1–36.

Gardner, H. *The shattered mind.* New York: Vintage Books, 1974.

Janov, A. *The primal scream.* New York: Vintage Books, 1970.

Janov, A. *The anatomy of mental illness.* New York: Putnam, 1971.

Janov, A. *The primal revolution.* New York: Simon and Schuster, 1972.

Janov, A. *The feeling child.* New York: Simon and Schuster, 1973.

Janov, A. *Primal man: The new consciousness.* New York: Crowell, 1975.

Janov, A. and Holden, M. Levels of consciousness. *Journal of Primal Therapy,* 1973,**1**.

Leboyer, F. *Birth without violence.* New York: Knopf, 1975.

Maclean, D. D. *A triune concept of the brain and behavior.* Toronto: University of Toronto Press, 1973.

Melzack, R. *The puzzle of pain.* New York: Basic Books, 1973.

Pearce, J. *Magical child.* New York: Dutton, 1977.

Rapoport, D. The Rapoport Survey. *Bulletin de Psychology* (Paris), 1975/76, **29**, 8–13.

Rose, S. *The conscious brain.* New York: Knopf, 1973.

Simeons, A. T. W. *Man's presumptuous brain.* New York: Dutton, 1960.

Sperry, R. Neurology and the mind-brain problem. *American Scientist,* 1951, **40**, 291–312.

Spinelli, D. N. and Pribram, K. H. Changes in visual recovery functions and unit activity produced by frontal and temporal cortex stimulation. *Electroencephalography and Clinical Neurophysiology,* 1967, **22**, 143–149.

Provokative Therapie

Frank Farrelly und Scott Matthews

Zweifellos wird dieses Kapitel den Leser nicht nur über die Provokative Therapie informieren, sondern in ihm auch Staunen, Gelächter und Zweifel provozieren. Sicherlich zählt die Provokative Therapie zu den innovativen Psychotherapien und verstößt augenscheinlich gegen viele der gemeinhin akzeptierten Vorstellungen über die Höflichkeit und die Würde der professionellen „Beziehungen" zwischen Therapeut und Klient.
  Die Provokative Therapie wurde von Frank Farrelly entwickelt. Als eines ihrer wichtigsten Instrumente bedient sie sich des Humors. *Sie verwendet auch die Methode des „Schiefen Turms von Pisa" und treibt verschiedene Situationen auf die Spitze, um den Klienten dahin zu bringen, daß er die Komik und den Unsinn seiner erstarrten Position erkennt. Ähnliche Konfrontationstechniken lassen sich auch in Albert Ellis'* Rational-Emotiver Therapie *erkennen.*
  Ich glaube, Farrelly geht davon aus, daß sein System am besten auf ihn selbst zugeschnitten ist. Er wendet viele Formen des Humors, u. a. Übertreibung, Mimikry, Spott, Verzerrung, Sarkasmus, Ironie und einfach schlichte Scherze, zum Vorteil des Klienten an, wobei er mit Absicht gegen die Prinzipien konventionellen Denkens verstößt. Diese Vorgehensweise führt uns zu einer wichtigen Frage: Soll ein Therapeut auch dann zu solchen schockierenden Vorgehensweisen greifen, wenn sie ihm persönlich zuwider sind? Sollte man wenigstens wissen, daß ein derartiger Ansatz bei manchen Leuten manchmal „ankommt"? Sollte der verletzende Humor fester Bestandteil des Handwerkszeugs eines Therapeuten werden?
  Interessant an dieser Therapie ist u. a., daß sie im Kontext jener liebenswürdigen und freundlichsten aller Therapien – Carl Rogers' Klientenzentrierter Therapie *– entwickelt wurde. Auch die Provokative Therapie kann man als klientenzentriert ansehen, wobei sich der Ansatz allerdings ins Ironische, Komische verkehrt.*

Die Provokative Therapie ist ein System für die Arbeit mit Klienten, das in den frühen sechziger Jahren von Frank Farrelly entwickelt wurde, und zwar im Rahmen seiner Beschäftigung mit Psychotikern in einer staatlichen Irrenanstalt. Seit beinahe zwei Jahrzehnten ist sie mit Erfolg auch bei einer breiten Palette von ambulanten Klienten angewandt worden. Im Mittelpunkt der Therapie stehen die falschen Vorstellungen, irrtümlichen Annahmen, schmerzlichen Gefühle und selbstzerstörerischen Verhaltensweisen der Klienten. Diese werden spaßhaft und erkennbar *provoziert* oder herausgefordert, ihrem „Unglück" weiter nachzuhängen, um auf diese Weise ihre Widerstandskräfte und Abwehrkräfte für eine Änderung zu mobilisieren. Um diese Änderung herbeizuführen, wird vom Therapeuten absichtlich eine stark affektive Erfahrung geschaffen. Der Therapeut handelt in unvorhersehbarer Weise, versetzt die Klienten in einen veränderten Bewußtseinszustand, ruft in ihnen das Gefühl hervor, in jeder Hinsicht verstanden zu werden, irritiert und amüsiert sie und zeigt ihnen schnell ihre eigene persönliche Stärke auf. Das herausragendste Merkmal dieses psychotherapeutischen Systems ist die effektive und ungewöhnliche Verwendung des *Humors,* durch die die Klienten zu positivem und entfaltungsförderndem Handeln motiviert werden sollen.

Geschichte

Frank Farrelly wollte einst Priester werden, um den Menschen zu helfen. Er stammte aus einer frommen irischen katholischen Familie und hörte als Heranwachsender den Nonnen und Priestern und den Volkssagen und dem Humor seines Vaters zu. All das bildete die Grundlage für später; den größten Einfluß aber übten seine Klienten auf ihn aus, was dann schließlich zur Entwicklung der Provokativen Therapie als einem System führte.

Die Entwicklung der Provokativen Therapie hängt mit einer Reihe von Erfahrungen mit Klienten zusammen. Zu Beginn seiner Laufbahn las Farrelly Carl Rogers' „Client-Centered Therapy" (1951) und war beeindruckt von den wortgetreuen Interviewauszügen. Farrelly erinnert sich: „So ist es wirklich – die lückenhafte Satzstruktur, die ‚Ähs', die unvollkommene Grammatik, die Mißverständnisse und die Bemühungen, sie zu korrigieren – ja, überhaupt alles" (Farrelly/Brandsma, 1974). Er war vor allem von dem Versuch Rogers' beeindruckt, seine Klienten aus ihrem eigenen, inneren Bezugssystem heraus zu verstehen.

Ein weiterer wichtiger Anstoß ging vom „Fall des Drückeberger-Irren" aus (ebd., S. 10). Bei dieser Therapie vergaß Farrelly die Prinzipien seines Therapiestils und wurde wütend über einen Klienten, der obszöne und schmutzige Briefe an eine junge Kliniksekretärin schrieb. Er drohte, „ihn in die Isolierzelle zu sperren und den Schlüssel wegzuwerfen". „Sie können mich nicht verantwortlich machen – ich bin doch geisteskrank", antwortete der Patient. Farrelly zog den Schluß, daß die „Geisteskranken" den Kontakt zur Realität nicht gänzlich verloren haben, sondern genau wissen, was sie in den meisten Fällen tun, und daß sie in gewisser Hinsicht kluge Analytiker des sozialen Systems sind.

In der „Offenen-Hosenschlitz-Therapie" (Farrellys Hosenschlitz war zufällig offen und beeinflußte offensichtlich ein Gespräch mit einer Klientin, die ihm ihre sexuelle Untreue gegenüber ihrem Mann eingestehen sollte) lernte er, über sich selbst zu lachen und seine „Tiefschläge" mit Kollegen und Klienten zu teilen.

Im „Clem-Kadiddlehopper"-Fall behandelte er einen Patienten, der tatsächlich wie eine Figur von Red Skelton, nämlich Clem Kadiddlehopper, aussah und handelte: ein Mann mit einem Schopf roter Haare, die 10 cm bockgerade vom Kopf abstanden, dem die Zähne fehlten und der zwei schielende Schweinsäugelein, eine rote Knollennase und eine komische Stimme hatte. Kaum hatte er den Mann gesehen, begann Farrelly loszulachen, bis ihm die Tränen über das Gesicht liefen. Der Psychologe, der kotherapierte, sagte zu ihm: „So kann man einen Patienten doch nicht behandeln!" Der Patient unterbrach ihn: „Nein, es ist in Ordnung so. Genau da liegt doch das Problem! Ich versuche, die Leute zum Lachen zu bringen, und dann lachen sie manchmal, wenn ich es nicht möchte, und das ärgert mich, geht mir auf den Wecker, und ich bekomme dann Schwierigkeiten." Farrelly lernte, daß „radikale, gleichmäßig aufrechterhaltene Kongruenz für den Patienten sehr hilfreich ist". Daß über die blödsinnigen Ideen und das idiotische Verhalten der Patienten gelacht wurde, setzte nicht notwendigerweise ihre Würde herab (ebd., S. 13).

Im „Fall des gefährlichen Psychopathen" erklärte Farrelly, nachdem er einer offensichtlich gründlich vorbereiteten Rede eines Patienten zugehört hatte, der die Gründe für seine Entlassung aus der Klinik darlegte: „Also, ich glaube, das ist der fieseste Job, den ich mir jemals aufgehalst habe." Nach einer erregten Wuttriade und unkontrolliertem emotionalem Verhalten bat der Patient Farrelly, sein Therapeut zu werden. Als er nach dem Grund gefragt wurde, antwortete er: „Weil Sie nicht lange um etwas herumreden." Farrelly kam zu dem Schluß, daß mit *Konfrontation* und *emotionaler Aufrichtigkeit* rasch ein *Vertrauensverhältnis* aufgebaut werden kann (ebd., S. 14).

Im Fall der „Schlampen-Jungfrau", einer jungen Frau in der Gruppentherapie, die sich promiskuitiv verhielt, aber darauf pochte, noch Jungfrau zu sein, wurde gesagt: „Also, du redest wie eine Schlampe; du ziehst dich wie eine Schlampe an; du gehst wie eine Schlampe, und du schaust wie eine Schlampe aus. Das ist nicht das, was du objektiv bist, Mädchen, es ist das Bild, das du in den Köpfen anderer Leute erweckst." Die Klientin gab unter Tränen zu, daß sie „nicht diese Art von Mädchen" sei. Die Gruppe half ihr, angemessenere Verhaltensweisen zu entwickeln. Sie wurde eine Musterpatientin und wurde schon bald entlassen.

Einem jungen Patienten, der brüllte: „Du schlägst genau den Ton an wie mein Vater!" wurde geantwortet: „Dann würden dein Vater und ich uns großartig verstehen, Kamerad." Farrelly entdeckte früh, daß er in seiner „Gegenübertragung" bzw. in seinen starken Reaktionen auf den Patienten oftmals sehr persönlich reagierte, und er erkannte, daß es hilfreicher war, diese Reaktionen zu äußern, als sie zu unterdrücken. In ihrem Buch „Critical Incidents in Psychotherapy" (1959) beschreiben Standal und Corsini verschiedene Fälle, bei denen der Therapeut von den Standardreaktionsmustern abrückte und einigen lange zurückgehaltenen Emotionen gegenüber dem Patienten freien Lauf ließ – worauf sich das Befinden des Patienten überraschend besserte.

Entscheidend aber für die Entwicklung der Provokativen Therapie war ein Interview, das im Juli 1963 stattfand, als Farrelly an Carl Rogers' Forschungsprojekt mit chronisch Schizophrenen am Mendota State Hospital teilnahm. In seinem 91. Interview mit Farrelly, der von einem klientenzentrierten Ansatz ausgegangen war, beharrte der Patient immer noch darauf, zu nichts nütze und hoffnungslos zu sein, und er behauptete, er sei dazu verdammt, auf ewig ein Psychotiker zu sein. Farrelly hatte ständig wiederholt, der Patient sei wertvoll und nützlich und imstande, sich zu ändern. Schließlich war Farrelly es satt, mit dem Patienten herumzustreiten, und begann plötzlich, dem negativen Selbstbild des Patienten spaßhaft beizupflichten. Fast unmittelbar darauf lachte der Patient los und begann zu protestieren, er sei doch nicht sooo schlecht daran oder sooo hoffnungslos, und er sagte, der Therapeut habe ihm viel geholfen. Innerhalb von sechs Interviews erlebte der Patient eine rasche Besserung und wurde entlassen (Farelly/Brandsma, 1974, S. 27).

Jedes dieser einzelnen Erlebnisse verstärkte die auf praktischer Erfahrung beruhende Theorie, die Farrelly später „Provokative Therapie" nannte. Jeder Therapeut erlebt seinen eigenen „Entdeckungsmoment". Albert Ellis (1962) diskutierte das ausschlaggebende Interview, in dessen Verlauf er die *RationalEmotive Therapie* entdeckte. Carl Rogers (1961) beschrieb das entscheidende

Gespräch, das er mit der Mutter eines Klienten führte, bei dem die Therapie erfolglos verlaufen war. Blanchard (1970) stellt fest:

„In der wissenschaftlichen Welt ist es Brauch, über das Entstehen einer neuen Theorie zu berichten, auch wenn sie langsam und unweigerlich aus dem analytischen Abwürgen der Daten entsteht. Der Wissenschaftler wird dargestellt, als ob er sich mühsam durch diese Methode hindurchwühlte, irgendeine Diskrepanz entdeckte, bis er schließlich über die Schwelle der Theorie stolpert. Tatsächlich springt die Theorie meistens als wilde Vermutung in das Blickfeld des Forschers, und er verbringt seine meiste Zeit damit, Fakten zu finden, die zu ihr passen" (S. 10).

Und so war es auch mit der Entdeckung der Provokativen Therapie.

Gegenwärtiger Stand

Die Provokative Therapie wird zur Zeit in vielen Variationen sowohl im privaten als auch im institutionellen Rahmen angewandt. Fachleute aus der Sozialarbeit, Psychiatrie oder aus sonstigen Mental-Health-Bereichen sind in der Provokativen Therapie ausgebildet worden und benutzen sie im Augenblick als ihre hauptsächliche Behandlungsmethode.

Gegenwärtig ist das einzige Zentrum, das für die Ausbildung in der Provokativen Therapie sorgt, das der Madison Psychotherapy Associates in Madison, Wisconsin. Die Ausbildung kann in verschiedenen Formen absolviert werden:

1. Supervision per Telefon,
2. Telefonseminare,
3. Vor-Ort-Training und
4. Individuelles Training in der Provokativen Therapie.

Farrelly veranstaltet im ganzen Land *Workshops,* die zwischen einem und drei Tagen dauern und zu denen ein Vortrag über die Provokative Therapie, Interviews mit Workshop-Teilnehmern, eine „Therapeut-Klient"-Feedbacksitzung, Gruppendiskussion, Rollenspiel von schwierigen Klienten usw. gehören.

In der *Supervision per Telefon* wird Farrelly von Therapeuten im ganzen Land angerufen, die um Beratung in bestimmten Fällen bitten und sich helfen lassen, wenn sie nicht mehr weiterkommen, und die ihre Perspektiven in bezug auf ihre Arbeit, sich selbst (professionell wie persönlich) und ihr theoretisches System erweitern möchten.

Die *Telefonseminare* wurden an Universitäten, in Organisationen und Ausbildungszentren eingerichtet. In der Regel gibt es einen zweistündigen „Live"-Vortrag über die Provokative Therapie mit Fallillustrationen und Vergleichen mit anderen Psychotherapien und anschließender Diskussion.

Beim *Vor-Ort-Training* arbeiten Fachleute in verschiedenen therapeutischen Settings mit den Klienten. Das Vor-Ort-Training bietet Gelegenheit zu eingehenden Diskussionen über eine breite Palette von Themen, u.a. über die Versorgungssysteme im Mental-Health-Bereich, über sexuelle Beziehungen in der Therapie u.a.m.

Außer den oben genannten Unterrichtsformen wird auch ein *individuelles, kontrolliertes einwöchiges* Training in der Provokativen Therapie angeboten. Zum Programm gehören direkte therapeutische Begegnungen in Einzel-, Familien- und Gruppenbehandlung, Interviews mit Praktikanten, Tonbänder, Lektüre usw.

Es gibt mehrere Veröffentlichungen, Texte wie Tonbänder. „Provocative Therapy" (Farrelly/Brandsma, 1974), der wichtigste Text, ist eine persönliche und detaillierte Darstellung des Systems. Zum Buch gehören die Geschichte und Theorie der Provokativen Therapie sowie Kapitel über Humor und Provokative Therapie, die vier Sprachen der Provokativen Therapie und die Rolle des Provokativen Therapeuten.

„The Code of Chronicity" (Ludwig/Farrelly, 1966) und „The Weapons of Insanity" (Ludwig/Farrelly, 1967) sind Aufsätze, in denen die theoretische Position entwickelt wird, die die Provokative Therapie vertritt.

„Provocative Therapy" (Farrelly, 1977) ist eine Serie von zwölf Tonbandkassetten. Hier spricht Farrelly über dieses System und illustriert es dann mit einer Reihe von Patienteninterviews. Darunter befinden sich schizophrene Patienten in der psychiatrischen Klinik wie auch nur leicht gestörte College-Studenten.

Tonband Nr. 58 der American Academy of Psychotherapists Tape Library ist „Provocative Therapy" (Farrelly, 1971). Zu diesem Band gehört ein Vortrag über die Provokative Therapie und eine Demonstration mit einem in der Klinik untergebrachten suizidalen Jugendlichen.

Richard Bandler und John Grinder analysieren Frank Farrellys Demonstration der Provokativen Therapie in einem *Digest*-Tonband mit dem Titel „Analyzing the Analyst – Identifying Effective Interventions" (Farrelly, 1978).

Theorie

Es gibt eine alte Geschichte von fünf blinden indischen Fakiren, die zu einem Elefanten geführt werden – der eine berührte den Rüssel, ein anderer das Ohr, wieder ein anderer das Bein, noch ein anderer den Bauch, und dem letzten wurde der Schwanz zum Berühren gegeben. Jeder erlebte den Elefanten natürlich anders und kam dann zu seinen eigenen Schlußfolgerungen über seine Erfahrung mit diesem Objekt. Ähnlich wie bei den indischen Fakiren beruht jede Theorie der Psychotherapie auf ihrem eigenen Katalog von Annahmen und Hypothesen – ein psychologischer Rahmen, der sich spezifischer Techniken bedient.

Die Provokative Therapie beruht auf *zehn Postulaten* und *zwei Hypothesen* (Farelly/Brandsma, 1974, S. 36–52). Die Postulate sind die folgenden:

1. *„Als Reaktion auf eine Herausforderung ändern und entfalten sich die Menschen."* In der Provokativen Therapie wird der Klient vorsichtig herausgefordert und damit gezwungen, sich eher mit den Problemen und dem Therapeuten auseinanderzusetzen als vor ihnen davonzulaufen. Der Therapeut wird dem Klienten auf der Spur bleiben und keine Vermeidung von seiten des Klienten tolerieren. Im Gegensatz zu vielen Therapien, wo versucht wird, das Gespräch ruhig, kühl und reibungslos verlaufen zu lassen, versucht der Provokative Therapeut, einen heilsamen „Energiewirbel" zu erzeugen.

2. *„Klienten können sich ändern, wenn sie wollen."* Im Alten Testament wird Adam und Eva Willensfreiheit eingeräumt. Sie waren keine hilflosen Pfandstücke, und die heutigen Klienten sind es auch nicht. „Wenige Leute, mit Ausnahme von Therapeuten, glauben, daß der Mensch nicht für das verantwortlich ist, was er tut, daß er nicht wählt, sondern getrieben wird." Anstatt das „Ich-kann-mich-nicht-ändern!" des Klienten zu akzeptieren, ist der Provokative Therapeut fest davon überzeugt, daß der Klient sich ändern kann, pflichtet ihm aber im Spaß bei und wirkt als *Echo* der hilflos-verzweifelten „Ich-sitze-in-der-Falle"-Botschaften des psychologischen Determinismus, die der Klient übermittelt. Der Therapeut tut dies, um den Klienten zu der Wahrnehmung zu provozieren, daß sein Nichtfunktionieren eher darauf zurückgeht, daß er sich nicht ändern *will,* als darauf, daß er sich nicht ändern kann.

3. *„Klienten haben ein viel größeres Potential, adaptive, produktive und sozialisierte Lebensweisen zu erlangen, als sie selbst und die meisten Kliniker annehmen."* Obwohl Klienten glauben, sie seien hilf- und hoffnungslos, kommt es zur größten Tragödie, wenn der Therapeut der Selbsteinschätzung ernsthaft zustimmt und sagt: „Wenn ich sie nicht heilen kann, dann sind sie unheilbar." Wenn der Therapeut dies glaubt, übt er eine unangemessene psychologische Alchemie aus, wobei das *Versagen* des Therapeuten auf magische Weise in eine *Tatsache* verkehrt wird, die im Klienten angelegt ist.

4. *„Die psychische Fragilität von Klienten wird sowohl von ihnen selbst als auch von anderen weit überschätzt."* Die meisten Klienten und Therapeuten betrachten den Klienten als jemanden, der dem „Humpty-Dumpty" ähnelt, jenem unglückseligen Ei, das von der Mauer herunterfiel und bei der geringsten Erschütterung einen Sprung bekommen, aufbrechen oder auseinanderfallen wird. Der Provokative Therapeut hingegen sieht, daß der Klient viele starke, positive Züge besitzt, die die Grundlage für die Entstehung der neuen Persönlichkeit bilden. Für den Provokativen Therapeuten ist es nicht ein solch großes Wunder, daß die meisten Menschen aufwachsen und erwachsen werden, ohne verrückt zu werden. Der Provokative Therapeut konzentriert sich absichtlich übermäßig stark und spaßhaft auf das, was bei dem Klienten nicht „in Ordnung" ist, um ihn zu provozieren, das hervorzuholen, was bei ihm „in Ordnung" ist, um seine Stärken erneut zu bestätigen und seine persönlichen Kräfte zu aktualisieren.

5. *„Die fehlangepaßten, unproduktiven, antisozialen Attitüden und Verhaltensweisen des Klienten können drastisch verändert werden, unabhängig vom Grad oder der Stärke der Chronizität."* Es gibt viel klinisches Beweismaterial (vgl. die Forschung über die „Self-fulfilling Prophecy"), das die Behauptung untermauert, daß die Menschen sich ändern, indem sie auf die Überzeugung ihrer Bezugspersonen reagieren. Wenn andere glauben, daß der Klient gesund werden kann, dann wird der Klient oft gesund, und zwar nicht durch irgendeinen wunderbaren Vorgang, sondern durch die verschiedenartige Weise, in der der Klient von anderen behandelt wird und die er als wichtig wahrnimmt. Schließlich tritt eine häufig signifikante Phase im Prozeß dann ein, wenn *der Klient* sich dafür entscheidet, gesund zu werden.

6. *"Erfahrungen im Erwachsenenalter oder aus der Gegenwart sind mindestens so bedeutsam, wenn nicht bedeutsamer, als Kindheitserfahrungen oder frühere Erfahrungen bei der Prägung von Werten, Einstellungen und Verhaltensweisen."* Dies ist im wesentlichen die Annahme, die allen Auffassungen von Psychotherapie als einer korrektiven, emotionalen Erfahrung zugrundeliegt – einer Erfahrung, die Jahre der Fehlanpassung umkehren kann und sich im Hinblick auf andere Beziehungen außerhalb der Therapie verallgemeinern läßt. Jeder erfolgreiche Therapeut ist davon überzeugt, daß der Klient imstande ist, sich zu ändern, und daß die Erfahrungen, die der Klient mit dem Therapeuten macht, auf das Leben außerhalb des therapeutischen Settings übertragen werden können.

7. *"Das Verhalten des Klienten gegenüber dem Therapeuten ist eine relativ exakte Widerspiegelung seines üblichen Verhaltens in sozialen und zwischenmenschlichen Beziehungen."* Auch wenn der Klient ähnlich agieren und reagieren wird, wie er außerhalb des Therapiezimmers agiert, stellt der Therapeut eine ganz andere Reizfiguration vor. Der Therapeut hält dem Klienten häufig deutlich vor Augen, wie wichtige Bezugspersonen ihn wahrnehmen und auf ihn reagieren könnten. Er modelliert negativ soziale Situationen, die sich sehr wahrscheinlich aus den Attitüden und Verhaltensweisen des Klienten ergeben. Auch weist er auf Verhaltensprägung und Feedback hin, die der Klient in seinen sozialen Beziehungen erfährt. (T. lehnt sich nach vorne, legt seine Hand sanft auf den Unterarm der Klientin und sagt mit warmer „helfender" Stimme: Schau, Puppilein, du hast von dir selbst ungefähr die verrückteste Vorstellung, die ich je erlebt habe; aber nun denn, niemand ist vollkommen. Ich wette, daß du trotz deiner verzerrten Wahrnehmung hören kannst, was andere dir sagen. Aber mach nur weiter und irgnoriere sie, dann wirst du wirklich einen Grund haben, deprimiert zu sein.")

8. *"Menschen sind relativ einfach zu verstehen – insbesondere dann, wenn wir die einschlägigen Daten besitzen."* Der Provokative Therapeut, der fest an die Notwendigkeit glaubt, diese Daten zu erhalten, um gründlich verstehen zu können, wird sofort an jene Bereiche herantreten, die der Klient offensichtlich vermeiden möchte. In der Tat entwickelt der Provokative Therapeut eine „Rot-Grün-Farbenblindheit". Wenn der Klient signalisiert: „Halt!" (Erröten, Zaudern, Vermeidung oder direkter Widerstand gegen die Diskussion eines Themas), bohrt der Therapeut hartnäckig weiter.

9. *"Der kluge Ausdruck von ,therapeutischem Haß und Sadismus' gegenüber dem Klienten kann diesem paradoxerweise merklich nützen."* Der Grund dafür, daß Geisteskranke sich oft abgelehnt und nicht geliebt fühlen, liegt darin, daß sie abgelehnt und nicht geliebt werden – und zwar aufgrund ihrer ablehnbaren und nichtliebenswerten Verhaltensweisen. Der Provokative Therapeut würde eine echte Ablehnung wegen eines bestimmten Klientenverhaltens einer unechten, gezwungenen Akzeptanz vorziehen. Sehen Sie sich diese 18jährige Analphabetin an! Kämpferisch und angriffslustig stach sie drei Leuten Bleistifte in den Körper und warf einen Fernsehapparat auf eine Schwangere.

Klient: (knurrt) Ich werde dir so in deine gottverdammte Fresse schlagen, daß dir die Zähne einzeln im Hals steckenbleiben.

Therapeut: (schaut auf gleicher Höhe auf die Patientin) Wirklich? Und was glaubst du, werde ich tun, während du mir so in meine gottverdammte Fresse schlägst, daß mir die Zähne einzeln im Hals steckenbleiben?
Klient: (verdutzt, macht eine Pause und murmelt verdrossen) Du wirst mir den Fuß am Knöchel abbeißen.
Therapeut: (nickt und lächelt) Ganz recht, du Miststück.
(Farrelly/Brandsma, 1974, S. 49)

Ein anderes Beispiel: Eine große Familie kam zur Therapie. Ihr Haus befand sich in einem ständigen Chaos, und die pädagogisch anspruchsvolle Mutter war wütend, hatte Schuldgefühle und war dem Zusammenbruch nahe. Sie wurde gebeten, ein konkretes Beispiel zu nennen, wie ihr die Kinder in dieser Situation helfen könnten. Sie meinte, daß die Dinge für sie spürbar einfacher werden könnten, wenn die Kinder ihre frischgewaschenen Kleider selbst wegräumen würden.

Therapeut: Ich werde Ihnen beibringen, wie man mit Genuß sadistisch ist.
Klient: Was ist das?
Therapeut: Wie man anderen Schmerzen zufügt und daran Gefallen findet.
(Farrelly/Brandsma, 1974, S. 50)

Vor den Kindern und mit viel Humor und Überredungskunst überzeugt der Therapeut sie, den Kindern solange nichts zu essen zu geben, bis sie ihre Kleider selbst wegräumen, und den Bibelspruch „Wer nicht arbeitet, soll auch nicht essen" wörtlich zu nehmen. Nach nur fünf Essensentzügen – bei zehn Kindern – innerhalb von zwei Tagen machten alle Kinder wunderbar mit. Oft muß in der Therapie ein Unterschied gemacht werden zwischen kurzdauernder Grausamkeit und langdauerndem Schaden.

10. *„Die wichtigeren Botschaften zwischen den Menschen sind nichtverbal. Entscheidend ist nicht das, was gesagt wird, sondern, wie es gesagt wird."* Da der Provokative Therapeut oft ein sehr negatives verbales Feedback übermittelt (um zu sensibilisieren oder zu desensibilisieren, um Grenzen zu ziehen, Realitätsprüfung zu provozieren usw.), kann er das mit sehr positiven nichtverbalen Botschaften ausgleichen (um zu helfen, die ziemlich bitteren Pillen, die wir alle bisweilen schlucken müssen, verdaubar zu machen usw.). Der Provokative Therapeut scheint häufig und absichtsvoll inkonsequent zu sein, wenn er eine Sache auf einer Ebene mit Worten mitteilt, aber genau das Gegenteil mit Körpersprache, Tonmodulationen und anderen signifikanten nichtverbalen Fähigkeiten ausdrückt. Der Therapeut kommuniziert auf verschiedenen Ebenen gleichzeitig und schafft damit *Ambiguität* und nachfolgend einen veränderten Bewußtseinszustand im Klienten, eine Periode erhöhter Beeinflußbarkeit und Aufnahmefähigkeit, während der der Klient für die nichtverbalen Suggestionen viel empfänglicher ist.

Therapeut: (lächelt, lacht freundlich, lehnt sich nach vorne, tätschelt die Knie des Klienten leicht) Ich dich mögen? Du hast wohl einen Spaß gemacht. (Therapeut lehnt sich zurück, schaut spöttisch auf die ferne Ecke der Decke,

wie wenn sich ihm geistige Visionen eröffneten; langsam, in einem überraschten leisen Ton, wie zu sich selbst) Tatsächlich ... Ich gebe zu, eine wissenschaftliche Neugierde für seinen (zeigt lässig auf Klient) Fall zu haben.
Klient: (bricht in Lachen aus) Na, ich glaube, du hast eine schlechte Urteilskraft, Scott.
Therapeut: („erwacht aus seiner Trance") Hm?!

Die Provokative Therapie beruht auf *zwei zentralen Hypothesen*. Die erste bezieht sich auf das Selbstbild des Klienten: *Wenn der Klient vom Therapeuten provoziert wird* (humorvoll, ersichtlich und innerhalb seines eigenen internalen Bezugssystems), *wird er dazu neigen, sich anders zu verhalten, als der Therapeut gemeinhin von ihm erwartet.* Die zweite Hypothese konzentriert sich auf das offene Verhalten des Klienten: *Wenn der Klient vom Therapeuten in provozierender Weise* (humorvoll und ersichtlich) *gedrängt wird, mit seinem selbstzerstörerischen abweichenden Verhalten fortzufahren, wird er dazu neigen, sich auf Verhaltensweisen einzulassen, die für ihn selbst und für andere Personen förderlich sind und sich der gesellschaftlichen Norm annähern.* Diese Hypothesen müssen bei jedem Klienten erneut überprüft bzw. widerlegt werden.

Neben den Postulaten und Hypothesen verdienen die *vier verschiedenen Etappen des Therapieprozesses* aus der Sicht des Klienten noch Erwähnung. Auch wenn sie nicht genau definiert und etwas impressionistisch sind, kommen sie doch häufig genug vor und sind unterscheidbar.

Erste Etappe. Normalerweise geht der Klient aus dem ersten Gespräch mit Staunen und Zweifel, Unsicherheit und humorvoll provoziert heraus. Eine typische Reaktion könnte sein: „Ich verstehe nicht, wie man Leuten auf diese Weise helfen kann, ich habe noch nie jemanden so reden hören." Oder: „Ich weiß nicht, warum ich darüber lache, was ich gesagt habe. ... Ich kann nicht umhin, was ich getan habe, wirkt so komisch ..." Fast immer kommt der Klient zu den nachfolgenden Interviews wieder (in mehr als 90% der Fälle).

Zweite Etappe. Der Klient beginnt zu erkennen, daß der Therapeut sorgfältig ist, und daß *er* sich ändern muß, und nicht der Therapeut. Oft findet sich ein vorübergehendes Schmollen in den Reaktionen des Klienten. „Ich mag das nicht, aber im Hinblick auf mich haben Sie Recht." Eine Verminderung und bisweilen sogar ein gänzliches Fehlen psychotischer Abwehrformen (wenn sie vorhanden sind) kennzeichnen diese Etappe.

Dritte Etappe. Diese Etappe ist dadurch gekennzeichnet, daß der Klient rationaler wird und nachzuweisen versucht, daß der Therapeut nicht Recht hat. Der Klient zeigt spezifische, konkrete und leicht zu beobachtende Verhaltensweisen und zieht sie als Beweise heran, um die Definition und die Beschreibung, die der Therapeut von ihm abgibt, zu widerlegen.

Vierte Etappe. Hier wird sich der Klient auf sein früheres Selbst beziehen oder auf „die Art, wie ich früher war". Oft kann der Klient über sein altes Selbst lachen und auch dann lachen, wenn er mit neuen Verhaltensweisen „Schluß macht". Dies ist eine integrative Phase in der Provokativen Therapie und schließt diese ab.

Methoden

Die Provokative Therapie ist ein breitangelegtes Verfahren, das viele Techniken anwendet und dem Therapeuten große Handlungsfreiheiten läßt. In „Frogs into Princes: Neuro-Linguistic Programming" stellen Bandler und Grindler (1979) fest: „Frank Farrelly, der Verfasser von „Provocative Therapy", ist ein wirklich ausgezeichnetes Beispiel für notwendige Abwechslung." Die Absicht, die in der dem Therapeuten gewährten Mannigfaltigkeit steckt, ermöglicht ihm den Zugang zur *Ganzheit* seiner Erfahrungen, um ein empathisches Verstehen des Klienten und Eingehen auf ihn zu vergrößern, um Taktiken und Strategien gegen die des Klienten anzuwenden, weil er sich darum bemüht, dem Klienten zu helfen, sich auf verschiedenen Ebenen zu ändern und Spaß zu haben und ein Durchdrehen während der Therapie zu vermeiden. Die Verhaltensweisen des Therapeuten, die diese Therapieform von anderen Methoden unterscheiden, sind die folgenden: der *Grad der Direktheit* und die *Verwendung von Konfrontation*, der *widerspruchsvolle* und *doppelsinnige Kommunikationsstil*, der *systematische Gebrauch verbaler wie nichtverbaler Signale*, das *Vermeiden professioneller Würde* und der *beabsichtigte Einsatz von Humor und Clownerie*.

Das erklärte Ziel besteht darin, „den Klienten zu provozieren, sich auf fünf verschiedene Verhaltensweisen einzulassen":

1. Sowohl verbal als auch im Verhalten seinen Selbstwert zu bestätigen.
2. Sowohl in der Erledigung von Aufgaben als auch in Beziehungen sich selbst angemessen zu behaupten.
3. Sich selbst realistisch zu verteidigen.
4. Sich auf eine differenzierte Realitätsprüfung einzulassen und die notwendigen Unterscheidungen zu lernen, um adäquat zu reagieren. Globale Perzeptionen führen zu globalen, stereotypen Antworten; differenzierte Perzeptionen führen zu adäquaten Reaktionen.
5. Sich in persönlichen Beziehungen auf riskante Verhaltensweisen einzulassen, insbesondere wichtigen Bezugspersonen Zuneigung und Verletzlichkeit unmittelbar mitzuteilen, so wie sie wirklich erfahren werden. Die schwierigsten Worte in Beziehungen sind oftmals: „Ich brauche dich", „du fehlst mir", „du bist mir nicht egal" ..., d. h. auszudrücken, daß man eine enge Bindung zu anderen Personen hat.

In vielen Formen der Psychotherapie wird vom Therapeuten häufig erwartet, daß er sich bis aufs I-Tüpfelchen an die Regeln hält, während der Klient jede Form von Grabenkampf anwenden darf, die man sich nur vorstellen kann. In der Provokativen Therapie darf der Therapeut lügen, leugnen, rationalisieren, falsche „Forschungsergebnisse" erfinden, brüllen und verrückt denken und handeln. Der Provokative Therapeut spielt den *Advocatus Diaboli* und paktiert mit der negativen Hälfte der Ambivalenz des Klienten gegen sich selbst, wichtige Bezugspersonen und gegen seine Ziele und Werte. Zuweilen wird der Therapeut die bösesten Gedanken und Ängste des Klienten über sich selbst aussprechen. Der Therapeut wird „das Nichtausdrückbare ausdrücken, das Unfühlbare fühlen und das Undenkbare denken". Er wird oft aufgefordert, idiotische Rationalisierungen für das Verhalten des Klienten anzubieten. Dies hat die Wirkung, daß die eigenen Entschuldigungsmechanismen des Klienten kurzgeschlossen werden, und das bringt die Klienten oft dahin, daß sie wegen der Rationalisierungen, die sie sich ausgedacht haben, über sich selbst lachen. Oft wird der Therapeut das Negative überbetonen, um auf diese Weise den Klienten zu zwingen, die positiven Aspekte seines Lebens herauszustreichen. Es gibt auch kein Tabuthema, und das Feedback erfolgt häufig sofort. Beispiel: Ein fettleibiger Patient betritt das Sprechzimmer.

>   P.: Kann ich Sie sprechen, Mr. Farrelly?
>   T.: Oh Gott, das „Goodyear"-Luftschiff hat seine Vertäuungen abgeworfen!

Es gibt verschiedene Techniken, die eigens eingesetzt werden, um dem Klienten bei der *Realitätsprüfung* zu helfen.

1. Reductio ad absurdum (Ad-Absurdum-Führen). Damit werden die negativen Feststellungen des Klienten über sich selbst solange zu ihrem logischen Extrem geführt, bis der Klient sie zurückweist. Eine typische Reaktion darauf ist: „Nicht einmal *ich* glaube, daß ich sooo übel bin."
2. Oft verkündet der Therapeut unsinnige „Sofortdaten" oder „Forschungsergebnisse", um spaßhaft die Behauptungen des Klienten zu untermauern, er sei wirklich hilflos oder schlecht.
3. Der Therapeut akzeptiert allzu bereitwillig die Behauptung, daß der Klient unnütz ist, und gibt – mit einem Lächeln – „erschöpft" auf: „Was kann man noch für jemanden hoffen, der so schlecht dran ist wie du?"
4. Der Therapeut wird den Klienten direkt herausfordern, „es zu beweisen".
5. Eines der häufiger benutzten Instrumente, deren sich der Provokative Therapeut bedient, um dem Klienten zu helfen, sich auf sich selbst zu konzentrieren, ist das „Auflisten".

Beispiel:

>   T.: (seufzt lakonisch) Nenn mir drei gute Gründe dafür, meine Süße, warum jemand mit dir ausgehen sollte. Du bist, verdammt nochmal, eine Duckerin, Spuckerin und Schluckerin.

Durch die Verwendung *negativen Modellernens* handelt der Therapeut wie der Klient. Wenn der Klient vor sich hinstarrt und abwesend ist, kann er plötzlich feststellen, daß der Therapeut ebenso „verrückt" handelt. Oft wird der Klient über dieses Verhalten lachen, und wenn der Klient nicht lacht, muß er wenigstens versuchen, die „Psychose" des Therapeuten zu dekodieren.

Es ist wichtig, hier zu bemerken, daß der Therapeut mit seiner Rolle sowie der Klient oft den „kürzeren" ziehen.

Beispiel:

>   K.: (zieht sich wimmernd zurück) Also, Scott, ich habe gedacht, du könntest mir helfen. (Klagend) Willst du mir denn nicht helfen?
>   T.: (weinerlich, laut protestierend) Helfen? Wer hat denn etwas von Helfen

gesagt?... Ich kann dir zwar meine Zeit opfern... äh... ich bin nicht gescheit genug, um noch irgendwelche Wunder zu wirken. (Traurig) Ich habe letztes Jahr meinen Zauberstab verloren (legt den Kopf in die Hände, als ob er weinte).

Der Provokative Therapeut wird dem Klienten oft widersprüchliche Botschaften senden. Wenn auch Kliniker zustimmen, daß dies ein auffälliges Merkmal schizophrener Familien ist, unterscheidet sich der Provokative Therapeut insofern radikal von diesen krankheitsverursachenden Familienkonstellationen, als er mit der Aussendung seiner eindringlichen Botschaften bezweckt, eher *Unabhängigkeit* als Abhängigkeit zu provozieren. Zudem werden sie in einem leicht dekodierbaren Kontext der Fürsorge, Wärme und Hilfe für den Klienten gesendet. Wenn *doppeldeutige* Botschaften Menschen wahnsinnig machen können, können sie sie auch gesund machen. Der Klient wird gezwungen, sich entweder für die verbalen Botschaften des Therapeuten zu entscheiden, die mit den Vorhersagen des Klienten über Verderben und Untergang übereinstimmen, oder für die stark supportiven, leicht dekodierbaren nichtverbalen Botschaften, wonach der Klient liebenswert und wertvoll ist, sich ändern kann und in sich selbst die Macht und das Wissen hat, Verantwortung zu übernehmen und sein Leben selbst in die Hand zu nehmen. Die Provokative Therapie befreit den Klienten von seiner Ohnmacht und bringt ihn – oft sehr rasch – mit seiner eigenen Macht in Berührung. Daher ist sie zentral und diametral der schizophrenen, zu krankhafter Abhängigkeit führenden Art von Botschaften entgegengesetzt.

Die Tatsache, daß der Provokative Therapeut sich des *Humors* bedient, ist für seine Arbeit von zentraler Bedeutung. Zu den verschiedenen Formen des Humors gehören:

1. Übertreibung,
2. Nachäffen,
3. Spott,
4. Verzerrung,
5. Sarkasmus,
6. Ironie und
7. Witze.

1. Mit der *Übertreibung* über- oder unterschätzt der Provokative Therapeut das Selbstbild des Klienten. Die kunstvolle Hyperbel des Therapeuten – mit einem Augenzwinkern oder einem schlauen Lächeln – provoziert den Klienten zu einer ausgewogeneren Perspektive.

2. Beim *Nachäffen* ahmt der Therapeut einfach die Verhaltensweisen des Klienten nach. Beispielsweise kann der Klient, der Anfälle von Gekränktsein hat, erleben, daß der Provokative Therapeut sich plötzlich ebenso „schreiend und tobend" aus seinem Sessel erhebt wie der Klient. Die Wirkung erfolgt schlagartig. Da das Verhalten durch seine wahrgenommenen Folgen kontrolliert wird, nimmt der Klient schnell mit Befremden und Gelächter wahr, wie er andere negativ beeinträchtigt, und das führt dazu, daß der Klient seine selbstzerstörerischen Verhaltensweisen abstreift.

3. Der Provokative Therapeut *verspottet* nicht den Klienten, sondern vielmehr die verschrobenen und albernen Verhaltensweisen des Klienten. Dabei bemüht er sich, diese auszulöschen oder gegenzukonditionieren. Es sollte hervorgehoben werden, daß die Rolle und „professionelle Würde" des Therapeuten ebenfalls karikiert werden dürfen. Da die Klienten nicht leicht zwischen sich selbst und ihren Verhaltensweisen unterscheiden („Liebe mich und liebe mein abweichendes Verhalten mit!"), ist das Verspotten eine Taktik, mit der man sparsam und geschickt umgehen sollte. Wie jedes starke Instrument kann es im Guten wie im Bösen benutzt werden. Deshalb verbindet der Therapeut immer Wärme und offensichtliche Fürsorge mit der Verspottung der unangemessenen Vorstellungen und Verhaltensweisen des Klienten. In einem bestimmten sozialpsychologischen Kontext haben lächerliche Gedanken und Handlungen Spott verdient.

4. Wenn der Therapeut spaßhafte *Verzerrungen* benutzt, „mißversteht" er mit Absicht den Klienten oder liefert wilde oder plausibel verzerrte „psychologische Erklärungen" für das Verhalten des Klienten oder das Verhalten anderer gegenüber dem Klienten. Ähnlich wird sich der Therapeut, um die Realitätsprüfung und Selbstbestätigung des Klienten zu provozieren, über die Erwartungen des Klienten von der traditionellen Therapeutenrollen lustig machen. Zum Beispiel: Eine Klientin in mittleren Jahren klopfte fast unhörbar an die Tür des Sprechzimmers. Der Therapeut öffnete.

K.: (klagend) Kann ich Sie sprechen, Mr. Farrelly?
T.: (laut) Natürlich, wunderbar! (Er geht zu seinem Schreibtisch zurück und setzt sich hin.)
K.: (kommt ängstlich ins Zimmer) Wo möchten Sie, daß ich sitze?
T.: (zeigt auf den Stuhl, der am nächsten zu seinem Tisch steht, und die Klientin beginnt, sich auf dem Stuhl niederzulassen). Setzen Sie sich hier hin! (grob und laut) Halt! (zeigt auf einen Stuhl an der gegenüberliegenden Wand) Setzen Sie sich dorthin!
K.: (schlurft hinüber zu dem Stuhl, auf den der Therapeut hindeutet).
T.: (in einem Kommandoton; sieht sich im Sprechzimmer um) Warten Sie einen Augenblick ... (er macht eine Pause und blickt unschlüssig). Ich hab's! Setzen Sie sich dorthin (zeigt auf einen Stuhl neben der Tür).
K.: (richtet sich plötzlich auf und runzelt die Stirn; laut und eindringlich) Ach, zum Teufel mit Ihnen! Ich sitze da, wo ich will! (Sie läßt sich in einen Stuhl fallen).
T.: (wirft die Arme in die Höhe, als ob er sich verteidigen wollte, weinerlich) Schon gut, schon gut. Sie brauchen ja nicht gleich so hitzig zu werden.
K.: (bricht in Gelächter aus).

5. *Sarkasmus* muß von nichtverbaler Wärme, Fürsorge und Akzeptanz begleitet werden, wenn er die humorvolle und somit therapeutische Wirkung auf den Klienten haben soll, die der Therapeut beabsichtigt. Sarkasmus ist eine starke Kommunikationsform, die häufig sehr effektiv ist, wenn man Klienten zu bestimmten Perzeptionen und Verhaltensweisen sensitivieren und desensitivieren möchte. Er muß aber mit Umsicht eingesetzt werden, damit der erwünschte therapeutische Effekt erzielt wird, wie in dem folgenden Beispiel:

K.: (promiskuitive Klientin kommt in das Sprechzimmer des Therapeuten und streckt ihre Hand in einer „Halt!"-Gebärde aus) Bevor Sie jetzt irgendetwas sagen, möchte ich, daß Sie wissen, daß ich einen Job bekommen habe.
T.: (mißtrauisch) Wo haben Sie denn den bekommen?
K.: (triumphierend) In einem Labor.
T.: (sarkastisch) Als was denn, etwa als Versuchsobjekt?
K.: (ärgerlich, aber wider Willen grinsend) Ach, Sie halten sich wohl für wahnsinnig komisch.
T.: (mißtrauisch und mit einem sarkastischen Ton) Gewiß doch! Wie haben Sie ihn denn überredet, Sie anzuheuern, meine Süße?
K.: (errötet) Sooo war's nicht!

6. Es gibt drei Arten von *Ironie,* die in der Provokativen Therapie verwendet werden.

1. Der Therapeut tut so, als ob er nichts wisse, und macht durch geschickte Fragen unnütze Konzeptionen des Klienten deutlich („Sokratische Ironie").
2. Zu einer anderen Form gehört die Verwendung von Worten, um etwas anderes als die eigentliche Bedeutung dieser Worte auszudrücken.
3. Zur „dramatischen Ironie" gehört es, die Inkongruenz zwischen der tatsächlichen und der beschriebenen Situation zu verdeutlichen.

Beispiel: Eine streitsüchtige Frau, die soeben in den Isolierraum der Klinik gesperrt worden ist, steht nahe am Gitter in der Tür und ruft dem Klinikpersonal Unflätigkeiten zu; man hat sie dort eingesperrt, weil sie über eine Mitpatientin hergefallen war.

T.: (schlängelt sich zum Gitter, voll sichtbar für die Patientin, lacht laut) Prima, Mädchen! Die hast du vielleicht in die Flucht geschlagen! Sie haben jetzt scheußliche Angst vor dir, diese gottverdammten Irren und diese verrückte Kuh. Kopf hoch, laß dich nicht unterkriegen (mit aufeinandergebissenen Zähnen), egal, was kommt! Egal, wie lange sie dich hier drin festhalten!
P.: (lacht laut) Ach, zum Teufel mit dir, Frank! Du bist hier ja nicht eingesperrt. Für dich ist es leicht, sowas zu sagen. Versuch's nur, wenn's dir so verdammt gut hier gefällt.
T.: (duckt sich, schaut verstohlen die Halle hinauf und hinunter, senkt seine Stimme zu einem verschwörerischen Geflüster) Nicht mit mir! Mich haben sie schon vor langer Zeit kaputtgemacht, aber ich habe immer noch die Hoffnung, daß sie endlich mal jemanden finden, den sie nicht kaputtmachen können. (Plötzlich starrt er wütend-funkelnd und erhebt seine Stimme zu einem fanatischen Gebrüll.) Egal, was für Foltern sie ...
P.: (lacht, unterbricht in einem Gesprächston) Vorsicht, Vorsicht! Sie werden dich als nächsten hier reinsperren. Ach, verdammt, ich werde mich zusammenreißen und hier wieder herauskommen.

7. Es gibt viele wirklich komische Dinge, die Klienten sagen oder tun und die man benutzen kann, um ihr Gelächter zu provozieren. Sehr oft wird der Provokative Therapeut an einen passenden *Witz* erinnert, der der gegenwärtigen Situation des

Klienten entspricht. Lachen hat den starken Effekt, den Kontext der Konversation umzukehren oder den Bezugsrahmen des Klienten zu lockern, so daß der Klient sein Leben in einem neuen, hoffnungsfrohen und gesünderen Licht sehen kann.

Eine *Schlußbemerkung*. Wenn er sich des Humors bedient, spricht der Provokative Therapeut vier verschiedene Sprachen, die in Farelly und Brandsma (1974, S. 74) ausführlich erläutert werden. Der Platz hier ist beschränkt, und deshalb begnügen wir uns mit einer einfachen Aufzählung. Bei den vier Sprachen handelt es sich um

1. eine religiös-moralische Sprache,
2. einen Gassenjargon,
3. eine Körpersprache und
4. einen Berufsjargon.

Jede dieser Sprachen wird mit *Humor* gewürzt verwendet.

Anwendungsbereiche

Wegen der wirkungsvollen Taktiken und Strategien, die diesem System eigen sind, und der breiten Vielfalt von Verhaltensweisen, die dem Therapeuten dabei offenstehen, um die Kommunikationsfähigkeiten im Gespräch zu vergrößern, ist es bei den unterschiedlichsten Klienten mit Erfolg angewandt worden: bei Vorschulkindern und bei Greisen, bei hospitalisierten und bei nichthospitalisierten Klienten, bei Psychotikern – von stummen Katatonikern bis zu Manisch-Depressiven in der manischen Phase, bei Charaktergestörten und bei Neurotikern, bei Klienten, deren Intelligenzniveau vom geistig Zurückgebliebenen bis zum Genie reicht, sowie bei allen wichtigen rassischen, ethnischen und nationalen Gruppen in den Vereinigten Staaten. Vielleicht wegen der Entschlossenheit des Provokativen Therapeuten, Grenzen (in bezug auf Klasse, Geschlecht, Rasse, Bildung, Religion usw.) zu überschreiten, und seiner Freude daran, hat sich bislang weder eine große diagnostische (mit Ausnahme von organischen Störungen) noch eine soziologische Gruppe gefunden, bei der die Provokative Therapie nicht Erfolg gehabt hätte. Außerdem war sie, wie andere therapeutische Orientierungen, besonders erfolgreich gewesen bei sogenannten YAVIS-Klienten („young", „attractive", „verbal", „intelligent", „successful"), die

1. die Diskussion von Problemen für hilfreich halten,
2. eher eine innerlich erlebte Störung als eine ersichtliche Verhaltensstörung haben, und die
3. bereit sind, sich auf eine umfassende Selbstexploration einzulassen.

Schließlich ist sie bei unterschiedlichen Klientenformationen verwendet worden: bei Einzelpersonen, Paaren, Familien und Gruppen.

Es sollte jedoch betont werden, daß Therapiesysteme den Klienten nicht direkt helfen. Therapiesysteme helfen vielmehr den Therapeuten, die kaleidoskopischen ideationalen, affektiven und behavioralen Phänomene zu ordnen, die Menschen zum Therapeuten bringen, damit er sie behandele. Noch einmal: Nicht Therapiesysteme helfen den Menschen; *die Menschen helfen den Menschen.*

Und hierin liegt vielleicht die signifikante, wenngleich verwirrende Grenze der Provokativen Therapie. Warum sollte sie dem Therapeuten helfen und es ihm erleichtern, einem Klienten zu helfen, während das System bei einem anderen (in bezug auf Diagnose, Alter, sozialen Hintergrund usw.) sehr ähnlichen Klienten offensichtlich dem Therapeuten nicht gleichermaßen hilfreich ist? Bislang ist die Provokative Therapie noch nicht so weit untersucht worden, und diese Frage wurde noch nicht überprüft. Vorläufiges Beweismaterial aus der Provokativen Therapie aus dem ganzen Land aber legt nahe, daß das Energieniveau und die Investition des Therapeuten bei erfolglosen Klienten nicht so hoch waren wie bei den verblüffend ähnlichen Klienten, die positive Resultate verzeichneten. Hing die Tatsache, daß die Energieinvestition geringer war, von der spezifischen Beziehung zwischen dem Therapeuten und diesem besonderen Klienten ab? Oder provozierte der Klient seinerseits den Therapeuten so weit, daß die anfängliche Energieinvestition des Therapeuten gegenkonditioniert oder aufgehoben wurde? Ist die Provokative Therapie – und in der Tat alle Bemühungen um Heilung – im Grunde eine Übertragung auf die Energiegröße oder deren Freisetzung oder Zunahme? Und wenn die Therapie keinen Erfolg hatte, dann deshalb, weil das Energieniveau des Therapeuten (Heilers) nicht hoch genug oder in irgendeiner undefinierten Weise vom Klienten oder vom Therapeuten blockiert oder kurzgeschlossen war, so daß es nicht zur Übertragung, Freisetzung oder Zunahme von Energie kam?

Fallbeispiel

Herbert, die Jungfrau

Dieses Exzerpt ist Herberts zwölfter Sitzung entnommen. Hier werden ungefähr die ersten fünf Minuten vorgestellt, um die Kontinuität zu belegen und eine Kostprobe für den provokativen Stil zu vermitteln. Kürzere Stichproben aus demselben Interview folgen auf das erste lange Exzerpt, um ein Licht auf verschiedene Techniken zu werfen, die der Provokative Therapeut benutzt.

Herbert (Pseudonym) ist ein hochintelligenter, gutaussehender Universitätsstudent, Anfang zwanzig, heterosexuell, entsetzlich schüchtern, der Frauen wie die Pest meidet.

Therapeut und Klient gehen in das Sprechzimmer und setzen sich nieder.

K.: Zu dumm, daß Susan nicht hier sein kann (traurig).
T.: Du möchtest wohl, daß Susan hier wäre, hm?
K.: Mhm (kichert).
T.: Ich auch (nüchtern). Dann wäre es mit der Langeweile bestimmt vorbei (dreht sich zum Tonbandgerät). Die Aufnahme soll beweisen, daß er von Susan spricht – von einer meiner „Graduate"-Studentinnen. Ein Mädchen mit einem Temperament wie Dynamit, hochbegabt, und allein schon ihr Anblick reicht, um starke Männer schwach zu machen (geil, begeisterter Ton).

(Wendet sich wieder dem Klienten zu.) Also, was war's? Ihr Temperament? Ihre Intelligenz? Oder die Tatsache, daß sie anerkanntermaßen toll aussieht?
K.: Na, ich würde das alles nicht so stark ausdrücken – es war halt alles zusammengenommen (kichert). Sie war sehr nett ... reizend.
T.: Tja, sie ist reizend zum Gänsehautkriegen (nonchalant).
K.: (lacht und seufzt) Ach, ich glaube, sie mag mich – wirklich.
T.: Tja, sie übte eine gewisse positive Anziehungskraft auf deine Psychodynamik aus (verwirrt, „angeekelt").
K.: (murmelt leise vor sich hin).
T.: Oh ja, was (herausfordernd)? Murmelst du da was vor dich hin? Deine Lippen bewegen sich doch! Entweder murmelst du was vor dich hin, oder die Batterie von meinem Hörgerät ist zu Ende.
K.: Also, diesmal habe ich nicht einmal etwas gebrummelt (verteidigt sich, humorvoll).
T.: (lacht) Gut so! (Zum Tonbandgerät). Studenten, ihr habt schon mal was über Gegenkonditionierung gehört. Er benutzte Gemurmele und Gebrummele, und jetzt bewegt er bloß noch die Lippen.
K.: Sie sollten wirklich dieses abscheuliche Tonbandgerät ausschalten (lacht leise).
T.: Ach, worüber redest du (vorgetäuschte Irritation). Die Zuhörer – dieses Ding – mein Gott, kein Mensch wird *unser* Band anhören. Einige von ihnen *könnten* vielleicht zuhören. Ich sage: „Hier ist etwas Langweiliges. Ihr solltet euch das Zeug anhören, weil ihr im klinischen Bereich 'ne Menge von langweiligen Klienten finden werdet. Hin und wieder einmal wird euch ein aufregender Typ über den Weg laufen, der euch interessieren wird, aber ihr müßt auch lernen, wie man mit den Langweilern umgeht."
K.: Ich wette, letzten Sonntagabend war ich langweilig (listig).
T.: Wie bitte? (sucht nach dem richtigen Wort). Warte mal einen Moment. Ich möchte diese Frage recht verstehen. Ich soll drauf reagieren und was sagen. Wie war das noch? Nein, warte einen Augenblick. Wer? Zu ... (gibt auf). Nein, das ist mir jetzt wirklich entgangen.
K.: (wirft ein) Also?
T.: Ich dachte, du hättest eine Reaktion erwartet (mit einem Grinsen).
K.: Na ja, stimmt schon (lächelt). Sie sollten sowas sagen wie: „Na und? Was ist denn am letzten Sonntagabend passiert?" (kichert).
T.: Also, nicht, was ist am Sonntagabend passiert (lakonisch). Sowas mag ich nicht sagen, weil das heißt, daß etwas vom Himmel heruntergefallen ist. Normalerweise sage ich lieber: „Was hast du gemacht, du Langweiler?" – oder „*nicht* gemacht?" Irgend sowas, verstehst du? Nicht, „was ist *passiert*?" Sollte ich sagen: „Was hast du Sonntag abend gemacht?" oder „Was hast du *nicht* gemacht, um langweilig zu sein?"
K.: Sowas Ähnliches (mit einem klugen Grinsen).
T.: (dominierend und noch immer nach dem „richtigen" Wort suchend) ... Oder: „Mit *wem* warst du langweilig?"
K.: Also, ich ...
T.: (sucht komisch herum) oder: „Was hast du gemacht?" oder: „Was hast du nicht gemacht?" oder ...
K.: Ach, schon egal (lächelt gereizt).

T.: (unterbricht wieder) Nun gut, es ist Dienstag morgen und ... scheinbar kann ich nicht. ... Okay. Ich glaube, eine Reaktion wird erwartet (professionell).
K.: Na ja, ich wollte mich nicht voll in die Geschichte hineinstürzen (grinst wissend).
T.: Tja, du möchtest dir den Weg dorthin erleichtern. Das ist typisch. Klar, bei deinem Schneckentempo!
K.: Ich möchte, daß jemand zu mir sagt, er möchte diese faszinierende Geschichte erzählt bekommen (einsichtig, grinsend).
T.: Du möchtest wissen, ob ich fasziniert bin (gelangweiltes Seufzen). Woher soll ich denn das wissen? Vielleicht wird's eine fade Geschichte. Du hast doch die ganze Zeit gesagt, du seist am Sonntagabend langweilig gewesen.
K.: (lacht).
T.: Und ich soll dann von deiner Langweiligkeit noch fasziniert sein!!
K.: Wirklich, sie ist ein wenig fade, aber immerhin ... (mit einem schiefen Grinsen).
T.: Du? (unterbricht sich und tut unwissend). Die Geschichte? ... oder? ...
K.: Alles, wirklich alles (lacht laut heraus und hört auf zu zaudern).
T.: Alles ist langweiliges Zeug.
K.: Auf jeden Fall, ich bin mit diesem Mädchen ins Konzert gegangen.
T.: Mit einem wirklichen, lebendigen Mädchen! (sarkastische Begeisterung).
K.: Und, äh ...
T.: Das Tonband soll beweisen, daß der Langweiler nickte (spricht sarkastisch zum Tonbandgerät). Okay, wir müssen das tun (spricht zum Klienten gewendet, erklärt). Verstehst du, wir werden Videobänder bekommen, und dann werden wir imstande sein zu sehen, wie sich deine Lippen bewegen, wie du nickst und ... Unsinn.
K.: (lacht und fügt entgegenkommend hinzu) ... Und wie mein Körper zuckt.
T.: Ja wirklich! (begeistert).
K.: (fährt fort) Machen Sie ein paar Nahaufnahmen und zeigen Sie, wie ich schwitze (lacht).
T.: Ja (mit noch mehr Begeisterung, stimmt ein) Bilder vom Kopf und Bilder von der Achselhöhle, um den Schweiß zu zeigen. ... All diese nichtverbalen Signale.
K.: Und meine nervösen Seitenblicke.
T.: Tja (stimmt lachend zu). Schön, daß du das Wort „Seitenblicke" gewählt hast.
K.: Statt nur Grimasse oder irgend sowas (lächelt stolz und nickt zustimmend). Nun, jedenfalls, wir gingen in dieses Konzert. Sie hatte einen Freund, deshalb habe ich mir wirklich nicht viel erwartet, und ich bekam sogar noch weniger als ich erwartet hatte. Und sie auch. Es war eine langweilige Unterhaltung.
T.: Oh, mein Gott! (gähnt).
K.: Es war ein gutes Konzert, aber ...
T.: Ach, du meine Güte (spricht gähnend weiter).

K.: Aber die Unterhaltung vorher und nachher war die reine Zwangsarbeit.
T.: Hm? (spielt den stummen Mann).
K.: Tolpatschig einfach.
T.: Ach, verdammt (gähnt wieder).
K.: Uns ist wirklich nicht viel eingefallen.
T.: Marterndes, quälendes Schweigen (gähnt zustimmend).
K.: Na ja, gut, sie redet, wenn es eine Pause gibt, aber wir sind bestimmt nicht groß in eine Wechselbeziehung getreten.
T.: Wechselbeziehung? (ungläubig).
K.: Oder was sonst auch immer. Wir haben uns halt nicht miteinander vertragen.
T.: Ich wollte gerade sagen, du klingst wie so ein verdammter ... Sozialarbeiter oder Therapeut (erleichtert). (Dreht seinen Kopf, als wenn er sich mit einer anderen Person unterhielte und äußert beide Reaktionen.) „Ich kann in keine Wechselbeziehung mit Speiseeis treten." „Hm?" (Beide lachen.) Ich kann in keine Wechselbeziehung treten mit dem ... ihr habt euch also nicht vertragen ... wie Öl und Wasser, ihr habt euch nicht gemischt. ... Nun, sie ist vielleicht eine Prinzessin. Immer noch rennst du diesen Prinzeßchentypen nach. Ich habe dir doch gesagt, du sollst dir andere Leute aussuchen!
K.: Schon gut, fangen wir nicht wieder damit an (bestimmt). Tatsächlich ist sie keine Prinzessin.
T.: Ist sie eine „Vogelscheuche"?
K.: Was ist denn das? Ist das ein Hund?
T.: Na, eine Cousine ersten Grades von einem Hund, nur – unordentlicher.
K.: Nein, sie war auch keine Vogelscheuche. Sie ist ziemlich attraktiv. Wirklich nett, reizendes Gesichtchen, etwas mollig, aber nichts, was einen abstoßen könnte.
T.: Ach dein empfindlicher Körper (zuckt zusammen). Verdammt, du solltest nicht zu zimperlich und etepetete sein! Wirklich, du schaust auch nicht gerade aus wie John Travolta.
K.: Ich renne bloß gegen eine unüberwindliche genetische Barriere an (stimmt spaßhaft und mit einem breiten Grinsen dem Therapeuten zu).
T.: Schon gut. Ich mag das (lacht laut). Du *weißt*, du bist ein kluger Junge. *Kein* Zweifel ...
K.: Oh, mein Gott, schönen Dank auch! (grinst dankbar).
T.: ... Du handelst bloß dumm (beendet den Satz).
K.: Das ist mein Schicksal (heuchelt einen niedergeschlagenen Eindruck, lacht). [Ende des ersten Exzerptes.]

Zweites Exzerpt: Im späteren Verlauf des Gesprächs diskutieren sie über einige Mädchen, mit denen K. zusammengekommen ist.

T.: Du hast also mit ein paar Mädchen getanzt, hast aber nicht nach ihren Namen oder Telefonnummern gefragt, um zu wissen, wie du sie anrufen oder wie du mit ihnen Kontakt aufnehmen kannst.
K.: Frank, ich glaube nicht, daß Mädchen es gern haben, wenn man sie bedrängt (protestierend).
T.: Nein, man muß langsam vorgehen, insbesondere dann, wenn sich alles

darum dreht (äfft Ernsthaftigkeit mit einem Grinsen nach). Du weißt, dies sind ziemlich wichtige Manöver, und, äh, es geht dabei um 'ne ganze Menge (K. lacht). Was sagst du da?
K.: Schon gut, in Ordnung (stimmt ruhig zu). Auf lange Sicht geht es nicht um viel. Also, ich meine, ich *könnte* verwirrt sein (ernsthafter).
T.: Nun, wie entsetzlich! (sarkastisch und lächelnd). Natürlich ist das sowieso dein Dauerzustand. Was würde das denn schon ausmachen? Aber ich kann sehen, was du sagst, weißt du. Es bringt dich ständig in Verwirrung, so daß du es kaum tolerieren kannst. Ich meine, du steckst bis zum Hals in Verwirrung und akuter, sagen wir mal, befangener Bewußtheit.
K.: Richtig. Ich möchte nicht, daß sie akut wird (stimmt spaßhaft zu). Sie ist chronisch, aber ich möchte nicht, daß sie akut wird; denn dann tut's weh. Und ich möchte nicht, daß es wehtut. [Ende des zweiten Exzerptes.]

Drittes Exzerpt: Sie sprechen über Alternativen, wie man Mädchen kennenlernen kann.

K.: Also gestern abend saß ich da und habe phantasiert (unterbricht sich).
T.: Tjaja, viele Jungs tun das, und es richtet keinen Schaden an (stimmt scherzhaft zu). Viele Jungs phantasieren – sie bewegen sich nicht viel von der Stelle, haben aber eine große Menge guter Filmstories im Kopf. Das ist 'ne Portion sicherer. Von seinen Phantasien kann man sich keinen Ast abbrechen; dafür hat die Forschung *überzeugende* Beweise geliefert!
K.: Na ja, schon ... (erklärend).
T.: (unterbricht) Und du kannst ein Mädchen auch nicht in Schwierigkeiten bringen, und du vermeidest das Risiko, dich verwirren zu lassen. Du *könntest* eine, ja eine Abfuhr bekommen.
K.: Weil ich die ganze Show selbst filme, kann ich nur ... nicht wahr (setzt das Spiel mit T. humorvoll fort, lächelt).
T.: Genau! (stimmt zu).
K.: Ich bin der Regisseur und der Produzent.
T.: Und der Drehbuchautor (nickt). ... Du kannst alles so ablaufen lassen, wie's dir paßt.
K.: Und das mache ich auch (lacht).
T.: Phantasien sind zwischenmenschlichen Beziehungen, insbesondere heterosexuellen, hunderttausendmal vorzuziehen; denn die Wirklichkeit ist oft eine böse Erfahrung ... (philosophisch und nachdenklich).
K.: Das heißt, Sie sagen, ich sollte die ganze Zeit nur im Bett herumliegen und ...
T.: (unterbricht) Du liegst einfach dort, mit einem Lächeln auf dem Gesicht, und tätschelst deinen Penis und singst einfach (fängt an zu singen): „Fahre mit mir im Traumboot der Liebe zu den ... (T. macht einen deutlichen Fehler) äh, zu den Mädchen."
K.: (lacht).
T.: Sicher, summe eine kleine Melodie!
K.: Es funktioniert nicht (nachdenklich).
T.: Bestimmt funktioniert es (protestiert mit einem Augenzwinkern).
K.: Es funktioniert nicht (protestiert lauter).

T.: (gibt ein wenig nach). Na gut, es funktioniert nicht, ganz verwirrt zu werden – oder bringen deine Phantasien dich am Ende auch in Verlegenheit?
K.: Schon gut (gibt nach).
T.: In Ordnung, Menschenskinder, erzähl mir doch nicht, daß es nicht funktioniert (laut). (T. und K. brechen in Gelächter aus.) Und sind sie nicht Puppen und Prinzessinnen in deinen Phantasien?
K.: Nun, gerade heute morgen habe ich von Betty geträumt, der süßen Betty von der Mondscheinbucht ...
T.: Und hat es diesmal funktioniert?
K.: Aber gewiß (begeistert).
T.: Oh, dem Himmel sei Dank, Dank sei dem Herrn (sarkastisch und dann mit großer Begeisterung). Siehst du? Erzähl mir nicht, daß es nicht funktioniert! Es funktioniert enorm viel besser als die Wirklichkeit. (K. lacht während dieses ganzen Satzes.) Verdammt, ich kenne einen Jungen, der's mit einem Mädchen an der Mondscheinbucht getrieben hat – ihr kam Sand in den Vulva, und er rieb seinen Schwanz so sehr hin und her, daß er sein Ding um ein Haar auf Bleistiftgröße herunterwetzte. (Belehrend) Merkst du, was ich sagen will? Die Wirklichkeit ist nicht sooo gut wie die Phantasie.
K.: (lacht, stimmt spöttisch zu) ... und ich kenne einige Jungs, die durch Kometen aus dem All geworfen wurden. Aber ich denke, das passiert nicht sehr oft. [Ende des dritten Exzerptes.]

Zusammenfassung

Wenn Kliniker einem Provokativen Therapeuten bei der Arbeit zusehen oder zuhören, sind sie sogleich von der Qualität des *kreativen Spiels* beeindruckt, die dem Ansatz des Therapeuten anhaftet („Mein Gott! Therapie kann ja tatsächlich Spaß machen!"), von der Menge an Energie, die der Therapeut investiert und von der damit einhergehenden Energiereaktion oder -freisetzung auf seiten des Klienten. Die ernste Arbeit der Therapie leisten beide Beteiligten auf verschiedenen Ebenen in einer spontanen Atmosphäre von *Wärme, Ausgelassenheit* und *Humor,* die beide mit Energie erfüllt. Erstaunt vernehmen Beobachter auch das Markenzeichen der Provokativen Therapie – das *Lachen.* Wider Willen beginnen sie unweigerlich, mit dem Klienten und dem Therapeuten mitzulachen. Fisher (1970) hielt diesen Zug der Interaktion in der Provokativen Therapie fest, als er schrieb:

„Von den verschiedenen möglichen Vorbildern (z.B. Heiler) für den Psychotherapeuten betrachten Sie einmal den Hofnarren. Diese Figur, so heißt es, machte scherzhafte Bemerkungen über den König, sein Gefolge und Staatsangelegenheiten. Er geißelte Anmaßungen und betrachtete die Ereignisse im menschlichen Dasein verkehrt herum. Man könnte nun sagen, daß der Patient unter Ernsthaftigkeit leidet. Für ihn ist das Leben eine Last, seine Persönlichkeit ein Rätsel. Von außen gesehen jedoch mag er ganz und gar unkompliziert und seine Probleme unbedeutend erscheinen. Doch gerade weil er leidet und ein schreckliches Gefühl des Versagens hat, muß er am Ende inmitten seiner gewohnten Tränen zum Lachen finden und einen flüchtigen Blick auf seine eigene Absurdität werfen. Ohne Respektlosigkeit versinkt er wie auch der Therapeut im Ernst."

In der Psychotherapie hat es der Therapeut mit menschlichem Schmerz und Leid und mit Problemen zu tun, die für den Klienten und seine Bezugspersonen oft tragische Folgen haben. Doch das menschliche Dasein wird durch die tragische Maske allein nicht hinreichend symbolisiert. Der Provokative Therapeut meint, die komische Maske müsse unbedingt hinzugefügt werden, um die Gesamtheit unseres Lebens und unserer Kämpfe vollkommener widerzuspiegeln. Und Lachen ist die Sprache des Sieges.

Literatur

Bandler, R. and Grinder, J. *Frogs into princes: Neuro-Linguistic Programming*. Moab, Utah: Real People, 1979.

Blanchard, W. H. Ecstacy without agony is baloney. *Psychology Today,* 1970, **3 (8),** 8–11.

Ellis, A. *Reason and emotion in psychotherapy*. New York: Lyle Stewart, 1962.

Farrelly, F. Provocative therapy (# 58). Philadelphia: American Academy of Psychotherapists Tape Library, 1971. (audiotape)

Farrelly, F. Provocative therapy. Chicago: Human Development Institute, 1977. (audiotape)

Farrelly, F. Analyzing the analyst – identifying effective interventions.*Audio Digest, Psychiatry,* 1978, **7 (15).** (audiotape)

Farrelly, F. and Brandsma, J. *Provocative Therapy*. Cupertino, Calif.: Meta, 1974.

Fisher, K. A. The iconolast's notebook. *Psychotherapy: Theory, Research, and Practice,* 1970, **7,** 54–56.

Ludwig, A. M. and Farrelly, F. The code of chronicity. *Archives of General Psychiatry.* 1966, **15,** 562–568.

Ludwig, A. M. and Farrelly, R. The weapons of insanity. *American Journal of Psychotherapy,* 1967, **21 (4),** 737–749.

Rogers, C. R. *Client-centered therapy*. Boston: Houghton-Mifflin, 1951.

Rogers, C. R. *On becoming a person*. Boston: Houghton-Mifflin, 1961.

Standal, S. W. and Corsini, R. J. (Eds.). *Critical incidents in psychotherapy*. New York: Prentice-Hall, 1959.

Psychoanalyse

Sven Olaf Hoffmann

Ein Artikel über Psychoanalyse in einem Handbuch mit überwiegend „innovativen" Psychotherapien mag auf den ersten Blick paradox anmuten. Ist die Psychoanalyse doch mit Abstand die älteste der heute angewandten Therapieformen und gibt es gerade unter den neueren Therapien nur wenige, die nicht diese oder jene – oft schamhaft verschwiegene – Anleihe bei der Psychoanalyse gemacht hätten. Freud hat in diesem Zusammenhang einmal von den Reisenden gesprochen, die sich am Feuer der Psychoanalyse ihr Süppchen kochten, ohne für die Gastfreundschaft zu danken!

Der Psychoanalyse kommt somit fast die Funktion einer „Urmutter" zu – dem absoluten Alter und der Nährfunktion für viele nach. Aber die alte Dame hat sich auch verjüngt. Aus den Anfängen erwuchs ein standardisierter Kodex von Wissen in Theorie und Praxis, der Anfang der fünfziger Jahre wohl am solidesten ausgebaut und gemauert schien. Gerade aus dem Protest gegen diese starre („klassische") Form der Therapie entwickelten sich viele der neuen Behandlungsformen. Aber auch in der Psychoanalyse selbst gab es eine Gegenbewegung, offensichtlich hatten nicht wenige das Gefühl, an theoretische und praktische Grenzen zu stoßen. Die Fälle schienen immer schwieriger zu werden, die Behandlungserfolge der klassischen Literatur nur noch schwer wiederholbar, und die Therapien wurden immer länger. Das war die Situation, aus der heraus sich neue Konzeptionen entwickelten, die zwar innerhalb der klassischen Analyse angesiedelt blieben, aber bei näherem Hinschauen sehr wohl den Titel „innovativ" beanspruchen können. Die Beiträge von J. N. Rosen und I. H. Paul in diesem Band entfernen sich demgegenüber „offiziell" von der Psychoanalyse. Möglicherweise ist aber der Abstand mancher der noch zu nennenden Autoren zur klassischen Psychoanalyse größer als die Distanz derer, die sich explizit von ihr abgrenzen.*

Der Begriff „Psychoanalyse" wurde 1896 von Sigmund Freud (1856–1939) geprägt. Er umfaßt (nach Freud) drei abgrenzbare Bereiche:

1. eine Methode zur Erforschung psychischer Vorgänge,
2. eine Theorie menschlichen Erlebens und Verhaltens und
3. eine Methode zur Behandlung psychischer Störungen.

Freuds durchgängigstes Verständnis der Psychoanalyse ist das einer „Wissenschaft von den unbewußten seelischen Vorgängen" (1926f., S. 300). Er betrachtete die Psychoanalyse als einen Teil der Psychologie („Tiefenpsychologie") und der Naturwissenschaften. Von seiner Ausbildung her war Freud Physiologe, Neurologe und Psychiater. In seinem Denken finden sich die Einflüsse von Herbart, Helmholtz, Brücke und anderen. Freuds Modellvorstellungen sind erklärtermaßen psychologische, zeigen aber teilweise noch deutlich ihre Herkunft aus Biologie, Physiologie und Physik. Einführungen in das Gesamtgebiet der Psychoanalyse stammen von Freud selbst (1916–1917, 1933a) sowie z.B. von Brenner, Waelder und Bally. Die Entwicklung der theoretischen Konzepte ist gut dargestellt bei Nagera und Mitarbeitern.

---

* Auch dieser einleitende Text wurde von S. O. Hoffmann verfaßt.

Wie die meisten Wissenschaften entwickelte sich die Psychoanalyse in viele Richtungen. Über die Frage, ob es sich dabei um „Weiter"-Entwicklungen oder um „Fort"-Entwicklungen von Freud (im Sinne von Wegentwicklung) handelt, entstand manche Diskussion und Polemik. Bei der nachstehenden Darstellung möchte ich so verfahren, daß ich mich eng an der Freudschen Vorstellung von psychoanalytischer Therapie halte. Dabei werde ich regelmäßig auf die originalen Texte zurückgreifen, um dem Leser ein möglichst authentisches Bild zu vermitteln. Alle Weiterentwicklungen durch spätere Autoren können so in bezug zur ursprünglichen Konzeption gesetzt werden.

Geschichte

Sigmund Freud lebte und arbeitete hauptsächlich in Wien. Seine psychiatrische Ausbildung war relativ kurz, dagegen hatte er eine sehr gründliche als Physiologe und Neurologe. Lange bevor er durch psychologische Arbeiten bekannt wurde, galt er als Autorität auf den Gebieten der zerebralen Kinderlähmung und der Aphasien. Seine Professur wurde aus persönlichen und rassistischen Gründen von der Wiener Fakultät etwa ein Jahrzehnt verschleppt. Ziemlich resigniert ließ sich Freud in eigener Praxis als Nervenarzt nieder. Anfänglich arbeitet er mit den hergebrachten neurologischen Methoden wie *Ruhekur, Massage, Hydrotherapie* und *elektrische Reizung*. 1887 rückte durch den Einfluß Charcots die Hypnose in das Zentrum seiner therapeutischen Bemühungen. Mitte 1889 wandte er sich der *„Kathartischen Methode"* zu. Dieses Verfahren war von Freuds langjährigem älteren Freund, J. Breuer, genaugenommen von dessen Patientin Berta von Pappenheim („Anna O."), entwickelt worden. Diese hatte angefangen, in hypnotischem Zustand frei assoziierend ihren Gedanken zu folgen, und Breuer hatte sich angewöhnt, ihr einfach zuzuhören. Anna O., die in einer schweren hysterischen Regression nurmehr englisch sprach, nannte das Verfahren die „Talking Cure" oder „Chimney Sweeping". Breuer begriff, daß das Material, welches die Patientin in erdrückender Menge produzierte, für die Erkrankung von Relevanz sein mußte. Zusammen mit Freud entwickelte er die Theorie der *„Katharsis"*. Die Autoren nahmen an, daß die Heilung durch die Befreiung des fehlgeleiteten Affekts und die Abfuhr desselben auf normalem Wege *(Abreagieren)* erfolge.

Freud erkannte rasch die Begrenzung, die das Mittel der *Hypnose* für die neuentwickelte Methode bedeutete. Der Widerspruch zwischen zudeckendem und aufdeckendem Ansatz mißfiel ihm. 1892 versuchte Freud, die Hypnose durch die *„Konzentrationstechnik"* zu ersetzen, wobei er zeitweise dazu überging, einen Druck auf die Stirn des Patienten auszuüben, um an das *„Verdrängte"* (dieser Begriff tritt 1895 zum ersten Male auf; 1895d, S. 75) heranzukommen. Zu diesem Zeitpunkt stand für Freud fest, daß die Ursache der aktuellen Symptomatik des Patienten frühere, von ihm „verdrängte" Erlebnisse sein müßten. Die Variationen der Technik erfolgten jetzt systematisch unter dem Gesichtspunkt, den besten Weg zur Aufdeckung des Vergessenen zu finden. Dabei stand schon 1895 in den „Studien über Hysterie" für die Verfasser, Freud und Breuer, fest, daß die bloße Erinnerung keinerlei Besserung erbringe, wenn sie nicht von einer *„affektiven Abreaktion"* begleitet würde. Die Erkenntnis, daß inhaltliche Aufklärung des Patienten über die Genese seiner Erkrankung wertlos sei, wenn sie nicht emotional erfahren werde, stand demnach schon am Beginn der Entwicklung der Psychoanalyse. Diese Tatsache wird oft übersehen. 1896 (a) verwendete Freud zum ersten Mal den Begriff „Psychoanalyse". Im gleichen Jahr gab er die Hypnose endgültig auf. Desgleichen wurden die ursprünglichen Hilfsmittel, wie Drücken, Suggestion, Befragen, verlassen. Statt dessen nahm Freud nun eine *passive Haltung* ein und er beschränkte sich darauf, dem auf einer Couch gelagerten Patienten zuzuhören und ihm die unbewußten Zusammenhänge seiner Mitteilungen zu *„deuten"*. Ins Zentrum des therapeutischen Verfahrens rückten jetzt die Begriffe der *„Übertragung"* und des *„Widerstandes"*, die er später zum A und O der psychoanalytischen Methode erklärte. Aus dem Dargestellten ergibt sich, daß Freuds Methode der Psychotherapie weitgehend originär ist. Am nächsten steht ihr die kathartische Methode Breuers, aus der sie entwickelt wurde.

Gegenwärtiger Stand

Der gegenwärtige Stand der Psychoanalyse hängt eng mit dem gegenwärtigen Stand ihrer *Neurosentheorie* zusammen. Auf den ersten Blick stellt die psychoanalytische Neurosenlehre nach 80jähriger Entwicklung heute eine geschlossene und beobachtungsreiche Konzeptbildung zu Entstehung, Verlauf und Therapie von Neurosen dar. Bei näherem Hinsehen jedoch finden sich hier neuere Ansätze, die sich als psychoanalytisch verstehen, in ihrer Konsequenz aber letztlich den Rahmen der klassischen Theorie sprengen (z. B. Kohut). Eine stark geraffte Skizze der psychoanalytischen Neurosentheorie ist deshalb unumgänglich. In ihrer Grundauffassung sieht die Psychoanalyse die Neurosen als *Kompromißbildungen, Lösungsversuche, Folgezustände von reaktivierten, unbewußten infantilen Konflikten.*

Damit ist folgendes gemeint: Die Art der Verarbeitung der unvermeidlichen Konflikte, die das Kind im Laufe seiner Entwicklung (in erster Linie solche der Abhängigkeit, Autonomie, Selbstwertthematik, Aggression, Sexualität) durchmacht, führt zu *„Fixierungen"* an bestimmte Konfliktthemen, an bestimmte Entwicklungs*„orte"*. In ihrer ursprünglichen Form war die psychoanalytische Entwicklungstheorie als eine Beschreibung der *„psychosexuellen"* Entwicklung konzipiert, was der Entwicklung des Sexualtriebs, der *„Libido"* entspricht. Freud hatte mit einem stark erweiterten Konzept von Sexualität gearbeitet, die er in seiner dualistischen Triebauffassung den aggressiven Trieben gegenüberstellte. Dieses Verständnis hat in den letzten Jahrzehnten Wandlungen erfahren. – Über die Fixierung entscheiden vor allem die Variablen: *Verwöhnung* und *Versagung,* wobei der *Frustration* die größere Bedeutung zukommt. Freud: „Die Menschen erkranken neurotisch infolge der Versagung" (1916d, S. 370). Das Konzept des *Konfliktes* hat für die Neurosengenese eine entscheidende Bedeutung. Die wichtigste Konfliktform sind die „verinnerlichten" Konflikte. Damit ist gemeint, daß anfangs zwischen den autonomen Bedürfnissen des Kindes und den Einstellungen der Umwelt diesem gegenüber ein sozialer Konflikt entsteht, der durch Vorgänge der Internalisierung, vorzugsweise dem der *Identifizierung,* im Laufe der Entwicklung sich im Menschen niederschlägt. Aus den Konflikten mit den sozialen Bezugspersonen werden solche zwischen psychischen Substrukturen; aus dem Konflikt mit der Mutter um Gebot und Verbot wird einer zwischen „*Ich*" und „*Überich*", wird ein Konflikt zwischen den die Identität begründenden Anteilen und den internalisierten Wertnormen, dem *Gewissen*. Dieser Vorgang der Umwandlung von sozialen Konflikten in intrapsychische ist im psychoanalytischen Neurosenverständnis von entscheidender Bedeutung. Das *Instanzenmodell* der Persönlichkeit wurde von Freud (1923b) mit dem vorrangigen Ziel entwickelt, den internalisierten Konflikt als einen Konflikt zwischen psychischen Teilbereichen (Substrukturen) beschreibbar zu machen. Zu Ich und Überich kommt noch der Bereich der triebhaften und emotionalen Grundbedürfnisse, welcher als „*Es*" bezeichnet wird. Manchmal wird auch der Bereich der Wert- und Zielvorstellungen als besondere Unterinstanz des Überichs bezeichnet: Als „*Ich-Ideal*". Das Ich bestimmt die jeweilige Ausprägung des Modus vivendi der Einzelperson und gestaltet im wesentlichen das, was wir den Charakter oder die Persönlichkeit nennen (s. Hoffmann, 1979). Durch die Arbeiten von Hartmann (1950), Jacobson (1964) und vor allem Kohut (1973) wurde das Instanzenmodell um einen Bereich erweitert, der den Phänomenen des Selbstwertgefühls und des Identitätsgefühls gerecht zu werden versucht, nämlich das „*Selbst*". Das Selbst erstreckt sich über die anderen Instanzen, es ist jener Teil der Persönlichkeit, den der Mensch erfährt, wenn er sich wahrnimmt, wenn er sich reflektiert. Hier ist ein echter Umbruch in der Neurosentheorie erfolgt. Nach dem Verständnis vieler neuerer Autoren ist nicht mehr die Kompromißlösung der Triebansprüche das zentrale Ziel des Menschen, sondern die Aufrechterhaltung eines gleichmäßigen Selbstwertgefühls. Diese Meinung beginnt sich zunehmend auch bei den klassischen Vertretern in der heutigen Psychoanalyse durchzusetzen.

Eine ähnliche Entwicklung ist auch in der *psychoanalytischen Entwicklungspsychologie* nachweisbar, die, wie die Persönlichkeitspsychologie, vorrangig die Aufgabe hatte, Absicht, Art, Entstehung und Bedingung der neurotischen Konflikte zu erklären. Hier haben sich die neueren theoretischen Entwicklungen besonders niedergeschlagen. Die klassische Entwicklungspsychologie ging von triebdefinierten Stadien, die als „*psychosexuelle*" Entwicklung bezeichnet wurden („*orale*", „*anale*", „*phallische Phase*"; „*Latenz*", „*Pubertät*") aus. Besonders unter dem Einfluß von E. H. Erikson (1950) werden heute zunehmend ichpsychologische Formeln einbezogen (Entwicklung des basalen Vertrauens, der Autonomie, der Identität u. a.). A. Freud (1968) machte deutlich, daß neben dem Entwicklungsausgang in die persistierenden neurotischen *Konflikte* auch Entwicklungsstörungen resultieren können, die eher als Ausfälle, als „Defekte" beschrieben werden müssen. Ich bevorzuge den Terminus von Fürstenau (1977), der von „*strukturellen Ich-Störungen*" spricht. Auch der Ansatz von M. S. Mahler und Mitarbeitern (1978), die die Entwicklung als einen Prozeß von der „*Symbiose*" mit der Mutter, über die „*Separation*" von ihr hin zur „*Individuation*" beschreibt, hat auf den ersten Blick kaum noch Ähnlichkeit mit der klassischen psychoanalytischen Entwicklungspsychologie. Die Veränderung liegt vor allem darin, daß der Gesichtspunkt der *Objektbeziehungs-Psychologie* dem Konzept von der psychosexuellen Entwicklung an die Seite getreten ist. Die schwere Pathologie des Ichs wird jetzt sowohl als Folge der Störungen der Triebentwicklung wie der Entwicklung des Verhältnisses zu den sozialen Bezugspersonen beschrieben (sehr deutlich bei Kernberg, 1978). Damit stellt sich für die eigentliche Psychotherapie die Aufgabe, nicht nur mehr Folgen von konflikthaften Entwicklungen des Ichs, sondern auch die Konsequenzen seiner strukturellen Schädigungen und der entscheidenden Störungen des Selbstwertgefühls (*„narzißtische Neurosen"*) zu behandeln. Aber auch innerhalb der Theorie von den Neurosen hat sich der Akzent verschoben.

Neuere Betrachtungsweisen betonen in der *Symptombildung* den finalen Versuch, eine erträglichere Selbstwahrnehmung herzustellen. Auch wenn die (mißlungene) „Lösung" im Symptom unzureichend ist, so legt man heute den Akzent darauf, daß das Symptom die nach den individuellen Möglichkeiten jeweils beste Organisationsform eines psychischen Konfliktes ist. Mit anderen Worten: Abwehr und Neurose werden zunehmend weniger unter dem Aspekt der Pathologie als dem der *Ich-Möglichkeiten* angesehen. Die Neurose ist damit aus dynamischer Sicht ein Sonderfall des *Problemlöseverhaltens bei inneren Konflikten*. Darstellung der psychoanalytischen Neurosentheorie finden sich bei Fenichel (1945; dt. 1974–1977, 3 Bde.), Kuiper (1969), Loch und Mitarb. (1967).

Theorie

Im Abschnitt über die Theorie der psychoanalytischen Therapie ist es unvermeidlich, bereits „technische" Bemerkungen einfließen zu lassen. Denn der praktische Umgang mit theoretischen Konzepten bestimmt diese und wird seinerseits von diesen bestimmt.

Erinnern und Wiederholen. Die „Abreaktion" im Sprechen, das verbale „Ablassen" von konflikthaften Inhalten, hatte nur in den Anfängen der theoretischen Konzeption der psychoanalytischen Therapie eine Rolle gespielt. Nachdem Freud die kathartische Methode Breuers einmal fallengelassen hatte, änderte sich die theoretische Basis beträchtlich. Das Verfahren, das dann den Namen Psychoanalyse erhielt, hatte ein einziges Ziel, das sich in mehreren Schritten beschreiben läßt: Das *(Wieder-)Herstellen eines affektiv erlebten Zusammenhangs zwischen aktuellem Problem (Symptom) und infantilem (genetischem) Konflikt*. Freud (1914g) präzisierte, daß man diesen Vorgang eigentlich nicht als „Erinnern" beschreiben könne, sondern viel eher als „Wiederholen". Das heißt, daß das Erinnern in der Psychoanalyse eine besondere Form affektiv stark aufgeladenen Handelns sei, welches die konflikthaften Ereignisse wiederhole, ohne daß der Patient[*] das eigentlich wisse. Wenn es gelingt, daß Wiederholen in ein kognitiv aufhellendes Erinnern umzuwandeln, das Unbewußte, das Verdrängte bewußt zu machen, dann verläuft der therapeutische Prozeß in der angestrebten Richtung von Bewußtwerden, Einsicht und Verhaltensänderung. Diese Tendenz des Patienten – und jedes Menschen – einen konflikthaften Vorgang lieber durch eine Aktion abzuführen („Wiederholen"), als durch „Erinnerungsarbeit" zu bewältigen, führt in die Behandlungsprobleme, denen die meisten technischen Anweisungen gelten, nämlich die von Widerstand und Übertragung. In Freuds Vorstellung ist eine grundsätzliche Veränderung des

---

[*] Hier und in der Folge spreche ich, dem Anfang der Psychoanalyse im ärztlichen Bereich entsprechend, von Patient und nicht von Klient.

konflikthaften Potentials im Menschen erst möglich, wenn die Widerstände beseitigt sind. Die entscheidende Aktivität des Therapeuten, die „Deutung", gilt in seinen Augen vorwiegend der Beseitigung von Widerständen – auf den Inhalt des Verdrängten kommt der Patient dann ganz von alleine. Freud sprach in diesem Zusammenhang von einer „Arbeitsteilung" zwischen Therapeut und Patient (1914g).

Das Konzept des Widerstandes. Die geschilderte Tendenz des Menschen, einen konflikthaften Inhalt (Vorgang) lieber im Erlebnis zu wiederholen als durch ein Erinnern zu verändern, ist die klassischste Form des sogenannten Widerstandes. Freud: „Je größer der Widerstand ist, desto ausgiebiger wird das Erinnern durch das Agieren (Wiederholen) ersetzt sein" (1914g, S. 130). Diese Tendenz zum Wiederholen von Problemen, die auf den ersten Blick sich in scheinbar unsinniger Weise gegen die therapeutischen Bemühungen von Arzt und Patient stellt, beeindruckte Freud so stark, daß er von einem *Wiederholungszwang* sprach, den er später (1920g) mit bestimmten Vorstellungen über die Triebstruktur verknüpfte. (Der Begriff Wiederholungszwang ist in unguter Weise gleichzeitig beschreibend und – scheinbar – erklärend. Diese theoretische Schwäche gilt für viele psychoanalytische Begriffe). Es spricht eine große Erfahrungssumme aus der Praxis dafür, daß es eine solche beständige Grundtendenz gibt, die – etwas paraphrasiert – besagt, daß der Mensch lieber agiert als verbalisiert, lieber unangenehme Erfahrungen als unangenehme Einsichten macht, lieber Unbewußtes unbewußt läßt, anstatt sich um Aufklärung zu bemühen. Als Motive hinter solchem Verhalten sind unschwer die Ängste zu erkennen, die an die Wiederbelebung schmerzlicher Vorstellungen und Affekte gekoppelt sind. Diese Widerstandsmotive haben ihre Wichtigkeit in der Neurosenlehre, nämlich als Motive für die Verdrängung, als aktives Unbewußtmachen, und in der eigentlichen Therapie, nämlich als technisches Problem, eben als Widerstand.

Freud führt dieses Konzept folgendermaßen ein: „Wenn wir es unternehmen, einen Kranken herzustellen, von seinen Leidenssymptomen zu befreien, so setzt er uns einen heftigen, zähen, über die ganze Dauer der Behandlung anhaltenden Widerstand entgegen. Das ist eine so sonderbare Tatsache, daß wir nicht viel Glauben für sie erwarten dürfen" (1916/17, S. 296). *„Widerstandsanalyse"* heißt, dem Patienten immer wieder zu zeigen, wie seine unbewußten Persönlichkeitsanteile ständig den Erfolg der Behandlung zu sabotieren versuchen. Dieser Teil der Analyse ist für Therapeut und Patient wenig erbaulich. In zäher Arbeit muß dem Patienten – sehr zu dessen Unbehagen – gezeigt werden, daß seine Müdigkeit in der Stunde, sein Schweigen, sein „leerer Kopf", sein Redefluß ohne Punkt und Komma, daß alle diese und viele andere Phänomene plötzlich sinnvoll werden können, wenn man sie unter dem Gesichtspunkt sieht, daß es im Patienten Kräfte gibt, die den Erfolg der Behandlung verhindern wollen.

In der psychoanalytischen Arbeit begegnet man bestimmten Widerstandsformen regelmäßig wieder, die auch bereits von Freud ein Stück weit systematisiert wurden (1926d: Verdrängungswiderstand, Übertragungswiderstand, Widerstand aus dem sekundären Krankheitsgewinn, Triebwiderstand, Überichwiderstand). Es besteht Einverständnis unter allen Psychoanalytikern darüber, daß die behandlungstechnisch wichtigsten Formen die sogenannten *Übertragungswiderstände* (s. u.) sind.

Die Klassifikation der Widerstände hat viele Ansätze hervorgebracht. Der übersichtlichste, der hier nicht referiert werden soll, ist der von Sandler, Dare und Holder (1973). Dort ist auch die gesamte relevante Literatur berücksichtigt. H. Deutsch (1939) hat die intellektuelle Abwehr besonders herausgearbeitet. Sie sieht das Wesen dieser Widerstandsform darin, daß diese Patienten das *Erleben* durch ein *Begreifen* ersetzen wollen. Die Neigung zu „Intellektualisierung" und „Rationalisierung" spielt bei der Therapie der sogenannten *Charakterneurosen* eine besondere Rolle. S. Lorand stellt 1946 für diese Patientengruppe fest: „Sie wollen lernen, aber nicht therapiert werden" (S. 152). Zu einer „etablierten" Widerstandsform dieser Art ist die Beschäftigung mit psychoanalytischer Theorie während der eigenen Therapie geworden. Von den Psychoanalytikern Freudscher Orientierung wird vor allem deswegen jegliche Fachsprache in der eigentlichen Therapie vermieden, und Interventionen finden in einer möglichst *erlebnisnahen Umgangssprache* statt. (Deutungen der Qualität: „Sie haben einen Ödipuskomplex!" entstammen Witzblättern. Da sich allerdings bis heute jeder Psychoanalytiker nennen kann, der dazu das Bedürfnis hat, ist nicht zu vermeiden, daß solche Witzblattinterventionen auch an arglose Patienten herangetragen wird – gegen Honorar, aber ohne Wirkung). Ein *Beispiel:* Ein Patient, der einen solchen intellektuellen Widerstand zeigte, sprach normalerweise in einer zwar stark abstrahierten, aber sonst unauffälligen Umgangssprache. Regelmäßig jedoch, wenn der Therapeut ihm einen Inhalt affektiv näherbrachte, verfiel er in eine psychoanalytische Theoriesprache, die er – zur Abwehr – sozusagen immer in Reserve hatte: „Also psychoanalytisch ausgedrückt sprechen sie jetzt folgenden Zusammenhang an ...". Dann folgte eine Beschreibung in theoretischen Begriffen, die nur zu häufig genau den Zusammenhang erfaßte, um den es psychodynamisch ging. Aber eben durch die theoretische Abstraktion konnte der Patient das Begreifen an die Stelle des Erlebens setzen.

Im Zusammenhang mit dem Widerstand war der Begriff der *„Abwehr"* gebraucht worden. Damit wird eine Abgrenzung der beiden Konzepte erforderlich. Als Freud seine Auffassungen vom Widerstand entwickelte, waren die von der Abwehr noch unzureichend ausgearbeitet. Anfangs benutzte Freud den Begriff der Abwehr synonym mit *„Verdrängung".* Später sah er die Verdrängung als eine besondere Form der Abwehr an. Sie wurde ein *„Abwehrmechanismus",* freilich einer von besonderer Wichtigkeit. Weitere Abwehrmechanismen wurden herausgearbeitet, die vorher unter anderen Etiketten schon beschrieben waren, z.B. (1915c) die Triebschicksale: *Verkehrung ins Gegenteil, Wendung gegen die eigene Person, Verdrängung* und *Sublimierung.* – Die Sublimierung gehört genaugenommen aber nicht zur Abwehr. Die oben erwähnten Formen der *Intellektualisierung* und *Rationalisierung* sind weitere Abwehrmechanismen. Die Abwehrtheorie wurde dann vor allem von A. Freud (1936) systematisiert und durchstrukturiert. Generell sind mit Abwehr alle *psychischen Abläufe gemeint, die mit dem Ziel eingesetzt werden, dem Ich Angst und Unlust zu ersparen.* Es haben sich dabei besonders standardisierte Formen (Abwehrmechanismen) herausgestellt, die in ihrer Ausprägung sowohl eine gewisse Spezifität für einzelne Menschen als auch für einzelne Neurosentypen zeigen. Darauf kann hier nicht eingegangen werden. Fraglos stehen sich die Konzepte von Widerstand und Abwehr sehr nahe. Ein Unterschied kann darin gesehen werden, daß Abwehr eine *generelle* Funktion beim Menschen bezeichnet (auch über seine Neurose hinaus), während Widerstand sich immer auf den *speziellen* Kontext des psychotherapeutischen Verfahrens bezieht. Die Widerstände gelten der Aufrechterhaltung des status quo der Neurose in der Therapie (Greenson, 1967). Mit anderen Worten: Widerstand ist das, was sich von der Abwehr in der Psychoanalyse (als Therapie) zeigt, beziehungsweise das, was sich gegen den Fortschritt des therapeutischen Prozesses richtet. Diese Auffassung liegt sehr nahe an Freuds Formulierung aus dem Beginn seiner therapeutischen Tätigkeit: „Was immer die Fortsetzung der Arbeit stört, ist ein Widerstand" (1900a, S. 521).

Die Widerstandsanalyse, die z.B. bei W. Reich (1933) zum Zentrum der analytischen Technik wurde, hat gegenüber der Freudschen Position viel von ihrer Bedeutung verloren. Wir haben zunehmend verstehen gelernt, daß die zu intensive Widerstandsanalyse nicht nur Fortschritte, sondern auch Schäden bringt. Der analytische Ductus verläuft heute sicher schonender, einfühlender und mitfühlender als vor 50 Jahren. Was Freud bei seinen kürzeren Analysen wohl auch nicht voll verstehen konnte, ist die Tatsache, daß mancher Widerstand, läßt man ihn einfach „liegen", „umschifft" man ihn wie eine störende Stromschnelle im Wildwasser, sich nur zu oft von alleine ergibt, seine Bedeutung nach einem oder zwei Behandlungsjahren völlig verliert, ohne daß seinetwegen therapeutisches Porzellan zerschlagen wurde.

Das Konzept der Übertragung. Als den „stärksten Widerstand" gegen die Behandlung hatte Freud die sogenannte „Übertragung" bezeichnet (1912b, S. 366). Er fährt fort, dies sei um so merkwürdiger, weil man außerhalb der Analyse die Übertragung als Trägerin der Heilwirkung, als Bedingung des guten Erfolges anerkennen müsse. In der Praxis ist die *„Übertragungsanalyse"* oft kaum von der Widerstandsanalyse zu trennen, weil sich diese beiden Faktoren häufig untrennbar verbinden.

Freud war schon in den neunziger Jahren aufgefallen, daß seine Patienten während der Behandlung sehr intensive Gefühle (starke Verliebtheit, Aggressionen und andere) auf ihn richteten, die sich einfach nicht aus der Situation der Behandlung erklären ließen. Er entwickelte die (anhand eines Falles dargestellte) Hypothese, „daß die ganze Gefühlsbereitschaft anderswoher stammt, in der Kranken vorbereitet war und bei der Gelegenheit der analytischen Behandlung auf die Person des Arztes übertragen wird" (1916–1917, S. 459). Er nannte dieses Phänomen Übertragung und sprach, je nach Zuneigung oder Ablehnung, von *„positiver"* oder *„negativer"* Übertragung.

Als *Beispiel* für Übertragung als Widerstand sei angeführt, daß ein Patient etwa ein starkes Mißtrauen, welches eigentlich seinem Bruder gilt beziehungsweise diesem früher galt, auf den Therapeuten überträgt. Er fühlt sich dann ständig von diesem bedroht, kann seinen freien Einfällen nicht folgen, weil er immer auf der Hut sein muß, daß diese nicht mißbraucht werden usw. Durch eine besondere Form der Übertragung wird hier der Fortschritt der Psychoanalyse in Frage gestellt. Es ist die Kunst des Therapeuten, die Ursache dieser Übertragung zu verstehen, sie dem Patienten zu deuten, ihm bewußt zu machen und durch ständiges *„Durcharbeiten"* soweit abzubauen, daß das Hindernis des Mißtrauens, das sich in der Analyse als erheblicher Widerstand darstellt, zurückgeht und die Fortführung der Behandlung möglich wird. Bei einer stärkeren paranoiden Persönlichkeitsstruktur etwa, wo *Projektionen* vorherrschen, kann der Erfolg der

Psychoanalyse auf diese Weise vollends vereitelt werden. „Wahnhafte Übertragungen" erweisen sich als kaum bearbeitbar bzw. erfordern zu ihrem Abbau alle technischen Variationen, die für die psychoanalytische Therapie von Psychosen eingeführt wurden.

Eine neuere Definition von Übertragung stammt von R. R. Greenson: „Übertragung ist die Erfahrung von Gefühlen, Trieben, Einstellungen, Phantasien und Abwehr gegenüber einer Person der Gegenwart, die dieser Person gegenüber unangemessen sind und eine Wiederholung, eine Verschiebung von Reaktionen darstellen, die der Beziehung zu entscheidenden Personen der frühen Kindheit entstammen" (Greenson, 1967, S. 33, Üb. v. Ref.). Oder noch allgemeiner: „Übertragung ist eine Wiederbelebung der Vergangenheit, ein Mißverständnis der Gegenwart in Begriffen der Vergangenheit" (S. 28). *Wiederholung der Vergangenheit* und *Unangemessenheit* in bezug auf die *Gegenwart* werden für Greenson zu den entscheidenden Kennzeichen der Übertragung. Offensichtlich ist Übertragung ein Anachronismus, ein Irrtum in der Zeit. Deutlich anders ist der Akzent in der Definition A. Freuds: „Übertragung nennen wir alle jene Regungen des Patienten dem Analytiker gegenüber, die nicht in der aktuellen analytischen Situation neu entstehen, sondern aus früheren und frühesten Objektbeziehungen stammen und unter dem Einfluß des Wiederholungszwanges in der analytischen Situation nur neu belebt werden" (1936, S. 17). Diese beiden Bestimmungen leiten zur Diskussion über, in der der Übertragungsbegriff heute steht. Die Hauptschwierigkeiten erwachsen aus der unterschiedlichen Reichweite, innerhalb welcher verschiedene Autoren den Begriff verwenden.

Vereinfacht lassen sich *drei Gültigkeitsbereiche* umreißen: Entweder man bezeichnet als Übertragung (a) ein ubiquitär vorkommendes, generelles Phänomen oder (b) nur die emotionalen Reaktionen des Patienten auf den Therapeuten innerhalb des psychoanalytischen Settings, oder – noch enger – (c) nur gewisse eng mit der Neurose und den inneren Konflikten des Patienten im Zusammenhang stehende emotionale Äußerungen. Nach meiner persönlichen Auffassung spricht vieles dafür, den Vorgang der Übertragung als ein *sehr generelles Phänomen* anzusehen, wie Greenson es tut. Es fragt sich aber, ob diese Verwendung des Begriffs noch sinnvoll für die Theorie der psychoanalytischen Technik ist. Deswegen scheint die Mehrzahl der Autoren den Begriff für Phänomene innerhalb der Therapie reservieren zu wollen. Der Unterschied zwischen der zweiten (b) und der dritten Auffassung (c) gilt letztlich der Frage, ob es auch *in* der Therapie Bereiche gibt, die übertragungsfrei sind, oder ob jede Äußerung des Patienten in den Übertragungszusammenhang zu stellen ist. Wenn man von der generellen Tendenz des Menschen, in der Therapie lieber zu wiederholen als zu erinnern (Freud), ausgeht, dann ist die Übertragung sicher eine besondere Form des „Wiederholens". Dennoch scheint mir die Konsequenz der Psychoanalytiker insbesondere M. Kleinscher Orientierung, jede Äußerung des Patienten für eine Wiederholung zu halten, eine Übertreibung zu sein – wie vieles aus dieser Richtung. Für eine ganze Reihe von Funktionen, wie z. B. die übergeordnete Motivation zur Behandlung, das Einhalten von Abmachungen, der Umgang mit Realitäten innerhalb der Therapie, können wir so etwas wie einen „übertragungsfreien Raum" annehmen. Anders ausgedrückt: Wäre der Patient nur zu Übertragungsreaktionen in der Lage, würde kaum eine Therapie zustande- und weiterkommen. Man spricht heute in diesem Zusammenhang von „*Arbeitsbündnis*" (Greenson) oder „*Behandlungsbündnis*" (Zetzel, 1956; diese Arbeit enthält eine Übersicht über die gängigen Übertragungskonzepte). Gemeint ist damit der rationale, relativ unneurotische Umgang des Patienten mit dem Therapeuten, der die sinnvolle Arbeit in der Psychoanalyse überhaupt erst ermöglicht.

Versuche zur *Klassifizierung* der Übertragung hat es eine ganze Reihe gegeben. Freud (1912b) unterschied die positive und die negative Übertragung, wie schon erwähnt wurde. Damit ist eine Kennzeichnung der hauptsächlichen Affektrichtung gemeint. Das, was man eine „*initiale positive Übertragung*" nennen könnte, etabliert sich häufig am Beginn einer Therapie und stellt eines der wichtigsten Motive für den Patienten dar, die erheblichen Belastungen, die mit der Aufdeckung des Unbewußten verbunden sind, auszuhalten. Insofern kommt der positiven Übertragung auf den Therapeuten eine besondere Wichtigkeit zu. Die *besondere Bedeutung der Übertragung* für die Psychoanalyse liegt in dem Umstand, daß durch den richtigen Umgang mit den Übertragungsäußerungen des Patienten dieser die Chance erhält, an der Person des Therapeuten die entscheidenden Beziehungserlebnisse seiner Vergangenheit zu erfahren, die ihm bewußt nicht zugänglich gewesen wären. Obwohl ich oben die Entwicklung des Übertragungskonzeptes vom Widerstand aus übernommen hatte, muß ein mögliches Mißverständnis unbedingt vermieden werden: Ihre essentielle Bedeutung für die Psychoanalyse hat die Übertragung nicht als Widerstandsphänomen, sondern als *Vehikel der Therapie und der Heilung*. Alle entscheidenden Veränderungen müssen als Übertragungsprozesse erlebbar und verstehbar werden. Dieser Satz steht im Verständnis der Übertragung an erster Stelle. Daneben gilt, daß alle entscheidenden Widerstände in der Behandlung daraufhin untersucht werden müssen, ob es sich um Übertragungswiderstände handelt.

Von der positiven Übertragung abzugrenzen ist z. B. die „*erotisierte Übertragung*". Diese ist ein typischer Übertragungswiderstand. Die Energie des Patienten richtet sich auf die Befriedigung von Triebbedürfnissen (das ist im Sinne Freuds ein Wiederholen) und nicht auf die Hinterfragung und Aufhebung der Bedürfnisbedingungen („Erinnern"). Das Nichteingehen des Therapeuten auf die Wünsche nach Triebbefriedigung erlebt der Patient dann als Versagung, wodurch die Wiederholung der infantilen Konfliktsituation noch verdeutlicht wird. Archaische Haßgefühle des Patienten, anhaltendes Mißtrauen oder die ständige Befürchtung, manipuliert zu werden, gehören zum Bereich der *negativen Übertragung* und gefährden den Fortschritt der Therapie in gleicher Weise.

Komplementär zur Übertragung stehen die Empfindungen des Therapeuten, die als „*Gegenübertragung*" bezeichnet werden. Auch hier fehlt eine Präzisierung des Begriffes. Teilweise werden damit *alle* Empfindungen des Therapeuten dem Patienten gegenüber beschrieben, teilweise nur jene Empfindungen, die sich auf Übertragungsäußerungen des Patienten beziehen und teilweise nur die unbewußten neurotischen Reaktionen des Therapeuten. Da dies oft erst nach einiger Zeit abgrenzbar ist, scheint mir die weitere Definition die sinnvollere. Die Gegenübertragung hat als Instrument der Therapie größte Bedeutung, obwohl sie nur in Ausnahmen gegenüber dem Patienten verbalisiert wird. Dieses Verbalisieren der eigenen Empfindungen gegenüber dem Patienten kann etwa bei Menschen mit schlechter Realitätskontrolle und starken Neigungen zu Projektionen indiziert sein. Man faßt heute Übertragung und Gegenübertragung als *„funktionelle Einheit"* auf, das heißt, die Gegenübertragungsreaktionen des Therapeuten haben in ihrer Entstehung einen engen Zusammenhang mit den Übertragungsäußerungen des Patienten. Sie werden für den Therapeuten zum Vehikel, die Übertragungsreaktionen des Patienten zu verstehen und zu bearbeiten. Das ist der entscheidende Vorteil, den die Gegenübertragung für den Verlauf der Therapie hat. Der Nachteil liegt dicht daneben. Freud äußerte sich 1910 (d, S. 108) folgendermaßen dazu:

„Wir sind auf die ‚Gegenübertragung' aufmerksam geworden, die sich beim Arzt durch den Einfluß des Patienten auf das unbewußte Fühlen des Arztes einstellt, und sind nicht weit davon, die Forderung zu erheben, daß der Arzt diese Gegenübertragung in sich erkennen und bewältigen müsse. Wir haben ... bemerkt, daß jeder Psychoanalytiker nur so weit kommt, als seine eigenen Komplexe und inneren Widerstände es gestatten, und verlangen daher, daß er seine Tätigkeit mit einer Selbstanalyse beginnt, und diese, während er seine Erfahrungen an Kranken macht, fortlaufend vertiefe. Wer in einer solchen Selbstanalyse nichts zustandebringt, mag sich die Fähigkeit, Kranke analytisch zu behandeln, ohne weiteres absprechen."

Die Forderung nach der persönlichen Analyse *(Lehranalyse)* innerhalb der Ausbildung zum Psychoanalytiker findet hier ihre Begründung. Freud sprach später von der *„persönlichen Gleichung"* des Therapeuten. Dieser Begriff stammt aus der Astronomie, wo der Beobachter am Fernrohr seinen eigenen Sehfehler kennen und korrigieren muß, um zu vergleichbaren Ergebnissen zu kommen. Analog soll – als Idealvorstellung – der analytisch arbeitende Therapeut seine persönliche Neurose kennen und ihre Interferenz mit der Neurose des Patienten verhindern. Dieses Desiderat ist auf der einen Seite natürlich letztlich unerreichbar, auf der anderen Seite ist die psychoanalytische Arbeit, wenn man die Realität unbewußter Vorgänge ernstnimmt, ohne persönliche Analyse des Therapeuten nicht vorstellbar. Aber auch beim Therapeuten, der eine gründliche eigene Analyse absolviert hat, bewirkt *jeder* Patient eine breite Skala von Empfindungen und Phantasien. Insbesondere sogenannte narzißtische Störungen, die einen zentralen Konflikt um ihr Selbstwertgefühl haben, schaffen es oft, eben jenen affektiven Zustand im Therapeuten zu induzieren und dann „hellsichtig" wahrzunehmen, den sie genauso befürchten, wie sie ihn unbewußt anstreben. Der Bereich des Arbeitsbündnisses kann bei solchen Therapien sehr schmal werden. Von Bedeutung ist hier, daß der Therapeut lernt, mit welchen Patienten er erfolgreich arbeiten kann und mit welchen nicht. Eine Therapie, die bei einem Therapeuten aufgrund von Gegenübertragungsschwierigkeiten stagniert, kann bei einem anderen durchaus erfolgreich verlaufen. Für die Gegenübertragung ergibt sich damit die gleiche Aussage wie für die Übertragung: Beide können genauso zum Medium des entscheidenden therapeutischen Fortschritts werden, wie sie die Therapie erschweren oder gar unmöglich machen können.

Eine letzte Klärung gilt dem Begriff der *„Übertragungsneurose"*. Damit hatte Freud zwei Dinge gleich bezeichnet, die häufig verwechselt werden. 1. Zum einen beschrieb er die Gruppe der *Psychoneurosen* als Übertragungsneurosen, weil er von der (als falsch erwiesenen) Annahme ausging, daß nur diese eine Übertragung entwickelten. Bei den Psychosen, die er „narzißtische Neurosen" (auch dieser Begriff hat seine Bedeutung stark gewandelt) nannte, hielt er das nicht für möglich. 2. Die andere Bedeutung des Begriffes der Übertragungsneurose gilt der *Reinszenierung der infantilen Neurose in der Psychoanalytischen Situation* – in erster Linie eben durch die Übertragung. Das analytische Setting (Patient liegend, Behandler passiv und außerhalb seiner Sichtkontrolle) verstärkt die Neigung zur Regression und damit die Übertragungsbereitschaft. In der Übertragung zum Therapeuten wird aus der „gemeinen Neurose" die „Übertragungsneurose". Diese Übertragungsneurose, das soll betont werden, ist eine „artefizielle Krankheit" (Freud, 1914g, S. 135), „ein Artefakt der analytischen Situation" (Greenson, 1967, S. 35). Sie entsteht durch den analytischen Prozeß und kann nur durch die psychoanalytische Arbeit beseitigt werden. Sie stellt einen Übergang zwischen Krankheit und Gesundheit dar. Sie „ist gleichzeitig ein Stück des realen Erlebens, aber durch besonders günstige Bedingungen ermöglicht und von der Natur eines Provisoriums. Von den Wiederholungsreaktionen, die sich in der Übertragung zeigen, führen dann die bekannten Wege zur Erweckung der Erinnerungen, die sich nach der Überwindung der Widerstände wie mühelos einstellen" (Freud, 1914g, S. 135). So wird die analytische Grundforderung, nicht über pathogene Umstände aufzuklären, sondern den Patienten diese erleben zu lassen, optimal erfüllt.

Aus der geschilderten Dynamik von Übertragung und Gegenübertragung leiten sich für den Therapeuten zwei Forderungen ab. 1. Die Notwendigkeit der persönlichen Analyse, was schon ausgeführt wurde, und 2. eine Zurückhaltung gegenüber allen Wünschen, Angeboten, Provokationen, Versuchungen, Aggressionen usw. des Patienten. Dieses Verhalten wird als therapeutische „Abstinenz" bezeichnet. Auf ihre Bedeutung wird im Anschluß eingegangen.

Methoden

Unter dem Oberbegriff dessen, was meist *„psychoanalytische Situation"* genannt wird, soll zunächst eine Reihe von Konzepten besprochen werden, bei denen sich theoretische und methodische Aspekte stark überschneiden. Ich beschränke mich an dieser Stelle auf das klassische Verfahren der Psychoanalyse („Standardtechnik") und gehe erst anschließend auf einige Variationen im Arrangement ein.

Die Psychoanalytische Behandlungssituation zeichnet sich durch eine auffallende *Asymmetrie* von Therapeut und Patient aus: Der Patient liegt auf einer Couch, der Therapeut sitzt direkt oder seitlich hinter ihm. Die meiste Aktivität liegt auf seiten des Patienten; er folgt der Aufforderung, frei zu *assoziieren*. Der Therapeut verhält sich weitgehend passiv und läßt in einem entspannten Zustand die Äußerungen des Patienten auf sich einwirken *(„gleichschwebende Aufmerksamkeit")*. Er versucht dabei, die Gesamtheit seiner intellektuellen und affektiven Reaktionen auf den Patienten zu erfahren. Dieser Vorgang wird unterbrochen durch vom Therapeuten aktiver gestaltete Passagen, in erster Linie das sogenannte *„Durcharbeiten"* (s. u.). Dabei hält sich der Therapeut als Person weiterhin stark zurück und versucht überhaupt alle Maßnahmen unter dem Gesichtspunkt zu sehen, ob sie dem Patienten generell und zu diesem Zeitpunkt förderlich sind. L. Stone (1973), dem ich in diesem Abschnitt besonders folge, spricht von einem „Vakuum", das sich für den Patienten ergebe. Er zählt auf:

„Die vollständige oder teilweise Unsichtbarkeit des Analytikers während der Analysestunden; die relative Beschränkung seiner Reaktionen auf Deutung, Klärung oder andere ‚neutrale' Kunstgriffe; die Stereotypie des Stundenplans und des Honorars; das relative Fehlen auch nur konventioneller emotionaler Reaktionen auf Persönlichkeit und Beruf des Patienten; das Nichteingreifen in das Alltagsleben des Patienten, sei es durch Rat oder Überredung oder durch bewußt herbeigeführte außeranalytische Kontakte; das allgemeine ‚Zudecken' der Persönlichkeit des Analytikers – aktiv und passiv –, sofern sie nicht unvermeidlich oder unbeabsichtigt zutage tritt" (S. 23).

Diese Asymmetrie der Partner in der Therapie fördert nach aller Erfahrung deutlich die Regression auf ein infantiles Erlebensniveau und damit die angestrebte Etablierung der Übertragungsneurose. Obwohl der Patient in seinen bewußten Anteilen (Arbeitsbündnis) diese Bedingungen anerkennt und sich kooperativ verhält, gerät er *formal* in eine kindliche Rolle. Hinzu kommt, daß er dies nur für die Dauer von 50 Minuten tut (oder tun sollte) und danach sozusagen wieder in seine alte Rolle als Erwachsener eintritt. Damit wird eine wichtige Indikationsvoraussetzung für das klassische Verfahren deutlich: „Das für unsere Zwecke ideale Verhalten wäre, wenn er (Patient) sich außerhalb der Behandlung möglichst normal benähme und seine abnormen Reaktionen nur in der Übertragung äußerte" (Freud, 1940a, S. 103). Die „Ich-Spaltung", die der Patient Sitzung für Sitzung leisten muß, setzt eine Reihe gut intakter Ich-Fähigkeiten voraus. Schon aus diesem Grunde ist die klassische Psychoanalyse eigentlich nur für „reife" Psychoneurosen indiziert. Ein Großteil der in den letzten Jahrzehnten aufgetretenen Behandlungsprobleme hängt mit einer Erweiterung der Indikationsstellung auf solche Patienten zusammen, die eigentlich diese *Voraussetzung* der analytischen Arbeit bereits nicht leisten können.

Zur Asymmetrie der therapeutischen Beziehung gehören wesentlich die Konzepte der „Abstinenz" und der „Objektivität und Neutralität des Therapeuten". Mit *Abstinenzregel* ist der Ausschluß anderer Kontakte zwischen Analysand und Analytiker als der therapeutischen gemeint. Das Konzept meint ferner die Unterlassung aller körperlichen, emotionalen oder kommunikativen Beziehungen, die geeignet sind, die Übertragungsphantasien des Patienten zu befriedigen, in eine bestimmte Richtung zu lenken, oder auch nur zu verstärken. Alle Äußerungen des Patienten während der Behandlung sind *„Material"*. Sie werden mit dem Patienten besprochen, aber man geht nicht auf sie ein. Die Abstinenz des Therapeuten hat für den Patienten eine Schutzfunktion, weil er so sicher sein kann, daß er jede noch so pathologische Empfindung äußern kann, ohne daß eine Gefahr des Mißbrauchs besteht. Man kann auch sagen, daß das Agieren in der Analyse ein Vorrecht des Patienten ist. Dem Therapeuten ist es untersagt. Die Abstinenz des Therapeuten kann vom Patienten als Härte, Unmenschlichkeit oder ähnlich erlebt werden. Hat er jedoch einmal ihren Sinn erfahren, empfindet er sie in der Regel eher als entlastend. In engem Zusammenhang mit der Abstinenz steht die *„symbolische Anonymität"* (L. Stone) des Analytikers. Damit ist das bewußte Zurückhalten von Informationen über sich selbst, seine Familie, seine Interessen, weltanschauliche Ansichten usw. gemeint. Vor allem gilt diese Zurückhaltung natürlich seinen Ansichten über den Patienten. Auch diese Verhaltensweise wird oft als Härte erlebt. Auch das Bemühen des Analytikers um *Objektivität* und *Neutralität* gegenüber den Patienten, wird von vielen Patienten als gleichermaßen belastend und entlastend erlebt. Man ist sich auch innerhalb der Psychoanalyse längst darüber im klaren, daß dieses Verhalten Versuche des Therapeuten in einer bestimmten Richtung sind, deren Ziel natürlich niemals erreicht wird oder auch nur werden soll. Es stand und steht in der Psychoanalyse außerhalb der Diskussion, daß eine erfolgreiche Therapie ausschließlich unter der Bedingung möglich ist, daß der Therapeut den Patienten affektiv mögen und akzeptieren kann. Eine Therapie, in der der Therapeut sich durch nichts am Patienten emotional angesprochen fühlt und in der etwa Mitleid das einzige Kriterium zur Annahme ist, ist von vornherein zum Scheitern verurteilt. Vielleicht schon deshalb, weil dies für den Patienten eine Demütigung von Anfang an darstellt.

Tatsächlich ist die „analytische Haltung" dem Patienten gegenüber durch eine dialektische Beziehung von *grundsätzlicher emotionaler Zugewandtheit* und *technisch bedingter emotionaler Zurückhaltung* geprägt. Das Herstellen eines Klimas, in dem der Patient *beide* Dimensionen erfahren kann – die interessierte Nähe als Grundbedingung und die notwendige Distanz als technisches Mittel – ist von entscheidender Wichtigkeit. Das Herstellen eines emotional warmen und verstehenden Klimas allein genügt aus psychoanalytischer Sicht nicht. In diesem Klima kann der Patient nämlich positive Übertragungsbeziehungen reaktivieren, aber das Auftreten negativer Empfindungen wird erschwert. Da die Verarbeitung von Aggression in der Entstehung der meisten Neurosen eine entscheidende Rolle spielt, muß das Klima so beschaffen sein, daß es positive *und* negative Affekte zuläßt und toleriert. Der Patient, der zwei Jahre lang mit Vorwürfen gegenüber seinem Therapeuten „wütet" und der erlebt, daß dieser dann immer noch zugewandt und bereit ist, mit ihm die Bedingungen dieser Wut zu bearbeiten, – dieser Patient erhält jene emotionale Chance, die Wurzeln seiner Neurose zu revidieren, die die Psychoanalyse zu geben beansprucht. Die emotionale Belastung, die diese Haltung dem Therapeuten abfordern kann, sei hier nur angedeutet. Man bezeichnet die Grundhaltung des Analytikers dem Patienten gegenüber heute als *wohlwollende Neutralität* oder als sympathetische Neutralität (Greenson).

Wie jeder Teil im therapeutischen Prozeß, so kann auch die Neutralität der Person des Analytikers zum Widerstand werden. Zwanghaft und schizoid strukturierte Patienten, die ohnehin mit Affektisolierung arbeiten, finden hier ein Milieu, in dem ihre Neurose – wird die Abwehr nicht verstanden – geradezu aufblühen kann. Sie bestehen oft energisch auf einem „analytischen Verhalten" des Therapeuten. Sie kritisieren ihn, wenn er sich ihres Erachtens „unanalytisch" verhält, d. h. hier, zu viel Affekte, Emotionen oder Eigenheiten seiner Person durchscheinen läßt. Auch manche Patienten, die ständig die „Kälte" und das „Desinteresse" des Analytikers beklagen, zeigen plötzlich Beunruhigung, wenn seinerseits nur angedeutet Zeichen von Interesse und emotionaler Nähe spürbar werden. Aus behandlungstechnischen Gründen kann hier ein Fluktuieren zwischen größerer Nähe und Distanz – im gegebenen Rahmen – erforderlich sein, die es der Abwehr des Patienten erschwert, sich in einer entsprechenden Nische des psychoanalytischen Arrangements „niederzulassen". Historisch ist es wichtig zu wissen, daß das eher distanzierte psychoanalytische Setting an hysterischen Patienten entwickelt wurde. Manche seiner Eigenheiten werden so verständlicher (Cremerius).

Da heute in unserer stärker lustfreundlichen Gegenwart gerade die Frage der

Abstinenz und *Neutralität* des Analytikers konstant mißverstanden und mißinterpretiert wird, versuche ich noch einmal, diesen Punkt zusammenzufassen: Die Abstinenz (1.) ermöglicht die ungestörte Ausbildung der Übertragungsneurose, (2.) sie schützt den Patienten vor Schädigung durch Realisierung seiner infantilen Phantasien, (3.) sie schützt auch die Person des Therapeuten vor einer unkontrollierbaren „Verschränkung" mit der Neurose des Patienten und (4.) sie garantiert schließlich die Erfüllung des Behandlungsauftrags, der der Gesundung des Patienten und nicht der Bedürfnisbefriedigung von Patient und Therapeut gilt. Es gibt keinen Hinweis darauf, daß der unreflektierte Wunsch, zum Mitmenschen nett zu sein und ihm zu helfen, indem man seine neurotischen Bedürfnisse befriedigt, jemals von *therapeutischer* Wirkung gewesen wäre.

Als Illustration der selbstkritischen Haltung, mit der die Psychoanalyse heute den Umgang mit Abstinenz und Neutralität sieht, sei abschließend noch einmal L. Stone zum emotionalen Grundverhalten des Psychoanalytikers zitiert:

„Während des ganzen Prozesses ist die Erscheinung des Patienten als einer integrierten erwachsenen Persönlichkeit mehr als die Summe ihrer psychischen Teile oder funktionellen Systeme. Während rein technische oder intellektuelle Irrtümer sich in den meisten Fällen korrigieren lassen, können Jahre geduldiger und kundiger Arbeit zunichte gemacht werden, wenn es an einem kritischen Punkt des Prozesses nicht gelingt, die angemessene menschliche Reaktion zu zeigen, die jeder Mensch von einem anderen erwartet, zu dem er in tiefer Abhängigkeit steht" (S. 65f.).

Weitere Literatur zur Theorie der psychoanalytischen Technik findet sich bei Sandler, Dare und Holder (1973), Menninger und Holzmann (1977) und Greenson (1967).

Setting, assoziativer Prozeß und das „Material". Alle technischen Regeln und Hinweise dienen letztlich zwei Zielen: Der Ermöglichung des assoziativen Vorstellungsflusses („freie Assoziation") und der Entstehung und Bearbeitung der Übertragungsneurose. Diesen Intentionen sind alle anderen technischen Hinweise nachgeordnet. Stone (1973) formuliert als „Grundtechnik": Den freien Assoziationen zuhören und Deutungen formulieren. Die Bearbeitung der Widerstände („Widerstandsanalyse") hat nur das Ziel, die Blockierung der freien Assoziation zu beseitigen und die Übertragungsneurose zu ermöglichen. Diese Aufgaben überschneiden sich stark, da die Übertragung zum Widerstand werden kann, wie bereits dargestellt wurde. Die Gesamtheit der Interaktionen zwischen Analytiker und Analysand wird als *„therapeutischer Prozeß"* beschrieben.

Das *äußere Setting* (Patient auf einer Couch liegend, Therapeut sich zurückhaltend und „abstinent" verhaltend außerhalb seiner Sicht) und die Implikationen dieser asymmetrischen Konstellation wurden bereits beschrieben und diskutiert. Freud behandelte seine Patienten sechsmal in der Woche. Die Couchlagerung übernahm er direkt aus der Hypnosepraxis. Er empfand sie als Erleichterung seiner und des Patienten Arbeitsbedingungen. Die Sitzungen begannen jeweils zur vollen Stunde und dauerten 50 Minuten. Zwischen die Sitzungen legte er eine Pause von zehn Minuten, die er zu Notizen und zur Entspannung benützte. Diese höchst sinnvolle Übung wird nur noch von wenigen Analytikern realisiert. Mag der Rückgang auf fünf, vier oder gar drei Wochenstunden noch mit den veränderten Arbeitsbedingungen und steigenden Kosten begründet werden, so ist die Reduzierung auf 45 oder 40 Minuten und die Verkürzung oder gar Aufgabe der Pausen ausschließlich dem Profitsinn vieler Analytiker zuzuschreiben. Von der Sache her spricht nichts dafür. Die Offenlegung dieses Niedergangs in einem sehr kritischen Aufsatz ist Greenson (1974) zu verdanken.

Als *technische Erfahrung* gilt: Je höher die Wochenstundenfrequenz, je weniger aktiv die Einlassungen des Therapeuten und je weniger strukturiert (Ausfall der Sichtkontrolle, Liegen usw.) die äußere Situation, desto stärker ist die Neigung des Patienten zur Regression und Entwicklung der Übertragungsneurose. Im gleichen Maße – und das ist genau entsprechend – können alle Abwehr- und Widerstandsreaktionen zur Vermeidung von Regression und Übertragung ansteigen. Man weiß heute, daß bei falscher Indikation gerade durch die schwierig zu steuernde Regression latente Psychosen aktiviert werden können.

Hinter der Auffassung von der Wichtigkeit des *assoziativen Prozesses* steht die theoretische Annahme, daß alle psychischen Vorgänge nähere oder entferntere assoziative Verbindungen haben. Dieser Satz von der „*Determiniertheit*" oder „*Kausalität*" besagt, daß es letztlich im Bereich des Psychischen keine Zufälle gibt, sondern nur unerkannte und erkannte Zusammenhänge. Die Psychoanalyse versucht, den Bereich der bekannten Zusammenhänge zu erhöhen. In diesem Anspruch steht sie in der Tradition der Aufklärung und wird zu Recht als eine „*aufdeckende*" Form der Psychotherapie bezeichnet. Für die Praxis bedeutet dies, daß der Therapeut den therapeutischen Prozeß so strukturieren muß, daß optimale Bedingungen entstehen, den unbewußten (unerkannten) Verknüpfungen nachzugehen.

Die *Analyse von Träumen,* von Freud noch als „Königsweg zum Unbewußten" bezeichnet, hat einen Teil ihrer früheren Bedeutung verloren. Träume werden heute meist als psychisches Material wie anderes auch betrachtet – freilich als besonders interessantes. Anweisungen, Träume aufzuschreiben, Traumbücher zu führen und ähnliches, wurden ohnehin nur in der „*analytischen Psychologie*" (C. G. Jung) gegeben. Während die Laienvorstellung sich auf *Symboldeutungen* („Hund" = „Sexualität") zentriert, spielen diese in der heutigen psychoanalytischen Praxis keine Rolle. Allenfalls dienen sie dem Therapeuten zur Hypothesenbildung. An diesem Mißverständnis ist Freud, der in der „Traumdeutung" (1900a) neben den Ableitungen von assoziativen Einfällen zum Traum auch *Symbolkataloge* veröffentlichte, nicht ganz unschuldig. Wie die Träume werden „*Fehlleistungen*" (im Bereich von Handlung und Sprache) ebenfalls als möglicher Ausdruck unbewußter Zusammenhänge untersucht. Freud hatte eine Reihe eindrucksvoller Fehlleistungen gesammelt (wie die des unglücklich verheirateten Mannes, der zum Schluß „Trauring aber wahr!" kam). Hier gilt wieder der Satz der Determiniertheit aller psychischen Vorgänge, unabhängig davon, ob der Zusammenhang sichtbar ist oder nicht.

Im geringeren Maß werden auch *averbale Äußerungen* (Gestik, Körperhaltungen) in die Bearbeitung einbezogen. Dem starken Zurückhalten psychischer Inhalte entspricht oft eine „verschlossene", nicht entspannte Körperhaltung, wie die Couchlage sie eigentlich anbietet, etwa stereotyp verschränkte Arme, geschlossene Hände und anderes. Ein zu frühes Ansprechen solcher Äußerungen kann den Patienten allerdings stark verunsichern.

Der Patient bestimmt das Thema der Stunde. Wenn die erwünschte Form seiner Äußerung der „freie Einfall" ist, der ohne Rücksicht auf Scham, Konvention oder Umgangsform geäußert werden soll („Grundregel"), dann handelt es sich um eine vom täglichen Leben deutlich unterschiedene Form der Kommunikation. Auch die Äußerungen des Therapeuten unterscheiden sich von denen des üblichen Umgangs. Freud unterschied zwei oder drei Formen der Interventionen: Die „Deutung" und das „Durcharbeiten"; vielleicht gehört auch die „Konstruktion" dazu.

Formen der Intervention. Die *Deutung* ist *die* Intervention des Psychoanalytikers. Auch hier besteht leider eine gewisse Bandbreite in der Verwendung des Begriffs. Während eine Reihe von Analytikern alle verbalen Einlassungen des Therapeuten als Deutungen bezeichnet, tendiert heute wahrscheinlich die Mehrzahl – vermutlich unter dem Einfluß von Greenson – dazu, diesen Terminus für eine bestimmte Form der Intervention zu reservieren. Freud (1926d) machte die Unterscheidung von Deutung als Verstehensvorgang des Therapeuten und von der Mitteilung dieses Verstehens an den Patienten. Alle Interventionen werden in einer einfachen *erlebnisnahen Umgangssprache* gemacht. Fachterminologie ist in jedem Falle zu vermeiden. Praktisch muß für jeden Patienten neu eine ihm entsprechende sprachliche Verständigungsform herausgefunden werden.

Folgende Klassifikation der verbalen Intervention des Therapeuten bietet sich an (in Anlehnung an Greenson, 1967; Sandler u. Mitarb., 1973; Langs, 1973/74).

1. *Instruktionen* über das analytische Verfahren, die dazu dienen, das analytische Setting zu schaffen oder aufrechtzuhalten.

Beispiel: „Versuchen Sie einfach, das auszusprechen, was Ihnen gerade durch den Kopf geht, auch wenn das für Sie sehr ungewohnt erscheint. Versuchen Sie auch möglichst keine Auswahl zu treffen, sei es aus Gründen der Höflichkeit, Peinlichkeit oder anderem. Ich weiß, daß das eine sehr ungewöhnliche Form ist zu sprechen, aber Sie werden sehen, daß sie für die Therapie ihre Vorteile hat."

2. *Konfrontationen.* Das in Frage stehende Phänomen muß evident gemacht werden, es muß dem Patienten zu Bewußtsein gebracht werden. Bevor man den Grund deuten kann, warum ein Patient etwa ein bestimmtes Thema in der Stunde vermeidet, muß der Patient erst einmal wahrnehmen, daß er sich überhaupt so verhält.

Beispiel: „Sie haben gerade den Traum erzählt, in dem es um Ihren verpaßten Sieg im Autorennen geht. Dann versuchte ich etwas dazu zu sagen, aber Sie haben mich fast unterbrochen und sofort von Ihrem gestrigen Erlebnis mit Ihrer Freundin erzählt. Ich gewann den Eindruck, daß Sie eigentlich nicht hören wollten, ob ich etwas dazu zu sagen hätte."

3. *Klärungen.* Sie stehen den Konfrontationen nahe und dienen in erster Linie dazu, das zu analysierende Phänomen „scharf einzustellen" (Greenson). Klärungen sind eine Art des Herausarbeitens eines Themas. *Präzisierende Fragen* haben hier ihren Ort, während sonst in der Psychoanalyse mit Fragen eher zurückhaltend umgegangen wird.

Beispiel: „Wollen wir die Situation noch einmal durchgehen? Ihre letzten Worte in Ihrem Bericht des Traumes waren: ..., dann platzte mein Reifen und ich wurde aus der Bahn geschleudert. Erinnern Sie sich, wie Sie sich dabei fühlten?"

4. *Deutungen*. In seiner engeren Bedeutung meint dieser Terminus die spezifischen Interventionen, die ein unbewußtes Phänomen bewußt machen sollen. Genau genommen geht es um ein Bewußtwerden der Bedeutung, Quelle, Geschichte, Art oder Ursache eines gegebenen psychischen Vorgangs. Dafür ist eine einzige Deutung nur in der Ausnahme ausreichend. Gewöhnlich steht die Deutung in einer Reihe von Interventionen. Die Deutung geht über das, was bereits wahrnehmbar ist, hinaus, und sie schreibt einem psychischen Phänomen Bedeutung und Kausalität zu. Vor der Deutung steht das Verstehen des Therapeuten auf der Basis seiner Empathie, Intuition, seiner Erfahrung und seines theoretischen Wissens. Über die Richtigkeit der Deutung entscheidet die Reaktion des Patienten. Die Einschätzung der Reaktion ist oft schwierig. Eine verbale Zustimmung kann einer unbewußten Ablehnung, eine stark emotionale Ablehnung einem unbewußten Zustimmen entsprechen.

Deutungen lassen sich einteilen in *Inhaltsdeutungen* (direkte „Übersetzung" eines Inhaltes ins Bewußte), *Symboldeutungen* (wie schon erwähnt nur noch wenig verwandt), *Abwehrdeutungen* (im Rahmen der Widerstandsanalyse; sie sind eine unerläßliche Ergänzung der inhaltlichen Deutungen), *Übertragungsdeutungen* (mit besonderem Bezug zur Übertragungsbeziehung).

Beispiele: „Als Sie nach Erzählen des Traumes sofort das Thema wechselten, fürchteten Sie, ich könnte etwas für Sie Unangenehmes dazu sagen. Diese Befürchtung ließ Ihnen den Traum so unwichtig und die Begebenheit mit Ihrer Freundin so wichtig erscheinen" (Abwehrdeutung).

„Sie wechselten nach Erzählen des Traumes sofort das Thema, weil Sie eigentlich fürchteten, daß Ihr Ärger und Ihre Wut, die Sie dem siegreichen Rivalen gegenüber verspürten, hier deutlich werden könnten" (Inhaltsdeutung).

„... daß Ihr Ärger, den Sie gegenüber dem siegreichen Rivalen verspürten, etwas mit Ihren Empfindungen mir gegenüber zu tun haben könnte" (Übertragungsdeutung).

5. *Durcharbeiten*. Damit ist ein komplexer Vorgang gemeint, der sich auf die Tätigkeit des Therapeuten und Patienten richtet, *nachdem* eine Einsicht einmal erfolgt ist. Es ist jener Teil der psychoanalytischen Arbeit, der *von der Einsicht zur Veränderung* führt. Dieses Verständnis geht auf Freud zurück:

„Man muß dem Kranken die Zeit lassen, sich in den ihm unbekannten Widerstand zu vertiefen, ihn *durchzuarbeiten,* ihn zu überwinden, indem er ihm zum Trotze die Arbeit nach der analytischen Grundregel fortsetzt. ... Dieses Durcharbeiten der Widerstände mag in der Praxis zu einer beschwerlichen Aufgabe für den Analysierten und zu einer Geduldprobe für den Therapeuten werden. Es ist aber jenes Stück der Arbeit, welches die größte verändernde Einwirkung auf den Patienten hat und das die analytische Behandlung von jeder Suggestionsbeeinflussung unterscheidet" (1914g, S. 135f.).

Freud sieht hierbei die Tätigkeit des Therapeuten als deutlich passive, während sich heute eine aktivere Auffassung durchzusetzen scheint, was wahrscheinlich auf Fenichel zurückzuführen ist. Fenichel sieht, im Gegensatz zu Freud, das Durcharbeiten hauptsächlich als Aufgabe des Analytikers. Er bezeichnet Durcharbeiten als den „Vorgang, der erfordert, dem Patienten den gleichen Sachverhalt wieder und immer wieder zu zeigen – zu unterschiedlichen Zeiten und in verschiedenen Zusammenhängen" (1941, S. 78f.). Das Durcharbeiten ist ein Stück unverzichtbaren *Nacharbeitens der Deutung*. Es gilt der wiederholenden, fortschreitenden und ausgearbeiteten Bearbeitung der Widerstände, die die Einsicht daran hindern, zu Änderungen zu führen (Greenson).

6. *Rekonstruktionen*. Diese Art der Intervention wird als Versuch verstanden, die durch die Verdrängung im „Material des Patienten bedingten ‚Lücken' zu ergänzen. Eine solche Überbrückung des Fehlenden wird notwendig zum vollen Verständnis eines Symptoms und der im Detail damit zusammenhängenden Ängste, Konflikte und Phantasien" (Langs, 1973). Man gewinnt den Eindruck, daß Rekonstruktionen heute weniger betont werden als früher.

Interventionsregeln. Die Anzahl eigentlicher Interventionsregeln ist gering. Im Rahmen der stark dynamischen Abläufe in der Widerstands- und Übertragungsanalyse wären starre Regeln von Nachteil, und die erforderlichen Interventionen müssen vom Analytiker immer wieder neu ad hoc überprüft werden. Es gibt innerhalb der Psychoanalyse verhältnismäßig wenig Routine. Kein therapeutischer Prozeß ist – bei der Differenziertheit psychoanalytischer Betrachtung – dem anderen vergleichbar. (Das ist einer der Gründe, warum Psychoanalytiker wenig Verständnis für die notwendigen Reduzierungen in der *Psychotherapieforschung* haben.) Einige wenige Regeln haben sich durchgesetzt.

W. Reich verstand wohl als erster, daß die theoretische Wendung von der Psychologie des Unbewußten zur Psychologie des Ichs, die Freud 1923 (b) unternommen hatte, ihre Auswirkungen auch auf die analytische Technik haben mußte: Die inhaltliche Deutung hatte jetzt immer erst nach der Deutung der Abwehr (des Widerstandes) zu erfolgen. Reich formulierte: „Keine Sinndeutung, wenn eine Widerstandsdeutung notwendig ist" (1933, S. 43) und „Ganz allgemein kann gesagt werden, daß man in der Analyse der Widerstände nicht früh genug eingreifen, in der Deutung des Unbewußten, von den Widerständen abgesehen, nicht zurückhaltend genug sein kann" (S. 55). Diese Regel bezieht sich auf *Gegenstand, Reihenfolge und Zeitpunkt der Deutung*. Sie ist weithin anerkannt worden. Sie kontrastiert in merkwürdiger Weise mit der Laienvorstellung, daß inhaltliche Deutungen das Bild der Psychoanalyse bestimmen, während sie in der Praxis gegenüber den Widerstandsdeutungen zahlenmäßig sehr stark zurücktreten. (Die Bereitschaft psychotherapeutischer Autodidakten, mit inhaltlichen Deutungen zu arbeiten, die sie zudem noch in psychoanalytischer Terminologie formulieren, mag zu diesem Mißverständnis beigetragen haben. Mit Psychoanalyse hat diese Technik nichts zu tun.)

Ebenfalls mit der Widerstandsanalyse befaßt sich Fenichels (1941) „Daß-, wie-, warum-, was-Regel", die besagt, daß in der Deutung des Widerstandes dem Patienten zuerst gezeigt werden muß, *daß* er abwehrt (= Konfrontation), dann *wie* er abwehrt (= Klärung), dann *warum* er abwehrt (= Widerstandsdeutung) und schließlich *was* er abwehrt (= inhaltliche Deutung).

Dieser Aufarbeitungsprozeß in Schritten basiert auf dem vielleicht wichtigsten technischen Schritt für die Widerstandsanalyse, den Sterba (1934) als „*Therapeutische Ich-Spaltung*" beschrieb. Durch die Konfrontationen, Klärungen und

Deutungen wird der realitätsbezogene, änderungswillige, kooperative Teil des Ichs des Patienten gestärkt und vom wiederholenden, abwehrenden, triebhaften Teil des Ichs zunehmend abgegrenzt. Es geht um die Spaltung des Ichs in einen „beobachtenden" Teil, der mit dem Therapeuten sich in der analytischen Arbeit verbündet, und einen „erlebenden" Teil, der von der Übertragungsneurose und ihren pathologischen Äußerungen bestimmt wird. Der Therapeut spricht mit dem Wort „wir" gezielt diesen kooperativen Teil des Ichs an (z. B.: „... wie wir schon gesehen haben ..." und nicht den erlebenden Teil – etwa tröstend: „Wir Menschen sind alle schwach"). Es ist klar, daß es hier um die Etablierung dessen geht, was heute als *Arbeitsbündnis* beschrieben wird. Diese Fähigkeit zur therapeutischen Ichspaltung ist eine unabdingbare Voraussetzung der *lege-artis-Analyse*. Wo es dem Patienten nicht möglich ist, eine distanzierende Sicht zu sich selbst zu gewinnen, ist Psychoanalyse nicht möglich. Viele der technischen Variationen versuchen, durch „Parameter" die Arbeitsbasis zwischen Therapeut und Patient zu verbessern.

Als *„technische Parameter"* hatte Eißler alle Abweichungen quantitativer und qualitativer Art von der „grundlegenden Modelltechnik ..., die die Deutung als ausschließliches Mittel benutzt" (1953, S. 110), definiert. Zur Klärung der technischen Interventionen mag die Einführung eines solchen Begriffes nützlich sein – ärgerlich ist allerdings Eißlers impliziter Anspruch, auf diese Weise festzuschreiben, was „klassische" Technik ist und was demgegenüber „Parameter" ist bzw. enthält; bis dahin hatte ein solcher technischer Kodex nicht explizit bestanden. Immerhin, der Begriff hat sich leider durchgesetzt. Ein Parameter wäre demnach, wenn man den Patienten sitzend behandelt (statt im Liegen), ein anderer, wenn man eine *„stützende Intervention"* macht (statt nur zu deuten). Stützende Interventionen gehören nicht zu den traditionellen Interventionsmitteln, auch wenn viele Therapeuten bei entsprechend schwer gestörten Patienten damit arbeiten (Langs, 1973). Das leitet dazu über, den Blick auf verwandte Interventionsformen zu richten, die *nicht* psychoanalytisch sind. Greenson nennt hier insbesondere *Abreaktion, Suggestion, Manipulation* als „unanalytische" Mittel, die es unter allen Umständen zu meiden gelte.

Neurosenspezifische Techniken existieren, nehmen aber in der Literatur weniger Raum ein. Der Therapeut soll sich an der jeweils individuellen Übertragungsneurose und nicht an nosologischen Systemen orientieren. Aber auch hier gibt es natürlich grundsätzliche Empfehlungen. So soll beim selbst zum Ritual neigenden Zwangsneurotiker das Behandlungs„-Ritual" eher wechselnd gehandhabt werden (z. B. ein stärkerer Wechsel des Therapeuten zwischen Aktivität und Passivität), während beim agierenden Hysteriker ein gleichmäßiges Behandlungsklima deutliche Verbesserung der Arbeitsmöglichkeiten bewirkt. Depressive Patienten bedürfen oft einer „milderen" Therapieführung (siehe dazu Levin, 1967; Luft, 1978). Für die Borderline-Patienten hat Kernberg (1978), für die narzißtischen Störungen Kohut (1973) stark beachtete (und kritisierte) Leitfäden zu Verständnis und Therapie verfaßt.

Therapievarianten

In den vorangegangenen Abschnitten wurde im wesentlichen die Konzeption und Methodik der klassischen Psychoanalyse dargestellt. Diese Dokumentation ermöglicht erst, die vielfachen *Therapievarianten und -innovationen* besser verstehen und einordnen zu können. Als grundlegende *allgemeine Entwicklungstendenz* der psychoanalytischen Technik seit ihren Anfängen bis heute muß eine Umwandlung von der Analyse der unbewußten Inhalte hin zu einer *Analyse der Interaktion* anhand der Übertragungs-/Gegenübertragungsverschränkung von Therapeut und Patient genannt werden. Etwas überspitzt kann man sagen, daß erst in den letzten 30 Jahren die Bedeutung von Übertragung und Gegenübertragung in ihrer vollen Konsequenz erkannt worden ist. Demzufolge richtet sich die heutige Technik der Psychoanalyse zunehmend weniger auf die Rekonstruktion und Aufarbeitung aus den Entwicklungsbedingungen des Patienten heraus, sondern der Akzent liegt zunehmend auf der Erarbeitung der individuellen Conditio humana aus dem *Hier und Jetzt*. Man hat der Verläßlichkeit der sich einstellenden Übertragungs- und Gegenübertragungsprozesse in einem solchen Maße zu vertrauen gelernt, daß, zumindest bei der klassischen Variante der Psychoanalyse, wie sie heute praktiziert wird, die Rekonstruktion aus der Vergangenheit in ihrer Bedeutung eingeschränkt wurde. Es braucht nicht betont zu werden, daß es natürlich keine Psychoanalyse ohne Rekonstruktion gibt.

Neben dieser allgemeinen Verschiebung der Hauptakzente hat sich auch im Detail die Analyse von Widerstand und Übertragung verändert. Dies ist wohl hauptsächlich eine Folge der Einbeziehung von schwerer gestörten Patienten in das Feld der Behandlungsindikationen. Nach Kohut zeigen z. B. die narzißtischen Störungen spezifischen Übertragungsformen, die anders gehandhabt werden müssen. Auch die Widerstandsanalyse muß unter dem Gesichtspunkt der gestörten Ich-Bedingungen erheblich modifiziert werden. Widerstände werden hier nicht mehr nur als Störfaktor in der Therapie, sondern als dem Patienten einzig mögliche Kompensationsform psychischer Ausfälle verstanden. In dieser modifizierten Therapie wird mit den Widerständen sehr viel „schonender" umgegangen als bei der klassischen Technik. In diesem Anwendungsbereich wurden neue technische Begriffe geschaffen. So spricht Winnicott von der besonderen Wichtigkeit der „holding function" des Analytikers, seiner Fähigkeit, den Patienten in seinen gestörten Bereichen eine Zeitlang mitzutragen. Cremerius (1979) hat diese von der klassischen Technik abweichenden Verfahren als „emotionale Erfahrungs"-Therapien beschrieben und der traditionellen Auffassung gegenübergestellt. – Aus der Vielzahl der Bücher zur psychoanalytischen Technik sei insbesondere verwiesen auf Fenichel (1941) und Greenson (1967). Langs (1973/74) gibt die ausführlichsten „Handlungsanweisungen"; er ist allerdings sehr pedantisch. Bei Bergmann und Hartmann (1976) sind eine Reihe älterer Arbeiten zur Technik zusammengefaßt.

Die theoretischen Abweichungen von der klassischen Psychoanalyse führten fast alle zu eigenen Therapievarianten: Die Praxis der Behandlung in der *analytischen Psychologie* (C. G. Jung), *Individualpsychologie* (A. Adler) unterscheidet sich von der Psychoanalyse genauso wie die von O. Rank eingeführte *„Willenstherapie"* oder die *behaviouristische Variante* der Psychoanalyse von S. Rado. Diese Verfahren haben keine so starke Verbreitung gefunden wie die

Psychoanalyse. Neben der klassischen Behandlungstradition, die (meist kritisch) auch als „orthodoxe" bezeichnet wird, ist als einflußreiche Gruppierung heute nur die sogenannte *Neopsychoanalyse* von Bedeutung. Der Terminus Neopsychoanalyse faßt eine Gruppe sehr unterschiedlicher Autoren zusammen. In den USA waren dies vor allem K. Horney, E. Fromm und H. S. Sullivan. F. Alexander, obschon meist hier eingeordnet, rechnete sich selbst nicht dazu. In Deutschland gewann die Schule von H. Schultz-Hencke großen Einfluß. Eine Darstellung der Neurosenlehren von verschiedenen neopsychoanalytischen Autoren, verglichen mit Freud, gibt Heigl (1964). Das Gemeinsame dieser verschiedenen Autoren war unter anderem die Ablehnung der Triebtheorie Freuds, die Relativierung der Rolle des Ödipuskomplexes zugunsten der präödipalen Entwicklung und die stärkere Betonung des sozialen Milieus. Andere Positionen haben geschwankt. Während z.B. Schultz-Hencke vom Übertragungskonzept wenig hielt, hat in den letzten 20 Jahren in der deutschen Neopsychoanalyse eine Rückbesinnung auf diese Position stattgefunden – wenn ich die Situation richtig einschätze.

Für die Praxis kann man wohl formulieren, daß – unter Berücksichtigung der Vielfalt von Positionen – der Arbeit am Widerstand und an der Übertragung von der Neopsychoanalyse weniger Bedeutung beigemessen wird als in der Freudschen Tradition. Damit tritt der „Prozeß"-Charakter, das intensive Aufarbeiten der Übertragungsneurose, zurück. Infolgedessen war die Neopsychoanalyse technischen Änderungen gegenüber viel aufgeschlossener. Es wurde therapeutisch experimentiert, die Wochenstundenfrequenz gesenkt, die Patienten im Sitzen statt im Liegen behandelt usw. F. Alexander meinte, durch Verhaltensänderungen des Therapeuten die Dauer der Behandlung stark kürzen zu können. Dabei ging er so vor, daß er sich prinzipiell anders verhielt, als der Patient es von seinen primären Bezugspersonen berichtet hatte. Die Absicht dieser Modifikation war, im Patienten eine „korrektive emotionale Erfahrung" zu bewirken. Ferenczi hatte schon am Anfang der dreißiger Jahre durch eine intensive emotionale Zuwendung zum Patienten versucht, diesen die in der eigenen Entwicklung vermißte „Liebe" nacherleben zu lassen. Auch er hoffte letztlich auf eine *Verkürzung der Therapiedauer*. In die gleiche Richtung verliefen gezielte Studien von Balint, Malan u. Mitarb. in England *(Psychoanalytische Kurztherapie)* sowie Dührßen u. Mitarb. in Deutschland *(Dynamische Psychotherapie)*. Wenn man darüber hinaus an die Entwicklung der *psychoanalytischen Gruppentherapie* denkt, dann wird deutlich, daß die Autoren dieser Richtung infolge ihrer differierenden Einschätzung des analytischen Prozesses technischen Varianten und Neuerungen gegenüber viel aufgeschlossener waren als die Vertreter der klassischen Position.

Heutzutage ist es schwierig zu beschreiben, worin die Unterschiede der Behandlungstechnik bei den neopsychoanalytischen gegenüber den klassischen Autoren liegen. H. Bach (1975) hat in sehr abgewogener Form versucht, dies herauszuarbeiten. Er meinte unter anderem, Unterschiede im Umgang mit der Übertragung, der analytischen Abstinenz, der Bearbeitung der „Lücken" und „Hemmungen" und der Rolle der äußeren Realität festzustellen. Bach schließt seine Ausführungen mit der Aussage, daß es darauf ankomme, die Technik der (a) Abwehranalyse, (b) der Analyse von Übertragung und Gegenübertragung und (c) der Analyse der Aktualität gleichermaßen zu kennen und zu beherrschen.

Darin wird ihm wohl jeder Psychoanalytiker zustimmen. Wahrscheinlich würde der „orthodoxe" Analytiker die (d) Analyse der unbewußten Phantasien und Inhalte als eigenen Punkt anfügen wollen, aber Bach könnte zu Recht erwidern, daß dieser in den aufgezählten Prozessen implizit sei. Ein schwer zu präzisierender Eindruck von mir geht dahin, daß insgesamt der therapeutische Prozeß in der Neopsychoanalyse pragmatischer und zielbezogener als in der klassischen Psychoanalyse gehandhabt wird, wo eine subtile, behutsame und zurückhaltende Einstellung gegenüber dem Behandlungsablauf vorherrscht. Der neopsychoanalytische Therapeut ist wahrscheinlich insgesamt in seinen Interventionen aktiver. Aber auch hier gibt es eine sehr breite Varianz der Techniken in der Analyse Freudscher Tradition.

Folgende *vier Grundvarianten* der Behandlungstechnik werden heute als legitime Kinder – neben einer Unzahl von Bastarden – der Psychoanalyse anerkannt:

1. *Die rite durchgeführte Psychoanalyse („Standardtechnik")* mit hoher Wochenstundenfrequenz (3 bis 5 Stunden), Behandlung im Liegen, Gesamtdauer von einigen Jahren. Die Gesamtstundenzahl liegt nicht unter 300, oft beträgt sie ein Mehrfaches davon. Auf die Technik dieser Behandlung wurde oben ausführlich eingegangen. Freud hielt bereits für möglich, daß dieses Idealverfahren wegen des Zeitaufwandes, der Intensität und der Kosten seine eigentliche Bedeutung nicht in der Neurosentherapie, sondern in der Hinlenkung von in sozial verantwortlichen Positionen stehenden Personen zu reflektiertem und verantwortlichem Umgang mit den ihnen anvertrauten Menschen habe. Also eine eher indirekte psychohygienische und prophylaktische Bedeutung. Für den Einzelfall besteht allerdings aus psychoanalytischer Sicht keine Frage an der therapeutischen Relevanz.

2. *Die psychoanalytisch orientierte Psychotherapie.* Synonym oder ähnliche Verfahren bezeichnend sind die Namen *„analytische Psychotherapie"* (Schultz-Hencke; diese Bezeichnung wird auch als Oberbegriff für alle psychoanalytischen Verfahren benutzt), *„dynamische Psychotherapie"* (Dührßen). Ich selbst spreche der Klarheit wegen von *niederfrequenter (psychoanalytischer) Langzeittherapie*. Bei diesen modifizierten Verfahren findet die Behandlung regelmäßig im Sitzen statt. Die Wochenstundenfrequenz beträgt ein oder zwei Sitzungen. Häufig, insbesondere bei ausklingenden Behandlungen, liegt sie sogar im 14-Tages-Abstand. Es gibt eine Reihe von Unterschieden in der Behandlungstechnik, auf die hier nicht eingegangen werden soll. Wegen der geringen Frequenz kann die Übertragungsanalyse nicht annähernd so intensiv angegangen werden wie beim Standardverfahren. Auch viele Widerstände wird man eher hinnehmen müssen und zu umgehen versuchen als sie auflösen zu können. Das wichtigste Merkmal ist, daß man versucht, die beim klassischen Verfahren angestrebte Regression hier eher gering zu halten. Anfangs war die niederfrequente Psychotherapie im Sitzen deutlich aus der Not geboren, einfach weil man nicht genügend Behandlungsplätze für die große Anzahl der Hilfesuchenden hatte. Heute ist diese Methode jedoch selbst in ihrer Vorgehensweise standardisiert und durchstrukturiert. Die Indikation erfolgt positiv und nicht mehr durch Ausschluß. Für eine niederfrequente analytische Psychotherapie kommen zum einen Patienten in Frage, die nur leichtere Probleme haben, diese aber auf eine analytische Weise angehen wollen. Zum anderen ist das Verfahren die Standardmethode für alle Störungen, denen eine weitergehende Regression nicht zuträglich ist. Dies gilt insbesondere für die sogenannten „frühen Störungen", die schizoiden und narzißtischen Neurosen, für Patienten mit psychotischen Episoden und für eine Reihe von Psychoneurosen, bei denen der Therapeut den Eindruck hat, daß mit weniger Aufwand auch ein ausreichender

Erfolg zu erzielen ist. Man sollte sich hier öfters der Worte des gewiß „orthodoxen" O. Fenichel erinnern: „Wenn ein therapeutischer Erfolg mit geringerem Aufwand zu erzielen ist, dann sollte der größere vermieden werden" (1945, S. 577).

3. *Psychoanalytische „Kurztherapie" oder „Fokaltherapie".* Diese Therapieform wird ebenfalls im Sitzen durchgeführt, die Frequenz beträgt eine Stunde ein- bis zweiwöchentlich, die Gesamtstundenzahl liegt zwischen 15 und 40 Stunden. Während die psychoanalytisch orientierte Psychotherapie sich langsam im Laufe von Jahrzehnten entwickelte, ist diese Form das Ergebnis eines gezielten Forschungsprogramms der Tavistock-Klinik in London, das insbesondere mit den Namen von Balint und Malan verbunden ist. Die Analyse von Widerstand und Übertragung und der möglichst wenig zu beeinflussende therapeutische Prozeß treten hier nun ganz zurück gegenüber einem vor Beginn der Behandlung zu definierenden neurotischen Fokus. Damit ist gesagt, daß ein bestimmter Konflikt gleichsam isoliert und seine Therapie zum Behandlungsziel erklärt wird. Dieser Fokus kann mit dem Patienten besprochen werden, meist findet dies jedoch nicht statt, was bei einem unbewußten Konflikt verständlich ist. Heute scheint die Erfahrung dahin zu gehen, daß Änderungen wahrscheinlicher werden, wenn die Therapie sich der Gesamtdauer von nicht weniger als einem Jahr nähert. Die Gesamtzahl der Stunden spielt dabei offenbar keine so entscheidende Rolle (Beck/Lambelet, 1972). Obwohl sich gut belegen ließ, daß auf diese Weise isolierte Konflikte der Therapie zugänglich sind, fand diese Methode nicht die Verbreitung, die man vermuten könnte. Das Hauptproblem liegt wohl darin, daß die strenge Konzentration auf den definierten Fokus und das Nichteingehen auf die übrigen Angebote des Patienten eine oft sehr hohe Anstrengung vom Therapeuten verlangen. Entwickelt wurde das Verfahren bezeichnenderweise auch an Kliniken, wo Workshops, in denen die Fälle vorgestellt wurden, den Therapeuten immer wieder zur Disziplinierung und ausschließlichen Therapie des definierten Konfliktfokus ermahnten. Auch ist man als Therapeut in höherfrequenten und länger laufenden Behandlungen besser „drin", man kennt die Eigenarten und versteht die Bedürfnisse des Patienten auf eine differenziertere Weise und erlebt wohl deshalb seine eigene Arbeit meist befriedigender als bei den kürzer dauernden und von den Personen her häufiger wechselnden Fokaltherapien. Einführungen in die psychoanalytische Kurztherapie stammen von D. Malan (1963), L. Bellak und L. Small (1965), A. Dührßen (1969 und 1972) und D. Beck (1974).

4. *Psychoanalytische Gruppentherapie.* Bei diesem Verfahren nehmen sechs bis zehn Teilnehmer – als Ideal wird eine Zahl von sieben ± 2 angesehen – an Gruppensitzungen teil, die von einem oder zwei Therapeuten geleitet werden. Die Sitzungen dauern meist 90 Minuten und finden ein- oder zweimal in der Woche statt. Die Gesamtdauer beträgt mehrere Jahre. Die Gruppen werden als geschlossene („closed") geführt, d. h. Beginn und Ende aller Teilnehmer erfolgt gemeinsam. Die Mehrzahl der Therapeuten bevorzugt gegenüber diesem Verfahren Gruppen, bei denen in langsamem Wechsel („slow open") Teilnehmer hinzukommen und ausscheiden. Bei der am strengsten an der Psychoanalyse orientierten Therapieform, wie sie R. Foulkes beschrieb, geht es nicht um eine „psychotherapy *in* the group", sondern um eine „psychotherapy *of* the group". Das heißt, daß der Prozeß der Gesamtgruppe die Interaktion der einzelnen Teilnehmer, die Entwicklung der kollektiven bewußten und unbewußten Phantasien und das kollektive Abwehrverhalten als eine Einheit gesehen und interpretiert werden. Der Therapeut, der diesen Typ analytischer Gruppentherapie praktiziert, gibt keine Interventionen, die sich auf Konflikte oder biographische Momente einzelner Gruppenmitglieder richten, sondern er gibt seine Deutungen für den Gesamtvorgang in der Gruppe. *Er behandelt und therapiert die Gruppe als Ganzes.* Dabei kommt es zu hochinteressanten dynamischen Konstellationen. Triebfunktionen, Gewissensfunktionen, Ich-Funktionen und andere voneinander abgrenzbare psychische Wirkbereiche verteilen sich jetzt auf einzelne Gruppenmitglieder.

Der Therapeut gibt Deutungen an die Gesamtgruppe, wie er sie bei der Einzeltherapie an den Patienten persönlich gibt. In der Praxis wird das Prinzip der Psychotherapie *in* der Gruppe allerdings oft vermischt. Wahrscheinlich ist es von den analytischen Gruppenpsychotherapeuten nur eine Minderheit, die ausschließlich mit der Gruppe als Ganzes arbeitet, und nicht im Einzelfalle auch persönliche Interventionen macht. Einführungen in die analytische Gruppenpsychotherapie stammen von Foulkes und Anthony (1965), Grinberg, Langer und Rodrigue (1960), Preuß (1972) und Heigl-Evers (1972).

Anwendungsbereiche

Eine Therapie *endogener Psychosen* (manisch-depressive Krankheit, psychotische Depression, Schizophrenie) ist mit psychoanalytischer Methodik in Einzelfällen immer wieder durchgeführt worden, hat aber wegen des großen Aufwandes (tägliche Sitzungen) kaum nennenswerte Bedeutung erlangt. Auch unterscheiden sich die angewandten Techniken deutlich von der psychoanalytischen Standardtechnik. Als Domäne der psychoanalytischen Verfahren galten und gelten die *Psychoneurosen*. Am besten beeinflußbar sind *Phobien,* bestimmte *Angstneurosen* und bestimmte *hysterische Bilder,* auch ein Großteil *neurotischer Depressionen.* Für die Psychoanalyse ebenfalls indiziert, aber deutlich schwerer zu beeinflussen sind die meisten *Zwangsneurosen,* die *Charakterneurosen* und die *psychosomatischen* Erkrankungen. Gerade bei den Zwangsneurosen muß aber auch an die Möglichkeit anderer Therapieformen gedacht werden, die sich vor allem im Bereich der Verhaltensänderung als wirksam erweisen können. Uneinheitlich wird die Indikation der psychoanalytischen Verfahren für die *Suchten,* die *Perversionen* und die *Borderline-Zustände* beurteilt. Obgleich zweifellos oft beeindruckende Erfolge erreicht wurden, ist angesichts des hohen Aufwandes und der häufigen Mißerfolge die Frage gestellt worden, ob hier die Psychoanalyse überhaupt indiziert sei. Dieser Indikationskatalog ist aber seinem Wesen nach durchaus „unpsychoanalytisch", weil der Akzent der Psychoanalyse immer auf der individuellen Person und erst in zweiter Linie auf nosologischen Gesichtspunkten liegt.

Fallbeispiel

Aus vielfältigen Gründen, nicht zuletzt Fragen der Vertraulichkeit im Umgang mit sehr persönlichen Mitteilungen des Patienten, sind psychoanalytische Fallberichte mit besonderen Problemen verbunden. Die hier vorgestellte Skizze einer knapp vierjährigen Behandlung mit 160 Stunden gleicht in vielen Elementen, insbesondere in der Bearbeitung der Übertragungsneurose, einer klassischen Psychoanalyse, mit Bedacht wurde aber hier eine neuere Variation des Standardverfahrens im Bereich der ausgeführten Beispiele gewählt. Es handelt sich um eine 22jährige Buchhändlerin, die einige Gespräche bei einem Kollegen gehabt hatte, und dieser Psychotherapeut konnte sie selbst nicht in Behandlung nehmen, hatte ihr aber eine Psychoanalyse empfohlen. Im Erstgespräch bei mir berichtet sie über diffuse Ängste, Befürchtungen durchzudrehen, Gefühle von „Ichlosigkeit", „Entfremdung", schweren Arbeits- und Konzentrationsstörungen, Störungen der Partnerbeziehungen und Anorgasmie und eine „wahnsinnige Angst, das Realitätsgefühl zu verlieren". Zeitweilig sei für sie alles so unwirklich. Symptomatisch standen also ausgeprägte Depersonalisations- und Derealisationserscheinungen im Vordergrund, die ihr vor allem Angst machten.

Ich hielt die Patientin für recht krank, glaubte nicht an das Vorliegen einer reifen Neurose und bot ihr eine Therapie mit einer Wochenstunde an. Sie war enttäuscht, hatte mehr Stunden erwartet; ich blieb bei meinem Angebot, obwohl ich damals einen Therapieplatz für eine rite-Psychoanalyse gehabt hätte. Die Indikation war hier eindeutig auf die Struktur der Störung bezogen. Ich will gleich vorwegnehmen, daß meine Betrachtung der Störung falsch war; ich begriff im Laufe der Jahre immer deutlicher, daß es sich um eine fast klassische hysterische Neurose handelte, bei der aber neben den reifen (ödipalen) auch starke ältere Konfliktanteile vorhanden waren, insbesondere eine ausgeprägte Abhängigkeitsproblematik. In ihren Beziehungen zu anderen Menschen stellte die Patientin Unabhängigkeit um jeden Preis her. Dadurch litt sie besonders, was die Befriedigung ihrer Abhängigkeitsbedürfnisse anging. Mich hätte zwar stutzig machen können, daß diese dramatische Symptomatik damals erst ein Jahr bestand und bis dahin „ganz gut" hingekommen war, wenn man einmal von den Partnerproblemen absieht. Die Symptomatik war aufgetreten, nachdem sie sich von einem Freund getrennt hatte, mit dem sie eine Zeitlang zusammengelebt hatte. Ich brauchte Jahre, um die Genese besser zu verstehen. Im Erstgespräch hatte ich mir allerdings notiert, daß die Arbeitsstörungen wohl nicht so schlimm sein könnten, wenn die Patientin seit Jahren in ungekündigter Stellung arbeite. In der Therapie traten solche Arbeitsstörungen wiederholt auf und führten zu teilweise kritischen Situationen. Sie waren aber alle eindeutig neurotischer Natur und zeigten jeweils klare Abhängigkeit von beschreibbaren inneren Konflikten. Was die Entfremdungsgefühle angeht, so wurde im Laufe der Zeit das gleiche deutlich: Anfangs war keinerlei auslösende Situation erkennbar, der Patientin war keine Distanzierung möglich, sie fühlte sich passiv von diesen Gefühlen überfallen. Nach etwa zwei Jahren konnte ich, sobald sie über solche Zustände berichtete, einfach fragen: „Was war los?" und die Patientin konnte sich sofort an die Bearbeitung der Situation machen, die praktisch immer innerhalb einer Sitzung auflösbar war. Die Entfremdungsgefühle klangen dabei direkt beobachtbar ab.

Nach vier Jahren waren die Zustände fast ganz verschwunden, die Patientin konnte sie ohne meine Hilfe auflösen; sie bearbeitete sie in der Art eines „inneren Dialoges" mit mir. (Diesen Vorgang hat man aus theoretischer Sicht als eine Identifizierung mit dem „analysierenden Prinzip" beschrieben.) Hinter diesen Zuständen stand ein Motivbündel, das sowohl über orale wie über ödipale Aspekte beschreibbar ist. In den ersten Jahren dominierten die Ängste vor und die Wünsche nach Verschmelzung, Symbiose, Fusion mit den sozialen Bezugspersonen (Objekten). Diese Aspekte waren ausschließlich an den Partnerbeziehungen zu bearbeiten, aus der Übertragung zum Therapeuten mußte die Patientin sie konsequent heraushalten. „Ich kriege wahnsinnige Angst bei der Vorstellung, daß ich Ihnen gegenüber etwas empfinden könnte", sagte sie in diesem Zusammenhang. Dann gewannen die Konturen der Mutter und sehr viel langsamer die des Vaters Gestalt. Die Patientin und ihre Schwestern sind Besitz der Mutter, die Ehe der Eltern ist schlecht, der Vater ist ein spinnerter

Buchantiquar (!), der nur seine Sammlungen kennt. (Dies ist wohlgemerkt die subjektive Wahrheit der Patientin, um die es in der Psychoanalyse ja vor allem geht). Im dritten Jahr der Therapie wird deutlich, daß in der Familie folgendes Gesetz galt: Niemand darf den Vater haben, wenn die Mutter ihn nicht gewinnen kann. Wenn die Mutter nicht glücklich geworden ist, dürfen die Kinder es auch nicht werden. Dieses Gesetz hatte die Patientin zu dem ihren gemacht. Vor allem die Versuche zu seiner Übertretung führen zu panischen Angst- und Entfremdungserlebnissen. Das Lebensmotto dieser Frau könnte man so beschreiben: „Das Wahrnehmen der eigenen Wünsche ist noch bedrohlicher als das Empfinden von Entfremdung." Der Patientin fällt jetzt zum ersten Mal auf, daß die Mutter sie auch als Erwachsene keine fünf Minuten allein mit dem Vater sprechen läßt, und die Patientin ist das Lieblingskind des Vaters, wie ihr eigentlich immer bewußt war.

Ich möchte noch einmal kurz auf die Entwicklung der Übertragungsneurose, also dem Artefakt der analytischen Situation, welches das eigentliche Vehikel der Therapie ist, eingehen. Bei der ausgeprägten Reife der Störung im Sinne psychoanalytischer Entwicklungspsychologie suchte die Patientin unbewußt lange Zeit die Wiederbelebung und Bearbeitung der infantilen Neurose zu verhindern. Anfangs war der Therapeut für die Patientin als Person praktisch nicht existent. Sie empfand ihm gegenüber überhaupt nichts, konnte aber schon etwa nach einem halben Jahr Therapie formulieren, daß dies ein ausgesprochenes Programm von ihr sei. Sie wolle ihm gegenüber auch nichts empfinden. Gleichzeitig empfand sie den Therapeuten aber als verläßlich und vertrauenswürdig und kam sehr regelmäßig und gewissenhaft zu den Sitzungen, was für ein intaktes Arbeitsbündnis sprach. Wenn sich dem Therapeuten gegenüber überhaupt Gefühle einstellten, dann waren es solche von Besorgnis, kritisiert zu werden, seinen Erwartungen nicht zu genügen. Wir verstanden dies am ehesten als eine Wiederholung der Empfindungen dem Vater gegenüber. Drohten sich gefährlichere, das waren immer positive Gefühle dem Therapeuten gegenüber, einzustellen, so wich die Patientin auf rasch aktivierte Beziehungen zu neuen Freunden aus. Diese Vorgänge waren meist als Nebenübertragungen zur Entlastung der therapeutischen Übertragung zu verstehen. Erst im allerletzten Abschnitt der Therapie, als das Ende der Stunden schon in deutlicher Sicht und die Trennung vom Therapeuten ganz gewiß war, riskierte die Patientin intensivere Gefühle nach Zuwendung und Zärtlichkeit von ihm. Erst jetzt wurde es möglich, die positiven Empfindungen und Wünsche gegenüber dem Vater, dann im allerletzten Abschnitt der Psychoanalyse, die Rivalitäts- und Haßgefühle gegenüber der Mutter, die nun plötzlich nicht mehr Verschmelzungsangebote machte, sondern stark bedrohlich wirkte, zu bearbeiten. – Bei Beendigung der Therapie war die Patientin praktisch symptomfrei, mit Krisen konnte sie selbständig und ohne Hilfe des Therapeuten umgehen und es bestand eine Partnerbeziehung, die deutlich befriedigender war als alle vorhergehenden.

Zusammenfassung

Viele der heute gängigen (oder innovatorischen) psychotherapeutischen Verfahren sind direkt oder indirekt durch die Psychoanalyse beeinflußt. Die Psychoanalyse ist ein weitgehend genuines Verfahren, das durch Sigmund Freud eingeführt und entwickelt wurde. Das klassische psychoanalytische Verfahren ist das sogenannte *Standardverfahren*. Von seinem äußeren Arrangement her ist es durch das Liegen des Patienten, den außerhalb seiner Sichtweite sitzenden Therapeuten und eine hohe Wochenstundenfrequenz gekennzeichnet. Von seiner inneren Dynamik her stehen in der klassischen Tradition die Konzepte der *Übertragung* und des *Widerstandes* im Zusammenhang mit der Aufdeckung und Aufarbeitung *unbewußter Konflikte* im Vordergrund. Bereits über die stärkere Betonung der Verschränkung von *Übertragung* und *Gegenübertragung* erhielt die Psychoanalyse einen ausgeprägt interaktionellen Charakter. Die stärkere Beachtung des Selbstkonzepts, das Verständnis der verinnerlichten Objektbeziehungen und neue Aspekte der Entwicklungspsychologie führten ihrerseits zu weitergehenden therapeutischen Modifikationen. Neben dem Standardverfahren haben sich als allgemein akzeptierte und rezipierte Modifikationen die *analytische Psychotherapie im Sitzen*, die *analytische Kurzpsychotherapie* und die *analytische Gruppenpsychotherapie* durchgesetzt. Auf eine Vielzahl im engeren oder weiteren Zusammenhang mit der Psychoanalyse stehende Verfahren kann nur hingewiesen werden: In der *stationären* Psychotherapie fanden psychoanalytische Konzepte eine besondere Beachtung; in das *katathyme Bilderleben* (Leuner) gingen psychoanalytische Anschauungen genau so ein, wie in die *konzentrative Bewegungstherapie* (Stolze); schließlich existieren Ansätze einer psychoanalytisch-orientierten *Musiktherapie* genauso wie Versuche einer Integration der Psychoanalyse in das *Psychodrama*.

Literatur

Alexander, F./French, T. M. *Psychoanalytic Therapy*. Ronald Pr., New York 1946.

Bach, H. Die Behandlungstechnik in den neoanalytischen Richtungen. In: Schraml, W./Baumann, U. (Hrsg.) *Klinische Psychologie I*. Huber, Bern/Stuttgart/Wien ³1975, 467–500

Bally, G. *Einführung in die Psychoanalyse Freuds*. Rowohlt, Reinbek 1971.

Beck, D. *Die Kurzpsychotherapie. Eine Einführung unter psychoanalytischem Aspekt*. Huber, Stuttgart/Bern/Wien 1974.

Beck, D./Lambelet, L. Resultate der psychoanalytisch orientierten Kurztherapie bei 30 psychosomatisch Kranken. *Psyche* 1972, **26**, 265–285.

Bellak, L./Small, L. *Kurzpsychotherapie und Notfallpsychotherapie*. Suhrkamp, Frankfurt/Main (1965) 1972.

Bergmann, M. S./Hartmann, F. R. *The Evolution of Psychoanalytic Technique*. Basic Books, New York 1976.

Brenner, Ch. *Grundzüge der Psychoanalyse*. Fischer, Frankfurt/Main (1955) 1968.

Cremerius, J. Die Entwicklung der psychoanalytischen Technik. *Psyche* 1979

Deutsch, H. Über bestimmte Widerstandsformen. *Int. Z. Psa.* 1939, **24**, 10–20.

Dührßen, A. Möglichkeiten und Probleme der Kurztherapie. *Z. Psychosom. Med. Psa.* 1969, **15**, 229–238.

Dührßen, A. *Analytische Psychotherapie in Theorie, Praxis und Ergebnissen*. Verl. f. Med. Psycho./Vandenhoeck & Ruprecht, Göttingen 1972.

Eißler, K. R. The Effect oft the Structure of the Ego on Psychoanalytic Technique. *J. Am. Psa. Ass.* 1953, **I**, 104–143.

Erikson, E. H. *Kindheit und Gesellschaft.* Klett, Stuttgart (1950) ²1965.

Fenichel, O. *Problems of Psychoanalytic Technique.* Psa. Quart. Inc., New York 1941 a.

Fenichel, O. *The Psychoanalytic Theory of Neurosis.* Norton, New York 1945. Dt.: Walter, Olten 1974–1977 (3 Bde.).

Foulkes, S. H./Anthony, E. J. *Group Psychotherapy. The Psychoanalytic Approach.* Penguin Books, Harmondsworth (1957) ²1965.

Freud, A. *Das Ich und die Abwehrmechanismen.* Kindler, München (1936) 1959.

Freud, A. *Wege und Irrwege in der Kinderentwicklung.* Huber/Klett, Bern/Stuttgart (1968) ²1971.

Freud, S. *Studien über Hysterie.* G.W., Bd. 1, S. 75, 1895 d.

Freud, S. *L'hérédité et l'étiologie des névroses.* G.W., Bd. 1, S. 405, 1896 a.

Freud, S. *Die Traumdeutung.* G.W., Bd. 2/3, 1900 a.

Freud, S. *Die zukünftigen Chancen der psychoanalytischen Therapie.* G.W., Bd. 8, S. 103, 1910 d.

Freud, S. *Zur Dynamik der Übertragung.* G.W., Bd. 8, S. 363, 1912 b.

Freud, S. *Weitere Ratschläge zur Technik der Psychoanalyse: II. Erinnern, Wiederholen und Durcharbeiten.* G.W., Bd. 10, S. 203, 1914 g.

Freud, S. *Triebe und Triebschicksale.* G.W., Bd. 10, S. 209, 1915 c.

Freud, S. *Einige Charaktertypen aus der psychoanalytischen Arbeit.* G.W., Bd. 10, S. 363, 1916 d.

Freud, S. *Vorlesungen zur Einführung in die Psychoanalyse.* G.W., Bd. 11, 1916/17.

Freud, S. *Jenseits des Lustprinzips.* G.W., Bd. 13, S. 1, 1920 g.

Freud, S. *Das Ich und das Es.* G.W., Bd. 13, S. 235, 1923 b.

Freud, S. *Hemmung, Symptom und Angst.* G.W., Bd. 14, S. 111, 1926 d.

Freud, S. *Abriß der Psychoanalyse.* G.W., Bd. 17, S. 63, 1940 a.

Fromm-Reichmann, F. *Intensive Psychotherapie. Grundzüge und Technik.* Hippokrates, Stuttgart 1959.

Fürstenau, P. Die beiden Dimensionen des psychoanalytischen Umgangs mit strukturell ichgestörten Patienten. *Psyche* 1977, **31**, 197–207.

Greenson, R. R. *The Technique and Practice of Psychoanalysis.* Vol. I. Int. Univ. Pr., New York 1967.

Greenson, R. R. The Decline and Fall of the 50-Minute Hour. *J. Am. Psa. Ass.* 1974, **22**, 785–791.

Grinberg, L./Langer, M./Rodrigue, E. *Psychoanalytische Gruppentherapie. Praxis und theoretische Grundlagen.* Kindler, München 1957.

Hartmann, H. Bemerkungen zur psychoanalytischen Theorie des Ichs. In: Hartmann, H. *Ichpsychologie.* Klett, Stuttgart (1950) 1972, 119–144.

Heigl. F. Gemeinsamkeiten der Neurosenlehren von E. Fromm, K. Horney und H. Schultz-Hencke; verglichen mit der Psychoanalyse S. Freuds. *Fortschritte d. Psa.* 1964, I, 75–100.

Heigl-Evers, A. *Konzepte der analytischen Gruppenpsychotherapie.* Med. Psychol./Vandenhoeck & Ruprecht, Göttingen (1972) ²1978.

Hoffmann, S. O. *Charakter und Neurose. Ansätze zu einer psychoanalytischen Charakterologie.* Suhrkamp, Frankfurt/Main 1979.

Jacobson, E. *Das Selbst und die Welt der Objekte.* Suhrkamp, Frankfurt/Main (1964) 1973.

Kernberg, O. F. *Borderline-Störungen und Pathologischer Narzißmus.* Suhrkamp, Frankfurt/Main (1975) 1978.

Kohut, H. *Narzißmus.* Suhrkamp, Frankfurt/Main (1971) 1973.

Kuiper, P. C. *Die seelischen Krankheiten des Menschen. Psychoanalytische Neurosenlehre.* Huber/Klett, Bern/Stuttgart (1966) ²1969.

Langs, R. J. *The Technique of Psychoanalytic Psychotherapy,* 2. Bde. Jason, Aronson, New York 1973, Vol. I 1973, Vol. II 1974

Levin, S. Einige Vorschläge zur Behandlung depressiver Patienten. *Psyche* **21**, 393–418 (1965) 1967.

Loch, W./Kutter, P./Roskamp, H,/Wesiack, W. *Die Krankheitslehre der Psychoanalyse.* Hirzel, Stuttgart 1967.

Lorand, S. *Technique of Psychoanalytic Therapy.* Int. Univ. Pr., New York (1946) ⁴1961.

Luft, H. Wandlungen der psychoanalytischen Behandlung der Depressionen. In: Dräger, Mitscherlich, Richter, Scheunert. Seeger-Meistermann (Hrsg.): *Jahrbuch der Psychoanalyse,* Bd. 10. Huber, Bern/Stuttgart/Wien 1978, 25–40

Mahler, M. S./Pine, F./Bergman, A. *Die psychische Geburt des Menschen. Symbiose und Individuation.* Fischer, Frankfurt/Main (1975) 1978.

Malan, D. H. *Psychoanalytische Kurztherapie. Eine kritische Untersuchung.* Rowohlt, Reinbek (1963) 1972.

Menninger, K. A./Holzmann, P. S. *Theorie der psychoanalytischen Technik.* Frommann-Holzboog, Stuttgart/Cannstatt 1977.

Nagera, H. *Psychoanalytische Grundbegriffe. Eine Einführung in Sigmund Freuds Terminologie und Theoriebildung.* Fischer, Frankfurt/Main (1969–1970) 1974.

Preuß, H. G. *Analytische Gruppenpsychotherapie.* Rowohlt, Reinbek (1966) 1972.

Reich, W. *Charakteranalyse. Technik und Grundlagen.* Selbstverlag, Berlin 1933.

Sandler, J./Dare, Chr./Holder, A. *Die Grundbegriffe der psychoanalytischen Therapie.* Klett, Stuttgart 1973.

Sterba, R. Das Schicksal des Ichs im therapeutischen Verfahren. *Int. Z. Psa.* 1934, **20,** 66–73.

Stone, L. *Die psychoanalytische Situation.* Fischer, Frankfurt/Main 1973.

Waelder, R. *Die Grundlagen der Psychoanalyse.* Klett/Huber, Bern/Stuttgart 1963.

Winnicott, D. W. *Reifungsprozesse und fördernde Umwelt.* Kindler, München (1965) 1974.

Winnicott, D. W. *Vom Spiel zur Kreativität.* Klett, Stuttgart (1971) 1973.

Zetzel, E. R. Current concepts of transference. *Int. J. Psa.* 1956, **37**, 369–376.

Psychodrama

Grete Anna Leutz und Ernst Engelke

Ebenso wie die Entwicklung der Gestalttherapie *oder* Psychoanalyse *eng mit der Biographie ihrer Begründer Perls und Freud verbunden ist, hat auch das Psychodrama wichtige Impulse durch die persönliche Entwicklung J. Morenos erfahren. Seine frühen Aktivitäten in Theater- und Künstlerkreisen gingen bereits einher mit Stegreif- und Rollenspielexperimenten und führten zur Ausformulierung seiner psychodramatischen Rollentheorie, seines gruppentherapeutischen Ansatzes und dieser klassischen Form der „dramatischen" Therapie.*

Grete Leutz, Schülerin Morenos und Leiterin eines Moreno-Institutes, und Ernst Engelke geben einen hervorragenden Überblick über die vielseitige Anwendung der psychodramatischen Methode. Es wird deutlich, welch große integrative Kraft das Psychodrama hat und welche große Anziehungskraft es auf weite Kreise ausübt. Psychodramatische Elemente finden sich in einer ganzen Reihe anderer Therapien wieder – so zum Beispiel in der Gestalttherapie, Transaktions-Analyse, Individualpsychologie, Psychoanalyse *und im* Katathymen Bilderleben. *Die Indidaktionsbreite des Psychodramas ist praktisch unbegrenzt, und es kann in verschiedenen Formen, wie z. B. als* themenzentriertes *Psychodrama, gestaltet werden.*

Weitere Therapieansätze in diesem Handbuch, die von der szenischen Rekonstruktion der Vergangenheit in Form von Rollenspiel bzw. Psychodrama Gebrauch machen, sind die auf George Kelly beruhende Fixed-Role-Therapie *und* Personal-Construct-Therapie. *Es handelt sich dabei um äußerst interessante und innovative Weiterentwicklungen, die bislang im deutschen und französischen Sprachraum fast unbekannt geblieben sind, möglicherweise aber noch an Bedeutung gewinnen werden.*

Psychodrama ist spontane szenische Darstellung interpersoneller und intrapsychischer Konflikte, um sie im therapeutischen Setting sichtbar, wiedererlebbar und veränderbar zu machen. Psychodrama im weiteren Sinne wird auch als Synonym für *Psychodramatische Methode* gebraucht. Die integralen Bestandteile dieser frühesten interpersonellen und interaktionellen Methode sind Psychodrama, Soziometrie und Gruppenpsychotherapie. Sie wurde in der Zeit zwischen den beiden Weltkriegen von dem Wiener Arzt Jakob Levy Moreno als *Aktionsmethode* begründet. Er legte ihr Kategorien wie Begegnung, Spiel und szenische Darstellung zugrunde und hat damit der Psychiatrie und Psychotherapie sowie der Sozialpsychologie und Soziologie eine neue Dimension erschlossen.

Psychodrama ist eine *integrative Methode:* Pädagogische, sozial-, lern- und tiefenpsychologische Elemente sind in ihr vereint und vereinbar, ohne daß das Psychodrama als Methode seine Eigenständigkeit verliert.

Geschichte

Die geschichtliche Entwicklung des Psychodramas ist eng mit der Biographie seines Begründers, Jakob Levy Moreno, verbunden. Ihr entsprechend lassen sich in der Entwicklung der psychodramatischen Methode, welche das Psychodrama, die Soziometrie und die Gruppenpsychotherapie einschließt, drei Phasen ausmachen: 1. Morenos Ideen und Aktivitäten vor 1925 in Europa, 2. die Entwicklung der psychodramatischen Methode nach 1925 in den Vereinigten Staaten von Amerika und 3. ihre internationale Verbreitung ab 1950.

Morenos Ideen und Aktivitäten vor 1925 in Europa

Die Entwicklung von Ideen mit grundlegender Bedeutung für die psychodramatische Methode ist an Morenos Auseinandersetzung mit den Prinzipien der *Begegnung,* des *Stegreifspiels* und des *Handelns* gebunden. Ihre methodische Umsetzung in eine neue Therapieform läßt sich am besten vor dem Hintergrund seiner Lebensgeschichte verstehen.

Jakob Levy Loreno ist 1889 als Sohn jüdischer Eltern in Rumänien geboren. Vier Jahre später übersiedelt er mit der Familie nach Wien. Dort wird Morenos weitere Entwicklung durch seine kindliche Weltoffenheit im geistigen Klima der Metropole der Donaumonarchie bestimmt. Er sucht die Begegnung mit allem Neuen, mit unbekannten Menschen – am liebsten mit Kindern – und nimmt die Erfahrung aus diesen Begegnungen in seine Auseinandersetzung mit den wissenschaftlichen, künstlerischen und politischen Strömungen der Zeit hinein. Diese Grundhaltung kommt bereits in der 1915 erschienenen Schrift Morenos „Einladung zu einer Begegnung" zum Ausdruck (Moreno, 1915). Der Zusammenbruch erstarrter und ausgehöhlter Traditionen im Ersten Weltkrieg veranlaßt Moreno, die Unverbildetheit des Kindes – sein spontanes kreatives Spiel – ernster zu nehmen als die Klugheit der Erwachsenen. So kommt es, daß der Student der Medizin und Philosophie gerne mit Kindern in den öffentlichen Gärten Wiens spielt und mit diesem Zeitvertreib den Grundstein für die praktische Entwicklung der psychodramatischen Methode legt.

Nach der medizinischen Promotion im Jahre 1917 bewegt sich Moreno viel in Literaten- und Theaterkreisen. Zusammen mit Alfred Adler, Franz Werfel u. a. gründet er den Genossenschaftsverlag Wien Prag Leipzig und gibt in den Jahren 1918/19 eine expressionistische Zeitschrift heraus. Sie heißt zunächst „Der Daimon", später „Der Neue Daimon". In ihr publizieren auch Martin Buber sowie Ernst Bloch, und Moreno (1919) legt in eigenen Beiträgen zu mehreren Heften bereits den philosophisch-anthropologischen Ansatz der psychodramatischen Methode dar. Gleichzeitig führt er mit befreundeten Schauspielern *Stegreifexperimente* durch, die als Vorläufer des Psychodramas anzusehen sind. Anfang der zwanziger Jahre erscheint anonym sein Buch „Das Stegreiftheater", welches beredtes Zeugnis davon gibt (Moreno, 1924). Die Hauptaktivität Morenos in diesen Jahren liegt jedoch auf unmittelbar medizinischem Gebiet. Gegen Ende des Ersten Weltkriegs ist er ärztlicher Betreuer des Flüchtlingslagers Mitterndorf bei Wien. In dieser Randgruppe erkennt er, wie zuvor im Jahre 1913 bei seinen ersten Versuchen sozialer und therapeutischer Gruppenarbeit mit Prostituierten, den pathogenen Einfluß sozialer Verhältnisse auf Psyche und

Soma. Sein Hauptanliegen ist von nun an die Erforschung zwischenmenschlicher Beziehungen und Interaktionen. Dies führt später zur Formulierung der *Gruppentherapie* (1932), zur Entwicklung und grundlegenden Darstellung der *Soziometrie* (1934) und des Psychodramas als *interpersoneller Therapie* (1924, 1937).

Aber bereits nach dem Ersten Weltkrieg als Gemeindearzt in Bad Vöslau und als Betriebsarzt der Vöslauer Kammgarnfabrik wendet sich Moreno dem grundsätzlichen Ansatz seiner Methode entsprechend immer auch den zwischenmenschlichen und sozialen Nöten seiner Patienten zu.

Die Entwicklung der psychodramatischen Methode nach 1925 in Amerika

Es war seine Erfindung zur elektromagnetischen Tonspeicherung, die Moreno 1925 in die Vereinigten Staaten geführt hat. New York bietet ihm nun die Möglichkeit zu empirischen soziometrischen Studien in Schulen, Gefängnissen und Erziehungsanstalten. Diese groß angelegten Untersuchungen haben hier per se transkulturellen und transethnologischen Charakter. Er gewinnt grundlegende Erkenntnisse über die innere Struktur und Dynamik von Gruppen wie auch über ihre soziometrischen Gesetzmäßigkeiten. Auf dem Boden dieser Forschungen schlägt Moreno 1932 bei der Jahrestagung der American Psychiatric Association in Philadelphia die Einführung von Gruppenpsychotherapie für Strafgefangene und Insassen psychiatrischer Anstalten vor und formuliert damit als erster den Begriff Gruppenpsychotherapie (Moreno, 1932).

Mit seinem gruppenpsychotherapeutischen Ansatz stellt sich Moreno in eine alte Tradition der Menschheit. Er betont, „daß es eine universelle unbewußte Gruppenpsychotherapie gegeben hat, lange bevor die bewußte methodische unserer Zeit sich entwickelte" (Moreno, 1959, S. 9). Als Beispiele hierfür nennt er u. a. die rituellen Tänze der Primitiven, den Chorus des antiken griechischen Theaters und die Mönchsgemeinschaft des heiligen Benedikt von Nursia. Das gemeinsame Charakteristikum dieser Gruppen erblickt Moreno darin, daß die Gruppenmitglieder sich gegenseitig fördern, indem sie die Gruppenkräfte füreinander nutzen. Dies geschah freilich intuitiv spontan. Erst durch die *Soziometrie* wird für Moreno eine diagnostisch fundierte Gruppenpsychotherapie möglich. Er definiert sie als „eine Methode, welche die zwischenmenschlichen Beziehungen und die psychischen Probleme mehrerer Individuen einer Gruppe bewußt im Rahmen empirischer Wissenschaft behandelt" (Moreno, 1959, S. 52). Ziel des Handelns in der Gruppe ist die *gegenseitige Förderung* der Gesundheit der ganzen Gruppe und der einzelnen Mitglieder.

Eine frühe umfassende Würdigung der Bedeutung Morenos für die Entwicklung der modernen Gruppenpsychotherapie gibt Corsini (1955).

Im Jahre 1934 publiziert Moreno unter dem Titel „Who Shall Survive?" seine klassische sozialpsychologische Studie über die soziometrische Untersuchung und Umgestaltung der Erziehungsanstalt Hudson/N.Y. in eine *therapeutische Gemeinschaft*. Die zweite Auflage dieses soziometrischen Standardwerks erscheint im Hinblick auf seine gesellschaftliche Bedeutung mit dem Zusatztitel „Wege zur Neuordnung der Gesellschaft".

Im Rahmen der Gruppenpsychotherapie nach Moreno untersucht die Soziometrie im Unterschied zur klassischen Soziologie nicht die formellen, sondern die *informellen,* d. h. *sozioemotionalen Beziehungen* innerhalb der Gruppe als Ausdruck ihrer inneren Dynamik. Das Psychodrama dagegen befaßt sich in *szenischer Darstellung* mit den Interaktionen der Gruppenmitglieder bzw. des einzelnen Menschen als *Handelndem* in seinem zwischenmenschlichen Beziehungsgeflecht. Dieses zwischenmenschliche Beziehungsgeflecht eines jeden Menschen wird als kleinste Einheit des sozialen Universums verstanden und deshalb „Soziales Atom" genannt. In Anbetracht dieses entscheidenden soziometrischen Ansatzes ist es Moreno als Arzt und Psychotherapeut fürder nicht mehr möglich, das Individuum herausgelöst aus seinen zwischenmenschlichen Beziehungen und ungeachtet seiner Interaktionen in seiner Lebenswelt zu behandeln. Um dem einzelnen hilfesuchenden Patienten, der natürlich nicht in Begleitung der Mitmenschen seines Sozialen Atoms in die Sprechstunde kommt, ebenso gerecht zu werden, wie es gilt, dem interpersonellen Ansatz treu zu bleiben, wird es für Moreno unumgänglich, das Psychodrama in die Psychotherapie einzuführen. Wie wir später sehen werden, verändert Psychodrama das therapeutische Setting dahingehend, daß die Beziehungen und Interaktionen des Patienten innerhalb seines Sozialen Atoms nunmehr auch in der therapeutischen Praxis sichtbar, wiedererlebbar gemacht und entsprechend behandelt werden können.

In den folgenden Jahren entwickelt Moreno eine große Aktivität als Autor zahlreicher Aufsätze und Bücher sowie als Verleger. Als erste Zeitschrift für zwischenmenschliche Beziehungen begründet Moreno 1937 die Zeitschrift „Sociometry". Ab 1947 gibt er eine weitere unter dem Titel „Sociatry" heraus. Letztere wurde zweimal umbenannt, zunächst in „Group Psychotherapy", später in „Group Psychotherapy and Psychodrama". Beide Zeitschriften bestehen noch heute. Die Herausgabe von „Sociometry" erfolgt seit 1977 durch die amerikanische soziologische Gesellschaft.

In enger Verbindung mit der Entwicklung der Soziometrie setzt Moreno seine *Stegreif-* und *Rollenspielexperimente* der Wiener Zeit in Amerika fort. Nachdem er in Europa in seinem Buch „Das Stegreiftheater" die psychodramatische Methode einerseits in intuitiv *systemtheoretischem* Sinne als Therapie miteinander verbundener Menschen, z. B. der „Bewohner des Privathauses" beschrieben und sie andererseits in Sätzen wie „an Stelle der Tiefenanalyse tritt die Tiefenproduktion" als *tiefenpsychologisches* Verfahren charakterisiert hat (Moreno, 1924, S. 75, S. 71), wendet er sie nun in seinem psychiatrischen Privatsanatorium in Beacon/N. Y. bei schwerkranken psychiatrischen Patienten an. Im Jahre 1936 wird an diese Klinik das erste *Psychodramatheater* angebaut. Es steht heute unter Denkmalschutz. Ab 1940 folgt die Einrichtung weiterer Psychodramabühnen in anderen Hospitälern der Vereinigten Staaten. Im Jahre 1942 gründet Moreno die American Society of Group Psychotherapy and Psychodrama (ASGPP) als die erste Gesellschaft für Gruppenpsychotherapie. Sie besteht heute noch. Bereits 1947 führt das Kulturministerium soziometrische Elemente in das amerikanische Schulwesen ein. Das Moreno-Institut findet 1950 durch das Board of Regents des Staates New York offizielle Anerkennung als Lehrinstitut. Moreno lehrt hier seine Methode, unterrichtet gleichzeitig aber auch an New York- und Columbia-University.

Seine Schüler führen gemäß ihren Grundberufen die Soziometrie in Schulen und soziologischen Fakultäten ein, andere wenden vornehmlich Psychodrama in psychiatrischen Kliniken oder in ihrer psychotherapeutischen Praxis an. Auf diese Weise bahnt sich da und dort eine getrennte Weiterentwicklung der integralen Bestandteile ein und derselben Methode an mit dem bedauerlichen Resultat, daß diese schließlich sogar von kurzsichtigen Insidern in ihrer theoretischen Einheitlichkeit und Eigenständigkeit verkannt wird. Zahlreiche Mißverständnisse und Hindernisse in der Rezeption der Methode sind auf ihren zwar einheitlichen, aber verschiedene Disziplinen überschreitenden Ansatz zurückzuführen.

Die internationale Verbreitung der psychodramatischen Methode

Mit der zweiten Hälfte des 20. Jahrhunderts beginnt die internationale Verbreitung der psychodramatischen Methode Psychodrama, Soziometrie und Gruppenpsychotherapie, die auch *sozionomisches System* oder, der genannten Trias wegen, *triadische Methode* genannt wird. Im Jahre 1951 gründet Moreno mit anderen für Gruppenpsychotherapie aufgeschlossenen namhaften Psychotherapeuten wie Bierer, Foulkes, Hulse, Lebovici, Stokvis in Paris das „International Committee on Group Psychotherapy". In Zusammenarbeit mit Wellman Warner organisiert er 1962 den „International Council of Group Psychotherapy" mit Mitgliedern in fünfundvierzig Ländern, dessen Präsident 1964 J. H. Schultz ist (Moreno, Z. T., 1966). Beim V. Internationalen Kongreß für Gruppenpsychotherapie 1973 in Zürich ist es Moreno nur wenige Monate vor seinem Tod am 14. Mai 1974 noch möglich, zusammen mit anderen amerikanischen und europäischen Kollegen diese nur lose Organisation in die International Association of Group Psychotherapy (IAGP) umzuwandeln und sie in der Schweiz als Verein eintragen zu lassen.

Ein wichtiger Markstein auf dem Wege der internationalen Verbreitung des Psychodramas ist der I. Internationale Psychodramakongreß, den A. Ancelin-Schützenberger, Morenos bedeutendste französische Schülerin, 1964 in Paris organisiert. Ihm folgen sechs weitere Internationale Psychodramakongresse auf drei verschiedenen Kontinenten. Die wachsende internationale Rezeption der psychodramatischen Methode kommt auch in Ehrungen Morenos wie der Verleihung der Ehrendoktorwürde durch die medizinische Fakultät der Universität Barcelona im Jahre 1968 und des Goldenen Doktorats der Universität Wien zum Ausdruck. Ende der fünfziger Jahre findet die Methode auch Eingang in die Länder des Ostblocks. Morenos Buch „Sociometry, Experimental Method and the Science of Society" (1951) wird ins Russische übersetzt und in hoher Auflage in Moskau verlegt. Der Autor folgt im anschließenden Jahrzehnt Einladungen, die ihn in die Tschechoslowakei und zweimal in die Sowjetunion führen. Mittlerweile gibt es Psychodrama in zahlreichen Ländern aller Kontinente.

Im Zuge dieser Verbreitung ist die psychodramatische Methode auch in den deutschen Sprachraum zurückgekehrt. Auf Betreiben des Soziologen Leopold von Wiese erscheint gleichzeitig mit der französischen Übersetzung von „Who Shall Survive?" im Jahre 1954 auch die deutsche Übersetzung unter dem Titel „Die Grundlagen der Soziometrie". Die Soziometrie findet ferner über René König, Carl Gustav Specht und das Buch „Die Soziometrischen Techniken" von Rainer Dollase (1973) Eingang in die deutsche Soziologie. Dadurch wird sie allerdings in Deutschland ebenso wie zuvor in Amerika weitgehend von Psychodrama und Gruppenpsychotherapie abgetrennt. Bei der Lindauer Psychotherapietagung im Jahre 1954 gibt Moreno zusammen mit seiner Frau Zerka und Gretel Leutz die erste Psychodramademonstration in Deutschland. Mehrere Vortragsreisen schließen sich an.

Die eigentliche Aufnahme der psychodramatischen Methode in Deutschland beginnt 1970 mit der Gründung der Sektion Psychodrama im Deutschen Arbeitskreis für Gruppenpsychotherapie und Gruppendynamik (DAGG) mit A. Ploeger als erstem Sektionsleiter. Ihre systematische Verbreitung setzt mit der Gründung der Moreno-Institute Stuttgart und Überlingen im Jahre 1975 durch H. H. Straub und G. A. Leutz ein. Im Jahre 1980 nimmt die Bundesärztekammer Psychodrama als eines der sogenannten Klammerverfahren in das Curriculum der Weiterbildung für die ärztlichen Zusatzbezeichnungen „Psychotherapie" und „Psychoanalyse" auf.

Gegenwärtiger Stand

Wir können den gegenwärtigen Stand der psychodramatischen Methode nur dann richtig einschätzen, wenn wir die anfänglichen Behinderungen ihrer Rezeption verstehen, die mancherorts auch heute noch einer ernsthaften Auseinandersetzung mit dem Psychodrama entgegenstehen. Es sind dies:

Der Disziplinen überschreitende theoretische und praktische Ansatz der psychodramatischen Methode. Er bezieht sich auf die Gebiete der Medizin, Psychologie, Soziologie und Anthropologie und wird durch den personellen, interaktionellen Ansatz bedingt und durch den *Rollenbegriff* vermittelt. „Der Rollenbegriff ist quer durch die Humanwissenschaften, die Physiologie, die Psychologie, die Soziologie, die Anthropologie, anwendbar und verbindet diese auf einer neuen Ebene" (Moreno, 1979, S. 17).

Der theoretische und praktische Umgang mit Kategorien wie der *Begegnung,* dem *Spiel* und dem *Drama.* Diese Kategorien hatten zuvor keinen Platz in den exakten Wissenschaften, aber auch nicht in der die Psychotherapie beherrschenden Psychoanalyse. Ihretwegen sind das Psychodrama und seine Vertreter lange nicht ernstgenommen worden.

Das Vorurteil der Nichterlernbarkeit des Psychodramas. Das Psychodrama fand in seiner erfolgreichen Anwendung durch Moreno zwar Beachtung, seiner Weiterverbreitung, besonders der Einführung in die klinische Psychotherapie stand vielerorts jedoch das Vorurteil entgegen, die Methode sei nicht erlernbar. Nichts hat gerade dieses Vorurteil so gründlich widerlegt wie die sprunghaft wachsende Verbreitung des Psychodramas in Deutschland durch Graduenten der erst 1975 gegründeten Moreno-Institute.

Der Überwindung der genannten Hindernisse kommt selbstverständlich auch der *allgemeine Wandel im therapeutischen Denken* entgegen:

Die Behandlung individueller Probleme in *Gruppen,* die vor der Einführung der psychodramatisch-soziometrischen Gruppenpsychotherapie als anstößig und undenkbar galt, ist schon bald danach auch für viele andere Methoden zur Selbstverständlichkeit geworden.

In der zweiten Hälfte des 20. Jahrhunderts hat neben dem Aufblühen der Gruppenpsychotherapie zunehmend eine Hinwendung zum *systemorientierten Denken* stattgefunden. Es sei in diesem Zusammenhang daran erinnert, daß Lewin Ende der dreißiger Jahre das Studium der zwischenmenschlichen Beziehungen seiner *Sozialen Feldtheorie* und damit der *Gruppendynamik* zugrundelegte. Ferner sei an den system- und interaktionsorientierten Ansatz der *Kommunikationstherapie* nach Watzlawick (1967) erinnert sowie an die *systemorientierte Familientherapie,* die *Transaktionsanalyse,* die handlungs- und erlebnisorientierte *Gestalttherapie* und an andere moderne Verfahren mit ähnlichem interpersonellem und/oder -aktionellem Ansatz.

Die *Empathie,* die für das Psychodrama von grundsätzlicher Bedeutung ist, spielt beim „einfühlenden Verstehen" der Client Centered Therapy nach Carl Rogers (1976) die Hauptrolle. Psychoanalytischerseits konnte seit den sechziger Jahren Kohut (1966) die Bedeutung der Empathie für die Psychotherapie nicht hoch genug veranschlagen.

Diese allgemeinen Entwicklungen, welche die psychodramatische Methode gewissermaßen vorweggenommen hat, sind teilweise spontan, teilweise aber erst nach unmittelbarer Berührung mit ihr in Gang gekommen. Außerdem hat da und dort auch eine direkte Übernahme psychodramatischer Elemente in andere Methoden stattgefunden.

Im folgenden werden historische und gegenwärtige Berührungspunkte verschiedener Verfahren mit der psychodramatischen Methode aufgezeigt, um im Sinne der „Einladung zu einer Begegnung" den Dialog mit anderen Methoden in Zukunft fortsetzen und fruchtbar werden lassen zu können.

Die Beeinflussung anderer Methoden durch den interpersonellen und interaktionellen Ansatz des Psychodramas

Der Entwicklung der *Gruppendynamik* gingen Begegnungen zwischen Lewin und Moreno im Jahre 1935 voraus. Aufgrund dieser Bekanntschaft publizierte Lewin in der von Moreno herausgegebenen Zeitschrift „Sociometry". Etliche seiner Schüler gingen alsdann bei Moreno in die Lehre und führten später das Rollenspiel in die Gruppendynamik und *Organisationsberatung* ein. Auch sie publizierten in Morenos Zeitschrift (Petzold, 1980).

Dieser alte Kontakt zwischen Vertretern des Psychodramas und der Gruppendynamik wird in Deutschland seit Jahren im Rahmen des Deutschen Arbeitskreises für Gruppenpsychotherapie und Gruppendynamik (DAGG) neu gepflegt. Hierzulande haben mehrere namhafte Gruppendynamiker die Ausbildung im Psychodrama abgeschlossen oder begonnen und vertreten somit beide Methoden in einer Person.

Die Einführung der psychodramatisch-soziometrischen Gruppenpsychotherapie in die Fachwelt mit Beginn der dreißiger Jahre gab auch Vertretern anderer Methoden den Anstoß zu gruppenpsychotherapeutischer Arbeit. So rief bereits 1943, ein Jahr nachdem Moreno die „American Society of Group Psychotherapy and Psychodrama" gegründet hatte, der Psychoanalytiker Slavson die „American

Group Therapy Association" ins Leben. Sie ist seither zu einer großen, ausschließlich Psychoanalytiker vereinigenden Gesellschaft unter dem Namen „American Group Psychotherapy Association" herangewachsen. Beide Gruppierungen haben inzwischen ihren internationalen Rahmen. In der Internationalen Gesellschaft für Gruppenpsychotherapie (IAGP) sind in erster Linie Vertreter der psychodramatischen Gruppentherapie und der *Gruppenanalyse* nach Foulkes vertreten.

Eine Berührung mit der psychodramatischen Methode ist auch der Einführung der *Transaktionsanalyse* durch Eric Berne vorausgegangen. Berne weilte des öfteren in Beacon und gehört zu den Autoren, die schon früh in der von Moreno herausgegebenen Monographiereihe publizierten. Heute nehmen Psychodramatiker die einfachen, prägnanten Ausführungen der Transaktionsanalyse, z. B. über die Ich-Zustände, gerne als Orientierungshilfe in die Praxis des Psychodramas mit hinein.

Zu den gelegentlichen Gesprächspartnern Morenos gehört auch Fritz Perls, der Begründer der *Gestalttherapie.* Manche der älteren Techniken des Psychodramas finden wir in leicht abgewandelter Form heute in der Gestalttherapie wieder. Die Erwerbung grundlegender Kenntnisse im Psychodrama werden im Ausbildungscurriculum des Fritz-Perls-Instituts gefordert, während Gestalttechniken von Psychodramatikern nützlich bei ihrer Arbeit eingesetzt werden können.

Beim *Katathymen Bilderleben* können psychodramatische Techniken, wie z. B. der *Rollentausch,* in imaginärer Ausübung verwendet werden, indessen Techniken des Katathymen Bilderlebens im Psychodrama verwendbar sind. Dieser Austausch zwischen den beiden Methoden erfolgt ohne vorausgegangene gegenseitige äußere Beeinflussung wohl aus ihrer inneren Verwandtschaft heraus. Letztere kommt auch in der Häufigkeit zum Ausdruck, mit der manche Therapeuten sich in diesen beiden Methoden weiterbilden.

Die direkte Übernahme psychodramatischer Elemente in andere Methoden

Eine Übernahme psychodramatischer Elemente in andere Methoden hat schon seit der Einführung der triadischen Methode in die Fachwelt stattgefunden. In Amerika haben sich Vertreter der *Individualpsychologie* früh mit dem Psychodrama auseinandergesetzt und damit den alten freundschaftlichen Kontakt zwischen Adler und Moreno fortgeführt. Hatte in der Wiener Zeit der Realitätsbezug, die soziale Ausrichtung und die Zielgerichtetheit von Adlers Ansatz Moreno beeindruckt und sicher auch beeinflußt, so übernahmen jetzt Schüler Adlers, wie z. B. Corsini, Dreikurs, Meiers, Starr u. a. m., Elemente der psychodramatischen Methode in die Individualpsychologische Praxis und pflegen auch heute noch den Kontakt zur Psychodramabewegung. Rege Kontakte zwischen Individualpsychologen und Psychodramatikern bestehen seit einigen Jahren auch im deutschen Sprachraum.

Lernpsychologen wenden das Rollenspiel als Mittel zur Verhaltensänderung seit mehr als vierzig Jahren an. Umgekehrt setzt das *Behaviordrama* (Petzold, 1975) Erkenntnisse von Lern- und Verhaltenstherapie systematisch bei der psychodramatischen Arbeit ein. Gerade bei der Findung und Erprobung von neuem Verhalten – Moreno spricht von der *Zukunftsprobe* – bietet sich z. B. die *Sensibilisierung* und *Sukzessive Approximation* an.

Eine direkte Übernahme psychodramatischer Elemente in die *Psychoanalyse* wurde in Deutschland im Sinne der Methodenergänzung durch andere sogenannte Klammerverfahren im Curriculum der Bundesärztekammer für die Ärztliche Zusatzbezeichnung „Psychoanalyse" vorgenommen.

In Frankreich erfolgte die Übernahme bereits Ende der vierziger Jahre durch Psychoanalytiker wie Anzieu, Lebovici (1961), Lemoine (1972), Testemale u. a. Dieselben Analytiker wenden noch heute das Psychodrama gemäß dem jeweiligen Stil ihrer analytischen Praxis auf unterschiedliche Weise an. Dabei dient das psychodramatische Spiel primär der Materialbeschaffung. Eine Zeitschrift unter dem Titel „Psychodrame Freudienne" geben Lemoine und Lemoine heraus. Die französische Bezeichnung „Analytisches Psychodrama" erscheint paradox, da die Autoren sich in erster Linie nicht als Psychodramatiker, sondern als Psychoanalytiker verstehen, die ihre psychoanalytische Praxis durch die Verwendung des Psychodramas bereichern. Die Namensgebung kam wohl unter dem nachhaltigen Eindruck des Umgangs mit dem Psychodrama unbewußt zustande und ist ein Hinweis auf den Raum, den die psychodramatischen Einlagen innerhalb dieser psychoanalytischen Sitzungen einnehmen, und auf die Anschaulichkeit des Materials, das sie der psychoanalytischen Bearbeitung liefern. A. Ancelin-Schützenberger (1970) vertritt in Frankreich die Schule Morenos am reinsten. P. Bour (1972) vereinigt Psychodrama mit existentialistischen Konzepten.

Diese Beispiele zeigen, wie bereichernd die Übernahme psychodramatischer Prinzipien wie der *Gemeinschaft,* des *Spiels* und des *Handelns,* der *Begegnung, Spontaneität* und *Kreativität* sich selbst für Methoden mit anderem Paradigma auswirken kann. Es illustriert den oft für überschwenglich gehaltenen Ausspruch Morenos: „Psychodrama ist der operationale Höhepunkt aller Psychotherapien" (Moreno 1959). In der Tat kann aber jede Methode gemäß ihrem eigenen Paradigma gezielter vorgehen, wenn sie die Probleme ihrer Patienten unmittelbar in lebendiger szenischer Darstellung zur Kenntnis nimmt.

Umgekehrt hat die psychodramatische Methode, wie wir in den folgenden Kapiteln sehen werden, pädagogischen, sozial-, lern- und tiefenpsychologischen Charakter, so daß sie je nach Indikation ihr eigenes Procedere entsprechend den charakteristischen Merkmalen anderer Methoden akzentuieren kann. Die *integrative Kraft* des Psychodramas in der heutigen Therapie (Leutz, 1979) dürfte wesentlich zu der Anziehung beitragen, die es gegenwärtig auf weite Kreise ausübt.

Theorie

Die psychodramatische Methode sieht den Menschen als *Handelnden* in seiner durch die Universalia Raum, Zeit, Realität und Kosmos konstituierten Lebenswelt. In ihr spannt sich sein zwischenmenschliches Beziehungsgeflecht und spielen sich alle seine Interaktionen ab. Dementsprechend beziehen sich die empirischen und hermeneutischen Untersuchungen der psychodramatischen Methode sowie ihr therapeutischer Ansatz auf diesen Bereich.

Als ausschlaggebend für das momentane Befinden eines Menschen wird das *zwischenmenschliche Beziehungsgeflecht* angesehen, in das er von Anfang bis Ende des Lebens eingebunden ist. Dieses Beziehungsgeflecht erweist sich – wie erwähnt – als kleinster Teil des sozialen Universums und wird *Soziales Atom* genannt. Da das Soziale Atom keine statische, sondern eine lebendige Struktur ist, verändert sich mit ihm auch die Befindlichkeit des Menschen. Bedingen die Interaktionen im und die Strukturveränderungen des Sozialen Atoms das gegenwärtige Befinden des Menschen, so bestimmen sie zweifelsohne auch seine Sozialisation und Entwicklung.

In weiterer Verfolgung dieses Gedankengangs wird festgestellt, daß Interaktionen ganz allgemein die *Spontaneität* des Menschen beeinflussen und diese ihrerseits auf seine Interaktionen zurückwirkt. Es ist daher anzunehmen, daß im frühen Kindesalter die Beeinträchtigung der Spontaneität im Sinne einer Hemmung oder anomalen Enthemmung folgenschwere Bedeutung für die weitere psychische und organische Entwicklung des Menschen und damit auch für seine Kreativität hat. Von dieser Hypothese ausgehend formuliert Moreno (1944) die „Spontaneitätstheorie der Kindlichen Entwicklung".

Ausschlaggebend für die Entstehung der psychodramatischen Methode war die Tatsache, daß Moreno sich im Unterschied zu anderen Phänomenologen solange nicht mit seinem anthropologischen Ansatz zufriedengeben konnte, als dieser sich noch nicht empirisch hatte fassen lassen. Aus diesem Bedürfnis heraus entwickelte er die *„Soziometrie* als experimentelle Methode" zur Untersuchung und Messung zwischenmenschlicher Beziehungen (Moreno, 1951). Ansonsten wandte er seine Aufmerksamkeit in erster Linie den Interaktionen zu. Dabei stellt er fest, daß alles menschliche Handeln an die Ausübung von *Rollen* gebunden ist, und definiert Rolle als „die funktionale Form, in welcher der Mensch in einem bestimmten Augenblick auf eine bestimmte Situation reagiert, an der andere Menschen oder Objekte beteiligt sind" (Moreno, 1964, S. IV).

Der Begriff Rolle bezieht sich gemäß dieser Definition keineswegs nur auf den sozialen Bereich, sondern umfaßt sämtliche Dimensionen menschlichen Daseins. Dementsprechend ermöglicht seine Verwendung in der Interaktionsforschung eine konsistente theoretische Aufarbeitung ihrer Ergebnisse, die Moreno (1946, 1960, 1964) in seiner psychodramatischen *Rollentheorie* formuliert (Petzold/ Mathias, 1983).

Das Erreichen dieses Punktes hatte sozusagen eine „Quadratur des Kreises" zur Voraussetzung. Der Mensch in seiner Lebenswelt war bislang nur mühsam und unzuverlässig als Objekt beschrieben worden. Es wurde daher erforderlich, den Klienten bzw. Patienten einer empirischen Untersuchung zugänglich zu machen. Moreno erkannte, daß eine solche nur dann möglich ist, wenn der Klient oder Patient als *Subjekt* sich selbst an der Erforschung seiner zwischenmenschlichen Beziehungen und seiner Interaktionen beteiligt. Er schreibt: „Wir müssen ihn zum Partner, zu einem Experimentator machen" (Moreno, 1933, S. 225) und nennt ihn als solchen *„Aktionsforscher"*.

Zur Verwirklichung dieses realitätsbezogenen theoretischen Ansatzes in der Praxis hat Moreno drei bislang von der Medizin, Sozialpsychologie und Soziologie nicht beachtete Kategorien in die therapeutische bzw. wissenschaftliche Praxis eingeführt. Es sind dies die Begegnung, die szenische Darstellung, das spontane Spiel (Leutz, 1982a, 1983).

Die Begegnung ist das tragende existentielle Prinzip des Psychodramas. In den frühen poetischen Schriften Morenos wie „Einladung zu einer Begegnung" (1915) wird im existenzphilosophischen Sinne die Entgegengesetztheit von Subjekt und Objekt durch die Grundbefindlichkeit des Daseins aufgehoben. Nur auf dem Boden dieses Ansatzes konnte z.B. die Technik des *Rollentausches* entwickelt werden (Leutz, 1983). Entsprechend wurde wie gesagt auch der Status des Klienten vom Forschungs- und Behandlungsobjekt in den eines Aktionsforschers und Aktionstherapeuten mit größtmöglicher Eigenverantwortung verwandelt.

Unter dem Blickwinkel der psychodramatischen Methode muß die Therapie sozialer psychischer und psychosomatischer Leiden beim Handeln in der natürlichen Lebenswelt der Konfliktpartner bzw. eines Menschen ansetzen. Dies kann an und für sich nur im Augenblick der konkreten Begegnung geschehen. Da Begegnung in der natürlichen Lebenswelt im Rahmen der üblichen Formen des therapeutischen Settings nicht möglich ist, hat das Psychodrama ein ganz neues Setting eingeführt, nämlich die szenische Darstellung, das Drama.

Die szenische Darstellung macht es möglich, Situationen, die an einen anderen Ort, eine andere Zeit und an andere Bezugspersonen gebunden sind, im therapeutischen Setting hier und jetzt gegenwärtigzusetzen und sie damit der unmittelbaren Anschauung, dem Wiedererleben und der Behandlung zugänglich zu machen. Dabei sind Raum, Zeit und Bezugspersonen des zum Protagonisten seines Psychodramas gewordenen Klienten oder Patienten zwar nicht real, werden im konkreten Handeln bei der Auseinandersetzung mit den Darstellern dieser Bezugspersonen, den sogenannten *Hilfs-Ichen*, innerhalb der dargestellten Lebenswelt, der sogenannten *psychodramatischen Hilfswelt,* als real erfahren. Von diesem Sachverhalt leitet sich der für die psychodramatische Methode wichtige Begriff der „imaginären Realität" ab (Moreno, 1945). Letztere wird, sofern in ihr Ereignisse aus der äußeren Realität dargestellt werden, als *Semirealität* bezeichnet; finden hingegen psychische Inhalte wie Phantasien, Imaginationen, Träume, Halluzinationen Konkretisierung in ihr, so wird sie *Surplusrealität* genannt.

Eine imaginäre Realität kommt, wie wir wissen, auch im Theater zustande. Sie gibt hier aber nicht das eigene Leben der Schauspieler in seiner Ursprünglichkeit wieder, ist doch die szenische Darstellung im Theater an die Ausübung von festen Rollen gemäß einem vorgeschriebenen Text gebunden! Zur Unterscheidung der vor der szenischen Darstellung nicht festgelegten psychodramatischen Rolle von der Theaterrolle bezeichnet Moreno (1956, S. 112) letztere als *Kulturkonserve.*

Das spontane Spiel kann – wie wir noch sehen werden – eine von solchen Rollenkonserven unabhängige imaginäre Realität entstehen lassen. Dank dem spontanen Spiel können wir beim Psychodrama den Menschen ganzheitlicher erfassen als bei jeder anderen Methode, „denn um es endlich einmal herauszusagen, der Mensch spielt nur, wo er in voller Bedeutung des Wortes Mensch ist, und er ist nur da ganz Mensch, wo er spielt" (Schiller). Aus diesem Grunde macht Moreno das spontane Spiel zum Medium seiner therapeutischen Methode.

Methoden

Wie wird nun aber ein Psychodrama inszeniert? Welche Mittel oder Instrumente sind dazu notwendig? Wie ist der Ablauf des Psychodramas? Was für Techniken gibt es? Welches sind die Formen des Psychodramas?

Konstituenten des Psychodramas

Die *Bühne* ist der vom realen Raum abgehobene Spielraum. Sie muß nicht eine Bühne im Sinne des üblichen Theaters sein, sondern ist meistens ein eigens eingeräumter Platz in einem Gruppenraum. Das Bühnenbild wird auf die Bedürfnisse der Spieler hin mit viel Vorstellungskraft und Kreativität, aber mit wenigen Requisiten entworfen. Auf der Bühne werden die Szenen entfaltet und „ausgehandelt". Menschen, Götter, Tiere, Gegenstände finden konkrete Darstellung.

Der *Protagonist* ist Hauptdarsteller und „Autor" seines Spiels in einer Person. Er soll frei und spontan in Handlung umsetzen, was ihm in den Sinn kommt. Es geht darum, daß er alles, was ihn bedrängt und was er erhofft, auf die Bühne bringt. Je konkreter er handelt, desto intensiver wird er seine Empfindungen erleben bzw. wiedererleben. Angst, Haß, Freude, Liebe, Genugtuung werden so stark in ihm, daß er sein Publikum ebenso vergißt wie seine Hemmungen. So kann er sich zu einem neuen Leben freispielen.

Der *Spielleiter* ist der Regisseur des Spiels. Seine Aufgabe ist es, dem Protagonisten das Spiel zu ermöglichen und ihm bei seinem Psychodrama beizustehen. Moreno (1959, S. 78) schreibt dem Spielleiter – im Englischen als Psychodramadirektor bezeichnet – folgende Funktionen zu: „Er ist Spielleiter, Therapeut und Analytiker". Als Spielleiter ist er bereit, jeden Fingerzeig, den der Protagonist ihm gibt, aufzugreifen und in die dramatische Handlung einzugliedern. Als Therapeut muß er den Protagonisten herausfordern, ihm Widerstand bieten, mit ihm lachen und scherzen, je nach therapeutischer Maßgabe. Als Analytiker bespricht er nach dem Spiel mit dem Protagonisten, den Mitspielern und anderen Gruppenmitgliedern das Spielgeschehen.

Die *Hilfs-Iche oder Mitspieler,* im Englischen auxiliary egos genannt, dienen dem Leiter und dem Protagonisten während des psychodramatischen Spiels als „verlängerter Arm". Sie verstärken und unterstützen den Spielleiter bei seiner Arbeit und stellen für den Protagonisten tatsächliche Personen seiner sozialen Umwelt, Symbolfiguren sowie ihn selbst dar. Die Mitspieler spielen ihre Rollen gemäß den Anweisungen des Protagonisten oder gemäß den Vorschlägen des Spielleiters. Sie wirken als Darsteller, therapeutische Gehilfen und soziale Beobachter beim psychodramatischen Prozeß mit.

Das *Publikum* oder die *Gruppe* gibt schließlich den „Resonanzboden" ab, auf dem das Spiel stattfindet. Es kann einmal dem Protagonisten durch seine Anwesenheit und Teilnahme helfen, zu sich zu kommen, zum anderen kann es aber auch selbst zum Betroffenen werden, nämlich dann, wenn es in dem auf der Bühne dargestellten Geschehen eigenes Erleben und Erleiden erkennt und mitvollzieht. Die Gruppenteilnehmer bilden gewöhnlich auch das Reservoir von Mitspielern für das Spiel des Protagonisten. In reinen Patientengruppen sind allerdings mehrere Psychodramaassistenten zur Übernahme von Antagonistenrollen notwendig, da Patienten, die in ihrer Kreativität, Flexibilität und Stabilität beeinträchtigt sind, diese Rollen oft nicht übernehmen oder durchhalten können.

Der Ablauf eines Psychodramas

Psychodrama verläuft in drei Phasen, nämlich der Erwärmungs-, der Spiel- und der Abschlußphase.

Die *Erwärmungsphase* zu Beginn einer jeden Psychodramasitzung dient der „Einstimmung", der „Lockerung" und der „Erwärmung" (warming up) für das eigentliche psychodramatische Geschehen. Es gibt eine Vielzahl von Initial- oder Erwärmungstechniken, um die Gruppe für die therapeutische Arbeit aufzuschließen und ein Thema oder einen Protagonisten zu finden. Als Beispiele genannt seien das Stegreifspiel, das Märchenspiel, die Arbeit mit dem Sozialen Atom oder dem leeren Stuhl, die szenische Darstellung von Einfällen (Vignette), der Aufbau eines Denkmals, Bedeutung der Vornamen für die Teilnehmer, das leere Blatt u. a. m. (Petzold, 1970).

Die *Spielphase* oder Handlungsphase umfaßt die Zeitspanne der szenischen Darstellung. Zunächst wird die Bühne eingerichtet, dann werden die Mitspieler ausgewählt, und schließlich beginnt die Handlung. Mittels der psychodramatischen Techniken werden Probleme eines oder einiger Gruppenteilnehmer, evtl. auch der ganzen Gruppe, im Psychodrama dargestellt und anschaulich gegenwärtiggesetzt. Für den therapeutischen Prozeß während der betreffenden Sitzung kann eine Szene ausreichen; es kann aber auch sein, daß je nach Notwendigkeit drei bis fünf Szenen nacheinander gespielt werden, um eine Handlungskatharsis und/oder ein Evidenzerlebnis, also Handlungseinsicht, zu erreichen.

Die *Abschlußphase* oder Gesprächsphase schließt unmittelbar an die psychodramatische Handlung an und dient vor allem der Nachbereitung und der Integration des soeben Erlebten. Es werden drei Teile der Nachbereitung unterschieden: das Sharing, das Feedback und die Prozeßanalyse (Leutz, 1974, S. 99). Im *Sharing* teilen die Gruppenmitglieder dem Protagonisten mit, was sie während des Spiels erlebt haben, z. B. ihre Erinnerungen an ähnliche Erfahrungen im eigenen Leben, und schildern, wie sie sich jetzt fühlen. Durch diese Mitteilung wird der Protagonist gestützt. Er erfährt, daß es anderen Menschen nicht viel anders geht und daß er mit seinem Problem nicht allein ist. Beim Sharing erleben alle Teilnehmer oft sehr stark eine gemeinsame tiefe Verbindung, wirkliche Begegnung. Im *Feedback* berichten die Mitspieler dem Protagonisten, wie es ihnen in ihren jeweiligen Rollen beim Spiel ergangen ist und wie sie den Protagonisten erlebt haben. Zudem werden Identifikationen mit Personen oder Spielszenen erwähnt und persönliche Eindrücke der Anwesenden ausgetauscht. Danach kann die *Prozeßanalyse,* im Englischen Processing genannt, durchgeführt werden. Spielleiter und Gruppenmitglieder gehen noch einmal den Sitzungsverlauf durch und analysieren, was sich jeweils ereignet, aber auch das, was sich nicht ereignet hat.

Spezielle Techniken des Psychodramas

Die speziellen Techniken der Methode leiten sich vom psychodramatischen *Prinzip der Hilfswelt* ab, einer imaginären Realität, in welcher der Patient lernen kann, sich mit der Welt und sich selbst auseinanderzusetzen (Moreno, 1945). Die psychodramatischen Techniken bringen und halten das Spiel in Gang und vermitteln den Spielern, insbesondere den Protagonisten, emotionale Neuerfahrungen und Einsichten. Gemäß den drei verschiedenen Phasen des Psychodramas gibt es Erwärmungstechniken, Spieltechniken und Abschlußtechniken. Zu den ersteren gehört z. B. das *Interview,* bei dem der Spielleiter dem Protagonisten hilft, ins Spiel zu kommen, die Bühne einzurichten, die einzelnen Rollen darzustellen und so die Szene, auf die es ankommt, gegenwärtigzusetzen. Unter den zahllosen psychodramatischen Spieltechniken, die Moreno und seine Schüler entwickelt haben und für die noch kein umfassender Katalog besteht, die in ihrem Einfallsreichtum, ihrer Spontaneität und Kreativität aber dem Paradigma des Psychodramas entsprechen, ragen der Rollentausch, das Doppeln und die Spiegeltechnik wegen ihrer konstitutiven und therapeutischen Bedeutung hervor. Moreno (1924, 1934, 1946, 1959) setzt sich seit der Zeit, da er sie eingeführt hat, mit ihren praktischen Möglichkeiten und ihrem theoretischen Sinn auseinander. Die genannten drei Techniken sind von grundsätzlicher Bedeutung für eine erweiterte Wahrnehmung des Interaktionspartners, der eigenen inneren Befindlichkeit und des eigenen äußeren Verhaltens.

Der *Rollentausch* gewährleistet den spontanen Fortgang des Spiels, aber er ermöglicht auch den Zugang zum Unbewußten, die Darstellung vor- und unbewußter Erlebnisse und Interaktionsabläufe. Kann sich nach einer Weile des spontanen Spiels der Mitspieler des Protagonisten, der dessen Bezugsperson darstellt, mit dem besten Willen nicht mehr die Reaktionen der von ihm gespielten Person vorstellen und wird die Darstellung dadurch unzutreffend, so ordnet der Spielleiter einen Rollentausch an. Diese Technik veranlaßt den Protagonisten, nun selbst in der Rolle seiner Bezugsperson zu handeln. Hierdurch wird einerseits die Szene ohne vorausgegangene bewußte Planung entfaltet, andererseits vermittelt der Rollentausch dem Protagonisten die in therapeutischer Hinsicht so wichtige Erfahrung der Wirkung seines eigenen Handelns auf den Interaktionspartner und löst damit ein neues Verständnis für dessen Verhalten aus. Beim Rollentausch geht der Protagonist z. B. aus seiner Rolle als Sohn in die Rolle seines Vaters. Er versucht dabei, sich völlig in die andere Rolle hineinzufühlen und aus dieser Rolle heraus zu leben und zu handeln. Zweck des Rollentausches ist es, eine möglichst genaue und intensive Darstellung des Vaters zu erhalten. Das gleichzeitige Erleben der Rollen beider Interaktionspartner ermöglicht ein besseres gegenseitiges Verstehen und Annehmen. Durch Rollentausch kommt oft eine intensive *Katharsis* in Gang.

Beim *Doppeln* bringt ein Hilfs-Ich als Doppelgänger des Protagonisten in erster Linie Gedanken, Gefühle und Empfindungen zum Ausdruck, derer sich der Protagonist mitunter nicht bewußt ist oder schämt u. a. m. Die Doppeltechnik entspricht den Funktionen der Mutter in der frühesten Lebensphase des Kindes. Durch Einfühlung nimmt sie seine Bedürfnisse wahr und führt aus, was das Kind selbst nicht für sich zu leisten vermag (Leutz, 1982b). Dementsprechend kann Doppeln auch dann eingesetzt werden, wenn der Protagonist psychisch gelähmt den Angriffen seiner Umwelt gegenübersteht, oder wenn er, wie Bunz-Schlösser (1981) und Walter (1981) berichten, organisch in seiner verbalen Ausdrucksmöglichkeit eingeschränkt ist (Engelke, 1981, S. 154 u. 186). Zur Intensivierung der Einfühlung des Doppelgängers in den Protagonisten nimmt das Hilfs-Ich schräg hinter dem Protagonisten dessen Körperhaltung so genau wie möglich ein und imitiert seinen Tonfall, seine Gebärden usw.

Die *Spiegeltechnik* entspricht ebenfalls einer der Entwicklungsphasen, die Moreno (1944) in seiner „Spontaneitätstheorie der Kindlichen Entwicklung" beschreibt, nämlich jener, in der das Kind sich erstmals in seinem Spiegelbild erkennt. Während eines typischen Interaktionsablaufs im Psychodrama kann der Spielleiter ein Gruppenmitglied auffordern, das Verhalten des Protagonisten in einer besonders vertrackten zwischenmenschlichen Situation genau zu beobachten. Nach Beendigung der betreffenden Szene wird diese dann ein zweites Mal gespielt, jetzt allerdings mit dem Hilfs-Ich (das den Protagonisten beobachtet hat) in der Rolle des Protagonisten. Letzterer schaut sich die Szene von außen an. Er steht dabei auf einem Stuhl. Seine innere Betroffenheit ist oft sehr groß und kommt häufig in Ärger zum Ausdruck. Der Spielleiter fordert in diesem Augenblick den Protagonisten auf, „dem dort unten" (also sich selbst) zu sagen, was er hier oben gerade fühlt und denkt. Manchmal kommt es zu Beschimpfungen, oft gibt der Protagonist auch einen Ratschlag oder eine Anweisung. Er wird dann sogleich gebeten, seinen Platz mit dem Hilfs-Ich, das ihn soeben dargestellt hat, zu vertauschen. In die psychodramatische Interaktion zurückgekehrt, kann der Protagonist nun erfahren, ob er das vorgeschlagene sinnvollere Verhalten ohne weiteres in die Tat umzusetzen vermag. Wichtig bei dieser Konfrontationstechnik ist der Umstand, daß die Vorschläge zur Verhaltensmodifikation vom Protagonisten selbst gegeben werden und somit seine Autonomie erhöhen.

Die Spiegeltechnik wird außerdem eingesetzt, wenn der Protagonist unfähig ist, sich selbst darzustellen. Kleine Entstellungen seines Verhaltens beim Spiegeln lösen im zuschauenden Patienten meistens das Bedürfnis zur Korrektur aus. Letztere wird ihm erlaubt. Indem er die vom Hilfs-Ich gegebene Darstellung seiner selbst korrigiert, wird schließlich auch dieser Patient zum Protagonisten seines Psychodramas.

Als weitere wichtige Techniken seien der Dialog, der Monolog und die Zukunftsprojektion genannt. Da Psychodrama nicht nur auf das Handeln ausgerichtet ist, sondern auch das Sprechen in den therapeutischen Prozeß einbezieht, kommen dem Dialog und dem Monolog im Psychodrama große Bedeutung zu.

Der *Dialog* findet nicht nur zwischen den Mitspielern in ihren zugewiesenen Rollen und dem Protagonisten, sondern auch zwischen dem Spielleiter und dem Protagonisten in der Rolle seiner Bezugspersonen, also seiner Antagonisten, statt. Durch den Verfremdungseffekt der letzteren Variante gewinnt der Protagonist meistens eine realistischere Einschätzung seiner Lage sowie seiner selbst und drückt sie im Dialog aus.

Im *Monolog* (Soliloqui), dem therapeutischen Selbstgespräch, bringt der Protagonist Gedanken und Empfindungen zum Ausdruck, die er im unmittelbaren Spiel selbst nicht zu äußern vermag, z.B. den Wunsch nach Zärtlichkeit, wenn er gleichzeitig seinem Lebenspartner Vorwürfe macht, daß er zu wenig Zeit habe. Das Selbstgespräch läuft neben der eigentlichen Handlung her. Der

Protagonist bleibt zwar in der Szene, tritt während des Monologs aber ein wenig beiseite oder dreht den Kopf, wenn er seine Gefühle und Gedanken laut werden läßt. Nach diesem Zwischenspiel geht das Spiel – meistens verändert – weiter.

Bei der *Zukunftsprojektion* zeigt der Protagonist, wie er sich seine Zukunft zu bestimmten Zeitpunkten vorstellt. Dabei geht es nicht um seine phantastischen Vorstellungen und realen Wünsche, sondern um konkrete Pläne und wahrscheinliche Entwicklungen. Laut Moreno (1959, S. 101) soll der Protagonist hierbei „sein eigener Prophet" sein.

Bei der *Realitätsprobe* wird untersucht, ob derartige Vorstellungen, Pläne, Ideen und Wünsche für den Protagonisten überhaupt realisierbar sind bzw. ob seine Ängste der dargestellten Situation angemessen sind oder nicht.

Formen des Psychodramas

Psychodrama kann in verschiedenen Formen gestaltet werden.

Das *gruppenzentrierte Psychodrama* erfolgt in der Gruppe, in welcher ein Konflikt besteht. Psychodrama wird in diesem Falle „in situ", d. h. an Ort und Stelle, durchgeführt. Dabei ist jedes Gruppenmitglied Protagonist (Moreno, 1924, S. 76); dies gilt z. B. auch für Stegreifspiele einer Gruppe, also Darstellungen ohne jegliche Rollenvorgabe, in denen die Beziehungen der Gruppenmitglieder untereinander zum Ausdruck kommen und geklärt werden können.

Das *protagonistenzentrierte Psychodrama* wird dann eingesetzt, wenn nur ein Mitglied der Gruppe therapeutische Hilfe sucht. Die anderen Gruppenmitglieder sind in diesem Falle in der Praxis des Therapeuten nicht anwesend. Der Patient vermag sie jedoch dank der Hilfe der Mitspieler, die sich aus der Therapiegruppe rekrutieren, darzustellen und sich so mit seinen Bezugspersonen auseinanderzusetzen. Dasselbe gilt für die Darstellung intrapsychischer Vorgänge wie Phantasien, Träume, Wahnvorstellungen.

Das *themenzentrierte Psychodrama* behandelt ein Thema, das alle Gruppenmitglieder anspricht. Die Gruppensitzung kann von vornherein unter diesem Thema angekündigt sein, z. B. der Umgang mit Kranken. Das Thema kann sich aber auch erst während der Erwärmungsphase als „in der Luft liegend" herausstellen, z. B. als die Angst der Teilnehmer vor Arbeitsplatzverlust.

Das *Monodrama* ist ein „Psychodrama en miniature". Der Psychotherapeut arbeitet hier im Rahmen einer Einzelberatung mit psychodramatischen Techniken. Er läßt den Patienten z. B. sein Soziales Atom durch Gegenstände symbolisieren. Der Patient kann auch mit seinen so symbolisierten Bezugspersonen die Rolle tauschen, für sie doppeln usw. Zu mancherlei Zwecken wird dabei die Technik des leeren Stuhls verwandt.

Anwendungsbereiche

„Die psychodramatische Methode ist in ihrer Anwendung praktisch unbegrenzt; der Kern der Methode bleibt jedoch unverändert" (Moreno, 1959, S. 88). Im Sinne dieses Ausspruchs Morenos ist auch das im folgenden Abschnitt dargestellte Fallbeispiel als Illustration des Kerns der Methode zu verstehen. Die

Anwendung des Psychodramas kann durch die Akzentuierung der einen oder anderen ihrer Eigenarten in so unterschiedlicher Weise erfolgen – konfliktzentriert, aufdeckend, übend u. a. m. – und durch gezielten Einsatz seiner zahlreichen Techniken derart variiert werden, daß seine Indikationsbreite in der Tat außerordentlich groß ist. Unkundige haben Äußerungen Morenos wie die zur Anwendung zitierte häufig als Ausdruck der Kritiklosigkeit und Hybris aufgefaßt und demzufolge eine Aneignung und Anwendung der psychodramatischen Methode gar nicht erst in Betracht gezogen. Pontalis (1975, zitiert nach Zeintlinger, 1981, S. 10) bezeichnet sie kurzerhand als „Theater eines Faxenmachers", ein Vorurteil, dem durch die breite Anwendung des Psychodramas in Deutschland seit einigen Jahren jegliche Grundlage entzogen worden ist.

Psychodrama wird hier in psychiatrischen Universitätskliniken (Bender, 1980), in Landeskrankenhäusern (Truöl, 1981), Psychosomatischen Kliniken (Seeger, 1981), Suchtheilstätten, Beratungsstellen und Privatpraxen mit so gutem Erfolg angewandt, daß auf diese Methode nicht mehr verzichtet werden möchte.

Moreno (1959, S. 72) unterscheidet für die Gruppenpsychotherapie fünf Anwendungsfelder: Forschung, Pädagogik, Diagnose, Therapie, Prophylaxe.

Für die Gruppenpsychotherapie stellt Moreno (1959) fest, daß sich der größte Teil der Publikationen mit klinischer Therapie und *Prophylaxe* befaßt. Eine Erhebung von Gombert (1979) zeigt, daß bei deutschen Psychodramatikern die gleichen Prävalenzen bestehen, vorausgesetzt allerdings, daß Prophylaxe und Beratung zusammen betrachtet werden. Schwerpunktmäßig sind 58,6% der befragten Psychodramatiker in der *Therapie* tätig, 31,4% in der *Beratung*, 28,9% in der *Aus-/Fortbildung* und die restlichen 20,1% in sonstigen Bereichen. Anzumerken ist, daß das Psychodrama im Rahmen von Therapie natürlich auch *diagnostisch* eingesetzt wird. Offen bleibt die Frage, ob das Psychodrama als eigenständiges diagnostisches Instrument wie z.B. ein Persönlichkeitstest benutzt wird. Unklar ist zudem, welche Bereiche mit Aus-/Fortbildung erfaßt werden. Ist damit die Aus-/Fortbildung in Psychodrama gemeint oder aber der gesamte bildende Bereich? Es liegt die Vermutung nahe, daß lediglich die Aus-/Fortbildung in Psychodrama besprochen wird, weil es sich bei den befragten Psychodramatikern um die Mitarbeiter und Ausbildungskandidaten der beiden Moreno-Institute handelt und im Mittelpunkt der Institute die Ausbildung von Psychodramatikern mit der psychodramatischen Methode steht. Insofern ist wahrscheinlich nichts darüber ausgesagt, wie häufig Psychodrama in der Pädagogik allgemein angewandt wird.

Die Literaturübersichten von Petzold (1978b, S. 2779–2783) und Zeintlinger (1981, S. 49–51) über Publikationen zum „Angewandten Psychodrama" (Petzold, 1978a) bestätigen eindeutig die Befunde Morenos und Gomberts: die Psychotherapie ist das Feld, auf dem das Psychodrama am häufigsten angewandt wird. Zur Psychotherapie gezählt werden hier Kinder-, Jugendlichen- und Erwachsenenpsychiatrie, Suchttherapie, Therapie von Neurosen und psychosomatischen Erkrankungen, Familien- und Partnertherapie. Je nach Wahl und Kombination seiner Varianten dient Psychodrama sowohl der Behandlung von Neurosen und Psychosen (Moreno, 1945a, 1945b, 1959; Straub, 1969), von Borderline Syndromen (Rohde-Dachser, 1980), von Alkoholkrankheit (Truöl, 1981) und anderen Suchten (Petzold, 1979), von psychosomatischen Erkrankungen (Eibach, 1980) sowie von psychischen Störungen bei körperlichen Behinderungen (Bunz-Schlösser, 1981; Walter, 1981).

Während Moreno auch für dieses Feld die Anwendung des Psychodramas nicht einschränkt, nennt Petzold (1978b, S. 2779) folgende *Kontraindikationen:* 1. Präpsychotische und akute psychotische Zustände im ambulanten Setting, nicht bei stationärer Therapie; 2. psychosomatische Erkrankungen in akuten Stadien wie z. B. Asthma oder Ulcus duodeni; 3. Anfallserkrankungen, Infarktgefährdung und schwere Formen des Diabetes; 4. akute Suizidalität bei ambulanter Behandlung.

Bei der psychodramatischen Behandlung von suicidalen und psychotischen Patienten sollte der Psychodramatherapeut besonders erfahren sein; ebenfalls bei massiv hysterischen Patienten.

Auf die *Grenzen,* die für jede Form und jeden Anwendungsbereich des Psychodramas gelten, verweist Zeintlinger (1981, S. 52f.). Es sind die Grenzen, die sich aus den Persönlichkeitsstrukturen der Interaktionspartner (Flexibilität, Stabilität, Kreativität, Spontaneität, Intelligenz etc.) aus der zur Verfügung stehenden Zeit (Länge der einzelnen Sitzungen, kurz-, mittel- oder langfristige Therapie) und auch aus der Beschaffenheit der äußeren Bedingungen (Gruppenraum oder Bühne, Requisiten etc.). ergeben.

Außer im therapeutischen Bereich läßt sich das Psychodrama gut als *pädagogisch-didaktisches Instrument* einsetzen, insbesondere dann, wenn es um die Vermittlung und die Erlangung *sozialer Kompetenz* geht. Viele Erfahrungsberichte liegen vor über die Anwendung des Psychodramas im pädagogischen Bereich; diese reichen vom Kindergarten bis zur Hochschule, von der Berufsbildung bis zur Ausbildung von Laienhelfern und zur *Supervision.* Diese Berichte zeigen, daß sich pädagogisches Rollenspiel und Psychodrama mitunter überschneiden und eine klare Trennung nicht möglich ist. Petzold (1978b, S. 2782) spricht darum vom *psychodramatischen Rollenspiel im pädagogischen Bereich.*

Über die unterschiedliche Anwendung des Psychodramas (Engelke, 1981, S. 9) durch viele Psychodramatiker liegen in der internationalen Literatur zahlreiche kasuistische Berichte vor. Damit ist die therapeutische Qualität des Verfahrens aber noch nicht nachgewiesen. In Deutschland wurden erste Studien zur *Evaluation* im klinischen Rahmen von Bender et al. (1979) durchgeführt.Eine Evaluierung des Psychodramas in Schule und Hochschule hat Schönke (1975) vorgenommen. Im Zuge einer größeren Evaluationsforschung ging Schmidt (1978, 1980) der Frage nach, ob Studenten durch Teilnahme an Psychodramaselbsterfahrung bei der Bewältigung ihrer spezifischen Lebenssituation wirkungsvoll Hilfe geboten werden kann.

Das Ergebnis seiner Untersuchung wertet er als „eindrucksvollen Befund, der dafür spricht, daß das Psychodrama in der hier angewandten Weise nicht uniform wirkt, sondern differentiell. Das heißt: Die einzelnen Wirkungen treten nicht bei allen Teilnehmern gleichermaßen ein, sondern in jeweils unterschiedlichem Maße" (Schmidt, 1980, S. 139). Für viele Psychodramatiker sind aufgrund ihrer eigenen psychodramatischen Erfahrungen die positiven Wirkungen des Psychodramas subjektiv erwiesen. Schmidts Untersuchung läßt vermuten, daß diese subjektiven Einschätzungen auch objektiv-empirischen Kriterien standhalten können.

Fallbeispiel

Eine etwa 40jährige Sozialarbeiterin berichtet in einer Psychodramagruppe davon, daß sie öfters sehr unzufrieden mit sich sei. Sie fühle sich mitunter wie gelähmt, und dies würde sie stark beunruhigen. Sie könne sich gar nicht erklären, wie es dazu komme. Auf ihren Wunsch hin und mit der Zustimmung der übrigen Gruppenmitglieder wird ihr Erleben nun im Psychodrama behandelt.

Zuerst fordert der Psychodramaleiter die Klientin auf, sich die Bühne in dem Gruppenraum einzurichten. Die Klientin wählt die eine Hälfte des Gruppenraumes als Bühne und bittet die Gruppenmitglieder in den Zuschauerraum, die andere Hälfte des Raumes. Während sie die Stühle beiseite räumt, um Platz für das Spiel zu schaffen, erinnert sie sich, daß sie sich bei bestimmten Tätigkeiten unzufrieden und wie gelähmt fühlt, z. B. beim Bügeln der Wäsche. Der Leiter fragt sie nach einer konkreten Situation. Diese fällt der Klientin schnell ein. Der Leiter ermuntert sie nun, die erinnerte Situation darzustellen.

Die Klientin richtet jetzt das Zimmer ein, in dem sie bügelt. So werden Raum und Zeit des Konfliktes gegenwärtig gesetzt. Der Leiter achtet auf eine genaue Beschreibung des Zimmers und der Einrichtungsgegenstände, um so die gesamte Atmosphäre einzufangen. Nicht zuletzt ergeben sich aus der Einrichtung oft wichtige diagnostische Hinweise. „Wo geht man in das Zimmer hinein? Wo sind die Fenster? Wie ist das Licht? Was steht wo? etc." Das von der Klientin einzurichtende Zimmer ist ein kombiniertes Schlaf- und Arbeitszimmer, das sie zusammen mit ihrem Ehemann benutzt. Einen großen Raum nimmt der gemeinsam benutzte Schreibtisch ein. Bei diesem Schreibtisch verweilt die Klientin längere Zeit. Die Bücher ihres Mannes und ihre eigenen Bücher liegen darauf. Die Bücher ihres Mannes liegen aufgeschlagen da, ihre eigenen geschlossen an der Seite. Unter dem Schreibtisch steht ein Korb voller Wäsche, in der Mehrzahl sind die Wäschestücke Hemden ihres Mannes. Sie nimmt sie einzeln in die Hand. Es sind etwa 12 Hemden. Hinter der Tür steht ein Besenschrank, in dem sich ein Bügelbrett befindet. Neben dem zusammengeklappten Bügelbrett stehen noch ein Staubsauger und die Gitarre der Klientin. Der Leiter läßt die Gitarre und das Bügelbrett durch Gruppenmitglieder darstellen. Die Klientin wählt die Darsteller selbst aus, da die betreffenden Darsteller für die Dauer des Spiels Empfänger von Übertragungen der Protagonistin sein werden.

Um die Gitarre und das Bügelbrett in der Bedeutung für die Protagonistin lebendig werden zu lassen, setzt der Leiter den Rollentausch ein. Da entwickelt sich ein Dialog zwischen der Klientin und der Gitarre, in dem die Klientin bedauernd feststellt, daß sie eigentlich viel zu wenig Zeit für die Gitarre und zum Gitarrenspiel habe, obwohl sie gern spiele. Früher habe sie viel mehr Zeit für solche Tätigkeiten gehabt. Mit gedämpfter, fast trauriger Stimme sagt sie: „Viel häufiger benutze ich das Bügelbrett." Der Leiter bittet sie, das Bügelbrett aufzustellen und zu zeigen, wie sie bügelt. Die Klientin klappt das Bügelbrett auseinander und holt langsam das Bügeleisen. Sie zögert, den Stecker des Bügeleisens in die Steckdose zu stecken, steht unschlüssig da und schaut versunken zum Fenster hinaus. Sie scheint blockiert zu sein. Als ihr Blick wieder auf den Korb voll Wäsche fällt, beginnt sie zu bügeln. Sie steht mit dem Rücken zur Gruppe tief nach vorn über das Bügelbrett geneigt. Klein und niedergeschlagen wirkt sie bei ihrer Arbeit.

Um der Klientin Gelegenheit zu geben, ihre Situation aus ihren zwei konkurrierenden Anteilen zu erleben, fordert der Leiter sie auf, mit der Gitarre und mit dem Bügelbrett die Rollen zu tauschen und aus den jeweiligen Rollen zu sprechen. Es ergibt sich folgender Dialog zwischen der Gitarre und dem Bügelbrett:

Gitarre: „Ich bin schöner."
Bügelbrett: „Aber ich werde häufiger benutzt als du und viel häufiger aus dem Schrank genommen."
Gitarre: „Ich spiele und habe viel Spaß und Freude."
Bügelbrett: „Ich tue meine Pflicht und opfere mich für andere auf."

Wieder in ihrer eigenen Rolle greift die Klientin nach einem Hemd ihres Mannes und bügelt es. Als sie das nächste Hemd nimmt, blickt sie auf den gefüllten Wäschekorb und sagt zu sich: „So viel ist es doch gar nicht!" Als sie das Hemd dann bügelt, stellt sie müde fest: „Ein ganzer Korb voll Wäsche. Das ist doch ganz schön viel!" Dann versinkt sie in ihre Gedanken. Auf Bitten des Leiters spricht sie dann ihren inneren Monolog laut los:

„... eigentlich mach ich's doch auch ganz gerne ... einer muß es ja machen ... niemand zwingt mich dazu ... ich find's auch nicht so schlimm ... und doch stört es mich manchmal ... ich versteh das selbst nicht ... ich war mit der Regelung für unsere Arbeitsverteilung doch auch einverstanden ... viel ist es doch auch wirklich nicht ... ich mach' das ja auch nicht immer ... ich arbeite ja noch in meinem Beruf ... ich war doch auch damit einverstanden, wie es jetzt ist ... und dennoch bin ich unzufrieden ... ich mache mir selbst was vor ... aber wenn ich dann wieder vergleiche ...

Die Protagonistin stockt. Ihre Stimme ist immer leiser geworden. Der Leiter ermuntert sie, alles auszusprechen, auch wenn es ihr schwerfalle oder unangenehm sei. Langsam weicht der Widerstand der Klientin und sie sagt unter Tränen: „Dann komme ich mir so nutzlos und so minderwertig vor!" Nachdem sie das gesagt hat, weint sie lange mit dem Hemd in der Hand am Bügelbrett stehend. Schließlich legt sie das Hemd zur Seite, setzt sich kraftlos auf die Bettkante und schaut zum Fenster hinaus.

Als sie längere Zeit so verweilt hat, fragt sie der Leiter, wo sie sich mit ihren Gedanken befinde. Erregt antwortet die Protagonistin: „Eigentlich dachte ich, ich sei schon längst über diesen Punkt hinweggekommen, aber jetzt hat es mich schon wieder eingeholt: immer die brave und nützliche zu sein!" Erinnerungen an ihre Kindheit steigen in ihr hoch: „Auch früher habe ich oft Körbe voll Wäsche gebügelt, ganz viele Körbe voll, einfach so, und Berge voll Abwasch gewaschen, hohe Berge voll Abwasch, und das Tag für Tag ..." Und sie erzählt schluchzend von dem vielen dreckigen Geschirr, den vielen Tassen und Tellern, dem vielen Besteck, den fettigen Pfannen und Töpfen, die sie jeden Tag – ohne dazu von jemandem gezwungen zu werden – abgewaschen hat, „einfach so". Jetzt kann sie darüber nur verwundert den Kopf schütteln.

Der Leiter fragt sie, ob sie bereit sei, noch einmal in die Kinderzeit zurückzugehen, in die Zeit voll Abwasch und Wäsche. Die Protagonistin stimmt zu. Die neue

Szene spielt in der elterlichen Küche und die Protagonistin ist 12 Jahre alt. Nachdem die Küche in großen Zügen eingerichtet worden ist, steht die Protagonistin inmitten von Pfannen, Töpfen, Tassen, Tellern etc. am Spültisch und spült. Auf einem Beistelltisch stehen die schwer zu reinigenden Gegenstände: ein kleiner Topf, eine große Bratpfanne, eine Kuchenform und ein großer unhandlicher Brätling. Die einzelnen Geräte werden durch Gruppenmitglieder dargestellt. Für sich selbst sucht die Protagonistin auf die Aufforderung des Leiters hin ein Gruppenmitglied als Doppel aus.

Der Leiter interviewt die das Geschirr spülende Klientin: Sie spült jeden Tag für die ganze Familie, das sind sechs Kinder und drei Erwachsene, das Geschirr, sie bügelt die gesamte Wäsche und hilft beim Putzen des Hauses mit. Ihre Geschwister sind mit Hausarbeiten nicht so beansprucht wie sie, sondern nehmen sich mehr Zeit zum Spielen und gehen mehr ihren eigenen Interessen nach. Die Protagonistin würde auch gern draußen mit den anderen spielen, wird aber von der Hausarbeit so stark in Anspruch genommen, daß sie einfach nicht dazu kommt. Es mangelt ihr an Zeit. Bei dem Interview wird sie nur für einen Moment ärgerlich; als sie zum Küchenfenster hinausschaut, sieht sie ihren Bruder im Garten beim Spielen. Anklagend sagt sie: „Der muß nie spülen!" Sogleich beschwichtigt sie sich aber wieder: „Aber ich kann doch Mutter nicht allein alles machen lassen. Die anderen müssen doch auch helfen. Sie drücken sich zwar recht häufig ..."

Das die Protagonistin spiegelnde Hilfs-Ich hat während dieser Szene auf einem Stuhl am Rande der Bühne gestanden und alles aus dieser erhöhten Warte miterlebt. In der folgenden Szene tauscht die Protagonistin häufig die Rolle mit diesem Mitspieler. Der Leiter möchte der Protagonistin die Gelegenheit geben, sich aus einer anderen Perspektive wahrzunehmen. Während die Protagonistin am Anfang ihr pflichtbewußtes Handeln in Schutz nimmt, regt sich allmählich in ihr Unmut. Schließlich wird sie ärgerlich und schimpft von der erhöhten Position: „So richtig brav steht sie da und spült, nützlich, fleißig und brav!" Als sie nach dem Rollenwechsel wieder am Spültisch steht, gibt der Leiter die Anweisung, daß die Mitspieler, die das schmutzige Geschirr darstellen, als Chor wiederholen: „Brav und nützlich!" Während der Chor mit unterschiedlichen Lautstärken die Worte wiederholt, läuft die Protagonistin unruhig auf der Bühne hin und her. Sie beginnt einmal kurz und recht lustlos, das Geschirr aufzuräumen. Mit den „schweren Brocken" auf dem kleinen Tisch möchte sie beginnen. Doch so einfach lassen sich der Brätling und die schwere Pfanne nicht handhaben. Als die Protagonistin dieses spürt, gibt sie ihr Vorhaben auf und kehrt zu ihrem Kreislauf in der Küche wieder zurück. Als sie diesen „Küchenkreislauf" vom hohen Stuhl aus betrachtet, sagt sie: „Typisch: brav, nützlich, arbeitsam und folgsam." Dann zögert sie einen Augenblick und sagt: „Aber da gibt's auch noch die andere Eva." (Die Protagonistin heißt Eva.) Die Szene in der elterlichen Küche wird auf einmal für die Protagonistin unwichtig. Das schmutzige Geschirr bleibt ungespült stehen, und die Protagonistin kann es auch stehen lassen. Sie kommt jetzt aus ihrer Kindheit wieder in die Gegenwart zurück.

Auf die Frage des Leiters: „Wie sieht denn die andere Eva aus?" antwortet die Protagonistin: „Sie ist lustig, pfiffig, lacht gerne und flirtet auch manchmal!" Bei dieser Antwort wirkt sie gelöst und entspannt, aber immer noch sehr ernst. Die Anregung des Leiters, die Protagonistin solle doch diese Seite einmal in einer

Szene zeigen, kann die Protagonistin nicht aufgreifen. Vielmehr möchte sie sich die Beziehung ihrer beiden Anteile anschauen. Den Mitspieler, den sie als Spiegel gewählt hatte, wählt sie auch als den Darsteller für den „braven, nützlichen und pflichtbewußten Anteil". Sie selbst möchte den „frohen, lustigen und frechen Anteil" übernehmen. Die Klientin variiert dann die Positionen ihrer beiden Anteile und probiert verschiedene Beziehungsstrukturen aus. Am Schluß bleibt sie bei folgender Zuordnung: Der „pflichtbewußte Anteil" sitzt auf einem Stuhl und der „spielerische Anteil" sitzt davor auf der Erde und lehnt sich mit dem Rücken an den anderen an. Mit dieser inneren Beziehungsstruktur ist die Protagonistin zufrieden. Sie beendet das Spiel in der Rolle des „spielerischen Anteiles". Am Ende des Spiels fordert der Leiter die Protagonistin auf, die Mitspieler zu „entrollen", d. h., sie von den übernommenen Rollen zu befreien und die Bühne wieder abzuräumen.

Zum Sharing setzt sich die Gruppe wieder in den Kreis. Die Protagonistin sagt: „Ich fühle mich jetzt ruhig ... und spüre auch ein Gefühl von Zufriedenheit und Zärtlichkeit in mir. Ich sehe meine beiden Seiten in mir und kann auch akzeptieren, daß die brave, nützliche Eva zu mir gehört." Anschließend sprechen die Gruppenmitglieder, die durch das miterlebte Spiel innerlich angerührt sind, über eigene ähnliche Erlebnisse und Erfahrungen.

Zusammenfassung

Die psychodramatische Methode mit ihren integralen Bestandteilen Psychodrama, Soziometrie und Gruppenpsychotherapie wird in ihrer Entstehung und internationalen Verbreitung bis zum gegenwärtigen Stand dargestellt. Ihre Bedeutung als erstes theoretisch und praktisch elaboriertes interpersonelles und interaktionelles Gruppenverfahren wird dem Leser anhand der Ausführungen über die anthropologischen Grundlagen deutlich, unter deren Blickwinkel der Mensch als Handelnder im zwischenmenschlichen Beziehungsgeflecht, als Rollenspieler in seiner Lebenswelt gesehen wird. Bei der Lektüre kann nachvollzogen werden, wie J. L. Moreno, der Begründer des Psychodramas, von diesem Menschenbild ausgehend in konsequenten Gedankengängen die Soziometrie als Lehre von den zwischenmenschlichen Beziehungen und die Rollentherapie als Interaktionstheorie entwickelte. Er ist bei seinen theoretischen Überlegungen aber nicht stehen geblieben, sondern hat durch die praktische Einführung bis dahin von der Medizin, Psychologie und Soziologie ignorierter Kategorien wie der Begegnung, des spontanen Spiels und der szenischen Darstellung in diese Disziplinen den Sozialwissenschaften und der Psychotherapie eine neue Dimension erschlossen. Die damit einhergehende Entwicklung einer Vielfalt soziometrischer und psychodramatischer Techniken hat das Psychodrama zu einer umfassenden Methode mit sozial-, lern- und tiefenpsychologischen Aspekten werden lassen. Durch die Darstellung der wichtigsten Techniken des Psychodramas sowie einer Psychodrama-Sitzung erhält der Leser eine Vorstellung von der ganzen Breite der differentiellen Anwendung des Psychodramas, die am Ende des Beitrags umrissen wird.

Literatur

Ancelin-Schützenberger, A.: Précis de Psychodrame, Editions Universitaires, Paris, 1970

Bender, W.: Psychodrama-versus-Freizeitgruppe: Effekte einer 25stündigen Gruppenpsychotherapie bei psychiatrischen Patienten. *Fortschritte der Neurologie-Psychiatrie und ihrer Grenzgebiete.* 47. Jg., Heft 12, Dez. 1979

Bender, W.: Psychodrama im psychiatrischen Krankenhaus: Methodeneinsatzmöglichkeiten und Effekte, in: *Psychodrama.* Hrsg. Leutz, G. A./Oberborbeck, K. W., S. 348–352, 1980

Bour, P.: Le psychodrama et la vie, Delachaux et Niestlé, Neuchâtel, 1972

Bunz-Schlösser, G.: Das Psychodrama als Methode der klinischen Psychotherapie in der Rehabilitation hirngeschädigter Erwachsener, in: *Psychodrama in der Praxis, Anwendung in Therapie, Beratung und Sozialarbeit.* Hrsg. Ernst Engelke, Pfeiffer-Verlag, München, S. 154–185, 1981

Corsini, R.: „Historic Background of Group Psychotherapy", a Critique. *Group Psychotherapy* Vol. VIII. Nr. 3, 1955

Dollase, R.: Soziometrische Techniken. Beltz Verlag, Weinheim/Basel, 1973

Eibach, H.: Der Einsatz des Psychodramas bei Psychosomatikern in bezug auf die Kriterien der analytischen Kurztherapie, in: *Psychodrama.* Hrsg. Leutz, G. A./Oberborbeck, K., S. 315–329, 1980

Engelke, E.: Das Psychodrama und seine vielfältigen Möglichkeiten, in: *Psychodrama in der Praxis, Anwendung in Therapie, Beratung und Sozialarbeit,* Pfeiffer-Verlag, München, S. 9–33, 1981

Gombert, K.: Anwendung und Indikation des Psychodramas. *Integrative Therapie* 5 (1/2), S. 38–50, 1979

Kohut, H.: Formen und Umformungen des Narzißmus. *Psyche* 20, Heft 8, S. 561, Ernst Klett, Stuttgart, 1966

Lebovici, S.: Psychodrama as applied to Adolescents. *J. child Psychol. Psychiat.* 1, 1961

Lemoine, G., Lemoine, P.: Le Psychodrame, Editions Robert Laffont, Paris, 1972

Leutz, G. A.: Psychodrama, Theorie und Praxis. Das Klassische Psychodrama nach J. L. Moreno. Springer-Verlag, Berlin/Heidelberg/New York, 1974

Leutz, G. A.: Die integrative Kraft des Psychodramas in der heutigen Psychotherapie. *Integrative Therapie.* Themenheft Psychodrama 1979

Leutz, G. A.: Was ist Psychodrama? *Praxis der Psychotherapie und Psychosomatik,* Bd. 27, Heft 2, März. Springer-Verlag, Berlin/Heidelberg/New York, 1982a

Leutz, G. A.: Entsprechungen zwischen der Spontaneitätstheorie der kindlichen Entwicklung und Prozeß und Ziel der Psychodramatherapie. *Psychotherapie, Psychosomatik, Medizinische Psychologie,* Heft 6, 1982b

Leutz, G. A.: Psychodrama, in: *Handwörterbuch der Psychiatrie.* Hrsg. Battegay, Glatzel, Rauchfleisch. Enke-Verlag, Stuttgart, 1983

Moreno, J. L.: Einladung zu einer Begegnung, Anzengruber-Verlag, Wien, 1915

Moreno, J. L.: Die Gottheit als Komödiant. *Der Neue Daimon,* Heft 3–4, S. 48, 63 (1919)

Moreno, J. L.: Das Stegreiftheater, Gustav-Kiepenheuer-Verlag, Potsdam, 1924

Moreno, J. L.: Application of the Group Method to Classification. National Comittee on Prisons and Prison Labor, New York, 1932

Moreno, J. L.: Psychological and Social Organization of Groups in the Community, in: *57. Yearboock of Mental Deficiency,*, p. 224–242, Proceedings and addresses. American Association on Mental Deficiency, Albany, N. Y., 1933

Moreno, J. L.: „Who Shall Survive?" Nervous and Mental Disease Publishing Comp., Washington, D. C. 1934

Moreno, J. L.: Inter-personal Therapy and the psychopathology of inter-personal relations. *Sociometry* 1, 1/2, p. 9.–76, Beacon House Inc., Beacon, N. Y. 1937

Moreno, J. L.: Spontaneity Theory of Child Development. *Sociometry* Vol. VII, p. 29–76, Beacon House Inc., Beacon, N. Y. 1944

Moreno, J. L.: Psychodramatic Treatment of Psychoses. *Psychodrama Monographs* No. 15, Beacon House Inc., Beacon, N. Y. 1945a

Moreno, J. L.: Psychodrama and the Psychopathology of Interpersonel Relations. *Psychodrama Monographs* No. 16, Beacon House Inc., Beacon, N. Y. 1945b

Moreno, J. L.: Psychodrama Vol. I. Beacon House Inc., Beacon, N. Y. 1946

Moreno, J. L.: Sociometry, Experimental Method and the Science of Society. Beacon House Inc., Beacon, N. Y. 1951

Moreno, J. L.: Die Grundlagen der Soziometrie. Wege zur Neuordnung der Gesellschaft, Westdeutscher Verlag, Köln/Opladen, 1954, ²1967, ³1974

Moreno, J. L.: Sociometry and the Science of Man. Beacon House Inc., Beacon, N. Y. 1956

Moreno, J. L.: Gruppenpsychotherapie und Psychodrama. Georg-Thieme-Verlag, Stuttgart 1959

Moreno, J. L.: The Sociometry Reader. The Free Press of Glencoe/Illinois, 1960

Moreno, J. L.: Psychodrama Vol. I. Beacon House Inc., Beacon, N. Y. ²1964

Moreno, J. L.: Das Rollenkonzept, eine Brücke zwischen Psychiatrie und Soziologie. *Integrative Therapie* 1/2, S. 17, 1979. Engl.: The Role Concept, a Bridge between Psychiatry and Sociology, *Amer. Journ. of Psychiatry* 118, P. 518–522, 1961

Moreno, Z. T.: Evolution and Dynamics of the Group Psychotherapy Movement. *Handbook of Group Psychotherapy*, Hrsg.: Moreno, J. L., Friedeman, Battegay, Moreno, Z. T., Philosophical Library, New York, 1966

Petzold, H.: Psychodramatische Techniken in der Therapie mit Alkoholikern, 1970, *Zeitschrift für praktische Psychologie*

Petzold, H.: Behaviordrama, eine verhaltenstherapeutische Variante des Psychodramas 1971, *Samenspel* 6/7, S. 139–146, 1975

Petzold, H.: Angewandtes Psychodrama, Junfermann-Verlag, Paderborn 1978a

Petzold, H.: Das Psychodrama als Methode der klinischen Psychotherapie. In: Gottschaldt, Lersch, Sander u. Thomae (Hrsg.): *Handbuch der Psychologie*, Bd. 8 (2) (hrsg. von Pongratz), Hogrefe, Göttingen 1978b

Petzold, H.: Psychodrama-Therapie, Inauguraldiss., Universität Frankfurt, Junfermann-Verlag, Paderborn, 1979

Petzold, H.: Moreno und Lewin und die Ursprünge der psychologischen Gruppenarbeit. *Zeitschrift für Gruppenpädagogik* 6, S. 1–18, 1980

Petzold, H./Mathias, U.: Rollenentwicklung und Identität, Junfermann-Verlag, Paderborn, 1983

Rogers, C. R.: Eine neue Definition von Einfühlung. In: Jankowski, P., u. a. (Hrsg.), Klientenzentrierte Psychotherapie heute, S. 33–51, 1976

Rohde-Dachser, C.: Loslösungs- und Individuationsprozesse in der psychoanalytisch orientierten Psychodrama-Therapie. In: *Psychodrama*, Hrsg. Leutz, G. A., und Oberborbeck, K. W., S. 271–306, 1980

Schiller, F.: Die ästhetische Erziehung des Menschen. In: Sämtl. Werke, Bd. 12, 15. Brief

Schmidt, B.: Selbsterfahrung im Psychodrama als Methode der Sozialtherapie für Studenten, Universität Würzburg 1978

Schmidt, B.: Empirische Untersuchungen differentieller Wirkungen des Psychodramas. *Gruppendynamik* 11 (22), S. 122–141, 1980

Schönke, M.: Psychodrama in Schule und Hochschule – eine empirische Untersuchung. *Gruppendynamik*, Heft 2, Jahrg. 6, S. 109–117, 1975

Seeger, U.: Die psychodramatische Situation als psychotherapeutisches Medium. In: *Die Psychosomatische Kurklinik*. Hrsg. G. Menzel, Verlag für Medizinische Psychologie im Verlag Vandenhoeck & Ruprecht, Göttingen/Zürich, S. 118–134, 1981

Starr, A.: Psychodrama, Nelson Hall, Chicago 1977

Straub, H.: Erfahrungen mit psychodreamatischer Behandlung von Zwangsneurosen. *Ztschr. f. Psychother. u. Med. Psychol.*, S. 192–202, 1969

Truöl, L.: Psychodrama mit Suchtkranken. In: *Psychodrama in der Praxis. Anwendung in Therapie, Beratung und Sozialarbeit*, Hrsg. E. Engelke, Pfeiffer-Verlag, München, S. 202–223, 1981

Walter, L.: Psychodrama mit körperbehinderten jungen Menschen. In: *Psychodrama in der Praxis. Anwendung in Therapie, Beratung und Sozialarbeit*. Hrsg. E. Engelke, Pfeiffer-Verlag, München, S. 186–201, 1981

Watzlawick, P.: Menschliche Kommunikation, Verlag Hans Huber, Bern/Stuttgart/Wien, 1967

Zeintlinger, K.: Analyse, Präzisierung und Reformulierung der Aussagen zur psychodramatischen Therapie nach J. L. Moreno, Dissertation Universität Salzburg 1981

Psychoimaginationstherapie

Joseph E. Shorr

Zu jenen, die sich am tatkräftigsten und erfolgreichsten für die Verwendung der Imagination in der Therapie eingesetzt haben, gehört Joseph Shorr, der Verfasser des nachfolgenden Kapitels. Er vertritt einen existentiellen/phänomenologischen Standpunkt und verwendet das imaginäre Bild *bzw.* Vorstellungsbild *als Haupttechnik zur Veränderung der Persönlichkeit.*

Die Psychoimaginationstherapie ist eines der reinsten therapeutischen Systeme. Sie ist im Prinzip ein autochthones System, das in Charme und Eleganz von keinem anderen in diesem Buch präsentierten System übertroffen wird. Und meiner Meinung nach wird ein Prozeß vorgestellt, den alle Therapeuten verstehen und verwenden sollten. Die Psychoimaginationstherapie ist, ebenso wie das Rollenspiel, das Interview und die Analyse früher Erinnerungen, eine Technik von allgemeinem Wert.

Die Psychoimaginationstherapie ist ein phänomenologischer und dialogischer Prozeß, bei dem der Hauptakzent auf der *subjektiven Bedeutung,* der *Imagination* und dem *imaginären Bild* liegt (Shorr, 1967). Die Betonung der therapeutischen Interaktion selbst hat mit der Frage danach zu tun, wie man sich selbst identifiziert und wie man das Bild, das man von sich selbst hat, von dem zugeschriebenen Selbst trennt, wie es in der Kindheit von wichtigen Bezugspersonen definiert wurde.

Die Psychoimaginationstherapie habe ich 1965 entwickelt, und ihre Anwendung ist gegenwärtig im Zunehmen begriffen. Theoretisch ist sie mit der *Interpersonalen Schule* der Psychoanalyse verwandt, die in der Hauptsache auf das Werk von Harry Stack Sullivan zurückgeht.

Geschichte

Die Menschen sind immer schon von ihrer *Imagination* gefesselt gewesen, obwohl sie historisch verschiedentlich eine Vorrangstellung erhielt und dann wieder zur Bedeutungslosigkeit verurteilt wurde. Der Begriff Imagination hat zur Erklärung menschlichen Verhaltens gedient, als Agent der Kausalität, als Quelle körperlicher, emotionaler und mentaler Krankheiten – ja selbst des Todes.

In der Geschichte der Psychotherapie hat die Imagination viele Rollen mit unterschiedlichen Folgen gespielt. Im 18. Jahrhundert wurden die Wirkungen von Anton Mesmers *hypnotischer* Technik der Imagination zugeschrieben, und das *Imaginationskonzept* des Italieners Ludovico Muratori soll Träume, Visionen, Wahnvorstellungen, fixe Ideen und Nachtwandlerei enthalten haben.

Während des 19. Jahrhunderts hielt man Handlungen, die man einst der Imagination zugeschrieben hatte, für Produkte von *Suggestionen* oder *Autosug-*

gestionen. Doch Sigmund Freud (1959) probierte schon 1892 eine „Konzentrationstechnik" aus, die sich der *imaginären Bilder* des Patienten bediente.

„Ich teile dem Patienten mit, daß ... ich Druck auf seine Stirn ausüben werde, und ich versichere ihm, daß er solange, wie der Druck anhält, eine Erinnerung in der Form vor sich sehen wird, wie sie ihm erscheint, und bitte ihn, mir dieses Bild oder Ideal mitzuteilen, was auch immer es sein mag. ... Wenn ich das gesagt habe, lasse ich los und frage ihn ruhig, als gäbe es keine Enttäuschung: ‚Was haben Sie gesehen?' oder: ‚Was ist Ihnen geschehen?'"
„Dieses Verfahren hat mich viel gelehrt und hat auch immer seinen Zweck erfüllt. Heute kann ich nicht mehr ohne es auskommen" (Breuer/Freud, 1953, S. 270).
„Meine Erwartungen haben sich erfüllt: Ich habe mich von der Hypnose freigemacht. ... Die Hypnose hat die Sicht auf eine Wechselwirkung der Kräfte versperrt, die jetzt deutlich zum Vorschein kommt und deren Begreifen meiner Theorie eine feste Form gibt" (Freud, 1959, S. 29).

Trotz seiner großen Begeisterung gab Freud später die Konzentrationstechnik zugunsten der *freien Assoziation* auf. Jerome L. Singer (1971) meint dazu:

„Freud hat sich vielleicht geirrt, als er nicht beim imaginären Bild allein blieb und statt dessen den Patienten erlaubte, zur freien verbalen Assoziation überzugehen. Er hätte mit seiner früheren Technik vielleicht rascher Wesentliches aufgedeckt. Zweifellos haben einzelne Fachleute geahnt, welche Bedeutung es hat, wenn das konkrete Bild durch die Patienten hervorgehoben wird, und sind mit der augenscheinlichen Glätte der Abwehrmechanismen unzufrieden gewesen, die so oft die verbale freie Assoziation kennzeichnet" (S. 9).

Man kann sich nur in der Phantasie ausmalen, zu welchen Veränderungen es im Bereich der Psychotherapie gekommen wäre, wenn Freud mit dem „freien Vorstellungsbild" weitergemacht hätte. Doch Carl G. Jungs Konzept der „aktiven Imagination" übte einen bedeutenden Einfluß auf das intellektuelle Denken Europas aus.

Das 20. Jahrhundert erlebte eine Wiederbelebung des Interesses am imaginären Bild in Europa. Carl G. Jung und Sándor Ferenczi definierten Imagination und imaginäres Bild neu und erfüllten diese Konzepte mit neuem Leben. Aber in den Vereinigten Staaten tat man sich mit dem Gebrauch von Imagination und imaginärem Bild als psychotherapeutischen Instrumenten schwer. Obschon E. B. Titchener über Probleme arbeitete, die mit Imagination und *Introspektion* zusammenhingen, lenkte Watson, Amerikas erster bedeutender Vertreter des *Behaviorismus,* den Hauptstrom der psychologischen Forschung von einer Beschäftigung mit den inneren Bildern des Menschen – seinen Tagträumen, Träumen und seinem phantastischen Sinnieren – ab und auf die Konzepte der *Konditionierung* hin. Die Psychoanalytiker der damaligen Zeit hielten Phantasien und Träume für relevante Bereiche der analytischen Forschung; aber zum freien Gebrauch der Imagination wurde nicht ermutigt.

Freud glaubte, daß Phantasie und Imagination im wesentlichen auf die *Abwehrmechanismen* der Person begrenzt seien. Die adaptive Funktion der Imagination wurde weitgehend ignoriert, mit Ausnahme von Heinz Hartmann (1958). Doch weder Hartmanns Arbeit noch einer früheren Akzentsetzung durch Erich Fromm (1955) wurde große Aufmerksamkeit zuteil. Fromm sprach sich dafür aus, über das konventionelle Verfahren der freien Assoziation hinaus zu Situationen zu gelangen, die vom Therapeuten initiiert werden. Er riet Analytikern, ihre *eigene* Imagination voll auszuschöpfen, und schlug den Gebrauch von aktiven Methoden der Vorstellungsbilder vor, um den freien Assoziationsfluß bei Patienten zu verbessern.

Doch im großen und ganzen zeigten amerikanische Psychologen die Neigung, Träumerei und Imagination für unproduktiv, unpraktisch und gänzlich unempirisch zu halten.

Die Rückkehr des imaginären Bildes in die amerikanische Psychologie ist – und das ist seltsam genug – von demselben theoretischen System bewirkt worden, das ihr Auftauchen verzögert hat – nämlich vom *Behaviorismus*. Der Nachdruck, den die Behavioristen auf die visuellen Bilder während der *Systematischen Desensibilisierung* legen, ist ein Beispiel dafür. T. G. Stampff und D. J. Leavis (1967) benutzten z. B. eine starke negative Vorstellung in ihrer *Implosionstherapie*. Obwohl die Behavioristen dazu beigetragen haben, imaginäre Bilder wieder in die Therapie einzuführen, zeigen sie kein starkes Interesse an den inneren Erfahrungen oder Phantasien der Klienten und lassen im allgemeinen unbewußte Prozesse unerforscht.

Gestalttherapeuten benutzen die Imagination im Zusammenhang mit Träumen, haben aber den interpretativen Wert von Bildern eingeschränkt. Und sie haben kein Interesse an der Imagination in ihrem Bezug auf vergangene Erfahrung gezeigt.

Europäische Psychotherapeuten stützen sich oft auf die Arbeiten von Robert Desoille, Hanscarl Leuner, Carl Happich, Roberto Assagioli, André Virel, Gaston Bachelard und anderen – Wissenschaftlern, die ein gemeinsames Interesse daran haben, imaginäres Bild und Imagination in der Psychotherapie zu verwenden.

In der psychotherapeutischen Verwendung des imaginären Bildes übertrifft Desoille alle anderen. Seine Pionierleistung wurde von E. Caslant (1927) beeinflußt. Ausgehend von Caslants ursprünglicher Vorstellung, entwickelte Desoille (1965) den *rêve éveillé*, die „Guided Affective Imagery Technique". Sie diente für nahezu alle psychotherapeutischen Entwicklungen, die imaginäre Bilder als hauptsächliche Technik anwenden, als Bezugspunkt. Seine Methode geht dahin, daß viele Probleme durch den symbolischen Kampf oder Wandel, der im Vorstellungsbild stattfindet, verbessert werden können.

Die philosophischen Wurzeln der Psychoanalyse sind einzig und allein die von Freud – das Konzept des *psychischen Determinismus* und die Matrix von der Triplizität von *Ich, Es* und *Über-Ich*. Auch Jung lieferte seine eigene philosophische Grundlage – das *kollektive Unbewußte*. Eine vergleichbare philosophische Grundlage, die Imagination und Vorstellungsbild hervorhebt, wurde von einem Nichtpsychotherapeuten, dem Phänomenologen Gaston Bachelard (1964), geschaffen. Er brach mit der traditionellen psychologischen Methode der Selbstbeobachtung, indem er auf die angeborene Fähigkeit des Menschen, imaginäre Bilder und Symbolik zu erzeugen, aufmerksam machte.

Angesichts des wachsenden Bewußtseins von Imagination und Vorstellungsbild erlebte man im letzten Jahrzehnt auch eine vermehrte Hervorhebung der *Phänomenologie* – der Lehre, wie eine Person ihre Welt sieht. Meiner Meinung nach fordert die Phänomenologie, daß eine Person ihre Imagination als Instrument dazu benutzt, sich selbst auf alles vorzubereiten, was sie allein wahrnimmt, antizipiert, verteidigt und verarbeitet. Die Person stellt sich vor, wie

Dinge sein werden, und bereitet sich so auf eine Handlung vor, wie auch immer sie ausfallen mag. Die Integration der Phänomenologie mit dem Konzept und dem Gebrauch der Imagination ist eine Notwendigkeit, die auf der Hand liegt. Unsere Welt der Bilder reflektiert und repräsentiert unser In-der-Welt-Sein, und wir können den Menschen nur als ein Einzelwesen und als einen Teil der Menschheit verstehen, wenn wir das Bild seines Erlebens begreifen.

R. D. Laing (1965, 1971) half, die Phänomenologie der „Selbst-und-anderer"-Konzepte zu formalisieren und zu konkretisieren, die ursprünglich einmal von H. S. Sullivan entwickelt worden waren. Indem der Autor diese Gedankenrichtung mit den europäischen Untersuchungen über das imaginäre Bild durch eine natürliche Brücke – psychotherapeutische Bildproduktionen – miteinander verband, hat er einen systematischen und umfassenden theoretischen Rahmen für eine lebensfähige und innovative Psychotherapie geschaffen.

Ich meine, daß aufgrund der interessanten und dramatischen Natur des an den Tag geförderten Materials die intensive Verwendung von Vorstellungsbildern in der Psychotherapie Motivation und Engagement des Therapeuten stärkt. Die Wahrscheinlichkeit ist hoch, daß die Lebendigkeit und Intensität der Bilderproduktionen des Klienten als Katalysator seiner eigenen therapeutischen Motivationen dienen.

Gegenwärtiger Stand

1972 habe ich das Institute for Psycho-Imagination Therapy (IPIT) in Los Angeles gegründet. Ich hatte mich bereits fast zehn Jahre lang mit der Entwicklung der Theorie und Methoden der Psychoimaginationstherapie befaßt. Ein Teil der grundlegenden Arbeit und theoretischen Struktur wurde ursprünglich in mehreren Zeitschriftenartikeln vorgestellt.

Mein erstes Buch, „Psycho-Imagination Therapy", wurde 1972 veröffentlicht. Mein zweites Buch, „Psychotherapy Through Imagery" (1974b), enthielt neues Material: Ergebnisse klinischer Untersuchungen und Forschungsarbeiten über die Psychoimaginationstherapie. Mein drittes Buch, „Go and See the Movie in Your Head" (1977b), brachte neues Material hinzu, das mit der „Selbstbild-Vorstellung" zusammenhängt.

Von Anbeginn hat das Institut seinen Einflußbereich ständig ausgedehnt. Mehrmals jährlich wurden an der University of California in Los Angeles, am Immaculate Heart College, an der California School of Professional Psychology und an der University of Southern California Seminare abgehalten. Über Theorie und Methoden der Psychoimaginationstherapie werden zehn- und zwanzigwöchige Trainingskurse für Fachleute angeboten. Außerdem habe ich im Rahmen von internationalen Kongressen in Frankreich, Schweden, Deutschland und Japan Workshops veranstaltet.

Die Shorr Clinic wurde 1976 eröffnet und soll für breite Schichten der Bevölkerung eine finanziell erschwingliche Therapie anbieten. Die Mitarbeiter der Klinik haben eine mindestens vierjährige Ausbildung in der Psychoimaginationstherapie absolviert.

1974 veröffentlichte das Institut den „Shorr Imagery Test" (SIT). Dieser projektive Test, der imaginäre Bilder verwendet, liefert sowohl einen quantitativen Konfliktwert als auch eine qualitative Persönlichkeitsanalyse. Der SIT wurde in zahlreichen Erziehungseinrichtungen und Krankenhäusern überall in den Vereinigten Staaten angewandt. 1977 wurde der „Group Shorr Imagery Test" (GSIT) veröffentlicht. Mit Hilfe des GSIT kann der SIT gleichzeitig für jede beliebige Anzahl von Personen benutzt werden.

Der „Supplementary Shorr Imagery Test" (SSIT) (1978) ist ein weiterer projektiver Test, der imaginäre Bilder benutzt und sowohl einen quantitativen Konfliktwert liefert als auch eine gründliche qualitative Persönlichkeitsanalyse. Er kann unabhängig vom SIT oder als Ergänzung zu ihm verwendet werden, um zusätzliche Informationen in Erfahrung zu bringen.

Der „Shorr Parental Imagery Test" (SPIT) (1979b) konzentriert sich auf Konflikte zwischen Eltern und Kindern und wird für Diagnose und Behandlung im Rahmen der Beratung verwendet.

Gegenwärtig werden die verschiedenen „Shorr-Imagery-Tests" in Forschungsprojekten untersucht. David Tansey (1979) fand eine Bestätigung für die These, daß es eine „kriminelle Persönlichkeit" gibt, und er untersucht, inwiefern der SIT Rückfälle bei solchen Kriminellen vorherzusagen vermag, die bereits gewalttätiger Verbrechen überführt worden sind.

Jack A. Connella (1978) benutzte die Psychoimaginationstherapie bei Klientengruppen mit chronischen, nichtbehandelbaren Schmerzen. Er verwendete die SIT-Vor- und -Nachtherapie, um die Wirksamkeit der „Imagery-Behandlung" zu beurteilen. Aufgrund der Forschungsergebnisse von Connella benutzt das „City-of-Hope"-Krankenhaus in Duarte, Kalifornien, den SIT regelmäßig für die Patientenbeurteilung.

Gail Sobel (1979) wandte den GSIT als Instrument in einer Test-Retest-Situation an, um den Grad von Konfliktminderung zu messen, der durch Teilnahme an einem gruppendynamischen Kurs erreicht wurde.

Clifford Morgan (1979) hat den SIT zur Benutzung bei Behinderten und den Personen umfunktioniert, die die Behinderten behandeln und/oder mit ihnen zu tun haben.

1976 gab das Institute for Psycho-Imagination Therapy den Anstoß zur Gründung der „American Association for the Study of Mental Imagery", die ihre erste Jahreskonferenz 1979 in Los Angeles abhielt (s. Shorr et al., 1979).

Theorie

Die phänomenologische Grundthese der Psychoimaginationstherapie anerkennt das Bedürfnis des einzelnen danach, zu erkennen, wie er sich selbst in Beziehung zu anderen definiert, und wie er meint, daß andere ihn definieren. Zum Beispiel:

Wie sehe ich mich?
Wie sehe ich dich?
Wie sehe ich, daß du mich siehst?
Wie siehst du, daß ich dich sehe?

Dieses phänomenologische „Hineinsehen" ist eine Synthese von R. D. Laings und Harry Stack Sullivans Theorien über die Entwicklung des *Selbstbildes* und des *Bildes vom anderen*. Sullivan (1953) glaubte, daß die Persönlichkeit aus der charakteristischen Art und Weise besteht, in der eine Person in ihren zwischenmenschlichen Beziehungen mit anderen umgeht. Um *Angst* auszuschalten – die immer die direkte Folge zwischenmenschlicher Interaktionen ist –, muß eine Person *Sicherheitsverhalten* entwickeln. Wenn dieses Sicherheitsverhalten eine mangelhafte Anpassung impliziert, dann erzeugt es die breite Vielfalt zwischenmenschlicher Verzerrungen, emotionalen Unbehagens und unzureichender Verhaltensanpassungen, die psychiatrische Symptome und psychiatrische Krankheiten hervorrufen.

Die beiden *Grundprämissen* der Psychoimaginationstherapie sind:

1. Jeder muß irgend jemandem etwas bedeuten und
2. jeder sucht Bestätigung oder Anerkennung für sein Selbst.

Diese Bedürfnisse bestehen gleichzeitig. Wenn sie nicht befriedigt werden, entwickelt das Kind falsche Haltungen. Wenn die Person nicht für ihr *wahres* Selbst bestätigt wird, entwickelt sie Strategien, um sich Bestätigung für ein *falsches* Selbst zu beschaffen. Das Sicherheitsverhalten, auf das man sich einläßt, dient zur Erhaltung der eigenen Identität, selbst wenn echte Anerkennung ausbleibt.

In der therapeutischen Interaktion hebe ich hauptsächlich hervor, daß das Selbstbild von dem zugeschriebenen Selbst, wie es in der Kindheit von den wichtigen Bezugspersonen definiert wurde, getrennt werden muß. Im Idealfall bringt man die „wahre" Identität zum Vorschein, während die „fremde" Identität vernichtet wird.

Interpersonale und *intrapersonale Interaktionen* sowie die Strategien des einzelnen im Rahmen der Beziehungen zwischen dem Selbst und den anderen lassen sich durch das *systematische* Wachrufen der imaginären Bilder am besten erkennen. Die Bilder einer Person können zeigen, wie sie die Welt organisiert; sie können ihren Handlungsstil und auffallende individuelle Unterschiede aufdecken, auf die der Therapeut eingestellt sein sollte. Die Bilder bieten einen wesentlichen Schlüssel, mit dessen Hilfe Gedanken, Wünsche, Erwartungen und Gefühle sehr wirkungsvoll reaktiviert werden können.

Das imaginäre Bild wurde, im Gegensatz zu anderen Kommunikationsformen, gewöhnlich nicht in der Vergangenheit bestraft, und deshalb ist die Gefahr geringer, daß es in der Gegenwart vom Selbst zensiert wird. Wir finden also eine eindrucksvolle *projektive Technik* vor, die ein schnelles, äußerst genaues Profil von der Persönlichkeit und den Konflikten einer Person liefert.

Imagination wird als zentraler Kern des Bewußtseins angesehen und als wichtiges Instrument, um Zugang zur Einzigartigkeit der Welt des einzelnen zu erhalten. Die aktive Einführung und bewußte Verwendung von imaginären Situationen ist ein stimulierendes Instrument, ein Zugang zu Handlungsmöglichkeiten. Imaginäre Situationen erlauben dem Klienten, sicherer und offener zu explorieren, zu differenzieren, mit Phantasie und Realität zu experimentieren und diese zu integrieren – all das in einer therapeutischen Atmosphäre, die von Kooperation geprägt ist.

Die Psychoimaginationstherapie versetzt den einzelnen über die imaginären Bilder in eine besondere Situation, die eine Reihe von Interaktionen auslösen kann, die für die Offenlegung größerer Probleme in wichtigen Lebensbereichen vonnutzen sind und die es dem einzelnen erlauben, gewisse Erfahrungen neu zu durchleben. J. L. Singer (1974) schreibt: „Shorr benutzt eine nahezu unendliche Vielfalt von Bildern, die sehr stark auf die spezifischen Züge des Klienten und auf spezifische Entwicklungen in der Therapie abgestellt sind."

Ich betone die *subjektive Bedeutung*, indem ich anerkenne, daß die Bilder des Klienten einzig und allein seine Bilder sind, die aus dem Reservoir stammen, das jeder einzelne an Wissen und Erfahrung besitzt. Wenn er sein Bild beschreibt, beginnt er, es mit etwas Bedeutungsvollem in seinem Leben in Verbindung zu bringen. Verborgene Bedeutungen der Ereignisse, Einstellungen, Gefühle und Motivationen, die dem Bild anhaften, werden dann dazu verwendet, die zwischenmenschlichen Implikationen weiter zu erforschen.

Ich habe über 2000 imaginäre Situationen systematisch kategorisiert, um bestimmte Informationen über die Persönlichkeit, Weltanschauung, Selbstdefinition, Konfliktbereiche und Abwehrstile des Klienten aufzudecken. Andere Kategorien konzentrieren sich besonders auf Veränderung und sollen den Prozeß erleichtern. Reaktionen auf das kategorisierte Bild bringen gewöhnlich verborgenes oder verdrängtes Material mit mehr Erfolg an den Tag als direktes Befragen durch den Therapeuten. Außerdem umgeht das imaginäre Bild den bewußten Zensor, und die Gefahr, daß der Klient leugnet, ist geringer als bei ungenauen verbalen Erklärungen.

Die wichtigeren Kategorien des imaginären Bildes, die angewandt werden (Shorr, 1978a), folgen mit einigen Beispielen.

Spontanes Bild. Diese Bilder werden dadurch erzeugt, daß dem Klienten vorgeschlagen wird, er solle über den „Fluß" des Bildes so berichten, wie dieser stattfindet, bzw. über die nächsten fünf aufeinanderfolgenden Bilder berichten, die vorkommen, dann wieder über fünf usw. Bei jeder Sequenz werden bestimmte Bilder mit Affekt geladen und dienen dann als Vehikel für den Dialog oder für das Freisetzen von Emotionen.

Gelenktes Bild. Zuweilen scheint sich ein spontaner Bilderfluß endlos fortzusetzen – ohne Thema oder offensichtlichen logischen Zusammenhang. Dann kann das „Gelenkte Bild" benutzt werden, um den „Fluß" zu kontrollieren, in die Produktionen Kohärenz zu bringen und sie zu integrieren. Meine Erfahrung erhärtet die von Horowitz und Becker (1971), die feststellen, daß die Spezifität von Anweisungen für den Bericht visueller Bilder die Neigung fördert, Bilder zu produzieren und darüber zu berichten.

Selbstbild-Bild. Jeder von uns hat ein Selbstwertsystem – einen Katalog von Einstellungen zu uns selbst –, über das wir uns selbst definieren (Shorr, 1979a). Dieses System ist unauflöslich an unsere Perzeption davon gebunden, wie andere *uns* sehen. Imaginäre Situationen, die helfen, dieses Selbstwertsystem aufzudecken, sind u. a.:

Stellen Sie sich vor, Sie wären zwei. Stellen Sie sich vor, daß Sie sich selbst küßten (auf Ihrem eigenen Schoß säßen, Sie selbst durch ein Schlüsselloch beobachteten).

Duales Bild. Innere Konflikte werden durch den Gegensatz zweier starker und unvereinbarer Kräfte verursacht, von denen keine befriedigt werden kann, ohne Schmerz, Furcht, Schuld oder irgendeine andere emotionale Strafe auszulösen (Shorr, 1976).

Ein bemerkenswertes Phänomen tritt dann in Erscheinung, wenn eine Person aufgefordert wird, sich zwei verschiedene Tiere, Puppen, Kräfte, Impulse usw. vorzustellen. In der Mehrzahl der Bilder, über die berichtet wird, findet eine gewisse Polarisierung statt. Der Gegensatz wird offenkundiger, wenn derjenige, der die Bilder produziert, gebeten wird, jedem der beiden Bilder ein Adjektiv zuzuordnen. Der Gegensatz wird weiter verschärft, wenn der Klient sich Äußerungen und Antworten von den beiden Bildern vorstellt. Damit werden die einander ergänzenden Gegensätze innerhalb der Erfahrung offengelegt.

Diese dualen Bilder repräsentierten häufig zwei im Konflikt befindliche Teile des Selbst – Selbst gegen Selbst, oder den Konflikt zwischen dem Selbst und einem anderen. Der Dialog, der sich natürlicherweise aus diesem Bild ergibt, hilft dem Klienten, sich der Konflikte und ihrer Bedeutungen bewußt zu werden.

Körperbild. Empirisches Beweismaterial deutet darauf hin, daß die Menschen den Teil des Körpers fühlen können, der den Kern ihrer Identität ausmacht. Sie können auch lokalisieren, in welchem Teil ihres Körpers ihre Wut (Angst, Schuld, Freude) sitzt. Diese Bilder liefern Schlüssel zum Selbstbild, zum Körperbild und zu den Konfliktbereichen (Shorr, 1973).

Außerdem wird die Introjektion von Elternfiguren nachgewiesen, wenn Leute aufgefordert werden sich vorzustellen, in welchem Teil ihres Körpers ihre Eltern „wohnen". Wenn die Identität in der Entwicklung falsch definiert wurde, kann die falsche Selbstdefinition eine Stelle im Körper besetzen. Die Mutter oder der Vater, die/der in einem Teil des Körpers des Klienten (Brust, Herz, Darm, Gliedmaßen) „wohnt" und als Feind wirkt, ist in Wirklichkeit die falsche Identität oder der internalisierte neurotische Konflikt. Wenn der Klient die böse Elternfigur „exorziert", ist der Weg frei für eine gesündere, unabhängigere Identität.

Sexuelles Bild. Klinische Erfahrung zeigt, daß Leute, die sagen, sie hätten keine Bilder, reagieren werden, wenn man sie auffordert, sich sexuelle Szenen vorzustellen oder sich an solche zu erinnern. Sexuelle Themen gehören zu den eindringlichsten und am häufigsten vorkommenden Bildern. Viele hängen mit den Interaktionsstrategien zwischen den Geschlechtern zusammen, die Akzeptanz oder Zurückweisung antizipieren.

Imaginäre Situationen, die sehr ergiebig sind, wenn Einstellungen und Gefühle in bezug auf Sex aufgedeckt werden sollen, sind u. a.:

> Stellen Sie sich ein Tier vor, das aus einem Penis herauskommt. Und stellen Sie sich ein Tier vor, das aus einer Vagina herauskommt. Dann stellen Sie sich vor, daß beide Tiere zusammen eine Straße hinuntergehen.

Elternbild. Das Elternbild ist eine hochspezialisierte Bildkategorie, die sich auf die Interaktionen von Eltern und Kindern bzw. Personen und/oder wichtigen Bezugspersonen bezieht. Ein Beispiel:

Flüstern Sie Ihrer Mutter/Ihrem Vater etwas ins Ohr. Lassen Sie sie/ihn Ihnen etwas zurückflüstern.

Tiefenbild. Bilder, die Tiefe oder unbewußte Kräfte offenlegen, lösen fast immer heftige Reaktionen aus. Diese stark gefühlsgeladenen Situationen sollten mit Vorsicht angewandt werden, und der Therapeut sollte wissen, welchen Dingen der Klient zu begegnen bereit ist. Ein Beispiel:

Stellen Sie sich vor, Sie sind ein Kind und weinen. Jetzt stellen Sie sich vor, daß Ihre Mutter (Ihr Vater) Ihre Tränen fortleckt.

Unbewußtes Bild. Obwohl unbewußtes Material in jeder imaginären Situation an den Tag treten kann, erreichen diejenigen Situationen, die als unbewußte Bilder kategorisiert werden, ihr Ziel schneller. Eines der nützlichsten ist:

Stellen Sie sich vor, Sie fassen dreimal in eine Höhle hinein und Sie greifen jedesmal tiefer hinein als beim vorigen Mal. Was tun, sehen und fühlen Sie?

Aufgabenbild. Das Aufgabenbild kann die inneren Konflikte des Klienten, seinen Stil und seine Art der Annäherung, seine Abwehrmechanismen und Ängste aufdecken. Es dient auch als Instrument, um ein verändertes Selbstbild zu erreichen, indem die imaginäre Aufgabe durchgearbeitet wird (Shorr, 1975).

Ein wichtiges Element, das dem anfänglichen Bildfluß folgt, ist, die imaginären Bilder zu wiederholen oder neu zu erfahren, und zwar in einer Art und Weise, die zu einer vernünftigen Konfliktlösung führt. Aber der Klient muß bereit sein, sich auf eine Änderung einzustellen. Diese Bereitschaft wird u. a. dadurch bestimmt, daß sich der Klient seiner inneren Konflikte bewußt ist, daß er Gefühlen, die mit traumatischen Ereignissen verbunden sind, freien Lauf läßt, daß er die schwächenden Verhaltensstrategien wichtiger Bezugspersonen erkennt und seine eigene Strategien, dem entgegenzuwirken, erkennt. Beispiele für Aufgabenbilder sind z. B.:

Stellen Sie sich vor, Sie bauen eine Brücke über eine Schlucht.
Sie befinden sich in einer Zisterne mit fauliger Flüssigkeit. Was für ein Gefühl ist das? Stellen Sie sich vor, wie Sie dort herauskommen.

Kathartisches Bild. Imaginäre Situationen, in denen der Klient aufgefordert wird, sich den „bösen" Vater/die „böse" Mutter vor ihm stehend vorzustellen und sich selbst offen, in einer positiven Weise, zu definieren, solche imaginäre Situationen können an die Stelle tatsächlicher persönlicher Konfrontationen treten. Diese Art eines fokussierenden Verfahrens erfordert allerdings einen hilfreichen Therapeuten, der auf der Seite des Klienten steht, und, was ebenso wichtig ist, sie erfordert vom Klienten eine Bereitschaft, sich selbst von einer falschen Identität freizumachen.

Allgemeines Bild. Dieses Vorstellungsbild kann nicht als spezifisch duales Bild, Aufgabenbild etc. klassifiziert werden, doch es ergründet ein weites Feld der Imagination und führt oft zu Dialog und Bewußtsein. Es gibt oft den Anreiz zum Fokussieren und zur Änderung. Einige Beispiele:

Stellen Sie sich ein Bild von einem Molekül von sich selbst vor (Ihr Gewissen, Paradies). Was tun und sehen und fühlen Sie?
Starren Sie in ein Feuer. Was tun, sehen und fühlen Sie?

Spezielles Bild. Dieses Bild entzieht sich einer einfachen Kategorisierung. Es hat sich erwiesen, daß solche Bilder große Mengen an Informationen über Persönlichkeitsschichten, Kernkonflikte und Sexualität offenlegen. Einige Beispiele:

Stellen Sie sich drei Kisten vor – eine große, eine mittlere und eine kleine. Stellen Sie sich in jeder Kiste etwas vor. Stellen Sie sich drei Türen vor (eine linke, eine in der Mitte und eine rechte). Öffnen Sie jede Tür! Was sehen, tun und fühlen Sie?

Imaginäre Bilder in der Gruppentherapie. In der Gruppentherapie liegt das Schwergewicht auf der Selbstdefinition der Klienten und dem Grad, bis zu dem ihr Selbstbild ihr Verhalten gegenüber den anderen Gruppenmitgliedern ermöglicht oder einengt. Interaktionen innerhalb der Gruppe bringen jedem einzelnen zu Bewußtsein, wie er von den anderen in der Gruppe definiert wird. Außerdem wird die Gruppe zur Bühne für die „Neuinszenierung" alter Interaktionen innerhalb der Familie, die die falschen Haltungen und negativen Selbstbilder des Klienten prägten.

Der globale Zweck von Interaktion innerhalb der Gruppe ist es, jedem Klienten zu helfen, sich seiner Konflikte bewußt zu werden, und dann die Risiken einzugehen, die die Konzentration auf eine Änderung mit sich bringt. Zwar können beinahe alle Bildmethoden, die für die Einzeltherapie vorgeschlagen wurden, auch in der Gruppentherapie verwendet werden; doch es müssen verschiedene Faktoren berücksichtigt werden. Erstens: In Gruppen kommt es zur Interaktion zwischen Männern und Frauen. Einige Klienten finden es sehr viel leichter, Gefühle und Vorstellungsbilder gegenüber Angehörigen des eigenen Geschlechts auszudrücken. Schwierigkeiten, derartiges Material vor Angehörigen des anderen Geschlechts offenzulegen, haben vor allem solche Personen, die sexuelle Probleme haben. Daß man diese Art von Widerwillen überwindet und sich den freien Fluß der imaginären Bilder und Gefühlsäußerung leistet, ohne das Gefühl zu haben, eigenartig zu sein, ist ein Gradmesser für das Wachstum des Klienten.

Zweitens: Im Kontakt mit der Gruppe können Faktoren der Konkurrenz zwischen Gleichaltrigen und Zugehörigkeit zur Altersklasse, die in der „Vier-Augen"-Therapie nicht immer evident sind, an die Oberfläche treten. Solche Gefühle bloßzulegen und sie zu verarbeiten, ist Teil des Gruppenprozesses. Grundvertrauen zu Autoritätsfiguren und zu den eigenen Altersgenossen sind Bereiche, die im Rahmen der Gruppe starken Emotionen und Konflikten ausgesetzt sein können. Mitklienten geben dem in Konflikten befindlichen Gruppenmitglied oft eine Chance, den Mut zu neuen Alternativen zu entwickeln, und sie fördern ihn durch ihr eigenes Beispiel, durch Identifikation, durch gegenseitige Stimulierung sowie dadurch, daß sie ihren Phantasien und Träumen, ihrer Imagination und ihren unbewußten Produktionen immer freieren Spielraum gewähren.

Gruppensitzungen sind nicht so strukturiert, daß es nur um imaginäre Bilder geht. Jederzeit kann alles aufs Tapet gebracht werden – eine besonders traumatische Situation oder Entscheidung; übertragene Reaktionen von vorangegangenen Sitzungen; Gedanken und Gefühle, die Menschen in den Tagen zwischen den Gruppentreffen gegenüber anderen Personen hegen. Bewußtsein und Gefühle, die von Klienten in individuellen Sitzungen gesammelt wurden, können in Gruppensitzungen angesprochen werden. Natürlich sollte nichts von spontanem Verhalten abschrecken, es sei denn, dieses Verhalten diente als Bemäntelung für irgendeinen schweren inneren Konflikt. Ein letztes Ziel jedes Gruppentherapeuten ist es, die Struktur und Spontaneität der Gruppe nicht zu behindern.

Methoden

Die Psychoimaginationstherapie verwendet vier Techniken, nämlich

1. imaginäre Situationen,
2. Satzergänzung,
3. „Selbst-und-anderer"-Fragen und
4. „Meist-oder-mindest"-Fragen.

Imaginäre Situationen

Die unendlich vielfältigen Bilder, die durch die *imaginäre Situation* an den Tag gefördert werden, ist die Essenz der phänomenologischen Methode. Zu dieser Methode gehört es, den Klienten aufzufordern, sich zu entspannen, seine Augen zu schließen und seinen Bildern zu vertrauen. Der Therapeut schlägt dann die imaginäre Situation vor, die sich am besten dazu eignet, das gewünschte Material in Erfahrung zu bringen. Die Reaktionen des Klienten zeigen, was er zur Untersuchung offenlegt, mit was er sich auseinandersetzen will, wohin er geht, wozu er bereit ist, was er zu leugnen scheint.

Es ist nicht klug, den Klienten zu Vorstellungen zu drängen, wenn sich keine einstellen. Man kann es vorziehen, entweder zu anderen imaginären Situationen überzugehen oder vielleicht gegenwärtige Belange zu erörtern. Dem Klienten muß versichert werden, daß immer Material vorhanden ist, das Bewußtwerdung und Bedeutung liefert – ob er sich auf imaginäre Bilder nun einläßt oder nicht.

Die Reaktionen des Klienten auf bestimmte strukturierte Situationen führen oft genau in die „Hier-und-Jetzt"-Gemütszustände, die ihre Wurzeln in der Vergangenheit haben. Der Therapeut betont dann die *Situation* und die *zwischenmenschlichen Interaktionen* mit dem Klienten und ermuntert ihn in seiner *Handlungsmöglichkeit* innerhalb dieser Situation. Dies verhilft ihm letztlich zu größerer Handlungskompetenz in der Wirklichkeit draußen.

Satzergänzung

Klinische Erfahrung zeigt, daß die *Satzergänzungstechnik* die Gefühlshemmungen komplexerer Art aufdecken kann. Doch ihre Wirksamkeit hängt davon ab, ob sie im richtigen Augenblick in den therapeutischen Dialog eingefügt wird.

Betrachten Sie bitte einmal den Fall eines jungen Mannes, der nach dem Körperteil gefragt wurde, der den Kern seiner Identität ausmache, und der antwortete: „Meine Hände ... Ich bin nur das, was ich tue ... Wenn ich nichts tue, habe ich keine Identität." Der Therapeut kann weiterbohren und den Klienten bitten, einen Satz zu beenden wie z. B.: „Aber für meinen Vater (meine Mutter) wäre ich ...." „Meine Identität wird leiden, wenn ich zu .... gehe." – „Die größte Feindseligkeit empfinde ich gegenüber ...."

Sowohl der Therapeut als auch der Klient können erstaunt sein über die Reaktion auf: „Ich tue meiner Frau (Mann, Vater, Mutter, Chef oder einer anderen wichtigen Person) nicht den Gefallen, ..." Eine Variante der letzten Frage bezieht sich auf zwei beliebige wichtige Personen im Leben des Klienten: „Mein Vater tut meiner Mutter nicht den Gefallen, ..."

Klienten, die in bezug auf ihre Kindheit amnestisch sind und vielleicht Schwierigkeiten mit einer imaginativen Situation haben, reagieren oft gut, wenn sie gebeten werden, zehn verschiedene Endungen für den Satz zu liefern: „Ich habe eine starke Abneigung gegen ...." Wenn der Klient den Punkt ausgewählt hat, über den er die entschiedenste Ansicht äußert, kann sich der Therapeut des Dialogs bedienen, um sein Bewußtsein zu stimulieren.

„Selbst-und-anderer"-Fragen

Eine wichtige Methode, die Konfliktbereiche des Klienten kennenzulernen, ist die Verwendung existentieller oder *„Selbst-und-anderer"-Fragen*. Eine existentielle Frage bringt in Erfahrung, wie eine Person ihr Selbst sieht und wie sie meint, daß andere sie definieren. Wenn sie im Zusammenhang mit der imaginären Situation benutzt wird, ist sie ein wirksames Hilfsmittel.

Die Art und Weise, *wie* die Fragen gestellt werden, ist von großer Bedeutung. Eine Steuerung ist kritisch, und unter keinen Umständen sollten sie routinemäßig oder wie Testaufgabenreihen abgefragt werden. Derlei vermindert die erwünschte therapeutische Wirkung. Auch sollte man keine bestimmten Antworten vor Augen haben, wenn man die Fragen stellt. Versuchen Sie nicht, den Klienten in ein dogmatisches Theorie- oder Denksystem einzupassen.

Bei einem Klienten kann es beispielsweise angebracht sein zu fragen: „Wie bringen Sie andere dazu, von Ihnen Notiz zu nehmen, wenn Sie in der Gruppentherapie sind?" Die Antwort wird wahrscheinlich zeigen, daß der Klient im Umgang mit anderen Personen innerlich in einer solchen Weise funktioniert, die für sein Selbstwertsystem einmalig ist. Wenn der Therapeut einer vorgefaßten Theorie folgt, kann er ungewollt eine „erwünschte" Reaktion zu bekommen suchen und übersehen, wie der Klient sich selbst tatsächlich in Beziehung zu anderen sieht.

Zudem muß mit Hilfe der Urteilskraft festgestellt werden, ob der Klient die *Ich-Stärke* besitzt, sich zu einem bestimmten Zeitpunkt mit bestimmten Fragen auseinanderzusetzen. Es gibt keinen Ersatz für die Fertigkeit, die aus der *Erfahrung* resultiert. In Sitzungen, wo der Klient viel therapeutische Hilfe benötigt, können solche Fragen gänzlich vermieden werden.

Im nachfolgenden einige Beispiele für „Selbst-und-anderer"-Fragen:

Wem gegenüber sind Sie verantwortlich?
Bezeichnen Sie mich niemals als ....
Sind Sie für irgendjemanden von Bedeutung (gewesen)?
Erkennt (erkannte) irgendjemand Ihre Existenz an?
Wie mach(t)en Sie Menschen auf sich aufmerksam?
Hat man Ihnen je Glauben geschenkt? (Schenkt man Ihnen je Glauben?)
Welche Eigenschaften haben Ihnen Ihre Eltern abgesprochen?
Wie würden Sie jemanden verrückt machen?

„Meist-oder-mindest"-Frage

Die *„Meist-oder-mindest"-Frage* schärft das Bewußtsein für das Selbstbild einer Person und das Konzept ihrer Grundeinstellungen und Grundwerte. Typisch für diese Kategorie ist: „Was ist das Unmoralischste, was Sie sich vorstellen können?" oder: „Welches ist der am wenigsten aufregende Teil Ihres Körpers?"

Oft wird eine Person eine falsche Identität annehmen, die ihr durch die unbewußte Strategie ihrer Eltern zugeschrieben wurde. Dies kann in zwei Richtungen führen. Einmal zu dem, was Karen Horney (1945) als *idealisiertes Image* bezeichnet, bei dem die Person unablässig versucht, ihrem Image zu entsprechen, und die Welt braucht, um mit ihm zu konkurrieren. Die andere Richtung ist die, daß ein Elternteil oder eine wichtige Bezugsperson ein negatives Image überträgt. Diese Person kann immerfort unbewußt danach streben, ihr falsches Selbst abzuschütteln und ihrem wirklichen Potential zu entsprechen.

Um dem Klienten zu helfen, sich seines eigenen negativen Images bewußt zu werden oder seines unverminderten Bedürfnisses, das idealisierte Image aufrechtzuerhalten, und um zu versuchen, es zu verändern, sind die folgenden Fragen hilfreich:

Welches ist die größte Lüge, die Sie jemals erzählt haben?
Was war die ungerechteste Forderung, die man an Sie gestellt hat?
Welches war die am meisten wiederholte Erklärung, die Ihnen von Ihrer Mutter/Ihrem Vater gemacht wurde?

Ein ständiges Herummäkeln an den Fehlern des Kindes (mögliche Antwort auf die letzte Frage) wird das negative Image zur Folge haben, das die Person zeit ihres Lebens als unerträglich verurteilen kann.

Die „Meist-oder-mindest"-Frage eignet sich ausgezeichnet zur Aufdeckung von *Schuldgefühlen*. Unweigerlich ist einer der beiden Aspekte der falschen Identität in Schuld eingeschlossen. Wenn jemand sich mit dem negativen falschen Image identifiziert, dann fühlt er sich schuldig. Wenn jemand dem idealisierten Image nicht entspricht, wird die Schuld getilgt werden.

Fragen wie: „Was hat Ihre Mutter (Ihr Vater) am meisten an Ihnen verachtet?" und: „Was ist das Ekelhafteste an Ihnen?" werden über die Ausmaße der Schuldgefühle eines Klienten Aufschluß geben. Ebenfalls wichtig in diesem Zusammenhang sind: „Welches ist der schmachvollste Tag in Ihrem Leben?" oder: „Welches ist das demütigendste Erlebnis, das Sie jemals hatten?" In einer sexuellen Konnotation ist: „In wessen Gegenwart wäre es am schwierigsten (am wenigsten schwierig) für Sie, an Sex zu denken?" eine wirkungsvolle Frage.

Kombination der Techniken

Diese vier Techniken unterstützen einander und sind miteinander kombiniert und verwoben. Sie können einzeln vonnutzen sein, doch in *Kombination* kann das Ganze viel mehr erreichen als jedes Element für sich allein. Die Integration all der spezifischen Ansätze im Rahmen der Phänomenologie des einzelnen, die dazu führen, daß er sich seiner selbst besser bewußt werden kann, diese Integration öffnet das Tor zu möglichen Änderungen. Hier werden einige Möglichkeiten aufgezeigt, wie alle vier Techniken dazu benutzt werden können, den Klienten sich einer einzigen Gefühlsreaktion bewußt zu machen.

1. Satzergänzung: Nennen Sie mich niemals ....
2. „Selbst-und-anderer": Welches Image von sich selbst können Sie nicht zulassen?
3. Imaginäre Situation:
   a) Zeichnen Sie sich selbst auf eine leere Leinwand in einer Position, in der Sie sich selbst verabscheuen.
   b) Sie gehen eine Straße entlang, und eine Person Ihres Alters bezichtigt Sie irgendeiner Sache. Wessen bezichtigt sie Sie und weshalb?
4. „Meist-oder-mindest": Was ist das Abscheulichste, was man über Sie sagen kann?

Da Klienten sich an diese Art von Therapie gewöhnen, ist es immer weniger nötig, Interpretationen zu liefern. Mit spezifischen Gegenüberprüfungen der vier Techniken ist es möglich, Klienten zu helfen, eine größere Bewußtheit zu erreichen und sie dazu zu veranlassen, die Wahrheit über sich selbst zu sehen.

Anwendungsbereiche

Die Psychoimaginationstherapie läßt sich auf eine breite Palette von Problemen und Situationen anwenden. Man hat sie mit Erfolg z. B. bei der Behandlung von *Neurosen, emotionaler Fehlanpassung, Ehe- und Familienproblemen, sexuellen Funktionsstörungen, psychosomatischen Problemen, maßloser Eifersucht und Angst* angewandt.

Die Techniken der Psychoimaginationstherapie sind nützlich, wenn es darum geht, festgefahrene Situationen „aufzuknacken", die in der konventionellen Therapie entstehen. Eine Abschrift eines Klienten-Therapeuten-Gespräches, das sich auf eine festgefahrene Situation bezieht, findet sich in Shorr (1972).

Klinische Erfahrung hat bewiesen, daß *zwangsneurotischen* Klienten geholfen wird, Labyrinthe und sich ständig wiederholende Verbalisierungen abzukürzen, wenn sie auf ihre Bildproduktionen achten. Die imaginären Bilder helfen die Aufmerksamkeit auf die ursprünglichen Ursachen des Zwangsverhaltens zu konzentrieren und neue Wege zur Verhaltensänderung zu weisen.

Angst, Depression und andere Neurosen reagieren auf Bildtechniken positiv. Außerdem spiegeln die Bildproduktionen exakt das Ausmaß der Konfliktlösung und die Änderungen wider, die in der Therapie vollzogen wurden. Die Bildproduktionen depressiver Klienten werden beispielsweise positiver: Dürre Bäume etwa beginnen, Blätter hervorzubringen, und die Szenen werden heller und freundlicher. Ich habe herausgefunden, daß psychodramatische Konfrontation durch imaginäre Bilder oft zur Lösung von Konflikten und zum Abbau von Angst führt.

Wenn die Bilder, vor allem die dualen Bilder, im Zusammenhang mit *Psychodrama* verwendet werden, sind sie als Katalysator wertvoll und haben auf psychotische, institutionalisierte Patienten einen großen therapeutischen Effekt.

Eine der eindrucksvollsten Anwendungsformen der Psychoimaginationstherapie besteht in der *Gruppentherapie*, wo die Interaktionen der Teilnehmer durch die Bildertechnik therapeutisch sehr wirksam sein kann.

Da *sexuelle* Konflikte mit den verletzlichsten, empfindlichsten und den beschämendsten Gefühlen zu tun haben, sind sie am schwersten sich selbst und anderen zuzugeben. Die Verwendung von imaginären Bildern vermeidet Zensur und bietet ein Vehikel für einen Dialog und eine mögliche Konfliktauflösung.

Fallbeispiel

Es folgt ein Bericht über einen Klienten, Jim, in der *Gruppentherapie*.

Jim: Ich kann mich wirklich nicht besonders gut an das erinnern, was tatsächlich passiert ist. Ich weiß, daß ich zwei Tage lang unter sehr starken Magenschmerzen gelitten habe. Mit dem Studium war drei Wochen lang alles sehr gut gelaufen. Karen und ich erlebten gerade die beiden besten Wochen unserer Beziehung. Zum erstenmal in meinem Leben hatte ich das Gefühl, produktiv, sozial, ganz ich selbst und gleichzeitig in Karen verliebt zu sein. Meine Vorstellung von einem „sonnigen Winternachmittag" ging sehr gut, nur daß sich aus irgendeinem unbekannten Grund mein Nacken und meine Schultern härter anfühlten als Stahl – schlimmer, als ich es je zuvor erlebt hatte.

Doch zurück zu den Magenschmerzen. Zuerst dachte ich, ich hätte die Grippe. Aber ich hatte sehr starke Schmerzen, die ganz oben in meinem Magen saßen. Gleichzeitig hatte ich das Gefühl, ich müßte mich übergeben, aber ich konnte nicht. Ich steckte mir sogar den Finger in den Schlund, aber ich konnte nicht, ich wollte nicht erbrechen.

Am Dienstagmorgen ging ich zur Arbeit. Ich sprach mit Helen (unserer Freundin), bevor ich wegging, und sie sagte, es könnte ein Geschwür sein. Unmittelbar darauf wurde ich deprimiert, wütend, traurig und einsam. Ich ging nach Hause und war wirklich wütend. Ich fühlte mich schuldig, weil ich ein Geschwür hatte. Ich fühlte mich schuldig, daß ich immer noch so nervös, streitsüchtig und unproduktiv war, daß ich ein Geschwür hatte. Ich war auch wirklich verrückt und hatte kein Vertrauen zur Gruppe und war mißtrauisch im Hinblick auf die letzten beiden Jahre in der Gruppe. Ich war zwischen Schuld und Wut hin- und hergerissen.

Dann rief ich Bill (ein Gruppenmitglied) an. Das einzige, woran ich mich von dem Gespräch noch erinnere, war, daß er sagte: „Ich bin besorgt, weil du solche

Schmerzen hast", und: „Ich möchte wirklich dir und Karen nahe sein, wenn ihr glücklich seid." Als ich den Hörer auflegte, war ich ganz offen. Ohne Hemmung weinte ich allein vor mich hin und weinte über mich. Zum erstenmal schrie ich laut vor mich hin, ohne nachzudenken. Dann hatte ich Lust, „Mami!" zu rufen. Ich brauchte jemanden, der mich liebte und sich um mich kümmerte. Ich brauchte eine Mutter. Aber ich wußte, daß ich nicht meine Mutter brauchte. Und es machte mich wütend einzusehen, daß ich niemals eine Mutter gehabt habe.

Als Karen heimkam, war ich mir darüber im klaren, daß ich ihr meine Gefühle nicht zeigen wollte. Aber ich hatte sie angerufen und gebeten, nach Hause zu kommen. Das war ziemlich schwer, sie darum zu bitten. Wenn ich je meinen Zorn an meiner Mutter ausgelassen habe, hat sie das zu verlogener Bemutterung mißbraucht und dazu, meinen Schwanz „schrumpeln" zu lassen und meine Hoden zu „fressen".

Als ich zur Gruppe kam, tat mir mein Magen wirklich weh, und ich erklärte, daß alles in Ordnung sei, daß ich aber vor Schmerzen sterben würde.

Therapeut: Welcher Teil tut dir weh?
Jim: Mein Magen. Hier, genau in der Mitte meiner Eingeweide.
Therapeut: Kannst du diesen Teil jemanden überreichen?
Jim: Das ist unmöglich. Es ist, als würde der empfindliche und der liebste Teil von mir weggegeben.
Gwen: Kein Wunder, daß es so wehtut! Es hat dir immer wehgetan, und du warst immer allein damit.
Jim: Was mich beunruhigt, ist, daß ich nie etwas für meinen Schmerz bekommen habe, auch jetzt nicht.
John: Du mußt etwas bekommen haben.
Jim: Ja, ich durfte daheimbleiben. Ich mußte nicht zur Schule gehen und nicht unter Zwang leisten. Ich wurde vor meinem Vater in Schutz genommen. Ich mußte mich in der Schule mit den Kindern nicht alleine fühlen. Ich hatte das Gefühl, irgendwie geliebt zu werden. Auch wenn diese Liebe dazu benutzt wurde, mich dahingehend zu manipulieren, daß ich mich um sie kümmerte. Sie hatte durch meinen Schmerz Zugang, und ich hatte einen Zugang mit meinem Schmerz.
Therapeut: Wem gehört dein Magen? [„Selbst-und-anderer"-Frage]
Jim: Mir. Es ist ein guter Magen. Gute Farbe außen. Aber drinnen geht es drunter und drüber.
Therapeut: Gib diesem Teil einen Namen! [imaginäre Situation]
Jim: Ich.
John: Wie fühlt sich der Rest deines Körpers?
Jim: Gut. Er gehört ganz mir.
John: Dann kann dein Magen nicht dir gehören.
Jim: Nein. Er ist mein Scheißteil.
Therapeut: In welchem Teil sitzt deine Mutter? [imaginäre Situation]
Jim: In meinem Magen.
John: Stimmt es nicht, daß du noch eine Mutter brauchst und daß du nach ihr rufen möchtest?
Jim: Ja, nein. – Ich brauche eine Mutter, aber ich brauche nicht meine Mutter.

Therapeut: Faß hinein und zieh sie heraus.
Jim: Sie ist dort mit ihren Fangarmen. Sie sind alle um mich geschlungen... [Pause] durch mein ganzes Fleisch.
Therapeut: Hau sie raus. Sie hat Angst vor dir. [imaginäre Situation]
Jim: Das stimmt tatsächlich. Das ist wichtig. Sie hat verdammt Angst vor mir. Ich brülle sie an, und sie schrumpft zusammen wie ein Seeigel. Wirklich, nicht ich habe Angst – sie hat Angst! (Ich entsinne mich an den Traum, wo ich auf meine Mutter ejakulierte und dann brüllte, ich würde sie umbringen.) Ich zog sie mit meiner rechten Hand heraus, hielt sie fest und sprach über sie. Sie war wie eine große, kranke Krebszelle. Ich sprach eine Menge über sie, und je mehr ich redete, um so mehr war sie wieder in meinem Magen, und um so mehr tat mir mein Magen weh.
Therapeut: Hau sie raus und wirf sie ins Feuer (ein Traum, den ich über das Ende der Welt gehabt hatte). Schrei sie an und sag ihr, sie solle abhauen. [imaginäre Situation]
Jim: Lange Zeit habe ich geglaubt, ich könnte das. Ich konnte einfach nicht hineinfassen und sie herausziehen. Ich beschloß, mich wacker zu halten und es zu versuchen. Ich mußte. Mein Magen tat so weh. Ich konnte sie nicht da drinnen lassen. Es half mir, daran zu denken, daß sie Angst vor mir hatte. Aber ich konnte es immer noch nicht tun.
Gruppenmitglieder: Wir lassen dich nicht allein – wir sind alle hier.
Therapeut: Ich werde ganz genau an diesem Punkt sein.
Jim: Ich weiß, ihr alle habt mich gern und werdet hier sein. Aber ich habe Angst, daß ich, wenn ich einmal schreie, nicht mehr nach euch rufen kann, falls ich euch wirklich brauche. (Dieses Gefühl ist dasselbe, wie wenn ich krank werde und Angst habe, daß ich ganz allein bin und keine Hilfe bekomme, wenn ich sie wirklich brauche.)
Therapeut: Du wirst nicht nach mir rufen müssen. Ich werde sowieso hier sein, hier, bei dir. (Das wirkte.)
Jim: Und dann habe ich losgebrüllt. Ich habe mit meiner ganzen Kraft gebrüllt. Mit meinem ganzen Schmerz, um mein ganzes Leben. Mit meiner ganzen Wut, um mein ganzes Leben. Mit all meinen Eingeweiden. Ich habe geschrien, sie solle abhauen. Ich schrie aus meinen Eingeweiden heraus, ohne zu zögern. Ich schrie: weil ich allein leben möchte. Weil ich es verdiene. Und so haute sie ab. Sie hat sich verdammt schnell aus dem Staub gemacht. Und sie kann nie wieder hineinkommen. Sie hat Angst. Das weiß ich jetzt. Ich weiß es in meinen Eingeweiden. Ich weiß, wer ich bin. Ich kenne meine Stärke, und ich kenne ihr schwaches, sadistisches, unmenschliches Spiel! Ich brauche es nicht! Ich brauche dich nicht! Ich werde dich nie brauchen! Sie ist fort.

Sobald ich losbrüllte, lehnte ich mich nach vorne und ballte meine Fäuste. Ich hatte das Gefühl, zur Hölle und zurück zu brüllen. Der Therapeut richtete mich auf und sagte mir, ich dürfe mich nicht nach vorne lehnen. Sonst könnte sie zurückkehren. Er umarmte mich und schützte meinen Magen mit seinem Bauch. Das tat er gut. Ich brauchte die Wärme wirklich. Ich weiß nicht genau, was danach geschah. Ich zitterte ziemlich stark, und der Therapcut blieb neben mir, tätschelte mich und setzte sich neben mich. Er kümmerte sich wirklich um mich. Und er war wirklich da. Und ich mußte nicht nach ihm rufen. Und ich blickte auf, und die Leute schauten wirklich menschlich und freundlich drein, und vor allem die Frauen schauten anders aus. Ich glaube, nicht so wie meine Mutter. Sie sahen menschlich und irdisch aus. Mein Magen fühlte sich tatsächlich so an, als ob darin eine Wunde sei. Aber es war eine saubere Fleischwunde. Und jetzt kann sie mit mir zusammen heilen. Sie gehört mir.

Seit dieser Gruppensitzung sind mehrere Monate vergangen. Jim hat sich erheblich verändert. Er ist viel ruhiger und, was am meisten auffällt: Sein starkes Mißtrauen ging deutlich zurück. Seine eigene Schlußfolgerung, die rechtzeitig verifiziert wurde, deutete klar an, daß er sein Verhalten an den Maßstäben seiner Mutter ausrichtete und sich sehr stark schuldig fühlte, wenn er es nicht tat. Da sie „in ihm" war, war das „Abrechnungssystem" akut und stets präsent. So wie die paranoide Persönlichkeit von beinahe jedem definiert wird, dem sie begegnet, wurde dieser Mann durch seine Mutter und Muttersurrogate definiert.

Zusammenfassung

Die Psychoimaginationstherapie geht davon aus, daß jede psychotherapeutische Methode fest in einer systematischen Persönlichkeitstheorie verwurzelt sein sollte. Sie beruht operational auf *existenzphilosophischen* Konzepten und *phänomenologischen* Grundlagen, unter Hinzufügung der *sozialen Entwicklungstheorien* von Harry Stack Sullivan und R. D. Laing. Der therapeutische Hauptakzent liegt auf der Integration der *Imagination* mit der Existenzphänomenologie und der Zentriertheit des einzelnen – Imagination im Dienste des Bewußtseins und der Möglichkeit zur Änderung.

Wohl bringen andere Therapieansätze ebenfalls *imaginäre Bilder* als Technik zum Einsatz, nur die Psychoimaginationstherapie aber setzt diese systematisch und theoretisch abgeleitet ein. Außerdem benutzt sie andere Techniken, wie die *Satzergänzung*, *„Selbst-und-anderer"-Fragen* sowie *„Meist-oder-mindest"-Fragen*.

Die imaginären Bilder einer Person weisen – mehr als jede andere mentale Funktion – darauf hin, wie diese die Welt sieht. Der Gebrauch *systematisch* kategorisierter Bilder erschließt uns sowohl die innere Welt des Klienten als auch die des Therapeuten. Die Bilder helfen dem Klienten, die übertragene „fremde" Identität zu erkennen und abzuschütteln und sich selbst neu zu definieren. Sie helfen dem Klienten auch, die Strategien zu erkennen, die entwickelt wurden, um falsche Positionen aufrechtzuerhalten, und unterstützen ihn dann bei der Konzentration auf eine Änderung, bei der Auflösung von Konflikten und Überwindung von Widerständen.

Der vielleicht wichtigste Faktor der imaginären Bilder sind ihre Fähigkeit, die übliche *Zensur* der Person zu vermeiden. Lowenstein (1956) bemerkte, der Klient könne dadurch, daß er sich selbst sprechen hört, seine eigenen Reaktionen auf seine Gedanken kontrollieren. Kurz, man redigiert verbal und versucht dabei, die Reaktionen auf den Therapeuten zu kontrollieren. Weil man in der Regel nicht im voraus sagen kann, welche Wirkung oder Bedeutung die Bilder haben werden, kann der Klient darin das aufdecken, was normalerweise in verbaler Konversation nicht aufgedeckt würde. Die Bilder sind insofern von hohem Wert, als sie helfen können, Widerstände zu brechen, die gewöhnlich bei verbalen Transaktionen angetroffen werden.

Der verbale Prozeß kann mit imaginären Bildern vermischt werden, um dem psychotherapeutischen Prozeß eine kohäsive Logik und innere Konsistenz zu geben.

Eine weitere Aufgabe der imaginären Bilder in der Psychotherapie besteht darin, daß Bilder in Übereinstimmung mit einem gesünderen Selbstbild neu erfahren und neu gestaltet werden können. Die wachsende Bewußtheit des Klienten in bezug auf seine Konflikte ist eines der wichtigsten Ergebnisse, die diese Bilder in der Therapie erzielen.

Auf lange Sicht reicht es für eine Person nicht aus, sich ihrer inneren Konflikte bewußt zu werden. Es muß eine Änderung in der *Selbstdefinition* vorgenommen werden. Die Auflösung eines Konfliktes ist wichtiger als eine bloße Lösung. Schlaftabletten bieten eine Lösung für Schlaflosigkeit; ein Urlaub bietet eine Lösung für eine unangenehme Situation. Aber in keinem Fall wird das tatsächliche Problem aufgelöst. Oberflächliche Lösungen werden mit Leichtigkeit erkannt und verschrieben, aber der Therapeut muß solchen Versuchungen widerstehen und sich mit dem Problem selbst auseinandersetzen, so schwierig es auch immer sein mag, eine Person von einer neurotischen Konfliktlösung zu befreien.

Die *fokussierenden Methoden* der Psychoimaginationstherapie sollen dem Klienten aus einer festgefahrenen Lage seiner Psyche heraushelfen. Verdrängung, Vermeidung, Verzerrung und Sichzurückziehen sind Möglichkeiten, Konflikte durchzustehen und einer Auflösung aus dem Weg zu gehen. Die Ansätze der Psychoimaginationstherapie hängen von der *Selbstdefinition* ab. Es ist wesentlich, daß dem Klienten bei der Änderung seines *Selbstbildes* geholfen wird. Auf diese Weise wird seine Neigung bekämpft, anderen zu gestatten, ihn falsch zu definieren. Die Psychoimaginationstherapie mobilisiert die konstruktiven Kräfte des Klienten, damit er auf die Befreiung von einer fremden Identität hinarbeiten kann. Das Ziel ist, das zu sein, was wir alle anstreben – menschlicher, das heißt, wir selbst zu sein.

Literatur

Breuer, J. and Freud, S. *Studies in hysteria*. London: Hogarth Press, 1953.

Caslant, E. *Method of development of the supernormal faculties*. Paris: Meyer, 1927.

Connella, J. A. The effects of psycho-imagination therapy on the treatment outcome of chronic benign pain patients. Ph.D. dissertation, CSPP, 1978.

Desoille, R. *The directed daydream*. Monograph No. 8. New York: The Psychsynthesis Research Foundation, 1965.

Freud, S. *An autobiographical study*. In J. Strachey (Ed.), *The standard edition of the complete psychological works of Sigmund Freud*, vol. 12. London: Hogarth Press, 1959.

Fromm, E. Remarks on the problem of free association. *Psychiatric Research Reports 2*. American Psychiatric Association, 1955.

Hartmann, H. *Ego psychology and the problem of adaption*. New York: International Universities Press, 1958.

Horowitz, M. and Becker, S. S. The compulsion to repeat trauma: Experimental study of intrusive thinking after stress. *Journal of Nervous and Mental Disease*, 1971, **153**, No. 1.

Laing, R. D. *The divided self*. New York: Penguin Books, 1965.

Laing, R. D. *The self and others*. New York: Pelican Books, 1971.

Lowenstein, R. M. Some remarks on the role of speech

in psychoanalytic techniques. *International Journal of Psycho-Analysis*, 1956, **37,** 460–467.

Morgan, C. O. Disability through imagery experience. In J. Shorr et al. (Eds.), *Imagery: Its many dimensions*. Proceedings of the First Annual Conference of the American Association for the Study of Mental Imagery. New York: Plenum, 1979.

Shorr, J. E. The existential question and the imaginary situation as therapy. *Existential Psychiatry*, 1967, **6 (24),** 443–462.

Shorr, J. E. *Psycho-imagination therapy: The integration of phenomenology and imagination*. New York: Intercontinental Medical Book Corp., 1972.

Shorr, J. E. In what part of your body does your mother reside? *Psychotherapy: Theory, Research and Practice*, 1973, **10 (2),** 31–34.

Shorr, J. E. *Shorr imagery test*. Los Angeles: Institute for Psycho-Imagination Therapy, 1974a.

Shorr, J. E. *Psychotherapy through imagery*. New York: Intercontinental Medical Book Corp., 1974b.

Shorr, J. E. The use of task imagery as therapy. *Psychotherapy: Theory, Research and Practice*, 1975, **12 (2),** 207–210.

Shorr, J. E. Dual imagery. *Psychotherapy: Theory, Research and Practice*, 1976, **13 (2),** 244–248.

Shorr, J. E. *Group Shorr imagery test*. Los Angeles: Institute for Psycho-Imagination Therapy, 1977a.

Shorr, J. E. *Go See the Movie in Your Head*. New York: Popular Library, 1977b.

Shorr, J. E. Clinical categories of therapeutic imagery. In J. L. Singer and K. Pope (Eds.), *The power of human imagination*. New York: Plenum, 1978a.

Shorr, J. E. Imagery as a projective device. *Imagery Bulletin of the American Association for the Study of Mental Imagery*. 1978b, **1 (2).**

Shorr, J. E. *Supplementary Shorr imagery test*. Los Angeles: Institute for Psycho-Imagination Therapy, 1978c.

Shorr, J. E. Imagery as a method of self observation in therapy. *Imagery Bulletin of the American Association for the Study of Mental Imagery*, 1979a, **2 (2).**

Shorr, J. E. *Shorr parental imagery test*. Los Angeles: Institute for Psycho-Imagination Therapy, 1979b.

Shorr, J. E. Discoveries about the minds ability to organize and find meaning in Imagery. In Shorr, J. E., Connella, J. A., Robin, P. and Sobel, G. (Eds.). *Imagery: Its many dimensions and applications*. Proceedings of the First Annual Conference of the American Association for the Study of Mental Imagery. New York: Plenum, 1979c.

Singer, J. L. Imagery and daydream techniques employed in psychotherapy: Some practical and theoretical implications. In C. Spielberger (Ed.), *Current topics in clinical and community psychology*, vol. 3. New York: Academic Press, 1971.

Sobel, G. A study of group dynamics at Los Angeles City College. In J. Shorr, et al. (Eds.), *Proceedings of the 1st Annual Conference for the Study of Mental Imagery*. New York: Plenum, 1979.

Stampfl, T. G. and Leavis, D. J. Essentials of implosive therapy. *Journal of Abnormal Psychology*, 1966, **72,** 496–503.

Sullivan, H. S. *The interpersonal theory of psychiatry*. New York: Norton, 1953.

Tansey, D. The use of the Shorr imagery test with a population of violent offenders. In J. Shorr, et al. (Eds.), *Imagery: Its many dimensions and applications*. New York: Plenum, 1979.

Shorr, J. E. The Psychologists Imagination and Sexual Imagery. In *Imagery: Its many dimensions and applications*. Vol II (Eds.) E. Klinger and M. Anderson, N.Y., Plenum Press, 1981.

Psychosynthese

Martha Crampton

Dieses Kapitel habe ich als erstes in Auftrag gegeben und als letztes erhalten. Bevor ich mit Martha Crampton Kontakt aufnahm, hatten mir nicht weniger als sieben andere Vertreter dieses Ansatzes eine Darstellung der Psychosynthese versprochen – und sie mir dann doch nicht gegeben. Ich wandte mich an einen Psychosynthetiker nach dem anderen, von Honolulu bis Kalifornien und Massachusetts; Martha Crampton legte schließlich das folgende Kapitel vor. Ich sage das, weil die meisten Leser wahrscheinlich glauben, alles, was ein Herausgeber zu tun habe, bestehe darin, jemanden anzuschreiben und um einen Beitrag zu bitten – das Kapitel komme dann schon. Das ist keineswegs so. Der Beitrag, der nun folgt, ist aber so ungewöhnlich, daß es sich gelohnt hat zu warten, und er ist auch der Mühe wert, die beim Lesen zweifellos aufzubringen ist.

Meiner Meinung nach hat Roberto Assagioli, der Vater der Psychosynthese, genauso wie Trigant Burrow und viele andere Vertreter dieser Schule, nie die gebührende Anerkennung bekommen. Von daher ist es mir ein Vergnügen, die Psychosynthese nun einem größeren Kreis bekanntzumachen. Als ich mir eine Liste mit Therapien, die in dieses Handbuch aufgenommen werden sollten, zusammenstellte, erkundigte ich mich informell bei vielen Therapeuten; es wurde deutlich, daß nur wenige gut über die Psychosynthese Bescheid wußten. Der Grund dafür wird beim Lesen dieses komplizierten Kapitels erkennbar, das ich aufgrund der von mir einzuhaltenden räumlichen Grenzen beträchtlich kürzen mußte. Mehr als in den meisten anderen komplexen Systemen werden von der Psychosynthese Werte betont; in diesem Merkmal ähnelt sie der Transzendenztherapie, *der* Mutual-Need-Therapie *und anderen Systemen, die stark auf Werte abheben. In diesem Bezug kommt die Psychosynthese auch Alfred Adlers* Individualpsychologie *nahe. Angesichts des Reichtums und der Komplexität der Psychosynthese ist zu hoffen, daß viele Leser sich auch über dieses Kapitel hinaus mit Assagiolis gewaltiger Vision befassen werden.*

Mit Psychosynthese ist die Theorie und Praxis einer Sichtweise menschlicher Entwicklung gemeint, wie sie zuerst von dem italienischen Psychiater Roberto Assagioli formuliert wurde.

Diesem Ansatz geht es im Grunde darum, die Persönlichkeit, wie sie vom einzelnen zum Ausdruck gebracht wird, mit einer ihr *übergeordneten Instanz* in Einklang zu bringen, aus der Sinn und Richtung für das Leben bezogen werden; diese Instanz, das *Transpersonale Selbst,* wird als ein die Persönlichkeit integrierendes Prinzip aufgefaßt, als eine Quelle der Weisheit, der Inspiration, der bedingungslosen Liebe, als eine Quelle, aus der der Wille zur Bedeutungsfindung und -erfüllung seine Kraft bezieht. Der Begriff „Psychosynthese" wird auch zur Bezeichnung des *Prozesses* verwandt, in dessen Verlauf es – bei Verwirklichung der mit diesem Begriff gemeinten Praxis – zur *Integration der Persönlichkeit* kommt, entweder durch die eigenen Bemühungen einer Person oder mit Unterstützung eines Psychosynthese-Praktikers.

Geschichte

Das Fundament der Psychosynthese wurde in der zweiten Dekade des 20. Jahrhunderts von Roberto Assagioli gelegt, der mit seiner Arbeit seiner Zeit weit voraus war. Assagioli war einer der wenigen Menschen, den man wahrhaftig einen Weisen nennen konnte. Sein Wissen, die Liebe, die von ihm ausging, seine schlichte Einfachheit wurden von allen geschätzt, die ihn gekannt haben. Für ihn war Psychosynthese nicht nur eine abstrakte Doktrin, sondern eine *praktische Philosophie,* von der er sich in seinem Alltagsleben leiten ließ. Assagioli starb 1974 im Alter von 86 Jahren.

Als die Psychosynthese in den sechziger Jahren nach Nordamerika vordrang, wurden von ihr viele Menschen angezogen, die von den neuen therapeutischen Disziplinen oder der „Growth"-Bewegung herkamen; hier wären die *Gestalttherapie,* die auf *Abreaktion* hinarbeitenden Therapien, die *Transaktions-Analyse* und andere zu nennen. Manche Aspekte dieser Therapien waren für die Psychosynthese eine Bereicherung. Viele Menschen, die der *Human-potential-Bewegung* angehörten, fanden in der Psychosynthese einen Rahmen, der ihnen genug Raum bot, das miteinzubringen, was sie bei anderen Ansätzen als wertvoll erfahren hatten, einen Rahmen, der ihnen eine Richtlinie vorgab, um aus der breiten Palette verfügbarer Methoden die auszuwählen, die für besondere Menschen in besonderen Situationen am besten geeignet waren.

Assagiolis Denken hatte seine Wurzeln in vielen westlichen und östlichen Traditionen. Er kannte Freud, war in frühen psychoanalytischen Kreisen aktiv und war einer der ersten Italiener, der die *Psychoanalyse* in seinem Land einführte. Der Freudsche Begriff des *Unbewußten* war zwar in seinem System enthalten, er hatte aber das Gefühl, mit ihm würde nicht genug erfaßt. Demgegenüber dehnte er seinen eigenen Begriff des Unbewußten aus, um auch das einbeziehen zu können, was seit Maslow (1972) die „Randbezirke der menschlichen Natur" genannt wird; Assagioli unterschied zwischen dem *primitiven* oder *tieferen Unbewußten* – der Residenz unserer elementaren psychischen Triebe und unserer ungelösten Komplexe – und dem, was er das *Überbewußte* nannte – einem Bereich, der, wie er annahm, über oder jenseits der normalen Ebene bewußter Wahrnehmung lag.

Assagioli stimmte mit der Auffassung überein, daß es ein wichtiges Ziel der Therapie sei, „das Unbewußte bewußt zu machen", unserem Bewußtsein zuvor unbewußte Bereiche einzugliedern. Vom psychoanalytischen Standpunkt wich er insofern ab, als er glaubte, wir müßten, genauso wie wir eine *„Tiefen"*-Psychologie besitzen, auch eine *„Höhen"*-Psychologie haben – in der Psyche hätten wir nach „oben" zu gehen, genauso wie wir nach „unten" steigen. Er entwickelte deshalb verschiedene Techniken zur Erweckung des Überbewußten, die Menschen dabei helfen sollten, mit latenten positiven und konstruktiven, in ihnen selbst liegenden Energien unmittelbar in Kontakt zu treten. Kontakt mit dem Überbewußten gab Menschen häufig die Kraft und Inspiration, um mit störenden Aspekten ihrer eigenen Person fertig zu werden. Zumindest für die, denen an einer *spirituellen* Psychosynthese gelegen war, hielt er es für notwendig, ihren Blick nach „oben" dem *Transpersonalen Selbst* als einem Ort zuzuwenden, aus dem sie für ihr Leben Richtung und Bedeutung beziehen konnten.

Er hob die Notwendigkeit hervor, für die Inhalte des Unbewußten *bewußte Verantwortung* zu übernehmen, und unterschied sich dabei von der Annahme der meisten Tiefenpsychologien, es genügte schon, das Unbewußte bewußt zu machen, um Änderung herbeizuführen. Er glaubte, Bewußtheit sei nur ein Teil davon, der durch den *Willen,* die eigene Persönlichkeit wirksamer Integration zuzuführen, ergänzt werden müßte. Wenn seine Klienten mit dem in ihnen selbst liegenden Ursprung ihres Willens keine Verbindung herstellten, dann, so stellte er fest, gingen die gewonnenen Einsichten leicht ungenutzt verloren. Die Motivation eines Menschen zur Übernahme von Verantwortung hieß es zu wecken; ihm war dabei zu helfen, den gewonnenen Einsichten „Grund zu verschaffen", was durch Einsatz aktiver Techniken im Kontext alltäglichen Lebens zu erreichen war.

Assagiolis Einsichten in Natur und Erziehung des *Willens* sind vielleicht sein größter Beitrag zur modernen Psychologie. Er besaß ein tiefgründiges Verständnis des Willens und unterschied sich hierin radikal von den meisten der herrschenden Vorstellungen zu diesem Konzept. Den Willen sah er als Ausdruck des *Ichs* oder des *Selbst* an und erkannte dabei die enge Verbindung zwischen dem Willen und dem Ursprung der *Identität.* Ihm wurde deutlich, daß in der Psychologie der Wille ein unbeliebtes Thema war; er führte das zum Teil auf das viktorianische Mißverständnis des Willens zurück, demzufolge es sich bei ihm um einen strengen Zuchtmeister handelt, der uns zu Leistungen zwingt, die wir in Wirklichkeit gar nicht erbringen wollen. Deshalb bemühte er sich darum zu zeigen, daß der wahre Wille sanft ist und uns keinen Zwang auferlegt, daß er uns in die Lage versetzt, das zu wählen, was im Einklang mit unseren eigenen innersten Bedürfnissen steht.

Gegenwärtiger Stand

Die verschiedenen Zentren und Institute für Psychosynthese, die in der westlichen Welt entstanden sind, haben alle ihren Ausgangspunkt in der Lehre Assagiolis. Es wird jedoch nicht auf einer für alle verbindlichen Lehre beharrt, vielmehr hat jedes Zentrum Theorie und Praxis auf seine Weise ausgelegt und auch Ergänzungen vorgenommen. Es war Assagiolis Wunsch, daß die Institute autonom sind, um sein Bild zu gebrauchen, zueinander eher wie Sterne eines Sternbildes stehen sollten, als wie Satelliten um eine im Zentrum stehende Sonne zu kreisen. Die Psychosynthese bedurfte in seinen Augen sowohl einer mit der Zeit Schritt haltenden Veränderung und Entwicklung als auch einer Anpassung an die Bedürfnisse unterschiedlicher kultureller Umwelten. Von diesem Geiste ausgehend hat es diese Bewegung mehr als die meisten anderen therapeutischen Systeme vermieden, dem Hang zur Erstarrung zu verfallen. Die Psychosynthese wird von einer wachsenden Zahl von Helfern und Therapeuten in Nordamerika, Europa und Südamerika praktiziert. Angewandt wird sie im Rahmen von Psychotherapie, Counseling, Medizin, Erziehung, Religion, Management- und Organisationsentwicklung und bei kreativem Problemlösen in vielen ganz unterschiedlichen Bereichen.

Praktiker haben ihre Ausbildung in der Regel in einem oder mehreren Ausbildungszentren erhalten. In ihren Trainingsprogrammen unterscheiden sich die einzelnen Institute etwas voneinander, je nach den Schwerpunkten des Zentrums und den Bedürfnissen des Trainees. Die Zentren in Boston, Massachusetts und Walpole beispielsweise legen das Schwergewicht auf die Anwendung der Psychosynthese im *pädagogischen* Bereich, während die anderen sich stärker auf *Psychotherapie* und *„Growth"-Counseling* konzentrieren. Darüber hinaus arbeiten einzelne Praktiker fast überall und bieten als Dienste sowohl Ausbildung als auch Beratung und Therapie an.

Als Grundlagenliteratur zur Psychosynthese gibt es die beiden Bücher von Assagioli: „Psychosynthesis: A Manual of Principles and Techniques" (1965) und „The Act of Will" (1975). Ein neues Buch, „The Realization of the Self: A Psychosynthesis Book", geschrieben von James Vargiu (1980), ist gegenwärtig im Druck.

Theorie

Wenn Assagioli auch Psychiater war, gründet sein Modell vom Menschen nicht ausschließlich auf Information, die er von Klienten auf der psychiatrischen Couch gewonnen hat. Er glaubte, es wäre notwendig zu untersuchen, wie *gesunde* Menschen, einschließlich den Menschen, die es in der *Selbstverwirklichung* am weitesten gebracht haben, funktionieren, um ein vollständiges Verständnis des in der Natur des Menschen liegenden Potentials zu gewinnen. Er mißbilligte die in der Psychiatriediagnostik herrschende Tendenz, Menschen mit ihrer Krankheit gleichzusetzen. Assagioli sah den Menschen statt dessen als ein *Ganzes* und betrachtete pathologische Erscheinungen einfach nur als einen Aspekt einer Gesamtperson. Da sein Augenmerk der *persönlichen Reifung* galt, neigte er dazu, *Symptome* nicht als etwas Unerwünschtes anzusehen, was es auszumerzen, sondern eher als Anzeichen für eine Energieblockierung, die es zu explorieren galt. Ihm ging es in erster Linie darum, die konstruktiven Kräfte freizusetzen, dem positiven Potential Entwicklung zu ermöglichen; er stellte fest, daß Symptome auf diese Weise häufig zum Verschwinden gebracht wurden.

Seine Sicht der psychischen Konstitution des Menschen hat Assagioli in dem hier in Abbildung 1 dargestellten Modell zusammengefaßt, das im Laufe der Zeit als „Ei-Diagramm" bezeichnet wurde.

Der von dem im Zentrum gezeichneten Kreis eingeschlossene Raum steht für den Bereich des Bewußtseins, dessen Mittelpunkt das *„Ich"* oder *Personale Selbst* ist. Das „Ich" ist der Ort reinen Bewußtseins und der des Willens, dem Subjekt unserer Bewußtseinssphäre und dem integrierenden Zentrum unserer Persönlichkeit.

Das „Ich" oder Personale Selbst ist in dem Ei-Diagramm durch eine gestrichelte Linie mit einem über ihm liegenden Punkt verbunden – dem *Höheren* oder *Transpersonalen Selbst*. Dieses Transpersonale Selbst ist genauso wie das *Personale Selbst* ein Zentrum des Bewußtseins und des Willens; sein Herrschaftsbereich schließt aber ein größeres Gebiet ein. Gegenstandsbereich der bewußten Wahrnehmung des Transpersonalen Selbst ist sowohl das Personale Unbewußte als auch das stärker eingeschränkte Feld des Bewußtseins. Das Transpersonale Selbst ist das Zentrum, um das herum im Stadium der transpersonalen oder spirituellen Psychosynthese eine Integration stattfindet.

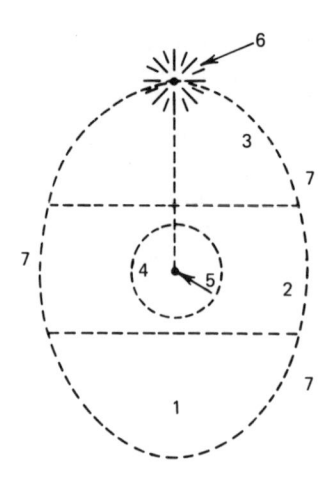

Abbildung 1: Das Ei-Diagramm. 1. Das tiefere Unbewußte; 2. das mittlere Unbewußte; 3. das höhere Unbewußte oder Überbewußte; 4. das Bewußtseinsfeld; 5. das „Ich" (Zentrum des Bewußtseins oder Personales Selbst); 6. das Selbst (Transpersonales oder Höheres Selbst); 7. das kollektive Unbewußte.

Der Bereich in dem Ei-Diagramm, der innerhalb des Ovals liegt, repräsentiert das *Personale Unbewußte* oder den Teil des Unbewußten, der dem Menschen eigen ist; nur seine eigenen Lebenserfahrungen und inneren Qualitäten einschließlich deren Entfaltung werden von diesem Bereich abgedeckt. Das Personale Unbewußte verteilt sich auf drei Ebenen: auf das *tiefere Unbewußte,* das *mittlere Unbewußte* und das *Überbewußte.* Das mittlere Unbewußte enthält die Elemente, die in ihrer Art dem normalen Wachzustand unseres Bewußtseins gleich sind.

Als Verständnishilfe für die Vorgänge im Menschen und zur Beschreibung werden in der Psychosynthese eine Reihe von „Karten" (maps) verwandt. Bei der Diskussion dieser Karten ist es wichtig, sich zu vergegenwärtigen, daß eine Karte nur dann zu etwas taugt, wenn sie auf die gegebene Situation paßt. Der geschickte Psychosynthetiker wird sich davor hüten, einem Menschen, mit dem er arbeitet, ein vorgefertigtes Begriffssystem aufzuzwingen; er wird versuchen, die einzigartige Wirklichkeit eines besonderen Menschen zu erspüren, und eine Person nicht so verzerren, daß sie in eine starre Form paßt.

Die „Karte" der Subpersönlichkeiten

Uns allen sind die vielen *inneren Stimmen* vertraut, die oft einander widersprechende Botschaften enthalten. Da mag es zum Beispiel eine innere Stimme geben, die sagt: „Ich bin wirklich erschöpft; ich glaube, ich werde über Weihnachten eine Woche freinehmen und in Florida Urlaub machen." Eine andere Stimme wird antworten: „Das kostet aber zu viel; ich kann mir das nicht leisten." Und noch eine andere wird sagen: „Ich sollte mich in den Ferien wirklich d'ranmachen und die Küche fertigstellen, damit meine Frau zu nörgeln aufhört." Das wiederum wird vielleicht von einer Stimme so beantwortet: „Mir ist es schnuppe, was sie will; ich bin es eh leid, von ihr immer gesagt zu bekommen, was ich zu tun habe!" Diese Art *inneren Dialoges,* auf die wir so viel von unserer Energie verwenden, läuft bei den meisten von uns über beträchtliche Zeiträume ab.

Zur Bezeichnung dieser „kleinen Ichs", die eher für einen Teil als für das Ganze stehen, verwendet die Psychosynthese den Begriff „Subpersönlichkeiten". Die Subpersönlichkeiten sind in der Regel mit besonderen Namen belegt worden. Wir könnten etwa sagen, ein Mensch habe eine „Schmeichler"-Subpersönlichkeit, die sich bei seiner Frau beliebt machen will, eine „Rebell"-Subpersönlichkeit, die dadurch verärgert wird, möglicherweise eine „Streber"-Subpersönlichkeit, die ihn zu hart arbeiten und erschöpft werden läßt, und vielleicht eine „Märtyrer"-Subpersönlichkeit, die es ihm nicht erlaubt, sich das Geld für einen Urlaub zu gönnen. Natürlich müssen wir einen Menschen erst gut kennenlernen, um die Subpersönlichkeiten genau identifizieren zu können.

Subpersönlichkeiten können wir als strukturierte Konstellationen oder Ansammlungen von Einstellungen, Trieben, Gewohnheitsmustern und Glaubenssystemen beschreiben, die zum Zwecke der Anpassung an die zur inneren und äußeren Welt gehörenden Kräfte organisiert werden. Den „Komplexen" der *Psychoanalyse* und den „Spielen" der *Transaktions-Analyse* ähneln sie insofern, als sie kristallisierte Energie enthalten, die vom Ganzen der Persönlichkeit „abgespalten" ist.

Wenn das Kind aufgrund seiner eigenen Unzulänglichkeit oder der wichtigen Bezugspersonen nicht in der Lage ist, seine elementaren Bedürfnisse und Triebe auf eine mit seinem Wohlbefinden verträgliche Weise zu befriedigen, entwickelt es Methoden, mit denen es dieses Ziel auf indirektem und verstecktem Wege zu erreichen sucht. Dieser Weg ist bei dem gegebenen Erfahrungsmangel, der Unreife seines Organismus, seiner inneren Dynamik und den in seiner Umgebung gesetzten Grenzen der beste, der ihm offensteht, um seine Psyche vor Schaden zu bewahren.

Um den Entwicklungsprozeß der Subpersönlichkeiten zu veranschaulichen, wollen wir als Beispiel das Kind nehmen, das zum „braven Jungen" wird. Solch ein Kind wird gewöhnlich für gehorsames Verhalten gelobt; äußert es seinen eigenen Willen, droht ihm Liebesverlust. Um Liebe zu bekommen, lernt es, den Wünschen seiner Eltern zu folgen. Das Kind entwickelt das Bestreben zu gefallen, das zu tun, was andere ihm auftragen, selbst wenn das bedeutet, seine eigenen Bedürfnisse zu ignorieren. Es tut das deshalb, weil das der einzige ihm bekannte Weg ist, akzeptiert zu werden. Dasselbe Kind entwickelt später möglicherweise eine „Rebell"- oder „böser-Junge"-Subpersönlichkeit, da sich Subpersönlichkeiten häufig als Gegensatzpaare entwickeln; dabei wird die an dem einen Pol liegende Neigung durch die, die zu dem gegenüberliegenden Pol gehört, ausgeglichen. Das Kind, das einen inneren Zwang erlebt, sich Autorität zu unterwerfen, wird unter dieser Einschränkung leiden und wahrscheinlich versuchen, dem entgegenzuwirken, indem es eine herausfordernde und rebellische Haltung einnimmt oder in der Rolle des „Rauhen" und „Waghalsigen" ausagiert. Ein „guter Junge", mit dem ich arbeitete (ein Mann Mitte dreißig), spielte gegenüber seiner Mutter immer noch eine kriecherische, unterwürfige Rolle, versuchte für sich selbst aber ein „männlicheres" Image aufzubauen, indem er sich so „harten" Verhaltensweisen wie Autorennen und starkem

Trinken verschrieb. Jede Subpersönlichkeit hat auch wertvolle Qualitäten, die es
– und das ist wichtig – im Prozeß der Persönlichkeitsumwandlung zu bewahren
gilt.

Die Karte der „Persönlichkeitsvehikel"

Der Begriff „Persönlichkeitsvehikel" verweist auf den *Körper,* die *Emotionen*
und den *Intellekt.* Diese drei Komponenten, die zusammen die Persönlichkeit
ausmachen, sind wie „Vehikel" für das Selbst, weil sie die Medien sind, in denen
es sichtbar wird und festgemacht werden kann. Es ist wichtig, daß jedes Vehikel
angemessen entwickelt und mit den anderen koordiniert wird, so daß die
Persönlichkeit in ihrem Ausdruck ausgeglichen und harmonisch ist. Manche
Menschen sind so mit einer der Persönlichkeitskomponenten identifiziert, daß sie
von den anderen Aspekten abgeschnitten sind. Solch eine *Spaltung* ist sehr
verbreitet zwischen dem Intellekt und den Emotionen. Ein Mensch, der in
seinem Leben in erster Linie für intellektuelle Leistungen belohnt wurde, kann
gegenüber seinen Emotionen sehr mißtrauisch sein; er denkt unter Umständen,
sie seien sehr gefährlich und würden, gäbe man ihnen eine Gelegenheit, völlig die
Oberhand gewinnen. Eine mit dem Intellekt identifizierte Person wird Unterstützung brauchen, um die emotionale Seite ihrer Persönlichkeit zu akzeptieren und
zu erziehen. Andererseits werden Menschen, die sehr mit ihren Emotionen
identifiziert sind, möglicherweise ihren Intellekt zurückweisen in der Befürchtung, ihre intellektuelle Aktivität könnte der Vitalität ihres emotionalen Lebens
ein Ende bereiten. Solche Menschen müssen damit rechnen, daß sie von
unkontrollierten Gefühlsausbrüchen überflutet werden, und brauchen Hilfe, um
die intellektuelle Seite ihrer Persönlichkeit akzeptieren zu können.

Die Karte des „Ich" und des Selbst

Die Psychosynthese behauptet, daß es zum Prozeß der Synthese eines *integrierenden Zentrums* bedarf, um das herum die Synthese stattfinden kann. In der
menschlichen Psyche werden zwei solche Zentren angenommen: das *„Ich"* und
das *Selbst.* Das „Ich" wird als eine Projektion des Selbst im Feld des Bewußtseins
angesehen; hier, auf der Persönlichkeitsebene, agiert es als Stellvertreter des
Selbst. Beide Zentren haben die Doppelfunktion, *Wille* und *Bewußtsein* zu sein.
Sie sind dazu in der Lage, das, was innerhalb ihres besonderen Bereiches
geschieht, zu erkennen und ihr Handeln danach auszurichten.

Beim psychosynthetischen Prozeß können zwei Stadien unterschieden werden, die zwar nacheinander, aber nicht scharf voneinander getrennt ablaufen: die
personale Psychosynthese und die *transpersonale* Psychosynthese. Bei der personalen Psychosynthese dient das „Ich" als das integrierende Zentrum, um das
herum der Prozeß stattfindet. Im Verlauf dieses Stadiums werden die Subpersönlichkeiten und Persönlichkeitsvehikel aufeinander abgestimmt und integriert, so
daß der Betreffende fähig wird, bei seiner Arbeit und in seinen persönlichen
Beziehungen wirksam zu „funktionieren"; er entwickelt eine verhältnismäßig gut
integrierte Persönlichkeit.

Während der transpersonalen Psychosynthese verlagert sich der Mittelpunkt der Persönlichkeitsintegration allmählich vom „Ich" zum transpersonalen Selbst. Das „Ich" ist weiterhin am Prozeß beteiligt, das transpersonale Selbst übernimmt aber immer mehr die dominierende Rolle, es wird zu dem neuen Zentrum, um das herum Integration stattfindet. Das „Ich" ist dem Bürgermeister einer Stadt vergleichbar, der zuerst in dem Glauben ist, unumschränkte Herrschaft und volle Autonomie in seinem Verwaltungsbezirk zu besitzen. In seinem Regieren der „Bürger" (den unterschiedlichen Elementen der Persönlichkeit, die zu integrieren sind) ist er solange glücklich, bis er eines Tages entdeckt, daß viele Gesetze seiner Stadt durch die Politik der Bundesregierung bestimmt werden.

Im Verlauf der transpersonalen Psychosynthese kommt dem „Ich" die Aufgabe zu, die Persönlichkeit mit den umfassenderen Zielen des Transpersonalen Selbst in Einklang zu bringen, mit dem es jetzt eine bewußte Beziehung eingegangen ist. Zuweilen rebelliert die Persönlichkeit, sträubt sich, um seine Autonomie zu erhalten. Sie muß lernen, daß sie durch *Kooperation* mit dem größeren Ganzen, durch Harmonisierung und Zusammenführung ihrer Energien mit denen des Transpersonalen Selbst tiefere Erfüllung finden wird als mit dem Bestreben, die Illusion der Unabhängigkeit am Leben zu erhalten. Es ist nämlich unsere Verbindung mit dem Transpersonalen Selbst, durch die wir wirklichen Sinn und Bedeutung im Leben finden, die uns die engen Grenzen unseres „Ichs" transzendieren und unsere tiefere Beziehung zum Universum entdecken läßt.

Der Psychosynthese-Praktiker ist bestrebt, dem Klienten dabei zu helfen, die Wirklichkeit des „Ichs" so früh wie möglich zu erleben, da das „Ich" eine so wesentliche Rolle im therapeutischen Prozeß spielt. Es ist äußerst wichtig, dieses Erleben zu kultivieren und zu verstärken, während man sich mit den Fragen des *Willens,* der *inneren Richtung* und der *Identität* beschäftigt; das zu leisten ist dann wichtig, wenn man Menschen dabei helfen will, ein Gefühl ihres eigenen Wertes und ihrer Identität, ihrer menschlichen Würde und ihrer Fähigkeit, Verantwortung für die Richtung ihres eigenen Lebens zu übernehmen, zu gewinnen. Ohne dieses Bewußtsein vom „Ich" sind wir wie ein in stürmischer See treibendes Schiff ohne Ruder.

Ist die Identität des Klienten mit seinem „Ich" einmal gesichert, dann wird die Persönlichkeit durch den *Willen* dieses organisierenden Zentrums allmählich an den Zielzustand der Harmonie und Integration herangeführt. Im Verlauf dieses Prozesses erweitert sich das Bewußtsein des „Ichs", und der Bereich, in dem sein Wille herrscht, vergrößert sich entsprechend; das „Ich" steigt nach „oben" oder nähert sich dem Transpersonalen Selbst, um sich schließlich mit seinem Ursprung wiederzuvereinen. Die Erweiterung des Gesichtskreises des „Ichs" ist analog dem, was ein Bergsteiger erlebt, wenn er sich dem Gipfel eines Berges nähert. Mit jedem Schritt nach oben ergeben sich bessere Aussichten, und man kann die um einen herum liegenden Bereiche klarer und vollständiger sehen. Wir könnten, um bei dieser Analogie zu bleiben, sagen, daß mit wachsender Nähe zwischen dem „Ich" und dem Selbst einer Person, sich die Perspektive, aus der heraus sie auf den Gesamtzusammenhang ihres Lebens blickt, erweitert und aufklärt; die Vergangenheit wird besser verstanden und eher akzeptiert, die Zukunft wird mit größerer Stärke und mehr Inspiration angegangen.

Interessant ist dabei, daß der Mensch, während sich sein Bewußtseinsfeld in die „Höhen" ausdehnt, eben dadurch fähig wird, weiter in die „Tiefen" hinabzusteigen, wenn sich das als notwendig erweist. Mit zunehmendem Kontakt mit den Energien des Überbewußten wird die Fähigkeit erworben, sich der Verworrenheit, dem Schmerz und den Verzerrungen der Vergangenheit mit klarerem Blick und mit mehr Mitgefühl und Verständnis zuzuwenden.

Dieses Phänomen stellt sich anschaulich in den Phasen dar, die der Klient bei der Abklärung seiner Beziehungen zu den *Elternfiguren* passiert. Wie weiter unten in dem Abschnitt, in dem es um die Freisetzung von Emotionen geht, diskutiert wird, macht er häufig eine Phase durch, in der er starke *Grundgefühle* wie etwa Wut und Schmerz zum Ausdruck bringt. In diesem Stadium ist das Bewußtseinsfeld relativ begrenzt, da der Klient mit seinen starken Gefühlen identifiziert und unfähig ist, den Standpunkt der Eltern zu sehen. Später, wenn der Klient stärker mit transpersonalen Energien in Berührung kommt, wird es ihm möglich, sich von der Einstellung des „verletzten Kindes" zu lösen, sich in die Situation der Eltern einzufühlen und ihnen zu vergeben. Auf einer noch höheren Bewußtseinsebene können Menschen die Erfahrungen ihrer Kindheit noch besser integrieren; dabei kommen sie über einfaches Vergeben und über bloße Versöhnung mit den Eltern hinaus und gewinnen Einsicht in die tiefere Bedeutung und den Sinn, diesen besonderen Eltern geboren worden zu sein. Sie versöhnen sich mit ihrem Leben als Ganzem. Sie sind jetzt nicht nur dazu in der Lage, ihr eigenes Schicksal zu akzeptieren, sondern sie sind auch imstande, es aktiv in die Hand zu nehmen. Sie können erkennen, wie selbst sehr schwere und schmerzhafte Erfahrungen zur Entwicklung geschätzter Eigenschaften beigetragen und Menschen auf die Rolle vorbereitet haben, die im Leben zu spielen sie berufen sind.

Methoden

Die Begutachtung der Persönlichkeit

Eine *Begutachtung* der Persönlichkeit des Klienten, seiner Bedürfnisse und seiner existentiellen Situation ist der erste Schritt, der in der Psychosynthese getan wird, nachdem der erste Kontakt hergestellt worden ist. Es handelt sich hier um einen fortlaufenden Prozeß, der nicht nur insofern nützlich ist, als er Hinweise dafür erbringt, welche Stoßrichtung die Arbeit zunächst einzuschlagen hat; in den einzelnen Stadien der Psychosynthese läßt sich mit seiner Hilfe auch einschätzen, welche Fortschritte gemacht worden sind und welche Bedürfnisse bestehen.

Im Unterschied zur *Diagnose,* bei der es sich oft um etwas handelt, was dem Klienten durch eine Autorität „verabreicht" wird, respektiert die im Rahmen der Psychosynthese erfolgende Begutachtung, wie der Klient seine eigenen Bedürfnisse wahrnimmt. Ihr kommt auch ein therapeutischer Wert zu, insofern die Begutachtung als ein *fortlaufender Prozeß* dem Klienten dabei hilft, seinen Willen an die noch zu leistende Arbeit auszurichten.

Die Entfaltung des Prozesses

Der wirkliche Leiter des Psychosynthese-Prozesses ist das Transpersonale Selbst des Klienten, das zu jedem Zeitpunkt die Aufmerksamkeit des Klienten in bestimmte Richtungen lenkt. Darum wissend wendet sich der äußere Leiter, der Psychosynthese-Praktiker, dessen Rolle es ist, den inneren Prozeß des Klienten zu unterstützen, dem zu, was sich in der Sitzung „ereignen zu wollen" scheint.

Die tatsächliche Abfolge, in der die Probleme auftauchen, mag überraschen. Es ist wichtig, daß sich der Praktiker davor zurückhält, der Situation vorgefertigte Strukturen aufzudrücken, daß er dafür offen bleibt, dem Prozeß im Klienten zu gestatten, sich *von innen heraus zu entfalten*. Im Falle eines Klienten kann das dringendste Bedürfnis darin liegen, mehr mit starken Gefühlen in Berührung zu kommen; ein anderer Klient wird das Bedürfnis haben, gegenüber emotionalen Reaktionen Distanz zu gewinnen, damit er sie klarer sehen und besser verstehen kann, was sie ausdrücken. Ein Klient wird es nötig haben, eine zum Konflikt gewordene Beziehung intrapsychisch zu explorieren, während ein wiederum anderer das auf interpersonaler Ebene auszufechten hat. Es kommt sehr darauf an, bei der Wahl des Zeitpunktes, zu dem besondere Probleme am besten gelöst werden können, und bei der Bestimmung der Ebene, auf der das am besten erfolgt, mit Feingefühl vorzugehen.

Identifikation und Disidentifikation

Das Konzept der *Disidentifikation* ist ein zentrales Konzept der Psychosynthese und wohl einer der wichtigsten Beiträge dieser Theorie.

Disidentifikation läßt sich wahrscheinlich am besten unter Bezugnahme auf seinen Gegensatz verstehen: die *Identifikation*. Wir sind mit etwas identifiziert, wenn wir uns von diesem Etwas nicht lösen können, wenn unser Identitätsgefühl damit sehr eng verknüpft ist. Manche Menschen sind so mit ihrem Auto identifiziert, daß sie einen Kratzer an ihrem Auto so erleben, als sei ihr Gesicht durch eine Narbe entstellt worden, als seien sie dadurch, daß ihr Wagen einen Kratzer erhalten hat, kleiner geworden. Eine Frau, die mit der Erscheinung ihres Körpers identifiziert ist, empfindet es u. U. als Einbuße ihres Wertes, wenn sie Falten in ihrem Gesicht entwickelt oder graue Haare bekommt. Es ist so, als glaubten diese Menschen: „Ich bin mein Auto" oder: „Ich bin mein Körper".

Bei der *Integration unserer Subpersönlichkeiten* kommt Disidentifikation eine wesentliche Rolle zu. Wir müssen es schaffen, aus unseren Subpersönlichkeiten herauszutreten, um sie deutlicher zu sehen und einen günstigen Standort zu finden, von dem aus wir etwas zu ihrer Veränderung unternehmen können. Ein Mann, der mit einer manipulativen „Verkäufer"-Subpersönlichkeit identifiziert war, erzeugte in anderen Menschen ständig Abwehrreaktionen, bis er es schaffte, sich von dem Bedürfnis zu disidentifizieren, sich verkaufen zu wollen. Als er sah, wie er sich die ganze Zeit verhalten hatte, empfand er es als sehr komisch und fühlte sich dazu motiviert, die Art und Weise, in der er sich gegenüber anderen verhielt, zu verändern. Als er erkannte, daß er sich jetzt dafür entscheiden konnte, diese Rolle nicht zu spielen, erlebte er das als ein intensives Gefühl der Erleichterung und inneren Freiheit.

Außer den verschiedenen Formen der *unbewußten* und blinden Identifikation mit einem besonderen Aspekt der Persönlichkeit gibt es noch einen Prozeß freiwilliger oder *bewußter* Identifikation. An gewissen Punkten im psychosynthetischen Prozeß wird der Praktiker einen Klienten möglicherweise dazu ermutigen, sich absichtlich mit sich selbst oder einem besonderen Element seines Erlebens zu identifizieren, um ein bestimmtes Ziel zu erreichen.

Ein grundlegendes Prinzip ist es, daß wir uns zu unserem Erleben *bekennen* müssen: Wir müssen uns dessen bewußt sein, was gegeben ist, und es als Teil von uns selbst erkennen, bevor wir uns von ihm zu disidentifizieren suchen. Paradoxerweise sind wir häufig fähig, stärker mit unseren Gefühlen in Kontakt zu kommen, wenn wir *nicht* mit ihnen identifiziert sind. Die Fähigkeit, aus unseren Gefühlen herauszutreten und die Position eines Beobachters einzunehmen, läßt Gefühle weniger bedrohlich werden, gestattet uns, sie eingehender zu explorieren.

Die Aktivierung des Willens

Der Wille ist eines der zentralen Themen der Psychosynthese und spielt im psychosynthetischen Prozeß eine Schlüsselrolle.

Der Psychosynthese-Praktiker muß geduldig den Willen des „Ichs" erforschen und ihn unterstützen. Während der Sitzung stellt der Praktiker den Klienten vor eine Reihe von Wahlsituationen, in denen dieser zu bestimmen hat, welche Probleme er bereit oder willens ist zu explorieren; damit ist auch die Absicht verbunden, im Klienten eine Gefühl dafür zu entwickeln, daß er über die Richtung, die er einschlägt, selbst entscheiden kann.

Der Prozeß, in dessen Verlauf im Klienten das *Erleben von Zielgerichtetheit* hervorgerufen und verstärkt wird, führt zu äußerst wichtigen Nebeneffekten oder „inzidentellem Lernen". Die Tatsache, daß jemand an seinen Entscheidungen interessiert ist und sie respektiert, vermittelt dem Klienten ein Gefühl, als Mensch geschätzt zu werden, und hilft ihm, in sich ein *Selbstwertgefühl* und ein *Gefühl von Würde* wachsen zu lassen.

Zu Beginn einer Sitzung geht die Motivation zu arbeiten häufig eher von einer Subpersönlichkeit als vom „Ich" aus. Das kann viele Formen annehmen. Eine „Streber"-Subpersönlichkeit mag versuchen, die Unterstützung des Praktikers dafür zu gewinnen, eine „Faulenzer"-Subpersönlichkeit zu besiegen; eine „Supermann"-Subpersönlichkeit kann darauf aus sein, die „Schwäche" der Person, zu der er gehört, zu beseitigen. Ein zu Abhängigkeit neigender Klient wartet vielleicht passiv darauf, daß der Praktiker etwas unternimmt, damit sich sein Zustand bessert; ein Klient, der gerne die Kontrolle hat, wird unter Umständen versuchen, die Sitzung in eine vorher bestimmte Richtung zu lenken, statt dem eigenen Prozeß oder dem Praktiker gegenüber offenzubleiben. Das Motiv, das bei vielen Klienten zu Beginn der Arbeit am deutlichsten zutage tritt, ist das Bestreben, irgendeinen Schmerz oder ein Symptom loszuwerden. Wenn die Motivation des Klienten, die ihn in die Sitzung führt, nicht mit dem harmoniert, was eigentlich zu geschehen hat (d. h. mit dem Ziel, das dem Selbst für diese Sitzung vorschwebt), muß der Praktiker eine Methode finden, wie er dem Klienten bei der Abklärung der konfligierenden Motive und der Suche nach einem Weg zurück zum Zentrum helfen kann. Löst sich der Nebel im Verlauf des zum Zentrum zurückführenden Prozesses auf, kann der Klient klarer sehen, was gerade abläuft, und ist in einer günstigeren Position, aus der heraus er vernünftige Entscheidungen treffen kann.

Ein anderer wichtiger Aspekt der Arbeit am Willen ist es, den gewonnenen Einsichten „Grund zu verschaffen", sie in Praxis umzusetzen. Um diesen Prozeß zu fördern, setzt die Psychosynthese eine Reihe verschiedener Techniken ein. In der Sitzung selbst bedienen sich die Praktiker häufig des *Rollenspiels,* um dem Klienten bei der Einübung von Haltungen oder Verhaltensweisen zu helfen. Erfolgt die Arbeit in einer *Gruppe,* können die Gruppenmitglieder eine Situation bieten, in der neue Wege ausprobiert werden können. *Schreiben* ist ebenso ein nützliches Mittel, Einsichten, die einem in einer Sitzung gekommen sind, zu verankern. Am wichtigsten ist ihre Verwirklichung im *täglichen Leben* des Klienten; der Praktiker wird versuchen, darüber auf dem laufenden zu bleiben, um jenen Klienten, die es schwer finden, ihre Einsichten in Handeln umzusetzen, dabei Extra-Unterstützung zu geben.

Das Abreagieren oder Freisetzen von Emotionen

Bei vielen Klienten ist es notwendig, im frühen Stadium des therapeutischen Prozesses starke Emotionen, die bisher nie richtig zum Ausdruck gebracht worden sind, freizusetzen; wichtig ist das deshalb, weil durch diese Emotionen ein sehr großer Teil der Energie einer Person gebunden wird. Diese Emotionen sind gewöhnlich mit schmerzhaften Beziehungen zu den Elternfiguren oder mit anderen traumatischen Situationen im Leben des Betreffenden verknüpft. In der Phase, in der starke Schmerz- oder Wutgefühle ausgedrückt werden, kann unsere Arbeit der *Primärtherapie* oder anderen auf ein Abreagieren hinarbeitenden Therapien sehr ähnlich sein. Die mit der Freisetzung von Emotionen verbundene Philosophie der Psychosynthese unterscheidet sich davon jedoch insofern, als der Ausdruck von Haß, Schmerz und Wut nur als ein erster Schritt und nicht als letztes Ziel betrachtet wird. Er kann ein notwendiger Schritt sein, wenn die Gefühle in diesen Bereichen blockiert sind; man muß aber über diese negativen Gefühle hinauskommen, damit die Energien, die in Haß und Verärgerung gebunden sind, zu kreativen Zwecken freigesetzt werden können. Wirkliches Heilen vollzieht sich nur, wenn Vergebung und Versöhnung erfolgen.

Methodenpluralismus

In der Psychosynthese kommen viele Techniken zum Einsatz, da es keine Technik gibt, die für jeden Zweck oder jeden Klienten geeignet ist. Mit welchen Techniken die Klienten jeweils zurechtkommen, wird von ihrem „psychologischen" Typ abhängen und davon, auf welcher Entwicklungsstufe sie sich befinden. Ein Therapeut, dem daran gelegen ist, sich ganz auf die Bedürfnisse eines besonderen Klienten einzustellen, muß deshalb eine Vielfalt von Verfahren beherrschen. Ebenso hat man sich zu vergegenwärtigen, daß in der Psychosynthese ständig neue Methoden und Techniken entwickelt werden. Dabei geht es darum, Techniken so zu gestalten, daß sie sich für den Klienten eignen, statt Klienten den Techniken anzupassen. Das wirksamste Verfahren ist oft das, welches der Praktiker *aus dem Moment heraus* entwickelt, um den Ansprüchen einer besonderen Situation gerecht zu werden.

Ein holistischer Ansatz

Die Psychosynthese kann als ein *holistischer* Ansatz angesehen werden, dem an einer ausgeglichenen Entwicklung der verschiedenen Aspekte menschlichen Erlebens gelegen ist: des *körperlichen, emotionalen, geistigen* und *spirituellen* Aspekts (bezogen auf das Wesen der *Existenz*, den Sinn, die Werte und den Willen). Bei der Auswahl von Techniken wird der Therapeut die Entwicklung dieser Dimensionen im Auge behalten; die, die in ihrer Entwicklung zurück sind, wird er als Ansatzpunkte wählen und alle im Sinne einer Integration aufeinander abzustimmen suchen.

Die Prozesse der Integration und Synthese

Wie aus dem Namen hervorgeht, handelt es sich bei der Psychosynthese um einen Prozeß, in dem die konfligierenden und disharmonischen Elemente der Persönlichkeit eine *Harmonisierung, Integration* und *Synthese* erfahren. Im Verlaufe dieses Prozesses werden sie mit dem *Transpersonalen Selbst* in Einklang gebracht, so daß die Persönlichkeit zu einem Instrument oder Kanal wird, durch den sich das Selbst in der physikalischen Welt manifestieren kann.

Es gibt viele *Gegensatzpaare* in der Persönlichkeit, die der Integration bedürfen. Die meisten können mit der Polarität in Verbindung gebracht werden, die die Chinesen *Yin* und *Yang* nennen.

Die Ansatzpunkte für therapeutische Interventionen können auf der Ebene des Körpers, des Emotionalen oder des Geistigen liegen. Außerdem können sie sich auf das „Ich" oder das Selbst richten. In Abbildung 2 wird das zusammengefaßt dargestellt.

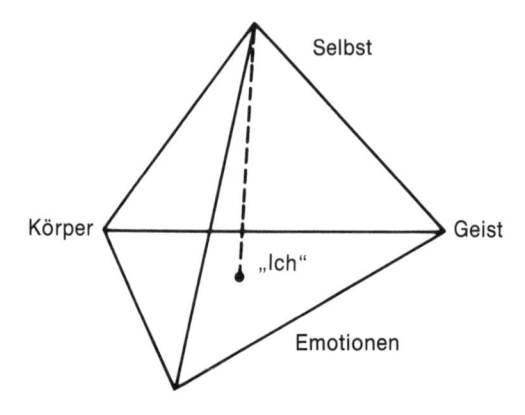

Abbildung 2: Ansatzpunkte für therapeutische Interventionen.

Die meisten der gegenwärtig praktizierten Therapien konzentrieren sich auf die Verbindung von zwei oder drei Dimensionen, die in der Abbildung als Eckpunkte der Pyramide eingezeichnet sind. Ansätze wie die *Psychoanalyse*, die *Transaktions-Analyse* und die *Klientenzentrierte Therapie* betonen die Verbindung zwischen Geist und Emotionen; Verfahren wie die *Gestalttherapie*, die *Bioenergetik* und die *Primärtherapie* zielen in erster Linie auf die Verbindung zwischen Körper und Emotionen; die *Alexander-Technik* und die *Feldenkrais-Methode* gehen von der Verbindung von Geist und Körper aus. Die Psychosynthese achtet auf *alle* diese Verbindungen und wendet sich in der einzelnen Situation denen zu, deren Behandlung am angemessensten erscheint. In den meisten Fällen wird der Versuch gemacht, den Kreis zu schließen und den Klienten dazu zu bringen, das Material auf allen Ebenen durchzuarbeiten, gleichgültig, von welchem Ansatzpunkt ausgegangen wurde. Die Psychosynthese unterscheidet sich von den anderen gegenwärtig praktizierten Therapien darin, daß sie Wert auf ein *intellektuelles Verstehen* legt. Auch wenn ein Klient ein Problem hauptsächlich auf körperlicher oder emotionaler Ebene durcharbeitet, ist es wesentlich, daß er die Muster und Dynamik dessen, was abgelaufen ist, versteht, um von dieser Erfahrung ausgehend generalisieren zu können und ihr im täglichen Leben Grund zu verschaffen.

Die Technik der gelenkten Vorstellung

Die Technik der *gelenkten Vorstellung* besteht darin, den Klienten zu veranlassen, *visuelle* und *auditive Vorstellungen* einzusetzen, um mit einer *inneren Phantasiewelt* in Berührung zu kommen. Es wird angenommen, daß die Vorstellungsbilder, denen der Klient dabei begegnet, symbolischer Ausdruck der Muster dynamischen Geschehens in seiner Persönlichkeit sind.

Der Klient wird angewiesen, sich zu entspannen und es zuzulassen, daß sich seine Vorstellung von selbst entfaltet; er verhält sich dabei so, als würde er sich einen in ihm ablaufenden Film ansehen.

Der Praktiker kann dem Klienten bestimmte weitere Instruktionen geben wie etwa, verschiedene Elemente seiner Vorstellung miteinander in Kommunikation treten zu lassen, sich mit einer besonderen Person zu identifizieren, um deren Gefühle intensiver zu erleben, oder bestimmte Aspekte der Vorstellung eingehender zu explorieren. Diese Methode gibt einem die Möglichkeit, direkt mit den symbolischen Inhalten der Psyche zu arbeiten, die Merkmale der verschiedenen Elemente und ihre Beziehungen untereinander zu explorieren und unter ihnen größere Harmonie und stärkere Integration zu stiften. Die Technik der gelenkten Vorstellung vermag, genauso wie das der *Nachttraum* kann, unbewußtes Material aufzudecken und bietet dabei den Vorteil, dem Bewußtsein und dem Willen des Klienten zu gestatten, mit diesem Material zu interagieren. Auf diese Weise bildet sie eine Brücke zwischen den bewußten und den unbewußten Ebenen des Psychischen.

In einer Sitzung, in der gelenkte Vorstellung als Technik eingesetzt wird, kommt dem Praktiker die Aufgabe zu, dem in seiner Vorstellungswelt Wandelnden dabei zu helfen, mit dem Fluß seines inneren Prozesses in Kontakt zu bleiben, seine Aufmerksamkeit den Vorstellungsbildern folgen zu lassen, seine emotionale Beziehung zu diesen Bildern zu vertiefen, Probleme, wenn nötig, abzuklären und diese Erfahrung auf das Alltagsleben des Klienten zu beziehen und ihr darin „Grund zu verschaffen".

Die Beschwörung „innerer Weisheit"

Verschiedene Techniken können eingesetzt werden, um Klienten dabei zu helfen, sich ihrer „inneren Weisheit" anzunähern. Zu diesen Methoden gehört gewöhnlich der *Dialog* mit einer (visuell vorgestellten oder gespielten) *Figur*, die zur „Quelle der Weisheit" bestimmt wird. Diese Figur kann in Form eines Menschen, etwa als Dorfältester oder Prediger, vorgestellt werden, oder sie kann ein geheiligtes Tier, ein Element in der Natur oder ein abstraktes Symbol sein. Der Praktiker wird Klienten in der Regel empfehlen, bei der Wahl ihres eigenen Symbols *Spontaneität* walten zu lassen. Verwirklicht man dieses Verfahren in Form äußerer szenischer Darstellung, hat das den Vorteil, daß sich die unterschiedlichen Positionen deutlicher im Raum verteilen lassen und damit auch die Weisheit verkörpernde Figur des Klienten und die Subpersönlichkeiten mit ihrer verzerrenden Wahrnehmung einfacher auseinandergehalten werden können. Diese Technik beruht auf dem Konzept der *Disidentifikation* und führt häufig zu erstaunlichen Ergebnissen. Das „Weisheitssymbol" wird dabei gebeten, zu diversen Aspekten des Lebens des Klienten oder zu besonderen Fragen oder Befürchtungen einer Person Stellung zu nehmen. Auf Klienten hat es eine beruhigende Wirkung, und es gibt ihnen Zuversicht, wenn sie entdecken, daß sie in sich selbst über eine Quelle der Weisheit verfügen, die sich leicht „anzapfen" läßt. Kontraindiziert ist diese Technik dann, wenn Klienten mit einem strengen Über-Ich eher die Rolle eines Richters als die eines mitfühlenden Weisen übernehmen.

Kinästhetische Vorstellung

Eine nützliche Technik ist es, sich auf das kinästhetische Empfinden dessen, was im Psychischen abläuft, und gleichzeitig auf die Gefühle, die mit dem Körpererleben verknüpft sind, zu konzentrieren. Gendlin (1978) spricht in seinem Buch „Focusing" davon, mit dem *gefühlsmäßigen Erleben* Kontakt aufzunehmen. Das gefühlsmäßige Erleben, das ein Gefühl und eine körperliche Empfindung einschließt, wird zuerst erfahren und dann in Worte oder Vorstellungen umgesetzt. Diese Technik ist bei Klienten, die zum Intellektualisieren neigen, effektiver als die der gelenkten Vorstellung. Im übrigen bildet sie eine gute Grundlage für fast jede Arbeit, die innere Prozesse zum Gegenstand hat.

Das Wesen der Psychosynthese hängt nicht mit einer besonderen Gruppe von Techniken zusammen. Es werden neue Methoden entstehen, und sie werden sich von einem Praktiker zum anderen unterscheiden. Viel wichtiger als technisches Wissen ist das Bewußtseinsniveau des Praktikers und sein Vermögen, einem Klienten von einem Ort der Klarheit, Weisheit und unbedingten Liebe aus Beistand zu gewähren.

Anwendungsbereiche

Die Psychosynthese scheint ein effektiver Ansatz zu sein, mit dem sich ein breites Spektrum menschlicher Probleme angehen läßt. Ihre Flexibilität und das Fehlen einer Bindung an besondere Techniken oder Begriffe erlauben ihr, auf die Bedürfnisse sehr unterschiedlicher Klienten und Situationen einzugehen.

Wer in Psychosynthese ausgebildet wurde, ist in seiner Arbeit bei den meisten Klientengruppen, mit denen man im Bereich der psychiatrischen Versorgung zu tun hat, von diesem Ansatz auch ausgegangen – in der Arbeit mit „gewöhnlichen Neurotikern", mit schwer gestörten Menschen und solchen, die antisoziales Verhalten zeigen. Natürlich ist es notwendig, diesen Ansatz den jeweiligen Klienten anzupassen. Am verbreitetsten war der Einsatz der Psychosynthese bislang im Rahmen des *Counseling* relativ *gesunder* Menschen. Sie machen sich diesen Ansatz zunutze, um ihr persönliches und spirituelles Werden zu fördern und ihre Kreativität zu verbessern.

Die Psychosynthese bietet solchen Menschen, einzeln oder in Gruppen, eine Perspektive von besonderem Wert. Sie streben danach, ihr Leben nach einem intensiver empfundenen Sinn und einer stärker erlebten Bedeutung auszurichten und ein Bedürfnis zu spüren, ihrem Leben auch eine *spirituelle* Dimension zu geben. Besonders wirksam ist die Psychosynthese auch in der Arbeit mit Menschen, die in einer *existentiellen Krise* stecken und deren Not das Bedürfnis nach einer Umorientierung anzeigt, die sie auf den Weg zu neuen, in ihrer Bedeutung umfassenderen Werten und/oder neuen Formen der Lebensäußerung bringt. Menschen, die sich in *Übergangsphasen* befinden, sei es in ihrem beruflichen oder privaten Leben, können von dem durch die Psychosynthese vermittelten Kontakt mit tieferliegenden Quellen profitieren, aus denen sich Identität herleitet und das Leben eine Richtung bezieht. In solchen Zeiten äußerer Veränderung besteht ein besonderes Bedürfnis nach dem Erleben innerer Stabilität und dem Kontakt mit dem eigenen kreativen Prozeß. Menschen, die sich in einer Situation sehen, in der sie für ihr Leben wesentliche *Entscheidungen* zu treffen haben, kann mit dem Ansatz der Psychosynthese dabei geholfen werden, einen Ort innerer Klarheit zu erreichen, von dem aus sie den Weg erkennen können, der ihrem Leben mehr Bedeutung und stärkeres Wachstum bringen wird.

Die Psychosynthese ist auch im *Erziehungssektor* eingesetzt worden, insbesondere in der Lehrerausbildung und der Entwicklung von Curricula, häufig für so vernachlässigte Bereiche wie der Erziehung zu Selbstverständnis, Vorstellung, Kreativität, Intuition und Willenskraft. Erzieherischer Einsatz dieser Art bietet eine bedeutsame Chance für auf *Prävention* gerichtete psychiatrische Arbeit. Zu den anderen Anwendungsbereichen gehören *Religion, Management- und Organisationsentwicklung, interpersonale Beziehungen* und die Förderung des *kreativen Prozesses* in verschiedenen Disziplinen.

Fallbeispiel

Jeanne, eine junge Frau Ende zwanzig, wurde mir von einem anderen Therapeuten überwiesen, der durch ihre Weigerung, in den Therapiesitzungen zu sprechen, entmutigt worden war, ein Verhalten, das sie über mehrere Monate aufrechterhielt. Jeanne, zu jener Zeit übergewichtig, mit einem ausdruckslosen Gesicht, arbeitete als Sekretärin und versah ihre Arbeit gut. Auf diese Weise finanzierte sie sich ein Psychologiestudium, dem sie gleichzeitig nachging und in dem sie kurz vor ihrem Abschluß stand. Für kurze Zeit war sie mit einem ständig schimpfenden Mann verheiratet gewesen und lebte jetzt allein. Aufgezogen wurde sie durch Nonnen in einem Waisenhaus, nachdem ihr Vater, als sie drei Jahre alt war, ihre Mutter verlassen hatte. Jeannes Mutter, später als psychotisch hospitalisiert, war unfähig, sich um sie zu kümmern, und sah ihre Tochter nur wenige Male, während sie im Waisenhaus war. Nachdem er von zu Hause weggegangen war, hörte oder sah Jeanne ihren Vater nie wieder. Aufgrund depressiver Symptome suchte sie einen Therapeuten auf.

In unserer ersten Sitzung nahm Jeanne die gleiche Haltung ein wie bei ihrem ehemaligen Therapeuten. Sie saß schweigend und unbeweglich da, wie eine Statue, und starrte in die Ferne. Zunächst machte ich einige erfolglose Versuche, mit ihr zu kommunizieren, auf verbaler wie nichtverbaler Ebene; schließlich merkte ich, daß ich von dem Teil in mir selbst ablassen mußte, der „etwas geschehen lassen" wollte, damit unsere Kommunikation auf einer anderen Ebene stattfinden konnte. Ich mußte darauf vertrauen, daß das, was nötig war, auf seine eigene Weise geschehen würde, wenn ich dem tieferliegenden Zentrum in uns beiden die Leitung des Prozesses überließ. Und so saß auch ich schweigend da und entschied mich einfach dafür, mich dem Erleben von Jeannes Gegenwart gegenüber zu öffnen und ihr zu erlauben, meine Gegenwart zu erleben. Während ich das tat, wurde ich ihres Transpersonalen Selbstes als eines sehr hellen Lichtes gewahr und fühlte, wie es versuchte, zu diesem Zeitpunkt in ihr Leben einzudringen. Ich erkannte auch, daß schmerzhafte Erinnerungen aus der Vergangenheit ins Bewußtsein aufsteigen mußten, um geheilt zu werden. Während ich mit Jeanne zusammensaß, erlebte ich ihre innere Schönheit und empfand eine tiefe Zuneigung für sie. Am Ende unserer Sitzung teilte ich ihr mein Empfinden mit, demzufolge eine sehr schöne Person in ihrem Innern lebte, die herauskommen wollte; ich sagte ihr, daß ich glaubte, ihr bei diesem Prozeß helfen zu können. Ich sagte ihr auch, ich hätte nicht die Kraft, das alleine zu tun, und brauchte ihre Mitarbeit, wenn das geschehen sollte. Ich eröffnete ihr, daß ich nicht über das Geschick verfügte, ihr zu helfen, wenn wir nicht miteinander reden könnten, und daß ich es für eine Verschwendung unserer Zeit und auch ihres Geldes hielte, uns weiterhin zu treffen, wenn sie nicht willens wäre zu sprechen. Als sie darauf immer noch nicht verbal reagierte, schlug ich ihr vor, nach Hause zu gehen und darüber nachzudenken; wenn sie bereit wäre, mich auf halbem Wege zu treffen, sollte sie einen neuen Termin mit mir vereinbaren. Meine Eingebung sagte mir, daß ein innerer Kontakt hergestellt worden war und Jeannes Wille damit begann, sich auf die Arbeit vorzubereiten; das wurde bald bestätigt.

Bei unserem nächsten Termin war Jeannes Verhalten sehr viel anders. Sie war immer noch steif und ängstlich, aber willens zu kommunizieren. In der Zeit zwischen den Sitzungen hatte sie selbständig etwas Vorstellungsarbeit geleistet, die sie mit einigen zuvor verdrängten Erinnerungen aus ihrer frühen Kindheit in Berührung brachte. Die Tatsache, daß sie das unternommen hatte, ohne daß jemand anders zugegen war, wies auf ein von ihr empfundenes Bedürfnis hin, auf diese Weise ihre Kraft und Autonomie zu demonstrieren. Obwohl sie eingewilligt hatte, mit mir zu sprechen, behielt sie ihr Gefühl, über sich persönlich Kontrolle zu besitzen, indem sie ihre „Erinnerungsbank" öffnete, als sie mit sich allein war. Jeanne sprach über die von ihr geleistete Arbeit mit einem Gefühl des Stolzes und erlaubte mir, ihren Vorstellungsprozeß von dem Punkt an zu leiten, wo sie abgebrochen hatte. Sie ging sofort zurück zu einem Vorstellungsbild von sich selbst als kleinem Kind, das in der Ecke eines Raumes kauerte, während ihr Vater, der getrunken hatte, so bösartig auf ihre Mutter einschlug, daß er sie fast getötet hätte. Jeanne erinnerte sich daran, daß dieses Ereignis der Einweisung in das Waisenhaus vorausging, in dem sie den Rest ihrer Kindheit verbrachte.

Sie kam an ihre Gefühle der Angst und der Wut und des Schmerzes heran, die sie damals empfunden hatte. Sie brachte Wut gegenüber beiden Elternteilen zum Ausdruck; sie war wütend, weil sie verlassen worden war und sie sich nicht um die Gefühle ihrer Tochter gekümmert hatten. Daran anschließend berührte sie ihre Gefühle der Liebe, die sie für ihren Vater hatte und äußerte Verärgerung gegenüber ihrer Mutter, auf diese Liebe eifersüchtig gewesen zu sein und versucht zu haben, sie von ihrem Vater fernzuhalten. Sie fühlte die Wärme ihres Vaters, spürte aber, daß er unerfüllbare Ansprüche an sie stellte, um ein Vakuum in seinem eigenen Leben auszufüllen. Sie spürte die Last, den starken emotionalen Bedürfnissen ihres Vaters entsprechen zu müssen, und war empört darüber, in dieser Weise benutzt worden zu sein. Der Vater in ihrer Vorstellung sagte, es täte ihm leid – er hätte nicht gemerkt, was er ihr antat, und er wäre nicht deshalb von zu Hause weggegangen, weil er sie nicht liebte. Sie begann, zwar mehr Wärme für ihn zu empfinden, spürte aber immer noch einen Rest von Wut; der Grund dafür ließ sich erst in unserer folgenden Sitzung erkennen.

Als Jeanne zu unserer nächsten Sitzung kam, war sie ziemlich aufgebracht, sie hatte das Gefühl, es gäbe da noch etwas, was sie aufdecken müßte. Sie war sich einer Wut gegenüber ihrem Vater gewahr, fühlte aber etwas in ihrem Halse stecken, wenn sie versuchte, diese Wut auszudrücken. Ich forderte sie auf, sich etwas vorzustellen, das ihr dabei helfen könnte, mit dem in Kontakt zu kommen, was sie blockierte. Daraufhin sah sie einen eregierten Penis und erinnerte sich, von ihrem Vater sexuell mißbraucht worden zu sein. Das setzte ihre Energie frei, und sie vermochte, die Wut, die sie ihrem Vater gegenüber empfand, voll zum Ausdruck zu bringen.

Die nächste Sitzung war für sie ein Wendepunkt insofern, als es zu einer Transformation ihrer Wut kam. In dieser Sitzung nahmen wir als Ausgangspunkt einen Traum, den sie einmal erzählt hatte. In diesem Traum befand sie sich in einem Raum mit einer übertapezierten Tür. Ich brachte sie dazu, sich vorzustellen, sie ginge durch diese Tür. Sie folgte einem Tunnel, der in einen tieferliegenden Raum führte, in dem mehrere alte Männer saßen. Einer dieser Männer, der sehr weise zu sein schien, kam zu ihr herüber und sagte zu ihr, sie hätte jetzt ein festes Fundament und brauchte nicht länger wütend zu sein. Das wollte sie zuerst nicht akzeptieren, da sie immer noch den Ärger darüber spürte, von so vielen Menschen in ihrem Leben hin- und hergestoßen worden zu sein. Er machte ihr klar, daß es in ihrer Situation ganz natürlich gewesen wäre, solche Gefühle gehabt zu haben, als sie klein und hilflos war; jetzt aber besäße sie Kraft, und diese Gefühle wären nicht länger angemessen. Er sagte ihr, sie würde nur Energie verschwenden, wenn sie weiterhin an ihrer Wut festhielte. Anschließend zeigte er ihr eine Art Plan oder Modell, mit dem er ihr vor Augen führte, daß sie tatsächlich ein festes Fundament hatte. Als sie sich dieser Erkenntnis gegenüber öffnete, spürte sie ihre Fähigkeit zu lieben, ohne Angst zu haben. Jetzt, wo sie sich selbst zu trauen vermochte, fühlte sie, auch anderen Menschen trauen zu können. Nachdem sie diesen Schritt gemacht hatte, schaffte sie es, ihrem Vater zu vergeben und sah in ihm nicht länger eine Bedrohung. Dieser Prozeß verdeutlicht den Entwicklungsverlauf vom Ausdruck negativer Gefühle hin zu Versöhnung und Vergebung, der sich gewöhnlich beobachten läßt, wenn man mit den inneren Abbildern der Eltern arbeitet. Das Selbst oder integrierende Zentrum der Persönlichkeit (in der hier wiedergegebenen Vorstellung durch den Charakter des weisen alten Mannes symbolisiert) scheint zu erkennen, wenn das Stadium, in dem Wut herausgelassen wird, zu einem Abschluß gekommen ist und es die Person in das nächste Stadium führen kann.

Nach Abschluß dieses Stadiums unserer Arbeit war Jeanne ein veränderter Mensch. Sie war viel wärmer und offener, und ihre Depression verflüchtigte sich. Sie fing an, sich zu fragen, was sie denn wirklich mit ihrem eigenen Leben anfangen wollte und entwickelte ein viel stärkeres Selbstwertgefühl. Wir konnten nur noch zu ein paar Sitzungen zusammentreffen, weil unerwartete Verpflichtungen meinerseits Jeannes Überweisung zu einem anderen Therapeuten notwendig machte. Die Arbeit, die wir in dieser Zeit leisteten, konzentrierte sich auf die Richtung, die ihr eigenes Leben nehmen sollte, und auf die Exploration möglicher Zukunftsalternativen. Sie hatte das Gefühl, mehr Zeit zu brauchen, um herauszufinden, was sie wirklich wollte, und unternahm einige positive Schritte, um verschiedene Interessenbereiche zu erkunden. Außerdem wechselte sie ihre Stelle, um für eine Agentur zu arbeiten, deren Werte stärker mit ihren eigenen übereinstimmten. Nachdem sie eine Zeitlang mit einem anderen Therapeuten gearbeitet hatte, beschloß sie abzunehmen und verlor innerhalb von drei Monaten 40 Pfund. Kurz darauf traf sie einen sehr netten Mann, in den sie sich verliebte. Gegenwärtig, während ich diesen Beitrag verfasse, lebt sie in einer glücklichen Ehe und erwartet ihr erstes Kind.

Jeannes Fall ist wegen der raschen und dramatischen Veränderung von besonderem Interesse. Der Eintritt dieser Veränderung scheint auf mehrere Faktoren zurückzuführen zu sein: ihr *Reifsein* für diese Arbeit, der *gute Kontakt*, den sie zu ihrem *Transpersonalen Selbst* herzustellen vermochte und die *Willenskraft*, die sie dadurch entwickelt hatte, daß sie mit den Herausforderungen ihres schweren Lebens allein fertig werden mußte. Genau so, wie sie ihren mächtigen Willen zuerst dafür mißbrauchte, verstummt zu bleiben, schaffte sie den Schritt nach vorn mit überraschender Lebhaftigkeit, als sie entschied, ihrem Willen eine positive Richtung zu geben.

Zusammenfassung

Die grundlegende Annahme, von der der Ansatz der Psychosynthese ausgeht, besagt, daß das menschliche Leben *Sinn* und *Bedeutung* hat und daß wir Teil eines geordneten Universums sind, dessen Strukturiertheit die Entwicklung des Bewußtseins fördert. Eine Zusatzannahme ist, daß das Leben jedes einzelnen Menschen Sinn und Bedeutung in diesem umfassenden Kontext besitzt und daß es dem Menschen möglich ist, diesen Sinn und diese Bedeutung zu entdecken.

Die Psychosynthese postuliert, daß das Gefühl einer bedeutungsvollen Beziehung zu einem größeren Ganzen durch ein *transpersonales* oder *spirituelles Identitätszentrum*, von ihr als *Selbst* bezeichnet, vermittelt wird. Indem wir lernen, mit dieser Quelle unseres Seins zusammenzuarbeiten, erfahren wir, so behauptet die Psychosynthese, die Erfüllung menschlichen Lebens. In der auf solche Erfüllung gerichteten Tätigkeit in der Welt suchen *Bewußtsein* und der kreative, liebende *Wille*, als Eigenschaften des Selbst verstanden, ihren Ausdruck. Auf diese Weise findet das Selbst seine Verwirklichung, während wir unsere Begabungen entwickeln und herausfinden, auf welche besondere Art und Weise wir den Bedürfnissen unseres Planeten gerecht werden können – wo unsere Bestimmung oder unsere sich offenbarende Berufung liegt.

Im Sinne dieser Sichtweise zielt die im Rahmen der Psychosynthese geleistete Arbeit in starkem Maße darauf ab, es zum *Erleben* und zum *Ausdruck* dieser Lebensquelle, aus der der Mensch sein grundlegendes Gefühl von Identität bezieht, kommen zu lassen. Zu einem großen Teil liegt die therapeutische Erfahrung eines Klienten darin, unterscheiden zu lernen, wann er von einem Erleben dieser Quelle bestimmt ist und wann er von einem falschen Gefühl von Identität mit einem verzerrten Selbstbild oder von einer *Subpersönlichkeit* geleitet wird. Um den Klienten in seinem Erleben dieses tieferen Zentrums zu unterstützen, ist es wichtig, daß der Praktiker in seinem Innern mit dem Wesen des Klienten in Verbindung bleibt und es vermeidet, von Spielen oder Fassaden irregeführt zu werden. Es ist eine Art „bifokale" Wahrnehmung zu verwirklichen, mit der der Praktiker das kreative Potential des Klienten und gleichzeitig die verzerrten Aspekte von dessen Persönlichkeit im Blick behält, die den Ausdruck dieses Potentials blockieren. Indem er durch die äußere Abwehrmauer des Klienten hindurchschaut und dessen innere Kraft und Weisheit wahrnimmt, hält der Praktiker dem Klienten einen Spiegel vor Augen, die diesem seine versteckten Ressourcen reflektiert und sie anzuzapfen hilft. Dieses Verständnis der subtileren Dimensionen der helfenden Beziehung ist ein wichtiges Merkmal der Psychosynthese.

Darüber hinaus stellen die vielen *Techniken,* die entwickelt wurden, um das Erleben der inneren Quelle des Seins zu fördern, einen bedeutsamen therapeutischen Beitrag dar. In den ersten Phasen der Arbeit konzentriert sich der Therapeut darauf, dem Klienten dabei zu helfen, das „Ich" (das als „Funke" des Selbst betrachtet wird, der auf der Ebene der Persönlichkeit wirksam ist) von den verschiedenen auf es einwirkenden Einflußgrößen, die zu seiner Persönlichkeit gehören, und von der Umwelt zu unterscheiden, die der Klient mit dem „Ich" zu verwechseln neigt. Zu den Techniken, die in diesem Stadium nützlich sind, gehören: der *innere Dialog,* um ein Verständnis von und Distanz gegenüber den *Subpersönlichkeiten* zu gewinnen; das *Heilen von Erinnerungen,* die das Selbstbild entstellt haben; zu lernen, sich auf die eigene *organismische Wahrnehmung* dessen, was richtig ist, einzustellen; die *Induktion des Erlebens* mit Hilfe von Suggestionen, die sich auf die *kreative Vorstellung* und/oder den *Willen* richten. Später, wenn die Grundlagen für eine Autonomie des Klienten gelegt worden sind, tritt er in eine bewußte Beziehung mit dem Selbst ein, und Probleme einer anderen Art treten in Erscheinung. Der Prozeß der Abstimmung mit dem Selbst erzeugt im allgemeinen eine Reihe von *Krisen,* die mit dem spirituellen Erwachen zusammenhängen, Krisen, mit denen der Therapeut umgehen können muß. In der Phantasie des Klienten herrschen in diesem Stadium gewöhnlich *Ängste,* die er vor Macht oder fehlender Macht hat. Verbreitet sind Ängste wie die, erkannt zu werden, allein oder anders zu sein, kritisiert zu werden, eine falsche Wahl zu treffen oder die Kontrolle zu verlieren. Es kann vorkommen, daß der Klient das Bild eines strengen, richtenden oder kontrollierenden Elternteils auf das Selbst projiziert. Wenn solche Projektionen existieren, wird ihre Behebung zum Gegenstand der Arbeit, die in diesem Stadium zu leisten ist. Der Hauptakzent liegt jedoch darauf, dem Klienten dabei zu helfen, sich Zugang zu dem *Ort inneren Wissens* zu verschaffen, an dem Weisheit, Heilung und Richtung für das Leben zu finden sind. Die Psychosynthese ist eine der verhältnismäßig wenigen Therapien, die zeigen, wie dieses Entwicklungsstadium verstanden werden kann und welche praktischen Interventionsmöglichkeiten in Frage kommen.

Das neue und tiefgreifende Verständnis des Menschen ist wahrscheinlich das Merkmal, auf das man sich in den Annalen der Geschichte am deutlichsten besinnen wird, wenn man auf die Psychosynthese zurückblickt. Zum einen hat sie dazu beigetragen, die *Natur des Willens* zu erhellen und ihn von den falschen Vorstellungen zu befreien, die ihm in der modernen Psychologie einen schlechten Namen gegeben haben. Sie behauptet, daß der echte Wille Ausdruck des „Ichs" oder des Selbst und als solcher eine einigende und Freude bringende Erfahrung ist. Strebungen, die sich gerne als Wille ausgeben, wie etwa harte Disziplin, Geißelung der eigenen Person, Gebote, Perfektionismus und Rücksichtslosigkeit gegenüber sich selbst werden von der Psychosynthese als Subpersönlichkeiten betrachtet – eher ein Zeichen innerer Gespaltenheit als Ausdruck eines kreativen Willens.

Zum anderen bietet die Psychosynthese ein besonders wertvolles *Entwicklungsmodell* an, mit dem die Reifestadien des Willens verstanden werden können. Ihm zufolge geht es im ersten Stadium der Willensentwicklung darum zu lernen, sich von dem „Massenbewußtsein" zu differenzieren und sich als ein getrenntes Individuum zu begreifen, das eine innere Bewertungsinstanz besitzt und Verantwortung für das eigene Leben trägt. Wenn der Mensch dieses Bewußtsein, ein Individuum zu sein, erreicht hat, ist er imstande, mit der kollektiven oder universalen Dimension Verbindung aufzunehmen, ohne dabei selbst unterzugehen. Dann kann er lernen, mit anderen auf ein gemeinsames Ziel hinzuarbeiten und mit dem *Transpersonalen Selbst* zu kooperieren, ohne dabei das Gefühl individueller Identität zu verlieren. Damit die spirituelle Reife zur vollen Blüte gelangen kann, bedarf es der *Integration* (und nicht der Aufgabe) der unter Mühen errungenen Individualität im Rahmen einer umfassenderen und transzendenten Struktur. „Ko-Kreation" ist ein angemessener Begriff, um das Erleben eines Menschen in diesem Stadium zu beschreiben. Zunächst hat man das Gefühl, als Partner einer tieferliegenden Lebensquelle, die Struktur und

Richtung einbringt, die eigene Bestimmung zu erarbeiten. Später verlagert sich das Zentrum der Identität vom „Ich" zum *Selbst,* der Mensch ist immer mehr in Berührung mit dem kreativen Willen des Selbst und erlebt die Persönlichkeit als Vehikel, mit dem sich das Selbst Ausdruck verschaffen kann.

Ein Merkmal der Auffassung, die die Psychosynthese vom *Willen* hat und dem besondere Aufmerksamkeit gebührt, ist die Ausgewogenheit in der Funktionsverteilung zwischen der bewußten und unbewußten Motivationsebene. Die Psychosynthese erkennt auf der einen Seite die Bedeutung an, die der Übernahme bewußter Verantwortung für das eigene Leben und für den Versuch zukommt, die eigenen höchsten Werte zu verwirklichen. Auf der anderen Seite erkennt sie die Dynamik des *Unbewußten* an, mit dessen Existenz sich der Mensch arrangieren muß. Diesem Unbewußten werden unverarbeitetes Material aus der Vergangenheit und aus dem *Überbewußten* auftauchende Strukturen zugerechnet, in denen der nächste Schritt des Menschen vorgezeichnet ist. Während sie den Wert „positiven Denkens" und bewußter, auf eine *Neuprogrammierung* „alter Bänder" abzielender Bemühungen anerkennt, läßt sich die Psychosynthese nicht zu der vereinfachenden Annahme verleiten, dieser Ansatz allein reiche schon aus. Auf diese Weise vermeidet sie die Unausgewogenheit so vieler Systeme, die, um zwei Extreme zu nennen, eine passive, rezeptive Haltung gegenüber dem Unbewußten einnehmen oder sich ganz auf die bewußte Kontrolle konzentrieren und dabei die Rolle des Unbewußten vernachlässigen.

Zusammenfassend könnte man sagen, der besondere Beitrag der Psychosynthese liege in ihrem *radikal integrativen Bild* vom Menschen. Ihre Einheit stiftende Sichtweise bietet einen theoretischen Rahmen und praktische Verfahren, um die vielen traditionellen Gegensatzpaare zu versöhnen, beispielsweise: Bewußtes/Unbewußtes; Individuelles/Kollektives; Inneres/Äußeres; Gewahrsein/Handeln; Geist/Materie. Damit vermittelt sie uns einen Standort, von dem aus wir neue Befunde aus diversen Quellen assimilieren können, während wir uns auf ein umfassenderes Verständnis der menschlichen Natur und Bestimmung zubewegen.

Literatur

Assagioli, R. A. *Psychosynthesis: A manual of principles and techniques.* New York: Hobbs-Dorman, 1965.

Assagioli, R. A. *The act of will.* New York: Viking, 1973.

Bucke, R. M. *Cosmic consciousness, a study in the evolution of the human mind.* New York: Dutton, 1923.

Carter-Haar, B. Identity and personal freedom. *Synthesis,* 1975, **2,** 56–91.

Crampton, M. The use of mental imagery in psychosynthesis. *Journal of Humanistic Psychology,* 1969, **2,** 139–153.

Crampton, M. Psychological energy transformations: Developing positive polarization. *Jounal of Transpersonal Psychology,* 1973, **2,** 39–56.

Crampton, M. *An historical survey of mental imagery techniques in psychotherapy and description of the dialogic imagery method.* Montreal: Canadian Institute of Psychosynthesis, 1974.

Crampton, M. Answers from the unconscious. *Synthesis,* 1975, **2,** 140–152.

Gendlin, E. *Focusing.* New York: Everest House, 1978.

Haronian, F. The repression of the sublime. *Synthesis,* 1975, **1,** 125–136.

Maslow, A. H. *Religions, values, and peak experiences.* New York: Viking, 1970.

Maslow, A. H. *The farther reaches of human nature.* New York: Viking, 1972.

Miller, S. Dialogue with the higher self. *Synthesis,* 1975, **2,** 122–139.

Ouspensky, P. D. *In search of the miraculous.* New York: Harcourt, 1949.

Vargiu, J. Subpersonalities. *Synthesis,* 1975, **1,** 51–90.

Radikale Psychiatrie

Claude Steiner

Es kann sein, daß meine Verwendung des Wortes „innovativ" den Leser bereits anödet, aber ich darf wohl annehmen, daß jeder Leser nach der Lektüre des folgenden Kapitels Claude Steiners Konzeption ganz anders als die in den übrigen Kapiteln dieses Handbuchs beschriebenen Ansätze beurteilen wird. Schon der Titel des Kapitels deutet auf den radikalen Ansatz dieses kühnen Autors und Sozialkritikers hin.

Steiners Standpunkt ist ganz einfach: Er glaubt, die Welt sei verrückt geworden, und die sogenannten Nichtangepaßten seien nur die Opfer einer verrückten Gesellschaft. Statt zu versuchen, die Opfer der Gesellschaft zu heilen, sollten wir die Gesellschaft verändern. Ist uns nicht allen bekannt, daß das Verbrechen eine Funktion der sozialen Ungleichheit ist? Daß Geistesgestörtheit von gesellschaftlichen Belastungen abhängig ist? Während die meisten von uns einräumen, daß diese Argumente richtig sind, kümmern wir uns doch wenig um die Ursachen: Wir wischen den Boden auf, wenn das Becken überläuft; Steiner aber sagt, wir sollten den Wasserhahn abdrehen. Mit anderen Worten, er packt das Problem an der Wurzel an – daher auch sein „radikaler" Ansatz.

Ob man nun den in diesem Kapitel vertretenen Auffassungen zustimmt oder nicht – sie verdienen, daß man gut über sie nachdenkt. Würden wir eine Faktorenanalyse der in diesem Buch vorfindlichen Standpunkte vornehmen (was vielleicht eine gute Idee wäre), dann würde Steiners Kapitel wahrscheinlich in einer eigenen Dimension liegen. Paradoxerweise würde ich meinen, daß er nahe an van Kaams und Lairs Auffassungen heranreicht, die bei oberflächlicher Lektüre den Eindruck erwecken können, von Steiners Position so verschieden wie nur irgend etwas zu sein. Dies ist jedenfalls ein Beitrag, der für alle Leser eine Herausforderung sein wird.

Die Radikale Psychiatrie vertritt die Meinung, daß alle funktionalen psychiatrischen Störungen Formen der *Entfremdung* sind, die sich aus der *mystifizierten Unterdrückung* von Menschen ergibt, die voneinander isoliert sind.

Die Entfremdung der Menschen ist die Folge von *Machtmißbrauch* und daher eine politische Angelegenheit. Jeder in der Praxis der Psychiatrie Tätige wird in die persönliche Politik derjenigen hineingezogen, mit denen er – entweder als Verbündeter oder als Unterdrücker – zu tun hat. Für eine Person, die in einer von Unterdrückung gekennzeichneten Situation Macht besitzt, besteht keine Möglichkeit zur Neutralität. Um helfen zu können, muß jeder, der von sich behauptet, Psychiatrie zu praktizieren, ein Verbündeter gegen die oppressiven Einflüsse im Leben derjenigen werden, denen er zu helfen versucht.

Die Radikale Psychiatrie ist eine *politische Theorie* psychiatrischer Störung und eine *politische Praxis* des „Seelenheilens".

Geschichte

Den Begriff „Radikale Psychiatrie" hörte ich zum erstenmal bei der Tagung der American Psychiatric Association in Miami, Florida, im Jahr 1968. Dort erhob eine Gruppe junger Ortsansässiger, die sich darüber empörten, wie der Berufsstand der Psychiater dem Vietnamkrieg Vorschub leistete, die Forderung nach der Radikalen Psychiatrie als einer Alternative zu ihrem Beruf.

Zu dieser Zeit besuchte ich als klinischer Psychologe zusammen mit Eric Berne und anderen die Tagung der Psychiater, um einer öffentlichen Diskussion über *Transaktionsanalyse* beizuwohnen.

Nachdem ich mein Bewußtsein für den *Machtmißbrauch* der Psychiatrie geschärft und einige kristallisierende und radikalisierende Erfahrungen in Florida gemacht hatte, kehrte ich nach Berkeley, Kalifornien, zurück, wo ich Transaktionsanalyse praktizierte, und ich begann mit der Durchführung eines Kurses für Radikale Psychiatrie an der Free University in Berkeley. Im Zuschnitt ähnelte dieser Ausbildungsgang einer Reihe anderer Kurse, die an der Free University abgehalten wurden und die sich alle mit den Formen von Machtmißbrauch in der Industrie, den Künsten, im Handel, in der Heilkunde, im Recht, in den Institutionen, den Medien usw. befaßten. Im Mittelpunkt des Kurses für Radikale Psychiatrie standen die *Unterdrückungsmechanismen* der psychiatrischen, psychologischen und psychotherapeutischen Praxis sowie sonstiger verwandter „Heilberufe". Im Laufe des darauffolgenden Jahres führte ich verschiedene solcher Kurse für kleine Gruppen von Studenten und Bürger von Berkeley durch.

Im September 1969 bildete sich eine Koalition aus Frauen, Homosexuellen, geisteskranken Patienten und anderen Personen, die sich von der psychiatrischen Praxis unterdrückt fühlten, um die Konferenz der American Psychiatric Association, die in San Francisco stattfand, zu sprengen. Ich bereitete das im nachfolgenden abgedruckte Manifest der Radikalen Psychiatrie vor, das bei der Konferenz verteilt werden sollte.

MANIFEST

1. Die psychiatrische Praxis ist von der etablierten Medizin usurpiert worden. Die Medizin übt politische Kontrolle über sie aus, und die Sprache der Psychiatrie ist mit irrelevanten medizinischen Konzepten und Begriffen durchsetzt.

Die Psychiatrie muß zu ihren nichtmedizinischen Ursprüngen zurückkehren; denn die meisten psychiatrischen Gegebenheiten gehören überhaupt nicht in den Bereich der Medizin. Alle, die etwas von Seelenheilung verstehen, sollten als Psychiater bezeichnet werden. Psychiater sollten die Benutzung von Wörtern ablehnen, die aus der Medizin stammen, wie z.B. „Patient", „Krankheit", „Diagnose" und „Behandlung". Die einzigen wertvollen Beiträge der medizinischen Psychiater leisten sie als Spezialisten in der Neurologie und als Experten im Drogenbereich.

2. Die individuelle Psychotherapie ist eine elitäre, aus der Mode gekommene und unproduktive Form der psychiatrischen Hilfe. Die Talente einiger weniger werden auf einige wenige konzentriert. Ihr liegt die Vorstellung zugrunde, daß die Menschen an ihren Schwierigkeiten selbst Schuld haben und impliziert, daß mit der Welt alles in Ordnung ist.

Sie fördert die Unterdrückung, indem sie deren Konsequenzen mit einem Mantel der Scham und der Geheimhaltung umgibt. Sie mystifiziert dadurch noch weiter, indem sie versucht, als ideale menschliche Beziehung zu gelten, während sie in Wirklichkeit doch etwas durch und durch Künstliches ist.

Die Menschen sind an ihren Problemen nicht selbst schuld, sondern ihre entfremdeten Beziehungen, ihre Ausbeutung, die verschmutzte Umwelt, der Krieg und die Profitgier. Psychiatrie muß in Gruppen praktiziert werden. Kontakte von einzelnen, die in Krisen von großem Wert sind, sollten eher die Ausnahme als die Regel sein. Das hohe Ideal der liebevollen Ich-Du-Beziehung sollte eher im Rahmen von Gruppen als in der gekünstelten Sprechzimmersituation verfolgt werden. Psychiater, die in Gruppenarbeit nicht bewandert sind, haben eine Lücke in ihrer Ausbildung und sollten diese durch Weiterbildungsmaßnahmen schließen. Psychiater sollten zu offener Diskussion ermutigen und von Geheimhaltung und Scham in bezug auf abweichendes Verhalten und Denken abhalten.

3. Durch neutrales Verhalten in einer von Unterdrückung gekennzeichneten Situation hat die Psychiatrie, insbesondere im öffentlichen Bereich, die Rolle übernommen, den Werten und Gesetzen des Establishments Geltung zu verschaffen. Anpassung an die bestehenden Verhältnisse ist das erklärte Ziel des größten Teils der psychiatrischen Behandlung. Menschen, die von dem Wahnsinn der Welt abweichen, werden betrügerischen diagnostischen Tests unterzogen, die diagnostische Etikette hervorbringen, welche zur „Behandlung" führen. In Wirklichkeit handelt es sich um eine Reihe abgestufter repressiver Verfahren, wie z. B. das Gefügigmachen durch Verabreichung von Medikamenten, Hospitalisierung, Schocktherapie und gar Leukotomie. All diese Formen der „Behandlung" sind Perversionen legitimer medizinischer Methoden, die die Medizin dem Establishment zur Verfügung stellt. Es wird Menschen eine Behandlung aufgezwungen, die von sich aus nicht darum bitten würden.

Psychologische Tests und die diagnostischen Bezeichnungen, die sie hervorbringen, vor allem „Schizophrenie", müssen als sinnentleerte Mystifikationen aufgegeben werden. Denn ihre tatsächliche Funktion besteht darin, eine Distanz zwischen den Psychiatern und den Menschen zu schaffen und die Menschen durch Kränkungen zu Konformität zu zwingen. Die Medizin muß aufhören, Medikamente, Krankenhäuser und andere legitime medizinische Verfahren zu dem Zweck zur Verfügung zu stellen, daß den Gesetzen mehr oder weniger Geltung verschafft wird. Sie muß auch untersuchen, wie die Pharmaindustrie mit ihrer Werbung bestimmte Behandlungsmethoden erzwingt. Die Psychiatrie muß aufhören, zur Unterdrückung der Frauen beizutragen und sich weigern, die Anpassung an ihre Unterdrückung zu fördern. Jede psychiatrische Hilfe sollte auf einer Abmachung beruhen, d. h. die Menschen sollten selbst entscheiden, wann sie was mit wem ändern möchten. Psychiater sollten Verteidiger der Menschen werden, sich weigern, sich an der Befriedung der Unterdrückten zu beteiligen und die Menschen in ihrem Kampf um Befreiung ermutigen.

Paranoia ist ein Zustand gesteigerten Bewußtseins. Die meisten Menschen werden von wildesten Wahnvorstellungen verfolgt. Jene, die ruhig und zwanglos leben, sind unsensibel.

DIE MYSTIFIKATION SEITENS DER PSYCHIATRIE HAT GROSSEN EINFLUSS AUF DIE FORTGESETZTE UNTERDRÜCKUNG DER MENSCHEN.
EINE PERSÖNLICHE BEFREIUNG IST NUR IM ZUSAMMENHANG MIT RADIKALEN SOZIALEN REFORMEN MÖGLICH.
DIE PSYCHIATRIE MUSS SCHLUSS MACHEN MIT IHRER TÄUSCHUNG DER MENSCHEN UND SICH AN DIE ARBEIT MACHEN.

Im Verlauf des Jahres 1969 schloß ich mich der Berkeley Free Clinic an, einer Organisation, die von einer Gruppe in Vietnam eingesetzter Paramediziner und

Kriegsgegner aus medizinischen Berufen gegründet worden war, um dort eine Abteilung für psychologische Beratung, das „Rap Center" (Radical Approach to Psychiatry), ins Leben zu rufen. Den jungen Leuten, die die Straßen von Berkeley bevölkerten, boten wir Beratungsdienste für die Bereiche Drogen, Wohlfahrt und Einberufung sowie Gruppentherapien und einige Einzeltherapien an. Viele dieser Leute nahmen an der Studentenrevolte teil und machten bei den damaligen Unruhen gegen den Vietnamkrieg und bei der „People's-Park-Bewegung" mit.

Im Verlauf dieses Jahres schloß sich eine Reihe von Leuten dem „Rap Center" an, vor allem Hogie Wyckoff und Joy Marcus, die bald schon unsere Arbeit mitgestalteten. Man kann sagen, daß die Radikale Psychiatrie heute ein Ergebnis meiner ursprünglichen Initiative sowie der vielen Beiträge einer großen Anzahl von Menschen ist, die in den letzten zehn Jahren Radikale Psychiatrie praktiziert und gelehrt haben. Rebecca Jenkins, Darca Nicholson, Beth Roy und Robert Schwebel verdienen für ihr großes Engagement und ihre umfassenden Leistungen besondere Anerkennung.

Gegenwärtiger Stand

Wichtig bei der Entwicklung der Radikalen Psychiatrie war die 1969 begonnene Veröffentlichung des Magazins „The Radical Therapist", die uns zu unseren frühen Werken ermunterte. Schließlich lehnten die Mitarbeiter von „The Radical Therapist" unseren Standpunkt ab. Daher begannen wir eine andere Publikation, „Issues in Radical Therapy", um Aufsätze zu veröffentlichen, die die Auffassung der Radikalen Psychiatrie teilten, wonach Psychotherapie eine sinnvolle *politische Aktivität* sei.

Augenblicklich gibt es in den Vereinigten Staaten und in Europa zwischen ein- und zweitausend Leute, die sich als Radikale Therapeuten bezeichnen, und ungefähr 20, die sich aufgrund ihrer Ausbildung mit Recht als Radikale Psychiater bezeichnen können.

Ein Radikaler Psychiater ist jemand, der persönlich intensiv von einem anderen Radikalen Psychiater ausgebildet wurde und gegenwärtig zu einem Kollektiv für Radikale Psychiatrie gehört. Im Augenblick kann eine intensive Ausbildung leider so gut wie gar nicht vermittelt werden. Menschen, die in der Nähe von San Francisco wohnen, sich während ihrer Ausbildung selbst versorgen können und das Gefühl haben, daß sie sich ein Leben lang dem Standpunkt der Radikalen Psychiatrie verpflichten können, sind gute Kandidaten für das Training. Darüber hinaus müßte eine solche Person mit ihrem Interesse und Talent einen ausgebildeten Radikalen Psychiater beeindrucken, da die Radikalen Psychiater der Auffassung zuneigen, daß die Ausbildung einer Person eine liebevolle, engagierte, ernsthafte und emotionelle fünf Jahre dauernde Beziehung voraussetzt, die in ihrer Intensität einer intimen Freundschaft ähnelt. Jeder begabte Mensch bringt, ungeachtet seines Hintergrundes, die Qualifikation zur Ausbildung mit, und momentan (1980) sind wir besonders an der Ausbildung von Farbigen, Angehörigen der Arbeiterklasse, älteren Menschen und Homosexuellen interessiert. Das Radical Psychiatry Institute veranstaltet jährlich ein Wochenendseminar und hält regelmäßig sechswöchige Ausbildungskurse in der

Umgebung von San Francisco ab. Ihr Ziel ist, den Menschen eine brauchbare Kenntnis unserer Theorie zu vermitteln. Außerdem ist die Radikale Psychiatrie bei der jährlich stattfindenden „Midwest Radical Therapy Conference" am Wochenende nach dem Heldengedenktag (Memorial Day) gut vertreten.

Theorie

Kern der Radikalen Psychiatrie ist eine *Theorie der Entfremdung,* die auf den Werken von Karl Marx, Wilhelm Reich, Herbert Marcuse, Frantz Fanon und R. D. Laing beruht.

Die Entfremdungstheorie

Die Menschen sind von Natur aus dazu fähig, mit sich selbst, mit anderen und mit ihrer Umwelt in Harmonie zu leben. In dem Maße, wie sie diesem Ideal folgen, fühlen sie sich stark und sind es auch. In dem Maße, wie sie das nicht tun, sind sie entfremdet. Die Potentiale der Menschen werden je nach den Bedingungen umgesetzt, in die sie hineingeboren wurden und die sie im Laufe ihres Lebens vorfinden.
 Selbstverständlich haben unterschiedliche Menschen unterschiedlich angeborene Stärken und Schwächen. Diese sind jedoch im großen und ganzen nicht für die Unterschiede im Wohlergehen verantwortlich, die sich unter den Menschen antreffen lassen. Diese Unterschiede erklären sich vielmehr aus den materiellen Bedingungen ihres Lebens.
 Bedingungen der Unterdrückung beeinträchtigen die Macht der Menschen direkt, und daraus, daß die Bedingungen für verschiedene Menschen auf der ganzen Welt sehr unterschiedlich sind, folgt, daß die Entwicklung des Potentials der Menschen ebenfalls sehr unterschiedlich sein wird. In dem Maße, in dem das Potential eines Menschen für ein harmonisches Leben nicht umgesetzt wird, darf seine Lebenssituation als entfremdet oder durch Machtlosigkeit geprägt gelten. In dem Maße, in dem es umgesetzt wird, impliziert die Lebenssituation Macht in der Welt.
 Karl Marx verwendete den Begriff „Entfremdung" im Zusammenhang damit, daß die Menschen von ihrer menschlichen Natur abgetrennt seien, insbesondere dann, wenn sie von einem bedeutenden Aspekt ihres Lebens, nämlich von ihrer Arbeit und den Produkten ihrer Arbeit, entfremdet würden.
 Der Begriff „Entfremdung" wird von der Radikalen Psychiatrie in einem ähnlichen Sinne benutzt. Wir haben die Beobachtung gemacht, daß die Entfremdung dazu führt, sich auf bestimmte Ursprünge individueller Macht schädlich auszuwirken – auf unser Herz, unseren Verstand, unsere Hände und unseren Körper. Beeinträchtigt wird auch die kollektive Macht, d. h. die Fähigkeit der Menschen, zusammen zu leben, zu lieben und zu arbeiten.

Entfremdung von unserem Herzen bzw. unserer Liebe. Wir werden von unserem Herzen entfremdet bzw. von unserer Fähigkeit, unsere Beziehungen zueinander in einer befriedigenden Weise zu gestalten. Unsere natürlichen Neigungen, einander zu lieben, zu schätzen und zu helfen und miteinander zusammenzuarbeiten, werden von früh an frustriert. Man lehrt uns die Regeln der *Ökonomie der Zärtlichkeit,* die die Anzahl der Streicheleinheiten bzw. die positive menschliche Interaktion, die zwischen den Menschen stattfindet, nachhaltig vermindern.

Die Ökonomie der Zärtlichkeit ist ein Satz von Regeln, die von starken sozialen Sanktionen gestützt werden und die versuchen, den Austausch von Streicheleinheiten zwischen Jungen und Alten, Verheirateten und Unverheirateten, Männern und Männern, Frauen und Frauen usw. zu reduzieren. Außerdem bringt sie die Menschen dazu, nicht die Streicheleinheiten auszuteilen, die sie eigentlich austeilen möchten, nicht die Streicheleinheiten zu erbitten oder zu akzeptieren, die sie gern haben möchten, ungewünschte Streicheleinheiten nicht zurückzuweisen und nicht zu sich selbst zärtlich zu sein.

Eine Folge ist, daß wir uns ungeliebt und nicht liebenswert fühlen, unfähig zu lieben, traurig, isoliert und deprimiert. Wir lieben die Menschheit nicht und handeln nicht füreinander. Wir lernen, es nicht zuzulassen, daß ein anderer unserem Herzen nahekommt oder daß wir anderen von Herzen vertrauen, und wir lernen nicht, mit dem normalen Auf und Ab unserer Beziehungen fertig zu werden.

Entfremdung von unserem Verstand bzw. der Fähigkeit zu denken. Wir besitzen alle die Fähigkeit, Fakten und Entwicklungen unserer Welt zu begreifen, die Folge von Ereignissen vorherzusagen und Probleme zu lösen. Bei manchen Menschen ist diese Fähigkeit in hohem Maße entwickelt. Sie ist aber für andere unerreichbar geblieben, nämlich für diejenigen, die in ihrer Entfremdung von ihrem Verstand unfähig sind, geordnet zu denken. Aufgrund der Art und Weise, wie die Menschen von früher Kindheit an behandelt werden, wachsen einige auf, ohne fähig zu sein, ihren Verstand wirksam zu benutzen. Sie können die Gedanken in ihrem Bewußtsein nicht lange genug festhalten, um sie mit anderen Gedanken zu kombinieren, damit sie zu logischen Schlußfolgerungen gelangen. Gleichzeitig können sie aus ihrem Verstand nicht chaotische Vorstellungen und Denkmuster verbannen. Totale Verwirrung und die entsetzliche Angst vor einer seelischen Krise sind die extreme Form dieser Art von Entfremdung, die von der etablierten Psychiatrie gern als *Schizophrenie* diagnostiziert wird. Für diejenigen, die an geistiger Entfremdung leiden, wird die unangenehmste und ungerechteste Behandlung vorgesehen. Behandlung mit Tranquilizern, Schocktherapie, Verwahrung, Gummizellen, Zwangsjacken, Heiß-Kaltwasser-Behandlungen, Zwangsernährung, Experimentieren mit gefährlichen Medikamenten und Gehirnchirurgie – all das ist im Laufe des letzten Jahrhunderts bei Menschen angewandt worden, die extreme Formen geistiger Entfremdung aufwiesen. Diese Methoden, deren Wirkung hauptsächlich darin besteht, die Menschen dermaßen durch erzwungene Unterwerfung einzuschüchtern, daß sie zeitweise den Erwartungen ihrer Helfer entsprechen, diese Methoden haben sich alle als vollkommen unwirksam erwiesen. Damit wird das Problem nur unter den Teppich gekehrt.

Die Entfremdung von unserem Verstand ist eine Folge systematischer lebenslanger Lügen und Demütigungen. Dazu kommt es, wenn die Bedeutung unserer Erfahrungen ständig in Abrede gestellt wird. Wenn wir nicht nur gesagt bekommen, daß unsere Erfahrungen nichts wert sind, sondern auch falsche Informationen bekommen und belogen werden, führt dies alles zu einer Beeinträchtigung unserer Denkfunktionen, schließlich unter Umständen zu einem totalen psychischen Zusammenbruch. Eine besondere, recht bekannte Form der Entfremdung wird von der etablierten Psychiatrie *paranoide Schizophrenie* genannt. Hier wird die natürliche intuitive Wahrnehmung der Tatsache unseres „Verfolgtseins", deren sich manche genau bewußt werden, von anderen systematisch einfach abgetan; oftmals lügen sie auch, um ihr unterdrückendes Verhalten wegzuerklären. Die sich herausbildende Wahrnehmung der Menschen von Unterdrückung, Verfolgung und Schmähung wird sehr häufig erfolgreich abgewürgt und ignoriert. Aber für andere wachsen sie sich zu Obsessionen großen Ausmaßes aus und entwickeln sich zu Systemen, die schließlich phantastisch und unwirklich werden und die man dann „Verfolgungswahn" nennt. Die Radikale Psychiatrie meint, daß „Verfolgungswahn", wie phantastisch er auch immer sein mag, in jedem Fall auf einem wahren Kern beruht, und deshalb sagen wir, daß die Paranoia ein Zustand *erhöhter Bewußtheit* ist. Folgerichtig ermuntern wir die Menschen dazu, ihre paranoiden Phantasien zum Ausdruck zu bringen und nach ihrer Bestätigung zu suchen; dabei forschen wir bereitwillig nach dem Körnchen Wahrheit, das darin enthalten ist.

Entfremdung von unserem Körper bzw. unseren Gefühlen. Unsere intime Beziehung zu uns selbst, d. h. zu allen Teilen unseres Körpers, wird von einer Reihe entfremdender Einflüsse überlagert. Man sagt uns, unser Verstand oder Geist sei von unserem Körper oder Fleisch getrennt und unser Körper irgendwie das Geringere von beiden. Es wird uns erklärt, daß diejenigen, die ihren Verstand benutzen, auch der Macht würdig seien. Wir werden aufgefordert, das Unbehagen, das unser Körper besonders im Arbeitsprozeß verspürt, einfach zu ignorieren. Man veranlaßt uns, diese Wahrnehmung mit starken Drogen bzw. Medikamenten zu „behandeln", die die Symptome einer Dysfunktion vorübergehend beseitigen. Man sagt uns, daß körperlicher Genuß ein gefährliches Übel sei. Wir lernen, unsere Körperwahrnehmung, einschließlich die der Gefühle, zu leugnen, seien sie nun positiv oder negativ. Wir nehmen Nahrungsmittel zu uns, die keinen Nährwert haben, und man sagt uns, wir sollten ihre schädlichen Nebenwirkungen ignorieren. Am Ende schafft diese systematische Strategie eine Entfremdung, die das Funktionieren unseres Körpers und seine Erfahrungen unserer bewußten Kontrolle entzieht. Unser Körper, der Träger und der Mittelpunkt unseres Lebens, wird uns vollkommen fremd und scheint gegen uns in Gestalt von Krankheiten, Gewöhnung an schädliche Mengen und Arten von Lebensmitteln und Medikamenten sowie Gewöhnung an unerklärliche und anscheinend pervertierte Bedürfnisse, über die wir keine Kontrolle haben, zu rebellieren. Wir haben das Gefühl, daß wir tot sind, daß alle um uns herum tot sind, daß wir den Tod verdienen. Wir begehen langsamen oder plötzlichen *Selbstmord.*

Entfremdung von unseren Händen bzw. unserer Arbeit. Die Menschen haben ein natürliches Verlangen nach produktiver Arbeit und die natürliche Fähigkeit, sich daran zu erfreuen. Der Freude an produktiver Tätigkeit werden wir in zweierlei Hinsicht beraubt. Wir werden von den Produkten unserer Arbeit getrennt, wenn wir gezwungen werden, an einem kleinen, scheinbar bedeutungslosen Teil des Produktes zu arbeiten, das wir herstellen. Außerdem werden wir von den

Arbeitgebern vom Wert des Produktes getrennt, zu dessen Erzeugung wir beitragen, und am Ende profitieren sie unverhältnismäßig stark von ihrem eigenen Anteil an der Herstellung des Produktes. Die Trennung von unseren Produkten und ihrem Wert läßt uns unsere Arbeit hassen und verachten, was wir produziert haben. Unsere Arbeit oder die kreative und produktive Fähigkeit unserer Hände ist für uns verloren, und wir bekommen schließlich das Gefühl, unproduktiv, angeödet, ohne Lebensziele zu sein – faule, wertlose Versager.

Die wesentliche Ursache dafür, daß wir uns in unserer Welt unserer Arbeit entfremden, ist der *Monopolkapitalismus,* der die Arbeiter wie austauschbare Zahnräder in einer profitmachenden Maschine behandelt. In diesem System ist die Arbeit so weitgehend parzelliert, daß der Arbeiter überhaupt keinen Bezug zum Endprodukt hat und vielleicht nicht einmal weiß, wie es aussieht. Darüber hinaus wird der Wert seines Produkts größtenteils vom Arbeitgeber vereinnahmt. Und um der Ungerechtigkeit noch die Kränkung hinzuzufügen, wird ein Teil dieser Profite dann dazu verwendet, den Arbeiter noch weiter von den Produkten und den Produktionsmitteln zu separieren. Dies geschieht durch Streikbrechen, Automation und die Einrichtung multinationaler Konzerne, die Arbeitskräfte aus der Dritten Welt anwerben und ausbeuten und gegenüber den einheimischen Arbeitern ausspielen.

Die Folge ist ein die ganze Bevölkerung erfassender Haß auf die Arbeit, Mangel an Produktivität, Berufskrankheiten und -unfälle und Verlust des Bewußtseins, daß Arbeit Freude machen kann – ein angestammtes Recht des Menschen. Infolgedessen finden sich die Menschen damit ab, bei der Arbeit unglücklich zu sein, und sie suchen Vergnügen in der Freizeit, die ihrerseits eine Domäne einer ausbeuterischen Industrie ist, deren Aufgabe darin besteht, den Arbeitern das Geld aus der Tasche zu ziehen.

Diese vier Formen der Entfremdung erklären alle Formen, in denen menschliches Unglück sich ausdrückt und die in der psychiatrischen Fachliteratur als *„funktionelle" Psychopathologie* beschrieben werden. Neurosen, Psychosen, Sucht, Depression, Charakterstörung – im allgemeinen alle „Geisteskrankheiten" – sind Formen der Entfremdung. Entfremdung, wie sie in den obigen Beispielen geschildert wurde, ist immer die Folge irgendeiner Form von Unterdrückung, die mit einer Reihe von Lügen und Irreführungen verknüpft ist, welche diesen Mißbrauch vermeintlich legitimieren. Unterdrückung und Mystifikation vereinen sich mit der physischen und psychischen Isolierung der Menschen voneinander, um Entfremdung zu schaffen:

ENTFREMDUNG = UNTERDRÜCKUNG + MYSTIFIKATION + ISOLATION.

Unterdrückung

Die Unterdrückung, eine Hauptursache für Entfremdung, trifft vor allem bestimmte Gruppen von Menschen: Arme, Arbeiter, farbige Menschen, Frauen, alte Leute, Kinder, homosexuelle Menschen, dicke Menschen, kleinwüchsige Menschen usw. In der Regel ist die Unterdrückung, und damit die Entfremdung, für die Menschen am größten, die am wenigsten haben.

Arbeiter werden sehr oft von ihren Arbeitgebern unterdrückt. Farbige werden von Weißen unterdrückt. Frauen werden von Männern ausgenutzt. Die Rechte junger und älterer Menschen werden von Menschen mittleren Alters usurpiert und ihnen weggenommen. Wir leben in einer Gesellschaft, in der *Wettbewerb* und *Machtausübung* als Ideal gelehrt und geschätzt werden. Die meisten Menschen nutzen ihre Machtpositionen automatisch aus, ob diese nun auf ihrem Reichtum oder auf ihrem Besitz an Grund und Boden oder Vermögen beruhen, oder ob ihre Macht auf ihrer Rasse, ihrem Geschlecht oder ihrem Alter basiert. Die Menschen verletzen fast ungewollt die Rechte jener, die weniger mächtig sind, und zwar mit voller Duldung ihrer Umgebung.

Unterdrückung wird mit vielerlei manipulativen *Machtspielen* erreicht, die den Menschen beigebracht werden. Diese reichen von ganz groben physischen bis zu ganz feinen psychologischen Mechanismen. Machtspiele sollen die Menschen dazu bringen, das zu tun, was sie aus freien Stücken nicht tun würden. Machtspiele können entlarvt, analysiert und klassifiziert werden. Die Untersuchung von Macht und Machtspielen ist ein wesentlicher Aspekt, wenn man Unterdrückung und Entfremdung verstehen will.

Mystifikation

Fortgesetzte Demütigung und Unterdrückung anderer Menschen wird normalerweise mit einer zumeist fadenscheinigen Rechtfertigung versehen. Unternehmen erklären den Mißbrauch von Arbeitern mit dem Hinweis, daß die Firma (oder ihre Besitzer) schließlich das Verfahren erfand bzw. den Maschinenpark besitzt bzw. die laufenden Unkosten bezahlt, die für die Herstellung ihres Produktes wichtig sind. Reiche Leute nützen arme Leute aus und behaupten zugleich, daß in diesem Land des Überflusses jeder die gleichen Chancen habe, so daß diejenigen, die keinen Erfolg haben, selbst an ihrem Versagen schuld seien. Landbesitzer täuschen Bauern und machen göttliche oder private Eigentumsrechte auf das Land geltend. Weiße behaupten, Farbige seien weniger intelligent, weniger kreativ, weniger produktiv, faul und langsam und versuchen damit, ihren eigenen unangemessenen Zugang zu den Privilegien zu erklären. Männer rechtfertigen ihre Vorrechte über Frauen mit sexistischen Argumenten. Kindern wird gesagt, sie seien unfertige Menschen und müßten den Erwachsenen gehorchen, die am besten Bescheid wüßten. Alte Menschen werden mit Vorstellungen vom Älterwerden und einem Verlust an Vitalität und Produktivität getäuscht. Homosexuellen wird gesagt, sie seien abartig und krank. Alleinstehenden gibt man das Gefühl, daß ihr Alleinleben neurotisch sei. Jedes Unterdrückungssystem verfügt über eine Reihe von Mystifikationen, die den Machtmißbrauch gegenüber den Opfern rechtfertigen.

Am Ende sind die Unterdrückten tatsächlich so weit, daß sie die Lügen glauben, die ihnen zur Rechtfertigung ihrer Unterdrückung aufgetischt werden. Wenn ein Mensch die Argumente, die seine Unterdrückung erklären und legitimieren, in sein Bewußtsein aufgenommen hat, dann sind Mystifikation und Entfremdung vollendet. Die Menschen werden sich nicht mehr gegen Unterdrückung auflehnen, sondern vielmehr sich selbst die Schuld an ihr geben, sie akzeptieren und glauben, daß sie ihr Unglück selbst verursacht hätten. Außerdem werden sie ihre internalisierte Unterdrückung auf jeden in ihrer Umgebung abwälzen und die Unterdrückung des anderen zusammen mit ihrer eigenen verstärken.

An diesem Punkt tritt traditionell die *etablierte Psychiatrie* in Erscheinung – um die Mystifikation, die Ursache der Entfremdung, noch zu bekräftigen. Jeder, der sich als Seelenheiler anbietet und die Macht erhält, einer entfremdeten Person Ratschläge zu erteilen, muß sich für eine von zwei Möglichkeiten entscheiden:

1. *Entmystifizierung* der tatsächlichen Ursachen der Entfremdung: Sexismus, Rassismus, Klassenvorurteil und all die anderen unterdrückenden Systeme und Institutionen; oder
2. *Bestätigung der Mystifikation* von Unterdrückung und Entfremdung, indem diese unterdrückenden Einflüsse ignoriert und die Gründe für die Entfremdung in der Person selbst gesucht werden, sei es durch *Psychoanalyse, Transaktionsanalyse, Gestalttherapie, Primärtherapie* oder irgendein anderes konventionelles Therapiesystem.

Der Teil unseres Verstandes, der die Mystifikationen unserer Unterdrückung akzeptiert, wird in der Radikalen Psychiatrie das „Schwein" oder der „Feind" genannt. Der „Feind" ist wie ein Gefängniswärter, der über unsere Handlungen wacht und uns mit Botschaften füttert, um unsere Entfremdung zu stützen und zu bestätigen. Er sagt uns, daß wir nicht in Ordnung sind, daß wir schlecht, dumm, häßlich, verrückt und krank sind, unser Unglück verdienen und selbst schuld daran sind. Der „Feind" hindert die Menschen in ihrem Inneren daran, Macht zu erlangen und wieder arbeiten, lieben, denken und sich im eigenen Körper wohlfühlen zu können. Er ist die Internalisierung der Unterdrückung und ihrer Mystifikationen.

Isolation

Voneinander getrennt und unfähig zur wechselseitigen Kommunikation zu sein, ist eine wesentliche Voraussetzung für die Entfremdung. Allein, ohne Hilfe anderer, die sich in einer ähnlichen Situation befinden, sind wir unfähig, unsere Probleme zu durchdenken oder etwas gegen sie zu unternehmen. Es gehört zum „American Dream", daß die Menschen das, was sie tun müssen, als Menschen in der Isolation tun und erreichen sollen. Nur die Leistungen, die wir ganz für uns selbst in Anspruch nehmen können, gelten als wertvoll. Eine Folge ist, daß wir *Konkurrenz-, Geheimhaltungs-* und *Schambarrieren* zwischen uns errichten. Wenn wir zusammen sind, schenken wir einander kein Vertrauen, teilen wir nicht unsere Gedanken und Gefühle miteinander, und wir gehen als isolierte Einzelwesen an die Aufgaben unseres Lebens heran – jeder mit seinen eigenen Plänen, Lebensstilen, Mitteln und mit seiner eigenen Kernfamilie. Der Kult des *Individualismus* ist eine wichtige Ursache für unsere Isolation und Entfremdung.

Methoden

Das Gegenteil von Entfremdung ist, in der Welt Macht zu haben. Als radikale Therapeuten stellen wir uns die Aufgabe, den Menschen zu helfen, ihre entfremdeten menschlichen Fähigkeiten zurückzufordern. Dabei werden alle Elemente von Entfremdung der Reihe nach bekämpft. Deshalb sagen wir, daß *Macht* in der Welt gleich *Kooperation* ist, um mit der *Isolation* fertig zu werden, *Bewußtsein*, um mit der *Mystifikation* fertig zu werden, und *Handeln*, um mit der *Unterdrückung* fertig zu werden:

MACHT = KOOPERATION + BEWUSSTSEIN + HANDELN.

Kooperation

Zur Bekämpfung von Isolation müssen die Menschen sich zusammentun, die Fähigkeit zur Zusammenarbeit erlangen und einander durch Kooperation in ihren gemeinsamen Zielen unterstützen. Das Konzept der Zusammenarbeit spielt in den Methoden der Radikalen Psychiatrie eine zentrale Rolle. Wir versuchen, von Zusammenarbeit geprägte Beziehungen herzustellen, indem wir mit jedem, mit dem wir leben und arbeiten, eine Vereinbarung über eine Zusammenarbeit treffen. Die Vereinbarung über Zusammenarbeit definiert im besonderen ein Beziehung, in der jeder die gleichen Rechte hat und in der es

1. keine Machtspiele,
2. keine Lügen und Geheimnisse,
3. keine „Rettung" gibt.

Mit „keine Lügen und Geheimnisse" meinen wir nicht nur, daß wir einander nicht durch Unterlassung oder auf Befehl anlügen, sondern daß wir auch nichts von dem verborgen halten, was wir fühlen, bzw. um alles bitten, was wir wollen. Wir teilen unsere Gefühle und paranoide Phantasien.

Mit „einander nicht retten" meinen wir, daß wir nicht mehr geben oder tun als das, was fair ist, und daß wir nichts tun, was wir nicht tun wollen. Der Begriff „Rettung" bezieht sich auf alle drei Rollen der Entfremdung, die die Menschen gerne abwechselnd übernehmen. Es sind dies die Rolle des Retters, des Verfolgers und des Opfers, und solange die Menschen in einer dieser drei einengenden Rollen verharren, behandeln sie einander niemals spontan, vertraut oder bewußt als Gleichberechtigte.

Mit „keine Machtspiele einsetzen" meinen wir, daß wir andere nicht zwingen, etwas zu tun, was sie sonst nicht tun würden.

Wir bitten also um das, was wir brauchen, ohne „Opfer" zu sein; wir helfen anderen, ohne „Retter" zu sein, und wir bringen Wutgefühle zum Ausdruck, ohne „Verfolger" zu sein.

Nur wenn wir eine organisierte einheitliche Anstrengung zur Zusammenarbeit unternehmen, können wir im Kampf gegen die Entfremdung wirkliche Fortschritte machen. Niemand kann aus eigener Kraft in der Welt Macht erlangen, nicht alleine und auch nicht in einer Masse. Deshalb konzentriert sich die Radikale Psychiatrie auch so intensiv auf den Gruppenprozeß.

Die Praxis der Radikalen Psychiatrie kommt hauptsächlich in drei Typen von Gruppen vor: *problemlösende Gruppen, Gruppen mit Möglichkeiten zur körperlichen Betätigung* (bodywork groups) und *vermittelnde Gruppen* (mediations).

Eine *problemlösende Gruppe* ist eine Gruppe mit sieben oder acht Personen, von denen jede einen individuellen problemlösenden Vertrag hat und alle einen „Vertrag zur Zusammenarbeit" im oben definierten Sinne teilen. Die Gruppe arbeitet mit einem ausgebildeten Radikalen Psychiater als Supervisor. Zusätzlich können ein oder zwei in der Ausbildung befindliche Beobachter anwesend sein. Die Gruppe trifft sich jede Woche für zwei Stunden, und wenn ein Teilnehmer aussteigt, wird sein Platz von einer neuen Person eingenommen.

Eine *Bodywork-Gruppe* ist eine Gruppe mit fünf oder mehr Leuten, die von einem ausgebildeten Radikalen Psychiater geleitet wird. Sie treffen sich einmal oder regelmäßig wöchentlich, alle zwei Wochen oder monatlich für zwei oder mehr Stunden. Je zwei oder drei Personen bekommen einen Assistenten zugeteilt. Körperliche Betätigung soll die Entfremdung des Menschen von seinem Körper und seinen Gefühlen aufheben. Dies erreicht man mit Hilfe von Entspannungsübungen, Tiefatmung und anderen Techniken, die Gefühle auslösen und zentrieren sollen.

Eine *Mediation* ist eine Begegnung von zwei oder mehr Personen, die in ihren arbeitsbedingten oder persönlichen Beziehungen miteinander Konflikte hatten und sich mit einem in Radikaler Psychiatrie ausgebildeten Vermittler treffen, um ihre Schwierigkeiten zu analysieren und zu Agreements zu kommen, die auf die Lösung ihrer Konflikte abzielen.

Bewußtsein

Die Erweiterung des Bewußtseins, insbesondere das Verstehen, wie repressive Einflüsse eine Verminderung unserer Macht bewirken, ist die Essenz der Bewußtheit. Die Hebung des Bewußtseins ist die Anhäufung von Informationen über die Welt und darüber, wie sie funktioniert, und sie ist eine wichtige fortwährende Aufgabe, wenn man seine eigene Macht vergrößern möchte. Sich bewußt zu werden, wie Unterdrückung, Rassismus, Sexismus usw. funktionieren, ist ein wesentlicher Aspekt der Bewußtseinshebung.

Konstruktive Kritik ist eine vitale Technik zur Bewußtseinshebung. Im Prozeß der konstruktiven Kritik bietet man anderen Menschen Informationen über ihr Verhalten und dessen Wirkung auf andere Menschen an. Außerdem kann man Vorschläge machen, wie das Verhalten einer anderen Person zum Vorteil aller verändert und korrigiert werden könnte. Konstruktive Kritik wird durch *Selbstkritik* stark gefördert und setzt Bereitwilligkeit aller Beteiligten voraus, d. h. die Bereitschaft, die kritischen Analysen anderer Menschen zu akzeptieren und daraus zu lernen.

Handeln

Handeln ist der Prozeß, durch den unsere Bewußtheit der Dinge, die geändert werden müssen, umgesetzt wird. Kooperation allein bzw. Kooperation und Bewußtheit können starke, gesteigerte, subjektive Machtgefühle auslösen. Doch die objektive Macht in der Welt ist etwas anderes als subjektive Machtgefühle und kann nicht von Bewußtheit oder Kontakt allein herrühren. Bewußtheit und Kooperation müssen in eine Form des Handelns umgesetzt werden, die die tatsächlichen Bedingungen im Leben eines Menschen ändert. Handeln impliziert Risiko, und wenn jemand Risiken eingeht, muß er vielleicht vor den Ängsten und tatsächlichen Gefahren geschützt werden, die sich aus diesem Handeln ergeben können. Beim effektiven Handeln ist wirksamer Schutz in Form tatsächlicher Bündnisse zur physischen oder moralischen Unterstützung vonnöten und ist ein wesentlicher Aspekt der Kooperation. Zusammen sind Handeln, Bewußtheit und Kooperation die Elemente, die es den Menschen ermöglichen, ihr angestammtes Recht zurückzufordern und in der Welt Einfluß zu gewinnen.

Anwendungsbereiche

Problemgruppen, die von der Radikalen Psychiatrie gebildet wurden, sind von ungefähr tausend Menschen aufgesucht worden. Sie waren zwischen 16 und 70 Jahre alt, fast ausschließlich Weiße, und stammten aus allen gesellschaftlichen Schichten mit Ausnahme der Reichen bzw. Superreichen. Besonders erfolgreich war sie bei *Depressions*problemen und Schwierigkeiten, die sich aus *zwischenmenschlichen Beziehungen* ergeben. Menschen, die mit *Alkohol* und *Drogen* Probleme haben, und solche, die *psychotisch* gewesen sind, hat diese Methode ebenfalls geholfen. Andererseits scheint die Radikale Psychiatrie bei Raucherproblemen und zur Reduktion des Körpergewichts nicht besonders wirksam zu sein. In den zehn Jahren, in denen die Radikale Psychiatrie praktiziert wird, hat es keine Fälle von Selbstmord bzw. keine Anklagen oder Prozesse wegen schwerwiegender Fehlbehandlungen gegeben. Zum anderen scheinen die meisten Leute, die in problemlösenden Gruppen gearbeitet und bei Mediations und Bodywork mitgemacht haben, mit dem Erfolg zufrieden zu sein und empfehlen diese Methoden wärmstens weiter. Weil Experten in der Radikalen Psychiatrie politisch und sozial bewußte Menschen sind, sind die Gebühren, die für die problemlösenden Gruppen verlangt werden, niedrig und für die meisten erschwinglich. Die Mehrheit derer, die bei der Radikalen Psychiatrie Hilfe suchen, werden von solchen Personen an uns verwiesen, die mit unserem Angebot zufrieden waren. Selten bekommen wir Überweisungen von Mental-Health-Fachleuten.

Fallbeispiel

Anfänglich traten John und Mary mit der Bitte an mich heran, für ihre sich verschlechternde, siebenjährige Ehe eine Mediation durchzuführen. In getrennten Gesprächen mit den beiden überzeugte ich mich davon, daß beide an der Vermittlung interessiert waren. Bei dieser Unterhaltung überprüfte ich die Gründe für ihr Interesse und bat sie, über mögliche Ressentiments und paranoide Phantasien nachzudenken, die sie füreinander hegten, und ich untersuchte die möglichen Rettungsmanöver, auf die sie sich eingelassen haben könnten. Wir trafen uns, und bei der Beschäftigung mit Ressentiments, paranoiden Phantasien und den Rettungsunternehmen stellte sich heraus, daß Mary sich darüber ärgerte, wie John auf ihre Wut- und Schmerzgefühle reagierte, und daß sie dann mit ihm schlief, wenn sie eigentlich nicht wollte. Sie hatte den Verdacht (bzw. die Wahnvorstellung), daß er ihr untreu sei. Er bestätigte, daß ihr Verdacht ein Körnchen Wahrheit enthalte und gab zu, ernsthaft daran gedacht zu haben, mit einer Nachbarin etwas anzufangen. John dagegen schmerzte und ärgerte es, daß Mary kein Verlangen nach Sex hatte, und er empfand ihre Gefühlsausbrüche als Schikane. Wir einigten uns dann über einen Vertrag für die Vermittlung, d. h. wir wollten einige Vereinbarungen treffen, die die Kommunikation zwischen ihnen wiederherstellen sollten.

Meine anfänglichen Beobachtungen des Paares ergaben folgendes: John und Mary haben zwei Kinder im Alter von acht und zehn Jahren. John, Offiziersanwärter, raucht, trinkt und ißt zu viel, scheint zu Haus unglücklich zu sein, zeigt Mary keinerlei Zuneigung und bedrängt sie unablässig mit seinen Wünschen nach Sex. Mary hat eine Teilzeitstelle als Angestellte, ist depressiv, weint oft, hat Schuldgefühle, weil sie ihre Kinder anschreit und „frigide" ist, hat Schlafprobleme und denkt öfter an Selbstmord. Sie machte einen Selbstmordversuch mit Schlaftabletten, rief aber gleich bei der Zentrale für Selbstmordverhütung an. John und Mary verbringen den größten Teil ihrer Zeit in einer höflichen, oberflächlichen Harmonie, die aber von heftigen Streitereien gestört wird; diese enden oft damit, daß Mary hysterisch schreit und John das Haus verläßt, um dann betrunken zurückzukommen. Beide machen sich Sorgen und möchten die Situation ändern. Sie haben das Gefühl, einander noch zu lieben, und beide haben es mit verschiedenen Therapiemethoden, u. a. Eheberatung, versucht.

In der Anfangsphase der Mediation machte ich die Beobachtung, daß John Mary wiederholt unterbrach und ihre Gefühle herabsetzte, und daß Mary Wutausbrüche und Schreianfälle hatte, die John Angst machten und ihn kalt und abweisend werden ließen. Nur durch strikte Kontrolle ihrer Transaktionen konnte ich verhindern, daß ihre Auseinandersetzung nicht in Ausbrüche, Beschuldigungen und feine Nadelstiche auf beiden Seiten eskalierte.

Ich erklärte, meiner Ansicht nach bestehe das Problem zwischen ihnen darin, daß sie ganz fest auf ein sich wiederholendes Interaktionsmuster fixiert seien, in dem John Marys Gefühle und Verhalten zu dominieren versucht und nicht bereit ist, auf ihre Gefühle mit Sympathie zu reagieren. Diesem Interaktionsmuster folgend, würde Mary John mit Gefühlsausbrüchen terrorisieren und tyrannisieren, die sie für den einzigen Weg hält, ganz entfernt das zu bekommen, was sie von John möchte. Ich legte meine Meinung dar, wonach dieses Verhalten auf beiden Seiten auf stereotypen sexistischen Rollen beruhte. Diese veranlassen John, dem Gefühl aus dem Weg zu gehen und seine Macht zu mißbrauchen, damit er das bekommt, was er von Mary will, vor allem Sex. Mary hingegen sieht ein, daß sie unfähig ist, in Worten auszudrücken, was sie möchte, es zu verlangen und Schritte zu unternehmen, um es zu bekommen. Statt dessen schlägt Mary mit ihren Emotionen auf John ein. Ich führte aus, daß ihre Depression und ihr Wunsch, Selbstmord zu begehen, wahrscheinlich die Folge eines Defizits an Zärtlichkeit seien, und daß Johns Alkohol-, Zigaretten- und Freßsucht allesamt Versuche seien, das Erleben seines Körpers, das von Leere, Verlust und Angst geprägt war, zu steigern. Ich erklärte, daß ihre Beziehung genau die Rollenerwartung widerspiegle, die die Gesellschaft von den Menschen hat, und daß Johns

Gefühllosigkeit, seine sexuelle Besessenheit und seine Sucht sowie Marys mangelnde Beherrschung ihrer Gefühle und ihre Depression allesamt aus der Unterdrückung von Männern und Frauen resultieren. Ich schlug vor, daß Mary sich einer Frauengruppe anschließen und John mit mir einer gemischten Gruppe beitreten sollte. Während der nächsten eineinhalb Jahre besuchten John und Mary Problemlösungsgruppen, und ihre Situation wurde im Kollektiv für Radikale Psychiatrie erörtert, an dem ich und Marys Gruppenleiterin teilnahmen. Mary lernte, wie sie John dazu brachte, daß er ihre Gefühle verstehen konnte, wie sie sich unmißverständlich ausdrückte und das aussprach, was sie wollte, und wie sie sich ihre Wünsche erfüllte. Sie lernte, mit Johns Unterbrechungen umzugehen, und sie hörte auf, sich sexuell anzupassen. Ihre Teilnahme an der Frauengruppe gab ihr das Gefühl der Unterstützung und des Vertrauens, das sie in die Beziehung einbringen konnte, und das gab ihr ein solches Gefühl der Macht, daß sie es John nicht mehr erlaubte, sie herumzudirigieren. Bald war sie nicht mehr depremiert oder selbstmordgefährdet. John begriff allmählich, daß er nicht fähig war, seine Gefühle auf andere Weise adäquat auszudrücken als durch seine Wut über Marys Gefühlsausbrüche und ihre sexuelle Verweigerung. Beim Bodywork konnte er einige seiner anderen Emotionen mobilisieren und es sich erlauben, Gefühle wie Traurigkeit, Angst und Freude freizusetzen. Er entwikkelte seine emotionale Kultur so weit, daß er imstande war, Marys Gefühle zu verstehen und darauf zu reagieren und auch seine eigenen Gefühle in der Beziehung auszudrücken. Er lernte aufzuhören, sie zu unterbrechen und herabzusetzen, und er lernte aufzuhören, sich Mary sexuell aufzuzwingen. Statt dessen lernte er, ihre Zuneigung zu akzeptieren und zu erwidern und geduldig darauf zu warten, daß sie den Wunsch nach Geschlechtsverkehr entwickelte. Für die Zwischenzeit lernte er, befriedigende Alternativen zum Verkehr zu finden. Er versprach, mit dem Trinken völlig Schluß zu machen und hielt sein Versprechen. Schließlich hörte er mit dem Rauchen auf, und augenblicklich verarbeitet er die Veränderungen in seinem Leben. Dazu gehören mehr körperliche Übungen, ein Wechsel des Arbeitsplatzes und eine Änderung des Speiseplans. Getrennt haben sich John und Mary auf dramatische Art und Weise weit von dem wegentwickelt, was sie waren, als sie mit der Therrapie begannen. Ihre Beziehung hat sich gebessert. Sie haben ernsthaft über eine Trennung und eine mögliche Scheidung in der Zukunft gesprochen, sind aber gegenwärtig ziemlich glücklich miteinander. Sie haben ihre Ehe etwas gelockert, damit John seinem Verlangen nach Zärtlichkeit von anderen Frauen Ausdruck geben kann, aber diese Öffnung ist erst in einer experimentellen Phase. Mary hat derzeit absolut kein Interesse an einer sexuell geöffneten Ehe. Gegenwärtig erwägen sie beide, mit der Therapie aufzuhören; denn beide haben das Gefühl, für sich selbst sehr viel erreicht zu haben, auch wenn der Stand ihrer Beziehung noch nicht geklärt ist. Beide wirken glücklicher, hoffnungsvoller, gesünder und lebendiger. Sie sprechen voller Anerkennung von dem Prozeß der problemlösenden Gruppen, haben die Prinzipien und Leitlinien der Zusammenarbeit in ihr tägliches Leben übernommen und benutzen sie in ihrer Beziehung zueinander, zu ihren Kindern und ihren Freunden. Sie bekämpfen einander nicht mehr, und ihre Beziehung ist herzlich. Obwohl sie nicht unbedingt das Gefühl haben, daß sie für den Rest ihres Lebens ein intimes Paar bleiben werden, mögen sie einander und wissen, daß sie bei der Erziehung ihrer Kinder Freunde bleiben und einander helfen werden.

Zusammenfassung

Radikale Psychiatrie ist eine Theorie menschlicher Gefühlsstörungen und eine Methode, mit der diese zu behandeln sind. Sie wird von einer kleinen Gruppe ausgebildeter Radikaler Psychiater praktiziert, die alle *Kollektiven* angehören, in denen ihre Arbeit genau evaluiert, angeregt und kritisiert wird. Die Theorie der Radikalen Psychiatrie geht davon aus, daß die Probleme der Menschen die Folge *repressiver Einflüsse* und *Institutionen* sind, die mystifiziert werden und mit denen der Mensch im heimlichen Einverständnis handelt und somit einen Zustand von *Entfremdung* und *Machtlosigkeit* schafft. Die Vorstellung, daß Gefühlsstörungen auf äußere Ursachen zurückgehen, ist in der Psychiatrie nicht neu, aber im Augenblick ist sie mit Sicherheit nicht populär und wird von der etablierten Psychiatrie nicht allgemein akzeptiert. Doch als psychotherapeutische Theorie und Praxis gewinnt die Radikale Psychiatrie überall im In- und Ausland zahlreiche Anhänger. Die Radikale Psychiatrie ist nicht nur ein System der Psychotherapie; sie ist auch eine *Weltanschauung,* die sich auf Institutionen und Gesellschaften anwenden läßt. Sie repräsentiert und empfiehlt einen kooperativen Lebensstil, der in krassem Gegensatz zur herrschenden Kultur steht. Wir glauben, daß sie zu Wohlergehen und Macht in der Welt führt.

Literatur

Berne, E. *Beyond games and scripts.* New York: Grove Press, 1976.

Berne, E. *Transactional analysis in psychotherapy.* New York: Grove Press, 1961.

Fanon, F. *The wretched of the earth.* New York: Grove Press, 1968.

Karpman, S. Script drama analysis. *Transactional Analysis Bulletin,* 1968, **7,** 26–29.

Laing, R. D. *The politics of experience.* New York: Ballantine, 1967.

Laing, R. D. *The politics of the family and other essays.* New York: Pantheon, 1969.

Marcuse, H. *Eros and civilization.* New York: Vintage Books, 1962.

Marx, K. *Karl Marx, early writings.* New York: Ballantine, 1969.

Reich, W. *The function of the orgasm.* New York: Farrar, Strauss, 1961.

Steiner, C. *Readings in radical psychiatry.* New York: Grove Press, 1975.

Steiner, C. *Scripts people live.* New York: Grove Press, 1974.

Szasz, T. *Law, liberty and psychiatry.* New York: Collier, 1968.

Wolff, R. P. Barrington, M. and Marcuse, H. *A critique of pure tolerance.* Boston: Beacon Press, 1969.

Wyckoff, H. *Love, therapy and politics.* New York: Grove Press, 1974.

Wyckoff, H. *Solving problems together.* New York: Grove Press, 1981.

Radix-Gefühlserziehung*

Elaine Warburton

Die insgesamt vielleicht wichtigste Entwicklung der Psychotherapie der letzten Jahre spiegelt sich wohl im wachsenden Interesse an sogenannten Körpertherapien wider. In diesem Buch finden sich darüber mehrere Kapitel, insbesondere der Aufsatz von Baker und Nelson über Orgontherapie *und der von Green über* Körpertherapien.

In diesem Aufsatz gibt Eliane Warburton einen klaren Überblick über die Arbeit eines Nachfolgers Wilhelm Reichschen Denkens und seiner Methoden. Die Radix-Gefühlserziehung der Neo-Reichianer ähnelt anderen Verfahren, die auf der Arbeit Reichs basieren, wie z. B. der Bioenergetik, *unterscheidet sich aber trotzdem von ihnen. Die relativ gut fundierte Theorie und Vorgehensweise ist auf nonverbale Prozesse konzentriert, die zu intensivem Gefühlserleben führen, ähnlich wie auch die* Primärtherapie, *die* Primärbeziehungstherapie *und die* Aqua-Energetik, *um nur einige der in diesem Handbuch dargestellten Therapieansätze zu nennen.*

Im wesentlichen soll die Radix-Gefühlserziehung das Gleichgewicht zwischen Fühlen und Denken wiederherstellen. Es handelt sich um eine ganzheitliche Therapie, die vor allem auf der affektiven Ebene und der Verhaltensebene arbeitet, aber auch kognitive Funktionen mit einbezieht.

Die Radix-Gefühlserziehung wurde – ausgehend von den Arbeiten Wilhelm Reichs – von Charles Kelley entwickelt. Es handelt sich um ein sowohl einzel- als auch gruppentherapeutisches Verfahren der Erziehung und des Persönlichkeitswachstums, bei dem versucht wird, die Fähigkeiten des Fühlens und des Lebendigseins durch ein allmähliches Auflösen der – wie Reich es nannte – *Muskelpanzerung* zu befreien. Die Muskelpanzerung (Reich, 1961) ist eine chronische muskuläre Verspannung, die das freie Fließen der *Radix (Lebenskraft)* im Körper hemmt, somit die volle Ausdruckskraft und die Wahrnehmung von Gefühlen verhindert und die Verfügbarkeit der zu einem erfüllten Leben notwendigen Energie einschränkt. Radix-Erziehung stellt einen *direkten,* nonverbalen Zugang zur Freisetzung tiefer Gefühle her und schließt Techniken mit ein, die dazu dienen, diese befreiten Fähigkeiten des Fühlens und die Energie zu integrieren. Radix-Erziehung zielt nicht darauf ab, die Gefühlsfähigkeiten eines Kindes wiederherzustellen, sondern will neue Fähigkeiten entwickeln, die eine Entscheidung ermöglichen, wann Gefühle ausgedrückt werden können und wohin die Energie gelenkt werden kann. Die Panzerung wird als ein Mechanismus der Willenskraft und somit als wichtig angesehen. Der Klient** lernt nicht, was er fühlen soll, sondern wie er seine bereits vorhandenen Gefühle befreien kann. Wir betrachten jemanden, der anfängt, mit Radix zu arbeiten, nicht als

---

* Im Amerikanischen: *Radix Neo-Reichian Education*
** Hier und im folgenden wird „student" mit „Klient" und nicht mit „Schüler" übersetzt.

krank, und somit erwartet er auch keine Heilung. Wir gehen davon aus, daß alle Menschen in irgendeiner Weise in ihrer Fähigkeit zu fühlen und in ihrer Lebendigkeit blockiert sind und daß jeder selbst entscheiden muß, ob er den Wunsch nach einer Veränderung der strukturierten Verhaltensmuster verspürt. *Erziehung* ist für uns ein fortschreitender, lebenslanger Prozeß. Somit gibt es keinen Punkt, an dem man sagen könnte, jemand hätte es „erreicht" oder „sei angekommen".

Die Arbeit ist in starkem Ausmaß *körperorientiert.* Durch das Zurückgewinnen des eigenen Körpers verbessert sich das Selbstbild des Klienten (durch eine Verbesserung des Körperimages) und die Fähigkeit, Bedürfnisse zu befriedigen (durch ein gesteigertes Bewußtsein über diese Bedürfnisse und neugewonnene Energie, sie zu realisieren). Die individuelle Entwicklung wird ständig beachtet, die Klienten werden nicht begutachtet oder beurteilt. Somit trägt jeder selbst die Verantwortung mit darüber, in welchem Ausmaß er an sich arbeiten möchte und wie er diese Veränderungen umsetzt.

Geschichte

Radix-Gefühlserziehung basiert auf den Arbeiten von Wilhelm Reich und William H. Bates, einem Augenarzt. Entwickelt wurde sie von Charles R. Kelley, der u. a. vier Jahre Assistant Professor und Leiter der Division of Applied Vision Research am Department of Psychology des North Carolina State College, Assistenzprofessor an der Universität New York und NATO-Referent bei den wichtigsten wissenschaftlichen Einrichtungen Europas war. 1970 war er George-A.-Miller-Gastprofessor an der Universität von Illinois.

Kelley lernte die *Augentrainingsmethode* von Bates bei Margaret Corbett und arbeitete zwei Jahre als „Bates-Lehrer". Aufmerksam geworden auf die *emotionale Komponente* von Sehproblemen, die von Bates entdeckt worden war (z. B. die Tatsache, daß Leute bei Angstzuständen zu *Kurzsichtigkeit* neigen), fand er in den Arbeiten Reichs die Antwort auf die Frage: „Warum gelingt es einigen Menschen, ihre Sehfähigkeit zu verbessern und anderen nicht?". Er wurde ein Schüler Reichs und arbeitete zu dessen Lebzeiten an seinen Zeitschriften mit. Nach dem Tode Reichs trug er dazu bei, die Reichschen Theorien weiterzuentwickeln.

Kelleys gemeinsame Arbeit mit Reich in den fünfziger Jahren war hauptsächlich wissenschaftlicher Natur und forschungsorientiert. Er interessierte sich besonders für die Reichschen Theorien der *Orgonenergie* und ihrer Anwendung im Bereich der Physik und der Psychologie. Er nahm an einer *Orgontherapie* teil und begann sich für die Auswirkungen der *Muskelpanzerung* zu interessieren.

1960 gründete Kelley das Interscience Research Institute (später umbenannt in *Radix Institute*), um Reichs Arbeiten weiterzuentwickeln, insbesondere, um über die Ursachen muskulärer Verspannungen und die Eigenschaften der Orgonenergie zu arbeiten. Von 1961 bis 1965 wurde von dem Institut „The Creative Process" veröffentlicht, zu der Zeit die einzige regelmäßig erscheinende Zeitschrift in Amerika, die sich mit Reichs Arbeiten auseinandersetzte. Damals war es Kelleys Ziel, Reichs Arbeit in Zusammenhang mit früheren Forschungsarbeiten über *Lebensenergie* zu verstehen, wie die z. B. von Anton Mesmer und Karl von Reichenbach. Außerdem hoffte er, wie auch Reich, einen Zusammenhang zwischen physiologischen Austauschprozessen und Emotionen nachweisen zu können.

1968 und 1969 wandte sich Kelleys Interesse der Anwendung der Arbeiten von Bates und Reich zu, und er gründete seine ersten „educational groups", die über Sehen und Fühlen arbeiteten (Kelley, 1976). Ziel dieser Gruppen kurzsichtiger Teilnehmer war eine Verbesserung der Sehkraft. Die eingesetzten Verfahren bestanden aus einer Synthese der Reichschen Arbeiten und zusätzlichen Augentrainingsmethoden, die zum größten Teil aus den Arbeiten Bates' abgeleitet worden waren. Kelley entdeckte, daß die Arbeit an der Verbesserung des Sehvermögens in hohem Maße dazu beitrug, *Gefühle freizusetzen*. Alle Teilnehmer dieser ersten Gruppen veränderten sich sowohl in bezug auf ihre Emotionalität als auch auf ihr Sehvermögen. In der Einschätzung der Bedeutung dieses Trainings stimmten die Teilnehmer jedoch darin überein, daß die emotionalen Veränderungen für sie bedeutsamer waren als die Verbesserung der Sehkraft. 1970 bot das Institut Arbeitsgruppen, Workshops und Einzelunterricht in Augentrainingsmethoden und „neo-Reichian emotional release work" an. Danach begann Kelley, sich stärker für spezielle Programme über „Gefühlserziehung" für eine breitere Bevölkerung zu interessieren, wie auch für die Ausbildung kompetenter Mitarbeiter in „emotional-release-" und Augentrainings-Techniken. 1974 wurde die Organisation umbenannt in *Radix Institute*. Die Verbesserung der Sehkraft bleibt weiterhin eines der Ziele der Radix-Arbeit, steht aber nicht im Zentrum. „Radix" ist ein sehr seltenes Wort und bedeutet Wurzel, Quelle, primäre Ursache. Für Kelley ist Radix eine Kraft, die sich in gewisser Weise von der Reichschen Konzeption der *Orgonenergie* unterscheidet. Für ihn handelt es sich nicht um eine Energie, sondern vielmehr um das *Substrat*, aus dem heraus sich Energie, Fühlen, Denken, Bewegung und so weiter entwickeln.

Das Radix Institute bietet heute weiterhin Programme für „Gefühlserziehung", Selbstbestimmung und Augentraining sowie ein Ausbildungsprogramm für Radix-Lehrer aus aller Welt an.

Gegenwärtiger Stand

Das Radix Institute liegt in Ojai, Kalifornien. Zusätzlich zu den Trainingsprogrammen wird Radix-Erziehung sowohl in traditioneller als auch in innovativer Form angeboten.

1. „The Concentrated Program for Individuals" bietet maximal dreiwöchige konzentrierte Selbsterfahrungsarbeit in jedem Radix-Erziehungsprogramm an. Es handelt sich um ein intensives, individuell abgestimmtes Programm mit 10 Sitzungen pro Woche, überwiegend Einzelsitzungen und einige in Kleingruppen.
2. „Segment One" verbindet didaktische und Selbsterfahrungs-Workshops. Es handelt sich um einwöchige Programme ohne Übernachtung; vormittags finden theoretische Sitzungen statt und am Nachmittag Selbsterfahrungsgruppen.

3. „Santa Barbara Workshops" sind einwöchige Programme, die Selbsterfahrungsgruppen und Einzelarbeit verbinden, und werden vom Institut jeweils im Juni und Juli angeboten.
4. *Einzelsitzungen* können auf regulärer Basis vereinbart werden.
5. „Five-Day Workshops for Small Groups" werden regelmäßig in verschiedenen Orten in den USA und Europa angeboten.

Die Programme werden von anerkannten Radix-Lehrern und Lehrertrainees, die dem Radix Institute angeschlossen sind, durchgeführt. Ihre Tätigkeit ist in den Vorschriften des „Radix Teacher's Code" festgelegt. Alle haben eine Ausbildung im Radix Institute erhalten oder sind noch in der Ausbildung. Ein diplomierter Lehrer hat drei Jahre Selbsterfahrungsarbeit und eine zweijährige Ausbildung, die Seminare, praktische Lehrtätigkeit und Schulungskurse umfaßt, hinter sich. Ausbildung und Abschlußdiplom in Radix-Erziehung werden durch das Radix Institute geregelt. In der Lehrerausbildung gibt es vier Stufen, die definiert werden durch die Dauer der Ausbildung, das Ausmaß persönlicher Radix-Arbeit und die Befähigung zu unterrichten.

Radix-Lehrer und -Trainees gibt es überall in den USA, in Kanada, Mexiko, Europa und Indien. In Kürze wird Radix-Erziehung auch in Australien angeboten werden.

Zusätzlich zu seinen Programmen in „Gefühlserziehung" und den Lehrerausbildungsprogrammen bietet das Radix Institute ein didaktisches Programm über *Radix-Konzepte* und *-Theorien* an. Dieses Programm wird als „Radix Segment One" bezeichnet und wendet sich vorwiegend an beruflich tätige Personen, die bereits über Praxiserfahrungen in „Persönlichkeitswachstum" verfügen und ihre Kenntnisse auf einen Neo-Reichianischen Ansatz ausweiten möchten, ohne sich zu dem ein- oder zweijährigen Trainingsprogramm verpflichten zu müssen. Die laufenden *Publikationen* über Radix-Erziehung von Charles Kelley können über das Radix Institute bezogen werden. Sie umfassen:

1. „The Radix Journal": vierteljährlich. Grundlegende Aufsätze von Kelley über Radix Scientific Processes und Radix-Erziehung.
2. „Orgonomy, Bioenergetic, and Radix: The Reichian Movement Today" (1978): Vergleicht die auf Reich basierenden Ansätze von Elsworth Baker (Medizinische Orgonomie), Alexander Lowen (Bioenergetik) und Charles Kelley (Radix) und beschreibt die acht wichtigsten Reichianer der ersten und zweiten Generation, die nicht diesen drei Richtungen (Schulen) angeschlossen sind.
3. „Education in Feeling and Purpose" (1974): Behandelt a) die Ursachen der Muskelpanzerung; b) „Gefühlserziehung", „Intensiv-Radix", Konzepte, Lösungen; c) Erlernen von Selbstbestimmung: ein „Erziehungsabend" in Selbstbestimmung; Konsequenzen der Selbstbestimmung; d) die Verbindung von Fühlen und Selbstbestimmen.
4. „The Creative Process" (Charles Kelley, Hrsg., „Bulletin of the Interscience Research Institute", 1961–1965). Vollständige Ausgabe in 5 Bänden, Ringheft, Neuauflage mit neuem Vorwort (1974). Ist der Entdeckung und Vermittlung der Erkenntnisse über kreative Prozesse in der Natur gewidmet, so wie sie von Wilhelm Reich beschrieben worden waren. Enthält über 60

Artikel und Aufsätze. Reichs physikalische Orgonforschungen, Apparate; Wetterkontrolle; Karl von Reichenbach; Orgonomie seit dem Tode Reichs; Orgonomie und Kunst; Panzerung; usw.

5. „Post Primal and Genital Character: A Critique of Janov and Reich", Journal of Humanistic Psychology, 1972, 12, (2). Enthält eine Auseinandersetzung über das medizinische und das Erziehungsmodell von Wachstumsprozessen. Kritisiert Reichs „genitalen Charakter" und Janovs „post-primal"-Ansätze.
6. „What is Orgone Energy?" aus: The Creative Process, 2 (2,3), (1962).
7. „Mysticism and Mechanism" (1975): Setzt sich auseinander mit den „beiden intellektuellen Kräften, die das menschliche Denken seit der Überwindung des primitiven Animismus dominieren", und den Charakterstrukturen des Mystikers und des Anhängers einer mechanistischen Auffassung.

Nähere Informationen über Radix-Ausbildung, Einzelprogramme, Gruppen-Workshops und Veröffentlichungen können über das Radix-Institut bezogen werden: Radix Institute, P. O. Box 97, Ojai, Ca 93023.

Theorie

Die Theorie der Radix-Gefühlserziehung geht auf zwei wichtige Entdeckungen Wilhelm Reichs zurück. Die erste ist die der *Muskelpanzerung,* der chronischen Spannungszustände im Körper, die mit den *blockierten Gefühlen* einhergehen. Die zweite Entdeckung ist die der *Lebensenergie,* die im Körper spürbar ist, die Brücke zwischen der Panzerung und dem blockierten Gefühl. Die Muskelpanzerung ist objektiv, beobachtbar, physisch, „Körper"; das Gefühl ist subjektiv, nicht beobachtbar, „Geist". Das Fließen der Lebensenergie im Körper wird als Fühlen, als Gefühl, erfahren und drückt sich in spontanen körperlichen Bewegungen aus. Die Muskelpanzerung hemmt das Fließen der Lebensenergie und blockiert dadurch das Gefühl. Reich hat nie den Ursprung der Muskelpanzerung entdecken können. Für ihn war sie eine unerklärliche Anormalität des animalischen Menschen, und die letzten Jahre seines Lebens brachte er vergeblich damit zu, dieses Rätsel zu lösen. Am Radix Institute glauben wir, daß die Panzerung leicht verständlich wird durch die Art, wie sie sich entwickelt, und durch ihre doppelte Funktion.

Als Kind sind wir „Opfer" unserer Gefühle und Impulse. Ein Kind, das leidet, muß schreien, ein Kind, das Zorn empfindet, muß ihn ausdrücken, ein Kind, das Bedürfnisse hat, muß sie befriedigen. Beim Heranwachsen, abhängig von unserer häuslichen Umgebung und unseren Erziehungspersonen (im allgemeinen den Eltern), lernen wir, welche Gefühle akzeptiert werden, welche Gefühle unterdrückt werden sollen, welche Bedürfnisse befriedigt werden. Wir lernen durch Beobachtung, welche Gefühle positiv und welche negativ beantwortet werden. Erhält ein Kind mehrmals negative Reaktionen auf seine Tränen, lernt es, daß Tränen nicht akzeptiert werden. Wie lernt es, mit dem Weinen aufzuhören? Es muß das Fließen der Lebenskraft vom Inneren zu seinen Augen aufhalten und blockiert somit sein Gefühl. Dies wird erreicht durch eine *Verlangsamung des Atmens,* dem *Zusammenschnüren der Kehle,* einem *„Schlucken" der Tränen* und einer *Anspannung der Augen.* Wenn dieser Prozeß sich wiederholt, werden diese Spannungen und Verhaltensstrukturen nach einer gewissen Zeit ins Unterbewußtsein des Kindes treten und zu chronischen Spannungsmustern *(Panzerung)* werden. Es wird nicht mehr weinen können, wenn es das Gefühl verspürt, weinen zu wollen oder zu müssen. Dies ist eine Form der Panzerung.

In seiner anderen Form wirkt die Panzerung als ein Mechanismus der *Willenskraft* bei zielgerichteten Aktivitäten des Menschen. Um zu überleben, müssen wir planen, Ziele setzen, Konzepte für die Zukunft entwickeln und manchmal fähig sein, unsere Impulse und Gefühle zu zügeln. Wir müssen lernen, auf eine sofortige „Belohnung" zugunsten einer späteren, wertvollen (selbstgewählten) Belohnung zu verzichten. Wenn wir ein Ziel vor Augen haben, gibt es Augenblicke, in denen wir anstatt ins Kino, zu einer Party oder schlafen zu gehen, planen, lernen und arbeiten. *Zielgerichtete Aktivität* und *Willenskraft* sind wichtig und somit auch die Panzerung – aber nicht in der Weise, wie sich die Menschen „en masse" eine Panzerung zulegen. Die Panzerung als eine „Massenbewegung" ist nicht das Ergebnis von Zielsetzung an sich, sondern von Zielsetzung in einer frühen und partiellen Form. Das zwanghafte Kämpfen eines Menschen um Ziele, die in Wirklichkeit gar nicht seine eigenen sind, sondern die ihm von anderen Personen aufgezwungen wurden, ohne wirklich verstanden worden zu sein, ist wohl die tödlichste panzerbildende Form auf der Suche nach einem Ziel. Ihr Ziel entwickelt sich nicht aus ihren eigenen Wünschen und Bedürfnissen heraus. Es gibt Menschen, die durch ihr Leben gehen, ohne wirklich zu wissen, warum sie das tun, was sie tun. Eines der Hauptziele der Radix-Erziehung ist somit, in einem Menschen die Fähigkeiten zu entwickeln, *Gefühle zu äußern,* wenn er das Bedürfnis und den Wunsch dazu verspürt und meint, daß die Situation dafür geeignet sei; die Fähigkeit zu entwickeln, sich *entscheiden zu können,* um nicht länger ein Opfer seiner Gefühle *oder* seiner Panzerung zu sein. Dann kann der Mensch seine Wünsche und Bedürfnisse durch eigenen Willen lenken und ist imstande, wenn nötig, die Erfüllung aufzuschieben oder auch sie zu genießen, wenn er es für richtig hält.

Die *Radix-Charaktertheorie* hat als zentralen Ausgangspunkt die chronischen Hemmungsstrukturen von Gefühlen. Acht Grundgefühle werden in antithetischen Paaren blockiert: *Schmerz/Lust, Begehren/Erfüllung, Ärger/Liebe (Freude)* und *Furcht/Vertrauen.* Wenn ein „unangenehmes" Gefühl blockiert ist, ist gleichzeitig auch das entsprechende „angenehme" Gefühl blockiert. Das heißt, wenn man Schmerz blockiert, kann man kein volles Lustgefühl erfahren; wenn man Ärger blockiert, kein richtiges Gefühl von Liebe, usw. Die meisten Menschen blockieren bis zu einem gewissen Grad *alle* diese Grundgefühle, aber meistens blockieren sie vor allem ein *Paar.* Wenn wir also von *Radix-Charakterstrukturen* sprechen, reden wir von einem „Schmerzhemmer" (und meinen damit, daß er vor allem Schmerz blockiert, d.h. aber auch, daß er genauso Lust blockiert) oder von einem „Angstblocker", oder wir kombinieren auch manchmal zwei Strukturen, z.B. eine *Schmerz-Ärger-Struktur.*

Unser Verständnis davon, welches Gefühl blockiert wird, gründet sich nicht auf die subjektiven Erfahrungen des Klienten, sondern auf ein *objektives* Verständnis des Körpers und der Körperstrukturen. Wie wir schon weiter oben in bezug auf das Weinen sagten, entwickeln sich chronische Spannungsmuster aus allen blockierten Gefühlen. Grundsätzlich gilt, daß dieselben Körperteile und Muskelgruppen, die dazu benutzt werden, das Gefühl auszudrücken, auch diesen

Ausdruck hemmen. Wenn z. B. jemand Furcht *ausdrückt*, weiten sich seine Augen, die Stimmlage steigt, die Schultern werden hochgezogen, wie um einen Stoß abzuwehren, und – wie Bates entdeckte – die Augen werden oft kurzsichtig. Wenn Furcht *blockiert* wird, lassen sich dieselben Merkmale als chronische Verspannungsmuster beobachten.

Der „Energiespiegel" und allgemeine Kern der Energie sind ebenso Indikatoren für die Gefühlsstruktur. Im allgemeinen sind hochenergetische, aktive oder hyperaktive Menschen, deren Energie an der Körperperipherie konzentriert ist, vornehmlich auf der Ärgerachse blockiert. Im allgemeinen haben sie einen guten Kontakt zur Umwelt. Ihre Haut ist eher fest und gerötet. Ein Problem der „Ärgerblocker" ist, daß sie einen relativ geringen Kontakt zu ihrem eigenen Kern haben. Ihre Energie ist auf ihre Umwelt gerichtet, und häufig fehlt ihnen die Beziehung zu ihren eigenen Bedürfnissen und Wünschen.

Im Gegensatz dazu sind Menschen mit niedrigem Energiepotential oft unbeweglich. Die Energie ist im Kern konzentriert, und die Person hat einen geringen Kontakt zur Umwelt. Die Haut erscheint oft blaß und leblos, und es ist für diese Personen oft schwierig, eine Aktivität aufrechtzuerhalten. Jemand mit niedrigem Energiepotential blockiert im allgemeinen Angst.

Das Ziel der Radix-Erziehung ist es, ein *Gleichgewicht* herzustellen. Jemand, der nur mit der äußeren Realität in Berührung steht, ist genauso gehandicapt wie jemand, der nur mit seiner inneren Realität in Berührung steht. Derjenige, der sowohl eine Beziehung hat zu seinen eigenen Wünschen und Bedürfnissen als auch zu den lebensnotwendigen Anforderungen der Umwelt, ist eher in der Lage, für sich selbst zu entscheiden. Menschen mit einer an der Peripherie verstreuten Energie sind vielleicht „geschäftig", aber ohne Erfüllung. Sie müssen lernen, ihre Energie zu „zentrieren" und zu fokussieren, um ihre Ziele zu erreichen. Menschen mit nach innen gerichteter Energie haben Schwierigkeiten, sich zu aktivieren. Sie mögen vielleicht mit ihren Bedürfnissen in Kontakt stehen, es fehlt ihnen aber der Schwung und die Willenskraft, sie zu befriedigen. Diesem funktionalen Ansatz zur Charakterstruktur liegt Reichs Theorie des *segmentären Systems der Panzerung* zugrunde. Die Lebenskraft, *Radix*, fließt in Längsrichtung durch den Körper. Sie fließt an der Rückseite des Körpers hoch, über den Kopf, an der Vorderseite abwärts, vorwärts in Richtung der Fortbewegung, zu den Sinnesorganen, zu den Armen. Dieser *längsgerichtete Radix-Fluß* liegt dem *Fühlen* zugrunde. Der Radix-Fluß und das Fühlen, eine Ausdrucksform von Radix, werden von der *Muskelpanzerung* begrenzt, blockiert und kanalisiert. Reich entdeckte, daß die Panzerung in *Segmenten* im Körper angelegt ist. Er unterschied *sieben* horizontal gestaffelte Segmente: das okulare, orale, zervikale Segment, das des Brustkorbs, des Zwerchfells, des Bauches und des Beckens.

Diese Segmente können *unabhängig voneinander* Gefühle ausdrücken, wenn der Radix-Fluß durch die Panzerung aufgehalten wird. So kann jemand z. B. vor Ärger seine Fäuste ballen und gleichzeitig schluchzen. Diese mangelnde Integration innerhalb des Körpers und des Gefühlsausdrucks ruft Probleme hervor. Solange ein Gefühl nicht einheitlich im Körper verspürt wird, kann es auch nicht total erlebt werden und bleibt in der Panzerung eingeschlossen. Das Ergebnis wird oft von der betreffenden Person als *Konfusion* erlebt. Der Radix-Lehrer arbeitet auf einen *integrierten Gefühlsausgleich* hin – das bedeutet ein gleichzeitiges Ausdrücken *desselben Gefühls* in *allen Körpersegmenten*. Wenn dies erreicht wird, kann nicht nur das Gefühl ausgedrückt werden, sondern der Mensch empfindet sich selbst auch integrierter, fühlt sich seinem Körper näher und damit auch lebendiger. Dadurch, daß sich sein Körperimage verbessert, verbessert sich selbstverständlich auch sein gesamtes Selbstbild. Es fällt den Menschen häufig schwer, ihre Gefühle zu akzeptieren – sie haben Angst vor ihnen. Zu lernen, seine Gefühle auswählen und kontrollieren zu können, ermöglicht es ihnen, ihre Gefühle zu akzeptieren, sich selbst zu akzeptieren. Für sich selbst verantwortlich zu sein, ist ein sehr starkes und positives Gefühl. Wenn jemand die Möglichkeit besitzt, entscheiden zu können, ob er ein Gefühl zulassen kann, so kann er auch seine Gefühle akzeptieren und lernen, nach welchen Emotionen er agieren kann. Es ist wichtig zu lernen, daß alle Gefühle gut sind, daß es aber nicht gut ist, einige auszuagieren. Es ist z. B. richtig, so wütend zu sein, daß man am liebsten jemanden umbringen würde, es ist nicht gut, es auch zu tun. Wenn man ein Gefühl voll zulassen und akzeptieren kann, kann man auch einsehen, daß es nicht notwendig ist, Gefühle, die Nachteile mit sich bringen könnten, auszuagieren.

Methoden

In der Radix-Erziehung arbeiten wir *direkt mit dem Körper* und mit dem *Radix-Fluß* (der *Lebensenergie*) im Körper. Wir arbeiten mit dem Pulsieren von Radix. Alles pulsiert. Der Pulsschlag ist ein rhythmisches Sichzusammenziehen und Ausdehnen. Wenn das Herz schlägt, dehnt es sich aus, um Blut in eine Kammer einzulassen, dann zieht es sich zusammen, um es herauszupumpen. Atmung ist Pulsieren, der wichtigste Pulsschlag, mit dem wir in der Radix-Erziehung arbeiten. Durch eine Verbesserung und Vertiefung des Atempulses kann sich der Körper mit mehr Radix aufladen. Mit steigender Aufladung treten zwei wichtige Dinge auf. Erstens, die Sperren gegen den Radix-Fluß im Körper akzentuieren sich. Häufig röten sich die blockierten Bereiche im Gegensatz zu den blasseren, schwachgeladenen Bereichen, die der Fluß noch nicht erreicht hat. Diese Sperren sind aktiv und werden als *Gegenpulsierungen* bezeichnet, d. h. andere Pulsierungen, die sich in Gegenrichtung zu dem natürlichen Fließen und Pulsieren von Radix bewegen. Zweitens, die Fähigkeit zur Entladung (emotional release) steigt. Die Ladung entwickelt die Fähigkeit zum Handeln und Fühlen, und die Entladung ist der Prozeß, bei dem diese Fähigkeit eingesetzt wird.

Das deutlichste Beispiel für diesen Prozeß ist die menschliche *Sexualität*. Die Radix-Ladung entwickelt sich zu Beginn relativ langsam, begleitet von nur vagen subjektiven Empfindungen wie Rastlosigkeit und Spannung. Die Ladung steigt, wenn man in steigendem Maße „hart" wird. In den Genitalien breitet sich eine angenehme Spannung aus und ein anwachsendes Interesse an sexuellem Kontakt. Während des Vorspiels vertieft sich das Pulsieren, und die Ladung erhöht sich in den Genitalien. Während des Sexualaktes steigt die Ladung rasch an, während sich die Atmung weiter vertieft und schließlich synchron mit willentlichen Bewegungen zur Konvulsion treibt. Dann werden die Bewegungen unkontrolliert, der Wille ist ausgeschaltet, und der ganze Körper gibt sich der Lust des *Orgasmus* hin.

Diese grundlegende Sequenz wurde von Reich als *Spannung-Ladung-Entladung-Entspannung* beschrieben. Wir glauben dagegen, daß Ladung zu Spannung führt und nicht umgekehrt. Die Formel, die wir also benutzen, lautet: *Ladung-Spannung-Entladung-Entspannung.* Diese grundlegende Sequenz tritt auch bei anderen tiefen Gefühlen auf. Ein sehr tief empfundenes Gefühl wie Leid, Wut und Schrecken löst ähnliche, den ganzen Körper überflutende, unwillkürliche Zuckungen aus.

Reich arbeitete auf diese Weise die Segmente von oben nach unten durch, d. h., er begann mit dem *okularen Segment.* Bei Radix arbeiten wir in derselben Richtung, also von oben nach unten, und *zusätzlich von außen nach innen* (entwicklungsmäßig betrachtet, arbeiten wir also von neueren zu früheren Blockierungen). Arme, Hände, Beine und Füße werden als getrennte Segmente angesehen, die funktionell betrachtet mit dem okularen Segment verbunden sind. Augen, Hände und Füße stellen den Hauptkontakt zur Außenwelt her. Augen, Hände und Füße verbinden uns mit der Realität. Wir sehen mit den Augen, greifen mit den Händen und stehen mit den Füßen fest auf der Erde. Folglich arbeiten wir also zuerst mit dem okularen Segment, den Händen und Füßen, und versuchen, die Panzerung zu sprengen und die Gefühle, die in ihr zurückgehalten werden, zu befreien. Wenn wir hier eine gewisse „Befreiung" erreicht haben, gehen wir zu dem *oralen Segment* über, versuchen dort, die Verspannungen zu lösen, und verbinden das Gefühl in diesem Segment mit dem des okularen Segments. Bei dieser Arbeit mit dem Körper kehren wir immer wieder zu den vorhergehenden Segmenten zurück, um eine Integration der neuen Erfahrungen zu fördern. Jemand, der mit dem ganzen Körper Ärger ausdrückt, bei dem aber Augen und Verstand verschlossen bleiben, kann die Erfahrung nicht mit dem Hier-und-Jetzt verbinden und ist somit auch außerstande, die Erfahrungen in sein Leben zu integrieren.

Die wichtigste Methode zur Befreiung der Gefühle bei der Radix-Erziehung ist *„Intensiv-Radix".* „Intensiv-Radix" ist eine auf den Körper des einzelnen zentrierte Sitzung, entweder einzeln oder in einer Gruppe. Der Klient liegt auf einer Matte, und der Lehrer kniet oder sitzt neben ihm, um einen freien Zugang zu dem Körper des Klienten zu haben. Der Klient wird aufgefordert, tief einzuatmen und seine Aufmerksamkeit auf sein Körperinneres zu konzentrieren. Wenn sich Puls und Atmung vertiefen, entwickeln sich Blockierungen/Gegenpulsierungen. Der Lehrer arbeitet unter Umständen mit dem Körper des Klienten, um die Vorgänge zu erleichtern und die Bewegung der Radix durch die Blockierungen zu erleichtern. Der Klient wird gebeten, sich „fallen zu lassen", was immer auch geschieht, das Fühlen oder die Phantasie nicht zu forcieren bzw. vorauszubestimmen, was „passieren" soll. Er wird ermutigt, sich dem Prozeß auszuliefern. Wenn er sich dazu entschließt, führt der Prozeß oft zu einer *Radix-Entladung,* zu einer Lösung der Verspannung (Panzerung), und wird als Gefühl erlebt. Dabei wird das Gefühl, das ausgedrückt wird, meistens bewußt wahrgenommen, wie auch der damit assoziierte Inhalt. Dieser Vorgang unterscheidet sich sehr deutlich von einer Arbeit mit Wunschvorstellungen oder dem Forcieren von Gefühlen durch ein „Durchspielen emotionaler Szenen im Kopf". Dies kann zwar unter Umständen eine Entladung herbeiführen, aber die Blockierungen nicht abbauen. Die Inhalte, die durch „Intensiv-Radix" ins Bewußtsein treten, kommen aus dem Körper, der die emotionale Geschichte des Menschen speichert. Wir sagen der Person niemals, was sie fühlen soll, sondern wie sie ihre Fähigkeiten und Möglichkeit zur Wahl von Gefühlen erweitern kann.

Eine grundlegende Form des „Intensiv-Radix" ist die *kleine, unterstützende Gruppe*. Dabei zu sein, wenn andere ihre Gefühle öffnen, und ihnen Gefühle entgegenzubringen, ist ein sehr wichtiger Teil der Arbeit. „Intensiv-Radix" ist auch sehr erfolgreich bei der Arbeit mit Ehepaaren. Sie erleben ihre Beziehung auf einer sehr tiefen emotionalen Ebene, welche das auch immer für sie sein mag. Eine der Erneuerungen in der Radix-Arbeit besteht in der Entwicklung und Synthese von *Gruppentechniken* aus verschiedensten Quellen. Sie ermöglichen eine Vertiefung und Verstärkung dieser intensiven Erfahrung. *Übungen zur Wahrnehmung des eigenen Körpers, Feldenkrais-Übungen, Encountertechniken, bioenergetische Streßpositionen, Gestalttechniken* und andere Übungen wurden in die Reichsche Körperarbeit integriert und werden, zusammen mit dem „Intensiv-Radix", angewendet, um die Gefühlsfähigkeiten des Klienten zu vertiefen und zu erweitern. Viele dieser Übungen dienen dazu, die erweiterte Gefühlsfähigkeiten in das Leben und Handeln des Klienten zu integrieren.

Anwendungsbereiche

Radix-Klienten müssen zunächst eine „Erklärung über die Gefahren von Radix-Gefühlserziehung" lesen und unterzeichnen. Es handelt sich um eine Modifikation der „Risks of the Intensive" aus „Education in Feeling and Purpose (Kelley, 1974). Die Erklärung lautet:

„Radix-Erziehung bietet für den Klienten zwei Arten von Risiken. Das erste, kurzfristige Risiko wird im allgemeinen überbewertet, während das langzeitige Risiko – das wirklich ernste Risiko der Radix-Erziehung – eher unterschätzt wird.

Das *kurzfristige Risiko* wird deshalb so stark überbewertet, weil im allgemeinen der zivilisierte Mensch Angst davor hat, sich seinen Gefühlen auszuliefern. Unkontrollierten Gefühlen nachzugeben ruft bei den Menschen Schrecken hervor, die die Fähigkeit sich ‚fallenzulassen' verloren haben. Sich unkontrollierten Gefühlen auszuliefern, kann sehr angsterregend sein, insbesondere, bevor man gelernt hat, sich der Führung eines erfahrenen Lehrers anzuvertrauen – und der inherenten Weisheit des eigenen Körpers.

Manchmal weiß man nicht, warum man Angst hat, oder man hat Angst davor, einen Wutausbruch zu bekommen, andere oder sich selbst zu beschimpfen oder den Kontakt zur Realität zu verlieren. Für jeden normalen Menschen gibt es nur eine geringe reale Basis für diese Angst. Niemand hat bisher bei unseren Übungen sich selbst oder andere beleidigt, obwohl es viele spontane und heftige Wutausbrüche gegeben hat. Niemand hat einen Schock oder eine Psychose bekommen, obwohl viele auch Augenblicke des Schreckens und Entsetzens erlebt haben. Das Risiko, daß einem so etwas passiert, ist genauso wahrscheinlich wie das Risiko eines Herzanfalls als Folge intensiven Trainings, es ist gering, aber nicht völlig auszuschließen.

Wenn ein Klient sich zu Radix-Erziehung entschlossen hat, muß er sich ihr rückhaltlos und mit ganzen Herzen hingeben. Jemand, der sich zögernd zurückhält, erhöht in der Tat das Risiko, vor dem er Angst hat. Der Aufbau der Körperenergie und des Fühlens, die integraler Bestandteil der Radix-Erziehung sind, intensiviert seine Angst und verstärkt das Zurückhalten, und genau durch dieses Zurückhalten verringert sich seine Chance, die spontane Entladung von Energie und Gefühlen zu erreichen, die er braucht. Man sollte mit Radix-Erziehung nur anfangen, wenn man fest entschlossen ist, sich völlig darauf einzulassen, weder zu forcieren noch zu blockieren, sondern sich, so weit es einem möglich ist, rückhaltlos seinen unbewußten Gefühlen auszuliefern. Auf diese Weise kann man nicht nur am meisten von dem Programm profitieren, sondern verringert auch das Risiko auf ein Minimum. Das *langfristige Risiko* ist sehr viel schwerwiegender, da es weitaus stärker die Auswirkungen der Radix-Erziehung betrifft. Dieses Risiko ist das Ergebnis eines starken Anwachsens der Gefühlsfähigkeit, das durch das Programm erreicht werden soll. Die Erziehung zu Gefühlen, Zielsetzung und visueller Wahrnehmung hat oft tiefe Auswirkungen auf das Leben des Klienten, auf seine Selbsterfahrungen und seine Beziehungen zu anderen Menschen.

Lebendig gewordene Gefühle können die Arbeit, Ehe und Lebensweise eines Menschen bedeutsamer, reicher und tiefer und sehr viel lohnender machen. Sie können sie aber auch unerträglich machen. Wenn jemand lernt, seinen Gefühlen ‚die Augen zu öffnen‘, kann er das, was er sieht, entweder mögen oder aber auch nicht. Zum Leben erweckte Gefühle in einer gefühlsmäßig toten Welt können schmerzhaft und desorientierend sein. Mechanische Arbeit und oberflächliche menschliche Beziehungen passen nicht mehr dazu. Es kann passieren, daß ein Klient nicht mehr in die Lebenszusammenhänge paßt, die er sich geschaffen hat, daß er aber auch noch nicht in der Lage ist, sich andere zu schaffen. Dieses Problem wird als besonders quälend empfunden, wenn man beginnt, sich darüber klarzuwerden und man das Problem noch nicht völlig und in seinem ganzen Ausmaß kennt und somit noch nicht vernünftig damit umgehen kann.

Sicher ist auch, daß ein Klient, der einmal damit angefangen hat, sich seinen Gefühlen zu öffnen und dann entscheidet, aufzuhören, weil es zu schmerzvoll ist, nicht mehr so einfach umkehren kann. Man kann vorher nicht wissen, wohin das Freiwerden der Gefühle führt. Jeder muß diese Chance für sich selbst abwägen und entscheiden" (Kelley, 1974, S. 17).

Jeder, der an Radix-Erziehung teilnehmen möchte, muß bereit sein, im vollen Bewußtsein der Risiken die *Verantwortung für sich selbst* zu übernehmen. Der Radix-Lehrer versteht sich nicht als Sorgeberechtigter oder Arzt, und von den Klienten wird erwartet, daß sie für sich selbst sorgen und die Verantwortung für ihr Handeln übernehmen.

Es ist wichtig, daß Klienten der Radix-Erziehung eigenverantwortlich sind für den Kontext, in dem sie leben, da es möglich ist, daß sie vielleicht das Bedürfnis verspüren, ihr Leben, ihre Arbeit oder ihre Beziehungen zu verändern. Deshalb eignet sich Radix-Erziehung im allgemeinen *nicht für Kinder,* außer in modifizierter Form, da sie nicht in der Lage sind, ihre Umgebung oder Beziehungen zu ändern, wenn sie es für notwendig erachten. Eine allgemeine Kritik an der Radix-Erziehung lautet, daß wir nicht ausreichend auf der verbalen Ebene arbeiten. Die Menschen haben unterschiedliche Bedürfnisse nach kognitiven Strukturen, in denen sie ihre Erfahrungen in der Radix-Erziehung integrieren. Da wir uns vor allem auf den Körper und die Gefühle konzentrieren, schlagen wir häufig den Klienten, die den Wunsch nach einer eher verbal-orientierten Therapie äußern, vor, diese getrennt oder gleichzeitig durchzuführen. Jemand, der einen Ansatz zur Persönlichkeitserweiterung auf kognitiver Basis sucht, wäre von Radix-Erziehung enttäuscht.

Das Radix Institute nimmt jede Art von Leuten mit unterschiedlichsten Problemen an. Die Arbeit kann in allen Lebensabschnitten hilfreich sein, und das Alter der Klienten variiert zwischen 18 und 80 Jahren. Eine intensive Woche in Ojai gibt einer Hausfrau die Möglichkeit, weit weg von der Sorge um ihre Kinder, ihren Mann und ihren Haushalt ihre eigenen Bedürfnisse und Wünsche zu entdecken. Sie kann entdecken, wer sie ist, abgesehen von ihrer Rolle als Mutter und Ehefrau. Der vielbeschäftigte Sozialarbeiter oder Psychiater, insbesondere derjenige, der hauptsächlich verbal arbeitet, hat in dieser Woche nicht nur die Möglichkeit, sich selbst neu zu entdecken und kennenzulernen, sondern ist auch davon befreit, für andere sorgen zu müssen. Die einzige Bedingung für jeden, der mit Radix anfangen möchte, ist, daß er psychisch gesund ist. Allerdings verfügen wir noch nicht über ausreichende Erfahrungen in der Arbeit mit speziellen Gruppen wie Alkoholikern, Drogenabhängigen oder Psychotikern, um abschätzen zu können, wo die Grenzen der Arbeit mit deren speziellen Problemen liegen. Radix-Lehrer mit eigener privater Praxis und einer Ausbildung als Berater, Klinischer Psychologie, oder andere im psychiatrischen Bereich Tätige bringen ihre Erfahrungen mit Radix in ihre Arbeit in den oben aufgeführten Bereichen ein.

Fallbeispiel

Die junge Frau, die auf dem Boden liegt, sieht sehr verletzlich aus. Sie liegt auf dem Rücken, mit angezogenen Knien und den Füßen flach auf dem Boden. Ihre Augen sind tiefbraun, und manchmal steht in ihnen Angst, manchmal Zorn. Ihr Mund bebt. Sie atmet schnell, versucht aber, Rhythmus und Tiefe wiederzugewinnen. Sie versucht etwas zu sagen. Ich bitte sie aufzustehen, aufrecht auf ihren Füßen, so daß sie mich anschauen kann. Ich kann Mann oder Frau sein, das hat keine Bedeutung. Wichtig ist aber, daß ich ein Erwachsener bin, mein Gesicht ist das eines Erwachsenen, und meine Körperhaltung ist die eines Erwachsenen. Zuerst ist sie noch unsicher auf den Beinen und muß gestützt werden. Aber nach und nach beginnt sie, ihre Beine zu „fühlen", sie fühlt sich von ihnen getragen, sie steht auf ihrem eigenen Boden. Jetzt atmet sie tief ein, schaut mir in die Augen, und ihr Mund formt die Worte: „Meine Meinung ist wichtig." Zuerst sanft. Aber nachdem sie aufgefordert wird, ihre Atmung zu vertiefen, „ihren Boden zu spüren" und die Worte zu wiederholen, gewinnen sie an Intensität. Ein Leuchten tritt in ihre Augen, sie beißt ihre Zähne zusammen und ballt ihre Fäuste, und wir gehen über zu „Mein Ärger ist wichtig".
    Diese junge Frau, Lisa, ist kleiner als ich, aber mit steigender Intensität wird ihre Stimme lauter, ihr Blick wird herausfordernd, und sie scheint einige Zentimeter zu wachsen. Während ihre Erregung mit den Worten und der Körpersprache steigt, ändert sich ihr Ton. Die Herausforderung wird zur Behauptung und entwickelt sich zu ruhiger Selbstbehauptung. Und das ist es. Es gibt für uns nichts mehr zu tun als ganz ruhig zu „feiern", nur verbunden durch unseren Blick. Ihre Meinung bedeutet etwas, und ihr Ärger ist wichtig.
    Lisa hatte in den letzten Monaten oft auf dem Boden auf der Matte gelegen um Teile ihres Selbst zurückzuverlangen. Häufig gab es überhaupt keine Wor' aber manchmal Sätze wie „Hör mir zu", „Bitte sieh mich an", „Bitte nimm wahr", „Gib mir bitte Aufmerksamkeit". Wenn diese Worte nicht ausgꞓ wurden, gab sie Laute von sich – Schreie, Kreischen, Schluchzen ᐧ herrschte totale Stille. Lisa hatte sich – seit sie mit 15 von zu Hause v war – jahrelang allein durchgeschlagen. Hübsch, intelligent und ꞓ beweisen, daß sie dazu fähig war, obwohl ihre Eltern jede ihrer ᛏ Meinungen negiert hatten. Und sie hat es geschafft, aber ᐟ Dieser Kampf spiegelte sich in ihrem Körper wider. Nacken

derartig verspannt, daß sie sich fast wie ein Teil bewegten, die Schultern eines Erwachsenen, die die Last eines Erwachsenen trugen. Die Kiefer waren zusammengepreßt, und nachts knirschte sie häufig mit den Zähnen. In ihren zusammengepreßten Knien spiegelte sich das Mißtrauen eines kleinen Mädchens wider. Ihre Augen dagegen hatten einen bittenden Ausdruck, weich und kurzsichtig. Sie hatte Schwierigkeiten, enge Beziehungen aufzubauen – aus Mangel an Vertrauen. Sie hatte Angst, wenn irgend jemand versuchte, nahe an sie heranzukommen. Das war sie also, eine Kind-Frau, die nur eines wußte, daß sie nicht so glücklich war, wie sie sein sollte, und daß ihr Körper dort wehtat, wo er nicht wehtun sollte. Außerdem war sie sich über all dies bewußt und akzeptierte es nicht an sich selbst. Und hier beginnt der erste entscheidene Schritt: sich darüber bewußt zu werden, daß wir glücklicher sein können, weniger Schmerzen haben und erfüllter leben können, und daß wir nicht ständig mit einem steifen Nacken herumlaufen müssen, um zu funktionieren.

Es war Wilhelm Reich, der vor über 50 Jahren den Körper für die Psychotherapie entdeckte, als er Untersuchungen über die Art und Weise, wie Klienten ihre Geschichte erzählten, anstellte. Traumatisierende emotionale Ereignisse in ihrem Leben wurden mit einem leeren Gesichtsausdruck, neutralem Tonfall, phlegmatischer Haltung oder kraftlosen Beinen erzählt. Lisas Stimme z.B. entwickelte im allgemeinen einen resignierten Tonfall, und ihre Atmung kam beinahe zum Stillstand. Sie brauchte gar nicht erst zu sagen „Was nützt es?", ihr Körper sagte es für sie. Sie war teilweise abgestorben – und es handelte sich um ein völlig normales menschliches Wesen, in jeder Hinsicht.

Je mehr Reich seine Arbeit über Körper und Gefühle vertiefte, um so besser gelang es ihm, bestimmte Muskelgruppen bestimmten Gefühlen zuzuordnen. Wenn Lisa z.B. ihr Atemvolumen erhöhte, die Muskeln ihres Brustkorbes anspannte, ihre Schultern hob und senkte, sich gestattete, Gefühle in ihren Augen zu zeigen, so erlebte sie das Gefühl der Resignation als etwas Lebendiges, als etwas, auf das sie Einfluß hatte. Mit ihrer Stimme konnte sie ihr Töne verleihen, und sie verwandelte sich in das gequälte Schluchzen tiefster Hoffnungslosigkeit.

Lisas völliges Sichfallenlassen in diese Hoffnungslosigkeit, die dieses krampfhafte Schluchzen mit sich führte, und die Tatsache, daß sie sie akzeptierte, löste ihre Struktur und ließ ihr Zwerchfell frei schwingen. Somit konnten sich auch die Vibrationen in den Bauch ausdehnen. Von diesem Punkt ab entwickelte sich die Arbeit bis hin dazu, daß sie das Gefühl der Trauer zuließ und darüber klagen konnte, was sie bisher niemals gekonnt hatte. In den nächsten Monaten klagte sie in den Sitzungen über ihren Zustand und was ihr fehlte. Sie grämte sich über sich selbst und darüber, wie sie sich hatte absterben lassen, und daß sie ihr Leben nicht voll ausgekostet hatte. Während dieser Entwicklung lockerte sich ihre Muskulatur, und die Energie konnte ungehinderter fließen. Als die Klagen beendet waren und sie ihre Erwartungen an die Vergangenheit aufgegeben hatte, änderte sich die Richtung des Pulsierens, und die Energie floß von ihrem Kern nach außen an die Peripherie, aus ihren Augen, Händen und Füßen. So konnte die Wut herausfließen. Reich hatte gesagt, daß jeder Mensch, dessen Lebendigkeit blockiert ist, Wut entwickelt, da der Organismus daran gehindert wird, sich in seiner natürlichen biologischen Weise auszudehnen. Dies traf für Lisa zu. Seit ihre Struktur befreit worden war und ihre Augen den kräftigen Strom der Energie ertragen konnten, war sie imstande, die Wut herausströmen zu lassen. Sie hatte den Ärger als ihren eigenen erfahren.

Die Arbeit mit Lisa erstreckte sich über einen Zeitraum von zwei Jahren. Sie ist jetzt verheiratet und zu einer engen Beziehung zu ihrem Mann fähig. Sie ist berufstätig und hat Erfolg im Beruf. Ihr Leben ist nicht frei von Problemen, aber sie hat Vertrauen in sich selbst, und das befähigt sie, mit allem, was auf sie zukommt, fertig zu werden.

Zusammenfassung

Wer sich einem Radix-Programm anvertraut, tritt zu einer abenteuerlichen *Selbstentdeckungsreise* an. Er lernt, wie er seine Fähigkeiten, zu fühlen und lebendig zu sein, erweitern und vertiefen kann, und es wird ihm Hilfestellung gegeben, die Fähigkeiten in sein Leben zu integrieren. Die Achtung vor der eigenen, individuellen Entwicklung wird gewahrt, und dadurch wird jeder befähigt, Toleranz und Verständnis für sich selbst und für andere Menschen zu entwickeln. Man lernt, seine Energie so zu konzentrieren, daß man seine selbstgesetzten Ziele erreichen kann und imstande ist, seine eigenen Bedürfnisse und Wünsche zu erkennen und zu befriedigen. Eine Erweiterung der Gefühlsfähigkeiten und des Lebendigseins verspricht nicht ein Nirwana. Aber die vertiefte Erfahrung von Ärger, Traurigsein und Angst, die die vertiefte Erfahrung von Liebe, Lust und Vertrauen begleiten, führen zu einer befriedigenden Erfahrung des Sichlebendigfühlens.

Kelley trifft folgende wichtige Unterscheidung in „Orgonomy, Bioenergetics, and Radix" (1978): Der Bereich *Abhängigkeit/Autonomie/Übertragung* wird bei Radix anders als in den anderen Programmen für Persönlichkeitswachstum behandelt. Radix überträgt seinen Klienten einen gewissen Grad von *Selbstverantwortung,* mit der umzugehen sie sich oft als unzureichend ausgerüstet und unfähig fühlen. Wir leben in einer Gesellschaft, die den meisten Menschen das Gefühl gibt, schwach und abhängig zu sein. Folglich sind sie bereit, zu akzeptieren, daß jemand, der stärker und mehr mit sich eins zu sein scheint als sie selbst, für sie sorgt. In der Radix-Erziehung halten wir selbst zeitlich begrenzte Beziehungen, die auf Übertragung basieren, als nicht nützlich für die individuelle Autonomie. Radix wird somit als Arbeit zwischen verantwortlichen Menschen angesehen. Die persönliche Dienstleistung des Lehrers schließt eine Hilfestellung bei schwierigen emotionalen Veränderungen ein, aber diese Hilfestellung ist in seiner Dynamik die eines Erwachsenen einem anderen Erwachsenen gegenüber, anstelle die eines Elternteils gegenüber seinem Kind. Deswegen sind die Veränderungen, die der einzelne durchmacht, noch tiefgreifender und wirkungsvoller insofern, als jeder weiß, daß es seine eigene Entscheidung, seine eigene Kraft, sein eigener Wille waren, die den Ausschlag für das Einswerden mit seinem Leben gegeben haben. Der einzelne wurde unterstützt von einer intensiven „emotional release work", aber niemand hat irgend etwas an dem Klienten gemacht, ihm gesagt, was er tun müsse, oder seine Entscheidungen als gut oder schlecht beurteilt. Jeder hat wahrhaftig etwas für sich selbst getan, und das ist gleichbedeutend mit *autonomem, verantwortlichem Handeln.*

Literatur

Kelley, C. R. *Education in feeling and purpose.* Ojai, Calif.: The Radix Institute, 1974.

Kelley, C. R. *New techniques of vision improvement.* In D. Boadella (Ed.), *In the wake of Reich.* London: Coventure, 1976.

Kelley, C. R. *Orgonomy, bioenergetics, and Radix: The Reichian movement today* Ojai, Calif.: The Radix Institute, 1978.

Kelley, C. R. *The Radix Journal,* 1978–1979, **1 (1–4)**.

Reich, W. *The function of the orgasm (The discovery of the orgone, vol. 1).* New York: Farrar, Straus, 1961.

Rational-emotive Therapie

Bernd H. Keßler

Eine der wichtigsten Varianten der Kognitiven Verhaltenstherapie *ist die Rational-emotive Therapie (RET) von Albert Ellis. Bernd Keßler, ein führender Vertreter dieses Ansatzes in der BRD, gibt im folgenden Kapitel einen ausgezeichneten Überblick über die theoretische Basis, methodische Vorgehensweise und vielfältige Praxis dieser Therapieform. Die Grundform der RET ist eine Einzeltherapie mit Erwachsenen, doch inzwischen ist eine erfreuliche Anwendungsvielfalt zu verzeichnen. Die RET eignet sich besonders auch zur Behandlung von* Kindern *und* Jugendlichen *und bietet zur* Selbsthilfe, *ergänzend zu Einzel- und Gruppentherapien, eine Reihe von Materialien an.*

Insbesondere auch die kritische Distanz Bernd Keßlers zur RET und die Offenlegung von Schwachpunkten und ungelösten Problemen ist verdienstvoll. Leider viel zu oft überwiegen bei Darstellungen prominenter Therapievertreter Euphorie und unkritische Sichtweisen.

Dieses Kapitel sollte zusammen mit denen über Kognitive Verhaltenstherapie *und* Verbale Verhaltenstherapie *gelesen werden. Im Zusammenhang mit emotiven Verfahren der RET, den* rational-emotiven Imaginationstechniken, *lohnt es sich, Vergleiche zur* Psychoimaginationstherapie *und* Eidetischen Psychotherapie *zu ziehen, die in diesem Handbuch ausführlich dargestellt sind.*

Die Rational-emotive Therapie (RET) teilt einige ihrer wesentlichsten Grundannahmen mit der *Kognitiven Verhaltenstherapie,* ist darüber hinaus aber ein Verfahren, das für eine Anwendung traditionell verhaltenstherapeutischer und humanistisch-therapeutischer Methoden offensteht. Der herausragende Ansatz der RET ist allerdings die These, daß *irrationales Denken* unangemessene, neurotische Reaktionen bewirkt und daß daher spezifische Probleme durch eine Veränderung von Überzeugungen, Einstellungen und Ansichten bearbeitet werden können. Ein besonderes Merkmal der RET ist ihr *Gegenwartsbezug;* das, was eine Person derzeitig über sich und über ihre Umwelt denkt, wird zum vordringlichen Therapiegegenstand, also nicht ihre Vergangenheit, aber auch nicht primär das Umfeld, in dem sie lebt. In den letzten Jahren hat die RET einen bedeutenden Beitrag zur *kognitiven Wende* in der Verhaltenstherapie geleistet und damit erheblich an Popularität gewonnen.

Geschichte

Die Rational-emotive Therapie wurde von dem Amerikaner Albert Ellis zwischen 1955 und 1960 entwickelt. Ellis war zuvor psychoanalytisch orientiert und vor allem als Sexualaufklärer auch in Deutschland bekannt geworden. In der RET verknüpfte er stoizistisches Denken mit verhaltenstherapeutischen und humanistischen Therapieansätzen und vertrat sie in einer mittlerweile sehr umfangreichen wissenschaftlichen und populärwissenschaftlichen Literatur. Insbesondere „Reason and emotion in psychotherapy" (1962) und „Growth through reason" (1971) waren wegweisend. Die RET kann als ein Vorläufer und heute als eine herausragende Variante der *Kognitiven Verhaltenstherapie* gesehen werden, von deren übrigen Vertretern sie einige Hypothesen und Methoden trennt, mit denen sie aber verbindet, daß sie emotionale Störungen als *Funktion unangemessener Gedanken* und die Therapie als *Restrukturierung* dieser Kognitionen sieht (vgl. Rachman/Wilson, 1980).

Der Kerngedanke der RET ist der Philosophie der Stoiker entlehnt, wenngleich sich in der therapeutischen Argumentation auch epikuräisches Denken widerspiegelt. Es ist eine interessante Frage, warum die RET mit ihren Hypothesen und Zielvorstellungen gerade in den letzten dreißig Jahren mit diesen philosophischen Ideen Verbreitung finden konnte. Der ungestörte Zustand innerer Friedens (ataraxia), wie er von Epikur als Ziel menschlichen Lebens gefordert wurde, oder das Streben nach emotionalem Entspanntsein auch im Angesicht widriger Ereignisse (apatheia) der Stoiker mußte gewiß in den bewegten Zeiten des Niedergangs Athens (Epikur, Zeno) oder den despotischen Zeiten Neros (Epiktet), ebenso wie in den komplizierten heutigen Lebensumständen, verständlicherweise attraktiv gewesen sein. Insbesondere die Argumentation, daß das Universum gut sei, daß man daher dann, wenn etwas als böse interpretiert werde, eine fehlerhafte Beurteilung vornehme, findet sich als Reaktion auf den jeweiligen Zeitgeist sowohl bei den Stoikern als auch in der RET. Auch das Ziel der Rational-emotiven Therapien, eine gewisse Immunität gegenüber den Leistungs- und Lustimpulsen und den mit ihnen verknüpften Frustrationen zu erreichen, ist im Kern den Stoikern entliehen. Genauso wie der Stoiker im Krieg mit seinen Emotionen steht (Klein, 1970), versucht auch die RET Gefühle zu bändigen. Beide tun es auf dem Wege einer Bescheidung, einer Entschärfung von Mußvorstellungen. Da auch die Stoiker Roms als „Psychotherapeuten" wirkten (Chessick, 1977), kann die RET sicherlich nicht als ein originärer Ansatz gelten, wohl aber als ein Vorgehen, in dem klassische Denkmuster mit therapeutischen Überlegungen des 20. Jahrhunderts kombiniert wurden.

Das Konzept des ideogenischen Ursprungs emotionaler Vorgänge ist indessen keine Domäne der RET, es hat vielmehr Eingang in das Denken auch anderer psychotherapeutischer Ansätze gefunden, die sich daher mit der RET in unterschiedlicher Weise überlappen. Insbesondere sind hier Verwandtschaften zu Dubois (1909, 1922) und vor allen Dingen zur *Individualpsychologie* Adlers und zur *Realitätstherapie* Glassers zu nennen (vgl. Ellis, 1979a; Glasser/Zunin, 1979; Mosak, 1979). Eine besondere Aufmerksamkeit hat die RET allerdings erst gewonnen, nachdem sich die *Verhaltenstherapie* von den selbstangelegten Ketten ihrer traditionellen Konditionierungsmodelle befreite und die kognitiven Anteile einer Problematik in den Vordergrund des therapeutischen Handelns rückte. So kam es zu einer gegenseitigen Durchdringung der RET und der Kognitiven Verhaltenstherapie, zu einem Prozeß, der nicht abgeschlossen scheint.

Gegenwärtiger Stand

„Die Rational-emotive Therapie hat es zweifellos geschafft." Mit diesem selbstbewußten Satz leiten Ellis und Grieger (1979, S. V) ein zusammenfassendes Handbuch der RET ein. Es steht sicherlich nicht in Frage, daß die RET mittlerweile „etabliert" ist. In den USA neigen beispielsweise mehr Psychotherapeuten zu einem rational-emotiven als zu einem klientzentrierten Vorgehen (Garfield/Kurtz, 1976), auch in Deutschland findet sie eine zunehmende Verbreitung (Eschenröder, 1977; Keßler/Pfaff, 1978; Keßler/Hoellen, 1982). Allerdings sind *kritische* Stimmen nicht zu überhören.

In Teilbereichen hat es die Rational-emotive Therapie zweifelsfrei noch nicht geschafft. So ist es der RET heute noch keineswegs hinreichend gelungen, ihre einzelnen Komponenten auf ihren jeweiligen Beitrag zur Wirksamkeit der gesamten Therapieform hin zu überprüfen; auch die weitergehende Frage, welche Komponenten für welche Klienten eher indiziert sind, ja für welche Personen die RET insgesamt angezeigt ist, kann noch nicht beantwortet werden. Die theoretische Basis der RET ist gleichfalls nur in Ansätzen belegt. Insbesondere mangelt es an Ergebnissen, welche die zentrale Hypothese der „Verursachung" der Emotionen durch irrationales Denken im einzelnen unterstützen. Es ist überhaupt zu fragen, ob die Art der Beziehung zwischen irrationalem Denken und den Affekten eine empirische Problemstellung ist (vgl. Zettle/Hayes, 1980). Was die diagnostische Praxis anbelangt, lassen sich irrationale Gedanken derzeit definitorisch als auch erhebungstechnisch nur unzureichend erfassen. Nicht zuletzt ist es der RET bis heute nicht gelungen, den zwischen Therapeut und Klient ablaufenden Beziehungsprozessen einigermaßen gerecht zu werden. Die Interaktion zwischen Therapeut und Klient wird allzusehr unter dem Gesichtspunkt eines Lehrer-Schüler-Verhältnisses gesehen, wobei es nicht nur um das „Lehren" von rationalen Ansichten geht, sondern auch um Überzeugungen, Anweisungen, Überredungen, Ermutigungen, Konfrontationen. Alle diese Verfahrensweisen sind jedoch gewiß nicht generell wirksam, sondern bedürfen einer gezielten Anwendung unter Berücksichtigung der spezifischen Widerstände und Beziehungsprobleme (vgl. Eschenröder, 1981).

Die Kritik an der RET soll allerdings nicht verdecken, daß die Therapieform einige der genannten schwachen Punkte mit anderen gängigen Behandlungsarten teilt. Da die RET lebensnah ist, leicht erlernt werden kann, prophylaktisch wirkt und vor allem der selbstregulativen Anwendung offensteht, hat sie einige Vorteile gegenüber konkurrierenden Therapien, die ihr Bestehen sichern dürften.

Theorie

Die theoretischen Konzepte der Rational-emotiven Therapie unterscheiden sich, wie die übrigen *Kognitiven Therapien* ebenfalls, deutlich von den traditionell-verhaltenstherapeutischen, aber auch psychodynamischen Denkweisen. Die RET nimmt zusammen mit den sonstigen Kognitiven Therapien keine mittlere Position zwischen analytischen und behavioralen Systemen ein, wie es das Rekurrieren auf die durch innere Verhaltensbeobachtung zu erhaltenden bewußten Kognitionen – also nicht auf unbewußtes oder offen beobachtbares Material –

nahelegt. Vielmehr unterscheidet sich die RET insofern grundlegend von *Verhaltenstherapie* und *Psychoanalyse,* als sie nicht deren assoziationistischen Grundkonzepten folgt, sondern eine *rationalistische Basis* besitzt. Verhaltenstherapie und Analyse fußen einerseits auf klassischen und operanten Lerngesetzen und andererseits auf unmittelbaren oder symbolischen Ähnlichkeiten, also auf assoziativen theoretischen Überlegungen auf der Grundlage eines kausalen Determinismus. Dementgegen folgen die kognitiven Therapien eher *rationalistisch-teleologischem Denken,* da der Aufbau von Erwartungen und „belief"-Systemen, von Hypothesen und Theorien über die Person und die Umwelt betont werden (vgl. Popper/Eccles, 1977; Spillane, 1980; Liotti/Reda, 1981).

Von allen kognitiven Therapieansätzen ist es die RET, die sich – besonders hinsichtlich der Zielformulierungen einer Behandlung – am deutlichsten von Psychoanalyse und Verhaltenstherapie unterscheidet. In der Formulierung allgemeiner Ziele ist die Verhaltenstherapie enthaltsam, wenn man von Begriffen wie *Selbstkontrolle* und *Kompetenzvertrauen* absieht. Die Analyse schaut fasziniert auf das Defiziente und bietet, abgesehen von Kurz- und Fokaltherapien, wenige über Vages und Emanzipatorisches hinausgehende Formulierungen an, die als allgemeine operationalisierbare Leitlinien für künftiges Verhalten gelten können (vgl. Wolpert, 1980). Die RET indessen wartet mit einem Bezugsrahmen auf, der, sowohl allgemein als auch ins einzelne gehend, Vorstellungen darüber enthält, wie und was eine gesunde Person zu denken hat, um sich psychisch gesund zu empfinden. Der Änderungsprozeß wird allerdings nur dann Erfolg haben, wenn er radikal ist, d. h. das Ziel, psychisch gesund zu werden, setzt eine Modifikation der gesamten Lebensphilosophie voraus. Die Therapie wird nicht zum Goutieren von Bouchées, sondern erfordert ein tiefgreifendes Umdenken. Gerade in dieser umfassenden Forderung liegen die Chancen, wohl aber auch die Hürden der RET.

Die theoretischen Annahmen der RET werden oft als „einfach" bewertet, wobei gleichzeitig zwischen den Zeilen die Realität als viel komplizierter gilt. Das wird wohl so sein, aber gerade in der *Einfachheit* der RET-Formulierungen liegt das Herausfordernde für den Theoretiker, das Handhabbare für den Praktiker und vor allem das Vorteilhafte für den Klienten. Nachstehend sollen einige der zentralen Annahmen der RET so zusammengefaßt werden, daß die Querverbindungen zum stoizistischen Denken deutlich werden. Am Ende sind einige kritische Bemerkungen angefügt.

1. In Epiktets „Handbüchlein der stoischen Moral" ist zu lesen: „Nicht die Dinge selbst, sondern die Meinungen von den Dingen beunruhigen den Menschen" (Epiktet, 1864, S. 22). Diese Grundhypothese wird in der RET und *Kognitiven Verhaltenstherapie* als „kognitive Mediation" der kritischen Therapieprozesse aufgegriffen und in der „A-B-C"-Theorie weiter ausgebaut. Nicht die objektiven Vorgänge, die sogenannten *aktivierenden Ereignisse* (A, für „activating events") alleine, sondern insbesondere die mit diesen Ereignissen einhergehenden *Ansichten, Einstellungen, Bewertungen, Selbstverbalisierungen* (B, für „belief systems") bestimmen die *emotionalen Konsequenzen* (C, für „consequences").

2. Dysfunktionale Gefühlszustände rühren von einer Denkweise her, in die zum einen in starkem Maße „antiempirische" und unverifizierbare Hypothesen

eingehen, und zum anderen das Unvermögen, um mit Epiktet zu sprechen, zwischen den Dingen, die in unserer Gewalt stehen, und solchen, die nicht verhindert werden können, unterscheiden zu können: „Wer ... nicht erlangt, was er begehrt, ist unglücklich, und wem widerfährt, was er gerne vermeiden möchte, ist es doppelt. Wenn du aber bloß dasjenige zu meiden suchst, was der Natur der Dinge, die in deiner Gewalt sind, zuwider ist, so wird dir nichts von dem widerfahren, was du meiden willst. Willst du aber Krankheit meiden, oder Armuth oder Tod, so wirst du unglücklich sein" (Epiktet, 1864, S. 20). Beide Aspekte, also einerseits der Mangel an empirischer Belegbarkeit oder Realitätsangemessenheit in einer Situation, in der eine Person eine deutliche Ist-Soll-Diskrepanz verspürt („Ich bin in jeder Hinsicht ein Versager") und andererseits die Unfähigkeit, Umstände zu akzeptieren, die unveränderbar sind („Ich bin so frustriert, weil ich körperlich so klein bin"), bestimmen weitgehend *irrationales* Denken. Der Begriff wird in ähnlicher Bedeutung bereits bei Dubois (1909, S. 172) benutzt: „Es ist immer der Irrationalismus, die Abwesenheit des kritischen Denkens, der uns im Irrtum verharren läßt. Wie ein Kobold mischt sich die Autosuggestion beständig in unser Leben ein. Es gibt keine Augenblicke, in denen wir sicher sein können, dieser Sklaverei durch unsere geistigen Repräsentationen entwischen zu können." Die An- oder Abwesenheit „kritischen" Denkens wird hier, wie in der RET, zu einem Kriterium für *Rationalität* bzw. *Irrationalität*. In der RET benutzt man einige gegensätzliche Wortpaare in synonymer Weise mit rational/irrational, so z.B. angemessen/unangemessen, vernünftig/unvernünftig, konstruktiv/destruktiv, relativistisch/absolutistisch, logisch/unlogisch. Die Begriffe unterstreichen allerdings, daß die Irrationalität von „belief"-Systemen ein Maßstab ist, dem es an Eindeutigkeit mangelt.

3. Personen mit psychischen Störungen besitzen ein höheres Maß an irrationalem Denken als psychisch Gestörte. Davon abgeleitet wird, daß eine Veränderung der Befindlichkeit in erster Linie über eine „Disputation" der Argumente, d.h. über eine Infragestellung irrationaler Ansichten, zu geschehen habe, daß also auf dem Wege einer Distanzierung von eigenen Einstellungen das affektive Geschehen modifiziert werden könne. Die Grundposition, die dabei eingenommen wird, ist die, daß es keine legitimen Gründe gebe, sich in starkem Maße emotional zu erregen, in irgendeiner Weise massiv Wut, Ängste, Ärger, Depressionen, Schuld oder sonstige dysfunktionale Zustände zu zeigen. Als angemessen gelten lediglich Gefühle des Sichsorgens, Mißbehagens, Belästigtseins, also eher schwache Emotionen.

4. Die Inhalte der irrationalen Einstellungen psychisch gestörter Personen sind mehrfach in Listen von 11 oder 12 Kernsätzen zusammengestellt worden (vgl. Ellis, 1962). Sie lassen sich auf einige hauptsächliche Konzepte verkürzen (vgl. Keßler/Hoellen, 1982).

Irrationale Gedanken sind demnach sehr häufig (a) *Mußvorstellungen* oder „Mußturbationen" (Ellis, 1979e), in denen sich im Grunde „Wünschenswertes" als absolut Notwendiges ausdrückt („Ich muß geliebt werden"). Auch Epiktet (1864, S. 24) hat diesen Sachverhalt in einer Forderung angesprochen: „Verlange nicht, daß die Dinge gehen, wie du es wünschest, sondern wünsche sie so, wie sie gehen, und dein Leben wird ruhig dahin fließen."

Eine ähnlich dysfunktionale Ansicht ist das (b) *Katastrophendenken,* die Überbewertung möglicher Folgen eigenen und fremden Verhaltens sowie äußerer Umstände („Es käme einer Katastrophe gleich, wenn ich mich scheiden ließe"). Mit Hilfe dieser Art des Denkens baut sich die Person vor allem Hürden vor Situationen auf, die sie aus vielerlei Gründen heraus zu meiden trachtet. Dadurch gewinnt sie kurzfristig Erleichterungen, verhindert jedoch langfristig Problemlösungsprozesse, mit den Worten Epiktets (1864, S. 25) ausgedrückt: „Willst du Fortschritte machen, so mußt du Gedanken, wie die folgenden, fahren lassen: Wenn ich das Meinige vernachlässige, so werde ich kein Brod haben; wenn ich meinen Jungen nicht züchtige, so wird er ein Bösewicht werden. Denn besser ist es, Hunger sterben, frei von Traurigkeit und Furcht, als im Überfluß leben mit Unruhe im Herzen; und besser ist's, daß der Junge ein Bösewicht werde, als daß du unglücklich seiest." Auch Dubois (1909, S. 170) beziehte sich auf den Sachverhalt des Katastrophendenkens und liefert damit einen Beleg, daß ähnliche Konzepte bereits vor Ellis Eingang in die Therapie gefunden hatten: „Neurotische Personen besitzen in hohem Maße diese überzogene Erregbarkeit, die sie unfähig macht, das zu verkraften, was das Leben ihnen zufügt. Die geringfügigsten Ereignisse werden für sie zu Katastrophen, der kleinste Mißerfolg entmutigt sie. Sie begnügen sich nicht nur damit, die Hindernisse, die sich vor ihnen aufrichten, zu vergrößern und zu umgehen, sondern sie schaffen auch reale Emotionen durch ihre eigenen Imaginationen."

Ferner sind (c) *Selbstabwertungen, irrationale Herabsetzungen der eigenen Person,* Kennzeichen vieler psychischer Störungen. Sie sind eng verknüpft mit perfektionistischem Denken; die „zweite Hälfte" der Selbstabwertung ist stets eine Größenphantasie („Ich bin schwach – ich muß stark sein" oder „Wenn ich nicht Sieger bin, bin ich Verlierer"). Neben dem *Hang zum Perfektionismus* sind Selbstabwertungen durch *selektive Erinnerungen* („Ich habe ein ganzes Leben lang nur versagt") oder *globalen Bewertungen* („Ich bin in jeder Hinsicht eine Niete") gekennzeichnet. Das Selbstvertrauen wird von Leistungs- und Liebesbeweisen abhängig gemacht („Weil ich im Abitur versagte, bin ich eine Null"); sie ist damit konditional. Die RET sieht die Selbstkonfidenz jedoch nicht als einen mühselig zu erarbeitenden Zustand an, sondern als einen Status, für den die Person sich einfach entscheidet: „... der Mensch ist von Wert, weil er sich entschließt, weiterzuleben und seine Existenz zu schützen" (Ellis, 1979c, S. 76). Auf Perfektion, Status, Karriere, Ansehen oder Macht ausgerichtetes Verhalten wird nicht mehr als Vorbedingung für den „Selbstwert" und das „Glück" akzeptiert, sondern als irrational und selbstquälerisch bloßgelegt. Auch hier greift die RET auf Epiktet zurück: „Wenn du einen hochgeehrten, oder vielvermögenden, oder sonst angesehenen Mann siehst, so hüte dich, daß du nicht, von der Vorstellung hingerissen, ihn glücklich preisest. Denn wenn das wahre Gut in den Dingen besteht, welche in unserer Gewalt sind, so findet weder Neid noch Eifersucht Raum; und du selbst wirst nicht Heerführer, oder Rathsherr, oder Consul sein wollen, sondern frei" (Epiktet, 1864, S. 30). Mit dieser Aussage wird eine Thematik angesprochen, die in der RET eine besondere Rolle spielt, die skeptische Haltung gegenüber der Grandiosität, der „superhumanness" der Unfähigkeit, die Grenzen für sich und die eigene Leistungsfähigkeit erkennen und ertragen zu können.

Schließlich sind es (d) die *niedrigen Frustrationstoleranzen,* die sich im irrationalen Denken widerspiegeln. Die Person sieht sich selbst als unfähig an, bestimmte Ereignisse der Umwelt oder Aspekte der eigenen Person (Schmerzen, Symptome, Affekte usw.) ertragen zu können („Ich halte das Trinken meines Mannes nicht mehr aus"). Sie schreibt sich in der Regel einen Mangel an eigenen Kräften zu, mit widrigen Lebensbedingungen zurechtzukommen und sieht diese Unfähigkeit als generell an („Kein Mensch würde das ertragen können"). Wie stark und bedrohend auch die äußeren Ereignisse sein mögen, im rational-emotiven Sinne sind solche Äußerungen niedriger Frustrationstoleranz irrational. Der Therapeut ist daher nicht aufgefordert mitzuleiden, sondern sich trotz Anteilnahme von diesen Ansichten zu distanzieren. So überschreibt auch Epiktet (1864, S. 28) einen seiner Ratschläge mit „Spare das Mitleiden" und weist auch hier auf die, modern ausgedrückt, kognitive Mediation hin: „Wenn du jemand weinen siehst aus Betrübniß, entweder weil sein Sohn in die Fremde gegangen ist, oder weil er das Seinige verloren hat, so gib Achtung, daß dich nicht die Vorstellung hinreiße, als sei jener im Unglück durch äußere Ursachen; sondern sprich nur sogleich: jenen drückt nicht das Begegniß selbst, – einen anderen drückt es ja auch nicht, – sondern was er sich darunter vorstellt. Zögere zwar nicht, dich wenigstens in deinen Worten nach ihm zu richten, und wenn es sich gerade schickt, auch mit ihm zu seufzen. Hüte dich aber, daß du nicht auch innerlich mitseufzest."

5. Im Gegensatz zu den psychoanalytischen Verfahren zentriert sich der phänomenologische Ansatz der RET auf die *bewußten* Erfahrungen. Das irrationale „belief"-System ist allerdings nicht nur das, was der Klient beständig auf der Zunge trägt, es ist oft erst nach langen und sorgfältigen Befragungen des Therapeuten und intensiver Introspektion des Klienten zu erfahren, aber es ist auch nicht das, was psychodynamische Theorien als „unbewußtes Material" oder „verdrängte Kindheitskonflikte" bezeichnen. Genetische Entwicklungen, aus denen die Psychoanalyse ihr therapeutisches Material schöpft, werden in der RET nur insoweit einbezogen, als sie zum Verständnis und Erklärlichmachen der derzeitigen belief-Systeme nützlich erscheinen, wobei allerdings zu vermuten ist, daß eine Person sich ohnehin nur solcher Bilder erinnert, die für die derzeitige Situation irgendwie bedeutsam sind. Jemand wird sich mit den Konflikten seiner verstorbenen Eltern nur dann weiterhin beschäftigen, wenn sie beispielsweise für seine eigene partnerschaftliche Beziehung relevant erscheinen. Das heißt also, daß sich die RET nicht nur oberflächlich mit den naheliegenden Kognitionen begnügt. Eine agoraphobische Frau beispielsweise, die in der Kirche eine Messe nur ertragen kann, wenn sie dicht am Kirchenportal steht, wird die lediglich ihre Symptomatik beschreibende Kognition „Ich kann es nicht ertragen, wenn ich unter vielen Leuten eingeengt stehen muß" stets verfügbar haben. Dysfunktionale Gedanken darüber, im Mittelpunkt der Beachtung anderer zu stehen, als nicht „normal" eingeschätzt werden zu können, als körperlich unattraktiv dazustehen, makellos sein zu müssen, nicht zum Beobachtungs- oder Gesprächsgegenstand anderer werden zu dürfen, ohnmächtig zu werden und damit Schwäche und Hilflosigkeit zu demonstrieren, sich nicht mehr unter Kontrolle zu haben und womöglich in der Kirche etwas zu tun oder herauszubrüllen, was man selbst oder andere als krankhaft, unmöglich, obszön oder hemmungslos erleben müßte, sind Kognitionen, die weiterführen. Sie sind zudem Kognitionen, die sich

im Laufe der Entwicklung abwechselnd an unterschiedlichste situative Bedingungen, an Prüfungen, Partnerschaftskrisen, berufliche Probleme oder sexuelle Schwierigkeiten „anheften" können. Sie spiegeln zusammengenommen eine fundamentale Sichtweise der Welt und der eigenen Person wider, die als „mythische Kontingenzen" (Mahoney, 1980, S. 175) jahrelang in massiver Weise, unter hohem energetischem Aufwand, wesentliche Teile des Lebens bestimmen. Irrationale „belief"-Systeme sind somit zumeist grundlegende Aussagen zum persönlichen Wert, sie umschreiben den roten Faden in den Beziehungen zu Mitmenschen, zu den existentiell erlebten Gefahren und Zukunftsperspektiven; sie sind das individuelle Konzept von der eigenen Person und der Umwelt. Sie können ihre Wurzeln in der frühen Kindheit haben, aber sie sind auch das Ergebnis später vermittelter kulturell zu sehender Verbote und Handlungsanweisungen, deren Ursprung und Funktion zuweilen recht offen liegen, zuweilen aber eben unbekannt und daher auch der einzelnen Person nicht bekannt zu machen sind.

Ellis selbst betont allerdings stärker eine *prädispositionale* Grundlage irrationaler Gedanken: „Die Menschen werden mit der Befähigung, rational und irrational denken zu können, geboren" (Ellis, 1979a, S. 185). Die environmentalistische Position wird zugunsten eines genetischen Konzepts in den Hintergrund gedrängt. Das frühere kindliche Umfeld wird nicht als Ursprung des irrationalen Denkens, sondern als seine Bestätigung gewertet: „Die Eltern und die Kultur bringen den Kindern bei, welchem Aberglauben und welchen Tabus und Vorurteilen diese treu zu bleiben haben; aber sie sind nicht der Ursprung der Grundtendenz zum Aberglauben, zum Ritualismus und zur Blindgläubigkeit."

Die bislang dargestellten theoretischen Konzepte der RET bedürfen, gerade weil sie von Ellis immer wieder mit besonderem Nachdruck vertreten werden, einiger kritischer Anmerkungen.

Die These, die emotionale Erregung werde durch bestimmte Selbstverbalisierungen, durch irrationale Kognitionen, gleichsam wie das Umfallen der Kegel durch die Kugel, bedingt, muß wohl, berücksichtigt man die hierzu angestellten Untersuchungen, als zu einfach gesehen werden. Die Studien von Rogers und Craighead (1977) und La Pointe und Harrell (1978) deuten auf komplexere Zusammenhänge hin. Insbesondere dürfte ein interaktionistisches Konzept, wie es beispielsweise in der „transaktionalen Perspektive" von Sollod und Wachtel (1980) zum Ausdruck kommt, der Beziehung zwischen Kognitionen und Emotionen eher gerecht werden. Ein solch interaktives Modell dürfte die beiden Aspekte Kognition und Emotion allerdings auch nicht wie ein Zusammenstoßen zweier getrennter Billardbälle beschreiben, sondern es wäre zu bedenken, daß das System integriert arbeitet. Hinzu kommt, daß die künstliche Trennung zwischen Kognitionen und Affekten problematisch ist. Sagt jemand z.B. „Ich finde mich im Leben nicht zurecht", so wertet man den Satz eher als kognitive Aussage, sagt er „Ich bin deprimiert", ist man sicher, eine Affektäußerung vor sich zu haben (vgl. dazu auch Coyne, 1982).

Geht man, wie die RET, noch einen Schritt weiter und behauptet einen engen kausalen Zusammenhang zwischen irrationalem Denken und *neurotischen* Reaktionsmustern, lassen sich auf der Basis empirischer Befunde nur zurückhaltende Aussagen machen. Zum einen beruhen die Hinweise auf entsprechende bedingende Beziehungen nur auf Korrelationen (z. B. Alden/Safran, 1978), zum andern muß selbst dann, wenn ein Zusammenhang zwischen negativen Selbstbewertungen oder irrationalen Kognitionen und psychischen Störungsbildern nachzuweisen ist, immer noch gefragt werden, ob die typischen irrationalen Annahmen sensu Ellis von dieser besonderen Relevanz sind (Rachman/Wilson, 1980). Das immer wieder aufgeführte „schmutzige Dutzend" irrationaler Kognitionen legt den Schluß nahe, man habe es hier mit einem begrenzten System von leicht verfügbaren Kognitionen zu tun, die auch in der von Ellis vorformulierten Weise im Kopf des Klienten stecken müßten. Die häufig beobachtete Unfähigkeit von Klienten, sich in den Items von Fragebogen zu irrationalem Denken (vgl. z. B. Sutton-Simon, 1981) wiederzufinden, unterstreicht die Hypothese, daß irrationale „belief"-Systeme wesentlich spezifischer und idiosynkratischer repräsentiert sein dürften. Vor allem ist zu beobachten, daß sie eher schlagwortartig als präzise ausformuliert erscheinen (vgl. Beck, 1979; Bernard, 1981). Irrationale Kognitionen sind zudem nicht in stets unveränderter Weise gespeichert, sondern zeigen sich vielmehr als Einsprengsel in rationalen oder rationalisierenden Kognitionen zu einem Sachverhalt (vgl. Ellrich, 1982).

Es fehlen auch Hinweise dazu, inwieweit typische irrationale Denkweisen bei spezifischen Gruppen von psychisch Gestörten auftauchen. Die von Newmark u. a. (1973) hierzu unternommenen Studien legen den Schluß nahe, daß eine stärkere Ausdifferenzierung möglich, aber auch notwendig erscheint. Ähnlich unklar ist der Kenntnisstand darüber, ob irrationale Kognitionen eine Conditio sine qua non neurotischen Verhaltens sind. Auch wenn man der Annahme zustimmte, wofür sicher einiges spricht – zumindest ist der Satz nicht falsifiziert worden –, daß irrationale Denkmuster sensu Ellis emotionale Störungen bedingen können, ist doch zu fragen, ob sie es immer tun bzw. ob es die Rationalität respektive Irrationalität der Kognitionen ist, die als entscheidend zu gelten hat. Irrationales Denken kann in einzelnen Fällen wohl auch vorteilhaft sein und rationales vielleicht auch von Nachteil. Der feste Glaube an Wunderheilungen („Nur wenn ich jeden Tag eine Stunde bete, werde ich wieder gesund") ist im Ellisschen Sinne gewiß nicht rational, hilft aber erfahrungsgemäß manchem, angepaßt zu leben; der Gedanke, durch Hingabe der letzten eigenen Ressourcen unmöglich Erscheinendes erreichen zu können, hat in einzelnen Fällen entgegen allen Erwartungen doch das gewünschte Resultat erbracht. Wenn außerdem das irrationale Denken als der „falsche" Weg zu denken gilt, werden damit zumindest die „logische" und die „realistische" Denkweise konfundiert. Es scheint notwendig, die beiden Komponenten auseinanderzuhalten und sich um die Frage zu bemühen, in welcher differentiellen Weise sie zu psychischen Störungen beitragen könnten.

Nicht weniger Schwierigkeiten macht die weitgehende Gleichsetzung von intellektueller und emotionaler Einsicht. Die Tatsache, daß jemand akzeptiert, irrational zu denken, muß nicht bedeuten, daß er es künftighin unterläßt, ja er kann durch seine Erkenntnis zu weiteren irrationalen Kognitionen angehalten werden („Wie dumm muß ich sein, solch irrsinniges Zeugs zu denken"). Welche Art von Erfahrungen ein Klient machen muß, um von irrationalem Denken zu rationalem umzuschwenken, bleibt in der RET ziemlich unklar (vgl. Goldfried, 1979; Keßler/Hoellen, 1982). Ohnedies ist offen, wie ein derartiges Umschwenken von Irrationalem zu Rationalem überhaupt vonstattengeht. Daß irrationale

Denkstile einfach ersetzt werden, dadurch, daß an ihre Stelle rationale implantiert werden, scheint, so Mahoney (1980, S. 170), „... probably a naive formulation at best ...". Coyne (1982) meint, Kognitionen ließen sich nicht wie alte Zündkerzen in einem Auto auswechseln. Es fehlt offensichtlich an Modellen, die eine Übernahme der vom Therapeuten vorgeschlagenen adäquateren Kognitionen erklären. Der Vorgang kann nach einer Spekulation von Mahoney (1980) wohl eher als eine Umzentrierung der Aufmerksamkeit aufgefaßt werden; das „belief"-System, das die gegenwärtige Handlung und den Affekt bestimmt, könnte dasjenige sein, das wegen seiner Stärke, seiner autonomen Komponenten oder mangelnder konkurrierender Systeme die Oberhand hat. Demnach müßte also gefragt werden, welche Faktoren die Aufmerksamkeitsumlenkung fördern, wenn kognitiv umzustrukturieren versucht wird, und welche Rolle emotionale und konkrete Handlungserfahrungen spielen (vgl. auch Goldfried, 1979).

Eine gewisse Bedeutung könnte dabei die *Attraktivität* der vom Therapeuten formulierten Gegenansichten besitzen. Sie wird u. a. bestimmt durch das Ausmaß, mit dem die rationale Denkweise Erlösung von selbstquälerischen und hinderlich erlebten Verhaltensmustern verspricht, ferner von der raschen Verfügbarkeit formelhaft erinnerbarer Schlagwörter (z. B. „Shouldhood is shithood"), die in vielerlei Lebenssituationen als Leitlinie, Trost oder Signal zu weiterem Nachdenken dienlich sind. Nicht zuletzt dürfte die Attraktivität von Gegenansichten dann groß sein, wenn diese neu, überraschend und in gewissem Sinne den elterlichen oder gesellschaftlichen Normen und Regelsystemen entgegenlaufen, wobei gleichzeitig eine freundliche Autorität (Therapeut) Erlaubnis gibt, ja dazu anhält, „ungehorsam" zu sein.

Nicht zuletzt ist die Frage zu stellen, in welchem Ausmaß es günstig ist, starke Emotionen zu kontrollieren, statt sie auszudrücken. Es bleibt in der RET ziemlich unklar, ob zumindest in manchen Fällen eine Therapie günstiger verläuft, wenn der Klient die Chancen erhält, mit seinen Emotionen in Beziehung zu kommen, die affektiven Wurzeln seiner Probleme kennenzulernen, bevor er an ihre kognitive Regulation herangeht (vgl. Bowers, 1980). Da die RET irrationale Ansichten nicht bloß im Sinne einer subvokalen Sprache versteht, sondern sie als Ausdruck eines philosophischen Systems wertet, kann es in der Therapie auch nicht lediglich um eine sprachliche Veränderung gehen. Welcher Art die Interventionen sein müssen, die ein inadäquates philosophisches System zum Wanken bringen können, ist zwar von Ellis mehrfach dargestellt worden, allerdings bleiben, was das methodologische Instrumentarium zum Erreichen dieses Ziels angeht, doch einige Zweifel.

Methoden

Die methodische Vorgehensweise der RET ist durch drei Wege gekennzeichnet, durch die *kognitive Disputation*, durch *emotive Techniken* und durch *verhaltenstherapeutische Verfahren*.

1. Die *kognitive Disputation* umfaßt (a) das Aufdecken der Irrationalität der Kognitionen mit dem Ziel, daß der Klient die Irrationalität in allgemeinen Ansichten und in seinem spezifischen Denken erkennt und (b) das Aufzeigen,

Hervorheben, Herbeiführen und Verstärken von rationalen Denkmustern. Der Klient soll perfektionistisches, katastrophierendes, selbstabwertendes und mußturbierendes Denken aufgeben und durch die angebotenen Alternativen des Therapeuten ersetzen. Damit wird die Disputation zu einer Konfrontation zweier Konzepte, wie ein Ereignis oder ein Sachverhalt gesehen werden kann (vgl. Keßler/Hoellen, 1982).

a) Das *Aufdecken der Irrationalität* ist ein Vorgehen, das diagnostische und therapeutische Komponenten besitzt. Der Therapeut möchte die typische Art des irrationalen Denkens des Klienten erfassen, der Klient soll die Irrationalität seines Denkens erkennen. Die „systematische rationale Restrukturierung" (Goldfried u. a., 1979) ist ein Versuch, den Vorgang der Offenlegung irrationaler Kognitionen zu strukturieren. Dem Klienten wird

1. zunächst vermittelt, daß emotionale Reaktionen durch *Erwartungen* und *Selbstgespräche* beeinflußt werden,
2. die *Irrationalität* mancher Ansichten und Selbstverbalisationen beispielhaft deutlich deutlich gemacht,
3. gezeigt, daß derartige irrationale Ansichten auch die *eigenen* Emotionen bestimmen und
4. die Möglichkeit zur *Veränderung der Kognitionen* dargelegt.

Diese strukturierte Offenlegung irrationaler „belief"-Systeme macht allerdings wenig Aussagen über das methodologische Vorgehen im einzelnen. In dem dargestellten Annäherungsprozeß werden in den ersten beiden Teilschritten Informationen vermittelt und im dritten das eigentliche diagnostische Erfassen der subjektiv wichtigsten irrationalen Kognitionen angestrebt. Die vierte Stufe, das therapeutische Disputieren, ist jedoch keinesfalls von der dritten Stufe zu trennen, da fortwährend im Verlaufe der gesamten Therapie nach weiteren irrationalen Kognitionen geforscht wird. Auch aus diesem Grunde sind die bisherigen Versuche, zu Beginn einer Therapie in der Art der Fragebogendiagnostik irrationale „belief"-Systeme zu erheben (vgl. Sutton-Simon, 1981), wenig erfolgversprechend.

b) Das Vorgehen zum *Aufzeigen, Hervorheben, Herbeiführen* und *Verstärken rationaler Kognitionen* ist nach Ellis (1979a, S. 206) eine „rapid-fire active-directive-persuasive-philosophic methodology". Der Klient wird in einer besonderen Gesprächsform, dem *„sokratischen Dialog"* überzeugt, belehrt, zu Schlußfolgerungen angehalten, konfrontiert und zu Analysen angeregt. Die Direktivität dieses Vorgangs ist insbesondere für Ellis selbst typisch: „Rational-emotive Praktiker analysieren diese Gedanken nach den Gesetzen der Logik und machen Hackfleisch daraus" (Ellis, 1979a, S. 206). Allerdings wurden in den letzten Jahren auch Vorgehensweisen herausgearbeitet, die auf eine weniger drastische Weise, zum Teil *klientzentriert,* ihr Ziel zu erreichen versuchen (Eschenröder, 1979; Rückert, 1981).

Einige der wesentlichsten Disputationsstrategien seien nachfolgend dargestellt (vgl. auch dazu Walen u. a., 1980; Keßler/Hoellen, 1982).

Die Disputation mit Hilfe der *Implikationsstrategie* („elegante Lösung") ist die RET-typischste Strategie (vgl. Ellis, 1977). Dem Klienten werden im Verlaufe des Verfahrens seine eigenen Befürchtungen nicht etwa auszureden versucht, sondern als möglich dargestellt. Einem Klienten mit starken Prüfungsängsten wird beispielsweise nicht gesagt „Sie sollten sich nicht so viele Sorgen machen, Sie werden sehen, sie bestehen das Examen", vielmehr regt der Therapeut den Klienten an, sich die als katastrophal antizipierten Implikationen des Versagens konkret vor Augen zu halten: „Ich meine, Sie haben gewiß eine Chance zu bestehen, aber nehmen wir doch mal an, Sie rasseln durch und gehören am Ende zu dem kleinen Grüppchen der Erfolglosen. Was würde denn das im einzelnen heißen?" Die daraufhin geschilderten Konsequenzen werden erneut „elegant gelöst", so z. B. „Natürlich ist es denkbar, daß Ihre Eltern ein Riesentheater veranstalten. Aber welche konkreten Folgen hat das für Sie? Sind Sie deshalb ein Versager, weil Ihre Eltern es *meinen?*" oder „Vielleicht haben Sie damit recht, wenn sie annehmen, daß Ihre Freunde über Sie tuscheln. Aber was heißt denn das schlimmstenfalls?" Der Klient soll mit diesen *Dialogtechniken* veranlaßt werden, die von ihm antizipierten Katastrophen durchzuspielen und am Ende begreifen, daß sie zu bewältigen sind. Es ist die Frage „Was können Sie mit dem tun, was Sie haben?" (Walen u. a., 1980, S. 128), die von irrationalen oder rosigrationalisierenden Gedanken wegführen soll.

Die Herausforderung gehört gleichfalls zu den häufigsten Disputationstechniken. Fragen wie „Warum sind Sie eigentlich darauf erpicht, von uns allen abzustechen?" oder „Wieviel Erfolg hatten Sie eigentlich bei Ihrem zehnjährigen Streben nach Perfektionismus?" sollen den Klienten provozieren und zum Nachdenken bezüglich seiner Zielvorstellungen anleiten; sie sollen Mußvorstellungen bloßlegen und Distanzen dazu schaffen.

Aktivitäten- und Rollenaufzählungen können den Klienten veranlassen, seine globalen Selbstabwertungen („Ich bin eine Null, vollkommen wertlos") in Frage zu stellen. Lazarus (1979) nennt dieses Vorgehen „Strategie der kleinen Ichs", da sie dem Klienten vor Augen hält, daß er sich nicht als Person schlechthin bewerten solle, sondern als eine Person, die viele gute, aber auch weniger gute Eigenschaften und Fähigkeiten besitzt.

Durch *Konkretisierungen* kann der Klient dann zu rationalem Denken geführt werden, wenn seine katastrophierenden und selbstdefätistischen Aussagen habituell erfolgen. Dadurch, daß Interventionen benutzt werden wie „Worauf stützen Sie Ihr Urteil?" oder „Ich mache mir jetzt Gedanken darüber, wie Sie das begründen könnten" oder „Ich möchte Sie bitten, mir dazu einige Belege zu bringen" oder „Wo sehen Sie selbst die Lücken Ihrer Argumentation?", sollen beständige irrationale Gedanken hervorgehoben und relativiert werden.

Durch *Gegenüberstellung inkompatibler Kognitionen* können Dissonanzen geschaffen werden, die der Klient zu reduzieren versuchen dürfte. In dem Satz „Ich frage mich, ob Sie wirklich so naiv sind, anzunehmen, daß Sie von allen Männern nur als Spielball angesehen werden!" wird eine Werthaltung des intellektuellen Bereichs einer partnerschaftlichen gegenübergestellt, deren Dissonanz die Klientin durch eine Anpassung der Eigenbewertung zu lösen versuchen könnte.

Die genannten Techniken sollen nur als Beispiele dienen. Sie sind als spezielle Dialogformen zu verstehen, denen sich auch andere, die danach streben, alternative Denkmuster zu initiieren, zugesellen können. Im Grunde akzeptiert die RET alle Gesprächstechniken, die zu diesem Ziel führen, von belehrenden

Interventionen über konfrontierende Auseinandersetzungen bis hin zu Reflexionen, wie sie in der klientenzentrierten Psychotherapie benutzt werden. Im Vordergrund stehen dabei immer wieder die Disputationen von Mußvorstellungen und extremen Normabhängigkeiten, von Katastrophendenken, geringen Frustrationstoleranzen und selbstabwertender Kognitionen.

2. Unter den *emotiven* Verfahren wird eine Fülle recht heterogener Techniken zusammengefaßt, die Ellis (1979a, S. 204) als „... means of dramatizing thruths and falsehoods" sieht. Sie sprechen unmittelbarer Emotionen an als es die Disputationsprozeduren tun, so etwa die unbedingte Wertschätzung des Klienten, Rollenspiele in Gruppen, das Modellernen, schamreduzierende Mutproben oder Imaginationstechniken (vgl. Ellis, 1979b).

Emotive Verfahren werden in der RET überwiegend in *Gruppen,* die vielfältige Formen besitzen, benutzt (Ellis, 1979d). Die Vorzüge der Gruppen-RET liegen u. a. in den Möglichkeiten des Rollentauschs, den Modellen für rationales Denken, den reicheren Erfahrungen bezüglich der Vielfältigkeit und weiten Verbreitung irrationalen Denkens oder den gegenseitigen Hilfestellungen zur Korrektur unangemessener Ansichten.

In den *schamreduzierenden Mutproben* (shame-attacking exercices) setzen sich Klienten Situationen aus, die ansonsten von ihnen als peinlich, beschämend oder unmöglich gesehen werden. Man käme wohl alleine kaum auf den Gedanken, einen wildfremden Menschen auf der Straße herzlich und wärmstens zu begrüßen, Schuhe in durchlöcherten Strümpfen zu kaufen oder in einer seriösen Buchhandlung lauthals Schwulenromane zu verlangen. Dadurch aber, daß der Therapeut solche Übungen anregt, kann der Klient bei der Disputation seiner Kognitionen vor bzw. nach den Aktionen mehrere zu rationalem Denken führende Einsichten gewinnen, so etwa die Erkenntnis, daß zwischen einem absonderlichen und verrückten Verhalten einerseits und der generalisierenden Zuschreibung der Eigenschaften verrückt und absonderlich an die Person andererseits ein Unterschied besteht. Schamreduzierende Mutproben eignen sich auch dazu, deutlich zu machen, daß die tatsächlichen Folgen mancher Handlungen bei weitem nicht den zuvor vorhandenen Befürchtungen nahekommen. Sie vermitteln damit ein Stück persönlicher Freiheit (vgl. Walen u. a., 1980; Keßler/Hoellen, 1982).

Die *rational-emotiven Imaginationstechniken* (REI) nutzen die Kraft der Vorstellung, um den Klienten näher an die von ihm als problematisch erlebte Situation heranbringen zu können und um rationale Denkmuster nachhaltiger einwirken zu lassen. Dazu wird auch gelegentlich die *Hypnose* verwandt (vgl. z. B. Gwynne u. a., 1978). Die REI lassen im wesentlichen den Disputationsvorgang unter Verwendung von Vorstellungen ablaufen; im Falle der *„positiven REI"* (Ellis/Harper, 1975; Lipsky u. a., 1980) wird der Klient

1. beispielsweise einer angsterregenden Situation imaginativ ausgesetzt und dann
2. aufgefordert, seine entsprechenden irrationalen Kognitionen „herauszuhören",
3. angehalten, sie mit zuvor besprochenen rationalen Argumenten zu disputieren und

4. gebeten, sich erneut die Situation so vorzustellen, wie er, nun mit rationalem Denken, die Situation meistert.

Die Unterschiede zu den *coping imagery-Techniken* der *Kognitiven Verhaltenstherapie* (z. B. Hodges u. a., 1979) sind nicht groß, allerdings orientiert sich die RET nicht so sehr an den allgemein für günstig erachteten rationalen Sätzen zur Vorbereitung oder Bewältigung einer problematischen Situation, sondern an einer Umstrukturierung der typischen irrationalen Philosophien des Klienten.

3. Die *verhaltenstherapeutischen* Techniken dienen in der RET als Ergänzung der kognitiven und emotiven Verfahren. Sie sollen bewirken, daß dem rationalen Umdenken auch die angemessenen Handlungen folgen. Der Klient lernt, seine neugewonnenen Einsichten umzusetzen und erfährt dadurch deutlicher die Vorteile einer alternativen Lebensphilosophie. Fast das gesamte Repertoire der traditionellen Verhaltenstherapie kann dabei Anwendung finden, vor allem aber Verhaltensübungen wie *assertive Trainingsprogramme, Angstbewältigungstechniken, Selbstregulationsverfahren* und *Hausaufgaben* (vgl. Jakubowski/Lange, 1978; Rudestam, 1980). Die RET ist darüber hinaus auch für andere therapeutische Vorgehensweisen offen, sieht sie aber dann nicht als „elegant" an, wenn sie alleine auf eine Änderung des offenen Verhaltens und nicht auf eine kognitive Umstrukturierung von fundamentalen störungsgenerierenden Philosophien sensu Ellis ausgerichtet sind.

Die methodologische Vielfalt in der RET erschwert eine *systematische Kontrolle* ihrer Effekte. Ebenso wie es beispielsweise in der *Psychoanalyse* eine tiefe Kluft zwischen theoretischen Konzepten und praktischer Tätigkeit des Analytikers gibt, lassen sich auch in der RET aus den therapieexperimentellen Darstellungen oft keine Erkenntnisse darüber gewinnen, was der Therapeut eigentlich getan hat und was davon beim Klienten angekommen ist. Es ist aus den Darstellungen überaus selten abzulesen, ob eine Verhaltensänderung bei solchen Personen deutlicher oder umfassender ist, die eine von der RET angestrebte Umstrukturierung irrationaler Kognitionen tatsächlich auch bestätigen, oder ob nicht auch solche Klienten ähnliche Fortschritte in ihrem Verhalten nach einer RET aufzeigten, die ihre irrationalen Kognitionen wenig oder nur formelhaft veränderten.

Anwendungsbereiche

Was die Breite der Anwendung angeht, ist die RET mittlerweile in einem weiten Feld klinischer Problemstellungen und in unterschiedlichen Settings zur Anwendung gekommen.

Die RET ist nicht nur eine Therapie für Erwachsene, sondern auch für Kinder und Jugendliche. Im Mittelpunkt der Arbeit mit Kindern steht das *prophylaktische Erlernen* von grundlegenden *rationalen Problemlösungsstrategien* (Meijers, 1978; Urbain/Kendall, 1980) und weniger das Behandeln von Verhaltensauffälligkeiten. Fallbeschreibungen von Kindertherapien, wie beispielsweise die einer Hundephobie von Hoellen (1980), finden sich relativ selten.

Die Einzeltherapie mit Erwachsenen ist die Grundform der RET; zumeist werden wöchentliche Sitzungen abgehalten, die in Dauer und Gesamthäufigkeit etwa den Usancen der *Gesprächspsychotherapie* ähneln. Die meisten Sitzungen schließen jedoch mit Anweisungen zu Hausaufgaben und Selbstregulationsübungen. Die Probleme, die in den Einzeltherapien bearbeitet werden, sind, orientiert man sich an den Veröffentlichungen experimenteller Studien, überwiegend *Ängste, Phobien* und *soziale Kontaktschwierigkeiten* (vgl. z. B. Lembo, 1977; Zettle/Hayes, 1980). Daneben finden sich öfters Therapiedarstellungen zu *Sexualstörungen* (Keßler/Hoellen, 1980, 1982; Ellis, 1975), zu *Ärger-* und *Streßreaktionen* (Novaco, 1979) und gelegentlich zu *Depressionen* (Hauck, 1973). Zunehmend wurden in letzter Zeit mit Hilfe der RET aber auch Problemstellungen Erwachsener angegangen, die sich mit den primären und sekundären Problemen *organisch* oder *psychosomatisch kranker Personen* beschäftigen. Vor allem Ellis und Abrahms (1978) haben sich eingehend mit *gesundheitlichen Problemen,* unter anderem mit *Todesängsten* Schwerkranker und allgemeinen Schwierigkeiten des Krankseins auseinandergesetzt. Spezielle Fragen, wie die Therapie der *Migräne* (Huber/Huber, 1979), der *Adipositas* (Block, 1980) oder des *Stotterns* (Moleski/Tosi, 1976; Keßler, 1981) wurden gleichfalls, auch unter experimentellen Gesichtspunkten, bearbeitet.

Einzeltherapien können in der RET auch in *Kurzform* arrangiert werden. Sie dauern dann etwa 1–10 Sitzungen und werden in dieser Weise vor allem in Institutionen, in denen der Klient nur kurze Zeit zur Verfügung steht, durchgeführt. Seer (1980) entwickelte beispielsweise ein *Streßbewältigungstraining für koronare Herzerkrankungen,* das RET-Elemente beinhaltet und kurmäßig über wenige Sitzungen angewandt wird.

Auch die Form der *Paartherapie* hat in der RET eine gewisse Tradition (z. B. Ard/Ard, 1969; Ellis, 1976; Walen u. a., 1980). Anders als in sonstigen Paartherapien sieht jedoch die RET weniger die Beziehung oder das Paar, sondern die einzelnen Partner als Therapiegegenstand an. Erst die therapeutische Veränderung der jeweiligen Überzeugungen können Leid, Schmerz und Kummer verringern, da primär diese, und nicht der Partner oder das Schicksal für das emotionale Befinden verantwortlich sind. Nicht die „kreative Aggression", das Dampfablassen, das Ausdrücken von feindseligen Gefühlen wird für die Beziehung förderlich gehalten, sondern das rationale Eliminieren der beziehungsabträglichen Affekte. Was immer auch als Grund für die Krise einer Partnerschaft angeführt werden kann, etwa falsche Partnerwahl, Alkohol oder sexuelle Unzulänglichkeiten, sie mündet zumeist in emotionalen Auseinandersetzungen. Diese eher „sekundären" Folgeerscheinungen sind das Hauptfeld einer rational-emotiven Partnertherapie (vgl. Eisenberg/Zingle, 1975; Epstein u. a., 1979).

Die rational-emotiven *Gruppentherapien* umfassen *Familiengruppen* unter Anleitung eines Therapeuten, Gruppen, die sich in kurzen, meist wöchentlichen Abständen treffen, ferner *rationale Marathon-Encounter-Gruppen* und auch Demonstrations- und Seminarworkshops (vgl. Ellis, 1979 d).

Schließlich eignet sich die RET in besonderem Maße zur *Selbsthilfe* und bietet zu diesem Zweck auch Materialien, Bücher und Kassetten an, die entweder generell für einen breiten Symptombereich (Maultsby u. a., 1978; Schwartz, 1981) oder spezifisch, etwa für Alkoholabhängige (Merkle/Wolf, 1982), erstellt wurden. Sie werden zumeist ergänzend zu den Einzel- oder Gruppentherapien eingesetzt.

Die bisherigen therapieexperimentellen Studien zur Überprüfung der Wirksamkeit der RET sind zuletzt bei Rachman und Wilson (1980) und Zettle und Hayes (1980) eingehend referiert. Die Schlußfolgerungen, die aus diesen kritischen Übersichten zu ziehen sind, stehen zwar im Gegensatz zu dem Optimismus, den Ellis selbst verbreitet: „Die bislang erarbeiteten klinischen und experimentellen Belege unterstreichen, daß die RET besser funktioniert als die anderen Psychotherapien" (Ellis, 1979a, S. 205), aber sie lassen sich doch als ermutigend umschreiben. Die RET ist offensichtlich, insgesamt gesehen, wirkungsvoller als keine Behandlung oder als Placebomaßnahmen, auch zeigt sie sich in manchen Experimenten, vor allem zur Behandlung von Ängsten, einigen Alternativtherapien überlegen. Es fehlen jedoch weitgehend Untersuchungen, die sich um eine differentielle Indikation der RET bemühen.

Fallbeispiel

Christoph L. war ein 30jähriger Gymnasiallehrer, der sich telefonisch zu einer Therapie anmeldete, weil „er es nicht mehr schaffe" und eine „Art Endzeitgefühl" habe. Von seiner Frau, die kurze Zeit später gleichfalls anrief, erfuhren wir, daß er tagelang zutiefst depressiv sei und nicht oder nur sehr schwer einschlafen könne.

Bei seinem ersten Besuch beschrieb er seinen Zustand als die Folge der „Wahnsinnsvorbereitungen", die er auf dem Gymnasium als Physik- und Sportlehrer zu treffen habe; es sei eigentlich eine totale Überforderung, was die Schule von den Lehrern verlange, die Lehrpläne würden von Schwachsinnigen aufgestellt. Hinzu komme, daß er Disziplinproblemen in der Klasse hilflos gegenüberstehe, sich dauernd ärgere und von manchen Schülern geradezu in seinen Gedanken verfolgt werde. Jedes Mißlingen im Unterricht sei eine schwere Belastung, die zumeist in längeren Grübeleien ende. Sein Leben sei so schlimm geworden, daß er in den beiden letzten Jahren mit Zwölffingerdarmgeschwüren, Herz-Rhythmus-Störungen und beständigem Husten zu tun hatte. Zuweilen habe er wegen eines Knotens in der Lunge mit dem Verdacht auf Krebs leben müssen. Bislang hatte C. L. mehrere Ärzte konsultiert, die ihn vorwiegend mit Psychopharmaka zu behandeln versucht hätten. Da er aber unter den Nebenwirkungen zu sehr leide, habe er sie abgesetzt.

Die Beschwerden seien mit seinem Eintritt in den Schuldienst besonders stark gewesen, vor allem leide er beträchtlich nach den jeweiligen Ferienenden. Zuvor habe er als Student und in den beiden letzten Jahren als Schüler auf dem Gymnasium wegen starker Prüfungsängste manche Klausur wiederholen müssen, obgleich er sich regelmäßig intensiv vorbereitet habe.

Ein kürzliches Ereignis habe ihn total aus der Bahn geworfen und seinen Entschluß gefestigt, den Beruf des Lehrers aufzugeben. In einer Sportstunde sei er bei der Demonstration einer Grätsche am Seitpferd hängengeblieben und so unglücklich gestürzt, daß er sich den Arm gebrochen habe. Das Unglück sei von ihm irgendwie vorausgesehen worden, da er bereits einige Wochen vor dem Ereignis beständig von Versagensphantasien geplagt worden sei. Jetzt sei er total verzweifelt, weil seine Prophezeiungen so schnell eingetroffen seien.

Seinen Tagesablauf schilderte er so, daß er nach dem Unterricht etwa eine halbe Stunde ruhe und dann, mit jeweils kurzen Unterbrechungen, bis in die Nacht hinein arbeite. Seine Frau übernehme die Hausarbeiten und sei auch, worunter er extrem leide, diejenige, die sich alleine um den dreijährigen Sohn kümmern könne. Etwa drei Wochen vor Therapiebeginn habe er sich einmal so sehr überarbeitet, daß er einen totalen Kreislaufkollaps erlitten habe; sein Herz habe verrückt gespielt, und wenn nicht sofort ein Notarzt zur Stelle gewesen sei, wäre er jetzt sicher nicht mehr am Leben. Das Ziel der Therapie sah er darin, so „fit gemacht zu werden", daß er den hohen Arbeitsaufwand in den nächsten drei Dienstjahren besser überstehen könne; danach sei nach seinen Informationen das Arbeitspensum wegen der angesammelten Erfahrungen nicht mehr so schwer.

C. L. ist der Sohn nach dem 2. Weltkrieg aus dem Baltikum vertriebener Eltern, die dort ein eigenes Geschäft führten. Der Vater nahm in Deutschland mehrere Stellen als Pharmavertreter an, war aber wegen chronischer Geldknappheit beständig unzufrieden und kränkelnd. Allmählich sei er zunehmend aggressiv, kleinlich und alkoholabhängig geworden. Die Mutter leide erheblich unter dem mittlerweile in Rente lebenden Vater, sehe aber keinen Ausweg, da er mehr und mehr zum fordernden Pflegefall werde. C. L. selbst habe in gewissem Sinne eine solidarische Einstellung zur Mutter, wenngleich er ihr Fehler in der Beziehung zu ihrem Ehemann zuschreiben müsse; sie sei starrköpfig, streng und könne ihre Gefühle nicht ausdrücken. In ihrer Art des Umgangs mit dem Enkel könne er sich in seiner eigenen Kindheit und Jugend wiedererkennen, die von Angst und Haß geprägt gewesen sei. Er leide bis in die heutigen Tage hinein unter der „unordentlichen" Kindheit, schäme sich seiner Eltern und möchte am liebsten, wenn er nicht das Gefühl hätte, seine Mutter schützen zu müssen, gar keinen Kontakt mehr zu ihnen aufrechterhalten.

Die therapeutische Beeinflussung zentrierte sich bei C. L. um die nach einigen diagnostischen Sitzungen ermittelten irrationalen Kognitionen im Bereich von Mußvorstellungen, Katastrophengedanken, geringen Frustrationstoleranzen und Selbstabwertungen.

Im Vordergrund der (1) kognitiven *Disputation* stand dabei zunächst sein Arbeitsverhalten, das er selbst als „ruinös" erlebte. Er „müsse" so viel arbeiten, weil er nur so in der Schule bestehen könne. Er „dürfe sich keine Blöße geben", weil die Schüler sofort „jede schwache Stelle ausnutzten". Er müsse sich gleichsam gegen alle möglichen Angriffe wappnen. Er könne es nicht verkraften, wenn über ihn negativ gesprochen werde, weder von den Schülern noch von den Kollegen. Zu Beginn seiner Referendarzeit habe er erfahren können, wie ein Lehrer immer wieder attackiert worden sei und dann irgendwie aufgegeben habe. Dieses Ende müsse er in jedem Fall vermeiden.

Seine Phantasien darüber, was passieren könne, wenn er sich nur drei Stunden am Tage für den Unterricht vorbereite, waren geprägt von schrecklichen Bildern des Versagens, von antizipierten höhnischen Reaktionen anderer und insbesondere einer maßlosen Enttäuschung der Ehefrau, der er beweisen müsse, daß er seine Vergangenheit abzuschütteln in der Lage wäre. Auf diese Weise wurde ihm allmählich klar, daß seine „Mußturbationen" im Arbeitsverhalten etwas mit seinen irrationalen Kognitionen zu tun hatten, daß er von seiner Frau nur als ordentlicher, ehrbarer, fleißiger und von anderen anerkannter Mensch akzeptiert werden könne. Er sah sich von ihr, die aus einer guten und bekannten

Familie stammte, erst dann voll angenommen, wenn er die Schmach seiner Herkunft und Kindheit „getilgt" habe. Es erschien ihm stets wie eine drohende Katastrophe, daß er selbst so enden könne wie sein Vater, als „unzufriedener, aggressiver und kranker Alkoholiker", der von seiner Frau und deren Familie nur noch aus purem Mitleid ertragen werde.

Seine Selbsteinschätzungen waren schließlich gänzlich von dem subjektiven Eindruck bestimmt, ob er genügend Kraft aufgewandt habe, sich gegen diese drohende Katastrophe genügend gestemmt zu haben. Da er diese Schwelle nie erreichte, lebte er beständig unter dem Druck, noch mehr tun zu müssen: „Mir wäre am liebsten, der Tag hätte 30 Stunden". Aktivitäten, die er vor wenigen Jahren noch schätzte, Tauchsport, Hockey, Fotografieren und politische Arbeit, ließ er gänzlich fallen. Es wurde ihm daher mehrfach deutlich gemacht, daß die Gleichsetzung seines Selbstwerts mit dem eigenen Arbeitseifer ein gefährliches Konzept sei, daß sein Ziel, durch Arbeit anerkannt, gemocht und gar geliebt zu werden, einen Einsatz verlange, der enorm, aber auch wegen der Vergeblichkeit des Strebens, unökonomisch sei.

Die Ansprüche, die er an sich stellte, sein Streben nach perfektem Erscheinungsbild und gleichzeitigem Akzeptiertwerdenmüssen in der Schule, wurden ihm zudem als ziemlich unvereinbar dargestellt. Er selbst konnte auch keine Person anführen, die gleichzeitig hochleistungsmotiviert und von allen gemocht wurde. Überdies war ihm nicht klar, wie zeitaufwendig und intensiv sich seine Kollegen auf den Unterricht präparieren. Es werde in der Schule seltsamerweise nicht darüber gesprochen. Als er angehalten wurde, sich darüber in ein Gespräch einzulassen, erfuhr er „zu seinem Erstaunen", daß der tatsächliche Einsatz der Kollegen weit unter dem eigenen Bemühen lag, ja, daß einzelne in seiner Person bereits einen Karrieristen vermuteten.

Wiederholt wurde mit ihm die „elegante Lösung" seiner Probleme durchgespielt: Was wäre, wenn er tatsächlich weniger arbeiten würde, deswegen von geringerem Ansehen in der Schule und Familie wäre, von seinen Schülern als wenig kompetent, von seiner Ehefrau aus unordentlichen Verhältnissen abstammend gesehen würde? Es wurden mit ihm öfters die möglichen Konsequenzen besprochen und als zu verkraften, ja als unter Umständen vorteilhaft, dargestellt.

Im (2) *emotiven* Vorgehen lag der Schwerpunkt der Therapie auf einer strikten Trennung zwischen den Ansichten und der Person des Klienten; C. L. sollte sich als Person akzeptiert fühlen, obgleich sich der Therapeut mit seinen Ansichten nicht einverstanden erklärte. Des weiteren wurden mit C. L. Entspannungstechniken eingeübt, die sein subjektives Streßempfinden, vornehmlich aber seine Schlaflosigkeit, eindämmen sollten.

Als (3) *verhaltenstherapeutische* Verfahren wurden Hausaufgaben eingesetzt, die in einer Basisratenerhebung seiner Arbeitszeit und einer systematischen allmählichen Reduktion und Strukturierung der Vorbereitungszeit bestanden. Diese Zeitpläne wurden mit einer systematischen Umstrukturierung der gleichfalls niedergeschriebenen Kognitionen zum Arbeitsverhalten gekoppelt. Eine bedeutsame Erfahrung bestand wohl darin, daß er mitten in der Vorbereitung zum Abitur „gelassen", ja „schlampig" bleiben konnte und den Gedanken ertrug, gegenüber Kollegen in Zeitverzug kommen zu können. Auch die allmählich wiederkehrenden Ausflüge und sonstigen Aktivitäten mit seiner Familie wirkten verstärkend auf sein „neues Lebenskonzept".

Nach etwa 10 Sitzungen gelang es ihm zum ersten Mal, nach einer vorangegangenen therapeutischen Besprechung der zu erwartenden Folgen, mit seiner Frau das Thema seiner Herkunft, seiner Probleme mit den Eltern und die damit zusammenhängenden Aspirationen im Beruf zu besprechen. Insgesamt wurden 16 Sitzungen aufgewandt, um eine noch nach einem halben Jahr anhaltende wesentliche Besserung seiner Befindlichkeit, die auch eine deutliche Reduktion der körperlichen Symptome einschloß, zu erzielen.

Zusammenfassung

Basierend auf einigen Kerngedanken des Stoizismus, entwickelte Albert Ellis mit der RET eine Behandlungsform psychischer Störungen, die einen wichtigen Beitrag zur *kognitiven Wende* in der Psychotherapie leistete. Insbesondere durch ihre *direktive, aktiv-didaktische* Umgangsweise mit den Klienten und ihre klaren Zielvorstellungen unterscheidet sie sich deutlich von sonstigen Therapiearten, steht jedoch andererseits für eine Fülle „fremder" Techniken offen. So soll auch mit dem Doppelbegriff „rational-emotiv" unterstrichen werden, daß sowohl kognitive, realitätsorientierte als auch humanistische, emotionsbezogene Vorgehensweisen integriert Anwendung finden.

Die RET strebt eine *Umorientierung* von Lebensphilosophien und Wertsystemen an, die durch *Irrationalität,* also durch Selbstabwertung, Grandiosität, Perfektionismus, Absolutheitsansprüche, Katastrophendenken oder Mußvorstellungen geprägt sind. Der Schwerpunkt der Therapie liegt auf der kognitiven Disputation, auf dem Hinführen zu einer rationalen Denkweise, in der zuvor absolute Ansprüche an sich und die Umwelt nunmehr abgeschwächt erscheinen, in der katastrophal erlebte Ereignisse realistischer gesehen werden, in der ein Klient insgesamt die Bedeutsamkeit von symptombildenden Bedingungen auf eine weniger dramatische Weise erfährt.

Mittlerweile hat sich die RET insbesondere bei Ängsten und Depressionen, aber auch bei Ehe- und Sexualproblemen und zunehmend bei psychosomatischen Beschwerden bewährt. Die *prophylaktischen* Möglichkeiten dürften aufgrund der selbstregulativen Anwendung und der differenzierten Zielvorgaben günstiger als bei anderen Therapieformen sein, was den präventiven Einsatz bei Kindern und Jugendlichen angeraten sein läßt.

Eine Reihe von Problemen, die sich aus den theoretischen Annahmen, aber auch den bislang üblichen therapeutischen Interaktionen ergibt, ist indessen nicht zu übersehen.

Literatur

Alden, L./Safran, J.: Irrational beliefs and nonassertive behavior. *Cognitive Therapy and Research* 1978, 2, 357–364

Ard, B. N. jr./Ard, C. C. (Hrsg.): *Handbook of marriage counseling.* Palo Alto: Science and Behavior Books 1969.

Beck, A. T.: *Wahrnehmung der Wirklichkeit und Neurose: Kognitive Psychotherapie emotionaler Störungen.* Pfeiffer, München 1979

Bernard, M. E.: Private thought in rational emotive psychotherapy. *Cognitive Therapy and Research* 1981, 5, 125–142

Block, J.: Effects of rational-emotive therapy on overweight adults. *Psychotherapy: Theory, Research and Practice* 1980, 17, 277–280

Bowers, K. S.: „De-controlling" cognition and cognitive control: Toward a reconciliation of cognitive and dynamic theories. In: Mahoney, M. J. (Hrsg.) *Psychotherapy process.* Plenum New York 1980, S. 181–184.

Chessick, R. D. *Great ideas in psychotherapy.* Jason Aronson, New York 1977

Coyne, J. C.: A critique of cognitions as causal entities with particular reference to depression. *Cognitive Therapy and Research* 1982, 6, 3–13.

Dubois, P.: *Les psychonévroses et leur traitement moral.* Masson, Paris 1909

Dubois, P.: *L'éducation de soi-même.* Masson, Paris 1922

Eisenberg, J. M./Zingle, H. W.: Marital adjustment and irrational ideas. *Journal of Marriage and Family Counseling* 1975, 1, 81–91

Ellis, A.: *Reason and emotion in psychotherapy.* Lyle Stuart, New York 1962

Ellis, A.: *Growth through reason.* Science and Behavior Books, Palo Alto 1971

Ellis, A.: The rational-emotive approach to sex therapy. *The Counseling Psychologist* 1975, 5, 1, 14–21

Ellis, A.: Techniques of handling anger in marriage. *Journal of Marriage and Family Counseling* 1976, 2, 305–315

Ellis, A.: Rejoinder: Elegant and inelegant RET. *The Counseling Psychologist* 1977, 7, 1, 73–81

Ellis, A. Rational-emotive therapy. In: Corsini, R. J. (Hrsg.) *Current psychotherapies.* Peacock Publ., Itasca 1979a, S. 185–2229

Ellis, A.: The practice of rational-emotive therapy. In: Ellis, A./Whiteley, J. M. (Hrsg.) *Theoretical and empirical foundations of rational-emotive therapy.* Brooks/Cole, Monterey 1979b, S. 61–100

Ellis, A.: Psychotherapie und der Wert eines Menschen. In: Ellis, A./Grieger, R. (Hrsg.) *Praxis der rational-emotiven Therapie.* Urban & Schwarzenberg, München 1979c, S. 65–78

Ellis, A.: Rational-emotive Therapie in Gruppen. In: Ellis, A./Grieger, R. (Hrsg.) *Praxis der rational-emotiven Therapie.* Urban & Schwarzenberg, München 1979d, S. 231–238

Ellis, A.: Klinisch-theoretische Grundlagen der rational-emotiven Therapie. In: Ellis, A./Grieger, R. (Hrsg.) *Praxis der rational-emotiven Therapie.* Urban & Schwarzenberg, München 1979e, S. 3–36

Ellis, A./Abrahams, E.: *Brief psychotherapy in medical and health pratice.* Springer, New York 1978

Ellis, A./Harper, R. A.: *A new guide to rational living.* Prentice Hall, Englewood Cliffs 1975

Ellis, A./Grieger, R. (Hrsg.): *Praxis der rational-emotiven Therapie.* Urban & Schwarzenberg, München 1979

Ellrich, U. *Erfassung von Kognitionen nach positivem und negativem Feedback auf Leistungsverhalten.* Unveröffentl. Dipl.-Arbeit, Fachrichtung Psychologie, Universität des Saarlandes, Saarbrücken 1982.

Epiktet. *Handbüchlein der stoischen Moral.* Krais & Hoffmann, Stuttgart 1864.

Epstein, N./Finnegan, D./Bythell, D.: *Irrational beliefs and perceptions of marital conflict.* Journal of Consulting and Clinical Psychology 1979, 47, 608–610

Eschenröder, C.: *Theorie und Praxis der rational-emotiven Therapie.* Integrative Therapie 1977, 3, 91–106

Eschenröder, C.: *Different therapeutic styles in rational-emotive therapy.* Rational Living 1979, 14, 1, 3–7

Eschenröder, C.: Das Konzept des Widerstandes in der rational-emotiven Therapie. In: Petzold, H. (Hrsg.) *Widerstand: Ein strittiges Konzept in der Psychotherapie.* Junfermann, Paderborn 1981, S. 339–348

Garfield, S. L./Kurtz, R.: Clinical psychologists in the 1970s. *American Psychologist* 1976, 31, 1–9

Glasser, W./Zunin, L. M.: Reality therapy. In: Corsini, R. J. (Hrsg.) *Current psychotherapies.* Peacock Publ., Itasca 1979, S. 302–339

Goldfield, M. R.: Anxiety reduction through cognitive-behavioral intervention. In: Kendall, P. C./Hollon, S. D. (Hrsg.) *Cognitive-behavioral interventions.* Academic Press, New York 1979, S. 117–152

Goldfried, M. R./Decenteceo, E. T./Weinberg, L.: Die systematische rationale Restrukturierung – Eine Selbstkontrolltechnik. In: Quekelberghe, R. van (Hrsg.) *Modelle kognitiver Therapien.* Urban & Schwarzenberg, München 1979, S. 168–176

Gwynne, P. H./Tosi, D. J./Howard, L.: Treatment of nonassertion through rational stage directed hypnotherapy (RSDH) and behavioral rehearsal. *American Journal of Clinical Hypnosis* 1978, 20, 263–271

Hauck, P. A.: *Depression: Why it happens and how to overcome it.* Sheldon Press, London 1973.

Hodges, W. F./McCaulay, M./Ryan, V. L./Strohsal, K.: Coping imagery, systematic desensitization and self-concept change. *Cognitive Therapy and Research* 1979, 3, 1981–192

Hoellen, B.: Reduction of a severe dog phobia. *Rational Living* 1980, 15, 2, 21–23

Huber, H. P./Huber, D.: Autogenic training and rational-emotive therapy for long-term migraine patients: An exploratory study of a therapy. *Behavioural Analysis and Modification* 1979, 3, 169–177

Jakubowski, P./Lange, A. J.: *The assertive option.* Research Press, Champaign 1978

Keßler, B. H.: Rational-emotive Therapie bei Stotterern. *Die Sprachheilarbeit* 1981, 26, 2, 91–98

Keßler, B. H./Hoellen, B.: Sexuelle Störungen. In: Wittling, W. (Hrsg.) *Handbuch der Klinischen Psychologie. Bd. 5: Therapie gestörten Verhaltens.* Hoffmann & Campe, Hamburg 1980, S. 177–219

Keßler, B. H./Hoellen, B.: *Rational-emotive Therapie in der Klinischen Praxis.* Beltz, Weinheim 1982

Keßler, B. H./Pfaff, H.: Rational-emotive Psychotherapie. In: Schmidt, L. R. (Hrsg.) *Lehrbuch der Klinischen Psychologie.* Enke, Stuttgart 1978, S. 419–427

Klein, D.: *A history of scientific psychology.* Basic Books, New York 1970

La Pointe, k. A./Harrel, T. H.: Toughts and feelings: Correlational relationships and cross-situational consistency. *Cognitive Therapy and Research* 1978, 2, 311–322

Lazarus, A. A.: Auf dem Wege einer ego-losen Existenz. In: Ellis, A./Grieger, R. (Hrsg.) *Praxis der rational-emotiven Therapie.* Urban & Schwarzenberg, München 1979, S. 79–85

Lembo, J. M.: *How to cope with your fears and frustrations.* Libra, New York 1977.

Liotti, G./Reda, M.: Some epistemiological remarks on behavior therapy, cognitive therapy and psychoanalysis. *Cognitive Therapy and Research* 1981, 5, 231–236

Lipsky, M. J./Kassinove, H./Miller, N. J.: Effects of rational-emotive therapy, rational role reversal and rational-emotive imagery on the emotional adjustment of community mental health center patients. *Journal of Consulting and Clinical Psychology* 1980, 48, 366–374

Mahoney, M. J.: Psychotherapy and the structure of personal revolutions. In: Mahoney, M. J. (Hrsg.) *Psychotherapy process.* Plenum, New York 1980, S. 157–180

Maultsby, M. C./Henricks, A./Diekstra, R. F. W.: *Sie und Ihre Gefühle.* Swets & Zeitlinger, Lisse 1978

Meijers, J. J.: *Problem-solving therapy with socially anxious children.* Swets & Zeitlinger, Amsterdam 1978

Merkle, R./Wolf, D.: *Ich höre auf, ehrlich!* Verlag Rationelles Leben, Mannheim 1982

Moleski, R./Tosi, D. J.: Comparative psychotherapy: Rational-emotive therapy versus systematic desensitization in the treatment of stuttering. *Journal of Consulting and Clinical Psychology* 1976, 44, 309–311

Mosak, H. H.: Adlerian psychotherapy. In: Corsini, R. (Hrsg.) *Current psychotherapies.* Peacock Publ., Itasca 1979, S. 44–94

Newmark, C. S./Frerking, R. A./Cook, L./Newmark, L.: Endorsement of Ellis' irrational beliefs as a function of psychopathology. *Journal of Clinical Psychology* 1973, 29, 300–302

Novaco, R. W.: The cognitive regulation of anger and stress. In: Kendall, P. C./Hollon, S. D. (Hrsg.) *Cognitive-behavioral interventions.* Academic Press, New York 1979, S. 241–285

Popper, K./Eccles, J.: *The self and its brain.* Springer, Berlin 1977

Rachman, S. J./Wilson, G. T.: *The effects of psychological therapy.* Pergamon, Oxford 1980

Rogers, T./Craighead, W. E.: Physiological responses to self-statements: The effects of statement valence and discrepancy. *Cognitive Therapy and Research* 1977, 1, 99–118

Rückert, H.-W.: Kombination von GT und RET. *GwG-info* 1981, 45, 3–27

Rudestam, K. E.: *Methods of self-change: An ABC primer.* Brooks/Cole, Monterey 1980

Schwarzt, D.: *RE-Therapie: So wird man sein eigener Psychologe.* mvg, Landsberg 1981

Seer, P.: Streßbewältigungstraining bei koronar Herzkranken: Ein gruppenpsychotherapeutischer Ansatz. In: Langosch, W. (Hrsg.) *Psychosoziale Probleme und psychotherapeutische Interventionsmöglichkeiten bei Herzinfarktpatienten.* Minerva, München 1980

Sollod, R. N./Wachtel, P. L.: A structural and transactional approach to cognition in clinical problems. In: Mahoney, M. J. (Hrsg.) *Psycho-*

therapy process. Plenum, S. 1–27, New York 1980

Spillane, R.: RET's contribution: An argument for argument. *Rational Living* 1980, 15, 2, 3–7

Suiton-Simon, K. Assessing belief-systems: Concepts and strategies. In: Kendall, P. C./ Hollon, S. C. (Hrsg.): *Assesment strategies for cognitive-behavioral interventions.* Academic Press, New York 1981, S. 59–84

Urbain, E. S./Kendall, P. C.: Review of social-cognitive problem-solving interventions with children. *Psychological Bulletin* 1980, 88, 109–143

Walen, S. R./DiGiuseppe, R. A./Wessler, R. L.: *A practitioners' guide to rational-emotive therapy.* Oxford University Press, New York 1980

Wolpert, E.: Analytische Therapieverfahren. In: Wittling, W. (Hrsg.) *Handbuch der Klinischen Psychologie. Bd. 2: Psychotherapeutische Methoden.* Hoffmann & Campe, Hamburg 1980, S. 288–365

Zettle, R. D./Hayes, S. C.: Conceptual and empirical status of rational-emotive therapy. In: Hersen, M./Esler, R. M./Miller, P. M. (Hrsg.) *Progress in behavior modification.* Bd. 9. Academic Press, New York 1980, S. 125–166

Rebirthing

Eve Jones

Dieses Kapitel ist in mehrfacher Hinsicht ungewöhnlich und verdient von daher, sorgfältig gelesen zu werden. Ich kann mir vorstellen, daß es viele Leser aufrühren wird. Die Verfasserin, Eve Jones, eine gut ausgebildete und sehr erfahrene Klinikerin, ist Mitglied einer als Theta *bekannt gewordenen Gruppe, die als Therapieverfahren in erster Linie zwei Haupttechniken einsetzt: eine Methode ununterbrochenen Atmens und eine Methode der Affirmation.*

Wie Arica, est, PSI, Mind Control *und* Szientismus *gehört* Theta *zu einer Art psychotherapeutischem „Untergrund". Sie wurde von jemandem gegründet, der keine akademische oder therapeutische Ausbildung besaß, und ist teils transpersonal, teils mystisch, teils metaphysisch und, ich muß es leider sagen, teils auch „unwissenschaftlich".*

Theta hat, wie Sie lesen werden, als psychotherapeutische Methode viele sichtbare Erfolge gehabt und scheint auch schnell Verbreitung zu finden. Wenn das, was Frau Jones schreibt, richtig ist, bedarf es in unserem Denken und unseren therapeutischen Verfahren vieler Veränderungen. Hervorzuheben ist außerdem, daß die Autorin ihre eigenen Erfahrungen als Fallbeispiele wiedergibt. Ich fand, und ich glaube, Sie werden sich dem anschließen, ihren Bericht bewegend und eindrucksvoll.

Rebirthing ist eine *holistische* Heilmethode, die von Leonard Orr Mitte der siebziger Jahre an der Westküste Amerikas begründet wurde. Sie beruht auf einem *einfachen Atemrhythmus,* bei dem zwischen dem Ein- und Ausatmen keine Pause gelassen wird. Klienten, die ununterbrochen für einen bestimmten Zeitraum – zwischen ein paar Minuten und etwa einer Stunde – atmen, bemerken, wie dadurch ihre Aufmerksamkeit unwillkürlich von dem Einhalten dieses Atemrhythmus abrückt und sich rückblickend Ereignissen aus ihrer persönlichen Vergangenheit zuwendet. Die Atemübung wird in Gegenwart eines ausgebildeten Rebirthers ausgeführt, bis der Klient imstande ist, eine Stunde oder länger ununterbrochen voll und frei durchzuatmen.

Das Rebirthing verwendet auch noch eine andere Methode, die als *Bestätigung* bzw. *Affirmation* bekannt ist. Dabei werden Feststellungen, die gewünschte Veränderungen im gegenwärtigen Erleben des wirklichen Lebens zum Gegenstand haben, wiederholt aufgeschrieben, laut aufgesagt oder auch nur angehört.

Es handelt sich bei diesem holistischen Heilverfahren um eine *regressive* Methode, die sowohl psychotherapeutische Wirkungen hat und starke und unmittelbar eintretende körperliche Effekte erzeugt, als auch tiefgreifende Erfahrungen vermittelt, die von den meisten Klienten als *spirituell* gekennzeichnet werden. Die *Wiedergeburt* findet somit auf körperlicher, geistiger, emotionaler und spiritueller Ebene statt.

Geschichte

Vorläufer

Atemrhythmen werden zur Einleitung einer Regression in frühere Erfahrungen nicht erst seit Leonard Orrs Rebirthing eingesetzt. Zum Beispiel werden in der *Reichschen Therapie* und in der *Primärtherapie* Atemtechniken verwendet, um die Regression von Klienten in frühe Kindheitserfahrungen zu fördern. Von diesen und anderen regressiven Therapien unterscheidet sich das Rebirthing jedoch deutlich in der Art und Weise, in der es mit den Erfahrungen umgeht, die als ein Ergebnis erfolgreicher Regression ins Bewußtsein aufsteigen.

Auch der Gebrauch von Bestätigungen und Bildvorstellungen zur Veränderung bewußter Denkmuster ist selbstverständlich keine Neuigkeit, die mit Orrs Verfahren aufkam. Affirmationen und Bildvorstellungen bilden nicht nur einen Bestandteil der Verfahren der *Verhaltensmodifikation,* sondern werden auch im gewöhnlichen *Gebet* und im *Bittgebet,* wie es in den meisten Religionen praktiziert wird, eingesetzt. Im Rebirthing kommt ihnen jedoch eine völlig andere Funktion zu.

Besonders hervorzuheben ist, daß Orrs Theorie und Praktiken des Rebirthing nicht auf den etablierten Psychotherapien basieren. Vielmehr liegen die Ursprünge des Rebirthing fast völlig außerhalb des Rahmens medizinisch orientierter Psychologie. Rebirthing war ein Ergebnis von Orrs Bemühungen, selbst zu einem höheren Bewußtsein zu gelangen; seine Wurzeln liegen in der *Metaphysik,* hauptsächlich in der Tradition des *Yoga* und in fundamentalistischen *christlichen* Glaubensanschauungen.

Anfänge

Die Anfänge des Rebirthing liegen im Jahr 1968, als sich Leonard Orr dem zuwandte, was er „Selbstverbesserungsarbeit" nannte. Bis zu diesem Zeitpunkt hatte er keinerlei akademische oder professionelle Erfahrung und auch keine Ausbildung in psychotherapeutischen Methoden erhalten. Ebensowenig war er irgendwie besonders in den Bewegungen engagiert, denen es um eine Hebung des Bewußtseins oder um persönliches „Wachstum" ging.

1968 faßte Orr den Entschluß, ein Experiment durchzuführen: Er wollte versuchen, wohlhabend zu werden, indem er genau das tat, wonach ihm war, nämlich seine Vollzeitbeschäftigung als Verkäufer einzuschränken und statt dessen eine halbe Woche im Monat zu Hause zu verbringen und Bücher über Metaphysik zu lesen. Er schaffte es tatsächlich, sein Einkommen zu verdreifachen. Mehrere seiner Klienten entwickelten ein solches Interesse an den Ideen, mit denen er sich beschäftigte, daß sie ihn dafür bezahlten, zu Hause zu bleiben und mehr zu lesen, damit er ihnen dann über all das berichten könnte, was er herausfand; auf diese Weise hofften auch sie, die Qualität ihres Denkens zu vervollkommnen.

Im Verlauf der nächsten sechs Jahre veranstaltete Orr zahlreiche Seminare über „Wohlstandsdenken", „Selbstanalyse" und „lebendige Beziehungen". Die Gedanken, die er mit seinen Anhängern und Zuhörern diskutierte, kamen ihm, während er danach strebte, aus seinem Bewußtsein alle die Ideen und Gefühle zu entfernen, die negativer Natur waren. Hierzu veranlaßte ihn die beim Lesen metaphysischer Lektüre gewonnene Überzeugung, daß unsere Umwelt und unser Sein, unsere Existenz, ihren Ursprung in unseren Gedanken haben.

Was er über Psychologie gelesen hatte, überzeugte ihn davon, daß die *Glaubenssysteme,* zu deren Bildung es in der frühen Entwicklung kommt, die einzigen Grenzen sind, die unseren Gedanken gesetzt sind; so versuchte er, sich von den Überresten solcher frühen gravierenden Erfahrungen zu befreien, indem er eine *Selbstanalyse* unternahm. Da in diesem Leben die frühestmögliche Quelle eines Traumas die *Geburtserfahrung* selbst ist, machte sich Orr daran, die Bedingungen der Geburt zu simulieren; in diesem Bemühen wollte er seine eigene Geburt wiedererleben und auf diese Weise die Freiheit gewinnen, die negativen Glaubenssysteme abzulegen, die er in jener Zeit aufgebaut hatte. So verbrachte er denn einen Großteil seiner Zeit damit, heiße Bäder zu nehmen; häufig tauchte er dabei sogar völlig unter und atmete durch einen Schnorchel. Damit wollte er sein pränatales Erleben wiederherstellen, um so von dort aus durch die Geburt in eine bewußte Wirklichkeit hineinzugehen. Er hatte Erfolg und erlebte seine Geburt wieder.

Ursprünglich nahm Orr an, wesentliches Element seines Vermögens, die Geburtserfahrung wiederzuerleben, wäre es, in einer simulierten intrauterinen Umgebung zu sein. Erst mehrere Jahre später erkannten Orr und seine Mitarbeiter, daß die wesentliche Bedingung, die zu diesem Wiedererleben führte, das *ununterbrochene Atmen* war, das sich einstellte, während sie sich im warmen Wasser entspannten. Die ursprüngliche Technik, unter dem Namen „*nasse Wiedergeburt*" (wet Rebirth) bekannt, wird immer noch, wenn auch selten, ausgeübt. In der Regel wird Rebirthing nicht im Wasser, sondern in üblicher Umgebung praktiziert.

Nachdem Orr etwa drei Jahre lang an seinen Geburtserfahrungen gearbeitet hatte, lud er 15 seiner Seminarmitglieder dazu ein, in ein heißes Bad zu steigen und sich so tief zu entspannen, daß sie in ihre Vergangenheit zurückgehen und ihre eigene Geburt wiedererleben könnten. Zur Herstellung einer solchen Entspannung und des dafür notwendigen Vertrauens wurden sie zuvor durch lange Gespräche über ihre Befürchtungen unterstützt, insbesondere was ihre Eltern und das Sterben anging. An jenem Abend im März 1974 erlebten außer Orr noch einige andere das Phänomen der Wiedergeburt.

Kurz danach schlossen sich Orr und einige Freunde zu einer Gemeinschaft zusammen und bezogen ein viktorianisches Herrenhaus in San Francisco. Sie praktizierten weiterhin häufig die Technik der „nassen Wiedergeburt", und sie fuhren fort, an der Entwicklung der Konzepte zu arbeiten, die die theoretische Grundlage des Rebirthing bilden. Ein Bericht dieser frühen Aktivitäten und Ergebnisse wurden von Orr und Ray (1977) publiziert. Dem Haus wurde der Name *Theta-Haus* gegeben, weil Orr den griechischen Buchstaben Theta – θ – als ein Symbol unendlichen Seins, wie es sich in Materie manifestiert, benutzte. Dieses Gebäude war Hauptquartier der Theta-Seminare, bis sich die Rebirthing-Bewegung von San Francisco ausgehend nach anderen Teilen der Vereinigten Staaten und dann nach Europa und Indien ausdehnte. Als Ergebnis dieser schnell wachsenden Basisbewegung entstanden verschiedene Theta-Häuser, Rebirth-Zentren und Organisationen auf örtlicher und nationaler Ebene.

Seit 1976 werden alljährlich im Rahmen der Jubiläumstreffen aller Rebirther besondere Ausbildungsveranstaltungen für Fortgeschrittene durchgeführt. Bei diesen Veranstaltungen haben eine Reihe Rebirther aufgrund der einmütigen Zustimmung aller anderen Teilnehmer die Anerkennung als „geprüfte Rebirther" erhalten.

Mehrere dieser geprüften Rebirther einschließlich Leonard Orr waren die Hauptantriebskräte der *Rebirthing-Bewegung*. Sie zogen durch das ganze Land, um Ausbildungsveranstaltungen und Seminare abzuhalten. Seit Beginn des Jahres 1978 gibt es ein Internationales Rebirth-Trainingszentrum, das Theta Growth Center of the High Sierras, das in einem Areal von 680 Morgen Land bei Campbell Hot Springs, Kalifornien, gelegen ist.

Andere Rebirther haben zur wachsenden Bekanntheit des Rebirthing durch ihre Mitarbeit an einem Projekt beigetragen, das von Orr im Januar 1979 unter dem Namen „Rebirth America" lanciert wurde. 50 Rebirth-Ausbilder oder Ausbilderteams werden im Turnus jeden der 50 Staaten Amerikas bereisen und dort sowohl Rebirth-Trainingskurse und Seminare als auch Rebirthing-Sitzungen und Beratungen abhalten.

Seit Herbst 1979 läuft ein ähnliches Programm, „Rebirth Europe", in Europa. Das Hauptquartier für „Rebirth America" und „Rebirth Europe" ist in Campbell Hot Springs.

Gegenwärtiger Stand

Derzeit, im Herbst 1979, arbeiteten annähernd 2000 Personen als professionelle Rebirther in den Vereinigten Staaten, Europa und Indien. Unter diesen Rebirthern gibt es mehrere Hundert mit professioneller Ausbildung, die Rebirthing in ihren Praxen ausüben. Zu ihnen gehören Schwestern und Pfleger, Hebammen, praktische Ärzte, Psychiater, Atemtherapeuten, Sozialarbeiter, Lehrer und Klinische Psychologen. Eine professionelle Ausbildung in einem der Heilberufe ist jedoch nicht Voraussetzung für die Teilnahme an dem einwöchigen Rebirth-Training.

Orr und die anderen geprüften Rebirther stimmen darin überein, daß die Eigenschaften, die eine Person zu einem erfolgreichen Rebirther und Rebirth-Ausbilder machen, von selbst zum Vorschein kommen, wenn ein Mensch in seinem Denken, Vorstellen und Fühlen die negativen Assoziationen aufgibt. Die Normen für die Anerkennung als *geprüfter* bzw. als *registrierter* Rebirther werden ständig angehoben.

Das Rebirth-Training besteht aus einem einwöchigen Intensivkurs im Einsatz der Techniken des ununterbrochenen Atmens und der Affirmation; zu ihm gehört auch die Teilnahme an mehreren Seminaren über verschiedene Aspekte der Rebirthing-Philosophie. Da an Stipendien leicht heranzukommen ist, handelt es sich bei vielen Klienten und Kursteilnehmern um finanziell schlecht gestellte Personen, die durch Rebirthing ihr Einkommen aufbessern wollen. Ein einwöchiges Training umfaßt üblicherweise drei Rebirthing-Sitzungen und die Teilnahme an drei Seminaren.

Rebirther, die zumindest an einem einwöchigen Rebirth-Trainingskurs teilgenommen haben, der von einem geprüften Rebirther geleitet wurde, und die von einem geprüften Rebirther sekundiert werden, können „registrierte Rebirther" werden, wenn sie andere allgemeine Qualifikationen haben. Alle als Mitglieder aufgenommenen, registrierten und geprüften Rebirther sind Mitglieder von Rebirth International, dessen Hauptquartier in Campbell Hot Springs liegt.

Während ich dieses Kapitel verfasse, laufen als Teil des Rebirth-America-Projekts in nahezu der Hälfte der Staaten der USA Ausbildungsprogramme mit regelmäßig stattfindenden Trainingskursen; etwa ein Dutzend Rebirth-America-Ausbilder bereisen die Trainingsroute.

Mehr als 10 000 Menschen haben Rebirthing persönlich erfahren und weitaus mehr haben an Seminaren teilgenommen.

Jeder, der über einen Zeitraum von 12 Monaten an monatlichen Seminaren teilnimmt und sich zu ihrem Besuch verpflichtet, gehört Theta International an, in deren Händen die Koordination des einjährigen Seminarprogramms liegt. Rebirther zu sein ist nicht Bedingung, um Mitglied eines solchen Seminars (one-year seminar oder OYS) zu werden; die meisten Mitglieder sind jedoch Rebirther. Gegenwärtig finden mehrere Dutzend OYS statt.

Wer sich über das Angebot von Seminaren oder Trainingsprogrammen informieren oder einen ausgebildeten Rebirther zu einer privaten Sitzung aufsuchen will, kann sich an Theta International oder Rebirth International, aber auch an lokale Rebirth- oder Theta-Zentren und deren Organisatoren wenden.

Das International Journal of Rebirthing erscheint seit Frühling 1979. Sein Zweck ist es, ein Forum für Fachleute zur Kommunikation über Rebirthing bereitzustellen.

Bücher und Tonbandkassetten über Rebirthing gibt es unter anderem zu den folgenden Themen: Selbstanalyse, Wohlstandsdenken, Liebe in zwischenmenschlichen Beziehungen, elterliche Mißbilligung, körperliche Unsterblichkeit, spirituelle Psychologie und Verbesserung von Gesundheit und Lebensgewohnheiten.

Theorie

Die Persönlichkeit beruht gemäß der Theorie des Rebirthing auf den Überlegungen oder den Eindrücken vom Selbst und von der Realität, die während des Geburtserlebens gebildet wurden. Diese fundamentalen Konzepte nehmen die Funktion von Leitlinien – hier als *persönliche Gesetze* („personal laws") bezeichnet – an, die dem Menschen in seinen Reaktionen auf alle später im Leben auftretende Ereignisse, die in Form oder Inhalt ähnlich sind, Grenzen setzen.

In dem Maß, in dem Ereignisse in der späteren Kindheit die perinatalen Umstände widerspiegeln, tragen auch diese späteren Ereignisse zu vermehrter Negativität bei. Diesen psychischen Traumen wird jedoch weniger Bedeutung als der Geburt beigemessen.

Die vom Rebirthing vertretene Auffassung von den Determinanten der Persönlichkeit kann in gewissem Sinn als eine ins Extrem vollzogene Weiterführung der traditionellen *psychoanalytischen* Sichtweise betrachtet werden: Freud betrachtete die Persönlichkeit als Ergebnis der Lösung des Ödipuskonflikts; später wurde die Persönlichkeit von Freudianern als in hohem Grad durch präödipale Ereignisse bestimmt aufgefaßt, insbesondere durch Ereignisse, die mit dem Abstillen und dem Sauberkeitstraining zu tun haben; wiederum andere psychoanalytisch orientierte Theoretiker sehen das Geburtstrauma als die wesentliche Determinante an. Auf den ersten Blick scheint Orrs Standpunkt von daher nicht ohnegleichen zu sein, obwohl Orr der Geburt an sich größere Bedeutung zuschreibt, als ihr von anderen zuerkannt wird.

Trotzdem ist Orrs Theorie einzig in ihrer Art, insofern sie annimmt, daß der einzelne Mensch für den Vorgang der Geburt selbst verantwortlich ist; seine Theorie bildet das Fundament für Verfahren, die sich von den meisten anerkannten Psychotherapien völlig unterscheiden.

Indem das Rebirthing die *Geburt* als die wesentliche Persönlichkeitsdeterminante begreift, läßt sich erklären, warum sich scheinbar identische Kindheitstraumen in ihren Effekten signifikant unterscheiden können. Hier ein Beispiel: Wenn eine Mutter im ersten Lebensjahr ihres Kindes erkrankt und stationär im Krankenhaus behandelt werden muß, kann das Kind stark depressiv reagieren; ein anderes Kind wird vielleicht einfach nur vorübergehend weinerlich. Die Geburt des ersten Kindes kann eine gewöhnliche Krankenhausentbindung gewesen sein: Die Verbindung des Säuglings mit dem Unterstützungssystem der Plazenta wird mit der Trennung der Nabelschnur abrupt beendet, bevor der Neugeborene unabhängig zu atmen beginnt; während er gereinigt, gewogen, gemessen, identifiziert und medizinisch versorgt wird, wird er von der Mutter ferngehalten; schließlich wird er mit der Mutter zusammengebracht, um ihr gleich wieder weggenommen und in eine Säuglingsstation gelegt zu werden; nur zu begrenzten, nicht gerade häufigen Fütterungszeiten sind Mutter und Kind wieder zusammen. Das zweite Kind hatte vielleicht das Glück, *vor der Abnabelung* der Mutter belassen zu werden und mit unabhängigem Atmen beginnen zu dürfen; vielleicht hatte es auch die ersten Tage nach der Geburt fortwährend Kontakt mit der Mutter und war ständig in ihrer Nähe.

Rebirthing erklärt auch, warum Kinder, die in fast identischer Weise in ein und derselben Familie aufgezogen wurden, sich beispielsweise in ihren Lebenseinstellungen grundlegend unterscheiden können. Nehmen wir ein Beispiel: Ein erstgeborenes Kind, in der Regel nach längeren Wehen als die späteren Kinder derselben Mutter geboren, entwickelt möglicherweise die grundlegende Überzeugung, kämpfen zu müssen, wenn es zu etwas kommen will, oder auf dem Weg dorthin von niemandem unterstützt zu werden; ein später geborenes Kind, oft sehr rasch von der gewohnten Umgebung im Uterus zur Entbindung gebracht, kam unter Umständen zu der Überzeugung, sich für nichts besonders anstrengen zu brauchen – es kann gar sein, daß es überhaupt nicht weiß, wie es seine Energien selbständig aktualisieren kann – oder nie genug Zeit zu haben, sich ein Bild davon zu machen, was eigentlich geschieht.

Rebirthing hat auch eine Erklärung dafür, warum selbst ein sehr erfolgreicher Mensch, dem große Leistungen gelungen sind, ein äußerst negatives Selbstkonzept mit sich herumtragen kann. Hat er eine gewisse Enttäuschung bei der Mutter gespürt, als diese erfuhr, einen Jungen und nicht ein Mädchen zur Welt gebracht zu haben, kann er, selbst wenn sie diese Haltung nie wieder fühlt oder zeigt, das „persönliche Gesetz" angenommen haben, es niemandem recht machen zu können, ganz gleich, was er unternimmt.

Die Hauptthese der Rebirthing-Theorie lautet: *Denken ist kreativ, und die Denker sind wir.* Damit wird Realität als kontinuierliche Manifestation unserer

Gedanken aufgefaßt. Jeder von uns baut an dem Universum, in dem wir leben, und gehorcht dabei den „persönlichen Gesetzen", an denen wir festhalten. Erscheinen einige Aspekte dieses Universums als uns widerstrebend, dann sind diese Aspekte als Manifestationen eines negativen Gedankens zu betrachten, von dem wir uns noch nicht gelöst haben. Somit spiegelt die Qualität unseres Lebens die Qualität unserer Gedanken wider. Wenn etwas in unserem Leben schiefläuft, gilt es die Negativität in unseren Gedanken aufzugeben, die die Störung zu erzeugen scheint. Hauptverantwortlich dafür sind die Überzeugungen, die in der perinatalen Phase gebildet wurden.

Indem Klienten im Verlauf der Rebirthing-Sitzung ihre Geburt wiedererleben, werden sie frei, ihre „persönlichen Gesetze" zu überprüfen, und können wählen, ob sie diese aufgeben oder realitätsgerechter formulieren wollen. Auf diese Weise verändern sich die Gedanken der Klienten, und sie sind imstande, ihr Leben fast mühelos zu verändern.

Sie werden fähig, sich von ihren „persönlichen Gesetzen" zu lösen, während sie atmen – einfach atmen. Abreaktion, Katharsis und selbst verbaler Ausdruck werden von Rebirthern durchweg als etwas angesehen, das nichts einbringt, und als etwas, das genauso wenig therapeutisch ist, wie bloßes Ausagieren es in den Augen der meisten traditionellen Therapeuten ist. Rebirthing behauptet, therapeutische Effekte ergeben sich *nur,* wenn man aufhört, über Vergangenes zu klagen; damit aufzuhören gelinge am einfachsten durch *ununterbrochenes Atmen* und durch Ersetzen der alten Negativität durch *Affirmationen*.

Wenn Denken schöpferisch ist, so argumentiert die Rebirthing-Theorie, muß das Denken des einzelnen dafür verantwortlich gewesen sein, eben die Umstände seiner Geburt hergestellt zu haben, die es zu den negativen Gedanken kommen ließen, die er zur Zeit der Geburt als „persönliche Gesetze" aufstellte. Mit dieser Argumentation entfernt sich die Rebirthing-Theorie von der eigentlichen Psychologie und tritt in Bereiche, mit denen sich gewöhnlich *Metaphysik* und *Theologie* befassen. Dieser Standpunkt läßt sich einfacher darstellen, nachdem andere Rebirthing-Konzepte diskutiert worden sind.

In der Art und Weise, wie es mit der Vergangenheit angehörenden Transaktionen zwischen Kind und Eltern umgeht, unterscheidet sich Rebirthing grundlegend von den meisten anderen Psychotherapien. Der Klient wird *nicht* angehalten, negative Gefühle gegenüber den Eltern einzugestehen und auszudrücken, oder zu akzeptieren, daß die Eltern negative Gefühle ihm gegenüber hatten. Zu Katharsis und Abreaktion wird, wie bereits gesagt worden ist, nicht ermutigt. Statt dessen konzentriert sich Rebirthing darauf, Klagen über Vergangenes aufzugeben; niemandem wird Schuld zugeschrieben. Das ununterbrochene Atmen ermöglicht es Klienten, die Negativität aufzugeben, die zu der Ignoranz gehörte, mit der sie ihre Eltern und mit der ihre Eltern sie behandelt haben. Damit ist für Klienten der Weg frei, ihre ganze Liebe und das ungebrochene Vertrauen wiederzuerleben, die sie ursprünglich als Säuglinge gegenüber den Eltern gespürt haben, was auch immer später geschehen sein mag. Wie für die Umstände der Geburt übernehmen Klienten auch die Verantwortung dafür, jedwede sogenannte negative Beziehungen zu den Eltern hergestellt zu haben.

Besondere Nöte, Verletzungen und Krankheiten und dergleichen hinterlassen ebenfalls ein Erbe der Negativität, das während der Rebirthing-Sitzung sichtbar wird. Da alle diese Ereignisse als Manifestationen des zum Zeitpunkt ihres

Auftretens herrschenden Denkens zu betrachten sind, müssen sie als etwas verstanden werden, das vom Betroffenen herbeigesehnt wurde. Und da weiterhin angenommen wird, daß der Mensch sich selbst keinen Schaden zufügen will, müssen diese vergangenen, sogenannten negativen Ereignisse von ihm gewählt worden sein, um etwas Bestimmtes über Beziehungen lernen zu können. Die Aufmerksamkeit wird deshalb darauf gerichtet, was gelernt worden ist, und es ist darauf zu achten, daß sich der Klient dem Gelernten stellt und so entdeckt, was er daraus positiv für sich machen kann.

Die Rebirthing-Theorie kennt also keine Opfer. Alles, was Menschen widerfahren ist, haben sie selbst geschaffen, durch ihr Denken geschaffen. Sie sind Schöpfer eines vollkommenen Universums, in dem es ihnen völlig freisteht, sich ihrer Negativität zu entledigen, die Unterstützung dieses Universums entgegenzunehmen und genau das entgegenzunehmen, was sie brauchen, sobald sie es als Bedürfnis anerkennen. Diese Auffassung ähnelt sehr stark Ideen, wie sie in der Tradition des *Yoga* und des *Hinduismus* zu finden sind. Sie führt zur Formulierung einer Variante der Theorie der *Reinkarnation:* Im Verlauf dieses Lebens hat der Mensch bestimmte Dinge zu lernen, und der Mensch schafft ständig Situationen, in denen er diese Dinge lernen kann; werden sie nicht gelernt, wird man mit ihnen als Lernaufgabe in einem zukünftigen Leben konfrontiert werden. Hat der Mensch sich einmal von jeglicher Negativität befreit und hat er erfahren, was *Universelle Liebe* ist, erlebt er einen anhaltenden Zustand der Seligkeit.

Der gesunde, reife Mensch, der sich von jeder Negativität gelöst hat, weilt ständig im *Hier-und-Jetzt*, hat sich aller Bindungen an die Vergangenheit entledigt und baut auf das Selbst und das Universum, für alle Zeiten sicher zu sein.

Der *Atem* wird als die „Regenbogenbrücke" zwischen subjektiver und objektiver Wirklichkeit gesehen. Mit dem Einatmen stellen die Menschen wieder eine beständige Verbindung zu *Unendlicher Offenbarung, Unendlichem Wissen* und *Unendlicher Liebe* her; durch das Ausatmen wird eine von Vertrauen und Unterstützung getragene Beziehung mit dem von ihnen selbst erschaffenen Universum wiederaufgenommen.

Der Mensch, der die Negativität abgeschüttelt hat, die mit dem gekoppelt ist, was die „Five Biggies" – (1) Geburt, (2) erstes Atmen und Lebens- und Todeskampf, (3) elterliche Mißbilligung, (4) spezifische Negativa und (5) frühere Leben – genannt wird, ist so in einer Position unbegrenzter Selbstbestimmung bezüglich jeglichen zu seiner Existenz gehörenden Geschehens, einschließlich solcher Vorgänge wie Altern und Sterben. Wenn der Mensch persönliche Verantwortung ohne Einschränkung akzeptiert, kann *körperliche Unsterblichkeit* von da an – im Gefolge dieses Akzeptierens – möglich werden.

Während solche Ideen wie körperliche Unsterblichkeit und die Umkehrung des Alterns die meisten Menschen zunächst verwirren, werden diese Vorstellungen völlig akzeptierbar und normal für Menschen, die Rebirthing regelmäßig betreiben, bis sie die totale Befreiung vom Geburtstrauma erleben. Rebirthing als ein Prozeß und als ein in Sprache gefaßter Satz von Ideen ist natürlich noch äußerst jung; von daher ist es noch zu keiner großen Veränderung der Grundideen, wie sie von Leonard Orr und den ihm zu Beginn seiner Arbeit Nahestehenden formuliert wurden, gekommen.

Die bemerkenswerte Freundlichkeit zwischen Rebirthern und deren Gemeinschaftssinn ergeben sich nicht aufgrund einer gemeinsamen theoretischen Position. Beides ist vielmehr natürlicher Ausdruck der tiefen Liebe, die mit fortgesetztem Rebirthing immer mehr als etwas Beständiges empfunden wird.

Die Distanz, die in den westlichen Religionen zwischen Mensch und Gott gesehen wird, wird in der Rebirthing-Theorie völlig überwunden. Genauso wie der Atem als „Regenbogenbrücke" zwischen subjektiver und objektiver Wirklichkeit betrachtet wird, wird er auch als Brücke zwischen dem Menschen als einzigartigem Individuum und als Gottheit angesehen. Während er ganz im Prozeß des Atmens versunken ist, erlebt der Rebirthee, wie er sich mit Gott identifiziert. Erkennt man an, daß Denken schöpferisch ist, führt das unwillkürlich zur Anerkennung dessen, daß wir alle eins sind und jeder von uns Gott ist.

Methoden

Die Praxis des Rebirthing ist sehr einfach und kann überall dort erfolgen, wo dem ausgebildeten Rebirther Zeit und Raum geboten wird, den Klienten in einer entspannten, sicheren Atmosphäre zu leiten. Die meiste Zeit wird beim Rebirthing in einem ruhigen Raum verbracht; der Klient liegt auf dem Boden, und die Teile des Körpers, die nicht aufliegen, werden zusätzlich durch Kissen abgestützt. Decken werden in der Nähe bereitgehalten, damit er, wenn er das wünscht, zugedeckt werden und so entspannt wie möglich sein kann. Es wird alles unternommen, um Behaglichkeit zu schaffen, so daß während der Rebirthing-Sitzung keine negativen Einflüsse wirksam sind. Wir sollten jedoch nicht verschweigen, daß es auch möglich, wenn auch nicht unbedingt erwünscht ist, Rebirthing zu praktizieren, während man im Flugzeug sitzt, im Auto fährt oder inmitten eines lauten Raumes sitzt oder liegt, in dem Seminare oder andere Aktivitäten stattfinden.

Vor der Sitzung hat der Klient Gelegenheit gehabt, an einem Seminar teilzunehmen, das sich mit den Grundideen, auf denen Rebirthing beruht, beschäftigt. Hat er ein solches Seminar nicht besucht, wird der ausgebildete Rebirther diese Inhalte mit dem Klienten vor der Sitzung allein durchgehen.

Beim Rebirthing besteht für den Klienten die Garantie, das in der Regel vor Beginn der Sitzung bezahlte Honorar unverzüglich in voller Höhe erstattet zu bekommen, falls er am Schluß der Sitzung unzufrieden ist. Für den Klienten bestehen damit auch am Ende der Sitzung keinerlei Verpflichtungen. Rebirther handhaben es für ihren Teil meist so, daß sie jeweils nur einen Termin im voraus festlegen, so daß Bedingungen für die Zukunft einfach neu vereinbart werden können, wenn etwa der Klient mit einem anderen Rebirther arbeiten will.

Bevor mit dem *ununterbrochenen Atmen* begonnen wird, kann der Rebirther mit dem Klienten über dessen gegenwärtige Lebenssituation sprechen; dabei wird er von dem Ziel geleitet, angemessene Affirmationen zu bestimmen, mit deren Hilfe Aspekte der tatsächlichen Lebenssituationen, die der Klient zu verändern wünscht, korrigiert werden sollen. Angaben der Klienten über Probleme werden als solche aufgegriffen, ohne in ihrem Inhalt weiter hinterfragt zu werden. Die Affirmation besteht häufig bloß darin, die Verantwortung für die Situation zu übernehmen. Einer Klientin, die über ihren Freund klagt, kann die Affirmation gegeben werden: „Meine Beziehung zu meinem Freund ist genau so, wie ich sie mir wünsche."

Die meisten Rebirther vereinbaren mit den Klienten zu Beginn der Sitzung, wie lange diese dauern soll. Gewöhnlich wird abgemacht, daß beide sich mindestens eine Stunde lang ganz auf das ununterbrochene Atmen des Klienten konzentrieren werden oder das solange tun, bis ein *Rebirth-Zyklus* geschlossen wird. Eine solche Abmachung erlaubt es dem Rebirther, so etwas wie einen Zeitplan einzuhalten, und hilft dem Klienten, insofern er dann weiß, wann er noch weitermachen soll. Die meisten Sitzungen dauern etwa ein bis zwei Stunden, es hat aber auch Sitzungen gegeben, die sich über fünf oder gar sieben Stunden hingezogen haben; viele Sitzungen kommen nach 20 oder 30 Minuten zum Abschluß. Wenn der Rebirther sich dafür entscheidet, den Klienten ohne vorher festgelegte Zeitgrenzen beginnen zu lassen, werden Sitzungen gewöhnlich auf einen Vormittag, einen Nachmittag beziehungsweise einen Abend begrenzt.

Normalerweise erklärt sich der Klient damit einverstanden, solange mit dem Rebirther zu arbeiten, bis er, der Klient, eine Lösung seines Atmens (breathing release) spürt – das heißt, bis der Klient wiedererlebt, wie er den ersten Atemzug nach seiner Geburt getan hat. Danach kann der Klient einfach und voll durchatmen, ohne daß ihn jemand dazu anhält, und kann sich selbst nach Belieben zum Erleben des Rebirth bringen. Rebirther, die zur Leitung von Trainingskursen anreisen, treffen dahingehend Vereinbarungen, daß der Klient mit einem lokalen Rebirther weiterarbeitet, bis es zur Lösung im Atmen gekommen ist.

Nachdem die Sitzung begonnen hat, trainiert der Rebirther den Klienten und veranlaßt ihn gegebenenfalls zu Veränderungen im Atemmuster, die notwendig werden können, um das ununterbrochene Atmen aufrechtzuerhalten. Der Rebirther atmet dabei häufig selbst betont hörbar, um den erwünschten Rhythmus oder das anzustrebende Muster zu demonstrieren. Möglicherweise hilft es dem Klienten, länger, tiefer, langsamer, kräftiger und so fort einzuatmen, um irgendwelche Blockierungen zu beseitigen, die die vollständige Ausdehnung des ganzen Brustkorbs während des Einatmens und sein entspanntes Einsinken während des Ausatmens behindern.

Es liegt im Ermessen des Rebirthers, ob er den Klienten *berührt* oder nicht, sei es, um ihn zu beruhigen, sei es, um seine Körperlage zu verändern. Der Rebirther wird von seiner Intuition und nicht von Regeln geleitet. Häufig spürt der Rebirther unmittelbar in seinem eigenen Körper Empfindungen, die gleichzeitig vom Klienten erlebt werden. Ob ein solches *geteiltes Erleben* vorliegt, wird durch offene Fragen ermittelt. Es wird sorgfältig darauf geachtet, daß keine in Fragen gekleidete Suggestionen gegeben werden.

Wenig Beachtung wird den vorübergehenden körperlichen Erscheinungen geschenkt, die vom Klienten gewöhnlich zu Beginn der Sitzung mitgeteilt werden, wie etwa Trockenheit im Mund oder in der Nase, Verstopfen der Nase, Jucken und Druckgefühle. Dem Klienten wird versichert, daß diese Phänomene im weiteren Verlauf des Atmens vergehen werden. Ihm wird eindringlich empfohlen, sich nicht zu bewegen, nicht zu gähnen, nicht zu reden und auch nicht zu versuchen, aufkommende Gedanken, Vorstellungsbilder und Gefühle festzuhalten; statt dessen wird er dazu angehalten, sein Bewußtsein auf seinen Atem zu konzentrieren. Diese Gedanken, Vorstellungsbilder und Gefühle werden nur als *alte Negativität* betrachtet, die an die Oberfläche des Bewußtseins kommt, während der Klient im Begriff ist, sie mit dem Ausatmen auszustoßen. Gelegentlich wird der Rebirther intuitiv gewahr, daß es wertvoll sein könnte, dem Klienten Reden oder Bewegungen zu gestatten; gewöhnlich wird der Klient aber daran erinnert, daß die beim Rebirthing zu leistende Arbeit im Atmen besteht und es nicht darum geht, zu dramatisieren oder alte Sachen zu erzählen, die auf den Abfallhaufen gehören.

Rebirthing ist nicht Hyperventilation. Der Klient richtet sein Hauptaugenmerk am besten auf das *Einatmen;* er unterstützt das Einatmen gezielt, indem er Bauch, Schultern, Rücken und Becken entspannt. Das Ausatmen ergibt sich, wenn man einfach jegliche Anspannung ganz aufgibt, so daß sich die Rippen senken und das Zwerchfell entspannen können. Der Klient unternimmt keinerlei Anstrengung, übermäßig abzuatmen oder die Lunge leer zu machen. Auf diese Weise kommt es nicht zu einer Abnahme der Kohlendioxydkonzentration des Blutes und damit auch nicht zu einer Veränderung des Calciumgehaltes des Blutes, wie das bei Hyperventilation der Fall ist. Im Gegensatz zur Hyperventilation kommt es beim Rebirthing also zu einer Anreicherung des Sauerstoffgehaltes im Blut, ohne daß damit ein Anstieg in der Produktion oder in der Freisetzung von Kohlendioxyd einhergeht. (In diesem Zusammenhang sei erwähnt, daß die meisten Menschen beim *Jogging* oder *Langstreckenschwimmen* ein ungeheures Wohlgefühl erleben, das dem sehr ähnlich ist, das sich im Verlauf des Rebirthing einstellt. Das durch solche körperliche Aktivität erzeugte abgehobene Erleben ist jedoch nicht so extrem wie im Fall des Rebirthing, weil mit der körperlichen Betätigung selbst Abfallstoffe produziert werden; das Atmen ist dann damit beschäftigt, neu hergestellte Negativität abzusondern, und kann sich deshalb nicht damit abgeben, alte Negativität auszuscheiden.)

Es kann sein, daß Menschen, für die Rebirthing etwas Neues ist, gegenüber dem Universum nicht das Vertrauen haben, daß es das, was sie ausatmen, einfach aufnimmt; statt dessen werden sie beim Ausatmen entweder vorsichtig sein, ihren Atem nur langsam abgeben oder ihn bewußt aus sich herausblasen. Dabei werden sie nicht von selbst locker, sondern versuchen angestrengt, locker zu werden. Menschen, die gemäßigt und vorsichtig atmen, brauchen möglicherweise mehrere Sitzungen, bevor sie sich in der gegebenen Situation sicher genug fühlen und allmählich ihre Zurückhaltung aufgeben. Menschen, die sich beim Ausatmen anstrengen, erleben gewöhnlich Symptome der Hyperventilation.

Der *hyperventilierende Klient* wird daran erinnert, daß Kribbeln, Gefühllosigkeit, Erstarren und Krämpfe, die er unter Umständen erlebt, vorübergehender Natur sind und schwinden werden, sobald er dem zum Rebirthing gehörenden Atemmuster folgt, bei dem Luft bewußt in die Lunge hereingezogen wird und ohne jede Anstrengung ausgeatmet wird. Da der Klient nur deshalb so angestrengt ausatmet, weil er Angst davor hat, seine Geburt wiederzuerleben (Angst hat, er werde dadurch getötet), kann ihn der Rebirther daran erinnern, daß er seine Geburt überlebt hat.

Der Rebirthing-Therorie zufolge handelt es sich beim *Schmerz* um die mit dem Festhalten an negativem Denken verbundene Anstrengung. Der Klient, der Schmerz erlebt, wird deshalb aufgefordert, sich als Affirmation zu sagen, daß er atmet und sich so von Negativität befreit: „Mit jedem Atemzug, den ich nehme, nimmt meine Lebendigkeit zu und meine Negativität ab" oder: „Jeder Atemzug, den ich mache, gestattet es mir, die Negativität loszulassen, die in meinem Körper, meinem Geist, meinem Herzen und meiner Seele gespeichert ist."

Klienten, die allmählich spätere Kindheitsereignisse wiedererleben, Ereignisse, in denen elterliche Mißbilligung (parental disapproval syndrome) eine große Rolle spielte, werden dazu gedrängt zu erkennen, daß sie es nur mit alten Gefühlen zu tun haben, die sie spüren, während sie entladen werden; diesen Klienten steht es frei, sich zu bewegen, zu weinen oder zu schreien, wenn sie das wollen, solange sie dabei das Muster ununterbrochenen Atmens aufrechterhalten. Um diesen Prozeß zu beschleunigen, lassen sich mehrere verschiedene Affirmationen einsetzen: „Ich verzeihe meinen Eltern jetzt die Ignoranz, mit der sie mich behandelt haben"; „Ich verzeihe mir jetzt die Ignoranz, mit der ich meine Eltern behandelt habe"; „Ich bin nicht meine Mutter"; „Ich bin nicht mein Vater" und „Je mehr ich ich selbst bin, desto stärker empfinde ich die Liebe zwischen mir und meinen Eltern."

Nach etwa einstündigem Atmen in der Manier des Rebirthing verliert der Klient das Wissen darum, im Hier-und-Jetzt zu sein – er erlebt nicht mehr irgendwelche alte Negativität, sondern geht vielmehr in einen anderen Bewußtseinszustand über. In dieser Phase, in der das ununterbrochene Atmen häufig für Minuten eingestellt wird, berichten Klienten ganz unterschiedliche *Transzendenzerlebnisse:* außerhalb seines Körpers zu sein, andere Formen angenommen zu haben, Interaktionen mit Gestalten aus der Mythologie, mit Archetypen usw. Es werden auch *Träume* jüngeren Datums oder die Realisierung spezifischer Verhaltensweisen erinnert, die sich in Umgebungen abspielten, deren Zugehörigkeit zu einem früheren Zeitalter sehr leicht zu erkennen ist, von daher völlig vertraut sind. In dieser Phase werden auch *kosmische Gefühle* totaler Seligkeit erlebt, wobei Menschen in einen stetigen Fluß liebender Energie eintauchen – ein oft so intensives Erleben, daß es orgastisch ist.

Wenn das ununterbrochene Atmen während dieser Ekstase auch für Minuten aussetzt, macht der Rebirther keinen Versuch, den Klienten zu solchem Atmen zu stimulieren. Der Rebirther erkennt intuitiv, daß es sich hier um eine Unterbrechung handelt, die anders als die ist, die vorher in der Sitzung auftrat. Häufig werden andere Menschen in merkwürdiger Weise gewahr, daß etwas Entscheidendes passiert: Wenn die Umstände der tatsächlichen Geburt ungewöhnlich waren, kommt es nicht selten vor, daß sich dieselben Umstände wiedereinstellen und mit der Wiedergeburt einhergehen; so könnte es geschehen, daß ein Klient, der während des Höhepunktes des Babybooms nach dem Kriege im Korridor eines Krankenhauses geboren wurde, in der Phase, die ihn bei seinem Weg zurück zur Geburt diesem Ziel nahebringt, Menschen in den Sitzungsraum lockt, die mit der Rebirthing-Sitzung gar nichts zu tun haben – Menschen, die erklären, nicht gewußt zu haben, daß eine Wiedergeburt im Gange wäre, aber den Zwang spürten, in diesen besonderen Raum hineingehen zu müssen.

Genauso wie das ununterbrochene Atmen den Klienten von irgendwelcher zuvor erlebten Qual und Wut befreit hat, führt das ununterbrochene Atmen jetzt allmählich zu einer durchdringenden Veränderung; der Klient fühlt sich befriedigt, entspannt und unbekümmert – frei von Negativität, erfüllt von Frieden und Zufriedenheit und bereit, in seinen gewöhnlichen Alltag wiedereinzutreten, als dieselbe Person, die er immer war, aber *neugeboren* und anders.

Weil innerhalb einer sehr kurzen Zeit starke Wirkungen erzielt werden, können einige Klienten zwischen den Sitzungen ein gewisses Unbehagen spüren.

In der Regel wird ihnen geraten, mit der Atmungsarbeit weiterzumachen, damit sie dieses Unbehagen überwinden können. Es kann ihnen auch empfohlen werden, sich als Affirmation zu sagen: „Mit jedem Atemzug, den ich nehme, habe ich die Sicherheit, meinen Rebirth-Prozeß zu Ende zu bringen." Rebirthees wird nahegelegt, solange täglich mit der Übung des ununterbrochenen Atmens für mindestens eine Stunde fortzufahren, bis sich ihr Leben in wesentlichen Aspekten zu ihrer Zufriedenheit gestaltet. Es wird ihnen auch ans Herz gelegt, jedesmal, wenn sie irgendwelche Spannung oder Negativität spüren, 20 ununterbrochene Atemzüge zu nehmen. Ideal ist es, das ununterbrochene Atmen den ganzen Tag hindurch aufrechtzuerhalten, so daß man sein Selbst ständig von Negativität heilt und sich ständig in einer Position befindet, aus der heraus man für seine unmittelbare Wirklichkeit bewußt Entscheidungen treffen kann.

Anwendungsbereiche

Jetzt, im Herbst 1979, gibt es *keine abgeschlossenen systematischen Untersuchungen* über Klientypen, die an Rebirthing-Veranstaltungen teilgenommen haben. Die Struktur des *Post-Rebirth-Seminars,* in dem alle, die kürzlich Rebirth erlebt haben, ihre während und nach der Sitzung gemachten Erfahrungen austauschen, gestattet aber sehr viel informative Kommunikation über Probleme, die gelöst wurden, und auch über die Art der Sitzungen selbst.

Es scheint so, als ob die überwiegende Mehrheit der Personen, die Rebirthing betreiben, äußerst *positive* Effekte verzeichnen. Diese Effekte sind *beständig* und sind unabhängig von der zeitlichen Länge des Rebirthing.

Der Anspruch einer einzelnen Therapieform, bei jeder Art von Problemen erfolgreich zu sein, wird von professioneller Seite im allgemeinen mit Mißtrauen beantwortet und nicht ernstgenommen. Die persönlichen Aussagen mehrerer hundert Menschen, die Rebirthing erfahren haben, sind jedoch eindrucksvoll in ihrer Konsistenz. Die Stellungnahmen sind sehr positiv, ganz gleich, ob die Probleme körperlicher, geistiger, emotionaler oder spiritueller Natur zu sein schienen. Positive Bemerkungen werden auch häufig von erstaunten und dankbaren Familienmitgliedern, Freunden und Kollegen und nicht nur von Klienten gemacht.

Wenn die Theorie stimmt, ist das natürlich zu erwarten: Ein kranker Mensch, der die Krankheit verursachende Negativität aufgibt, kann dann damit beginnen, seine Verbindung mit dem *Unendlichen Wissen* zu nutzen, um das Selbst zu heilen. Ein Problem ist dann so einfach wie das andere.

Von den Hunderten von Klienten, denen ich in meiner Eigenschaft als Kursteilnehmer, Trainer oder Organisator in Dutzenden von Wochenkursen begegnet bin, hat nur ein Klient das für die Sitzung entrichtete Honorar zurückverlangt und nur ein Kursteilnehmer die Rückerstattung der Trainingsgebühren gefordert. In dieser Zeit war ich Zeuge der offenbar starken Besserung eines sehr breiten Spektrums verhaltensmäßiger, psychischer, psychosomatischer oder körperlicher Störungen. „Heilend" scheint Rebirthing bei Menschen gewirkt zu haben, auf die vor der Behandlung eine der folgenden Beschreibungen zutraf: depressiv; ängstlich; abhängig von Drogen, einschließlich Alkohol, Nikotin, Koffein, und veredelten Karbohydraten; leidet an niedriger Selbstachtung; suizidal; gewalttätig; homosexuell; kriminell; asthmatisch; übergewichtig; phobisch; träge; epileptisch; einsam; erfolglos; geächtet; arthritisch; von Emotionen überwältigt; zwanghaft; steril oder gelähmt als Folge eines Schlaganfalles oder einer Verletzung. Viele andere Bedingungen ließen sich nennen. Rebirthing hat es auch geschafft, Klienten von dem Therapiegehabe zu „heilen", das die, die zuvor mit einer anderen Therapieform behandelt wurden, gerne zeigen – häufiges emotionales Ausagieren im Falle früherer *Primärtherapie*klienten, viel ins einzelne gehendes Gerede über hinter früherem Verhalten stehende Motive im Falle ehemaliger Klienten der meisten *verbal* ausgerichteten Therapien oder ausgeprägt selbstdiszipliniertes Verhalten bei Klienten, die mit Techniken der *Verhaltensmodifikation* behandelt wurden.

Die *Grenzen* des Rebirthing liegen in der Hauptsache nicht beim Verfahren oder in dessen Ergebnissen, sondern nur in der Art und Weise, in der es dem herkömmlichen wissenschaftlichen Rationalismus, auf den man sich in der westlichen Welt weitgehend geeinigt hat, entgegentritt. Wissenschaftliche Untersuchungen, denen es zum Beispiel um die Kennzeichnung neurophysiologischer und physiologischer Veränderungen geht, die während der Sitzung eintreten, müssen zum Abschluß gebracht und in ihren Ergebnissen veröffentlicht werden. Es sind auch Längsschnittuntersuchungen vorzunehmen, um festzustellen, wie stabil die fast magischen Erfolge sind, die bislang bei Rebirthees erreicht wurden.

Fallbeispiel

Der Hauptgrund, warum ich Leonard Orr aufsuchte und mich für seinen Kurs einschrieb, war rein professionelle Neugier. Ich wollte herausfinden, wie er es schaffte, im Vergleich zur *Primärtherapie,* mit der ich sieben Jahre lang intensiv gearbeitet hatte, so mühelos zurück in die Geburtssituation zu gehen. Irgendwo in meinem Hinterkopf hatte ich auch den Gedanken, ich könnte jemanden treffen, bei dem es sich nicht um einen meiner Collegestudenten oder um einen Freund meiner ausgewachsenen Kinder handelte.

In meinem Leben war alles in Ordnung: Meine Kinder und ich, wir liebten einander und hatten miteinander Spaß in den Zeiten, die wir zusammen verbrachten; ich hatte echten Spaß daran, meinen Haushalt zu führen; alles, was ich beruflich unternahm, gefiel mir, meine Arbeit gab mir ein gutes Einkommen; ich war gesund und stark, und ich konnte dem Leben viel Vergnügen abgewinnen.

Wäre mir von jemandem die Frage gestellt worden, was besser sein könnte, hätte ich nur zu sagen gewußt: Ich hatte es satt, mich ständig um meine Rosen kümmern zu müssen, die für Rostpilz und andere Krankheiten anfällig waren; seit meinem Dodge, Baujahr '52, hatte ich nie mehr ein wirklich gutes Auto gehabt und mit Männern, da hatte ich noch größeres Pech.

Ich erzählte der Rebirtherin, daß ich von Männern heftiger geliebt worden bin als vielleicht irgendeine andere Frau in meinem Alter, und daß ich ihre Liebe erwidert habe. Aber ganz egal, wie lange wir zusammenblieben, unsere Ehe oder unser Liebesverhältnis endete immer wieder mit Schlägen und damit, daß meine Liebe betrogen wurde. Gewöhnlich verließ mich der Mann dann, wenn er kurz davor war, mich umzubringen, so daß er Angst bekam, er könnte es wirklich tun und müßte sich dann einem Mordprozeß stellen. Auch dann verzieh ich ihnen im allgemeinen und wir wiederholten das ganze Drama solange, bis – aufgrund seiner Entscheidung – die Beziehung beendet war und ich in die nächste hineinschlidern würde.

Als ich mein Leben allein ohne irgendeinen Mann führte, überraschte es mich ein bißchen, was mir abging, aber ich war nicht einsam. Mit jedem, den ich kannte, hatte ich eine Menge Spaß, ich hatte aber den starken Wunsch, das Muster zu verändern, das mich unfähig machte, mich von jemandem abzuwenden, der Hilfe brauchte. Ich hatte großes Geschick, in Beziehungen hineinzugeraten, in denen ich der Gebende war – der Gebende nicht nur in professioneller, sondern ebenso in finanzieller und emotionaler Hinsicht. Ich wußte zwar, ich war stark genug, in dieser Weise weiterzumachen, ärgerte mich aber darüber, niemanden zu haben, der sich, und wenn es noch so wenig wäre, um mich kümmerte, ärgerte mich, daß ich, wenn ich mich schließlich dazu durchrang zu bitten, nicht das bekam, was ich wollte.

Dazu stellte mir meine Rebirtherin einige ganz simple Fragen und schlug dann vor, ich sollte es mit einer Affirmation versuchen, derzufolge ich selbst der erste bin, dem ich gebe und dem ich genauso viel wie anderen gebe; als Affirmation sollte ich mir vielleicht auch sagen: „Je mehr ich mir selbst gebe, desto mehr werden mir andere geben." Ich war sehr skeptisch, als ich etwas über Affirmationen hörte, da ich dachte, es wäre sehr einfältig; ich war aber höflich und schrieb mir ihre Worte auf.

Dann begann ich ihrer Anweisung entsprechend zu atmen. Obwohl ich gewöhnlich selbst an heißen Tagen nicht schwitze, war ich nach ein paar Minuten naß vor Schweiß. Sie sagte, ich gäbe Giftstoffe ab, und das wäre gut so. Ich atmete weiter, erlebte gelegentlich ein starkes Interesse für einen Gedanken, der mir durch den Kopf ging, und war dann überrascht, ihre Aufforderung zu hören, ich sollte atmen. Plötzlich erlebte ich meine Geburt wieder. Dieses Erleben war viel differenzierter und in seiner Realitätsnähe und Aktualität, mit der sie zu jenem Zeitpunkt an jenem Ort erfolgte, viel überzeugender, als ich es je in der Primärtherapie erlebt hatte. Der Geruch von Blut, das Empfinden zu fallen, das wunderbare Gefühl, hoch- und runtergedrückt zu werden und zu -gleiten, das war alles da. Alles war großartig, und dann tauchte ich noch viel plötzlicher in ein Gefühl riesiger Enttäuschung und großer Trauer ein. Mir blieb nur noch, minutenlang zu schluchzen und zu weinen. Schließlich war mir leichter. Ich war überrascht, als ich feststellte, daß bis zu diesem Zeitpunkt mehr als eine Stunde vergangen war. Ich nahm an, das wäre es gewesen, und so stand ich auf. Meine Kleidung einschließlich meiner schweren Jeans war triefend naß, und ich zitterte vor Kälte.

Zurück im Plenum, stand ich mit meiner nassen, an mir klebenden Kleidung auf und berichtete, was passiert war, worauf Leonard sagte: „Gut." Ich dachte, von jedem wäre erwartet worden, seine Geburt wiederzuerleben, und verstand von daher nicht, warum die Leute hinter mir so fassungslos waren, daß ich meine Erfahrungen nicht weiter ausbreitete. Ich war beeindruckt, fragte mich aber „was nun?"

Meine zweite Sitzung verlief ähnlich der ersten, zumindest zu Beginn. Ich lag in einem Schlafsack und näßte ihn mit meinen Tränen und dem Sabber, der aus meinem Mund zu strömen schien, derart, daß ich mit jedem Atemzug vor- und zurückglitt. Es war sehr angenehm, ganz genauso wie es das war, als ich als kleines Mädchen in der Badewanne vor- und zurückrutschte – die Lieblingsbeschäftigung, mit der ich mein tägliches Bad beendete.

Nach ungefähr einer Stunde erlebte ich plötzlich meine Geburt wieder, nur daß ich mich diesmal wirklich darüber freute, aus der Enge und Hitze herauszukommen und die Möglichkeit zu haben, mich auszubreiten und etwas abzukühlen. Dann wurde ich jäh von Enttäuschung erfaßt. Trauer befiel mich. Irgendwie war ich nicht richtig, ich wollte nicht sein. Ich merkte, daß diese Gefühle der Enttäuschung nicht von mir, sondern von meiner Mutter kamen, die gehofft hatte, es würde ein Junge und nicht wieder ein Mädchen werden.

Meine Mutter war eine Frau, die viel Liebe gab und zärtlich und überschwenglich war, als ich klein war; sie verwöhnte und überbehütete mich. Ich hatte aber immer den Wunsch, ihr gegenüber irgendetwas gutmachen zu wollen. Ich wußte nicht, was es war. Und ich hatte häufig das Gefühl, von einer fremden Trauer verschlungen zu werden, die irgendwie an mein Gefühl gekoppelt war, ich müßte mich die ganze Zeit um das Wohl anderer kümmern, um mir das Recht zu leben zu verdienen.

Meine Rebirtherin bewegte mich dazu, mir als Affirmation zu sagen, daß ich mir selbst und meinen Eltern die Ignoranz verzeihe, mit der wir einander behandelten. Und sofort stellte ich fest, wie ich richtig voll atmete und ein Triumphgefühl spürte, weil ich es in meinem Fall nie als passend empfunden hatte, mich depressiv zu fühlen, das Gefühl aber doch da war. Zu wissen, daß ich einfach nur das Gefühl meiner Mutter in mich aufgenommen hatte, machte es mir einfach, mich dafür zu entscheiden, diese existentielle Schuld wegzuwerfen. Ich fühlte, ich war ein Selbst, gehörte mir ganz allein.

Meine dritte Sitzung war völlig anders. Unmittelbar nachdem ich mich hingelegt hatte, fing ich an, aus einem tiefempfundenen Schmerz heraus zu weinen. Ich fühlte, es hatte nie jemanden gegeben, der wollte, daß ich lebte und daß der einzige mir mögliche Weg, es jedem rechtzumachen, darin bestand zu sterben. Ja, ich erkannte, das Gefühl zu haben und es immer gehabt zu haben, der ganzen Welt einen Gefallen zu tun, wenn ich nur damit aufhörte, so selbstsüchtig in meinem Interesse zu sein, leben zu wollen, und statt dessen aufgäbe und sterben würde. Ich wollte nicht sterben, sondern ich wollte Anerkennung – und um die zu bekommen, würde es notwendig sein, mich selbst aufzugeben.

Während ich weinte, hielt ich meinen Atem an, als die Schmerzen in meiner Kehle und meiner Brust immer schlimmer wurden, bis ich wirklich dachte, ich würde sterben. Meine Rebirtherin forderte mich wiederholt dazu auf, zu atmen und mit dem Drama aufzuhören. Zuweilen hielt ich meinen Atem solange an, daß ich fast vergaß zu wissen, wie man atmet. Ich fühlte mich auseinandergerissen, und überall hatte ich Schmerzen, außen auf meinem Körper und in meinen Gelenken, besonders meinen Schultern, die immer dazu neigten, sich leicht auszurenken.

Plötzlich ortete ich das Gefühl, wieder war es außerhalb von mir. Der Arzt! Er muß es ganz schön satt gehabt haben, meine Mutter drei Tage lang schreien zu hören, bevor ich geboren wurde, und ich wußte, sie schrie gerne. Ich wußte, *ich* verbrachte eine tolle Zeit damit, gedrückt zu werden. *Ich* war nicht in Not. Sie aber war es, und er war es, und das alles nur meinetwegen. Plötzlich wurde ich nach draußen befördert, schnaubend und nach Luft schnappend, mit diesem

Blutgeruch in meiner Nase und der panikartigen Angst in meiner Magengrube, die ich mit Ertrinken, Fallen oder Sterben verbinde. Ich fragte mich, ob er sich nicht einfach dafür entschieden hatte, mich mit seiner alten Forzeps zu packen und mich dann, ohne lange zu fackeln, herauszuziehen. Ich erinnerte mich, wie ich als Kind einfach meinen Atem anhielt, bis mir schwarz vor Augen wurde, wenn ich nicht das bekommen konnte, was ich wollte.

Meine Rebirtherin hieß mich mit dem Atmen weiterzumachen und mich daran zu erinnern, daß ich ja sicher war. Schließlich wurde mir klar, ein Recht zu haben, am Leben bleiben zu wollen; ich erkannte, ich tat nichts Verkehrtes und war nicht selbstsüchtig, wenn ich nicht mit der unduldsamen Macht kooperierte, die mich sterben sehen wollte, um von mir lassen zu können. Mein Atmen wurde wieder voll und leicht, meine Stimmung hob sich, und ich fühlte mich sehr hungrig.

Jene ersten drei Sitzungen erlebte ich als so umwälzend, daß ich ohne jedes Zögern allen meinen alten Klienten, Freunden und meiner Familie das Erleben des Rebirthing zuteil werden lassen wollte. Ich vermittelte dieses Erlebnis der Wiedergeburt selbst meiner schwangeren Tochter; ich suchte sie sofort auf, nachdem ich Leonards Bemerkung vernommen hatte, Mütter gäben ihr Muster des Gebärens während der Geburt an ihre Töchter weiter, und der einzige Weg, ein solches für eine Familie charakteristisches Muster zu durchbrechen, bestände darin, die Tochter vor der eigenen Niederkunft zum Rebirthing zu bewegen.

Meine zu jenem Zeitpunkt schwangere Tochter, mein zweites Kind, war 28 Tage zu spät und nach zwei Tage dauernden Wehen entbunden worden, und selbst dann, nach einem Monat Verspätung, platzten die Membranen nicht von selbst und meine Cervix erweiterte sich nicht, bis ich eine weitere Nacht und einen ganzen Tag in den Wehen lag, für insgesamt 24 Stunden. Von daher hatte ich natürlich den Wunsch, sie sollte es nicht so schwer haben, und ihr Kind sollte davon profitieren.

Mein Wunsch erfüllte sich – ihre Wehen dauerten etwa sechs Stunden, und ihre Tochter begann mit dem ersten Atemzug zu saugen, bevor die Nabelschnur von Papa abgeklemmt und durchschnitten wurde. Meine Enkelin zeigt wie andere Kinder, deren Mütter vor oder während der Schwangerschaft Rebirthing betrieben, ein erstaunliches Entwicklungstempo; beispielsweise hatte sie mit weniger als neun Monaten gelernt, ohne Hilfe eines anderen zu laufen. Wenn sie sich aufregt, unternimmt sie, was sie kann, um das zu kriegen, was sie will; daran anschließend verändert sie ihr Atmen so, daß zwischen Ein- und Ausatmen keine Pausen bleiben, und praktiziert dieses Atmen in Rebirthing-Manier für einige Minuten. Dann erreicht sie einen Höhepunkt, entspannt sich, und alles ist in Ordnung. Anscheinend löst sie sich von der Negativität, sobald sich diese ansammelt – oder sobald wie möglich danach.

Schließlich habe ich die seltsame körperliche Grausamkeit verstanden, die mein Leben kennzeichnete, seitdem ich im Alter von 16 Jahren von meiner Mutter wegzog, um aufs College zu gehen und ein Jahr später zu heiraten. Natürlich wußte ich, es konnte nichts mit meinen Eltern zu tun haben, denn sie hatten mir eigentlich nie wehgetan. Es wurde geschrien, ja, meine Mutter schrie. Aber unsere Eltern schlugen uns nie oder behandelten uns sonst irgendwie grausam. Jedoch wurde jeder von den Männern, mit denen ich eine Liebesbeziehung aufnahm – hochbegabte, intellektuelle Männer, die als Kinder nie mit anderen Jungen in Faustkämpfe verwickelt wurden –, zu einer tobenden, unpersönlichen, brutalen Kreatur, die mich würgte, hin- und herschmiß, trat und begleitend dazu mir gegenüber äußerte: „Warum stirbst du denn nicht endlich?"

Und ich vergab ihnen gewöhnlich. Was sollte ich denn tun? Ich war ihnen bereits verfallen. Sie nicht mehr zu lieben, weil sie mir wehtaten, hätte bedeutet, ein Stück meines Selbst aus mir herauszureißen, und irgendwie war mir klar, sie haßten mich nicht wirklich. Irgendetwas an mir machte sie einfach verrückt, und das hatte etwas damit zu tun, daß ich manchmal auf etwas beharrte, wenn es auch nicht um viel ging und es nicht häufig vorkam. Aber ich drängte so, und ich war unfähig, irgendwelchen Aufschub zu dulden, wenn ich einmal wirklich etwas wollte, daß alles durcheinanderkam.

Meine eigenen Kinder wurden alle nach langen, harten Wehen geboren, wobei meine Cervix sich erst erweiterte, nachdem ich für viele, viele Stunden in nur einminütigem Abstand Kontraktionen von jeweils einer halben Minute hatte. Und das tat weh. Dann erweiterte sich die Cervix innerhalb nur weniger Minuten, der Kopf des Babys erschien, mit einem letzten Ruck wurde es herausgedrückt, und dann wurde die Nachgeburt ausgestoßen. Das zweite und dritte Stadium der Wehen dauerte insgesamt weniger als eine Viertelstunde. Mein kürzestes erstes Stadium der Wehen dauerte einen ganzen Tag; darin enthalten waren aber sechs Stunden, in denen mir ständig Pitocin zugeführt wurde, um die Wehen zu beschleunigen.

Und ich habe das alles bei vollem Bewußtsein mitbekommen. Ich war eine frühe Anhängerin der natürlichen Geburt. War da, um meine Kinder zu sehen, wie sie zum erstenmal die Welt erblickten, und war überrascht zu sehen, daß sie gar nicht zu weinen brauchten.

Vielleicht geschah etwas Ähnliches mit meiner Mutter, als sie mich gebar. Ich bin mir sicher, das war der Fall, denn meine Mutter sprach häufig davon, daß ich drei Tage brauchte, um geboren zu werden, und daß ich nicht damit aufhören wollte, sie zu quälen.

Vielleicht hatten sie alle, meine Mutter und der Arzt und mein Vater, die Nase voll von mir, als ich schließlich herauskam. Möglicherweise kam ich auch von selbst herausgeflutscht, ohne irgendwelche Probleme, außer daß ich die Angst meiner Mutter, „auseinandergerissen" zu werden, und ihre Enttäuschung darüber, daß ich ein Mädchen war, in mich aufnahm.

Es könnte auch so gewesen sein, daß der Arzt es nicht mehr länger aushalten konnte, meiner hysterischen Mutter zuzuhören – und ich wette, sie kreischte viele Stunden, konnte man sie doch unmöglich für die ganze Zeit betäubt halten. Vielleicht griff er hinein und gab mir einen Ruck; möglicherweise verletzte er dabei auch meine Schulter. Unter Umständen war es auch so, daß er mir einen wirklich festen Klaps geben mußte, um mich zum Atmen zu bringen.

Wer weiß?

Sondra Ray, eine von den geprüften Rebirtherinnen, sagte mir einmal, wenn sie mich ansähe, hätte sie den Eindruck, ich wäre vom Arzt während der Geburt geschlagen worden.

Ich weiß es nicht. Der Arzt ist tot. Meine Mutter ist tot. Das Krankenhaus ist niedergebrannt.

Es spielt ja auch gar keine Rolle. Was ich weiß, ist, daß meine früheren Erfahrungen mit Therapien, dazu gehörten jahrelange *Psychoanalyse,* dann eine Zeitlang mit einem psychoanalytisch orientierten Psychotherapeuten und später dann *Primärtherapie,* bestimmte Merkmale meines Lebens unverändert ließen: Wieder und wieder erzählte ich darüber, wie bei verschiedenen Unglücksfällen meine Schulter verletzt worden war – aber nach all der Heulerei und dem Assoziieren schmerzte meine Schulter immer noch. Ich berichtete mehrmals, wie mein Vater ärgerlich über mich war – meine Männer benutzten mich aber weiterhin für ihre Boxübungen. Und ich flehte meine Mutter an, mir alles, was sie an mir je ärgerlich gefunden haben könnte, zu vergeben – ich war aber weiterhin ein moralischer Masochist, ein Dummkopf, ein leichtes Opfer, an dem sich jeder heruntergekommene Stadtstreicher bereichern konnte. Keine dieser Therapien hatte mein Leben in dieser Hinsicht ändern können.

Dann nahm ich an Rebirthing teil, sagte mir als Affirmation, daß ich mir selbst und dem Arzt verzeihe für alles, was wir uns während meiner Geburt angetan hatten. Und alles wurde anders. Seit dem Tag, an dem ich zum erstenmal Rebirthing persönlich erlebte, bin ich nicht mehr angegriffen oder geschlagen worden! Seitdem ich von meiner Mutter im Alter von 16 Jahren weggezogen bin, ist das der absolut längste Zeitraum, für den ich in dieser Weise ungeschoren blieb. Ich kann mich an einen Vorfall erinnern, bei dem ich eine Stunde, nachdem ich mich von meiner Mutter verabschiedet hatte, im Zug von einem Fremden angefallen wurde. Das gehört jetzt der Vergangenheit an. Es ist wie ein Wunder, niemand tut mir mehr weh.

Es gab da einige Monate, in denen ich in Seminaren regelmäßig verbal angegangen wurde – irgendjemand stand gewöhnlich auf und fing an, mich anzuschreien, und lud seinen ganzen Haß bei mir ab. Eines Tages machte ich Rebirthing und sagte mir als Affirmation, daß jeder meine Gesellschaft liebte und ich jedem vergäbe, der jemals – auch wenn er es nicht wußte – etwas gegen mich vorbrachte. Selbst die verbalen Angriffe hatten ein Ende.

Meine Schulter ist prima: Was an Gespanntheit noch zurückgeblieben war, gab ich nach einer langen „nassen Wiedergeburt" auf, in deren Verlauf ich eine Reihe von bizarren Vorfällen wieder durchlebte, an denen meine Schulter beteiligt war, in denen sie ausgerenkt wurde, um mich zu retten – die gleiche Geschichte, die sich, wie ich vermute, während meiner Geburt ereignete.

Ich bin nicht mehr derselbe Dummkopf wie früher, und niemand mißbraucht das Privileg, wenn ich meinen Überfluß teile. Die Rebirth Community jedenfalls achtet aufrichtig meine Großzügigkeit und Energie. Für jeden Dollar, den ich ausgebe, bekomme ich viele zurück.

Ich hatte furchtbare, transzendentale, magische Rebirth-Erlebnisse; ich hatte auch welche, bei denen ich bloß für eine Stunde atmete und mich dann reiner fühlte. Am liebsten sind mir die Erlebnisse, die bestätigen, daß das, worüber Leonard schreibt und spricht, wirklich wahr ist, wie verrückt es zunächst auch klingen mag. Ich habe meine eigene Göttlichkeit gespürt und erkenne sie jetzt als solche an. Ich habe mich als ein fortdauerndes Bewußtsein erlebt, das etwas anderes als das Bewußtsein von sich selbst ist, etwas anderes als der Denker, als den ich mich immer gekannt habe. Ich habe mein Leben als Fötus erlebt, und ich kann manche Träume als Abstecher in Leben akzeptieren, die ich früher einmal gelebt habe. Leute tauchen unerwartet auf, um sich eines Problems anzunehmen, das sich gerade ergeben hat – immer wieder erlebe ich ein Universum, das mich völlig unterstützt. Ich habe viele extrasensorische Wahrnehmungen erlebt. Ich verdiene mein Geld jetzt einfacher und angenehmer als je zuvor. Ich habe gesehen, wie sich Menschen ändern, fast über Nacht – manchmal auch schneller. Ich ziehe wieder Kleider an, die ich vor langer, langer Zeit als Studentin getragen habe, sie stehen mir und geben mir ein gutes Gefühl. Ich fahre besser Ski. Für jeden, mit dem ich jemals in einem Trainingskurs oder einem Seminar zusammenkam, und das sind bis jetzt fast 600 Leute gewesen, empfinde ich eine tiefe Zuneigung. Ich hörte, wie mein Sohn sagte, daß er sich Leuten in Trainingskursen so nah fühlt, wie er das nur von seinen Beziehungen zu seinen liebsten Freunden und zu seiner Familie her kennt; so kann auch ich ihm sagen, daß ich in gleicher Weise fühle, und ich weiß, er ist nicht eifersüchtig. Ich freue mich darauf, körperlich unsterblich zu sein, genau wie meine Kinder und jeder, den ich liebe.

Selbst meine drei Probleme haben sich gegeben: Meine Rosen haben seit zwei Jahren keinen Rostpilz mehr gehabt; ein anderer Rebirther arbeitete früher für die Firma als Automonteur, die meinen Wagen herstellte, und ihm macht es nichts aus, ihn in Schuß zu halten; und ich habe in den letzten 14 Monaten einen Mann gehabt, und wir kommen sehr gut miteinander aus. Rebirthing betreiben wir häufig, entweder assistieren wir dabei einander oder praktizieren es getrennt voneinander, um so die Negativität aus unserer Beziehung herauszuhalten, abgesehen von den Zeiten, in denen wir es brauchen, uns auf eine Szene einzulassen, so daß wir daraus etwas lernen können. Es ist nie für lange, daß wir verrückt spielen. Unser letzter Krach dauerte genau eine Stunde.

Für mich am wichtigsten ist, endlich wirklich das zu tun, was ich ursprünglich tun wollte, als ich Psychologin wurde: Menschen heilen fortwährend sich selbst und andere, während sie in meiner Gegenwart Rebirth erleben.

Zusammenfassung

Rebirthing hat *viele Vorteile:* Es ist einfach, sicher, effektiv und macht Spaß. Menschen können es leicht erlernen, ganz gleich, welchen Hintergrund sie haben. Es kann Menschen aus ganz verschiedenen Kulturen vermittelt werden, selbst wenn sie keine gemeinsame Sprache sprechen. Nach nur einigen wenigen Sitzungen mit einem ausgebildeten Rebirther kann Rebirthing ohne Supervision ausgeübt werden. Es kann fast überall, zu jedem Zeitpunkt weiterbetrieben werden.

Es gibt nur *wenige Nachteile:* Es ist nicht viel über die neurophysiologischen und physiologischen Vorgänge bekannt, die während des Rebirth ablaufen, so daß diejenigen, die von den guten Seiten des Rebirthing überzeugt werden wollen, noch keine wissenschaftlichen Berichte haben, die sie prüfen können. Es ist geheimnisvoll, fremdartig und für die wissenschaftlichen Rationalisten schwer akzeptierbar, verhöhnt es doch jede Ursache-Wirkung-Beziehung, für deren Erkenntnis sich die Wissenschaft seit Jahrhunderten abmüht. Anstelle eines begrenzten Universums mit schwindenden Vorräten, eines Mangelbewußtseins, das von der linearen Logik des Rationalisten mit Bedauern, doch Gleichmut akzeptiert wird, bietet uns Rebirthing ein unbegrenztes, sich ausweitendes Universum, das fortwährend von unserem Denken geschaffen wird; Wünsche werden tatsächlich wahr – und was die möglichen Erscheinungen angeht, gibt es keine Grenzen. Dieser Gedanke des Pollyanna, wonach alles vollkommen ist, wird von all jenen als Affront gesehen, die ihre Unschuld verloren und Angst haben, noch zu hoffen, die so darum bekümmert sind, nicht närrisch zu erscheinen, daß sie es vorziehen, Narren zu bleiben.

Das Großartige daran ist, daß Leben genauso ansteckend wie Krankheit ist, und die Epidemie der Liebe verbreitet sich schnell. ATME!

Literatur

Orr, L. and S. Ray. *Rebirthing is the new age*. Millbrae, Calif.: Celestial Arts, 1977.

Recall-Therapie*

Norman I. Kagan und Richard McQuellon

In einem berühmten Couplet schrieb Robert Burns: Oh, daß uns eine Macht die Gabe verliehe, daß wir uns sehen, wie andere uns sehen.
Die Verwendung von elektrotechnischen Aufnahmegeräten in der Psychotherapie dient hauptsächlich zwei Zielen: Entweder soll mit deren Hilfe die Therapiesituation zu Ausbildungszwecken reproduziert werden, oder sie soll zu dem gleichen Zweck wiedergegeben werden, den Robert Burns nennt – damit wir uns selber so sehen, wie andere uns sehen. In einigen Polizeidienststellen werden Videoaufnahmen von Betrunkenen gemacht, damit sie, wenn sie nüchtern sind, sehen können, wie sie im Rauschzustand ausgesehen, gehandelt und geredet haben.
Im folgenden Kapitel besprechen Norman Kagan und Richard McQuellon den Einsatz von Videogeräten, *wobei sowohl das Ziel (größere Einsicht durch Introspektion) als auch der Prozeß (ein neutraler Befrager steuert den Wiedergabeprozeß) ungewöhnlich sind. Ein anderer wichtiger Aspekt in diesem Kapitel ist die Entwicklungsgeschichte dieses Therapieverfahrens, die der eines wissenschaftlichen Experimentes gleicht. Diese Methode unterscheidet sich von fast allen anderen Verfahren in diesem Handbuch.*
Meiner Meinung nach stellt die Recall-Therapie ein einflußreiches, vielversprechendes Verfahren dar, das vielleicht die technische Lösung dafür liefert, was ich als ein Hauptproblem der Psychotherapie ansehe – den ökonomischen Aspekt, beziehungsweise wie man ein Höchstmaß an therapeutischen Möglichkeiten mit einem Mindestmaß an finanzieller Aufwendung zur Verfügung stellen kann.

Die Recall-Therapie besteht aus spezifischen Techniken zur Analyse interpersonalen Verhaltens. Der Kern der Methode ist das Zurückrufen – *Recall* – von Gedanken, Gefühlen, Intentionen und Vorstellungen, die während einer Interaktion auftreten, durch *sofortiges Zurückspielen einer Videoaufnahme;* zusätzlich dazu stellt ein *Befrager* den Interaktionsteilnehmern offene Fragen zur Förderung des Recall-Prozesses. Der Befrager hilft den Teilnehmern durch eine nicht-interpretative, von einem relativ neutralen Bezugsrahmen ausgehende Tiefenbefragung, ihre während der mit Video aufgenommenen Sitzung aufgetretenen Reaktionen zu analysieren.

Geschichte

Vorläufer

Die Schlüsselelemente der Recall-Therapie – der Einsatz von unmittelbarem Videoband-Playback durch einen ausgebildeten Befrager – haben sowohl philosophische wie auch technische Vorläufer. Rolle und Funktion des Befragers haben ihre Wurzeln in der sokratischen Methode, bei der als eine Möglichkeit,

---

* Im Amerikanischen: *Interpersonal Process Recall*

Lernen zu stimulieren, Fragen gestellt werden. Bei der Recall-Therapie tritt Lernen im Kontext der beim Rückspielen des Videobandes noch einmal durchgelebten Klient-Berater-Beziehung auf. Der entscheidende Unterschied zwischen der sokratischen Methode und der Rolle des Befragers ist, daß der Befrager *keine* vorbestimmte Zielrichtung oder Antwort hat. Die Hauptfunktion des Befragers besteht darin, Fragen zu stellen und die *Selbstexploration* des Klienten über die aufgezeichnete Sitzung zu fördern.

Selbstexploration und das Bemühen um Verständnis sind Anliegen, die uns in der einen oder anderen Form seit Jahrhunderten und schon lange, bevor Sokrates seinen berühmten Ausspruch „Erkenne dich selbst" tat, beschäftigt haben. Die wissenschaftliche Erforschung psychischer Prozesse begann in den Versuchsräumen der frühen Experimentalpsychologen, die versuchten, die menschliche Psyche auf dem Wege der *Introspektion* zu verstehen, was als Ausbildung und Übung erfordernde Fertigkeit betrachtet wurde. Sie übten Personen darin, zu berichten, was in ihnen vorgeht. Wilhelm Wundt und andere „Introspektionisten" stellten fest, daß Versuchspersonen viele Dinge vergessen haben, wenn man sie auffordert, sich bestimmte Ereignisse ins Gedächtnis zurückzurufen. Die Entwicklung von Audio- und Videogeräten macht es Psychologen möglich, wieder eine Form der *Introspektion* als verfeinertes experimentelles Verfahren zu benutzen. Die Recall-Therapie benutzt Videobänder und einen Befrager als Hilfsmittel, um spezifische Reaktionen während einer Interaktion zurückzurufen. Diese Techniken stimulieren eine introspektive Analyse wesentlich mehr, als es durch Erinnerung alleine erreicht werden kann.

Bernard Covner (1942, 1944) berichtet über den Einsatz von Selbstkonfrontationstechniken in Praxis und Forschung des Counselings; Carl Rogers (1942) benutzte Tonbandaufnahmen in Forschung und Ausbildung. Herbert Freed (1948) scheint jedoch der erste Therapeut gewesen zu sein, der über den Einsatz von Tonbandaufnahmen als einer zentralen Komponente des Therapieprozesses, durch die Selbstexploration initiiert wird, berichtet und als besonders hilfreich bei Kindern und bei der Behandlung von Charakterstörungen ansieht. Heutzutage dürfte es schwierig sein, einen Therapeuten zu finden, der nicht irgendeine Form der Aufnahmetechnik in der Ausbildung oder Behandlung benutzt hat.

Videoaufnahmen wurden bereits 1953 in einem psychiatrischen Krankenhaus verwendet, damit laufende Gruppentherapiesitzungen von anderen Patienten beobachtet werden konnten (Tucker et al., 1957). Es wurde festgestellt, daß die Patienten infolge dieser kurzen Maßnahme Besserung zeigten. Auch Moore, Chernell und West (1965), die das erste kontrollierte Experiment mit Videoverfahren durchführten, fanden Besserungen bei psychotischen Patienten. Andere Forscher berichten ebenfalls über die positiven Wirkungen des Einsatzes von Videoaufnahmen in der Therapie (Walz/Johnston, 1963). Zur neueren Entwicklung gehört die systematischere, strukturiertere Verwendung der neuen Videotechnik. Berger (1978) beschreibt eine Reihe solcher Anwendungsmöglichkeiten. Die Recall-Therapie ist einer dieser Ansätze.

Bloom (1954) gebrauchte eine der Recall-Therapie ähnliche Technik. Er benutzte Tonbandaufzeichnungen, um den Recall von Studenten in Klassenrauminteraktionen zu stimulieren. Die Bänder wurden den Studenten zurückgespielt und an dem Versuchsleiter bedeutsam erscheinenden Stellen angehalten. Die Studenten wurden jeweils gebeten, sich zu erinnern, welche Gedanken zu diesem Zeitpunkt aufgetreten waren. Die Studenten berichteten ihre Erfahrungen und Gedanken in erstaunlichen Einzelheiten. Bei einer Untersuchung über Selbstkonfrontation benutzte Gerhard Nielsen (1964) Filme, um den Recall zu stimulieren. Er fand, daß sich die Versuchspersonen an der Selbstexploration beteiligen konnten, daß sie aber auch viele der Gefühle zurückrufen konnten, die sie an bestimmten Stellen erlebt hatten, obwohl eine zeitliche Verzögerung eingetreten war, da der Film erst entwickelt werden mußte.

Anfänge

Die Recall-Therapie wurde von Kagan und Mitarbeitern (1963, 1967, 1969) entwickelt, nachdem Kagan beobachtet hatte, daß das Ansehen eines zurückgespielten Videobandes unter der Leitung eines neutralen Befragers, der dem Betrachter anschließend volle Entscheidungsfreiheit darüber läßt, wann das Band angehalten wird, eine starke Anregung zur Selbstanalyse und Veränderung darstellt. Diese Entdeckung wurde gemacht, als prominente Psychologen eingeladen wurden, an der Michigan State University Vorlesungen zu halten. Ihre Vorlesungen wurden auf Videobänder aufgenommen, die sie sich anschließend selber ansahen, da sie neugierig auf sich selbst wie auch auf die neue Videoaufnahmetechnik waren. Immer wenn die Psychologen das Band stoppten, stellte ihnen Kagan höflich Fragen (Assistenten stellen den Psychologen höflich Fragen!); die Besucher waren durch diesen Prozeß gefesselt, sie konnten sich an verdeckte Prozesse in erstaunlichen Einzelheiten erinnern, und sie stellten fest, daß sie wichtige Tatsachen über sich selbst erfuhren. Das führte zu einer Reihe von Forschungsprojekten, bei denen der Recall interpersonaler Prozesse mittels Playback von Videobändern als *Hilfsmittel zur Introspektion* eingesetzt wurde.

Anfänglich galt das Interesse dem Einsatz der Process-Recall-Technik in *Supervisionssitzungen* bei der Ausbildung von Counselors. Die vielfältige Verwendung der Recall-Therapie zeigte, daß diese eine nützliche Methode war, mit der auf psychiatrischem Gebiet arbeitende Personen, Lehrer, Ärzte und zahllose andere, mehr oder minder fachlich qualifizierte Angehörige der helfenden Berufe ihre Fähigkeit verbessern können, andere Menschen zu befragen, mit ihnen zu kommunizieren und ihnen zu helfen. Der logisch nächste Schritt war, das Potential dieses Verfahrens für die Beschleunigung der Wachstumsprozesse des Klienten in der Therapie zu untersuchen, da in vielen Ausbildungskursen von Fachschulen die Supervisor-Supervisee-Beziehung analog der Counselor-Counselee-Beziehung ist (Doehrman, 1976; Mueller/Kell, 1972). Es mag logisch gewesen sein, in dieser Richtung fortzufahren, aber es ging gewiß nicht ohne Schwierigkeiten.

Eine Forschungsgruppe* begann damit, spezifische Erfolgsmaße zu entwickeln. Sie operationalisierten spezifische Kriterien für den Wachstumsprozeß des Klienten – die sogenannten „Characteristics of Client Growth Scales" – und führten dann eine Reihe von Untersuchungen durch. Aus dieser frühen Forschung ergaben sich Hinweise darauf, daß die Anwendung eines strukturierten Ansatzes bei der Analyse von Videobändern den Therapieprozeß beschleunigte

---

* Während der ersten vier Jahre waren David R. Krathwohl und William Farquhar an der Forschung von Kagan beteiligt.

(Kagan/Krathwohl/Miller, 1963; Resnikoff/Kagan/Schauble, 1970). Anfangs wurden eingehende Fallstudien durchgeführt, denen dann Untersuchungen mit größeren Counselor- und Klientenstichproben folgten (Kagan et al., 1967).

Diese anfänglichen Beobachtungen führten zu weiteren Forschungsarbeiten, in denen traditionelles Counseling mit traditionellem Counseling plus Verfahren der Recall-Therapie verglichen wurde. Einige Untersuchungen erbrachten signifikante Hinweise darauf, daß die Recall-Therapie positive Veränderungen des Klienten unter bestimmten Bedingungen beschleunigt.

Gegenwärtiger Stand

Von der Recall-Therapie wird zur Zeit in verschiedenen Situationen Gebrauch gemacht. Bei ihrer Anwendung in einer Ausbildungssituation wird der Counselor-Trainee in gewisser Weise als Klient betrachtet. Das Interesse gilt weniger der Lösung psychopathologischer Probleme, sondern eher dem *interpersonalen Verhalten* und seinen *Konsequenzen.* Das Verfahren richtet sich an den Counselor als Klienten in dem Sinne, als die *Selbstexploration* interpersonalen Verhaltens und das *Verstehen* zugrundeliegender Prozesse sowohl Ziel der Ausbildung als auch der Behandlung sind.

Eines unserer Hauptanliegen ist die zuverlässige Replikation des Modells der Recall-Therapie. Es ist sehr schwer, die *Rolle des Befragers,* die für den Recall-Prozeß des Klienten so grundlegend ist, schriftlich zu vermitteln. Diese Sorge hat uns dazu veranlaßt, mit einer Programmierung des gesamten Verfahrens zu experimentieren, um die Aufgabe des Befragers zu vereinfachen und damit das Modell der Recall-Therapie zuverlässig replizieren zu können, ohne daß Berater von „außen" notwendig sind. Der erste Versuch bestand in einer Schwarzweißfilm- und Videoserie, die Erläuterungen, Anweisungen, Demonstrationen und didaktische Darbietungen enthielt, die hauptsächlich für auf psychiatrischem Gebiet arbeitende Personen gedacht waren. Das Programm wurde an über 40 Universitäten, Schulen und sozialen Institutionen benutzt, von denen die meisten zufriedenstellende Erfahrungen berichten. Eine kontrollierte Untersuchung an der Universität von New York (Boltuch, 1975) wies darauf hin, daß Counseling-Trainees, die mit Hilfe des Programms ausgebildet wurden, signifikant bessere Ergebnisse erzielten als eine Kontrollgruppe, die vergleichbare andere Lehrangebote erhielt. Die Filmserie, die als „Influencing Human Interaction" bekannt ist, wurde revidiert und erweitert, so daß sie jetzt aus Farbfilmen oder Farbvideobändern besteht (Kagan, 1975a) und außer aus dem Gebiet des Counselings Illustrationen aus dem Bereich der *Medizin,* der *Pädagogik* und der *Familientherapie* enthält. Die neue Serie umfaßt auch Szenen, die entwickelt wurden, um Diskussionen über *Sexismus* und *Rassenfragen* zu stimulieren. Auch ein Handbuch für den Ausbilder und Informationen für die Studenten wurden vorbereitet. Das neue Programm kann, genauso wie das ursprüngliche, vom Ausbilder mit einem Minimum an Vorbereitung durchgeführt werden. Es wird gegenwärtig in medizinischen, pharmazeutischen und juristischen Fachschulen, in Krankenhäusern, höheren Schulen, Behörden und Strafanstalten in den Vereinigten Staaten, Kanada, England, Australien, Schweden, Dänemark, Norwegen, Deutschland, Puerto Rico, Israel und anderen Ländern eingesetzt.

Das revidierte Modell der Recall-Therapie besteht aus sieben Grundeinheiten. Die erste Einheit, mit der Bezeichnung *Elemente effektiver Kommunikation,* beinhaltet vier verbale Reaktionsmodi – explorierend, zuhörend, affektiv und aufrichtig. Die zweite Einheit, *Affektstimulation,* benutzt stimulierende Filme oder Videobänder mit kurzen Szenen, in denen Personen direkt auf den Betrachter abzielende Aussagen machen, mit denen dieser nur schwer „umgehen" kann. In diesen Szenen können z. B. alle nur erdenklichen „schlimmen Dinge" dargestellt werden, die Furcht oder übertriebener Zurückhaltung zugrundeliegen können. Diese Szenen werden von dem Betrachter gewöhnlich als streßhaft erlebt. Sie wurden entwickelt, um Denkprozesse, Gefühle und Reaktionen zu stimulieren und um dem Betrachter zu helfen, seine Sensitivität gegenüber seinen eigenen Reaktionen zu erhöhen und seine Angst vor dem Kontakt mit Klienten zu überwinden. Die dritte Komponente im Modell der Recall-Therapie, *Interviewer-Recall,* führt in die Rolle des Befragers und den Recall-Prozeß ein. Als erstes führt der Trainee ein Gespräch durch. Anschließend verläßt der Klient (ein Mit-Trainee oder ein bezahlter Schauspieler, der ein echtes Problem simuliert) den Raum, und es folgt unmittelbar die Recall-Sitzung. Der Trainee wird angeregt, während er das Videoband ansieht, seine Reaktionen auf das Gespräch mitzuteilen. Er wird aufgefordert, das Band jedesmal anzuhalten, wenn er sich an irgendwelche Gedanken oder Gefühle erinnert. Das Ziel dieser Einheit besteht darin, den Trainees beizubringen, sich selbst in Aktion zu studieren und wichtige Informationen, die sie wahrgenommen, aber nicht in Verhalten umgesetzt haben, explizit zu machen. Die vierte Einheit wird *Tiefenstudie der Befragerrolle* genannt. Die Funktion des Befragers besteht darin, die Recall-Sitzung zu leiten. Hierin liegt der Kern des Prozeß-Recalls, da die Fähigkeit und Bereitschaft einer Person zum Zurückrufen von Ereignissen im interpersonalen Prozeß zum großen Teil von der Geschicklichkeit des Befragers abhängen. Die Rolle ist klar definiert und kann gelehrt werden. Die fünfte Einheit konzentriert sich wieder, wie die dritte, auf den Recall-Prozeß, aber in diesem Fall auf den *Klienten-Recall.* Mit dieser Erfahrung soll dem Counselor geholfen werden, etwas über die Dynamik des Klienten direkt vom Klienten zu lernen. Der Recall des Klienten bildet die Grundlage dafür, die Bedürfnisse und Wünsche des Klienten in Erfahrung zu bringen. Die sechste Einheit bringt Trainee und Klient in einer *gemeinsamen Recall-Sitzung* zusammen, in der beide Teilnehmer das Videoband anhalten können, um ihre Reaktionen während des vorangegangenen Gesprächs zu kommentieren. Der Befrager ermuntert jeden von ihnen, über seine nicht verbalisierten Gedanken, Gefühle und Intentionen in der Gegenwart des anderen zu sprechen. Mit dem gemeinsamen Recall wird die Absicht verfolgt, den Trainees beim Entwickeln der Fähigkeit zu helfen, den impliziten Prozeß einer Interaktion in expliziten Inhalt zu verwandeln, über das Hier-und-Jetzt in der Interaktion zu sprechen, wann immer ein solcher Dialog nützlich sein mag. Die letzte Einheit der Recall-Therapie bietet eine *Theoriediskussion*. Mit ihr wird beabsichtigt, dem Trainee einen kognitiven Rahmen zu liefern, um etwas „Sinn" in das hauptsächlich experientelle Programm zu bringen.

Das Modell der Recall-Therapie war zwar ursprünglich als *Ausbildungsmittel* gedacht, seine Anwendungsmöglichkeiten sind jedoch nicht auf diesen Bereich beschränkt. Einer der interessanteren Bereiche zur Weiterentwicklung liegt in seinem Potential, den Wachstumsprozeß des Klienten in der Therapie zu beschleunigen. Untersuchungen über die Anwendung auf diesem Gebiet haben widersprüchliche, aber vielversprechende Ergebnisse gebracht (Tomory, 1979).

Theorie

Zur Erklärung der Wirksamkeit der Recall-Therapie bei der Förderung von Wachstumsprozessen und Verhaltensänderung können die Konstrukte analytischer (Horney, 1950; Sullivan, 1953) wie behavioristischer (Lazarus, 1971) Theoretiker herangezogen werden.

Grundannahmen und interpersonale Manifestationen

Bei Einsatz der Recall-Therapie sind zwei grundlegende Dynamismen beobachtet bzw. erschlossen worden. Erstens, daß Menschen einander nicht nur zum physischen Überleben brauchen, sondern auch, um einen optimalen Grad an interpersonaler Stimulation zu erlangen. Menschen sind potentiell die vollständigste Quelle der Freude füreinander – sie sind interessanter, anregender und befriedigender als jede andere Quelle der Befriedigung in der Umwelt. Der zweite grundlegende Dynamismus ist, daß Menschen lernen, einander zu fürchten. Genauso, wie Beziehungen eine wirksame Quelle der Befriedigung bieten können, können sie auch Ursache heftiger Schmerzen sein.

Die *Ängste,* die wir voreinander haben, fallen in eine der vier folgenden Kategorien:

1. *Du wirst mich verletzen:* Wenn wir eine intime Beziehung entwickeln, wirst du etwas tun, was mir Schmerzen verursacht.
2. *Ich werde dich verletzen:* In gleicher Weise könnte ich dich verletzen.
3. *Du wirst mich überwältigen:* Wenn wir eine intime Beziehung haben, wirst du mich irgendwie erdrücken, du wirst negieren, wer ich bin. Mein Selbstgefühl wird sich darin auflösen, wer du bist.
4. *Ich werde dich überwältigen:* In gleicher Weise könnte ich dich überwältigen.

Diese Ängste entstehen zu Beginn des Lebens und sind das Produkt davon, daß man ein „kleiner Mensch in einer Welt der Großen" ist. Vage Gefühle der Angst und Hilflosigkeit sind das natürliche Ergebnis der langen Phase der Abhängigkeit während der Kindheit; diese Gefühle können das ganze Leben lang weiterbestehen. Recall-Therapeuten sehen darin den Grund dafür, daß so viele der von Klienten in Recall-Sitzungen beschriebenen intensiven Gefühle infantil erscheinen – wie lebende Überreste früher Ängste. Solche Gefühle sind gewöhnlich unbenannt und unausgedrückt und somit der Logik der Sprache entzogen.

Diese grundsätzlich entgegengesetzten Tendenzen, das Bedürfnis nach Menschen und die Furcht vor Menschen, treten in vielen sozialen Verhaltensweisen zutage. Jede dieser Haltungen spiegelt sich in sozialem Verhalten wider, das darauf abzielt, die gefürchteten Konsequenzen intimer menschlicher Interaktion zu vermeiden. Eine Manifestation läßt sich in dem *Annäherungs-Vermeidungs-*

Verhalten beobachten, das die meisten menschlichen Interaktionen zu kennzeichnen scheint. Menschen scheinen in zyklischer Weise direkte, reine Nähe mit anderen zu suchen *und* zu vermeiden – der *Intimität* folgt relative *Isolation,* an die sich neue Bemühungen um Intimität anschließen. In diesem Prozeß wird anscheinend ein bestimmter Grad „sicherer" interpersonaler Distanz geschaffen, der für jeden Menschen einzigartig ist. Eine etablierte psychische Distanz gestattet ein gewisses Ausmaß an Intimität und vermittelt gleichzeitig ein Gefühl der Sicherheit vor den potentiellen Risiken, die mit engen Beziehungen einhergehen. Der Versuch, einen sicheren, interpersonalen Abstand zu etablieren, kann als Bemühen verstanden werden, ein Gleichgewicht zwischen den Qualen der Langeweile und sensorischen Deprivation bei zu entferntem Kontakt und der Erfahrung von Angst bei zu engem Kontakt herzustellen. Je stärker die Angst ist, um so wahrscheinlicher wird der Mensch intime Beziehungen vermeiden. Umgekehrt werden Personen, die keine Angst voreinander haben, eher fähig sein, anhaltenden, intimen Kontakt zu schaffen. Dieser echte, intime Kontakt mit anderen läßt dann auch Zeiträume des Alleinseins zu, ohne daß Panik entsteht. Maslow (1968) behauptet, daß voll „funktionierende" Personen möglicherweise befriedigende Perioden des Alleinseins erleben können, weil sie fähig sind, einen tiefen Grad an Intimität in Beziehungen zu erreichen. Es ist, als ob einem das Wissen um die Möglichkeit der Intimität die Freiheit gibt, Alleinsein ohne Angst zu erleben.

Die Ängste, die Menschen voreinander haben, werden gewöhnlich in eine *interpersonale Mythologie* und in *Erwartungen* transformiert – in ein „Motto", das es einem ermöglicht, beängstigende, interpersonale Alpträume zu vermeiden, zum Beispiel: „Andere Leute haben mich immer in bestimmter Weise wahrgenommen und reagieren letztlich entsprechend auf mich, und das wird immer so sein." Diese antizipierten Reaktionen anderer Menschen fördern dann eine *selbsterfüllende Prophezeiung,* in der Leute ihre Alpträume wahr machen.

Interpersonale Nähe oder Distanz sind subjektive Gegebenheiten, die nicht leicht beobachtet werden können. Es ergeben sich daraus Konsequenzen für das Verhalten, die in einem *Zweistadienmodell* angeordnet werden können. Das erste Stadium besteht in typischen Reaktionsweisen in der unmittelbaren Interaktion, in der Art und Weise, wie sich eine Person in alltäglichen Beziehungen verhält. Das zweite Stadium ist durch eine langfristige interpersonale Haltung gekennzeichnet. Das wiederholte Auftreten bestimmter interpersonaler Verhaltensweisen (Stadium 1) führt zur Entwicklung eines Interaktionsmusters (Stadium 2). Einige dieser Beobachtungen zeigen starke Parallelen zu den Erkenntnissen von Karen Horney (1950).

Die grundlegenden interpersonalen Verhaltensmodi im Stadium 1 sind durch drei Verhaltensweisen gekennzeichnet – *Angriff, Rückzug* und *Konformismus.* Sieht man, daß andere Leute zu weit gehen, kann man angreifen bzw. zuschlagen. An einem Extremende des Aggressionskontinuums ist die Bezeichnung Angriff angemessen, da das auftretende Verhalten in boshaftem, wütendem Zuschlagen besteht. Am anderen Ende des Aggressionskontinuums kann man sich einfach Selbstbehauptung vorstellen. Einige Leute reagieren fast ausschließlich in Form von Angriffen.

Ein zweiter grundlegender sozialer Reaktionsmodus ist der Rückzug. An einem Extremende findet man totalen Rückzug, am anderen Ende die Fähigkeit, sich diskret zu entfernen. Einige Leute bedienen sich fast ausschließlich der Rückzugsmodalität.

Der dritte grundlegende Modus ist Konformismus. An einem Extremende steht der totale Konformist, das Chamäleon. Eine weniger negative Extremposition ist die Fähigkeit, liebenswürdig zu sein.

Manche angriffslustige Menschen erreichen einen Lebensstil, der nicht durch Engagement und anregenden, unmittelbaren Kontakt gekennzeichnet ist, sondern eher durch Rückzug. Man greift nicht zu sehr an, um mit anderen Kontakte zu knüpfen, sondern um sich letztlich zurückzuziehen. Die Angriffshaltung kann zu einer langfristigen Rückzugshaltung führen. Ein anderes Muster besteht in Angriff, der Konformität als langfristigen Zustand zur Folge hat. Die Leute schlagen zu, um Loyalität gegenüber einer Reihe von Anschauungen oder einer Familie aufrechtzuerhalten. Diese Beschreibung paßt auf grundsätzliche Konformisten wie den Fernsehcharakter Archie Bunker*. Ein angreifender interpersonaler Verhaltensstil mag in diesen Fällen entwickelt werden, um Konformität zu erzielen oder um sich aus sozialen Beziehungen zurückzuziehen.

Rückzug kann ein Mittel sein, um langfristig eine angreifende oder feindselige Haltung auszubilden. Der klassische, passiv-aggressive Persönlichkeitstyp entwickelt durch passiven Rückzug eine dauerhafte Angriffshaltung. Rückzug kann auch eine Möglichkeit zur Anpassung darstellen, zur nicht hinterfragten Aufrechterhaltung eines Systems von Anschauungen, von Loyalität oder von einer Reihe interpersonaler Beziehungen. Hier finden wir Personen, die im interpersonalen Kontakt unscheinbar werden, die sich zurückziehen, um sich vor Veränderung zu schützen. Es ist sehr schwer, auf solche Leute Einfluß zu nehmen.

Konformismus kann einer langfristigen Angriffshaltung dienen. Das läßt sich bei Pseudokonformisten beobachten, die zuschlagen, wenn ihnen der Rücken gekehrt wird. Der feindselige, soziale Manipulator gehört zu diesem Typ. Schließlich kann eine konforme Reaktion ein Mittel zum endgültigen Rückzug und zum Vermeiden menschlicher Interaktion sein. Man kann konform gehen, um Distanz und Sicherheit aufrechtzuerhalten, das Ergebnis ist jedoch häufig Langeweile und Einsamkeit.

Psychisch stabile Personen scheinen ein weites Repertoire an Verhaltensmustern zur Verfügung zu haben – sie können sich behaupten, fühlen sich aber nicht dazu gezwungen, sie können nachgeben, und sie können sich auch konform verhalten.

Die Anwendung des Prozeß-Recall in der Psychotherapie

Die potentielle Wirksamkeit des Prozeß-Recall bei der Behandlung von Klienten kann mit Hilfe einer Beziehungstheorie des Counseling verstanden werden, derzufolge die Klient-Counselor-Beziehung die entscheidende Variable für den

---

* Archie Bunker ist die amerikanische Version des britischen Fernsehcharakters Alf Garnett aus der Familienserie „Till death do us part", die in den frühen siebziger Jahren im englischen Fernsehen gesendet wurde. Alf Garnett offenbarte in seinem Verhalten unverblümt bigotte, xenophobische Züge; in der amerikanischen Version war diese Tendenz etwas abgeschwächt (Anmerkung d. Übersetzers).

„Wachstumsprozeß" des Klienten ist. In dieser Sichtweise, die zuerst von Carl Rogers (1957), dann von Patterson (1974) formuliert wurde, ist der Klient eine positive Kraft bei der Lösung seiner Konflikte. Der Klient ist fähig, Einsichten zu gewinnen, die zu angemessenerem Verhalten führen. Er hat einen Interaktionsstil gelernt, eine Art und Weise zu handeln und zu agieren, die auch in der Counselingsitzung offenbar wird. Das fehlangepaßte Verhalten wird sich auch gegenüber dem Counselor manifestieren, und zwar gewöhnlich in Form der oben beschriebenen intra- und interpersonalen Verhaltensweisen und Wahrnehmungen. Aufgabe des Counselor ist es, dem Klienten zu helfen, dieses Interaktionsverhalten zu explorieren.

Man nimmt an, daß die Reaktion eines Klienten auf *Angst* in der Counselingsituation die gleichen Abwehrformen und interpersonalen Muster hervorruft, die für die Interaktion des Klienten außerhalb der Counselingsitzung typisch sind. Kell und Mueller (1966) und Kell und Burow (1970) haben eine Theorie des Counseling formuliert, die auf diesem Gedanken gründet. Sie meinen, daß selbst dann, wenn der Klient sich ändern möchte, er keine Alternativen zu den fehlangepaßten Verhaltensweisen hat, die ihm in gleicher Weise vertraut wären. Diese Verhaltensweisen werden in der Counselingsituation mobilisiert, weil die Aussicht auf Veränderung bedrohlich ist und Angst erzeugt. Da Angst die Bemühungen des Klienten um Änderung behindern kann, ist es wesentlich, daß der Counselor unproduktive Angst reduziert und eine therapeutische Atmosphäre schafft.

Betrachtet man die Counselingsitzung als eine emotionale Erfahrung, die durch häufiges Auftreten eines hohen Grades an Angst gekennzeichnet ist, so wird evident, welchen Wert der Prozeß-Recall hat, um den Counselingprozeß zu beschleunigen. Angst interferiert mit den Wahrnehmungen des Klienten und des Counselor und wirkt oft als Hindernis in der Therapie. Der „zugegebene" Inhalt enthält wegen des hohen Grades an Angst gewöhnlich nicht die drängendsten Probleme des Klienten. Der Prozeß-Recall dient dazu, eine Umgebung zu schaffen, die durch einen verminderten Grad an Angst charakterisiert ist. Erreicht wird dies, indem Interaktionsverhalten unmittelbar nach seinem Auftreten beobachtet wird, so daß die damit einhergehenden Gedanken und Gefühle in ihrem vollen Umfang *zurückgerufen* werden können. Die Videoaufnahme der Interaktion ist weniger bedrohlich als der eigentliche Austausch, da beide Teilnehmer wissen, daß sie die Begegnung überlebt haben, ein Faktum, das ihnen während der Interaktion nicht bekannt ist. Eine zweite Quelle der Sicherheit ist der werturteilsfreie Befrager.

Der Grundprozeß der Recall-Therapie hat zwei zentrale therapeutische Merkmale:

1. die *Videoaufnahmetechnik,* die eine unmittelbare Wiedererzeugung der vorausgegangenen Interaktion ermöglicht und
2. den Einsatz stimulierender *Recall-Methoden,* um die Fähigkeit des Klienten zur Introspektion zu fördern, eine notwendige Fertigkeit, wenn die Therapie erfolgreich verlaufen soll. Der Recall-Prozeß und die Rolle des *Befragers* liefern die Struktur und außerdem eine umfangreiche theoretische Fundierung, um den Wachstumsprozeß des Klienten in der Therapie zu beschleunigen.

Der Recall-Prozeß. Die Recall-Therapie gestaltet sich in der Weise, daß Klient und Befrager einen Ausschnitt der mit Video aufgenommenen Counselingsitzung ansehen, ohne daß der Counselor anwesend ist. Der Klient hält das Band jedesmal an, wenn Gedanken oder Gefühle stimuliert, aber nicht erschöpfend besprochen wurden. In diesen Sitzungen beginnen die Klienten gewöhnlich, Parallelen zwischen ihrer Beziehung mit dem Counselor und ihren Beziehungen mit wichtigen Bezugspersonen zu erkennen. Im „gemeinsamen Recall" berichten Klient wie Counselor einander und dem Befrager ihre verdeckten Prozesse in der aufgezeichneten Sitzung; indem dabei dem Klienten und Counselor Gelegenheit gegeben wird, über ihre Beziehung zu sprechen, können Verhaltensweisen geübt werden, die zu direktem, intimem Austausch führen. Beide werden so mehr zu *teilnehmenden Beobachtern ihrer eigenen Interaktion* – sie treten von ihrer unmittelbaren Interaktion zurück und lassen das „Videoband in ihrem Kopf" zurücklaufen. Auf diese Weise lernen sie zu besprechen, was in der Sitzung geschehen ist. Das findet auch in echten Lebenssituationen mit bedeutsamen Bezugspersonen statt, wenn eine Recall-Sitzung mit dem Klienten und einem Freund, Ehepartner oder einer wichtigen anderen Person arrangiert wird, in der der Counselor als Befrager fungiert. Bei jeder Form des Recall hat der Befrager auf sanfte, forschende Weise Fragen zu stellen.

Die Therapie ist ein Prozeß, der sich entfaltet, indem der Klient durch den Recall zunehmend auf interpersonale Prozesse aufmerksam wird. Die Beteiligung am Recall-Prozeß ermöglicht es dem Klienten, seine Wahrnehmungen und Erwartungen verbal zu benennen. So geschieht es häufig, daß die Logik der Sprache auf emotionale Erfahrungen angewandt wird, die gewöhnlich unbenannt und unerkannt bleiben. Das Ergebnis ist, daß Worte für bis dahin präverbale Gefühle gefunden werden, daß man über sich selbst in Form von Sprache lernt. Der Benennungsprozeß kann buchstäblich darin bestehen, daß ein Teil des Gehirns über den Inhalt eines anderen Teils des Gehirns informiert wird (Sagan, 1977).

Tomory (1979) führt weitere Gründe an, die den Klienten-Recall in der Psychotherapie rechtfertigen. Erstens stellt der Videoband-Recall für den Klienten eine „neutrale" Quelle der Rückmeldung dar. Er wird nicht *über* sein Verhalten informiert. Er sieht es in Beziehung zum Counselor. Das Videoband liefert objektive und zuverlässige *Rückmeldung.* Zweitens hat der Klient die Freiheit, mit Hilfe des Befragers die verdeckten Prozesse, die dem Interaktionsverhalten zugrundeliegen, *intensiv zu explorieren.* Da die Rückmeldung neutral ist, steht es dem Klienten frei, sie unhinterfragt anzunehmen oder zurückzuweisen. Exakte Rückmeldung und eine nicht bedrohliche Umgebung machen es weniger wahrscheinlich, daß Klienten leugnen oder rationalisieren; sie können eher die Verantwortung für ihr Verhalten übernehmen. Das Playback erlaubt es den Klienten, die Klient-Counselor-Beziehung von einer relativ sicheren Position aus zu analysieren (das unmittelbare Ergebnis der Interaktionssequenz ist bekannt, da es bereits eingetreten ist). Ein vermindertes Angstniveau der Klienten liefert eine günstige Bedingung für emotionales, kognitives und verhaltensmäßiges Umlernen. Drittens können Klienten erfahren, daß sie eine Menge *Energie* in die Klient-Counselor-Beziehung investieren, selbst wenn sie über Angelegenheiten, die Dritte betreffen und außerhalb der Zweierbeziehung mit dem Counselor liegen, sprechen. Der Klient kann im wahrsten Sinne des Wortes

„sehen", wie er sich gegenüber dem präsentierten Problem verhält. Viertens kann der Klient beim Klienten-Recall *interpersonale Muster explorieren*, ohne in direkter Beziehung mit dem Counselor zu stehen.

Die Befragung. Die Effektivität des Recall-Prozesses hängt zum großen Teil vom Befrager ab. Seine Funktion ist, *Recall und Selbstanalyse zu stimulieren*. Beim Ansehen des Videobandes hilft der Befrager den Klienten, Energie zur Selbstanalyse aufzuwenden (Es ist nicht unüblich, daß Klienten und Counselor Fragen des Befragers in ihr Repertoire aufnehmen und dann als ihre eigenen Befrager fungieren). Die Klienten werden davon abgehalten, mit dem Befrager ausführlich über äußere Beziehungen oder Material zu reden, das nicht auf dem Band besprochen worden ist. Der Schwerpunkt der Befragung liegt auf der Analyse des aufgezeichneten Interaktionsverhaltens und auf der Vermeidung einer therapeutischen Beziehung mit dem Befrager. Die Aufgabe ist, durch das Videoband Informationen zu gewinnen, wobei der Klient als Autorität für die Bedeutung der Interaktion gilt und der Befrager als Experte im Fragenstellen. Es wird angenommen, daß die Klienten durch Reflexion ihres Verhaltens und der damit einhergehenden, verdeckten Denkprozesse beginnen, die Vorbedingungen und Folgen bestimmter interpersonaler Verhaltensweisen aufzudecken.

Eine alternative Erklärung für die Wirksamkeit der Befragung wird mit einer *sozialpsychologischen Sichtweise* geboten. Eine wesentliche, die Therapie vorantreibende Einflußgröße ist die Art und Weise, in der der Befrager die Recall-Sitzung handhabt und so eine Theorie menschlicher Interaktion für den Klienten definiert. Dieser Auffassung zufolge ist das Definieren der Situation, wie es von McHugh (1968) beschrieben wird, der Schlüssel für den Einfluß der Rolle des Befragers. In jeder sozialen Begegnung haben die beteiligten Personen die Aufgabe, eine Bedeutungsstruktur in der sozialen Interaktion zu schaffen, was zu einer äußerst spezifischen Definition der Situation führt. Diese Definition ergibt sich aus der Frage, die Goffman (1974) zufolge alle Leute stellen, wenn sie mit jemandem in unmittelbarem Kontakt stehen: „Was wird hier gespielt?" Der Befrager definiert die Therapiesitzung als eine Situation, in der der Klient bislang verdeckte Aspekte des interpersonalen Verhaltens aufdecken und ausdrücken wird. Er hilft dem Klienten, eine Antwort auf die Frage „Was wird hier gespielt?" zu finden. Das geschieht auf verschiedene Weise. Als erstes werden dem Klienten eine Reihe *spezifischer Instruktionen* gegeben, durch die darauf hingewiesen wird, daß ein allgemein menschliches Phänomen existiert, demnach viele Reaktionsmöglichkeiten in der Interaktion aus verschiedenen Gründen der Anpassung zensiert werden, daß dieses Zensieren jedoch fehlangepaßt sein kann. Damit wird die Erwartung aufgebaut, „zensierte" Items zu entdecken. Vom Klienten wird erwartet, daß er Dinge sieht und exploriert, die in der Sitzung vertuscht worden sind. Zweitens wird dem Klienten durch die forschenden Fragen eines werturteilsfreien Befragers geholfen, sich in einer unbedrohlichen Beziehung *zu explorieren*. Der Befrager ist neutral, ist aber an der Bedeutung des Klientenverhaltens interessiert. Die vom Befrager gestellten Fragen regen den Klienten an, sich zu fragen: „Was waren meine impliziten Gedanken, Gefühle, Meinungen, Einstellungen, die im Kontakt mit dem Counselor aufgetreten sind?" Der Befrager definiert die Recall-Sitzung so, daß die Erwartung einer aufregenden Selbstentdeckung entsteht.

Diese Entdeckungen werden zusammen mit der *Neugier* über sich selbst in die therapeutische Beziehung integriert, in der der Counselor Veränderungen des Klienten fördert, indem er für den Klienten charakteristische Interaktionsthemen anspricht. Auf diese Weise können die Parallelen in der Interaktion zwischen Klient und Counselor und Klient und anderen Personen zum Vorschein gebracht werden.

Methoden

Der erste Schritt bei der Anwendung der Recall-Therapie besteht darin, adäquate Möglichkeiten für Videoaufnahmen zu gewährleisten. Die Geräte befinden sich in dem Raum, in dem sowohl die Counseling- wie auch die Recall-Sitzung stattfindet.

Bevor mit der Aufnahme begonnen wird, werden die Grundgedanken der Recall-Therapie und der Gebrauch des Videogerätes erklärt. Der Klient hat die Möglichkeit, Vorbehalte gegenüber dem Verfahren zu äußern, und er hat, wie bei jeder Form des Counseling, die Freiheit, sich nicht darauf einzulassen. Wird das Verfahren akzeptiert, so beginnen Klient und Counselor mit der Sitzung, die bloß 10 Minuten oder die üblichen 50 Minuten dauert. Wenn der Abschnitt des „Klienten-Recall" erreicht wird, verläßt der Counselor den Raum nach der Aufnahme, und der Befrager übernimmt seinen Platz.

Der Befrager informiert den Klienten dann über den Sinn des Recall-Prozesses. Bevor mit dem Recall begonnen wird, wird der Klient mit folgenden, von Kagan und Mitarbeitern (1967, S. 13) stammenden Auffassungen bekannt gemacht:

1. Wir wissen, daß der Geist schneller arbeitet als die Stimme.
2. Während wir mit anderen reden, denken wir an ganz andere Dinge als die, über die wir sprechen. Jeder Mensch macht das, und es besteht kein Grund zur Verlegenheit oder zu zögern, „es zuzugeben", wenn es passiert.
3. Wir wissen, daß es in Gesprächen mit anderen Menschen Zeiten gibt, in denen wir das, was sie sagen, mögen, und daß es Zeiten gibt, in denen wir uns über das, was sie sagen, ärgern. Es gibt Zeiten, in denen wir glauben, daß sie uns wirklich verstehen, und es gibt Zeiten, in denen wir das Gefühl haben, daß sie nicht verstanden haben, was wir sagen, oder daß sie wirklich nicht verstehen, was wir empfinden oder wie stark wir etwas empfinden.
4. Es gibt auch Zeiten, in denen wir uns damit beschäftigen, was der andere über uns denkt. Manchmal wünschen wir uns, der andere würde über uns in einer Weise denken, in der er es vielleicht nicht tut.
5. Wenn wir Sie in diesem Augenblick fragen würden, in welchem Moment Sie das Gefühl hatten, daß der Counselor ihre Gefühle verstanden oder nicht verstanden hat, oder wann Sie das Gefühl hatten, einen bestimmten Eindruck auf ihn zu machen, oder wann Sie versucht haben, etwas zu sagen, das schließlich ganz anders herauskam, als Sie es wollten, würde es für Sie wahrscheinlich ziemlich schwierig sein, sich daran zu erinnern. Mit Hilfe dieser Videoaufnahmen, die direkt im Anschluß an Ihr Gespräch zurückgespielt werden, wird es Ihnen möglich sein, diese Gedanken und Gefühle in Einzelheiten zurückzurufen. Jedesmal, wenn Sie sich an Ihre Gedanken und Gefühle erinnern, können Sie das Band mit dieser Taste anhalten und weiterlaufen lassen. Das Gerät ist ferngesteuert, so daß Sie niemandem Mühe machen, wie häufig Sie das Band auch

anhalten und weiterlaufen lassen. Halten Sie das Band an, wenn Sie sich an Ihre Gedanken und Gefühle erinnern, und sagen Sie mir, worin sie bestehen.

Es bestehen große Unterschiede in der Fähigkeit von Klienten, diesen Prozeß durchzuführen, und sie bedürfen mehr oder weniger starker *Ermutigungen* durch den Befrager. Der Befrager vermeidet ein Counselinggespräch oder Interpretationen. Die Recall-Sitzungen dauern ungefähr 40 Minuten, und, je nach Klient, werden vielleicht nur 10 bis 15 Minuten des Counselinggesprächs abgedeckt. Es werden explorative, kurze, offene Fragen über Gedanken und Gefühle gestellt.

Es existiert eine Reihe von allgemeinen Bereichen, die sich häufig für die Befragung als fruchtbar erweisen. Wenn der Klient das Band anhält, um zu einem Thema Bemerkungen zu machen, wird der erfahrene Befrager dieses Thema weiterverfolgen und dann andere Themenbereiche einführen. Fragen, die *affektive Themen* anregen, sind zum Beispiel: Waren Sie sich irgendwelcher Gefühle bewußt? Wie haben Sie sich entschieden, mit diesen Gefühlen umzugehen? Wie kamen Sie zu der Entscheidung, das Gefühl nicht auszudrücken? Möchte der Befrager eine *kognitive Analyse* fördern, so kann er fragen: Was haben Sie zu diesem Zeitpunkt gedacht? Was ging Ihnen durch den Kopf, als Sie das sagten? Welche Gedanken hatten Sie über die andere Person? Wollten Sie zu diesem Zeitpunkt irgendetwas anderes sagen? Im Bereich *körperlicher* und anderer *nichtverbaler Verhaltensweisen* – Körpergefühle, Vorstellungen und Erwartungen – kann zur weiteren Exploration angeregt werden durch Fragen wie: Erinnern Sie sich, wie Ihr Körper zu diesem Zeitpunkt reagiert hat? Hatten Sie in diesem Augenblick irgendwelche Phantasien oder Vorstellungen? Was wollten Sie von Ihrem Counselor hören? Haben Sie an dieser Stelle irgend etwas von Ihrem Counselor erwartet? Fragen können auch zu anderen *Assoziationen* führen, oder sie können helfen, unausgesprochene Punkte ausfindig zu machen: Wurden Sie durch Ihren Counselor an irgendjemand anderen in Ihrem Leben erinnert? (Lautet die Antwort ja, frage weiter: Welche Wirkung hatte das auf Sie?) Welche Reaktionen haben Sie gegenüber den Aussagen Ihres Counselor erlebt? Was hätten Sie an dieser Stelle gerne sagen wollen?

Ein zu explorierender Bereich ist der Eindruck des Klienten davon, wie er vom Counselor gesehen wird, was einen starken Einfluß auf die Interaktion während der Sitzung hat. Stimuli des Befragers sind: Was hat Ihr Counselor Ihrer Meinung nach über Sie gedacht? Was glauben Sie, wollte er Ihnen mitteilen? Wie sind Sie an dieser Stelle gesehen worden? Wie wollten Sie gesehen werden? Wie wollten Sie nicht gesehen werden? Was hat er Ihrer Meinung nach über die Diskussion dieses Problems gedacht?

Es bestehen Unterschiede in der Fähigkeit und/oder Bereitschaft von Klienten, bestimmte Bereiche zu explorieren. Der Klient mag beispielsweise etwas weniger gewillt sein, Wahrnehmungen über den Counselor zu offenbaren, wenn dieser den Recall-Prozeß beobachtet.

Fingerzeige des Befragers (Kagan/Burke, 1976) können in verschiedenen Bereichen angewandt werden, um ein aktives Engagement des Klienten während der Befragung zu fördern. Dieses Engagement betrifft

1. den Ursprung und die Entwicklung der Gedanken und Gefühle des Klienten, die er während des Counselinggesprächs erlebt hat;

2. die Art und Weise, wie sich der Klient in Begriffen von Vorlieben, Abneigungen, Ängsten, Phantasien und so weiter, die ihn betreffen, sieht;
3. die Art und Weise, wie der Klient vom Counselor gesehen werden möchte; und
4. die Art und Weise, wie der Counselor den Klienten seiner Meinung nach tatsächlich sieht.

Wir haben gefunden, daß die Fragen des Befragers Selbstexploration, erhöhtes Bewußtsein und Engagement dann fördern, wenn sie eine Haltung der *Selbsthinterfragung* unterstützen anstatt Versuche der *Selbsterklärung*. Wir möchten nicht, daß die Klienten versuchen, eine Erklärung dafür zu finden, *warum* sie sich in der ihnen eigenen Weise verhalten; vielmehr möchten wir, daß der Klient das *was* und *wie* seines interpersonalen Verhaltens gründlich exploriert. Daher werden „Warum"-Fragen in der Recall-Sitzung vermieden. Damit soll nicht gesagt werden, daß die Motivation des Klienten und biographische Vorbedingungen unwichtig sind, sondern nur, daß mit der Recall-Sitzung beabsichtigt wird, sich mehr auf das „was" des Verhaltens zu konzentrieren. Der Ort zur weiteren Exploration der Gründe seines besonderen Verhaltens ist für den Klienten die therapeutische Beziehung.

Anwendungsbereiche

Der Recall-Prozeß ist ausführlich als *Ausbildungsmittel* und in geringerem Maße als *Methode in der Psychotherapie* erforscht worden. In beiden Anwendungsbereichen liegt der Schwerpunkt auf dem *Selbststudium* durch Beobachtung und Diskussion des interpersonalen Verhaltens und durch *Exploration* damit einhergehender, verdeckter Prozesse. Es wird behauptet, daß das Wissen um das eigene interpersonale Verhalten von unschätzbarem Wert ist, wenn man ein effektiver Therapeut werden möchte. Zwischen Klient und Counselor entstehen ähnliche Beziehungskonflikte (Doehrmann, 1976) wie zwischen Counselor und Supervisor (Mueller/Kell, 1972). Die Beziehungsdynamik in der Klient-Counselor-Beziehung reflektiert in gewissem Maße das vorliegende Problem, weswegen sich der Klient in Behandlung begibt. Daher wird ein Counselor in der Ausbildung weitgehend wie ein Klient angesehen, obgleich ein offensichtlicher Unterschied besteht – der Counselor benutzt das Selbststudium, um ein effektiver Therapeut zu werden, wogegen der Klient gewöhnlich die Lösung persönlicher Probleme anstrebt. Die Gründe von Counselor und Klienten für die Anwendung der Recall-Therapie sind verschieden, die Prozesse sind jedoch ähnlich. Die Dynamik der Supervision ist in vielerlei Hinsicht der Dynamik, die man in der Psychotherapie findet, analog (Chiles/McQuellon, 1978). Forschungsarbeiten über die Recall-Therapie in der Ausbildung von Counselors und in anderen Bereichen werden an anderer Stelle referiert (Kagan, 1975b).

Über die Recall-Therapie als Methode zur Beschleunigung des Fortschrittes von Klienten in Counseling und Psychotherapie wurde in verschiedenen experimentellen Untersuchungen (Hartson/Kunce, 1973; Hurley, 1967; Schauble, 1970; Tomory, 1979; Van Noord, 1973) und in Fallstudien (Kagan/Krathwohl/Miller, 1963; Kagan et al., 1967; Resnikoff/Kagan/Schauble, 1970) berichtet.

Hurley (1967) führte eine der ersten Untersuchungen durch, bei der die Recall-Therapie in kleinen Counselinggruppen benutzt wurde. Er kam zu dem Schluß, daß häufigerer Einsatz des Recall offenes Verhalten, das Hauptkriteriumsmaß dieser Untersuchung, wahrscheinlich gefördert haben dürfte.

Affektstimulation durch gefilmte Stimulusszenen wurde in das Recall-Programm aufgenommen, um es dem Klienten zu erleichtern, über Reaktionen auf äußerst emotionale interpersonale Situationen zu sprechen, um individuelle Klientenstereotype im interpersonalen Verhalten aufzudecken und um Konfliktbereiche ausfindig zu machen (Danish/Kagan, 1969; Kagan/Schauble, 1969). In den Szenen werden schwache bis starke Affekte im Bereich von Feindseligkeit, Angst vor Feindseligkeit, Zuneigung und Angst vor Zuneigung veranschaulicht. Diese kurzen, gefilmten Szenen wurden in unterschiedlicher Form eingesetzt. Eine Form ihrer Vorgabe bestand darin, den Klienten die Szenen zu zeigen, während sie selbst mit Video aufgenommen werden; danach folgte eine Recall-Sitzung. In einer anderen Form wurden diese Szenen ohne Videoaufnahme und Recall eingesetzt, was besonders hilfreich in den Anfangsstadien des Counseling war. Dieses Ergebnis regte spätere Forscher dazu an, die Recall-Methode bei Klienten in progressiver Form, von am wenigsten bis zu am stärksten bedrohlichen Erfahrungen, einzusetzen.

Schauble (1970) verglich traditionelles Counseling mit Recall-Techniken. In den meisten der fünf abhängigen Variablen, die als Maße vor und nach der Behandlung verwandt wurden, zeigten sich signifikante Unterschiede zwischen den Gruppen zugunsten der Recall-Gruppe. Die Gefühle der Klienten z. B. hinsichtlich des Fortschritts, den sie während der Sitzung machten, die mit dem „Therapy Session Report" (Orlinsky/Howard, 1966) gemessen wurden, fielen zugunsten der Videobehandlungsgruppe aus.

Van Noord (1973) führte eine ähnliche Untersuchung durch, bei der er eine stark strukturierte Abfolge des Videoprogramms benutzte. Er engagierte 12 Therapeuten, von denen jeder nur einen Klienten sah (die Hälfte befand sich in der Behandlungsgruppe, die andere Hälfte in der Kontrollgruppe) und verwandte ein reines Post-Test-Design. Er nahm einige andere Modifikationen vor, wovon die wichtigste war, daß er andere Kriteriumsmaße gebrauchte. Die Abfolge des Programms gestaltete sich folgendermaßen:

1. Sitzung 1 – *traditionell;*
2. Sitzung 2 – *Stimulusfilme;*
3. Sitzung 3 – *Video-Recall der Stimulusfilme;*
4. Sitzungen 4 und 5 – *Klienten-Recall, den der Counselor durch einen Einwegspiegel beobachtet;*
5. Sitzung 6 – *gemeinsamer Recall.*

In den objektiven Maßen zeigten sich keine signifikanten Unterschiede zwischen den Gruppen, subjektive Kommentare der Klienten wiesen jedoch darauf hin, daß die Videotechniken für die Selbstexploration und die Exploration der Klient-Counselor-Beziehung nützlich waren.

Tomory (1979) versuchte die Forschung von Schauble und Van Noord über das Potential der Recall-Therapie zur Beschleunigung der „Wachstumsprozesse" von Klienten weiterzuführen. Tomory gestaltete das Untersuchungsdesign flexibler, indem er den Therapeuten erlaubte, fünf Videotechniken anzuwenden (Stimulusfilme, Video-Recall von Stimulusfilmen, Klienten-Recall, gemeinsamen Recall und Recall wichtiger Bezugspersonen), wann immer es ihnen angemessen erschien. Er erhöhte die Zahl der Versuchspersonen auf 50 und ließ Unterschiede in der Zahl der Behandlungssitzungen zu. Leider erhielten die Therapeuten nur ein fünfstündiges Training in diesen Methoden. Von den Therapeuten der Behandlungsgruppe wurde dann verlangt, die Techniken in 1. fünfzig Prozent der ersten zehn Sitzungen und 2. in mindestens jeder zweiten Sitzung oder in zwei aufeinanderfolgenden Sitzungen, an die sich zwei traditionelle Sitzungen anschließen, zu benutzen. Tomory fand, genauso wie Van Noord, keine signifikanten Unterschiede in den objektiven Maßen zwischen der traditionellen Counselinggruppe und der Gruppe, bei der zusätzlich zum traditionellen Counseling Recall-Techniken eingesetzt wurden, aber die Aussagen der Klienten über den Einsatz der Videobandrückmeldung waren überwältigend positiv. Die Therapeuten waren ausnahmslos der Auffassung, daß die Videoband- und Stimulustechniken bei ihren Klienten hilfreich waren.

Hartson und Kunce (1973) benutzten in einer Untersuchung über die Wirksamkeit des Recall-Prozesses für die Beschleunigung von *Gruppenpsychotherapie* eine Kombination von Stimulusfilmen, dyadischen Recall- und Gruppen-Recalltechniken. Die Autoren schlagen vor, daß sich weitere Forschung auf die Geeignetheit spezifischer Videotechniken für bestimmte Klientenbedürfnisse und -persönlichkeiten konzentrieren sollte.

Bei weiterer Anwendung des Videoprogramms in kontrollierten experimentellen Studien ist die Wirkung von Veränderungen in der Häufigkeit der Videobandrückmeldung in *Kurzformen des Counseling* erforscht worden (Grana, 1977); es wurde die Fähigkeit von Klienten untersucht, angenehme und unangenehme Gefühle exakt zurückzurufen, während sie die Videoaufnahme einer vorangegangenen Sitzung ansahen (Katz/Resnikoff, 1977). Kingdon (1975) explorierte Kosten und Nutzen der Anwendung von Recalls in Begriffen der *hemmenden Effekte* des Videobandes auf die Selbstexploration des Klienten (Kosten) und seine Zufriedenheit, Schätzwerte der Empathie des Counselors und Supervisorschätzwerte. Sie fand, daß Recall-Therapie eher positiven Einfluß auf die Tiefe der Selbstexploration des Klienten hat als negative.

Wir könnten uns noch andere Anwendungsgebiete vorstellen. Der gesamte Recall-Trainingskurs könnte bei Klientengruppen zusätzlich zur Therapie durchgeführt werden, nicht nur, um ihre Arbeit in der Therapie zu fördern, sondern auch zur Verbesserung ihrer Kommunikationsfertigkeiten. Das Recall-Verfahren könnte direkt benutzt werden, um die Beziehungen des Klienten mit wichtigen Bezugspersonen zu beeinflussen, indem man Paare oder Familien mit Video aufnimmt und den Therapeuten dann als Befrager fungieren läßt (Kagan, 1975a). Im Videoausbildungsprogramm für Counselors sehen sich Counselor und Befrager während der ersten Recall-Sitzung ein Band ohne den Klienten an. Der Schwerpunkt liegt dabei auf dem Therapeuten-Recall. Der Therapeut wird angeregt, Eindrücke und Strategien wie auch Ziele, Enttäuschungen, zufriedenstellende Erfahrungen und Ängste zu nennen, die durch die Interaktion mit dem Klienten hervorgerufen worden sind. Therapeuten, die die Therapie beschleunigen wollen, lassen diesen möglicherweise kritischen Aspekt gewöhnlich aus und „verschreiben" nur Klienten-Recalls.

Fallbeispiel*

Hintergrund

Der Klient, George, war ein sehr intelligenter und belesener 18 Jahre alter Oberschüler, der vorhatte, das College zu besuchen. Seine engsten Familienangehörigen waren seine Mutter und zwei jüngere Schwestern, von denen eine unehelich war. Georges Vater war eines natürlichen Todes gestorben, als der Junge zwei Jahre alt war. Seine Mutter hat sich zweimal wieder verheiratet und beidemale wieder scheiden lassen; sie trank übermäßige Mengen Alkohol und befand sich wegen emotionaler Probleme, die im Anschluß an ihre zweite und dritte Ehe aufgetreten waren, in stationärer Behandlung. Sie hatte ein Mädchen gewollt und legte George gegenüber deutlich eine ablehnende Haltung an den Tag. George lebte bis zum Alter von 14 bei einer Reihe von Verwandten, die ihn häufig schlugen und als Last empfanden, dann wurde er in ein Heim aufgenommen. Als er mit der Therapie begann, lebte er immer noch in der Heimumgebung.

Problem

Die Diagnose ergab, daß George unter leichten bis akuten psychotischen Reaktionen litt. Er hatte Schwierigkeiten mit Autoritätspersonen, eine allgemeine Menschenfurcht, und sein Verhalten gegenüber Frauen hatte eine starke sexuelle Tönung und war durch Ausagieren gekennzeichnet. Mit 14 Jahren hatte er heftig zu trinken begonnen und wurde schließlich zum Alkoholiker. Kurz vor Beginn der Therapie hatte er seinen zweiten Selbstmordversuch gemacht.

Behandlung

Der Klient hatte zweimal wöchentlich ein einstündiges Gespräch mit einem klinischen Psychologen, der ein intensives, 20 Wochen dauerndes, einsichtsorientiertes Behandlungsprogramm plante. Die ersten beiden Sitzungen wurden mit vielen schmerzhaften Kindheits- und Jugenderinnerungen gefüllt sowie mit wiederholten Fragen hinsichtlich seiner psychischen Normalität, seiner Fähigkeit zu lieben und seinem Bedürfnis, Liebe zu empfangen. Das dritte Gespräch konzentrierte sich auf den ersten einer Reihe von Träumen, die George berichtete. Das erwies sich als hilfreich, um seine ambivalenten Gefühle gegenüber seiner Mutter zu klären und um zu entdecken, daß seine zornigen Gedanken und Gefühle für sich alleine nicht destruktiv waren. Die in den ersten vier Gesprächen aufgedeckten Themen wurden in der 5. bis 8. Sitzung genauer analysiert. George sah allmählich, daß der Ursprung seiner allgemeinen Menschenfurcht in der früheren Mißhandlung durch seine Verwandten lag. Die Sitzungen 9 bis 11 handelten von Versuchen des Klienten, eine Verbindung zwischen seinen intensiven Gefühlen und dem Erkennen seines Ärgers und

---

* Nach Resnikoff/Kagan/Schauble (1970).

schließlich seiner Liebe herzustellen. Er wurde sich zunehmend seiner Verwirrung im sexuellen Bereich und auch seiner ambivalenten Gefühle gegenüber seinem Therapeuten bewußt. Als Georges affektive Haltung im elften Gespräch merklich depressiv wurde, entschied man sich, mit einer recall-therapeutischen Technik zu intervenieren, um die der Depression zugrundeliegende Dynamik besser zu verstehen.

Zwölftes Gespräch – Videositzung. Der Therapeut führte ein zwanzigminütiges Gespräch durch, dem eine vierzigminütige Recall-Sitzung folgte, so daß die Gesamtdauer der Sitzung bei einer Stunde blieb. Zu Beginn der Sitzung war George der Methode nicht gewahr, im Anschluß an das zwanzigminütige Gespräch wurde er jedoch über das Verfahren im allgemeinen informiert, und er wurde mit dem Befrager bekannt gemacht. Während des Klienten-Recalls wurden die gesamten vierzig Minuten durch nur neun Minuten des Videobandes stimuliert.

In der Gesprächssitzung mit dem Therapeuten erschien der Klient leicht depressiv. Er sprach über einen Besuch seiner Mutter, die ihm ein Zigarettenetui geschenkt hatte, und er machte Bemerkungen über seine Schwester. Er stellte auch fest, daß seine Pläne für die Sommerferien unklar waren.

Während der Recall-Sitzung kommunizierte der Klient unbefangen mit dem Befrager. Georges Beteiligung am Recall unterschied sich merklich von seiner Beteiligung in der zwanzigminütigen therapeutischen Sitzung. Er sprach mit größerer Klarheit und Geschwindigkeit und hielt das Videoband häufig an – ein Zeichen für eine produktive Recall-Sitzung. George war überrascht und erfreut darüber, was er über sich lernte. Während des Recalls wurde deutlich, daß er über ein sehr reichhaltiges Vorstellungsvermögen verfügte, was er aber dem Therapeuten gegenüber nicht völlig offenbart hatte, und daß er einen großen Teil des in früheren Gesprächen unaufgedeckten Materials durchgearbeitet hatte, ohne diese Fortschritte seinem Therapeuten mitzuteilen. Auch Georges Bindung an seinen Therapeuten und ihre Beziehung miteinander waren wesentlich stärker, als er gewillt und/oder fähig war, zuzugeben, und stärker, als der Therapeut geglaubt hatte.

Eine der heftigsten Reaktionen des Klienten in der Recall-Sitzung war seine Wut an der Stelle des Bandes, als er über die fehlende Anteilnahme seines Großvaters sprach, die dieser seinem Vater gegenüber im Anschluß an eine Hirntumoroperation zeigte. Dieses Thema war in dem Gepräch mit dem Therapeuten angesprochen worden, aber es waren wenig Affekte aufgetreten. Die Intensität der Wut, die mit dieser Erinnerung verknüpft war, zeigte sich wesentlich klarer in der Recall-Sitzung. Es wurden verschiedene andere Assoziationen ausgelöst, darunter Gedanken und Gefühle über seine Mutter und Schwestern.

Eine offenbar wichtige Entdeckung wurde gemacht, als George berichtete, daß er es vermieden hatte, dem Therapeuten seine „wahren" Gedanken mitzuteilen. Die Recall-Sitzung schien George zu helfen, sich über seine Gefühle gegenüber seiner Familie auszulassen und ein Verständnis für die Natur seiner irrationalen Gefühle gegenüber Menschen und seiner ambivalenten Gefühle gegenüber Frauen zu gewinnen. Die folgenden Therapiesitzungen waren reich an Assoziationen und verliefen spontaner. Diese Änderung ergab sich aus dem neuen Ansatz des Therapeuten zum Induzieren von Assoziationen.

Die Recall-Daten (der Therapeut hatte die Recall-Sitzung mit dem Befrager besprochen) halfen dem Therapeuten, Georges gedankliche Systeme besser zu verstehen und seinen Ansatz zu modifizieren, indem er George zum Beispiel aufforderte, sich auf die Vorstellungen zu konzentrieren, die er „sah", wenn er über bestimmte Problembereiche sprach. Diese einzelne Anweisung stimulierte einen Fluß von für seine Dynamik und seine Schwierigkeiten relevantem Material. Georges Vermeidungsverhalten bei der Diskussion von Autoren und ihren Werken begann zugunsten von Themen zu weichen, die ihm Schwierigkeiten bereiteten.

Diese einmalige Durchführung einer recall-therapeutischen Sitzung half George, durch einen therapeutischen Engpaß zu kommen, indem Bereiche aufgetan wurden, die in der Therapiesitzung nicht angesprochen worden waren. Im Anschluß an die Anwendung des Recall änderte sich Georges Verhalten in der Therapie. Er begann, sein eigenes Unbehagen zuzugeben, ernsthaft Veränderung anzustreben, seine Gedanken, Gefühle und visuellen Vorstellungen zu differenzieren und sich schließlich anders zu verhalten.

Zusammenfassung

Recall-Therapie ist eine Methode zur Beeinflussung und Verbesserung menschlicher Interaktion, bei der stimulierter Recall und Lernen-durch-Entdeckung eingesetzt werden. Bei der Anwendung in Ausbildung oder Counseling/Psychotherapie werden zur Stimulierung des Recall Ton-/*Videobänder* benutzt, so daß die ursprüngliche Erfahrung der Klient-Counselor-Interaktion betrachtet und wiedererlebt werden kann. Der Kern des Recall-Prozesses liegt im *unmittelbaren* Rückspielen der Counselingsitzung und in den Fertigkeiten eines *Befragers,* der den Teilnehmern hilft, ihre zurückgerufenen Gedanken und Gefühle mitzuteilen. Es werden auch gefilmte Szenen benutzt, um den Klienten zu helfen, ihre schlimmsten „interpersonalen Alpträume" zu identifizieren.

Die Methode gründet auf *analytischen* und *behavioristischen* Konstrukten; sie stammt nicht von einer bestimmten Persönlichkeitstheorie. Die Grundannahmen der Recall-Therapie drehen sich um den Konflikt zwischen 1. dem universellen Bedürfnis nach interpersonaler Stimulation und 2. der erworbenen Furcht vor intimen Beziehungen. Diese entgegengesetzten Bedürfnisse motivieren interpersonale Verhaltensweisen, die den Kategorien *Angriffs-, Rückzugs-* und *konformes Verhalten* zugeordnet werden können. Diese interpersonalen Verhaltensweisen können bestimmte Langzeitwirkungen oder interpersonale „Haltungen" erzeugen. Es werden sechs unterschiedliche Grundtypen postuliert: 1. *Angriff zum Rückzug,* 2. *Angriff zur Konformität,* 3. *Rückzug zum Angriff,* 4. *Rückzug zur Konformität,* 5. *Konformismus zum Angriff,* 6. *Konformismus zum Rückzug.*

Von dem Verhalten in der Counselingsitzung wird angenommen, daß es die interpersonalen Muster reflektiert, die für die Interaktionen des Klienten in anderen Situationen typisch sind. Daher wird die Analyse der Klient-Counselor-Interaktion zum Schwerpunkt des Counseling, um dem Klienten zu helfen, Erkenntnisse über interpersonales Verhalten in anderen Situationen zu gewinnen.

Die *Rolle des Befragers* besteht darin, den Klienten zu ermuntern, sich am Recall-Prozeß zu beteiligen und zum aktiven Partizipanten an der *Selbstanalyse* und dem *Lernprozeß* zu werden. Durch den Recall-Prozeß lernen die Klienten ihre Interaktionsprozesse mit dem Counselor kennen, und sie werden angeregt, neue Verhaltensweisen in der Klient-Counselor-Beziehung auszuprobieren. Die Rolle des Befragers dient dazu, dem Klienten seine vage wahrgenommenen Vorstellungen über interpersonales Verhalten bewußter zu machen, indem er angeregt wird, seine Wahrnehmungen zu verbalisieren. Im Recall-Prozeß lernen die Klienten ihre Furcht vor anderen Personen und ihre „weniger angepaßten" Verhaltensweisen kennen. Wenn Beobachtung und Analyse des eigenen interpersonalen Verhaltens, der psychischen Prozesse und emotionalen Zustände notwendige Bedingungen für Verhaltensänderung sind, liegt der Wert der Recall-Therapie für Counseling und Psychotherapie auf der Hand.

Literatur

Berger, M. A. *Videotape techniques in psychiatric training and treatment*, rev. ed. New York: Brunner/Mazel, 1978.

Bloom, B. S. The thought processes of students in discussion. In S. French (Ed.), *Accent on teaching*. New York: Harper, 1954.

Boltuch, B. S. The effects of a pre-practicum skill training program, *Influencing Human Interaction*, on developing counselor effectiveness in a master's level practicum. Ph.D. dissertation. New York University, 1975.

Chiles, R. and McQuellon, R. A growth model of supervision: Training the beginning psychotherapist in the community mental health center. *North Carolina Journal of Mental Health*, 1978, **8 (9)**, 35–40.

Covner, B. J. The use of phonographic recordings in counseling practice and research. *Journal of Counseling Psychology*, 1942, **6**, 105–113.

Covner, B. J. Written reports of interviews. *Journal of Applied Psychology*, 1944, **28**, 89–98.

Danish, S. J. and Kagan, N. Emotional simulation in counseling and psychotherapy. *Psychotherapy: Theory, Research and Practice*, 1969, **6 (4)**, 261–263.

Doehrman, M. Parallel processes in supervisor and psychotherapy. *Bulletin of the Menninger Clinic*, 1976, **40 (1)**, 3–104.

Freed, H. On various uses of the recorded interview in psychotherapy. *Psychiatric Quarterly*, 1948, **22**, 685–695.

Goffman, E. *Frame analysis: An essay on the organization of experience*. Cambridge, Mass.: Harvard University Press, 1974.

Grana, R. K. Videotape feedback: Frequency of usage and its value as a counseling technique. Ph.D. dissertation. University of Akron, 1977.

Hartson, D. J. and Kunce, J. T. Videotape replay and recall in group work. *Journal of Counseling Psychology*, 1973, **20**, 437–441.

Horney, K. *Neurosis and human growth*. New York: Norton, 1950.

Hurley, S. Self disclosure in counseling groups as influenced by structural confrontation and interpresonal process recall. Ph.D. dissertation. Michigan State University, 1967.

Kagan, N. Influencing human interaction (filmed training series). Mason, Mich.: Mason Media, 1975a.

Kagan, N. Influencing human interaction: Eleven years with IPR. *The Canadian Counselor*, 1975b, **9**, 74–97.

Kagan, N. and Burke, J. B. *Influencing human interaction using interpersonal process recall (IPR): A student manual*. East Lansing.: Mich.: Michigan State University Press, 1976.

Kagan, N., Krathwohl, D. and Miller, R. Stimulated recall in therapy using videotape. *Journal of Counseling Psychology*, 1963, **10**, 237–243.

Kagan, N., and Schauble, P. G. Affect simulation in interpersonal process recall. *Journal of Counseling Psychology*, 1969, **16**, 309–313.

Kagan, N., et al. *Studies in human interaction: Interpersonal process recall stimulated by videotape* (Research Report 20). East Lansing, Mich.: Educational Publication Services, 1967.

Katz, D. and Resnikoff, A. Televised self-confrontation and recalled affect: A new look at videotape recall. *Journal of Counseling Psychology*, 1977, **24**, 150–152.

Kell, B. L. and Burow, J. M. *Developmental counseling and therapy*. Boston: Houghton, 1970.

Kell, B. L. and Mueller, W. J. *Impact and change: A*

study of counseling relationships. New York: Appleton, 1966.

Kingdon, M. A. A cost/benefit analysis of the interpersonal process recall technique. *Journal of Counseling Psychology*, 1975, **22**, 353–357.

Lazarus, A. A. *Behavior therapy and beyond*. New York: McGraw-Hill, 1971.

McHugh, P. *Defining the situation: The organization of meaning in social interaction*. Indianapolis: Bobbs-Merrill, 1968.

Maslow, A. H. *Toward a psychology of being*, 2nd ed. New York: Van Nostrand, 1968.

Moore, F. J., Chernell, E. and West, J. M. Television as a therapeutic tool. *Archives of General Psychiatry*, 1965, **12**, 217–220.

Mueller, W. J. and Kell, B. L. *Coping with conflict: Supervising counselors and psychotherapists*. Englewood Cliffs, N.J.: Prentice-Hall, 1972.

Nielson, G. *Studies in self-confrontation*. Copenhagen: Munksgaard, 1964.

Orlinsky, D. E. and Howard, K. I. *The therapy session report*. Chicago: Psychotherapy Session Project, 1966.

Patterson, C. H. *Relationship counseling and psychotherapy*. New York: Harper & Row, 1974.

Resnikoff, A., Kagan, N. and Schauble, P. G. Acceleration of psychotherapy through stimulated videotape recall. *American Journal of Psychotherapy*, 1970, **24 (1)**, 102–111.

Rogers, C. R. The use of electrically-recorded interviews in improving psychotherapeutic techniques. *American Journal of Orthopsychiatry*, 1942, **12**, 429–434.

Rogers, C. R. The necessary and sufficient conditions of therapeutic personality change. *Journal of Consulting Psychology*, 1957, **21**, 95–103.

Sagan, C. *The dragons of Eden: Speculations on the evolution of human intelligence*. New York: Random House, 1977.

Schauble, P. G. The acceleration of client progress in counseling and psychotherapy through interpersonal process recall (IPR). Ph.D. disseration. Michigan State University, 1970.

Sullivan, H. S. *Interpersonal theory of psychiatry*. New York: Norton, 1953.

Tomory, R. E. The acceleration and continuation of client growth in counseling and psychotherapy: A comparison of interpersonal process recall (IPR) with traditional counseling methods. Ph.D. dissertation. Michigan State University, 1979.

Tucker, H., Lewis, R. B., martin, G. L. and Over, C. H. Television therapy: Effectiveness of closed circuit TV for therapy and treatment of the mentally ill. *Archives of Neurology and Psychiatry*, 1957, **77**, 57–69.

VanNoord, R. Stimulated recall with videotape and simulation in counseling and psychotherapy: A comparison of effects of two methodologies with undergraduate student clients. Ph.D. dissertation. Michigan State University, 1973.

Walz, G. R. and Johnston, J. A. Counselors look at themselves on videotape. *Journal of Counseling Psychology*, 1963, **10 (3)**, 232–236.

Woody, R. W., Kagan, N., Krathwohl, D. R. and Farquhar, W. W. Stimulated recall in psychotherapy using hypnosis and videotape. *American Journal of Clinical Hypnosis*, 1965, **7**, 234–241.

Selbstsicherheitstraining*
Andrew Salter

In der Geschichte der Psychotherapie nimmt Andrew Salter eine ungewöhnliche Position ein. Obwohl er einer ihrer Wegbereiter – in der Tat der Wegbereiter der modernen behavioristischen Psychotherapie – ist, wird ihm in der Literatur im allgemeinen nur ein verhältnismäßig bescheidener Rang zugestanden. In einem von mir 1973 herausgegebenen Buch „Current Psychotherapies" zum Beispiel wird auf Salter nur ein einziges Mal verwiesen, und zwar von Albert Ellis in seinem Kapitel über sein eigenes System der Rational-emotiven Therapie.

Salter ist in seiner Jugend sehr stark durch die Schriften von Jacques Loeb beeinflußt worden, dem berühmten Physiologen. In Kontakt mit diesen Schriften kam er durch Paul de Kruif, den Autor der weithin bekannten Bücher „Microbe Hunters" und „Hunger Fighters". Die Bewunderung, die de Kruif für Salters Werk empfand, wird in einem in die Zusammenfassung dieses Kapitels aufgenommenen Zitat wiedergegeben; sie geht auch daraus hervor, daß de Kruif sein Buch „The Male Hormone" Salter widmete.

Für ein umfassendes philosophisches Verständnis der Bedeutung des behavioristischen Standpunktes, das über die weniger breit angelegten Schriften von Autoren der Gegenwart hinausgeht, wird der Leser zu einem intellektuellen Leckerbissen eingeladen, der von einem großen Autor bahnbrechender Veröffentlichungen auf dem Gebiet der Psychotherapie serviert wird.

Fehlanpassung ist ein *Lernprozeß*, ebenso ist die Psychotherapie ein Lernprozeß. Fehlanpassung ist eine *Fehlkonditionierung*, Psychotherapie eine *Umkonditionierung*. Die Probleme des einzelnen sind ein Ergebnis seiner sozialen Erfahrungen; wenn wir seine sozialen Fertigkeiten verändern, verändern wir auch seine Persönlichkeit. Erfahrung ist nicht nur der beste Lehrer, sie ist auch der einzige Lehrer. Wir haben kein besonderes Interesse daran, dem Menschen ein differenziertes Wissen seiner Vergangenheit zu vermitteln – was „auf den Grund gehen" genannt wird. Uns geht es vielmehr darum, ihm ein Reflexwissen für seine Zukunft zu geben – das mit „Gewohnheiten" bezeichnet wird.

Das Selbstsicherheitstraining beruht auf den Laborbefunden von Pawlow, Bechterew, Watson und deren Nachfolgern. Von besonderem Interesse sind Pawlows Konzepte der *Hemmung, Erregung* und *Enthemmung*. „Behauptung" *(assertion)* ist ein Begriff, der mit gewissen Aspekten der Erregung verknüpft worden ist.

Das Selbstsicherheitstraining besitzt ein umfassendes Verständnis der Symptome, die einer Anpassung zuwiderlaufen, und zwar ein besseres Verständnis als ihre behavioristischen Nachfahren. Sie beseitigt viele feine Manifestationen, in denen Hemmung zum Ausdruck kommt, und beschert uns einen Klienten, der nach der Behandlung wirklich *glücklich* ist – und nicht nur angstfrei und sozial geschickter.

---

* Im Amerikanischen: *Conditioned Reflex Therapy*

Geschichte

Als ich im Studium auf die *Hypnose* stieß, war ich von ihr fasziniert – die unkonditionierte Reaktion aller, die sich auf Psychologie spezialisierten. Der durch und durch behavioristische Ansatz von Clark L. Hull (1933), den er in „Hypnosis and Suggestibility" vorstellt, leuchtete mir völlig ein, und das tut er immer noch. Die Auffassung Hulls besteht in ihrem Kern darin, daß vom Hypnotiseur gesprochene Worte konditionierte Stimuli sind, die ideomotorische Reaktionen im hypnotisierten Subjekt zur Folge haben.

Von Hull beeinflußt, verfaßte ich „Three Techniques of Autohypnosis" (1941). Hier erläuterte ich drei autohypnotische Techniken, die zur Bearbeitung von Problemen wie Lampenfieber, exzessivem Essen, Schlaflosigkeit und Rauchen eingesetzt wurden.

Von Hull war es für mich kein großer Schritt mehr, mich Watson, Pawlow und Bechterew zuzuwenden. Hypnose war im wesentlichen eine Erscheinung des Pawlowschen „zweiten Signal-Systems", d.h. von Worten. Genauso wie mit Fleisch verknüpfte Töne bei Pawlows Hunden Speichelfluß erzeugten, handelt es sich bei Worten um *verbal konditionierte* Klingeln, die darauf warten, im Menschen geläutet zu werden. Wenn die entsprechende Wortklingel läutet, reagiert der Mensch zum Beispiel mit „schweren" oder „leichten" Gefühlen. Dieser theoretische Standpunkt ist von mir in meinem Buch „What is Hypnosis" (1944) entwickelt worden.

Sehr früh in meiner akademischen Karriere fiel mir auf, daß Pawlows *Hemmung* beim Menschen sehr gut das Zurückhalten von emotionalen Reaktionen sein könnte; Pawlows „Erregung" könnte beim Menschen *Behauptung (assertion)* genannt werden.

Aus meinen Schriften geht hervor, daß ich in meinem Denken außer von Pawlow, Bechterew, Hull und Watson auch von W. H. Gantt, E. R. Guthrie, N. R. F. Maier, Jules E. Masserman und O. H. Mowrer beeinflußt wurde. Eine weitere Person, deren Arbeit einen tiefen Eindruck auf mich machte, obwohl in meinen Schriften nur ein einziges Mal auf sie verwiesen wird, war Jacques Loeb, der große Physiologe.

Gegenwärtiger Stand

Von Eysenck wurden 1959 (S. 67) die zehn Kriterien zusammengestellt, die *Verhaltenstherapie* von *Psychoanalyse* abheben. Mein Buch „Conditioned Reflex Therapy" (1949), das zehn Jahre vorher erschienen war, war die erste Veröffentlichung in irgendeiner Sprache, in der Eysencks zehn Kriterien dargestellt wurden. Demnach gilt folgendes:

1. beruht die Verhaltenstherapie auf einer in sich stimmigen, angemessen formulierten Theorie, die zu überprüfbaren Ableitungen führt.
2. wurde Verhaltenstherapie aus experimentellen Untersuchungen abgeleitet.
3. betrachtet Verhaltenstherapie Symptome als unangepaßte konditionierte Reaktionen, die Anzeichen falschen Lernens sind.

4. ist Verhaltenstherapie bei der Behandlung neurotischer Störungen mit *gegenwärtig* bestehenden Gewohnheiten befaßt.
5. sieht Verhaltenstherapie die Interpretation von Symptomen, Träumen, Handlungen usw. als irrelevant an.

Weil das Buch „Conditioned Reflex Therapy" die erste und wegbereitende Arbeit zur Verhaltenstherapie war, gingen die darin enthaltenen Ideen, Perspektiven und Techniken fast völlig in der Hauptströmung der Verhaltenstherapie – einschließlich der operanten Ansätze – auf. Der Einfluß von „Conditioned Reflex Therapy" wird zum Beispiel in dem zweiten Buch zur Verhaltenstherapie sichtbar – in Wolpes „Psychotherapy by Reciprocal Inhibition" (1958). Patterson (1966, S. 173) sagte mit nüchternen Worten: „Wolpes Psychotherapie durch reziproke Hemmung scheint eine ausgefeiltere Form des von Salter verfolgten Ansatzes zu sein." Oder, wie Reyna sich äußerte:

„Ungeachtet der Unterschiede in der Theorie gibt es im Praktischen viele Ähnlichkeiten zwischen Wolpes Methoden und denen Salters (1944, 1949), der schon früher die Gesetze des Konditionierens auf das ganze Spektrum neurotischer Verhaltensweisen anwandte. Salters Fallstudien zeigen eine ganze Reihe von Techniken, einschließlich ‚Erregung' und von außen kommender Auslösung einer Vielfalt assertiver und Entspannungsreaktionen, die mit vorhergehenden Verhaltensweisen unvereinbar sind." (Wolpe/Salter/Reyna, 1964, S. 174).

Fensterheim und Baer (1975, S. 23) sagten mit deutlichen Worten: „Andrew Salter... gründete die moderne Verhaltenstherapie." Kazdin's hervorragende Arbeit „History of Behavior Modification" (1978) enthält einen ausführlichen Überblick und eine gründliche Bewertung der „Konditionierungstherapie" und des geschichtlichen Zusammenhanges, in dem diese steht. Mit Kazdins Worten:

„Fälle, über die in ‚Conditioned Reflex Therapy' berichtet wird, enthalten die Anwendung von Techniken, die der systematischen Desensibilisierung, der Selbstkontrolle, der Verhaltenserprobung und der verdeckten, auf der Vorstellung beruhenden Konditionierung sehr ähnlich sind... Stärker ausgearbeitete Versionen der von Salter eingeführten Techniken werden immer noch durch zeitgenössische Praktiker der Verhaltensmodifikation angewandt." (S. 174)

Theorie

Die Persönlichkeit eines Menschen ist Ergebnis der Interaktion von Anlage und Umwelt. Anlagen versehen den Organismus mit solchen Instinktmustern, wie sie sich zu Beginn seiner Entwicklung finden lassen; diese Instinktmuster werden aber bald durch die Erfahrungen des Menschen verändert.
Der Mensch erlernt viele emotionale Reaktionen auf Menschen und Dinge und entwickelt für seine Einstellungen und Verhaltensweisen ein kompliziertes Erklärungsgebäude. Er sieht das Neue durch die Brille des Alten, verzerrt das Neue entsprechend und integriert es in sein Nervensystem.
Die Anlage stellt den Phonographen, aber die Umwelt baut die Plattenbiblio-

thek des Gehirns auf. Es ist nicht nur unmöglich, sich seine Verwandten auszusuchen, man kann nicht einmal sich selbst aussuchen.

Genauso wie Pawlows Hund lernte, Speichel abzusondern, wenn die Klingel ertönte, so lernt das Kleinkind, daß ein bestimmtes Verhalten auf seiner Seite bestimmte Reaktionen bei denen, die es umgeben, erzeugt; es wird ebenso unwillkürlich wie der Hund konditioniert. Wenn jeder Akt des Kindes von der Mutter mit „tu' das nicht" beantwortet wird, was ebensoviel bedeutet, wie den Hund zu bestrafen, wenn er Speichel absondert, wird das Kind seine Gefühle unterdrücken und sich in sich selbst zurückziehen. In Pawlows Begriffen hieße das: Der Speichelfluß, der sich einstellt, wenn mit dem Ertönen der Klingel die Darbietung von Fleisch angekündigt wird, ist ein Beispiel eines *Erregungsreflexes*. Wenn die Klingel aber wiederholt ertönt und nicht von der Darbietung von Fleisch gefolgt wird, oder der Hund bestraft wird, hört der Speichel zu fließen auf, haben wir es mit einem *Hemmungsreflex* zu tun.

Das Verhalten des neugeborenen Kindes ist durch *Erregung* bestimmt. Es handelt ohne jede Zurückhaltung. Würden wir, außer seine körperlichen Bedürfnisse zu befriedigen, nicht in irgendeiner Weise eingreifen, würde es diesen von Erregung bestimmten Weg weitergehen. Aber wir fangen schon früh damit an, das Kind zu hemmen, und damit beginnen die Probleme.

Die Menschen sind überrascht, daß Kleinkinder in diesem frühen Alter bereits lernen. Die Frage, die man sich aber nur zu stellen braucht, lautet: „Sind Kleinkinder Stimulusempfänger?" Wenn sie es sind, dann muß auch Lernen stattfinden. Es ist tatsächlich so, daß das Kind das *Sprachrohr seiner Erziehung* ist; in der Beziehung zu seinen Eltern würde es nie etwas tun, was diese zuvor nicht ihm gegenüber getan hätten.

Grundlage des Lebens ist Erregung. Im Dschungel überleben die Tiere, die schleichen und springen und töten. Die „höflichen" und gehemmten verkriechen sich hinter Bäumen und sind bald tot. Die Spezies Mensch hätte nie überleben können, wenn sie gehemmt gewesen wäre.

Den meisten von uns paßt das nicht. Der Mensch, der sprechende Primat, klammert sich fest an seine Illusionen, trotz des überwältigenden Materials, das gegen ihn steht. Wir werden nicht gerne daran erinnert, daß wir unter evolutionärem Aspekt nicht mehr sind als ein Magen, dessen Wachstum sich etwas komplizierter gestaltete.

Aber das menschliche Tier, wie intelligent es auch sein mag, kann sich so wenig durch Denken den Weg aus einem emotionalen Problem bahnen, wie das der Affe im Zoo kann. Nur *Übung* kann dem Menschen da heraushelfen. Wir sind nicht besser als unsere Ausrüstung, und unsere Ausrüstung ist einfach. Der Mensch wird durch seinen menschlichen Körper in Schranken gehalten. Der Stoff, aus dem wir hergestellt sind, stammt aus dem Dschungel, und unsere Kultur ist die des Affen. Unsere Probleme sind Folgen des Abweichens in die Zivilisation, die ein Betrug ist, der an der Evolution begangen wurde. Der *Homo sapiens* hat sich eingeredet, er sei ein tanzender Bär. Folglich kann er nur sein Gleichgewicht verlieren.

Am Anfang war der Bauch, und der Bauch war Gesetz, und das ist immer noch so. Was im Menschen von Störungen betroffen wird, das ist der Hundeanteil in ihm, der Teil, über den wir, wie wir uns dauernd sagen, erhaben sein sollten, es aber nie sind. Der Hundeanteil folgt Regeln, die für den Hund gelten. Berücksichtigt man die Umstände, dann ist alles natürlich. Die verdrehte, unglückliche Person ist normal; ihr jetziger Zustand gründet auf dem, was ihr zustieß. Keiner tut, was er tun sollte. Er tut nur das, was er tun kann, und zwar deshalb, weil er dazu *konditioniert* wurde. Menschen sind ebensowenig von Natur aus das eine oder andere, wie ein Brocken Marmor von Natur aus eine Venus von Milo ist. Die frühe Umwelt ist das, was der Meißel in der Hand des Bildhauers ist. Wie wir leben, richtet sich danach, wie wir konditioniert worden sind, und nicht nach unseren Idealen.

Ich bin immer mißtrauisch, wenn die Worte „gern" oder „nicht gern" fallen. Die gehemmte Person spricht nicht „gern" und die des exzitatorischen Typs ist nicht „gern" ruhig. Die *Lebensphilosophie* einer Person ist *Ergebnis seiner Gefühlserziehung*. Mit seiner emotionalen Umerziehung verändert sich seine Philosophie.

„Gutes" Denken und Fühlen wird nur durch das Einpauken gesunder Gewohnheiten in das menschliche Gewebe hervorgebracht. Wir sind Fleisch, in dem sich Gewohnheiten angesiedelt haben. Wir sind eine Folge davon, wie andere Menschen auf uns eingewirkt haben. Wir sind die Reaktionen. *Konditionierte Reflexe* zu besitzen heißt, Stücke vergangener Realitäten mit sich herumzutragen.

Wir haben uns nicht unter *Kontrolle*. Wir werden ständig durch unsere Gewohnheitsmuster kontrolliert. Was wir in unserer Gegenwart als unbedeutend abtun, ist der Eindruck dessen, was einmal wichtig war. Wir denken mit unseren Gewohnheiten, und unsere emotionale Erziehung bestimmt unser Denken. Bewußtsein ist wie ein sich bewegendes Bild. Die emotionalen Muster unserer Säuglingszeit werden ins Bewußtsein projiziert. Wir sitzen im Zuschauerraum und beteuern, hinter dem Projektor zu sitzen.

Wir haben nur den *Willen*, der uns durch unsere Gewohnheiten gegeben wird. Wo ein konditionierter Reflex ist, da gibt es keinen freien Willen. Unsere „Willenskraft" ist abhängig von unseren Reflexen, die wir zuvor erlernt haben. Wenn die Reflexe unzulänglich sind, wird der Mensch seinen Mangel an Mumm bejammern, sich selbst Vorwürfe machen, obwohl ihm überhaupt keine Schuld vorzuwerfen ist. Jeder ist ein Zimmermann und kann nur die Werkzeuge gebrauchen, deren er bis jetzt habhaft wurde.

Wir fühlen im *Handeln*, und unser Handeln ist gefühlsgeleitet. Wir handeln nicht aus Vernunftgründen heraus. Unsere Gründe erwachsen aus unseren emotionalen Gewohnheiten. Das Wesentliche am Konditionieren ist, daß es sich hier in keiner Weise um einen intellektuellen Vorgang handelt. Ob wir das mögen oder nicht, aber in unserem Hirnkasten haben sich unsere Eingeweide ausgebreitet. Leben wäre unmöglich, wenn wir erst denken müßten, um zu atmen, zu fühlen, zu verdauen, mit den Wimpern zu zucken, unser Herz schlagen zu lassen.

Persönlichkeit ist nicht eine Angelegenheit der Logik. Sie ist eine Angelegenheit des Fühlens. Viele gescheite Leute sind so trübe wie Abwaschwasser. Es ist ihre emotionale Erziehung, auf die es ankommt.

Kinder sind anziehend, weil sie emotional aus sich herausgehen. Eine kindliche Kindheit ist eine glückliche Kindheit. Der Säugling ist frei, wenn er zur Welt kommt, aber seine Eltern legen ihn bald in Ketten. Was die psychologische Situation in ihrem Kern so tragisch macht, ist, daß alle Übeltäter freundliche Gesichter haben.

Erregung ist ein fundamentales Gebot des Lebens, und die *Neurose* ist die Folge einer *Hemmung natürlicher Impulse*. Ich habe ebenfalls darauf hingewiesen, daß unsere Aktivität großenteils nicht logisch motiviert ist, wie es in unserem alltäglichen Leben nur zu offenbar wird.

Wenn wir einhalten und überlegen, was wir in unseren glücklichsten Augenblicken gemacht haben, werden wir merken, daß wir in solchen Augenblicken sprachen, ohne nachzudenken. Wir brachten unsere innersten Gefühle zum Ausdruck. Zeit und Energie wurden nicht erst darauf verschwendet, sie auszusieben. Wir handelten in einer exzitatorischen Manier.

Leute fragen sich häufig, „Was sind die Wurzeln meines Übels? Wie bin ich so geworden?" Dabei meinen sie eigentlich, „In welcher Weise bin ich in meiner Kindheit meiner natürlichen Erregung beraubt worden? Wo und wie ist dieser emotionale Anteil verkrüppelt, verdreht, fehlgeleitet oder geschrumpft worden?" *Es gibt Hunderte von verschiedenen Ursachen, die alle zur gleichen fundamentalen Deprivation der Erregung führen.*

Ursachen sind einfach aufzudecken, wenngleich sie zumeist nur unsere intellektuelle Neugier befriedigen. Ich werde ein paar nach Zufall aus meiner Kartei herausgreifen:

1. Familie mit übertriebenen guten Manieren.
2. Unglücklich verheiratete Eltern. Ein betrunkener Vater.
3. Beide Elternteile sind ruhig und reserviert.
4. Ein an die Mutter gebundenes Kind.
5. Vater ist ein Psychopath: in einem Augenblick große Liebe, im nächsten überwältigende Wut.
6. Ein älterer Bruder, der fähiger ist.
7. Im Waisenhaus aufgezogen.

Situationen, die eine psychische Schwierigkeit verursacht haben, zu finden und zu explorieren, das trägt nichts zur Heilung bei. Ein Richter ist daran interessiert, wer an einem Autounfall die Schuld trägt. Dem Arzt geht es darum, die Wunden des Verletzten zu heilen. Psychiatrie und Psychoanalyse spielen die Rolle des Richters, obwohl sie beteuern, daß ihre Rolle die des Arztes ist.

Die körperliche und emotionale Ausrüstung des Menschen ist seit alters her die gleiche. Der moderne Mensch findet sich jedoch in einem Netz sozialer Zwänge eingefangen, denen er sich immer stärker unterwerfen muß. Dabei verrät er seine wirkliche Natur und negiert, daß er heute wie ehedem ein Tier ist – räuberisch, sadistisch, voller Sehnsucht und Gefühle. Hier hat der Konflikt zwischen Künstlichem und Natürlichem seinen Ursprung, insofern die Tatsache übersehen wird, daß der Mensch ein *sprechender Primat* ist.

In einer Gesellschaft zu leben, macht *Hemmung* notwendig. Die moderne Erziehung geht aber zu weit, wenn sie Kindern beibringt, jederzeit höflich zu sein, anderen nicht zu widersprechen, nicht dazwischenzureden, nicht egoistisch zu sein und immer die Gefühle anderer zu berücksichtigen. Eine gut angepaßte Person ist wie ein stubenreiner Hund. Er besitzt die grundlegenden Hemmungen, die ihn in einer Gesellschaft zu leben gestatten, darüber hinaus aber keine, die ihn in seinem Glücklichsein stören könnten.

Es mag der Einwand kommen, auch Tiere hätten ihre Hemmungen. Duckt sich der Tiger nicht, ohne ein Geräusch zu machen, bevor er springt? Würde er, seiner

Erregung freien Lauf lassend, durch das Unterholz streichen, würden dann nicht die anderen Tiere die Flucht ergreifen? Das stimmt schon. Dennoch ist die Erregung das „Fleisch des Dschungels", wohingegen Hemmung „Pfeffer und Salz" ist.

Einem festen Muster zu folgen, sich künstlicher Mode zu beugen, sich einer standardisierten Form anzupassen, das unterdrückt Erregung. Das alles charakterisiert die gehemmten „Typen" – Herren vom alten Schlag, den ritterlichen Oberst, gutgezogene Jungen, „Offiziere und Gentlemen", Stoiker und Asketen. Jede schwache Stelle in ihrer emotionalen Panzerung wird, abgesehen von ein paar akzeptierten Ausnahmen, mit einer Hemmung abgedeckt, deren Errichtung sozial begründet ist.

Es könnte einem zunächst so erscheinen, als würde eine Rückkehr zur Erregung zu einer Welt führen, die von undisziplinierten Rohlingen bevölkert ist; nichts ist aber weiter von der Wahrheit entfernt. Nur die vorwiegend *gehemmte Person* ist egoistisch, da sie ständig mit sich selbst befaßt ist. Die Rücksicht, die die gehemmte Person auf andere nimmt, ist nicht mehr als die *Angst des Kindes*, das sich einmal verbrannt hat, vor dem Feuer. Für andere hat sie keinen Gedanken übrig, weil ihr die Kraft fehlt, nach draußen auf die zu sehen, die um sie herum sind. Sie liebt nicht, obwohl sie geliebt werden will. Liebe ohne Beteiligung gibt es nicht, und sie bleibt in ihrem eigenen Schneckenhaus. Gefühle der Liebe zum Ausdruck zu bringen, das ist ihr wegkonditioniert worden. Sie hat Angst vor anderen Menschen; sie hat Angst vor Verantwortung; sie hat Angst, Entscheidungen zu treffen. Ihre Ängste können die Erscheinung von *Aggression, Egozentrik* und *mangelnder Rücksicht* annehmen. Dieser Typ der gehemmten Person macht sich außerdem ständig Sorgen, und er ist so fehlangepaßt wie sein überhöflicher und scheuer Mitmensch. Er leidet genauso stark.

Eine Person erlebt Gefühle der *Frustration* und *Konflikte*, wenn ihre psychischen Fertigkeiten für eine angemessene Lösung der sie konfrontierenden Probleme nicht ausreichen. Es ist so, als hätte man ihr beigebracht, wie Türen aufzuschließen sind; was sie nicht weiterkommen läßt, ist nicht so sehr, daß sie mit einem neuen „emotionalen Schloß" konfrontiert ist, sondern ihr mit der Hemmung vielmehr der richtige Schlüssel fehlt.

Indem wir *Verhalten modifizieren,* verändern wir das *Selbstkonzept* eines Menschen und seinen emotionalen Zustand. Verhaltensänderung geht der Veränderung des Selbstkonzeptes voraus.

Um die Gefühle und Gedanken, die eine Person über sich selbst hat, zu verändern, müssen wir die Art und Weise verändern, in der sie anderen gegenüber handelt. Kurz gesagt, genauso wie die in einer Person verborgenen Gefühle geringer Selbstachtung, von Scheu und Unzulänglichkeit durch frühere soziale Erfahrungen verursacht worden sind, so werden diese persönlichen Gefühle durch neue Erfahrungen verändert werden. Das Selbstsicherheitstraining lehrt den Menschen, in exzitatorischer Manier und nicht in gehemmter mit anderen zu interagieren. Das Verhalten zu verändern heißt, sein Selbstbild zu verändern. Eins ist die Reflexion des anderen.

Außerdem werden gleichzeitig das *Selbstwertgefühl* und das Gefühl *sozialer Kompetenz* wachsen.

Methoden

Sechs Techniken zur Hebung des Erregungsniveaus

Hauptanliegen des Selbstsicherheitstrainings ist es, das psychische Schwergewicht des Klienten von der Hemmungsseite auf die der Erregung zu verlagern. Hemmende Gefühle und hemmendes Verhalten sind neurotisch. Exzitatorisches Verhalten ist gesund.

Um das Erregungsniveau zu heben, werden *sechs Techniken* bzw. Disziplinen eine Menge ausrichten können. Sie sind so stark voneinander abhängig und miteinander verflochten, daß man mit der Übung irgendeiner dieser Techniken letztlich auch alle anderen lernt.

Die erste „Disziplin" (und darum handelt es sich hier) habe ich *gefühlshaftes Sprechen* (feeling talk) genannt. Hier handelt es sich um den vorsätzlichen Ausdruck spontan empfundener Gefühle. „Gott sei Dank, heute ist Freitag, und das Wochenende ist da" ist ein Beispiel für gefühlshaftes Sprechen. „Heute ist Freitag" ist trockenes, sachliches Sprechen, das nichts dazu beiträgt, den Gefühlszustand des Sprechers auszumachen. Der Mensch ist ein Worte gebrauchendes Tier, und sein grundlegendes Mittel, Erregung auszudrücken, ist ihm mit dem Sprechen gegeben. Gefühlshaftes Sprechen meint in gewissem Sinne nicht mehr, als sich emotional offen auszudrücken, und ist ein Aspekt alltäglichen Plauderns.

Meine Techniken gefühlshaften Sprechens haben unter dem neuen Namen *Selbstbehauptung* (assertion) in professionellen Kreisen – und in der allgemeinen Öffentlichkeit – viel Beachtung gefunden und sind weitgehend akzeptiert worden. Gefühlshaftes Sprechen „Selbstbehauptung" zu nennen, hat aber zu häufig zu einer Überbetonung des Negativen und des Kritischen geführt – zuungunsten der vielen anderen Töne der Tastatur gefühlshaften Sprechens. Und ich muß sagen, ich selbst habe viele Verfechter der Selbstbehauptung als ziemlich „laut" empfunden; Lautsein hat mit Selbstbehauptung aber überhaupt nichts zu tun.

Es folgen einige *Beispiele von Selbstbehauptung:*

Äußerung	*Art des gefühlshaften Sprechens*
1. Die Suppe schmeckt mir.	Genuß
2. Mir gefällt diese Winterszene. Mir wird kalt, wenn ich sie mir ansehe.	Genuß
3. Dieser Grünton paßt ideal zu Dir.	Lob
4. Das haben Sie toll gemacht, Fräulein Jones.	Lob
5. Heute ist Freitag. Ich dachte, der käme nie.	Erleichterung
6. Ich kann es kaum abwarten, bis er hier eintrifft.	Ungeduld
7. Meine Füße schmerzen.	Unbehagen
8. Wir hatten eine wirklich schöne Zeit.	Freude
9. Diese Schreibtischgarnitur war genau das, was ich brauchte.	Wertschätzung
10. Ich habe beim Pokern aufgeräumt.	Eigenlob
11. Ich bin gespannt, was in der nächsten Fortsetzung passiert.	Neugier
12. So etwas Außergewöhnliches habe ich seit langem nicht mehr gesehen.	Erstaunen

13. Wiederhole das noch einmal. Ich höre das gerne.	Wunsch nach Anerkennung
14. Ich freue mich so darauf, ihn zu treffen.	Vorfreude
15. Das ist keine Schwierigkeit für mich. Ich werde es sofort erledigen.	Selbstvertrauen
16. Das war ein wirklich gutes Essen.	Zufriedenheit
17. Ich glaube, der Nachtisch war ein Fehler.	Bedauern
18. Liebling, ich liebe Dich von ganzem Herzen.	Liebe
19. Oh Gott, das ist schrecklich für mich!	Schmerz
20. Heute ist schon Freitag. Die Woche ist schnell vergangen.	Überraschung
21. Das war aber dumm von mir!	Selbstkritik

Unsere goldene Regel lautet, im Ausdruck von Gefühlen ehrlich zu sein, wenn das auch zu Lasten von Zweckmäßigkeit gehen kann. Es schadet einem nicht, soziale Umgangsformen und ethische Konventionen zu achten, wenn sie sich nicht gegen unsere eigenen Gefühle stellen. Aber wir müssen es aufgeben, Äußerungen zu machen, die wir uns vorher zurechtgelegt haben; wir müssen sagen, was wir fühlen, wenn wir es fühlen. Wenn eine Katze sich glücklich fühlt, dann schnurrt sie. Wenn man einem Hund auf die Pfote tritt, dann heult er. Gebt die Hemmungen auf und verhaltet Euch genauso.

Auch Tiere zeigen Gefühle in ihren Gesichtern. Die gehemmte Person braucht nicht wie ein Tiger zu knurren oder wie eine Chester-Katze* zu grinsen, die Dale Carnegie** gelesen hat. Wenn man verärgert ist, sollte man jedoch die Stirn runzeln oder ein langes Gesicht machen. Mein Rat lautet: Zeige offen Deine Gefühle. Dieser zweite Verhaltensgrundsatz wird *mimisch-expressiver Ausdruck* (facial talk) genannt.

Unsere dritte Verhaltensregel lautet *widersprechen und angreifen* (contradict and attack). Wenn Du in Deiner Auffassung von jemand anderem abweichst, spiele ihm nicht Übereinstimmung vor. Zeige statt dessen Deine Gefühle und widerspreche auf einer emotionalen Ebene, auf der nichts zu beweisen ist. Auf den ersten Blick scheint das eine intelligente Diskussion zu verhindern. In Wirklichkeit bedeutet es aber nur, bloße Fakten mit emotionalen Inhalten zu durchsetzen.

Die nächste und vierte Technik, die man sich merken sollte, ist die möglichst häufige und *gezielte Verwendung des Wortes „ich"*. „Ich möchte dies...", „Ich las jenes Buch und...", „Ich will...", „Ich hörte..." Andere werden Dich deshalb nicht als eingebildet wahrnehmen. Es wird natürlich klingen. Einem meiner Klienten, der das einübt, wurde von jemandem gesagt: „Weißt Du, Du bist eingebildet, aber irgendwie stört es mich nicht bei Dir."

Die fünfte Disziplin besteht darin, *auf Lob ausdrücklich einzugehen*. Wenn Dir jemand sagt, „Das ist ein schöner Anzug, den Du da trägst", dann bleibe nicht regungslos. Zucke nicht Deine Achseln und sage: „Der ist doch nichts Besonderes". Sei auch nicht ironisch und sage: „Natürlich, ich sehe wunderbar aus".

---

* Die Chester-Katze ist eine Figur aus Lewis Carrolls „Alice in Wonderland", deren charakteristisches Merkmal ein breites, starkes Grinsen ist. (Anm. d. Ü.)

** Dale Carnegie: Sorge Dich nicht, lebe! Bern/München/Wien: Scherz-V., 1972[22] – Eine Anleitung zur Überwindung aller Sorgen und zum Genuß des Lebens. Titel des am. Originals: „How to Stop Worrying and Start Living". (Anm. d. Hrsg.)

Wenn Du das Kompliment ehrlich gemeint findest, sage statt dessen etwa: „Danke. Es ist mein Lieblingsanzug. Er macht mich in den Schultern breiter, nicht wahr?"

Wenn mir Doktor Smith zu meinem Erfolg mit Jones gratuliert, antworte ich: „Vielen Dank, Doktor. Wissen Sie, er kann sich glücklich schätzen, daß Sie so bedachtsam waren und ihn zu mir geschickt haben." Zu beachten ist, daß ich mich hier nicht nur selbst lobe, sondern auch den Arzt. Wenn Du Lob wie ein Spiegel zurückgibst, wird der, der das Kompliment gemacht hat, es nicht zurückweisen. Der Empfänger, der sein Eigenlob in seiner Umgebung akzeptiert sieht, wird eine größere emotionale Freiheit entwickeln. Das ist ein ausgezeichneter Weg, sich selbst zu konditionieren. *Die eigene Person sollte man auch von sich aus loben.* Dabei sollte man völlig unbefangen vorgehen.

Unsere sechste und letzte Verhaltensregel lautet: *Improvisiere!* Plane nicht vor. Wenn Du für die nächste Minute lebst, geht das schon 59 Sekunden zu weit. Diese Regel gilt, wenn es darum geht zu entscheiden, was Du Dir kaufen willst, was Du besichtigen willst und was Du sagen willst. Tagträumen ist Zeichen unvollendeten Handelns, und Improvisation macht ihm ein Ende. Um diese Spontaneität zu verwirklichen, verschwende montags keine Zeit damit, Dir zu überlegen, was dienstags oder mittwochs passieren könnte. Lebe im *Jetzt*, und morgen wird sich schon alles von allein regeln, wenn wir auch bei unserem Handeln Voraussicht walten lassen müssen.

Sechs typische Vorgehensweisen

Es gibt *sechs typische Vorgehensweisen* beim Selbstsicherheitstraining.

Der ersten Gruppe von Verfahren geht es um die *Steigerung des herrschenden Erregungsniveaus*. Diese Techniken sind eben diskutiert worden.

Eine andere wichtige Technik, die in „Conditioned Reflex Therapy" (1949) eingeführt wurde, ist als *Verhaltenserprobung* (behavior rehearsal) bezeichnet worden. Darunter wird einfach verstanden, mit dem Klienten künftige soziale Begegnungssituationen durchzugehen und zu diskutieren, was man tun könnte oder sagen könnte, wenn andere dies oder jenes sagen oder tun. Der Therapeut kann in der antizipierten Begegnung entweder die Rolle des Klienten oder die des anderen Beteiligten spielen.

Angesichts der *sozialen Orientierung* des Selbstsicherheitstrainings kommt der Verhaltenserprobung eine große Bedeutung zu. Die *sozialen Interaktionen* des Klienten sehen wir als *Hauptquelle* der gegenwärtigen Hemmungen. Das gilt auch dann, wenn dieser seine Hemmungen in weit zurückliegender Vergangenheit erlernt hat.

Die dritte Technik, die beim Selbstsicherheitstraining eingesetzt wird, ist als *Systematische Desensibilisierung* bekannt geworden. Sie wurde im dritten Fallbeispiel in meinem Buch „Conditioned Reflex Therapy" (1949) eingeführt. Heute ist Systematische Desensibilisierung, wie wir alle wissen, eine der am weitesten verbreiteten verhaltenstherapeutischen Techniken. Ich habe Desensibilisierung nicht nur zur Behandlung von Phobien erfunden, sondern auch als eine Technik, mit der Angst in sozialen und sexuellen Beziehungen reduziert werden kann.

In meiner Abhandlung „Three Techniques of Autohypnosis" (1941) und in meinen Büchern „What is Hypnosis" (1944) und „Conditioned Reflex Therapy" (1949) tauchen *Selbstkontrolltechniken* in verschiedenen Formen und in unterschiedlicher Deutlichkeit immer wieder auf. Sie sind ein wichtiger Bestandteil des Selbstsicherheitstrainings. Dem Klienten Selbstkontrolltechniken beizubringen, wird seine Probleme „an den Wurzeln packen" und kann hilfreich sein, solange die Hebung des im Klienten herrschenden Erregungsniveaus unser Hauptanliegen bleibt.

Ein anderer Schwerpunkt des Selbstsicherheitstrainings ist, den Klienten zu trainieren, sich durch *Inneres Sprechen* (self-verbalization) zu entspannen, bevor er sich in eine unbehagliche Situation begibt (oder während er in einer solchen Situation ist). Während das heute, wo Training in Selbstinstruktion und innerem Sprechen ein wichtiger Bereich der Verhaltenstherapie ist, auf der Hand zu liegen scheint, war das in der Vergangenheit keineswegs immer so klar.

Zum Schluß der Aufzählung der Haupttechniken, die beim Selbstsicherheitstraining verwandt werden, will ich auf die *Verdeckte* (auf der Vorstellung beruhenden) *Konditionierung* eingehen. Die *Vorstellung* als Lieferant von Stimuli, die bei der Konditionierung herangezogen werden, ist natürlich ein wesentliches Element dessen, was *Systematische Desensibilisierung* genannt worden ist. Ich finde es sinnvoll, hier zu erwähnen, daß es zur Desensibilisierung keinesfalls langer Stimuluslisten bedarf. Es ist gewöhnlich ausreichend, die *Dauer* der Vorstellung des Klienten und die *Entfernung*, in der er sich in seiner Vorstellung zu einem *einzelnen* sehr angstbesetzten Stimulus befindet, zu regulieren.

Verdecktes Konditionieren, ob es nun in der Praxis des Therapeuten oder beim Patienten zu Hause ausgeübt wird, kann im Zusammenhang mit vorgestellten angstbesetzten Stimuli für den Klienten von großem Nutzen sein. Auch ist es äußerst hilfreich, sich in Gegenwart der tatsächlichen angsterzeugenden Stimuli – in einer ungelegenen sozialen Situation zum Beispiel – der Technik des Verdeckten Konditionierens zu bedienen. Von besonderem Interesse ist, daß es Laborbefunde gibt, die belegen, daß zuverlässiges Konditionieren als Folge der gemeinsamen Vorstellung zweier Stimuli durch das Subjekt stattfinden kann.

Anwendungsbereiche

Das Selbstsicherheitstraining hat bei dem gesamten Spektrum neurotischer Störungen ausgezeichnete Ergebnisse gezeigt. *Phobien, Angst, Schüchternheit,* die meisten Formen der *Schlaflosigkeit* und *psychosomatische Störungen* – einschließlich *Migräne* und psychosomatische Erkrankungen der *Herzkranzgefäße* – sprechen ausgezeichnet auf das Selbstsicherheitstraining an. In den Fällen, in denen wir es mit ungenügender Selbstbehauptung in sozialen Beziehungen zu tun haben, sollte das Selbstsicherheitstraining die Behandlungsmethode der Wahl sein.

Lange vor Masters und Johnson sind im Rahmen des Selbstsicherheitstrainings die meisten ihrer Verfahren zur erfolgreichen Behandlung verschiedener *Sexualstörungen* eingesetzt worden. *Impotenz* läßt sich häufig einfach durch Selbstsicherheitstraining erfolgreich behandeln. Die Behandlung schwacher orgasmischer Funktion bei Frauen bedarf etwas größerer Anstrengung, aber auch hier ist die Prognose gewöhnlich ausgezeichnet.

Ich habe festgestellt, daß das Selbstsicherheitstraining zur Bewältigung von *Arbeitsstörungen* bei schöpferisch Tätigen äußerst wirksam ist. Ich besitze einige bemerkenswerte Fallgeschichten von Schriftstellern, Musikern, Schauspielern und Schauspielerinnen.

Bevor ich mich den *Grenzen* des Selbstsicherheitstrainings zuwende, sollte ich erwähnen, daß sich in den letzten Jahren der Anteil von *Alkoholikern, Stotterern* und *Homosexuellen* unter meinen Klienten verringert hat. Einfache Erklärung dafür ist, daß eine ungeheure Entwicklung verschiedener Therapien zur Behandlung von Alkoholismus und Stottern stattgefunden hat und die meisten – nicht alle – Homosexuellen sich heutzutage für ziemlich normal halten.

Die Grenzen des Selbstsicherheitstrainings sind im wesentlichen die folgenden:

Weder die *ausgeprägt Defensiven* (ich nenne sie die „Ja, aber-er") noch die *stark Paranoiden* werden auf diesen Therapieansatz ansprechen. Solche Personen werden auch nicht auf andere Formen der Psychotherapie ansprechen. Sie lassen sich in ein oder zwei Sitzungen ausfindig machen, ganz gewiß aber mit Hilfe des *Minnesota Multiphasic Personality Inventory*.

Schwächere Depressionen lassen sich recht gut mit dem Selbstsicherheitstraining behandeln. Dazu habe ich jedoch an anderer Stelle ausgeführt:

„Mit depressiven Klienten sollten Selbstbehauptungs-Trainer äußerst vorsichtig sein. Die Behandlung von depressiven Klienten ist in gewisser Weise dem Orangenverlesen vergleichbar. Wir haben ein Fließband mit Löchern, durch die Orangen bestimmter Größe durchfallen können. Die größeren werden weiterbefördert. Mit bestimmten Klienten kommen wir klar. Andere müssen zu Leuten gehen, die Medizin verordnen und in der Behandlung biochemischen Ansätzen folgen können. Wenn Sie mit einem Klienten sprechen und ziemlich genau sehen, was ihn so depressiv macht (,Wenn sie bei ihrem Ehemann nur dies oder das sähe', oder ,Diese Situation mit ihrer Mutter ist in Wirklichkeit nicht so'), können Sie mit Ihrer Erklärung völlig richtig liegen. Ihre Einsicht werden diese Person deshalb nicht notwendigerweise davon abhalten, noch tiefer in die Depression abzurutschen, die eine stationäre Behandlung erfordert. Die Tatsache, daß Sie die Psychogenese der Situation richtig sehen, bedeutet nicht, daß sie mit irgendwelchen Selbstbehauptungs-, psychotherapeutischen oder verhaltenstherapeutischen Techniken behandelt werden kann." (Salter, 1977, S. 35f.)

Ein Therapeut der medikamentös nichtversorgte *Schizophrene* behandelt, sollte sich bewußt sein, daß er an den Kern der Symptomatologie nicht herankommen wird, solange der Patient nicht angemessen medizinisch behandelt worden ist.

Mit *Soziophathen* bin ich recht gut gefahren, wenn ihre Pathologie verhältnismäßig schwach ausgeprägt war und sich in ihrer Geschichte keine Feindseligkeiten fanden.

Selbstsicherheitstraining ist also im allgemeinen für alle die Probleme gut geeignet, die von Psychoanalytikern, wie sie glauben, behandelt werden können, aber auch für viele Probleme, die Analytiker nicht behandeln.

Und das Selbstsicherheitstraining greift so viel schneller und wirkungsvoller als die *arthritisch verkrüppelte Psychoanalyse!* Selbstsicherheitstraining und

Verhaltenstherapie haben heute im allgemeinen mit ihren Erfolgen ein solches Ausmaß an Anerkennung gefunden, daß nur der auf psychiatrischem Gebiet Unbewanderte sie als etwas abtun würde, was nur für Phobien und leichte Nuancen taugt.

Fallbeispiel

Frau R. H. ist eine blonde, attraktive Frau von 34 Jahren. Sie sagt mir, sie sei von Beruf Pianistin und kann auf eine Reihe großartiger Zeugnisse verweisen. Heute spielt sie jedoch nur noch sehr dürftig. Sie hatte einen Autounfall erlitten und ist an beiden Schultern und Armen operiert worden. Nach einem Jahr Erholung und Physiotherapie spielt sie jetzt wieder, ist aber nur ein Schatten ihres früheren Selbst. Außerdem ist der dritte Finger ihrer rechten Hand unkontrollierbar. Er ist empfindungslos, und sie kann ihn nicht willkürlich gebrauchen.

Kürzlich hat sie zwei bekannte Neurochirurgen konsultiert; einen neurochirurgischen Eingriff betrachtete sie als die einzige Lösung des Problems, das sie mit dem dritten Finger ihrer rechten Hand hat. Ausführliche Gutachten von jedem der beiden Neurochirurgen kamen zu demselben Schluß: „Ich kann keine körperliche Grundlage für diese Fehlfunktion feststellen."

„Wollen sie sagen, das ist alles nur Einbildung?" fragte ihr Ehemann den zweiten Neurochirurgen. „Ich weiß nicht", lautete die Antwort. „Vielleicht sollte sie einen Psychoanalytiker aufsuchen."

Ihr Ehemann hielt nicht viel von der Psychoanalyse und verkroch sich in eine nahegelegene Universitätsbibliothek. Bei seiner Lektüre stieß er auf meine Schriften. Er suchte mich auf.

Vor Beginn der physiotherapeutischen Behandlung war Frau R. H. sehr optimistisch über die Erfolgschancen; einige Monate zuvor hatte sie Verträge für eine Reihe von Sologastspielen unterzeichnet. Würde ich es schaffen, die Empfindsamkeit und Kontrolle ihres gefühllosen, unkontrollierbaren Fingers rechtzeitig zu ihrem ersten Konzert, das in vier Wochen stattfinden sollte, wiederherzustellen?

„Vielleicht", sagte ich, „wenn Ihre Ärzte recht haben. Aber würden Sie nicht aus meiner Praxis laufen, ohne sich darum zu kümmern, ob die Tür offen ist oder nicht, und das Haus wie eine Mickey-Mouse durch die Wand verlassen, wenn ich Ihnen verspräche, ich könnte Ihnen helfen? Und dazu noch in vier Wochen?"

Sie lachte etwas verkrampft.

Ich riet ihr, alle ihre geplanten Konzerte abzusagen. „Wenn alles so gut geht, wie ich hoffe, dann werden Sie so viele Konzerte geben können, wie Sie wollen. Ihre Referenzen sind sehr eindrucksvoll."

Der Grund, sie anzuweisen, ihre Konzertpläne fallenzulassen, war klar. Ich glaubte, daß der von ihren Konzertverpflichtungen ausgehende Leistungsdruck unsere Therapie ernsthaft behindern könnte. Frau R. H. erklärte sich damit einverstanden, meinem Rat zu folgen.

Ich hätte zwar sofort die Arbeit zur Wiederherstellung ihrer Fingerfunktion aufnehmen können, hielt dies aber für eine zu oberflächliche Behandlung. Im Erfolgsfall würde damit die Behandlung beendet sein. Gegenüber Frau R. H. wäre das aber unfair gewesen, wo ihr doch das Repertoire des Selbstsicherheitstrainigs so vielmehr zu bieten hat. Abgesehen davon würde eine gründlichere Behandlung die Erfolgswahrscheinlichkeit der Behandlung ihres Fingers maximieren – was allein schon Grund genug ist, solch einen Ansatz zu wählen. Mit einem von Arnold Lazarus übernommenen Ausdruck (den er in einem anderen Zusammenhang gebraucht) würde ich sagen, ich trete für „Breitband"-Persönlichkeitsveränderungen ein.

Meine Behandlung der Pianistin mit dem empfindungslosen Finger werde ich in vier Abschnitten besprechen:

1. Der Einsatz des Minnesota Multiphasic Personality Inventory (MMPI).
2. Vorbereitungsphase – Aufnahme der Fallgeschichte und besonders der gegenwärtigen Lebensumstände der Klientin.
3. Bestimmung der Behandlungsziele.
4. Realisierung der Behandlungsziele.

Ich habe es gerne, wenn meine Klienten den MMPI nach der ersten Sitzung mit mir ausfüllen, so da ich die Werte zur zweiten Sitzung vorliegen habe. Die bedeutsamen Werte dieser Klientin waren: Depression, 90. Perzentil; Psychopathie 90. Perzentil; Paranaoia, 80. Perzentil; Maskulinität-Femininität, 15. Perzentil; Hypochondrie, 33. Perzentil.

Kurz gesagt, die Klientin war etwas depressiv, etwas rebellisch (nicht amoralisch) und überempfindlich. In der Literatur wird ein niedriger Wert auf der Maskulinität-Femininitäts-Skala als Zeichen fast masochistischer Passivität angesehen. Es bestanden keinerlei Anzeichen für irgendwelche psychotischen Tendenzen.

Diese Werte entsprachen völlig meinem klinischen Eindruck. Ebenfalls interessant und ermutigend war ihr Hypochondrie-Wert, mit dem sie in der Nähe des 33. Perzentils lag. Das bestätigte meinen klinischen Eindruck, daß sie in keiner Weise hypochondrisch war. Von „sekundärem Krankheitsgewinn" konnte hier also keine Rede sein.

Mein zweiter Schritt bestand darin, die Geschichte der Klientin aufzunehmen, insbesondere die gegenwärtigen Lebensumstände zu erfassen. Ich fragte auch nach Einzelheiten ihres Unfalls, nach ihrer Einstellung zur Musik und nach ihrem funktionsgestörten Finger. Das alles half mir in der dritten Phase bei der Festlegung der Behandlungsziele. Diese lauteten:

1. Wiederherstellung der Funktion ihres Fingers;
2. Wiederherstellung eines Gefühls der Gelassenheit, was Musik anbetrifft;
3. Hebung des Erregungsniveaus der Klientin (d. h. ihrer Selbstbehauptung) in ihrem privaten und beruflichen Leben.

Bei der *Realisierung der Behandlungsziele* ließ ich mich häufig von mehr als nur jeweils einem Ziel leiten. Es ist dennoch möglich, meine Techniken gesondert zu beschreiben.

„Vergessen Sie die Hypnose", sagte ich ihr, „in Ihrem Fall wird meine erste Aufgabe darin bestehen, Sie aus dem Trancezustand herauszuholen, in dem Sie seit Jahren sind." Sie fand meine Bemerkungen amüsant und gar nicht so ungenau.

Der Leser wird sich daran erinnern, daß der dritte Finger der rechten Hand der Klientin gefühllos war und von ihr nicht kontrolliert werden konnte. Von daher waren die Schwierigkeiten sensorischer und motorischer Natur. Um die Probleme mit dem Finger anzugehen, wurden *Entspannung, Selbstkontrolle* und *Verdecktes Konditionieren* eingesetzt. Ich trainierte die Klientin, einen Zustand der Entspannung in ihren Armen und Fingern herbeizuführen. Ich fragte sie auch nach persönlichen Erfahrungen von Wärme und Kälte in ihren Händen und veranlaßte sie, sich vorzustellen, wie sie diese tatsächlichen Erfahrungen in ihren Fingern spürt (Verdeckte Konditionierung). Sie übte das auch (recht gut) zu Hause. Um die motorische Seite der Schwierigkeit mit ihrem Finger in den Griff zu kriegen, wies ich sie außerdem an, sich Leichtigkeit und Schwere in ihren Händen und Fingern vorzustellen (was sie erfolgreich absolvierte) – wiederum Verdeckte Konditionierung.

Was ich ihr nicht erzählte, war, daß ich genau diese Art der Verdeckten Konditionierung bei einer anderen Frau, einige Jahre bevor meine Klientin geboren wurde, angewandt hatte. In jenem Fall ging es auch um die Folgen eines Autounfalles; die Füße der Frau waren damals wie dünne Stöcke, sie waren vollkommen gelähmt und reagierten weder auf brennende Streichhölzer noch auf Eiswürfel. Indem ich jene Klientin zum Beispiel aufforderte, Situationen aus ihrer Kindheit zu erinnern, in denen sich ihre Familie um ein loderndes, knisterndes Feuer versammelte, schaffte sie es, Wärmegefühle in ihren Füßen auftreten zu lassen. Ihre freudige Erregung, als uns das gelungen war, gehört zu den aufregendsten Momenten meiner beruflichen Karriere. Gegenüber meiner musikalischen Klientin erwähnte ich nichts von jener Klientin, weil ich ihr keine Anregung für neue Symptome bieten wollte.

Gleichzeitig brachte ich meiner Klientin bei, ihren ganzen Körper zu entspannen und „gegenüber Musik gelassen zu sein". Musik, so glaubte ich, war für sie etwas, von dem ein übermäßig starker Druck ausging, genau wie der Erfolgszwang, unter dem ein impotenter Mann steht. Dieser Prozeß der *Desensibilisierung* gegenüber dem Druck, üben und konzertieren zu müssen, konnte dem Finger nur helfen.

Viel Mühe verwandte ich darauf, daß *Erregungsniveau* der Klientin in ihrem persönlichen und beruflichen Leben zu heben. Zu diesen Bereichen gehörte:

1. Ihre Ehe. Für die Klientin wie für ihren Ehemann war dies die zweite Ehe.
2. Probleme, die sich aus dem Zusammenleben ihrer eigenen Kinder, der Kinder ihres Ehemanns und ihrer gemeinsamen Kinder ergaben.
3. Ihre Mutter – eine zähe, energische Frau. Ihr Vater – bedeutsam wegen seiner Unwichtigkeit.
4. Die ehemalige Ehefrau ihres Ehemannes und Mutter der Stiefkinder unserer Klientin; sie wohnte in der Nähe und war eine ständige Frustrationsquelle.
5. Ihre musikalische Karriere.

Besonders hilfreich war, daß die zweite Ehe unserer Klientin glücklich verlief.
Ich lehrte meine Klientin die sechs Selbstbehauptungsdisziplinen, die am Beginn des Abschnittes „Methoden" dargestellt worden sind; zusammen mit einfachen *Verhaltenserprobungen* und *Desensibilisierungstechniken* war damit meine Strategie aufgegangen.

Nach vier Sitzungen war der Finger meiner Klientin – und ihre Einstellung – in Ordnung. Ihr Finger war in seiner Funktionsfähigkeit, ohne zusätzliche Physiotherapie, völlig wiederhergestellt; auf emotionaler Ebene hatte sie sich vollkommen – zu ihren Gunsten – verändert.

Es kann gut sein, daß der Einwand kommt, ihr Problem mit dem Finger hätte allein mit Verdeckter Konditionierung gelöst werden können, und die „Breitband"-Persönlichkeitsveränderungen seien eine Folge der Besserung in ihrem Finger. Selbst wenn sie das nicht wären, wären sie nicht so notwendig gewesen.

Ich glaube, daß es hart und unfair wäre, einem Klienten nicht die größtmögliche Besserung zu verschaffen, die durch Selbstsicherheitstraining erreicht werden kann. Außerdem würde damit die von psychoanalytischer Seite vorgebrachte Kritik an der verhaltenstherapeutischen Behandlung unterstützt werden. Um mögliche Kritik an meiner Überzeugung, jeder Klient habe ein Recht auf größtmögliche Besserung, vorweg zu beantworten, werde ich einen Auszug aus einer Kritik bringen, die von einem Musikkritiker verfaßt worden ist.

Nach ihrer fünften Sitzung entschied sich meine Klientin, mit einem berühmten Geiger auf Tournee zu gehen, um ihn auf dem Flügel zu begleiten. Sie hatte seit einigen Wochen tadellos gespielt, und ich wollte, daß sie sich zunächst in untergeordneter Position wieder an öffentliches Auftreten gewöhnt, bevor sie sich an die Wiederaufnahme ihrer Sologastspiele wagt.

Nach ihrem ersten Auftritt auf dieser Tournee erschien in einer lokalen Zeitung eine Kritik. Die Überschrift der Kritik lautete: *PIANISTIN STELLT SOLISTEN IN DEN SCHATTEN*. In der Kritik hieß es weiter:

„Gewöhnlich ist es bei instrumentalen Sologastspielen so, daß die Flügelbegleitung in ihrem Niveau unter der Leistung des Solointerpreten liegt. Der gestrige Vortrag war da eine Ausnahme. William A. spielte mit der Pianistin R. H. Obwohl A. der Solist war, war H. (die Pianistin) in der von ihr gebotenen musikalischen Unterstützung so stark, wie das ein Orchester in einem Konzert ist...

H. spielte mit einem völlig offenen Flügel, bewies im Gebrauch ihres Instrumentes Vorstellungskraft und schöpfte die in diesem Instrument liegenden Möglichkeiten gekonnt aus.

Sie ist ganz eindeutig ein eigenständiger Solist. In ihrer Fähigkeit, langen Sätzen Form zu verleihen und *die Eigenart der Musik zu behaupten, übertrifft sie selbst die größten der lebenden Begleitmusiker...*" (Hervorhebung von mir. Beachte das Wort „behaupten".)

Es fällt mir schwer zu glauben, daß diese Kritik jemals geschrieben worden wäre, wenn ich „nur den Finger meiner Klientin in Ordnung gebracht hätte". Es war meine Therapie in ihrem Ganzen, die Frau R. H's größere Ausdrucksfähigkeit hervorgebracht hat, und die größere Ausdrucksfähigkeit wiederum führte zu dieser Kritik und Überschrift.

Zusammenfassung

Ich wäre unehrlich, wenn ich nicht zugäbe, ein Gefühl des Stolzes zu empfinden, daß mein Buch „Conditioned Reflex Therapy" ein Markstein von dem Rang von Darwins „Origin of Species" (de Kruif, 1949) genannt worden ist; einer der „Wendepunkte in der Geschichte der Psychologie" (Sahakian, 1968); einer der „Meilensteine in der Geschichte der klinischen Psychologie" (Nawas, 1972). In ausführlicheren Worten ist gesagt worden: „Die Bücher von Salter, Wolpe, Keller und Schoenfeld sowie von Skinner sind Marksteine in der Geschichte der Verhaltensmodifikation..." (Kazdin, 1978). Zweifellos ist die *Verhaltenstherapie* von meiner Sichtweise und den in meinem Buch dargestellten Techniken durchdrungen.

Was mir aber die größte berufliche Befriedigung verschafft, ist ein besonderes Merkmal, in dem sich die „Conditioned Reflex Therapy" von ihren Nachfahren unterscheidet. Das im Vergleich zu dem ihrer behavioristisch orientierten Abkömmlinge umfassendere Verständnis, das mein Therapieansatz von Fehlanpassung repräsentierenden Symptomen besitzt, erhebt es nicht nur zum Ziel, etwa die Claustrophobie oder die Agoraphobie, die den Klienten zur Behandlung führten, zu beseitigen; ihm geht es auch darum, den Klienten zu einem *allgemein funktionsfähigen* und einem *intensiv fühlenden Menschen* zu machen.

Die Anstrengungen der Therapie sollten in der Tat auf *Symptombeseitigung* gerichtet sein; doch führt die im Rahmen dieses therapeutischen Ansatzes mit ihrem umfassenderen Verständnis von Symptomen erfolgende Beseitigung der vielen subtilen Erscheinungen, die Hemmung annehmen kann, zu einem Klienten, der nach der Behandlung wirklich *glücklich* und nicht nur angstfrei und sozial geschickter ist.

Die Ergebnisse behavioristisch orientierter Therapie haben häufig nur darin bestanden, den Klienten von belastenden Symptomen zu befreien – und das ist vollkommen in Ordnung; der Verhaltenstherapeut sollte aber darüber hinaus anerkennen, daß Klienten fast immer auch an sie einschränkenden Symptomen leiden, um die sie sich weiter nicht besonders kümmern.

Im Lichte neuerer neurologischer Befunde ist es sicherlich notwendig, die Pawlowschen Konzepte der *Hemmung, Erregung* und *Enthemmung* neu zu fassen. Daß ich *allein* durch Hebung des Erregungsniveaus des Klienten (sprich *Selbstbehauptung*) Claustrophobie und Agoraphobie beseitigte, fordert aber dennoch zu einer ernsthaften Besinnung auf.

Die Geschichte hat gezeigt, daß die Verhaltenstherapie Fortschritte gemacht hat, die weit über die der psychoanalytischen Therapie hinausgehen. Es ist an der Zeit, Verhaltenstherapie so zu gestalten, daß sie dem Klienten ein noch größeres Maß an Befreiung und Selbsterfüllung bringt, als sie es heute schon tut. Darin liegt, so glaube ich, die Verheißung der „Conditioned Reflex Therapy" bzw. des Selbstsicherheitstrainings.

Literatur

Davison, G. C. and Neale, J. M. *Abnormal psychology*, 2nd ed. New York: Wiley, 1978.

de Kruif, P. Jacket copy. *Conditioned reflex therapy*, New York: Farrar, Straus, 1949.

Eysenck, H. J. Learning theory and behaviour therapy. *Journal of Mental Science*, 1959, **105**, 61–75.

Fensterheim, H. Behavior therapy of the sexual variations. *Journal of Sex and Marital Therapy*, 1974, **1**, 16–28.

Fensterheim, H. and Baer, J. *Don't say yes when you want to say no*. New York: Dell, 1975.

Goldfried, M. R. and Merbaum, M. (Eds.). *Behavior change through self-control*. New York: Holt, 1973.

Hull, C. L. *Hypnosis and suggestibility*. New York: Appleton, 1933.

Kazdin, A. E. *History of behavior modification: Experimental foundations of contemporary research*. Baltimore, Md.: University Park Press, 1978.

Nawas, M. M. Landmarks in the history of clinical psychology from its early beginnings through 1971. *Journal of Psychology*, 1972, **82**, 91–110.

Patterson, C. H. *Theories of counseling and psychotherapy*. New York: Harper & Row, 1966.

Sahakian, W. S. *History of psychology*. Itasca, Ill.: F. E. Peacock, 1968.

Salter, A. Three techniques of autohypnosis. *Journal of General Psychology*, 1941, **24**, 423–438.

Salter, A. *What is hypnosis: Studies in auto and hetero conditioning*. New York: R. R. Smith, 1944; Farrar, Straus, 1955.

Salter, A. *Conditioned reflex therapy: The direct approach to the reconstruction of personality*. New York: Farrar, Straus, 1949; Capricorn Books-Putnam, 1961.

Salter, A. *The case against psychoanalysis*. New York: Holt, 1952; Harper & Row, 1972.

Salter, A. On assertion. In R. E. Alberti (Ed.), *Assertiveness: Innovations, applications, issues*. San Luis Obispo, Calif.: Impact Publishers, 1977.

Wolpe, J. *Psychotherapy by reciprocal inhibition*. Stanford, Calif.: Stanford University Press, 1958.

Wolpe, J., Salter, A. and Reyna, L. J. (Eds.). *The conditioning therapies: The challenge in psychotherapy*. New York: Holt, 1964.

Sexualtherapie

Dianne Gerard

Kliniker haben sich zwar schon sehr lange mit Sexualproblemen befaßt, doch erst in jüngster Zeit waren eine Reihe von Fortschritten bei der direkten Behandlung weitverbreiteter sexueller Probleme wie etwa der Impotenz, der Frigidität und der vorzeitigen Ejakulation zu verzeichnen.

Der Unterschied besteht dabei vor allem darin, wie Dianne Gerard in diesem Kapitel darlegt, daß das Problem heute direkt angegangen wird und die sexuellen Schwierigkeiten nicht mehr als Teil des Gesamtproblems der Gesamtpersönlichkeit gesehen werden. Bei den in diesem Kapitel vorgestellten Systemen geht es also um eine Art von Symptombeseitigung und nicht so sehr um eine Psychotherapie im umfassenden Sinne.

Ein Vergleich vermag dieses Vorgehen vielleicht zu rechtfertigen: Wenn jemand die Praxis eines Arztes aufsucht, weil er ein Sandkorn im Auge bzw. einen Splitter im Finger hat, dann dürfte wohl das übliche Vorgehen der Messung von Temperatur und Blutdruck sowie der Erhebung einer Anamnese überflüssig sein. Am besten ist es, das Problem so schnell und so unkompliziert wie möglich anzugehen. Dementsprechend ist es auch am besten, sogleich mit der Therapie zu beginnen, wenn eine rasche Behebung, beispielsweise der vorzeitigen Ejakulation (ein Problem, bei dem die neuen Sexualtherapien gute Erfolge zu verzeichnen haben), möglich ist.

Die Symptombeseitigung kann ein Äquivalent für die Psychotherapie darstellen, und manche Befürworter unterschiedlicher Arten von Verhaltensmodifikation (Skinnerscher Ausrichtung) sind tatsächlich der Ansicht, daß es sich dabei um die eigentliche Psychotherapie handelt.

Dieses Kapitel bietet einen Überblick über die den verschiedenen Sexualtherapien heute zugrundeliegenden Lehrmeinungen und die jeweils angewandten Methoden. Eine eingehendere Darstellung eines Systems, das sich mit Sexualproblemen befaßt, findet sich in Annons Kapitel über das PLISSIT-Modell.

Bei den Sexualtherapien geht es um die Beseitigung spezifischer Barrieren, die die sexuelle Funktionsfähigkeit beeinträchtigen. Bei den sexuellen Dysfunktionen gibt es einstellungsmäßige, verhaltensmäßige oder emotionale Faktoren, die eine Person daran hindern, sich auf sexuelle Aktivitäten einzulassen oder diese zu genießen. Die Sexualtherapien zielen auf Sexualerziehung, eine Steigerung der erotischen Genußfähigkeit durch den Abbau von Sexualängsten, eine Verbesserung der Kommunikation zwischen den Sexualpartnern und eine Verbesserung der Sexualtechniken ab, so daß *maximale Befriedigung* erreicht wird.

Die Sexualtherapien zielen primär auf die *Symptombeseitigung* ab und nicht so sehr auf Persönlichkeitsveränderungen. Die Aufmerksamkeit richtet sich im allgemeinen auf das „Hier-und-Jetzt" und auf die spezifischen Barrieren, die gegenwärtig die sexuelle Funktionsfähigkeit beeinträchtigen. Auf tieferliegende intrapsychische bzw. interpersonale Konflikte wird nur insoweit eingegangen, als sie sich störend auf den Behandlungsverlauf auswirken.

Es gibt drei grundlegende Arten der Sexualtherapie:

1. die intensive zweiwöchige verhaltensorientierte Sexualtherapie von William Masters und Virginia Johnson,
2. die von Helen Kaplan entwickelte Kombination von verhaltensorientierter und psychodynamischer Sexualtherapie und
3. die Gruppensexualtherapie, wie sie von McGovern, Kirkpatrick und LoPiccolo (1978) praktiziert wird.

Paare werden im allgemeinen gemeinsam von einem oder zwei Therapeuten behandelt; manche Therapeuten nehmen jedoch auch Klienten ohne Partner auf.

Geschichte

Zu einem Durchbruch der Sexualtherapien kam es vor allem nach der Veröffentlichung von „Human Sexual Inadaquacy" von William Masters und Virginia Johnson (1970). Die Autoren beschrieben darin ausführlich ihr verhaltensorientiertes Modell einer *kurzfristigen* Sexualtherapie und machten außerdem Angaben über deren Erfolgsquote. Erste Anfänge auf diesem Gebiet sind jedoch bereits rund 200 Jahre früher zu verzeichnen. Sir John Hunter, ein englischer Arzt des 18. Jahrhunderts, berichtete über eine Methode zur Behandlung der Impotenz, die diejenige von Masters und Johnson vorwegnahm (zitiert in Comfort, 1967). Er wandte dabei die *paradoxe Intention* an, indem er einem impotenten Klienten riet, sechs Nächte hintereinander mit seiner Geliebten ins Bett zu gehen, ohne dabei mit ihr den Koitus zu vollziehen. Der Klient berichtete anschließend, er habe dermaßen Angst gehabt, sein Verlangen könne zu groß werden, daß er nicht mehr länger fürchtete, er könne beim Geschlechtsverkehr versagen.

In den vierziger Jahren veröffentlichte Alfred Kinsey (Kinsey/Pomeroy/Martin, 1948, 1965) umfangreiches Datenmaterial über das sexuelle Verhalten des Mannes und der Frau. Kinsey verließ sich hierbei vollständig auf die Aussagen der Befragten; infolgedessen wurden die von ihm vorgelegten Resultate vor allem wegen ihrer Subjektivität kritisiert. Seine Daten vermittelten eine Vorstellung der *Mannigfaltigkeit* und *Frequenz* sexueller Aktivitäten von Männern und später auch von Frauen, sagten allerdings nur wenig über psychische bzw. physiologische Aspekte der Sexualität aus.

In den fünfziger Jahren begannen Masters und Johnson mit der wissenschaftlichen Untersuchung der physiologischen sexuellen Reaktionen von Mann und Frau unter *Laborbedingungen*. Sie registrierten Daten über annähernd 10 000 Geschlechtsakte in Form von Koitus und Masturbation unter unterschiedlichsten Bedingungen. Bei den Probanden handelte es sich ausschließlich um Freiwillige. Klienten in sexualtherapeutischer Behandlung wurden für diese Untersuchung nicht herangezogen. Dieses empirische Vorgehen führte zu Theorien über Sexualreaktionen und diente auch als Grundlage für die Entwicklung von Behandlungsmethoden. Masters und Johnson veröffentlichten ihre Untersuchungsergebnisse und die daraus gezogenen Schlußfolgerungen, nachdem sie die behandelten Paare fünf Jahre lang Nachuntersuchungen unterzogen hatten.

John Money und Anke Erhardt von der John Hopkins University gelangten durch Untersuchungen über die *Ausbildung der Geschlechtsidentität* und die

Rolle der *hormonalen Einflüsse* auf die Sexualität zu neuen Erkenntnissen. Helen Kaplan (1974) sind die *psychoanalytischen* und *psychodynamischen* Komponenten der Sexualtherapie zuzuschreiben, auf die sie bei der Untersuchung der psychischen Ursachen der sexuellen Dysfunktionen und der Ehekonflikte stieß. Die *Verhaltenstherapeuten* fanden heraus, auf welche Weise sexuelle Dysfunktionen erworben und verstärkt wurden, indem sie sich auf diejenigen Faktoren der *gegenwärtigen* sexuellen Situation ihrer Klienten konzentrierten, die zu einer Beeinträchtigung der sexuellen Funktionsfähigkeit führten; sie entwickelten außerdem innovative Techniken für die Behandlung, indem sie etwa bestimmte Aufgaben für die nächsten „dating sessions" mit sexuellen Übungen zu Hause kombinierten (Annon, 1974) und Tagebuch über sexuelle Gedanken und Aktivitäten führen ließen (LoPiccolo, 1978).

Die Sexualtherapie mit *einzelnen* Klienten begann Mitte der siebziger Jahre in Anbetracht der Tatsache, daß nicht alle Menschen mit sexuellen Schwierigkeiten gerade einen Partner haben. Dieser Ansatz ist umstritten, insoweit Ersatzpartner herangezogen werden. Masters und Johnson sind von dieser Methode wieder abgekommen. Martin Williams (1978) behandelt Männer mit sexueller Dysfunktion unter Einsatz von *„Körperübungstherapeuten"* („body-work-therapists") in der Berkeley Sex Therapy Group; Angaben über die Erfolgsquote der Behandlung liegen nicht vor. Lonnie Barbach (1975) erarbeitete einen *Gruppenbehandlungsplan* für, wie sie sich ausdrückte, „präorgastische" (anorgastische) Frauen auf der Grundlage des von Lobitz und LoPiccolo (1972) entwickelten *Masturbationsprogramms* für Frauen. Diese Methode erwies sich als außerordentlich erfolgreich (93 Prozent der Frauen wurden nach fünfwöchiger Behandlung orgastisch) und erlangte große Popularität in den Vereinigten Staaten. Rückschläge gab es vor allem im Hinblick auf den Transfer des Gelernten; die Frauen wurden teilweise bei Selbststimulation orgastisch, blieben jedoch unfähig, mit einem Partner zum Orgasmus zu kommen.

Die *Gruppentherapie* wird angewandt, um die Kosten niedrig zu halten, um den Paaren Gelegenheit zu gegenseitiger emotionaler Unterstützung zu geben, um einen Modellerneffekt zu erzielen sowie um eine größere Klientel behandeln zu können. Dieser Ansatz scheint vielversprechend zu sein, doch wie bei allen Arten von Sexualtherapien fehlt es an Kontrolluntersuchungen. Ob eine Behandlungsmethode wirksamer ist als eine andere, ist schlichtweg unbekannt.

Gegenwärtiger Stand

Seit der Pionierarbeit von Masters und Johnson ist das Interesse an Sexualforschung und Sexualtherapie erheblich gestiegen. Es liegen zahlreiche Veröffentlichungen vor, die den Lesern Grundkenntnisse auf dem Gebiet der Sexualität vermitteln und zu einer Lösung ihrer Sexualprobleme auf dem Wege der *Selbsthilfe* (self-help books) beitragen (Barbach, 1975; Heiman/LoPiccolo/LoPiccolo, 1976; McCary, 1973; Pion, 1977). Zeitschriften wie das „Journal of Sex and Marital Therapy", „Journal of Sex Education and Counseling", „Archives of Sexual Behavior", „Journal of Sex Research" und „Medical Aspects of Human Sexuality" wurden gegründet, um mit der ständig weiter vorangetriebenen Forschung und Theorie Schritt halten zu können.

Eine nationale Organisation, die American Association of Sex Educators, Counselors and Therapists (AASECT), die von Patricia Schiller gegründet wurde, hat sich für eine *rechtliche Regelung* des Berufs der Sexualtherapeuten eingesetzt. In keinem Bundesstaat sind derzeit Ausbildung und Titel der Sexualtherapeuten rechtlich geregelt, so daß sich jeder auch ohne entsprechende Ausbildung als qualifiziert ausgeben kann. Die AASECT gibt derzeit drei Arten von Zertifikaten auf diesem Gebiet aus: *Sexualerzieher, Sexualberater* und *Sexualtherapeuten*. Die Anforderungen sind streng und stellen einen Schritt in Richtung auf den „Verbraucherschutz" dar. Die AASECT gibt jedes Jahr das „National Register of Certified Health Service Providers in Sex Education and Sex Therapy" heraus, in dem Name und Anschrift aller Fachkräfte verzeichnet sind, die jeweils im Besitz eines Zertifikats sind.

In vielen Ausbildungsgängen in Medizin, Sozialarbeit, Beratung und Psychologie werden inzwischen Kurse über die Sexualität des Menschen angeboten, und vielfach werden auch sexualtherapeutische Techniken vermittelt. In einer Reihe von Fortbildungsprogrammen ist eine *Intensivausbildung* in Sexualtherapie und Sexualerziehung vorgesehen.

Sexualtherapien werden von Fachkräften unterschiedlicher Fachrichtung angewandt. Ärzte, Geistliche, Erzieher und Psychotherapeuten bedienen sich verschiedener Theorien und Techniken, um ihrer Klientel zu helfen. In diesem Kapitel geht es um die Behandlung sexuell dysfunktionaler Klienten durch Fachkräfte, die sich auf diesem Gebiet spezialisiert haben. Da nur unzureichende Forschungsergebnisse vorliegen, denen zu entnehmen wäre, worauf es zur erfolgreichen Behandlung ankommt, ist das Vorgehen auch alles andere als einheitlich. Es bedarf noch sehr viel umfassenderer Untersuchungen, um die für eine erfolgreiche Behandlung ausschlaggebenden Faktoren herauszufinden. Douglas Hogan (1978) hat hier einen Anfang gemacht, indem er eine Sichtung der Literatur vorgenommen und auf die Notwendigkeit von Untersuchungen über den *Therapieerfolg* hingewiesen hat, in der die Interaktion der Klientenvariablen, der Behandlungskomponenten und der Therapiemodalitäten aufgrund eines faktoriellen Versuchsplans ermittelt werden.

Theorie

Zur Klärung der Ätiologie der sexuellen Dysfunktion untersuchte Kaplan (1974) die aktuellen und die tieferliegenden Ursachen. *Aktuelle* Ursachen sind diejenigen Faktoren, die eine „anti-erotische" Stimmung schaffen, all das, was in der jeweiligen Situation die sexuelle Ansprechbarkeit der Partner stört. Nach Aussage von Kaplan ist die Sexualreaktion eine „komplexe Serie vegetativ vermittelter viszeraler Reflexe, die nur dann funktionieren, wenn der Betreffende ganz entspannt ist und den Vorgang ‚sich selbst überläßt', das heißt, nicht durch bewußte Vorgänge des Registrierens beeinträchtigt" (S. 121). Der Betreffende muß in der Lage sein, sich den erotischen Empfindungen hinzugeben. Kaplan ordnet die aktuellen Ursachen sexueller Dysfunktion *vier Kategorien* zu:

1. Sexuelle Unwissenheit und Unfähigkeit, sich auf ein angemessenes Verhalten einzulassen.

2. Leistungsangst und Furcht vor Versagen. Vielfach besteht das übermäßige Bestreben, es dem Partner rechtzumachen, was auf eine tiefsitzende Angst vor Zurückweisung zurückzuführen ist.
3. Die Selbstbeobachtung (spectatoring) – ein Ausdruck, der von Masters und Johnson eingeführt wurde und sich auf das Registrieren der eigenen sexuellen Reaktionen bezieht, anstatt sich voll und ganz darauf einzulassen. Dies ist ein Abwehrmechanismus, um so die Angst zu binden, die der sexuelle Kontakt auslöst. Ein anderer Abwehrmechanismus bezieht sich auf die Wahrnehmung, wobei der Betreffende erotische Empfindungen nicht wahrnehmen will oder kann.
4. Unfähigkeit, offen und ohne Scheu über sexuelle Wünsche, Vorlieben und Aversionen zu sprechen.

Vielfach lassen sich bei der Sexualtherapie die oben genannten Ursachen sexueller Konflikte eher aufgrund eigener Erfahrungen als durch kognitive Einsicht ermitteln und abbauen, so daß das Symptom schließlich verschwindet. Ist dies nicht möglich, werden die *tieferliegenden* Ursachen des Konfliktes in den psychotherapeutischen Sitzungen ergründet. Tieferliegende Ursachen sind entweder *intrapsychischer* oder *interpersonaler* Natur. Kaplan (1974) greift hierbei auf die psychoanalytische Theorie zurück, insbesondere bezüglich der Konzeptionen von der unbewußten Motivation des Verhaltens und der Bedeutung von Kindheitserfahrungen für die Formung der Persönlichkeit des erwachsenen Menschen.

Die *psychoanalytische Theorie* erklärt sexuelle Störungen mit einer Verdrängung *ödipaler Sexualtriebe* und mit einer *Fixierung* auf bestimmte frühe Stadien der Entwicklung (auf das *orale, anale* oder *phallisch-ödipale* Stadium). Kaplan geht jedoch davon aus, daß ein unbewußter Konflikt nur dann sexuelle Dysfunktionen hervorrufen kann, „wenn er während des intimen Beisammenseins desorganisierende Angst auslöst oder perzeptive und obsessive Abwehrmechanismen gegen die Erregung mobilisiert" (S. 145).

Auch *Erziehungspraktiken,* durch die Schuld- und Schamgefühle gegenüber Sexualität vermittelt werden, sind für die Ätiologie der Sexualkonflikte verantwortlich. Unsere Kultur zwingt uns eine diskontinuierliche Art des Lernens im Hinblick auf die Sexualität auf; das heißt, wir werden dazu angehalten, uns so wenig wie möglich mit Sexualität auseinanderzusetzen, bis sie schließlich in der Ehe kulturell sanktioniert wird. Konflikte ergeben sich aus dem *Verdrängungsstau* und der Vorstellung, daß Sexualität gleichbedeutend ist mit *Sünde*. Vielen Kindern wird noch immer beigebracht, daß *Masturbation* eine Sünde sei, daß sexuelle Gedanken ebenso schlimm seien wie sexuelle Handlungen und daß voreheliche sexuelle Erfahrungen verboten seien. Derartige Botschaften lassen sich nicht so ohne weiteres aus der Welt schaffen. Kaplan (1974) stellt hierzu fest, daß „es für die Kraft des Sexualtriebes und für das ihm innewohnende Potential zur Herstellung seelischer Gesundheit spricht, daß viele Menschen trotz restriktiver Erziehung keine sexuellen Probleme haben" (S. 149).

Variablen der *Partnerbeziehung* spielen ebenfalls eine Rolle für die Verursachung tiefliegender Sexualkonflikte. Ein *Mangel an Vertrauen* und die Austragung von *Machtkämpfen* schaffen eine destruktive Atmosphäre und machen die für eine vollständige sexuelle Ansprechbarkeit nötige *Hingabe* unmöglich. Es ist einleuchtend, daß es vielfach nicht mehr zu befriedigenden sexuellen Beziehungen kommen kann, wenn die Beziehung des Paares von Ablehnung, Herabsetzung oder von Feindseligkeit gekennzeichnet ist. Das *Sexualsystem* – die Partnerbeziehung – spielt daher eine zentrale Rolle innerhalb der Sexualtherapien.

Wissenschaftlichen Untersuchungen ist zu entnehmen, daß wesentlich weniger Erfolge bei der Symptombeseitigung zu verzeichnen sind, wenn sich die Therapie auf Kommunikationsschwierigkeiten, Ehekonflikte und auf die Psychopathologie konzentriert, ohne gezielt auf die sexuellen Interaktionen einzugehen (Marks, 1978). Ein wesentlicher Unterschied zwischen den Sexualtherapien und der *Psychotherapie* bzw. der *Ehetherapie* besteht darin, daß erstere keine umfassende, sondern eine ganz eng umrissene Zielsetzung aufweist. Die traditionelle Psychotherapie zielt auf eine Rekonstruktion der Persönlichkeit ab; die Ehetherapie ist bestrebt, die interpersonalen Konflikte abzubauen, eine größere Harmonie herzustellen und die Kommunikation zwischen den Partnern und ihr gegenseitiges Verständnis zu verbessern. Da die Zielsetzung der Sexualtherapien eng umrissen ist, müssen einige Vorbedingungen gegeben sein. Beide Partner müssen den festen Willen haben, ihre sexuellen Schwierigkeiten anzugehen, diese als gemeinsames Problem ansehen und nicht als eines, das nur einen von ihnen betreffen würde, und bereit sein, für die Dauer der Behandlung (insbesondere bei der zweiwöchigen Intensivtherapie) Gedanken an frühere Demütigungen und Streitigkeiten auszuklammern. Sie werden dazu angehalten, sich ganz auf das „Hier-und-Jetzt" zu konzentrieren.

Des weiteren werden einige Postulate aufgestellt. Die Sexualität wird als *natürliche Funktion* angesehen. Das Streben nach *orgastischer Entspannung* ist ebenso natürlich wie die anderen biologischen Bedürfnisse des Atmens, Essens oder Ausscheidens. Der Sexualtrieb ist jedoch der einzige, der sich willentlich unterdrücken läßt, ohne daß es zu schädlichen Nebenwirkungen kommen würde. Er steht unter dem Einfluß von zwei getrennten Systemen, dem *biophysischen* und dem *psychosozialen* System. Frühere Lernerfahrungen, falsche Vorstellungen, Leistungsängste, die Angst vor Zurückweisung und unangenehme bzw. traumatische sexuelle Erlebnisse sind häufige psychosoziale Barrieren, die einer Befriedigung der Sexualfunktion im Wege stehen. Drogenmißbrauch, Alkoholismus, Diabetes, physische Verletzungen und bestimmte endokrinologische Störungen stellen biophysische Ursachen der sexuellen Dysfunktionen dar. Bis vor kurzem ging man davon aus, daß mehr als 90 Prozent der Fälle sexueller Dysfunktionen *psychosomatisch* bedingt seien. Ein ausgeklügeltes Instrumentarium hat die Untersuchung der physiologischen Barrieren, die eine Erektion verhindern, ermöglicht, und zwar mit Hilfe eines Monitors zur Aufzeichnung nächtlicher Erektionen; dies gibt Aufschluß über Diagnose und Prognose der Impotenz (Karacan, 1970).

Methoden

Bei den Sexualtherapien handelt es sich um *verhaltensorientierte* Behandlungsmethoden zur Beseitigung von Hindernissen, die befriedigenden Sexualbeziehungen entgegenstehen. Die Behandlungsmethode zielt auf den Abbau spezifischer Sexualsymptome nach Analyse der Ätiologie des Problems und der

Interaktionsmuster des Paares ab; die Partner erhalten genaue *Verhaltensanweisungen* in Form von abgestuften *Sexualübungen,* die sie dann zu Hause gemeinsam durchführen, um anschließend ihren Therapeuten über ihre Erfahrungen zu berichten. Im Gegensatz zu den analytischen Psychotherapien beruhen die Sexualtherapien auf einem *direktiven* Ansatz zur Modifikation der Einstellungen gegenüber dem Geschlechtsverkehr und der Atmosphäre, in der er vor sich geht. Kommunikationsübungen und abgestufte sexuelle Erfahrungen konfrontieren die Klienten mit ihren Sexualängsten und erleichtern deren Überwindung. Die Therapie führt zu den Einstellungen und schafft die erotische Atmosphäre, die erforderlich sind, damit die natürlichen physiologischen Sexualreaktionen eintreten können; man kann sie nämlich nicht einfach lehren (Brecher, 1969). Bei dem von Masters und Johnson (1970) entwickelten Ansatz der *Kurzbehandlung* kommt noch der Faktor der veränderten Umgebung hinzu, so daß das Paar sich nicht mehr in seiner häuslichen Umgebung befindet, sondern sich zwei Wochen lang ausschließlich auf ihre sexuellen Beziehungen konzentrieren kann. Bisher liegen jedoch noch keine wissenschaftlichen Untersuchungen vor, denen zu entnehmen wäre, daß dies für einen Behandlungserfolg maßgeblich ist. Die von Kaplan entwickelte Methode beruht mehr auf einer *psychodynamischen* Intervention als das Modell von Masters und Johnson, das sich auf die behavioralen und kommunikativen Aspekte der Dysfunktion beider Partner konzentriert.

Masters und Johnson (1970), Hartmann und Fithian (1972) und Kaplan (1974) gehen von einer detaillierten *chronologischen Anamnese* aus, einschließlich der sexuellen Funktionsfähigkeit, der Erfahrungen in der Herkunftsfamilie sowie der freundschaftlichen und der ehelichen Beziehungen. Anschließend wird eine gründliche *medizinische Untersuchung* mit den erforderlichen Labortests durchgeführt. Annons Ansatz (1974) weicht von diesem Verfahren ab; er erhebt lediglich eine Anamnese des Sexualproblems (Beschreibung, Beginn und Verlauf, die vom Klienten vermutete Ursache, frühere Behandlung und Zielvorstellungen). Nach Erhebung der Anamnese versuchen der Therapeut bzw. die Therapeuten die Erfolgsaussichten einer gemeinsamen Behandlung abzuschätzen und besprechen dann das Ergebnis mit dem Paar. Hierbei halten sie jedem Partner gewissermaßen einen Spiegel vor und weisen auf bestimmte Variablen, die den Sexualkonflikt ausgelöst haben, und auf Aspekte des gegenwärtigen Sexualsystems hin, das der Aufrechterhaltung des Dysfunktion dient. Masters und Johnson (1970) bezeichnen dies als „Round-table-Gespräch". Ziele sind dabei die Neutralität zwischen den beiden Partnern, die Aufforderung zu offener Kommunikation (wobei sich jeder so exakt wie möglich dem anderen mitteilen soll) und Stärkung der Motivation zur aktiven Mitwirkung beider Partner an der Behandlung. Wenn die Partner sich über die vermutliche Ätiologie ihrer Schwierigkeiten und über die Methoden zur Beseitigung der Dysfunktion klar geworden sind und sich zu einer aktiven Mitwirkung an der Therapie verpflichtet haben, werden die ersten sexuellen Übungsaufgaben erteilt.

Der erste Schritt wird im allgemeinen als *„Sensate focus"* bezeichnet. Das Paar wird angewiesen, zu einer Zeit, zu der beide Partner sich entspannt und offen füreinander fühlen können, sich abwechselnd sanft und in nichtfordernder Weise zu streicheln. Das Berühren von Genitalien und Brüsten sowie der Geschlechtsverkehr sind dabei untersagt. Der „Empfangende" der sinnlichen Berührung hat nur eine einzige Aufgabe: Er soll darauf achten, daß der Partner ihm mit seiner

Berührung nicht wehtut. Beim „Sensate focus" geht es einzig und allein darum, die Sensibilität jedes Partners gegenüber sinnlicher Berührung zu fördern und das Gefühl, eine bestimmte Leistung erbringen oder sich selbst beobachten zu müssen, abzulegen. Die bei diesen Übungen gemachten Erfahrungen werden in der nächsten psychotherapeutischen Sitzung besprochen. Wenn beide Partner berichten, daß sie die Übungen als lustvoll empfunden haben und sich frei von Leistungsängsten fühlen, werden sie aufgefordert, die Übung in *modifizierter* Form fortzusetzen: Der empfangende Partner legt seine Hand auf diejenige des gebenden Partners, um ihm so auf nonverbale Art zu verstehen zu geben, welche Form von Berührung und Liebkosung ihm besonders angenehm ist. Im weiteren Verlauf der Sexualtherapie lernen es die Partner, sich über ihre jeweiligen sexuellen Wünsche deutlicher auszusprechen.

Der nächste Schritt besteht in einer sanften, zarten und nichtfordernden Berührung von Brüsten und Genitalien. Liebkosungen, die zum Orgasmus führen, sind erst dann erlaubt, wenn sich die Partner so entspannt fühlen, daß sie erotische Lust verspüren und nicht mehr den Hang zur Selbstbeobachtung haben. An diesem Punkt gibt es verschiedene Varianten der Behandlungsmethode für die einzelnen Arten von Dysfunktionen.

Hier bedarf es nun zunächst einer kurzen Beschreibung der *Haupttypen* der sexuellen Dysfunktion und der entsprechenden Behandlungsstrategien. Jede Dysfunktion gilt als *primär*, wenn sie bei jedem sexuellen Kontakt aufgetreten ist, bzw. als *sekundär*, wenn es zumindest einen sexuellen Kontakt ohne das betreffende Sexualsymptom gegeben hat. Zu den sexuellen Dysfunktionen des Mannes gehören *Impotenz, vorzeitige Ejakulation* und *verzögerte Ejakulation*. Zu den sexuellen Störungen der Frau zählen die *allgemeine sexuelle Dysfunktion*, die *orgastische Dysfunktion, Vaginismus, Dyspareunie* und *sexuelle Unansprechbarkeit*. Wie auch im Falle der Dysfunktionen des Mannes handelt es sich dabei entweder um *vasokongestive Störungen* (allgemeine sexuelle Dysfunktion, Vaginismus und vielleicht auch Dyspareunie) oder um *Störungen der orgastischen Phase*. Nach Auffassung von Kaplan (1974) erfolgt die sexuelle Reaktion *biphasisch:* als *Vasokongestion* und als *Orgasmus*. Dies steht im Gegensatz zu der Konzeption von Masters und Johnson (1966), die von vier Phasen der sexuellen Reaktion ausgehen: *Erregung, Plateau, Orgasmus, Ausklingen*.

Vorzeitige und verzögerte Ejakulation

Zu den Störungen der Ejakulation zählen die vorzeitige und die verzögerte Ejakulation (bzw. die *Ejakulationsunfähigkeit* – ein Ausdruck, den Masters und Johnson vorziehen). Schwierigkeiten macht die exakte Definition, was hierbei unter Vorzeitigkeit zu verstehen ist. Masters und Johnson (1970) gehen von folgender Definition aus: Wenn ein Mann seine Ejakulation „während der intravaginalen Penetration nicht solange zurückhalten kann, daß er seine Partnerin bei mindestens fünfzig Prozent der koitalen Kontakte befriedigt" (S. 92), dann kann man von *vorzeitiger Ejakulation* sprechen. Anstatt als Kriterium eine bestimmte Zeitangabe für das Zurückhalten zu machen, gehen sie von einer in den Kontext des Sexualsystems eingebundenen Definition aus. Wenn natürlich die Frau während der vaginalen Penetration niemals einen Orgasmus erlebt, wird diese Definition hinfällig. Bei vorzeitiger Ejakulation kommt vor allem die *Stop-Start-Technik* oder die *Squeeze-Technik* erfolgreich zur Anwendung. Der Penis wird manuell stimuliert, bis die Ejakulation unmittelbar bevorsteht; dann hört die Partnerin entweder mit der Stimulierung auf oder umfaßt den Penis ganz fest unmittelbar unterhalb der Eichel. Beide Techniken bewirken ein Abklingen der Erregung, ein Nachlassen des Ejakulationsdranges und zuweilen einen teilweisen Rückgang der Erektion. Dies wird drei- bis viermal wiederholt, bevor die Ejakulation erfolgt, so daß vorher ein hohes Maß an Erregung erreicht wird, bevor die Ejakulation dann zugelassen wird. Wenn der Mann ein erhöhtes Maß an willkürlicher Kontrolle der Ejakulation erreicht hat und sich auf seine erotischen Empfindungen konzentrieren kann, dann versucht er es mit der Penetration, zunächst ohne Stoßbewegungen des Beckens. Dann beginnt er langsam mit Stoßbewegungen, wobei er zwischendurch immer wieder innehält, um die Ejakulation hinauszuzögern.

Unter *Ejakulationsunfähigkeit* ist das Nichteintreten einer Ejakulation während des Koitus zu verstehen; unter Umständen kann es bei anderen Gelegenheiten zu einer Ejakulation kommen, etwa bei der Masturbation. Zur Behandlung der Ejakulationsunfähigkeit wird der Mann solange stimuliert, bis eine Ejakulation eintritt, wobei der Penis sich nicht in der Vagina befindet. Als nächstes wird er bis zu einem hohen Maß an Erregung stimuliert und versucht dann rasch in die Vagina einzudringen, und zwar in einer Stellung, bei der sich die Frau über ihm befindet. Schließlich führt er heftige Stoßbewegungen aus, bis es zur Ejakulation kommt. Ist dies nicht der Fall, wird durch manuelle Stimulierung nachgeholfen. Bestimmte Drogen können diese Phase der Sexualreaktion beeinflussen und zu einer verzögerten Ejakulation führen; manche Antipsychotika und antihypertensive Medikamente haben gelegentlich diese Wirkung. Die Ejakulationsunfähigkeit ist eine selten vorkommende sexuelle Dysfunktion; ihr Gegenstück, die vorzeitige Ejakulation, ist dagegen weit verbreitet.

Impotenz

Bei der Behandlung der Impotenz wird der Penis ebenfalls nach der *Stop-Start-Methode* sanft mit der Hand gestreichelt; in diesem Fall geht es allerdings darum, den Mann dahingehend zu beruhigen, daß er eine Erektion erreichen, verlieren und dann erneut erlangen kann. Wenn dieses Vertrauen wiederhergestellt ist und es zu teilweisen oder vollständigen Erektionen kommt, nimmt er eine Penetration vor, wobei sich die Frau wiederum in Hockstellung über ihm befindet. Sie übernimmt das Einführen des Penis, um zu verhindern, daß der Mann abgelenkt wird, woraufhin langsame, nichtfordernde Beckenbewegungen ausgeführt werden. Für die Impotenz scheinen mehr organische Ursachen verantwortlich zu sein als für irgendeine andere Art von Dysfunktion. Vielleicht ist dies aber auch nur dem gegenwärtigen Stand des Wissens und den Schwierigkeiten bei der Aufdeckung psychologischer Komponenten zuzuschreiben.

Vaginismus

Von Vaginismus spricht man, wenn sich die Vaginalmuskeln reflexartig verkrampfen und so das Eindringen des Penis verhindern. Trotz des Spasmus kann es zu Erregung und Orgasmus kommen. Zur Behandlung des Vaginismus können unterschiedlich große Dilatoren (oder auch mehrere Finger) verwendet werden. Die Hegarstifte werden von der Frau oder von ihrem Partner eingeführt und bleiben mehrere Minuten bis mehrere Stunden lang in der Vagina. Masters und Johnson (1970) berichten, daß sich die unwillkürlichen Spasmen innerhalb von drei bis fünf Tagen weitgehend beseitigen lassen. Der Koitus wird erst dann versucht, wenn sich der größte Dilator ohne Schmerzen einführen läßt. Masters und Johnson empfehlen als weiteren wesentlichen Faktor zur Beseitigung des Symptoms die Durchführung einer Pelvisuntersuchung, bei der beiden Partnern gezeigt wird, daß es sich um einen unwillkürlichen Spasmus der Vagina handelt; hierdurch läßt sich die Vorstellung widerlegen, der Vaginismus stelle eine bewußte Zurückweisung des Partners dar.

Dyspareunie

Unter Dyspareunie versteht man einen schmerzhaften Geschlechtsverkehr. Dies kann bedingt sein durch fehlende Erregung, wodurch die Lubrikation der Vagina beeinträchtigt oder verhindert wird. Als weitere Ursachen kommen gynäkologische Störungen, Entometriose, Vaginalinfektionen oder Herpes simplex in Frage. Gewöhnlich bestehen hinsichtlich des Orgasmus keine Schwierigkeiten. Bei der Behandlung der Dyspareunie ist eine gründliche gynäkologische Untersuchung unabdingbar, um physiologische Faktoren ausschließen zu können, die möglicherweise während des Koitus Schmerzen verursachen. Wenn eine unzureichende Lubrikation zugrundeliegt, ist vermutlich die Erregung nicht ausreichend. In diesem Fall wird das Paar dazu angehalten, Sensualitätsübungen (Sensate focus) und eine genitale Stimulierung durchzuführen. Sterile Vaginallubrikatoren können eine Erleichterung der Penetration bewirken. Bei älteren Frauen können durch eine hormonale Substitutionstherapie die Senilvaginitis und die Dyspareunie beseitigt werden. Auch eine Stellung, bei der die Frau während des Koitus oben liegt, ermöglicht es ihr, Penetrationstiefe und -winkel zu bestimmen und auf diese Weise durch zu tiefes Eindringen ausgelöste Schmerzen zu vermeiden. Dies stellt wohl die beste Lösung dar, wenn die Dyspareunie durch nicht zu beseitigende physiologische Störungen bedingt ist.

Allgemeine sexuelle Dysfunktion

Die allgemeine sexuelle Dysfunktion ist gekennzeichnet durch eine Hemmung von Libido und Erregung; die Frau gibt an, kein Interesse an sexuellen Kontakten zu haben und dadurch nicht erregt zu werden. Es erfolgt keine Lubrikation, wenngleich manche Frauen gelegentlich durchaus orgastisch sein können. Dies entspricht in gewisser Weise der *sexuellen Unansprechbarkeit,* bei der die Frau „nichts empfindet", wenn ihre Genitalien berührt werden, aber unter Umständen Liebkosungen während des Geschlechtsverkehrs voll genießen kann. Kaplan (1974) bezeichnet dieses Phänomen als ein *hysterisches Konversionssymptom* und nicht so sehr als echte sexuelle Dysfunktion, da hier eher ein psychoneurotischer Abwehrmechanismus denn ein psychosomatisches Symptom vorzuliegen scheint.

Bei der allgemeinen sexuellen Dysfunktion beruht die Therapie auf Sensualitätstraining (Sensate focus), genitaler Stimulierung und nichtforderndem Geschlechtsverkehr, bei dem die Frau die Stoßbewegungen steuert. Bei allen sexuellen Übungsaufgaben sind ihre Wünsche ausschlaggebend für Art und Durchführung der Liebkosungen. Auf diese Weise kann sie sich einerseits auf ihre eigenen erotischen Empfindungen konzentrieren und andererseits ihre sexuelle Lust selbst steuern.

Orgastische Dysfunktion

Die orgastische Dysfunktion, die Unfähigkeit bei sexueller Betätigung einen Orgasmus zu erreichen, kann situationsbedingt, vereinzelt oder permanent gegeben sein; in letzterem Fall kommt es unter keinen Umständen zu einem Orgasmus. Masters und Johnson (1966) haben den Mythos von den zwei Arten des Orgasmus (dem vaginalen und dem klitoralen) widerlegt und anhand von Laboruntersuchungen festgestellt, daß der Orgasmus sowohl *vaginale* als auch *klitorale* Komponenten aufweist. Der größte Teil des „sensorischen Input" wird durch die Klitoris registriert, und der Orgasmus kommt durch vaginale Muskelkontraktionen zum Ausdruck. Es liegen keine zuverlässigen Daten vor über Frauen, die während des Koitus ohne gleichzeitig erfolgende klitorale Stimulierung zum Orgasmus kommen. Hinsichtlich der Frage, ob dies als Norm für eine gesunde sexuelle Funktionsweise anzusehen ist, werden kontroverse Ansichten vertreten. Kaplan (1974) und Hite (1976) machen unterschiedliche Zahlenangaben: Kaplan zufolge gibt es rund 50 Prozent orgastische Frauen, Hite zufolge sind es 30 Prozent. Als Maßstab erscheint es sinnvoller, sich an der *sexuellen Lust* zu orientieren, als daran, *wie* es zum Orgasmus kommt.

Zur Behandlung orgastischer Dysfunktionen wird teilweise die *Selbststimulierung* empfohlen, einerseits um so bei der Frau die Angst abzubauen, sie könnte ihrem Partner auf die Nerven gehen, wenn es bei ihr zu lange dauert, und andererseits, weil die Masturbation ein direktes sensorisches Feedbacksystem darstellt. Sie spürt unmittelbar, welche Arten des Streichelns ihr die intensivsten Lustgefühle vermitteln; dies ermöglicht es ihr, ein Höchstmaß an Erregung und den Orgasmus zu erreichen. Wenn es dann durch genitale Stimulierung durch den Partner zum Orgasmus kommt, kann sie zum Koitus mit gleichzeitiger klitoraler Stimulierung übergehen. Kaplan (1974) empfiehlt dieses Vorgehen als Übergangslösung, wobei der Mann den Klitorisbereich seiner Partnerin stimuliert, bis sie spürt, daß der Orgasmus unmittelbar bevorsteht; dann werden starke Stoßbewegungen vollzogen, bis sie den Orgasmus erreicht.

Zur Zeit befaßt man sich mit einer neuen Art sexueller Dysfunktion, nämlich mit *Störungen der Libido*. In Anbetracht der psychologischen Komplexität bedarf es bei einer Dysfunktion in der Libidophase offenbar anderer Behandlungsformen. Kaplan (1977) arbeitet an Veröffentlichungen auf diesem Gebiet.

Masters und Johnson (1970) weisen mit Nachdruck darauf hin, daß es bei der Behandlung um *beide Partner* geht und nicht nur um den einen oder den'anderen von ihnen. Viele Sexualtherapeuten sehen eine gemeinsame Therapie als unabdingbare Voraussetzung an, obgleich keine eindeutigen Forschungsergebnisse vorliegen, die diese Ansicht bestätigen würden (Marks, 1978). Für einen maximalen Lerntransfer scheint es jedoch wichtig zu sein, daß der nicht in Behandlung befindliche Partner der Beziehung zumindest positiv und einer Modifikation der sexuellen Techniken und der Atmosphäre aufgeschlossen gegenübersteht.

Anwendungsbereiche

Die Techniken der Sexualtherapie sind dann besonders erfolgreich, wenn ein Paar unter einem spezifischen Sexualproblem leidet, die Partner in einem positiven Verhältnis zueinander stehen und eine starke Motivation haben, Hilfe für ihre sexuelle Beziehung zu suchen, und wenn bei keinem von ihnen eine schwere Psychopathologie vorliegt. Ausnahmen scheinen jene Paare zu bilden, bei denen Vaginismus bzw. vorzeitige Ejakulation vorliegt. Kaplan (1974) gibt an, daß die Prognose für den Behandlungserfolg dieser Dysfunktionen unabhängig von ehelicher oder individueller Pathologie zu sein scheint.

Sexualtherapien sind *kontraindiziert* bei schwerwiegenden ehelichen Spannungen und Feindseligkeiten, bei schwerer Psychopathologie und – nach Auffassung mancher Therapeuten – bei Nichtbeteiligung eines Partners an der Therapie. Normalerweise lassen sich diese Hindernisse, die einer Therapie im Wege stehen, nicht durch eine kurzfristige Behandlung zur Beseitigung der Symptome überwinden, wie dies bei der Sexualtherapie geschieht. Kaplan (1974) zählt eine Reihe von Faktoren auf, die eine wenig aussichtsreiche Prognose bei der Anwendung dieses Modells erwarten lassen: *Hypersensibilität gegenüber Streß* (wie dies in manchen Fällen absoluter Ejakulationsunfähigkeit und primärer Impotenz vorkommt), *Drogenabhängigkeit* und *Alkoholismus,* schwere *Depression* bzw. *Angstzustände* und *mangelnde Kooperationsbereitschaft* seitens eines Partners; außerdem in den Fällen, wo Fortbestehen oder Scheitern der Beziehung vom Ergebnis der Therapie abhängt.

Zu den Dysfunktionen, bei denen die beste Prognose bei dem Modell der zweiwöchigen Intensivtherapie besteht, zählen die vorzeitige Ejakulation, Vaginismus, primäre orgastische Dysfunktion und sekundäre Ejakulationsunfähigkeit; dagegen sind die primäre und sekundäre Impotenz und die situationsbedingte orgastische Dysfunktion für die Methode der Kurzbehandlung weniger leicht zugänglich. Insgesamt lag die Mißerfolgsquote bei der zweiwöchigen Intensivbehandlung am Masters and Johnson Institute (der früheren Reproductive Biology Research Foundation) 1970 lediglich bei eins zu fünf. Bei den nach fünf Jahren durchgeführten Nachuntersuchungen war die zu verzeichnende *gesamte Mißerfolgsquote* (eine Kombination aus der ursprünglichen Mißerfolgsquote und den Fällen, in denen bei der mit fünfjährigem Abstand durchgeführten Nachuntersuchung ein Wiederauftreten der Symptome festgestellt wurde) die gleiche: 20 Prozent. Die vorzeitige Ejakulation wurde in 97,3 Prozent der Fälle erfolgreich behandelt (N = 186). Von anderen Wissenschaftlern oder Therapeuten werden derzeit keine langfristigen Erfolgs- bzw. Mißerfolgsquoten für die Behandlung der sexuellen Dysfunktion angegeben. Dies ist nichts ungewöhnliches, da über die Effizienz von psychotherapeutischen Modellen nur wenige Statistiken vorliegen.

Im großen und ganzen hat sich sowohl die Methode der zweiwöchigen Intensivtherapie als auch die traditionelle Methode der Sexualtherapie, bei der die Klienten ein- bis zweimal die Woche ambulant zur Behandlung kommen, für die Beseitigung sexueller Dysfunktionen als zweckmäßig und sehr erfolgreich erwiesen. Annähernd 80 Prozent der Fälle lassen sich erfolgreich behandeln. Natürlich spielt es für die Prognose eine Rolle, wie lange das Problem bereits besteht, ob beide Partner Dysfunktionen aufweisen, wie tiefgreifend der Konflikt zwischen den Partnern ist und ob eine Psychopathologie vorliegt.

Fallbeispiel

Herr und Frau A. kamen neun Wochen lang jeweils einmal die Woche zu mir in Behandlung. Herr A. war 33 Jahre alt, in erster Ehe geschieden, hatte zwei kleine Kinder, die bei seiner ersten Frau lebten, und litt nach eigenen Angaben seit seinen ersten Koituserfahrungen an vorzeitiger Ejakulation. Er war Fabrikvorarbeiter mit höherer Schulbildung. Herr A. war recht schüchtern und verlegen; er hatte Schwierigkeiten, seine Gefühle zum Ausdruck zu bringen, insbesondere soweit es um die spezifischen Details seines Sexuallebens ging. Seine Frau dagegen war ziemlich aufgeschlossen und gesprächig und interessierte sich für psychologische Fragen. Sie hatte während des Scheidungsverfahrens von ihrem ersten Mann eine Psychotherapie mitgemacht. Frau A. war 35 Jahre alt, hatte das Sorgerecht über ihre beiden minderjährigen Töchter zugesprochen bekommen und hatte eine Teilzeitstelle als Aushilfslehrerin. Wie sie angab, kam sie bei klitoraler Stimulation regelmäßig zum Orgasmus und war auch beim Koitus mit anderen Partnern orgastisch gewesen. Die beiden waren seit eineinhalb Jahren verheiratet.

Während des Erstinterviews zeigte sich deutlich, daß Frau A. über ihren Mann wegen seiner vorzeitigen Ejakulation recht verärgert war. Ihr Sexualleben war an einem Punkt angelangt, wo sie nur noch selten Zärtlichkeiten oder Küsse vor der Penetration austauschten und auch nur noch wenige Stoßbewegungen beim Geschlechtsakt ausführten, bevor es dann gewöhnlich innerhalb von höchstens einer Minute zur Ejakulation kam. Frau A. fühlte sich derart frustriert und verärgert, daß sie nach dem Orgasmus ihres Mannes keine weiteren Liebkosungen mehr wollte. Er hatte Schuldgefühle, glaubte, als Liebhaber zu versagen und versuchte, sexuelle Kontakte bzw. das Vorspiel zu vermeiden aus Angst, vor der Penetration zur Ejakulation stimuliert zu werden. Dies war auch tatsächlich mehrmals vorgekommen.

Zu seiner Lebensgeschichte gab Herr A. an, von seinen Eltern nur wenige Informationen über Sexualität erhalten zu haben. Er war im wesentlichen von seiner Mutter erzogen worden, weil sich seine Eltern hatten scheiden lassen, als er elf Jahre alt war; seine Informationen über die Sexualität mußte er sich von Gleichaltrigen und aufgrund eigener Erfahrungen beschaffen. Als Jugendlicher hatte er ab und zu Verabredungen mit jungen Mädchen und machte seine ersten

Erfahrungen mit dem Petting im Alter von 16 Jahren. Seinen ersten Geschlechtsverkehr hatte er mit 17 Jahren im Wohnzimmer seiner Freundin. Die beiden wurden vom Vater seiner Freundin überrascht; Herr A. erinnerte sich an ein Gefühl von *Panik*. Dies scheint nachhaltige Auswirkungen auf ihn gehabt zu haben und stellte vermutlich seine erste Assoziation von Angst und Schuldgefühlen mit dem Geschlechtsverkehr dar. Während seiner ersten Ehe hatte er nur selten Geschlechtsverkehr mit seiner Frau, angeblich deshalb, weil seine Frau dies nicht zu genießen oder keinen Orgasmus zu erreichen vermochte. Ich hielt es für wahrscheinlicher, daß seine vorzeitige Ejakulation noch durch die Tatsache verschlimmert wurde, daß er nur selten sexuelle Kontakte hatte. Sein Vorgehensmuster bei der Masturbation war ähnlich dem während des Koitus; er wandte so wenig Zeit darauf, als nur möglich war, um zum Orgasmus zu kommen.

Frau A. wuchs in einer intakten Familie auf. Ihren Vater beschrieb sie als einen Tyrannen und Alkoholiker. In ihrer Kindheit hatte sie große Angst vor ihm gehabt wegen seiner Wutanfälle und weil er die Angewohnheit hatte, dabei Einrichtungsgegenstände kurz und klein zu schlagen. So entwickelte sich bei ihr eine mißtrauische Haltung gegenüber Männern; sie sehnte sich sehr nach Zuwendung und Schutz, glaubte aber in ihrer Verbitterung, daß sie diese Bedürfnisse niemals befriedigt bekommen werde. Ihre erste Ehe war sie mit einem Mann eingegangen, der diese Erwartungen bestätigte. Zum Zeitpunkt ihrer Eheschließung war sie schwanger gewesen. Trotz der Frustrationen in ihrer Ehe kam sie bei klitoraler Stimulierung und während des Geschlechtsverkehrs regelmäßig zum Orgasmus. Bei ihrem ersten Mann war die Sexualität für sie das wichtigste Element, das ihr das Gefühl vermittelte, geliebt zu werden.

Während der Zeit der Scheidungsverfahren und der erneuten Eheschließung waren sich die beiden der durch ihre sexuellen Schwierigkeiten bedingten Frustrationen durchaus bewußt, schrieben sie jedoch dem Streß der erneuten „Gründung einer Familie" zu und glaubten, daß sich die vorzeitige Ejakulation geben werde, wenn sie sich erst einmal aneinander gewöhnt hätten. Nach eineinhalb Jahren Ehe hatten sie das Gefühl, sich gut aneinander angepaßt und an ihre Rolle als Stiefeltern gewöhnt zu haben; ihre sexuellen Kontakte hatten sie jedoch praktisch eingestellt und waren beide recht verbittert darüber. Als sie mit der Therapie anfingen, bestand durchaus der Wille, ihre Ehe aufrechtzuerhalten und der Wunsch nach Sexualtherapie, aber auch ein gewisses Maß an kaum verhohlener Verärgerung von Frau A. gegenüber ihrem Mann.

In einer ersten gemeinsamen Sitzung wurde die Vorgeschichte des Sexualproblems und ein Teil der Entwicklung ihrer Beziehung besprochen. Dann folgten zwei Einzelsitzungen mit Herrn A. und Frau A.; dabei ging es jeweils um die persönliche Vorgeschichte, die sexuelle Funktionsfähigkeit vor und während dieser Ehe und die Gefühle gegenüber dem anderen Partner. Die vierte Sitzung war dann ein „Round-table-Gespräch", bei dem die Dynamik des Problems und mögliche Behandlungsstrategien besprochen wurden. Herr A. wurde sich seiner außerordentlich großen Angst bewußt und erkannte, daß diese ebenso wie seine seltenen sexuellen Kontakte seine vorzeitige Ejakulation noch verstärkten. Darüber hinaus ließ er sich durch Gedanken, die sich um unerotische Vorstellungen drehten, von seinem erotischen Erleben ablenken. Frau A. erkannte, daß sie zutiefst verbittert war und das Gefühl hatte, von Männern im allgemeinen und von ihrem Mann im besonderen betrogen zu werden. Dieses Gefühl verschwand zwar in diesem Stadium der Therapie noch nicht, aber sie zeigte eine verstärkte kognitive Einsicht. Es wurde ihr gesagt, daß in den ersten Phasen der Behandlung vorwiegend die Probleme ihres Mannes im Mittelpunkt stehen würden und daß sie in dieser Zeit nur geringe erotische Befriedigung finden werde; dies wurde ganz deutlich zum Ausdruck gebracht, um auf diese Weise ihrem Widerstand entgegenzuwirken. Dann wurden sie aufgefordert, Sensualitätsübungen zu machen (Sensate focus).

In der nächsten Sitzung gaben beide an, erotische Erregung bei diesem Sensualitätstraining verspürt zu haben. Vor allem Frau A. war glücklich, weil sie sich anerkannt und geliebt fühlte, ohne die übliche Frustration wegen des kurzen Geschlechtsaktes zu empfinden. Herr A. war überrascht, daß er sich streicheln lassen und seine Frau streicheln konnte, ohne gleich zu einer Ejakulation zu kommen. Dann gab es jedoch neue Probleme. Infolge einer Umstellung des Schichtdienstes mußte Herr A. die ganze Nacht hindurch arbeiten. Dadurch blieb nur wenig Zeit für sexuelles Zusammensein.

Den beiden wurde empfohlen, das Sensualitätstraining fortzusetzen und zusätzlich die Kompressionstechnik anzuwenden. Frau A. wurde angewiesen, den Penis ihres Mannes zu stimulieren, bis er ihr zu verstehen gab, daß die Ejakulation unmittelbar bevorstand. Dann sollte sie seinen Penis unterhalb der Eichel umfassen und etwa 10 Sekunden lang fest zusammendrücken; wenn dann die Erektion etwas zurückgegangen war, sollte sie mit der Stimulierung fortfahren. Herr A. wurde dazu angehalten, seine Aufmerksamkeit einzig und allein auf seine erotischen Empfindungen zu konzentrieren und sie, sobald sie abzuschweifen begann, erneut seinen Gefühlen zuwenden; sobald er das Gefühl hatte, daß die Ejakulation kurz bevorstand, sollte er dies seiner Frau zu verstehen geben. Er sollte dabei die Ejakulation in keiner Weise zu kontrollieren versuchen. Nach drei bis vier Stimulations-Squeeze-Sequenzen konnte er sich dann bis zum Orgasmus stimulieren lassen. Dieser Vorgang sollte solange wiederholt werden, bis er eindeutig zu erkennen vermochte, wann die Ejakulation unmittelbar bevorstand.

Diese Phase erstreckte sich über drei Wochen, weil es an Gelegenheiten zum Üben fehlte (wobei allerdings gewisse Vermeidungstendenzen nicht zu verkennen waren) und weil Frau A. während dieser Zeit noch immer einen gewissen Groll hegte. Sie fühlte sich frustriert und ausgenutzt. Herr A. spürte ihre Verärgerung und hatte Schwierigkeiten, sich auf seine erotischen Empfindungen zu konzentrieren. Schließlich wurde eine Einzelsitzung mit Frau A. abgehalten, um ihre Widerstände eingehender zu ergründen; der Groll, den sie gegenüber Männern hegte, und ihr Schmerz darüber, nicht genügend geliebt zu werden, wurden mit ihr durchgesprochen. Beiden Partnern wurde nahegelegt, noch mehr Zeit alleine miteinander zu verbringen, um so Frau A. zu ermöglichen, ihre Bedürfnisse nach Liebe und Zuwendung auf andere Weise befriedigt zu bekommen. Dies hat ihnen offenbar weitergeholfen. Außerdem wurde Herrn A. geraten, seine Frau ab und zu auch außerhalb der Übungen zu liebkosen.

Die beiden nahmen den normalen Geschlechtsverkehr wieder auf, als Herr A. in der Lage war, eindeutig den Moment zu erkennen, in dem seine Ejakulation nicht mehr aufzuhalten war, als er eine Erektion 10 Minuten lang aufrechterhalten konnte (eine willkürliche Zeitangabe), ohne daß es zu einer Ejakulation gekommen wäre, und als schon eine Unterbrechung der Stimulierung genügte und es nicht mehr der Kompression bedurfte, um die Ejakulation hinauszuzögern. Frau A. wurde angewiesen, eine Stellung einzunehmen, in der sie sich über ihrem Mann befand, während Herr A. ihre Stoßbewegungen lenkte, indem er sie mit seinen Händen an den Hüften faßte und auf diese Weise die Geschwindigkeit der Beckenbewegungen bestimmte. Wenn er soweit war, daß er die Ejakulation nahen fühlte, gab er ihr dies zu verstehen, woraufhin sie mit den Bewegungen innehielt. Diese Technik versetzte Herrn A. in die Lage, seine Ejakulation nach Belieben zu verzögern. Aufgrund häufigeren Geschlechtsverkehrs erreichte Frau A. außerdem noch ein hohes Maß an Erregung und erlebte intensive Orgasmen.

Hier wurde die Therapie beendet. Die beiden Partner wurden angewiesen, bei Bedarf weiterhin die Stop-Start-Technik während des Geschlechtsverkehrs zu praktizieren, das Sensualitätstraining und ihre genitale Stimulierung fortzusetzen und auf Frau A.s spezifischen Wünsche bezüglich des Vorspiels und der Stoßbewegungen beim Koitus einzugehen. Eine Nachuntersuchung wurde nicht durchgeführt.

Zusammenfassung

Bei den Sexualtherapien geht es um die Behandlung der verhaltensmäßigen, einstellungsmäßigen oder emotionalen Barrieren, die einer befriedigenden sexuellen Funktionsfähigkeit im Wege stehen. Zu diesen Barrieren zählen einerseits die *Dysfunktionen des Mannes* – Impotenz, vorzeitige Ejakulation und Ejakulationsunfähigkeit – und andererseits die *Dysfunktionen der Frau* – Vaginismus, orgastische Dysfunktion und allgemeine sexuelle Dysfunktion. Bei der sexuellen Unansprechbarkeit und bei der Dyspareunie handelt es sich um sexuelle Störungen, die im allgemeinen nicht als psychosomatisch bedingt angesehen werden und daher extra klassifiziert werden. Störungen der Libido sind eine Kategorie für sich.

Ausgangspunkt für die Entwicklung der Sexualtherapien waren *Forschungsarbeiten* über das Sexualverhalten. Diese begannen mit Kinseys (1948, 1965) Sammlung soziologischer Daten über die sexuellen Aktivitäten von Männern und Frauen in den vierziger Jahren und wurden fortgesetzt mit Masters und Johnsons Sammlung von Daten über die physiologischen Komponenten der Sexualreaktion und deren Veröffentlichung in „Human Sexual Response" (1966). In der Zwischenzeit sind Techniken zur erfolgreichen Behandlung sexueller Dysfunktionen entwickelt worden. In „Human Sexual Inadequacy" (1970) beschreiben Masters und Johnson einen behavioralen Behandlungsplan, der auf sexuellen und kommunikativen Übungsaufgaben für Paare beruht. In „The New Sex Therapy" (1974) erweiterte Helen Singer Kaplan den Ansatz um die psychodynamische Komponente. *Gruppentherapie* wird durchgeführt, weil sie eine kostengünstigere Behandlung ermöglicht und überdies den Klienten emotionale Unterstützung gewährt (McGovern/Kirkpatrick/LoPiccolo, 1978; Barbach, 1975). In der Öffentlichkeit haben die *Sexualerziehung* und Bücher mit Anleitungen zur *Selbsthilfe* sowie Zeitschriften, die sich mit Fragen der Sexualforschung und -behandlung befassen, einige Popularität erlangt.

Sexuelle Dysfunktionen werden durch *aktuelle* und durch *tieferliegender Konflikte* hervorgerufen, die dazu führen, daß eine gewisse Spannung und eine

„anti-erotische" Atmosphäre zwischen den Sexualpartnern entsteht. Derartige Konflikte können bedingt sein durch *Fehlinformationen* hinsichtlich der Sexualität, durch *Feindseligkeiten* zwischen den Partnern, durch den *Mangel an Bereitschaft,* sich auf erotisch stimulierende Aktivitäten einzulassen, durch *Ängste* des Zurückgewiesenwerdens, Leistungs- und Versagensängste und die *Selbstbeobachtung* (bei der das eigene Sexualverhalten überwacht wird). Angst aufgrund eines früheren sexuellen Traumas, eine gänzlich destruktive Beziehung zwischen den Sexualpartnern, Intimitäts- und Hingabeängste, fehlgeleitete sexuelle Lernerfahrungen und unbewußte Konflikte können die unmittelbaren Ursachen der Dysfunktion sein.

Die Behandlung wird gewöhnlich mit beiden Partnern gemeinsam und einem oder zwei Therapeuten durchgeführt; allerdings gibt es auch Kliniker, die mit Gruppen von Paaren und andere, die mit Klienten ohne Partner arbeiten. Die Therapie wird in Form einer zweiwöchigen *Intensivbehandlung* (Masters und Johnson) oder in Form der herkömmlichen *ambulanten* Behandlung ein- bis zweimal wöchentlich durchgeführt. Der Schwerpunkt der Behandlung liegt eher auf den aktuellen als auf den tieferliegenden Ursachen der Dysfunktion. Wenn das Paar sich entspannen kann, die Selbstbeobachtung einstellt und eine warmherzige, erotische Stimmung schafft, können die Barrieren abgebaut werden, die einer befriedigenden sexuellen Beziehung im Wege stehen. Die tieferliegenden Wurzeln des Sexualkonfliktes werden dann ergründet, wenn sie das Fortschreiten der Therapie beeinträchtigen. Großes Gewicht wird auch darauf gelegt, eine *offene Kommunikation* zwischen den Partnern zu ermöglichen und ihnen neue Erfahrungen durch eine Reihe *abgestufter Sexualübungen* zu vermitteln (durch Sensate focus, genitale Stimulierung und Koitus). Paare, denen an ihrer Beziehung gelegen ist, in denen nur in geringem Maße Ehekonflikte oder Psychopathologie vorliegen und die sich motiviert fühlen, ihre Sexualprobleme anzugehen, haben die beste Prognose bei dieser Behandlung.

Die Sexualtherapien dienen der *kurzfristigen* Behandlung sexueller Dysfunktionen. Sie sind kein Allheilmittel für Menschen, die Ehekonflikte haben, sich unglücklich fühlen oder eine Psychopathologie aufweisen. Hinsichtlich der allgemeinen positiven Auswirkungen auf die psychische Verfassung, die sich aus der erfolgreichen Behandlung ergeben, sind die zu verzeichnenden Ergebnisse unterschiedlich. Kaplan (1974) berichtet: „Die Beseitigung des sexuellen Symptoms, das den Klienten jahrelang belastet hat, führt gewöhnlich anfangs zu einem Gefühl der Euphorie, aber in den meisten Fällen ist diese Reaktion von relativ kurzer Dauer" (S. 446). An ihre Stelle tritt ziemlich schnell die Auffassung, daß es sich dabei um etwas Selbstverständliches handelt. Einige Paare berichten über tiefgreifende positive Veränderungen in ihrer Beziehung zueinander. Negative Gefühle kommen im allgemeinen in zwei Fällen auf: Wenn Paare davon ausgehen, daß eine erfolgreiche Sexualtherapie ihr Leben von Grund auf verändern könne, und wenn kurz vor dem Verschwinden des Symptoms plötzlich überwältigende Angst auftritt. Die Sexualtherapien müssen mit dieser Angst und mit den zu ihrer Maskierung eingesetzten Abwehrmechanismen rechnen und sie überwinden.

Es handelt sich hier um ein relativ neues Fachgebiet. Bisher liegen kaum mehr als die noch keiner Kontrolle unterzogenen Daten von Masters und Johnson (1966, 1970) vor, die für seine Effizienz sprechen. Nur wenige Daten liegen vor, aus denen hervorgehen würde, welche Faktoren der Behandlung maßgeblich sind. Es besteht ein erheblicher Bedarf an überprüfbaren Forschungsarbeiten und Evaluationen der Ergebnisse an Vergleichen zwischen den einzelnen Behandlungsmethoden und an Erkenntnissen, welche Klienten und welche spezifischen Probleme den größten bzw. den geringsten Nutzen aus den einzelnen Behandlungsmethoden ziehen können.

Literatur

Annon, J. S. *The behavioral treatment of sexual problems*. Honolulu: Enabling Systems, 1974.

Barbach, L. *For yourself: The fulfillment of female sexuality*. New York: Doubleday, 1975.

Brecher, E. M. *The sex researchers*. Boston: Little, Brown, 1969.

Comfort, Alex. *The anxiety makers*. London: Thomas Nelson, 1967.

Hartman, W. E. and Fithian, M. A. *Treatment of sexual dysfunction*. Long Beach, Calif.: Center for Marital and Sexual Studies, 1972.

Heiman, J., LoPiccolo, L. and LoPiccolo, J. *Becoming orgasmic: A sexual growth program for women*. Englewood Cliffs, N.J.: Prentice-Hall, 1976.

Hite, S. *The Hite report*. New York: Dell, 1976.

Hogan, D. R. The effectiveness of sex therapy: A review of the literature. In J. LoPiccolo and L. LoPiccolo (Eds.), *Handbook of sex therapy*. New York: Plenum, 1978.

Kaplan, H. S. *The new sex therapy*. New York: Brunner/Mazel, 1974.

Kaplan, H. S. Hypoactive sexual desire. *Journal of Sex and Marital Therapy*, 1977, *3*(**1**), 3–9.

Karacan, I. Clinical value of nocturnal erection in the prognosis and diagnosis of impotence. *Medical Aspects of Sexuality*, April 1970, 27–34.

Kinsey, A. C., Pomeroy, W. B. and Martin, C. E. *Sexual behavior in the human male*. Philadelphia: W. B. Saunders, 1948.

Kinsey, A. C., Pomeroy, W. B., Martin, C. E. and Beggard, P. H. *Sexual behavior in the human female*. New York: Pocket Books, 1965. (Originally published 1953.)

Lobitz, W. C. and LoPiccolo, J. New methods in the behavioral treatment of sexual dysfunction. *Journal of Behavior Therapy and Experimental Psychiatry*, 1972, **3**, 265–271.

LoPiccolo, J. Direct treatment of sexual dysfunction. In J. LoPiccolo and L. LoPiccolo (Eds.), *Handbook of sex therapy*. New York: Plenum, 1978.

McCary, J. L. *Human sexuality*, 2nd ed. New York: Van Nostrand, 1973.

McGovern, K. B., Kirkpatrick, C. C. and LoPiccolo, J. A behavioral group treatment program for sexually dysfunctional couples. In J. LoPiccolo and L. LoPiccolo (Eds.), *Handbook of sex therapy*. New York: Plenum, 1978.

Marks, J. Behavioral psychotherapy of adult neurosis. In S. Garfield and A. Bergin (Eds.), *Handbook of psychotherapy and behavior change*. New York: Wiley, 1978.

Masters, W. H. and Johnson, V. E. *Human sexual response*. Boston: Little, Brown, 1966.

Masters, W. H. and Johnson, V. E. *Human sexual inadequacy*. Boston: Little, Brown, 1970.

Pion, R. *The last sex manual*. New York: Wyden Books, 1977.

National Register of Certified Health Service Providers in Sex Education and Sex Therapy. Washington, D.C.: American Association of Sex Educators, Counselors and Therapists.

Williams, M. H. Individual sex therapy. In J. LoPiccolo and L. LoPiccolo (Eds.), *Handbook of sex therapy*. New York: Plenum, 1978.

Social-Influence-Therapie
John S. Gillis

Wer für die „humanistischen" Varianten der Psychotherapie eingenommen ist und glaubt, der Klient verdiene Respekt und der Therapeut behandle den Klienten immer als gleichwertigen Partner, möge sich auf eine Überraschung gefaßt machen. Denn John Gillis stellt rundheraus und offen fest: „Mein Ansatz ist manipulativ."

Vielleicht neigen wir Therapeuten dazu, die therapeutische Wirkung solcher Dinge wie Doktortitel, Diplome an der Wand, doppelte Türen, weiche Sessel, attraktive Empfangsdamen, teures Mobiliar abzustreiten, aber wir dürfen sicher sein, daß solche Statussymbole, die nichts mit der Tüchtigkeit eines Therapeuten zu tun haben, dennoch eine gewisse Wirkung auf den Klienten ausüben.

Meiner Meinung nach hat Gillis Recht, wenn er erklärt, daß die Soziale Beeinflussung in allen psychotherapeutischen Systemen eine Rolle spiele. Trotzdem muß man einräumen, daß manche Praktiker solche Taktiken mit Entschiedenheit ablehnen werden.

Dies ist eines jener Kapitel, die wirklich quer über sämtliche Theorien hinweggehen – wie die Kapitel über die Feministische Therapie, *das* Krisenmanagement *und die* Sexualtherapien, *und sollte jeden, der unsere geheimnisvolle „Kunst" ausübt, sehr interessieren.*

Die Social-Influence-Therapie ist eine Behandlungsmethode, mit Hilfe derer versucht wird, die Einstellungen oder die Perspektive eines Klienten dadurch zu verändern, daß der Therapeut (1) eine *Machtposition* ausbaut, die er dann (2) dazu benutzt, solche Strategien zu verfolgen, die auf eine Einstellungsänderung abzielen. Das System borgt von anderen Disziplinen ungeniert *persuasive Techniken* von erwiesenem oder potentiellem Wert. Derartige Strategien entstammen in erster Linie dem Bereich der *Sozialpsychologie*. Der Therapeut, der versucht, Einfluß zu maximieren, bedient sich also der Ideen und Methoden aus solchen Gebieten wie Einstellungsänderung und zwischenmenschliche Anziehung. Auch die Literatur über die *Placebo-Effekte* in der Medizin wird häufig herangezogen, um neue Taktiken kennenzulernen.

Der Ansatz ist offen *manipulativ*. Versuche zur Beeinflussung sind die hauptsächlichen Behandlungsstrategien und werden vom Therapeuten in die Wege geleitet und kontrolliert. Diejenigen, die diese Position befürworten, vertreten die Ansicht, daß in den meisten gegenwärtig praktizierten Therapien starke Komponenten von Beeinflussung enthalten sind. Dabei versuchen die Therapeuten in der Social-Influence-Therapie einfach nur, diese Einflußfaktoren zu identifizieren und dann deren Wirksamkeit durch sorgfältige Therapieplanung zu maximieren.

Geschichte

Daß man sich der Bedeutung sozialer Beeinflussung bei der Behandlung bewußt ist, ist sicherlich nicht neu. Die Bedeutung von *Placebo-Effekten* und sogenannten *nichtspezifischen Faktoren* ist in der Medizin seit altersher bekannt. Während die Anerkennung ihrer Rolle in der psychotherapeutischen Praxis aus jüngerer Zeit stammt, lieferte Jerome Franks Klassiker „Persuasion and Healing" schon 1961 eine zusammenfassende Darstellung der spekulativen und empirischen Arbeit über solche Faktoren.

In den letzten paar Jahren wuchs das Bewußtsein von Beeinflussungsprozessen, und zugleich wurde die Art und Weise, wie diese in der Therapie wirken, erforscht. In „Psychotherapy and the Psychology of Behavior Change" von Goldstein, Heller und Sechrest (1968) wird sehr viel über *Beeinflussungsstrategien* berichtet. Dasselbe gilt für eine Reihe von Untersuchungen von Strong und seinen Mitarbeitern (Strong, 1968; Schmidt/Strong, 1970; Strong/Matross, 1973) und von anderen Forschern (Harari, 1972; Dell, 1973). Es ist heute nichts Ungewöhnliches mehr, die Therapie in Kategorien von *Nachfragemerkmalen* (McReynolds/Tory, 1972), *Manipulation* (Krainin, 1972), *Suggestibilität* (Lang/Lazovik/Reynolds, 1965) und der *vorsätzlichen Manipulation* der Erwartungen seitens der Klienten (Klein et al., 1969) zu sehen. Torrey (1972) hat auf die (zu vielen) bedauerlichen Ähnlichkeiten zwischen *Medizinmännern* und Therapeuten hingewiesen; zu einem wesentlichen Teil schließen diese Gemeinsamkeiten verschiedene Mittel ein, über die sich Einfluß ausüben läßt.

Während viele Wissenschaftler die Bedeutung solcher Prozesse bestätigt haben, würden sich wenige selbst für „Beeinflussungstherapeuten" halten. Der Unterschied liegt in erster Linie in der Bereitschaft des „Beeinflussungstherapeuten", die taktischen Möglichkeiten dieser Position auszuarbeiten. Ich habe diesen grundlegenden Unterschied in meinem 1974 in „Psychology Today" erschienenen Artikel, der dieses System publik machte, gründlich beleuchtet. In diesem Aufsatz hob ich nachdrücklichst hervor, daß die strategischen Implikationen der Beeinflussungsposition ernstgenommen werden sollten. Dann beschrieb ich eine Reihe von *Techniken,* mit deren Hilfe dies erreicht werden könnte. Ich habe nicht verlangt, daß Therapeuten solche Methoden anwenden sollten; vielmehr habe ich dahingehend argumentiert, daß sie sich deren *potentiellen* Effizienz bei der Behandlung bewußt sein sollten. Mein Thema arbeitete ich in einer Monographie (1979) weiter aus. Hier versuchte ich,

1. die verschiedenen theoretischen und empirischen Arbeiten über Beeinflussung zusammenzustellen;
2. jene Gebiete der wissenschaftlichen wie der anekdotischen Literatur zu identifizieren, die als Quellen nützlicher therapeutischer Taktiken dienen könnten, und
3. die Mittel zu illustrieren, mit deren Hilfe solche Taktiken entwickelt und praktisch angewandt werden könnten.

Gegenwärtiger Stand

Eine Reihe von Psychologen, von denen sich manche nicht als „Beeinflussungstherapeuten" betrachten würden, kennen strategische Methoden, wie sich Beeinflussung maximieren läßt. Keiner dieser Therapeuten benutzt zwangsläufig die beschriebene Taktik oder teilt unbedingt sämtliche hier vorgetragenen Auffassungen. Doch alle besitzen Kenntnisse über die Annahmen, Ziele und Anwendungsformen der Social-Influence-Therapie.

Fünf Arbeiten liefern eine empirische Untermauerung für die Social-Influence-Therapie:

1. Eine Untersuchung von Childress und Gillis aus dem Jahr 1977 weist nach, daß Rolleneinweisungsgespräche in der Vortherapie beim Klienten die Erwartungen eines Nutzens erhöhen können.
2. Eine Darstellung von Venzor, Gillis und Beal aus dem Jahr 1976 zeigt die Variationsbreite therapeutischer Stile, die Klienten als hilfreich akzeptieren.
3. In einem Aufsatz aus dem Jahr 1979 von Gillis und Patrick wird nachgewiesen, daß diese Toleranz therapeutischer Stile sich sogar auf Methoden erstreckt, bei denen fast jede Bemerkung des Klienten verneint oder bestritten wird.
4. Ein Aufsatz von Friedenburg und Gillis (1977) zeigt die Wirksamkeit von Vorträgen, die auf Videoband aufgenommen wurden und mit deren Hilfe die Selbstachtung von Klienten gehoben werden sollte.
5. Eine Untersuchung von Byrd, Osborn und Gillis aus dem Jahr 1978 schließlich weist die therapeutischen Effekte von Desensibilisierung nach.

„Beeinflussungstherapeuten" werten nicht nur die Angemessenheit ihrer eigenen Vorschläge im Hinblick auf therapeutische Veränderung aus, sie nehmen auch Bezug auf die empirische Literatur aus einer Vielfalt von Bereichen, insbesondere aus der Sozialpsychologie, um Taktiken zu entwickeln. Eine Person, die zu lernen versucht, Einfluß zu maximieren, könnte also darauf verwiesen werden, die Arbeiten aus solchen Gebieten wie der *zwischenmenschlichen Attraktion, Placebo-Effekten, erzwungenen Persuasion* und *Hypnose* zu studieren.

Theorie

Der größte Teil der Theorie, die der Social-Influence-Therapie zugrundeliegt, bezieht sich auf die Natur *sozialer Interaktionen*, insbesonder jener Interaktionen, die eine gewisse Veränderung bei einem oder allen Beteiligten zum Ziel haben. In dieser Hinsicht ist die theoretische Grundlage schmal, und den Ursprüngen und der Entwicklung von Persönlichkeit wird wenig Bedeutung beigemessen. In der Tat gibt es keine andere ausdrückliche Theorie der Fehlanpassung, mit Ausnahme der Auffassung, wonach Zufriedenheit mit sich selbst und der eigenen Situation mit den objektiven Realitäten jener Situationen wenig zu tun hat.

Obwohl die Social-Influence-Therapie keineswegs eine detaillierte Theorie der Persönlichkeit oder der Psychopathologie anbietet, wird allgemein akzeptiert, daß die *Einstellungen* eines Klienten in der Therapie für den Erfolg entscheidend sind. In dieser Hinsicht stimmt die Social-Influence-Therapie mit einer ganzen Reihe von Theorien überein – mit Albert Ellis' *Rational-emotiver Therapie*, mit den *Kognitiven Verhaltenstherapien* –, die die fundamentale Bedeutung eigener Denkvorgänge bei der Therapie hervorheben. Das Hauptziel der Social-Influence-Therapie besteht also darin, die *Einstellungen* oder die *Perspektive* des Klienten sich selbst und seiner Situation gegenüber zu verändern. Obwohl es offensichtlich hilfreich ist, wenn die Dinge sich objektiv für einen Klienten ändern, sind Verhaltensänderungen weder notwendig noch für die entscheidenden kognitiven Veränderungen ausreichend. Viele Beeinflussungstaktiken laufen in der Tat darauf hinaus, den Klienten zu überzeugen, daß gewisse erwünschte Änderungen sich bereits zu entwickeln begännen, und daß er die Dinge schon so betrachten könne, als ob sie sich zum Besseren gewendet hätten. „Beeinflussungstherapeuten" sind gewiß nicht gegen Verhaltensänderung; aber es liegt auf der Hand, daß Leute, die wegen ihres Versagens deprimiert sind oder über Feindseligkeit besorgt sind, in dieser Hinsicht oft extremer sind als die Mehrzahl jener Leute, die sich überhaupt nicht darum kümmern. Die Aufgabe des „Beeinflussungstherapeuten" ist es also, die *Sichtweise* der Person zu verändern, und nicht unbedingt die Verhaltensweisen selbst. Dies ist natürlich genau das, was geschieht, wenn bei *klientenzentrierten* oder anderen Methoden die „Selbstbejahung" (self-acceptance) realisiert wird. Empirisches Material über therapeutische Ergebnisse weist jedenfalls darauf hin, daß die Psychotherapie offensichtlich am besten den subjektiven Zustand einer Person zu verändern weiß. Bis zu einem gewissen Grad sind also die Ziele der Social-Influence-Therapie einfach solche, die sich mit der größten Zuverlässigkeit erreichen lassen.

Die Wahrscheinlichkeit, daß diese Ziele auch erreicht werden, hängt weitgehend von der Art und Weise ab, *wie* der Therapeut Einfluß ausübt. Es hat sich als nützlich erwiesen, die Ausübung von Einfluß in der Therapie als einen *Dreistufenprozeß* zu betrachten. In der ersten Phase werden die *Erwartungen* des Klienten im Hinblick auf einen Nutzen gehoben; in der zweiten baut der Therapeut eine *Machtposition* aus, und in der dritten benutzt er diese Position, um eine *Veränderung* herbeizuführen. Während dieser dritten Phase wird der eigentliche Inhalt der Behandlung, das „Heilungsritual", wie Jerome Frank (1974) es nennt, vollzogen. Man kann auch von einer vierten Phase sprechen, in der sämtliche Änderungen, die stattgefunden haben, *verfestigt* werden. Die Taktiken, die diesem letztlichen Ziel dienen, überschneiden sich aber in der Regel mit denen der dritten Phase, und daher werden die beiden hier zusammen behandelt.

Die Theorie der Veränderung, die der Social-Influence-Therapie zugrundeliegt, weist eine Reihe wichtiger Ähnlichkeiten mit Scheins (1971) *Persuasionsmodell* auf. Gegenwärtig vertretene fehlerhafte Überzeugungen müssen „aufgetaut" werden; neue Sichtweisen müssen geprägt werden. Man sieht, daß Klienten deswegen eine Behandlung suchen, weil ihre Annäherungen an die Welt, vor allem die Art, wie sie ihre soziale Umwelt und ihren Platz darin begreifen, nicht erfolgreich sind. „Nicht erfolgreich" bedeutet hier, daß sie von anderen nicht die Reaktionen – Zuneigung, Anerkennung, Achtung – bekommen, die sie haben möchten. Anzahl und Ernsthaftigkeit ihrer objektiven Probleme unterscheiden sich vielleicht nicht von denen vieler Leute, die mit ihrer Situation einigermaßen zufrieden sind. Sie sind aber, wie Frank (1974) es ausdrückt, „demoralisiert". Wenn sie von der Behandlung profitieren sollen, muß diese Demoralisierung bekämpft werden. Eine veränderte Sicht der Lebensumstände, eine andere Art, sich selbst einzuschätzen, ein *neues Bezugs- und Überzeugungssystem* müssen entwickelt werden.

Eine signifikante Veränderung in einer Grundeinstellung läßt sich nicht leicht bewirken. Aber dennoch werden solche Veränderungen in vielen außertherapeutischen Situationen realisiert *(religiöse Bekehrungen, Werbung, politische Indoktrinierung)*, und die sozialpsychologische Literatur enthält vieles über die Variablen, die unter diesen Bedingungen dienlich sind. Es ist z. B. klar, daß eine wichtige anfängliche Voraussetzung einfach dadurch erfüllt wird, daß die augenblickliche Perspektive des Klienten nicht zufriedenstellend ist – „nicht bestätigt", wie Schein (1971) es nennt. Von den übrigen Faktoren, die bei wesentlichen Einstellungs- oder Überzeugungsänderungen eine Rolle spielen, können nur einige wenige ohne weiteres von dem „Änderungsbewirker", in diesem Fall dem Therapeuten, kontrolliert werden. Das Beste, was der Therapeut tun kann, ist sicherzustellen, daß (1) eine andere und annehmbare alternative Perspektive vorgestellt wird, und daß (2) die Art und Weise, wie sie vorgestellt wird, die Wahrscheinlichkeit erhöht, daß der Klient sie annimmt. Diese Voraussetzungen werden vom Therapeuten dann am besten erfüllt, wenn er die Möglichkeiten ausschöpft, die ihm seine Position erlaubt, d. h., daß er seine Aufgaben im Auge behält und die *Gewinnerwartungen* maximiert, eine *Machtposition* erlangt und ein plausibles, überzeugendes *Heilungsritual* durchführt. Die alternative Perspektive, die der Therapeut anbietet, kann so komplex sein wie eine psychoanalytische oder behavioristische Sicht vom Menschen, oder so einfach wie die Botschaft, daß „du sowohl positive als auch negativ-quälende Eigenschaften hast". Das wichtigste Merkmal der neuen Perspektive ist nicht ihre objektive Gültigkeit, sondern ihre *Nützlichkeit für den Klienten*. Die momentanen Schwierigkeiten mit der frustrierten Wut während der Kindheit zu erklären (wobei die Durchführung eines therapeutischen Rituals dieser Wut freien Lauf lassen soll), kann für einen Klienten ein nützlicher Vorschlag sein, selbst wenn dafür wenig bestätigendes Material vorhanden ist.

Die Theorie, die der Social-Influence-Therapie zugrundeliegt, könnte am kürzesten so zusammengefaßt werden:

1. Klienten verlangen nach Behandlung, weil sie ihre Vorstellung vom Leben und von sich selbst für unbefriedigend halten.
2. Der Zweck der Psychotherapie ist es, den Klienten zu veranlassen, eine positivere Perspektive zu entwickeln.
3. Dies kann nur dann erreicht werden, wenn der Therapeut seine Kontrolle über die Variablen, die zur Änderung führen, verstärkt.
4. Bei den meisten dieser Variablen spielen die Herstellung und Anwendung von zwischenmenschlichem Einfluß eine Rolle.

Methoden

Selbst eine flüchtige Durchsicht der psychotherapeutischen Literatur der letzten 25 Jahre macht deutlich, daß man sich der Rolle von Beeinflussungsprozessen weitgehend bewußt ist. Social-Influence-Therapie steht somit weder mit ihrem Hauptziel – der *Veränderung der Perspektive* des Klienten – noch mit ihrer Betonung des *Vorrangs kognitiver Faktoren* bei der Anpassung allein da. Was dem Ansatz eine gewisse Einmaligkeit verleiht, ist, daß er die Entwicklung *spezifischer strategischer Manöver* zur Maximierung von Einfluß hervorhebt. Es ist eine Sache, anzuerkennen, daß die Erwartungen eines Klienten sich auf das letztliche Ergebnis der Behandlung auswirken. Es ist aber eine ganz andere Sache, dafür einzutreten, daß der Therapeut eine Reihe von Taktiken entwickelt, die eigens dazu dienen, jene Erwartungen zu heben, und vorzuschlagen, daß geeignete Taktiken aus solchen nichttherapeutischen Bereichen wie *Werbung* und *Einstellungsänderung* übernommen werden könnten. Die Social-Influence-Therapie liefert folglich jedem Therapieforscher oder -praktiker insofern etwas Einzigartiges, als sie unverhohlen für *taktische Planung* eintritt und bereit ist, die Arten von Manöver zu empfehlen, die angewandt werden könnten.

Der dreiphasige Beeinflussungsprozeß, von dem im Abschnitt „Theorie" bereits die Rede war, ist zum großen Teil als ein Rahmen ausgearbeitet worden, in dem *Beeinflussungstaktiken* entwickelt werden können. Er eignet sich auch gut als Schema für die Darstellung dieser Verfahren. Wenn diese Methoden beschrieben werden, sollte man immer im Auge behalten, daß die Social-Influence-Therapie im Hinblick auf Taktiken ein völlig offenes System ist. Tatsächlich kann der wichtige Beitrag des Ansatzes darin bestehen, daß er die Aufmerksamkeit auf einige Quellen von Taktiken lenkt, die bisher von Therapeuten vernachlässigt wurden. Durch die Überprüfung solcher Bereiche – z. B. zwischenmenschliche Attraktion und Einstellungsänderung – mit dem Ziel, Punkte festzustellen, die sich auf die Therapie verallgemeinern lassen, werden *Praktiker* zweifellos in die Lage versetzt, selbst eine eindrucksvolle Vielfalt innovativer Methoden zu entwickeln. Die einzelnen Vorschläge, die die Social-Influence-Therapie zur Sprache bringt, dienen lediglich als Beispiele für die unterschiedlichen Formen taktischer Möglichkeiten in zahlreichen Bereichen, die anscheinend weit von der Therapie entfernt sind.

Mit diesem Vorbehalt können verschiedene spezifische Verfahren beschrieben werden, die sich zur Einflußmaximierung anwenden lassen. Wie bereits bemerkt, werden diese nach dem Schema eines dreiphasigen Beeinflussungsprozesses angeordnet. Weil hier der Platz begrenzt ist, werden für jede Phase nur einige wenige *illustrative Strategien* vorgestellt. Eine ausführlichere Auflistung findet sich in „Social Influence in Psychotherapy" (Gillis, 1979).

Phase 1: Induzieren von Erwartungen

In der ersten Phase der Therapie werden die Erwartungen eines Nutzens gesteigert. (Diese Phase könnte auch als *Maximierung der Placebo-Effekte* betrachtet werden.) Sie hat zwei Aspekte: Der Glaube des Klienten an die Psychotherapie und sein Engagement dabei sollen verstärkt werden; das gilt auch für dessen Überzeugung, daß der Therapeut seine Kunst mit besonderem Geschick ausübt. Das erste Ziel läßt sich auf verschiedenen Wegen erreichen.

Erstens kann das Engagement des Klienten bei der Behandlung (oder sein Bedürfnis, an die Therapie zu glauben) dadurch gefördert werden, daß strenge *Initiationsriten* eingeführt werden. Viele Therapiesysteme und therapeutische Gemeinschaften praktizieren dies bereits: *Drogenbehandlungsgruppen* können von künftigen Mitgliedern verlangen, sich den Kopf zu rasieren und eine Zeitlang niedrige Arbeiten zu verrichten, ehe ihnen im Programm der volle Mitgliederstatus zugewiesen wird; Kandidaten der *Primärtherapie* verbringen mehrere Tage isoliert in einem Motelzimmer und enthalten sich des Geschlechtsverkehrs, der Zigaretten und des Alkohols. Im Rahmen typischer klinischer Einrichtungen könnte die Strenge der Initiation – der Preis, den man zu zahlen hat, um zur Therapie zugelassen zu werden – dadurch erhöht werden, daß der Klient ein erschöpfendes *Vorauswahlprogramm* durchlaufen muß, zu dem eventuell das wiederholte Ausfüllen sehr langer Persönlichkeitsfragebögen gehören könnte. Für die ersten Sitzungen könnten *unbequeme Termine* anberaumt werden; man könnte Klienten eine Zeitlang auf einer *Warteliste* stehen lassen; der Therapeut könnte – wegen eines überfüllten Terminkalenders – zu ein paar Wochenendterminen, für deren Teilnahme der Klient einige Opfer gebracht hat, zu spät erscheinen.

Zweitens geht aus Untersuchungen über *erzwungene Zustimmung* (forced compliance studies) in der Sozialpsychologie hervor, daß Personen unter bestimmten Bedingungen Attitüden annehmen, die sie zuerst nur verwendet haben, um andere zu überzeugen, obwohl diese Attitüden im Gegensatz zu ihren eigentlichen Positionen stehen. Klienten, die sich erst kurze Zeit in Behandlung befinden, könnten also aufgefordert werden, potentiellen Klienten, vielleicht jenen, die auf ihr erstes Zusammentreffen mit dem Therapeuten warten, etwas über die Vorteile und Aussichten der Behandlung zu erzählen.

Als drittes gibt es einen Kunstgriff, der das therapeutische Engagement fördert und als *pseudofreies Wahlmanöver* (pseudo-free choice maneuver) bezeichnet wird. Hier informiert der Therapeut den Klienten, am besten nach ein oder zwei Sitzungen, darüber, daß zwei alternative Behandlungsformen angewandt werden. Die eine impliziere eine ziemlich direkte Konfrontation. Sie sei zwar relativ belastend; aber oft erbrächte sie sehr positive Ergebnisse für den Klienten, der sie verarbeiten könne. Die Alternative sei angenehmer und weniger belastend, aber auch oberflächlicher. Der Therapeut fügt hinzu, daß er es normalerweise den Leuten nicht überläßt, die Behandlungsstrategien auszuwählen, aber daß der Klient jemand zu sein scheint, der in der Tat die anspruchsvollere Methode durchhalten könne, sollte er sich für sie entscheiden. Die Karten sind natürlich gezinkt, und die Klienten wählen stets den schwierigeren Ansatz (falls irgendwelche Zweifel bestehen, daß der Klient dieses Verfahren nicht wählen könnte, sollte diese Taktik nicht verwendet werden). Aufgrund dieses Manövers bindet sich der Klient an eine bestimmte Vorgehensweise. Sein Glaube an die Wirksamkeit der Behandlung und seine Überzeugung, daß sie erfolgreich sein wird, werden gestärkt. Er hat sich genau aus diesen Gründen für sie entschieden. Wenn der Therapeut dem Klienten die Wahl so präsentiert, sendet er auch eine deutliche Botschaft aus: Dies ist ein Klient mit offenkundigen Stärken, der wirklich von der Therapie profitieren wird.

Daß der Klient vermehrt an die *persönlichen Verdienste* des Therapeuten glaubt, kann mit Hilfe ähnlicher Manöver erreicht werden. Der gemeinsame Tenor dieser Praktiken besteht darin, dem Klienten *positive Informationen* über den Therapeuten zu vermitteln; das muß in einer Art und Weise getan werden, die nicht suspekt ist. Zu diesem Zweck könnte es der Therapeut so einrichten, daß der Klient bestimmten Personen (ehemaligen Klienten oder möglicherweise Verbündeten) zuhört, wenn sie über die Vorzüge des Therapeuten diskutieren. Das läßt sich am einfachsten im Warteraum der Klinik bewerkstelligen. Eine zweite Möglichkeit ist der Kniff mit dem *vollen Terminkalender.* Hier wird dem Klienten gesagt, am besten durch die Empfangsdame der Klinik oder einen Kollegen im Verlauf eines Rolleneinweisungsgespräches (role induction interview), daß Dr. X genau der Therapeut sei, den er brauche. Aber Dr. X sei nahezu ausgebucht, und es wird ihm ein ganz voller Terminkalender gezeigt, um dies zu unterstreichen. Nach komplizierten Verhandlungen über die Terminprobleme wird der Klient schließlich doch an Dr. X überwiesen.

Eine große Menge zusätzlicher Taktiken, die Erwartungen induzieren sollen, ist bereits beschrieben worden (Gillis, 1979). Ich gehe auch auf die Aufrechterhaltung der Glaubwürdigkeit durch die Verwendung einer Reihe von Äußerungen *(„no-miss"-Interpretationen)* ein, die von vielen Klienten wahrscheinlich als perzeptiv und scharfsichtig angesehen werden. Hier ist es vielleicht angebracht zu wiederholen, daß die Social-Influence-Therapie ursprünglich ein Versuch war, eine alternative Sicht der Behandlung anzubieten. „No-miss"-Interpretationen z.B. wurden als Äußerungen betrachtet, die mit großer Häufigkeit als Kommentare zur Situation eines Klienten gemacht wurden. Ihnen taktischen Status zu geben, läuft also in etwa auf die Forderung hinaus, daß Therapeuten das lobend anerkennen, was sie tun. Wenn solche Praktiken die Wirksamkeit der Behandlung vergrößern sollten, sollte der Therapeut darauf bedacht sein, sie eher strategisch zu verwenden, als ihr Vorkommen dem Zufall zu überlassen.

Phase 2: Einfluß gewinnen

„Einfluß" in der Psychotherapie überschneidet sich etwas mit dem *Machtkonzept* in der Sozialpsychologie, aber die beiden sind nicht identisch. In der Therapie an Einfluß zu gewinnen, heißt, einen Status zu erlangen und vom Klienten ernstgenommen zu werden. Ein solcher Status ist notwendig, so lautet unser Argument, weil die wesentlichen Botschaften, die der Therapeut aussendet, sich nicht grundlegend von jenen unterscheiden, die der Klient von anderen empfängt. Daß der *Therapeut* die Botschaft vermittelt (z.B.: „Sie können Ihren Zorn unter Kontrolle halten", „Sie sind eine vollwertige Person"), hat oft seine Wirkung, wird sie hingegen von anderen vermittelt, wird sie ohne Wirkung bleiben. Das geschieht, weil der Therapeut die Botschaft

1. in Begriffen vorstellt, die dem Klienten nie zuvor begegnet sind, und
2. – wahrscheinlicher – aus einer einzigartigen autoritativen und einflußreichen Position heraus dies tut.

Taktiken, mit deren Hilfe eine derartige Position erlangt werden kann, können in zwei große Rubriken eingeteilt werden: in *Expertenmacht* (command power) und *Freundschafts-* oder *persönliche Macht* (friendship or referent power). Die erste kann und wird mit einer Reihe traditioneller Praktiken gewonnen. Zu ihnen gehört die Verwendung *wirkungsvoller Mittel,* bei denen der Therapeut eindeutig im Vorteil ist – die Verwendung *esoterischer Fachbegriffe* und *Interpretationen,* vor denen der Klient kapitulieren muß, und die *Zuhörer-Darbieter-Strategie,* bei der die Aufgabe des Klienten im wesentlichen darin besteht, seinen Fall vorzustellen, während der Therapeut die Bedeutung und Angemessenheit dieser verbalen Darbietung kommentiert. Aus der wissenschaftlichen Literatur geht eine Unzahl zusätzlicher Verfahren hervor, mit deren Hilfe „Expertenmacht" hergestellt werden kann. Schmidt und Strong (1970) z. B. haben eine Reihe von Merkmalen empirisch ermittelt, anhand derer Klienten „Sachverstand" bei Therapeuten definieren; dazu gehören solche Details wie *Händeschütteln, Sitzhaltung* und eine Zuversicht einflößende *Stimme.* Torrey (1972) rät zur Errichtung eines persuasiven „Gebäudes", dessen Fundament das Vorführen des Ausgestattetseins mit *Autorität* und *Wissen* ist.

„Freundschaftsmacht" wird von heutigen Praktikern vielleicht noch öfters angestrebt. Wirksame Taktiken induzieren hier die Ergebenheit des Klienten gegenüber dem Therapeuten, gewöhnlich deshalb, weil der letztere sich als anziehende, gütige und fürsorgliche Person eingeführt hat, deren Freundschaft und Anerkennung der Klient sich zu erhalten wünscht. Kohäsive Verbindungen können in der Therapie oft durch den Gebrauch der *Einschmeichel-Taktik* gestaltet werden (und werden es wahrscheinlich auch), die von Jones (1964) beschrieben wurde. Zu diesen Praktiken gehört, daß man seine *Sympathie* für den Klienten zum Ausdruck bringt (was es diesem schwermacht, ihn nicht zu mögen), ihm *schmeichelt* (indem man seine positiven Charaktermerkmale oder seine Fähigkeit, Konfrontation zu bewältigen, kommentiert), die *Ähnlichkeiten* zwischen dem Klienten und dem Therapeuten herausstreicht („Ich weiß, was es heißt, unter dieser Art von Druck zu stehen") und seine eigenen Stärken in einer *nichtkompetitiven* Weise feststellt. Selbst die eigenen *Schwächen* zuzugeben oder Bedauern darüber zu äußern, einem Klienten nicht genügend geholfen zu haben, kann Kohäsion bewirken, wenn man den richtigen Zeitpunkt wählt. Die meisten Therapeuten wenden einige oder all diese Praktiken an, ohne es zu wissen. Die Social-Influence-Therapie weist auf die Möglichkeiten hin, diese *strategisch* einzusetzen. Der Nutzen, der sich ergibt, wenn der Klient positiv affektiv reagiert, mit Sympathie und Achtung, kann nicht stark genug hervorgehoben werden. Wenn man es etwas überspitzt, könnte man – so wie ich es (1979) getan habe – argumentieren, daß man dann, wenn man einmal einem Klienten ein positives Gefühl für den Therapeuten und die Therapie induziert hat, *nichts sonst* tun müsse, um die Behandlung als erfolgreich zu betrachten.

Eine Vielzahl anderer Strategien kann noch verwendet werden, um eine kohäsive Beziehung zwischen Klient und Therapeut herbeizuführen. Dazu zählen:

1. Die Aufdeckung *persönlicher Schwierigkeiten* des Therapeuten.
2. Die Einführung unerwarteter oder „enthemmender" Erfahrungen, an denen beide Seiten teilhaben (George Bachs *Geburtsszenarien* und konstruktive

Aggressionsübungen erreichen dies wahrscheinlich, außerdem einige Formen des *Psychodramas*).
3. Die Einführung eines *äußeren Feindes* (z. B. eine unpersönliche Gesellschaft, tyrannische Eltern, materialistische Arbeitgeber), gegen den Klient und Therapeut sich verbünden können.

Eine beliebige Anzahl ähnlicher Strategien kann der einschlägigen sozialpsychologischen Literatur oder der Erfahrung des Therapeuten *außerhalb* der Klinik entnommen werden.

Phase 3: Das Heilungsritual

Im dritten Teil der Behandlung wird ein therapeutisches Ritual durchgeführt. Wenn die Anfangsphasen – Induzieren von Erwartungen und Gewinnung von Einfluß – mit Erfolg durchlaufen wurden, sollte dieser Teil, der ja im Mittelpunkt der Therapie zu stehen scheint, wenig Probleme verursachen. Die Aufgabe des Therapeuten ist es, einen Katalog an Verfahren auszuwählen, die der Klient als plausibel akzeptieren kann. Das heißt, der Klient sollte die Aktivitäten der Therapiestunde – Diskussion von Kindheitserlebnissen, Freisetzung starker Emotionen, Neuinszenierung der eigenen Geburt, Meditation, Wiederholung positiver Äußerungen über sich selbst – in irgendeinem Bezug zur Ursache der eigenen Störung und deren Beseitigung sehen. Der Therapeut hat hier zweierlei zu tun: *Bestimmung einer Behandlungsmethode, die der Klient glaubhaft finden wird* (*Meditation* oder die Erforschung seiner *Träume* können einem Ghettobewohner nicht als Antwort auf seine Probleme erscheinen), und *sachkundige Durchführung des Rituals*. Ein wichtiger Punkt hier ist, daß der Klient, der einen Nutzen erwartet, ein breites Spektrum therapeutischer Rituale oder Stile akzeptieren wird. Es gehört daher zu den Aufgaben des Therapeuten, einfach das völlig unplausible Ritual (wie z. B. die Kombination Meditation/Ghettoklient) zu vermeiden. Wenn man behutsam auswählt, kann in der Regel ein Ritual gefunden werden, das wahrscheinlich auf den Klienten die größte Wirkung erzielt. Darüber hinaus lassen sich folgende 2 Methoden in Betracht ziehen, mit denen sich Einfluß ausüben läßt:

1. Der Therapeut kann dem Klienten den Nachweis liefern, daß er sich tatsächlich mit fortschreitender Behandlung verändert. Dies kann durch so komplizierte Techniken erreicht werden wie die Aufzeichnung von Veränderungen der Reaktionsrate über einen gewissen Zeitraum hinweg, oder über so einfache Verfahren wie die selektive Kommentierung all dessen, was entfernt als Veränderung gedeutet werden könnte. Wenn es in dieser Art und Weise benutzt wird, ist ein solches Feedback eher ein Werkzeug, das Veränderung *induziert* als eine Anerkennung bereits vollzogener Veränderung. Der Therapeut könnte auch in Erwägung ziehen, eine Beschreibung des veränderten Verhaltens hinzuzufügen, so daß der Klient genau weiß, *wie* er sich ändern soll.

2. Der Therapeut kann den Klienten anweisen, sich anders zu verhalten – d. h., er kann ihm *befehlen,* sich zu ändern. Wenn die Autorität mit Erfolg etabliert

worden ist, brauchen viele Klienten nichts anderes als einen Befehl, um sich zu ändern, und eine eindeutige Beschreibung davon, wie die neuen Reaktionen aussehen sollten.

Dies sind also einige der Methoden, die angewandt werden können, um den Behandlungserfolg zu fördern. Es gibt natürlich zahllose andere, die nur durch die Erfindungskraft (und vielleicht die Begabung zum Rollenspiel) des einzelnen Therapeuten eingeschränkt werden. Der Therapeut, der sich für die soziale Beeinflussung interessiert, wird einige dieser Kunstgriffe als Zusätze zu seinen üblichen, möglicherweise traditionelleren Methoden in Betracht ziehen.

Anwendungsbereiche

Es ist schwierig, an dieser Stelle die *Grenzen* von Beeinflussungstaktiken aufzuzeigen. Ursprünglich hatte man gedacht, daß die Taktiken sich am leichtesten bei solchen Klienten anwenden ließen, die

1. nicht ernsthaft krank waren,
2. sehr empfänglich für Suggestionen sind,
3. keine stark begrenzten Symptome haben und
4. selbst nicht genau wissen, welche Ergebnisse sie sich von der Behandlung wünschen.

Neurotiker, vor allem *Hysteriker,* und Leute mit relativ *geringen Persönlichkeitsstörungen* sind offensichtlich dafür geeignet. Solche Personen pflegen mit jenen Klienten viel gemeinsam zu haben, die Frank (1974) als „demoralisiert" bezeichnet. Beeinflussungsmanöver mögen daher bei denjenigen am wirkungsvollsten sein, die *Angst* und *Depressionen* haben, die die Hoffnung aufgegeben haben, daß die Dinge sich bessern können, und die das Gefühl haben, daß sie weder ihren eigenen Erwartungen noch denen anderer entsprechen.

Es mag ein Glück sein oder nicht, auf jeden Fall scheint die Mehrzahl der Klienten, die zur Psychotherapie kommen, diese Voraussetzungen zu erfüllen. Was solche Personen brauchen, ist nicht eine große Veränderung ihrer Situation oder ihres Verhaltens, sondern eine *neue Perspektive;* eine Perspektive, die ihnen ein Gefühl geben wird, daß sie ihr Schicksal *selbst kontrollieren* und daß das Leben und sie selbst verstanden und akzeptiert werden können.

Es hat sich in der Tat herausgestellt, daß Beeinflussungstaktiken auf ein noch viel breiteres Spektrum von Klienten anwendbar sind. Man hat sie auch bei einigen *psychotischen* Patienten mit Erfolg angewandt. Beeinflussungsstrategien sind auch für den Gebrauch in der *Gruppen-, Ehe-* und *Familientherapie* ausgearbeitet worden. Die wesentliche Zielgruppe von Klienten, für die sie relevant sind, bleibt aber jene, die „demoralisiert" ist. Die Techniken sind daher am häufigsten angewandt worden bei ambulanten Klienten und Collegestudenten, die vage über Depression, soziale Isolierung und Entfremdung klagen.

Fallbeispiel

Die Social-Influence-Therapie sollte am sinnvollsten als Zusatz zu anderen Therapieverfahren betrachtet werden (obwohl man behaupten kann, daß die wesentlichen Aspekte dieser Systeme wenig mit deren Wirksamkeit zu tun haben). Mir ist ein Fall bekannt, bei dem Beeinflussungstaktiken fast die ausschließliche Behandlungsmethode ausmachten. Anhand dieses Falles soll demonstriert werden, welche Wirkung es auf Klienten hat, wenn man sie mit konkretem Feedback versorgt, das beinhaltet, daß sie sich tatsächlich verändert haben, noch ehe diese Veränderung ganz eingetreten ist.

Die Klientin war eine 21jährige Frau mit einer krankhaften Angst vor Injektionen; diese Phobie war so stark, daß sie einige Monate zuvor ihre Heirat verschoben hatte, um sich vor einer Blutuntersuchung zu drücken. Sie war außerstande, eine Injektion zu bekommen, ohne ohnmächtig zu werden oder zumindest ohne ein großes Theater zu veranstalten. Sie kam zur Behandlung, nachdem sie erfahren hatte, daß sie innerhalb der nächsten drei Wochen eine Spritze gegen eine Allergie bekommen sollte. Nach der Erörterung des Problems versicherte ihr der Therapeut, daß die Behandlung der Phobie kein Problem sein würde und daß sie eine Verhaltenstechnik einsetzen würden, die sich in der Vergangenheit als sehr erfolgreich erwiesen habe. Die „Behandlung" bestand darin, daß sie jeden Abend zehn Minuten lang mit einer Spielzeugspritze herumhantieren sollte. Die Aussicht auf diese Aufgabe weckte keine Angst in der Klientin, und es wurde beschlossen, daß sie nach einer Woche wieder zu einem Gespräch kommen sollte. Am Ende des Gesprächs überreichte ihr der Therapeut diese Spritze und wünschte ihr viel Glück.

Die Klientin meldete sich in der folgenden Woche zu einer zehnminütigen Sitzung beim Therapeuten zurück. Dieses Treffen bestand daraus, daß der Therapeut und die Klientin sich gegenseitig mit den Spielzeugspritzen bespritzten. Es wurde erklärt, daß es sich dabei um einen sehr wichtigen Aspekt der Behandlung handele. Am Ende der Sitzung wurde der Klientin noch einmal aufgetragen, jeden Abend mit der Spritze zu hantieren und sich dann in einer Woche wieder zu melden.

Bei der nächsten Sitzung bespritzten während der ersten paar Minuten Therapeut und Klientin einander wieder mit den Spritzen. Der Therapeut fragte dann, ob das Hantieren mit der Spritze zu Hause beunruhigend gewesen sei. Die Klientin verneinte diese Frage (was auch erwartet worden war, weil die Spielzeugversion des gefürchteten Objekts am Anfang wenig Reaktion ausgelöst hatte). Der Therapeut verkündete dann, daß die Behandlung abgeschlossen sei, und er gratulierte ihr zu einer so schnellen Heilung. Er sagte der Klientin, er habe zwar schon geglaubt, daß die Methode gut sei, habe aber niemals erlebt, daß jemand problemloser und mit derart dramatischen Veränderungen diese Behandlung durchlaufen habe. Der Therapeut berichtete dann, daß sein Vorgesetzter die Sitzungen in den vergangenen Wochen durch eine Einwegscheibe beobachtet habe (das war auch der Fall) und daß auch er überrascht sei angesichts der Schnelligkeit, mit der die Klientin gesund geworden sei. In der Tat sei er so beeindruckt, daß er es für angemessen halte, ihr feierlich eine Anerkennung für die Veränderung zu überreichen. Der Therapeut übergab dann der Klientin ein eindrucksvoll wirkendes „Besserungsdiplom", das vom Vorgesetzten unterzeichnet war (und identisch war mit der Bescheinigung, die Anfänger des Psychologiestudiums für ihre Teilnahme an Experimenten erhalten). Es wurde erläutert, daß dies sehr selten gemacht werde, daß aber er und sein Vorgesetzter es angesichts der Tatsache, daß ihr Fortschritt so exemplarisch war, hier für angebracht hielten. Der Therapeut schüttelte ihr dann die Hand, gratulierte ihr und sagte, daß sie nunmehr für ihre Injektion gerüstet sei.

Die Klientin vereinbarte sofort am Gesundheitszentrum für Studenten einen Termin. Unglücklicherweise hatte sich ihre Allergie gebessert, und sie brauchte die Injektion nicht mehr. Sie bat daraufhin den Arzt, ihr irgendeine Spritze zu geben, weil sie beweisen wollte, daß ihr das wirklich nichts ausmachte. Der Arzt lehnte ab. Auf Wunsch der Klientin vereinbarte der Therapeut mit dem Gesundheitszentrum, daß sie zurückgehen und eine Injektion mit einer Salzlösung bekommen durfte. Die Klientin bekam die Spritze und berichtete von einer nur geringfügigen Erwartungsfurcht. Das Diplom, so erzählte sie einige Wochen später, hänge immer noch an der Wand ihres Schlafzimmers.

Ich behaupte nicht, die Besserung in diesem Fall sei einzig und allein auf die Verleihung des Besserungsdiploms zurückzuführen. Man kann beispielsweise argumentieren, daß das einfache Hantieren mit der Spielzeugspritze als eine Form *Systematischer Desensibilisierung* für die Klientin gedient haben könnte. Und dieser Fall soll auch nicht den Eindruck erwecken, daß diese Taktik für eine größere Anzahl von Klienten geeignet wäre. In der Tat wird ein derart durchsichtiges Spiel bei den meisten Klienten wahrscheinlich Verdacht erregen, wenn nicht gar offenen Spott ernten. Der Therapeut muß, wenn er Taktiken auswählt, den jeweiligen Klienten vor Auge haben. Was der Fall illustrieren soll, ist die Verwendung von Feedback, um Veränderung zu induzieren und eine einmal stattgefundene Veränderung zu festigen. Die besonderen Verfahren, durch die ein Feedback zu diesem Zweck herbeigeführt wird, variieren von Klient zu Klient. Solche Methoden können als *Zusatz* zu jeder Behandlungsmethode verwendet werden, einschließlich einer formalisierten Systematischen Desensibilisierung. Allgemeiner ausgedrückt: Dieser Fallbericht soll als eine Demonstration des Gebrauchs von Beeinflussungsstrategien bei Klienten dienen, die sich früher gegenüber Veränderungen resistent gezeigt hatten. (Der Leser, der sich für weitere Fallberichte aus der Beeinflussungstherapie interessiert, möge in meiner Monographie aus dem Jahr 1979 nachschlagen, vor allem die Berichte über die Verwendung der „Freundschaftsmacht" bei psychotischen Patienten studieren.)

Zusammenfassung

Es ist seit langem bekannt, daß bestimmte Aspekte der therapeutischen Interaktion, abgesehen von den Techniken selbst, zur Effektivität der Behandlung beitragen können. Manchmal werden solche *nichtspezifischen Faktoren* als allen effektiven therapeutischen Systemen gemeinsam angesehen. Die wesentlichen Grundsätze der Social-Influence-Therapie sind, daß (1) in diesen nichtspezifischen Faktoren die wesentlichen kurativen Elemente der Therapie enthalten sind und daß (2) diese wesentlichen „Zutaten" am nützlichsten als Methode konzeptualisiert werden, mit deren Hilfe der Therapeut Einfluß auf den Klienten ausübt. Die Social-Influence-Therapie versucht also, die vielen Wege, über die Beeinflussung in der Therapie wirksam wird, festzustellen und zu analysieren.

Das anfängliche Ziel der Social-Influence-Therapie war es zu bestimmen, ob alle Therapieformen in einen gemeinsamen Konzeptkatalog übersetzt werden könnten – wobei die Konzepte höchstwahrscheinlich der Sozialpsychologie entlehnt sein würden. Weil sie den Hauptakzent auf die spezifischen Manöver legt, die eingesetzt werden, um Einfluß auszuüben, wird die Beeinflussungsperspektive zunehmend als *strategischer Leitfaden* für die therapeutische Praxis angesehen. Grob gesprochen läßt sich sagen, daß sie die Rudimente eines Therapiesystems besitzt: Sie schließt eine Sichtweise vom Klienten und von der Ursache seiner Beschwerden ein, eine Meinung über Rolle und Aufgabe des Therapeuten, eine Auffassung von der Interaktion zwischen den beiden sowie Vorschläge im Hinblick darauf, welche Verfahren diese Interaktion am wirkungsvollsten machen würden. Wegen dieser Merkmale ist es wahrscheinlich möglich, die Social-Influence-Therapie als wichtige Annäherung an praktische Behandlungsprobleme zu verwenden. Nach meiner Meinung jedoch wird die Social-Influence-Therapie immer noch am besten als ein alternatives konzeptuelles Schema betrachtet, das auf *sämtliche* psychotherapeutischen Systeme angewandt werden kann. Somit werden auch ihre taktischen Möglichkeiten am sinnvollsten als *Zusätze* zu traditionelleren Systemen angesehen.

Beeinflussung durchdringt alle menschlichen Interaktionen, einschließlich die der Therapie. Wenn sich der Therapeut dazu entschließt, kann sie durch bedachte Planung gesteigert werden. Sie kann nur dann ignoriert werden – und das vielleicht unter Gefährdung der therapeutischen Begegnung –, wenn einige Realitäten menschlicher Interaktion ignoriert werden.

Literatur

Byrd, G. R., Osborn, S. and Gillis, J. S. Use of pseudodesensitization in the treatment of an experimentally produced fear. *Psychological Reports*, 1978, **43**, 947–952.

Childress, R. and Gillis, J. S. A study of pretherapy role induction as an influence process. *Journal of Clinical Psychology*, 1977, **33**, 540–544.

Dell, D. M. Counselor power base, influence attempts, and behavior. *Journal of Counseling Psychology*, 1973, **20**, 399–405.

Frank, J. D. *Persuasion and healing*. Baltimore: Johns Hopkins Press, 1961.

Frank, J. D. Psychotherapy: The restoration of morale. *American Journal of Psychiatry*, 1974, **131**, 271–274.

Friedenberg, W. P. and Gillis, J. S. An experimental study of the effectiveness of attitude change techniques for enhancing self-esteem. *Journal of Clinical Psychology*, 1977, **33**, 1120–1124.

Gillis, J. S. Therapist as manipulator. *Psychology Today*, December 1974, 90–95.

Gillis, J. S. Social influence in psychotherapy: A description of the process and some tactical implications. Counseling and Psychotherapy Monograph Series, No. 1. Pilgrimage Press, 1979.

Gillis, J. S. and Patrick, S. W. A comparative study of competitive and social reinforcement models of interview behavior. *Journal of Clinical Psychology*, 1980, **36**, 277–282.

Goldstein, A. P., Heller, K. and Sechrest, L. *Psychotherapy and the psychology of behavior change*. New York: Wiley, 1980, **36**, 277–282.

Harari, H. Cognitive manipulations with delinquent adolescents in group therapy. *Psychotherapy: Therapy, Research and Practice*, 1972, **9**, 303–307.

Jones, E. E. *Ingratiation: A social psychological analysis*. New York: Appleton, 1964.

Klein, M. H., Dittman, A. T., Parloff, M. B. and Gill, M. M. Behavior therapy: Observations and reflections. *Journal of Consulting and Clinical Psychology*, 1969, **33**, 259–266.

Krainin, J. M. Psychotherapy by counter-manipulation. *American Journal of Psychiatry*, 1972, **129**, 749–750.

Lang, P. J., Lazovik, D. J. and Reynolds, D. J. Desensitization, suggestibility, and pseudotherapy. *Journal of Abnormal Psychology*, 1965, **70,** 395–402.

McReynolds, W. T. and Tori, C. A further assessment of attention-placebo effects and demand characteristics in studies of systematic desensitization. *Journal of Consulting and Clinical Psychology*, 1972, **38,** 261–264.

Schein, E. H. *Coercive persuasion*. New York: Norton, 1971.

Schmidt, L. D. and Strong, S. R. "Expert" and "inexpert" counselors. *Journal of Counseling Psychology*, 1970, **17,** 115–118.

Strong, S. R. Counseling: An interpersonal influence process. *Journal of Counseling Psychology*, 1968, **15,** 215–224.

Strong, S. R. and Matross, R. Change process in counseling and psychotherapy. *Journal of Counseling Psychology*, 1973, **20,** 25–37.

Torrey, E. F. What western psychotherapists can learn from witch doctors. *American Journal of Orthopsychiatry*, 1972, **42,** 69–76.

Venzor, E., Gillis, J. S. and Beal, D. G. Preference for counselor response styles. *Journal of Counseling Psychology*, 1976, **23,** 538–542.

Streßmanagement

Harry A. Olson und Joan Roberts

Wie Harry Olson und Joan Roberts in ihrem Kapitel über Streßmanagement ausführen, handelt es sich dabei um einen Therapieansatz mit dem Ziel, psychisch gesunden Menschen zu noch besserer psychischer Funktionsfähigkeit zu verhelfen. Es ist ein sehr bekannter Ansatz, der in den Growth-Zentren, wie z. B. Esalen, entwickelt wurde und in einer Reihe von Kapiteln dieses Handbuches – von Joseph Hart, Nira Kefir, Jesse Lair und Will Schutz – behandelt wird.

Olson und Roberts weisen darauf hin, daß sehr erfolgreiche Menschen noch erfolgreicher sein könnten, wenn sie sich entspannen und die Dinge nicht so schwernehmen würden. Das steht gewissermaßen im Gegensatz zu der von George Gazda vertretenen Ansicht, nach der es für Menschen mit reduzierter psychischer Funktionsfähigkeit sehr wichtig sei, neue Fertigkeiten zur Bewältigung ihrer Probleme zu lernen. Olson und Roberts sind der Meinung, daß man alle Fähigkeiten besser einsetzen könne, wenn man lerne, die Dinge nicht so schwerzunehmen. Oder wie eine im Geschäftsleben verbreitete Redensart sagt: „Gehe eleganter, nicht aber härter an die Arbeit ran!"

Zielgruppe des Streßmanagements sind die sogenannten „Typ-A-Persönlichkeiten", starke Persönlichkeiten in leitenden Positionen, die Entscheidungen fällen, die immer vorwärts drängen und für eine Reihe von psychosomatischen Krankheiten äußerst anfällig sind.

Höchstwahrscheinlich werden Programme wie das in diesem Kapitel behandelte mit der Zeit immer stärker im modernen Wirtschaftsleben eingesetzt werden, um den Menschen dabei zu helfen, sich zu entspannen und dadurch erfolgreicher zu sein. Es ist deshalb empfehlenswert, dieses Kapitel zusammen mit dem Kapitel über das Entspannungsprogramm *zu lesen.*

Das Streßmanagement ist eine relativ neue psychotherapeutische Interventionsmethode, die sich von vielen etablierten Techniken wie dem *Biofeedback,* der *Hypnose,* den *Verhaltenstherapien* und den *einsichtsorientierten* Ansätzen herleitet. Sein Ziel ist, das subjektive Erleben von psychischem wie physischem Streß zu ändern und gleichzeitig körperliche Anzeichen für streßbedingte Krankheiten wie Bluthochdruck, kardiovaskuläre Störungen, Diabetes, gastrointestinale Störungen usw. zu lindern. Das Programm ist *multimodal.* Es wird eine Vielzahl von Techniken angewandt; dazu gehören die *Hypnose* und die *kognitive Umstrukturierung* sowie ein *edukatives Programm,* das sowohl Ernährungsfragen als auch verschiedene Übungen einschließt. Auf diese Weise wird dem Menschen geholfen, das Reaktionsmuster seines Körpers zu ändern und die einzelnen Sicht- und Verhaltensweisen zu modifizieren, die die Streßreaktionen in erster Linie verursachen.

Geschichte

Ansätze zur Erforschung der Rolle, die Streß und psychologische Faktoren bei der Entstehung von Krankheiten spielen, finden wir schon bei Hippokrates. In neuerer Zeit führten im 19. Jahrhundert entwickelte wissenschaftliche Methoden zu einer Spezialisierung und Konzentration auf organische Faktoren, die eine psychologische Betrachtung ausschlossen. Sigmund Freud, Iwan Pawlow und Walter B. Cannon waren die Begründer des modernen Streßmanagements (Wittkower, 1977). Freuds Beitrag war die Entdeckung des Unbewußten und der fundamentalen Psychodynamik. Im Gegensatz dazu lieferte Pawlows Einführung des „bedingten Reflexes" sowohl eine Methode zur Streßinduktion als auch zur Messung der damit zusammenhängenden Emotionen. Cannon stellte fest, daß angst- und wutauslösende Situationen zu starken körperlichen Veränderungen führen können (Kampf- oder Fluchtreaktionen). Bestandteil seiner Darstellung des physiologischen Gleichgewichts des Menschen ist das „Homöostase"-Konzept. Als Ergebnis dieser drei voneinander unabhängigen Entwicklungen lagen zu Beginn des 20. Jahrhunderts sowohl psychologische und neurophysiologische Modelle als auch Techniken vor, die Zugang zu den im Unbewußten ablaufenden Prozessen ermöglichen.

In den ersten Abhandlungen über streßbedingte Krankheiten und deren Behandlung spielte die *Psychoanalyse* eine führende Rolle. Durch sein Postulat, körperliche Veränderungen hätten eine symbolische Bedeutung, ebnete Freud der Behandlung psychosomatischer Krankheiten durch Psychoanalyse den Weg. Sowohl Felix Deutsch als auch Melanie Klein entwickelten theoretische Modelle mit analytischen Erklärungen für streßbedingte Krankheiten. Franz Alexander (1950) erklärte psychosomatische Störungen mit drei Grundvariablen:

1. ererbte oder erworbene organische Anfälligkeit;
2. psychologische Konflikt- und Abwehrmechanismen;
3. krisenauslösende Ereignisse im Leben.

Im Jahr 1930 gründete er das Chicago Psychoanalytic Institute, wo psychoanalytische Behandlungen solcher Störungen systematisch durchgeführt wurden. Man fand heraus, daß ein Zusammenhang zwischen spezifischen psychischen Strukturen und einer Reihe von Krankheiten wie Colitis ulcerosa, Bronchialasthma, Dermatitis und Ulcus duodeni besteht. Im allgemeinen betrachteten die früheren Psychoanalytiker psychosomatische Symptome als regressive physiologische Reaktionen in Zusammenhang mit der zugrundeliegenden psychischen Regression. Eine psychoanalytische Behandlung zur Beseitigung streßbedingter Störungen wurde aber immer unbeliebter; die Patienten sprachen auf diesen Ansatz häufig nicht an, und die Behandlungen brachten daher nicht immer allzu viel ein. Nach und nach kam es beim Streßmanagement folglich zu einer Akzentverschiebung von der Behandlung zur *Vorsorge*.

Gegenwärtiger Stand

In den Veröffentlichungen über Streßmanagement lassen sich verschiedene Trends erkennen. In erster Linie besteht ein Trend zur Vorsorge und zur Aufgeschlossenheit gegenüber Experimenten und „kreativen Interventionen". Viele Einzelpersonen und Firmen bieten Programme zur „Streßreduktion" an. Viele dieser Programme werden jedoch eher zufällig und ohne weiterführende Auswertung durchgeführt. Wie bei der *Hypnose* und dem *Biofeedback,* zwei wichtigen Behandlungstechniken, haben Überbewertung und zu große Versprechungen sowohl bei vielen Laien als auch in der Fachwelt zu negativen Reaktionen geführt. Streßmanagement kann aus demselben Grund aktuell sein wie andere Programme, die „wie Pilze nach dem Regen" aus dem Boden schießen. Es ist den Fachleuten im Mental-Health-Bereich überlassen, die Qualität der Programme zu überprüfen und deren Ergebnisse auszuwerten. Das Spektrum der beim Streßmanagement angewandten Techniken reicht von praktischen *Gewußt-wie*-Programmen wie dem „Zeitmanagement" oder dem „Prioritätensetzen" bis zu den traditionelleren Techniken psychotherapeutischer Intervention wie dem *Biofeedback* und der *Hypnose*.

Programme für einsichtsorientierte Einzel- und Gruppenpsychotherapien sind ein Ergebnis der analytischen Tradition, wenngleich sie oft problemzentriert sind. Rosenman und Friedman (1969) haben festgestellt, daß es einen Persönlichkeitstyp *(Typ A)* gibt, bei dem das Risiko einer Koronarerkrankung sehr groß ist, und einen Persönlichkeitstyp *(Typ B),* bei dem dieses Risiko sehr gering ist. Einige der hervorstechendsten Eigenschaften des Typs A sind ein beträchtliches Maß an Aggressivität, Konkurrenzdenken, Ungeduld und ein ausgeprägtes Gefühl, unter Zeitdruck zu stehen. Untersuchungen zeigen, daß die „Typ-B-Persönlichkeit" ihre wichtigsten Lebensaufgaben zwar wesentlich weniger gehetzt und entspannter angeht, dabei jedoch oft mehr erreicht. Rosenman und Friedman betonen, daß „Typ-A"-Verhaltensweisen durch unsere moderne westliche Zivilisation gefördert werden und daß es sogar „Typ-A-Settings" gibt. Deshalb fällt es dieser gehetzten Persönlichkeit auch dann noch schwer, ihr Verhalten zu ändern, wenn sich das Erkrankungsrisiko erhöht hat. Verantwortungsbewußtsein und von der Arbeit ausgehender Druck spielen eine Schlüsselrolle bei der Beibehaltung dieses Lebensstils. Untersuchungen von Menschen in besonders verantwortlichen Positionen mit großen Anforderungen, wie z. B. Flugsicherungspersonal, haben gezeigt, daß diese Menschen stärker gefährdet sind, an Bluthochdruck oder Ulcus pepticum zu erkranken als die Kontrollgruppe aus Flugpiloten (Cobb/Rose, 1973). Roskies hat bei männlichen Klienten mit vorausgegangener Koronarerkrankung den Schwerpunkt auf Verhaltensänderungen gelegt, um dadurch „Typ-A"-Strukturen zu ändern (Roskies u. a., 1978). Im allgemeinen schnitten die Klienten mit vorausgegangenen Koronarerkrankungen bei diesen Gruppenversuchen gut ab. Eine weitere Auswertung und Erforschung ist noch im Gang. Bei diesen Programmen liegt der Schwerpunkt darauf, den Menschen die „Typ-A"-Strukturen stärker bewußt zu machen und diese gemeinsam in der Gruppe zu ändern. Es gibt jedoch noch viele Fragen über die Bedeutung des „Typ-A"-Syndroms und die wirksamsten Interventionsmethoden bei dieser Verhaltenskonstellation. Frankel (1973) und Field (1979) wenden zur Behandlung streßbedingter Störungen die *Hypnose* an. Frankel unterscheidet zwischen „schwacher Hypnose" oder Entspannung, Symptombeseitigung und Hypnosetherapie. In der Literatur zum Thema Hypnose gibt es unzählige Fallstudien über streßbedingte Störungen, wenig veröffentlicht aber wird über die Hypnose in Vorsorgeprogrammen oder Streßkontrolle-Gruppen. Gruppenverfahren bauen immer mehr auf die Methode der *systematischen Entspannung,* um den Menschen zur Homöostase zurückzuführen.

Nach wie vor ist *Biofeedback* eine wirksame Methode für das Streßmanagement, aber es ist im allgemeinen an das Labor gebunden. Das Problem ist, Therapieerfolge im abgeschiedenen Labor auf das „Chaos" einer betriebsamen, fordernden Arbeitswelt zu verallgemeinern. Immer mehr tragbare, kleinformatige Instrumente ermöglichen indes ein Feedback hinsichtlich des Blutdrucks und der Herzfunktion. Unserer Meinung nach sollten diese Instrumente aber eher zusätzlich zu einem Programm als für sich allein benutzt werden.

Unter Berücksichtigung der Vielzahl von Streßmanagementtechniken, die von Managementberatern und im Vorsorgebereich angewandt werden, haben wir unseren eigenen *multimodalen* Ansatz des Streßmanagements entwickelt.

Theorie

Bei der Entwicklung eines für die Industrie oder für Einzelklienten geeigneten Streßmanagementprogramms haben wir versucht, Techniken aus den bekanntesten Streßansätzen zu integrieren. Dabei wurden psychobiologische Untersuchungen, psychologische Variablen und soziologische Erkenntnisse beachtet. Das so entstandene Programm enthält *drei Hauptpunkte:*

1. Herabsetzung der körperlichen Spannung durch Hypnose;
2. kognitive Umstrukturierung von Situationen mit hohem Streßlevel und
3. Einführung in und Erlernen von besseren Bewältigungsmechanismen.

Wissenschaftliche Erkenntnisse und unsere klinische Erfahrung zeigten, daß Menschen in Situationen mit hohem Streßlevel eine Methode zur Entspannung lernen müßten, die „nach Bedarf" angewandt werden könnte. Im Gegensatz zur systematischen Entspannung oder dem Biofeedback erwies sich die Unterweisung in *Selbsthypnose* im Hinblick auf erforderliche Zeit und Ansprechbarkeit als sehr wirksam. Es gibt zwar Menschen, die keinen Trancezustand erreichen können, dennoch aber zu tiefer Entspannung kommen können. Die für das Biofeedback nötigen Instrumente sind eher als Demonstrationsobjekte denn als klinische Intervention in das Programm aufgenommen worden. Klienten berichten, daß sie mit Hilfe unseres Programms schon bald einen Zustand körperlicher Homöostase erreichen; diesen Zustand sollen sie dann aufrechterhalten. Aus diesem Grund bieten wir in diesem Programm die Komponente „kognitive Umstrukturierung" und Nacherhebungen über einen Zeitraum von zwei Jahren an. Intensive Nacherhebungen und weiterführende Auswertungen sind angesichts der beschränkten systematischen Feldforschung auf diesem Gebiet besonders wichtig.

Die Techniken der *kognitiven Umstrukturierung* reichen von speziellen Managementtechniken wie „Problemlösung" oder „Prioritätensetzung" bis hin zur

Erörterung zentraler philosophischer Probleme und zur Festsetzung individueller Lebensziele. Dieser Bereich ist besonders wichtig für den „Arbeitssüchtigen" (workaholic) oder „Typ-A"-Menschen, der oft an Kursprogrammen zur Effizienzsteigerung teilnimmt, um zu lernen, wie man ein besserer „Typ-A"-Mensch wird. Auch wenn wir gängige Konzepte wie *Zeitmanagement-Techniken* vorstellen, betonen wir, daß das Ziel heißt: lieber „geschickt arbeiten" als „hart arbeiten". Wenn sich der Mensch „Zeit zum Nachdenken" nimmt, anstatt sich in rastlose Aktivitäten zu flüchten, erspart er sich letztlich beträchtliche Energie. Wir warnen stets vor dem „Syndrom der ständigen Hast" (hurry syndrome). Menschen, die die Tatsache leugnen, einen einseitigen Lebensstil zu haben, durch den enge zwischenmenschliche Beziehungen leicht in die Brüche gehen, führen wir in das sogenannte „Lebensrad" (Wheel of Live) ein. Die dazugehörigen Schlüsselbereiche sind: Arbeit, Freundschaft, Liebe oder enge Bindungen, religiös-philosophische Aspekte, Freizeit und das Selbst. Wir besprechen ausführlich die mit jedem Bereich verbundenen Emotionen und stellen fest, daß der Mensch bei Fehlen auch nur eines Bereiches möglicherweise aus dem Gleichgewicht gerät. Bei Untersuchungen beispielsweise von Lynch (1977) über kardiovaskuläre Erkrankungen ergab sich, daß dieses Aus-dem-Gleichgewicht-geraten möglicherweise zu erhöhter körperlicher Anfälligkeit führt.

Ein weiteres wichtiges, in unserem Programm behandeltes Problem ist der *Humor*. Jeder Streßgeschädigte (im allgemeinen Führungskräfte und Angestellte) wird angesichts einer absurden Aufgabe seine Humorlosigkeit unter Beweis stellen. Stark gestreßte Menschen sind so ehrgeizig, daß sie nicht über sich selbst oder über die Situation lachen können, obwohl es eigentlich angebracht wäre. In bezug auf Humor und auf das Ziel, ein ausgewogeneres Leben zu führen, führt das Programm einige wichtige Grundsätze aus der *Rational-emotiven Theorie* von Albert Ellis ein (1962). Verschiedene im westlichen Gesellschaftssystem verbreitete Vorstellungen, vor allem der überzogene Wunsch nach Perfektionismus und sozialer Anerkennung, werden vorgetragen. Wir weisen darauf hin, daß es zwar „schön" wäre, bei jeder Tätigkeit mit Hilfe der vollen Kooperation der Mitarbeiter erfolgreich zu sein, daß dies jedoch nicht absolut notwendig sei, um sich streßfrei zu fühlen. Nicht die Ereignisse selbst machen uns unglücklich, frustriert oder gestreßt, sondern das, was jeder einzelne sich selbst über ein bestimmtes Ereignis einredet, erzeugt das dysphorische Gefühl. Wenn man „die Dinge benutzt", anstatt „sich benutzen zu lassen", ist es oft möglich, aus einem „Mißerfolg" Nutzen zu ziehen.

Genauso wie stark gestreßte Menschen von sich selbst Perfektion erwarten, erwarten sie diese auch von anderen Menschen. Ihr Verhalten bei der Arbeit ist so stark kontrolliert, daß persönliche Beziehungen und Leistungsfähigkeit beeinträchtigt werden. Wir betonen, daß man nur „sich selbst kontrollieren" kann, und dies bestenfalls unvollkommen. Es gebe keine Möglichkeit, andere zur Leistung zu „veranlassen". Der effiziente Manager lernt, wie man andere zu kreativer Kooperation führt. Der Akzent wird von einer Ich-Zentrierung (werde ich Erfolg haben oder werde ich versagen?) auf eine Aufgabenzentrierung (was kann ich tun, damit diese Aufgabe erledigt wird?) verlagert.

Ein weiteres wichtiges Problem bei „Typ-A"-Managern betrifft die *Aggression*. Oft stellen wir fest, daß diese nicht durchsetzungskräftig genug sind, wenn sie Mitarbeitern Aufgaben übertragen oder ihnen allgemeine Ziele erklären. Sie lassen sich dann umstimmen und haben das Gefühl, daß sie „niemals in irgendeiner Weise unterstützt werden"; sie fühlen sich frustriert und sind „wütend" auf die Mitarbeiter. Aus diesem Grund wird das *Assertive Training* in das Programm aufgenommen, selbst wenn es sich um nur geringfügig passive bzw. abhängige Klienten handelt.

Im Gegensatz zu dem Programmteil, der die kognitive Umstrukturierung betrifft, braucht der pädagogische Teil nicht lange erörtert zu werden. Hier liegt der Schwerpunkt auf der *Ganzheitlichkeit* und der *Gesundheitsvorsorge*. Manager werden mit Informationen und Statistiken versorgt, die sie veranlassen sollen, ihre eigenen Gesundheitsprognosen zu erstellen. Diese Daten umfassen das Auftreten von Krankheiten in Zusammenhang mit kurz zuvor erfolgten Lebensveränderungen, die Bedeutung einer ausgeglichenen Lebensführung und enger persönlicher Beziehungen für die Gesundheit, aber auch die Relevanz von Gewichtsabnahme, Körperübungen und kontrolliertem Rauchen. Nicht selten hat man es mit einem Klienten in mittleren Jahren mit Übergewicht zu tun, der eine oder mehrere durch Streß verstärkte Störungen (wie z.B. Bluthochdruck, Ulcus pepticum usw.) aufweist und dazu noch raucht und am Wochenende arbeitet. In diesem Fall beginnt man mit einem Modifikationsplan in dem Lebensbereich, in dem er

1. am ehesten zur Mitarbeit bereit ist und
2. eine große Erfolgschance besitzt.

Wenn das Grundprogramm zusammengestellt und die erste Nachuntersuchung durchgeführt ist, werden sowohl die lang- als auch die kurzfristigen Zielsetzungen erörtert.

Im Mittelpunkt des Streßmanagementprogramms steht die Beurteilung persönlicher Veränderungen und der Wirksamkeit des Programms. Firmen haben sich oft darüber beklagt, daß einige Streßmanagementprogramme mit guten Konzepten auf den Markt kommen und dann einfach wieder verschwinden. Aus diesem Grund umfaßt unsere Nachuntersuchung einen Zeitraum von zwei Jahren, in denen enger Kontakt mit den Teilnehmern besteht. Beratung und Überweisung an andere Institutionen gehören mit zum Programm.

Methoden

Obwohl es eine Vielzahl von Streßmanagementprogrammen für Wirtschaft und Industrie und für den allgemeinen Gebrauch gibt, ist der hier zu beschreibende Interventionsprozeß ein individuelles Programm. Es wurde für Menschen entworfen, die mit einem speziellen oder existentiellen Problem besser fertig werden möchten. Diese Menschen brauchen oder wünschen vielleicht keine herkömmliche psychotherapeutische Behandlung. Das individuelle Programm ist eine zeitlich auf 16 Besuche begrenzte, *psychoedukative Beratung* mit dem Ziel, den Klienten in *kognitiven Managementtechniken* und in Techniken zur *Körperkontrolle* zu trainieren. Das Programm ist flexibel genug, um dem Therapeuten die Möglichkeit zu geben, seine eigene theoretische Ausrichtung einzubringen. In der folgenden Diskussion wird ein Adlerscher Ansatz in den Mittelpunkt gestellt.

Nach einführenden Erläuterungen dient das Erstinterview dazu, wichtige Hintergrundinformationen zu sammeln und dem Klienten mitzuteilen, was im Laufe der 16 Sitzungen erwartet werden kann. Außerdem werden Fragen über Alter, Beruf, Höhe des Einkommens, Familienstruktur und Berufe der Eltern gestellt. Dann wird eine kurze Anamnese vorgenommen, zu der auch ein eigener Bericht des Klienten über die Bewältigung seiner Streßsituation gehört. Da ein richtiges und schnelles Screening ein wichtiger Teil des Programms ist, werden sehr detaillierte Informationen gesammelt. Der Therapeut geht sofort auf verschiedene Fragen ein: *Ist der Klient für dieses Programm geeignet? Welches sind die größten Probleme in der Lebensführung des Klienten? Wie steht es in diesem Augenblick mit der psychischen Funktionsfähigkeit des Klienten? Welche Ziele könnten sich ergeben?* Der nächste Fragenkomplex konzentriert sich auf die vom Klienten vorgetragenen Probleme – auf die Gründe seines Kommens. Diese Information liefert wichtige Hinweise auf die Lebensführung des Klienten und erlaubt oft eine Einschätzung seiner Motivationsstruktur und seines Aktivitätsgrades.

Nun teilt man den Klienten normalerweise mit, daß die „Probleme", über die sie sich beklagen, ihre Strategien zur Bewältigung ihrer Lebensaufgaben sind; daß Probleme wie z. B. Angst und Depression eigentlich kreative Bemühungen sind, die auf unproduktive Ziele gerichtet sind und ihre Entmutigung widerspiegeln. Von Anfang an wird betont, daß jeder Klient ein aktiver, kreativ handelnder Mensch ist und kein passives Opfer; daß wir zusammen sein Reservoir an Aktivität anzapfen und zur Lösung seiner Probleme einsetzen werden. Dieser Ansatz stärkt das Gefühl des Klienten für seine Eigenverantwortung und wird offen dargelegt.

Wenn der Klient unaufgefordert von einem „Symptom" als Teil des Problems spricht, wird die sogenannte „Dreikurs-Frage" gestellt: „Wenn Sie dieses Problem nicht hätten, in welcher Hinsicht würde Ihr Leben anders sein?" Kann der Klient eine relativ konkrete Antwort geben, ist es naheliegend, daß der in der Antwort erwähnte Bereich – z. B. bessere sexuelle Beziehungen – das eigentliche Problem ist, dem er durch die Entwicklung dieses Symptoms ausweichen will. Der Leser wird auf Dreikurs (1954) verweisen, wenn er eine ausführliche Erklärung haben möchte.

Als nächstes wollen wir auf die sogenannte „Streßbatterie" eingehen. Es handelt sich dabei um eine Zusammenstellung von kurzen Tests, die eine abgeänderte Form des „life-change inventory" von Holmes, einen Fragebogen über das „Typ-A"-Verhalten, den FIRO-B, und eine Übung mit der Bezeichnung *„Lebensrad"* enthält. Beim Holmes-Test wird der Klient befragt, welche der in der Skala enthaltenen Lebensereignisse im vorausgegangenen Jahr in seinem Leben eingetreten sind. Untersuchungen (Holmes/Rahe, 1967) haben gezeigt, daß zwischen der Anzahl der geänderten Lebensumstände und der Wahrscheinlichkeit von schweren körperlichen Erkrankungen ein Zusammenhang besteht. Ein Mensch kann zwar die in der Vergangenheit geschehenen Dinge nicht ändern, wohl aber seine Reaktionen auf gegenwärtige Ereignisse und damit den Streß abbauen. Die Skala dient als Indiz für Streß, der von außen auf den Menschen einwirkt.

Der FIRO-B (Schutz, 1966) ist ein Indikator für die bevorzugten Verhaltensweisen des Klienten in den Bereichen soziale Bindungen, Zuneigung/Liebe,

Unabhängigkeit/Entschlußkraft und liefert damit einen Maßstab für Durchsetzungsfähigkeit, soziale Interaktion und Motivation.

Das „Lebensrad" gibt dem Klienten die Möglichkeit zur Selbstbewertung in sechs Lebensbereichen: *Beruf; Freundschaft; Intimität* (Sexualität und Liebe); *Muße* (Freizeitgestaltung); *Ethik* (religiöse und ethisch-moralische Probleme, Sinnstiftung); und schließlich das *Selbst* (Selbstachtung und Selbstverwirklichung). Der Klient erhält ein Blatt, auf dem ein in sechs gleiche Sektoren eingeteilter Kreis eingezeichnet ist, jeweils ein Sektor für einen Lebensbereich. Die Lebensbereiche sind Gebiete, in denen allein aufgrund unserer Existenz Anforderungen an uns gestellt werden. Der Klient trägt in jeden Sektor die Zeit ein, die er seiner Meinung nach in etwa für jede Aufgabe investiert. Kliniker und Theoretiker behaupten, daß in etwa ein Gleichgewicht zwischen den verschiedenen Bereichen bestehen muß, damit das Leben erfüllt und bedeutungsvoll ist. Viele unserer Klienten haben jedoch ziemlich unausgewogene „Räder". Häufig ist großer Einsatz im beruflichen Bereich und geringer Einsatz auf dem Gebiet intime Beziehungen festzustellen. Die Technik des „Lebensrades" zeigt uns die Gebiete an, in denen im Übermaß investiert wurde, und diejenigen, in denen ein Defizit herrscht.

Lebensziele sind ein wichtiger Punkt im Programm; sie sind analog den sechs Lebensbereichen geordnet. Viele Menschen setzen sich zwar kurzfristige Ziele für bestimmte Tätigkeiten, jedoch nur wenige Menschen denken daran, sich nicht nur in dem naheliegenden Bereich des Berufs, sondern auch auf anderen Gebieten Ziele zu setzen. Wir haben festgestellt, daß auch auf anderen Gebieten gesetzte Lebensziele, selbst wenn sie sich ändern sollten, dem Leben Halt und Sinn und das Gefühl stärkerer Kontrolle und Entschlossenheit verleihen, wodurch der allgemeine Streß reduziert wird. Klienten brauchen auf diesem Gebiet oft eine *Neuorientierung,* die ihre eigene Entscheidungskraft in wichtigen Aspekten ihres zukünftigen Lebens stärkt. Wenn sich das Erstinterview dem Ende nähert, wird dem Klienten aufgetragen, in der Woche vor der nächsten Sitzung versuchsweise einige Lebensziele in den sechs Lebensbereichen aufzuschreiben. Herzfrequenz, Blutdruck und Gewicht werden überprüft. Der Klient wird dann über den Verlauf der übrigen Sitzungen informiert. Am Ende des Programms werden die „Streßbatterie" und Messungen von Körperfunktionen wiederholt. Herzfrequenz, Blutdruck und Gewicht werden häufiger überwacht, wenn diesbezüglich spezielle Probleme festgestellt werden.

Nach Beendigung der ersten Sitzung wird dem Klienten eine *medizinische Untersuchung* durch den Hausarzt empfohlen. Sowohl der Klient als auch wir müssen darüber informiert sein, ob es irgendwelche Einschränkungen oder Erfordernisse hinsichtlich Körperübungen oder Diät gibt. Außerdem muß die Möglichkeit einer organischen Ursache für körperliche Beschwerden überprüft werden.

Während der zweiten Sitzung geben wir anhand der „Streßbatterie" ein Feedback. Die vom Klienten notierten Lebensziele werden in gemeinsamer Diskussion überprüft und gegebenenfalls geändert. Diese Ziele schließlich werden dann geordnet und dienen zusammen mit den Streßdaten und der medizinischen Untersuchung als Grundlage für die Verordnung des Streßmanagementprogramms und der Gesundheitsvorsorge, die Kernpunkte des Programms. Diese Verordnung erläutert die vom Klienten und Therapeuten gemeinsam angestrebten operationalen Ziele, um die sich der Klient während der Gesamtdauer des Programms bemühen will. Die Verordnung ist flexibel; falls es der Klient für angebracht hält, sind Änderungen möglich. Es ist auch möglich, daß der Klient die gesetzten Ziele während der Dauer des Streßmanagementprogramms nicht erreicht; bei hochgesteckten Zielen ist das jedoch durchaus zulässig. Das Leben ist ein Entwicklungs- und Entfaltungsprozeß, der von der Wiege bis zur Bahre dauert; wichtig ist, daß der Klient neue und wirksame Fertigkeiten und Verhaltensweisen entwickelt und in sein Verhaltensrepertoire aufnimmt. Wenn einmal eine solide Basis aufgebaut ist, kann und wird der Klient sehr wahrscheinlich selbst weitermachen. Die Verordnung strukturiert einen Handlungsplan nach folgenden Gesichtspunkten: Familie, zwischenmenschliche Beziehungen, Beruf, Hypnose, Ernährung/Körperübungen u. a. Der Plan wird auf einem Blatt festgehalten und läßt somit eine jede vierte Sitzung stattfindende formale Überprüfung der Fortschritte zu.

Falls die Zeit es erlaubt, wird der Klient während der zweiten Sitzung in die *Hypnosetechnik* eingeführt. Zuerst wird über die Hypnose gesprochen, um alle Legenden darüber aus dem Weg zu räumen. Dann erhält der Klient zur Entspannung eine einführende „Kostprobe" von Hypnose, eine *Szenenvisualisation* und/oder *andere Suggestionen*. Zu diesem Zeitpunkt wird der Klient auch in *Selbsthypnose*, einem Standardteil des Programms, geübt, die er täglich üben soll. Tiefe Entspannung ist die Basis, von der aus alle anderen speziellen Suggestionen entwickelt werden; die Hypnose ist das wichtigste Werkzeug, um dem Klienten beizubringen, wie er seine Körperreaktionen ändern kann. Später wird die Hypnose in spezielle Techniken der *Problemlösung* und *Kreativitätsförderung* integriert. Die Ergebnisse der gelenkten Phantasie und verdeckten Übungen werden durch die Hypnose oft verstärkt. Der Klient übt sich gewöhnlich jede Woche einige Zeit in der Hypnosetechnik, erhält neue Suggestionen und wird in neuen Techniken unterwiesen, die er zu Hause üben kann. Die jeweiligen Techniken und Suggestionen hängen von den Bedürfnissen und Zielen des Klienten ab; niemals wird es für zwei Klienten das gleiche Hypnoseprogramm geben.

Die Bedeutung der Selbsthypnose kann nicht stark genug betont werden. Die Hypnose ist ein wirksames Mittel und führt oft zu beachtlichen Ergebnissen. In der Vorstellung vieler Laien werden ihr oft magische Kräfte zugeschrieben. Mangels besserer Information glauben viele Menschen, daß der Arzt während der Hypnose Kontrolle über sie ausübt. Sogar manch einsichtige Klienten glauben, daß die Hypnose irgendwie „besser" sei, wenn sie diese nicht selber vornehmen, sondern vom Therapeuten durchführen lassen. Dadurch können all diese Vorstellungen zu übermäßiger Abhängigkeit vom Therapeuten führen. Wenn von Anfang an Selbsthypnose betrieben wird, ist diese Tendenz nicht so stark. Abhängigkeit vom Therapeuten ist zu vermeiden, da sie im Gegensatz zu der fundamentalen Rolle des Klienten als aktiv-kreativ handelndem Menschen steht.

Zwei weitere Aspekte der Instruktion betreffen *Körperübungen* und *Diätanweisungen*. Die Instruktionen werden mit dem Klienten besprochen; ausschlaggebend ist jedoch, ob der Arzt des Klienten irgendwelche Einschränkungen oder Bedingungen angegeben hat. In einem solchen Falle werden dem Klienten Fitneßübungen zum Training des kardiovaskulären und respiratorischen Systems empfohlen. Durch solche Übungen wird die Herzfrequenz sofort angehoben und der Blutdruck allmählich gesenkt. Die positiven Auswirkungen der Körperübungen tragen auch zur Streßreduzierung bei. Das Übungsprogramm wird auf individuelle Bedürfnisse zugeschnitten und kann Jogging, aktive Sportarten, Gymnastik oder andere Übungen, die das Herz-Lungen-Arterien-System trainieren, umfassen.

Bei den Diätanweisungen wird normalerweise eine ausgeglichene Diät angestrebt. Gewichtsabnahme spielt nur dann eine Rolle, wenn es sich um einen Programmpunkt handelt. In diesem Fall liegt der Schwerpunkt zu Beginn des Programms auf der Kalorienbestimmung, wobei man auf ausgeglichene kalorienarme Diät und besondere Empfehlungen für die Hypnose und das Verhalten zurückgreift, um ein neues Körperimage und andere Eßgewohnheiten zu entwickeln. Dabei kommt es nicht nur auf eine kurzfristige, sondern eine langfristige Gewichtsabnahme an.

Während der Gesamtrahmen des Programms vorstrukturiert ist, hängen die einzelnen Punkte hauptsächlich von den vom Klienten selbst festgelegten Zielen und Problemen ab. Hauptteil jeder Sitzung sind Techniken der *kognitiven Umstrukturierung,* die die Instruktion durch den Therapeuten sowie Diskussionen und Übungen mit dem Klienten umfassen. Die im Laufe der Woche gemachten Fortschritte werden überprüft, und es werden neue Vorschläge gemacht und Anweisungen für Übungen zu Hause gegeben. Diese Anweisungen variieren je nach den Bedürfnissen des Klienten, sie sollen jedoch dabei helfen, Neuerlerntes durch Hypnose und konkretes Verhalten zu vertiefen sowie neue Fertigkeiten durch Übung zu verstärken, und den Klienten dabei unterstützen, sich seinen Zielen sukzessive anzunähern. In jeder Sitzung werden die zu Hause durchzuführenden Übungen festgelegt und die Selbsthypnose geübt.

Im Laufe des Programms erhalten die Klienten *Informationen* zum Problembereich Streß. Es wird erklärt, wie sich Streß durch Selbstschulung reduzieren oder verstärken läßt und negative Gedanken und falsche Vorstellungen durch besondere Techniken erkannt werden können. Besondere Aufmerksamkeit gilt der Problemlösung, der Entwicklung kreativer Alternativen und der Neudefinition von Problemen. Stets wird an den Klienten appelliert, kreativ zu sein und den Dingen auf den Grund zu gehen und sich entschieden davor zu hüten, sich in der Rolle eines Opfers zu sehen. Wir ermutigen auch dazu, vorhandene soziokulturelle Hilfsinstitutionen wie Klubs und sonstige Organisationen in Anspruch zu nehmen und sich diesen anzuschließen sowie neuerwachtes Interesse an geistig-philosophischen Problemen, Religion und familiären oder ethnischen Traditionen wachzuhalten.

Anwendungsbereiche

Wie im vorausgegangenen Abschnitt festgestellt wurde, ist dieses Programm am ehesten für einen Klienten geeignet, der sich verbal gut ausdrücken kann und eine relativ gute psychische Funktionsfähigkeit hat. Da wir alle permanent unter unserer menschlichen Unvollkommenheit leiden, sind wir alle in unserem täglichen Leben Streß ausgesetzt und reagieren sowohl psychisch als auch physisch darauf, ob wir uns dessen nun bewußt sind oder nicht. Die meisten, wenn nicht sogar alle von uns, könnten lernen, mit Streß besser umzugehen und ein sinnvolleres und erfüllteres Leben zu führen. In diesem Fall ist das Streßmanagement eine Art „Therapie für das Wohlbefinden".

Der bisher dargelegte Ansatz stimmt weitgehend mit den traditionellen amerikanischen Wertvorstellungen von *Selbstbeherrschung* und *Leistung* überein und steht somit in Einklang mit den Wertvorstellungen des durchschnittlichen amerikanischen Geschäftsmannes und Arbeiters. Beim Streßmanagement werden diese Werte jedoch von ihren einschränkenden und streßerzeugenden Aspekten befreit. „Selbstbeherrschung" kann z. B. bedeuten, seine Gefühle nicht zu zeigen; es sollte aber besser folgende Definition genommen werden: Der Mensch ist kein Opfer, sondern vielmehr jemand, der aktiv planen und seine Lebenserfahrungen gut und nutzbringend koordinieren kann. Das Ziel ist, die „Maschine Mensch" fein einzustellen und die rauhen Stellen zum Zwecke besserer Funktionsfähigkeit abzuschleifen.

Das Programm ist daher am ehesten geeignet für „Durchschnittsmenschen", die unter Druck oder Streß stehen und ein stärkeres Gefühl der Erleichterung oder der Kontrolle über ihr Leben erreichen möchten. Diese Menschen erleben gewöhnlich keine größeren Traumata in ihrem Alltag, sondern die kleinen täglichen Stressoren. Die meisten der Leute, für die dieses Programm entworfen wurde, sind der Meinung, daß der meiste Streß in ihrem Leben vom Beruf herrührt und viele Probleme letztlich auf angespannte Beziehungen, dicht gefolgt von hohen beruflichen Anforderungen, hinauslaufen. Solche Leute kann man in fast allen beruflichen Bereichen und Schichten finden. Hausfrauen und vor allem Frauen mit Doppelberuf (Hausfrau plus außerhäusliche Tätigkeit) sind geeignete Kandidaten für diesen Ansatz. Da das Programm inhaltlich flexibel ist, kann es für eine große Bandbreite menschlicher Bedürfnisse eingesetzt werden, und zwar ohne das Stigma, das oft einem Besuch bei einem Mental-Health-Fachmann anhaftet.

Auch Menschen mit geringfügigen oder begrenzten Schwächen („hang-ups"), die in stärkerem oder geringerem Maße einige, jedoch nicht alle ihre Lebensbereiche beeinträchtigen können, dürften wahrscheinlich von dem Programm profitieren. Sie können auch besondere Probleme oder Ängste haben, die ihre Möglichkeiten zwar irgendwie einschränken, jedoch nicht übermäßig beeinträchtigen. Andererseits erfordern Populationen mit speziellen Symptomen wie leichter Arthritis, Bluthochdruck, Magen-Darm-Erkrankungen, Herzkrankheiten, Kopf- und Rückenschmerzen wegen der den chronischen Schmerzen zugrundeliegenden neurotischen Struktur oft langfristige und intensive Therapie.

Schwere Neurotiker sind ein Sonderfall. Zusammen mit einer Langzeittherapie haben unsere Methoden bei Neurotikern sehr guten Erfolg. Schwer neurotische Personen erleben das Symptom als „ich-fremd" – d. h. auf der Bewußtseinsebene möchte er das Symptom los werden, aber das Symptom dient seiner Meinung nach einem so zwingenden Ziel, daß es für ihn im Unterbewußtsein nicht denkbar ist, es einfach aufzugeben. Die neurotischen Symptome können nämlich tief in den Lebensgewohnheiten verwurzelt sein. Wie für Psychotiker wäre für diese Klienten eine Langzeittherapie indiziert und unser Streßmanagementprogramm kontraindiziert.

Unabhängig von der jeweiligen Störung des Klienten ist das größte Hindernis für unser Programm – wie im übrigen auch für jede andere Therapie – die mangelnde oder zu langsame Entwicklung einer *therapeutischen Allianz*. Das Streßmanagementprogramm ist zwar ein ausgesprochen erzieherischer und auf Gegenseitigkeit beruhender Ansatz, dem jedoch die ganze zwischenmenschliche Dynamik jeder Kurzzeitpsychotherapie zugrundeliegt. Aufgrund der kurzfristigen Programmdauer muß die Beziehung in einem sehr frühen Stadium gut aufgebaut werden.

Nach und nach wird der *Prävention* und der *holistischen Gesundheitserhaltung* immer größere Bedeutung beigemessen – ein Gebiet, auf dem das Streßmanagement äußerst erfolgreich ist. Außerdem sollte die Durchführung dieser Programme aus der isolierten Therapieatmosphäre in eine natürliche Umgebung, in der die Menschen leben, verlagert werden, vor allem in Wirtschafts- und Industriebetriebe. Da in der Wirtschaft das Bewußtsein für Streß und holistische Gesundheitserhaltung immer stärker wird, fordern ja auch immer mehr Unternehmen effektive Präventionsprogramme.

Hierzu wäre jedoch eine Verständigung zwischen Arbeitswelt und der experimentellen Forschung erforderlich. Oft besteht hier allerdings gegenseitiges Mißtrauen. Wirtschaftsleute beklagen sich etwa, daß wissenschaftliche Ergebnisse nicht anwendbar oder nicht auf die Komplexität der Arbeitswelt zugeschnitten sind, und die Wissenschaften ihrerseits führen gegenüber dieser Komplexität ins Spiel, es sei unmöglich, die relevanten Variablen zu isolieren. Eine Verständigung könnte durch langfristige wissenschaftlich durchgeführte Follow-up-Studien bei Teilnehmern von Trainings- und anderen Gesundheitsvorsorgeprogrammen erreicht werden. Letztlich ist das die beste Garantie für die Wirksamkeit eines Programms. Analogstudien und der traditionelle „Smiles report" („Hat Ihnen das Programm gefallen?"), die oft direkt im Anschluß an eine Konferenz oder einen Workshop zur Evaluation herangezogen werden, sind für die Bewertung der Wirksamkeit eines Programms oder einer Technik in einem natürlichen Setting gleichermaßen ineffektiv.

Fallbeispiel

Ted ist 32 Jahre alt, Hilfsbuchhalter und lebt in zweiter Ehe. Er heiratete zum erstenmal im Alter von 22 Jahren, aber die Ehe verlief „stürmisch". Er war fast immer angespannt und erregt und beklagte sich darüber, daß seine Frau immer ihren eigenen Willen durchsetzen wollte; sie erreichte dies durch hysterisches Verhalten. Er wehrte sich 3½ Jahre dagegen und ließ sich dann scheiden. Im Alter von 30 Jahren heiratete er wieder. Er hat zwei Kinder aus erster Ehe, die bei seiner früheren Frau leben, und die zwei Kinder im Alter von 12 und 11 Jahren aus der ersten Ehe seiner jetzigen Frau adoptiert. Er bezeichnet seine zweite Ehe als gut.

Ted ist das jüngere von zwei Kindern. Er sagt, daß er in seinem Leben fast immer Angst hatte, und berichtet von zwei durch Angst ausgelösten Blackouts während seiner Kindheit und schweren Migräneanfällen ab dem Alter von 10 Jahren bis zum Ende seiner ersten Ehe; danach hatte er nur noch einen Migräneanfall. Ted entwickelt leicht Schuldgefühle und hat einen übermäßig starken Wunsch, anderen zu gefallen und ihren Erwartungen zu entsprechen, ohne auf seine eigenen Wünsche Rücksicht zu nehmen. Er hatte Angst vor

Konflikten, war im allgemeinen nicht selbstbewußt und wurde bei der kleinsten Provokation „nervös" (nasse Handflächen, schneller Herzschlag, Händezittern, Schwindel im Kopf). Er war auch deprimiert und bezeichnete sich als perfektionistisch. Während seines Wehrdienstes (1968) hatte er sehr hohen Blutdruck.

Acht Monate vor Beginn des Streßmanagementprogramms hatte er einen schweren Angstanfall mit gefährlich erhöhtem Blutdruck, Brustschmerzen und Hämmern im Kopf. Er kam ins Krankenhaus, wo sein Blutdruck wieder unter Kontrolle gebracht wurde; seitdem wird er von seinem Hausarzt mit Hygroton (50 Milligramm täglich) behandelt. Als er mit dem Programm begann, war er vom Arzt wegen seines hohen Blutdrucks krankgeschrieben worden. Er stand beruflich unter großem Druck, da er gerade einen Mitarbeiter unterwiesen hatte, der ihm dann einen großen Teil seiner Arbeit auflud. Ted konnte sich nicht beschweren, da der Mitarbeiter in vorgesetzter Position war.

Während des ersten Gesprächs nannte Ted seine Ziele: Er wollte seine Angst bewältigen und mit dieser umgehen. Seine durchschnittliche Punktzahl auf dem Fragebogen über das Verhalten von „Typ-A"-Persönlichkeiten betrug 2,8 von 4 möglichen Punkten, womit er sich eindeutig als eine „Typ-A"-Person erwies. Im Holmes-Test erreichte er 199 Punkte.

Während des zweiten Gesprächs wurde er hypnotisiert und in einen Zustand tiefer Entspannung gebracht; dazu kam die Szenenvisualisation und der Dialog mit seinem Selbst, um sich seiner Fähigkeiten bewußt zu werden. Auch eine Übung zur stärkeren Muskelentspannung wurde in das Programm aufgenommen. Vor der Hypnose betrug sein Blutdruck 167/67; noch in derselben Sitzung fiel er auf 141/61. Ted wurde zudem in die Technik der Selbsthypnose eingeführt.

Im dritten Gespräch wurde Ted gezeigt, wie er die Angst dazu benutzte, um sich zu selbstbewußtem Handeln zu bringen, daß die Angst sein „alter Freund" war und er sie als Werkzeug benutzte, das sich verselbständigte, wenn er sich anderweitig nicht zu handeln erlaubte. Er wurde über seine Rechte informiert, und es wurde ihm schrittweise beigebracht, sich selbstbewußt zu verhalten.

Während der folgenden Sitzungen lag der Schwerpunkt bei der Hypnose auf tiefer Entspannung, Geduld, Selbstbeherrschung, positiven Eigenschaften und Selbstsicherheit. Meist wurden progressive Szenenvisualisation und direkte Suggestion eingesetzt.

Bei der progressiven Szenenvisualisation stellt sich der Klient immer wieder die gleiche Szene vor und korrigiert sie solange, bis er mit dem Ergebnis zufrieden ist. Einmal analysierten wir einen Traum in Hypnose, in dem Ted in der Lage war, seinem Chef dessen Unfähigkeit vorzuhalten. Kognitive und Verhaltensübungen wurden unter Bezug auf Aspekte wie den Umgang mit Streß im Büro, positive Eigenschaften und die Analyse seiner hinter der Angst verborgenen eigentlichen Ziele durchgeführt. Er entdeckte auch seinen negativen Selbstbezug und wurde darin trainiert, sich durch positive Selbstgespräche umzuprogrammieren. Besondere Beachtung wurden der Entwicklung von Selbstbewußtsein durch Rollenspiele, Diskussionen, Szenenvisualisation, der Durchführung von häuslichen Übungen, den Entscheidungen über seine berufliche Entwicklung, seiner offeneren Lebenseinstellung und seinem Sinn für Humor, besonders im Hinblick auf die Stressoren des täglichen Lebens, geschenkt: Es wurde ein Übungsprogramm vereinbart, zu dem Gewichtsabnahme und das „Apollo-Exerciser"-Fitneßprogramm gehörten.

Einmal berichtete Ted, daß er Angst habe, wenn er mit dem Bus zur Arbeit fahre. Es wurde ihm gesagt, beim Busfahren noch mehr Angst zu entwickeln, wodurch seine Angst innerhalb einer Woche beträchtlich abnahm.

Ted erschien zu 17 Sitzungen. Wie er berichtete, registrieren seine Mitarbeiter ein beachtliches Maß an Ruhe und Kontrolle in seinem Verhalten. Er hat keine Angst mehr in seiner Fahrgemeinschaft und hat seine Angst beim Busfahren weitgehend überwunden. Wenn sie wieder hochkommt, erklären wir ihm, dies sei sein Weg zur Vergangenheitsbewältigung. Wenn er bereit sei, sein früheres Spiel aufzugeben, würde er diese Angst verlieren. Seine Frau stellt eine bemerkenswerte Änderung in seinem Verhalten zu Hause fest, vor allem hinsichtlich seiner Ruhe und seines Selbstbewußtseins. Ted kann nun ohne übertriebene Angst und ohne Ärger auf seine Rechte pochen und ist in der Lage, selbständig zu handeln. Ted ist wirklich befreit.

Nach Abschluß des Übungsprogramms betrug sein Blutdruck 138/62, was wir auf die durch das Programm erzielten Erfolge zurückführten, weil die medizinische Behandlung während der ganzen Programmdauer die gleiche geblieben war. Bezeichnenderweise war die zum Schluß festgestellte Durchschnittspunktzahl im „Typ-A"-Fragebogen von ursprünglich 2,8 auf 1,8 Punkte gesunken, was auf eine deutliche Reduzierung der „Typ-A"-Merkmale hinweist. Er kann besser mit sich selbst umgehen, sein Perfektionismus ist nicht mehr so stark, und er hat ein viel größeres Selbstbewußtsein gewonnen. Die Selbsthypnose wendet er im Bedarfsfall an, die meisten kognitiven Prinzipien und Techniken hingegen hat er in sein tägliches Leben übernommen.

Teds Fall zeigt die Wirksamkeit eines aufbauenden und zielorientierten individuellen *Kurzzeitprogramms* zur Streßreduzierung, das nicht nur auf eine Veränderung seines kognitiven Stils, sondern auch auf die klinische Überprüfung von Symptomen, in diesem Fall des Bluthochdrucks, abzielte. Auch Angst und Depressionen, die oft in viel länger dauernden Therapien behandelt werden, besserten sich erheblich. Wichtig ist allerdings in diesem Fall, daß Ted zwar immer Probleme mit der Angst hatte, jedoch in hohem Maße bereit war, sich zu ändern, und nicht zu neurotisch war, um auf Sekundärgewinn fixiert zu sein, der viel mehr Interventionszeit erfordert hätte. Die anfänglich vorhandene Motivation, die ihn dazu veranlaßte, Hilfe zu suchen, war sein Bluthochdruck, und Ted ist ein typisches Beispiel für viele Menschen, die eine Behandlung wegen solch eines speziellen Krankheitssymptoms beginnen.

Zusammenfassung

„Streß" ist zwar in weiten Kreisen zum Modewort geworden, das Streßmanagement ist jedoch keine Modeerscheinung. Streßforschung und Programme zur Streßreduzierung und -kontrolle werden uns für einige Zeit begleiten, da gute Interventionstechniken einem menschlichen Grundbedürfnis dienen. Unserer Ansicht nach war das Streßmanagement das fehlende Glied auf dem Weg zur Entwicklung eines Ansatzes für *holistische Gesundheitsvorsorge* im körperlichen und seelischen Bereich. Ein tieferes Verständnis für die Funktion und die Wirkung von Streß und die Entwicklung besonderer Streßmanagementtechniken erlaubt, vorsichtig über die einschränkenden und nur partiellen Erklärungen hinauszugehen, wie sie anfänglich von Theorien wie dem Krankheits- oder Neurosemodell der klassischen Psychodynamik, den Primärtrieben und der Konditionierung angeboten wurden. Ein holistischer Ansatz erfordert eine Integration von biologischen, intrapsychischen, sozial- und umweltbedingten und ökologischen Problemen, die auf eine sozial eingebundene und in ihren Entscheidungen eingeschränkte Person einwirken. *Holismus* und letztlich die Fähigkeit zu individuellen Handlungen und Entscheidungen sind die Eckpfeiler des in diesem Kapitel behandelten Programms.

Wenn wir unsere Interventionen ständig als „Programme" und nicht als „Therapie" bezeichnen, so ist das sehr wohl beabsichtigt. Wir vermeiden das Modell der „Behandlung" und das, was gewöhnlich damit in Zusammenhang gebracht wird.

Wegen der mannigfaltigen Komponenten von „Streß" sind *multimodale* Ansätze äußerst wichtig. Wir erheben zwar keinen allumfassenden Anspruch, unsere Programme enthalten jedoch die drei Grundbereiche *medizinische Kontrolle,* auf Erfahrungen basierende *kognitive Umstrukturierung* und *direkte erzieherische Maßnahmen* mit praktischen Übungen im Alltagsleben.

Zwei miteinander in Beziehung stehende Probleme verdienen besondere Aufmerksamkeit, wenn wir uns mit Streß oder irgendeinem anderen populären Thema befassen. Das erste ist die *Forschung.* Interventionsstrategien müssen wirklich auf zuverlässigen experimentellen und klinischen Befunden basieren. Neue Techniken müssen gründlich geprüft und bewertet werden, bevor man guten Gewissens sagen kann, daß sie für die Allgemeinheit wirksam sind. In den Bereichen Familie und Beruf muß viel mehr Forschung betrieben werden. Das zweite Problem ist der *ethische Aspekt* und der *Schutz der Öffentlichkeit.* Nach jedem neuen Thema besteht Nachfrage; fast jede neue Errungenschaft wird öffentliches Interesse auf sich ziehen und kurzfristig Erfolg haben. Obwohl die wirtschaftlichen Aspekte der Auseinandersetzung mit populären Problemen nicht von der Hand zu weisen sind, sollte es oberstes Ziel sein, bei dem Klienten die gewünschten und heilsamen dauerhaften Veränderungen herbeizuführen und die Verpflichtung zu übernehmen, sich so gut wie möglich für einen Erfolg beim Klienten einzusetzen. Wir müssen bereit sein, unsere Dienstleistungen fachmännisch verkaufen, und wir müssen bei der Entwicklung von Programmen und deren Durchführung ein hohes Niveau beibehalten.

Literatur

Alexander, F. *Psychosomatic medicine: Its principles and applications.* New York: Norton, 1950.

Cobb, S. and Rose, R. Hypertension, peptic ulcer and diabetes in air traffic controllers. *Journal of The American Medical Association,* 1973, **224,** 489–492.

Dreikurs, R. The psychological interview in medicine. *American Journal of Individual Psychology,* 1954, **10,** 99–122.

Ellis, A. *Reasons and emotions in psychotherapy.* New York: Lyle Stuart, 1962.

Field, P. Stress reduction in hypnotherapy of chronic headache. Paper presented at the Annual Meeting of The American Psychological Association and The Society for Clinical and Experimental Hypnosis, 1979.

Frankel, F. H. The effects of brief hypnotherapy on a series of psychosomatic problems. *Psychotherapy and Psychosomatics,* 1973, **22,** 264–275.

Friedman, M. and Rosenman, R. H. *Type A behavior and your heart.* New York: Fawcett, 1974.

Holmes, T. H. and Rahe, R. H. The social readjustment

rating scale. *Journal of Psychosomatic Research,* 1967, **11,** 213.

Lynch, J. The broken heart. New York:Basic Books, 1977.

Roskies, E., Spevack, M., Surkis, A., Cohen, C. and Gilman, S. Changing the coronary-prone (Type A) behavior pattern in a non-clinical population. *Journal of Behavioral Medicine,* 1978.

Schutz, W. C. *The interpersonal underworld.* Palo Alto, Calif.: Science and Behavior Books, 1966.

Wittkower, E. D. Historical perspective of contemporary psychosomatic medicine. In Z. J. Lipowski, R. Lipsitt and P. C. Whybrow(Eds.), *Psychosomatic medicine: Current trends and clinical applications.* New York: Oxford University Press, 1977.

Strukturierte Lerntherapie*

Robert P. Sprafkin, N. Jane Gershaw und Arnold P. Goldstein

Die in diesem Buch vorgestellten Therapien lassen sich auf unterschiedliche Weise klassifizieren. Eine Klassifikation könnte etwa unter dem Gesichtspunkt der Komplexität *vorgenommen werden. So weist z. B. mein eigener Ansatz der* Konfrontativen Therapie *nur eine Dimension auf und ist relativ leicht verständlich. Im Hinblick auf die Zielgruppe sind ihm allerdings enge Grenzen gesetzt. Andere dagegen, z. B.* die Funktionale Psychotherapie *oder die* Multimodale Therapie, *verfolgen recht weitgesteckte und ehrgeizige Ziele und beruhen auf umfassenden Theorien. Die von Robert Sprafkin, Jane Gershaw und Arnold Goldstein entwickelte Strukturierte Lerntherapie ist letzterer Kategorie zuzurechnen: Es handelt sich um ein umfassendes, komplexes und in sich geschlossenes System.*

Die Logik dieser Methode erscheint unanfechtbar, und das Bestechende an ihr ist vermutlich eben die Tatsache, daß es sich um einen umfassenden Ansatz handelt, bei dem vier Methoden in gut durchdachter Abfolge angewandt werden. Der andere in diesem Handbuch dargelegt Ansatz, der diesem am nächsten steht, ist die von Nira Kefir entwickelte Impasse-Priority-Therapie.

Interessant an der Strukturierten Lerntherapie ist das Fehlen jeglicher kognitiv-phänomenologischer Begrifflichkeit. Sie stellt ein ernstzunehmendes technologisches, behavioristisches und in sich geschlossenes System zur Behandlung menschlicher Probleme dar.

Meiner Meinung nach sollte sich jeder Leser mit den Aussagen dieser Autoren sorgfältig auseinandersetzen. Ihre Konzeption ist eindrucksvoll – aber auch ein wenig beängstigend.

Die Strukturierte Lerntherapie ist ein *verhaltensorientiertes, psychoedukationales* System für das Training bestimmter Fertigkeiten, mit dessen Hilfe einer großen Bandbreite klinischer und nichtklinischer Fälle eine Vielzahl von Fertigkeiten im sozialen Bereich, bei der Lebensplanung und zur Streßbewältigung vermittelt werden. Dabei werden in der grundlegenden Trainings-/Therapieabfolge vier verhaltensändernde Verfahren miteinander kombiniert:

1. *Modellernen,*
2. *Rollenspiel,*
3. *Leistungsfeedback* und
4. *Übungstransfer.*

Den Traineegruppen werden zahlreiche spezifische und detaillierte Beispiele gezeigt (live dargestellte bzw. auf Tonband, Videorecorder, Dias oder Film aufgezeichnete Szenen), wie eine Person (das Modell) die zu lernende Fertigkeit oder Verhaltensweise ausführt *(Modellernen)*. Sie erhalten reichlich Gelegenheit und Ermutigung zum Praktizieren oder Üben der modellierten Verhaltensweisen *(Rollenspiel)*. Sie erhalten positives Feedback, soziale Verstärkung und Ratschläge, wie sie ihre Darstellung der nachzuahmenden Verhaltensweisen verbes-

---

* Im Amerikanischen: *Structured Learning*

sern können *(Leistungsfeedback)*. Es werden Methoden zur Erhöhung der Wahrscheinlichkeit angewandt, daß der Betreffende die gelernten Verhaltensweisen zu Hause, am Arbeitsplatz oder in sonstigen Alltagssituationen effizient einsetzt *(Übungstransfer)*.

Geschichte

Vorläufer

Die Strukturierte Lerntherapie verdankt, wie die meisten verhaltensorientierten Ansätze, ihre philosophische Grundlagen der Tradition von John Locke und den britischen *Empirikern*. Das Verhalten wird, und zwar in Übereinstimmung mit weiten Teilen der wissenschaftlichen Psychologie, primär als ein Produkt menschlicher Erfahrungen und als den Lerngesetzen unterworfen angesehen. Ebenso wie bei anderen verhaltensorientierten Ansätzen wird auch beim Strukturierten Lernen die Auffassung Lockes geteilt, daß sich Begriffe in hierarchischer Weise aus Erfahrungen entwickeln und effizientes Lernen ebenfalls in stufenförmiger, hierarchischer Weise erfolgt (vgl. Rychlak, 1973).

Außerdem verdanken die Strukturierte Lerntherapie und viele andere verhaltensorientierte Ansätze wesentliche philosophische Einflüsse dem amerikanischen *Pragmatismus*. William James, John Dewey und andere Pragmatiker legten den Schwerpunkt auf Empirie, Fakten, Handlung und Konsequenzen – den praktischen Anwendungsnutzen des Handelns. James charakterisierte diesen grundlegenden Aspekt des Pragmatismus, der mit späteren verhaltensorientierten Ansätzen in der Psychologie durchaus übereinstimmte, folgendermaßen: „Die Abkehr von ursächlichen Dingen, Prinzipien, ‚Kategorien' und vermeintlichen Zwängen und statt dessen die Zuwendung zu absoluten Dingen, Resultaten, Konsequenzen und Fakten" (1960, S. 33).

Wie die meisten anderen verhaltensorientierten Therapie- bzw. Trainingsformen hat sich die Strukturierte Lerntherapie im Kontext der amerikanischen Psychologie entwickelt. Wesentliches Anliegen der amerikanischen Psychologie seit ihrer offiziellen Grundlegung im ausgehenden 19. Jahrhundert war es, Einblicke in den *Prozeß des Lernens* zu gewinnen und ihn zu verbessern. Die Bereitschaft, sich auf den Lernprozeß zu konzentrieren, fand in den fünfziger Jahren ihren Niederschlag in der therapeutischen Arbeit, als auf dem Gebiet der Psychotherapie sowohl Praktiker als auch Wissenschaftler die Therapie in zunehmendem Maße unter dem Gesichtspunkt des Lernens betrachteten. Diese lerntheoretische und zugleich klinische Betrachtungsweise führte zu der an Verhaltensänderungen orientierten Bewegung, bei dem der Schwerpunkt auf im Laboratorium entwickelten Verfahren, auf spezifizierten und spezifizierbaren Therapiezielen und auf dem häufigen Einsatz des „change agent" bzw. Therapeuten als Lehrer/Trainer liegt. Die verhaltensorientierten Behandlungsansätze in der Therapie stellten zweifellos eine große Herausforderung für das in einer Vielzahl institutioneller und nichtinstitutioneller psychiatrischer Einrichtungen fest etablierte medizinische Behandlungsmodell dar.

Historisch betrachtet bedeutete die Anfang des 19. Jahrhunderts entstandene „Moral Treatment Movement" für das etablierte medizinische Behandlungsmodell eine weitere Herausforderung. Die „Moral Treatment Movement" ist ebenfalls als geistiger Vorläufer des Strukturierten Lernens anzusehen. Diese Richtung war durch ihre humanistische Sorge um das Wohlergehen der Klienten gekennzeichnet sowie durch die Bedeutung, die sie der *Umwelt* bei der Entstehung normalen und abnormalen Verhaltens beimaß. Dadurch, daß in der „Moral Treatment" eine Vielzahl formeller und informeller *Erziehungsmethoden* zur Erlangung der richtigen „geistigen Zucht" eingesetzt wurden, weist sie die größte Ähnlichkeit mit der Strukturierten Lerntherapie auf (Sprafkin, 1977).

Noch eine weitere Entwicklung ist als bedeutender, historischer Vorläufer der Strukturierten Lerntherapie und anderer Ansätze zur Einübung psychoedukationaler Fertigkeiten anzusehen. Diese Richtung wurde zu verschiedenen Zeiten mit unterschiedlichen Namen belegt; sie versuchte ganz allgemein die Entwicklung des zwischenmenschlichen sozialen und moralischen Verhaltens anhand von Erziehungsratgebern für Eltern, Handbüchern zur Selbsterziehung (self-improvement books), religiösen Abhandlungen und einer ganzen Reihe weiterer Erziehungsmethoden zu beeinflussen. Die bekannteste dieser Erziehungsmethoden war die „Character Education", die in den zwanziger Jahren populär war, sowie Methoden, die pädagogische Techniken zur Vermittlung von *moralischem Sozialverhalten, Führungsfertigkeiten,* Fertigkeiten der *Entscheidungsfindung in Gruppen* und *Selbstkontrolle* anzuwenden suchten. Zwar verlor diese Richtung in den dreißiger Jahren an Gewicht, aber die formelle Mitwirkung professioneller Erzieher an der Entwicklung angepaßter oder dem sozialen Zusammenleben dienlicher Verhaltensweisen bestand auf andere Art und Weise und unter neuen Bezeichnungen weiter: *moralische Erziehung, affektive Erziehung, zwischenmenschliches Training, integrierte Erziehung* und *Identitätserziehung.* Die jeweiligen Methoden und wissenschaftlichen Grundlagen unterscheiden sich zwar beträchtlich, doch verfolgen all diese Ansätze das Ziel, die persönliche Entfaltung, die Entwicklung und das angepaßte Verhalten ihrer verschiedenen Trainees zu fördern.

Anfänge

Arnold P. Goldstein, Robert P. Sprafkin und N. Jane Gershaw, die den Ansatz der Strukturierten Lerntherapie entwickelt haben, brachten jeweils eigene Interessen und Erfahrungen in ihre gemeinsame Arbeit ein. Arnold P. Goldstein, der den wesentlichen Anstoß zur Entwicklung dieses Ansatzes gegeben hat, promovierte über Klinische Psychologie an der Pennsylvania State University, wo er wesentliche Impulse von Donald H. Ford und William U. Snyder und deren Interesse an psychotherapeutischer Forschung erhielt. Er begann, eigene Vorstellungen auf dem Gebiet der psychotherapeutischen Forschung zu entwickeln, wobei er die *Sozialpsychologie* sowie *klinische Variablen* zugrundelegte. Aus seinem ersten Buch „Therapist-Patient Expectancies in Psychotherapy" (1962), das er während seiner Zeit an der University of Pittsburgh Medical School geschrieben hat, geht hervor, daß er sich in zunehmendem Maße mit der Bedeutung sozialpsychologischer Faktoren für die psychotherapeutische Arbeit befaßte. Wenig später begann seine Zusammenarbeit mit Kenneth Heller und Lee B. Sechrest bei deren enzyklopädischem Überblick über die sozialpsychologische Forschung, die für das Verständnis psychotherapeutischer Praktiken von großer Bedeutung ist. Das Ergebnis war die Veröffentlichung des Buches „Psychotherapy and the Psychology of Behavior Change" (1966), das der psychotherapeutischen Forschung eindeutig den Weg der empirisch fundierten Forschungsarbeit wies und das zum Standardwerk der psychotherapeutischen Forschung wurde. Goldstein (1971) hat sich lange Zeit mit der Frage befaßt, wie die Psychotherapie für diejenigen, die normalerweise derartige Dienstleistungen eher in zu geringem Maße in Anspruch nehmen, relevanter, attraktiver und leichter zugänglich gemacht werden könnte. Höhepunkt dieser Bestrebungen bildete seine Veröffentlichung „Structured Learning Therapy: Toward a Psychotherapy for the Poor" (1973), in der Therapie, Forschungslage sowie die Hauptkomponenten der Strukturierten Lerntherapie dargestellt sind.

Robert P. Sparfkin promovierte über *Beratungspsychologie* an der Ohio State University, wo er sich besonders für die Lehre Harold B. Pepinskys interessierte und dann eine Reihe von Untersuchungen über Prozesse der sozialen Beeinflussung in der Situation der *Paar-* und *Gruppenkommunikation* einschließlich der psychologischen Behandlung durchführte. Nachdem er seine Dissertation abgeschlossen hatte (Sprafkin, 1970), ging er an die Syracuse University und dann an das Syracuse Veterans Administration Hospital als Koordinator des Day Treatment Center, einer Einrichtung, in der chronische *Psychiatriepatienten* tagsüber behandelt werden. Dort sah er sich vor die Aufgabe gestellt, geeignete Therapie- und Trainingsmethoden für seine Klientel bereitzustellen, die bis dahin in der traditionellen, verbalen psychotherapeutischen Arbeit kennzeichnenderweise nur geringe Erfolge zu verzeichnen gehabt hatte.

N. Jane Gershaw war Schülerin Goldsteins an der Syracuse University; aufgrund seiner Vorlesungen entwickelte sie ein besonderes Interesse für Methoden der *Gruppenpsychotherapie*. Bei ihrer ersten Anstellung nach ihrer Promotion befaßte sie sich mit der Supervision von Psychologieassistenten und Psychiatrieärzten des Hahnemann Medical College bzw. des Community Mental Health Center in Philadelphia in direktiven, auf das Training von Fertigkeiten orientierten Gruppen für *Psychiatriepatienten*.

1973 erhielt Goldstein vom National Institute of Mental Health Forschungsmittel zur Verfügung gestellt, um praktikable Trainingsverfahren zu entwickeln, die von den neben- und hauptberuflich im Mental-Health-Bereich Beschäftigten für die Durchführung der Strukturierten Lerntherapie bei stationär untergebrachten Psychiatriepatienten angewandt werden konnten. Zur gleichen Zeit wandte Sprafkin einige behaviorale Elemente des Strukturierten Lernens weniger systematisch in seinem Programm für die Tagesklinik an. Gershaw ihrerseits ging gerade dazu über, einige Komponenten dieser Therapie bei ihren eigenen Patienten in der Veterans Administration Mental Hygiene Clinic zu übertragen. Damit waren also geradezu ideale Voraussetzungen gegeben für ein gemeinsames Vorgehen zur Entwicklung spezifischer und systematischer Verfahren für die Unterweisung des Personals, wie sich bei ihrer Arbeit mit Psychiatriepatienten die wesentlichen Komponenten des Strukturierten Lernens einsetzen lassen. Goldstein, Sprafkin und Gershaw kamen überein, sich gemeinsam dieser Aufgabe zu widmen, deren Resultat dann eine systematische Einführung in diesen Therapieansatz des Strukturierten Lernens war.

Gegenwärtiger Stand

Wie aus dem Titel von Goldsteins Buch „Structured Learning Therapy: Toward a Psychotherapy for the Poor" (1973) hervorgeht, ging es ihm um die Entwicklung eines Therapieansatzes, der für diejenigen geeignet ist, denen mit der traditionellen, verbalen, einsichtsorientierten psychotherapeutischen Methode nicht geholfen werden kann, da diese eher auf Angehörige der Mittelschicht ausgerichtet ist. Der in erster Linie für die Arbeit mit *institutionalisierten Psychiatriepatienten* entwickelte Ansatz des Strukturierten Lernens, für eine Zielgruppe also, die sich im allgemeinen aus den unteren Einkommensschichten rekrutiert, wurde systematisch dargestellt in dem Buch von Goldstein, Sprafkin und Gershaw: „Skill Training for Community Living: Applying Structured Learning Therapy" (1976). Dieser Ansatz hat weite Verbreitung gefunden und wird gegenwärtig in mehreren hundert psychiatrischen Einrichtungen angewandt, in denen die Patienten dauernd bzw. vorübergehend untergebracht oder ambulant behandelt werden.

Es entspricht offenbar dem natürlichen Lauf der Dinge, daß jeder therapeutische Behandlungsansatz, wenn er erst einmal mit Erfolg für eine Population bzw. für einen Problembereich angewandt wurde, alsbald auf andere Populationen und Verhaltensaspekte übertragen wird. Dies gilt zweifellos hinsichtlich der Bestrebungen, die *Psychoanalyse* bei Populationen anzuwenden, die Freud selbst niemals in Erwägung gezogen hat; ebenso wurden auch die *Gestalttherapie,* die *Transaktions-Analyse* und zahlreiche andere Behandlungsmethoden für Personen und Probleme aller Art angewandt, wobei man weit über den ursprünglich intendierten Anwendungsbereich hinausging.

Die gleiche Entwicklung zeichnet sich auch bei der Strukturierten Lerntherapie ab. Wann immer die Autoren vor unterschiedlichen Adressaten Vorträge hielten oder mit ihnen Workshops durchführten und dabei darauf hinwiesen, daß das Strukturierte Lernen für die Arbeit mit in Anstalten untergebrachten und aus den unteren Einkommensschichten stammenden Psychiatriepatienten entwickelt wurde, erhob sich jedesmal unweigerlich die Frage, ob sich dieser Ansatz auch bei anderen klinischen und nichtklinischen Populationen anwenden lasse. „Wie steht es mit Straftätern?" „Sollte man diesen Ansatz nicht auch für Geriatriepatienten anwenden?" „Wie sieht es eigentlich mit uns ‚Normalen' aus?" „Sind diese Verfahren nur für Leute aus niederen Einkommensschichten geeignet?" Die Antwort auf derartige Fragen lautet natürlich: „Probieren Sie es doch aus!"; sie muß allerdings auf jeden Fall näher erläutert werden. Die jeweiligen Verfahren, Darstellungsmethoden und dergleichen müssen unbedingt auf die Population, für die sie verwendet werden, abgestimmt sein. Wir versteifen uns keineswegs darauf, daß die Therapie ganz unabhängig davon, wo sie eingesetzt wird, „funktioniert" und den Klienten oder Trainees die bestehende Form der Therapie einfach übergestülpt wird, sondern sind vielmehr der entgegengesetzten Auffassung. Wir sagen also nicht etwa „Passen Sie den Klienten der Therapie an", sondern versuchen, das therapeutische Angebot so zu modifizieren, daß es den besonderen Gegebenheiten der jeweiligen Population entspricht: „Stimmen Sie die Therapie auf den Klienten ab." Bestrebungen nach Modifikation und neuen Anwendungsbereichen sollten unserer Meinung nach stets durch empirische Untersuchungen untermauert werden (vgl. Goldstein/Stein, 1976; Goldstein et al., 1979).

Theorie

Bei der Strukturierten Lerntherapie geht man davon aus, daß Verhaltensweisen im Laufe der individuellen Entwicklungsgeschichte gelernt worden sind. Als *behavioraler Ansatz* befaßt sich das Strukturierte Lernen nicht mit der Frage nach „inneren Ursachen" – nach Bedürfnissen, Trieben oder Impulsen. Gelernte Verhaltensweisen sind mehr oder weniger dazu geeignet, den Betreffenden in die Lage zu versetzen, den Erfordernissen des Lebens gerecht zu werden und persönliche Befriedigung zu erzielen. Beim Strukturierten Lernen als einer *Therapie-, Trainings-* oder *Lehrmethode* gilt es also:

1. die Art und Weise aufzuzeigen, wie diejenigen Verhaltensweisen erlernt worden sind oder erlernt werden können, bei denen der Betreffende ein Defizit aufweist;
2. diejenigen Verhaltensweisen oder Fertigkeiten herauszufinden, deren Erwerb den Betreffenden in die Lage versetzen könnte, persönliche Befriedigung zu erlangen und
3. für die Vermittlung wünschenswerter Verhaltensweisen systematisch effiziente Lernprinzipien anzuwenden.

Beim Strukturierten Lernen werden Verhaltensweisen als *Fertigkeiten* angesehen, die durch *Lernen* erworben wurden. Ein Mensch kann mit mehr oder weniger großem Erfolg diese Fertigkeiten einsetzen, um mit den Anforderungen des Lebens fertig zu werden. Ziel des Strukturierten Lernens ist es daher, den Menschen dabei behilflich zu sein, Fertigkeiten zu erwerben und diese weiter auszubauen. Das individuelle Verhaltensrepertoire wird unter dem Aspekt der *Beherrschung von Fertigkeiten* und des *Defizits an Fertigkeiten* beschrieben, statt abstrakte diagnostische Kategorien zu verwenden. Und da es sich hierbei um ein System handelt, das auf die Entwicklung behavioraler Fertigkeiten abzielt, wird der Schwerpunkt auf eine *Verhaltensmodifikation* gelegt und nicht so sehr auf eine *Veränderung der Selbstbewertung*. Bei vielen Therapieansätzen geht es in erster Linie darum, dem Menschen zu einer Veränderung seiner Selbstbewertungen – seines *Selbstbildes,* seines *Selbstkonzeptes* usw. – zu verhelfen, in der Annahme, daß eine Veränderung der Einstellung hinsichtlich des eigenen Selbst auch eine Veränderung der Verhaltensweisen des Betreffenden nach sich ziehen werde. Im Gegensatz hierzu besteht beim Strukturierten Lernen das Therapie- bzw. Trainingsziel darin, eine Verhaltensänderung herbeizuführen, die sich dann auf die Selbstbewertungen auswirkt. Es hat sich gezeigt, daß dieser Ansatz die erwünschten Veränderungen schneller und mit größerer Wahrscheinlichkeit bewirkt.

Die erste Zielgruppe der Strukturierten Lerntherapie bestand aus Patienten niederer Einkommensschichten, die in psychiatrischen Anstalten untergebracht waren. In der Vergangenheit konnten diese Patienten nur geringe Erfolge mit der traditionellen, verbalen, psychodynamischen Psychotherapie verbuchen, deren Ziel im allgemeinen darin besteht, eine Veränderung der Selbstbewertung herbeizuführen und Einsichten zu vermitteln, bevor auch nur die Hoffnung besteht, Verhaltensänderungen zu bewirken. Wie wir bereits an anderer Stelle dargelegt haben (Goldstein, 1973; Goldstein et al., 1976), sind die Ursachen für die jeweiligen Vorzüge dieser verschiedenen Ansätze vielleicht in den *unterschiedlichen Erziehungspraktiken* in Familien der Mittelschicht im Vergleich zu Familien der Unterschicht bzw. der Arbeiterklasse zu suchen. Der Erziehungsstil und die Lebensgewohnheiten der Mittelschicht, bei denen der Schwerpunkt auf Planung, Motivierung, Selbstkontrolle, innerlicher Stabilität und dergleichen liegt, stellen eine hervorragende, frühzeitige Vorbereitung auf die traditionelle, verbale Psychotherapie dar – sofern der Betreffende in seinem späteren Leben je eine derartige Behandlung in Anspruch nehmen sollte. Die Erziehungspraktiken und Lebensgewohnheiten der Unterschicht- und Arbeiterfamilien, bei denen der Schwerpunkt auf der Aktion, dem Verhalten, den Konsequenzen und nicht so sehr auf der Planung liegt, und in denen man eher auf äußere Autoritäten vertraut und einen recht restringierten verbalen Code verwendet, stellen eine unzureichende Vorbereitung für eine wirkungsvolle Mitwirkung bei der traditionellen, verbalen, einsichtsorientierten Psychotherapie dar, die auf eine Exploration der Selbstbewertungen abzielt. Eine Therapie, bei welcher die charakteristischen Merkmale der Erziehungspraktiken der Unterschicht- oder Arbeiterfamilien in stärkerem Maße berücksichtigt werden, muß also *von kurzer Dauer, wirklichkeitsnah* und *verhaltensorientiert* sein, ferner autoritativ durchgeführt werden und die Nachahmung spezifischer, verständlicher Beispiele erfordern, die Fähigkeit zur Rollenübernahme vermitteln und unmittelbare, wiederholte und kontinuierliche Verstärkung bei Durchführung adäquater Verhaltensweisen erbringen.

Unser Ziel war die Entwicklung einer Therapie, die von dem für diese Zielgruppe kennzeichnenden Lernstil ausgeht und die Möglichkeiten berücksichtigt, wie man Zugang zu ihnen gewinnen kann, so daß die Therapie wirklich auf „den Patienten abgestimmt" werden kann und nicht umgekehrt. So wurden also die vier Hauptkomponenten des Strukturierten Lernens – *Modellernen, Rollenspiel, Leistungsfeedback* bzw. *soziale Verstärkung* und *Übungstransfer* – miteinander kombiniert, um dieses vorgegebene Ziel zu erreichen. Das Strukturierte Lernen ist auch für andere Zielgruppen angewandt worden, wobei Modifikationen der Therapie- und Trainingsverfahren vorgenommen wurden, um sie dem jeweiligen Stil und den Erfordernissen der betreffenden Population anzupassen.

Das *Modellernen*, das heißt das Lernen durch Beobachtung und Nachahmung, hat sich als wirksame Methode für das Erlernen neuer Verhaltensweisen erwiesen. Durch das Modellernen wurden Verhaltensweisen wie etwa *Selbstbehauptung, Selbstexploration, Hilfsbereitschaft, Empathie* und einige weitere Verhaltensweisen erlernt. Es handelt sich dabei um ein außerordentlich wirksames Verfahren, mit dessen Hilfe nicht nur Verhaltensweisen vermittelt, sondern – wie Untersuchungen gezeigt haben – auch bereits gelernte Verhaltensweisen verstärkt oder abgebaut werden können.

Aufgrund von experimentellen Untersuchungen konnten eine Reihe von Charakteristika von Modellsituationen identifiziert werden, die die Wahrscheinlichkeit erhöhen, daß das Modellverhalten vom Beobachter auch tatsächlich imitiert wird. Zu „Verstärkern des Modellernens" gehören Charakteristika

1. des *Modells,*
2. der *Modellsituation* selbst und
3. des *Beobachters* bzw. des *Lernenden.*

1. Ein stärkerer Modelleffekt tritt dann ein, wenn das *Modell* eine große fachliche Kompetenz besitzt, hohes Ansehen genießt, freundlich auftritt, dem gleichen Geschlecht angehört, gleichen Alters ist und den gleichen sozioökonomischen Status aufweist wie der Beobachter und wenn es für das betreffende Verhalten belohnt wird.
2. Was die *Modellsituation* anbelangt, sollten zur Erhöhung des Modelleffektes die zu imitierenden Verhaltensweisen ganz eindeutig dargestellt werden und möglichst wenige irrelevante Details aufweisen, von weniger schwierigen zu sehr schwierigen Verhaltensweisen fortschreiten sowie unterschiedliche Modelle bei der Durchführung der zu lernenden Verhaltensweisen zeigen.
3. Die Charakteristika des *Beobachters* oder des *Lernenden,* die den Modelleffekt erhöhen, sind komplementär zu denjenigen, die in der Kategorie der Modellmerkmale beschrieben wurden. Ein stärkerer Modelleffekt wird im allgemeinen dann erzielt, wenn der Beobachter dazu aufgefordert wird, das Modell zu imitieren, wenn er das Modell mag, dem Modell hinsichtlich seines sozioökonomischen Hintergrundes oder anderer wesentlicher Charakteristika ähnlich ist und für das Imitieren des Modellverhaltens belohnt wird.

Wenn das Modellernen so effizient ist, warum sollte man dann darüber hinaus noch andere Trainingsverfahren anwenden? Albert Bandura (1977) stellt fest, daß sich die Lerneffekte des Modellernens noch durch Verfahren verstärken lassen, die es dem Lernenden ermöglichen, die beobachteten Verhaltensweisen zu üben bzw. zu praktizieren. Überdies sind viele Modellerneffekte nur von kurzer Dauer. Perry (1970) und Sutton (1970) haben neben anderen nachgewiesen, daß Modelleffekte, die unmittelbar nach dem Training auftreten, oftmals innerhalb kurzer Zeit wieder verschwinden. Um einen dauerhaften Lerneffekt zu erzielen, muß sich eine Person Verfahrensweisen unterziehen, die ihr Gelegenheiten bieten, das Modellverhalten zu praktizieren, für das praktizierte Verhalten ein Feedback zu bekommen und, was besonders wichtig ist, ermutigt zu werden, die neu erlernten Fertigkeiten in ihrer realen Lebenssituation anzuwenden.

Das *Rollenspiel,* die zweite Hauptkomponente des Strukturierten Lernens, wird definiert als das Praktizieren oder behaviorale Üben einer Fertigkeit, um sie später in der realen Lebenssituation anzuwenden. Anhand von Untersuchungsergebnissen läßt sich belegen, welche positive Bedeutung dem Rollenspiel zukommt, wenn es darum geht, sowohl Verhaltens- als auch Einstellungsänderungen herbeizuführen. Eine Reihe von Spezifika des Rollenspiels im Sinne von Verstärkern haben sich als geeignet erwiesen, die Wahrscheinlichkeit des Lernens zu erhöhen und den Lerneffekt dauerhafter zu machen. Zu diesen *Verstärkern* gehören: aktive Mitwirkung des Betreffenden am Rollenspiel, sein Engagement für das darzustellende Verhalten oder die Einstellung, Improvisation seiner Darstellung im Rollenspiel und Verstärkung nach der Darstellung.

In Untersuchungen konnte die Effizienz des Rollenspiels für das Einüben von Einstellungen und Verhaltensweisen, wie etwa *Selbstbehauptung* (McFall/Marston, 1970), *Empathie* (Staub, 1971), *moralisches Urteil* (Arbuthnot, 1975) und eine Reihe von *sozialen Fertigkeiten* (Rathjen/Heneker/Rathjen, 1976) belegt werden. In mehreren Publikationen wurden jedoch auch die Ergebnisse dieser wissenschaftlichen Untersuchungen problematisiert. Lichtenstein, Keutzer und Himes (1969) fanden in drei Untersuchungen heraus, daß die Wirkung des Rollenspiels für die Reduktion des Rauchverhaltens nur von kurzer Dauer waren. Hollander (1970) konnte in psychotherapeutischen Interviews bei einer Anzahl von Klienten keine Veränderung des Verhaltens feststellen, das auf das Rollenspiel zurückzuführen gewesen wäre. Ebenso wie auch beim Modellernen scheint es auch beim Rollenspiel so zu sein, daß dieses alleine nicht ausreicht, um langfristige Verhaltensänderungen herbeizuführen. Das Rollenspiel ermöglicht es dem Lernenden, Verhaltensweisen zu praktizieren, aber es bietet ihm keine Gelegenheit, ein gutes Vorbild zu beobachten oder das zu erlernende Verhalten demonstriert zu bekommen, bevor er es praktiziert. Dieses Vorbild kann er beim Modellernen beobachten (z. B. Bandura, 1977). Aber selbst dann, wenn man diese Verfahrensweisen miteinander kombiniert, wird dem Lernenden nicht die Motivation oder der Anreiz vermittelt, sich anders zu verhalten. Diese Komponente des Anreizes stellt den dritten wesentlichen Baustein der Strukturierten Lerntherapie dar.

Das *Leistungsfeedback* besteht darin, dem Lernenden im Anschluß an die Darstellung der Fertigkeit im Rollenspiel eine Rückmeldung zu geben. Dabei kann es sich um *soziale* oder *materielle Verstärkung*, um *Kritik*, erneute *Unterweisung* oder andere Arten von *Instruktionen* handeln. Die größte Bedeutung schreiben wir dabei der *sozialen Verstärkung* zu. Diese Verstärkung wird dann gegeben, wenn sich das Rollenspielverhalten des Trainees dem zuvor vom Modell vorgespielten Verhalten annähert.

Wissenschaftliche Untersuchungen ergaben eine Reihe von *Regeln,* die beim Verstärken beachtet werden sollten, da sie für die Wirksamkeit des Verstärkungseffektes ausschlaggebend sind. Wir haben folgendes festgestellt: Die Art der Verstärkung (materielle, soziale Verstärkung usw.) sollte flexibel gehandhabt werden und den Bedürfnissen und dem individuellen Verstärkungsmuster des Trainees entsprechen; die Verstärkung sollte unmittelbar im Anschluß an das erwünschte Verhalten erfolgen; der enge Zusammenhang zwischen dem erwünschten Verhalten und der Verstärkung sollte dem Trainee einsichtig sein; im allgemeinen gilt, daß, je größer die Belohnung ist, auch die Wahrscheinlichkeit einer positiven Auswirkung auf die Leistung um so größer wird; das gewünschte Verhalten sollte häufig genug vorkommen, um ausreichende Gelegenheit zur Verstärkung zu bieten; Verstärkung, die intermittierend erfolgt, ist gegen Löschung eher gefeit, als wenn die Verstärkung jedesmal erfolgt, sobald das erwünschte Verhalten gezeigt wird.

Modellernen, Rollenspiel und Leistungsfeedback sind zusammengenommen ein wirkungsvolles Trainingsprogramm für Fertigkeiten. Wenn dann noch die vierte Komponente des Strukturierten Lernens hinzukommt, nämlich der *Übungstransfer,* dann ist damit ein entscheidendes Stadium des Trainings erreicht. Hierbei geht es um die Übertragung dessen, was in der Trainingssituation gelernt wurde, auf die reale Lebenssituation. Der Übungstransfer besteht aus einer Reihe von Verfahren, die darauf abzielen, diese Übertragung auf die *reale Lebenssituation* zu fördern. Dabei sind folgende Punkte zu beachten: Der Trainee muß genügend Gelegenheit erhalten, die korrekte Anwendung der Fertigkeit zu praktizieren, so daß die neue Art der Reaktion besser verfügbar oder sogar „überlernt" wird; die Übungssituation muß eine Reihe identischer

Elemente oder Charakteristika aufweisen, die denjenigen der Anwendungssituation entsprechen; die Trainingssituation muß variable Stimuli bzw. eine Vielzahl sozialer Stimuli aufweisen, die später als Auslösereiz für das erwünschte Verhalten außerhalb der Trainingssituation dienen.

Diese vier behavioralen Verfahrensweisen – Modellernen, Rollenspiel, Leistungsfeedback und Übungstransfer – bilden zusammen die Grundlage für den Ansatz des Strukturierten Lernens.

Methoden

In der Regel werden einer Gruppe von sechs bis zwölf Klienten/Trainees, die aufgrund eines gemeinsamen Defizits an bestimmten Fertigkeiten ausgesucht und von zwei Trainern angeleitet werden, als erstes einmal Darstellungen der zu lernenden Fertigkeit *live* oder mit Hilfe eines *Wiedergabegerätes* vorgeführt. Jede Fertigkeit wird in eine Reihe von Verhaltensschritten bzw. *Lernabschnitten* unterteilt. Jede Modellsituation zeigt ein Modell, das eine Fertigkeit erfolgreich ausführt, indem es verschiedene Verhaltensschritte absolviert. Der Inhalt dieser Modellsituationen sollte für das Leben der Trainees relevant sein, so daß sie sich mit der ihnen vorgeführten Situation identifizieren können. Bei den Modellszenen bedient man sich zur Maximierung des Lernerfolges der *Wiederholung*. Im Idealfall sind diejenigen, die die Rolle des Modells übernehmen, den Klienten/Trainees im Hinblick auf Alter, Geschlecht, scheinbaren sozioökonomischen Status sowie auf weitere relevante Dimensionen möglichst ähnlich. In jeder Modellsituation wird das Modell gezeigt, wie es die jeweilige Fertigkeit erfolgreich ausführt und für diese erfolgreiche Ausführung dann soziale Verstärkung erhält.

Nachdem sich die Klienten/Trainees die Modellsituation angeschaut haben, fordern die Trainer zu einem Gespräch über die vorgeführte Fertigkeit auf. Dann erhält jeder Trainee der Gruppe Gelegenheit, die Fertigkeit in Situationen darzustellen, die für seinen eigenen Alltag relevant sind. Andere Trainees der Gruppe übernehmen dabei die Rolle von wichtigen Bezugspersonen aus dem Leben des Hauptakteurs. Zur Maximierung des Transfers ist das „Arrangement der Situation" beim Rollenspiel von wesentlicher Bedeutung. Hierzu bittet der Trainer den Hauptakteur, die Personen und Gegebenheiten ganz genau zu schildern, die in der problematischen Situation im Alltagsleben des Betreffenden eine Rolle spielen. In Übereinstimmung mit dem Transferprinzip der identischen Elemente werden die Trainees dazu aufgefordert, sich aller Hilfsmittel und Ausstattungsgegenstände zu bedienen, die dazu beitragen können, die Anwendungssituationen noch besser zu simulieren. Ein derartiges Arrangement ist auch insofern von Nutzen, als es denjenigen Trainees, die konkret zu denken gewohnt sind, dabei helfen kann, sich an die für sie recht schwierige Aufgabe der Übernahme einer Rolle zu gewöhnen. Wenn alles arrangiert ist, beginnen die Trainees mit der Darstellung der jeweiligen Fertigkeit. Der Hauptakteur, seine Mitakteure und die Beobachter erhalten Karten, auf denen die einzelnen Verhaltensschritte der vorzuführenden Fertigkeit notiert sind. Die Beobachter (gewöhnlich diejenigen Trainees, die nicht am Rollenspiel beteiligt sind), werden gebeten, genau darauf zu achten, wie gut der Hauptakteur die einzelnen Schritte vollzieht und die Fertigkeit ausführt. Die Trainer geben dann zusätzliche Instruktionen oder Hilfestellung, falls die Akteure dies benötigen.

Nach jedem Rollenspiel erhält der jeweilige Haupakteur zur sozialen Verstärkung und als Leistungsfeedback von den beobachtenden Trainees und von seinen Mitakteuren Stellungnahmen, wie gut er das Rollenspiel ausgeführt hat. Auch die Trainer geben dem Hauptakteur hierüber Feedback. Die Trainees werden dazu angehalten, sich während dieser Phase der Gruppenarbeit ganz auf das Verhalten zu konzentrieren. Falls dies geboten erscheint, kann eine Situation gegebenenfalls noch einmal wiederholt werden, nachdem ein Feedback zur Korrektur des Verhaltens erfolgt ist. Am Ende einer jeden Gruppensitzung veranlaßt der Trainer jeden Trainee, die neu erlernte Fertigkeit in seiner realen Umwelt anzuwenden, um auf diese Weise den Transfer des Trainings auch wirklich in Gang zu setzen. Die Trainees, die als Hauptakteure in einem Rollenspiel aufgetreten sind, werden gebeten, auf diversen Aufgabenformularen einen *Vertrag* zu unterzeichnen und bis zur nächsten Gruppensitzung die neu erlernte Fertigkeit zu einer bestimmten Zeit und gegenüber einer bestimmten Person als „Hausaufgabe" zu praktizieren. Wenn sie diese Aufgabe erledigt haben, füllen sie das Formular fertig aus, notieren das Ergebnis ihrer Bemühungen und berichten dann der Gruppe bei der nächsten Sitzung darüber. Mit der Verteilung der Aufgaben endet die Gruppensitzung.

Wir sind uns durchaus darüber im klaren, daß die Wahrscheinlichkeit nicht sehr hoch ist, das neue Verhalten beizubehalten, wenn es für den Trainee in der realen Lebenssituation bei Anwendung der neuen Fertigkeit nicht irgendeine Art der Belohnung gibt und wenn die Leute, denen gegenüber er die Fertigkeit zeigt, nicht positiv reagieren. Es erscheint daher vielfach geboten, sich der Unterstützung durch Außenstehende zu vergewissern – seien es *Familienmitglieder*, *Pflegepersonal* oder *Lehrer* – und ihnen Instruktionen zu erteilen, wie sie sich verhalten sollen, wenn der Trainee das neue Verhalten in der realen Lebenssituation anzuwenden beginnt.

Nicht alle, die im Leben des Trainees eine bedeutende Rolle spielen, sind allerdings willens oder in der Lage, die erforderliche soziale Verstärkung zu gewährleisten und auf diese Weise zur Festigung der neuen Verhaltensweise des Trainees beizutragen. Diejenigen, mit denen die Trainees gemeinsam arbeiten oder zusammenleben, widersetzen sich unter Umständen sogar aktiv deren Anstrengungen, ihr Verhalten zu ändern. Es hat sich daher als sinnvoll erwiesen, gegen Ende der Phase, in welcher der Transfer des Trainings eingeübt wird, eine Methode einzuführen, mit deren Hilfe die Trainees lernen können, sich selbst unabhängig von anderen die nötige Verstärkung zu verschaffen. Das heißt also, daß nach einer Anfangsphase der Rollenspiele und der zu Hause zu erledigenden Aufgaben ein *Selbstverstärkungsprogramm* angeschlossen werden kann. Die Trainees werden über die Art und Weise der Selbstverstärkung instruiert und dazu ermuntert, „sich selbst etwas Nettes zu sagen oder etwas Gutes zu tun", wenn sie ihre neuerlernte Fertigkeit erfolgreich praktizieren.

Anwendungsbereiche

Beim Strukturierten Lernen werden Verhaltensweisen als Fertigkeiten angesehen, und die Personen können als „mehr oder weniger erfolgreich" in der Anwendung dieser Fertigkeit beschrieben werden. Bei der Erstellung einer umfassenden Liste von Fertigkeiten für *erwachsene Psychiatriepatienten* waren wir bestrebt, all jene Fertigkeiten aufzunehmen, die in der einschlägigen Literatur, wie auch von seiten der Praktiker und der Psychiatriepatienten selbst, als entscheidend für ihre reibungslose Integration in die Gemeinschaft und in die Alltagssituation genannt werden. Die vorliegende Fassung dieser Liste beruht also auf den Ergebnissen wissenschaftlicher Untersuchungen, den Erfahrungen von Mental-Health-Fachleuten sowie den Angaben der Psychiatriepatienten. Aufgrund der so zusammengetragenen Angaben wurde die in *Tabelle 1* wiedergegebene „Liste der grundlegenden Fertigkeiten" erstellt.

Tabelle 1: Grundlegende Fertigkeiten der Strukturierten Lerntherapie für Erwachsene

Grundfertigkeiten der Gesprächsführung
1. Beginn eines Gespräches
2. Weiterführen eines Gespräches
3. Beenden eines Gespräches
4. Zuhören

Eigenes Ausdrucksvermögen im Gespräch
5. Ein Kompliment äußern
6. Zustimmung zum Ausdruck bringen
7. Ermutigung aussprechen
8. Um Hilfe bitten
9. Anweisungen erteilen
10. Zuneigung zum Ausdruck bringen
11. Eine Beschwerde vorbringen
12. Andere überzeugen
13. Ärger zum Ausdruck bringen

Reaktionen auf das Verhalten anderer Personen
14. Reaktion auf Lob
15. Reaktion auf die Gefühle anderer (Empathie)
16. Eine Entschuldigung aussprechen
17. Anweisungen befolgen
18. Reaktion auf Überredungsversuche anderer
19. Reaktion auf Versagen
20. Reaktion auf widersprüchliche Meldungen
21. Reaktion auf eine Beschwerde
22. Reaktion auf Ärger

Planungsfertigkeiten
23. Ein Ziel setzen
24. Informationen einholen
25. Sich auf eine Aufgabe konzentrieren
26. Die eigenen Fähigkeiten abschätzen
27. Vorbereiten auf ein schwieriges Gespräch
28. Prioritäten für die Problembewältigung setzen
29. Entscheidungen treffen

Alternativen zu aggressivem Verhalten
30. Erkennen und Benennen der eigenen Emotionen
31. Feststellung der Verantwortlichkeit
32. Forderungen stellen
33. Sich entspannen
34. Selbstkontrolle
35. Verhandeln
36. Anderen helfen
37. Selbstbehauptung

Jede einzelne Fertigkeit wird in die *Verhaltensschritte* untergliedert, die diese konstituieren. Die Schritte beruhen auf einer Analyse des Verhaltens sowie auf den der Literatur entnommenen experimentellen Ergebnissen. Die Trainer bzw. die Trainees können anhand von *Checklisten* oder aufgrund bestimmter Methoden zur Beobachtung des Verhaltens die bei den Trainees beobachteten oder von diesen selbst festgestellten Leistungen bzw. Defizite in den einzelnen Fertigkeiten begutachten. Die Fertigkeiten, die entsprechenden Verhaltensschritte sowie weitergehende Erläuterungen sind Goldstein, Sprafkin und Gershaw (1976) zu entnehmen. Beispiele für Verhaltensschritte finden sich in *Tabelle 2*.

Tabelle 2: Typische Verhaltensschritte

Beginn eines Gespräches
Lernabschnitte:
1. Den richtigen Ort und die richtige Zeit aussuchen
2. Den anderen begrüßen
3. „Aufwärm"-Thema anschneiden
4. Feststellen, ob der andere auch zuhört und mit einem sprechen möchte
5. Das Thema anschneiden, über das man sprechen möchte

Verhandeln
Lernabschnitte:
1. Darstellung der eigenen Position
2. Darlegung dessen, wie man die Position des anderen sieht
3. Frage, ob der andere der eigenen Aussage hinsichtlich seiner Position zustimmen kann
4. Unvoreingenommenes Anhören der Antwort des anderen
5. Unterbreitung eines Kompromißvorschlages

Das Strukturierte Lernen wurde auch eingesetzt, um *Jugendlichen* sowohl in der Schule als auch in Therapieeinrichtungen der Gemeinden eine Vielzahl von sozialen Fertigkeiten sowie Fertigkeiten zur Aggressionskontrolle, der Planung und des Streßmanagements zu vermitteln. Zwar konnten einige der für erwachsene Psychiatriepatienten entwickelten Fertigkeiten übernommen werden, darüber hinaus mußte allerdings noch eine erhebliche Anzahl zusätzlicher Fertigkeiten hinzugenommen werden. In einigen Fällen war die Formulierung und die Komplexität der Verhaltensschritte zu modifizieren. Die für die Arbeit mit Jugendlichen zusammengestellten Fertigkeiten haben wir in *Tabelle 3* aufgeführt.

Abgesehen von der Änderung der Liste zu vermittelnder Fertigkeiten wurden noch weitere Modifikationen hinsichtlich des Vorgehens vorgenommen, um den besonderen Bedürfnissen der Jugendlichen auch wirklich gerecht werden zu können. Eine derartige Veränderung bestand in der *Präsentation der Modellsituation*. Während erwachsene Psychiatriepatienten eher zur Passivität neigen und in der Lage sind, auf Tonband aufgenommene Modellsituationen zu verfolgen, scheint es für die Arbeit mit Jugendlichen geboten zu sein, mehr Handlung ins Spiel zu bringen, lebensnahere Beispiele vorzuführen und neben auditiven auch visuelle Eindrücke zu vermitteln. Daher war man bestrebt, möglichst aktive Modelle entweder live auftreten zu lassen oder sie per Videorecorder oder Film vorzuführen.

Tabelle 3: Fertigkeiten der Strukturierten Lerntherapie für Jugendliche

Soziale Grundfertigkeiten
1. Zuhören
2. Beginn eines Gesprächs
3. Führen eines Gesprächs
4. Eine Frage stellen
5. Sich bedanken
6. Sich selbst vorstellen
7. Andere Menschen vorstellen
8. Ein Kompliment aussprechen

Weitergehende soziale Fertigkeiten
9. Um Hilfe bitten
10. Eingliederung in eine Gruppe
11. Anweisungen erteilen
12. Anweisungen befolgen
13. Sich entschuldigen
14. Andere überzeugen

Fertigkeiten im Umgang mit Gefühlen
15. Eigene Gefühle wahrnehmen
16. Eigenen Gefühlen Ausdruck geben
17. Die Gefühle anderer wahrnehmen
18. Umgang mit dem Ärger eines anderen
19. Zuneigung zum Ausdruck bringen
20. Umgang mit Angst
21. Sich selbst belohnen

Fertigkeiten als Alternative zu aggressivem Verhalten
22. Um Erlaubnis bitten
23. Anderen etwas abgeben
24. Anderen helfen
25. Verhandeln
26. Selbstkontrolle üben
27. Für die eigenen Rechte eintreten
28. Auf Herausforderungen reagieren
29. Ärger mit anderen vermeiden
30. Sich aus Auseinandersetzungen heraushalten

Fertigkeiten zur Streßbewältigung
31. Eine Beschwerde vorbringen
32. Auf eine Beschwerde antworten
33. Faires Verhalten nach dem Spiel
34. Umgang mit Enttäuschung
35. Umgang mit dem Gefühl, übergangen worden zu sein
36. Sich für einen Freund einsetzen
37. Auf Überzeugungsversuche reagieren
38. Auf Versagen reagieren
39. Umgang mit widersprüchlichen Informationen
40. Umgang mit einem Vorwurf
41. Vorbereitung auf ein schwieriges Gespräch
42. Umgang mit Gruppenzwängen

Planungsfertigkeiten
43. Die Entscheidung treffen, etwas Bestimmtes zu tun
44. Feststellen, wodurch ein Problem hervorgerufen wurde
45. Ein Ziel festlegen
46. Die eigenen Fähigkeiten abschätzen
47. Informationen einholen
48. Probleme ihrer Gewichtigkeit nach ordnen
49. Eine Entscheidung treffen
50. Sich auf eine Aufgabe konzentrieren

Eine andere in der Zusammenarbeit mit Jugendlichen vorgenommene Modifikation ist durch den Versuch bedingt, sich den Einfluß und die Attraktivität natürlicher *Peer-leader* zunutze zu machen. Derartige Peer-leader haben eindeutig einen viel größeren Einfluß und einen sehr viel besseren Zugang zu den Jugendlichen, als sich ein Erwachsener dies je erhoffen könnte. Vielfach ist es möglich, sich des Einflusses eines Peer-leaders in der Weise zu bedienen, daß man ihn in bestimmten Sitzungen des Strukturierten Lernens als Assistenten des Trainers einsetzt. Der Peer-leader muß natürlich unterwiesen werden, die Reihenfolge der einzelnen Verfahren beachten und relativ kompetent in der jeweils zu vermittelnden Fertigkeit sein. Die Verfahrensweisen, die eigens für die Arbeit mit Jugendlichen entwickelt wurden, sind eingehend dargelegt in „Skillstreaming the Adolescent: A Structured Learning Approach to Teaching Prosocial Skills" (Goldstein et al., 1980).

Die Strukturierte Lerntherapie wird auch für die *Ausbildung von Polizeibeamten* eingesetzt. Die Öffentlichkeit wird sich erst langsam dessen bewußt, wie vielschichtig das Aufgabengebiet der Polizei ist. Infolgedessen wird allmählich auch die Notwendigkeit anerkannt, die Beamten für so heikle soziale Probleme auszubilden, wie etwa das Vorgehen bei Familienstreitigkeiten, die Verhandlungsführung mit Geiselnehmern sowie Maßnahmen zur Krisenintervention. Zur Vorbereitung der Polizeibeamten auf derartige Problemfelder werden Verfahren des Strukturierten Lernens angewandt (Goldstein et al., 1977; Miron/Goldstein, 1978). Eine weitere Zielgruppe für die Anwendung der Strukturierten Lerntherapie sind seit einiger Zeit *Geriatriepatienten.* Ausgehend von Hinweisen der Fachleute, die bei ihrer Arbeit mit Patienten in geriatrischen Einrichtungen feststellten, daß diese ein beträchtliches Defizit an sozialen Fertigkeiten aufweisen, haben Lopez und Mitarbeiter (1980) eine Reihe von Untersuchungen durchgeführt. Sie wollten feststellen, wie viele Wiederholungen des Rollenspiels optimal waren, um den Erwerb von Fertigkeiten sicherzustellen. Diese Untersuchungen haben die Notwendigkeit einer sachgemäßen Anwendung des Strukturierten Lernens gezeigt, wobei die Art der Präsentation der einzelnen Komponenten modifiziert wird, um den Bedürfnissen der jeweiligen Zielgruppe gerecht zu werden.

Im übrigen haben wir in jüngster Zeit die Präsentation der Komponenten des Strukturierten Lernens so modifiziert, daß Interessenten, die ganz allgemein ihre *soziale Kompetenz* verbessern möchten, dazu in die Lage versetzt werden, das Strukturierte Lernen als *Selbsthilfetherapie* einzusetzen (Goldstein/Sprafkin/ Gershaw, 1979). Bei dieser Neufassung erfolgt das *Modellernen* mittels schriftlicher Beispiele, in denen die richtige Anwendung der Fertigkeiten erläutert wird; das *Rollenspiel* wird in eigener Regie durchgeführt (z. B. anhand von Tonbandaufnahmen) oder aber mit Hilfe eines Freundes, zu dem man besonderes Vertrauen hat; das *Feedback* erfolgt aufgrund von Selbstkritik, aufgrund der bei anderen zu beobachtenden Reaktionen oder durch die Aussage von Freunden, die man um ihre Stellungnahme bittet; der *Transfer* schließlich wird mit Hilfe einer Vielzahl von praktischen Aufgaben, Verträgen und Verfahren zur Selbstbelohnung erreicht.

Außer bei den bereits erwähnten Zielgruppen wurde das Strukturierte Lernen auch bei *Eltern,* die ihre Kinder mißhandeln, mit dem Ziel eingesetzt, sie bei der Entwicklung von Fertigkeiten hinsichtlich der Selbstkontrolle, ihrer Elternrolle, ihrer Rolle als Ehepartner und ihrer Beziehung zu Kollegen zu unterstützen; ferner wurde es angewandt für die Schulung von *Industriemanagern,* um sie auf ihre Rolle als Vorgesetzte vorzubereiten (Goldstein/Sorcher, 1973), und zuletzt, um *lernbehinderten Kindern* sowie Kindern und Erwachsenen, die eine leichte bis mittlere *Retardierung* aufweisen, soziale Fertigkeiten zu vermitteln.

Fallbeispiel

Im folgenden soll die Anwendung der Strukturierten Lerntherapie am Beispiel eines erwachsenen Psychiatriepatienten dargestellt werden. Der geschilderte Fall ist einigermaßen typisch für Menschen, bei denen es zu einer „Drehtürkarriere" gekommen ist: Sie werden immer wieder in psychiatrische Anstalten eingeliefert, wo die Unterbringung bis zu mehreren Monaten dauert; dazwischen liegen Zeiten ohne Kontakt mit anderen Menschen.

Frank W. ist 48 Jahre alt, unverheiratet, das zweite von drei Kindern einer Arbeiterfamilie. Er wuchs in einer mittelgroßen Stadt im Nordosten der Vereinigten Staaten auf. Franks Lehrer beschrieben ihn als verschlossenen und ängstlichen Schüler. Er verließ die höhere Schule in der elften Klasse, um eine Arbeit anzunehmen. Die Schule hatte ihm nie besonders zugesagt, er hatte keine Freunde, und außerdem wurde zu Hause Geld gebraucht. Nachdem er verschiedene Stellen als ungelernter Arbeiter gehabt hatte, meldete er sich zur Armee. Nach ehrenvoller Entlassung aus dem Militärdienst übernahm Frank eine Stelle an einem Montageband in einer anderen Stadt. Er wohnte in möblierten Zimmern, hatte keine Freunde und keinerlei Hobbies oder Interessen. Er verlor sehr schnell den Kontakt zu seiner Familie, abgesehen von gelegentlichen Briefen seines ältesten Bruders.

Nachdem er zwei Jahre lang im großen und ganzen kontinuierlich eine Arbeit gehabt hatte, kam es zu einer Wirtschaftskrise, und Frank stand plötzlich arbeitslos da. Er wurde noch verschlossener und fühlte sich durch verschiedene Probleme beeinträchtigt und letztlich überfordert. Er wurde zum ersten Mal in einer staatlichen psychiatrischen Einrichtung untergebracht. In den mehr als zwanzig Jahren, die seit dieser ersten Unterbringung vergangen sind, verbrachte Frank selten länger als ein Jahr außerhalb der Mauern einer staatlichen psychiatrischen Anstalt bzw. eines Veterans Administration Psychiatric Hospital. Kennzeichnend war die Tatsache, daß er sich immer wieder durch eine Reihe von Problemen mit seiner Umgebung überfordert fühlte – durch finanzielle Probleme, Konflikte mit Vermietern oder Auseinandersetzungen mit Vorarbeitern – und dann selbst um Aufnahme in eine Klinik ersuchte. Die Diagnose der Ärzte lautete gewöhnlich „chronische Schizophrenie, undifferenziert". Wenn Frank in einer Klinik untergebracht war, erhielt er im allgemeinen Neuroleptika und wurde praktisch nur verwahrt. Einige Versuche, eine verbale, einsichtsorientierte Psychotherapie durchzuführen, waren fehlgeschlagen.

Frank wurde in einem Veterans Administration Day Treatment Center behandelt, wohin er nach seiner Entlassung aus einer psychiatrischen Anstalt überwiesen worden war. Aus dem Überweisungsschreiben ging hervor, daß Frank dort drei Monate lang stationär behandelt worden war, daß er dazu neigte, sich zurückzuziehen und sich gegenüber der Außenwelt zu verschließen, jedoch nicht länger stationärer Behandlung bedurfte. Zu der Tagesklinik wurde Frank von seinem älteren Bruder begleitet, bei dem er bis auf weiteres untergekommen war. Der Bruder gab an, er sei der einzige Angehörige von Frank, er und seine Frau könnten ihn jedoch nicht auf Dauer bei sich behalten. Der Bruder erklärte ferner, daß er Franks Geld verwalte und sowohl er als auch seine Frau Franks „Krankheit" akzeptiert hätten und bestrebt seien, keine allzu großen Anforderungen an ihn zu stellen.

Während des Erstinterviews in der Tagesklinik übernahm Franks Bruder im wesentlichen die Gesprächsführung. Fragen, die eigentlich an Frank gerichtet wurden, beantwortete er selbst mit ja oder nein. Dabei vermied er den Blickkontakt mit dem Interviewer. Dieser erläuterte Frank und seinem Bruder das Programm der Tagesklinik (vgl. Sprafkin/Gershaw/Goldstein, 1978). Bei der Zusammenstellung des Programms wurde ein Modell des psychoedukationalen Trainings zugrundegelegt, das aus verschiedenen Kursen zum Erlernen sozialer Fertigkeiten sowie des Selbstmanagements besteht. Frank stimmte teilnahmslos einem Plan zu, der eine Reihe von Kursen vorsah, darunter auch mehrere Kurse im Sinne des Strukturierten Lernens.

Bevor Frank und sein Bruder die Tagesklinik verließen, sprach noch einer der für das Programm des Strukturierten Lernens zuständigen Trainer mit ihnen, um ihnen zu erklären, wie diese Kurse des Strukturierten Lernens durchgeführt werden. Der Trainer bat sowohl Frank als auch seinen Bruder, genau anzugeben, bei welchen Fertigkeiten Frank ihrer Meinung nach Hilfe benötigte. Während Frank durch die Tagesklinik geführt wurde, erklärte der Trainer dem Bruder eingehend, wie er (der Bruder) und dessen Frau Frank zu seinen zu erwartenden Fortschritten in den Kursen verhelfen könnten. Der Bruder erhielt einige Informationsschriften über das Programm und wurde ganz offen dazu aufgefordert, mit dem Trainer in Verbindung zu bleiben.

Frank wurde einer Lerngruppe aus sieben weiteren Trainees zugeteilt, die aufgrund ihrer eigenen Aussagen oder der Berichte anderer allesamt Schwierigkeiten mit den „grundlegenden Gesprächsfertigkeiten" aufwiesen. Während der ersten Sitzung wurden die neuen Mitglieder der Gruppe vorgestellt; anschließend wurde ihnen die Vorgehensweise beim Strukturierten Lernen erläutert. Der Trainer forderte die Gruppenmitglieder dazu auf, sich sogleich an die Arbeit zu machen und die Fertigkeit „Beginn eines Gespräches" zu praktizieren. Dann ließ er mehrere auf Tonband aufgenommene Modellsituationen abspielen, bei denen die Akteure jeweils mit Erfolg ein Gespräch begannen und eine Reihe von Verhaltens- oder Lernschritten absolvierten. Anschließend begann der Trainer ein Gespräch über die auf dem Tonband aufgezeichneten Szenen, und einige Mitglieder der Gruppe erzählten von sich aus, daß einige der geschilderten Situationen sie an Schwierigkeiten erinnerten, die sie selbst schon bei der Aufnahme eines Gespräches erlebt hatten. Der Trainer fragte Frank, ob irgendeine der Modellszenen ihn an Situationen erinnerte, die für ihn problematisch gewesen seien, und Frank gab nach einigem Zögern an, daß es ihm sehr schwerfalle, mit bestimmten Verkäufern ein Gespräch zu beginnen. Als nächstes leitete der Trainer die einzelnen Trainees dazu an, einige der von ihnen geschilderten Situationen im Rollenspiel nachzuspielen. Nach den Rollenspielen erhielten die Trainees Feedback, und am Ende wurden denjenigen, die Hauptakteure gewesen waren, jeweils „Hausaufgaben" erteilt, die sie zur Übung der Fertigkeit in ihrer realen Lebenssituation ausführen sollten.

Während des zweiten Treffens der Gruppe erhielt auch Frank die Gelegenheit zum Rollenspiel. Er reagierte zunächst überaus zögernd und unsicher, aber nachdem ihm der Trainer und die anderen Trainees Mut zugesprochen hatten, willigte er ein. Er suchte sich einen anderen Trainee aus, der ihn an einen der Verkäufer in einem kleinen Laden in seiner Nachbarschaft erinnerte. Dank der Anleitung durch den Trainer bewältigte er seine Aufgabe und erhielt dafür von den anderen Trainees konstruktives und anerkennendes Feedback. Als Aufgabe für die nächste Stunde erklärte er sich bereit, ein Gespräch mit besagtem Verkäufer zu beginnen, was er dann auch am gleichen Tag noch tat. Zum Glück war der Verkäufer ausgesprochen entgegenkommend, so daß Frank bei der nächsten Sitzung voller Genugtuung über seine Leistung berichten konnte.

Nachdem eine Anzahl weiterer Gesprächsfertigkeiten geübt worden waren und sich Frank in zunehmendem Maße aktiv beteiligte, befaßte sich die Gruppe mit dem Problem „Forderungen stellen". In dem Gespräch im Anschluß an die Modellsituationen äußerte Frank, es falle ihm außerordentlich schwer, Forderungen gegenüber anderen, insbesondere aber seinem Bruder zu erheben, der sich schließlich „um ihn kümmerte". Er meinte, er würde seinen Bruder gerne um die Erlaubnis bitten, sein Geld selbst verwalten zu dürfen, da er sich nunmehr dazu in der Lage fühle. Da ihm offenbar an der Auseinandersetzung mit diesem Problem sehr gelegen war, stellte er als erster diese Fertigkeit im Rollenspiel dar. Er suchte sich als Partner einen anderen Trainee aus, der ihn nach eigenem Bekunden an seinen Bruder erinnerte. Dann begann er mit dem Rollenspiel „eine Forderung stellen", wobei er das Thema anschnitt, daß er sein Geld selbst verwalten wollte. Frank agierte zwar durchaus zufriedenstellend, aber dennoch fühlte er sich noch nicht selbstsicher genug, um diese Fertigkeit auch seinem Bruder gegenüber auszuprobieren. Statt dessen erklärte er sich bereit, als „Hausaufgabe" gegenüber der Sekretärin der Tagesklinik eine Forderung zu erheben, da es sich dabei um eine Person und auch um eine Situation handelte, die er als weniger bedrohlich empfand. Während der nächsten Sitzung berichtete er, daß die Begegnung mit der Sekretärin erfolgreich verlaufen sei und daß er sich jetzt vielleicht in der Lage fühle, diese Fertigkeit auch seinem Bruder gegenüber anzuwenden. Der Bruder, der unterdessen in ständigem Kontakt mit der Tagesklinik geblieben war und darüber Bescheid wußte, daß Frank in zunehmendem Maße darauf aus war, finanziell unabhängig zu werden, reagierte auf Franks Ersuchen ausgesprochen positiv, worüber Frank sich sehr freute.

Nach diesem Vorfall nahm Frank noch mehrere Monate lang an den Kursen teil, die nach der Methode des Strukturierten Lernens in dieser Tagesklinik durchgeführt wurden. Während dieser Zeit entwickelte er allmählich die Fähigkeit, mit seinem Bruder über seine Wünsche zu sprechen, alleine zu leben und sich einen Arbeitsplatz zu suchen, zumindest jedoch eine Teilzeitbeschäftigung. Nach mehreren Monaten war Frank in der Tat so weit, daß er diejenigen Fertigkeiten beherrschte, die erforderlich sind, um eine Arbeitsstelle zu finden und um in eine eigene kleine Wohnung zu ziehen. In diesem Stadium reduzierte sich sein Kontakt zur Tagesklinik auf gelegentliche freundschaftliche Besuche.

Zusammenfassung

Die Strukturierte Lerntherapie ist ein *psychoedukationaler* Ansatz zum Training von Fertigkeiten, mit dessen Hilfe einer Vielzahl klinischer und nichtklinischer Zielgruppen eine Anzahl von Fertigkeiten im sozialen Bereich, bei der Lebensplanung und zur Streßbewältigung vermittelt werden. Er verdankt wesentliche Impulse sowohl den Erziehungswissenschaften als auch der Psychologie, und er zielt darauf ab, vernünftige, empirisch bestätigte *lerntheoretische* Prinzipien für

Trainingsmethoden nutzbar zu machen, die für unterschiedliche Gruppen von Trainees leicht verständlich sind.

Die Strukturierte Lerntherapie ist in erster Linie ein Verfahren, das in *Gruppen* angewandt wird und dessen Hauptkomponenten aus dem *Modellernen*, dem *Rollenspiel*, dem *Leistungsfeedback* und dem *Übungstransfer* bestehen. Zwar ist offenbar jede dieser Komponenten für sich genommen unabdingbar, damit ein Lerneffekt eintritt, aber es hat sich gezeigt, daß durch den *kombinierten Einsatz* dieser Komponenten die Wahrscheinlichkeit des Erwerbs und der Ausführung neuer Verhaltensformen gefördert wird.

Das Strukturierte Lernen ist keine statische, unveränderliche Größe. Der Ansatz war ursprünglich eine Psychotherapie, die auf die Behandlung von chronischen, in Anstalten untergebrachten, den unteren Einkommensschichten angehörenden Psychiatriepatienten zugeschnitten war, aber innerhalb relativ kurzer Zeit einer ganzen Reihe anderer Zielgruppen angepaßt und für diese angewandt worden ist. Wir hoffen, daß die Strukturierte Lerntherapie in kreativer Weise genau auf die spezifischen Trainingserfordernisse und Lernstile der jeweiligen Zielgruppen hin spezifiziert wird.

Ein anderes wesentliches Ziel, das bei der Weiterentwicklung der Strukturierten Lerntherapie angestrebt wird, ist die Erhöhung der Wahrscheinlichkeit, daß das in der Trainingssituation Gelernte in der Tat erfolgreich auf die *reale Lebenssituation* übertragen wird. Viele Untersuchungen sind hierzu noch durchzuführen, obgleich bereits wesentliche Fortschritte erzielt wurden. Die Herausforderung liegt jedoch vor allem darin, einer Vielzahl von Trainees dabei behilflich zu sein, Fertigkeiten zu erlernen und anzuwenden, von denen sie selbst merken, daß sie diese benötigen, um ein produktives und befriedigendes Leben führen zu können.

Literatur

Arbuthnot, J. Modification of moral judgment through role playing. *Developmental Psychology*, 1975, **11**, 319–324.

Bandura, A. *Social learning theory*. Englewood Cliffs, N.J.: Prentice-Hall, 1977.

Goldstein, A. P. *Therapist-patient expectancies in psychotherapy*. New York: Pergamon, 1962.

Goldstein, A. P. *Psychotherapeutic attraction*. New York: Pergamon, 1971.

Goldstein, A. P. *Structured learning therapy: Toward a psychotherapy for the poor*. New York: Academic Press, 1973.

Goldstein, A. P. and Sorcher, M. *Changing supervisor behavior*. New York: Pergamon, 1973.

Goldstein, A. P. and Stein, N. *Prescriptive psychotherapies*. New York: Pergamon, 1976.

Goldstein, A. P., Heller, K. and Sechrest, L. B. *Psychotherapy and the psychology of behavior change*. New York: Wiley, 1966.

Goldstein, A. P., Sprafkin, R. P. and Gershaw, N. J. *Skill training for community living: Applying structured learning therapy*. New York: Pergamon, 1976.

Goldstein, A. P., Monti, P. J., Sardino, T. and Green, D. *Police crisis intervention*. New York: Pergamon, 1977.

Goldstein, A. P., Sprafkin, R. P. and Gershaw, N. J. *I know what's wrong, but I don't know what to do about it*. Englewood Cliffs, N.J.: Prentice-Hall, 1979.

Goldstein, A. P., Sprafkin, R. P., Gershaw, N. J. and Klein, P. *Skillstreaming the adolescent: A structured learning approach to teaching prosocial skills*. Urbana, Ill.: Research Press, 1980.

Hollander, T. G. The effects of role playing on attraction, disclosure and attitude change in a psychotherapy analogue. Ph.D. dissertation. Syracuse University, 1970.

James, W. What pragmatism means. In M. R. Konvitz and G. Kennedy (Eds.), *The American pragmatists*. New York: Meridian Books, 1960.

Lichtenstein, E., Keutzer, C. S. and Himes, K. H.

Emotional role playing and changes in smoking attitudes and behaviors. *Psychological Reports,* 1969, **23,** 379–387.

Lopez, M. A., Hoyer, W. J., Goldstein, A. P., Gershaw, N. J. and Sprafkin, R. P. Effects of overlearning and incentive on the acquisition and transfer of interpersonal skills with institutionalized elderly. *Journal of Gerontology,* 1980, *35,* 403–409.

McFall, R. M. and Marston, A. R. An experimental investigation of behavior rehearsal in assertive training. *Journal of Abnormal Psychology,* 1970, **76,** 295–303.

Miron, M. and Goldstein, A. P. *Hostage.* New York: Pergamon, 1978.

Perry, M. A. Didactic instructions for and modeling of empathy. Ph.D. dissertation. Syracuse University, 1970.

Rathjen, D., Heneker, A. and Rathjen, E. Incorporation of behavioral techniques in a game format to teach children social skills. Paper presented at the Association for Advancement of Behavior Therapy, New York, 1976.

Rychlak, J. F. *Introduction to personality and psychotherapy.* Boston: Houghton, 1973.

Sprafkin, R. P. Communicator expertness and changes in word meanings in psychological treatment. *Journal of Counseling Psychology,* 1970, **17 (3),** 191–196.

Sprafkin, R. P. The rebirth of moral treatment. *Professional Psychology,* 1977, **8 (2),** 161–169.

Sprafkin, R. P., Gershaw, N. J. and Goldstein, A. P. Teaching interpersonal skills to psychiatric outpatients: Using structured learning therapy in a community-based setting. *Journal of Rehabilitation,* 1978, **44 (2),** 26–29.

Staub, E. The use of role playing and induction in children's learning of helping and sharing behavior. *Child Development,* 1971, **42,** 805–816.

Sutton, K. Effects of modeled empathy and structured social class upon level of therapist displayed empathy. Masters thesis. Syracuse University, 1970.

Tanztherapie

Diane Duggan

Meine allgemeine Haltung gegenüber Psychotherapie ist folgende: Psychotherapie stellt eine künstliche, wenig wünschenswerte und unpraktische Möglichkeit dar, Menschen so „wiederherzustellen", daß diese in der Lage sind, mit ihren Problemen selbst fertig zu werden bzw. wenn sie Hilfe brauchen, sich an ihre Freunde und Familie zu wenden. Kurz gesagt, ich betrachte Psychotherapie, wie sie heute praktiziert wird, als ein notwendiges Übel, als das „Erkaufen von Freundschaft".

Wieviel besser würde es sein, könnte man seine psychischen Probleme durch selbständiges Nachdenken, durch Gespräche mit anderen Menschen, durch körperliche Aktivitäten oder soziale Interaktionen lösen, anstatt einen Fremden um Hilfe anzugehen. Dennoch stellt für viele Leute fachmännische Unterstützung die beste Lösung für ihre Probleme dar.

In diesem Kapitel können wir sehen, wie eine natürliche Form der Therapie, nämlich der Tanz, entsprechend genutzt werden kann. Die Gründe für den therapeutischen Wert des Tanzes sind zweifellos kompliziert. Ich stelle mir vor, daß ein therapeutischer Effekt schon allein mit den körperlichen Wirkungen einhergeht; wichtigere Faktoren sind jedoch wahrscheinlich die Interaktionen mit den Tanzpartnern, die Beziehung zum Therapeuten und neue Erkenntnisse über den eigenen Körper und das Selbst. Folglich ergibt sich der therapeutische Wert des Tanzes aus mehreren Modalitäten, und wenngleich der Tanz, wie Musik, Dichtung und andere ästhetische Prozesse auch, vielleicht alleine durch die Freude am Mitmenschen hilft, zieht er zusätzliche wichtige körperliche Vorteile nach sich.

Tanztherapie bedeutet therapeutische Nutzung der *Bewegung* als eines Prozesses, durch den die emotionale und körperliche Integration gefördert wird (American Dance Therapy Association, 1972). Es handelt sich dabei um einen *ganzheitlichen Ansatz*, der die komplexe Interaktion von Leib und Seele anerkennt und Störungen emotionalen, kognitiven und körperlichen Ursprungs durch Interventionen auf der Ebene der Körperbewegungen angeht. Die Bewegung ist die therapeutische Methode, ist das diagnostische Instrument zur Beurteilung und liefert das Material zur Exploration. Sie stellt auch eine Beziehungsform zwischen Klient und Therapeut dar und ist das Medium für Veränderung.

Der Tanztherapeut konzentriert sich auf das *Ausdrucks-, Anpassungs-* und *Kommunikationsverhalten*, das sich in den Muskelspannungen, der Atmung, der Haltung, der Dynamik der Bewegungen und den Interaktionen des Klienten äußert. Durch Bewegungserfahrungen wird sich der Klient dieser Verhaltensweisen bewußt und exploriert deren Bedeutung. Der Bewegungsprozeß verhilft dem Klienten zur Entwicklung alternativer Möglichkeiten, um innere Impulse und Umweltanforderungen zu bewältigen, und er integriert die affektiven, kognitiven und körperlichen Aspekte des Seins.

Gegenwärtig werden zwei verschiedene Begriffe zur Bezeichnung dieses Fachgebiets benutzt: *Tanztherapie* und *Bewegungstherapie*. Der Begriff „Bewegung" wird von denjenigen Therapeuten gebraucht, die Assoziationen mit einer

Vorführung vermeiden wollen und *keine Musik* benutzen, sondern sich auf den *inneren Empfindungsprozeß* des Klienten konzentrieren. Diejenigen, die den Begriff „Tanz" bevorzugen, heben die Bedeutung der Ausdrucksbewegung, die integrierenden Aspekte des *rhythmischen* Einsatzes der Körperbewegung wie auch die Verwurzelung dieses Fachgebiets in den schöpferischen Künsten hervor.

Geschichte

Tanztherapie ist sowohl im Tanz als auch in der Psychologie verankert. Auf dem Gebiet des Tanzes reichen ihre Wurzeln weit in die Vergangenheit zurück, als der Tanz bei *religiösen Riten* benutzt wurde, um in schweren Zeiten, Übergangsperioden oder bei Festlichkeiten tiefgehende Gefühle auszudrücken. In vielen Kulturen hatte der Tanz eine *transzendentale* Funktion und war ein Mittel, um im Bemühen um Verständnis und Bewältigung der Naturkräfte eine *ekstatische Kommunikation* mit der Geisterwelt herzustellen. Er spielte eine wichtige Rolle in Heilungszeremonien und bei *Schamanentänzen*, um böse Geister auszutreiben.

Der Tanz hatte auch eine *vorbeugende, steuernde Funktion*. Traditionelle Tänze festigten die Identität und Werte der Gemeinschaft, indem sie kulturelle Bewegungsformen und Interaktionsmuster verstärkten. Durch den Tanz gelang es, Spannungen auf sozial anerkannte Weise freizusetzen und ihre Erfahrungen mit dem größeren Kontext der Werte ihrer Gemeinschaft in Einklang zu bringen.

Vom frühen Mittelalter bis zum zwanzigsten Jahrhundert wurde der Tanz in der westlichen Kultur zunehmend formalisiert und immer mehr *vorführungsorientiert*, während seine expressiven, transzendentalen und partizipatorischen Aspekte häufig ignoriert wurden. Das begann sich zu ändern, als Isodora Duncan und nachfolgende Tänzer/Choreographen von den formalisierten Konventionen des Balletts abgingen und sich einer modernen Form des Tanzes zuwandten, bei dem innere Gefühle die choreographische Inspiration bestimmten. Vertreter des *modernen Ausdruckstanzes*, wie Mary Wigman, haben die Entwicklung vieler Tanztherapeuten beeinflußt.

Rudolf Laban (1960) hatte mit seinem „Effort-Shape-System" der *Bewegungsanalyse* und *-beobachtung* wesentlichen Einfluß auf die Entwicklung der Tanztherapie. Sein System stellt ein zusammenhängendes, konsistentes Instrument für die Analyse von Bewegungsverhalten dar. Es beschreibt nicht, was bei einer Bewegung getan wird, sondern *wie* es getan wird, und legt damit Gewicht auf individuelle Unterschiede bei der Ausführung der gleichen Bewegungsaktivität. Irmgard Bartenieff brachte dieses System in die Vereinigten Staaten und bildete viele Therapeuten in der Beobachtung und Berichtigung von Bewegungen aus.

Auch Theoretiker, Kliniker und Forscher auf dem Gebiet der Psychologie lieferten Beiträge zur Tanztherapie. Ein großer Teil ihrer Arbeit wurde parallel zur Entwicklung der Tanztherapie veröffentlicht. Besonders einflußreich war Wilhelm Reich (1949). Beim Ausbau der *Widerstandsanalyse* zur *Charakteranalyse* ging er von einer funktionellen Einheit von Psyche und Körper aus und brachte Körperhaltung, Atmung und Bewegung mit charakteristischen Bewältigungsstilen in Zusammenhang. Er erkannte, daß sich psychische Abwehr im Charakterpanzer und in chronischen Strukturen der Muskelspannung manifestieren und auf diese Weise den Energiefluß hemmen und Konfliktbereiche abtöten.

Lowen (1958) erweiterte Reichs Theorien, indem er versuchte, topologische Spannungsstrukturen mit diagnostischen Kategorien zu verknüpfen. Er entwickelte auch Interventionstechniken, die verbale Analysen mit Bewegungsaktivitäten kombinierten und darauf abzielten, emotionale Reaktionen hervorzurufen und Spannungen abzureagieren.

Schilder (1950) schrieb über das *Körperimage* und die reziproke Beziehung zwischen Psyche und Körper. Seine Arbeit lieferte Unterstützung für die Konzeption von Interventionen auf Körperebene bei der Behandlung emotionaler Probleme. Condons (1968) Befunde über *interaktionale Synchronie* und ihre Bedeutung in der interpersonalen Kommunikation hat weitreichende Implikationen für den therapeutischen Einsatz des rhythmischen Tanzes bei Menschen mit schweren interpersonalen Störungen. Davis (1970) konzentrierte sich in ihrer Studie über hospitalisierte psychotische Personen auf *intrapsychische* Aspekte der Körperbewegung. Sie untersuchte auch nonverbale Interaktionen im therapeutischen Prozeß (1977).

Marian Chace wird allgemein als die Schöpferin der Tanztherapie in den Vereinigten Staaten angesehen. Sie war ursprünglich Tänzerin und unterrichtete in Washington. Hier begann sie, in ihren Tanzklassen Wert auf *persönlichen Ausdruck* durch Bewegung anstatt auf Technik zu legen. In dieser Gegend praktizierende Psychiater hörten davon und boten ihr, nachdem sie Privatklienten an sie überwiesen hatten, 1942 an, Tanz als eine Form der Therapie bei Patienten einer psychiatrischen Klinik einzusetzen. Ihre Arbeit erwies sich als so erfolgreich bei der Kontaktaufnahme und Motivierung von Patienten, daß Tanztherapie in das reguläre Behandlungsprogramm der Klinik aufgenommen wurde. Nachdem Chace die Klinik verlassen hatte, arbeitete sie mit Frieda Fromm-Reichmann und Harry Stack Sullivan in Chestnut Lodge.

Eine andere, für die Tanztherapie wegweisende Persönlichkeit, war Mary Whitehouse. 1950 ergänzte sie ihre umfangreiche tänzerische Ausbildung mit einer Jungschen Analyse, um einen Ansatz zu entwickeln, bei dem sich Tanz als Mittel der *Selbstexploration* und der *Entfaltung* für neurotische Menschen einsetzen läßt. Liljan Espenak und Blanche Evan entwickelten Tanztechniken als Therapie bei Neurotikern; Trudi Schoop brachte den Tanz bei der Behandlung hospitalisierter psychotischer Patienten zum Einsatz.

Ein wachsendes Bedürfnis nach Kommunikation und fachlicher Entwicklung führte 1966 zur Bildung der American Dance Therapy Association. Die junge Organisation hatte 73 Gründungsmitglieder; Marian Chace wurde zu ihrer ersten Präsidentin gewählt.

Gegenwärtiger Stand

Die American Dance Therapy Association (ADTA) ist die anerkannte Berufsorganisation für Tanztherapeuten, in der die Mehrheit aller Praktiker Mitglied ist. 1979 betrug die Mitgliederzahl der ADTA in den Vereinigten Staaten und 12 anderen Ländern etwas über 1000. Die Gesellschaft bestimmt die Standards für klinische Praxis und Ausbildung. Es wurde ein striktes Aufnahmeverfahren entwickelt, das eine angemessene Ausbildung plus eine zweijährige klinische Anstellung und den Nachweis der Integration von Ausbildung und Praxis verlangt. Eingetragene Tanztherapeuten haben nach Maßgabe der Gesellschaft ein Mindestmaß an Kompetenz für eine Privatpraxis oder für die Ausbildung von Tanztherapeuten.

1979 existierten 10 Programme, die zum Magister-Abschluß in Tanztherapie führten. Alle Programme beinhalten Kurse für Gebiete wie Theorie der Tanztherapie, Bewegungsbeobachtung und Psychodynamik sowie eine klinische Assistenzzeit. Zusätzlich zu diesen formalen Ausbildungsprogrammen werden überall Kurse und Workshops von Tanztherapeuten durchgeführt.

Die ADTA hält jedes Jahr im Herbst eine Konferenz ab und regt regionale Workshops und Konferenzen an. Sie gibt auch einschlägige Literatur, darunter Konferenzberichte, Monographien, die gesammelten Schriften von Marian Chace und das „American Journal of Dance Therapy" heraus.

Die wachsende fachliche Qualifikation auf dem Gebiet der Tanztherapie hat dazu geführt, daß sie zunehmend durch staatliche Stellen und Mental-Health-Behörden anerkannt wird. Der 1975 verabschiedete „Education for All Handicapped Children Act" schließt Tanztherapie als geeignetes Verfahren ein. Das hat dazu geführt, daß eine wachsende Zahl von Tanztherapeuten in pädagogischen Sondereinrichtungen arbeitet. Gegenwärtig ist die Mehrzahl der Tanztherapeuten in Mental-Health-Einrichtungen, wie psychiatrischen Krankenhäusern und Community-Mental-Health-Zentren, beschäftigt.

Theorie

Bewegung ist ein grundlegender Tatbestand des Lebens; alles beobachtbare menschliche Verhalten besteht aus Körperbewegungen. Die Bewegung hat intrapsychische, adaptive und interpersonale Bedeutung und ist eine Möglichkeit, die Umwelt zu bewältigen und eine kommunikative Verbindung zu anderen Menschen zu schaffen. Wegen ihrer grundlegenden, allgegenwärtigen und vielschichtigen Natur kann die Bewegung in unterschiedlichen konzeptuellen Rahmen benutzt werden. Bernstein (1979) stellte acht verschiedene, von führenden Tanztherapeuten beschriebene theoretische Ansätze zusammen. Darunter befinden sich Jungsche, psychoanalytische, gestalttherapeutische und transpersonale Orientierungen.

Welche theoretische Richtung sie auch vertreten mögen, der Arbeit aller Tanztherapeuten liegt immer eine *ganzheitliche Philosophie* zugrunde, die die komplexe Interaktion und gegenseitige Abhängigkeit von Leib und Seele anerkennt. Psychische Zustände manifestieren sich körperlich in Muskelspannungen, in der Atmung, der Körperhaltung und der Bewegungsdynamik. Die Leib-Seele-Beziehung ist wechselseitig; nicht nur beeinflußt die Psyche den Körper, sondern Körpererfahrungen haben auch Einfluß auf die Psyche. Der Körper reflektiert und beeinflußt die augenblicklichen Gefühle des Menschen, seine Geschichte, seine charakteristischen Lebenseinstellungen und sogar seine kulturelle Identität. Es besteht keine einfache „one-to-one-Beziehung" zwischen Leib und Seele; die Zusammenhänge sind komplex und werden von vielen Variablen bestimmt.

Die Auffassungen von Tanztherapeuten über die menschliche Entwicklung hängen wahrscheinlich von ihrer theoretischen Orientierung ab, aber alle sind sich über die Bedeutung der Bewegung im Entwicklungsprozeß einig. In den frühesten Entwicklungsstadien ist die Bewegung eines der wichtigsten Mittel für das Kind, um Informationen über sich selbst und die Umwelt zu gewinnen. Sowohl die reflexiven, zufälligen, undifferenzierten Bewegungen des Kindes selbst als auch wie andere Personen mit dem Kind umgehen, ziehen *sensorische Stimulation* nach sich. In diesem Stadium ist alles Lernen ein *Körperlernen*.

Bewegungen stimulieren den *kinästhetischen Sinn*, der, zusammen mit dem *Tastsinn*, entscheidend für die Entwicklung des *Körperimages*, der mentalen Vorstellung vom Körper, ist. Der Einfluß des Körperimages ist beachtlich; man nimmt an, daß die ersten Images vom Körper für die Entwicklung des Ichs entscheidend sind (Fisher/Cleveland, 1968). Das Körperimage beeinflußt die *Umweltwahrnehmung*, indem es als grundlegender Bezugsrahmen für die *Raumwahrnehmung* fungiert; und es hat Einfluß auf den Erwerb motorischer Fertigkeiten, indem es die Fähigkeit zur Differenzierung, Kontrolle und Koordinationen von Teilen des Körpers beeinflußt.

Da der Mensch bereits in der siebten Woche nach der Empfängnis zu reflexiven Bewegungsreaktionen auf Berührungsreize fähig ist, ist es nicht verwunderlich, daß bei Kindern individuelle Unterschiede in den Bewegungen festgestellt worden sind. Kestenberg (1965a und b) beschreibt diese Unterschiede in Begriffen des *Rhythmus des Spannungsflusses* und bringt sie in einer Längsschnittstudie in Beziehung zu psychosexuellen Entwicklungsstadien und der Mutter-Kind-Interaktion.

Bewegung spielt eine wesentliche Rolle in der *emotionalen* Entwicklung. Die erste Beziehung des Kindes gründet in erster Linie auf Berührung und Bewegung. Diese Beziehung bildet den Prototyp für spätere Beziehungen und beeinflußt das *Selbstkonzept* des Menschen sowie seine Lebenseinstellung. In dieser Beziehung lernt das Kind, andere Menschen mittels Berührungs-, Bewegungs- und Körperrhythmusmustern wahrzunehmen und durch diese Modalitäten Beziehungen mit ihnen einzugehen. Das Kind internalisiert Aspekte dieser Muster von der Mutter und lernt zu reagieren, sich anzupassen und sich zu behaupten – alles auf Bewegungsebene. Deprivation von Bewegung und taktiler Stimulation in diesem Stadium hat vernichtende Wirkung auf die Fähigkeit eines Menschen, Beziehungen einzugehen und das Selbst positiv wahrzunehmen.

Während dieser *präverbalen* Periode ist alle Erfahrung an Körperempfindungen und Bewegungen gebunden. Tanztherapeuten glauben, daß der Körper ein Speicher für Erinnerungen an diese Zeit ist, und sie versuchen, diese direkt über den Körper „anzuzapfen". S. Chaiklin (1975) macht darauf aufmerksam, daß zwar alle existierenden psychiatrischen Theorien präverbale Entwicklungsniveaus anerkennen, die an dieser Ebene anknüpfenden Interventionstechniken jedoch sehr begrenzt sind. Tanztherapie hingegen hat den Vorteil, daß sie mit dieser Ebene eine direkte Verbindung durch Bewegung herstellt und einem Menschen präverbales Material ohne Filterung durch Sprache zur Verfügung stellt. Hat man es mit schwer regredierten Personen zu tun, kann Sprache völlig ineffektiv sein. Tanztherapie liefert ein Mittel, um in solchen Fällen eine adäquate Beziehung herzustellen und darauf aufbauend die Arbeit in Richtung auf höhere Funktionsweisen beginnen zu können.

In der normalen Entwicklung werden mit der Umwelt interagierende *Bewegungsmuster* allmählich internalisiert und mit affektiven und kognitiven Prozessen integriert. Diese Integration führt zu einem sich bewegenden, fühlenden, denkenden Wesen, das in der Lage ist, den gesamten Bereich menschlicher Emotionen in Erfahrung zu bringen. Es ist sich seiner inneren Gefühle gewahr, ist fähig, in kreativer Weise mit den Umweltanforderungen umzugehen und kann befriedigende Beziehungen mit anderen Menschen eingehen.

Es gibt nicht einen bestimmten, besonders gesunden *Bewegungsstil*. Es ist bekannt, daß jeder Mensch bestimmte Bewegungen bevorzugt, die seine individuelle Persönlichkeit reflektieren. Es ist auch bekannt, daß verschiedene Kulturen spezifische Bewegungsstile schätzen und von daher fördern. In der Tanztherapie wird Gewicht darauf gelegt, daß dem Klienten sein Bewegungsstil bewußt und angenehm ist, sowie auf eine Reihe von adaptiven Bewegungen, mit denen den Umweltanforderungen begegnet werden kann. Es ist zum Beispiel nicht angemessen, sich ständig locker und gelöst zu bewegen. Manchmal bedarf es einer fließenden Bewegung, wenn man beispielsweise etwas sehr Zerbrechliches trägt.

Tanztherapeuten sehen in *emotionalen Störungen* einen pathologischen Bruch zwischen Leib und Seele, wodurch der Mensch von seinem Körper und seinen inneren Gefühlen abgeschnitten ist. Dieser Bruch wird durch den Körper bewirkt, indem Muskelspannungen und Atmungsformen benutzt werden, um inakzeptable innere Impulse oder Bedrohungen durch die Umwelt abzuwehren. Chronische Spannungen hemmen den Blutfluß und Empfindungen in Körperteilen, die mit der Konfliktquelle zusammenhängen. Dadurch werden Körperfunktionen sowie potentiell verfügbare Energien eingeschränkt. Traditionell sind Psychologen emotionale Störungen durch verbale Interventionen angegangen. Tanztherapeuten arbeiten mit Körperbewegungen, um das Bewußtsein und eine Veränderung des Körpers und folglich auch der emotionalen und kognitiven Ebene zu erreichen.

Ein Schwerpunkt liegt bei der Tanztherapie darin, die Fähigkeit des Menschen zur *Selbsterfahrung* zu erhöhen. Ein Aspekt dieser Erfahrung spielt sich auf Körperebene ab. Der Tanztherapeut hilft dabei, mit blockierten Bereichen und dysfunktionalen Atmungsmustern in Berührung zu kommen. Diese können in der Bewegung exploriert werden, um zu klären, welche Bedeutung sie haben und in welcher Weise sie für und gegen einen selbst arbeiten. Die Störungen weisen häufig auf eine Fehlanpassung bei der Bewältigung von inneren Impulsen und Umweltanforderungen hin. Die durch diese Störungen unterdrückten Emotionen werden ebenfalls mittels Bewegungen und verbal untersucht und mit anderen Lebenserfahrungen in Zusammenhang gebracht.

Durch ungesteuertes inneres Empfinden erlebt der Mensch auch seine *innere Dynamik* und Verfassung. Im Idealfall steuert er seine Bewegungen nicht. Die Bewegungen scheinen sich einfach von alleine zu entfalten. Solch planloses Bewegen mag begrenzt sein, handelt es sich jedoch um unumgängliche, authentische Bewegungen (Whitehouse, 1979), so offenbart sich darin die individuelle Dynamik, wie sie in der unmittelbaren Erfahrung auftaucht.

Alperson (1977) weist darauf hin, daß ein Vorteil der Bewegungstherapie bei der Selbsterkenntnis darin besteht, daß vor der Bewegungsausführung keine Definition notwendig ist, wodurch die Erfahrung vielleicht wie bei der Verbalisierung eingeschränkt wird. Der Klient kann sich selbst direkt in einem Zustand der Veränderung explorieren. Aus diesem dynamischen Zustand ergeben sich neue Verhaltensmöglichkeiten und neue Perspektiven für die Wahrnehmung von sich selbst und anderen. Die aus der Bewegungserfahrung herrührenden Einsichten lassen sich dann verbal verarbeiten, um ihre persönlichen Bedeutungen weiter zu klären. Die Bewegung vor dem Gespräch verhindert, daß der Klient von Beginn an durch seine eingefahrene Art und Weise, über sich selbst und seine Beziehungen nachzudenken, befangen ist.

Als Folge der unmittelbaren multisensorischen Rückmeldung, die durch die Bewegung selbst erzeugt wird, macht die sich bewegende Person spontane Erfahrungen mit sich. Diese kinästhetische, taktile, vestibulare, visuelle und auditive Stimulation hilft, das *Körperimage zu festigen* und ein klareres, *stabileres Selbstgefühl* zu entwickeln. Bewegung fördert auch körperliches Wohlbefinden. Entspannungs- und Ausgleichsübungen reduzieren die Muskelspannung und richten das Bewußtsein auf abgetötete Bereiche, vermindern das Gefühl körperlichen Unwohlseins und stärken die Lebenskraft. Die Entwicklung von Körperkontrolle erhöht *Wert- und Kompetenzgefühle*. Alles zusammen verstärkt die Bewegung positive Gefühle über das Selbst und verleiht eine stabile Grundlage, von der aus man die schwierigen Aufgaben der Selbstexploration und Veränderung in Angriff nehmen kann.

Tanzen ist für die meisten Leute eine im Prinzip vergnügliche Aktivität, besonders wenn kein Druck besteht, dies demonstrativ oder im Wettbewerb zu tun. Die *rhythmischen* Momente des Tanzes sind besonders wichtig. Snyder (1972) führt Untersuchungsergebnisse an, wonach der Körper dazu neigt, innere Rhythmen, wie Herzschlag und Atmung, mit motorischen Aktivitäten und äußeren Rhythmen zu synchronisieren. Rhythmische Aktivitäten können demnach durch Synchronisierung der Körperrhythmen innere Harmonie und Eigensynchronie erzeugen. Rhythmus erleichtert Interaktion, indem ein Gefühl der Einheit unter den Tanzenden geschaffen wird. Der Hang zur Selbstsynchronisierung befähigt die Gruppenmitglieder, miteinander auf indirekte, aber intime und zwingende Weise Beziehungen einzugehen, indem sie sich gemeinsam im gleichen Takt bewegen. Das gemeinsame Bewegen entspricht der interaktionalen Synchronie, die in normalen Gesprächen gefunden wird und die Condon (1968) mit Kommunikation gleichsetzt. Für schwer gestörte Personen kann es dadurch zur Erfahrung der Zugehörigkeit und Nähe zu anderen Menschen kommen.

Bewegung ist nicht nur ein Mittel zur Verbesserung von Selbsterkenntnis und Kommunikation; sie ist auch ein Medium, durch das innere Impulse strukturiert und kontrolliert werden. Schwer gestörten Personen sind innere Impulse vielleicht allzu gegenwärtig, so gegenwärtig, daß sie von ihnen überwältigt werden. Chace (H. Chaiklin, 1975) fand, daß der Tanz für den Menschen ein starkes Mittel der *Strukturierung* und *Reintegration* darstellt, da er die Möglichkeit bietet, Ausdrucksbewegungen zu organisieren. Zur echten Gestaltung von Ausdrucksbewegungen in der Tanztherapie gehört, daß ein bestimmtes Maß an Kontrolle über die Impulse ausgeübt wird; einem schwer gestörten Menschen kann damit geholfen werden, eine gewisse Ordnung in das Chaos seiner Gefühle zu bringen.

Die Bewegungserfahrungen in der Therapiesituation können außerdem helfen, in einer sicheren und stützenden Umgebung solche inneren Impulse durch den körperlichen Ausdruck von Emotionen zu kontrollieren und damit verbundenen Schmerz und Panik zu vertreiben. So lassen sich emotionsgeladene Situationen eher kontrollieren und Gefühle, Probleme und Alternativen schrittweise abklären.

Tanztherapie fördert Veränderung, indem sie die Fähigkeit zu *adaptiven Reaktionen* verbessert und die Entwicklung angemessenen Bewältigungsverhaltens unterstützt. Der Tanztherapeut setzt am Bewegungsstil an und versucht, das Bewegungsrepertoire durch Bewegungsaffinität und andere Techniken zu vergrößern und ein breiteres Spektrum adaptiver Reaktionen auf die Umwelt zu öffnen. In den Sitzungen wird Gelegenheit geboten, *alternative* Möglichkeiten der Bewältigung und Konfliktlösung auszuprobieren. Neue adaptive Verhaltensweisen werden identifiziert und unterstützt, bis sie integriert sind und im täglichen Leben zur Verfügung stehen.

Methoden

Die Methoden der Tanztherapie variieren je nach theoretischer Orientierung des Therapeuten, der Situation und dem Klientyp. Es bestehen beachtliche Unterschiede in bezug auf die Rolle des Therapeuten als aktivem Teilnehmer oder Beobachter und hinsichtlich Ausmaß und Natur der vorgegebenen Struktur. Obwohl viele Entscheidungen aufgrund der individuellen Therapieausbildung und des persönlichen Stils des Therapeuten getroffen werden, ist die wichtigste Variable bei der Methodenwahl der *Klientyp*. Die Bedürfnisse psychotischer Personen unterscheiden sich stark von denen neurotischer Klienten. Die Tanztherapie ist flexibel genug, um sich beiden anzupassen; in einigen Fällen werden formalisierte Strukturen betont, in anderen schöpferische Improvisation und inneres Empfinden.

Ein gemeinsames Merkmal der Arbeit aller Tanztherapeuten ist die *Prozeßorientiertheit*. Tanztherapie ist nicht ein Satz von Techniken, die entsprechend der diagnostischen Kategorie des Klienten eingesetzt werden, und es existieren auch keine vorgefaßten Vorschriften für eine Tanztherapiesitzung. Der Tanztherapeut reagiert auf das Bewegungsverhalten des Klienten spontan und betrachtet es als einen kontinuierlichen Prozeß der Entfaltung des Selbst.

Der Tanztherapeut bringt das Bewegungsverhalten des Klienten mit dessen intrapsychischen und/oder interpersonalen Stabilität und Biographie sowie mit allgemeinen therapeutischen Zielen in Zusammenhang. Der Therapeut kann die nicht-direktive Exploration innerer Empfindungen fördern oder kann Strukturen vorgeben, die den Klienten stützen und seine Umweltwahrnehmung und adaptiven Reaktionen erweitern. Er achtet auf nonverbale und verbale Rückmeldung des Klienten als Anhaltspunkte dafür, wie weiterzumachen ist. Häufig wird sich im Verlauf der Therapie die Methode mit den Bedürfnissen des Klienten verändern.

Bewegung ist, als konkretes Phänomen, vorübergehender Natur und existiert nur im Augenblick. Der Tanztherapeut benötigt einen systematischen Ansatz der Bewegungsbeobachtung, um in dem kontinuierlichen Strom des Bewegungsverhaltens getrennte und bedeutsame Dimensionen zu identifizieren. Für die Mehrzahl der Tanztherapeuten erfüllt Labans (1960) „Effort-Shape-System" diesen Zweck.

Im „Effort-Shape-System" wird Bewegung als kinetische Energie angesehen, als eine dynamische Qualität, und die räumliche Struktur ist zu verstehen als die Verwirklichung des Körpers im Raum (Dell, 1970). Energiequalitäten werden auf Kontinuen zwischen den Extremen dynamischer Eigenschaften des Spannungsflusses (frei bis gebunden), der Schwere (leicht bis schwer), der Zeit (andauernd bis plötzlich) und des Raumes (indirekt bis direkt) lokalisiert. Die Raumdimension umfaßt den Fluß der Form (Beziehung zum Körper selbst), gerichtete Bewegungen und Gestaltung (schöpferische Gestaltung oder Anpassung an Formen im Raum).

Das „Effort-Shape-System" gibt dem Tanztherapeuten eine Sprache an die Hand, die eher auf Bewegungsverhalten als auf psychologischen Konstrukten basiert. Es erleichtert im Laufe der Zeit die Beobachtung, die Analyse und den Vergleich von Personen und von Qualitäten, die der Bewegung ihren Ausdruckscharakter geben.

Nicht alle Tanztherapeuten führen *gemeinsam* mit dem Klienten die Bewegungen aus. Einige übernehmen nur die Rolle des *Beobachters* und interagieren mit dem Klienten mehr durch Worte als durch aktive Bewegung. Ihre Entscheidung, sich nicht an der Bewegung zu beteiligen, reflektiert ihre Auffassung, daß sie den Klienten ungebührlich beeinflussen und ihn vom Gewahrwerden seiner inneren Impulse ablenken könnten. Viele Therapeuten fungieren jedoch als *teilnehmende Beobachter* und sind bei ihrer Beteiligung an der Bewegung flexibel. Sie beteiligen sich möglicherweise an der Bewegung, wenn sie an Interaktionsthemen arbeiten oder wenn der Klient diese Unterstützung braucht, und sie werden vielleicht nur dann als Beobachter wirken, wenn sich der Klient mit seinen Gefühlen auseinandersetzt.

Andere Tanztherapeuten, besonders diejenigen, die mit *schwer gestörten Personen* arbeiten, bewegen sich fast immer mit ihren Klienten. Sie konzentrieren sich dabei nicht so sehr auf inneres Empfinden, sondern darauf, Verbindungen mit der Realität zu erleichtern. Sie benutzen ihre Körperbewegungen, um die Bewegungen des Klienten *widerzuspiegeln* und mit dem Klienten eine nonverbale Beziehung herzustellen.

Für Tanztherapeuten, die sich mit ihren Klienten bewegen, ist Chaces *Technik des Spiegelns* ein wichtiges therapeutisches Instrument. Spiegeln erfordert, daß man wesentliche, charakteristische Elemente des Bewegungsverhaltens des Klienten erfaßt und widergibt. Spiegeln dient verschiedenen Funktionen. Erstens stellt es eine Verbindung zwischen dem Therapeuten und dem Klienten her. Der Therapeut trifft sich mit ihm sozusagen auf der gleichen Ebene, indem er an der konkreten Bewegung teilnimmt. Der Klient kann den Therapeuten als eine Person wahrnehmen, die mit ihm in Beziehung tritt, oder als einen eigentlichen Teil seiner selbst. Durch Spiegeln entsteht auch eine *empathische Bindung* zwischen Therapeut und Klient. Der Therapeut gewinnt eine gewisse Einsicht in die Gefühle des Klienten, da ihn die Bewegung auf der Gefühlsebene beeinflußt und möglicherweise gleiche Assoziationen wie beim Klienten hervorruft. Schließlich kann der Therapeut, indem er eine spezifische Bewegung aufgreift, dazu verhelfen, daß sie bis zum vollsten Ausdruck entfaltet wird. Diese

Entwicklung zielt darauf ab, das Bewußtsein über das Bewegungsverhalten zu erhöhen und eine Verbindung zwischen Bewegungen und inneren Zuständen herzustellen. Es wird damit auch eine Gelegenheit zur *Energieentladung* und manchmal auch zur *Konfliktlösung* geschaffen.

Eine wichtige Methode ist auch die Entwicklung von *Bewegungsthemen*. Der Klient macht dabei direkte Erfahrungen mit sich selbst, indem durch den Bewegungsprozeß Bedeutungen und Assoziationen offenbar werden. Der erste Schritt in diesem Prozeß besteht darin, bedeutsame Themen zu identifizieren. Bei neurotischen Klienten kann dies durch Anregung inneren Empfindens geschehen, indem der Klient auf seinen Körper hört und sich nicht bewegt, bis er einen deutlichen Impuls dazu spürt. Wenn der Impuls besteht, bewegungslos zu verharren, so hat auch das Bedeutung, und es wird damit gearbeitet. Aufgrund der Exploration der Klientenbewegungen kann auch der Therapeut selbst Vorschläge unterbreiten. Die Exploration von gegensätzlichen Bewegungen, von Körperteilen oder von Bereichen wie der Bewegungssphäre kann persönliche Assoziationen auftauchen lassen. Solche Explorationen können für den Klienten bei der Klärung langewährender Konflikte und typischer Lebensformen Bedeutung gewinnen. Die direkte Bewegungserfahrung verleiht dem Thema, anders als das Nur-darüber-reden, Unmittelbarkeit und läßt manchmal vergessene Assoziationen auftauchen.

Bei Klienten, die mehr Struktur und Verbindung zur äußeren Realität brauchen, greift der Therapeut wiederkehrende Themen auf, die sich in der Bewegung manifestieren. In diesem Fall wird er die Entwicklung wahrscheinlich durch seine eigenen Bewegungen lenken, wobei er seine Improvisationsfertigkeiten, seine Kenntnisse über den Klienten und seine Fähigkeit, die Bewegungsreaktion zu beobachten und zu analysieren, einsetzen wird. Obwohl er diesen Prozeß steuert, wird dessen Richtung letztlich durch die Reaktionen des Klienten bestimmt. Der Therapeut ermuntert den Klienten während der Bewegungen, Gedanken und Gefühle damit zu assoziieren und dadurch Erfahrungsmomente zu integrieren.

Die *Strukturierung* der Sitzungen hängt zum großen Teil von der Strukturierungsfähigkeit des Klienten ab. Struktur wird durch *Musik* und durch regelmäßige *Gruppenrituale*, wie Begrüßung und Warming-up-Übungen, vermittelt. *Räumliche Formationen* stellen eine andere Strukturierungsmöglichkeit dar. Der *Kreis* ist dabei die bevorzugte Form, da er kontinuierlichen, ununterbrochenen Kontakt unter den Teilnehmern erlaubt, unbehinderte Sicht ermöglicht und jeder potentiell die gleiche Position einnimmt. Manchmal können räumliche Formationen zur Auslösung bestimmter Reaktionen oder zur Exploration bestimmter Themen eingesetzt werden, beispielsweise wenn der Therapeut Dyaden oder Kleingruppen bildet, um an interaktionalen Themen zu arbeiten. Das Bewußtsein über Reaktionen auf eine bestimmte Situation wird dadurch erhöht, und der Klient erhält unmittelbare Rückmeldung darüber, welchen Einfluß sein typisches Verhalten auf andere Personen hat.

Ein anderes Mittel zur Herstellung von Struktur sind *Requisiten*. Ein elastisches Seil oder ein Stück Stoff können benutzt werden, um eine Gruppe schwer gestörter Personen zusammenzuhalten. Ein Ball oder ein anderes Objekt läßt sich bei Begrüßungsritualen oder Improvisationen verwenden, um Klienten direkt anzusprechen und miteinander in Beziehung zu bringen. Requisiten können besonders nützlich bei der Arbeit mit *autistischen Kindern* sein, die vielleicht fähig sind, mit einem Objekt eine Beziehung einzugehen, aber nicht mit einer anderen Person. Das Requisit dient hier sowohl als Brücke, um Kontakt zu erleichtern, als auch als Schutz für das Kind vor zu direktem Kontakt.

Es bestehen große Unterschiede im Einsatz von *Musik*. Einige Therapeuten benutzen überhaupt keine Musik und stellen innere Rhythmen und Selbstgewahrwerden in den Vordergrund. Andere Therapeuten benutzen zwar Musik, aber mit unterschiedlichen Zielen. Einige achten auf Übertragungseffekte, ob also der Klient gegen die Musik ankämpft, von ihr dominiert wird oder sie braucht, um seine Reaktionen zu organisieren. Andere Therapeuten wiederum setzen Musik speziell dafür ein, um emotionale und Bewegungs-Reaktionen hervorzurufen und das Bewegungsverhalten schwer gestörter Klienten zu organisieren.

In der *Gruppenarbeit* hat Musik eine starke kohäsive Wirkung, besonders wenn sie einen klaren, definitiven Rhythmus hat. Rhythmische Gruppenbewegung ist ein Mittel, um die gesamte Person einzubeziehen. Der *Takt* fördert eine tief befriedigende Synchronie sowohl hinsichtlich der Organisation der eigenen inneren Rhythmen als auch hinsichtlich seiner Bewegung in Beziehung zu anderen Personen. Bei schweren Störungen in den sozialen Beziehungen läßt sich dadurch eine sehr wichtige Erfahrung von Nähe und Gemeinsamkeit vermitteln.

Verbalisierungen spielen in der Tanztherapie eine Rolle in Form von Vorschlägen, Rückmeldung, Unterstützung, Austausch und in einigen Fällen von Interpretationen. Die verbale Verarbeitung der Bewegungserfahrung ist für das Verständnis der Therapie wichtig. Der Therapeut ist dabei mit der Wahl seiner Worte vorsichtig; er weiß, daß übermäßige Verbalisation die Bewegungserfahrung verwässern kann, während durch unzureichende Verbalisation die Erfahrung isoliert und ihre Nutzbarmachung für andere Lebensbereiche des Klienten verhindert werden kann. Durch Reden während der Therapie werden kognitive Prozesse angeregt und möglicherweise Gedanken, Gefühle und Handlungen integriert.

Viele Tanztherapeuten haben eine Ausbildung in *progressiver Entspannung, Massage, Yoga* und der *Feldenkrais-Technik*. Diese Techniken werden zusätzlich eingesetzt, um den Therapieprozeß nach Bedarf zu ergänzen.

Anwendungsbereiche

Tanztherapie eignet sich zum Einsatz bei vielen unterschiedlichen Klientenpopulationen, da sie auf dem grundlegenden, universellen Phänomenen der Bewegung basiert, ihre Methoden flexibel sind und sich nach den Bedürfnissen des Klienten richten. Sie wurde erfolgreich bei so unterschiedlichen Klienten wie stark *retardierten,* mehrfach behinderten Kindern mit minimalen willkürlichen Bewegungen und ausgesprochen neurotischen Personen angewandt, deren verbales Abwehrverhalten einen Fortschritt in traditionelleren Therapien vereitelt hat.

Bei der Arbeit mit eloquenten Klienten sollte die Tanztherapie am besten in Verbindung mit verbalen Verfahren eingesetzt werden. Einige Tanztherapeuten haben eine gründliche Ausbildung in Psychotherapie und kombinieren generell verbale Verfahren und Bewegungstechniken in ihrer Arbeit.

Es scheinen *keine Kontraindikationen* für den Gebrauch von Tanztherapie zu existieren. Der Therapeut kann bei der Arbeit mit Klienten, die ein starkes, intaktes Ich haben, nicht-direktiv vorgehen, bei Klienten mit schwacher Ich-Kontrolle hingegen, die vielleicht durch die Intensität ihrer Gefühle geängstigt werden, den Sitzungen eine formale, nicht-emotionale Struktur geben. Tanztherapie kann benutzt werden, um *depressive Klienten* zu stimulieren oder um agitierte, *verspannte Klienten* zu entspannen. Ziele und Techniken ändern sich je nach Bedarf.

Tanztherapie hat großen Wert für die Behandlung *autistischer Kinder*. Ein großer Teil der Arbeit mit ihnen vollzieht sich auf einer „one-to-one-Basis". Der Tanztherapeut tritt mit dem Kind auf Bewegungsebene in Beziehung; er führt dem Kind dessen charakteristische Bewegungen vor Augen, um eine Beziehung herzustellen, die dem Repertoire des Kindes angepaßt ist. Dieser Ansatz akzeptiert das Kind so wie es ist und vermittelt in den Anfangsstadien des Kontaktes die Sicherheit und Annehmlichkeit vertrauter Bewegungen. Der Therapeut fördert die Selbstexploration des Kindes und versucht, ein integriertes Körperimage zu etablieren und das Bewegungsrepertoire zu erweitern, um adaptive Bewältigungsfertigkeiten zu entwickeln.

Auch Kindern mit *Lernschwierigkeiten* nützt die Tanztherapie in verschiedener Hinsicht. Die durch die Bewegungen ausgelöste taktile und kinästhetische Stimulation hilft, das Körperimage zu festigen und die sensorischen Erfahrungen anderer Modalitäten zu integrieren. Bewegungsaktivitäten bereiten Vergnügen und beteiligen das ganze Kind; sie führen dazu, die Aufmerksamkeit dauerhaft in eine bestimmte Richtung zu lenken und impulsives Verhalten unter Kontrolle zu bringen. Der schöpferische, prozeßorientierte Ansatz der Tanztherapie stellt die Einzigartigkeit des Kindes eher als eine positive Eigenschaft denn als Nachteil in den Vordergrund und hilft, Selbstkonzepte neu aufzubauen, die durch wiederholtes Versagen geschädigt worden sind. Die Kinder können sich in einer Atmosphäre der Unterstützung und des Vertrauens mit ihren emotionalen Schwierigkeiten auseinandersetzen.

Chace benutzte die Tanztherapie ursprünglich bei *hospitalisierten, psychotischen Erwachsenen*. Wahrscheinlich ist ihr in diesem Rahmen bis heute die größte Anerkennung zuteil geworden. Therapeuten, die mit schwer gestörten Klienten arbeiten, versuchen, sie aus ihrer Selbstversunkenheit und Phantasiewelt zu locken und stärker in Beziehungen mit anderen Personen und der Umwelt einzubinden. Gewöhnlich benutzen sie Musik, Kreisformationen und andere strukturbildende Medien, um unzureichende Abwehrsysteme zu stärken und wichtige Kontakte zu fördern. Bewegungsaktivitäten führen zur unmittelbaren Erhöhung des Körperbewußtseins und der Integration, was eine Vorbedingung zur klareren Umweltwahrnehmung ist. Durch Bewegungsstrukturen werden innere Impulse organisiert und die Mobilisierung der emotionalen und körperlichen Potentiale gefördert.

Bei der Arbeit mit *neurotischen Klienten* ist der Prozeß der Tanztherapie nützlich, um die Sensitivität gegenüber inneren Zuständen und persönlichen Bewegungsstilen zu erhöhen. Der schöpferische Akt bei der Bewegungsimprovisation ist ein Mittel, unbewußte Gefühle und persönliche Vorstellungen auftauchen zu lassen, die dann zur weiteren Exploration verfügbar sind. Die Bewegung dient auch als Mittel, Themen aufzubauen, ihre Bedeutung zu klären und ihren Einfluß auf die adaptive und interpersonale Stabilität einzuschätzen.

Tanztherapie brachte auch gute Ergebnisse bei *geistig retardierten, alten, blinden* und *tauben Personen*, bei *Anorexie*, bei *kriminell* veranlagten Geisteskranken und bei *chronischen Schmerzen*.

Fallbeispiel

Maria, schlank, 25 Jahre alt, wandte sich an eine private Tanztherapiegruppe für „neurotische" Erwachsene. Sie wählte Tanztherapie, da sie wenig Verbindung mit und Kontrolle über ihren Körper spürte. Maria trug eine dicke Brille, und ihre Mundwinkel waren heruntergezogen, was ihr ein sehr verschlossenes Aussehen gab. Obwohl verbale Kommunikation ein wichtiger Teil der Gruppe war, zögerte Maria zunächst, sich daran zu beteiligen. Ein großer Teil der Informationen über sie stammte aus dem Eingangsgespräch und ließ sich von ihrer Körperbewegung ablesen. Im Anschluß an eine Bewegungserfahrung war Maria jedoch in der Lage, kurze, aber bedeutsame Mitteilungen über sich zu machen.

Anhand der Bewegung wurde deutlich, daß Maria ihren Körper ablehnte. Bei Exploration der Bewegungssphäre, dem Bereich des persönlichen Raumes um den Körper, führte sie Bewegungen fast ausschließlich im „entfernten" Raum aus und streckte ihre Glieder, ohne diese danach aber zur Entspannung wieder einzuziehen. Sie explorierte den körpernahen Raum nur auf Vorschlag des Therapeuten und auch dann nur kurz. Anschließend berichtete sie, daß es ihr große Mühe machte, nahe an ihrem Körper Bewegungen auszuführen, und sie sich nicht selbst berühren mochte.

Sie wollte auch nicht von anderen berührt werden. Bei Genick- und Rückenmassagen, um die andere Gruppenmitglieder baten, massierte Maria zwar unermüdlich ihren Partner. Sie hatte sich auch in einer vorhergehenden Sitzung einer Massage unterzogen, lehnte es nun aber standhaft ab, sich selbst massieren zu lassen. Sie sagte, daß ihr Berührungen unangenehm seien.

Bei strukturierten Improvisationen waren Marias Bewegungen grob und abrupt, mit einer scharfen, aggressiven Note. Als die Gruppenmitglieder langsam und sanft ihre Hände berührten, fühlte sie sich auf einmal unbehaglich und fing leicht, aber bestimmt zu klatschen an. Als sie beim gegenseitigen Schubsen Aggressivität an den Tag legen sollte, wurde klar, daß sie keine Verbindung mit ihrem Schwerezentrum hatte. Sie blieb steif im Beckenbereich nach hinten gelehnt, wich sofort zurück und war unfähig, Kräfte zu mobilisieren.

Bei der freien Improvisation wurde deutlich, wie schwach Marias Kontrolle war. Sie stürmte wild durch den Raum und wechselte plötzlich und unbedacht die Ebene, ohne einen Versuch zu machen, sich zu schützen. Ihre Interaktionen mit anderen Klienten fingen abrupt an und gingen genauso zu Ende, unabhängig davon, wer den Kontakt initiiert hatte. Sie zeigte keine Anpassung an die Bewegungsdynamik oder -figuren ihrer Partner. Danach war sie verspannt und zog sich zurück. Sie gab dann auch zu, daß sie sich außer Kontrolle und geängstigt fühlte.

Es war klar, daß Maria kaum ein Gefühl für ihren Körper hatte, was zu ihrer Unfähigkeit beitrug, ihre Kräfte richtig einzusetzen und ihre Bewegungen zu kontrollieren. In dem Abschnitt der Sitzung, der strukturierten, korrektiven Übungen gewidmet war, versuchte sie ihr Kontrollvermögen zu erhöhen. Während andere in der Gruppe sich auf Gewahrwerden (awareness) konzentrierten, arbeitete sie an der Entwicklung von langsamen, anhaltenden Bewegungen, ohne den Atem anzuhalten, und empfand allmählich ein Gefühl der Kontrolle.

Den Improvisationen mit freien Bewegungen folgte eine strukturierte Exploration, die auf dem Boden des Raumes begann und bei der das Schwerezentrum empfunden werden sollte. Nach einer Weile begann Maria, sich auf einfache, amöbenhafte Weise zu bewegen, sich von ihrem neugefundenen Zentrum aus zu entfalten, dann aber wieder zurückzuschrecken. Sie kehrte immer wieder zu dieser Bewegung zurück, auch als die Struktur etwas gelockert wurde, um anderen in der Gruppe mehr Raum zu geben. Einmal berichtete sie, daß sie ihre Augen nicht benötigte, weil sie den Raum um sich herum mit ihrem Körper explorieren könne. Beim verbalen Austausch begann sie über ihre negative Einstellung zu ihrem Körper und über ihre Eß- und Raucheskapaden zu reden. Sie sprach auch über ihre Unfähigkeit, einige dieser Themen in der Therapie zu thematisieren. Sie hatte sechs Monate gebraucht, um diesen Punkt zu erreichen.

Während der nächsten vier Monate machte Maria rasche Fortschritte. Zwar begann sie gewöhnlich mit Improvisationen auf dem Boden, um ihr Zentrum zu finden, aber sie stand dann auch auf und begann allmählich mit anderen zu interagieren. Anfangs, als sie ihre Stärke zu fühlen und zu mobilisieren begann, war sie relativ aggressiv. Dem folgte ein Austesten der Unterstützung anderer Personen und dann das Durcharbeiten von Gefühlen der Enttäuschung und Wut gegenüber ihren Eltern. Schließlich konnte sie sich in einer Dyade mit Sensitivität und Anpassung gegenüber ihrem Partner bewegen.

Nach zweimonatiger Unterbrechung arbeitete Maria in selbstinitiierten Dyaden weiter, wechselte in der Führung ab und erreichte Momente gesteigerter interaktionaler Synchronie, die sie als sehr angenehm empfand. Sie teilte der Gruppe mit, daß sie in ihrer verbalen Therapie Fortschritte mache und ihre Eßgewohnheiten unter Kontrolle habe, obwohl sie während der Weihnachtsferien einen leichten Rückfall hatte. Sie arbeitete weiter daran, die Kraft in ihren Bewegungen zu mobilisieren und begann, damit verbundene sinnliche und sexuelle Empfindungen zu explorieren.

Maria beendete ihre Therapie nach insgesamt 18 Monaten. Sie zog von ihren Eltern weg und verließ die Stadt. Was ihre Bewegung anging, hatte sie einen sehr engen Bezug zu ihrem Körper erreicht und stand sozusagen auf ihren eigenen Füßen. Ihre sozialen Beziehungen waren echter und sowohl dadurch gekennzeichnet, daß sie andere Menschen wirklich anerkannte und sich ihnen anpaßte, als auch durch eine sich entfaltende Fähigkeit, einen eigenen Standpunkt zu verteidigen. Ihr Fortschritt in der Therapie war zur sozialen Entwicklungssequenz parallel gelaufen und lieferte Material für die Punkte, mit denen sie sich in ihrer verbalen Therapie beschäftigte: die Entwicklung eines positiven Selbstgefühls, den Umgang mit Aggressionen, die echte Interaktion mit anderen Menschen, Unabhängigkeit und Sexualität. Tanztherapie war für Maria wegen ihrer grundlegend mangelnden Verbindung zu ihrem Körper und ihrer Schwierigkeit, ihre Gefühle zu verbalisieren, besonders geeignet gewesen.

Zusammenfassung

Tanztherapie ist ein einflußreiches und vielseitiges Verfahren, das sich zur Behandlung unterschiedlicher Klientetypen eignet. Im Grunde sind alle Menschen der Bewegung fähig, wie begrenzt sie auch sein mag, und ihre Bewegungen spiegeln ihre inneren Prozesse wider und beeinflussen sie. Der Tanztherapeut benutzt das Medium der Körperbewegung, um eine therapeutische Beziehung herzustellen und die Funktionsfähigkeit im emotionalen, kognitiven und körperlichen Bereich zu erhöhen.

Tanztherapie übt einen starken Einfluß aus, weil sie *unmittelbare Erfahrung* und nicht das bloße Verbalisieren von Erfahrungen ermöglicht. Die Bewegung spricht primitive Erfahrungsebenen an und befähigt den Menschen, Gefühle auszudrücken, die sich Worten widersetzen. Persönliche Vorstellungen und unterdrückte Gefühle, die in der Tanztherapie freigesetzt werden, liefern eine Basis für weiterführende therapeutische Exploration durch Sprache und Bewegung.

Tanz ist eine *kommunikative* und eine *expressive Methode*. Aspekte der rhythmischen Synchronie, der räumlichen Formation und der Berührung schaffen Verbindungen zwischen den Teilnehmern einer therapeutischen Sitzung und fördern Gefühle der Nähe und Dazugehörigkeit.

Körperbewegung ist der Modus der Erfahrung und des Wachstums in den frühesten Entwicklungsstadien. Durch die Rekapitulation normaler Entwicklungssequenzen fördert Tanztherapie Veränderungen im Verhalten. Sie hilft, das Bewegungsrepertoire auszuweiten, und schafft damit ein größeres Spektrum adaptiver Reaktionen. Dadurch werden auch neue adaptive Verhaltensweisen gefestigt, bis sie völlig integriert und verfügbar sind.

Da in der Tanztherapie Körperbewegungen zur Förderung der emotionalen Entfaltung eingesetzt werden, wird die *gesamte Person* beteiligt und eine Erfahrung von *Integration* und *Ganzheit* ermöglicht. Ob sie nun als Haupt- oder als ergänzende Behandlungsmodalität benutzt wird, Tanztherapie ist jedenfalls ein verlockender und universell anwendbarer Behandlungsansatz. Sie fördert die Selbsterkenntnis und stellt ein Mittel zum Selbstausdruck, zur Kommunikation und zur Entfaltung dar.

Literatur

Alperson, E. D. Experiential movement psychotherapy. *American Journal of Dance Therapy*. 1977, **1(1)**, 8–12.

American Dance Therapy Association. Dance therapy (informational brochure). Columbia, M., 1972.

Bernstein, P. L. (Ed.) *Eight theoretical approaches in dance/movement therapy*. Dubuque, Iowa: Kendall/Hunt, 1979.

Chaiklin, H. (Ed.) *Marian Chace: Her papers*. Columbia, M. American Dance Therapy Association, 1975.

Chaiklin, S. Dance Therapy. In S. Arieti (Ed.), *American Handbook of Psychiatry*, vol. 5, Basic Books, 1975.

Condon, W. S. Linguistic-kinesic research and dance therapy. *ADTA Combined Third and Fourth Annual Conference Proceedings*. Columbia, M., 1968, 21–42.

Davis, M. A. Movement characteristics of hospitalized psychiatric patients. *ADTA Fifth Annual Conference Proceedings*. Columbia, M. 1970, 25–45.

Davis, M. A., Dulicai, D. and Climenko, J. Movement researcher and movement therapist: A collaboration. *American Journal of Dance Therapy*, 1977, 28–31.

Dell, C. *A primer for movement description*. New York: Dance Notation Bureau, 1970.

Fisher, S. and Cleveland, S. *Body image and personality*, 2nd rev. ed. New York: Dover, 1968.

Kestenberg, J. The role of movement patterns in development: I. Rhythms of movement. *Psychoanalytic Quarterly, 1965a,* **34**, 1–36.

Kestenberg, J. The role of movement patterns in development: II. Flow of tension and effort. *Psychoanalytic Quarterly,* 1965b, **34**, 517–563.

Laban, R. *The mastery of movement,* (2nd rev. ed. L. Ullmann (Ed.) London: MacDonald and Evans, 1960.

Lowen, A. *The language of the body.* New York: Macmillan, 1958.

Reich, W. *Character analysis.* New York: Farrar, Straus, 1949.

Schilder, P. *The image and appearance of the human body.* New York: International Universities Press, 1950.

Snyder, A. F. Some aspects of the nature of the rhythmic experience and its possible therapeutic value. *ADTA Writings on Body Movement and Communication: Monograph 2.* Columbia, M., 1972, 128–149.

Whitehouse, M. S. C. G. Jung and dance therapy: Two major principles. In P. Bernstein (Ed.), *Eight theoretical approaches in dance/movement therapy.* Dubuque, Iowa: Kendall/Hunt, 1979.

Themenzentrierte Interaktion

Paul Matzdorf und Ruth C. Cohn

Zu den wichtigsten und vielversprechenden Ansätzen der humanistischen Psychologie und Pädagogik zählt die Themenzentrierte Interaktion (TZI). Die TZI ist ein gruppendynamisches Verfahren, das explizit nicht als Therapie angeboten wird, sondern auf „Lebendiges Lernen", auf ganzheitliches Lernen abzielt. Entscheidenden Einfluß auf das pädagogisch-therapeutische Konzept der TZI hatten die verschiedenen Gruppentherapien der fünfziger Jahre in den USA – psychoanalytische Gruppentherapie, Erlebnistherapie, Gestalttherapie und die Encountergruppe. Wie andere bedeutende Ansätze im therapeutischen Bereich ist auch die Entwicklung des TZI-Konzeptes aufs engste mit dem Namen und Lebenswerk einer Person verbunden: mit Ruth Cohn.

Das besondere Anliegen der TZI ist ihre Anwendung auf weite Kreise der Bevölkerung, auf die Gesellschaft, auf Alltagsgruppen (z. B. Schulklassen, Selbsthilfegruppen, Wohngruppen, Kontaktgruppen). Die TZI versteht sich als „Breitentherapie", nicht aber als „Tiefentherapie", das heißt, sie ist nicht so sehr indiziert bei eigentlichen psychischen Störungen, sondern vor allem bei „temporären Verstörtheiten" und im präventiven Sinne von „Hilfe zur Selbsthilfe". Der TZI ist ein gesellschaftstherapeutischer *und* -politischer *Anspruch zuzuschreiben, wodurch sie sich recht deutlich von übrigen gruppendynamischen Ansätzen unterscheidet. Worin diese Unterschiede liegen, das vermitteln Ruth Cohn und Paul Matzdorf in imponierender Art und Weise.*

In ähnliche Richtung wie dieses Kapitel weisen auch die Beiträge über Radikale Psychiatrie *und* Feministische Therapie *in diesem Handbuch; auch sie haben eindeutig politische Ansprüche und Intentionen. Es dürfte auch interessant sein, Vergleich mit der* Holistischen Erziehung *von Will Schutz anzustellen! Auch dieser Ansatz hat sich vor allem aus der Encounter-Bewegung entwickelt, aber eine doch recht andere politische Tendenz erhalten.*

Wir möchten Euch, Leser, die Vorinformation geben, daß die Themenzentrierte Interaktion (TZI) nicht über Lesen allein vermittelt werden kann. Es liegt in der Natur lebendigen Lernens, daß Erlebnis und Begrifflichkeit zusammengehören. Intellektuelles Lernen, das nicht emotional getragen wird, ist schal, totes Lernen; emotionales Erleben ohne Begrifflichkeit bleibt unverbunden (unverbindlich).

„Lebendiges Lernen", der ursprüngliche Begriff „Themenzentrierter Interaktion", ist *ganzheitliches Lernen*. – Wir sind gespannt, neugierig oder uninteressiert, wir sind traurig oder erfreut, gehemmt oder frei, lustlos oder voller Tatendrang, das heißt, wir haben und sind Gefühle. Wir verstehen und erkennen, wir schauen und beurteilen, entflechten und kombinieren, das heißt, wir sind Intellekt und Vernunft.

Wir sind intuitiv und ahnungsvoll, wissen und vertrauen auch in Situationen, wo wir nicht sehen und nachprüfen können, und wir möchten oder glauben, daß unser Leben und Lernen einen Sinn hat, d. h. wir sind Geist und Seele. Wir haben und sind Körper und empfinden uns als gesund und wohl oder krank und in Schmerzen, als Einheit von Strom und Gefäß.

All diese Dimensionen gehören bewußt oder unbewußt zum lebendigen Lernen. Vieles tun wir mit leichter Hand, anderes fällt uns schwer; wir treffen auf Schwierigkeiten und Hindernisse, sind bestürzt oder verärgert, geraten außer Fassung und kommen nicht weiter. Auch solche Störungen bezieht lebendiges Lernen mit ein, weil diese ein Teil des Lebens sind, ebenso wie übersprudelnde Freude und Abgelenktheit. Lebendiges Lernen bedingt, daß wir unser Energiepotential optimal einzusetzen lernen. – Überbetonter Intellekt führt zum toten, tödlichen Lernen; überbetontes Gefühl zur Verwirrung; Überbetonung des Körpers zu Abhängigkeit und Sinnverlust. Geist und Seele sind nur erfahrbar durch die durchlässigen Medien von Intellekt, Gefühl und Empfindung.

Die verschiedenen Ebenen unserer Erfahrung entsprechen verschiedenen Dimensionen lebendigen Lernens; sie sind immer zugleich am Lerngeschehen beteiligt, aber nicht gleichzeitig bewußt. Ganzheitliches Lernen ist nur im Nacheinander dessen zu erfahren, was jeweils in den Vordergrund unseres Erlebens tritt.

Vielleicht habt Ihr, Leser, Lust, ein kleines Experiment zu versuchen. Wenn Ihr im Verlauf Eures Lesens hin und wieder eine Pause macht, könntet Ihr darauf achten, welche Erfahrungsebene gerade im Vordergrund war und welche im Hintergrund. Was sind die körperlichen Empfindungen im Augenblick des Stoppens, wo spürt Ihr Verspannungen im Körper, was hat Euch gerade spontan interessiert oder gelangweilt, und was hat Euch in der Aufmerksamkeit gestört? Unsere immer wieder bestätigte Hypothese ist, daß wir nicht alles gleichzeitig erleben können; und wenn wir es versuchen, merken wir, daß Integration ein unbewußter Prozeß bleiben muß, während Konzentration sich auf einzelne bewußte Facetten jeweiligen Lernens bezieht.

Wenn wir unsere Gefühle, unsere körperlichen Empfindungen, unsere Kreativität und Neugier zugunsten verstandesmäßigen Lernens auf die Dauer vernachlässigen oder unterdrücken, so wird die verdrängte Energie aller Wahrscheinlichkeit nach in körperlicher oder emotionaler Weise früher oder später Verwirrung stiften, Schwierigkeiten machen, und ganzheitliches Lernen im organischen Wachstum hemmen.

Wir haben alle mehr oder minder solche fehlgeleiteten Energien in uns; manchmal können heilende Erfahrungen lebendigen Lernens den Schaden ausgleichen, oft werden tieferliegende Störungen auftreten, die einer gesonderten psychotherapeutischen Behandlung bedürfen. Solche Behandlung kann durch TZI nicht ersetzt werden, weil sie keine Tiefentherapie ist; ihr pädagogisch-therapeutisches Konzept bezieht sich nicht auf eigentliche Krankheiten, sondern eher auf *temporäre Verstörtheiten* und *Prävention*. TZI ist nicht eine „Tiefen-", sondern eine „Breitentherapie", die Wachstum fördernde und heilende Kräfte sowohl im einzelnen Menschen als auch in der Gesellschaft anzuregen vermag.

Die Aufgabe und die grundlegende Haltung, sich selbst und die anderen Menschen (Kollegen, Schüler, Teammitglieder) verstehen zu lernen, ebenso wie die Prinzipien der TZI, sind den meisten Menschen einleuchtend. Das Erlernen der verschiedenen methodischen Werkzeuge ist persönlich interessant und wertvoll, bedarf jedoch vieler kleiner Schritte, präziser Techniken und einer längeren Fortbildung.

Was ist und was will TZI?

„... TZI war für mich von Anfang an der Ausdruck einer Idee, daß es doch so etwas geben müsse, was wir bitten im Grauen der Welt tun könnten – ihm etwas entgegenzusetzen, kleine Schritte, kleine winzige Richtungsänderungen ... Ich hatte den Wunsch, eine Bewußtwerdung – wie die Analyse sie einzelnen Menschen ermöglichte – vielen Leuten zugänglich zu machen und vor allem, Kinder und Eltern zu erreichen ... Ich habe damals nicht geglaubt und glaube auch heute nicht, daß menschliche Grausamkeit ein unbekämpfbares Naturgesetz ist, sondern eher eine *noch nicht* gebrochene Kette von Frustrierung und Dagegenausschlagen. Ich glaube nicht, daß es Naturgesetz ist, daß Flüchtlinge ins Meer geschüttet werden müssen und Millionen von Kindern verhungern sollen" (Ockel/ Cohn, 1981, S. 256).

„Was wir mitten im Grauen der Welt tun könnten ...": Die Frage hier lautet also nicht, was sich im Menschen oder in der Welt zuerst verändern muß – die Verringerung von individueller Angst oder der Abbau inhumaner ökonomischer und politischer Machtverhältnisse. Der Mensch als einzelner wird aufgefordert, die schrittweisen Veränderungen, die seiner inneren und äußeren Realität und seinen jetzigen Fähigkeiten entsprechen, vorzunehmen; und dies kann mit der Bewußtwerdung und Handlungsfähigkeit der eigenen Person ebenso geschehen wie mit Informations- und Handlungsbereitschaft im gesellschaftlichen Rahmen. Für beides ist Mut und Einsatz notwendig. Wir glauben, daß wir es uns nicht leisten können, auf bessere Situationen, innerlich oder äußerlich, zu warten, ehe wir etwas tun. Wir wollen auch in Situationen inneren Eingeengtseins und äußerer Bedrohungen versuchen, *lebendig zu lernen, lebendig zu leben.*

Das System „Themenzentrierte Interaktion" enthält keine methodischen Versatzstücke für irgendwie „passende" innere oder äußere Wirklichkeiten, sondern fördert ganzheitliche, persönliche und soziale Aufmerksamkeit auch inmitten „unpassender" Gegebenheiten. Wir möchten unser Hier und Jetzt so intensiv wie möglich aufzunehmen und zu erfahren versuchen, und von dieser Wahrnehmungs- und Beurteilungsbasis her in gutem Glauben und Wissen feste Schritte in Richtung Zukunft gehen können.

In dieser Sichtweise zeigt sich die individuelle und gesellschaftliche Bedeutung des pädagogisch-therapeutischen TZI-Konzepts, dem der *Kompaß eines humaneren Lebens* in einer humaneren Welt zugrundeliegt – eine Werthaltung, die sich im ständigen Prozeß angestrebter Veränderungen von der Illusion eines heilen Lebens und einer heilen Welt abgrenzen muß, ohne dabei die Richtschnur des Wünschbaren zu verlieren. – „... eine Bewußtwerdung ... vielen Leuten zugänglich zu machen, und vor allem Kinder und Eltern zu erreichen" – das war Ruth Cohns früher Gedanke; er ist bis heute das weitgesteckte Ziel unserer Arbeit und des TZI-Konzepts geblieben. Zentral bleibt der Begriff der *Bewußtwerdung*. Dieser Basisbegriff der *Humanistischen Psychologie* und *Pädagogik* ist auch ein Basisbegriff von hoher methodischer Relevanz für TZI*.

---

* „Bewußtwerden" und „Bewußtheit" bedeuten nicht nur das intellektuelle, verstandesmäßige Erfassen von etwas. „Bewußtheit" hat eine ganzheitliche, organismische Bedeutung: Es bezieht sich auf das gefühlsmäßige, körperliche, geistig-intellektuelle wie meditativ-intuitive Gewahrsein seiner selbst und der Umwelt; es meint also einen biopsychischen Zustand von Wachheit, Aufmerksamkeit und innerer und äußerer Sensibilität, an dem der ganze Organismus beteiligt ist.

Das besondere Anliegen von TZI innerhalb dieser zeitgenössischen Psychologie ist ihre Anwendung für weite Kreise, für die Gesellschaft, für die Bevölkerung (Ockel/Cohn, 1981, S. 255 ff.). Dies bedeutet, daß das humanistische Anliegen der Psychologie (Maslows „Dritte Kraft"), das soziale und kreative Potential der einzelnen zu stärken, sich auf alle Bevölkerungskreise ausdehnen müsse und nicht nur auf einzelne oder auf Kleingruppen. Nur so würde *pädagogische und politische Breitenwirkung* möglich.

Dies ist auch im Untertitel des 1975 erschienenen Buches von Ruth C. Cohn ausgedrückt: „Von der Behandlung einzelner zu einer Pädagogik für alle" (Cohn, 1975). – TZI wendet sich zwar auch an Psychotherapeuten und Selbsterfahrungsgruppen, soll aber vor allem auch Menschen erreichen, die keine speziellen Gruppen aufsuchen, sondern nur in *Alltagsgruppen* leben und arbeiten. In jedem Arbeits- und Lebensbereich ist TZI anwendbar, weil die Bewußtwerdung der eigenen Person mit anderen bei der Arbeit und im aktiven Leben mit anderen geschieht. Es geht um bewußte Selbst- und Andererfahrung in humanisierenden Bestrebungen im Alltagsleben.

Dieser *gesellschaftstherapeutische Ansatz* bedeutet, Gesellschaftliches in der Umwelt nicht nur vom Psychologischen her anzusehen, sondern in gleicher Weise auch mit der äußeren Dimension der ganzheitlich erfahrenen Wirklichkeit. „Außen" und „innen" sind Perspektiven *einer* Wirklichkeit: „Die Realität, die um Dich ist, ist auch in Dir und zwingt Dich zu Entscheidungen" (Cohn/Farau, 1983). Es ist die „dritte Sache" (Portele, 1980, S. 70 f.), die zwischen Dir (Euch) und mir unsere gemeinsame Aufgabe ist.

Mit Bewußtheit und Bewußtwerden als „subjektivem Faktor" (Horn, 1973) will TZI gesellschaftliche Phänomene, die sich in einzelnen und in Gruppen und deren Institutionen als negativ erweisen, von der pädagogisch-therapeutischen Perspektive her ansehen und angehen und Veränderungen auf *humane Zielsetzungen* hin unterstützen; wobei die Tatsache, daß andere Perspektiven ebenso wichtig sind, eingeschlossen ist. Und zu diesen gehören die *ökonomischen, soziologischen, politischen* und *kosmischen Perspektiven*. Solange individuelle und gesellschaftliche Verantwortlichkeit unterstützt werden, können divergente Gesichtspunkte innerhalb der humanistisch-holistischen Richtung durchaus bestehen bleiben. TZI verlangt ein freies Bewußtwerden des Fühlens, Denkens und Glaubens – nicht Anpassung an Dogmatismus, also auch nicht Dogmatismus in eigener Sache.

TZI ist im Rahmen humanistisch-holistischer Tendenzen – dafür stehen Autoren wie Kurt Goldstein, Charlotte Bühler, Allport, Carl Rogers, Abraham Maslow u.a. – in den letzten dreißig Jahren in Amerika entstanden. Begriffe wie „organismisches Wachstum" und „organismischer Wandel", Selbstverwirklichung, Selbstentfaltung, Grenzerfahrung etc. gehören zu dieser Philosophie ebenso wie die von Jung übernommene „Individuation" und ein Begriff von Existentialismus, der in Amerika von euphorisch-hedonistischem Glauben und nicht, wie der klassisch-europäische Existentialismus, vom Mut zur Verzweiflung und von Angst getragen wurde.

Ruth: Ich gehörte zur Zeit meiner Vorarbeiten zur Themenzentrierten Interaktion als Therapeutin der humanistischen, therapeutischen Richtung an, die sich

Experiential Therapy (Erlebnistherapie) nannte. An anderer Stelle habe ich fünf Prinzipien, die die Erlebnistherapie kennzeichnen, deduziert:

- die Betonung des „Hier-und-Jetzt",
- das Prinzip der Authentizität,
- das Prinzip der Partnerschaft des partizipierenden Leiters,
- das Einbeziehen des Körpers,
- das Schaffen von Situationen, die Veränderung fördern.

Schon zu jener Zeit und als Therapeutin habe ich den Begriff der absoluten Offenheit (der absoluten Authentizität) eingeengt zur „selektiven Authentizität". Absolute Offenheit kann mörderisch sein. Selektivität ist notwendig im humanen Umgang mit allen Menschen, wobei im allgemeinen Offenheit um so größer sein kann, je näher eine Beziehung wird.

Von diesen Grundsätzen her, dem Basiswissen der *Psychoanalyse* und den Kenntnissen von *Gruppendynamik* und *Gruppentherapie*, habe ich die Fortführung zur pädagogisch-therapeutischen Themenzentrierten Interaktion vollziehen können. Im Begriff des „Pädagogisch-Therapeutischen" ist die Auffassung enthalten, daß jede Therapie Pädagogisches enthält, ebenso wie jede Pädagogik Therapeutisches. Und nur mit dieser Relativierung gilt für mich noch heute der Satz, den ich vor Jahren schrieb: „Psychotherapie dient der Auflösung fehlgeleiteter und fixierter Strebungen oder dem Erwecken verkümmerter Möglichkeiten. Pädagogik bezieht sich auf die Erfüllung und Erweiterung des freien Potentials" (Cohn, 1975, S. 176).

Eine scharfe Trennung von Pädagogik und Therapie ist unangebracht. Pädagogische Methoden, die psycho- und gruppendynamische Praxis nicht miteinbeziehen und z. B. Angstverminderung und Ichstärkung nicht vertreten, sind pathogen. Eine Psychotherapie, die eine wertneutrale, inselhafte Haltung vermittelt, hindert den Klienten an der Verwirklichung seines humanen Potentials.

TZI ist in ihrem pädagogisch-therapeutischen Anliegen ein „positiver" Ansatz im ursprünglichen Wortsinn von „positum" (lat.: am Gegebenen, Tatsächlichen ansetzen). „Tatsächlich gegeben" sind individuelle und gesellschaftliche mißglückte Lösungen von Problemen, die zu Verstörtheiten, Krankheiten und gesellschaftlicher Disbalance führen. Tatsächlich und gegeben sind jedoch auch die vielfältigen Fähigkeiten des Menschen, sein Bewußtsein der inneren und äußeren Situation zu erweitern und zu vertiefen und damit die Möglichkeit zu gewinnen, kreative und konkrete Lösungen für sein Handeln zu finden.

Geschichte*

Der persönliche Einfluß von Ruth Cohn

TZI ist ein Ausschnitt aus der Vielzahl von Methoden und Strömungen, die von der *Psychoanalyse* ausgegangen sind. Der Weg von dem individualistischen und nach seinem Selbstverständnis wertneutralen Konzept der Psychoanalyse zu dem explizit an humane Werte gebundenen Konzept der TZI mit seinem breitgefächerten therapeutisch-pädagogischen und therapeutisch-politischen Potential war jedoch nicht so etwas wie die theoretische Entwicklung einer Methode, sondern gelebte, auf die Ebene der Bewußtheit gehobene Praxis – „gelebte Geschichte der Psychotherapie" – aufs engste mit dem Leben und den persönlichen und beruflichen Erfahrungen Ruth Cohns verbunden.

Die wesentlichen Quellen für die Geschichte der TZI sind die beiden Bücher von Ruth Cohn „Von der Psychoanalyse zur themenzentrierten Interaktion" und „Gelebte Geschichte der Psychotherapie. Zwei Perspektiven" – vor allem aber *sie selbst*. Einige wichtige Stationen der Entwicklung des TZI-Konzepts wollen wir hier in einem kurzen Abriß darstellen.

Die *Psychoanalyse Freuds* ist vor allem in drei Punkten wichtig für TZI: Erstens lehrt sie uns, den Menschen in seinem subjektiven Wahrnehmen, Fühlen und Denken ernstzunehmen, ihn in den verhaltensmäßigen Ausprägungen seiner Strebungen zu akzeptieren und in der subjektiven Mitteilung und Beobachtung innerer Vorgänge eine dem Instrumentarium objektiver Wissenschaft gleichwertige Methode zu sehen. Zweitens: In der Übertragungsanalyse als dem spezifischen Verfahren der Psychoanalyse haben wir den Ausgangspunkt für unser Wissen von und unser Umgehen mit den universellen Übertragungsphänomenen im Bereich menschlicher Beziehungen zu sehen. Und drittens hat das analytische Grundprinzip „Widerstand vor Inhalt" in seiner Weiterentwicklung zum TZI-Konzept der Störungsbehandlung und zum Ansatz einer Gesellschaftstherapie geführt.

Große Bedeutung und weitreichende Wirkungen hatte das Bekanntwerden Ruths mit der Idee und *Methode des bewußten Körpererlebens* durch die Elsa-Gindler-Schule für körperliche Umerziehung. Die Technik der Bewußtmachung von Körperempfindungen versucht, systematisch von der Fähigkeit des Menschen Gebrauch zu machen, sich seines Körpers bewußt gewahr zu werden. Elsa Gindler hatte herausgefunden, „daß schon durch bloße Bewußtmachung und die Bereitschaft zu einer Änderung verspannte Muskeln dazu neigen, sich zu entspannen, daß die eingeschränkte Atmung dazu neigt, tiefer und freier zu werden und daß Kreislaufstörungen meist nachlassen ... Elsa Gindler erlebte die Gesamtheit des menschlichen Körpers als unteilbare Einheit, deren Wiederherstellung ... durch die innere Erfahrung des Gewahrseins gefördert werden konnte" (Cohn, 1975, S. 176).

Ruth hat das Bewußtmachen von Körperempfindungen zunächst als Ergänzung zu ihrer analytischen Arbeit benutzt, dann aber dieses Verfahren integrativ

---

* Die Abschnitte „Geschichte" und „Gegenwärtiger Stand" sind von Paul Matzdorf verfaßt worden.

als psychosomatische analytische Technik angewandt. Zwar war das Bewußtmachen von Körperempfindungen theoretisch im Konzept der Psychoanalyse enthalten, da sie den Menschen als eine leib-seelische Einheit sieht. Faktisch jedoch führte die an Assoziationen, Gedanken und Gefühlen interessierte Fragehaltung der Analytiker tendenziell zu einer Vernachlässigung von Körperempfindungen, abgesehen davon, daß die Anwendung spezialisierter psychosomatisch-analytischer Techniken eine besondere Ausbildung des Analytikers verlangt (Cohn, 1975, S. 13). Für die praktische Anwendung gibt Ruth einige hilfreiche Anregungen, die nicht nur für das analytische Therapieverfahren von Bedeutung sind, z.B. „sich bewußt auf das Gewahrsein von Empfindungen zu konzentrieren", „bei der Empfindung zu bleiben, bis sie sich in Bilder übersetzt" oder zu den üblichen Fragen „Was fällt dir ein? Wie ist dir zumute?" die zusätzliche Frage zu stellen: „Was *spürst* du im Augenblick?" (Cohn, 1975, S. 18f.). – In TZI-Gruppen steht jedoch nicht die klinische Anwendung von Verfahren im Vordergrund, die heute von verschiedenen Körpertherapien angewandt werden, die mehr in der Reichnachfolge als in der Nachfolge der Elsa-Gindler-Schule stehen. Für TZI charakteristisch ist die *Einbeziehung des Körpergewahrseins* unter der Perspektive, „daß die Sensibilisierung der Sinne eines Menschen für das Gewahrsein seiner selbst ihn auf den Weg bringen, sein Leben tiefer zu erleben und seine wechselseitige Abhängigkeit, die ihn mit den anderen Menschen verbindet, zu verstehen" (Cohn, 1975, S. 14).

Grundlage für die Integration von analytischen und körpertherapeutischen Verfahren wie für alle weiteren Schritte auf dem Weg zur TZI war der theoretische Rahmen, den Ruth in dem *holistischen „Prinzip der leib-seelischen Einheit des Menschen"* für ihre Arbeit vorfand und weiterentwickelte bzw. später in den Axiomen ausformulierte. Ihre schon früher konzipierten Gedanken äußert sie (1955, S. 15f.) so:

„Ein theoretisches Verständnis für diesen Ansatz einer psychosomatischen Psychologie kann man gewinnen, wenn man die Ganzheitstheorie ernstnimmt. Leib und Seele und jede ihrer besonderen Funktionen werden als Ausdruck der ‚ganzheitlichen Realität des Organismus' (Goldstein, 1934) angesehen. Alle Formulierungen, denen die Vorstellung zugrundeliegt, daß psychische Erfahrungen organische Leiden *erzeugen* oder daß körperliche Ereignisse psychische Störungen *verursachen,* sind nicht wirklich ganzheitlich. Die psychische Seite ... und die physiologische Seite sind zwei Perspektiven, die wir von einem Menschen haben; sie sind aber nicht zwei verschiedene Vorgänge. Die Persönlichkeit wird als eine sich stets ändernde Einheit angesehen; ihre physiologischen und psychologischen Aspekte kennzeichnen einen Wandel, sind aber keine alternativen Ausgangspunkte des Wandels."

Die Bedeutung dieser holistischen Auffassung, die den Menschen in seiner Individualität als biopsychische Einheit und zugleich als Teil eines universellen Ganzen sieht, wird in den *Axiomen* offenkundig, die das philosophisch-theoretische und ethisch-soziale Fundament des TZI-Konzepts darstellen. Ruth Cohn hat zu einem verhältnismäßig frühen Zeitpunkt intuitiv-antizipatorisch erfaßt, was viel später erst explizit zum allgemeinen, theoretisch und praktisch relevanten Gedankengut humanistischer Therapeuten und Pädagogen wurde. Ein Beispiel aus einem viel später (1976) erschienenen Buch über „Selbstentfaltung und Meditation" mag hier für viele stehen:

„Neuere Therapierichtungen (sic!) betonen immer wieder die Ganzheitlichkeit des Menschen. Der Mensch wird nicht mehr in einen psychischen und einen physischen Teil getrennt, sondern als Einheit wahrgenommen. Alles, was sich an seelisch bewußten oder unbewußten Prozessen abspielt, hat seine Entsprechung in der Körperebene. Der Körper ist also die Grundlage aller Lebensprozesse und ist eng verbunden mit seelischen und geistigen Abläufen. Mit unserem Körper sehen, hören und schmecken wir, körperliche Prozesse liegen dem Entstehen von Gefühlen und Gedanken zugrunde, und der Körper ist das Instrument, mit dem wir in der Welt handeln" (Schwäbisch/Siems, 1976, S. 105).

Der Einfluß der Gruppentherapien

Ein anderer entscheidender Einflußfaktor, der zur Entwicklung von Ruths Arbeitskonzept beigetragen hat, waren die *Gruppentherapien,* die seit Anfang der fünfziger Jahre in immer weiteren Kreisen der USA Anwendung gefunden haben. Dazu gehören

– *die psychoanalytische Gruppentherapie,* bei der sich unter der Leitung eines zurückhaltenden, aber verstehend-teilnehmenden Therapeuten in der Gruppe drei Stufen des Heilverfahrens vollziehen: 1. Analyse und Abbau alter Abwehrmechanismen. 2. Erleben und Deutung der verschiedenen Übertragungen in der Gruppe. 3. Die korrigierende emotionale Erfahrung innerhalb einer Gruppe von Mitpatienten, die sich langsam realistischer zu verstehen lernen;
– *die Erlebnistherapie in Gruppen,* deren Leitkonzepte nicht Übertragung und Widerstand sind, sondern Gegenwartswahrnehmung, Echtheit, Umentscheidungen, die den gegebenen Situationen entsprechen. Betonung auf Potential und Wachstum anstelle von Symptomen, Syndromen und Heilung. Der Erlebnistherapeut leitet als partizipierendes Gruppenmitglied, wobei er seine Fach- und Sachkenntnisse durchaus miteinbezieht;
– *die Gestalttherapie in Gruppen,* deren Kernbegriffe „Aufarbeitung von Vermeidung", „unerledigte Geschäfte" sind, und die in der Praxis und Theorie des sogenannten „Sackgassen"-Phänomens einen einzigartigen, wichtigen Beitrag zur psychotherapeutischen Praxis geleistet hat;
– *die Encountergruppe,* deren wichtigstes Prinzip das Zulassen von Gefühlen und Impulsen in der Begegnung sind, und die im Vertrauen auf selbstregulierende Kräfte Situationen schafft, in denen Wahrnehmung und Kontakt mit anderen Menschen geübt werden.

Seit Anfang der fünfziger Jahre arbeitete Ruth zunehmend mit Gruppen in den verschiedensten Bereichen. In der Weiterentwicklung und Modifikation vorhandener Methoden und in der Anwendung eigener Thematik und Interventionstechniken erhielt ein Workshop mit Therapeuten für TZI einen besonderen Stellenwert. Sie begann diesen experimentellen, psychoanalytisch revolutionierenden Workshop etwa 1955 mit der Absicht, die Fähigkeit praktizierender Psychoanalytiker zum Aufdecken und Auflösen von Gegenübertragungserscheinungen zu erweitern. Sie schrieb später, daß dies ihre *erste thematische interaktionelle Gruppe* gewesen sei. Noch lange danach stand sie jedoch vor der Frage, welches die Prinzipien und Methodik seien, die diese Arbeit mit Gruppen von allen anderen Lehrmethoden und -therapien unterschied. Um ihre Arbeitsmethode für andere lehrbar und übertragbar zu machen, war eine theoretische Fundierung und Systematisierung notwendig. In einem schwierigen und langen Prozeß der Klärung spielte ein Traum eine besondere Rolle.

Es war das Bild einer gleichseitigen Pyramide, das die Grundlage ihrer Arbeit in einem Vier-Punkte-Modell zum Ausdruck brachte: Die einzelne Person (ICH), die sich ihrer selbst bewußt wird und sich dem anderen, dem Thema in dieser bestimmten Gruppensituation zuwendet; die Gruppe (das WIR), als die konstitutive und erlebte Anteilhaftigkeit der einzelnen Personen zueinander und zum Thema und ihre Interaktionen; die Aufgabe oder das Thema (das ES), das zu bearbeitende Anliegen; und das Umfeld (der GLOBE) im nächsten und weitesten Sinn (vom Hier und Jetzt bis zum Kosmos), das die Gruppe und ihre Mitglieder beeinflußt und von diesen beeinflußt wird. Ruth schreibt selbst darüber:

„Ich überlegte, daß diese vier Punkte *jede* Gruppe symbolisieren, d.h. daß es keine Gruppe gibt, die nicht durch diese vier Punkte definiert wird. In keinem Gespräch in unseren Gruppen noch in der Literatur fand ich diese Definition der Gruppe. Wichtig aber wurde vor allem die im Traum konzipierte Gleichseitigkeit der Pyramide, was also bedeutete, daß die vier Punkte gleichgewichtig sind. Und mit dieser *Gleichgewichtigkeit* von ICH-WIR-ES und GLOBE war die Aufgabe der Gruppenführung der TZI definiert. Alle anderen Gruppenmodelle betonen jeweils einen oder mehrere Punkte: Encountergruppen das Ich oder Ich und Wir, Schulklassen das Es oder Es und Ich, Universitäten das Es. Ich veränderte danach das Symbol der Pyramide in ein Dreieck in der Kugel, weil diese Figur optisch deutlicher ist. (Ich glaube heute zusätzlich, daß die Darstellung des Umfeldes als eine transparente Kugel einen ganzheitlichen, symbolischen Sinn hat.)" (Cohn/Farau, 1983)

„Es ist heute kaum mehr vorstellbar", so fährt Ruth an anderer Stelle fort – und darin ist etwas von der „Entdeckerstimmung" dieser Zeit zu spüren –,

„wie revolutionär die Ideen von interaktionellen Gruppen und psychologischen Themen in Gruppen in jener Zeit waren. Vieles, was heute auf dem ‚Gruppenmarkt' bekannt ist, wurde damals in Stunden erregender Kreativität von uns gefunden. Der Gedanke z.B., auch nur für eine halbe Stunde in vier wechselnden Gruppierungen von Menschen zu arbeiten, für die diskriminierende Absonderungen in der ‚Draußenwelt' üblich war, war revolutionär: Ich bin sicher, daß ich nur durch vorhergehende positive Erfahrungen in verschiedenen Gruppenarten die Vorstellung haben konnte, daß relativ offene Diskussionen mit einander entfremdeten und zunächst feindlich gesinnten Gruppenmitgliedern geführt werden könnten und sollten. Dies wurde nur möglich durch ein behutsam eingeführtes akzeptierendes Klima, sorgsam geplante Strukturen und unseren Wunsch, durch alle Feindseligkeiten hindurch zu konstruktiven Arbeitsformen und -resultaten zu kommen. Was ich später auf deduktivem Weg als Regel erkannte, daß eine gute Struktur nötig ist, um einen positiven Prozeß und ein akzeptierendes Klima zu fördern, war damals intuitiv geglückt. Vorstrukturieren von Projekten, Strukturieren im Prozeß, Antizipationen und Themensetzung waren meines Wissens zu jener Zeit im gruppentherapeutischen Feld erst aufdämmernde Begriffe" (Cohn/Farau, 1983).

Im Jahre 1966 gründete Ruth zusammen mit Gruppentherapeuten mit TZI-Kenntnissen* das *„Workshop-Institute for Living-Learning" (WILL)* in New

---

* J. Brinley, V. Guze, S. Hayden, P. Holgen †, N. Liberman, D. Malamud, E. Mintz, R. Schonbar, T. Tierney †.

York, ein Institut für Theorie, Training und Praxis der TZI. Ihr folgten weitere Gründungen in den USA und Kanada und die Gründung von WILL-Europa in Zürich 1972. Dieser war die Teilnahme von Ruth Cohn an der Konferenz der Deutschen Gesellschaft für Gruppenpsychotherapie und Gruppendynamik (DAGG) 1969 in Bonn vorausgegangen – es war ihr erster Deutschlandaufenthalt nach 36 Jahren –, ihre Teilnahme an mehreren Lindauer Psychotherapiekongressen und Workshops mit Interessenten (Therapeuten, Gruppendynamikern und einigen Lehrern und Theologen u. a.) in Deutschland, der Schweiz, England und Schweden.

In eine Zeit intensiver Reiselehrtätigkeit in den USA und Europa fiel die Aufgabe ihrer Privatpraxis in New York 1973 und schließlich ihr Arbeitsauftrag an der Ecole d'Humanité, einem einzigartig-humanen Internat, gegründet 1916 von Paulus und Edith Geheeb als Odenwaldschule im Taunus, Deutschland, emigriert im Exodus nach der Schweiz (Genf), und seit 1946 in Goldern am Hasliberg im Berner Oberland.

Gegenwärtiger Stand

Im Rahmen von WILL-Europa sind inzwischen zahlreiche Regionalgruppen in Deutschland, der Schweiz, England, den Niederlanden, Belgien und Österreich entstanden. Es gibt heute mehr als hundert ausgebildete Gruppenleiter in Europa, sehr viele Menschen in Weiterbildung in vielen Berufen und in Ausbildung im Gruppenleiten. Dazu kommen andere, die mit TZI privat und in Institutionen in Berührung kommen und sie in ihre Arbeit miteinbeziehen. Dazu gehören Familien, Wohngemeinschaften, Schulen, Beratungsstellen, Gefängnisse, Hochschulen, Erwachsenen- und Elterngruppen, Krankenhäuser, kommerzielle Organisationen, kirchliche Institutionen etc. (siehe die Literaturangaben zu den Anwendungsbereichen der TZI am Schluß dieser Arbeit).

Zum Verständnis des TZI-Konzepts, wie wir es heute vorfinden, gehört noch eine andere Perspektive ihrer Entstehungsgeschichte, die wir bisher zurückgestellt haben. In ihrer persönlichen Einstellung, ihrer praktischen Arbeit wie in der reflektierenden Aufarbeitung ihrer Praxis in Form von Veröffentlichungen seit den fünfziger Jahren zeigt sich Ruth Cohn de facto als *humanistische Psychologin* und *Pädagogin,* obwohl sie sich selbst zunächst nicht so nannte, sondern als „experiential analyst" oder „experientialist" arbeitete. „Experientialism" resp. *„Erlebnistherapie"* benützte Ruth zunächst in Europa als einen Sammelbegriff für eine Anzahl zum Teil divergenter Therapien und pädagogischer Bestrebungen, die aus psychoanalytischen, existentialistischen* und gestaltpsychologischen Anfängen erwachsen waren. Ihnen war u. a. gemeinsam, „daß der Therapeut oder Lehrer nicht als neutraler oder dirigierender, sondern als ein partizipierender, sich selbst als Person einbringender Leiter teilnimmt" und das Potential des Menschen in seiner Entfaltung in der Gegenwart betont.

---

* R. Cohn meint damit die amerikanische Version des Existentialismus, nicht die klassisch-europäische Heideggers oder Sartres u. a., wie Olszowi (1976, S. 88 ff.) annimmt.

Ruths Aufsatz „Die Erlebnistherapien – Autismus oder Autonomie" (Cohn, 1975, S. 97–109), aus dem ich hier zitiere, halte ich für einen ihrer wichtigsten und engagiertesten Beiträge zum Verständnis ihrer philosophisch-psychologischen, humanistischen Grundeinstellung und ihres politischen Bewußtseins. Sie grenzt sich darin mit aller Entschiedenheit von einer „zur Isolierung und zum Autismus" neigenden Version der *Erlebnistherapie* (des *Experientialismus*) ab, die ihre sozialwertneutrale und individualistische Herkunft aus *Psychoanalyse* und *Existentialismus* nicht überwunden hatte resp. sie besonders – oft karikierend – betonte: „Do your own thing" („Kümmere dich um deine eigenen Angelegenheiten"); „Take care of yourself" (etwa: sei um dich selbst besorgt!), „Das ist *dein* Problem" – bezeichnet die Welle dieser Schlagworte. Sie sind Ausdruck eines einseitig mißverstehenden Experientialismus. „Sie enthalten die durchaus positive praktische Anweisung, sich um Autonomie zu bemühen; gleichzeitig aber bedeuten sie Verführung zu Isolierung und Autismus. Autonomie jedoch ist nicht Autismus, sondern verantwortungsvolle Partnerschaft!" – Ruth hat nie einen Zweifel daran aufkommen lassen, daß ihre Form des Existentialismus und ihre Arbeit als Erlebnistherapeutin und -pädagogin Ausdruck einer wertgebundenen Lebens- und Weltauffassung sind, die Achtung vor dem menschlichen Wesen als Person und als Teil der Gemeinschaft verlangt in einer Welt, deren Aufgaben nur gemeinsam gelöst werden können.

Die humanistische Psychologie (und Pädagogik!), die als „dritte Kraft" neben der Psychoanalyse und dem Behaviorismus in Amerika besteht und seit Anfang der siebziger Jahre auch in Europa zunehmend an Bedeutung und Verbreitung gewonnen hat, ist jetzt der Ausdruck für das Sammelbecken dieser Bestrebungen geworden, die sich in Konzepten wie *Erlebnistherapie, Gesprächstherapie nach Rogers, TZI, Encountergruppen, Bioenergetik, Transaktionelle Analyse, Psychodrama, Gestalttherapie, Körpertherapie, meditative Methoden* etc. mehr oder minder wiederfinden können.

Die „dritte Kraft" kann psychoanalytische Erkenntnisse, speziell ihre bewußtseinserweiternde subjektive Phänomenologie einbeziehen, nicht jedoch ihre kausalistischen und deterministischen Elemente. Das gleiche gilt für verhaltenstherapeutische technische Hilfen, wenn sie die Autonomie des Menschen fördern und nicht hindern.

TZI ist in ihren ethischen Grundlagen, Prinzipien und Methoden humanistisch definiert. Es liegt in der inneren Dynamik dieser Grundauffassungen und der ihnen entsprechenden Erlebnis- und Erfahrungskategorien, daß der humanistische Ansatz erweitert werden kann, in Bereiche, die heute *„vierte Kraft"* genannt werden. Dieser Ansatz geht davon aus, daß auch *transphänomenale* bzw. *transpersonale Phänomene* des Menschlichen der Erfahrung zugänglich werden können.

„So kann auch die humanistisch definierte ethische Axiomatik der TZI über ihren psychobiologisch-sozialen Holismus hinaus erweitert werden in einen transzendierenden Holismus, der eine geistig-religiöse Glaubenssphäre miteinbezieht. Damit würde sich nicht der ethische Gehalt verändern, sondern nur dessen re-ligio, die Rückbeziehung auf Transzendenz. So wäre die Axiomatik über ihre humane Unbedingtheit hinaus einem geglaubten Grunde überantwortet" (Cohn/Farau, 1983).

Theorie

Grundlegend für das System der TZI sind drei Axiome; sie stehen am Anfang jeder Begründung und sind die Basis für alles folgende. In dieser Funktion erheben sie den Anspruch, *unabdingbare* Voraussetzung für ein Konzept humanen, therapeutischen und pädagogischen Handelns zu sein. „Unabdingbar" heißt hier so viel wie human-existentiell unverzichtbar. Die Axiome sind also keine unbedingten (= absolute, vom Menschsein unabhängige Behauptungen), sondern wesensmäßig humane (dem Menschsein zugehörige) Sätze.

Als philosophisch-pragmatische Sätze enthalten sie metaphysische Aspekte (Koertke, 1979, S. 55 ff.), haben aber im Gegensatz zu „reinen" metaphysischen Aussagen resp. offenbarten Glaubenssätzen eine Grundlage empirischen Gehalts. „Pragmatisch" bedeutet praxis- und wertgerichtet. Es liegt am Begriff und am Gebrauch der Axiome, daß sie nicht durch eine Theorie begründet werden (können), die ihnen vorausgeht. (Eine solche Theorie bedürfte ja selbst wieder eines axiomatischen Ansatzes.) Gleichwohl handelt es sich bei diesen Axiomen nicht um willkürliche Setzungen, sondern um sich selbst erklärende und praktische Aussagen und ihre Implikationen. In der Aufdeckung und Entfaltung dieser Implikationen ist deren axiomatischer Ausgangspunkt rückwirkend zu legitimieren. TZI setzt ihre humanistischen Axiome als wegweisend voraus – sei es durch ihre existentielle Gebundenheit oder als ethische Forderung. Somit dienen sie zugleich als Kompaß für realitätsgerechte Entscheidungen und humanes Handeln. Die pragmatische Bedeutung dieses Kompasses liegt in seiner Hilfestellung für die Bewußtwerdung von Realität und von Werten in den jeweiligen Lebens- und Entscheidungssituationen; ohne solche Bewußtheit sind Gruppentherapien und -pädagogik verwirrend bis schädlich.

Die Axiome sind also existentielle, wertgebundene Aussagen:

- Sie bieten eine Wertbasis für humanes Handeln zum Zwecke der konstruktiven Veränderung der inneren und äußeren Wirklichkeit;
- sie sind Ausgangspunkte der Reflexion über den Menschen, seine Erfahrungen und seine Umwelt zwecks Bewußtwerdung und Erkennen von sich erweiternden Möglichkeiten;
- sie stehen untereinander in einem interdependenten Zusammenhang: ihre Reihenfolge ist aus logischen und pragmatischen Gründen jedoch nicht umkehrbar.

Das erste Axiom (das existentiell-anthropologische Axiom und seine Implikationen)

> *„Der Mensch ist eine psychobiologische Einheit und ein Teil des Universums. Er ist darum autonom und interdependent. Die Autonomie des Einzelnen ist um so größer, je mehr er sich seiner Interdependenz mit allen und allem bewußt wird."*

Ergänzung zum ersten Axiom: „Menschliche Erfahrung, Verhalten und Kommunikation unterliegen interaktionellen und universellen Gesetzen. Geschehnisse

sind keine isolierten Begebenheiten, sondern bedingen einander in Vergangenheit, Gegenwart und Zukunft" (Cohn, 1975, S. 120).
Wir möchten dieses Axiom „existentiell-anthropologisch" nennen.

1. Das erste Axiom formuliert auf der Basis des *Holismus* Grundaspekte menschlichen Seins. Die anthropologische Frage „Was ist der Mensch?", also die Frage des Menschen nach sich selbst und dem Sinn seines Daseins, führt ihn notwendigerweise zur Frage nach dem Ganzen der Wirklichkeit. Der Mensch vermag sinnvoll nicht nach sich selbst zu fragen, ohne zugleich „alle und alles" (s. o.) einzubeziehen: Mitmensch und Gesellschaft, Geschichte und Natur, Erde und Universum. Umgekehrt kann er keine sinnvolle Frage nach dem Ganzen stellen, dem interdependent-geheimnisvollen Zusammenhang der Wirklichkeit, wenn er darin nicht die Frage nach sich selbst und der Art seiner möglichen Autonomie miteinschließt.

2. Jeder Mensch ist *autonom* und *interdependent,* also (psychophysisch) biologisch und geistig eigenständig und eine lebendige Einheit und zugleich in wechselseitiger Abhängigkeit mit Mitmenschen und allen anderen Gegebenheiten. Die Bewußtwerdung dieser existentiell gleichzeitigen oder in dialektischer Folge erscheinenden Verschränkung von Eigenständigkeit und Anteilhaftigkeit gehört zur unfaßbaren Realität unseres Lebens. Diese Verschränktheit, die fast paradox zu bezeichnen wäre, muß trotz der intellektuell kaum je zu bewältigenden Kompliziertheit von jedem Menschen gelebt werden. Es ist offensichtlich, daß das Anerkennen der eigenen Autonomie und Verantwortlichkeit zugleich mit der Anerkennung interdependenter Anteilhaftigkeit und Abhängigkeit zu Schwierigkeiten führen kann, die Grundstörungen in der personalen Existenz und den sozialen Beziehungen und „falsche Lösungen" bewirken können.

3. Das erste Axiom impliziert eine *Theorie des „Ich", des „Selbst"* und *der Subjektivität.* Diese Begriffe überschneiden sich. Sie haben einen reichen geschichtlichen, z.T. kontroversen Hintergrund. Wir beschränken uns hier auf die thesenartige Darstellung des TZI-Ansatzes.

a) Der Mensch ist eine psychobiologische Einheit: Das Erleben des Menschen, nämlich seine Wahrnehmung, sein Wissen, Fühlen und Wollen – sein subjektives Geschehen ist ein psychischer Prozeß, der an die Ganzheitlichkeit des menschlichen Organismus gebunden ist. Erlebnis wird als die ursprüngliche Aktivität erfahren, welche die Subjektivität der organismischen Einheit *ist.*

b) Im „Ich bin" erlebt sich der Mensch als psychologische personale Einheit, als autonomes Subjekt, als Ausgangspunkt seines Erlebens. Dieses Erleben geschieht im Prozeß des Inneseins seiner eigenen Subjektivität und Anteilen seiner Umwelt und deren Integration; jedes Du ebenso wie jedes Wir und jede erfahrene Gegebenheit können Spuren im „Ich selbst" hinterlassen (z.B. Sprache, Beziehungen, Erinnerungen, Gedanken etc.), die durch Wir-Anteilsein das „Ich selbst" mitbestimmen und erweitern.

c) Diese schwer zu erfassende Integration und Interdependenz bedeutet: Im „Ich bin" liegt die Möglichkeit der Bewußtwerdung der personalen Einheit *und* ihrer transphänomenalen Dimension: Darin weiß der Mensch ursprünglich, daß er als Person, als „er selbst" immer mehr ist, als er wissen kann. In der

Anteilhaftigkeit seines „Ich bin" ist der Mensch nicht nur mit dem in Verbindung, was in ihm unbewußt ist, sondern auch mit dem, was jenseits seines Erlebens interdependente Realität ist.

d) Subjektivität bedeutet, daß sich der Mensch im Erleben des autonomen „Ich selbst" zugleich als ein „nicht anderer" erlebt. In dieses Erleben des „nicht ein anderer" sein ist das Ich-Du-Erleben der Person gegründet. Der Mensch kann prinzipiell nur als Mensch unter anderen ein „Ich selbst" sein. Im „Ich selbst" ist seine Interdependenz mit allem und allen enthalten, von dem er stets nur einen Bruchteil des Existentiellen bewußt erfahren kann.

e) Interdependenz bedeutet also sowohl ein äußeres soziales und universales Eingebundensein als auch ein konstitutives Moment des Bewußtseins unseres Selbst, der Subjektivität. Darin liegt der tiefere Grund für die mit diesem Axiom ausgesprochene These, daß im Erweitern des Bewußtwerdens der Interdependenz ein Zuwachs an Autonomie ermöglicht wird und wir im Bewußtwerden unserer Autonomie unsere personale und soziale Lebensgestaltung erweitern können.

f) Menschliches Erleben vollzieht sich gleichzeitig auf mehreren Ebenen. Einen Teil von solchem Erleben scheinen wir in gewissem Rahmen selbst zu bestimmen, einzuführen, es zu beeinflussen, heraufzubeschwören. Wir können uns bewußt erinnern wollen, Ereignisse beurteilen, uns ein Erlebnis aussuchen. Andererseits ist jedoch sowohl das innere wie das äußere Geschehen nicht frei verfügbar. Wir werden in Gegebenheiten hineingestellt, und selbst unser inneres Geschehen vollzieht sich in Mustern, Rastern, Modellen, Einstellungen, Haltungen, die gleichsam automatisch in uns ablaufen oder abzulaufen scheinen. Nur, wenn wir durch traumatische (positive oder negative Traumata) Anstöße oder eine konstante Arbeit am Bewußtwerden (wie z. B. in der Therapie) diese Muster zu verändern suchen, wird diese vorgegebene Starrheit unter Umständen „durchlöchert", und die Automatismen werden veränderungsfähig. Dies geht zweifellos selten ohne Unsicherheiten, Ängste und Krisen vor sich. Manchmal jedoch können sie auch durch gute Erfahrungen zustande kommen, z. B. in einer liebenden Zweierbeziehung oder einer intensiven positiven Gruppenerfahrung.

g) Die voranstehenden Thesen implizieren einen Zusammenhang von bewußten und unbewußten Anteilen in jeder menschlichen Erfahrung. Dem *Bewußtsein* von Autonomie und Interdependenz entsprechen also *unbewußte* Anteile in beiden Grunddimensionen, wobei es zunächst eine offene Frage ist, ob die Ich- und Wir-Dimensionen des Unbewußten möglicherweise als persönliches und kollektives Unbewußtes begriffen werden können.

4. Zur Ausprägung des ersten Axioms: „Menschliche Erfahrung, Verhalten und Kommunikation unterliegen interaktionellen und universellen Gesetzen" erhebt sich die Frage, in welchen *konkreten interaktionellen* (menschbedingten) und *universellen* (kosmisch-allgemeinen) *Beziehungswelten* menschliche Erfahrung gesehen werden kann.

Hier ein *Stufenschema,* das selektiv und typisiert verschiedene Beziehungsebenen aufzeigt:

Ich in der Beziehung zu sich selbst;
Ich in der Beziehung zu einem Du;

Ich in der Beziehung zur eigenen Familie;
Ich in der Beziehung zu einer Gruppe;
Ich (mit anderen) in der Beziehung zu einer Institution;
Ich (mit anderen) in der Beziehung zur Gesellschaft;
Ich (mit anderen) in der Beziehung zur Menschheit;
Ich (mit anderen) in der Beziehung zu Welt und Kosmos ...

Diese Beziehungsfelder stehen selbst in einem *interdependenten Zusammenhang*. Jedes dieser Beziehungsfelder wird von der Person differenziert erfahren und dementsprechend gehandhabt. Sie überschneiden sich sowohl in der Gegenwart als auch durch bewußte Erinnerungen und unbewußt gewordene Erfahrungen in der Vergangenheit und Vorstellungen in der Zukunft. In keinem Moment können alle diese Bestimmungsfaktoren bewußt in erfahrenden und bestimmenden Menschen sein.

Je klarer die Zusammenhänge bewußt werden, desto mehr gewinnen wir an Autonomie und an Verständnis für unsere Interdependenz mit anderen Faktoren des Lebens. Darum ist es eine der wesentlichen Aufgaben für *human-politisch* eingestellte TZI-Gruppen, die eigene existentielle Situation in ihren sozialen, zeitlichen und universalen Bezügen als wesentliche Aufgabe zu entdecken. Diese existentielle Thematik, oder wie Freire (1971) sie nennt, „generative Thematik" reicht im Sinne des ersten Axioms von Themen der Wahrnehmung und Erfahrung der eigenen Person bis zu gesellschafts- und umweltbezogenen Aufgaben.

5. *Die Zeitdimensionen des ersten Axioms:* Geschehnisse in sozialen und universellen Zusammenhängen „sind keine isolierten Gegebenheiten, sondern bedingen einander in Vergangenheit, Gegenwart und Zukunft" (s.o.). Neben die horizontalen Ausprägungen des ersten Axioms treten, sich mit ihnen verschränkend, die zeitlich-vertikalen Dimensionen von Beziehungsganzen. In jedem Moment unseres Lebensprozesses und Erlebnisstroms sind drei Erstreckungen der Zeit enthalten und gliedern den Gesamtgehalt unserer Erfahrungen als unmittelbares Gegenwärtigsein, Vergangensein und Zukünftigsein.

a) Die Zeitdimensionen in ihrer *Erlebnis- und Erkenntnisfunktion:* Die jetzige Situation „Ich bin" enthält die Möglichkeit der Bewußtwerdung von dem, was ich war, und dem, was ich sein werde oder sein könnte. Hier hat Ruth Cohn in der Frühzeit der Erlebnis- und Gestalttherapie eine Schranke gesetzt gegen die Überbetonung des Hier-und-Jetzt. „Experientialismus" – ganz im Hier-und-Jetzt sein – Tiefe in der Gegenwart finden; wissen, daß das Hier-und-Jetzt jedes Dort-und-Damals der Vergangenheit und die Dort-und-Danns der Zukunft enthält. – Meine Zukunft enthält meine Hoffnungen. Mein Hier-und-Jetzt ist nur *eine* meiner menschlichen Dimensionen ... Die Hier-und-Jetzt-Welt ohne Bewußtheit möglicher Zukunftsdeutungen ist seicht. Seichtheit verführt zur Suche nach immer größerer Intensität von Farben, Licht, Ton, Wellen – mehr Drogen ... neuen Spritzen" (Cohn, 1975, S. 104f., 108). „Von Freud haben wir gelernt, daß das Vergangene *jetzt* im Menschen existiert. Nun müssen wir aus der Theorie des Wachsens und der Selbstverwirklichung lernen, daß auch die Zukunft *jetzt* im Menschen existiert, in der Form von Idealen, Hoffnungen, Pflichten, Aufgaben, Plänen, Zielen, unrealisierten Möglichkeiten ... Jemand, für den es keine

Zukunft gibt, wird auf das Konkrete, auf Hoffnungslosigkeit und Leere reduziert. Zeit muß für ihn endlos ‚ausgefüllt' werden" (Maslow, 1973, S. 212f.).

b) Das Zeitmodell hat eine *Planungsfunktion,* sowohl für Themenfindung als auch für Themeneinführung. Dazu folgende Leitfragen:

– Wie habe ich/haben wir die früheren Situationen erfahren? Was war dort und damals wichtig? Wie war mein/unser Verstehen in der Situation (retrospektive Fragerichtung)?
– Wie erlebe ich/erleben wir die Situation jetzt und hier? Wie verstehe ich/ verstehen wir unsere früheren Erfahrungen (diagnostische Fragerichtung)?
– Welche Bedeutung hat jetzt und hier die Zukunft? Was will ich/wollen wir? Zu welchen Schritten entscheide ich mich/entscheiden wir uns (antizipatorische bzw. prognostische Fragerichtung)?

Die Fragen „Was war?" und „Was ist für wen?" zielen auf Bewußtwerdung; das antizipatorische „Wozu?" fragt, wie es möglich werden könnte, Erfahrungen und Erkenntnisse in Handlungen umzusetzen. Die Fragen beziehen sich auch nicht nur darauf, daß ich *etwas* anders sehen oder erkennen könnte, sondern auch darauf, daß *ich* anders sehe und erkenne. Sie unterstützen auch die Tendenz, Themen nicht allein aus dem vordergründigen Erscheinungsbild abzuleiten, sondern sie in ihrer Verwurzelung im Gemeinschaftsinteresse und -prozeß zu sehen.

c) Die Funktion dieses Modells kann auch einem *wissenschaftlichen Ansatz* dienen, der das reiche Potential einer interessierten Gruppe stimuliert, auf der Basis von TZI die interaktionelle Erforschung von Handlungsabläufen in „realen Gruppen" zu betreiben, d. h. in solchen, in denen Menschen leben und arbeiten. Die Grundfrage „Was war?" könnte die Faktoren erforschen, die zu Geschehensabläufen und Entscheidungen führen; also nicht nur aus der Verhaltensweise und den logischen Konsequenzen heraus, sondern auch aus den subjektiven, interaktionell geäußerten Vorgängen. Zwei weitere unter dem Aspekt wissenschaftlichen Interesses aus dem Zeitmodell deduzierbare Fragen („Wie sind die Ergebnisse dieser rationalen bzw. empirischen Rekonstruktion von Geschehensabläufen zu verstehen und zu erklären?" und „Wie sind diese Erkenntnis- und Erklärungsmodelle im Hinblick auf Handlungsziele und -zwecke zu operationalisieren?") gehen über den Rahmen dieser Arbeit hinaus.

Das zweite Axiom (das philosophisch-ethische Axiom)

> *„Ehrfurcht gebührt allem Lebendigen und seinem Wachstum. Respekt vor dem Wachstum bedingt bewertende Entscheidungen. Das Humane ist wertvoll; Inhumanes ist wertbedrohend" (Cohn, 1975, S. 120).*

In diesem ethisch-sozialen Axiom steht die Wert- und Sinnhaftigkeit unseres Einzeldaseins und die unserer sozialen, natürlichen und kosmischen Umwelt in Frage. Dabei geht es um die anthropologischen Wurzeln unseres Seins und Denkens und um das Humane und Inhumane, das in der Geschichte Ereignis wird.

Warum haben die ethischen Werte der Menschlichkeit, so fragt Ruth im zur Veröffentlichung vorbereiteten Manuskript des Buchs: Alfred Farau und Ruth Cohn „Gelebte Geschichte der Psychotherapie" (1975) – obwohl sie seit Jahrhunderten von Philosophen und Religionen gelehrt werden – so wenig Wirkungskraft, daß sie speziell durch politische und wirtschaftliche Gewalt jederzeit verdrängt und durch das Recht des Stärkeren ersetzt werden können? – Wenn wir die Gründe dafür untersuchen, so treffen wir unter anderem auf ein Grundphänomen westlicher Kultur, von dem unser Zeitalter besonders geprägt wird.

Es besteht im Erziehen von Kindern das Vorurteil, daß verbale *Gebote* und *Verbote* das Verhalten und die Seele des Kindes bestimmen; und wenn dies nicht der Fall ist, müssen *Strafen* („wer nicht hören will, muß fühlen!") die Gebote und Verbote einbläuen. Diese Pädagogik, die im letzten Jahrhundert noch mehr in den Vordergrund geraten ist, seitdem Kinder immer weniger im gemütvollen Familienkreis aufwachsen, geht an den emotionalen, phantasievollen, farbigen, tönenden, bildhaften und körperbewegten Seiten des Menschen weitgehend vorbei. Oder mit anderen Worten der modernen Forschung: Die rechte Gehirnhälfte wird als nebensächlich betrachtet und dementsprechend in „Nebenfächer" eingesperrt. Gerade diese Gefühlsseite aber bedarf der Förderung – um der Liebe, der Gemeinschaft, der Schönheit und um der Ethik willen.

Die verfehlende Pädagogik der „linken Gehirnhälfte" entspricht dem Glauben der Wissenschaft, daß die Wirklichkeit des Menschen und seiner Umwelt in ein System objektivierbaren Wissens eingefangen werden kann. Solche Wissenschaft aber fängt nur das ein, was in ihrem Raster vorgesehen ist. Dazu gehören vor allem abgrenzbare, objektivierbare und wiederholbare Phänomene, die allein jedoch dem Wesen des Menschen und der Welt nicht gerecht werden können. Mit der Vormacht instrumenteller Vernunft wurde – hier in vergröbernder Zusammenfassung formuliert – sinnvolles Denken und Erfahrung auf kontrollierbare Daten reduziert (Adorno, 1966; Adorno/Horkheimer, 1969).

Die Ausgrenzung, Abspaltung und Verdrängung von Wirklichkeitsbereichen, die sich unsere instrumentelle Rationalität nicht verfügbar machen kann, führt zu einer verhängnisvollen Dynamik: Je mehr sich Menschen an eine Ratio binden, mittels derer sie alles durchdringen, klarstellen und in den Griff bekommen wollen, desto mehr an Eigengewicht und ungesteuerter Eigendynamik gewinnen die nichtrationalen Kräfte, die sie aus der menschlichen Erfahrung auszusperren versuchten und glaubten, sie damit „unschädlich" gemacht zu haben. Die verlorene Balance zwischen rationalen und emotional-organismischen Kräften, die zur Ganzheitlichkeit des Menschen gehören, vernichtet zugleich das eigentlich Humane, die *Liebes-* und *Wertefähigkeit* des Menschen in seinem natürlichen inneren und äußeren Eingebundensein. Wo Menschen sich nicht mehr um ihre Liebes- und Wertefähigkeit bemühen, die zu ihrem autonom-interdependenten Humanum gehören, sind der Macht des Stärkeren, der Unterdrückung vieler zugunsten weniger, der Ausbeutung von Mensch und Natur keine Grenzen gesetzt. Es gibt da nicht mehr nur einzelne Verbrecher, die das legale Recht brechen, sondern die Gesetze selbst brechen das Recht der Gerechtigkeit. Dies drückt sich in unserem Jahrhundert in den Vernichtungslagern von Auschwitz, Katyn, Beirut ebenso aus wie in den Drohungen und Berechnungen für gegenseitige totale Vernichtung durch Atomrüstung und biologisch-chemische Vernichtung.

Die Wissenschaft entwickelte sich zum Wissen über *kontrollierende Macht* und *planvolle Beherrschung* schwächerer Mitmenschen (persönlich, soziologisch, ökonomisch), über Tiere, Pflanzen und Erde. So wurden und werden Seele und Geist des Kosmos vergewaltigt und zerstört.

Aus der Not der geschichtlichen Situation, in der wir alle heute leben, erweist sich die Wichtigkeit des zweiten Axioms, der Unabdingbarkeit der Werte. Diese lassen sich zwar rational aus dem ersten Axiom ableiten, jedoch ist dessen Gültigkeit gebunden an den Lebensdrang des Lebens, an den Sinn des Liebens und an das ehrfürchtige Staunen über die Wunder des Universums.

Dieses Ganze kann nicht als abgrenzbarer Teil der Welt erfaßt werden, der wissenschaftlich objektivierbar neben der Mannigfaltigkeit alles anderen existiert, sondern als Einheit, die alles umgreift und ermöglicht. „Geordnete Welt ist nicht die Weltordnung" (Buber, 1979, S. 34). Die Ordnung der Welt ist uns existentiell mitgegeben; in unserer Teilhabe an dieser Ordnung zeigt sich unsere Autonomie. Teilhabe aber ist nicht Verfügbarkeit. Ehrfurcht vor Natur und Leben und unserer eigenen gebundenen Freiheitlichkeit werden als Handlungsmaxime im zweiten Axiom ausgesprochen: Wir müssen bewertend entscheiden. Wir müssen die Ganzheitlichkeit des Universums ehrfürchtig in unsere Bewertung einbeziehen. Das Humane (das sich als liebendes, erkennendes und danach handelndes Verhalten ausdrückt) ist wertvoll; das Inhumane (absondernd „Sündige", Achtungslose) ist wertbedrohend.

Ruth: Ich habe im zuvor genannten Manuskript („Gelebte Geschichte der Psychotherapie") die Hypothese eines organismischen und geistigen Wertesinns aufgestellt. Dieser Wertesinn kann wie andere Sinne gefördert, behindert oder zerstört werden. – Wir leben am Rande der Möglichkeit, ihn bewußt zu erkennen und zu fördern, anstelle ihn in seiner verwurzelten Unbewußtheit des „Sie wissen nicht, was sie tun" zu belassen. Von der Belebung oder Verkennung solchen Wertesinns mag die Zukunft und unsere Existenz abhängen.

Die wichtigsten Konsequenzen, die wir aus diesen Überlegungen für das *humanistische Handlungskonzept* der TZI ziehen können, sind:

– zu überprüfen, ob sich die Hypothese des angeborenen emotionalen Wertesinns als Fähigkeit bewährt; das würde bedeuten, daß der Wertesinn, wie alle anderen Fähigkeiten des Menschen, der phasengemäßen Übung und Förderung bedarf, um sich entwickeln und entfalten zu können;
– Menschen zu verhelfen, den Wertesinn und andere emotional mitbedingte Fähigkeiten aus der Isolationszelle einseitigen instrumentellen Denkens herauszuholen und sie als Energie- und Gehaltspender für rationales Tun und Denken zu erfahren;
– uns selbst und anderen zu verhelfen, eine Umgebung zu sein und zu schaffen, die dieser integrativen Fähigkeit zur Entfaltung verhilft.

Im Werteverständnis *ent*hüllt sich Sinn, weil der Mensch den Wert und die Wichtigkeit seiner selbst, der anderen, des Lebens, der Welt in einem ganzheitlichen Wirklichkeits- und Verantwortungszusammenhang erfährt. Zugleich bleibt dieser Sinn *ver*hüllt, denn der Mensch, der sich als personale Einheit im Ganzen der Wirklichkeit erfährt und erkennt, erfährt zugleich nach außen und nach innen seine eigene Begrenztheit. Es offenbart sich nach innen und nach außen eine Transzendenz, die prinzipiell unser Fassungsvermögen übersteigt. Die Gewißheit der Erfahrung von Sinn bringt gleichzeitig mit sich die Erfahrung des Ungewissen, des Unwißbaren.

Die Sinnfrage ist weder lösbar noch vermeidbar. Sie bleibt der Horizont, dem wir zuwandern, der sich im Wandern verändert und so immer geheimnisvoll bleibt. In diesem offenen Horizont der inneren und äußeren Wirklichkeit können wir Dimensionen unseres Wertesinns entdecken, die transphänomenale und religiöse Aspekte einschließen.

Das dritte Axiom (das pragmatisch*-politische Axiom)

> *„Freie Entscheidung geschieht innerhalb bedingender innerer und äußerer Grenzen. Erweiterung dieser Grenzen ist möglich. Freiheit im Entscheiden ist größer, wenn wir gesund, intelligent, materiell gesichert und geistig gereift sind, als wenn wir krank, beschränkt oder arm sind oder unter Gewalt und mangelnder Reife leiden" (Cohn, 1975, S. 120).*

Diesem Grundtext ist eine Aussage hinzugefügt, in der die Verbindung des dritten Axioms mit dem ersten und zweiten betont wird:

„Bewußtsein unserer universellen Interdependenz ist die Grundlage humaner Verantwortung."

Im dritten Axiom sind die grundlegenden pragmatisch-politischen bzw. demokratisch-politischen Aspekte des TZI-Systems formuliert, die das erste und zweite Axiom ergänzen. Als geschichtliche Wesen existieren wir in logisch widersprüchlichem Verhältnis zwischen unseren Möglichkeiten und Fähigkeiten zur freien Entscheidung und der Bedingtheit durch innere und äußere Grenzen. Menschliche Existenz steht unter dem anthropologischen Paradox der „Freiheit in Bedingtheit". In jeder existentiellen, konkreten und aktuellen Situation sind diese inneren und äußeren Grenzen wirksam; entscheidend ist, daß sie veränderbar sind. Einmal, weil diese „Grenzsituationen", wie Freire (1973) sie nennt, historischen Charakter haben und als Zeitsituation prinzipiell Wandel und Veränderung unterliegen; zum anderen aber auch deshalb, weil jede Situation vom Menschen bewußt oder unbewußt als Herausforderung erfahren wird, die gewordenen Grenzen und Bedingungen zu verändern oder zu bestätigen. Der Mensch kann seiner Freiheit und damit seiner Verantwortung nach innen und außen nicht entkommen, weil er in seinem Zeit- und Geschichtsbewußtsein diese Begrenzung als existentielle Wirklichkeit erfährt, der gegenüber er sich nicht nichtverhalten bzw. nichtentscheiden kann (Watzlawik/Beavin/Jackson, 1971, S. 50 ff., 72 ff.).

Es führt zu grundlegenden inneren und äußeren Störungen, diese Grenzen als fixiert und unveränderbar anzusehen, wenn dies nicht unserer Wirklichkeit

---

* „Pragmatisch" hier nicht in der Bedeutung von praktisch-opportun, sondern von praxis- und wertbezogen.

entspricht. Die irrige Meinung, daß unverrückbare, unabänderliche innere und äußere Gegebenheiten da sind, auch wo dies nicht zutrifft, bedeutet Gefahr, sich als Opfer des Schicksals zu erleben und dies in Flucht oder Fatalismus hinzunehmen. Damit wird die Erweiterung bedingter innerer und äußerer Grenzen verhindert.

Innere und äußere Hindernisse, die wir als Herausforderung anerkennen, geben uns die Chance, uns selbst und die Umwelt zu verändern. „Dieses Ziel kann" – nach Freire – „nur erreicht werden durch Handeln an der konkreten Wirklichkeit, in der sich die Grenzsituation historisch vorfindet. Während die Wirklichkeit verwandelt wird und diese Situationen überholt werden, tauchen neue auf, die ihrerseits neue Grenzakte erzeugen werden" (Freire, 1973, S. 84). So bedeutet das dritte Axiom: Die Bewußtheit menschlicher Entscheidungsfähigkeit und ihrer Grenzen, die prinzipiell erweitert werden können, schafft „die Voraussetzung für gesellschaftspädagogische und -therapeutische Ansätze ... Jede themenzentrierte interaktionelle Gruppe übt die Wahrnehmungsfähigkeit nach innen und nach außen und die entsprechende Entscheidungsfähigkeit. Sie übt die Möglichkeit, persönliche und gesellschaftliche Anliegen in kompetenten Handlungsweisen zum Ausdruck zu bringen" (Ockel/Cohn, 1981, S. 276).

Paolo Freires Bewußtseinspädagogik und Ruth Cohns themenzentrierte interaktionelle Gruppe haben einen ähnlichen personalen wie gesellschaftsbezogenen Ansatz: Die *gemeinsame dialogische oder interaktionelle Arbeit am Thema* steht im Mittelpunkt der Gruppe. In diesem Sinn hat das dritte Axiom unmittelbar thematische Relevanz: Das Üben der Wahrnehmungs- und Entscheidungsfähigkeiten gehört zum Prozeß der Bewußtwerdung, der zur Veränderung innerer und äußerer Grenzen führen kann, speziell wenn dies den gemeinsamen Bezugspunkt einer Gruppe bildet. Solche grenzverändernden Aufgaben sind „generative" Themen, „weil sie ... die Möglichkeit enthalten, in viele Themen weiter entfaltet zu werden, die ihrerseits nach der Durchführung neuer Aufgaben verlangen" (Freire, 1973, S. 82).

Die gleichen Situationen, die solche generativen Themen hervorbringen, beinhalten jedoch auch deren Gegensatz, nämlich die inneren und äußeren Hindernisse, die humaner Veränderung entgegenstehen. Wenn diese Gegensätze, seien es Abwehrmechanismen, Rationalisierungen oder einfach Mangel an Wahrnehmung, unter der Oberfläche bleiben, entstehen unterschwellige, oft destruktive *Gegenthemen*, die dem eigentlichen Thema Kraft und Effektivität rauben und persönlichem und gemeinsamem Wachstum entgegenstehen.

TZI sagt methodisch nicht aus, welche Themen behandelt werden können, sollen oder müssen. Themen, die prinzipiell den Axiomen widersprechen, sind natürlich auszuschließen; doch gibt es viele Themen, die bearbeitet werden, aber unwichtig sind, während andere, die lebensnotwendig und menschenwürdig sind *(generative Themen)*, nicht genug Interesse bekommen. Die meisten Aufgaben und Themen in den „Sozialisationsagenturen" unserer Gesellschaft sind nicht echte generative Themen, deren Bearbeitung menschimmanenten Bedürfnissen und Werten zur Verwirklichung verhelfen. Sie sind vom Recht des Stärkeren gewählt – in Schulen, Betrieben und Regierungen. Das Finden unserer lebenswichtigen Themen und ihrer Lösungen kann nur in kleinen Schritten geschehen, weil Menschen selten die Notwendigkeit und Möglichkeit, sich und die Umstände zu verändern, erfassen können.

Lehrer zum Beispiel sind in ihrer Praxis jeweils bestimmten Lehrplänen oder bestimmten Lehrvorstellungen der Gemeinde verpflichtet, und sie können deshalb nur innerhalb von gegebenen Grenzen die Themensetzung, -hinführung, -perspektiven und -bearbeitung im Sinn der Gemeinschaftserziehung beeinflussen. Das gleiche gilt für Familien- oder Organisationsthemen oder -entscheidungen, und vor allem für politische Veränderungen.

Darum ist es notwendig, zwischen den mächtigen Verhältnissen innerhalb der Gesellschaft, den universalen Gegebenheiten (dem „Globe") und den persönlich angebaren Grenzen zu differenzieren. Wir müssen die komplexe Wirklichkeit ökonomischer und psychologischer Gegebenheiten der großen institutionellen und der kleineren Lebensbeziehungsfelder wahrnehmen und nach dem Prinzip möglicher Schritte verfahren. Dabei ist wichtig, daß wir über den vielen kleinen Schritten die *Perspektive der übergeordneten Ganzheit* nicht aus den Augen verlieren; und daß wir den *Mut zur Möglichkeit* behalten oder erringen, daß es auch in der menschlichen, nicht nur der kosmischen Geschichte „Quantensprünge" geben kann.

Methoden

Die Besonderheit der TZI als Konzept pädagogischen und gesellschaftstherapeutischen Handelns liegt im Rückbezug ihrer Methoden, Verfahren und Techniken auf die Axiome und deren Sinngebung – also auf *existentiell-anthropologische, ethisch-soziale* und *demokratisch-politische Zusammenhänge*. Dieses Methodenkonzept „beruht auf der Einsicht, daß Menschen zwar Tatsachen und Zusammenhänge mit dem Denken allein erfassen können, daß jedoch sinnvolles Lernen den ganzen Menschen als psychosomatisches – daher auch gefühlsbetontes und sinnliches – Wesen betrifft. Die gegebenen Regeln und Richtlinien versuchen, den ganzen Menschen – Gefühle und Gedanken. Gegenwart, Vergangenheit und Zukunft – miteinzubeziehen" (Cohn/Farau, 1983). – Die Offenheit des Konzepts bietet im Grundmodell einen Ansatz, der die philosophische Erweiterung zum Transpersonalen und Metaphysischen hin ebenso ermöglicht wie die Integration situations- und fach- oder berufsspezifischer Verfahren.

Die existentiellen Postulate

Das erste Postulat: „Be your own chairman, be the chairman of yourself – be your own chairperson!" (Sei deine eigene Leitperson) „Mache dir deine innere und äußere Wirklichkeit bewußt! Benutze deine Sinne, deine Gefühle, gedanklichen Fähigkeiten und entscheide dich verantwortlich von deiner eigenen Perspektive her" (Cohn, 1975, S. 179). Der Prozeß der zunehmenden Bewußtwerdung bezieht sich auf „die körperlichen Empfindungen, die wechselnden Gefühle und die tiefverankerten Grundstimmungen, die Wahrnehmung im Gruppengeschehen, die gedanklichen Eingebungen: Phantasien, Intuition, Urteile, Wertungen, Absichten. Ich akzeptiere mich wie ich bin – was meine Wünsche, mich selbst zu ändern, einschließt".

Das existentielle Postulat der Chairmanship fordert auf, in der Bewußtheit seiner selbst und der Situation Entscheidungen zu treffen und die Verantwortung dafür zu übernehmen. Im Aussprechen des Postulats wird eine *scheinbar paradoxe Situation* geschaffen, indem mir von anderen aufgetragen wird, was ich im Grunde nur aus mir selbst und spontan leisten kann, nämlich mich selbst zu bestimmen!

Diese Paradoxie entspricht de facto der existentiellen Paradoxie der „Freiheit in Bedingtheit", die zur Realität menschlicher Existenz gehört. Denn auch während ich mich selbst bestimme, ist diese Selbstbestimmung eingebunden in die Interdependenz des Daseins. Diese „Realität, die um dich ist, ist auch in dir und zwingt dich zu Entscheidungen: sie einzulassen oder sie auszulassen zum Tun der Abkehr oder zum Tun der Einkehr und vielleicht auch zur Umkehr. Realität ist Autorität. Sie zwingt zur Stellungnahme" (Ockel/Cohn, 1981, S. 260). Die Realität behindert nicht, sondern fordert *Selbstbestimmung* und *Selbstverantwortung*. Doch es gehört zur Realität, daß es andere gibt, die mir andere Perspektiven, die ich gerade nicht sehen kann oder will, zur Verfügung stellen können. Das Aussprechen des „Sei du selbst..." erinnert mich an meine Möglichkeiten in mir und mit Euch. Dies Ansprechen meiner selbst oder des anderen durch das Chairman-Postulat ist die schlechthin zentrale pädagogische, therapeutische und politische Intervention der TZI. Sie ist der Ausdruck menschlicher Individualität und Solidarität, d. h. eine in der Gemeinsamkeit unseres Getrennt- und Andersseins verwurzelte Aufforderung, eine Ermunterung, ein Zuspruch, das Zutrauen: „Sei! – Du kannst! – Ich gehe auf dich zu, du bist wer... Ich begegne dir mit meinem Wort an mich selbst und an dich... Ich bin wie du in meinem Wunsch, mich selbst zu leiten". Es sind nicht Aufforderungen aus der Position des „Schon-Wissenden" an andere in der Position des „Noch nicht...", sondern die Aufforderung des Gleichen unter Gleichen; und *beide* müssen oft erinnert werden. Das ist die Grundlage jeder persönlichen und gesellschaftlichen Therapie, die weder Individualismus noch Kollektivismus als politische Basis ansieht, sondern *Gemeinschaftlichkeit* der einzelnen im Gemeinwesen und in der Welt.

„Sei deine eigene Leitperson" ist das exemplarische Muster für die unendliche Vielfalt an Modifikationen, in denen sich diese Grundhaltung in der jeweiligen Situation ausformuliert: dem Kind gegenüber anders als dem Erwachsenen, in einer Anfangssituation anders als in einer vertrauten, in psychotherapeutischen Situationen anders als in Lernsituationen, in großer Nähe anders als in großer Distanz usw. Bei aller Mannigfaltigkeit des in der jeweiligen Situation Ausgedrückten bleibt das Grundmuster gleich: „Sei, der du bist, denn du bist ein Werdender, in dir und in deiner Gemeinschaft."

Beim kleinen Kind und beim Schwerbehinderten oder Kranken und Bedrückten sagt mir als „privilegiertem" Erwachsenen meine Wahrnehmung nach innen und nach außen, wann solche Worte nicht der Realität entsprechen. Die Realität ist, daß Selbstbestimmung auch inneren Beschränkungen unterliegt. Wenn ich einem Kind von fünf Monaten sage: „Sei deine eigene Chairperson, gehe, wenn du willst und bleibe liegen, wenn du willst!" ist das offenbar absurd. Es versteht weder die Worte, noch kann es sich entscheiden zu gehen. Die Entscheidung ist existentiell vorbestimmt. Ich muß also das Kind oder den behinderten Menschen tragen oder transportieren, wenn dieses notwendig oder wünschenswert für seine Existenz ist. Und so muß ich auch in weniger radikalen Umständen Verantwortung dort und dann übernehmen, wo ich glaube – und diesen Glauben verantwortungsvoll überprüfe –, daß die Wachstumsreifung resp. -behinderung des Kindes oder des Behinderten und meine Lebenssituation mit ihnen mir die Verantwortung übergibt, Entscheidungen für andere zu übernehmen.

Es wird immer Situationen geben, in denen die Entscheidung schwerfallen wird, ob ich mich etwa zum Allwissenden machen will, der die Reifung oder Fähigkeit eines anderen unterschätzt, oder ob ich unrechtmäßigerweise meine Verantwortung, wo es um Lebensrettung oder lebenswichtige Entscheidungen eines Nächsten geht, ablehne. Dies sind schwere Entscheidungen, die nur mit Gewissensbefragung, Realitätserkenntnis und Selbstkritik gelöst werden können. Dafür gibt es keine Rezepte.

Es wird immer Situationen geben, z. B. wenn es um die Bewußtlosigkeit bei einem Schädelbruch oder einem Koma geht, wo die Chairmanship eines Menschen von einem andern übernommen oder mitübernommen werden muß. Daß dies nicht zur Ausrede werde, wie es oft geschieht, bedingt, daß Chairmanship richtig interpretiert wird. Das Postulat „Sei deine eigene Chairperson, deine eigene Leitperson" ist an das Axiom der *Ehrfurcht vor dem Leben* gebunden; dies bedeutet, daß Entscheidungen im Sinne des human Wertvollen und nicht des inhuman Bedrohlichen gefällt werden sollen.

Die „Doppelgesichtigkeit" jeder menschlichen Situation, zugleich Beschränkung und Chance für Handeln zu sein, kann einerseits lähmen oder zu wütendem Anrennen führen, andererseits aktivieren und zu konstruktivem Tun motivieren. Die Anerkennung dieser Realität schließt die Verantwortlichkeit ein, die im Chairmanpostulat eingeschlossen ist: „Gib und nimm von jeder Situation, was du geben und nehmen willst (wobei ‚was du willst' bedeutet: ‚nicht, was du impulsiv möchtest, und nicht, was du unreflektiert sollst, oder was du annimmst, daß es ein Muß sei, sondern was du im Bewußtsein der inneren und äußeren Gegebenheiten wahrnehmend und denkend und glaubend entscheidest)" (Ockel/Cohn, 1981, S. 279).

Das zweite Postulat: „Beachte Hindernisse auf deinem Weg, deine eigenen und die von anderen. *Störungen und Betroffenheiten haben Vorrang;* ohne ihre Lösung wird Wachstum verhindert oder erschwert" (Cohn, 1975, S. 121).

„Störungen und Betroffenheiten haben Vorrang." Denn wenn innere und äußere Widerstände, innere und äußere Unterdrückung und Zwang, Betroffenheiten wie Schmerz, Freude, Angst, Zerstreutheut, Frustration, Antipathie oder ein unerträglicher Lärm von außen, giftige Dämpfe etc. im Weg sind, wird Wachstum und Lernen verhindert oder gehemmt; dann muß die Störung Vorrang haben. „Jede Ablenkung und Störung ist ernstzunehmen – und zwar als Realität, die Anerkennung und Auseinandersetzung beansprucht und nicht mit Verleugnung und Abwehr aus der Welt geschafft werden kann" (Cohn/Farau, 1983).

Daß Störungen und Betroffenheiten im Leben und im Lernen Vorrang haben, entspricht dem psychoanalytischen Grundsatz, daß Widerstand vor Inhalt bearbeitet werden soll. Doch das TZI-Konzept der Störung ist weiter gefaßt als das des Widerstands. Störungsquellen im Sinn der TZI sind nicht *nur* die Störungen des „Widerstands", der aus ungelöster intrapsychischer Angst entsteht. Störungsquellen können alle inneren emotionalen Vorgänge und äußeren Gegebenheiten sein, die zur Zuwendung zum Thema oder zur Aufgabe querliegen.

Diese können in einer Gruppe z. B. aus der Zusammensetzung der Gruppe und unterschwelligen Gegenthemen stammen oder aus ökonomischen oder personalen Gegeninteressen der Gruppenmitglieder. Es können Straßengeräusche, eine kaputte Heizung und Erkältungen sein; oder Aufgabenstellungen von unten oder oben (Basis oder Vorgesetzten), die den Anliegen der Gruppenmitglieder entgegenstehen.

Störungsquellen müssen nicht isoliert nebeneinander aufkommen, sondern können in wechselseitigem Zusammenhang stehen. Sie sind Ausprägungen der Realität in individuellen, sozialen und natürlichen Bereichen. Eine TZI-Gruppe spiegelt individuelle Probleme ebenso wie gesellschaftliche – Tabus, Vorurteile, Mißverhältnisse und destruktiven „Zeitgeist". Die Gemeinsamkeiten persönlicher Störungen werden in allgemeinen Themen sichtbar, ebenso wie sich kollektive Störungen im individuellen Verhalten zeigen. Dabei besteht die Chance, schlechte Bedingungen und Zwänge, die sich innerhalb der Gruppe und/ oder in den äußeren Verhältnissen auswirken, bewußt zu machen und nach Möglichkeiten zu suchen, sie zu revidieren. In der Einbeziehung innerer und äußerer Störungen und ihrer Bewußtmachung wird in TZI-Gruppen ein Gemeinschaftsmodell erlebbar oder zumindest erahnbar, wie Menschen mit sich und anderen humaner leben könnten.

Das Strukturmodell der TZI

Jede Gruppeninteraktion enthält vier Faktoren, die man sich bildlich als die Eckpunkte eines Dreiecks in einer Kugel vorstellen kann: Das ICH (die Person und ihre Anliegen); das WIR (die Gruppe und ihre Interessen); das ES* (das Thema oder die gemeinsame Aufgabe); und den GLOBE (dieser repräsentiert das Umfeld der Gruppe, d. h. deren situative, soziale, natürliche Gegenwartsumgebung inklusive der Bedingtheiten durch Vergangenheit und Zukunftsaspekte. Der Globe umgibt die Gruppe und die einzelnen Mitglieder durch deren Verflochtenheiten nach außen, nach jedem zuvor und jedem danach. „Wer den Globe nicht sieht, den frißt er"**.

Wir können die vielfältigen Möglichkeiten, die sich aus dieser einfachen Vier-Faktoren-Struktur in Verbindung mit den Axiomen ergeben, hier nicht in Einzelheiten darstellen. Die therapeutische wie pädagogische Wirksamkeit dieser vier Faktoren und der Axiomatik besteht darin, daß sie die Existenzmöglichkeiten und Wirklichkeiten des Menschen in ein übersichtliches, praktisch handhabbares Modell fassen: Der Mensch ist in seiner Autonomie (Ich-Aspekt) ein dialogisches Wesen (Wir-Aspekt), das sich in der dialogischen Interaktion mit dem Stückchen der Welt befaßt (thematischer Aspekt), in der es mit anderen Menschen lebt (Globe). Diese Aspekte jedoch unterscheiden sich durch die

---

* Dieser Gebrauch des ES bei Ruth Cohn steht in der philosophischen Tradition Martin Bubers. ES ist dort ein Etwas, das dem Ich zum Objekt, zum Gegenstand seiner Erfahrung wird: „Ich nehme etwas wahr. Ich empfinde etwas. Ich fühle etwas. Ich denke etwas ... All dies und seinesgleichen zusammen gründet das Reich des Es" (Buber, 1979, S. 8).
** Ruth C. Cohn in einem Workshop.

individuellen Sichtweisen jedes Menschen; denn jeder ist sein eigener Mittelpunkt in allen Aspekten. Und darum ist mein GLOBE nie ganz deiner, der GLOBE der Gruppe nie ganz der Globe von anderen Gruppen.

Die Gleichgewichtigkeitshypothese von ICH – WIR – ES – GLOBE als zentrales Arbeitsprinzip

Die Gleichgewichtigkeitshypothese ist das wesentliche Arbeitsprinzip der TZI, das besagt, daß die interaktionelle Gruppe nicht nur *themen*zentriert arbeitet, sondern in *gleicher* Weise personen-, gruppen-, themen- und globezentriert.

– Die aufeinander und auf die Sache bezogenen einzelnen Personen (die ICHs),
– die auf die ICHs und die Sache (ES) als WIR bezogenen Gruppenmitglieder
– und die gemeinsame Sache selbst
– und der GLOBE sind *gleichgewichtig*.

Ich bin so wichtig wie du und wie wir, wir sind so wichtig wie unsere Aufgabe und dabei abhängig von der ebenso wichtigen näheren und ferneren Umgebung der Welt. Dies Handlungsprinzip ist Ausdruck der integrierten drei Axiome. Wenn wir Ich, Wir, Es und den Globe als gleichgewichtig anerkennen und uns dementsprechend verhalten, d.h. in unserer Wirkungsweise die dynamische Balance als Kompaß ansehen, erfüllen wir die impliziten Grundprinzipien jeder humanistisch-holistischen Ethik.
    Die vier Faktoren sind gleichgewichtige Momente im ganzheitlich zu verstehenden Lebens- und Gruppenverlauf. Sie erhalten jedoch je nach der aktuellen Situation unterschiedliche Betonung in Intensität und Umfang. „Dynamisches Balancieren" als Begriff gehört nicht nur zur Arbeitshypothese von ICH-WIR-ES-GLOBE-Balance, sondern ist auch anwendbar für andere konkrete Lebensfaktoren, wie z.B. dynamische Balance zwischen Sicherheitsbedürfnis und Risikobereitschaft, zwischen Fühlen und Denken, Männlichkeit und Weiblichkeit, Geben und Nehmen, Nähe und Distanz, Zuhören und Sprechen, Aktivität und Ruhe etc. etc. *Statisches Gleichgewicht* gibt es im Grunde nur im Tod, und auch da mag es nur ein scheinbares Aufhören der Bewegung sein. Jedes lebendige Wesen, jede Bewegung beruht auf der Möglichkeit, das Gleichgewicht zu verlieren und wieder zu finden. Jedes Festhalten, auch am schönsten momentanen Gleichgewicht, wird zur krampfhaften Störung und Versteinerung („Werd' ich zum Augenblicke sagen, verweile doch, du bist so schön, dann magst du mich in Fesseln schlagen, dann will ich gern zugrundegehn").
    Dynamisches Gleichgewicht ist üblicherweise der Kompaß für jede Sitzung, in der sich eine TZI-Arbeitsgruppe trifft. Jedoch gibt es sehr häufig Gruppen, in denen neben dem Moment der Gleichzeitigkeit – der simultanen Arbeit an der Balance – das Nacheinander, d.h. die diachronische Balance geschieht und wünschbar ist. Es können intellektuelle Phasen emotionalen folgen, persönliche Aussprachen langer, sachlicher Arbeit oder umgekehrt, Einzelarbeit der Gruppenarbeit, körperliche Aktivität dem reflektierenden Sinn, kürzere Vorträge den Diskussionen. Die Gefahr ist, einerseits in das alte Fahrwasser des „Störungen dürfen keinen Vorrang haben" zu geraten, andererseits Störungen so lange

den Vorrang zu lassen, bis keine Arbeit mehr zustandekommt. Mit größerer Übung im TZI-Gruppenleiten werden diese Gefahren immer geringer. Je mehr die Teilnehmer lernen, sich selbst zu beobachten, welchen Störungen sie wann Vorrang geben wollen und sollten, je mehr die Leitenden von Gruppen Vertrauen in sich selbst und ihre trainierte Intuition haben können, um so sicherer kann das Prinzip der Gleichgewichts-Hypothese angewandt werden. Und je mehr eine Gruppe zur TZI-Arbeitsgruppe geworden ist – sei es als *Ausbildungs-, Klassenzimmer-, Betriebs-, Familiengruppe –,* um so selbstverständlicher wird der Gruppenkonsens, daß jeder einzelne, die Gruppe als ganze und die Arbeit unter Beachtung der äußeren Umstände gleichgewichtig sind.

In diesem Sinn leitet sich die Gruppe *auch* selbst. Dies macht die Aufgabe des Gruppenleiters jedoch nicht überflüssig, die dynamische Balance im Auge zu haben. Wenn jedes Gruppenmitglied sich auf das Wohlbefinden der einzelnen, die Interaktion und die Aufgabe konzentriert, geht Arbeitskraft verloren. Wenn niemand es tut, verliert sich das Gleichgewicht zur Sach- oder Beziehungsebene hin. Wenn Gruppen- und sich-selbst-leiten von allen gelernt worden ist, kann (und oft soll) Gruppenleitung rotieren.

Die TZI-Hilfsregeln

TZI-Hilfsregeln sind *Kommunikationshilfen* und *Interventionstechniken,* die den persönlichen Umgang mit den Axiomen und Postulaten stützen sollen. Sie sind weder in ihrer Formulierung an verbindliche Formen gebunden noch der Anzahl nach beschränkt. Manche sind allgemein anwendbar, manche eher situationsspezifisch. Das Wann und Wie ihrer Einführung und Anwendung muß der jeweiligen Situation angepaßt sein. (Unter systematischen Gesichtspunkten können wir sagen, daß Hilfsregeln repräsentative Beispiele für die Operationalisierung der Postulate und Arbeitsprinzipien der TZI sind; sie alle sind Ausdruck der Anerkennung der Axiome.)

Hilfsregeln, die in fast allen Gruppensituationen von Vorteil sind, wenn sie nicht diktatorisch, sondern als hilfreiche Möglichkeit dargestellt werden, sind unter anderem:

„Übe deine Sinne (sieh, höre, empfinde ...) um ihrer selbst willen. – Sie werden dir zudem auch in Zweckbereichen hilfreich sein können."

„Werde wach für deine Gefühle, Sie gehören zu deinem Wert und deiner Wichtigkeit. – Sie sind gültig für dich und deinen jeweiligen Augenblick. Sie sind deine Energiespender. Sie sind jedoch nicht notwendigerweise gültige Aussagen über eine allgemeine, geteilte (intersubjektive) Wirklichkeit." (Die Welt *ist* nicht so, weil ich so *fühle.*)

„Drücke dich klar aus – niemand außer dir kennt deine inneren Vorgänge: Gefühle, Gedanken, Motive. Aussagen sind Brücken von Mensch zu Mensch." „Vertritt dich selbst in deinen Aussagen. Es ist leichter, dies zu tun, wenn du ‚Ich' sagst und nicht ‚wir' oder ‚man', außer wenn du dir sicher bist, daß *alle* so fühlen." (Diese Regel hilft, persönliche Versteckspiele zu vermeiden und selbstverantwortliche Aussagen zu machen. Die Regel heißt nicht „Du darfst nie ‚man' sagen.")

„Halte dich mit Interpretationen von anderen solange wie möglich zurück. Sprich statt dessen deine persönlichen Reaktionen aus." (Diese Hilfsregel entspricht realistischen,

d. h. auch pädagogischen und therapeutischen Prinzipien. Denn meine persönlichen Reaktionen sind jenseits von richtig und unrichtig. Sie sind subjektive, momentane Wirklichkeit. Interpretationen, speziell solche, die als Realität und nicht als Hypothese ausgesprochen werden, bringen den Interpretierten meist in eine defensive Haltung, die es ihm erschwert oder unmöglich macht, die Berechtigung der Interpretation zu erleben. Der Interpretierende aber ist meistens unfähig, über die Realität eines anderen so genau Bescheid zu wissen, daß seine Interpretationen Gültigkeit haben. Die eigene Reaktion auf einen andern jedoch ist für den, der sie erlebt, aussprechbar und wird bedeutsam für den andern.)

„Sei authentisch und selektiv in deinen Kommunikationen. Mach dir bewußt, was du denkst und fühlst, und wähle, was du sagst und tust. Alles, was gesagt wird, soll so echt wie möglich sein; nicht alles, was echt ist, soll gesagt werden." (Selektive Offenheit ermöglicht Vertrauen und Verständnis. Absolute Offenheit ist oft inhuman. Selektive Offenheit beachtet die Verletzlichkeit von Personen, auch der eigenen, und Situationen. Selektive Authentizität beachtet die Funktionszusammenhänge der Aufgaben, den Globe, die Gruppe und die Tragfähigkeit ihrer Teilnehmer.)

„Zuhören, Nachdenken und Aussagen sind unterschiedliche Tätigkeiten. Gleichzeitigkeit senkt ihr Niveau" (zum Beispiel, wenn ich über meine Gegenaussage nachdenke, wenn der andere spricht). „Erlaube dir und anderen Pausen und Schweigen; sie gehören zu echter Kommunikation."

„Beachte deine Körpersignale und die von anderen." (Körperempfindungen sind meist unbewußt und daher gute Boten aus tieferen Gefühlsschichten. Sie geben Hinweise als Boten des noch nicht Gewußten. – Das gleiche gilt für Beobachtung der Mimik und Gestik von andern. Alle Menschen, auch Kinder, interpretieren bewußt oder unbewußt den körperlichen Ausdruck anderer. Vorrangig bleibt jedoch, solche Interpretationen als subjektive Reaktionen zu verstehen, und es ist selten nützlich oder therapeutisch, diese ohne Selektion dem andern mitzuteilen).

Es geht gegen den Geist der TZI, solche Hilfsregeln an die Wandtafel zu schreiben oder als Poster anzuschlagen (wie das oft geschehen ist). Sie sind nur *selektiv* und *situationsgemäß* zu vermitteln; am besten dadurch, daß ein Gruppenleiter sie selbst anwendet. Es ist mißverständlich und pädagogisch-therapeutisch nachteilig, wenn Gruppenleiter Hilfsregeln vorschreiben, die sie selbst nicht in das humanistische Grundkonzept der TZI integriert haben. Ohne humane Haltung und ohne Rückbindung an Axiome und Postulate dienen die Hilfsregeln dem Antigeist, den sie bekämpfen wollen: dem Dogmatismus.

Spiele und Übungen

Übungen und Spiele sind dann TZI-adäquat, wenn sie funktional im Sinn des gegebenen Themas und der Gruppensituation entsprechend angewendet werden. Außerdem soll kein Teilnehmer das Gefühl des Außenseiters bekommen, wenn er gar nicht oder ein bestimmtes Spiel nicht mitspielen will. Meist ist es gut, wenn der Sinn und die Erfahrung, die durch das Spiel ermöglicht wurden, auch verbal ausgetauscht werden.

Struktur – Prozeß – Vertrauen

„Das Urvertrauen des Menschen, daß er wichtig und wertvoll sei, ist vielen unbekannt. Es wächst weder zwischen Bomben und Hunger noch zwischen angstvollen Karrieren oder Hochhauseinsamkeit. Manche Menschen haben es viel besser; nicht viele im Vergleich. Vielleicht können diese wenigen – wir? – etwas ändern, humaner werden und Humanität auch dort finden oder hineinbringen, wo Veränderungen gelebt und organisiert werden können. – Vertrauen entsteht, wenn jemand wirklich zuhört, anerkennt, entgegnet, ernstnimmt, weiterführt und nicht recht haben muß. Dies kann eine interaktionelle Gruppe sein, die jedes einzelne Mitglied, die Gemeinschaft und ihre Tätigkeiten für wichtig und wertvoll hält" (Cohn, 1975, S. 213).

Um ein solches vertrauensvolles Klima zu fördern, bedarf es der Kenntnis vieler *Strukturen* und angemessener Überlegungen, welche Struktur in dieser bestimmten Situation am geeignetsten sein könnte. So wenig ein Kind Vertrauen lernt, wenn es keinen Halt oder Übervorsicht erfährt, so wenig bildet sich in einer Gruppe Vertrauen, wenn ihr Interaktionsgeschehen zu viel oder zu wenig Halt bekommt. Die Strukturbildung beziehungsweise das *Strukturieren* geschieht auf allen Ebenen. Es betrifft räumliche, zeitliche, intentionale, inhaltliche, methodische und mediale Bereiche des Interaktionsgeschehens (Matzdorf, 1980, S. 101 ff). Das zentrale Strukturmoment der TZI ist das *Thema* als Mittelpunkt der Gruppe. Die Hauptfunktion des Themas ist, das Anliegen resp. die Inhalte der Gruppenzusammenkunft (Lern- oder Selbsterfahrungsinhalte, Aufgaben, Probleme) so in den Mittelpunkt zu stellen, daß die Teilnehmer die Möglichkeit haben, in ihrer persönlichen Eigenart und mit ihren persönlichen Vorkenntnissen den motivierenden Eingang zum Thema zu finden. Die Strukturen und Themen gesellschaftstherapeutischer Arbeit sind planbar, wenn sie sowohl die Logik der Themenfolge als auch die Psycho-logik des *Prozesses* der Teilnehmer miteinbeziehen. Dabei ist nie planbar, was in der Gruppe in der aktuellen Situation tatsächlich vorgehen wird und was an augenblicklichen Beziehungen, Erleben, Gefühlen, Empfindungen, Vorstellungen, Gedanken ablaufen wird. Denn die individuellen Lern- und Lebensgeschichten der Teilnehmer beeinflussen die augenblicklichen thematischen Perspektiven und interpersonalen Beziehungen in unvorhersagbarer Vielfalt.

Vorgeplante Strukturen sind hilfreich, aber nur dann, wenn sie dem Gesetz der Veränderung durch Lebensprozesse nicht entgegenstehen. „TZI-Strukturierung bedeutet: Vorplanen mit allen bekannten Fakten und Wahrscheinlichkeiten und Offensein für Wahrnehmungen im Hier-und-Jetzt des Prozesses, um notwendige Umstellungen vornehmen zu können. Starre Planung und Planlosigkeit sind gleichermaßen unbrauchbar" (Cohn, 1975, S. 206). Wenn die Strukturen personen- und aufgabengerecht geplant und geführt werden, steigert sich die Wahrscheinlichkeit kooperativer und freundlicher Beziehungen, die Freude an der Arbeit selbst und deren sachliche Lösungen.

Wir haben gesagt, daß in Beziehungen, in denen klare Aussagen und gutes Zuhören, Anerkennung, Entgegnung, Ernstnehmen, Nichtrechthabenmüssen geschehen, *Vertrauen* entstehen und wachsen kann. In diesen Aussagen ist implizit enthalten, daß solche Haltung Kontinuität, Einschätzbarkeit und Verläßlichkeit fördert, was eher dazu beiträgt, Beziehungen und Situationen tragfähig zu machen. Eine gelungene TZI-Gruppenführung verlangt gute und flexible Planung, wodurch innerhalb der Prozesse Vertrauen entstehen und wachsen kann, das seinerseits auf Strukturen und Geschehensabläufe zurückwirkt und Interaktionssituationen schafft, in denen humanes Miteinanderleben möglich ist. Ein vertrauensvolles Klima vermindert die Angst vor den Auswirkungen konflikthaft bestimmten eigenen und fremden Verhaltens; angstvermindernde Situationen ermöglichen „emotionale Korrekturen" und sind daher therapeutisch wirksam.

Ruth: Es ist meine Erfahrung, daß in jeder Arbeitssituation, in der Strukturen nicht den Erfordernissen der Situationen dienen, das Vertrauen auch zwischen gutwilligen Menschen sinkt. Ohne Veränderung fehlerhafter Strukturen kann Vertrauenslosigkeit Organisationen, Betriebe, Teamarbeit bis zum Zusammenbruch führen. Ich sehe also Struktur, Prozeß, Vertrauen als *gleichgewichtige Faktoren* an, die im Zusammenleben und -arbeiten beachtet werden müssen, wobei jedoch die Beachtung von Strukturmängeln bei ungünstigen Organisationsverhältnissen Priorität verlangt. Wenn Strukturen situations- und menschengerecht sind, erhöhen sich Vertrauen und die Qualität der Prozesse eher, als wenn der Ansatz ein Versuch ist, Prozesse positiv zu beeinflussen, während Strukturen unverändert ungünstig sind.

„Sich selbst und die Gruppe leiten . . ."

Nehmen wir an, einige Leute mit TZI-Kenntnissen finden sich zu einer Gruppe zusammen, um gemeinsam bestimmte Ziele und Zwecke zu erreichen. Das kann eine *Selbsthilfegruppe, Initiativgruppe, Wohngruppe, Peergruppe, Kontaktgruppe* usw. sein. Nehmen wir weiter an, daß Mitglieder dieser Gruppe unter dem Aspekt des Chairman-Postulats die Fähigkeit haben, im Hinblick auf die gemeinsamen Anliegen und die Funktion der Gruppe Leitungsfunktionen auszuüben, so lassen sich an diesem Beispiel charakteristische Grundmerkmale der TZI-Gruppenleitung entdecken:

Die Gruppenleitungsfunktionen als Dimension der Selbstleitung der Gruppe werden an partizipierende Mitglieder delegiert, die je nach Situation und Ziel der Arbeit dazu in der Lage sind. Dabei ist davon auszugehen, daß eine nach TZI arbeitende Gruppe, wenn sie aus mehr als fünf oder sechs Mitgliedern besteht, jeweils einen oder zwei Gruppenleiter braucht. Wenn keine Leitung delegiert ist, sinkt erfahrungsgemäß nach einiger Zeit das Niveau der TZI-Arbeitsgruppe; denn wenn alle Mitglieder die Leitungsfunktion übernehmen, d. h. die Aufmerksamkeit auf die dynamische Balance zwischen den Anliegen der einzelnen, der Gruppe und der Aufgabe richten, wird die Beziehungs- oder Arbeitsenergie weniger konzentriert; wenn dagegen niemand diese dynamische Balance vertritt, entsteht entweder ein Beziehungsverlust zwischen den Gruppenmitgliedern wie im Hörsaal oder ein Themenverlust, der zur Auflösung jeder Gruppe führt. (Selbst eine Encountergruppe hat ein Thema, nämlich die Beziehung zu sich selbst und zu den andern. Wenn dies Thema nicht gesehen und beachtet wird, verliert auch diese Gruppe ihre ICH- und WIR-Potenz.)

Die dynamische Balance verlangt, daß jede ICH-, WIR-, ES-Variable lange genug im Vordergrund ist, daß Tiefe entstehen kann, und nicht solange, daß die anderen Faktoren vernachlässigt werden.

Die Delegation von Leitungsfunktionen ist nicht das Ergebnis von Mehrheitswahlen, die Majoritäten und Minoritäten bilden, sondern der Konsens der Gruppe unter Beachtung der Verschiedenheit der Personen und ihrer Fähigkeiten. Es gibt Situationen, in denen der Leiter vorbestimmt ist, und andere, in denen er jeweils im Gruppenprozeß selbst- und mitbestimmt wird.

Die Funktionen des Gruppenleitens orientieren sich nicht an Status und hierarchischer (Macht-)Position; der Gruppenleiter ist „Verwalter der Leitungsfunktionen", möglicherweise auf Zeit. Er ist ein Teilnehmer mit gleicher Gewichtigkeit wie alle anderen, und er übernimmt die Aufgabe, die Wichtigkeit jeder einzelnen Person, ihre Interaktion und die Lösung der Aufgaben zu beachten.

Wenn Mitglieder einer Gruppe nicht die Kompetenzen zur Verfügung haben, die nötig sind, um ihre Ziele und Zwecke adäquat angehen zu können, kann die Leitungsfunktion auch von einem Außenstehenden übernommen werden. Ein so von außen eingeführter Gruppenleiter kann die Funktionen im Sinn der TZI übernehmen, die die Gruppe in ihrem Potential nicht zur Verfügung hat. – Solche Situation kann sich auch ergeben, wenn eine interne Gruppe zwar Mitglieder hat, die TZI-Gruppenleiten gelernt haben, wo aber deren eigene emotionale Konstellation oder die der Gruppe einen von außen kommenden Leiter wünschbar machen.

Die TZI-Gruppenleitung ist ein *urdemokratisches Grundmodell,* das es ermöglicht, Arbeitsteams, Selbsterfahrungsgruppen, Therapiegruppen, Schülerklassen oder Organisationen zu leiten. Es wird nach echtem Konsens gesucht. Minoritätsansichten sind ebenso wichtig wie die der Majorität; und oft stammen die besten Ideen aus Minoritätsaussagen. Es lohnt sich, ihnen Zeit zu widmen und keine Hostilität durch Nichtbeachtung zu erzeugen. Majoritätswahlen sind manchmal, doch selten in kleineren Gruppen akzeptabel.

Verschiedene Situationen erfordern natürlich verschiedenes Vorwissen und unterschiedliche Vorgehensweisen. Allen gemeinsam ist jedoch die *gesellschaftstherapeutische* und *-politische* Potenz:

a) Die Aufhebung hierarchischer Leiterpositionen zugunsten funktioneller Gruppenleitung;
b) der Abbau von autoritären und antiautoritären Rollen und Strukturen, die fremdbestimmten Zwecken und Machtpositionen dienen oder einer Angst, daß jede funktional bestimmte Hierarchie auch zugleich Statushierarchie sein muß; es kann keine größere Organisation geben, in denen jede einzelne Abstimmung von allen diskutiert werden muß. Wenn nichts delegiert werden darf und alles transparent sein muß, kann die Relation von Struktur, Prozeß und Vertrauen nicht stimmig sein.

Gesellschaftstherapie bedeutet, daß die Gruppe dem einzelnen ebenso zu seiner Verwirklichung verhilft wie der einzelne der Gruppe. Dies bedeutet, daß jede *Selbstverwirklichung* zugleich *Selbstbescheidung* ist, und Gruppenverwirklichung wiederum allen einzelnen dient.

In diesen Forderungen liegt auch die Notwendigkeit, autoritäre und antiautoritäre Beziehungsmuster, die aufgrund früherer Erfahrungen in der aktuellen Situation ausgelebt werden, pädagogisch-therapeutisch anzugehen. Daher muß jeder TZI-Gruppenleiter Wege finden, sich selbst in seinen und andere in ihren

Beziehungsmustern verstehen zu lernen. Es ist nötig, Übertragungen (Illusionen aus früherer Zeit) und Projektionen (dem andern meine Schwächen aufbürden) als universale Tatsachen und Schwierigkeiten anzuerkennen und sie zu vermindern suchen; d. h. realitätsgerechtere und weniger übertragungsbelastete Beziehungen anzustreben. Abhängigkeits-, Rebellions- und unkooperatives Verhalten sowie alle anderen Störungen in Gemeinschaftsbeziehungen sollen weniger durch Interpretationen als durch empathisches Verstehen und Aussprechen auch entgegnender und konfrontierender persönlicher Reaktionen angegangen werden.

TZI-Gruppenleiter arbeiten effektiver, wenn sie ihren Horizont der Selbst- und Menschenkenntnis stetig erweitern. Die eigene Persönlichkeit und ihre Ausbildung als Leiter sind ihr wichtigstes pädagogisches und therapeutisches Werkzeug. Je mehr ein Leiter (Leiterin) dieses verfeinert, desto besser kann er/sie auch mit anderen methodischen Werkzeugen umgehen. Dazu gehören neben den fachspezifischen Kenntnissen und Fähigkeiten für bestimmte Gruppen und den technischen Hilfestellungen der TZI selbst jede gute Methodik – wie z. B. *Rollenspiele, Meditationsübungen, verbale und nonverbale Ausdrucksmöglichkeiten, viele Kommunikationstechniken, Gestaltungs-* und *musiktherapeutische Elemente* etc. Die Ausbildung eines Gruppenleiters strebt nicht an, dessen Status zu erhöhen, sondern an einer funktionalen, statusfreieren Gemeinschaft – nicht einer autoritären oder antiautoritären – mitzuarbeiten. Dazu gehört das Erlernen der Kunst, *Eigenständigkeit* und *Gemeinschaftlichkeit* als zwei Seiten einer Münze zu sehen und leben zu lernen.

Anwendung

Um einen Überblick über die Anwendungsmöglichkeiten von TZI zu bekommen, erscheint es notwendig, zwischen Anwendungs*stufen* bzw. *-ebenen* und Anwendungs*bereichen* zu unterscheiden. Die *vertikale* Strukturierung in Anwendungsstufen ergibt sich wie von selbst, solange es um Handlungskonzepte geht, zu deren Anwendung und Vermittlung Personen mit besonderen Qualifikationen gebraucht werden. Die *horizontale* Aufteilung in Handlungsbereiche ergibt sich aus der Flexibilität des TZI-Konzepts: Je nach den gegebenen Situationen und Anliegen der Teilnehmer und nach der Qualifikation der Gruppenleiter können methodische Modifikationen für verschiedene Tätigkeits- und Berufsbereiche zur Anwendung kommen. Zur Zeit ist WILL, „Werkstatt-Institut für Lebendiges Lernen" (Workshop Institute for Living-Learning), das Ausbildungszentrum für TZI.

Drei Anwendungsstufen bzw. -ebenen der TZI

Obwohl diese Anwendungsebenen aufs engste miteinander verbunden sind, haben sie klar unterscheidbare Merkmale, wobei die jeweils nächste Stufe die vorhergehende(n) Stufe(n) miteinschließt. Mit dieser vertikalen Dreistufigkeit sind Funktionsebenen gemeint; wir *meinen* und *beschreiben* die *auf Anliegen und Aufgaben bezogenen Funktionen, nicht eine Statushierarchie.*

Auf einer *ersten Ebene* treffen wir Menschen an, die in TZI-Gruppen neue Möglichkeiten suchen, ausprobieren und üben, um mit sich selbst, mit anderen Menschen (das kann die Beziehungen in der Familie, zum Partner, zu anderen Menschen am Arbeitsplatz und in der Freizeit etc. betreffen) und mit ihren Aufgaben und Anliegen in ihrer jeweiligen Umgebung besser zurechtzukommen. Hier wird TZI als Hilfe zur Selbsthilfe gebraucht. TZI gibt eine Anleitung, das Leben in seinen Werten zu erfahren, speziell menschliche Beziehungen menschlicher zu gestalten und die jeweiligen inneren und äußeren Hemmnisse, die dem entgegenstehen, einzubeziehen und nach Möglichkeit schrittweise zu überwinden.

Auf dieser ersten Ebene geht es *nicht* darum, TZI als Konzept für die methodische Arbeit in Arbeitsgruppen anwenden zu lernen; dies ist ein Charakteristikum der *zweiten Stufe*. Um TZI im jeweiligen Tätigkeits- bzw. Berufsfeld methodisch und kompetent in Gruppen anwenden zu können, bedarf es zusätzlich zur ersten Stufe einer qualifizierten, systematischen Fortbildung, zu der neben allgemeinen Prinzipien auch berufsspezifische Ausbildung nötig sind. Den Abschluß dieser Fortbildung bestätigt WILL-Europa durch den sogenannten „Fähigkeitsausweis" (Ockel/Wrage, 1980). Die Arbeit mit TZI in den verschiedensten Anwendungsbereichen sollte sich weitgehend unter den Voraussetzungen dieser zweiten Ebene vollziehen. Sie ist die eigentliche „Drehscheibe", der „Verteiler", der die Praktiken der TZI Berufen und Institutionen zugänglich macht.

Daß diese Anwendungsstufe als qualifizierter „Verteiler" möglich wird, bedarf der Funktion einer *dritten* Stufe. Sie wird durch Gruppenleiter repräsentiert, die „Graduierte" von WILL-Europa (s. u.) sind und sich für die Aufgabe, TZI zu lehren, praktisch und theoretisch besonders ausgewiesen haben. Diese graduierten Gruppenleiter wenden TZI in ihrer Arbeit unmittelbar an (erste Ebene); sie sind auch als Gruppenleiter in den verschiedenen Anwendungsbereichen tätig (zweite Ebene); darüber hinaus *lehren* sie Praxis und Theorie der methodischen Anwendung von TZI für alle, die über die erste Stufe hinaus TZI als Handlungskonzept lernen wollen zu dem Zweck, es in ihren speziellen Tätigkeitsbereichen in Gruppen methodisch einzusetzen.

Diese Anwendungspraxis der TZI bedarf wie überall, wo es um qualifizierte Ausbildung oder Fort- und Weiterbildung geht, adäquater Strukturen und Institutionalisierung. Nur gehört dazu in unserem Fall ein Neudenken und Neuorganisieren, um dabei nicht das Konzept der Humanisierung zu verlieren, sondern im Gegenteil, es zu vertiefen und zu erweitern.

Die amerikanischen und deutschen Workshop Institutes for Living-Learning (WILL) sind am Anfang ihres Experimentierens mit unkonventionellen Versuchen. Ökonomische, sprachliche, geographische, kulturelle und persönliche Hindernisse sind nicht leicht zu bewältigen. Wir sind mit vielem noch nicht zu Lösungen gekommen, die im Sinne eines humanistischen Konzepts befriedigen könnten. Doch die Suche und das Dennoch sind gut und notwendig.

Probleme der Anwendung

Wie kann TZI gelehrt und gelernt werden, ohne daß sich in der Anwendungspraxis autoritäre Status- und Machthierarchien einschleichen?

Wie können Lehrende und Lernende zur Übereinstimmung kommen, wann die Qualität des Studiums einer offiziellen Qualifizierung genügt?

Und wie viel und welche Lehrende und Lernende sollten dies jeweils einschätzen?

Ist eine offizielle Qualifizierung überhaupt nötig? Wie kann es zu einer Qualifizierung kommen, die sagt: „Jetzt ist WILL befriedigt, jetzt ist der Kandidat/die Kandidatin befriedigt? Geht es denn ohne solche Aussagen und Bescheinigungen? (Unsere Erfahrung ist, daß vielfach hochqualifizierte Kandidaten sehr lange mit dem Wunsch für ein Zertifikat als Gruppenleiter – FA – oder der Graduierung – Lehrer für TZI – warten, und viele andere schnellstens „absolvieren" wollen!)

Wie können regionale und zentrale Interessen in WILL für alle Teile zur relativen Zufriedenheit geregelt werden, wenn doch die Anzahl der Mitglieder und Interessenten und der Auszubildenden regional ebenso verschieden sind wie die berufsspezifischen Fähigkeiten der Lehrenden?

Wie kann innerhalb einer großen Institution mit Menschen einer Rivalitätskultur ein Bewußtsein entstehen, das frühe Prägungen überwindet? Wie kann zum Tragen kommen, daß es für die Balance zwischen den einzelnen Personen, den verschiedenen Gruppen, den gemeinsamen Aufgaben und dem institutionellen Globe sowohl viel guten Willens als auch einer erhöhten Frustrationstoleranz und hervorragender Strukturierung und Flexibilität bedarf, um persönliche und Teilgruppeninteressen mit zentralen Anliegen zu verbinden? Organisationsveränderungen im humanistischen Sinn brauchen Zeit und Geduld. Kleine Schritte und große Risiken sind mühsam, langwierig und doch lohnend. Wir kämpfen für die Befreiung unserer selbst aus vielen inneren und äußeren Gefangenschaften.

Bereiche der Anwendung

„Die ‚themenzentrierte Interaktion' dient Pädagogen (Eltern und Lehrern), Sozialarbeitern, Beratern, Psychotherapeuten und Gruppendynamikern dazu, sich selbst und ihre Gruppen zu leiten. Ebenso werden auch Leiter und Mitglieder jeder anderen Gruppe, z. B. Jugendliche und Organisatoren von Bürgerinitiativen, Frauen- oder Männeremanzipationsgruppen, Betriebsleitungen, Kirchenveranstaltungen, Sozialaktionen etc. angeleitet, sich selbst von festgefahrenen bewußten und unbewußten Starrheiten zu befreien. Der erste Schritt in der Ausbildung von Gruppenleitern ist Bewußtwerdung des Sichselbstleitens.

Die Fortbildung von TZI-Gruppenleiten fördert vertieftes Verstehen von Person, Gruppe und thematischer Aufgabe und ihrer wechselseitigen Beziehungen. Sie bietet konkretes und berufsspezifisches Wissen von Gruppenstrukturen und -prozessen an – modifizierbar für verschiedenartige Zielsetzungen. TZI lehrt ausschließlich Selbst- und Gruppenleiten; sie bietet keinen Ersatz an für Grundausbildung in jeweiligen Berufen, z. B. Grundlagen der Didaktik, der Psychotherapie oder der Ökonomie. Sie enthält jedoch therapeutisch-pädagogische Elemente, die für alle Berufe und Tätigkeiten wertvoll sind" (Cohn, 1975, S. 8).

Für die Anwendung von TZI ist jedoch eine weitere Perspektive wichtig geworden, die dem TZI-Konzept inhärent ist. Die negative Entwicklung der letzten Jahre auf gesellschaftlichem, wirtschaftlichem und politischem Gebiet – national wie international –, die damit zusammenhängende Bedrohung der Welt durch nukleare Vernichtung, aber auch der zunehmende Widerstand gegen diese Entwicklung durch die humanistischen Gegenbewegungen (die „dritte Kraft"), zu denen TZI zählt, haben die sozial- bzw. gesellschaftstherapeutische Dimension des Konzepts immer mehr in den Vordergrund gerückt. Die konkreten Ansätze und Schritte für die Anwendung von TZI unter gesellschaftlichen und politischen Perspektiven sind in den folgenden Fragen formuliert: „Wie viel und wo will ich meine Kräfte politisch einsetzen? Was kann ich, für was bin ich befähigt und motiviert? Wo kann und will ich Initiative ergreifen oder mich Initiativen von anderen anschließen? Wann und wie brauche ich Ruhe und Stille zum Denken und zum Meditieren und zum Erkennen, und wo wird diese Ruhe und Stille zur Flucht vor etwas, was mir eigentlich wichtiger ist? Wann und wie brauche ich Aktivität und Solidarisierung zu einer konstruktiven Haltung, und wann ist das Handeln Flucht vor Bewußtheit anderer Konflikte und vorrangiger Strebungen in mir? Welche Prioritäten setze ich für mich als privates Ich und als politischer Wir-Anteil, so daß ich meine Möglichkeiten, Erkenntnisse und die augenblickliche psychosomatische und geistige und familiäre Situation realistisch einbeziehe?" (Ockel/Cohn, 1981, S. 279).

Die sozial- bzw. gesellschaftstherapeutischen Einwirkungsmöglichkeiten auf bestehende Verhältnisse durch TZI beruhen darauf, daß in den Axiomen, Prinzipien und Methoden des Konzepts das Politische als Dimension menschlicher Existenz* mitenthalten ist und explizit gemacht werden kann.

Praxis der TZI-Kurse

Das folgende Beispiel verdeutlicht die Arbeitsprinzipien und methodische Vorgehensweise aus der *Praxis der TZI-Kurse für Lehrer*. Es ist dem Beitrag „Lehrerfortbildung mit themenzentrierter Interaktion (TZI) – oder: der Einzelne, die Gruppe und der Stoff" von Irene Amann und Gerda Quast** entnommen.

TZI-Kurse werden im allgemeinen nicht ‚Trainings' genannt. In den USA heißen sie ‚Workshops for Living-Learning'. ‚Lebendiges Lernen' meint Lernen durch eigene Erfahrung, Lernen am eigenen Leib. TZI kann nicht so ohne weiteres durch Lesen, Vorträge oder ein vorstrukturiertes Trainingsprogramm vermittelt werden. Der persönliche Prozeß der Aneignung erfordert unterschiedlich lange Zeit, auch wenn es den Lehrern, die an TZI-Kursen teilnehmen, schon bald gelingt, die eigene Unterrichtspraxis im Sinne der TZI schrittweise zu verändern.

---

* Etwa im Sinne des griechischen „Zoon politikon", das den Menschen als ein existentiell auf Gesellschaft angelegtes Wesen charakterisiert.
** Erschienen in: Mutzek, W./Pallasch, W.: Handbuch zum Lehrertraining. Weinheim: Beltz, 1982

TZI-Kurse werden in verschiedener Form angeboten. Es gibt 2–7tägige Seminare, von privaten Instituten (WILL) oder der staatlichen Lehrerfortbildung organisiert, die für alle Lehrer offen sind. Daneben existieren langlaufende Gruppen mit Lehrern aus einer oder mehreren Schulen, und manchmal fordert ein ganzes Kollegium einen TZI-Gruppenleiter für ein Wochenende an. Vereinzelt integrieren Seminar-Lehrer TZI auch schon in die zweite Phase der Lehrerausbildung.

TZI wird jeweils nicht nur als Inhalt vermittelt, sondern prägt den Ablauf der Kurse. Selbst bei gleicher Ausschreibung gestaltet sich jeder Kurs anders. Der Gruppenleiter plant den Verlauf nur im Groben, behält die jeweiligen Ziele im Auge, setzt aber dann im einzelnen Themen und Strukturen, die den Prozeß der Gruppe entsprechen.

Es ist systemimmanent, daß TZI-Kurse nicht standardisiert werden. Das mag als Nachteil erscheinen, wenn man die Ergebnisse evaluieren will. Für die Teilnehmer bietet jedoch gerade diese Flexibilität die Chance, daß sie ihre speziellen Anliegen, Bedürfnisse und Probleme zur Geltung bringen und daß ihr Lernen in eigener Verantwortung geschieht. So paradox es klingen mag: Gerade die Einsicht, daß sich ein lebendiger Lernprozeß nicht schematisieren läßt, daß man z. B. den Stundenverlauf in der Klasse a nicht einfach für Klasse b übernehmen kann, ist wesentliche Voraussetzung dafür, TZI aus den Lehrerkursen wirksam in den Unterricht zu übertragen.

Wie in TZI-Kursen und -Gruppen gearbeitet wird und welche Konsequenzen sich daraus für die praktische Arbeit in der Schule ergeben können, soll an einem Beispiel mit dem Schwerpunkt „Arbeit an der eigenen Persönlichkeit" veranschaulicht werden.

Als Lehrer sein ‚eigener Chairman' sein – oder:
Ich selbst bin mein wichtigstes Instrument.

‚Chariman sein' heißt, die eigene innere und die äußere Realität möglichst bewußt wahrnehmen und sich auf dieser Basis in jedem Augenblick verantwortlich entscheiden. Erst dieser Sinn für Realität läßt den innerhalb der eigenen Bedingtheit und Abhängigkeit gegebenen Spielraum erkennen.

Ein solcher Respekt vor den inneren und äußeren Bedingungen der Beteiligten kommt im Schulalltag leicht abhanden, wo Lehrer und Schüler gewöhnt sind, sich nicht an dem zu orientieren, was *ist*, sondern an dem was *sein soll*. Die fernen Lern-Ziele haben mehr Bedeutung als die täglichen Lern-Schritte. Das führt dazu, daß wir in der Schule zu leicht vor vermeintlichen Sachzwängen und Autoritäten kapitulieren und es zu schnell aufgeben, Sachalternativen zu entdecken und zu verwirklichen.

Der erste Schritt, Menschen ernst zu nehmen, Schüler als Personen wahrzunehmen, ist für den Lehrer, sich selbst in seiner Eigenart zu sehen und anzunehmen. In einem 5tägigen Kurs mit dem Schwerpunkt ‚Verbindung von Stofflernen und Persönlichkeitsförderung', den ein staatliches Fortbildungsinstitut für Lehrer verschiedener Fachrichtungen und Schularten veranstaltete, ging es immer auch um diese Thematik.

Wir beschreiben hier die ersten Sitzungen.

1. Sitzung:

Thema: *„Ankommen – bei mir, bei euch, bei unserem Thema"*

Struktur:

a) Hinführung zum Thema durch geleitetes Schweigen mit den Schwerpunkten: sich wahrnehmen im Augenblick (Körperempfindungen, Gedanken, Gefühle) – sich erinnern an die Motive für die Anmeldung – Wünsche und Ziele im Hinblick auf die bevorstehende Arbeit.
b) Vorstellungsrunde (ohne Interaktion)
c) Plenumsgespräch mit dem Anstoß: „Was ist mir jetzt wichtig?"

Verlauf:
Die Teilnehmer nennen ganz unterschiedliche Motive und Ziele: Erwerb von Kenntnissen und Fertigkeiten, um besser und leichter unterrichten zu können, Reflexion der täglichen Arbeit und der eigenen Rolle, Entwicklung von persönlicher Sicherheit, von Sensibilität und Kontaktfähigkeit. Einige wollen vor allem abschalten und sich erholen. Wo Übererwartungen und Konsumhaltung deutlich werden, vertritt die Leiterin das Realitätsprinzip und verweist auf die Selbstverantwortung der Teilnehmer. Sie grenzt den Kurs ab von Therapiegruppe und pädagogischem Schnellkurs, der innerhalb von 5 Tagen perfekte Lehrer produziert. Ein Schwerpunkt des Gesprächs wird die Frage der Anrede: ‚Du' oder ‚Sie'? Einige Teilnehmer und die Leiterin sind das ‚Du' von der Arbeit in Gruppen gewohnt. Im Rahmen der staatlichen Fortbildung ist es nicht üblich. Die Entscheidung bleibt offen, und tatsächlich ziehen einige Teilnehmer vor, beim ‚Sie' zu bleiben, wenn es ihnen auch schwer fällt, dazu zu stehen, denn sie befürchten Gruppendruck zum ‚Du'. Im Zusammenhang damit regt die Leiterin die Teilnehmer an, auch selbst darauf zu achten, daß sie in dieser Woche das bekommen, was sie brauchen, und sich zu äußern, wenn sie innerlich nicht mitgehen können oder wollen.

Bemerkung:
Mit dem weit gespannten Anfangsthema wird zwischen dem Umfeld, aus dem die Teilnehmer an diesem Tag gekommen sind, und der momentanen Situation eine Brücke geschlagen. Der Schwerpunkt dieser Sitzung liegt bei den einzelnen, beim ICH, auch wenn daneben durch erste Kontaktaufnahme zu den anderen und durch den Einstieg ins Thema der Woche die anderen Faktoren (WIR und ES) berücksichtigt werden. Thema und Struktur geben Halt, sie zentrieren das Gespräch, lassen Raum für unterschiedliche Interessen und laden zur Interaktion ein. Übung, Vorstellungsrunde und Leiterinterventionen regen an, bewußt wahrzunehmen und nur das zu tun und zu sagen, was für jeden in dieser Situation stimmig ist.

Überlegungen für die nächste Sitzung:
Viele Teilnehmer haben in der ersten Runde von ihrer Überforderung in der Schule gesprochen, von dem dort erlebten Anpassungsdruck und von dem Wunsch und der Unmöglichkeit, die eigenen Vorstellungen vom Lehrersein zu verwirklichen. Es bietet sich an, diese Thematik noch einmal aufzugreifen und zu vertiefen. Um zu vermeiden, daß ein allgemeines Klagelied über die Schulverhältnisse angestimmt wird, wie es öfter in Lehrergruppen der Fall ist, liegt auch im folgenden der Akzent bei der eigenen Person.

2. Sitzung:

Thema: „Wie bin ich Lehrer, wie möcht' ich sein?"

Struktur:

a) Hinführung zum Thema: kurzes geleitetes Schweigen mit Fragen, die Assoziationen wecken – In welchen Situationen fühle ich mich als Lehrer wohl? Welche bereiten mir Unbehagen? Wann finde ich mich gut, wann schlecht? Wie möchte ich sein? Woher habe ich meine Maßstäbe?
b) Gespräche in Vierergruppen
c) Plenum: kurze Besinnung „Was geht mir aus dem Gespräch in der kleinen Gruppe nach?"

Verlauf:
Mehreren Teilnehmern wird im Gespräch bewußt, wie sie vor allem das registrieren, was ihnen mißlingt. Gelungenen Unterricht, befriedigenden Kontakt mit Schülern beachten

sie kaum. Sie erkennen, wie sie sich mit ihrer Idealvorstellung unter Druck setzen und lähmen. Einigen fällt auf, wie sehr ihre Vorstellungen von Unterricht noch von der eigenen Schulzeit geprägt sind, wie in ihnen der Schüler von früher und der Lehrer von heute in Konflikt geraten, wie das überkommene Trachten nach Ruhe und Disziplin im Unterricht mit dem Wunsch, möglichst aktive und lebendige Schüler in der Klasse zu haben, kollidiert. Einige Teilnehmer klagen über bevormundende Vorgesetzte und restriktive Strukturen und entdecken plötzlich, indem andere ähnliche Bedingungen anders erleben, daß sie die vorhandenen Spielräume gar nicht voll wahrnehmen und ausnützen.

Bemerkung:
Lehrer wissen meist wenig davon, wie ihre Kollegen konkret im Unterricht arbeiten, und viele sind es kaum gewohnt, ihre eigenen Vorzüge, Unzulänglichkeiten und Wünsche vor anderen auszusprechen; deshalb werden Gespräche zu viert vorgeschlagen. Denn die kleinen Gruppen ermöglichen mehr Intimität und erleichtern es den einzelnen, zu sich zu stehen, mehr von sich zu geben und von anderen zu erfahren, als im Plenum möglich ist. Sie helfen außerdem, daß aus den vielen einzelnen allmählich das WIR entsteht, und dienen somit der dynamischen Balance. Damit sich im Plenum ein neues Gespräch entwickelt und nicht nur Gruppenergebnisse referiert werden, enthält der Einstieg die Aufforderung, das Wichtige auszuwählen.

Überlegungen für die nächste Sitzung:
Der Leiterin geht aus dem Gespräch der Satz eines Teilnehmers nach: „Egal, was in der Klasse passiert, ich muß Haltung bewahren." Grundsätzlich Neues möchte sie in der Abendsitzung des ersten Tages nicht mehr beginnen, eher dieses ‚Haltung bewahren' noch vertiefen. Den Teilnehmern soll möglich werden zu erleben, wie sich ihre Grundhaltungen körperlich ausdrücken, wie sie ihre persönliche Geschichte und ihren Alltag ‚verkörpern'.

3. Sitzung:

Thema: „Ach, wie gut, daß niemand weiß..."

Struktur:

a) Übung, deren Phasen jeweils durch Anweisungen eingeleitet werden:
   – entspannt stehen, auf den Atem achten, die eigene Körperhaltung wahrnehmen
   – sich vorstellen: ‚Welche Seite von mir zeige ich in meinem Beruf?' und eine Haltung einnehmen, die das ausdrückt
   – einen Satz finden, der diese Haltung in Worte faßt
   – in dieser Haltung herumgehen und zu jedem diesen Satz sagen, bis sich alle begegnet sind
   – wieder entspannt stehen, sich spüren
   – ‚Wie zeige ich mich nicht so gern? Was möchte ich als Lehrer verstecken?'
   – eine Körperhaltung finden, die das ausdrückt
   – einen Satz finden, der dazu paßt
   – herumgehen, sich in dieser Haltung begegnen und sich mit dem Satz ansprechen
b) Gespräche zu zweit über die in dieser Übung gemachten Erfahrungen
c) Plenum: „Was ist mir aufgefallen an mir und an dir?"

Verlauf:
Für einige Teilnehmer werden die Übungen zu einer intensiven Erfahrung. In der ersten Runde zeigen sich die meisten sicher und selbstbewußt. Sie nehmen – gelegentlich freundlich ironisiert – typische Lehrerhaltungen ein. Die entsprechenden Sätze lauten:

‚Hört alle her! Seht her, ich hab' was Interessantes! Hier bestimme ich. Ich bin für euch da.' – In der zweiten Runde lösen die Begegnungen Betroffenheit und manchmal auch Gelächter aus. Da steht z.B. eine junge, ängstliche zusammengezogene Frau, hält die Arme schützend vors Gesicht und sagt zu dem Mann ihr gegenüber: ‚Laßt mich doch endlich in Ruhe!' Der Mann seinerseits – den Rücken steif aufgerichtet, den Brustkorb herausgedrückt – murmelt mit zusammengebissenen Zähnen: ‚Ich halt' schon durch!' Im Plenum artikulieren manche, wie sie erschrocken sind über das, was sie an sich und anderen entdeckt haben. Die meisten sind erleichtert, mit den bisher sorgsam versteckten Seiten nicht allein zu sein. Gemeinsam reflektieren sie, wie sich in diesen Haltungen ihre persönliche Geschichte und der Einfluß der Schulrealität ausprägen.

Bemerkung und Ausblick auf die folgenden Tage:
Chairman sein – sich wahrnehmen, zu sich stehen, sich zeigen und andere wahrnehmen, einander in der Verschiedenheit akzeptieren – das zieht sich als roter Faden durch den ganzen Kurs. Die Reihe der Sitzungen, die sich ausdrücklich damit befaßt, schließt am nächsten Morgen mit dem Thema „Meinen Standpunkt finden und vertreten – hier und im Alltag".

Dann rücken methodische Fragen und konkrete Unterrichtsvorbereitung in den Vordergrund. Die Arbeit erfolgt abwechselnd in Kleingruppen und im Plenum. Dabei nehmen die Teilnehmer ihr Lernen und Arbeiten immer mehr in eigene Regie.

Zusammenfassung

Wir wollen zusammenfassend in wenigen Punkten die wichtigsten *Grundlagen, Arbeitsprinzipien* und *methodischen Verfahren* wiederholen, unter denen TZI in den verschiedenen Bereichen pädagogisch, therapeutisch und gesellschaftstherapeutisch anwendbar und modifizierbar ist:

Den Menschen in seiner Ganzheitlichkeit sehen, als biopsychische Einheit von Körper, Intellekt, Gefühl, Geist, und darin sich selbst und die anderen als autonom und interdependent erfahren (vgl. das existentiell-anthropologische Axiom).

Im Grundwert „Ehrfurcht gebührt allem Lebendigen" die Aufforderung sehen, die Gefühls- und Sinndimension unseres Wertebewußtseins und andere emotional mitbedingte Fähigkeiten aus der Isolationszelle einseitigen instrumentellen Denkens herauszuholen und sie als Energiespender für rationales Tun und Denken zu erfahren.

Sich selbst und anderen Menschen verhelfen, eine Umgebung zu sein oder zu schaffen, die dieser integrativen Fähigkeit zur Entfaltung verhilft und positive Möglichkeiten einer integrierten emotional-intuitiven, rational-tragfähigen Werteerziehung eröffnet (vgl. das ethisch-soziale Axiom).

Die Erweiterungsmöglichkeit innerer und äußerer Grenzen anerkennen, so daß wir Veränderungen und Wandel an uns und in der Umwelt herbeiführen bzw. darauf Einfluß nehmen können (vgl. die demokratisch-politischen Aspekte des dritten Axioms). Diese Grundlagen haben mit dem bewußten und unbewußten Selbstbild des Menschen zu tun, mit seinem Lebensgefühl, seiner Einstellung zu den Mitmenschen und der Welt. Die Arbeitsprinzipien und Methoden der TZI sind nicht wertneutral, sondern in diesen Sinnzusammenhang eingebettet. Daraus ergeben sich die weiteren Punkte.

Person, Gemeinschaft, Anliegen und Aufgaben in der sozialen und kosmischen Umwelt sind als gleichgewichtig zu betrachten. Diese Faktoren verlangen in Gruppenarbeit eine dynamische Balance, wobei jeder dieser Faktoren gleiche Aufmerksamkeit gebührt.

Die vier Faktoren (ICH, WIR, ES, GLOBE) können kaum länger als Minuten im völligen Gleichgewicht bleiben. Jedoch können sie in diachronischer Balance, in der Aufeinanderfolge der Interaktionsphasen gehandhabt werden. Auch für ganzheitlich aufeinander bezogene „Polaritäten" wie Nähe und Distanz, Anteilhaftigkeit und Eigenständigkeit, Sicherheit und Risikobereitschaft gilt das Prinzip des dynamischen Wechsels.

Das Thema oder die Aufgabe ist der Bezugspunkt, der Fokus, die „Fassung", in der die zu bearbeitenden Anliegen bearbeitungsfähig formuliert und repräsentiert werden.

Integration des Chairman-Postulats (Erweiterung der Wahrnehmungs- und Verantwortungsbewußtheit und Entscheidungsfähigkeit). Der eigene Chairman zu sein, ist gleichzeitig „eigener Chairman zu werden". Bewußtheit der Interdependenz erhöht die eigene Autonomie.

Anwendung des Störungspostulats, d. h. die Einbeziehung innerer und äußerer Hemmnisse (dazu gehören psychische Verstörtheiten und Betroffenheiten, Gruppenprozeßprobleme, Raum- und Zeitschwierigkeiten, unrealistische oder unangemessene Themen, sprachliche Schwierigkeiten, hierarchische und globale Störungen etc.).

Beachtung der Wechselwirkung von Struktur, Prozeß und Vertrauen in Planungsphasen und im aktuellen Interaktionsgeschehen. Angstverminderung der einzelnen und im Gruppenklima fördern Wohlbefinden und Sachlichkeit.

Flexible und undogmatische Anwendung von Hilfsregeln als Unterstützung der Arbeitsprinzipien und Postulate.

Beiziehen von berufsbezogenen Inhalten, Methoden und Verfahren, die für den jeweiligen Anwendungsbereich relevant sind.

Leitung wird verstanden als „sich selbst und die Gruppe leiten".

Leiter als partizipierende Mitglieder mit der Verantwortung für Strukturen, dynamische Balance im Prozeß und Beachtung von einzelnen und ihrer Bedürfnisse.

Funktionale, nicht statusorientierte Gruppenleitung.

Abbau autoritärer und antiautoritärer Haltungen (selektive Authentizität, Sorge für adäquate Kommunikation, Funktionsverteilung und Transparenz in demokratischer Zusammenarbeit mit der Gruppe).

Wo immer Menschen miteinander leben, haben sie Ziele; sie stehen vor Aufgaben, denen gegenüber sie sich entscheiden müssen; sie haben Anliegen, die sie verwirklichen wollen; sie treffen auf Schwierigkeiten und Probleme, die zu lösen sind; sie haben Störungen und sind Störungen ausgesetzt, die sie an all dem hindern. Das TZI-Konzept kann das jeweils Aktuelle aus diesem „thematischen Universum" als den gemeinsamen Bezugspunkt der Interaktionen herausheben und verarbeiten.

Ihre *mißbräuchliche Anwendung* kann TZI so wenig verhindern, wie die Möglichkeit des destruktiven Gebrauchs von Feuer, Dynamit oder Atomkraft. TZI setzt jedoch klare Abgrenzungen, indem sie die ethische Axiomatik zu einem konstitutiven Bestandteil ihres Systems macht. Dadurch wird deutlich, daß jemand, der mit TZI-Elementen bzw. -Techniken arbeitet, ohne sich der TZI-Ethik verpflichtet zu fühlen, mit Gruppen arbeitet, aber nicht mit TZI. Gleichwohl hängt die Art und Weise, wie TZI eingesetzt wird, letztlich nicht nur von ihrem Konzept ab, sondern auch vom Menschen, der sie anwendet. Der Glaube an „die richtige" Methode ist entweder autoritärer Anspruch oder irrationaler Aberglaube. Wie alle Methoden kann auch TZI dazu herhalten müssen, sich vor sich selbst zu drücken. „Wenn aber ein verkehrter Mann die rechten Mittel gebraucht, so wirkt das rechte Mittel verkehrt."

Und noch auf ein anderes Anwendungsproblem wollen wir hinweisen. Die Arbeit humanistisch orientierter Therapeuten und Gruppenleiter hat durch Meditationsmethoden, Spiele, Übungen und Methoden psychologischer und/ oder physiologischer Entspannung große Bereicherungen erfahren; das gilt auch für alle TZI-Lebens- und -Arbeitsgruppen. Beobachtet man die Praxis, so ist in vielen Fällen eine gewisse *Tendenz zur Einseitigkeit* festzustellen, auf die Ruth Cohn schon anläßlich der überschnellen Verbreitung erlebnistherapeutischer, gestalttherapeutischer und Encountergruppen kritisch hingewiesen hat, als ihr vor mehr als zehn Jahren in Amerika „die schnell um sich greifende Entwertung umfassender Ausbildung und Erfahrung" bedenklich erschien: „Es breitet sich der Aberglaube aus, daß Sensitivität und Intuition gründlich erlernte Fähigkeiten und Wissen ersetzen könnten. ... Die Verächtlichmachung von Wissen und Denken ist jedoch nicht weniger destruktiv als das Herabschauen auf Gefühle und Sensitivität" (Cohn, 1975, S. 102). Diese Feststellungen sind heute in Europa höchst aktuell; in der Anwendung von TZI sind das Bewußtsein der Gleichgewichtigkeit von Person, Sache und Gemeinschaft, von Denken, Fühlen, Empfinden und ethischen Handlungsentscheidungen der Kompaß, um Einseitigkeiten und Starrheit zu vermeiden.

Literatur

Adorno, Th. W.: Negative Dialektik. Frankfurt 1966

Adorno, Th. W./Horkheimer, M.: Dialektik der Aufklärung. Frankfurt 1969

Antons, K.: Über Normen und Wertvorstellungen für die Arbeit mit Gruppen. *Gr. Ther. Gr. Dy.* 12 (1977), 214–225

Bakker, A. J. J.: De agogiek van de thematische interactie. *Tydschrift voor Agologie* 5 (1976), 322–347

Belz, H.: Das gemeinsam erfundene Märchen als Spiegel für Interaktion und individuelle Standortbestimmung innerhalb der Gruppe. *Gr. Ther. Gr. Dy.* 3 (1974), 280–289

Belz, H.: Über den Umgang mit destruktiven Strebungen in TZI-Gruppen aus der Sicht der Leiterfunktion. *Gr. Ther. Gr. Dy.* 14 (1979), 363–373

Biasio, S.: Lebendiges Lernen. Zum Problem der Motivation in Erziehung und Unterricht. *Schulblatt des Kantons Zürich* 90 (1975), 526–540

Biber, B.: Schooling as an Influence in Developing Healthy Personality. Community Programs for Mental Health. Cambridge/Mass.: University Press 1955

Bittner, G./Cohn, R. C.: Diskussion: Wider die Prächtigkeitsapostel. Kommentar zu Günther Bittner. *Gru. Dy.* 7 (1976), 237–239, 239–240

Bittner, G./Cohn, R. C.: Gruppendynamik – ein ziemlich sicherer Weg, sich selbst zu verfehlen. *psychosozial* 3 (1980), 41–65

Buber, M.: Das dialogische Prinzip. Heidelberg 4/1979

Canziani, W.: Die Elterngruppe. Eine Einführung für Leiter themenzentrierter Elterngruppen. Zürich 1977

Clark, D. H./Kadis, A. L.: Humanistic Teaching. Columbus/Ohio: Merill Books 1971

Cohn, R. C.: Von der Psychoanalyse zur Themenzentrierten Interaktion. Von der Behandlung einzelner zu einer Pädagogik für alle. Stuttgart 1975

Cohn, R. C.: Dynamische Balance. In: Gastager, H., u.a. (Hrsg.): *Praktisches Wörterbuch der Pastoralanthropologie.* Wien 1975 (b)

Cohn, R. C.: Themenzentrierte Interaktion, kein „Regelsystem", keine „leitlose Gruppe". eine passionierte Richtigstellung. *Wege zum Menschen* 27 (1975), H. 11/12

Cohn, R. C.: Ausbildungskurs in Themenzentrierter Interaktion (TZI) für die Lehrerfortbildung. *Gru. Dy. im Bildungsbereich* 4 (1977), H. 2

Cohn, R. C.: Wie lehre ich? – Wie möchte ich lehren? In: AGIB e. V. (Hrsg.): *Praxis gruppenorientierter Lehr- und Lernveranstaltungen in Unterricht und Lehrerfortbildung.* Berlin 1977

Cohn, R. C.: Themenzentrierte Interaktion: Ein Ansatz zum Sichselbst- und Gruppenleiten. In: *Psychologie des 20. Jahrhunderts,* Bd. VIII. München 1979

Cohn, R. C.: Festschrift für ... (Aus Anlaß der Verleihung der Ehrendoktorwürde durch die Universität Hamburg). *Z.f. Hum. Psych.* 3 (1980)

Cohn, R. C./Ockel, A.: Das Konzept des Widerstands in der themenzentrierten Interaktion. Vom psychoanalytischen Konzept des Widerstands über das TZI-Konzept der Störung zum Ansatz einer Gesellschaftstherapie. In: Petzold: *Widerstand. Ein strittiges Konzept in der Psychotherapie.* Paderborn 1981, S. 255–282

Cohn, R. C./Farau, A.: Gelebte Geschichte der Psychotherapie. Zwei Perspektiven. Ersch. vorr. 1983. Zitate nach dem unvollendeten Ms. 1982

Dzick, E.: Themenzentrierte interaktionelle Methode (R. C. Cohn) im Mathematikunterricht – ein Erfahrungsbericht. *Gr. Ther. Gr. Dy.* 9 (1975), 156–164

Ebert, H.: Themenzentrierte Interaktion in der Fortbildung von Erzieherinnen im Elementarbereich. In: Schuch, H. W. (Hrsg.): *Der subjektive Faktor in der politischen Erziehung.* Stuttgart 1978, 65–100

Erdmann, Z. M.: Psychodrama. Düsseldorf 1974

Ermann, M.: Erfahrungen mit einer tiefenpsychologisch orientierten interaktionellen Gruppenbetreuung bei Jugendlichen. *Gr. Ther. Gr. Dy.* 6 (1972), 102–111

Ermann, M.: Die themenzentrierte Interaktion (TZI) in Gruppenarbeit und Gruppenpsychotherapie. *Gr. Ther. Gr. Dy.* 12 (1977), 266–277

Freire, P.: Pädagogik der Unterdrückten. Stuttgart 1971

Frickel, M.: Gruppendynamik im kirchlichen Bereich? *Erwachsenenbildung* 23 (1977), 163–166

Frickel, M.: Themenzentrierte Meditation ... In: Biesinger, A. (Hrsg.): *Meditation im Religionsunterricht.* Düsseldorf 1981, 123–143

Garlichs, A.: Gruppentherapeutische Ansätze im Unterricht? Versuch einer kritischen Würdigung der themenzentrierten interaktionellen Methode von Ruth Cohn. In: *Kommunikative Didaktik.* Weinheim 1976, 235–260

Gebert, D.: Organisationsentwicklung. Mainz 1974

Goldstein, K.: Der Aufbau des Organismus. Den Haag 1934

Gordon, M./Liberman, N.: Theme-Centered Interaction. Baltimore, Nat. Educ. Press 1972

Gröninger, S.: Krisenprävention und Krisenintervention in Selbsterfahrungsgruppen. *partnerberatung* 14 (1977), 99–105

Heigl-Evers, A.: Die Gruppe als Medium im Unterricht und in der Psychotherapie. *Gr. Ther. Gr. Dy.* 8 (1974), 227–243

Heigl-Evers, A./Heigl, F.: Die Themenzentrierte interaktionelle Methode (R. C. Cohn): Erfahrungen, Überlegungen, Modifikationen. *Gr. Ther. Gr. Dy.* 7 (1973), 237–255

Heigl-Evers, A./Dzick, E.: Tiefenpsychologie im Unterricht – einige praktische Erfahrungen. *Psych. Ther.-Mediz. Psych.* 27 (1977), 101–110

Hoppe, G.: Lebensberatung und lebendiges Lernen. *Wege zum Menschen* 26 (1974), 484–493.

Horn, K. (Hrsg.): Gruppendynamik und der subjektive Faktor. Repressive Entsublimierung oder politische Praxis. Frankfurt 2/1973

Huth, W.: Andere Wege des Meditierens. *Meditation* 1977, 19–23

Kielholz, J.: Themenzentrierte Interaktion und Lehrerfortbildung. *Schweizer schule* 62 (1975), 294–302

Koertge, N.: Braucht die Sozialwissenschaft wirklich Metaphysik?. In: Albert H./Stapf, K. H. (Hrsg.): *Theorie und Erfahrung.* Stuttgart 1979, 55 ff.

Kroeger, M.: Themenzentrierte Seelsorge. Stuttgart 2/1976 (Neuaufl. 1983)

Kroeger, M.: Profile der themenzentrierten Interaktion. *Wege zum Menschen* 26 (1974), 458–478

Kündig, A.: Meditation und meditative Übungen am Leib als Bestandteil der Themenzentrierten Interaktion (TZI) und ihre Anwendung in Gruppen. *Gr. Ther. Gr. Dy.* 16 (1981), 383–398

Langmaack, B.: Aufeinander hören – miteinander sprechen. Ein Beitrag zur themenzentrierten Gruppenarbeit mit Paaren. *Zt. f. Gru. Päd.* 1978, 220–242

Mahr, A.: Die Störungsprioritätsregel in TZI-Gruppen. Göttingen 1979

Maslow, A.: New Knowledge in Human Values. New York 1959

Maslow, A.: Psychologie des Seins. München 1973. (Die Bibliographie dieses Buches enthält eine gute Auswahl von Schriften der „Dritte-Kraft-Gruppe" = Autoren der humanistischen Psychologie)

Matzdorf, P. u. B.: TZI und Didaktik – ein Werkstattbericht und das zugrundeliegende Strukturprozeßmodell. *Zt. f. Gru. Päd.* 6 (1980), 89–108

Mayer Scheu, J.: Seelsorge im Krankenhaus. Entwurf für eine neue Praxis. Mainz 1974

Mayer Scheu, J.: Gruppenarbeit mit der TZI im kirchlichen Bereich. *Erwachsenenbildung* 1977, 130–138

Mayer Scheu, J.: Lebendiges Lernen mit der Themenzentrierten Interaktion nach Ruth Cohn. In: Scharfenberg, J. (Hrsg.): *Glaube und Gruppe.* Freiburg 1980, 53–69

Meinshausen, H./Stahl, C.: Modell eines Lehrerseminars zur Rauschmittelprophylaxe. *Gr. Ther. Gr. Dy.* 7 (1973), 280–286

Meyer-Abich, A.: Geistesgeschichtliche Grundlagen der Biologie. Stuttgart 1963

Modesto, H.: Ethik einüben und erleben. *Orientierung* 40 (1976), 93–95

Modesto, H.: Theologie und Lebenshilfe. In: Vorgrimler, H. (Hrsg.): *Wagnis Theologie.* Freiburg 451–463

Oberborbeck, K. W./Regel, G.: Zur Gruppensupervision von Mitarbeitern sozialer Einrichtungen. *Praxis der Kinderpsychologie* 28 (1979), 17–29

Ockel, A.: s. o. Cohn 1981

Ockel, A./Wrage, K. H.: Ein Wegweiser für die Aus- und Fortbildung in themenzentrierter Interaktion (TZI). *Integrative Therapie 2* (1976), 80–94. (In veränderter Fassung ersch. bei WILL-Europa 1980/2)

Ockel, H.: Elterngruppenarbeit als Bestandteil der Psychotherapie bei Kindern und Jugendlichen. In: Biermann, G. (Hrsg.): *Handbuch der Kinderpsychotherapie* (Erg.-Band). München 1976, 117–129

Olszowi, E.: Zu den Grundlagen der Themenzentrierten Interaktion. Menschenbild und Struktur der TZI. *Gr. Ther. Gr. Dy.* 10 (1976), 78–116

Olszowi, E./Lukatis, I.: Lebendiges Lernen einer Arbeitsgruppe in den Strukturen einer kirchlichen Organisation. *Gr. Dy.* 10 (1979), 327–345

Osswald, E.: Sachzentrierter Unterricht nach TZI in der Staatsschule. *Schweizer Schule* 67 (1980), 460–465

Petersen, P./Cohn, R. C.: Diskussion: Politische Holzwege der TZI Ruth Cohns/Über den ganzheitlichen Ansatz der Themenzentrierten Interaktion/Nachwort zur Antwort. *Integrative Therapie.* 5 (1979), 246–252; 252–258; 259–261

Petzold, H. G./Brown, G. I.: Gestaltpädagogik. München 1977

Polzien, S./Buri, Ch./Renner, R./Bührig, M./Blocher, J./Miescher, E.: TZI-Erfahrungsberichte. *Evang. Erwachsenenbildung,* 20–21, Zürich 1976

Polzien, S./Hesse, B.: Gedanken zur Bedeutung der Themenzentrierten Interaktion für den christlichen Lebensvollzug. *Evang. Erwachsenenbildung* 1976, 36–43

Portele, G.: Humanistische Psychologie und die Entfremdung des Menschen. In: Völker, U. (Hrsg.): *Humanistische Psychologie.* Weinheim/Basel 1980, 70ff.

Raguse, H.: Die Analyse von Prozessen in themenzentriert-interaktionellen Gruppen. *WILL-Euro-Info* 1981 (H. 23), 20–33

Raguse, H.: Erwägungen zu Günther Bittners Aufsatz: „Gruppendynamik – ein ziemlich sicherer Weg, sich selber zu verfehlen". *WILL-Euro-Info* 1981 (H. 24), 24–44

Raguse, H.: Ein TZI-Modell der Supervision. *Gr. Ther. Gr. Dy.* 15 (1980), 78–90

Reiff, H./Merzbacher, J.: Gruppenarbeit nach der Methodik der themenzentrierten Interaktion (TZI) mit Eltern von Schizophrenen. *Psychiatrische Praxis* 7 (1980), 9–16

Richter, H. E.: Die Gruppe. Reinbek 1972

Richter, H. E.: Lernziel Solidarität. Reinbek 1974

Rietz, U./Schaper, J.: Humanisierung der Schule – über die Umsetzung humanistischer Ideen im Alltag. In: *Völker 1980*

Ruitenbeek, H. M.: Die neuen Gruppentherapien (Kap. 8: Thematisch ausgerichtete Gruppen). Stuttgart 1974, 145–153

Sahm, A.: Humanisierung der Arbeitswelt. Freiburg 1976

Schulz, W.: Unterrichtsplanung. München 1980

Schwäbisch, L./Siems, M.: Selbstentfaltung durch Meditation. Reinbek bei Hamburg 1976

Shaffer, J./Galinski, D.: Handbuch der Gruppenmodelle, Bd. 2. Gelnhausen 1977, 283–343

Shaffer, J.: Humanistic Psychology. Englewood/NJ.: Prentice Hall 1978

Stollberg, D.: Wenn Gott menschlich wäre. Stuttgart 1978

Stollberg, D.: Lernen, weil es Freude macht. Stuttgart 1982

Völker, U.: Die themenzentrierte interaktionelle Methode in der Erwachsenenbildung. *Erwachsenenbildung* 23 (1977), 138–145

Völker, U. (Hrsg.): Humanistische Psychologie. Weinheim 1980

Vopel, K.: Interaktionsspiele Hamburg 1974

Watzlawick, P./Beavin, J. H./Jackson, D. D.: Menschliche Kommunikation. Bern 2/1971

Whitaker, C. A./Malone, T. P.: The Roots of Psychotherapy. New York 1953

Wissenschaftsgruppe von „WILL-Niedersachsen": Anfänge in Gruppen. Hannover 1981

Zollmann, M.: Wie leite ich mich selbst? Wie leite ich andere – meine Schüler? *forum religion* 1976, H. 4

Zollmann, M.: Vom Rivalitätsprinzip zum Kooperationsmodell. Was ist die Themenzentrierte Interaktion? *forum religion* 1977, H. 1

Transaktions-Analyse

Ute Hagehülsmann und Heinrich Hagehülsmann

Die Transaktions-Analyse (TA) eröffnet Anwendungsmöglichkeiten, die nicht nur im klinischen Bereich bedeutsam sind; die TA wird auch in verschiedenen Berufsfeldern wie z. B. in „Beratung und Seelsorge", „Lehre und Erziehung" und „Verwaltung und Betriebsführung" durch speziell ausgebildete Berater, die aus diesen Berufsfeldern stammen, angewandt. Ermöglicht wird dies zum einen durch das dreifache Modellangebot der TA – als Persönlichkeitsmodell, Kommunikations- bzw. Interaktionsmodell und Psychotherapiemodell – und zum anderen durch die Allgemeinverständlichkeit der transaktionsanalytischen Konzepte und Sprache. Außerdem handelt es sich bei der TA um eine therapeutische Bewegung, in die viele Theorien und Konzepte anderer Richtungen eingeflossen sind; transaktions-analytische Konzepte eignen sich dadurch besonders für ein eklektisches bzw. integratives Vorgehen.

Ute und Heinrich Hagehülsmann, erfahrene Praktiker und Ausbilder in TA, gelingt es in ihrem Beitrag ganz ausgezeichnet, die unterschiedlichen Praxis- und Theoriekonzepte und die Kopplungen der TA mit anderen therapeutischen Ansätzen, wie z. B. der Gestalttherapie, Individualpsychologie oder Bioenergetik, deutlich zu machen. Sie gehen von ihrer eigenen Praxis aus und zeigen, daß es die TA nicht gibt, sondern eine ganze Reihe von verschiedenen, sich gegenseitig befruchtenden Ansätzen oder Schulen mit unterschiedlichen Persönlichkeits- und Therapiekonzepten. Besondere Aufmerksamkeit sollte den Stellen in ihrem Beitrag beigemessen werden, in denen die Gefahren der TA, aber auch Gesichtspunkte der Prävention und des solidarischen Handelns bei „angewandter TA" angesprochen werden.

Die von Eric Berne (1910–1970) begründete und von zahlreichen Mitarbeitern weiterentwickelte Transaktions-Analyse (TA) begreift den Menschen als *Ganzheit* und von Natur aus mit einem Potential an konstruktiven Kräften in Richtung auf *Autonomie* und *soziale Verantwortlichkeit* ausgestattet. Sie betont sein Recht auf *Selbstbestimmung* und *Eigenverantwortlichkeit*. Für die Praxis bedeutet das u. a. gleichberechtigte und gleichwertige Partnerschaft zwischen Klient und Therapeut.

Ihre psychologische Theorie basiert auf dem Persönlichkeitsmodell der *Ich-Zustände* (Eltern-Ich, Erwachsenen-Ich, Kind-Ich), aus dessen Inhalt sie die Individualität konkreter Personen erklären und aus deren Verwendung sie allgemeine Merkmale und Regeln sozialer Beziehungen (hier *Transaktionen* genannt) einschließlich ihrer Störungen ableiten kann. Zentraler Begriff ihrer Entwicklungspsychologie ist der bis zum Alter von ca. 6 Jahren beschlossene und in der Regel vorbewußte Lebensplan eines Menschen, *Skript* genannt, in dem der Selbstwert und die soziale Stellung einer Person ebenso enthalten sind wie Beschlüsse über den Erfolg ihres Lebens und ihren Tod.

Zur Unterstützung menschlichen Wachstums und Wohlbefindens sowie zur Klärung und Veränderung von Störungen bietet die TA eine Reihe spezifischer Verfahren wie z.B. die *Strukturanalyse* zur Erhellung der Ich-Zustände, die

Transaktionsanalyse zur Erhellung der Kommunikationsprozesse, die *Racket-* und *Spielanalyse* zur Erhellung des spezifischen Umgehens mit Gefühlen oder die *Skriptanalyse* zur Erhellung des individuellen Lebensplanes. Grundlage ihrer Anwendung ist der zwischen Klient und Berater/Therapeut geschlossene *Beratungs-* oder *Behandlungsvertrag*.

Geschichte

Bernes eigenen wie den Angaben früherer Mitarbeiter zufolge (z. B. Cheney, 1971; Steiner, 1971a; Dusay, 1977; James, 1977) entstanden die grundlegenden Ideen zum Konzept der TA aus Bernes *Erfahrung,* seinen Patienten trotz einer weit über dem Durchschnitt liegenden Erfolgsrate (Concannon, 1971, S. 60) nicht so schnell zum Wohlergehen verhelfen zu können, wie er es wünschte und für notwendig erachtete. Bei seinen konzeptionellen Überlegungen konnte Berne, damals als niedergelassener Psychoanalytiker und Psychiater in Carmel, Kalifornien, lebend, bereits auf eine lange Reihe von Erfahrungen in verschiedenen Berufsfeldern zurückgreifen, die seine Suche nach einer neuen Theorie und effektiveren Methoden unterstützten.

Unter dem Namen Eric Lennard Bernstein am 10. Mai 1910 in Montreal/Kanada geboren, studierte Berne, dem Beispiel des von ihm sehr verehrten Vaters folgend, ebenfalls Medizin an der McGill-Universität in Montreal. Nach dem Erwerb eines Doktorgrades und einer Zusatzausbildung als Chirurg im Jahre 1935 wanderte er in die USA aus, wo er sich zunächst der Inneren Medizin zuwandte. 1936 begann er eine Ausbildung als *Psychiater,* die ihn an verschiedene Kliniken der Vereinigten Staaten führte. Nach dem Erwerb der amerikanischen Staatsbürgerschaft im Jahre 1938 oder 1939 und dem zusätzlichen Führen einer Privatpraxis neben seiner klinischen Tätigkeit (ab 1940) trat er, der inzwischen seinen ursprünglichen Namen in Eric Berne verändert hatte, 1943 als Psychiater in das Medical Corps der Armee ein, die er 1946 als Major wieder verließ.

Die hier erlebte Notwendigkeit, innerhalb kürzester Zeit bei einer Vielzahl von Soldaten psychiatrische Ausschlußdiagnosen stellen zu müssen, regte Berne im Jahre 1945 zu einer Reihe von Studien über die Dynamik und Theorie der *Intuition* an, in deren Verlauf – die Publikationen erstrecken sich von 1949 bis 1962 – er die wesentlichen Grundlagen der TA entwickelte (Berne, 1949, 1952, 1953, 1955, 1957c, 1962; Cheney, 1971, S. 18f.; Dusay, 1971, S. 34f.; James, 1977a, S. 22). Gleichzeitig war Berne während der Armeezeit mit *Gruppentherapie* in Kontakt gekommen, die er in den letzten zwei Jahren (1945–1946) zusätzlich auch privat praktizierte (Cheney, 1971, S. 16; James, 1977, S. 21). Aus den positiven Erfahrungen dieser Zeit stammt die Wertschätzung Bernes für Gruppen. Nicht von ungefähr entwarf und praktizierte er daher seine Theorie so, daß sie gleichermaßen zur Behandlung von Einzelklienten wie auch von Gruppen geeignet ist (vgl. dazu auch Steiner, 1974, S. 15).

Bereits 1941 hatte Berne eine Ausbildung als *Analysand* bei Paul Federn am Psychoanalytischen Institut in New York begonnen, die er 1947 unter Erik Erikson in San Francisco fortsetzte und 1949 abschloß. Sein Gesuch um Aufnahme als anerkanntes Mitglied der Psychoanalytischen Vereinigung wurde

1956 jedoch mit der Begründung abgelehnt, er müsse sich zunächst noch weitere Jahre einer persönlichen Analyse unterziehen (Cheney, 1971, S. 18). Daraufhin erschienen innerhalb eines Jahres mehrere Arbeiten, in denen er, teilweise auf der Artikelserie über Intuition aufbauend, seine eigenen Theorien zur Persönlichkeitslehre und Psychotherapie weiterentwickelte. Bereits auf einem Vortrag im November 1957 konnte Berne unter dem Titel „Transactional Analysis: A New and Effective Method of Group Therapy" 90 Prozent seines gesamten Theoriegebäudes (inclusive Spiel- und Skriptanalyse) vorstellen (Cheney, 1971, S. 19). Dennoch lassen sich psychoanalytische Vorstellungen und Gedankengänge aus direkten Hinweisen in Bernes Schriften (z. B. auf Freud, Federn, E. Erikson, Kahn, Sullivan, Jung, Adler, Reich, Rank, Abraham und andere) ebenso wie aus manchen seiner Konzepte (z. B. der Strukturanalyse, dem Energiekonzept oder auch dem Skriptkonzept) ersehen. Auf diesen Einfluß weisen auch frühe Mitarbeiter hin (z. B. Cheney, 1971; Dusay, 1971; Steiner, 1974; James, 1977; Goulding/Goulding, 1978; English, 1980). Obwohl Berne der Psychoanalyse zeitlebens gedanklich verbunden blieb, wurde sie für seine ärztlich-psychotherapeutische Praxis zunehmend belangloser (Steiner, 1974, S. 15). Für den Stand der transaktions-analytischen Theorie jedoch glaubt Cheney bereits für 1970 feststellen zu können: „Transaktions-Analyse umfaßt Psychoanalyse" (1971, S. 19).

Darüber hinaus war Berne Zeit seines Lebens damit beschäftigt, weitere, für seine jeweiligen Fragestellungen interessante *Wissensbereiche zu erobern.* Als typische Beispiele können sowohl die Studien über neurologische Gedächtnistheorien angesehen werden, die nach seiner Auffassung die Beobachtungen und Definitionen der Ich-Zustände bestätigten, als auch seine Beschäftigungen mit Kybernetik, Semantik und Systemtheorie, die in seine Konzepte von Transaktionen eingingen (Dusay, 1977, S. 60). In diesem Sinne nutzte Berne auch jene wöchentlichen Klinischen Seminare, die er seit 1950 in seinem Hause in Carmel und ab 1958 zusätzlich auch in San Francisco abhielt. Auch hier, wo er manchmal ganze Passagen seiner Publikationsentwürfe vorstellte, fühlte sich Berne frei, „alles zu absorbieren, was kommt", wie ihn English aus dem Gedächtnis zitiert (1976, S. 73). Wie sehr Berne selbst diese Seminare als wertvoll im Hinblick auf Wachstum und Entwicklung sowie Testung seiner Ideen ansah, geht aus ihrer häufigen Erwähnung sowie der Nennung einzelner Mitglieder in seinen Veröffentlichungen hervor (z. B. 1961, 1963, 1964, 1966, 1972).

So entstanden von 1957 bis zu Bernes Tod im Jahre 1970 in rascher Folge eine Vielzahl von *Artikeln* und *Büchern,* die die bisherigen Ergebnisse seiner Theoriebildung zusammenfassen (so z. B. sein erstes Buch über TA: „Transactional Analysis in Psychotherapy", 1961), ihre Anwendung in spezifischen Bereichen darlegen (so z. B. „The Structure und Dynamics of Organizations and Groups", 1963; dt. Ausgabe 1979, oder „Principles of Group Treatment", 1966) oder spezifische Teilkonzepte wie z. B. Spiele („Games People Play", 1964; dt. Ausgabe 1967) oder Skriptanalyse („What Do You Say After You Say Hello?", 1972; dt. Ausgabe 1975) weiterer Klärung zuführen. Darunter befinden sich – seiner Auffassung „Psychologie geht alle an" entsprechend (James, 1977, S. 22) – auch einige für Laien geschriebene Bücher, wie z. B. „A Layman's Guide to Psychiatry and Psychoanalysis" (1957; third Edition 1968; dt. Ausgabe 1970) oder „Sex in Human Loving" (1970, dt. Ausgabe 1974), ja selbst ein Kinderbuch „The

Happy Valley" (1968). (Zur ausführlichen Orientierung vgl. „Eric Berne: Annotated Bibliography", TAJ 1971, 1:1, 23–29, oder auch: Schlegel, 1979, S. 12–15.)

Im Kreis der erwähnten Seminare – sie waren 1958 in Anfänger- und Fortgeschrittenenseminare aufgeteilt worden – entstand auch die Idee zur Herausgabe einer eigenen Zeitung, des „Transactional Analysis Bulletin", dessen erster Herausgeber im Jahre 1962 Eric Berne selber war. (Es erscheint seit 1971 unter dem Titel „Transactional Analysis Journal" [TAJ].) Ebenfalls aus diesen Seminargruppierungen entstand auch die 1964 von Berne und Mitarbeitern gegründete „International Transactional Analysis Association" (ITAA), der auch heute noch bestehende Dachverband der Transaktions-Analytiker.

Berne selbst verstarb am 15.7.1970 an einem Herzinfarkt. In die von ihm entwickelte „Transaktions-Analyse" sind viele Theorien und Konzept eingeflossen. Auch wenn ihm selbst die Neigung fehlte, solches Wissen systematisch, d.h. im Sinne wissenschaftlicher Überprüfbarkeit aufzuarbeiten, bleibt dennoch sein „persönlicher Verdienst ... die besondere Kombination von Theorie und Praxis, das Umsetzen der komplizierten Theorien von zahlreichen Autoren in eine Methode, die dem betroffenen Patienten seinen ‚Fall' voll verständlich macht, so daß er ein *verständiger,* aktiver Co-Therapeut in seiner eigenen Behandlung sein kann" (English, 1976, S. 99; Hervorhebung dort).

Gegenwärtiger Stand

Heute, 12 Jahre nach Bernes Tod, hat sich die TA in Theorie und Praxis zu einer verschiedene Personengruppen und Länder umspannenden Bewegung entwickelt. Die ITAA dient inzwischen als internationaler Dachverband für mehrere überregionale Gesellschaften, wie z.B. die Europäische Gesellschaft für Transaktions-Analyse (EATA) mit Sitz in Genf, und nationale Organisationen, wie z.B. die Deutsche Gesellschaft für Transaktions-Analyse (DGTA) mit gegenwärtigem Sitz in Burghausen. Diese Untergliederungen dienen vor allem der regionalen Zusammenarbeit in Forschung und Lehre.

Parallel zur äußeren Entwicklung der TA als Organisation wurden auch ihre Theorie- und Praxiskonzepte verfeinert, vertieft und erweitert. Das läßt sich zum Beispiel anhand der Themenstellungen des seit 1971 vergebenen *Eric-Berne-Gedächtnispreises* (Eric Berne Memorial Award) zur Würdigung hervorragender Beiträge und neuer Erkenntnisse auf dem Gebiet der TA erkennen. Unter anderen erhielt ihn Claude Steiner 1971 für seine Arbeit über die *Skriptmatrix*, mit der er zur Erweiterung und Verfeinerung der Skriptanalyse beitrug. 1972 ging er an Stephen Karpman für die Entwicklung des *Drama-Dreiecks* zur Veranschaulichung der Spielanalyse, 1973 an Jack Dusay für die Erweiterung des therapeutischen Einsatzes der Ich-Zustands-Konzepte, *Egogramm* genannt. 1974 erhielten ihn Aaron und Jacqui Schiff für ihre Entdeckungen auf dem Gebiet der *Passivitätskonfrontation* und 1975 Bob und Mary Goulding für ihre Beiträge über *Neuentscheidungen.* 1977 schließlich wurde Taibi Kahler mit ihm für seine Arbeit über *Miniskripts* und *Antreiber* ausgezeichnet, 1978 Fanita English für ihre grundlegende Unterscheidung zwischen *echten* und *Ersatzgefühlen.*

Bei der *Erweiterung* transaktions-analytischen Wissens kam es, vor allem infolge des unerwarteten Todes von Berne sowie des Mangels eines Nachfolgers, der die theoretischen Unterschiede zwischen den verschiedenen Entwicklungen hätte überbrücken können, auch zu zahlreichen theoretischen und persönlichen Kontroversen, die manchmal stark von Wettbewerb und Konkurrenz bestimmt waren (Barnes, 1977, S. 17). Im Zuge dieser Kontroversen wurden insbesondere die methodischen Konzepte der TA aus berechtigter Kritik über deren ursprünglich zu stark kognitiv ausgelegte Praxis zunehmend mit anderen therapeutischen Theorien und Praktiken gekoppelt, um den ganzen Menschen mit seinem Fühlen, Denken und Verhalten einzubeziehen. Hier sind im historischen Ablauf zunächst *gestalttherapeutische Techniken* zu nennen, die anfänglich von solchen Mitarbeitern Bernes einbezogen wurden, die noch von Perls selber in Gestalttherapie trainiert waren (z. B. Bob und Mary Goulding, James, English). Goulding und Goulding z. B. integrierten beide Theorien und Techniken zu einem neuen Ansatz, dem sogenannten „*Neuentscheidungs-Konzept*" (Redecision-Therapy), einer eigenen Richtung in der TA. Die Schiff-Familie dagegen entwickelte und praktizierte in ihrer Therapie mit psychotischen oder zur Psychose neigenden Personen eine Kombination von TA mit eher *kognitiv-behavioristischen* Denk- und Handlungsweisen. Heute kennen wir neben den bereits erwähnten Kombinationen (siehe dazu auch James, 1977) die Einbeziehung in *Psychoanalytische Verfahren* Freudscher Richtung sowie Erweiterungen durch Konzepte und Praktiken der *Individualpsychologie,* der *Jungschen Analyseverfahren,* des *Psychodramas,* der *Bioenergetik,* der *Gesprächstherapie* und, last not least, *familientherapeutischer* Ansätze. (Zur ausführlicheren Information siehe James and Contributors, „Techniques in Transactional Analysis for Psychotherapists and Counselors", 1977, sowie einige Abschnitte aus Barnes and Contributors, „Transactional Analysis after Eric Berne", 1977, dt. Ausgabe in drei Bänden 1977, 1980, 1981; Schlegel, 1979; oder auch H. Hagehülsmann, 1982.)

Die Weiterentwicklung der theoretischen und therapeutischen Konzepte zeigt sich auch in einer Fülle von Zeitschriftenartikeln und Büchern, deren Beiträge neben einer Erweiterung und Vertiefung spezifischer Basiskonzepte die Anwendbarkeit von TA in neuen Problem- oder Berufsfeldern aufzeigen (z. B. James/Jongeward, 1970; Steiner, 1971b, 1975; Ernst, 1972; Babcock/Keepers, 1976; Bennet, 1976; Barnes and Contributors, 1977; James and Contributors – for special issues –, 1977; James/Savary, 1977; Wandel, 1977; Meininger, 1978; U. Hagehülsmann, 1980).

Zusammenfassend läßt sich folgendes feststellen: Transaktions-Analyse hat sich, teilweise noch von Berne selbst angeregt, zu einer, richtiger: zu vielen neuen Ansichten über lebenswertes, menschliches Dasein entwickelt. Das heißt unter anderem: Man kann nicht mehr von *der* TA sprechen, sondern muß von verschiedenen, sich gegenseitig befruchtenden Ansätzen, Richtungen oder Schulen mit unterschiedlichen Annahmen über menschliche Entwicklung, Wachstum und therapeutische Schwerpunkte reden (R. Goulding, 1976; Barnes, 1977, S. 3; Woollams/Brown, 1978, S. 245). Allen Richtungen *gemeinsam* ist die Anwendung einiger *Grundkonzepte:* So arbeiten alle mit therapeutischen Verträgen, benutzen alle die gleichen oder doch sehr ähnliche Persönlichkeitsmodelle, kennen und nutzen alle die Konzepte der Transaktionen und Spiele und setzen Zuwendung als Mittel zur therapeutischen Veränderung destruktiver Skripteinflüsse ein. Die *Unterschiede* kommen zum einen darin zum Ausdruck, in welcher Art und Weise diese Konzepte und Methoden weiterentwickelt und in der Praxis eingesetzt werden, sowie zum anderen in der Funktion, die dem Therapeuten innerhalb des Prozesses zukommt. Diese Unterschiede werden nach Kottwitz an der Einstellung zur Frage sichtbar, „ob die menschliche Person in ihrer Entwicklung vorwiegend das Ergebnis von Konditionierungen ist, oder ob sie trotz stark wirkender Umwelteinflüsse letzten Endes hauptsächlich selbst Entscheidungen trifft und dadurch die Weichen für ihre weitere Lebensgestaltung stellt" (1980, S. 67). Im ersteren Falle, der am ausgeprägtesten von der *Cathexis-Schule* der Schiff-Familie vertreten wird, ist das Lebensskript eine konditionierte Anpassung an das elterliche Verhalten, die allemal eine Einschränkung der Wahlmöglichkeiten bedeutet (J. Schiff, 1977) und allmählich durch Internalisierung neuer konstruktiver und positiver Skriptbotschaften zu überwinden ist (Kottwitz, 1980, S. 68). Für die übrigen Richtungen ist das Lebensskript ein durch ererbte Anlagen und die äußeren Lebensumstände mitgestalteter, jedoch letztlich durch eigenverantwortliche Entscheidungen ausgeprägter Lebensplan, der durch therapeutische Arbeit entweder gänzlich oder zumindest in seinen destruktiven Anteilen überwunden bzw. neu entschieden werden kann. Zur Gruppe dieser Richtungen zählt einmal die Klassische, in der Tradition Bernes stehende *St.-Franzisko-Schule,* worunter wir auch die von anderen unterschiedene *Miniskriptschule* von Kahler sowie im Augenblick auch noch die sich langsam zu einer eigenen Richtung entwickelnden *Theorien von Fanita English* (1976, 1980, 1982) subsumieren, und zum anderen die bereits genannte *Redecision-Schule (Neuentscheidungs-Schule)* von Bob und Mary Goulding.

Den angedeuteten Spezifika der verschiedenen Richtungen kann im Rahmen dieses Übersichtsbeitrages nicht weiter nachgegangen werden. Im Hinblick auf die spezifische Aufgabenstellung, aus der Sicht des Praktikers für den Praktiker zu schreiben, haben wir uns demgegenüber für folgende Darstellungsform entschieden: Wir werden, exemplarisch für die theoretische Sicht- und praktische Handlungsweise vieler uns bekannter Transaktions-Analytiker, primär jene theoretischen und therapeutischen Konzepte ausführlicher vorstellen, die wir selber im therapeutischen Prozeß als sinnvoll und nützlich erlebt und in der Praxis erprobt haben. Dabei werden wir in vielen Punkten den klassischen Grundkonzepten folgen, sie jedoch an geeigneter Stelle um Konzepte und Techniken der verschiedenen Richtungen ergänzen. Will man einen solchen Ansatz erkenntnislogisch kennzeichnen, kann man ihn „integrativ" nennen.

Theorie

Transaktions-analytische Theorie – wie im übrigen jede klinisch-psychologische bzw. psychotherapeutische Theorie – kann nicht ohne explizite Nennung jener philosophisch-anthropologischen Grundannahmen dargestellt werden, die das zugrundeliegende *Menschenbild* kennzeichnen. Sie bilden den Bezugsrahmen, aufgrund dessen die theoretischen Aussagen zur menschlichen Persönlichkeit, d.h. die Psychologie, und die daraus resultierenden Behandlungsziele, -formen und -techniken, d.h. die Psychotherapie, zu verstehen sind.

Auf die, mit der Frage „Entscheidungsfreiheit oder Anpassungszwang?" verknüpften unterschiedlichen Wertvorstellungen und Grundeinstellungen zum Menschen ist bereits hingewiesen worden (vgl. Gegenwärtiger Stand). Sie betreffen eher die Grundausstattung sowie die Art und Weise, wie der Mensch seinen Lebensplan gestaltet bzw. überhaupt gestalten kann, und weit weniger die Zielvorstellungen, die mit dem Begriff des menschlichen Wachstums verbunden sind. Wir selbst schließen uns der von Bob und Mary Goulding vorgeschlagenen Übersetzung der oft als Kürzel zitierten Grundannahme „We are all OK" an: „Ich bin die einzige meiner Art, die es je geben wird" (Goulding/Goulding, 1979, S. 139). Wir verbinden damit folgende Grundüberzeugungen vieler Transaktions-Analytiker: „Jeder Mensch kommt mit konstruktiven Anlagen auf die Welt, fähig und aus sich selbst bereit, zu wachsen und sich als Person zu verwirklichen". – „Jeder Mensch ist von Natur aus, d.h. ohne schädigenden Einfluß seiner Umwelt, liebenswert und liebenswürdig". – „Alle Menschen sind gleichwertig und gleichberechtigt", was keineswegs meint, daß alle Menschen von Geburt und Entwicklung gleichartig sind, alle jedoch das gleiche Recht auf ein würdiges und glückliches Leben besitzen. – „Jeder Mensch kann über sich selbst entscheiden", d.h. nur er allein besitzt (mit Ausnahme einiger weniger, eher momentaner Krankheitszustände) das notwendige Wissen um sich selbst und die Kraft, für sich Entscheidungen zu treffen und diese in Realität umsetzen zu können. „No one can make us change", wie es Woollams und Brown (1978, S. 2) in treffender Kürze ausdrücken. – „Jeder Mensch ist für sich selbst und letztlich nur für sich selbst verantwortlich", ein Grundsatz, der vor allem die auch in unserem Kulturkreis gern geleugnete Tatsache betont, daß wir niemandem anderen für unser Verhalten die Schuld zuweisen können, außer uns selbst. – Und schließlich die in der neueren Literatur hinzugefügte Grundannahme: „Jeder Mensch ist fähig, frühere Lebensabschnitte zu erinnern und in ihrem Wiedererleben neu zu erfahren" (James, 1977, S. 21; Babcock/Keepers, 1980, S. 201).

Alle diese Grundannahmen verdichten sich u.E. in dem als Idealvorstellung gekennzeichneten Bild der *„Autonomen Person"*, wie sie von Berne (1964, 1970, 1972) und anderen (z.B. James/Jongeward, 1970; Steiner, 1974; James, 1977) beschrieben wird. „Autonomie manifestiert sich" für Berne (1964, zitiert nach der dt. Ausgabe von 1970, S. 244) „in der Freisetzung oder Wiedergewinnung von drei Fähigkeiten: Bewußtheit, Spontaneität und Intimität". Dabei meint *Bewußtheit* eine unmittelbare sinnliche Offenheit für Wahrnehmungen im Hier und Jetzt sowie ungehemmte Intensität der gegenwärtigen Empfindungen und Gefühle, *Spontaneität* die Freiheit und Fähigkeit, diese Gefühle und Empfindungen unmittelbar auszudrücken, und *Intimität* schließlich die Möglichkeit, eine offene, aufrichtige, liebevolle Beziehung zu einem Mitmenschen einzugehen. Eine solche Person ist wahrnehmungsfähig, spontan und freudig sowie unabhängig und eigenständig in ihren Urteilen, Entscheidungen und Handlungen. Unter gleichzeitiger Berücksichtigung ihrer Grundbedürfnisse und der Realität kann sie anderen nahekommen, ohne von irgendeiner anderen Person oder Institution vereinnahmt zu werden (Barnes, 1977, S. 12).

Zum Menschenbild einer psychotherapeutischen Theorie gehören u.E. auch jene Aussagen über Art, Funktionsweise, Umfang und Ursachen von Störungen, die sich in der sogenannten *Krankheitslehre* eines Therapiemodells niederschlagen. Durch die Betonung der idealtypisch verstandenen „Autonomen Person" als für alle Menschen, d. h. für „psychisch Gesunde" wie „psychisch Kranke" anstrebenswertes Ziel menschlicher Selbstverwirklichung und die bloße Benennung verschiedener Beeinträchtigungsformen dieses Idealzustandes unterläßt die TA – hierin dem Adlerschen Konzept sowie Konzepten vieler Humanistischer Psychologien verwandt – bewußt jede exakte Grenzziehung zwischen dem, was „normal" oder „gesund" bzw. in der Umkehrung „krank" oder „anormal" genannt wird. Statt dessen nimmt sie fließende Übergänge an (James, 1977, S. 9; Woollams/Brown, 1978, S. 152, 198; Kottwitz, 1980, S. 15) und betont die Fähigkeit jedes Menschen zu Wachstum und Selbstverwirklichung. Dabei leugnet sie keineswegs, daß einzelne Personen (oder auch Gruppen) sich aufgrund ihrer Persönlichkeitsstruktur „am Anderssein und den Anforderungen der Welt stören, leiden und eventuell auch offensichtlich erkranken" (DGTA-Papier, S. 3). Sie verneint jedoch irreparable, zum dauernden Anderssein oder gar Ausschluß nötigende Persönlichkeitsschäden psychischer bzw. psychosomatischer Art oder unlösbare interpersonelle Probleme (James, 1977, S. 10). Krankheitsbezeichnungen dienen dem Transaktions-Analytiker daher nicht als etikettierende Urteile (James, 1977), sondern als diagnostische Hinweise, die von ihm in konkrete, die innere Dynamik widerspiegelnde Termini von Ich-Zuständen, Transaktionen, Rackets, Spiele und Lebenspläne übersetzt werden.

Wie bereits angemerkt wurde, basieren alle Richtungen der TA auf dem gleichen *Persönlichkeitsmodell*. Ihm liegt die von Berne entwickelte Annahme von jeweils drei verschiedenen Zuständen menschlichen Fühlens, Denkens und Handelns zugrunde, die dieser als *„Ich-Zustände"* bezeichnete. Diese Ich-Zustände sind in sich festgefügte, meistens deutlich voneinander abgrenzbare Erlebens-, Denk- und Verhaltensmuster, d. h. „organisierte Einheiten, mit deren Hilfe wir Realität definieren, Informationen verarbeiten und auf die Umwelt reagieren" (Babcock/Keepers, 1980, S. 45). Sie bestimmen sowohl das intraindividuelle Verhalten einer Person (in Form eines *inneren Dialogs*) als auch deren interindividuelle Beziehungen (in Form von *Transaktionen*).

Das *„Kind-Ich"* (K) beinhaltet Denk-, Fühl- und Handlungsmuster, die typisch für Kinder und spontane Jugendliche sind. Wir handeln aus dem „Kind-Ich" heraus, wenn wir Gefühle und Wünsche direkt ausdrücken und zeigen, z. B. lachen, weinen, uns anschmiegen, oder auch trotzig und unhöflich sind, wenn wir uns ängstlich anpassen oder unsere eigenen Fähigkeiten negierend um Hilfe suchen. „Das ‚Kind' ist der Kern jeder Person, ‚Sitz' der Gefühle und Wünsche, d.h. dessen, was uns wirklich bewegt, selbst wenn wir es manchmal nicht merken" (Petersen, 1980, S. 265).

Das *„Erwachsenen-Ich"* (ER) meint jenen überwiegend kognitiven Teil einer Person, der die Fähigkeiten zum logischen, abstrakten und analytischen Denken besitzt. Er erfaßt und speichert ebenso Informationen aus der Umwelt wie Informationen aus dem „Eltern-Ich" und dem „Kind-Ich" der Person, um so zu begründeten Entscheidungen zu gelangen. Dieser, im Hinblick auf seine Funktion häufig mit einem Computer verglichene Anteil einer Person, der einigen als Manifestation der dominanten Hirnhälfte gilt (Woollams/Brown, 1978, S. 14), darf jedoch nicht mit dem alltagssprachlichen Begriff „Erwachsen" verwechselt werden.

Das *„Eltern-Ich"* (EL) enthält eine Sammlung von Einstellungen, Gedanken,

Verhaltensweisen und Gefühlen, die eine Person im Laufe der Entwicklung von ihren Eltern oder entsprechenden Bezugspersonen wie Großeltern, Lehrern, Pfarrern usw. übernommen hat. Das heißt, das „Eltern-Ich" enthält einen Satz von Werten, Normen, Geboten und Verboten, die sich häufig in ungeprüften Überzeugungen sowie Vorurteilen niederschlagen. Wir sind im „Eltern-Ich", wenn wir so empfinden, denken und handeln, wie es uns elterliche Personen vorgelebt und/oder aufgetragen bzw. vorgeschrieben haben.

Jeder dieser Ich-Zustände kann zur feineren Analyse menschlichen Erlebens und Verhalten weiter unterteilt und im Hinblick auf seine *Struktur* und *Inhalte* (Strukturmodell 1. Ordnung – vgl. Abb. 1 –, Strukturmodell 2. Ordnung – vgl. Abb. 3 –) sowie im Hinblick auf seine Funktion (Funktionsmodelle 1. und 2. Ordnung – vgl. Abb. 2 –) betrachtet und dargestellt werden.

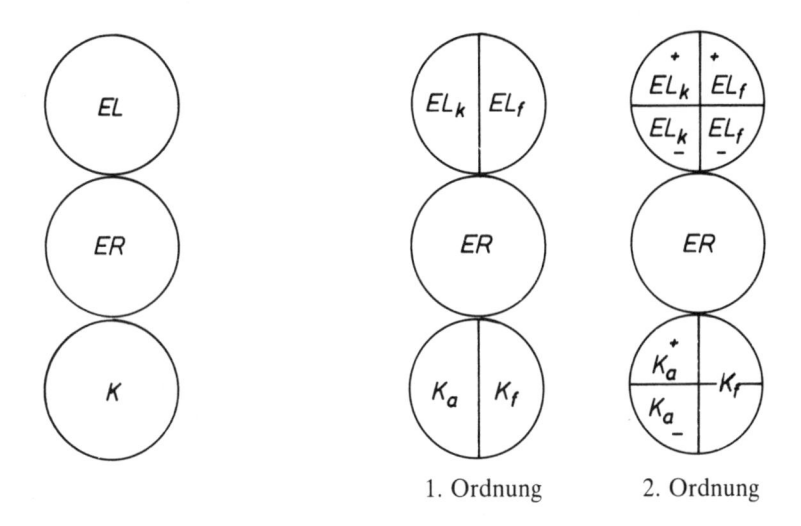

Abb. 1: Modell der Ich-Zustände   *Abb. 2:* Funktionsmodelle

Hinsichtlich der Funktion (vgl. Abb. 2) läßt sich das „Eltern-Ich" in einen *fürsorglichen* oder *nährenden* und einen *kritischen* Anteil aufteilen, die – wie im übrigen alle Ich-Zustände – im „inneren Dialog" und/oder auch nach außen entweder konstruktiv oder destruktiv zur Wirkung kommen können. In seiner konstruktiven Form kann das „fürsorgliche Eltern-Ich" bejahend und erlaubnisgebend wirken, im destruktiven Gebrauch jedoch zu einer überfürsorglichen und damit einschränkenden Instanz werden. Ebenso kann das „kritische Eltern-Ich", positiv eingesetzt, sich schützend auswirken, negativ benutzt, zu einer ablehnenden, vorwurfsvollen und hemmenden Kraft werden.

Die Funktion des „Erwachsenen-Ich" besteht zum einen in der Orientierung an der gegebenen Umwelt und zum anderen in der Vermittlung zwischen Umwelt- und Innenwelt der Person. Es wird im allgemeinen nicht weiter unterteilt und gilt bei entsprechender Schulung als konstruktives Element im Hinblick auf die Lebensführung eines Menschen. Die Möglichkeit seines destruktiven Einsatzes ist damit jedoch nicht ausgeschlossen. (Nur wenige Autoren, wie z. B. James/Jongeward, 1970, unterteilen das „Erwachsenen-Ich" in weitere Anteile.)

Das „Kind-Ich" läßt sich in eine *„freies Kind"* und ein *„angepaßtes Kind"*, auch *„reaktives Kind"* genannt, unterteilen. Das *„freie Kind"* ist der Sitz der angeborenen physischen wie psychischen Bedürfnisse und der Gefühle. Es ist spontan und kreativ, kurz die eigentliche Energiequelle und der Motor des menschlichen Lebens. In seiner positiven Ausprägung ist es „furchtlos, neugierig, sinnesfreudig, zutraulich und klug; es kann aber auch, wie Kinder eben sind, egozentrisch, mürrisch, unverschämt, rücksichtslos, ja sogar grausam sein" (Schlegel, 1979, S. 21). Das *„reaktive Kind"* ist durch die Auseinandersetzungen mit den Anforderungen und den Zuwendungsmustern der Erziehungspersonen geprägt und kann in zwei Versionen auftreten: als den Anforderungen elterlicher Ansprüche folgendes Kind oder als gegen diese Anforderungen rebellierendes, trotziges Kind. Verhalten, das diesem Kindanteil entspringt, kann sich positiv auswirken, wenn jemand eine Erwartung erfüllt, die ihm selbst von Nutzen ist, und er sich dabei wohlfühlt, oder auch negativ, wenn er entweder unter der Last vermeintlich zu erfüllender Anforderungen zusammenbricht oder aus lauter Rebellion eigene Vorteile außer acht läßt bzw. Formen negativer Zuwendung (wie z. B. Strafe) heraufbeschwört.

Alle diese, zuletzt in ihrer Funktion gekennzeichneten Ich-Zustände besitzt jeder Mensch während seines gesamten Lebens. Die oben beschriebene „autonome Person" hat einen freien, ungestörten Zugang zu ihren Ich-Zuständen, d. h. sie kann sich jeweils frei entscheiden, welchen sie in einer gegebenen Situation einsetzen will. Die in ihrem Erleben, Denken oder Verhalten gestörte Person besitzt zwar auch grundsätzlich *alle* Ich-Zustände, ist aber möglicherweise im Gebrauch eines oder mehrerer Ich-Zustände eingeschränkt oder behindert.

Diese Ich-Zustände sind zum Zeitpunkt der Geburt – bis auf K_1 – nur dispositionell vorhanden. Ihre inhaltliche Ausfüllung und ihre individuell spezifische Ausprägung erfolgt im Laufe der Entwicklung, zu deren Darstellung das die Ich-Zustände weiter untergliedernde Strukturdiagramm 2. Ordnung (vgl. Abb. 3) benutzt werden kann. (Zur ausführlicheren Darstellung entwicklungspsychologischer Konzepte siehe Babcock/Keepers, 1980, oder English, 1980.) So besitzt das Neugeborene, das in der Regel (d. h. prae- und perinatale Schädigun-

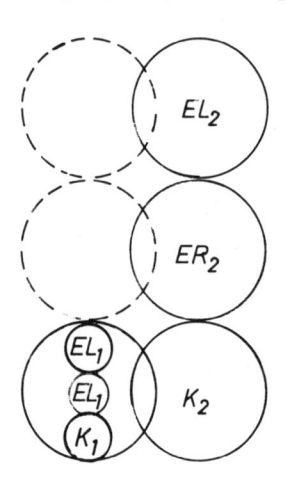

Abb. 3: Modell der Ich-Zustände eines Kindes unter 6 Jahren (Strukturdiagramm 2. Ordnung)

gen einmal ausgeschlossen) mit einem „Urvertrauen" (Erikson) und der Haltung „Ich bin OK und meine Eltern sind auch OK" auf die Welt kommt, zunächst nur das *„Kind im Kind-Ich"* (K_1). Es kann auch als „somatisches" oder „natürliches Kind" bezeichnet werden, da sein Erleben und Verhalten eng mit Körpersensationen und -reaktionen verbunden ist. Bis zum Alter von ca. 8 Monaten ist das K_1 das einzige voll ausgebildete psychische Organ. Dieser ursprünglichste Teil eines Menschen ist der Sitz der physiologischen und psychologischen Bedürfnisse. Er ist auch der Sitz der angeborenen Grundgefühle (Freude, Angst, Trauer, Zorn, Liebe), die entsprechend befriedigter oder nichtbefriedigter Bedürfnisse aktualisiert werden. Mit 8–10 Monaten beginnt sich dann das *„Erwachsenen-Ich im Kind-Ich"* (ER_1) zu entwickeln, das als zentraler Aspekt des „Kind-Ichs" angesehen wird. Es repräsentiert den begeisterungsfähigen, schöpferischen Teil des Kindes, der intuitiv, kreativ und auch manipulativ ist. Wegen dieser Kreativität und seines intuitiven, manchmal magischen Denkens wird er von vielen Autoren (wie z. B. James/Jongeward, 1970; Berne, 1972; Steiner, 1974; Babcock/Keepers, 1976; Woollams/Brown, 1978) auch *„kleiner Professor"* genannt. Ausgestattet mit einem starken Lebenshunger und unersättlicher, ruheloser und expansiver Neugier, sucht er immer neue Wege, in der dem Kind unbekannten Welt zurechtzukommen und dabei möglichst viele Bedürfnisse von K_1 zu befriedigen. Nach Woollams und Brown arbeitet der „kleine Professor im Dienste des ‚freien Kindes', wenn er zur Förderung und zum Spaß der eigenen Person eingesetzt wird, im Dienste des ‚angepaßten Kindes' dagegen, wenn er letztlich einengende Anpassungsmechanismen zum Erwerb von Streicheleinheiten herausfindet" (1978, S. 24). Ungefähr im 6. Lebensmonat beginnend, hat sich bis zum 2. und 3. Lebensjahr das *„Eltern-Ich im Kind-Ich"* (EL_1) entwickelt (Berne, 1972). Es dient als Speicher für die vom Kind getroffenen Entscheidungen, mit denen es sich den Forderungen und Einschärfungen der Umwelt anpaßt. Berne (1972) und Steiner (1974) bezeichnen diesen Teil daher als *„Elektrode"*, da sie annehmen, eine Person verhalte sich wie automatisch nach den im EL_1 gespeicherten Erlebens- und Verhaltensmustern, wenn dieser Persönlichkeitsanteil durch bestimmte internale oder externale Reize stimuliert wird.

Während das „Kind-Ich" (K_2) einer Person etwa mit Ende des 2. oder 3. Lebensjahres seine volle Funktionsfähigkeit erreicht hat, beginnt sich ihr „Eltern-Ich" (EL_2) etwa mit 3 Jahren zu entwickeln und gilt mit dem 6. oder 7. Lebensjahr als voll funktionsfähig (English, 1976). Beim „Erwachsenen-Ich" (ER_2) dagegen wird die Entwicklungszeit als vom 6. bis ca. 10. oder 12. Lebensjahr angenommen (English, 1976; Schiff, 1978).

Das „natürliche Kind" (K_1) ist – wie bereits beschrieben – der Sitz der drei psychischen Grundbedürfnisse, die nach Auffassung der TA ebenso wie die Grundgefühle angeboren sind: des *„Hungers nach Stimulierung"*, des *„Hungers nach Zuwendung"* und des *„Hungers nach Zeitstruktur"*. (Zur biologischen Grundlage und Verzahnung dieser Grundbedürfnisse vgl. z. B. Petzold, 1976; English, 1980.) Als für die Strukturierung des zukünftigen Lebens wichtigstes Bedürfnis gilt der „Hunger nach Zuwendung". Die wirksamste Befriedigung ist für das Kleinkind jede Form von Körperkontakt. Später dienen auch andere Formen des Streichelns oder der Beachtung, wie z. B. Lächeln, Worte des Lobes, ein vertrautes Gespräch oder sogar Formen strafender Zuwendung als Quellen der Bedürfnisbefriedigung. „Streicheln sichert nicht nur unser Überleben; es wird als Hauptverstärker beim Lernen und zur Aufrechterhaltung unserer sozialen Verhaltensmuster eingesetzt" (Babcock/Keepers, 1980, S. 28). Die TA kennt vier Formen dieses *Streichelns*, die jeweils verbal und/oder nonverbal vermittelt werden können: *Bedingungslos positives* Streicheln, z. B. durch zärtliches Wiegen des Säuglings im Arm, bedeutet Zuwendung für das Kind einfach, weil es da ist. *Bedingt positiv* wird ein Kind gestreichelt, wenn es Zuwendung unter bestimmten Bedingungen erhält, z. B. Lob, wenn es nicht schreit. *Bedingungslos negatives* Streicheln erfahren solche Kinder, die abgelehnt, grundlos gescholten, geschlagen oder einfach „ruppig" behandelt werden. *Bedingt negatives* Streicheln erfolgt in Form von Schelte, Schlägen oder Mißachtung, wenn das Kind dafür bestraft wird, daß es bestimmten Denk-, Fühl- und Verhaltenserwartungen der Eltern nicht entspricht. Dabei ist zu berücksichtigen, daß das Kind, um das für sein psychisches Überleben notwendige Bedürfnis nach Zuwendung zu befriedigen, eher negatives Streicheln herausfordert, als gar nicht beachtet zu werden.

Die persönliche Art der Zuwendung durch die Eltern, das sogenannte *„Familienstreichelmuster"*, das das Kind in seinen ersten Lebensjahren erfahren hat, ist deswegen besonders wichtig, weil das Kind aufgrund dieser Erfahrungen seinem Entwicklungsalter entsprechend (un)logische Schlußfolgerungen über die Art zieht, wie es seine Bedürfnisse in seiner spezifischen Umwelt befriedigen kann, und damit Entscheidungen über zukünftige Denk-, Fühl- und Verhaltensmuster trifft. Als erstes entsteht daraus die sogenannte *Lebens(grund)position*. Damit ist jenes Lebensgrundgefühl gemeint, das eine Person von sich im Zusammenhang mit anderen Menschen entwickelt. Dieses Grundgefühl kann von „Ich bin OK – Du bist OK" (+/+) über „Ich bin OK – Du bist nicht OK" (+/−) und „Ich bin nicht OK – Du bist OK" (−/+) bis hin zu „Ich bin nicht OK – Du bist nicht OK" (−/−), der sogenannten resignativen Grundeinstellung, reichen. Dabei kann für „OK" jede positiv eingeschätzte Eigenschaft, wie z. B. wertvoll oder hilfreich, für „nicht OK" jede negativ bewertete Eigenschaft, wie z. B. wertlos oder mißgünstig, stehen. Mit der Zuwendung einhergehend werden häufig gleichzeitig Grundgebote oder Grundverbote – von der TA *„Einschärfungen"* genannt – ausgesprochen, die dem Kind in Form von Erwartungen wie „werde bloß nicht wie dein Vater" oder allgemeinen Lebensregeln wie „ohne Fleiß keinen Preis", erzieherischen Anweisungen wie „Kinder haben nichts zu sagen", Verwünschungen wie „geh' zum Teufel" oder Zuschreibungen wie „du bist zu dumm zum Milchholen" vermittelt werden. Nach Goulding und Goulding (1979) gibt es „eine begrenzte Zahl destruktiver Grundgebote", wie z. B. „Sei nicht", „Werde nicht erwachsen", „Sei kein Kind", „Schaff's nicht", „Laß dich nicht ein", „Sei nicht gesund/normal", „Sei nicht du" („Sei kein Junge oder kein Mädchen"), „Sei nicht wichtig", „Gehöre nicht dazu", „Denke nicht" (bzw. „Denke was anderes", „Denke lieber, was ich denke") und „Fühle nicht" (bzw. „Fühle nicht das", „Fühle, was ich fühle"). „Es gibt jedoch fast unzählige Entscheidungen, die ein Kind als Reaktion auf solche Maximen treffen kann" (zitiert nach der dt. Ausgabe 1981, S. 58f.). Diese, die sogenannten *„Grundentscheidungen"* (decisions), bestimmen solange das menschliche Denken, Fühlen und Handeln, bis aufgrund neuer, einschneidender Erfahrungen und Erlebnisse, wie sie z. B. in der Therapie gemacht werden können, *„Neuentscheidungen"* (redecisions) getroffen werden.

Basierend auf der einmal entschiedenen Grundposition werden die Grundentscheidungen via Verstärkung durch die Bezugspersonen zu gelernten Erlebens-, Denk- und Verhaltensmustern, die den „*Lebensplan*", das „*Skript*", bestimmen (Woollams/Brown, 1978, S. 151). Darunter versteht die TA im späteren Leben vorbewußte Anweisungen – nach Berne eine Art *Drehbuch* –, nach denen der Mensch seine Rolle im Leben spielt. (Zur ausführlichen Darstellung der verschiedenen Elemente des Lebensplanes s. Berne, 1972, S. 101ff., zu deren unterschiedlicher Interpretation innerhalb einzelner Schulen der TA Barnes et al., 1977, oder auch Schlegel, 1979.)

Über die Anzahl der frühkindlichen Entscheidungen und ihre Funktion im Gesamtzusammenhang aller Skriptelemente gibt es innerhalb der TA unterschiedliche Ansichten. Nach James und Jongeward (1970) stellen die verschiedenen Einzelentscheidungen die Basis für die Lebensgrundpositionen dar. Berne (1972) dagegen sieht die gewählte Grundposition als eine Grundlage des Skripts, die erst im Zusammenhang mit *einer* die bisherigen Erfahrungen auswertenden Schlußfolgerung, der sogenannten Grundentscheidung, die Grundzüge des Skripts bestimmt. Daraus resultiert für ihn, ob aus dem Kind ein „*Verlierer*" (Schlußfolgerung z. B. „Ich habe doch keinen Erfolg im Leben"), ein „*Gewinner*" (Schlußfolgerung z. B. „Die Welt ist gut, eines Tages sorge ich dafür, daß sie noch besser wird") oder ein „*Nichtgewinner*" (Schlußfolgerung z. B. „Ich achte darauf, daß ich nicht auffalle") wird. Ähnlich gehen auch Goulding und Goulding (1979) von einer frühen Entscheidung als Skriptgrundlage aus, die jedoch durch weitere Entscheidungen ergänzt werden kann.

Auch über den Alterszeitpunkt, wann die Grundpositionen gewählt bzw. die Grundentscheidungen getroffen werden, besteht keine vollständige Einigkeit innerhalb der TA. Manche Autoren nehmen das 2. Lebensjahr (z. B. English, 1980), andere das Ende der Reinlichkeitserziehung im 3. Lebensjahr als maßgebenden Zeitpunkt an. Gleiches gilt für den Lebensplan, bei dem in der Regel davon ausgegangen wird, daß er in seinen Grundzügen spätestens bis zum Ende des 6. oder 7. Lebensjahres, meist sogar im Laufe des 3. Lebensjahres, vollständig abgeschlossen ist und in der weiteren Zeit des Heranwachsens allenfalls ausdifferenziert und/oder ausgeschmückt wird (Berne, 1972; English, 1980).

Zusammenfassend kann gesagt werden, daß die frühen Erfahrungen bei der Suche nach Zuwendung, die als Grundposition und Grundentscheidungen in wesentlichen Teilen den Lebensplan bestimmen, letztlich die Art und Weise festlegen, wie wir im späteren Leben denken, fühlen und handeln. Dabei werden, wie im Textverlauf (vgl. z. B. Rackets und Spiele) deutlich werden wird, die alte Grundposition und die alten Entscheidungen solange erneut verstärkt, bis neue, diese Grundlagen verändernde Entscheidungen (redicisions) getroffen werden.

An der zuvor erwähnten Verstärkung ändert auch die Tatsache nichts, daß die Eltern oder elterliche Bezugspersonen dem Kind in späteren Lebensjahren (etwa 6. bis 12. Lebensjahr) als gewissermaßen vorbewußten Gegenpart zu den destruktiven frühen Botschaften sogenannte „*Gegeneinschärfungen*" vermitteln, die in das EL_2 des Kindes eingehen. Als bekannteste Form kennt die TA das Konzept der „*Antreiber*", wie es von Kahler und Capers (1974) entwickelt wurde. Dies sind durch konkrete Gebote der Eltern vermittelte Vorstellungen darüber, wie die Kinder sein sollten, um ihren Eltern zu gefallen und/oder im späteren

Leben zurechtzukommen. Dementsprechend empfinden sich die Kinder nur dann als OK, wenn sie eine bestimmte Bedingung immer und unter allen Umständen erfüllen, d. h. einem bestimmten Antreiber folgen. Kahler (1977) ordnet diese Antreiber in fünf Kategorien: Ich bin nur okay, wenn ... ich mich anstrenge/ ... ich es anderen recht mache/ ... ich perfekt (oder der/die Beste) bin/ ... ich mich beeile/ ... ich stark bin (d. h. wenig Gefühle zeige). Mary Goulding (1979) fügt noch den Antreiber „Sei vorsichtig" hinzu. Da die Ausschließlichkeit der Bedingungen, denen sich die Kinder auch in ihrem späteren Leben als Erwachsene durch die Antreiber verpflichtet fühlen, nicht erfüllbar ist, erleiden sie immer wieder Mißerfolge, durch die die alten destruktiven Botschaften und die Grundposition neu verstärkt werden. Antreibergesteuertes Verhalten kann nicht nur in längeren Zeiträumen, sondern auch in Sekundenschnelle ablaufen und dabei das gesamte Skript aktivieren. So bestimmen die Antreiber vor allem den Prozeß, d. h. die Art und Weise, wie das Skript gelebt wird. Kahler und Capers (1974) bezeichnen solche Verhaltensabläufe als „Miniskript".

Als Skript-aktivierend können auch die sogenannten „Ersatz-" oder „Racketgefühle" angesehen werden. Hinsichtlich dieses Konzeptes der TA, für das in keiner anderen Therapieform ein Äquivalent zu finden ist, gibt es bereits bei Berne selbst, vor allem aber bei seinen Nachfolgern teils unterschiedliche, teils ineinander überführbare Definitionen und theoretische Positionen (so z. B. Berne, 1966, S. 208 f., 1975, S. 127; Steiner, 1971 b, S. 109 ff., 1974, S. 33 f.; Goulding/Goulding, 1978, S. 30 ff., 172 f., 1979, S. 33 f.; English, 1976, S. 127 ff., 1977, S. 321 ff.; Erskine/Zalcman, 1979, S. 51 ff.). In integrierter Form lassen sich diese Konzepte wie folgt darstellen: Ausgehend von dem Gedanken, daß der „Gefühlskodex" in der Familie erlaubte und verbotene Gefühle bestimmt (z. B. „Jungen weinen nicht", „Mädchen sind nicht zornig"), daß aber die Gefühlsregungen als solche nicht verlernt werden können, werden an die Stelle der unerwünschten bzw. verbotenen Gefühle *ersatzweise* jene Empfindungen und Gefühle erlernt und als zutreffend entschieden, die in der Familie erlaubt waren und Beachtung fanden. Dieses Lernen kann sowohl verbal (z. B. „Du bist ja nur traurig, denn das ist doch kein Grund zum Ärgern") als auch nonverbal (z. B. durch Entzug von Zuwendung) geschehen. Die Ergebnisse solcher Lernprozesse bezeichnet man in der TA als „*Ersatzgefühle*" oder „*Rackets*", die nach Berne zu einer Art konditioniertem Reflex werden, der möglicherweise für den Rest des Lebens bestehen bleibt (Berne, 1972; dt. Ausgabe 1975, S. 127). Da die unter dem Ersatzgefühl verborgenen ursprünglichen Gefühle und Bedürfnisse nicht befriedigt werden können, kommt es zu immer neuem Ausagieren der Rackets, um wenigstens Ersatzbefriedigung erreichen zu können. Dieses Ausagieren kann nach English (1980) im „*racketeering*", einer Abfolge von Transaktionen, bestehen, bei dem beide Partner die Racketgefühle empfinden und ausagieren, die sie in ihrer Kindheit gelernt haben. Nach Berne (1972) geschieht das Ausagieren durch ein Spiel, dessen Endeffekt *Racketgefühle* sind. Nach Erskine und Zalcman (1979) werden Racketgefühle innerhalb eines Systems aus Gedanken, Verhalten und Erinnerungen ausagiert (vgl. Abb. 4). Nach Auffassung dieser Autoren sind Racketgefühle fest an sogenannte „*Racketglaubenssätze*" (Meinungen, die durch frühe Entscheidungen bestimmt werden), z. B. „Alle anderen sind wichtiger als ich") gekoppelt, die im Sinne einer „self-fulfilling-prophecy" die „*Racketentfaltung*" (psychogenes oder psychosomatisches Verhalten, das aus „Racketgefühlen" und „Glaubenssätzen" entspringt, und die „Reaktion der anderen" auf dieses Verhalten) hervorrufen. Dieser Ablauf wird durch entsprechende *„Erinnerungen"* verstärkt. So entsteht ein sich selbst verstärkendes System, mit dem die ursprünglich verbotenen Gefühle in Schach gehalten werden können. Ein Racketsystem kann innerhalb einer Person ablaufen: sie sitzt z. B. am Schreibtisch, fühlt Angst und sagt sich, daß sie die Arbeit nicht schaffen könne (1), blättert hektisch in Büchern herum (2) und denkt daran, wie sie schon einige Arbeiten in ihrem Leben nicht termingerecht abgeben konnte (3). Am Ende des Tages hat sie nichts zu Papier gebracht und kann sich ihren Glaubenssatz bestätigen (4). Ein Racketsystem kann auch zwischen einer Person und ihrer Umwelt ablaufen. Es ist an ausgesprochenen Glauabenssätzen zu erkennen (z. B. „In Gruppen kann ich nicht reden") oder an den gezeigten bzw. berichteten Gefühlen, die fast immer in ihrer Qualität aufgesetzt oder künstlich erscheinen (English, 1980). Das zeigt sich z. B., wenn ein Klient bei der Bitte des Therapeuten, die letzte Transaktion nachzuvollziehen, zu weinen beginnt, und erklärt, er sei traurig (Racketgefühl), weil er auch hier nichts rechtmachen könne.

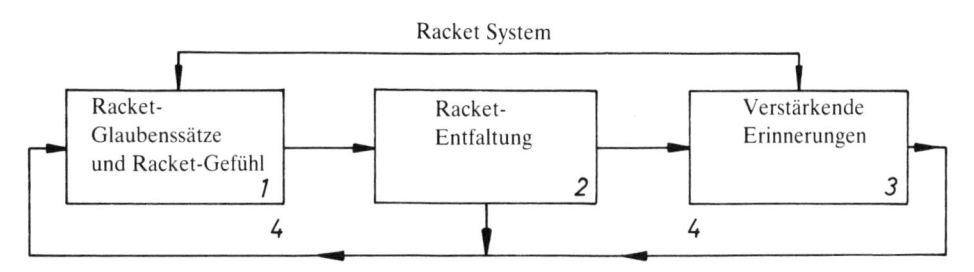

Abb. 4: Racket-System nach Erskine und Zalcman
(die Zahlen wurden von den Verfassern zugefügt und sind im Text erläutert)

Jede Form von Zuwendung zwischen Personen, d. h. alle sichtbaren Zeichen sozialen Austausches, nennt Berne *„Transaktionen"* (1961, S. 86f.). Ein Gespräch oder eine Auseinandersetzung besteht aus einer Serie von Transaktionen, die miteinander verbunden sind. Da jeder Mensch verschiedene Wahlmöglichkeiten hat, aus einem Ich-Zustand heraus einen Reiz an einen Ich-Zustand einer anderen Person zu senden, und diese verschiedene Wahlmöglichkeiten, mit einem ihrer Ich-Zustände darauf zu antworten, d. h. Transaktionen zu empfangen und zu senden, kann durch die „Transaktionsanalyse", jener Technik, aus der die TA ihren Namen herleitet, auf bestimmte Persönlichkeitsausprägungen und damit auf das Skript einer Person geschlossen werden. In der Analyse von Transaktionen lassen sich drei Grundmuster erkennen, mit denen bestimmte Kommunikationsregeln zusammenhängen: komplementäre, gekreuzte und verdeckte Transaktionen (vgl. Abb. 5).

Von einer *„komplementären"* oder *„parallelen Transaktion"*, bei der in jeder Person zwei Ich-Zustände betroffen sind, spricht die TA dann, wenn sie zwei Kriterien erfüllt: 1. Die Antwort kommt vom gleichen Ich-Zustand, auf den der Stimulus ausgerichtet war; 2. die Antwort ist rückwärts gerichtet an den gleichen Ich-Zustand, der den Stimulus hervorgebracht hat. *Solange diese Transaktionen*

1330 Transaktions-Analyse

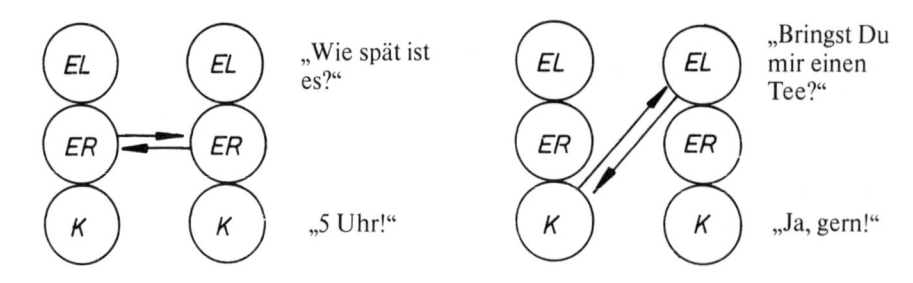

a) komplementäre Transaktionen

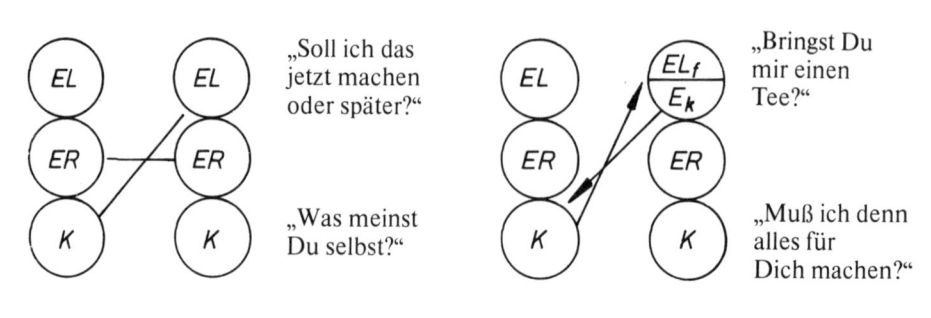

„Wie spät ist es?"
„5 Uhr!"

„Bringst Du mir einen Tee?"
„Ja, gern!"

b) gekreuzte Transaktionen

„Soll ich das jetzt machen oder später?"
„Was meinst Du selbst?"

„Bringst Du mir einen Tee?"
„Muß ich denn alles für Dich machen?"

c) verdeckte Transaktionen

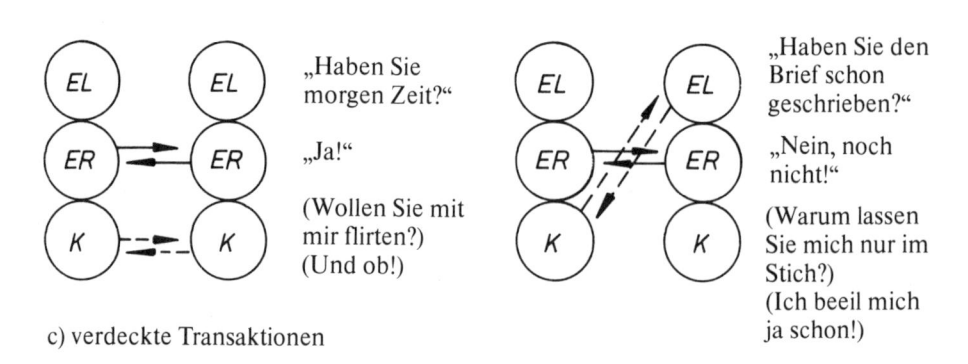

„Haben Sie morgen Zeit?"
„Ja!"
(Wollen Sie mit mir flirten?)
(Und ob!)

„Haben Sie den Brief schon geschrieben?"
„Nein, noch nicht!"
(Warum lassen Sie mich nur im Stich?)
(Ich beeil mich ja schon!)

Abb. 5: Transaktionen

– die zwischen jeweils beliebigen Ich-Zuständen stattfinden können– *komplementär verlaufen, kann die Kommunikation ungehindert fortdauern* (1. Kommunikationsregel).

Um eine *„gekreuzte Transaktion"* handelt es sich, wenn die Reaktion *nicht* aus dem Ich-Zustand erfolgt, an den der Stimulus gerichtet war, d.h. die Reiz-Reaktions-Vektoren nicht parallel verlaufen. *Wann immer eine Transaktion gekreuzt wird, erfolgt eine Unterbrechung der Kommunikation und etwas anderes geht weiter* (2. Kommunikationsregel).

Unter einer „*verdeckten" Transaktion*" versteht man eine Botschaft, die aus komplementären Transaktionen besteht, die gleichzeitig auf einer sozialen (= offenen) *und* einer psychologischen (= verdeckten) Ebene verlaufen. Dabei sind vier Ich-Zustände, zwei in jeder Person, betroffen. Während die Inhalte einer Botschaft auf der sozialen Ebene transportiert werden, werden die mit dem Inhalt einhergehenden Aspekte der Beziehung zwischen den Personen auf der psychologischen Ebene vermittelt. Das geschieht nonverbal über Gesichtsausdruck oder Gestik und Körperhaltung sowie durch Ton und Tempo der Stimme. Stimmen soziale und psychologische Ebene nicht überein, spricht man von „*doppeldeutigen Transaktionen*". Häufig spüren nur die Beteiligten selbst, daß mit der sozialen Botschaft gleichzeitig eine vom Inhalt abweichende psychologische Botschaft gesendet wird. Manchmal jedoch verläuft eine verdeckte Transaktion sogar für beide Partner unbewußt. Im Endeffekt zeigt sich: *Das Ergebnis von Transaktionen wird eher durch die psychologische als durch die soziale Ebene bestimmt* (3. Kommunikationsregel). Offene Kommunikation, durch die ein befriedigender Austausch zwischen Personen zustandekommt, kann nur durch Transaktionen gewährleistet werden, bei denen die soziale und psychologische Ebene übereinstimmen.

Doppeldeutige Transaktionen können jene destruktive Abfolge von Transaktionen einleiten, die in der TA als „*Spiel*" (game) bezeichnet werden. „Bei den Spielen handelt es sich um eine Abfolge von – ihrem Wesen nach sich wiederholenden – verdeckten Transaktionen mit einem genau definierten Spielgewinn" (Berne, 1975, S. 35). Dieser „*Spielgewinn*" (pay off) besteht nach Berne aus den in der frühen Kindheit gelernten Racketgefühlen wie z.B. Selbstgerechtigkeit, Hilflosigkeit, Scham oder Überlegenheit. Durch den Spielgewinn wird deutlich, daß auch Spiele gelernte Verhaltensabläufe sind, mit denen die im angepaßten Kind gespeicherten Grundpositionen und frühen Entscheidungen immer wieder neu bestätigt werden. Auch Spiele können wie Rackets in Minutenschnelle ablaufen oder sich über längere Zeiträume erstrecken. Hinsichtlich des Intensitätsgrades unterscheidet Berne (1970, S. 83ff.) drei Stadien: „*Spiele ersten Grades*", die gesellschaftlich als akzeptabel gelten (wie z.B. eine mißglückte Verführung), „*Spiele zweiten Grades*", die zwar keinen bleibenden Schaden anrichten, jedoch vor der Öffentlichkeit verborgen werden (wie z.B. ein Ehebruch), und „*Spiele dritten Grades*", die einen endgültigen Charakter haben und mit schwerer Krankheit oder Tod enden (wie z.B. Alkoholismus: Steiner, 1971b). Die TA kennt verschiedene Möglichkeiten, solche Spiele zu analysieren, so z.B. die *klassische Spielformel* nach Berne. (Zur ausführlicheren Information vgl. Berne, 1964, 1972; oder auch Jessen/Rogoll, 1980, 1981). Ein in der Praxis häufig verwandtes Instrument, Spiele in ihrem dramatischen Ablauf zu analysieren, ist das „*Rollenkonzept*" von Karpman (1968). Danach lassen sich bei allen Spielen drei manipulative Rollen erkennen, die – vor dem eigenen ER geheimgehalten – den Hauptfiguren klassischer Bühnenstücke entsprechen: der *Retter* (der strahlende Held), das *Opfer* (der/die Bedrängte) und der *Verfolger* (der Bösewicht). „In einer Retterrolle befangen ist, wer, um vor sich selbst bestehen zu können, jemanden braucht, dem er aus der Haltung des Überlegenen heraus helfen kann (Grundposition: ‚Ich bin OK – Du bist nicht OK' aus EL_f). Den seines Erachtens Hilfsbedürftigen drängt er damit in eine Opferrolle (Grundposition ‚Ich bin nicht OK – Du bist OK' aus K_a). Fühlt sich das Opfer dadurch vergewaltigt, kann es plötzlich aus einer Verfolgerrolle heraus den früheren Retter zu seinem Opfer machen. Jemand, der eine Verfolgerrolle (Grundposition ‚Ich bin OK – Du bist nicht OK' aus EL_k) übernommen hat, macht einem anderen Vorwürfe, klagt ihn an, spricht ihn schuldig, was verbal oder averbal geschehen kann" (Schlegel, 1979, S. 111; Klammerhinzufügungen von den Verfassern). Ein Spiel kann von jeder der drei Grundpositionen aus begonnen werden. Durch den nach einigen Transaktionen erfolgenden Rollenwechsel sind alle beteiligten Personen verblüfft und spüren dann jene Racketgefühle, die ihren frühen Entscheidungen entsprechen. Rollen, Grundpositionen und Rollenwechsel lassen sich gut im sogenannten „*Drama-Dreieck*" darstellen (Abb. 6).

Verfolger
(+/−)

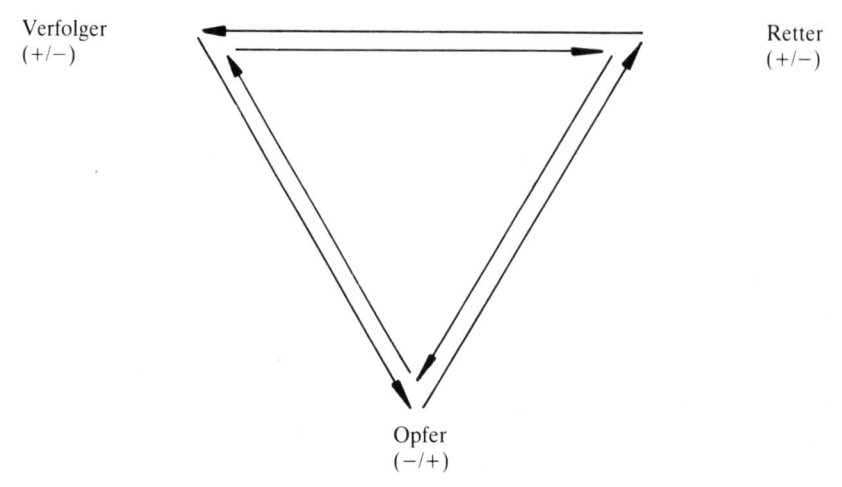

Retter
(+/−)

Opfer
(−/+)

Abb. 6: Drama-Dreieck nach Karpman

Ein weiterer Zugang zur Erklärung destruktiver Erlebens- und Verhaltensmuster, die zu Ersatzbefriedigungen führen, ist das Modell der *Symbiose,* das von der Schiff-Familie entwickelt wurde. Analog dem biologischen Begriff der Symbiose, der das Zusammenleben von zwei verschiedenartigen Lebewesen zu deren gegenseitigem Nutzen kennzeichnet, nennt die Schiff-Schule ein miteinander verflochtenes Verhalten von zwei oder mehreren Personen, von denen keiner ohne die andere(n) leben kann, ebenfalls eine Symbiose. In einer solchen Konstellation macht keine der beteiligten Personen von allen ihren Ich-Zuständen Gebrauch. Vielmehr besteht das Wesen der Symbiose gerade darin, daß eine der Personen, den- oder diejenigen Ich-Zustände bei sich selbst ausschließt, den oder die die andere Person mit Vorliebe benutzt (Schiff, 1975, S. 3). Dabei beinhaltet eine symbiotische Beziehung immer eine „*Abwertung*" oder „*Nichtbeachtung*" (discount) der eigenen oder anderer Personen. In sozialen Interaktionen geschieht dies mittels „*tangentialer*" oder „*blockierender Transaktionen*", mit denen solche Reize vermieden werden, deren Wahrnehmung den gewohnten symbiotischen Bezugsrahmen des Erlebens, Denkens und Verhaltens sprengen würden. Die Ursachen dafür liegen in einer ungelösten symbiotischen Beziehung der frühen Kindheit. Das heißt, daß die ursprünglich gesunde Symbiose zwischen dem hilflosen Neugeborenen und seinen sorgenden Bezugspersonen nicht altersentsprechend gelöst wurde. Um die Eltern zu befriedigen, trifft das Kind unter solchen Bedingungen unter Umständen Entscheidungen wie „Ich darf nicht erwachsen werden" oder „Ich kann nicht denken". Als Folge lernt es, sein ER_2 und EL_2 nicht zu benutzen. Folglich sucht es sich im weiteren Verlauf seines Lebens erneut soziale Partner, die die nicht gelernten Funktionen erfüllen und die Verantwortung für die Befriedigung seiner Bedürfnisse übernehmen (*Symbiose 1. Ordnung* – vgl. Abb. 7 –). Auch der Symbiosepartner, der aus EL_2 und ER_2 heraus reagiert, hat in der Regel bereits in frühester Kindheit gelernt, die eigenen Bedürfnisse nicht zu beachten und für das „Kindheits-Ich" der Eltern zu sorgen. Entwicklungspsychologische Gesichtspunkte legen die Annahme nahe, daß einem symbiotischen Verhalten 1. Ordnung fast immer eine *Symbiose 2. Ordnung* (vgl. Abb. 7) zugrundeliegt, d. h. eine verfrühte Entwicklung von EL_1 und ER_1 notwendig war, um die Bedürfnisse vom K_1 der Mutter zu befriedigen. (Zur ausführlicheren Information über Symbiosen und symbiotische Bezugssysteme vgl. Schiff, 1975, 1977, 1978.)

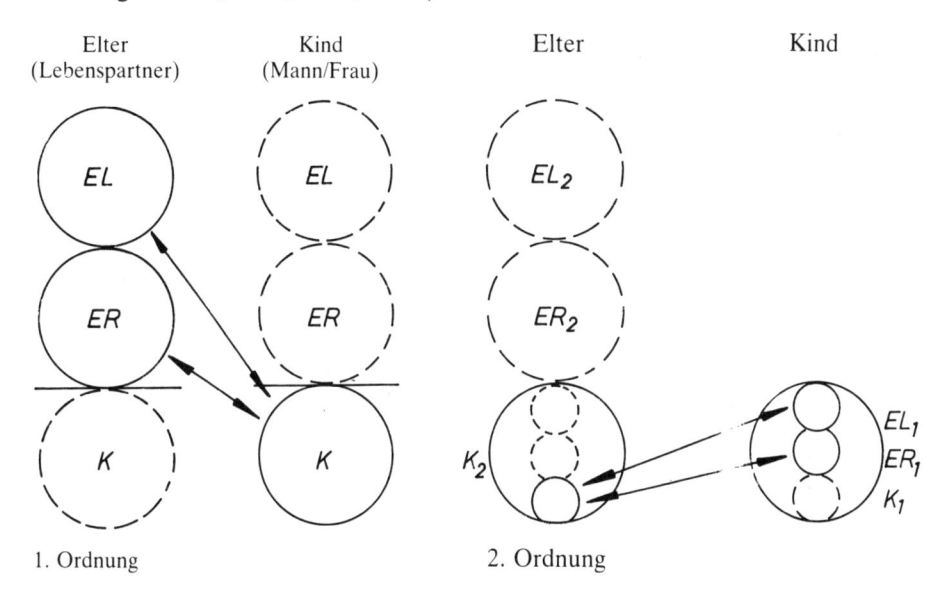

Abb. 7: Symbiosen nach Schiff (1975)

Viele der bisher beschriebenen Erlebens-, Denk- und Verhaltensmuster bewirken beobachtbare und/oder berichtbare Einschränkungen der Persönlichkeit. Diese lassen sich unter Rückverweis auf die als fließend angenommenen Übergänge zwischen „gesund" und „krank" im Hinblick auf die Struktur der Person in Termini *„strukturaler Pathologie"* (vgl. Abb. 8), im Hinblick auf die im Handlungsvollzugs sichtbar werdenden Störungen in Termini *„funktionaler Pathologie"* (vgl. Abb. 9) beschreiben, wobei sich beide Störungsbilder wechselseitig durchdringen. Dabei soll nochmals explizit gesagt werden: der Ausdruck „Pathologie" meint die Einschränkung in der freien Verfügbarkeit der Ich-Zustände, nicht aber eine Etikettierung der Personen. Als Begriffe „strukturaler Pathologie" gelten *„Kontaminationen"* und *„Exklusionen"*. Unter „Kontamination" (Trübung) versteht man eine der Kontrolle der betroffenen Person entzogene Vermischung von Inhalten ihrer verschiedenen Ich-Zustände, durch

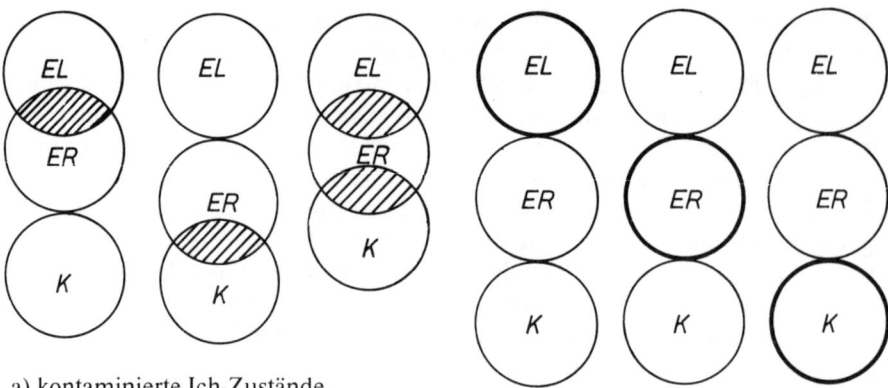

a) kontaminierte Ich-Zustände

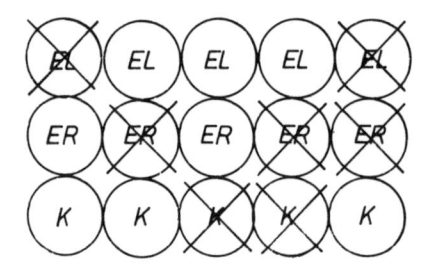

b) konstant exkludierende Ich-Zustände

c) konstant exkludierte Ich-Zustände

Abb. 8.: Modelle strukturaler Pathologie

schwach entwickelte Ich-Zustands-Grenzen

zu durchlässige Ich-Zustands-Grenzen

undurchlässige Ich-Zustands-Grenzen

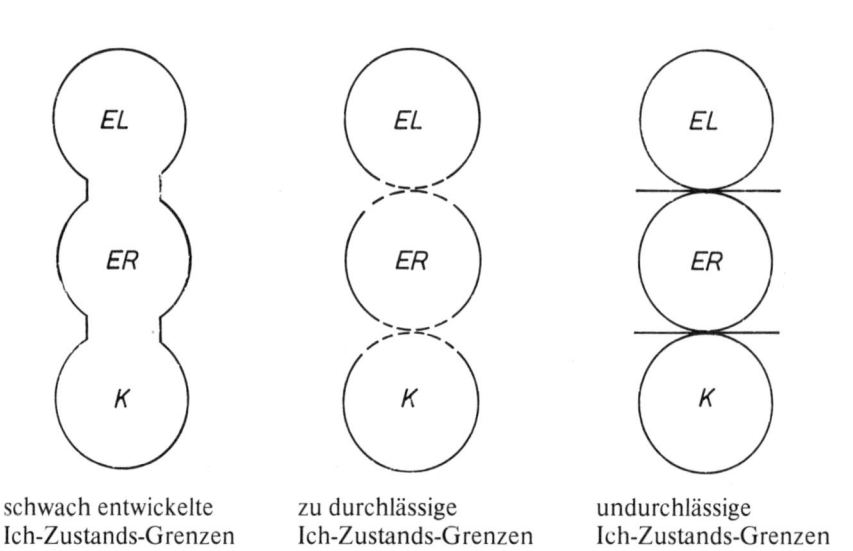

Abb. 9: Modelle funktionaler Pathologie

die bereits ihre Wahrnehmung getrübt ist (z. B. Trübung des ER durch vorurteilsbeladene Einstellungen des EL, wie z. B.: „Alle Ausländer sind minderwertig"; oder stark emotional geprägte Kindheitserfahrungen aus K, wie z. B. „Ich komme immer zu kurz"). Unter „Exklusion" versteht man den pathologisch bedingten Ausschluß von einem oder zwei Ich-Zuständen, während gleichzeitig der oder die noch verfügbaren Ichzustände das Erleben, Denken und Verhalten der entsprechenden Person dominieren (z. B. bei konstant exkludiertem K, wie es manchen Symbiosepartner eigen ist). – Auf der Funktionsebene können pathologische Einschränkungen entweder als *„Durchlässigkeit der Ich-Zustandsgrenzen"* oder als *„Labilität der Energiebesetzung"* beschrieben werden. Dabei meint der Begriff der Energiebesetzung, daß eine gesunde, ungestörte Person ihre im Gesamt stets gleichbleibende Menge psychischer Energie den Gegebenheiten des Hier und Jetzt (eigene Befindlichkeit/Umweltbedingungen/gewählte Handlung) entsprechend flexibel von einem Ich-Zustand in jeden anderen fließen lassen kann. Bei Störung des Energieflusses und/oder mangelnder Festigkeit der als semipermeable Membran gedachten Ich-Zustandsgrenzen lassen sich die Erscheinungsformen in rigides Verhalten (z. B. eine Person, die eine einmal getroffene Entscheidung unter keinen Umständen zu ändern bereit ist), labiles Verhalten (z. B. eine Person, die blitzschnell wechselnd sich hilflos darstellt und andere Personen kritisiert) und überstarke Reaktionen auf bestimmte Stimuli (z. B. an einer Phobie leidende Personen) unterteilen.

Solche die ungehinderte Entfaltung und das lebenslange Wachstum einer Person einschränkende Störungen aufzuheben, ist das Ziel transaktions-analytischer Beratung und Therapie.

Methoden

Die Methoden der transaktions-analytischen Therapie orientieren sich *ethisch* betrachtet am Ziel der autonomen Persönlichkeit, *strukturanalytisch* gesehen in der Dekontamination des Erwachsenen-Ichs und der Aufhebung von Exklusionen sowie der Veränderung der daraus resultierenden Transaktionsmuster. Unter *Skript*gesichtspunkten dienen sie ebenso zur Veränderung destruktiver Erlebens- und Verhaltensmuster, die autonomes Verhalten im Hier und Jetzt beeinträchtigen oder verhindern, wie zur Revision jener frühen Skriptentscheidungen, die diesen Mustern zugrundeliegen. Dabei sind die Methoden zum einen der Grundannahme von Gleichwertigkeit zwischen Klient und Therapeut verpflichtet. Das heißt, der *Klient bestimmt* seinen Therapieprozeß in eigener Verantwortung, der Therapeut wirkt mit seiner Kompetenz als „Fascilitator", d. h. als *fördernder Helfer* im Prozeß. Zum anderen unterstützen die Methoden die Überzeugung, daß der Klient bereits von vornherein die Kraft und die Fähigkeit zur Veränderung besitzt und er diese nicht erst im Laufe des Therapieprozesses erwerben muß. (Von diesen Grundsätzen der *Eigenverantwortlichkeit* und *Eigeninitiative* wird nur in besonderen Fällen wie z. B. einer akuten Psychose abgewichen.)

Die genannten Grundannahmen manifestieren sich u. a. in der *„Methode der Vertragsarbeit"*, die der Klärung der Therapieziele bzw. einzelner Arbeitsschritte dient. Dabei kann als grobe Richtschnur zwischen *Verträgen zur sozialen*

Kontrolle, die die Änderung solcher Handlungsweisen beinhalten, die befriedigende soziale Beziehungen beeinträchtigen, und *Verträgen zur Autonomie,* die das Ziel haben, negative Skriptentscheidungen durch Neuentscheidungen zu ersetzen, unterschieden werden. Außerdem lassen sich *Fernzielverträge* (was soll am Ende einer Therapie erreicht werden, z. B. die Überwindung psychosomatischer Symptome) und *Nahzielverträge* (was will der Klient in einer bestimmten Sitzung erreichen, z. B. Klärung seines Erlebens und Verhaltens in einer Situation, in der er Magenschmerzen bekommt) unterscheiden, mittels derer das Fernziel in überschaubare Arbeitsschritte aufgegliedert wird. Vertragsarbeit ist ein Stück Therapie, durch das vielen Klienten die positive und modellhaft wirksame Erfahrung vermittelt wird, selber ihre Ziele zu finden, klären und aktiv bestimmen zu können, wohingegen sie sich im Alltag oftmals eher unbestimmt („Ich weiß nicht, was ich eigentlich will") und daher reaktiv handelnd erleben. Zum anderen erkennen und vermeiden Klient und Therapeut durch diesen Zielbestimmungsprozeß zeit- und arbeitsintensive Umwege. Der Vertrag wird kurz, klar, präzise und positiv formuliert und beinhaltet, welches Verhalten und/oder Erleben wann und wie verändert werden soll. Durch ihn wird der Therapieprozeß übersichtlicher und hinsichtlich dessen, was erreicht werden soll, für Klient und Therapeut überprüfbar. Bei der Erfüllung des Vertrages wird dieser schließlich zur Quelle positiver Verstärkung.

Der Vertragsanteil des Therapeuten besteht darin, die von Steiner (1974) „die drei Ps" genannten Eigenschaften *„potency-permission-protection"* bereitzustellen. Ein „potenter" Therapeut besitzt persönliche Authentizität, Vertrauenswürdigkeit und Verantwortungsbewußtsein. Ebenso verfügt er über eine als kontinuierlicher Lernprozeß verstandene Fachkompetenz (James, 1977, S. 39), die ihn nicht nur befähigt, die für die Erfüllung des Vertrages sinnvollste Schrittfolge und geeignete Techniken vorzuschlagen, sondern auch alle seine Ich-Zustände im Therapieprozeß verfügbar zu haben und zu beachten. Das wird besonders dort wichtig, wo der Therapeut dem Klienten „Erlaubnis" (permission) gibt, seine ursprünglichen Gefühle zu fühlen, seine eigenen Gedanken zu denken und neue eigene Verhaltensweisen zu zeigen. Dabei spricht er aus seinem EL direkte Erlaubnisse aus („Du darfst fühlen, was du fühlst"), gibt aus seinem ER Informationen, die den Prozeß begleiten („Schau die anderen in der Gruppe an und beobachte, was sie tun, wenn sie traurig sind"), und zeigt aus seinem K heraus die Gefühle, die er selbst hat („Ich freue mich, daß du das tust"). Neben der Erlaubnis gibt ein potenter Therapeut seinen Klienten auch den notwendigen „Schutz" (protection). Dieser kann darin bestehen, mögliche Konsequenzen der geplanten Verhaltensänderung mit dem Klienten zu bedenken, Vertrauensschutz für Informationen zu gewährleisten, Regeln für das körperliche Ausagieren von Gefühlen zu setzen und, last not least, in bestimmten Phasen der Therapie über die Sitzung hinaus telefonisch für den Klienten erreichbar zu sein (James, 1977, S. 39ff.). Die Potenz des Therapeuten drückt sich auch darin aus, daß er sich in der Therapie weitgehend skriptfrei verhält, d. h. daß er sich nicht aufgrund eigener unrevidierter früher Entscheidungen (z. B. „Ich bin nur dann etwas wert, wenn ich anderen helfe") oder eigener Antreiber (z. B. „Sei perfekt!") zu sogenannten „harmful interventions" provozieren läßt, mit denen er das Skript des Klienten verstärkt (indem er z. B. die vom Klienten ausgehende Einladung zu symbiotischem Verhalten annimmt).

Wie bereits erwähnt (vgl. Geschichte), sind die transaktions-analytischen Therapiekonzepte gleicherweise für *Einzel- wie Gruppentherapie* geeignet. Dennoch bevorzugen die meisten Transaktions-Analytiker die Form der Gruppentherapie. Dieser Ansatz bietet mehrere Vorteile. So besteht z.B. die Möglichkeit, zum nächsten Klienten überzugehen, wenn ein Gruppenmitglied trotz einer akteptierenden Konfrontation des Therapeuten im Racket- oder Spielverhalten bleiben will. Der durch diese „Frustration" erzeugte innere Druck führt – therapeutisch sinnvoll aufgegriffen und bearbeitet – oftmals dazu, daß der Klient seine eigenen Kräfte und Fähigkeiten in Besitz nimmt und sie zur Erreichung skriptunabhängigen Erlebens und Verhaltens einsetzt (z.B. sich direkt Zuwendung zu holen anstatt auf Zuwendung für die „Opferrolle" zu hoffen). In der sozialen Wirklichkeit einer Gruppe kann er neu entschiedenes Verhalten sofort in die Tat umsetzen. Darüber hinaus kann die Arbeit eines einzelnen in der Gruppe Modell für andere sein. Außerdem ist der Klient in der Gruppe durch den Austausch mit den übrigen Gruppenmitgliedern weit weniger von der Zuwendung des Therapeuten abhängig. Für den Therapeuten kann die Gruppe zudem als Korrektiv für die Verwirklichung möglichst skriptfreier Interventionen dienen, indem die Gruppenmitglieder ihm beispielsweise dann eine Rückmeldung geben, wenn er sich mit eigenen Persönlichkeitsanteilen in der „Angel" eines Klienten „verhakt" und/oder bestimmte Signale nicht wahrnimmt. Dennoch gibt es Klienten, die anfänglich so in ihrer Beziehungsfähigkeit gestört sind oder deren ER so stark kontaminiert ist, daß sich eine – zumindest anfängliche – Einzelbehandlung als sinnvoll erweist.

Unabhängig von der Bevorzugung von Gruppen- oder Einzeltherapie sollte der Prozeß der Heilung in der Regel *alle* Ebenen menschlichen Lebens umfassen: seine Körperlichkeit, sein Verhalten (als beobachtbare Äußerungen seiner Person), sein Denken und Fühlen (als vermittelte Äußerungen seiner Person) wie auch sein Hoffen, Ahnen oder Glauben (oder wie immer die konkrete Person die Äußerungen ihrer spirituellen Dimension oder Suche nach eigener Identität bezeichnet). In der konkreten therapeutischen Arbeit werden diese Ebenen oftmals nacheinander angegangen: in der 1. Phase durch kognitiv-klärende Arbeit auf der Verhaltensebene, in der 2. Phase durch kognitiv-klärende Arbeit am Skript, in der 3. Phase durch Erleben und Verändern früherer Entscheidungen, und in der 4. Phase schließlich durch Körperarbeit (wie z.B. Übungen zur Freisetzung von Verspannungen). (Zur ausführlichen Information siehe auch Berne, 1972, S. 288ff., 342ff.; Woollams/Brown, 1978, S. 261ff.; Erskine, 1980, S. 102ff.; Kottwitz, 1980, S. 19f.).

Im Rahmen der *ersten Phase* werden *Informationen* über das Persönlichkeitsmodell, die Transaktionen sowie Spiele angeboten. Mit Hilfe dieser Theorieanteile werden berichtete und in der Gruppe beobachtbare Ereignisse dahingehend untersucht, welche Persönlichkeitsanteile sich in welcher Weise auswirken und welche Konsequenzen im Erleben, Denken und Handeln dies für die betreffende Person hat. Zusätzlich zur Bearbeitung individueller Problemsituationen kann die Therapie auf dieser Stufe mit *Übungen* zum weiteren Kennenlernen der eigenen Persönlichkeit abgerundet werden. Dafür bietet sich beispielsweise das *„Egogramm"*, eine graphische Darstellung zur Ausprägung der einzelnen Ich-Zustände an (zur genauen Methode vgl. Dusay, 1977). Eine andere Übung ist die *„Fünf-Stuhl-Technik"*, bei der gestalttherapeutische Elemente dazu genutzt werden, den inneren Dialog zwischen den einzelnen Ich-Zuständen bewußt und zur Entscheidungsfindung oder Klärung nutzbar zu machen (zur genauen Methode s. Stuntz, 1973). Im einzelnen kann es auf der Ebene des ER durch eine Konfrontation der realitätsfremden Ideen (d. h. von Kontamination) zu einer „Enttrübung" (Dekontamination) kommen. Zur Verfestigung solcher Enttrübungen muß das klare Nachdenken aus dem Er immer wieder geübt werden. Auf der Ebene des EL kann der Klient in differenzierter Weise seine „Eltern-Ich"-Botschaften kennenlernen und aufgrund der neuen Informationen und/oder des Erlebens des Therapeuten als positiver Autoritätsfigur selbst entscheiden, welche der alten Botschaften er durch neue ersetzen will. Als strukturierte Übung kann dabei z. B. das sogenannte *„Reparenting"* eingesetzt werden (James, 1977, S. 486–496). Auf der Ebene des K werden Verhalten und Erleben des „freien" und „angepaßten Kindes" bewußt gemacht. Durch Erlaubnisse des Therapeuten werden die Klienten ermutigt, die Erlebens- und Verhaltensweisen ihres „angepaßten Kindes" dahingehend zu überprüfen, ob diese ihren heutigen Wünschen und Bedürfnissen entsprechen. Gleichzeitig werden sie dazu ermuntert, Verhaltensweisen, die dem „freien Kind" entsprechen, auszuprobieren und zu erfahren. Dazu kann z. B. eine Gruppenübung dienen, in der gelernt wird, *Streicheln* zu erbitten, Streicheln zu geben, sich selbst zu streicheln oder auch unerwünschtes Streicheln zurückzuweisen.

Die Interaktionsprozesse werden auf diese Stufe mit Hilfe der *„Transaktionsanalyse"* untersucht. Didaktisches Mittel ist dabei das Aufzeichnen von Transaktionsabfolgen auf einer Wandtafel. Dabei wird zum Beispiel auch offenkundig, welche Ich-Zustände durch die Transaktionen üblicherweise nicht berührt werden. Das heißt, es werden die persönlichen Interaktionsmuster deutlich, durch die sich eine Person z. B. bislang negative Zuwendung geholt und/oder ihre Racketgefühle aufrechterhalten hat. Solche Erkenntnisse bieten Ansätze zu entsprechenden Veränderungen.

Die Analyse von Transaktionsfolgen bietet gleichzeitig einen Einstieg in die *„Spielanalyse"*, die in dieser Phase der Therapie in der Regel mit Hilfe des Karpmanschen *Drama-Dreiecks* (vgl. Theorie) durchgeführt wird. In seiner graphischen Darstellung lassen sich sowohl die Ausgangspositionen (Opfer, Retter oder Verfolger) als auch der die „dramatische" Wende kennzeichnende Rollenwechsel aufzeigen. Nach unserer Auffassung bietet gerade der Nachvollzug berichteter „Spielsituationen" im *Rollenspiel* eine gute Möglichkeit, um einerseits den Ablauf psychologischer Spiele zu begreifen und andererseits das „Aussteigen" aus solchem Spielverhalten zu üben. Dazu werden zusätzlich Kommunikationstechniken angeboten, mit deren Hilfe die durch das Spielverhalten verdeckten, „echten" Bedürfnisse direkt und spontan geäußert werden können (vgl. Watzlawik et al., 1969, 1974). Außerdem besitzen solche „Spielsituationen" häufig auch Merkmale symbiotischen Verhaltens (wie z. B. abwertende, tangentiale oder blockierende Transaktionen), die eine Analyse nach dem „Symbiose-Modell" der Schiff-Familie ermöglichen.

Häufig bietet gerade die „Spielanalyse" einen geeigneten Übergang zur *zweiten Phase* der Therapie, der *kognitiv-klärenden Arbeit am Skript*. Ziel dieses Arbeitsschrittes ist die durch weitere theoretische Informationen unterstützte Rückführung destruktiver Erlebens-, Denk- und Verhaltensmuster aus dem Hier und Jetzt auf zugrundeliegende Skriptelemente. Beendet beispielsweise ein

Klient ein Spiel in der Opferposition, die für ihn mit (dem Racketgefühl) Traurigkeit verbunden ist, so wird er aufgefordert, Situationen aus seiner Kindheit zu erinnern, die mit dem gleichen Gefühl verbunden waren, und zu berichten, wie seine Eltern sich verhielten, wenn er traurig war. In der Reflexion entsprechender Situationen kann die Person einerseits die Regelhaftigkeit ihres auf Ersatzgefühle ausgerichteten Verhaltens erkennen und zum anderen durch Nachfragen oder Konfrontation des Therapeuten mit prozeßbedingten Signalen (z. B. die Faust ballen, während sie berichtet, schon immer traurig gewesen zu sein) in Kontakt mit ihren ursprünglichen Gefühlen kommen. Eine solche Arbeit endet meistens mit einer Entscheidung zur Verhaltensänderung im Hier und Jetzt. Außerdem ermöglicht eine im Hinblick auf Skriptelemente ausgeweitete Spielanalyse meist auch eine Klärung der *„Lebensgrundposition"* (z. B.: −/+), die dem Klienten weiteren Aufschluß über Gefühls- und Verhaltensmuster bietet. Hier ermöglicht insbesondere die Entscheidung zur *„fünften Grundposition"* „ich bin OK − du bist OK; realistisch" (English, 1976, S. 151f.) einen weiteren Schritt in Richtung selbstgestalteten Wachstums.

Eine andere Zugangsmöglichkeit zur Klärung und Veränderung skriptabhängiger Denk-, Erlebens- und Verhaltensmuster ist die *Analyse von „Racket-Systemen"*. Dabei werden die einzelnen Komponenten des Systems im Gespräch herausgearbeitet und zumeist an einer Wandtafel festgehalten. Danach entscheidet der Klient, ob und ggf. in welcher Spalte er mit einer Veränderung beginnen will: er kann die Glaubenssätze durch Erlaubnissätze aufheben, die er sich sagt, wenn er sich seines Racketgefühls oder seines Racketsatzes bewußt wird; er kann die ursprünglichen Gefühle aufspüren und sich entscheiden, sie auszudrücken (− geschieht dies im Erinnern und Neuerleben einer alten Szene, so ist bereits die dritte Phase der Therapie erreicht −); oder er kann systematische Verhaltensänderungen planen, von deren Durchführung außerhalb der Therapiesituation er in den nächsten Sitzungen berichten kann.

In diese Phase der Therapie fällt auch die *Veränderung der „Antriebssätze"* (vgl. Theorie über *Miniskript*). Ansatzpunkte für eine solche Arbeit sind entweder die Manifestation antreibergesteuerten Verhaltens, die Klient und/oder Therapeut im Gruppenprozeß erkennen (z. B. „Beeil Dich!" aufgrund sehr schnellen fahrigen Sprechens) oder Berichte des Klienten. (Manchmal wird auch das theoretischen Konzept vom Therapeuten mit der Aufforderung eingeführt, die Klienten sollen ihr eigenes Verhalten auf entsprechendes Vorkommen beobachten.) In der Regel konfrontiert der Therapeut die Klienten mit dem, was er sieht und hört, erläutert ggf. kurz die Theorie des Miniskripts und ermutigt sie zur Suche geeigneter Erlaubnissätze, mit denen sie ihre Antriebssätze entkräften können. Auf Wunsch kann sich ein Klient diese Erlaubnissätze auch − stellvertretend für die elterlichen Bezugspersonen − von einem anderen Gruppenmitglied oder dem Therapeuten sagen lassen, um sie so leichter in seinem EL_2 speichern und dann abrufen zu können, wenn er spürt, daß er sich in einer Situation seinem Antreiber entsprechend verhält.

Neben Spielen, Rackets und Gegenverfügungen in Form der Antreiber sind auch die sogenannten *„Verfügungen"* (oder: „Einschärfungen") und die aus ihnen resultierenden frühen *„Entscheidungen"* (decision) Gegenstand der therapeutischen Arbeit dieser Interventionsstufe. Zu ihrer Bewußtmachung benutzt der Therapeut neben entsprechenden Berichten seiner Klienten je nach seiner

Orientierung an einer der Schulen innerhalb der TA verschiedene Materialien, die vom *„Skriptfragebogen"* (vgl. McCormick, 1971) bis zum *„Elterngeplauder"* (Stevens, 1975) reichen können. Zur besseren Übersicht und eingehenderen Klärung der Zusammenhänge können die erhaltenen Informationen in einer *„Skriptmatrix"* dargestellt werden (Abb. 10). (Zur ausführlicheren Information über die unterschiedlichen Formen der Skriptmatrix vgl. Steiner, 1971 b; Berne, 1972; Schiff, 1975; English, 1976; Goulding/Goulding, 1978; Woollams/Brown, 1978; Kottwitz, 1980.) Der Klient entscheidet dann, welche Elemente er z. B. auf einem der oben genannten Wege klären und verändern will.

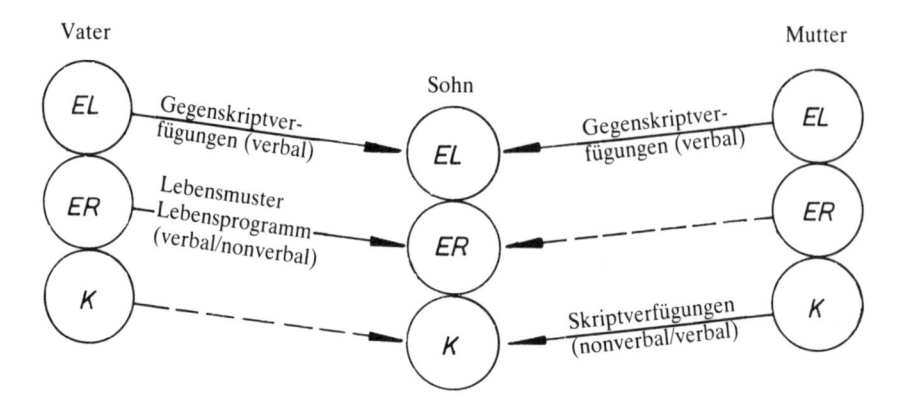

Abb. 10: Skriptmatrix
(auf der Basis von Berne und Steiner)

Berichtet der Klient in den nächsten Sitzungen über Schwierigkeiten beim Ausführen des neu entschiedenen Fühlens, Denkens und Verhaltens, so führt dies in der Regel zur *dritten Phase* der Therapie, zum Wiedererleben und Verändern jener frühen Entscheidungen, die das gewollte neue Verhalten und Erleben blockieren. Bei dieser Form der *„Neuentscheidungsarbeit"* (redecision-work) handelt es sich immer um ein Stück „regressiver Arbeit", in der die Gefühle im K_2 des Klienten reaktiviert werden. (Regressive Arbeit wird von den Vertretern der Klassischen Schule nur dann und in dem Umfang durchgeführt, wie das zur Aufhebung von aus der Kindheit stammenden Blockaden notwendig ist; für andere Richtungen der TA ist Regressionsarbeit ein fester Bestandteil in der Therapie.) Von einer vom Klienten erinnerten frühen Szene, die einen Zusammenhang zum Hier und Jetzt beinhaltet, ausgehend, fordert der Therapeut ihn auf, das Kind von damals *zu sein* und in einen direkten (im Präsens gehaltenen) Dialog mit den elterlichen Bezugspersonen zu treten. In diesem Dialog, in dem der Klient abwechselnd „Kind" und „Bezugsperson" darstellt, kann die im „angepaßten Kind" gespeicherte alte Entscheidung (z. B. „Ich muß meinen Ärger unterdrücken") bewußt wiedererlebt werden. Durch den fortlaufenden Dialog, bei dem vor allem die Gefühle des Klienten durch akzeptierendes Verbalisieren des Therapeuten unterstützt werden, soll die psychische Energie vom „angepaßten" zum „freien Kind" hinüberfließen. Auf diese Weise sollen die in der alten Situation nicht geäußerten Gefühle des „freien Kindes" aktiviert und aus diesen heraus eine – im Gegensatz zu früher – konstruktive Neuentscheidung getroffen werden, mit der sich sowohl das ER_2 als auch das EL_2 des Klienten einverstanden erklären können (z. B. „Ich darf alle meine Gefühle spüren und zeigen!"). Dieser Rückbezug auf das ER_2 und EL_2 des Klienten, den man die *kognitive Einbettung der Gefühlsarbeit* nennen kann, ist aus verschiedenen Gründen wichtig: er macht zum einen den Stellenwert der jeweiligen regressiven Arbeit im Gesamtzusammenhang aller bisher bearbeiteten (oder noch zu bearbeitenden) Skriptelemente bewußt und klärt zum anderen die aus der Neuentscheidung resultierenden Verhaltensalternativen im Hier und Jetzt. Damit läßt er gleichzeitig jene Erlebnis- und Verhaltensbereiche offenkundig werden, in denen die Neuentscheidung unter Führung des ER_2 durch bewußtes Einüben vervollständigt und bekräftigt werden muß.

Gleichgültig, welcher Einstieg in die Neuentscheidungsarbeit im einzelnen gewählt wird (sei es via Spielgewinn, Racketerinnerungen, Bewußtmachung symbiotischen Verhaltens oder Aufdecken von Miniskripts), es geht auf dieser Stufe der Therapie immer um eine Freisetzung der ursprünglich aus „Überlebensgründen" (English, 1976) zurückgehaltenen Gefühle des „freien Kindes". Zu ihrer gefühlsmäßigen Reaktivierung können neben der oben geschilderten und vielen anderen gestalttherapeutischen Techniken auch zahlreiche methodische Elemente anderer Therapieformen benutzt werden: z. B. *geleitete Fantasien, bioenergetische Übungen, Psychodramaelemente* sowie *Rollenspiele* (vgl. Gegenwärtiger Stand).

Einige dieser Techniken stellen bereits den Übergang zur *vierten Phase,* einer in der TA noch relativ wenig verbreiteten Form therapeutischer Arbeit, der *skriptbezogenen Körperarbeit,* dar. Von der psychophysischen Einheit des Menschen ausgehend, nehmen einige Transaktionsanalytiker (z. B. Cassius, 1975, 1977; Erskine, 1980) an, daß sich besonders die bereits vor dem Spracherwerb entwickelten Skriptanteile, aber auch alle übrigen skriptwirksamen Einflüsse zusätzlich auf der anatomisch-physiologischen Ebene des Menschen einprägen und sich z. B. in Verspannungen der Muskulatur, gehemmtem Bewegungsvermögen, gedrosseltem Energiefluß oder starken Gewichtsschwankungen widerspiegeln. Zur Aufhebung dieser inkorporierten Skriptanteile sollen therapeutische Interventionen auf der Körperebene, wie z. B. *Tiefenmassage, Entspannungsübungen, bioenergetische Bewegungsübungen,* die den Energiefluß erleichtern, oder auch eine angemessene *Diät* die übrige Therapie ergänzen.

Last not least ist als wichtige therapeutische Technik noch die *Traumarbeit* zu erwähnen, die in allen Phasen der Therapie benutzt werden kann. In der ersten Phase kommen dabei eher solche Techniken der Traumanalyse zum Tragen, in denen die verschiedenen Traumelemente einzelnen Ich-Zuständen zugeordnet werden und die Traumbotschaft in einem klärenden Dialog dieser Ich-Zustände eruiert wird. (Dabei können die verschiedenen Traumelemente auch von anderen Gruppenmitgliedern im Rollenspiel dargestellt werden; zur genauen Methode vgl. Samuels, 1974; R. Goulding, 1976.) Eine andere Möglichkeit ist die Verwendung rein gestalttherapeutischer Techniken der Traumbearbeitung. Hier wird der Klient aufgefordert, in seiner Fantasie in einzelne Elemente seines Traumes hineinzuschlüpfen und aus diesen Rollen heraus zu reden und zu fühlen. Nachdem die einzelnen (bei längeren Träumen, die dem Träumer wichtigsten)

Elemente als Rolle dargestellt wurden, gilt es, solange einen Dialog zwischen den Elementen herzustellen, bis dem Träumer die Botschaft des Traumes klar wird (zur genauen Methode vgl. Perls, 1974; James, 1977).

Ob alle zuvor beschriebenen Phasen in einer konkreten Therapie durchlaufen werden, ob die hier beschriebene Reihenfolge eingehalten wird oder ob abwechselnd auf verschiedenen Ebenen gearbeitet wird, wird sowohl von den unterschiedlichen Schulen als auch von einzelnen Therapeuten unterschiedlich gehandhabt. Während z.B. die *„Redecision-Schule"* (vgl. Goulding/Goulding, 1979) sofort nach der Klärung der Problemsituation eine Arbeit auf der dritten Ebene ansteuert und vorschlägt, verändertes Verhalten erst im Anschluß an eine Neuentscheidung zu üben, konzentriert sich die *„Schiff-Schule"* zu Beginn der Therapie eher auf die Veränderung der destruktiven Denkmuster und des symbiotischen Verhaltens im Hier und Jetzt und leitet erst dann zu regressiver Arbeit sowie einer speziellen Form des *„Reparenting"* über (zur spez. Methode vgl. Schiff, 1972, 1975, 1977). Hinsichtlich der persönlichen Vorgehensweise einzelner Therapeuten gilt eine ähnliche Spielbreite. Hier gilt die Aussage von Barnes, „daß von den Praktikern der Transaktionsanalyse niemals Konformität gefordert werden konnte" (1977, S. XIV).

Divergenz gibt es schließlich auch in den Ansichten darüber, *wann* eine Therapie abgeschlossen ist. Überwiegend Einigkeit besteht hinsichtlich jener Therapieprozesse, denen ein „Vertrag zur sozialen Kontrolle" oder sogenannte „Zeitverträge" (über eine bestimmte Sitzungszahl oder einen Zeitraum) zugrundeliegen. Sie gelten in der Regel nach Erreichen der vereinbarten Vertragsinhalte als abgeschlossen (Woollams/Brown, 1979, S. 184). Die Divergenzen werden besonders bei den Therapieprozessen deutlich, die auf einem „Autonomie-Vertrag" basieren. Während sich z.B. Goulding und Goulding (1978, 1979) auch hier ausschließlich an den im Arbeitsvertrag festgelegten Zielen der Klienten orientieren, will z.B. Erskine (1980) alle vier Ebenen der Skriptarbeit durchlaufen wissen, lassen Berne (1972) wie auch Steiner (1974) „Heilung im klinischen Sinne" (Berne, 1975, S. 299) nur bei totaler Skriptfreiheit gelten, während English (1976) lediglich die negativen Skripteinflüsse ausschalten, die positiven Skriptressourcen jedoch durchaus nutzen will. Wir selbst vertreten hinsichtlich dieser Frage die Position von English. Außerdem haben wir positive Erfahrungen damit gewonnen, daß auch auf Autonomie ausgelegte Therapieprozesse in mehreren, zeitlich voneinander getrennten Phasen durchlaufen werden können. (Die nicht-therapieunterstützten Zwischenzeiten bieten dem Klienten die Möglichkeit, seine bisherigen Fortschritte und auch die Frage weiterer Therapiephasen über längere Zeit im Hinblick auf sein Wohlbefinden testen zu können.) Gleichgültig, welcher der erwähnten Richtungen der jeweilige Therapeut angehört, bleibt es letztendlich immer ausschließlich die autonome und eigenverantwortliche Entscheidung des Klienten, wann dieser seine Therapie als abgeschlossen betrachtet.

Anwendungsbereiche

Unter Anwendungsgesichtspunkten betrachtet, eröffnet die TA mit ihrem dreifachen Modellangebot „TA als Persönlichkeitsmodell", „TA als Kommunikations- bzw. Interaktionsmodell" und „TA als Psychotherapiemodell" vielfältige Anwendungsmöglichkeiten in verschiedenen Lebens- und Berufsfeldern. Für diese Vielfalt sind zwei weitere Vorteile der TA bedeutsam: zum einen die *Allgemeinverständlichkeit* und *Griffigkeit* der transaktions-analytischen Sprache und transaktions-analytischen Konzepte, die es ermöglichen, mit Klienten aller Altersstufen, d. h. Erwachsenen und Kindern (vgl. z. B. Kleinewiese, o. J.), und fast aller Begabungsgrade nach TA-Gesichtspunkten zu arbeiten; zum anderen die Eignung ihrer Konzepte für *eklektisches* bzw. *integratives* Vorgehen (James/Jongeward, 1970; James/Contributors, 1977; Woollams/Brown, 1978; vgl. auch Gegenwärtiger Stand), die neben anderen Vorteilen auch eine unter Umständen notwendige spezifische Anpassung an gegebene Problem- und Lebensfelder der Klienten erleichtert (z. B. Steiner, 1975; Groder, 1977; Windes, 1977).

Beide Vorteile bergen zugleich auch *Gefahren:* So kann gerade die leichte Verständlichkeit und gute Praktikabilität der Konzepte dazu führen, die Theorien der TA nicht mehr als Modell zu sehen, mit dem Realität beschrieben wird, sondern das *Modell für die Wirklichkeit selbst* zu halten („Du bestehst ja nur noch aus kritischem Eltern-Ich" statt „Du verhältst dich im Augenblick wie ein kritischer Elternteil"). Die leicht verständlichen Begriffe der Alltagssprache, die in der TA verwandt werden, leisten dieser Gefahr dadurch Vorschub, daß ihre Weiterentwicklung und Präzisierung in den Termini selbst nicht zum Tragen kommen und folglich nicht berücksichtigt werden. Unkenntnis oder Mißachtung dieser Gefahren führt oft zu *Simplifizierungen* menschlicher Komplexität, die sich u. a. in *neuen Etikettierungen* (wie z. B. „Du bist ein ganz armes Opfer") oder *neuerlichen Schuldzuschreibungen* (wie z. B. „Dein sexuelles Unbefriedigtsein ist einzig dein Problem") niederschlagen können. Hinsichtlich der Integration anderer Methoden in TA-Konzepte besteht die Gefahr unseres Erachtens darin, durch zu frühen oder zu wenig differenzierten Einsatz von beispielsweise erlebnisaktivierenden Methoden oder bioenergetischen Übungen Prozesse in Gang zu setzen, die infolge mangelnder kognitiver Einbettung in den Bezugsrahmen der Klienten bzw. aus einer Anpassungshaltung der Klienten gegenüber dem Therapeuten zu sogenannten „*harmful interventions*" werden, die die alten destruktiven Entscheidungen und Verhaltensmuster verstärken. Genaue Kenntnis der verschiedenen Methoden (einschließlich ihrer möglichen Auswirkungen) sowie eine solide, selbsterfahrungsbezogene Ausbildung des Therapeuten oder Beraters sind daher unabdingbare Voraussetzungen einer konstruktiven Anwendung integrativer Methoden.

Gegenwärtig kommt TA als *Einzel-, Gruppen-, Paar-* und *Familientherapie* sowohl im *ambulanten* als auch im *stationären* und *teilstationären* Bereich zur Anwendung. Entsprechend vielfältig sind auch die Störungen und Beeinträchtigungen (bzw. Krankheitsbilder), bei denen die theoretischen und therapeutischen Konzepte der TA (allein und/oder in Kombination mit anderen Verfahren) erfolgreich genutzt werden können. Sie eignen sich zum einen für die Anwendungsbereiche der sogenannten „*Großen Psychotherapie*": „Psychoreaktive seelische Störungen" (wie z. B. Angstneurosen, Phobien, neurotische Depressionen), „Konversions-" und „Organneurosen" (wie z. B. Herzphobien, chronische Magengeschwüre), „vegetativ-funktionelle Störungen mit gesicherter psychischer Ursache" (wie z. B. Anorgasmie, Impotenz), „seelische Behinderungen aufgrund frühkindlich emotionaler Mangelzustände" (wie z. B. Konzentrationsstörungen, Autoritätsprobleme, symbiotische Partnerschaftsbeziehungen), „seelische Behinderungen als Folgezustände schwerer chronischer Krankheitsverläufe" (wie z. B. Selbstwertproblematik aufgrund kindlicher Diabetis oder Polio), und „seelische Behinderungen aufgrund extremer seelischer Situationen" (wie z. H. Haft, schicksalhafte Traumata). Sie eignen sich zum anderen auch für die Behandlung *psychotischer* oder zur Psychose neigender Personen (vgl. Schiff-Schule) und die Behandlung von Suchtkrankheiten (vgl. Steiner, 1971; Harsch, 1976, 1979; Chye Cheah/Barlin, 1977).

Transaktions-analytische Konzepte sind nicht nur zur Behebung bereits eingetretener psychischer oder psychosomatischer Störungen oder Krankheiten nutzbar, sondern auch als *präventive Maßnahmen* geeignet. Dabei meint „Prävention" für uns einmal den Einsatz vorbeugender Maßnahmen im Hinblick auf bestimmte Krankheitsbereiche (wie z. B. Aufklärung über den Zusammenhang zwischen psychischem Erleben und somatischen Erkrankungen) oder auf bestimmte gesellschaftliche Problemfelder (wie z. B. Randgruppen oder Jugendkriminalität). Zum anderen beinhaltet der Begriff „Prävention" für uns immer auch eine Möglichkeit der Weiterbildung bzw. persönlichen Wachstums durch Vermittlung von Informationen und Hilfe zur Selbsterfahrung. „Die Leute brauchen mehr Bildung statt Therapie", wie Babcock und Keepers diesen Aspekt in ihrem Buch „Miteinander wachsen: Transaktionsanalyse für Eltern und Erzieher" in treffender Kürze benennen (1980, S. 6).

Damit ist gleichzeitig jener zweite, überwiegend nicht klinische Anwendungsbereich von TA angesprochen, der unter den Terminus *„Special Field"* in den letzten Jahren zunehmende Bedeutung erlangt. Darunter versteht man die Anwendung von TA in *bestimmten Berufsfeldern,* wie z. B. „Beratung und Seelsorge", „Heilberufe", „Lehre und Erziehung", „Rechtspflege" und „Verwaltung und Betriebsführung" durch aus diesen Berufsfeldern stammende, eigens ausgebildete Berater. Hier richtet sich die Anwendung transaktionsanalytischer Konzepte insbesondere auf das Beobachten, Beschreiben und Verstehen menschlicher Persönlichkeit *(Strukturanalyse),* zwischenmenschlicher Verständigung *(Transaktionsanalyse)* und spezieller, sich wiederholender Verhaltens- und Verständigungsmuster *(Racket- und Spielanalyse)* sowie der sich hieraus ergebenden Spannungen, Störungen und Konflikte. In der Arbeit selbst wird dem Erkennen und Verändern derjenigen Einstellungen und Verhaltensweisen besondere Aufmerksamkeit gewidmet, durch die sich die in diesen Berufsfeldern tätigen Klienten an der vollen Entfaltung ihrer Fähigkeiten und Wirksamkeit hindern. Außerdem erlaubt das Erkennen und Verstehen persönlichkeits- und systembedingter Konflikt- und Störquellen gezielte Maßnahmen zur Verbesserung von Arbeitsklima, beruflicher Wirksamkeit und persönlichem Wohlbefinden (DGTA-Papier, S. 5). Daß damit gleichzeitig auch Prävention im Sinne gesundheitlicher Vorsorge erfolgt, ist offenkundig.

Vergleicht man die Zielvorstellungen und Behandlungs- bzw. Beratungskonzepte beider großen Anwendungsbereiche („Special Field" und „Clinical") bis in die Praxis täglicher Handhabung, wird letztlich nur ein Unterschied deutlich: Die

Beratung/Behandlung im „Special Field" schließt in der Regel jene Formen erlebnisaktivierender Regressionsarbeit aus, die wir als Spezifikum der dritten Phase klinisch-therapeutischer Arbeit bezeichnet haben (vgl. Methoden). (Dennoch sind „Special Field"-Mitglieder in der Regel auch in diesen Techniken soweit ausgebildet, daß sie bei unvermutet auftretenden regressiven Tendenzen eines Klienten zumindest kompetente Übergangshilfe leisten können.) Damit reduziert sich der Unterschied zwischen den beiden großen Anwendungsbereichen auf einen zwar wesentlichen, aber im Gesamt der Anwendungsmöglichkeiten von TA vergleichsweise kleinen Teil therapeutischer Hilfestellung.

Gleichgültig, in welchem Anwendungsbereich, nur eine an der Eigenständigkeit des Klienten orientierte Handhabung therapeutischer Konzepte und Praktiken verhindert, aus einer Therapierichtung, wie z. B. der Transaktions-Analyse gewonnene allgemeine Ansichten über lebenswertes, menschliches Dasein vorschnell zu alleinseligmachenden Glaubenssätzen (wie z. B. „Es kommt nur auf dein freies Kind an" oder „Happy go lucky") zu pervertieren, an deren „neuer Elle" nun jeder Mensch gemessen wird. TA ermöglicht, verantwortungsbewußt verwendet, viele gute Erkenntnisse über die persönliche Entwicklung und den gegenwärtigen Wachstumsprozeß eines Menschen und erleichtert die Klärung und Umsetzung von Veränderungswünschen. Das heißt, Ziel ihrer Anwendung ist es, dem Menschen zu helfen, der zu werden, der er wirklich ist, nicht aber ihn zu einem neuen Menschen zu machen. Oder wie es Berne selbst ausdrückt: „Psychotherapie sollte niemals Selbstzweck sein, sondern einzig und ausschließlich ein Instrument zum besseren Leben" (1966, S. 359).

Und was sagen Sie, nachdem Sie Therapie gemacht haben? – TA, so haben wir anfangs ausgeführt, „ist auf der Prämisse aufgebaut, daß alle Glieder der menschlichen Rasse das fundamentale Recht haben, die Meister ihrer eigenen Bestimmung zu sein und nicht deren Objekte. Menschen können (jedoch nur) in dem Maße autonom sein und sich selbst besimmen, in dem sie sich in einem Rahmen erleben, den sie selbst geschaffen haben" (Barnes, 1977; dt. Ausgabe 1979, S. 47; Klammernzufügung: U + HH). Dieser Standpunkt aber erfordert eine Sprengung des Rahmens individueller Therapie, wie sie bisher in Form privater oder auch institutionalisierter Praxen betrieben wird, zugunsten einer speziellen Aufmerksamkeit für gesellschaftliche Probleme von Unterdrückung, Macht und Konflikten, die die Realität unserer Klienten (wie auch unsere eigene) konstituiert. Denn: „Psychotherapie, die nicht die Wahrnehmung der pathologischen Aspekte der Wirtschaft, nationaler und sozialer Gruppen fördert, verstärkt eine verzerrte Wahrnehmung der Realität!" (Barnes, 1977; dt. Ausgabe 1979, S. 45). Die daraus erwachsende Aufgabe, theoretische und praktische Aspekte der persönlichen Autonomie mit den Aspekten sozialer Gerechtigkeit zu verbinden, macht uns, die Berater und Therapeuten genauso wie unsere Klienten zu Betroffenen. Sie bietet jedoch zugleich auch die Chance, Therapie als *solidarisches Handeln* zu gestalten: ein weites Feld für den kreativ-neugierigen „kleinen Professor" in uns, vielleicht aber auch für viele Neuentscheidungen, ganz sicher aber ein neues Feld für das, was „angewandte TA" auch heißen könnte.

Fallbeispiel

U. (28 Jahre) wird vom Internisten wegen Heuschnupfens zu uns überwiesen. Im Erstgespräch berichtet sie, durch den Heuschnupfen oftmals gezwungen zu sein, im Hause zu bleiben, obwohl sie etwas anderes vorhabe. Außerdem könne sie sich im Beisein anderer Personen, vor allem solcher, die sie als „Respektspersonen" betrachte, so wenig äußern könne, daß ihr sowohl die Beziehung zu ihrem Freund als auch ihre berufliche Position als Pädagogin gefährdet erscheine. Im Gespräch formuliert sie als Fernzielvertrag, in privaten und beruflichen Situationen ihre Meinung sagen und ihren Heuschnupfen überwinden zu wollen. Als Behandlungsform wird Gruppentherapie vereinbart.

In der 1. Phase der Therapie erkennt U. beim Aufstellen ihres „Egogramms", daß sie einen Großteil ihrer Energie im „angepaßten Kind" (K_a) und im „kritischen Eltern-Ich" (EL_k) festhält. Das zeigt sich im Alltag darin, daß sie andere als überlegen ansieht, keine eigene Meinung äußert, ihrem Vorgesetzten gegenüber mit großer Angst reagiert und ihrem Freund gegenüber keine Forderungen stellt. Gleichzeitig empfindet sie sich selbst als Versager und fordert daher von sich erhöhte Anstrengungen, wie z. B. mehr als notwendig Dienst zu tun, die sie dann wiederum so erschöpfen, daß sie z. B. die Kinder, mit denen sie arbeitet, anschreit, und sich letztendlich wieder als Versager fühlen kann. Aus diesen ersten Erkenntnissen leitet sie Veränderungsverträge ab: „Ich werde während jeder Gruppensitzung jeweils mindestens einem anderen Mitglied Feedback geben" und „Ich werde mich mindestens einmal täglich loben". In den nächsten Gruppensitzungen fühlt sie sich besser integriert und berichtet, daß es ihr zwar noch fremd sei, sich zu loben, daß sie es aber immer mehr genieße.

Im Verlauf der 6. Sitzung kommt es zu folgendem Dialog mit dem Gruppenteilnehmer H., der sich als typisches „Spiel" (game) entpuppt:

Verlaufsprotokoll	Anmerkungen
U.: (weinerlich) Ich verstehe nicht, wie das mit den doppelten Transaktionen gemeint ist.	Beginn aus der Rollenposition: Opfer.
H.: (mit väterlich wohlwollender Stimme) Das ist doch ganz einfach. Das ist, wenn man zwei verschiedene Botschaften sendet, die was anderes aussagen.	Auftreten eines Retters.
U.: (weinerlich) Aber das ist es ja gerade, was ich nicht nachvollziehen kann.	Verbleibt in der Position des Opfers.
H.: (mit väterlich liebevoller Stimme) Verstehe doch: Wenn ich dir was Nettes sagen will und gleichzeitig mit den Zähnen knirsche, dann ist es eine doppelte Transaktion.	Erneuter Rettungsversuch. Rollenwechsel
U.: (weinerlich aggressiv) Du immer mit deinen Belehrungen! Wer ist hier eigentlich der Therapeut?	Verfolgerposition.

H.: Sitzt betroffen da und schweigt.	Endet in der Opferposition.
Th.: Wie fühlst du dich jetzt, U.?	Intervention des Therapeuten, um das Spiel bewußt zu machen.
U.: (versagt) Sauer und klein ... und irgendwie ängstlich.	Ist inzwischen im „intrapersonalen Spielfortgang" wieder in die Opferposition zurückgekehrt.
Th.: Willst du klären, was da gerade abgelaufen ist?	Neuer Arbeitsvertrag.
U.: Ja.	
Th.: Dann male mal ein Dramadreieck auf und zeichne den Verlauf der Transaktionen ein.	Fordert U. zum selbständigen Einsatz einer Klärungstechnik auf.
U.: Geht zur Tafel und malt ein Dramadreieck.	
Th.: Was war deine erste Bemerkung zu H.?	Fördernde Intervention auf der ER-Ebene.
U.: Hmm – ich weiß gar nicht mehr, wie's eigentlich losging.	Beharrt auch jetzt in der Opferposition.
Th.: Ich vermute, daß du das noch weißt.	Durchkreuzt die Transaktion auf der ER-Ebene und vermeidet damit das erneute Spielangebot.
U.: Ja, hmm, ich glaube; „Ich habe was nicht verstanden."	Benutzt ihr ER.
Th.: Prima, jetzt hast du den Faden wieder. Wie hast du das denn gesagt, daß du das nicht verstanden hast?	Therapeut verstärkt selbständiges Denken.
U.: Na einfach so.	
Th.: Willst du das mal so sagen wie vorhin?	Helfende Intervention zur Diagnose eines Ich-Zustandes.
U.: (weinerlich) Ich verstehe das nicht. – Pause – – Seufzen – Also da war ich im angepaßten Kind.	Klientin erkennt durch diese Verdeutlichung den Ich-Zustand, aus dem sie das Spiel begann.
Th.: Das hast du gut klargekriegt. Willst du jetzt mal schauen, welche Dramarolle mit dem angepaßten Kind beginnt?	Therapeut verstärkt Selbständigkeit.

Daran anschließend zeichnet U. die einzelnen Transaktionen in das „Drama-Dreieck" ein und erkennt, daß sie von der Opferrolle aus ein Spiel begonnen und dieses in der Verfolgerrolle beendet hat.

In den nächsten Wochen fallen ihr häufig Situationen auf, in denen sie sich als Opfer einbrachte. In der Analyse solcher Situationen wird zum einen ihre Grundposition: „Ich bin nicht OK – du bist OK" (−/+) deutlich; zum anderen lernt sie ihren inneren Dialog kennen, in dem sie sich solange als klein und unwert beschimpft, bis sie auf der interindividuellen Ebene der Transaktionen nur noch aus dem „angepaßten Kind" (K_a) bzw. aus der Opferrolle heraus reagieren kann. Um den Ursprung und die Lerngeschichte dieses Verhaltens zu klären, läßt sie sich in die Übung „Elterngeplauder" ein (– hier beginnt die 2. Phase ihres Therapieprozesses –), in der sie in der Rolle ihrer eigenen Mutter vom Therapeuten über Fakten und Hintergründe von U.s Biographie interviewt wird. In diesem Interview wird deutlich, daß sie von der Mutter vermehrt dann Zuwendung bekam, wenn sie krank war oder weinte bzw. Angst vor ihrem Vater hatte. Außerdem wurde sie von der Mutter häufig als dumm bezeichnet. Zudem neigte der als autoritär bezeichnete Vater dann zu Wutausbrüchen gegen sie, wenn sie Streit mit dem vom Vater bevorzugten, zwei Jahre jüngeren Bruder hatte. Lob erhielt sie vom selbst ehrgeizigen Vater selten, und zwar nur dann, wenn sie sich in der Schule oder im Haushalt besonders anstrengte. Unter Benutzung aller dieser Informationen aus dem „Elterngeplauder" erarbeitete U. ihre „Skriptmatrix" (Abb. 11).

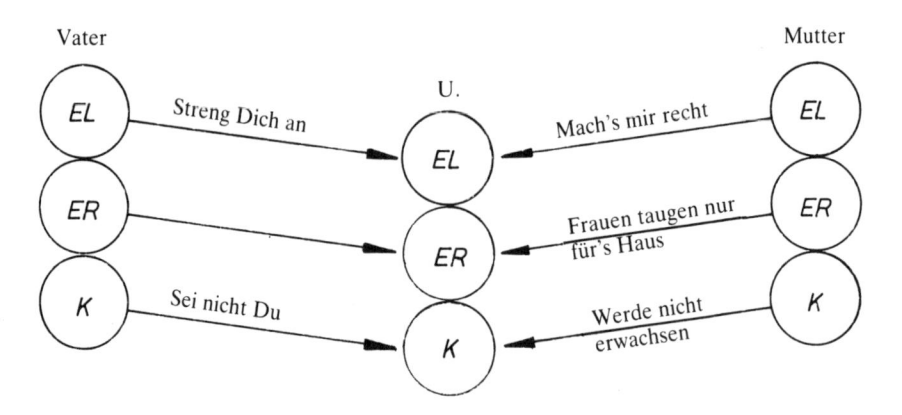

Abb. 11: Skriptmatrix der Klientin U.

In einer weiteren Arbeit fand sie heraus, daß sie die Einschärfung der Mutter „Werde nicht erwachsen" in ihrem Leben dadurch verwirklicht, daß sie sich in der „Opferrolle" (verbunden mit dem Racketgefühl „Trauer") auf der Suche nach Rettern präsentiert bzw. andere Personen zur Symbiose auffordert. Die Einschärfungen des Vaters führten zu einer Entscheidung, „Ich darf mich nicht äußern", die mit dem Racketgefühl von Angst verbunden ist.

Die Auswirkungen dieser Entscheidung verändert sie nach der Analyse eines ihrer „Racket-Systeme" in der 18. Sitzung. Ihr Arbeitsvertrag für diese Sitzung lautet: „Ich will klären, warum ich in Team-Sitzungen nichts sage, und will mein Verhalten dann ändern." Dazu schildert sie den Ablauf einer Erzieherkonferenz, bei der es um die Weiterbetreuung eines Kindes ging.

Verlaufsprotokoll	Anmerkungen
U.: (ernsthaft) Ich sage mir dann immer: „Sag bloß nichts, sonst wird der (Heimleiter) noch wütender."	
Th.: Das klingt wie ein Racketsatz, der deiner frühen Entscheidung „Ich darf mich nicht äußern" entspricht. Wie fühlst du dich, wenn du diesen Satz denkst?	Beginn der Racket-Analyse mit Racketglaubenssatz.
U.: (zögernd) Ich habe Angst und bin ganz klein.	Racketgefühl.
Th.: Ist das nicht eines deiner Racketgefühle?	
U.: Ja stimmt, das kenne ich schon.	
Th.: OK. Und wie geht's dann weiter? Wie verhältst du dich, wenn du dieses Gefühl hast und diesen Satz denkst?	
U.: Ich sage gar nichts oder meistens trau' ich mich erst ganz am Schluß.	Racketverhalten.
Th.: Und was machen dann die anderen in deinem Team?	
U.: Sie beachten mich nicht, hören nicht mehr auf meine Argumente oder – (zögert) – manchmal werden sie wütend, weil ich die Sache zum Schluß noch aufhalte.	Reaktion der anderen.
Th.: Und was kannst du dir dann sagen?	
U.: Na, daß ich mich nicht äußern darf!	Schließung der Rückkoppelungsschleife.
Th.: Prima, du hast den Kreislauf herausgefunden. Willst du noch überlegen, woran dich das erinnert?	
U. (zögernd, ängstlich) Daran, daß mein Vater böse wurde, wenn ich manchmal was zu meinem Bruder gesagt habe.	Erinnerungen.
Th.: Ja. Und hast du eine Ahnung, wie du dich wohl ganz früher gefühlt hast, wenn dein Vater in solchen Situationen wütend wurde?	Frage nach dem ursprünglichen Gefühl.
U.: (zögernd und nach langem Schweigen) Ich glaube, ich war ganz schön sauer.	

Racket-Glaubenssatz	Verhalten	Reaktion der anderen	Erinnerungen
Ich darf mich nicht äußern	– nichts sagen – erst am Schluß etwas sagen	– Nichtbeachten – wütend werden	– Vater's Wut
Racket-Gefühl Angst ursprüngliches Gefühl Wut		Racket- Glaubenssatz + Racket-Gefühl	Verhalten Reaktion der anderen Erinnerungen

Abb. 12: Racket-System der Klientin U.
(wie es während der Arbeit vom Therapeuten zur Verdeutlichung an die Tafel gemalt wurde. – Der Kreis rechts unten verdeutlicht den Ablauf des sich selbst verstärkenden Systems)

Bei ihrer letzten Äußerung beobachtet der Therapeut, daß sie ihre Hand ballt und eine leichte Röte in ihrem Gesicht hochsteigt, und konfrontiert die Klientin damit. Diese berichtet daraufhin, daß sie gerade eine Szene erinnere, in der der Vater sie – etwa fünfjährig – laut anbrüllte und mit Schlägen drohte, nachdem sie ihr Spielzeug von dem jüngeren Bruder zurückgefordert hatte. Der Therapeut greift diese Erinnerung auf und klärt zunächst, ob U. an diesem Thema weiterarbeiten will (oder z. B. die Arbeit mit dem Racket-System weiterverfolgen will).

Verlaufsprotokoll	*Anmerkungen*
Th.: Willst du dir die Szene genauer ansehen?	
U.: (weinend und gleichzeitig wütend) Ja.	Zustimmung zur Verbindung des Rakket-Systems mit einer Neuentscheidungs-Arbeit.
Th.: Dann sei die fünfjährige U. und sage Vater, was du jetzt denkst.	Aufforderung zum Dialog mit dem Vater, der zu regressiver Arbeit führt.
U.: (weinend) (als fünfjährige) Papa, Papa, bitte schrei' doch nicht so.	Racketverhalten und Racketgefühle aus K_a.
Th.: Wechsle und sei Papa.	
U.: (als Papa) Noch ein Wort und es knallt, unverschämt, wie du bist.	
Th.: Wechsle und sei die fünfjährige U.	
U.: (als Fünfjährige) weint und macht sich ganz klein.	
Th.: Du machst dich ganz klein und ängstlich und weinst.	Therapeut verbalisiert die Gefühle, um den Energiefluß in Gang zu bringen.

U.: (als Fünfjährige) (schluchzend) Ich darf gar nichts sagen (ganz heftiges Weinen – nach einiger Zeit) Ich sage lieber gar nichts mehr.	Alte Entscheidung.
Th.: Und was fühlst du so ganz innen drin unter all der Angst und der Traurigkeit?	Intervention, um den Energiefluß von K_a zu K_f in Gang zu bringen.
U.: (als Fünfjährige) (zögernd, und noch immer schluchzend) Wut.	
Th.: (mit liebevoller Stimme) Das ist in Ordnung, Wut zu haben, wenn Vater einen so behandelt. Achte mal auf deinen Atem und spüre deine Wut.	Therapeut gibt Erlaubnis, die ursprünglichen Gefühle zu fühlen.
U.: (als Fünfjährige) (langsam lauter werdend) Oh, ich bin so böse, so böse.	
Th.: Ja, nochmal ganz laut.	Therapeut fordert auf, das aufkommende Gefühl zu verstärken.
U.: Ich bin böse auf dich, Papa. (Nimmt eine Bataka – Schaumstoffschlagstock – und schlägt auf ein Kissen. Dabei schreit sie mehrmals laut hintereinander) Ich bin so böse, so böse, ich hab 'ne ganz große Wut.	Energie jetzt in K_f.

U. trifft hier eine „Neuentscheidung", indem sie sich in der wiedererlebten Situation – durch den Therapeuten unterstützt – anders verhält, als sie das als Kind tat. Sie äußert sich und schreit ihre Gefühle heraus, ohne Rücksicht darauf, ob diese im allgemeinen als negativ bewertet werden. Nach der emotionalen Arbeit fühlt sie sich sehr entspannt und frei. In der darauffolgenden kognitiven Klärung entscheidet sie, in beruflichen und privaten Situationen zu sagen, was sie fühlt und denkt, und das aus der Neuentscheidung resultierende Verhalten auf diese Weise in ihren Alltag zu integrieren.

Diese Arbeit von U. ist bereits der dritten Therapiephase, der Phase des emotionalen Neuerlebens und Revidierens alter Entscheidungen zuzuordnen. U. berichtet in den weiteren Therapiesitzungen von Erfolgen bei ihrer Verhaltensänderung und vor allem von einem geringeren Auftreten des Heuschnupfens, für das sie selbst jedoch noch keine Erklärung hat. In der Folge arbeitet sie sowohl kognitiv-klärend am Skript als auch regressiv im Erleben und Neuentscheiden alter Situationen. Sie erinnert Situationen aus der Kindheit, in denen sie sich dumm oder leidend machte, um Mutters Zuwendung zu erhalten, und trifft dahingehende Neuentscheidungen, daß sie sich direkte Zuwendung holen wird. Sie entscheidet, ihrem Antreiber „Streng dich an" die Erlaubnis „Ich darf es mir leicht machen" entgegenzusetzen, und verändert dementsprechend ihr berufliches Verhalten. Dennoch kann sie diese Erkenntnis noch nicht mit ihrem Heuschnupfen im Zusammenhang erleben. Von der 22. Sitzung ab trägt sich U. mit dem Gedanken, die Therapie zu beenden. Obwohl ihr Heuschnupfen noch nicht vollständig abgeklungen ist, fühlt sie sich wohl und erlebt sich im beruflichen wie im privaten Bereich erfolgreich. Nach gemeinsamer Absprache beendet sie die Therapie nach der 25. Sitzung. Dabei wird auch vereinbart, daß sie ihre Therapie dann wieder aufnehmen wird, wenn ihr Heuschnupfen nicht weiter zurückgeht oder sogar wieder stärker wird.

Nach einem dreiviertel Jahr nimmt U. die Therapie wieder auf, weil es zu einer Krise mit ihrem Freund gekommen war, bei der beide die Trennung erwogen hatten. In dieser Zeit hatte sich ihr Heuschnupfen stark verschlimmert und zu der Entscheidung geführt, die Therapie wiederaufzunehmen. Bei einer Phantasiereise in die Kindheit erinnert sie sich an einen Keuchhustenanfall im Alter von vier Jahren, bei dem die ganze Familie sehr besorgt um sie war. Nachdem U. diese Szene auf unsere Bitte hin gemalt hat – Methodenkombination aus TA, Individualpsychologie und Kreativ-Therapie, um einen unmittelbaren Zugang zu ER_1 und K_1 zu eröffnen –, machen die anderen Gruppenmitglieder sie darauf aufmerksam, daß ihr Gesichtsausdruck auf dem Bild strahlend wirkt. Lachend sagt U.: „Na, das war doch auch schön, endlich hat sich niemand mehr um meinen Bruder gekümmert." Anschließend klärt sie den Einsatz von Heuschnupfen (als Fortsetzung des Keuchhustens) als somatisiertes Racketverhalten, um die zugrundeliegende Wut, wenn sie zu kurz kommt, mittels einer Strategie zu verbergen, die ihr Zuwendung via Krankheit einbringt. Zwei Sitzungen später (es ist ihre 34. Sitzung seit dem Erstgespräch) trifft sie zu diesem Thema nach einer intensiven regressiven Arbeit die Neuentscheidung: „Ich hole mir die Liebe und die Wärme, die ich brauche, ohne mich dafür krank zu machen." Damit beendet U. ihre Therapie.

Wie die Katamnese nach einem Jahr ergibt, ist kein gravierender Heuschnupfenanfall mehr aufgetreten. Beginnende Symptome kann U. damit abfangen, daß sie sich fragt, an welcher Stelle ihr Zuwendung fehlt.

Zusammenfassung

Verfolgt man die teilweise noch von Eric Berne selbst angeregte Entwicklung der TA, die u.a. durch die Erweiterung ihrer theoretischen Konzepte und die Koppelung mit anderen therapeutischen Theorien und Praktiken, wie z.B. Gestalttherapie, Bioenergetik und familientherapeutische Ansätze, gekennzeichnet ist, bis zum gegenwärtigen Stand, zwölf Jahre nach dem Tode ihres Begründers, so kann man nicht mehr von *der* TA reden, sondern muß auf verschiedene Richtungen oder Schulen verweisen. Um dennoch eine in sich geschlossene Darstellung zu ermöglichen, wird hier ein von Praxisgesichtspunkten bestimmter *integrativer* Ansatz gewählt.

Vor dem Hintergrund seines *Menschenbildes,* das durch die Axiome „Einzigartigkeit", „Ganzheit", „Gleichwertigkeit und Gleichberechtigung", „Selbstbestimmung" und „Eigenverantwortlichkeit" sowie „Wiedererlebbarkeit" gekennzeichnet ist, entwickeln wir das Persönlichkeitsbild der „autonomen Person" mit ihrer Fähigkeit zu Bewußtheit, Spontaneität und Intimität als anstrebenswertes Ziel menschlicher Selbstverwirklichung und erörtern die aus diesem Konzept resultierende, als generelle Aussage bewußt unterlassene Grenzziehung zwischen „gesund" und „krank". In der anschließenden Darstellung der *Theorie der Ich-Zustände,* dem Persönlichkeitsmodell der TA, werden deren strukturale und funktionale Aspekte expliziert. Im Zuge ihrer individuellen Entwicklung trifft der Mensch bereits in frühester Kindheit grundlegende *Entscheidungen* über die Art und den Umfang der ihm erlaubten Gefühle, die Art der Zuwendung, die ihm zusteht, seinen Selbstwert und seine soziale Stellung sowie Erfolg oder Nichterfolg im Leben, die in ihrer Gesamtheit seinen *Lebensplan* bestimmen. Er beeinflußt nicht nur die Art des sozialen Austausches mit anderen Personen, *Transaktionen* genannt, sondern auch und vor allem die *Art und den Umgang mit den Gefühlen und Bedürfnissen,* deren destruktive Eigen- und Fremdwirkung am Beispiel von *Psychospielen* und *Symbiosen* sowie *strukturaler* und *funktionaler Pathologie* dargestellt wird.

Nach einer grundlegenden Erörterung der therapeutischen Methode der *„Vertragsarbeit"* sowie der wünschenswerten *Eigenschaften eines Therapeuten* und einer kurzen Diskussion über *Einzel- oder Gruppentherapie* benennen wir schließlich die verschiedenen Ebenen sowie einen als sinnvoll betrachteten *Phasenverlauf therapeutischer Arbeit* und präzisieren diese durch die Angabe verschiedener Techniken wie z. B. das *Egogramm,* die *Spielanalyse,* die *Analyse von Racket-Systemen, regressive Neuentscheidungsarbeit* oder auch *Traumarbeit.* Die Frage, ob und in welcher Reihenfolge diese Phasen durchlaufen werden bzw. wann eine Therapie als abgeschlossen gelten kann, wird dabei aus der jeweiligen Sicht der verschiedenen Schulen der TA durchaus unterschiedlich beantwortet.

Schließlich zeigen wir die *vielfältigen Möglichkeiten der TA* in verschiedenen Lebens- und Berufsfeldern auf. Dazu trägt die Griffigkeit ihrer Sprache und Konzepte ebenso bei wie ihre Kombinierbarkeit mit anderen Verfahren und Techniken. Gegenwärtig kommt TA als Einzel-, Gruppen-, Paar- und Familientherapie sowohl im ambulanten als auch im stationären und teilstationären Bereich zur Anwendung. Neben diesem *klinischen Sektor* wird sie in gleicher Breite in bestimmten *Berufsfeldern* wie z. B. „Beratung und Seelsorge", „Heilberufe", „Lehre und Erziehung", „Rechtspflege" und „Verwaltung und Betriebsführung" durch eigens ausgebildete Berater angewandt. Die Griffigkeit des Modells und die Breite seiner Anwendungsmöglichkeiten bergen jedoch auch Gefahren, die ausdrücklich benannt und diskutiert werden. Darüber hinaus geben wir erste Hinweise auf eine neue Richtung „angewandter TA" als *solidarisches Handeln* aller Beteiligten im gesellschaftspolitischen Bereich.

Literatur

Babcock, Dorothy E./Keepers, T. D. *Miteinander wachsen: Transaktionsanalyse für Eltern und Erzieher.* Deutsche Bearbeitung von Helmut Harsch. Kaiser, München 1980 (amerik. Orig. 1976).

Barnes, G. Introduction. In: Barnes, G./Contributors, *Transactional Analysis after Eric Berne: Teaching and Practices of Three TA Schools.* Harper's College Press, New York 1977, S. 3–31.

Barnes, G./Contributor. *Transactional Analysis after Eric Berne: Teaching and Practices of Three TA Schools.* Harper's College Press, New York 1977 (dt. Ausgabe von G. Kottwitz, 1977, 1980, 1981).

Bennet, D. *TA and the Manager.* American Managment Association, New York 1976; dt. *Im Kontakt gewinnen: Transaktions-Analyse als Führungshilfe.* Sauer, Heidelberg 1977.

Berne, E. The Nature of Intuition. *Psychiatric Quart.* 1949, 23, 203–226.

Berne, E. Concerning the Natur of Diagnosis. *Int. Rec. Med.* 1952, 165, 283–292.

Berne, E. Concerning the Nature of Communication. *Psychiatric Quart.* 1953, 27, 185–198.

Berne, E. Intuition IV: Primal Images and Primal Judgment. *Psychiatric Quart.* 1955, 29, 634–658.

Berne, E. *A Layman's Guide to Psychiatry and Psychoanalysis.* Simon & Schuster, New York 1957a; third edition, 1968: dt. *Sprechstunden für die Seele: Psychiatrie und Psychoanalyse verständlich gemacht.* Rowohlt, Reinbek b. Hamburg 1970.

Berne, E. Ego States in Psychotherapy. *Am. J. Psychother.* 1957b, 11, 293–309.

Berne, E. Intuition V: The Ego Image. *Psychiatric Quart.* 1957c, 31, 611–627.

Berne, E. Transactional Analysis: A New and Effective Method of Group Therapy. *American Journal of Psychotherapy* 1958, 12, 735–743.

Berne, E. *Transactional Analysis in Psychotherapy: A Systematic Individual and Social Psychiatry.* Grove Press, New York 1961.

Berne, E. Intuition VI: The Psychodynamics of Intuition. *Psychiatric Quart.* 1962, 36, 294–300

Berne, E. *The Structure and Dynamics of Organizations and Groups.* J. B. Lippincott Co., Philadelphia, PA 1963; dt. *Struktur und Dynamik von Organisationen und Gruppen.* Kindler, München 1979.

Berne, E. *Games People Play.* Grove Press, New York 1964; dt. *Spiele der Erwachsenen.* Rowohlt, Reinbek b. Hamburg 1970.

Berne E. *Principles of Group Treatment.* Oxford University Press, New York 1966.

Berne, E. *The Happy Valley.* Grove Press, New York 1968.

Berne, E. *Sex in Human Loving.* Simon & Schuster, New York 1970; dt. *Spielarten und Spielregeln der Liebe.* Rowohlt, Reinbek b. Hamburg 1974.

Berne, E. Annotated Bibliography. Prepared by Robert M. Cranmer. *TAJ* 1971, 1: 1, 23–29

Berne, E. *What Do You Say After You Say Hallo?.* Grove Press, New York 1972; dt. *Was sagen Sie, nachdem Sie „guten Tag" gesagt haben?.* Kindler, München 1975.

Brown, M. *Psychodiagnosis in Brief.* Huron Valley Institute. Dexter, MA Press 1977.

Cassius, J. *Body Scripts: Collected Papers on Physical Aspects of Transactional Analysis.* o. O. 1975.

Cassius, J. Bioenergetics and TA. In: James, M./ Contributors. *Techniques in Transactional Analysis for Psychotherapists and Counselors.* Addison-Wesley, Reading, MA 1977, S. 272–282.

Cheney, W. D. Eric Berne: Biographical Sketch. *TAJ* 1971, 1: 1, 14–22.

Chye Cheah, K./Barling, W. R. Redecision House: A Program for Drug Treatment. In: James, M./Contributors: *Techniques in Transactional Analysis for Psychotherapists and Counselors.* Addison-Wesley, Reading, MA 1977, S. 431–442.

Concannon, J. P. My Introduction to Eric Berne, *TAJ* 1971, 1: 1, 60–61.

DGTA: *Deutsche Gesellschaft für Transaktions-Analyse, Grundsatzpapier zur Transaktions-Analyse.* Waldkirch o. J.

Dusay, J. M. Eric Berne's Studies of Intuition: 1949–1962. *TAJ* 1971, 1: 1, 34–44.

Dusay, J. M. *Egograms: How I See You and You See Me.* Harper & Row, New York 1977.

English, Fanita. Die Ersatzlösung: über „Rackets" und echte Gefühle. In: Petzold, H./Paula, M. (Hrsg.). *Transaktionale Analyse und Skriptanalyse. Aufsätze und Vorträge von Fanita English.* Wiss. Verlag Altmann, Hamburg 1976, S. 127–137.

English, Fanita. What Shall I Do Tomorrow? Reconceptualizing Transactional Analysis. In: Barnes/Contributors. *Transactional Analysis after Eric Berne: Teaching and Practices of Three TA Schools.* Harper's College Press, New York 1977, S. 287–347.

English, Fanita. *Transaktionsanalyse: Gefühle und Ersatzgefühle in Beziehungen.* Hrsg. von Michael Paula. Isko-Press, Hamburg 1980.

English, Fanita. *Es ging doch gut – was ging denn schief? Beziehungen in Partnerschaft, Familie und Beruf.* Ch. Kaiser, München 1982.

Ernst, K. *Games Students Play.* Celestial Arts, Millbrae, CA 1972.

Erskine, R. G. Script Cure: Behavioral, Intrapsychic and Physiological. *TAJ* 1980, 10, 102–106.

Erskine, R. G./Zalcman, Marilyn J. The Racket System: A Model for Racket Analysis. *TAJ* 1979, 9, 51–59.

Goulding, R. L. Injunctions, Decisions and Redecisions. *TAJ* 1976a, 6, 41–48.

Goulding, R. L. Four Models of Transactional Analysis. *International Journal of Group Psychotherapy* 1976b, 26, 385–392.

Goulding, R. L./Goulding, Mary McClure. *The Power is in the Patient: A TA/Gestalt Approach to Psychotherapy.* Edited by Paul McCormick. TA Press, Francisco 1978.

Goulding, Mary McClure/Goulding, R. L. *Changing Lives through Redicision Therapy.* Brunner & Mazel, New York 1979; dt. *Neuentscheidung: ein Modell der Psychotherapie.* Klett-Cotta, Stuttgart 1981.

Groder, M. Asklepieion: An Integration of Psychotherapies. In: Barnes, G./Contributors, *Transactional Analysis after Eric Berne: Teaching and Practices of Three TA Schools.* Harper's College Press, New York 1977, S. 134–137.

Hagehülsmann, H. Kombination von Gesprächspsychotherapie mit Transaktionaler Analyse. In: Howe, J. (Hrsg.). *Integratives Handeln in der Gesprächstherapie: ein Kompendium zur Kombination therapeutischer Verfahren.* Beltz, Weinheim/Basel 1982, S. 274–302.

Hagehülsmann, Ute. Erzieherfortbildung ist mehr als bloße Wissensvermehrung. *Unsere Jugend: Zeitschrift für Jugendhilfe in Praxis und Wissenschaft* 1980, 11, 497–503.

Harsch, H. *Hilfe für Alkoholiker und andere Drogenabhängige.* Kaiser-Grünewald, München/Mainz 1976.

Harsch, H. *Alkoholismus: Schritte zur Hilfe für Abhängige, deren Angehörige und Freunde.* Kaiser, München 1979.

James, Muriel. Principles of TA. In: James, M./Contributors. *Techniques in Transactional Analysis for Psychotherapists and Counselors.* Addison-Wesley, Reading, MA 1977, S. 3–18.

James, Muriel. Eric Berne, the Development of TA and the ITAA. In: James, M./Contributors: *Techniques in Transactional Analysis for Psychotherapists and Counselors.* Addison-Wesley, Reading, MA 1977, S. 33–47.

James, Muriel. TA Therapists: As Persons and Professionals. In: James, M./Contributors. *Techniques in Transactional Analysis for Psychotherapists and Counselors.* Addison-Wesley, Reading, MA 1977, S. 33–47.

James, Muriel. Self-Reparenting: Theory and Process. In: James, M./Contributors. *Techniques in Transactional Analysis for Psychotherapists and Counselors.* Addison-Wesley, Reading, MA 1977, S. 486–496.

James, Muriel. *Marriage is for Loving.* Addison-Wesley, Reading, MA 1979.

James, Muriel./Contributors. *Techniques in Transactional Analysis for Psychotherapists and Counselors.* Addison-Wesley, Reading, MA: 1977.

James, Muriel/Jongeward, Dorothy. *Spontan leben: Übungen zur Selbstverwirklichung.* Rowohlt, Reinbek b. Hamburg 1974 (amerik. Orig. 1970).

James, Muriel/Savary, L. M. *Befreites Leben: Transaktionsanalyse und religiöse Erfahrungen.* Kaiser, München 1977 (amerik. Orig. 1974).

Jessen, F./Rogoll, R. Spiel-Analyse in der Transaktionsanalyse: Die Spiel-Analyse von Eric Berne. *Partnerberatung* 1980, 17, 192–200.

Jessen, F. M./Rogoll, R. Spiel-Analyse in der Transaktionsanalyse: Die Spiel-Analyse von Jacqui Schiff und Mitarbeitern. *Partnerberatung* 1981, 18, 56–67.

Kahler, T. The Miniscript. In: Barnes, G./Contributors. *Transactional Analysis after Eric Berne: Teaching and Practices of Three TA Schools.* Harper's College Press, New York 1977, S. 223–256.

Kahler, T./Capers, H. The Miniscript. *TAJ* 1974, 4, 26–34.

Karpman, S. B. Fairy Tales and Script Drama Analysis. *Transactional Analysis Bulletin* 1968, 7, 39–43.

Kleinewiese, Elisabeth. *Kreisgesicht – Symbole: Eine visuelle Darstellung der Funktion der Ich-Zustände. Transaktionsanalyse mit Kindern.* Eigenverlag, Berlin o. J.

Kleinewiese, Elisabeth. *All' Deine Ich: Transaktionsanalyse in der Kindertherapie.* Eigenverlag, Berlin o. J.

Kottwitz, Gisela. *Wege zur Neuentscheidung.* Institut für Kommunikationstherapie, Berlin 1980.

McCormick, P. *Guide For The Use Of A Life Script Questionnaire.* Transactional Pub, San Francisco 1971.

Meininger, J. *Transaktionsanalyse: die neue Methode erfolgreicher Menschenführung.* Verlag Moderne Industrie, München 1978 (amerik. Orig. 1976).

Perls, F. S. *Gestalttherapie in Aktion.* Klett, Stuttgart 1974 (amerik. Orig. 1969).

Petersen, Gerda. Transaktionale Analyse. In: Linster, H. W./Wetzel, H. et al. *Veränderung und Entwicklung der Person: Grenzen und Möglichkeiten psychologischer Therapie.* Hoffmann & Campe, Hamburg 1980, S. 264–291.

Petzold, H. Konzepte der Transaktionalen Analyse. In: Petzold, H./Paula, M. (Hrsg.). *Transaktionale Analyse und Scriptanalyse. Aufsätze und Vorträge von Fanita English.* Wiss. Verlag Altmann, Hamburg 1976, S. 13–71.

Petzold, H./Paula, M. (Hrsg.): *Transaktionale Analyse und Skriptanalyse. Aufsätze und Vorträge von Fanita English.* Wiss. Verlag Altmann, Hamburg 1976.

Samuels, A. A TA Approach to Dreams. *TAJ* 1974, 4, 27–29.

Schiff, Jacqui L./Day, Beth. *All My Children.* Pyramid Publications, New York 1972 (Orig. 1970); dt. *Alle meine Kinder: Heilung der Schizo-*

phrenie durch Wiederholen der Kindheit. Kaiser, München 1980.

Schiff, Jacqui L. (Ed.). *Cathexis Reader: Transactional Analysis Treatment of Psychosis.* Harper & Row, New York/Evanston/San Francisco/London 1975.

Schiff, Jacqui L. On Hundred Children Generate a Lot of TA: History, Development, and Activities of the Schiff Family. In: Barnes, G./Contributors. *Transactional Analysis after Eric Berne: Teaching and Practices of the Three TA Schools.* Harper's College Press, New York 1977, S. 53–76.

Schiff, Jacqui L. *A Discussion of Ego States and Ego States Networks.* o. O. 1978.

Schlegel, L. *Grundriß der Tiefenpsychologie.* Band V: *Die Transaktionale Analyse nach Eric Berne und seinen Schülern.* Francke, München 1979.

Steiner, C. Script and Counterscript. *TAB* 1966, 5, 135f.

Steiner, C. A. Little Boy's Dream. *TAJ* 1971a, 1: 1, 46–48.

Steiner, C. *Games Alcoholics Play: The Analysis of Life Scripts.* Grove Press, New York 1971b.

Steiner, C. *Scripts People Live. Transactional Analysis of Life Scripts.* Bantam Books, New York 1974.

Steiner, C. (Ed.). *Readings in Radical Psychiatry.* Grove Press, New York 1975.

Stevens, J. O. *Die Kunst der Wahrnehmung: Übungen der Gestalttherapie.* Kaiser, München 1975 (amerik. Orig. 1971).

Stuntz, E. C. Multiple Chair Technique. *TAJ* 1973, 3, 29–31.

Wandel, F. *Erziehung im Unterricht: Schulpädagogische Anwendungen der Transaktionsanalyse.* Kohlhammer, Stuttgart/Berlin/Köln/Mainz 1977.

Watzlawick, P./Beavin, Janet H./Jackson, D. D. *Menschliche Kommunikation: Formen, Störungen, Paradoxien.* Huber, Bern/Stuttgart/Wien 1969 (amerik. Orig. 1967).

Watzlawick, P./Weakland, J. H./Fisch, R. *Lösungen: Zur Theorie und Praxis menschlichen Wandels.* Huber, Bern/Stuttgart/Wien 1974.

Windes, K. R. The Three „C's" of Corrections: Cops – Cons – Counselors. In: Barnes, G./Contributors. *Transactional Analysis after Eric Berne: Teaching and Practices of Three TA Schools.* Harper's College Press, New York 1977, S. 138–145.

Woollams, S./Brown, M. *Transactional Analysis: A Modern and Comprehensive Text of TA Theory and Practice.* Huron Vally Institute Press, Dexter, MI: 1978.

Transzendenztherapie

Adrian van Kaam

Der Leser sollte sich auf ein schwieriges Kapitel vorbereiten – vielleicht das schwierigste in diesem Handbuch. Adrian van Kaam, ein katholischer Priester und Psychologe, spricht eine eigene Sprache, und viele seiner Begriffe dürften verwirrend sein – und das, obwohl ich ihn gebeten habe, seine Schreibweise zu vereinfachen.

Zwar haben mich viele Kapitel in diesem Handbuch aus verschiedenen Gründen begeistert. Ich halte sie für ausreichend wichtig, um sorgfältig rezipiert zu werden; keines hat mich jedoch so beeindruckt wie das Kapitel über Transzendenztherapie, wofür meine eigene katholische Erziehung verantwortlich sein mag.

Unter den hier vorgestellten Ansätzen steckt sich van Kaams Verfahren wahrscheinlich die höchsten Ziele. Seine Auffassung, konventionelle Religion *und* Psychotherapie *würden eines Tages verschmelzen, trifft wahrscheinlich zu; wir können tatsächlich bereits Hinweise dafür finden. Ich habe den Eindruck, van Kaams Ansatz übertrifft in Struktur und Durchführung alle anderen ähnlichen Verfahren. Dieses wichtige Kapitel sollte genau gelesen werden. Der Versuch, die schwierige Sprache zu verstehen, lohnt sich.*

Unter Transzendenztherapie wird die formative (formende) Unterstützung von Personen verstanden, die sich in einer *Transzendenzkrise* befinden. Die Therapie wird im Lichte der formenden Tradition durchgeführt, der sich diese Personen verpflichtet haben, und baut auf relevanten Einsichten und Ergebnissen der *direktiven* und *Inkarnations*-Wissenschaften auf.

Transzendenz ist der Akt, in dem der Mensch „über etwas hinausgeht". Ziel der Transzendenztherapie ist, dem Menschen zu helfen, seine bisherigen Lebensformen sinnvoll zu überwinden. Die Grundlage der Therapie bildet die Disziplin der ganzheitlichen Formung, die *Formative Spiritualität* (Formative Spirituality) genannt wird. Transzendenz bedeutet, über die Form, die man seinem Leben bisher gegeben hat, hinauszugehen. Die *Selbstformung* soll derart vertieft werden, daß man vom Einfluß historischer, vitaler und funktionaler Determinanten befreit wird. Ein solcher Wandel wird gewöhnlich von einer *Krise* begleitet. Viele Menschen können mit dieser Krise alleine fertig werden. Andere benötigen *Unterstützung*, um der Krise zum Durchbruch zu verhelfen und sie sinnvoll durchzuarbeiten.

Die während der Krise gebotene Unterstützung hilft dem Menschen, seine Lebensrichtung im Lichte der *religiösen* oder *humanistischen* Tradition, der er sich verpflichtet hat, zu klären und fester darin zu verankern.

Die Transzendenztherapie hat nur Erfolg, wenn sich die Teilnehmer bereits grundlegenden formativen Einsichten verpflichtet haben und wenn der Therapeut in der Lage ist, deren formative Traditionsaspekte einfühlend zu erfassen und für deren Versuche, im Lichte dieser Einsichten zu einer angemesseneren Lebensform überzugehen, Verständnis hat.

Geschichte

Gegen Ende der fünfziger und zu Beginn der sechziger Jahre wurde ich – katholischer Priester, Psychologe und Therapeut – immer häufiger von Personen konsultiert, die sich einer religiösen oder humanistischen Tradition verpflichtet fühlten und davon geformt waren. Ihre Probleme waren im allgemeinen nicht neurotischer oder psychotischer Natur. In der Hauptsache zeigten sie Symptome eines Zustands, der später als *Transzendenzkrise* identifiziert wurde. In ihrem oft unbewußten Streben nach Überwindung ihres gegenwärtigen Lebensstils erlebten sie unter anderem Schwierigkeiten dabei, ihre neu entstehende Lebensform in ihre formative Tradition zu integrieren. Auch wenn die manifesten Symptome häufig denen neurotischer Konflikte glichen, erwiesen sich die üblichen therapeutischen Ansätze doch nur bis zu einem gewissen Punkt als nützlich. Durch diese Erfahrung wurde ich angeregt, die therapeutischen Standardverfahren durch eine spezielle formative Therapie zu ergänzen, die auf meiner *formativen Persönlichkeitstheorie* gründet.

Zwar können fast sämtliche Grundprinzipien der Transzendenztherapie mit gewissen Abwandlungen bei allen großen formativen Traditionen festgestellt werden; ich habe mich jedoch besonders mit der formativen Tradition des *Christentums* beschäftigt.

Bis zum Jahre 1963 war ich Mitglied des Psychologischen Instituts der Duquesne University in Pittsburgh, wo ich über dieses Gebiet forschte, lehrte und schrieb. 1963 war dieser Ansatz dann ausreichend entwickelt, um dort die Gründung eines eigenen Instituts zu rechtfertigen. Zunächst erhielt es die Bezeichnung „Institute of Man"; 1978 wurde es jedoch umbenannt und heißt jetzt „Institute of Formative Spirituality".

Gegenwärtiger Stand

Die Grundlagen der Transzendenztherapie haben bislang das Lehrpersonal und die Studenten dieses Instituts erarbeitet. Die dazu gehörenden Prinzipien, Annahmen und Methoden haben sie in etwa 30 Büchern und über 150 Artikeln veröffentlicht. Außerdem ist die Entwicklung dieses Ansatzes in 15 Bänden der „Humanitas", in 160 Nummern der „Envoy" und in über 125 Diplomarbeiten von Studenten des Instituts dokumentiert. Desweiteren gibt es eine Sammlung von Tonbandaufnahmen von Kursen und Vorlesungen sowie Filme dazu, die innerhalb und außerhalb der Universität eingesetzt werden. Außer in den Vereinigten Staaten hält das Institut Seminare, Symposien und Workshops in folgenden Ländern ab: Australien, Barbados, Kanada, Kolumbien, Curucao, Ägypten, England, Frankreich, Deutschland, Ghana, Guayana, Hongkong, Irland, Italien, Jamaica, Japan, Mexiko, Niederlande, Neuseeland, Nigeria, Philippinen, Portugal, Puerto Rico, Surinam, Taiwan, Thailand und Trinidad.

Theorie

Die ganzheitliche Formung des Menschen

Die Prinzipien der Formung beruhen auf zwei wesentlichen Merkmalen des menschlichen Lebens. Das erste ist die *„Formfähigkeit"* („form ability"), womit die Fähigkeit des Menschen gemeint ist, seinem Leben bis zu einem gewissen Grad Form zu geben.

Das zweite ist die *Dynamik* der ständig stattfindenden *Selbstformung*. Der Mensch ist andauernd bemüht, meistens implizit, seinem Leben Form zu geben. Dieser Formungsprozeß ist *ganzheitlicher* Natur, da er die Tendenz hat, dem Leben als Ganzes eine einheitliche Form zu geben. Die ganzheitliche Formung ist möglich aufgrund der einzigartigen Fähigkeit des Menschen, seine einzelnen besonderen Erfahrungen zu beurteilen und zu einem Gesamtbild zusammenzuschließen, eine Fähigkeit, die wir *Geist* nennen. Ganzheitliche Formung kann daher auch als *spirituelle Formung* bezeichnet werden.

Entfaltung und Formung

Wie bei Pflanzen und Tieren ist auch die Entfaltung des Menschen ein spontaner Prozeß. Der Mensch ist jedoch fähig, über seine Entfaltung nachzudenken, die Richtung seiner Entwicklung zu beobachten. Das tierische Leben entfaltet sich spontan; es ist durch Instinkte und Triebe programmiert. Tiere ergänzen ihre spontane Entwicklung nicht durch ein Bewußtsein ihrer selbst oder durch spirituelle Formung. Das Leben des Menschen jedoch ist durch *Spannungen* gekennzeichnet, die zwischen der spontanen Selbstentfaltung und dem sie überformenden Gestaltungsprozeß entstehen. In bestimmten Augenblicken kann diese Spannung zu einer Krise in bezug auf die Richtung auswachsen, die der Mensch einschlägt. Da es zur Lösung der Krise gehört, über die bisherige Lebensform „hinauszugehen", handelt es sich um eine *Transzendenzkrise;* die Therapie, die sich mit diesem Problem beschäftigt, wird *Transzendenztherapie* genannt. Allgemein ist diese Krise als *Identitätskrise* bekannt. Transzendenztherapeuten bevorzugen den Begriff Transzendenzkrise, da damit der transzendente Kern der menschlichen Identität betont wird.

An der menschlichen Entwicklung sind also zwei Prozesse beteiligt: *spontane Selbstentfaltung* und *Formung*. Wird einer dieser beiden Prozesse vernachlässigt, behindert dies das Wachstum des Menschen oder lenkt es in falsche Bahnen.

Differenzierung und Integration

Für die ganzheitliche Formung des menschlichen Lebens sind zwei sich gegenseitig ergänzende, dialektische Prozesse verantwortlich: *Differenzierung* und *Integration*. Zur Differenzierung gehört die Erschließung und Verwirklichung *neuer Lebensdirektiven* als Reaktion auf neue Lebenserfahrungen. Durch den Prozeß der Selbstformung wird unser Leben in verschiedener Weise differenzierter; es entstehen neue Richtlinien für die Selbstformung. Diese Differenzierung wird durch einen Integrationsprozeß ergänzt, der die differenzierte Lebensform zu einer geschlossenen *Ganzheit* werden läßt.

Für die formative Integration ist unsere *transzendente Lebensanschauung* ausschlaggebend, unser Überschreiten disparater Erfahrungen und Beobachtungen. Diese transzendente Sichtweise ist von unserer spezifischen Persönlichkeit und von der Art und Weise geprägt, in welcher diese die formativen Traditionen der Kultur, gewöhnlich implizit, assimiliert.

Die vitalistische Auffassung von Selbstentfaltung und Formung

Bei jedem Menschen existiert ein *spontaner „Wachstumsprozeß"*. Die ganzheitliche Formung sollte immer in Verbindung mit dieser spontanen Selbstentfaltung geschehen. Formung ist als ständiger Dialog bzw. als kreative Spannung zu verstehen, die zwischen unserer transzendenten, formativen Dimension des Selbst und unserer spontanen Selbstentfaltung entsteht. Eine rein *biologische* Auffassung würde die Existenz dieser Spannung zwischen Entfaltung und Formung leugnen. Dieser Auffassung zufolge ist jedes neue Ereignis in der menschlichen Entwicklung nicht auf Formung zurückzuführen, sondern wird einfach als Ergebnis eines *Entfaltungsvorganges* gesehen, der nach einem im Organismus festgelegten Plan abläuft. Diese Theorie der Entfaltung würde nicht bestreiten, daß die Umwelt des Kindes etwas mit seiner Entwicklung zu tun hat. Der biologischen Auffassung gemäß wird die Umwelt von dem sich entfaltenden Organismus jedoch nur in Übereinstimmung mit dem ihm angeborenen, biologischen Plan genutzt. Die einzige Funktion der Umwelt besteht darin, dem vorprogrammierten, sich entfaltenden Organismus nützliches Material zur Verfügung zu stellen.

Auch mit dem Konzept der ganzheitlichen Formung wird die Ansicht vertreten, die angeborenen organischen Gesetzmäßigkeiten würden einen grundlegenden Einfluß auf die Entfaltung des Menschen haben. Natürlich nutzt man die Umwelt so, wie es den Bedürfnissen und Wahrnehmungen des Organismus entspricht. Aber die Umwelt enthält auch Werte. *Kulturelle Werte* und *Traditionen* haben einen richtungsgebenden Einfluß auf das Leben des Menschen. Im Zusammenspiel mit den biologischen Einflüssen formen sie die ganze Person, sowohl ihre biologischen wie auch ihre transzendenten Eigenschaften.

Wäre die Selbstentfaltung nur ein autochthoner, biologischer Wachstumsprozeß, wäre es unmöglich, ihr unter Berücksichtigung kultureller Werte eine Form zu geben. Die biologische Sichtweise des menschlichen Selbstentfaltungsprozesses wird von den Wachstumsprozessen abgeleitet, die man bei pflanzlichen Organismen beobachtet. Auf die Entfaltung einer Pflanze kann nur teilweise eingewirkt werden; wir können deren Wachstum durch Veränderungen der Temperatur, des Lichtes und der Feuchtigkeit beeinflussen. Durch solche Einwirkungen wird jedoch die Grundform, die die Pflanze nach Ablaufen des Wachstumsprozesses annehmen wird, nicht *wesentlich* verändert werden. Der ganzheitlichen Auffassung über die Formung zufolge können wir aber zu einer einzigartigen Lebensform gelangen, die über eine biologisch bestimmte Gestalt hinausgeht. Biologische Einflüsse, die die Entwicklung determinieren, sind immer gegeben; wir müssen sie respektieren und berücksichtigen; wie wir dies tun, hängt jedoch von den kulturellen Werten ab, von denen wir unser Leben ganzheitlich formen lassen.

Wenn Wachstum oder Entfaltung nur biologische Prozesse wären, könnte keine formative Hilfe geleistet werden. Wie einige *Verhaltenstherapeuten* behaupten, bestünde die einzig sinnvolle Unterstützung bei der Entwicklung in der Herstellung geeigneter Bedingungen, die die Herausbildung einer bereits vorbestimmten Form, die der menschliche Organismus annehmen soll, begünstigen. Diese Art der Hilfe wäre jedoch nur von geringer Bedeutung. Sie wäre keine echte formative Unterstützung für den biologischen Entfaltungsprozeß, sondern würde ihn nur äußerlich berühren. Die einzige Hilfe, die solch ein Verhaltenstherapeut dem sich entfaltenden Organismus geben könnte, würde in Sorge, Schutz und Aufrechterhaltung des Wachstumsprozesses bestehen. Es wäre kein Raum für irgendeine Formung in dem oben beschriebenen ganzheitlichen Sinn gegeben.

Die Transzendenzkrise

Transzendenz ist Teil der grundlegenden Dynamik bei der Formung des Menschen. Jeder Mensch nähert sich der Verwirklichung seines gesamten Potentials, indem er von niederen zu höheren Lebensformen übergeht. Jeder Übergang wird von einer Transzendenzkrise begleitet.

Wenn die Bedingungen für die Formung günstig sind, beginnen Übergangskrisen bereits früh im Leben aufzutreten, und die Entwicklungsstadien folgen reibungslos aufeinander. In Kulturen, die die spirituelle Formung vernachlässigen, ist das Auftreten einer solchen allmählichen Entwicklung unwahrscheinlich; bei Erreichen des mittleren Lebensalters beginnen einige Menschen, die Grenzen ihrer vitalen und funktionalen Kräfte zu erkennen. Da sie die Grenzen vorher geleugnet bzw. nicht beachtet haben, sind sie vielleicht nicht auf die Transzendenzkrise vorbereitet. Eine solche späte, erstmalige Erfahrung von Unvorhergesehenem kann zu großen psychischen Problemen führen.

Die Panik, in die eine Reihe von Personen daraufhin geraten, hat die Transzendenzkrise zum Untersuchungsgegenstand auch anderer Wissenschaften als der der Formativen Spiritualität gemacht. Anthropologen, Ärzte, Psychologen, Soziologen und andere Fachleute haben den Wissensschatz derjenigen Kreise, die sich mit Formung beschäftigen, um ihre Erkenntnisse erweitert; sie sprechen von diesem Phänomen gewöhnlich als der *„Krise des mittleren Lebensalters"* („midlife crisis"). Aber diese Krise ist nur eine der vielen Transzendenzkrisen, die die menschliche Formung wesentlich begünstigen können. „Midlife-Krisen" treten in unserer westlichen Kultur mit ungemeiner Stärke auf – und sind daher zum Gegenstand psychologischer Arbeiten geworden. Die „Midlife-Krise" dient als Paradebeispiel für alle Transzendenzkrisen: An ihr zeigt sich die Dynamik der Transzendenz bei der ganzheitlichen Formung.

Die Krise: Gefahr und Chance

„Krise" stammt von dem griechischen Wort „krineo" und bedeutet wörtlich „Wegscheide". Bei der Transzendenzkrise scheidet man von einer Lebensrichtung. Der Mensch hat die Möglichkeit, eine mehr oder weniger transzendente Richtung der Selbstformung zu wählen. Zur Krise gehören *Streß* und *Unsicherheit*. Eine Transzendenzkrise kann uns angespannt und ängstlich machen: Mit ihr verlieren wir eine uns vertraute Lebensform und erhalten die Gelegenheit, in eine andere, uns fremde Form hineinzuwachsen.

Die Chinesen haben für das Wort Krise zwei Zeichen. Das eine bedeutet *Gefahr*, das andere *Chance*. Eine Transzendenzkrise bringt viele Gefahren mit sich. Erstens besteht die Gefahr, aus Furcht an einem nicht länger funktionierenden Lebensstil festzuhalten oder umgekehrt, in unserer Reaktion auf die vergangene formative Periode über das Ziel hinauszuschießen und an den echten Gewinnen dieser Zeit, die wir für unsere Formung nutzen könnten, vorbeizugehen. Zweitens existiert die Gefahr, eine falsche Lebensform zu wählen. Eine dritte Gefahr bildet das Wiederauftreten ungelöster Probleme und Neurosen der Vergangenheit. Übertriebene Verteidigungsmaßnahmen oder Rückzug, um die Krise zu vermeiden, stellen eine vierte Gefahr dar.

Jede Transzendenzkrise bietet jedoch auch eine Chance: die Chance, wirklich zum Menschen zu werden, unser einzigartiges Selbst zu entdecken, eine zunehmend integriertere Lebensform zu finden, an Weisheit und Gefühlsintensität zu gewinnen, mehr mit dem tiefsten Kern unseres Selbst in Berührung zu kommen.

Wichtige Fragen in der Transzendenzkrise

Welche Bedeutung hat das Leben? Wohin gehe ich? Welche Form soll ich meinem Leben geben? Kann ich für meine Lebensrichtung Hilfe in der formativen Tradition finden, der ich mich verpflichtet fühle? Diese Fragen sind Ausdruck des menschlichen Strebens nach Bedeutung, Richtung, Formung, Zugehörigkeit. Bei einer intensiven Beschäftigung werden sie zu Themen in einer Transzendenzkrise.

Wollen wir unserem Leben Form geben, müssen wir wissen, in welche Richtung wir gehen sollen. Diese Richtung können wir finden, wenn uns klar wird, welche Bedeutung das Leben für uns hat und welche besonderen Erkenntnisse über den Sinn des Lebens im allgemeinen wir der von uns gewählten formativen Tradition entnehmen können. Logischerweise sollten Fragen, die die Bedeutung des Lebens betreffen, daher zuerst kommen; Fragen der Richtung, der Formung und der formativen Tradition sollten folgen.

In der Praxis stellt sich die Frage der Richtung erstmals während einer Transzendenzkrise oder in der Transzendenztherapie. Wir schauen auf die Vergangenheit zurück. *Wohin sind wir gegangen? Welche Richtung hat unser Leben genommen? Warum wurde diese Richtung gestört?* Wir blicken in die Zukunft. *Wie sollen wir unser Leben von nun an ausrichten?*

Die Trennungskrise

Trennung ist ein unvermeidliches Moment bei der Selbstformung; sie kann *passiv* und *äußerlich* oder *aktiv* und *innerlich* geschehen. Bei der passiven Trennung verlieren wir etwas, das für unsere gegenwärtige Lebensform wichtig genug ist, um ihre Kraft und Struktur anzugreifen. Es handelt sich dabei um eine *strukturelle Deprivation*. Bei der aktiven Trennung löst sich der Mensch von seiner inneren Bindung an etwas, das er verloren hat und das er, realistisch gesehen, nicht zurückgewinnen kann. Man spricht dabei von einer *formativen Deprivation*.

Die Transzendenzkrise entwickelt sich infolge unvermeidlicher Deprivationen, die sich aus radikalen Veränderungen im Leben ergeben. Eine notwendige Bedingung für eine erfolgreiche Lösung der Transzendenzkrise ist das *Aufgeben der inneren Bindung;* dazu müssen wir unsere Gefühle über die strukturellen Deprivationen durcharbeiten. Beim selbständigen, von der Transzendenztherapie unterstützten Durcharbeiten dieser Gefühle werden *verschiedene Phasen* durchlaufen: eine Phase der *Trauer,* eine Phase, in der wir unsere Gedanken, Gefühle und Wahrnehmungen *neu ausrichten* sowie eine Schlußphase, in der wir unsere bedeutsamen früheren und gegenwärtigen Lebensrichtlinien zu einer neuen Lebensform *reintegrieren*.

Eine Aufgabe der Transzendenztherapie besteht daher darin, die *innerliche Trennung* von unwiederbringlich verlorengegangenen Strukturen zu erleichtern. Wir haben uns vielleicht jahrelang um die Formung unseres gegenwärtigen und phasenhaften Selbst bemüht und Sicherheit darin gefunden, und die Trennung kann schwierig sein; daraus entstehen oft Konflikte, die zeitweilig zu psychischen und psychosomatischen Symptomen führen. Beim Prozeß der formativen Trennung während der Therapie kommt es zu einer *Lösung von Gefühlsbindungen*. Wir müssen einen Verzicht leisten und gewinnen dadurch die Freiheit, stärkere Bindungen mit transzendenteren Werten und Wirklichkeiten einzugehen.

Die Richtungskrise

Teilweise wählen wir die Richtung unseres Lebens, teilweise wird sie uns aufgezwungen. Viele Richtlinien sind *kulturell* bedingt; sie begrenzen unsere Möglichkeiten zur Selbstformung. Auch sind unsere eigenen Fähigkeiten begrenzt, eine weitere Einschränkung für die Um-Formung. Anfangs ist uns nicht bewußt, daß unser Leben bestimmten Richtlinien folgt. Sie sind implizit an unserer täglichen Interaktion mit Menschen, Ereignissen und Dingen, die unsere Lebenssituationen ausmachen, beteiligt. Solange wirksame Richtlinien spontan in unser tägliches Leben einfließen, ist die Lage problemlos. Tiefere Gedanken dazu, in welche Richtung wir uns bewegen, scheinen im normalen Leben eher hinderlich als hilfreich zu sein. Sokrates sagte, ein unüberprüftes Leben sei nicht lebenswert. Aber die meisten Menschen unterziehen ihr Leben keiner Prüfung.

Die Richtlinien, die von Eltern, Lehrern, Geistlichen, Freunden, Kollegen, politischen Parteien, Schulkameraden, Nachbarn und Massenmedien verbreitet werden, stellen ein besonderes Mittel dar, dem Leben Richtung zu geben. Sie repräsentieren *sedimentäre kulturelle Richtlinien*. Mit ihnen haben wir einen Vorrat *kulturell vermittelter Lebensdirektiven* an der Hand. Aus diesem Vorrat können wir spontan bei der Gestaltung unserer täglichen Lebensaktivitäten schöpfen. Jedesmal, wenn wir bestimmten Forderungen gegenüberstehen, greifen wir auf diesen Vorrat zurück, um die Krisen des Lebens zu bewältigen. Jedesmal, wenn eine Richtlinie in einer gegebenen Situation erfolgreich war, wird sie als Teil unserer Lebensrichtung verfestigt.

Früher oder später werden wir jedoch auf Probleme treffen, die nicht mit diesen festgelegten Richtlinien gelöst werden können. Das erfolgreiche Funktionieren unserer Lebensrichtung, das wir für selbstverständlich gehalten haben, ist gestört; was vorher unproblematisch war, wird jetzt zum Problem. Wird diese Hinterfragung unserer Lebensrichtung von *Streß* und *Deprivation* begleitet, kann daraus eine *Transzendenzkrise* entstehen. Über die Unzulänglichkeit unserer Richtlinien schockiert, wenden wir uns vielleicht an andere Menschen um Rat. In dieser Situation kann die Transzendenztherapie hilfreich sein, besonders, wenn wir keine vernünftigen und verständnisvollen Zuhörer finden können, die uns unsere einsame Suche nach geeigneten Richtlinien erleichtern.

Das Problem einer unterbrochenen Lebensrichtung kann man nur lösen, indem man einen Standpunkt einnimmt, der sich sowohl über den vertrauten Vorrat bereits verfügbarer Richtlinien als auch über den Streß und die Deprivation der Krisensituation erhebt.

Wir müssen zwischen dem „*Rohmaterial*" unterscheiden, das die Transzendenzkrise bildet, und ihrem „*formativen Zweck*". Die verschiedenen Deprivationen und Streßbedingungen bilden das „Rohmaterial". Die Entwicklung einer transzendenteren Lebensform ist ihr „formativer Zweck". Daher kann sie durch isolierte Maßnahmen für jede einzelne, jeden Strukturverlust begleitende Streßbedingung niemals befriedigend gelöst werden. In dieser Weise würden wir die Symptome behandeln, nicht die Krise selbst. Was wir brauchen, ist eine *integrierte, ganzheitliche Lösung*.

Die Kontinuitätskrise

Reorganisation unserer gegenwärtigen Lebensform bedeutet nicht ein vollständiges Aufgeben unserer früheren Lebensrichtung. Unser Kern bleibt erhalten. Dabei besteht ein Unterschied zwischen unserem bleibenden „innersten Selbst" („core self") und unserem „phasenhaften Selbst" („periodic self"). Ein ideales Leben besitzt eine *Struktur*, in der verschiedene Dimensionen und Ausdrucksformen des menschlichen Lebens integriert sind. Wir sprechen von der *historisch-kulturellen/vitalen/funktionalen* und *transzendenten Dimension*. Bei jeder Dimension lassen sich verschiedene Unterstrukturen oder Ausdrucksformen unterscheiden. Diese strukturellen Dimensionen und die Formen ihres Ausdrucks entwickeln sich nicht alle zur gleichen Zeit. Sie nähern sich der Vervollkommnung ihres Entwicklungsstandes in unterschiedlichen Lebensphasen. Diese speziellen Entwicklungsphasen und das Vorherrschen einer bestimmten Struktur sind „*zeitliche Dimensionen*" unseres Selbst, die von den strukturellen Dimensionen verschieden sind.

Während einer Transzendenzkrise wird das Vorherrschen einer früheren, phasenhaften Lebensform radikaler als gewöhnlich in Frage gestellt. Als Folge davon kann unser „phasenhaftes" und gegenwärtiges Selbst eine beachtliche

Umformung erfahren. Unser „innerstes" Selbst bleibt jedoch ziemlich unverändert. Vielleicht gewinnen wir aber ein tieferes Bewußtsein von unserem innersten Selbst, als wir es vorher hatten.

Der Zusammenbruch einer phasenhaften, gegenwärtigen Lebensform führt zum zeitweisen *Verlust des Gleichgewichts*. In einem „trial-and-error"-Prozeß beginnt zögernd ein neues Selbst aufzutauchen. Dieses Selbst ist differenziert; dann setzt ein *Integrationsprozeß* ein. Langsam wird Ganzheit wiederhergestellt. Unsere neue Lebensform – die transzendenterer Natur ist – wird allmählich mit den Resten unserer früheren Lebensform integriert. Diese Rückstände haben, sofern sie mit unserer spezifischen Lebensrichtung vereinbar waren, unser bleibendes „innerstes" Selbst bereichert. Im Laufe dieses Reintegrationsprozesses werden wir mit diesem tieferen Kern vertrauter.

Mit unserer spezifischen Lebensform im Einklang stehende Aspekte, die in früheren Entwicklungsphasen gewonnen worden sind, werden daher nicht unbedingt aufgegeben; sie sind nur vorübergehend in den Hintergrund getreten. Wenn sich diese neue Dimension – oder eine ihrer Ausdrucksformen – ausreichend in uns geformt hat, tauchen die Rückstände früherer Dimensionen und Ausdrucksformen wieder auf, um in die neue, tiefgründigere Dimension reintegriert zu werden. Sie werden jetzt der transzendenten Dimension des menschlichen Lebens untergeordnet sein.

Zu den in der Transzendenztherapie zu erfüllenden Aufgaben gehört also das Relativieren früherer Phasen der Selbstformung; das Akzeptieren von Trennungen, die bei diesem Relativieren zu vollziehen sind; die Überprüfung unserer gegenwärtigen Lebensrichtung; die Entscheidung, bestimmte Aspekte dieser Richtung zu vertiefen und andere aufzugeben; die Begutachtung der künftigen Aufgabe der Selbstformung; und die Reintegration entsprechender früherer und gegenwärtiger Richtlinien. Vielleicht müssen viele Aspekte der gegenwärtigen Lebensrichtung während und nach der Therapie aufgegeben werden. Trotzdem wird vieles beibehalten werden können und eine Grundlage für die Gestaltung einer neuen Lebensform bilden. In Fällen, in denen keine Transzendenztherapie benötigt wird, läuft dieser Prozeß zum großen Teil spontan und vorbewußt ab, ohne logische Überlegungen; er wird hauptsächlich durch die unausgesprochenen, aber existierenden Weisheiten unseres transzendenten Selbst geleitet.

Die Krise der idealisierten Lebensrichtlinien

Unser transzendentes Selbst ist ein „strebendes Selbst" („self of aspirations"), genauso wie unser funktionales Selbst ein „ehrgeiziges Selbst" („self of ambitions") ist. Bereits früh im Leben manifestiert sich unser natürliches Streben in unserer Neigung, Richtlinien für ein ideales Leben festzulegen. Unser Hang zur Idealisierung ist ein Symptom unserer *angeborenen Transzendenz.*

Eine ideale Lebensrichtlinie ist etwas, was wir uns wünschen. In diesem Wunsch offenbart sich ein verborgenes Gewahrsein, daß wir uns mit den gegenwärtigen oder phasenhaften Lebensformen nicht endgültig zufriedengeben sollten. Ein vages Gefühl, wir sollten eine immer transzendentere Lebensrichtung finden, läßt eine idealisierte Vorstellung davon entstehen, was wir werden sollten. Die Dynamik unserer transzendenten Strebungen – die uns als solche noch unbekannt sind – verleiht unseren idealen Richtlinien Farbe, Reiz und Leben. Die funktionale, realistische Dimension unseres menschlichen Lebens ist in unserer Jugend noch unentwickelt. Zu diesem Zeitpunkt können die vorbewußten, transzendenten Strebungen zum Entstehen idealisierter oder gar „idolisierter" Lebensrichtlinien führen, da sie noch nicht von Vorstellungen über ihre konkrete Verwirklichung im täglichen Leben geprägt sind. Die *realistische Begutachtung der idolisierten Richtlinien* ist eine der Funktionen der Transzendenzkrise und der Transzendenztherapie. Diese Begutachtung sollte den Idealismus nicht lähmen, sondern ihn sowohl mit der einzigartigen Lebensform, die wir entfalten sollen, wie auch mit den Anforderungen des täglichen Lebens in Einklang bringen. Wenn die idealisierten Lebensrichtlinien während der Transzendenztherapie nicht in dieser Weise abgestimmt werden, kann es sein, daß sie einfach absterben und wir dadurch auch unser Gefühl verlieren, ein aktives und sinnvolles Leben zu führen.

Als Kinder werden wir vielleicht durch unsere natürlichen, aber ungeprüften Strebungen fehlgeleitet. Wir glauben, wir könnten Dinge erreichen, indem wir sie uns einfach wünschen. Diese magische Deformierung der Kindheitsstrebungen wird teilweise durch den *Inkarnationsaspekt* des menschlichen Lebens ausgeglichen, der während der Phasen, in denen eine funktionalere Selbstformung stattfindet, stärker in den Vordergrund tritt. Die idealen Richtlinien werden durch die Anforderungen der Realität im Zaume gehalten.

Während der Transzendenzkrise – und damit auch während der Transzendenztherapie – findet eine gründliche *Säuberung* unserer idealisierten oder idolisierten Lebensrichtlinien statt. Unsere Formungsversuche werden dabei zunehmend von ihrer magischen Komponente befreit. In der Therapie beobachten wir häufig, daß dieser *Wiedergeburt* eine zeitweise *Regression* vorausgeht, für die Gefühle der Unsicherheit kennzeichnend sind. Man scheint die Kontrolle über das Leben verloren zu haben. Lob oder Tadel durch den Therapeuten sind keine Hilfe. Lob wird von den Klienten leicht als Bestätigung ihrer unrealistischen Lebensrichtlinien aufgefaßt; Tadel kann zum Ausdruck bringen, daß die Klienten sich schuldig fühlen sollen.

Die Erscheinungskrise

Das sich formende Selbst muß sich seiner Umwelt anpassen. Zu dieser Anpassung gehört eine kontrollierte, aber gleichzeitig entspannte Form der *Selbstoffenbarung* – kontrolliert, da unser innerstes Selbst verletzbar ist und leicht mißverstanden werden kann. Zeigt es sich unbedacht, mag es bei anderen Menschen Unglauben, Gereiztheit, Neid, Spott und Mißtrauen hervorrufen. Eine unnötig starke Demonstration unserer Einzigartigkeit kann außerdem unsere Mitmenschen überfordern, ihre Unabhängigkeit und ihr Selbstvertrauen verletzen.

Daher muß es einen Unterschied geben zwischen dem, was wir für uns selber sind, und dem, wie wir anderen erscheinen. Unser in Erscheinung tretendes Selbst sollte nicht völlig unser tiefstes Selbst offenbaren. Jede gegenwärtige Lebensform, die wir entwickeln, enthält dieses „scheinbare Selbst", die aufrichtige Haltung, die wir anderen gegenüber präsentieren, das begrenzte, aber wahre Gesicht, das wir im täglichen Leben zeigen.

In der Transzendenztherapie werden sich die Teilnehmer stärker bewußt, welche Erscheinungen sie in ihrer Interaktion mit anderen entwickeln. Sie betrachten diese kritischer und erkennen, daß einige täuschende Eindrücke hinterlassen. Sie versuchen dann, diese aufzugeben oder zu ersetzen. Mit anderen Worten, sie bemühen sich, den Abstand zwischen scheinbarem Selbst, gegenwärtigem Selbst und innerstem Selbst zu verringern.

Durch die therapeutische Erziehung und das Gespräch über ihre Krise wird den Klienten allmählich bewußt, daß ein stimmiges „scheinbares Selbst" nur der selektive Ausdruck eines Teils der wahren Aspekte der Lebensrichtung einer Person ist, nämlich der, die für die gegebene Situation bedeutsam sind.

Zu Beginn der Transzendenztherapie herrschen häufig *Ambivalenz* und *Unsicherheit.* Da sie sich über ihr inneres Chaos im unklaren befinden und es gerne vor sich selbst und anderen verborgen halten möchten, beginnen die Teilnehmer *Masken* zu tragen, die ihnen fremd sind. Das Ausprobieren falscher Masken ist Teil des Prozesses, in dem Erscheinungsformen gefunden werden, die mit der sich während der Krise herausbildenden *kongenialeren* Lebensform harmonieren. Ist die Therapie erfolglos, verbringen die Teilnehmer vielleicht den Rest ihres Lebens mit ermüdenden Versuchen, die falschen Erscheinungen aufrechtzuerhalten. Andere mögen, bestürzt über die Offenbarung ihrer täuschenden Erscheinungen, eine Phase durchmachen, in der sie die Erscheinungen vernachlässigen; sie wirken dann vielleicht schlampig, unbeständig, unzuverlässig, exzentrisch und scheinen mit der Wirklichkeit des täglichen Lebens die Verbindung verloren zu haben. In einem späteren Stadium der Therapie beginnen viele Klienten auszuprobieren, wie sie sich in neuer, überlegter Form, die mit der entstehenden, abgestimmten Lebensform im Einklang ist, anderen gegenüber zeigen können.

Methoden

Klärung von Dialektik und Dynamik

Die *Gruppentherapie* sollte klären helfen, welche gemeinsamen Elemente der Formung bei den Gruppenmitgliedern bestehen und in welcher Weise auf sie in der formativen Tradition, der sich die Gruppe verpflichtet fühlt, reagiert wird. Die Sitzungen sollten den Teilnehmern helfen, *experientell* zu entdecken, wie die persönliche Verarbeitung und Übernahme dieser Grundlagen durch Nutzung relevanter Beiträge von Geistes- und Naturwissenschaften erleichtert werden kann. Der Therapeut hilft der Gruppe dabei, den impliziten Dialog zwischen diesen Grundzügen ihrer durch psychologische Einsichten geprägten, formativen Tradition und ihrer persönlichen Formung explizit zu machen.

Zur Klärung gehört die „Bewußtmachung" der Dynamik, die der gegenwärtigen Lebensform jedes Menschen innewohnt. Die Dynamik des Selbst besteht aus Triebkräften, Impulsen, Ehrgeiz und Strebungen, die miteinander im Einklang stehen oder disharmonieren können. Das Selbst besitzt gleichzeitig eine historische, vitale, funktionale und transzendente Dimension. Den Gruppenmitgliedern wird klar, wie sich aus der historischen Dimension Triebkräfte ergeben, aus der vitalen Dimension Impulse, aus der funktionalen Dimension Ehrgeiz und aus der transzendenten Dimension die Strebungen. Den Teilnehmern sollte zu der Erkenntnis verholfen werden, wie ihre gegenwärtige Lebensform diese dynamischen Richtungen, ihre Hierarchie und Interaktion beeinflußt, und warum eine bestimmte, dabei sich ergebende Gestalt in einer Transzendenzkrise zum Problem werden kann. Sie sollten ein experientelles Verständnis dafür gewinnen, daß jede Modulation der Dynamik des Selbst kongenial oder nichtkongenial sein kann; kongenial in dem Sinn, daß sie sich sowohl mit der einzigartigen Lebensform, die die Teilnehmer verwirklichen möchten, wie mit der gegenwärtigen Form, die ihr Leben im *Hier-und-Jetzt* annehmen muß, im Einklang befindet. Sie sollten erkennen und akzeptieren, daß niemand völlige Kongenialität erreichen kann, daß sie und ihr Therapeut nur danach streben können, ein kongenialeres Leben zu finden.

Anschließend werden die Teilnehmer angeregt, die Ursache für die möglicherweise mangelnde Kongenialität in ihrem gegenwärtigen Leben zu klären. Diese Ursache ist *Selbstentfremdung;* sie ergibt sich aus den Strukturverlusten, die ihre Transzendenzkrisen ausgelöst und die sie in die Therapie gebracht haben. Beim Nachdenken über die Entfremdung sollten sie sich fragen, ob Triebkräfte, Impulse, Ehrgeiz oder Strebungen zu stark in den Vordergrund getreten sind. Auf diese Weise kann die Struktur ihres gegenwärtigen Selbst – die zugrundeliegenden Haltungen, Wahrnehmungen, Gefühle und Motivationen – zum Gegenstand der therapeutischen Klärung werden.

Der Klärungsprozeß sollte durch *transzendente Lesetherapie* vertieft werden. Der Gruppe wird klassische und zeitgenössische Literatur, die ihrer eigenen Tradition entstammt, vorgelegt. Durch die Lesetherapie werden die Gruppenmitglieder mit bedeutsamen formativen Einsichten früherer Generationen vertraut.

Neuerschließung von Quellen der formativen Tradition und Befreiung von kulturell verursachtem Ärger

Einige Teilnehmer entdecken, daß ihre humanistischen oder religiösen Richtlinien für die Formung eher das Ergebnis ihres Hineinwachsens in die Kultur sind, nicht aber einer persönlichen Nutzbarmachung der Quellen ihrer formativen Tradition entspringen. Im Zusammenhang damit erkennen sie, daß die auf diesem Wege gewonnenen Lebensdirektiven unbeabsichtigt übernommene Beigaben der Kultur enthalten. Von einigen dieser unbeabsichtigt dazugekommenen Richtlinien – die die Teilnehmer jetzt als mit ihrem spezifischen Formungsvorhaben im Widerstreit liegend sehen – ist früher behauptet worden, sie seien von großer Bedeutung. Manchmal wurden solche Scheingrundlagen der Formung unter Androhung von Strafe aufgezwungen oder mit dem Hinweis, bei Nichtbefolgen würde das Leben mißlingen. Dieser Zwang hat falsche *Schuldgefühle* entstehen lassen und einen tief verwurzelten *Ärger,* der oft unterdrückt und geleugnet wird. In der Therapiesitzung dringt dieser Ärger häufig ins Bewußtsein. Das gleiche gilt für die Deformierungen, die infolge der falschen Schuld und des unterdrückten Ärgers entstanden sind.

In der Transzendenztherapie wird auf diese Schuld und diesen Ärger eingegangen, indem ein weiteres Prinzip verwirklicht wird, das der Formung dient: die *Neuerschließung* von Quellen der formenden Tradition. Dabei geht der Klient auf experientellem Weg zu den eigentlichen Ursprüngen seiner formativen Tradition zurück und arbeitet in diesem Lichte seine falschen Schuldgefühle und seinen durch kulturelle Ansprüche verursachten Ärger durch. In diesem Ansatz besteht eine enge Verbindung zwischen der *Lesetherapie* und der Therapie durch Neuerschließung von Quellen der formenden Tradition *(resourcing therapy)*.

Identifizierung von Widerstand/Resonanz und ihre Bewertung

In den Therapiesitzungen müssen die Teilnehmer die Kunst entwickeln, *Widerstand* und *Resonanz* bei sich zu erkennen. Ihre Empfindsamkeit für ihre eigenen Reaktionen auf die Mitteilungen des Therapeuten, der Gruppenmitglieder und formativen Literatur sollte erhöht werden. Die Teilnehmer lernen, die inneren Ursachen ihrer Widerstands- und Resonanzreaktionen auszumachen und festzustellen, welche Bedeutung diese für ihre Lebensrichtung haben können. Es wird ihnen vorgeschlagen, diese Erfahrungen sowie ihre anschließenden Überlegungen dazu aufzuschreiben. Wenn sie sich von einer bestimmten Richtung ständig angezogen fühlen und wenn sie diese bei ihrer Begutachtung von extrem einseitigen Determinanten befreit haben, sollten sie ermutigt werden, diese Richtung in ihrem täglichen Leben auszuprobieren und das Ergebnis ihrer Versuche zu besprechen.

Die spontane Widerstands- oder Resonanzreaktion kann stark oder schwach sein; das hängt vom Temperament des Teilnehmers ab. Wichtig ist das Endergebnis der Bewertung: der sichere und anhaltende Eindruck, eine bestimmte Richtung sei für diese einzigartige Person zu diesem Zeitpunkt ihres Lebens bedeutsam und vertrage sich sowohl mit den grundlegenden Weisheiten ihrer gewählten formativen Tradition, als auch mit der Einzigartigkeit ihrer Persönlichkeit.

Die Teilnehmer müssen lernen, daß sie die Bedeutung einer Richtung, von der sie sich angesprochen fühlen, vielleicht noch nicht völlig begreifen. Sie müssen dieser Richtung erlauben, sich in der von ihr benötigten Zeit und in der für sie einzigartigen Weise zu entwickeln.

Identifizierung von Illusionen

Der Therapeut spricht mit der Gruppe über die *Gefahr täuschender Resonanzen*. Den Gruppenmitgliedern soll bewußt werden, wie sie durch selbstentfremdende Triebkräfte, Impulse, Ehrgeiz und Strebungen dazu gebracht werden können, vorzutäuschen, sie würden die gleiche Resonanz erleben, die sie im Therapeuten oder in anderen Gruppenmitgliedern bewundern. Das kann zur Übernahme von starren Lebensrichtlinien führen, die sie zu Gefangenen eines mit Angst besetzten Netzwerkes von Forderungen wie „*tu dies*" und „*laß das*" machen; nicht Formung, sondern zwanghaft besessene *Deformierung* sind die mögliche Folge. Da das *falsche Selbstbild* ein Produkt des ehrgeizigen Ichs ist, kann ein von Neid getragener „Formungswettbewerb" entstehen. Dieser Neid verrät sich häufig in der Gruppendiskussion und schafft so Gelegenheit, dieses Problem im experientellen Gespräch durchzuarbeiten.

Begünstigung der Selbst-Richtung

Die durch den Therapeuten geschaffene *Atmosphäre* kann die Selbst-Richtung der Teilnehmer begünstigen oder behindern. Der Therapeut begegnet den Teilnehmern stets mit *Ehrerbietung;* sie werden als Menschen betrachtet, die versuchen, ihre eigene Lebensform zu finden und zu entwickeln. Die Einstellung des Therapeuten teilt sich den Teilnehmern in subtiler Weise mit und wird von ihnen vorbewußt wahrgenommen; sie begünstigt die Entfaltung der Selbst-Richtung mehr als irgendeine andere Maßnahme des Therapeuten. Der Transzendenztherapeut sollte sich darum bemühen, den spezifischen Transzendenzprozeß der Teilnehmer zu fördern. Er sollte ihren Weg der *innersten Selbstwerdung* respektieren. Manchmal wird der Therapeut auf die unglückliche Haltung zurückverfallen, den Teilnehmern bestimmte Aspekte der eigenen Auslegung der formativen Tradition aufzuzwingen. Ist dies der Fall, wird sich die Lösung der Transzendenzkrise bei den Teilnehmern verzögern.

Der Therapeut sollte seine eigenen Versuche, der Transzendenz auszuweichen, durcharbeiten, und er sollte den Teilnehmern deutlich machen, welche seiner Mitteilungen persönlicher Natur und welche im Rahmen ihrer gemeinsamen Tradition allgemein gültig und grundlegend sind.

Klärung des Fusionsimpulses

Während der Transzendenztherapie kann ein Wunsch nach *Fusion* mit dem Therapeuten oder mit anderen Gruppenmitgliedern auftreten. Dieser Wunsch ist eine verzerrte Form des aufkommenden Strebens nach Einheit mit transzendenten Werten, Symbolen und Wirklichkeiten. Der Teilnehmer hat das Verlangen, sein Selbst in dem idolisierten Therapeuten, einem anderen Gruppenmitglied oder der Gruppe zu *verlieren*. Einige suchen verzweifelt nach dem legendären *Guru,* der sie umgehend vor der Leere, die die Krise mit sich bringt, retten wird. In ihrem Bemühen, Spannungen zu vermeiden und Fusion zu fördern, gehen die Teilnehmer mit jedem Gedanken und Gefühl des Therapeuten oder der Gruppe mit, ohne auf ihre eigene Richtung zu achten. Unbewußt versuchen sie, ihre eigene auftauchende Lebensform der Lebensform des Therapeuten oder anderer bedeutsamer Gruppenmitglieder anzupassen. Das Lob der anderen Teilnehmer verleitet sie zu noch größerer Bereitwilligkeit, diesen zu folgen; deren Tadel bedeutet einen Bruch in der Fusion, den sie durch größere Unterwürfigkeit zu heilen versuchen. Diese verzerrte Form des Strebens nach transzendenter Einheit erklärt die magische Macht, die einige *Kultführer* über junge Leute haben, die durch unsere einseitig funktionalistische Kultur in eine Transzendenzkrise getrieben worden sind, die sie noch nicht bewältigen können.

Ist der Fusionsimpuls tief verwurzelt oder wird er durch solche Kultführer verstärkt, sollte der Klient diese Verzerrung in *Einzelsitzungen* durcharbeiten, bevor man ihm erlaubt, die Gruppentherapie fortzusetzen.

Eine Möglichkeit zur Abschwächung des Fusionsimpulses ist die Durchführung von Sitzungen mit *verschiedenen Therapeuten,* von denen jeder einen anderen Stil des transzendenten Lebens repräsentiert. Damit kann der Tendenz entgegengewirkt werden, Transzendenz mit der Form zu identifizieren, die nur für einen Therapeuten typisch ist.

Anwendungsbereiche

Das Prinzip der Klärung

Das *Prinzip der Klärung* kann erfolgreich angewandt werden, wenn die Gruppenmitglieder ihre Selbsttäuschungen überwinden. Ein zu direkter Angriff ihrer Illusionen kann sie dazu bringen, ihre Abwehr zu verstärken und noch mehr an ihren nicht mehr zeitgemäßen Lebensformen festzuhalten. Der Transzendenztherapeut erkennt die der Abwehr dienenden Selbstwahrnehmungen der Teilnehmer, und er beginnt mit ihnen an dem Punkt, an dem sie sich befinden; er gibt ihnen ausreichend Zeit für Gespräche und Fragen. Er kann einen *Briefkasten* aufstellen, den die Teilnehmer benutzen, um anonym Fragen zu stellen und Einwände zu äußern. Der Therapeut liest sorgfältig die ihm übergebenen Notizen über Fortschritt und Integration, um die richtigen Zeitpunkte für seine Maßnahmen zu finden. Den Teilnehmern muß klar sein, daß der Therapeut versteht, was sie durchmachen; der Therapeut muß ein Verständnis für ihre Gefühle zum Ausdruck bringen sowie sein Mitgefühl mit ihrer Schuld, ihrem Ärger, ihrem Widerstand, ihrer Angst und ihrer Unsicherheit. Der Therapeut enthüllt so viele oder so wenige ihrer Illusionen und Deformierungen, wie sie in einem bestimmten Augenblick ertragen können. Er zwingt sie nicht, ihre Täuschungen zuzugeben; das kann lange nach der Sitzung, in späteren Sitzungen oder zwischen Sitzungen geschehen. Die *formative Rolle des Therapeuten* besteht hauptsächlich im Schaffen von Gelegenheiten, durch die sich die Teilnehmer der realen und illusorischen Facetten ihrer Selbstformung bewußt werden können.

Wie wir gesehen haben, besteht der erste Schritt bei der Lösung der Transzendenzkrise im *Bewußtwerden einer Entfremdung* von der gegenwärtigen Lebensform. Eine solche Entdeckung löst bei vielen Menschen Unsicherheit aus. Der *Schmerz,* der mit dem zeitweisen Verlust der eigenen Richtung einhergeht, kann selbst von dem verständnisvollsten Therapeuten nicht verhindert werden. Er kann zum Ausdruck kommen in Tränen, wütendem Widerstand, Kampf- oder Fluchtverhalten, versteckten Angriffen oder feindseligen Fragen, die den Therapeuten in die Enge treiben oder ihm Unbehagen verursachen sollen.

Paradoxerweise können alle diese Ausbrüche offener Feindseligkeit Zeichen für Fortschritt sein. Sie bedeuten, daß die implizite Krise *explizit* geworden ist, daß das erste Stadium der Bewußtwerdung begonnen hat. Das Verhalten des Therapeuten sollte zu diesem Zeitpunkt durch Respekt, Ausgeglichenheit, Anteilnahme und Einfühlsamkeit gekennzeichnet sein. Er sollte verstehen, daß die Angriffe nicht ihm gelten, sondern dem, was er symbolisiert: den Anspruch, die unerbittlichen Forderungen der einzigartigen Lebensform aufzudecken und zu verwirklichen.

Die Prinzipien der Transzendenztherapie und das Phänomen des Widerstandes

Bei der konkreten Anwendung dieser Methode trifft man natürlich auf das Problem des *Widerstandes*. Widerstand wird nicht nur durch die eben erwähnten abwehrenden Formen der Selbstwahrnehmung verursacht, sondern auch durch die neu auftauchenden transzendenten Strebungen. Zur Transzendenz gehört neben dem Streben nach Einheit mit transzendenten Werten, Symbolen und Wirklichkeiten auch das Streben, sie auf einzigartige Weise zu leben. Dieser Drang nach transzendenter Einzigartigkeit kann durch das noch vorherrschende funktionale Ich in ein Streben nach absoluter Unabhängigkeit umgewandelt werden. Diese Verzerrung wird im sturen Widerstand gegenüber jeder Aufforderung des Transzendenzlehrers sichtbar. Widerstand offenbart sich häufig in leicht verhüllt feindseligen Fragen, in aggressivem Auftrumpfen oder in Rückzug. Er kann auch zu einer defensiven, innerlichen Beschäftigung mit irgendwelchen Eigenarten des Therapeuten führen, die die Zurückweisung schmerzhafter Einsichten, die durch seine Mitteilungen hervorgerufen werden, zu rechtfertigen scheinen.

Ein Teilnehmer mag sich beispielsweise gegen Veränderung wehren, indem er sich so darüber aufregt, *wie* der Therapeut etwas sagt, daß er gar nicht mehr hören kann, *was* der Therapeut ihm mitzuteilen versucht. Er ist so damit beschäftigt, dem Therapeuten innerlich Vorwürfe zu machen, daß er gegen herausfordernde Richtlinien, die sich vielleicht ankündigen, abgeschirmt ist. Er verstrickt sich in sein innerliches Tadeln. Er verwechselt die transzendente Selbstrichtung mit der *Ich-Richtung,* die transzendente Einzigartigkeit mit der *Einzigartigkeit des Ichs.* Das experientelle Gespräch während der Sitzungen sollte die Einsicht fördern, daß es nur einen Weg gibt, die Ich-Stärke aufrechtzuerhalten und zu erhöhen, während man gleichzeitig zur Einheit mit der Transzendenz und ihren Manifestationen im Selbst, in anderen Menschen, in der Welt und der Natur findet. Dieser Weg besteht darin, die eigenen Widerstände zu analysieren und ihre Ursprünge aufzudecken, die in einer zu ausschließlichen Vorherrschaft der historischen, vitalen und funktionalen Dimensionen des Selbst liegen.

Besonderer Widerstand ist von Gruppenmitgliedern zu erwarten, die sich von den indoktrinierenden Wirkungen irgendwelcher *Kulte,* deren Anhänger sie waren, befreit haben. Der gleiche Widerstand kann bei Personen in der Gruppe gefunden werden, die durch die schlimmen Effekte *kultischer Indoktrination,* die sie bei anderen beobachtet haben, schockiert worden sind. In den Sitzungen sollte die Natur echter Lösungen für die Transzendenzkrise geklärt werden. Solche Lösungen ergeben sich allmählich aus der entspannten Selbsteinsicht, die durch das therapeutische Gespräch über das eigene Selbst und über die Grundlagen der eigenen formenden Tradition gefördert wird. Sie sind von Veränderungen zu unterscheiden, die das Ergebnis manipulativer Worte und Handlungen bestimmter Kultführer sind, die sich die affektiven Bedürfnisse *(Liebesbombardement),* falsche Schuldgefühle und die Verzerrungen der transzendenten Strebungen zunutze machen. Ihre Manipulationen gründen auf einer zu begrenzten speziellen oder persönlichen Spiritualität, nicht auf einer grundlegenden Spiritualität.

Das Prinzip der Identifizierung von Widerstand/Resonanz

Die erfolgreiche Verwirklichung dieses Prinzips der *Identifizierung von Widerstand* und *Resonanz* setzt voraus, daß die Teilnehmer jedes *Affinitätserlebnis*, das sie während ihrer Therapie haben, erkennen lernen. Widerstands- oder Resonanzreaktionen sind das Ergebnis der erlebten Affinität zwischen den Mitteilungen des Therapeuten, der Gruppe oder der Literatur auf der einen Seite und den Richtlinien oder dem Verlangen nach Richtlinien, die eine Rolle im eigenen Leben spielen, auf der anderen Seite. Das Affinitätserlebnis kann positiv oder negativ sein.

Das *negative Affinitätserlebnis* verweist indirekt auf Affinität, da es als Verteidigung gegen Richtlinien fungiert, die – zur Recht oder Unrecht – als Gefahr für die eigene gegenwärtige oder tiefgründigere Lebensrichtung gesehen werden. Aufgrund ihres Affinitätsbedürfnisses sehnen sich die Menschen danach, in den Mitteilungen des Therapeuten Bestätigung zu finden. Bleibt ihnen dies versagt, fühlen sie Enttäuschung und Ärger. Das Ergebnis ist Widerstand.

Das *positive Affinitätserlebnis* ist Ergebnis der – zu Recht oder Unrecht – empfundenen Affinität zwischen den therapeutischen Mitteilungen und dem sich entwickelnden Selbst. Den Teilnehmern sollte geholfen werden, aus dem Erlebnis eine Reaktion zu machen. Die Affinitätsreaktion kann von dem ursprünglichen Affinitätserlebnis, das sie entstehen ließ, verschieden sein, da sie durch den therapeutischen Begutachtungsprozeß umgeformt oder bestätigt worden ist.

Das Prinzip formativer Begutachtung

Die verantwortungsvolle Anwendung des *Prinzips der Begutachtung* macht es erforderlich, den verschiedenen Dimensionen der Begutachtung Aufmerksamkeit zu schenken, nämlich der fundamentalen, adaptiven, situationalen, vitalen, funktionalen und transzendenten Begutachtung.

Bei der *fundamentalen Begutachtung* wird festgestellt, ob die negativen oder positiven Affinitätserlebnisse auf eine fundamentale Affinität verweisen, eine Übereinstimmung mit dem, was grundsätzlich aus der Person werden soll. Die *adaptive Begutachtung* bestimmt, wie die Richtlinie – daß der Mensch fundamentale Affinität besitzt – dem empirischen Selbst, das er bereits im Leben entwickelt hat, angepaßt werden kann. Bei der *situationalen Begutachtung* wird überlegt, wie das neue gegenwärtige Selbst, das am Entstehen ist, am wirksamsten in der konkreten, im Hier-und-Jetzt gegebenen Lebenssituation in Erscheinung treten kann. Die *vitale Begutachtung* betrifft den organismischen Bereich. Bei der *funktionalen Begutachtung* werden die praktischen Implikationen der sich entwickelnden Lebensform beurteilt. Bei der *transzendenten Begutachtung* werden diejenigen transzendenten Werte, Symbole und/oder Wirklichkeiten ausgesondert, die eine wirksame endgültige, integrierende Triebkraft für die neue Lebensform bilden können.

Dieser langwierige Begutachtungsprozeß, der in den Gesprächssitzungen gefördert wird, befähigt die Teilnehmer, ihre blinden Affinitätserlebnisse in aufgeklärte, freie Affinitätsreaktionen zu verwandeln.

Übungen zur Formung

Zur praktischen Durchführung der Transzendenztherapie gehört, daß die Teilnehmer *Notizen* über ihren Fortschritt und über die formende Literatur machen, daß die *experientelle Spielentwürfe* verfassen und über ihre persönliche Integration schreiben, alles Maßnahmen, die ihnen bei der Entwicklung ihrer Selbst-Richtung helfen. Dem Therapeuten wird es mit diesen Aufzeichnungen möglich, den Bedürfnissen der Teilnehmer Rechnung zu tragen. Sie machen ihn darauf aufmerksam, wann ein Teilnehmer persönlichen Kontakt mit ihm selbst oder mit einem anderen Transzendenztherapeuten nötig hat. Außerdem kann der Therapeut mit ihrer Hilfe Symptome oder Krankheitserscheinungen feststellen, die nach anderen Formen der Therapie verlangen.

Die Idolisierung und Verteufelung des Transzendenztherapeuten

Ist die explizite Erfahrung der Entfremdung von der gegenwärtigen Lebensform durchgearbeitet, folgt eine Phase, in der ängstlich nach einer neuen Form gesucht wird. Zunächst versuchen die Teilnehmer, diese Form in lebenden Personen zu finden, die sie sich zum Modell nehmen können. Häufig wird der *Transzendenztherapeut* zum Zielobjekt dieser Suche. Einige betrachten den Therapeuten als *die* Verkörperung transzendenten Lebens, als *das* Modell der „idealen" Lebensform. Eine solche *Idolisierung* kann nicht unbegrenzt aufrechterhalten werden. Irgendwann müssen die Anhänger Grenzen in der Art der Präsenz des Therapeuten erkennen. Enttäuscht fallen sie vielleicht ins andere Extrem und *verteufeln* den Therapeuten, wobei sie einseitig die Schwächen seines Transzendenzstils hervorheben. In dieser Phase des Prozesses befreien sie sich von ihrer Bindung an den therapeutischen Lehrer, womit ihnen mehr Raum für die Entwicklung ihrer Selbst-Richtung gegeben ist.

Der Therapeut sollte wissen, daß sich der Teilnehmer in unterschiedlichen Stadien der Transzendenzkrise befinden können. Er kann daher zum Objekt verschiedener Projektionen werden. Neuhinzugekommene Klienten werden beispielsweise versuchen, ihre Krise auf sicherem Abstand zu halten, indem sie den Sitzungen in einer Haltung leutseligen, intellektuellen Interesses folgen. Im Therapeuten sehen sie vielleicht nur einen amüsanten, interessanten oder arroganten Lehrer. Andere, die dieses Stadium bereits hinter sich haben, beginnen eine deutliche Entfremdung von ihrer gegenwärtigen Lebensform zu erfahren; sie fühlen sich vielleicht verloren und verzweifelt, traurig und ängstlich. Sie hassen und lieben den Therapeuten abwechselnd für sein Verhalten ihnen gegenüber. Eine Reihe von Teilnehmern wird dem Therapeuten sturen Widerstand leisten, um die Lebensform, mit der sie vor der Krise vertraut waren, aufrechtzuerhalten. Wer in das folgende Stadium der positiven Suche nach einer transzendenteren Lebensform eingetreten ist, wird den Therapeuten idolisieren; Teilnehmer, die diesen anfänglichen Enthusiasmus überwunden haben, betrachten den Therapeuten vielleicht als Betrüger, der ihre Erwartungen enttäuscht hat, als Schwächling, der nicht seiner Lehre entsprechend leben kann.

Wenn die Teilnehmer diese *letzten Stadien der Krise* mit ihren *Idolisierungen* und *Verteufelungen* bewältigt haben, erkennen sie allmählich, daß sowohl sie selber wie auch ihr Therapeut einzigartige Personen sind, die ihre *Grenzen* haben, Personen, die eine Entwicklung zunehmend transzendenterer Lebensformen durchmachen, ohne jemals *Perfektion* zu erreichen. Ist dieses Stadium in der Therapie erreicht, kann die positive Arbeit der Aufdeckung und Verwirklichung der neuen gegenwärtigen Lebensform ungehindert vonstatten gehen. Abwehrmechanismen und Projektionen, die die Krise verlängert haben, stehen nicht mehr im Weg.

Der Therapeut sollte lernen, wie er die Intensität der Gefühle, die die Teilnehmer auf ihn projizieren, abschwächen kann. Indem er allgemein über die Transzendenzkrisen des Menschen spricht, kann er sie auf diese Erfahrungen vorbereiten. Indem er von Beginn an auf seine eigenen Grenzen hinweist (als Person, die sich selbst ständig im Prozeß der Formung befindet), kann er die Intensität der positiven und negativen Projektionen vermindern.

Das Prinzip therapeutischen Lesens

Bei der praktischen Durchführung der *Lesetherapie* ist darauf zu achten, daß die ausgewählte Literatur sich als hilfreich für Personen erwiesen hat, die sich in einer Transzendenzkrise befinden. Die Gruppenmitglieder werden in die Kunst des formativen Lesens eingeführt, indem man ihnen beibringt, *Fragen* zu stellen, die nicht literarischer oder intellektueller Kritik entspringen, sondern dem Streben nach transzendenter Aufklärung. Dazu gehören Fragen wie: Enthält dieser Text etwas, das für die Krise, in der ich mich befinde, bedeutsam ist? Erlebe ich negative oder positive Affinität, Widerstand oder Resonanz, wenn ich mit Verstand lese? Wie sind diese Gefühle entsprechend der Art und den Regeln der Begutachtung, die wir in den Sitzungen besprochen haben, einzuschätzen? Wie kann ein Text, von dem ich mich berührt fühle, in einzigartiger Weise verarbeitet werden, so daß er meiner entstehenden Lebensform Richtung gibt?

Durch die Anregung, klassische Literatur zu lesen, wie Thomas A. Kempis' „Imitation of Christ", „The Confessions" von St. Augustine und Pascals „Pensées", wird die Gefahr für den Klienten vermindert, zum Opfer einer vorübergehenden Modeerscheinung, zum Anhänger eines zufällig angetroffenen Kultes oder zum Gefangenen einer totalitären Bewegung zu werden. Der Transzendenzlehrer führt die Teilnehmer in die klassischen Texte ein. Er fördert eine *Haltung innerer Wachsamkeit* für jedes Wort des Autors, das für die Suche nach persönlicher Transzendenz bedeutsam sein könnte, sowie die Bereitschaft, durch sorgfältige Überlegungen den Wert dieser Worte festzustellen. Die Teilnehmer werden aufgefordert, solche Texte in ein dafür angelegtes *Notizheft* zu übertragen und sie durch Beschreibungen ihrer Erfahrung des Widerstandes oder der Resonanz und durch ihre eigenen Überlegungen zu ergänzen. Durch die therapeutische Anleitung lernen sie, Schreiben als eine Form des *Selbstausdruckkes* zu sehen, durch die sie die Erfahrungen, mit denen sie als Folge dieser Anleitung wie des Lesens selbst konfrontiert werden, klären und vertiefen können. Man regt die Teilnehmer an, ihre Aufzeichnungen *wiederholt* zu lesen; dies mag ihre ursprüngliche Erfahrung wieder anklingen lassen und ihnen ein tieferes Verständnis davon vermitteln, warum sich ihr ringendes Selbst in bestimmter Weise verhält. Diese persönlichen Aufzeichnungen über die gelesene

Literatur stellen, genauso wie die Aufzeichnungen über den Fortschritt, eine Art „Fahrtenbuch" dar, in dem die innere Reise der Teilnehmer beschrieben wird; sie sind sowohl für sie selbst als auch für den Therapeuten nützlich.

Eine wichtige Aufgabe der formativen Sitzungen besteht darin, das Leseverhalten der Teilnehmer zu ändern. Schnelles, informationssuchendes Lesen soll durch *formatives Lesen* ersetzt werden, das verlangsamt und von Überlegungspausen unterbrochen ist. Man bringt den Teilnehmern bei, mit Ruhe zu lesen, beim Text mit Muße zu verharren, über ihn nachzusinnen – sich nicht anzustrengen, in Spannung zu versetzen oder zu zwingen, sondern für Hinweise, plötzliche Assoziationen und Gedankenblitze offenzubleiben. Man ermutigt sie, die innere Freiheit zu bewahren, das Buch zu schließen, wenn sie einen wichtigen Gedanken gefunden haben und sich Zeit zu nehmen, darüber nachzudenken, wobei sie einfach still sitzenbleiben oder einen Spaziergang machen können. Die Teilnehmer erleben bald, wie das *Ich* durch echtes formatives Lesen milder gestimmt wird; nicht, indem es seiner Stärke beraubt wird, sondern indem seine Arroganz, seine falsche Exklusivität, seine vorgetäuschte Endgültigkeit zerstört werden. Mit jeder Verringerung der Arroganz des Ichs werden die Teilnehmer für die in der formativen Literatur verborgene transzendente Lebensform empfänglicher. Die Macht dieser Richtung hängt nicht davon ab, wie viel die Teilnehmer lesen, sondern *wie gut* sie lesen. Eine einzige Seite eines Buches, von der sie sich wirklich angesprochen fühlen, über die sie nachgedacht und vielleicht mit der Therapiegruppe gesprochen haben, kann ihnen mehr innere Richtung geben als ganze Kapitel, die sie gierig, aber mit einer oberflächlichen Haltung verschlungen haben. Eine Seite, mit der der Teilnehmer „mitschwingt", kann für ihn in diesem Augenblick seiner Krise von so tiefer Bedeutung sein, daß er immer wieder, wenn er darüber nachdenkt, Einsichten und Richtlinien daraus ableiten kann. Die Erfahrung des Therapeuten – die ständig durch seine Interaktion mit den Teilnehmern und das Lesen ihrer Aufzeichnungen ergänzt wird – befähigt dazu, den Gruppenmitgliedern Literatur zu empfehlen, die für bestimmte Stadien ihrer Krise besonders relevant sein mag. Bei den formativen Richtlinien, die in dieser Weise entdeckt werden, handelt es sich nicht unbedingt um neue und kluge Ideen. Es können vertraute Gedanken sein. Neu ist, daß sie aufgrund der Transzendenzkrise, die die Teilnehmer durchmachen, persönliche Bedeutung gewinnen.

Der Umgang mit vitalen Spannungen

Für die erfolgreiche Durchführung dieses Ansatzes ist es erforderlich, daß sich die Teilnehmer beim Lesen oder während der Sitzungen von zu starken körperlichen Spannungen freimachen. Angestrengtes, funktionales Lesen, Zuhören oder Diskutieren beansprucht nicht nur das Gehirn der Teilnehmer; es wirkt sich auch auf ihre Muskeln aus. Diese Anspannung verstärkt wiederum die bereits in ihrem Geist bestehende Spannung. Zusammengepreßte Lippen, zusammengebissene Zähne, eine in Falten gezogene Stirn oder eine steife Haltung verraten, wie angespannt und leistungsorientiert jemand beim Lesen, Zuhören oder Diskutieren ist. In angespanntem Zustand können die Teilnehmer nicht über geschriebene oder gesprochene Worte nachsinnen; sie besitzen nicht die nötige Ausgeglichenheit, um für ihren Kampf bedeutsame Richtlinien aufzunehmen. Daher werden sie zu Gesprächen darüber ermuntert, wie man zunehmend *körperliche Entspannung* erreichen und seinen *Geist freimachen* kann; damit wird erreicht, daß ihre Spannung nachläßt und sie sich frei und behaglich fühlen. Gleichzeitig werden sie aufgefordert, sich an irgendeinen Text zu erinnern, von dem sie für ihre formative Selbst-Richtung Unterstützung beziehen können. Je tiefer ihre Entspannung und je stärker ihre Aufnahmebereitschaft, je freier ihr Herz und ihr Geist von Dingen sind, die nichts mit dieser persönlichen Transzendenz zu tun haben, desto näher werden sie der Entdeckung von Direktiven sein, die sie aus der Krise herausführen können.

Die Grenzen der Therapie

Die Transzendenztherapie wurde entwickelt, um einer Transzendenzkrise zum Durchbruch zu verhelfen, um die Lösung ihrer Konflikte zu erleichtern und um die damit einhergehenden psychischen und psychosomatischen Störungen zu beseitigen. Sie dient nicht der Lösung ernster neurotischer und psychotischer Konflikte; vielmehr setzt sie die Lösung solcher Konflikte voraus, um ihre eigene volle Wirksamkeit zu erreichen.

Beispielsweise mag die zweite Generation von *Moslems,* die im Westen aufwächst, unter psychischen und psychosomatischen Störungen leiden – ohne dabei Symptome von Neurosen oder Psychosen zu zeigen –, die sich nicht auf eine Charakterneurose zurückführen lassen, sondern nur auf eine starke Transzendenzkrise.

Fest mit der formativen Tradition ihres Volkes verbunden, den humanistischen oder christlichen Traditionen in der Sphäre der Selbstformung abgeneigt, erleben sie noch im fortgeschrittenen Alter einen Konflikt zwischen den formativen Sitten ihrer Familien, in die kulturelle Ansprüche eingegangen sind, und ihrem Bedürfnis, sich kulturell und persönlich dem westlichen Formungsstil anzupassen. Die später im Leben auftretenden strukturellen Verluste verstärken das Bedürfnis nach einer transzendenteren Auffassung der Wirklichkeit, die sie in der Familientradition, deren kulturelle Verbrämung ihre tiefere formende Bedeutung verschleiert, nicht finden können. Wenn solche Probleme unlösbar erscheinen und die Störungen unerträglich werden, finden sie vielleicht Abhilfe in einer Gruppe, die Transzendenztherapie durchführt und sich aus Leuten mit ähnlichen Bedürfnissen, Konflikten, Krisen und Traditionen zusammensetzt. In den Therapiesitzungen werden sie ermutigt, in kreativer Weise zu den formativen Grundlagen zurückzukehren, die im *Koran* niedergelegt und als Lebensweisheiten in den Schriften der Moslemtradition, wie zum Beispiel in den klassischen Werken der „Sufis", experientell ausgearbeitet sind. Relevante Erkenntnisse der Geistes- und Naturwissenschaften helfen ihnen, die wiederentdeckten Grundlagen ihrer Tradition mit ihren kulturellen und persönlichen Formungsansprüchen zu integrieren.

Für den Fall, daß ihre Moslemtradition als solche zum Problem geworden ist, kann dies von der Transzendenztherapie allein nicht gelöst werden. In dieser Frage sind andere Fachleute, wie *theologische, philosophische* und *spirituelle Counselors* zu konsultieren. Das gleiche gilt, wenn die Hauptursachen ihrer

Störungen ernste neurotische oder psychotische Konflikte sind; solche Probleme müssen von anderen Therapieverfahren gelöst werden, bevor die Transzendenztherapie Erfolg haben kann.

Fallbeispiel

Die Gruppe bestand aus 12 Teilnehmern. Sie wurde von *drei* Transzendenztherapeuten betreut. Jeder von ihnen leitete zwei aufeinanderfolgende Phasen von etwa dreieinhalbmonatiger Dauer, die zeitlich mit zwei Semestern des akademischen Jahres der Universität, an der die Therapeuten angestellt waren, zusammenfielen. Die *Auswahl der Teilnehmer* erfolgte aufgrund persönlicher Gespräche, die jeder Therapeut mit ihnen führte. Auf diese Weise sollte die Wahrscheinlichkeit erhöht werden, daß sich die Teilnehmer zumindest in einer impliziten oder potentiellen Formungskrise befanden und nicht an schweren neurotischen oder psychotischen Störungen litten. Die Gespräche fanden statt, nachdem die Therapeuten die von jedem Bewerber verlangten ausführlichen Berichte besprochen hatten, warum sie an den Sitzungen teilnehmen wollten. In diesen Berichten sollten die Bewerber so viel wie möglich von sich selbst sagen; dabei sollten sie eingehen auf die Familie, ihre persönliche und berufliche Vergangenheit, ihren Bildungshintergrund, ihre gegenwärtige Arbeit und Berufswünsche für die Zukunft, ihre persönlichen Gründe für die Teilnahme an den Sitzungen und die Bedeutung, die diese Therapie ihrer Meinung nach zu diesem Zeitpunkt ihres Lebens haben kann. Nach den persönlichen Einzelgesprächen mit jedem der drei Therapeuten folgte eine weitere Besprechung, bei der man aufgrund der Ergebnisse der Einzelgespräche entschied, ob ein Bewerber angenommen oder abgewiesen werden sollte. Durch diese Methode wurden einige schwere Fälle von Neurosen oder Psychosen ausgesondert; diesen Leuten empfahl man andere therapeutische Verfahren. Bei zwei Bewerbern, die angenommen worden waren, hatten die Therapeuten schwere neurotische Probleme übersehen.

Bei anderen der angenommenen Teilnehmer tauchten kleinere traumatische und neurotische Probleme aus der Vergangenheit auf, eine übliche Erscheinung für Therapiesitzungen, in denen die potentielle Transzendenzkrise akut wird. Bei fünf Teilnehmern erreichten diese Probleme eine solche Stärke, daß sie an Psychiater überwiesen wurden, um eine angemessene Behandlung zu erhalten. Durch diese außerhalb stattfindende Behandlung wurde ihre Teilnahme an der Gruppentherapie nicht unterbrochen, sondern ergänzt. Aufgrund dieser Erfahrung wurde es zur Standardpraxis, die Teilnehmer darüber zu informieren, daß *außerhalb* der Transzendenztherapie Therapeuten zur Verfügung stehen, und sie zu ermutigen, diese zu konsultieren, wenn sie meinen, diese Form der Hilfe zu benötigen.

Da die therapeutische Arbeit darin besteht, die eigene formative Tradition mit der eigenen, einzigartigen formativen Geschichte zu integrieren, wird bei der Auswahl von Teilnehmern für eine Gruppe auch darauf geachtet, daß sie der gleichen Tradition angehören. Für die hier beschriebene Gruppe wurden Personen gewählt, die sich der *christlichen Tradition* verpflichtet hatten. Die Therapie hatte bei den Teilnehmern *unterschiedlichen Erfolg:* Die beiden fälschlich aufgenommenen, schwer gestörten Personen benötigten im Anschluß an die Sitzungen eine längere Phase von Einzeltherapie; von den übrigen 10 Teilnehmern „vermieden" zwei therapeutische Veränderungen, indem sie an ineffektiven Lebensformen der Vergangenheit festhielten; zwei weitere Teilnehmer begaben sich in das negative Stadium der Transzendenzkrise, kamen jedoch nicht darüber hinaus, was sich bei einem jährlichen Treffen ehemaliger Gruppenmitglieder zeigte. Sechs Teilnehmern gelang es, ihrer impliziten Transzendenzkrise zum Durchbruch zu verhelfen und eine wirksame Lösung in der Therapie zu erarbeiten.

In einige Jahre später durchgeführten Nachuntersuchungen gaben die Teilnehmer, die Widerstand geleistet und kein volles Krisenbewußtsein und keine Lösung während der Therapie erreicht hatten, zu, „eine Menge" gelernt zu haben. Es ist nicht unwahrscheinlich, daß diese bleibenden Eindrücke *später* eine Rolle spielen werden, wenn das Leben es ihnen schwierig macht, die Transzendenzkrise völlig zu vermeiden. Durch die Erfahrungen mit erfolgreichen Gruppen und mit erfolglosen, Widerstand leistenden Teilnehmern, die die Therapeuten bei den *jährlichen Treffen ehemaliger Gruppenmitglieder* machen, wird ihr Geschick bei der Auswahl und ihr therapeutischer Ansatz verbessert. Zwar kann die Wirksamkeit der Therapie – die auch von der freiwilligen Mitarbeit der Teilnehmer abhängt – niemals 100 Prozent erreichen, die Zahl erfolgreicher Teilnehmer kann jedoch mit den Jahren wachsen.

Die größten *Hindernisse* für ein therapeutisches Bewußtsein und die Lösung der Transzendenzkrise waren in dieser Gruppe: mangelnder Kontakt mit dem eigenen experientellen Leben; Mißlingen der persönlichen experientellen Durchdringung der theologischen und ethischen Abstraktionen der eigenen Religion, zusammen mit Unkenntnis der formativen Tradition dieser Religion; eine verspätete Lösung jugendlicher Autoritätsprobleme; eine übertragene Abhängigkeit von Zuneigung, Lob und Bestätigung seitens bedeutsamer Bezugspersonen; und Selbstentfremdung, die auf eine etwas hysterische oder zwanghafte Identifizierung mit sozial-religiösen Wahlsprüchen zu zeitgenössischen sozialen oder politischen Fragen zurückzuführen war.

Durch Abfassen sogenannter *Spielentwürfe*, in denen die Teilnehmer über eine Lebenserfahrung in *ihren* eigenen Worten berichten, und durch das Gespräch über diese Aufzeichnungen wurde ihnen ihre experientelle Entfremdung bewußt. Ein tragisches Beispiel hierfür war ein Teilnehmer, der über umfangreiche psychologische Fachkenntnisse verfügte, die er durch theologische Studien ergänzt hatte. Er war so stark von seiner eigenen Erfahrung entfremdet, daß es ihm unmöglich war, irgendwelche persönlichen Erfahrungen in seinen eigenen Worten zu berichten. Wenn er keine allgemeinen psychologischen oder theologischen Kategorien benutzen konnte, geriet er in Panik. Die gleiche Behinderung erlebte der Klient, wenn er Aufzeichnungen über seinen Fortschritt oder die gelesene Literatur machte; er mußte zur Einzeltherapie überwiesen werden.

Gelang es den Teilnehmern, mit ihrer eigenen Erfahrung in Berührung zu kommen, erlebten sie eine Krise, in der sie zum ersten Mal Gefühlen und Konflikten gegenüberstanden, die sie immer mit theologischen, ethischen oder psychologischen Abstraktionen oder Allgemeinplätzen verdeckt hatten. Teilweise konnte diese Krise gelöst werden, indem man ihnen eher *experientelle Schriften* ihrer Tradition nahebrachte, die sie bis dahin nicht kannten, und sie zu

Gesprächen darüber anregte. Ein anderes Ergebnis dieses erstmaligen experientellen Selbstgewahrwerdens war das Bewußtwerden eines Autoritätskonflikts, der in der Jugend nicht gelöst worden war und sich jetzt in einer *emotionalen Negativität* zeigte, die leicht als „rationale" Beschwerden über die Therapeuten verschleiert war. Anderseits ließ sie ihr Bedürfnis nach Wahrung kindlicher, affektiver Abhängigkeit den Versuch unternehmen, die Therapeuten zu elterlichen Demonstrationen von Wärme, Liebe, Anerkennung und Lob zu verleiten. Waren die Therapeuten fähig, diesen Verlockungen zu widerstehen, reagierten einige unsichere Teilnehmer feindselig und ärgerlich. Wie die jährlichen Treffen zeigten, blieb dieses Syndrom kindlicher Feindseligkeit in einigen der erfolglosen Fälle bestehen. Je mehr die sich anbahnende Krise Angst erzeugte, um so stärker versuchten einige Teilnehmer der Veränderung zu entgehen, indem sie sich in intellektuelle Gespräche flüchteten. Je stärker ein Teilnehmer intellektuell und akademisch orientiert war, um so häufiger war er in tragischer Weise von seinem experientellen Leben entfremdet. Brach die intellektualisierende Abwehr schließlich zusammen, wurde der „gelehrte" Teilnehmer oft das Opfer schwerer sexueller Probleme. Da er sein experientelles Leben solange unterdrückt hatte, wußte er nicht, wie er mit einem Verlangen, das ihm bis dahin nicht bewußt war, im Rahmen seiner formativen Tradition angemessen umgehen konnte.

Das ängstliche Festhalten an einem religiös-sozialen Wahlspruch war für einige die letzte Möglichkeit, einer Konfrontation mit sich selbst und ihrer Formungskrise auszuweichen. Dabei versuchten sie hartnäckig, das Gespräch über innere Schwierigkeiten durch ein Gespräch über soziale Probleme und ihre Lösung zu ersetzen. Bedrohlich war für sie auch die Möglichkeit, sich als jemanden zu sehen, der für seine Entscheidungen im Leben *selbst verantwortlich* ist, anstatt blind einem Wahlspruch zu folgen, der zwar ein wertvolles soziales Unterfangen anpreisen mag, das aber für sie selbst als einzigartige Personen vielleicht keinen Wert besitzt. Durch überlegte Anwendung der weiter oben beschriebenen Methoden gelang es zumindest sechs Teilnehmern, ihr zwanghaftes Verlangen nach Lob und Zuneigung, ihre selbstentfremdende Identifizierung mit sozialen Wahlsprüchen und ihre intellektualisierende Abwehr zu durchbrechen, für ihre Erfahrungen und die tieferen Lebensbedeutungen ihrer Tradition offener zu werden, ihrer Formungskrise zum Durchbruch zu verhelfen und eine Lösung für diese Krise in einer reiferen und offeneren Lebensform zu finden.

Zusammenfassung

Transzendenztherapie ist ein *Gruppenprozeß*, durch den versucht wird, Menschen, die sich in einer Transzendenzkrise befinden, zu helfen. Die Wurzeln dieses Ansatzes liegen in einer neuen Disziplin, die als *Formative Spiritualität* bekannt ist. Die der Gruppentranszendenztherapie zugrundeliegende Theorie enthält als zentrale Elemente das Konzept der *ganzheitlichen Formung* des Menschen und seiner *spontanen Entfaltung*. Damit steht sie im Gegensatz zu vitalistischen Auffassungen über die Selbstentfaltung und Formung. Menschen, die sich in einer *Transzendenzkrise* befinden, stehen an der Schwelle von einer niederen zu einer höheren Lebensform. In diesem Übergangsstadium entstehen eine Reihe *untergeordneter Krisen*, wie: Trennung, das Bedürfnis nach Richtung, das Problem der Kontinuität und eine Entwicklung in Richtung idealisierter Lebensrichtlinien.

Zum *therapeutischen Prozeß* gehört das Klären der Dialektik, das Verstehen der Dynamik der Krise, die Neuerschließung von Quellen der formativen Tradition und die Erleichterung, die der Mensch erlebt, wenn er sich von kulturellen Ansprüchen befreit, die ihn von den Quellen seiner formativen Tradition entfremdet haben.

Im allgemeinen treten in der Transzendenztherapie noch verschiedene andere Prozesse auf, wie *Ärger* über kulturelle Ansprüche, das Erleben von *Widerstand* und die *Identifizierung* von Illusionen.

Die Teilnehmer neigen bei diesem Ansatz zu starken Reaktionen gegenüber dem Therapeuten; sie *idolisieren* oder *verteufeln* ihn. Aufgabe des Therapeuten ist es, den Teilnehmern beim Umgang mit diesen Haltungen und auch bei der Bewältigung dieser vitalen Spannungen während der Sitzungen und bei der Beschäftigung mit Literatur Hilfestellung zu geben.

Literatur

Agnew, U. Originality and spirituality: The art of discovering and becoming oneself. Master's thesis. Duquesne University, 1974.

Gratton, C. Some aspects of the lived experience of interpersonal trust. *Humanitas*, 1973, **9**, 273–296.

Muto, S. A. *Approaching the sacred: An introduction to spiritual reading*. Denville, N.J.: Dimension Books, 1973.

Muto, S. A. *A practical guide to spiritual reading*. Denville, N.J.: Dimension Books, 1976a.

Muto, S. A. *Steps along the way: The path of spiritual reading*. Denville, N.J.: Dimension Books, 1976b.

Muto, S. A. *The journey homeward: On the road of spiritual reading*. Denville, N.J.: Dimension Books, 1977.

Muto, S. A. *Renewed at each awakening: The formative power of sacred words*. Denville, N.J.: Dimension Books, 1979.

Sharpe, M. J. Life form and its transforming influence upon the person. Master's thesis. Duquesne University, 1971.

van Kaam, A. *Religion and personality*. Englewood Cliffs, N.J.: Prentice-Hall, 1964.

van Kaam, A. *The art of existential counseling*. Denville, N.J.: Dimension Books, 1966.

van Kaam, A. and Healy, K. *The demon and the dove: Personality growth through literature*. Pittsburgh, Pa.: Duquesne University Press, 1967.

van Kaam, A. *Existential foundations of psychology*. Denville, N.J.: Dimension Books, 1969.

van Kaam, A. *On being yourself*. Denville, N.J.: Dimension Books, 1972.

van Kaam, A. *In search of spiritual identity*. Denville, N.J.: Dimension Books, 1975.

van Kaam, A. *The dynamics of spiritual self-direction*. Denville, N.J.: Dimension Books, 1976.

van Kaam, A. (Ed.). Originality and conformity. *Humanitas*, 1977(a) **12**.

van Kaam, A. (Ed.). Aging gracefully. *Humanitas*, 1977(b) **13**.

van Kaam, A. Dynamics of hope and despondency in the parents of handicapped children. *Humanitas*, 1977, **13**, 307–317.(c)

van Kaam, A. *Living creatively*. Denville, N.J.: Dimension Books, 1978.

van Kaam, A. *The transcendent self: Formative spirituality of the middle, early and later years of life*. Denville, N.J.: Dimension Books, 1979.

van Kaam, A. Provisional Glossary of the Science of Foundational Life Formation. *Studies in Formative Spirituality*. Pittsburgh, PA: IFS, Duquesne University, 1980, I (1), 137–155; (2), 287–304; (3), 449–479 and 1981, II (1), 117–143.

Triadisches Counseling

Paul B. Pedersen

Wie kann man Counselors dazu ausbilden, mit Klienten umzugehen, die einem anderen Kulturkreis entstammen? Wie kann man mit Erfolg Klienten behandeln, die neben den üblichen auch noch spezielle Widerstände zeigen, die auf ihre Zugehörigkeit zu einer anderen sozialen Schicht oder Kultur zurückzuführen sind? Ein gut ausgebildeter Counselor steht häufig trotz bester Absichten vor scheinbar unüberwindbaren Kommunikations- und Beziehungsproblemen, wenn er es mit feindseligen, ängstlichen, Widerstand leistenden und unkommunikativen Personen zu tun hat, die zu anderen ethnischen, sozialen, kulturellen und ökonomischen Gruppen als er selbst gehören, in denen andersartige Wertvorstellungen und ein ganz anderer Lebensstil herrschen. Ich habe früher als Psychologe im Strafvollzug, in Sozialämtern usw. gearbeitet; das Ausmaß dieses Dilemmas ist mir gut bekannt.

Das von Paul Pedersen entwickelte triadische Modell ist ein wirklich neuer Ansatz, um mit dieser Art von Schwierigkeiten fertig zu werden. Es macht eine Veränderung traditioneller Auffassungen und Verfahren notwendig, die auf solche Gruppen angewandt werden. Die Einführung des „Anticounselors" ist meiner Meinung nach eine Neuheit, die nicht nur für die Ausbildung bedeutsam wird, sondern auch für die Behandlung von ängstlichen, mißtrauischen oder kulturfremden Klienten, mit denen man es häufig in sozialen Einrichtungen wie psychiatrischen Krankenhäusern, Kliniken, Studentenzentren und ähnlichen zu tun hat. Der Leser sollte sich auf eine völlig neue Perspektive des Counselings und der Psychotherapie gefaßt machen.

Das triadische Modell wurde speziell entwickelt, um eine wirksame Durchführung *transkulturellen Counselings* möglich zu machen. Counseling wird als dreigleisige Interaktion zwischen *Counselor, Klient* und *Problem* verstanden. Mit dem triadischen Modell, zu dessen besonderen Merkmalen ein *Anticounselor* gehört, wird beabsichtigt, das bekannte Problem des *Widerstandes* zu vermindern, ein Problem, das im allgemeinen stärker ist, wenn sich Counselor und Klient in ihrem kulturellen Hintergrund unterscheiden. Je größer der kulturelle Unterschied zwischen ihnen ist, um so unwahrscheinlicher wird der Counselor ein wirkungsvolles Bündnis mit dem Klienten gegen das Problem eingehen können. Bei richtiger Anwendung der sozialpsychologischen Erkenntnisse über die Bildung von Bündnissen in einer Triade wird der Counselor seinen Einfluß dazu benutzen, eine „Bündnisbereitwilligkeit" zu schaffen.

In der Ausbildung zum *transkulturellen Counselor* wird eine Situation hergestellt, in der Counselor, Klient und eine dritte Person – der Anticounselor – miteinander interagieren. Der Anticounselor gibt dauernd unmittelbare Rückmeldung über die Machtverteilung, wodurch die Wahrnehmung des Counselors geschärft und seine Fertigkeiten verbessert werden.

Geschichte

Die Idee des triadischen Modells kam in einem Seminar auf, das Clyde Parker und Donald Blocher 1965 an der University of Minnesota gehalten haben. Ziel dieses Seminars war, originelle Gedanken zum Counseling zu entwickeln. Ich war gerade von einer indonesischen Universität zurückgekehrt, an der ich drei Jahre lang als Counselor gearbeitet hatte, und erlebte mit Faszination, wie asiatische Klienten persönliche Probleme im allgemeinen anders konzeptualisieren als amerikanische Klienten. Von Asiaten werden Probleme als gut *und* als schlecht angesehen, nicht einfach als schlecht. Sie betrachten jedes Problem als eine Kombination von bereichernden, wertvollen Aspekten *und* von unerwünschten Merkmalen, woraus sich für die betreffende Person ein Dilemma ergibt. Ein Problem wird, wie eine Persönlichkeit, als *komplexe Einheit* aufgefaßt, die nicht auf die Symptomatologie des Klienten begrenzt ist. Das Problem wird als fast „teuflische" Konfiguration verstanden, die sich aktiv verändert und einen eigenen „Willen" hat und sich nicht passiv der Kontrolle des Klienten oder Counselors unterwirft. In der Counselingbeziehung gleicht das Problem manchmal einem personifizierten Feind, der eine geheime Strategie verfolgt und bestimmte konkrete Formen der Kontrolle über den Klienten ausübt, ähnlich, wie eine böswillige Person den Klienten entgegen seinen eigenen Interessen durch versteckte Drohungen und Versprechungen manipulieren würde.

In der Absicht, das Problem des Klienten im transkulturellen Counseling besser zu verstehen, unternahm ich (1976b) den Versuch, bei einem simulierten transkulturellen Counselinggespräch eine dritte Person, die dem Kulturkreis des Klienten entstammte, hinzunehmen. Die dritte Person wurde *Anticounselor* genannt, womit auf ihre Funktion in dem Gespräch hingewiesen werden soll; ihre kulturelle Übereinstimmung mit dem Klienten dient dazu, das transkulturelle Bündnis zwischen Counselor und Klient anzufechten.

Die Methode, Therapie im Kreise von drei Personen durchzuführen, ist nicht neu. Bolman (1968) hatte wahrscheinlich als erster den Vorschlag gemacht, in der *transkulturellen Therapie* mit mindestens zwei Therapeuten, von denen einer die Kultur des Klienten repräsentiert, zu arbeiten, um eine Brücke zwischen Klient und Therapeut zu schlagen. Auch Slack und Slack (1976) befürworten *Triaden,* in denen die dritte Person jemand ist, der sich bereits erfolgreich mit dem Problem des Klienten in der Counselingbeziehung beschäftigt hat. In der *Familientherapie* sind Triaden als Muster pathogener Bündnisse (Satir, 1964) genutzt worden, wobei der Therapeut geschickt vermittelt und Partei ergreift, um die pathogenen Beziehungen zu verändern. Counseling wird so zu einer Reihe von *Verhandlungssituationen,* in denen alle drei Beteiligten um die Kontrolle wettstreiten. Zuk (1971) beschreibt diesen Ansatz als einen „Vermittlungs"prozeß, in dem der Therapeut einen Konflikt in einer Krisensituation herbeiführt, an dessen Lösung sich alle Parteien aktiv beteiligen können.

Im allgemeinen ist bekannt, daß es für Counselors schwer ist, konstruktive Veränderungen zu erzielen, wenn sie sich in Rasse, Kultur oder sozialer Schicht von ihren Klienten unterscheiden. Counselors, die ihren Klienten in diesen Aspekten ähnlich sind, haben bessere Voraussetzungen für erfolgreiche Interventionen. Ein bekanntes Beispiel dafür sind Alkoholiker, denen offenbar am besten durch andere Alkoholiker geholfen wird. Sprachbarrieren und kultur- und schichtspezifische Werte tragen dazu bei, das Counselor-Klient-Bündnis zu schwächen und die Counselingbeziehung zu stören. Die Arbeit mit Klienten aus anderen Kulturkreisen bringt große Probleme mit sich – gegenseitige Mißverständnisse sowie Vorurteile, die zu wachsender negativer Übertragung gegenüber dem Counselor führen und dazu verleiten können, eine kulturell angemessene Reaktion des Klienten durch Verwendung fremder Konstrukte wie „neurotische Übertragung" falsch aufzufassen (Pedersen, 1976a).

Das übliche Verfahren der Auswahl, Ausbildung und Anerkennung von Counselors spiegelt kulturell bedingte Vorurteile wider und verstärkt diese sogar noch. Es gibt Hinweise dafür, daß selbst gut ausgebildete Counselors im allgemeinen nicht darauf vorbereitet sind, mit Klienten zu arbeiten, die rassischen, ethnischen oder sozioökonomischen Gruppen angehören, deren Werte, Einstellungen und Lebensformen von den Mittelschichtsnormen verschieden sind (Pedersen, 1976a).

Gegenwärtiger Stand

Das Triadische Counseling konzentriert sich größtenteils auf die *Ausbildung von Counselors* und weniger auf die Anwendung dieses Verfahrens bei Klienten in der Therapie. Paradoxerweise ist diese Ausbildung von Counselors gleichsam eine *Therapie für die Trainees*.

Untersuchungen bei Studenten, deren Ausbildung dem triadischen Modell folgte, führten zu folgenden Ergebnissen: die Studenten erzielten statistisch signifikant höhere Werte in einem schriftlichen Mehrfachwahltest, der die Effektivität von Counselors messen sollte; die Beschreibungen ihres Real- und Idealselbst wiesen geringere Diskrepanzen auf; und sie benutzten mehr positive Adjektive bei der Beschreibung ihrer eigenen Arbeit als Counselor im Vergleich zu Studenten eines Semesters, bei denen das triadische Modell nicht angewandt worden war. Außerdem ergab der Vergleich von Schätzwerten für Empathie, Achtung und Kongruenz in mit Video aufgenommenen, transkulturellen Gesprächen vor dem Training mit entsprechenden Werten nach dem Training einen signifikanten Anstieg. Darüber hinaus deuteten die Einschätzungen der vor dem Training aufgenommenen Gespräche mittels der siebenstufigen Gordon-Skalen, die die Kommunikation des Verständnisses affektiver Bedeutungen messen, auf eine signifikante Verbesserung der Fertigkeiten der Studenten hin (Pedersen/Holwill/Shapiro, 1978).

Nach einem eintägigen Trainingsworkshop beantworteten die daran teilnehmenden 39 asiatisch-amerikanischen Counselors, die mit vorübergehend anwesenden Jugendlichen des Festlandes arbeiteten, die Fragen eines Fragebogens folgendermaßen: Hat Ihnen das Training geholfen, Widerstände von Klienten zu antizipieren? (28 ja, 4 nein, 7 keine Antwort). Half dieses Training bei der Artikulation des Problems? (25 ja, 6 nein, 2 etwas, 6 keine Antwort). Wäre Ihnen an einem weiteren Training mit diesem Modell gelegen? (22 ja, 8 nein, 1 vielleicht, 8 keine Antwort). Auf die Frage, welchen Nutzen sie aus der Anwendung des Modells gezogen haben, antworteten 12, sie hätten ein besseres Verständnis kultureller Unterschiede gewonnen, 8 sprachen von einer Verbesserung des Trainings für Counselors, und 5 betonten den Wert einer dritten Person

(Anticounselor) bei simulierten Counselinggesprächen. Die Antworten von 40 anderen Counselors auf einen ähnlichen Fragebogen waren ebenfalls positiv: Hat Ihnen das Training geholfen, Widerstände von Klienten zu antizipieren? (32 ja, 1 nein, 1 vielleicht, 4 etwas und 2 keine Antwort). Half dieses Training bei der Artikulation des Problems? (30 ja, 2 nein, 5 etwas und 3 keine Antwort). Wäre Ihnen an einem weiteren Training mit diesem Modell gelegen? (28 ja, 1 nein, 1 vielleicht und 10 keine Antwort).

1977 verglich Fahy Holwill-Bailey (1979) verschiedene Modelle für die Ausbildung von Counselors in Human Relations-/interpersonalen Fertigkeiten: ein traditionelles Modell, ein Programm gemäß der von Kagan entwickelten Methode des „Interpersonal Process Recall" *(Recall-Therapie)* (Kagan et al., 1965) und ein Verfahren, das dem triadischen Modell folgte. Als abhängige Variablen benutzte sie Iveys Skala zur Effektivität von Counselors, die revidierte Truax-Skala für Empathie, die revidierte Carkhuff-Skala für Achtung und Echtheit, die Adjektivliste von Shapiro und die Toleranz- und Mehrdeutigkeitsskala von Bender. In einer Dreiwegkovarianzanalyse ergaben sich auf allen Skalen signifikante Unterschiede zwischen der Kontroll- und Experimentalgruppe. Eine vorläufige Datenanalyse erbrachte keine signifikanten Unterschiede zwischen den Meßwerten der mit triadischen und dyadischen Verfahren ausgebildeten Gruppen; sie legt nahe, daß beide Methoden etwa gleich wirksam und beide dem traditionellen Ausbildungsansatz für Counselors überlegen sind.

Ivey und Authier (1978) besprechen das triadische Modell im Zusammenhang mit „den Implikationen der kulturellen, Umwelt- und Kontextfaktoren" des Mikrocounselings als Ausbildungsmethode. Sie gelangen zu folgender Auffassung: „Die einflußreichste und direkteste Methode für ein transkulturelles Training scheint das transkulturelle triadische Modell von Pedersen zu liefern" (1978, S. 215). Gleichzeitig weisen sie darauf hin, daß das triadische Modell nicht für alle Trainees geeignet ist; naive Trainees könnten unter dem Druck des Anticounselors „den Mut verlieren". Außerdem merkt Ivey an, Trainees würden von dem triadischen Modell am meisten profitieren, nachdem sie die grundlegenden Mikrocounselingfertigkeiten gelernt haben.

Vom Institute of Behavioral Sciences in Honolulu, Hawaii, wird ein *interkulturelles Ausbildungsprogramm* für im therapeutischen Bereich tätige Personen gefördert. Im Rahmen dieses Programms sollen Ausbildungskurse in transkulturellen Counselingfertigkeiten abgehalten werden, jährliche Konferenzen über transkulturelles Counseling stattfinden, und es soll eine Überprüfung der Wirksamkeit von Ausbildungsmethoden vorgenommen werden. Derald Sue (1979) sammelt Daten zum Vergleich der Wirksamkeit von Triaden mit einem *Anticounselor* und mit einem *Procounselor*.

Ein *Procounselor* ist eine Hilfsperson, die dem gleichen Kulturkreis wie der Klient entstammt. Seine Aufgabe besteht darin, erleichternde Bedingungen für den Couselingsprozeß herzustellen, wobei er, ähnlich wie der Anticounselor die negativen Aspekte der Interaktion betont, deren positive Seiten hervorhebt. Der Procounselor unterstützt die Arbeit des Counselors und gestaltet sie effektiver, ohne ihn aus seiner Rolle zu drängen oder den Counselingsprozeß zu stören. Die Rolle des Procounselors erfordert mehr Fertigkeiten als die des Anticounselors, da der Procounselor nicht nur die auftretenden Fehler entdecken muß, sondern auch die Interventionen des Counselors uminterpretieren und umlenken soll, um ihre negative Wirkung zu minimalisieren und ihren positiven Einfluß zu maximieren. Es gibt dem Counselor häufig Sicherheit, einen Procounselor mit dem gleichen kulturellen Hintergrund wie der Klient als Verbündeten zu haben; jedoch kann es vorkommen, daß ein wenig einfühlsamer Procounselor die Leitung des Gesprächs übernimmt und für einen unsicheren Counselor äußerst bedrohlich wird.

Weitere Versuche mit dem triadischen Counseling haben zu *sechs verschiedenen Ausbildungsmodellen* geführt:

1. der *Anticounselor:* Der Partner des Klienten gibt negative Rückmeldung;
2. der *Procounselor:* Der Partner des Klienten gibt positive Rückmeldung;
3. der *Interpret:* Der Partner des Klienten sorgt für eindeutige Kommunikation zwischen Klient und Counselor, indem er positive und negative Rückmeldung gibt;
4. eine *dritte feindselige Person:* Der Partner des Klienten spielt die Rolle eines engen Freundes oder Verwandten des Klienten, der feindselig gegenüber dem Counseling eingestellt ist;
5. eine *dritte freundliche Person:* Der Partner des Klienten spielt die Rolle eines engen Freundes oder Verwandten des Klienten, der wohlwollend gegenüber dem Counseling eingestellt ist; und
6. ein *Quartett:* Sowohl ein feindseliger wie auch freundlicher Partner des Klienten interagieren beide mit dem Counselor.

Andere *Varianten* dieses Ansatzes versuchen, die Ausbildung spezifischer zu gestalten und die therapeutischen Fertigkeiten detaillierter zu fassen, das triadische Modell für verbale und nichtverbale, konfrontierende und nichtkonfrontierende Verfahren nutzbar zu machen und Daten über den speziellen Einfluß der direkten und unmittelbaren Rückmeldung vom Klienten während eines simulierten transkulturellen Gesprächs zu sammeln. Ich habe in der Vergangenheit veröffentlichtes Material über das triadische Modell sowie Informationen über die weitere Entwicklung auf dem Gebiet der Forschung und über Ausbildungsansätze, die dieses Modell benutzen, in dem Buch „Basic Intercultural Counseling Skills" (1979a) zusammengestellt.

Theorie

Counseling kann als *Interaktion* von „drängenden" und „bremsenden" Faktoren verstanden werden. Der Counselor versucht dabei, dem Klienten zu helfen, der Klient bemüht sich, verinnerlichte Konflikte zu lösen, und das Problem verliert seine Kontrolle über den Klienten. Das Kräftefeld des Counselings bildet eine *Triade* aus Streß, der Reaktion auf diesen Streß und den auf Lösungen hinzielenden Interventionen – alles Faktoren, die potentiell von der *Kultur* beeinflußt sind. Bei der Counselor-Klient-Interaktion handelt es sich im Grunde um eine soziale Interaktion, die den gleichen Gesetzen und Prinzipien folgt wie andere soziale Interaktionen. Ich habe dieses Kräftefeld einer *Theorie sozialer Macht* entsprechend als *dynamische Interaktion gegensätzlicher Kräfte* beschrieben (1968, 1973); der Counselor sucht ein Bündnis mit dem Klienten, wogegen sich das Problem widersetzt (Caplow, 1968). Damit sich Counselor und Klient verbünden können, müssen sie sich auf eine Vorgehensweise einigen, die einem gemeinsamen Ziel dient. Der Klient erwartet vom Counselor Hilfe, während der Counselor auf den Klienten angewiesen ist, um Kenntnisse über das Problem zu gewinnen. Das *Aushandeln* eines Bündnisses zwischen Klient und Counselor bildet die Aufgabe des Counseling, eine Aufgabe, die sich immer wieder von neuem stellt und immer wieder in anderer Form zu bewältigen ist.

Abbildung 1 liefert ein Schema für die triadische Interaktion von Counselor, Klient und Problem. Counseling wird hier als eine *Wettbewerbssituation* dargestellt, in der Counselor und Klient als Verbündete auf der einen Seite und das Problem auf der anderen Seite um Einfluß ringen. In der Abbildung wird davon ausgegangen, daß wir zwischen starken und schwachen Macht- oder Einflußgraden unterscheiden können, die als allgemeine Maße für den Fortschritt des Klienten dienen. In diesen Begriffen wird Counseling als ein *Prozeß* verstanden, in dem die Macht oder der Einfluß des Klienten gesteigert werden, während das Macht- oder Einflußpotential des Problems in gleichem Maße abnimmt. Es wird angestrebt, daß die Kurve des Klienten von der Ebene geringer Macht zur Ebene größerer Macht ansteigt, während die Kurve des Problems gleichzeitig von der Ebene großer Macht auf die geringer Macht abfällt. Der Counselor soll intervenieren, um ein Bündnis zwischen ihm und dem Klienten herzustellen, wodurch der Fortschritt des Klienten gefördert, das Problem aber isoliert und in seiner Macht geschwächt wird. An jedem Punkt auf der Zeitkoordinate sollte die Macht des Counselors zusammen mit der des Klienten etwa genauso groß sein wie die des Problems (Co + Kl = P). Eine ungleiche und fluktuierende Machtverteilung verlangt vom Counselor, die Intensität seiner Intervention entsprechend zu ändern. Übt der Counselor zu viel Macht aus, wird der Klient das Counseling aufgeben und sich lieber mit dem Problem abfinden, da er es als weniger bedrohlich oder dominant erlebt als den Counselor. Übt der Counselor zu wenig Macht aus, wird das Problem infolge seines anhaltenden Bündnisses mit dem Klienten dominieren.

In Abbildung 1 werden *drei Situationen* (X_1, X_2, X_3) illustriert. Am Punkt X_1 hat der Klient wenig Macht und wird von dem Problem dominiert. In der Situation X_2 ist der Klient in der Lage, so viel Einfluß auszuüben, daß der Counselor das schwächere Glied in der Triade werden und dem Klienten mehr Verantwortung übertragen kann. In Situation X_3 ist der Klient fähig, das Problem selbständig zu bewältigen, wobei er nur wenig Unterstützung vom Counselor braucht. Eine für geringe Macht typische Klientenäußerung ist etwa: „Ich fühle mich schlecht und ich weiß nicht, warum." Der Counselor kann darauf mit einer interpretativen Änderung höherer Intensität reagieren, etwa: „Vielleicht ist der Grund für Ihre schlechte Stimmung dies oder jenes." Eine für starke Macht charakteristische Klientenäußerungen wäre: „Aber ich fühle mich überhaupt nicht so." Einer solchen Aussage kann mit einer Counseloräußerung geringerer Intensität begegnet werden, etwa: „Sie glauben nicht, daß dies oder jenes ein Problem für Sie ist." Bei Klienten, die mit ihren Schwierigkeiten verhältnismäßig wirksam umgehen, sind nur wenige Interventionen des Counselors notwendig.

Bei den *Maßeinheiten* auf der Koordinate des Machteinflusses handelt es sich um *relative*, nicht um absolute Werte; man muß zwischen einem relativ erfolgreichen Klienten, der einem schwierigen Problem gegenübersteht, und einem

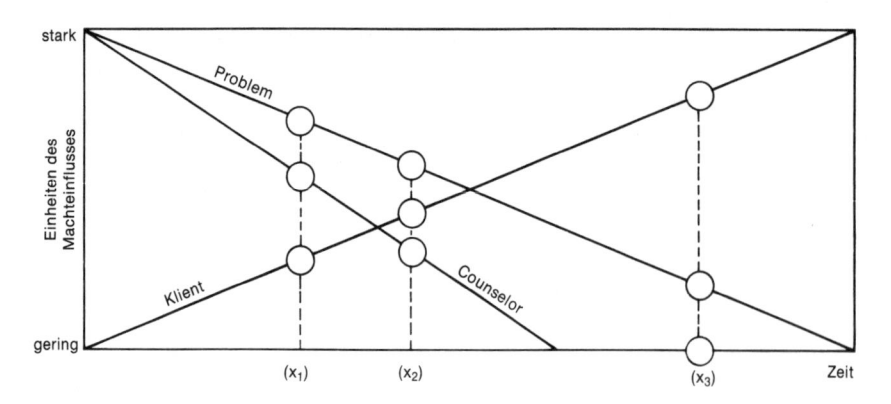

Abbildung 1: Eine schematische Darstellung der sich im Laufe der Zeit ändernden Machtverteilung zwischen Counselor, Klient und Problem, bei der drei Momente (X_1, X_2, X_3) im Counselingprozeß spezifiziert werden.

relativ erfolglosen Klienten, der es mit einem leichten Problem zu tun hat, unterscheiden. Der Counselor muß seine Interventionen auf Änderungen der Geschwindigkeit und Richtung in der Entwicklung des Klienten abstimmen, um das Bündnis mit ihm aufrechtzuerhalten. Counselorinterventionen auf der linken Hälfte der Abbildung 1 sind eher konfrontierender und interpretierender Natur, während Interventionen auf der rechten Hälfte eher reflektiv und nichtdirektiv sind. Sollen seine Interventionen wirksam sein, muß der Counselor den Prozeß aufmerksam überwachen und genau auf die Gefühle des Klienten eingehen. Stammt der Klient jedoch aus einem anderen Kulturkreis als der Counselor, ist es äußerst schwierig, seine Mitteilungen treffend zu interpretieren.

Der *Anticounselor* hat eine ähnliche Funktion wie das „Hilfs-Ich" im *Psychodrama* oder in der *Gestalttherapie,* mit dem Unterschied, daß er nicht neutral oder hilfreich ist, sondern sich bewußt subversiv verhält und versucht, das Counselinggespräch zu stören. Während der Counselor auf eine Lösung drängt, zieht der Anticounselor genau in die entgegengesetzte Richtung und bemüht sich, das Problem aufrechtzuerhalten. Der Klient entscheidet, wer für ihn den besseren Bündnispartner abgibt, der aus einer anderen Kultur stammende Counselor oder der aus der gleichen Kultur stammende Anticounselor. Bedingung für *erfolgreiches* Counseling ist ein Klient-Counselor-Bündnis gegen den Anticounselor; beim *erfolglosen* Counseling entwickelt sich ein Klient-Anticounselor-Bündnis, das den Counselor isoliert und wirkungslos werden läßt. Strategien eines Counselors und Rollenerwartungen von Klienten sind uns vertraut; das Konzept eines aktiven, Widerworte gebenden Anticounselors erscheint zunächst jedoch seltsam und fremd. Das Problem, das durch den Anticounselor repräsentiert wird, entwickelt seine eigenen besonderen Strategien.

Die *Rolle des Anticounselors* ist anders als die Rolle einer Person mit einem Problem. Ähnlich wie der Counselor positive Funktionen in der Counselingbeziehung ausübt, kommen dem Anticounselor negative Funktionen zu; auf diese Weise werden ihre beiden Rollen *polarisiert*. Der Klient wird vom Counselor wie vom Anticounselor „umworben". Die Intentionen des Anticounselors können darin bestehen, das Counselinggespräch auf einem oberflächlichen Niveau zu halten und den Counselor zu verwirren, ihm verzerrte Vorstellungen zu vermitteln, ihn abzulenken, seine Meinungen anzuzweifeln, Dinge für ihn zu komplizieren oder ihn anderweitig zu frustrieren. Die meisten Anticounselors wirken für aus dem gleichen Kulturkreis stammende Klienten dadurch anziehend, daß sie sich nicht durch Regeln logischer Konsistenz einschränken lassen und aufgrund ihrer gemeinsamen Kultur mit dem Klienten vertraut umgehen können. Der Anticounselor gibt *negative Rückmeldung,* die selbst im Rahmen eines Rollenspiels unangebracht wäre, wenn sie vom Klienten käme; er artikuliert damit *Widerstände,* die sonst nur in undeutlicher, symbolischer Form Ausdruck finden.

Triadisches Counseling macht sich die Einsichten vieler verschiedener Theorien zunutze. Das *Rollenspiel* wird schon seit langem im *Psycho-* und *Soziodrama* verwendet, um unklare Elemente einer komplizierten Beziehung zu verdeutlichen. Seit Jahren gehören Rollenspiele zu den Standardverfahren in der Ausbildung von Counselors, wenn auch nicht mit den gleichen positiven und negativen Strukturen, wie sie hier beschrieben wurden. In der Literatur über das Formen von Bündnissen in einer Triade wird auf *sozialpsychologische* Erkenntnisse zurückgegriffen. Kelly und Thibaut (1968) sichten die sozialpsychologische Literatur über gegenseitige Abhängigkeiten in Dyaden, die von der sozialen Umwelt beeinflußt sind. Das triadische Modell hat Theorien der Sozialpsychologie auf die verschiedenen Formen, die die zwischen den beiden Partnern einer Counselingsituation herrschende Abhängigkeitsbeziehung annehmen kann, angewandt (Revich/Geertsma, 1969; Salomon/McDonald, 1970; Stroller, 1967).

Methoden

Der erste Schritt im triadischen Modell besteht darin, *geeignete Hilfspersonen* ausfindig zu machen. Diese müssen zum Klienten passen und ein *Team* mit ihm bilden. Es ist wichtig, daß die Personen eines Teams kulturelle Ähnlichkeiten aufweisen und sich gut miteinander verständigen können, damit es ihnen möglich ist, die Gedanken und Gefühle des Partners zu antizipieren. Hat man eine Hilfsperson ausgewählt, ist es häufig am besten, wenn man diese die anderen Hilfspersonen aussuchen läßt. Gleichgültig, ob es sich um einen Anticounselor, einen Interpreten oder einen Procounselor handelt, der Partner des Klienten muß genaue Einsicht in dessen Gedanken und Gefühle haben, soll das Verfahren erfolgreich sein. Das Hilfsteam muß ausreichend redegewandt sein, um dem Counselor Rückmeldung zu geben, die selbst von einem kulturellen Außenseiter verstanden werden kann; dabei muß die Rückmeldung im Einklang mit den Grundwerten der Kultur sein. Außerdem sollte es dem Hilfsteam nicht unangenehm sein, dem Counselor positive und/oder negative Rückmeldung zu geben.

Der zweite Schritt besteht darin, die *Hilfspersonen anzuleiten,* wie sie sich in der triadischen Situation verhalten sollen. Sie werden instruiert, entweder nur positive oder nur negative Rückmeldung zu geben, da der Partner des Klienten die Aufgabe hat, eine dieser beiden Formen der Rückmeldung zu liefern, nicht beide. Der mit einem Klienten eines anderen Kulturbereichs arbeitende Counselor beginnt dann das Gespräch in dem sicheren Wissen, daß die Hilfsperson ein „Feind" oder ein „Freund" ist. Indem er sich auf eine Form der Rückmeldung konzentrieren kann, ohne diese erst während des Gesprächs entwirren zu müssen, entwickelt er Geschick im Unterscheiden von positiver und negativer Rückmeldung in einer ihm unvertrauten kulturellen Situation. Das triadische Modell kann anhand von *Videoaufnahmen* von Counselinggesprächen demonstriert werden, die die Interaktionen zwischen Counselor, Klient und Anticounselor, Procounselor oder Interpret oder eine andere Konfiguration zeigen. Sind keine Modellbänder verfügbar, kann den Hilfspersonen mittels *Rollenspielen* ein Verständnis des Interaktionsprozesses vermittelt werden. Die Beobachtung eines Modells der Interaktion ist wichtig für sie, damit ihnen klar wird, was man später von ihnen erwartet. Anschließend können sie die Interaktionen im triadischen Modell in Rollenspielen üben und, wenn möglich, ihre Gespräche mit Video aufnehmen, um sie dann zu besprechen. Zögern die Hilfspersonen, negative Rückmeldung zu geben, kann es hilfreich sein, mehreren Personen gleichzeitig die Rolle des Anticounselors zuzuschreiben, was den einzelnen vom Druck befreit. Es ist wichtig, die Hilfspersonen gut auszubilden, damit sie verstehen, was von ihnen erwartet wird.

Die Hilfspersonen müssen angeleitet werden, dem Counselor beständig *unmittelbare Rückmeldung* darüber zu geben, welche Maßnahmen erfolgreich sind und welche nicht. Sie können diese Rückmeldung verbal oder nichtverbal geben, wichtig ist, daß ihre Hinweise den guten oder schlechten Interventionen des Counselors so unmittelbar wie möglich folgen, offenkundig sind und das gesamte Gespräch begleiten. Hat der Counselor den positiven oder negativen Wert einer Intervention erkannt, kann er sich sofort um einen Ausgleich oder eine Korrektur bemühen. Allmählich wird der Counselor für subtile positive und negative Hinweise seitens des Klient-Hilfsperson-Teams empfindsamer; er lernt, negative Rückmeldung im voraus zu antizipieren und sein Handeln sofort zu korrigieren.

Der dritte Schritt bei Anwendung des triadischen Modells besteht in der *Auswahl von Problemen,* die exploriert werden sollen. In einer echten Situation, in der die Hilfsperson an einer richtigen Therapie teilnimmt, werden die Probleme vom Klienten präsentiert. Die Aufgabe des Anticounselors, Procounselors oder Interpreten besteht dann darin, das Problem vom Standpunkt des Klienten aus genauestens wiederzugeben und zu verstehen. Die Hilfsperson muß außerordentlich geschickt und für die besondere Perspektive des Klienten empfänglich sein, um diese Aufgabe gut zu erledigen. In einer Trainingssituation können die Partner des Klient-Hilfsperson-Teams eine Reihe von Problemen ausfindig machen, die ihnen beiden vertraut, dem Counselortrainee aber wahrscheinlich fremd sind. Die Probleme sollten im Hinblick auf ihre Eignung als Übungsmaterial ausgewählt werden, das heißt, sie sollten eher komplex als einfach und nicht leicht lösbar sein, und sie sollten so weit wie möglich die kulturellen Werte des Klienten widerspiegeln und recht häufig als ernste und wichtige Angelegenheiten in seiner Kultur in Erscheinung treten. Bei der Auswahl von Übungsproblemen kann dem Hilfsteam oft die Anregung helfen, sich ein echtes Problem von jemandem aus ihrem eigenen Kulturkreis als Modell zu nehmen. Es ist sehr wichtig, daß das Hilfsteam *kein* ernstes Problem heranzieht, weswegen einer von ihnen selbst Therapie suchen könnte; die Trainingssituation würde dann mit einer echten Counselingsituation verwechselt, und die Hilfspersonen könnten Schaden nehmen.

Hat man die Hilfspersonen ausgewählt, ausgebildet und geeignete Probleme gefunden, besitzt das Team die Voraussetzung, um an echten Therapiesituationen, an Ausbildungskursen für praktizierende Counselors oder an Anfängerkursen teilzunehmen. Es gibt einiges Datenmaterial über die Anwendung des triadischen Modells in Praktikerkursen und Anfängerkursen; über seine Verwendung in der Therapie liegen jedoch kaum Daten vor. Man sollte daher sehr vorsichtig bei der Anwendung des Modells sein, besonders, falls man einen Anticounselor in die Therapie einführen möchte.

Therapie

Der Einsatz einer dritten Person in der Therapie ist keine Neuheit. In vielen *nichtwestlichen Kulturen* gehört es zur Standardpraxis des Counselings, einen Vermittler oder eine dritte Person in der Rolle eines Ratgebers oder Helfers einzusetzen. Häufig wird der Klient eine dritte Person zum Gespräch mitbringen, die dem Counselingprozeß gegenüber positiv oder negativ eingestellt ist. Selbst wenn Counselor und Klient das Gespräch alleine führen, wird der Klient, so hypostasiert das triadische Modell, durch von seiner Umwelt herrührende positive und negative Auffassungen in seinen Reaktionen beeinflußt; solche Botschaften nimmt der Klient mit seinem „inneren Ohr" wesentlich deutlicher wahr als der Counselor, der ein kultureller Außenseiter ist. Ein großer Teil der Arbeit des Counselings besteht darin, diese Quellen des „*Anti*counselings" zum Ausdruck zu bringen.

Stößt der Counselor infolge sprachlicher Schwierigkeiten oder wegen anders verursachter Widerstände des Klienten, die möglicherweise kulturbedingt sind, auf unüberwindbare Hindernisse, kann er einen Interpreten oder eine dritte Person bitten, bei dem Gespräch zu helfen. Counseling mit Hilfe eines *Dolmetschers* entspricht in gewissem Maße dem triadischen Modell, besonders, da sowohl die Kultur als auch die Sprache übersetzt werden müssen. Aber selbst wenn keine Sprachprobleme bestehen, wird der Counselor vielleicht die Hilfe einer dritten Person benötigen, um einfühlsamer und wirksamer arbeiten zu können. Die dritte Person kann außerdem dazu beitragen, die Angst des Klienten zu mindern und günstige Gesprächsbedingungen herzustellen, besonders, wenn der Klient sie mit ausgewählt hat. Der Klient muß die Rolle der dritten Person genau erklärt bekommen; besonders wichtig ist das, wenn es sich um negative Rückmeldung für den Counselor handelt.

Eine andere Variante des triadischen Counselings wird gegenwärtig in der *Ehetherapie* angewandt. Beide Ehepartner werden gebeten, jeweils eine Person zu einer Sitzung mitzubringen, die als ihr Anwalt fungiert und ihren Standpunkt vertritt. Dann wird eine Videokamera eingestellt, die die vier Personen (Ehegatte, Ehegattin, „Progatte", „Progattin") aufnimmt; der Counselor verläßt den Raum und die vier Gesprächspartner diskutieren vor der Kamera die Unstimmigkeiten der Eheleute. Nach einer Weile kehrt der Counselor zurück und sieht sich zusammen mit den Ehepartnern das Band an; dabei besprechen sie die Schwierigkeiten, die in dem vorangegangenen Vierergespräch aufgetaucht sind. Auch bei diesem Verfahren wird die ansonsten unklare und verdeckte positive und negative Rückmeldung durch die Hilfspersonen in einer Art und Weise artikuliert, wie es dem Klienten selbst, oder in diesem Fall den beiden Klienten, vorher nicht gelungen war.

Selbst in einem Einzelgespräch mit dem Klienten wird der Counselor vielleicht das Problem als dritten, im Raum anwesenden „Teilnehmer" erscheinen lassen wollen, der gegen den Counselor, gegen den Counselingprozeß und letztlich auch gegen den Klienten arbeitet. Hilft man dem Klienten, den Einfluß dieses Problems als Anticounselor zu sehen, wird es ihm damit vielleicht möglich, vielen seiner sonst unausgesprochenen negativen Gefühlen über das Counseling Ausdruck zu verleihen.

Ausbildungskurse für praktizierende Counselors

Beim *Training von Counselors* werden in der Regel zwei Teams ausgebildet. 10 bis 15 Counselors versammeln sich in einem Raum mit einer *Videoanlage*. Im Anschluß an eine Einführung und an die Darbietung einer Videoaufnahme von einem triadischen Counselinggespräch beantwortet der Ausbilder Fragen, während einer der Counselors mit einem Klient-Anticounselor-Team den Raum verläßt, um die erste Videoaufnahme zu machen. Wenn sie ein zehnminütiges Videoband von einem simulierten Gespräch und ein fünfminütiges Videoband von der gegenseitigen Rückmeldung aller drei Teilnehmer erstellt haben, kehren sie zur Gruppe zurück. Das gesamte fünfzehnminütige Band wird dann in der Großgruppe abgespielt und von den Teilnehmern kommentiert und besprochen. Während sich die Gruppe mit dem ersten Band beschäftigt, verläßt der nächste Counselor mit dem zweiten Klient-Anticounselor-Team den Raum, um ein zweites Videoband zu produzieren. Den ganzen Tag lang sind immer ein Counselor und ein Team dabei, ein Gespräch aufzunehmen, während die Aufnahme eines anderen Gesprächs abgespielt und diskutiert wird. Das wird solange fortgesetzt, bis jeder Counselor Gelegenheit hatte, eine Videoaufnahme zu machen und sich für sein Verhalten Rückmeldung zu holen. Dabei versäumt jeder einmal die Ansicht und Besprechung des Bandes eines Kollegen. Der Vorteil der unmittelbaren Rückmeldung anhand der Videoaufnahme der Gespräche liegt darin, daß anregende Diskussionen über die Vielfalt der kulturellen Unterschiede und daraus sich ergebende Probleme für die Counselingbeziehung provoziert werden. Die in solchen Workshops produzierten Videobänder sind außerdem wertvolle Hilfsmittel (Pedersen, 1976b). Bei einer großen Gruppe von Teilnehmern sind *Rollenspiele* in Kleingruppen von etwa zehn Counselors plus einem Hilfsteam möglicherweise ein geeigneteres Verfahren als die Arbeit mit Videobändern.

Anfängerkurse

Das triadische Modell kann auch bei der *Ausbildung von Studenten* in Unterrichtssituationen angewandt werden. Bei einem solchen Versuch wurden einmal 30 Studenten nach Zufall in Paare aufgeteilt, die sich im Geschlecht und/oder ihrer Zugehörigkeit zu einer ethnischen Gruppe unterschieden. Jedes Paar machte zwei Videoaufnahmen von simulierten Counselinggesprächen, wobei sie im zweiten Gespräch die Rollen tauschten. Diese Bänder lieferten die Pretestmaße für die *Counselingfähigkeit* der Studenten. Anhand dieser und einer Reihe ähnlicher Bänder, die nach dem Training aufgenommen worden waren, wurde das Counselingverhalten eingeschätzt, um infolge des Trainings eingetretene Veränderungen in den Counselingfertigkeiten zu messen. Anschließend wurden die 30 Studenten in Triaden aufgeteilt; zu jeder Triade gehörten zwei gleichgeschlechtliche Partner und eine Person vom anderen Geschlecht. Fünf der insgesamt zehn Triaden waren auch hinsichtlich ethnischer Merkmale unterschiedlich zusammengesetzt. Es wurde angestrebt, Triaden zu schaffen, in denen sich zwei Personen in ihrem Geschlecht und ihrer Rassenzugehörigkeit sehr stark ähnelten, während die dritte Person möglichst verschieden war. In der ersten Trainingsphase wurde einem Studenten der Triade die Rolle des Counselors zugewiesen, einem anderen die Klientenrolle und dem dritten die Rolle des Anticounselors. Die Triaden arbeiteten drei Stunden lang in der gleichen Rollenbesetzung zusammen, wobei sie drei verschiedene transkulturelle Gespräche simulierten und besprachen. In der eine Woche später stattfindenden zweiten Trainingsphase wechselten die Studenten die Rollen in den Triaden, und der dreistündige Prozeß wurde wiederholt. Für die dritte Phase in der dritten Woche des Projekts tauschten die Studenten noch einmal ihre Rollen für eine dreistündige Sitzung. Auf diese Weise hatte jeder Student Erfahrungen mit allen drei Rollen gemacht; jeder hatte insgesamt neun Stunden lang mit dem triadischen Modell gearbeitet, das heißt, jeder hatte an neun transkulturellen Gesprächen mit deren Besprechung teilgenommen (Pedersen/Holwill/Shapiro, 1978).

Varianten dieses Trainingsprogramms sind in einer ganzen Reihe verschiedener Workshops oder Ausbildungssituationen benutzt worden. Das triadische Modell scheint am wirksamsten zu sein, wenn:

1. der Counselor sowohl positive wie negative Rückmeldung erhält;
2. alle drei Personen miteinander interagieren, nicht nur der Counselor und der Klient;
3. das Klient-Anticounselor-Team hoch motiviert ist und sich für das besprochene Thema stark interessiert;
4. der Anticounselor dem Klienten gegenüber sehr viel Einfühlungsvermögen hat und von diesem akzeptiert wird;
5. der Anticounselor artikulationsfähig ist und dem Counselor direkt und unmittelbar verbale und/oder nichtverbale Rückmeldung gibt;
6. der Klient *kein* für ihn gegenwärtig bestehendes, echtes Problem gewählt hat;
7. die Diskussion spontan verläuft und nicht mitgeschrieben wird;
8. der Counselor Gelegenheit hat, das vom Modell geforderte Verhalten drei- bis viermal hintereinander im Rollenspiel zu üben und sich Rückmeldung zu holen;
9. der Klient sich die Freiheit nehmen kann, einen unechten Anticounselor abzulehnen; und
10. der Ausbilder, der das Modell vorstellt und die Diskussion leitet, mit der Wirkungsweise dieses Verfahrens wohl vertraut ist.

Anwendungsbereiche

Triadisches Counseling ist in der *Ausbildung von Counselors* eingesetzt worden, die mit Klienten von Fürsorgeämtern, mit Alkoholikern, Behinderten, ausländischen Studenten, Strafgefangenen und anderen Gruppen arbeiten, von denen man annehmen kann, daß sich ihre Wertvorstellungen von denen des Counselors unterscheiden.

Wir wissen, daß sich der kulturelle Hintergrund auf die Counselingbeziehung auswirkt, aber wir wissen nicht, wie. Wir wissen, daß Counselors kulturell befangen sind, aber wir können diese Einflußgröße nicht genau erfassen. Wir wissen, daß Probleme in verschiedenen Kulturen unterschiedlich gelöst werden, aber wir wissen nicht, warum.

Ein *transkulturelles* Ausbildungsprogramm ist aus mehreren Gründen wertvoll:

1. Die traditionellen Einrichtungen des Gesundheitsdienstes begünstigen die höheren sozialen Schichten; ihre Dienstleistungen sind daher wahrscheinlich nicht jedem gleich zugänglich.
2. Verschiedene kulturelle Gruppen haben festgestellt, daß Bewältigungstechniken und Behandlungsverfahren, die bei ihnen erfolgreich sind, auch für andere Gruppen nützlich sein können.
3. Gemeinnützige Gesundheitseinrichtungen sind kostspielig, wenn sie Mißerfolge haben. Ein transkulturelles Training kann bei einigen Programmen verhindern helfen, daß sie negative Ergebnisse haben.
4. Bei der Ausbildung von Counselors hat man bisher kaum von Hilfspersonen Gebrauch gemacht, die einer anderen Kultur als der Counselor entstammen.
5. Die Vorstellungen von gesund und normal, an denen sich Gesundheitseinrichtungen orientieren, sind nicht in jeder Kultur die gleichen. Ein kulturell befangener Counselor kann daher zum Instrument eines bestimmten politischen, sozialen oder ökonomischen Systems werden.
6. Ausbildungsprogramme für therapeutisch arbeitendes Personal müssen der Tatsache Rechnung tragen, daß die gegenseitige Abhängigkeit verschiedener nationaler, ethnischer und soziokultureller Gruppen im Wachsen ist.
7. Die meisten Therapeuten stammen aus den dominierenden Kulturkreisen, was von den meisten Klienten nicht gesagt werden kann; folglich werden sie nicht die gleichen Standpunkte teilen.

Triadisches Counseling scheint eine Reihe von *Vorteilen* zu bieten, durch die andere Ausbildungsansätze *ergänzt* werden können:

1. Es bietet Personen unterschiedlicher ethnischer Gruppen Gelegenheit, mit kritischen Ereignissen, die leicht im transkulturellen Counseling auftreten können, in Rollenspielen Erfahrungen zu sammeln.
2. Durch Einsatz eines Anticounselors gewinnen kulturelle Probleme und Wertfragen für den Counselortrainee an Deutlichkeit und Konkretheit.
3. Unangemessene Interventionen des Counselors werden durch die Rückmeldung des Anticounselors sofort offenkundig.
4. Durch die Rückmeldung des Anticounselors werden dem Counselortrainee

die unausgesprochenen Gedanken und Gefühle des aus einer anderen Kultur stammenden Klienten sehr deutlich.
5. Mit Videoband aufgenommene simulierte Counselinggespräche zwischen Counselor, Klient und Anticounselor können benutzt werden, um zu analysieren, wie kulturelle Unterschiede den Counselingprozeß beeinflussen.
6. Die Counselortrainees können die in den simulierten transkulturellen Gesprächen gewonnenen Einsichten verallgemeinern und in ihren Kontakten mit aus anderen Kulturen stammenden Klienten nutzen.
7. Eine sorgfältige Analyse der Transkripte von simulierten Gesprächen mit einem Klient-Anticounselor-Team, das einem anderen Kulturkreis angehört, wird auf besondere Fertigkeiten hinweisen, die für die Arbeit mit bestimmten Kulturen entwickelt werden sollten.

In beiläufigen Kommentaren zum triadischen Modell betonen Counselors, wie wichtig es ist zu lernen, sowohl „auf Gefühle einzugehen" als auch auf die Gesprächsinhalte; „mit Gefühlen hilfloser Frustration umzugehen", die von Klienten mit unterschiedlichem kulturellem Hintergrund ausgedrückt werden, ohne dabei eine Verteidigungshaltung einzunehmen; „sich gleichzeitig in zwei Kulturkreisen zu bewegen" und „die Hinweise auszumachen, die ein Klient aus einer anderen Kultur benutzt, um seine Gefühle mitzuteilen".

Über ihre Erfahrungen in der Klientenrolle befragte Personen berichten: „Deine (Counselor) Fragen bleiben mir nicht so gut im Gedächtnis wie das, was er (Anticounselor) sagt." „Der Anticounselor zwingt mich zu umfassenderen Mitteilungen, als ich sie sonst machen würde." „Die Konkretisierung des Problems machte es leichter, es objektiv, vom Standpunkt eines Außenseiters aus, darzustellen." Die Problematik der Arbeit mit einem Counselor aus einem anderen Kulturkreis, der die Hinweise, Winke, Untertreibungen oder Auslassungen nicht versteht, wird beängstigend deutlich.

Über ihre Erfahrungen als Anticounselor befragte Personen beschrieben sich selbst als „Personifizierung des verborgenen Selbst, das alle Widersprüche, Wertkonflikte, Ängste und Erwartungen offenbart, die nicht aufgedeckt werden sollen". Sie gingen im einzelnen darauf ein, wie dieses Modell es „dem Counselor und Klienten erlaubt, die Fassaden und Widerstände, die sie beide angesichts des anderen aufgebaut haben, zu durchbrechen" und wie „die Angst des Klienten intensiviert und die kulturellen Kommunikationsbarrieren verstärkt werden können", die sie sonst möglicherweise übersehen würden.

Fallbeispiel

Bei der Arbeit mit dem triadischen Modell in simulierten transkulturellen Gesprächen haben sich vier Bereiche herauskristallisiert, in denen Counselors *besondere Fertigkeiten* entwickeln müssen:

1. Artikulation des belastenden Problems aus der kulturellen Perspektive des Klienten;
2. Erfassung der Widerstände eines einer anderen Kultur angehörenden Klienten in eher spezifischen als allgemeinen Begriffen;

3. Abbau der Abwehrhaltung eines Counselors, wenn er mit einem Anticounselor konfrontiert wird; und
4. Verfahrensweisen, um Situationen wieder ins Gleis zu bringen, wenn der Counselor einen Fehler im Umgang mit Klienten eines anderen Kulturkreises gemacht hat.

Die folgenden Gesprächsausschnitte machen deutlich, wie das triadische Modell normalerweise unausgesprochene Botschaften eines Klienten einer anderen Kultur an die Oberfläche bringt.

Artikulation

Jeder von uns nimmt die Welt von seinem eigenen kulturellen Standpunkt aus wahr. Ein Klient, der unsere Kultur nicht teilt, wird ebenso wenig unseren Standpunkt teilen. Das Beispiel ist ein Ausschnitt aus einem simulierten Counselinggespräch mit einem weißen, männlichen Counselor, einer schwarzen Klientin und einem schwarzen, männlichen Anticounselor. Man beachte, wie die dreigleisige Interaktion dem Counselor hilft, „das Problem zu artikulieren".

Klientin: ... Zum Beispiel studiere ich am College of Liberal Arts, und in den meisten Klassen sind oft eine Menge weißer Studenten, es gibt nicht viele farbige Studenten auf dem Campus. Und im General College auch nicht, weißt Du; um Leute zu treffen, die ich kenne, muß ich deshalb woanders hingehen, um mit ihnen reden zu können und so.
Counselor: Hast Du Schwierigkeiten mit weißen Frauen und mit weißen Männern oder ...?
Klientin: Also, ...
Anticounselor: Im Augenblick ist die Frage, ob Du mit *ihm* (zeigt auf den Counselor) zurechtkommen kannst? (Pause) Ja, was machst Du hier?
Klientin: Also, hmm ... das ist eine gute Frage. Ich meine ...
Counselor: Fällt es Dir im Augenblick schwer, Dich auf mich einzustellen? Ich bin weiß, Du bist schwarz.
...
Anticounselor: Erinnere Dich an all die Dinge, die vorkommen, wenn Weiße mit Schwarzen zu tun haben. ...

Die Verantwortung für die Klärung des Problems ist deutlich zwischen Counselor, Klientin und Anticounselor geteilt; die Klientin stimmt dem, was der Anticounselor sagt, zu, zögert aber, das gleiche selbst auszudrücken. Es ist, als ob die Klientin sich darauf verlassen könnte, daß der Anticounselor die negativen, peinlichen und kritischen Aspekte des Problems äußert, die sonst unausgesprochen blieben. Selbst wenn diese negativen Aspekte nicht explizit gemacht würden, wären sie dennoch vorhanden und würden auch in ungeklärter Form einen starken Einfluß auf das Gespräch haben.

Widerstand

Es ist wichtig, den mit kulturellen Unterschieden zwischen dem Counselor und dem Klienten zusammenhängenden Widerstand des Klienten eher in spezifischen als in allgemeinen Begriffen zu erfassen. Im Gespräch auftauchender Widerstand muß identifiziert und überwunden werden, bevor man sich der Kontrolle der Problemdimension zuwendet. Man muß auf den Anticounselor hören und entscheiden, ob der Klient dessen Aussagen akzeptiert und sie damit für gültig erklärt. Der Counselor kann dann mit seinen Interventionen in spezifischer anstatt in allgemeiner Weise auf den Widerstand eingehen. Ein Ausschnitt aus dem gleichen Gespräch mit einem weißen, männlichen Counselor, einer schwarzen Klientin und einem schwarzen, männlichen Anticounselor verdeutlicht diesen Punkt.

> *Anticounselor:* Jetzt sind wir seit fünf oder sechs Minuten hier, und wie viel Vertrauen haben wir in ihn? Was hat er bis jetzt getan, daß wir sagen könnten, wir trauen ihm zu, die ganze Situation zu bewältigen? Du hast gehört, wie er gezögert hat. Du hast gehört, wie er herumgedruckst hat, wir haben gehört, wie er dem Problem seine Einzigartigkeit genommen hat. ...
> *Counselor:* Terry ...
> *Anticounselor:* Wir haben gehört, wie er beispielsweise auf Scherze eingegangen ist. Wie viel Vertrauen können wir in diesen Mann haben?
> *Counselor:* Terry, warum tust Du nicht, eh, ... versuchst Du nicht, eh, ... ausschalten (Pause) ... Nicht ausschalten, gewiß nicht ausschalten ...
> *Anticounselor:* Ich glaube allmählich, daß das Vertrauen immer mehr schwindet.
> *Counselor:* Ich habe Dich gefragt über ...
>
> ...
>
> *Klientin:* Also, es ist so, daß mir Deine Fragen nicht so gut im Gedächtnis bleiben, wie das, was er zu mir sagt. Es ist so, daß er versteht, was ich bin, weißt Du, was ich durchmache, und Du hast mir eine Menge darüber erzählt, wie viele andere Schwarze mit der gleichen Schwierigkeit umgehen. Aber die Sache ist, was ich wissen möchte, ist, wie kann ich damit umgehen?

Hier liegt eine Sequenz vor, in der die Fehler des Counselors zunehmend zu einem allgemeinen Verlust seiner Glaubwürdigkeit beitragen. Ein Klient wird in allen Therapiesitzungen letztlich zu einer positiven oder negativen Auffassung gelangen. In einem transkulturellen Gespräch ohne den Anticounselor ist es jedoch unwahrscheinlicher, daß der Counselor diese explizite Rückmeldung erhält. Der Counselor muß den spezifischen Widerstand des Klienten durcharbeiten, bevor der Counselingprozeß zu einem akzeptablen Ergebnis für den Klienten führen kann; damit dem Counselor dies gelingt, muß er erst genau wissen, welche Fehler er gemacht hat.

Abwehrhaltung

In transkulturellen Gesprächen treten für den Counselor häufig Unklarheiten auf. Dadurch kann selbst ein geübter Counselor verunsichert und in eine Abwehrhaltung getrieben werden. In jeder Gesprächssituation ist es für den Counselor wichtig, das Abgleiten in Abwehrverhalten zu vermeiden und sich statt dessen unmittelbarer auf die Mitteilungen des Klienten zu konzentrieren. Wird der Counselor durch seine eigene Abwehr abgelenkt, so schwächt dies sein Einvernehmen mit dem Klienten. Abwehrhaltungen des Counselors treten noch eher in Gegenwart eines Anticounselors auf, der versucht, das Gespräch zu unterlaufen. Das triadische Modell ermöglicht den Counselors, ihre eigenen latenten Abwehrhaltungen zu explorieren und ihre Schwellen für Reaktionen, die frei von Abwehrtendenzen sind, zu erhöhen. Ein Ausschnitt aus einem simulierten Gespräch mit einem amerikanischen Counselor, einer lateinamerikanischen Klientin und einer lateinamerikanischen Counselorin zeigt, wie die Abwehrhaltung des Counselors Ablenkung verursachen kann.

> *Klientin:* Ja, siehst Du, diese Sache, diese Sachen sind für mich im Augenblick sehr anstrengend, weil ich gerade erst gekommen bin. Ich bin erst seit einem Monat hier.
> *Counselor:* Würdest Du Dich besser fühlen, wenn ich mich wieder hinter den Tisch setzen würde und wir den so zwischen uns hätten?
> *Klientin:* Nein, dann erinnerst Du mich an meinen Vater.
> *Counselor:* Gut, das möchte ich nicht (lacht). ... Gut, ist das angenehmer?
> *Klientin:* Ja.
> *Counselor:* Gut (Pause).
> *Klientin:* Du gibst mir dann das Gefühl, als würdest Du mich ablehnen. Du lehnst mich nicht ab?
> *Counselor:* Ich befinde mich da in einer Zwickmühle. Einerseits möchte ich es Dir angenehm machen, andererseits will ich mich nicht zu weit entfernen und Dir das Gefühl geben, ich würde Dich ablehnen.
> *Anticounselorin:* Er beeinflußt Dich Schritt für Schritt, bis er zu dem Punkt kommt, an dem er sagt, daß Du Dich wie ein amerikanisches Mädchen benehmen mußt. Das ist der beste Weg.
> *Counselor:* Wie fühlst Du Dich jetzt, verglichen damit, als Du reinkamst?
> *Klientin:* Also, ich fühle mich irgendwie unbehaglich. Eine Zeitlang war es gut und jetzt habe ich das Gefühl, als, ich weiß nicht ... ich habe das Gefühl, als wolle ich gehen.

Der Counselor kämpft sowohl mit seinem eigenen Unbehagen als auch mit dem Unbehagen der Klientin und versucht, einen angenehmen Kontakt herzustellen. Je stärker er sich bemüht, ihr Vertrauen wiederzugewinnen, um so ängstlicher wird sie. Als der Widerstand wächst, verstärkt die Anticounselorin den Standpunkt der Klientin, wodurch die Maßnahmen des Counselors noch mehr blockiert werden. Hätte sich der Counselor mehr um die Gefühle der Klientin und weniger um seine eigenen Abwehrreaktionen gekümmert, hätte er ihr gegenseitiges Einvernehmen vielleicht wiederherstellen können.

Ausgleichen von Fehlern

Erfahrene Counselors machen vielleicht genauso viele Fehler wie unerfahrene Counselors; die Bemühungen erfahrener Counselors, sich aus einer schwierigen Lage zu befreien und Fehler auszugleichen, führen jedoch zu einem besseren Einvernehmen mit dem Klienten, anstatt zu einer Störung ihrer Beziehung. Die Aufgabe der Ausbildung besteht dann vielleicht nicht darin, Counselors beizubringen, wie sie Fehler vermeiden können, sondern wie sie ihre Fehler wirksam ausgleichen können. Wenn ein Counselor bei seiner Arbeit mit einem Klienten aus einer anderen Kultur keine Fehler macht, geht er vielleicht nicht genügend persönliche Risiken in dem Gespräch ein. Das triadische Modell bietet dem Counselor Gelegenheiten, Fehler zu machen und verschiedene Strategien auszuprobieren, um sie auszugleichen. Ein Counselor, der sich sicherfühlt, daß er Fehler wiedergutmachen kann, wird sich wahrscheinlich weniger vor Fehlern fürchten. Dieser Punkt wird durch einen anderen Ausschnitt des Gesprächs zwischen dem amerikanischen Counselor, der lateinamerikanischen Klientin und der lateinamerikanischen Anticounselorin illustriert.

Anticounselorin: Weißt Du, was er versucht? Er versucht, alles aus Dir herauszubekommen und Dich dann zu überzeugen, daß Du es wie die Amerikaner machen mußt und einfach mit jedem ins Bett gehst ...
Counselor: Also, ich dachte gerade, daß Du ... Ich weiß nicht viel über Dein Land. ... An was Du gewöhnt bist.
...
Anticounselorin: ... Und Du weißt, was passiert, wenn Du zurückkehrst.
Counselor: Deshalb muß ich erst herausfinden, an was Du gewöhnt bist und was Dir gefällt, und dann kann ich Dir helfen herauszufinden, wie Du die Männer hier dazu bringen kannst, ähnlich auf Dich zu reagieren. Verstehst Du, es ist nicht nötig, daß Du tust, was sie verlangen. Es ist absolut möglich, das mußt Du mir wohl einfach glauben ... Ich kann sagen, daß dieses Problem nicht nur ausländische Mädchen haben; auch amerikanische Mädchen haben dieses Problem.
Klientin: Nein! Weißt Du, *sie* haben dieses Problem nicht! Ihnen scheint das Spaß zu machen, und sie scheinen keine Probleme damit zu haben!
Counselor: Ich will mich darüber nicht streiten. Wir wollen uns mit Deinem Problem beschäftigen.
Klientin: Das ist richtig.

Bei der Exploration des Problems der Klientin versucht der Counselor, dieses Problem auf amerikanische wie auf ausländische Mädchen zu verallgemeinern. Sowohl die Klientin als auch die Anticounselorin lehnen diese Verallgemeinerung völlig ab; beide sind offensichtlich verärgert darüber, in diesem Fall mit amerikanischen Frauen unter einen Hut gebracht zu werden. Der Counselor hätte seine Äußerung verteidigen können; er hätte sich auf eine Diskussion mit der Klientin über diesen Punkt einlassen können; er hätte Argumente anführen oder sich entschuldigen können; aber er tat nichts dergleichen. Statt dessen brachte er das Gespräch unmittelbar zur Klientin und ihrem Problem zurück, womit er geschickt einer Situation aus dem Weg gegangen ist, die zu ernsten Mißverständnissen hätte führen können.

Simulierte transkulturelle Counselinggespräche bieten einen sicheren Rahmen, in dem unausgesprochene kulturelle Elemente durch die Interaktion eines Counselors, eines Klienten und eines Anticounselors sichtbar werden können. Durch die Rollenverteilung zwischen Klient und Anticounselor, wobei dem Anticounselor die Aufgabe zufällt, unmittelbare und spezifische negative Rückmeldung zu geben, wird das Problem für den Counselortrainee weniger verwirrend und abstrakt. Ungünstige Interventionen des Counselors werden sofort offensichtlich, so daß er seinen Ansatz direkt entsprechend ändern kann. Personen, die zur gleichen Kultur wie ein Klient gehören, werden zu Helfern im Counseling von Menschen aus diesem Kulturkreis, wobei ein gegenseitiger Wissensaustausch stattfindet; in der Kultur des Klienten vertraut man folglich mehr auf den Erfolg von Counselors, die in dieser Kultur ausgebildet worden sind. Schließlich verdeutlicht das triadische Modell die Machtverteilung zwischen Counselor, Klient und Anticounselor, und es erinnert die Trainees daran, daß die Entscheidung über Erfolg oder Mißerfolg letztlich beim Klienten und nicht beim Counselor liegt (Pedersen, 1978).

Zusammenfassung

Das Modell des Triadischen Counselings liefert einen konzeptuellen Rahmen für die Betrachtung der *Interaktion* zwischen dem Counselor, dem Klienten und dem Problem, das sie zusammenführt. Je größer der *kulturelle* Unterschied zwischen Counselor und Klient ist, um so unklarer ist der Problemfaktor und um so schwieriger ist die Aufgabe des Counselors, in günstiger Weise zu intervenieren. Das triadische Modell bietet daher auch einen Ansatz für die *Ausbildung* von Counselors in interkulturellen Fertigkeiten. Der Counselortrainee arbeitet dabei mit einem vorher instruierten Klient/Klienten-Partner-Team, in dem beide Teilnehmer der gleichen Kultur entstammen, die von der des Counselors verschieden ist. In der *dreigleisigen Interaktion* zwischen Klient, Counselor und dem Partner des Klienten erhält der Counselor ständig unmittelbare Rückmeldung über die ansonsten verdeckte Dynamik des Counselinggesprächs. Je nachdem, worin der Schwerpunkt der Ausbildung liegen soll, kann der Partner des Klienten als *Anticounselor, Procounselor, Interpret,* als *feindselige* oder als *freundliche Person* fungieren.

Die einer anderen Kultur angehörenden Hilfspersonen (Anticounselors) sind in der Ausbildung immer dazu da, dem Counselor zu helfen, das Problem vom kulturellen Standpunkt des Klienten aus zu artikulieren, Widerstände eher in spezifischen als in allgemeinen Begriffen zu erfassen, die eigene Abwehrhaltung abzubauen und Fertigkeiten zu lernen, mit denen Fehler wiedergutgemacht werden können. Der Counselor sammelt Erfahrungen über das Counseling in *simulierten transkulturellen Gesprächen,* in denen ansonsten verdeckte und allgemeine Prinzipien des Counselings offenkundig werden und spezifische Form annehmen. Die Wirksamkeit der Ausbildung wird durch die Verwendung von *Videoaufnahmen* erhöht, die es erlauben, Gespräche genau zu analysieren.

Es werden derzeit verschiedene *Forschungsprojekte* über den Einsatz dieses Modells in der Ausbildung durchgeführt. Das triadische Modell ist in verschiedenen Trainingskursen verwandt worden, um Counselors für die Arbeit mit

Klienten aus einem anderen Kulturkreis auszubilden. Es ist von Interesse, Triadisches Counseling bei der Ausbildung von Counselors zu benutzen, deren Klienten zwar aus dem gleichen Kulturkreis stammen, sich vom Counselor aber in für die Identität des Klienten wichtigen Merkmalen unterscheiden (Pedersen, 1977).

Die meisten Counselors haben eine starke Tendenz, die kulturellen Auffassungen einer sehr kleinen Minderheit zu vertreten. Es müssen Konzepte und Ausbildungsmodelle für das Counseling entwickelt werden, die dem Counselor helfen, sich eine Reihe verschiedener Ansätze anzueignen, die für unsere pluralistische Gesellschaft angemessen sind. Das triadische Modell will einen *eklektischen* Ansatz zum Verständnis des Counselings bereitstellen, der auf verschiedene Kulturkreise abgestimmt werden kann (Pedersen, 1974).

Literatur

Bolman, W. M. Cross-cultural psychotherapy. *American Journal of Psychiatry*, 1968, **124**, 1237–1234.

Caplow, T. *Two against one: Coalitions in triads*. Englewood Cliffs, N.J.: Prentice-Hall, 1968.

Holwill-Bailey, F. Personal communication, 1979.

Ivey, A. E. and Authier, J. *Microcounseling: Innovations in interviewing training*. Springfield, Ill.: Charles C Thomas, 1978.

Kagan, N., Krathwohl, D. and Farquhar, W. *Interpersonal process recall*. East Lansing, Mich.: Michigan State University, 1965.

Kelley, H. and Thibaut, J. *Interpersonal relations: A theory of interdependence*. New York: Wiley, 1978.

Pedersen, P. B. A proposal: That counseling be viewed as an instance of coalition. *Journal of Pastoral Care*, 1968, **22**, 139–146.

Pedersen, P. B. A conceptual system describing the counseling relationship as a coalition against the problem. Paper presented at the meeting of the American Psychological Association, Montreal, 1973.

Pedersen, P. B. Cross-cultural communications training for mental health professionals. *The International and Intercultural Communication Annual*, 1974, **1**, 53–64.

Pedersen, P. B. The field of intercultural counseling. In P. Pedersen, W. Lonner and J. Draguns (Eds.), *Counseling across cultures*. Honolulu: University Press of Hawaii, 1976a.

Pedersen, P. B. A model for training mental health workers in cross-cultural counseling. In J. Westermeyer and B. Maday (Eds.), *Culture and mental health*. The Hague: Mouton, 1976b.

Pedersen, P. B. The triad model of cross-cultural counselor training. *Personnel and Guidance Journal*, 1977, **56**, 94–100.

Pedersen, P. B. Four dimensions of cross-cultural skill in counselor training. *Personnel and Guidance Journal*, April 1978.

Pedersen, P. B. *Basic intercultural counseling skills*. Honolulu: DISC, 1979a.

Pedersen, P. B. Counseling clients from other cultures: Two training designs. In M. Asante and E. Newmark (Eds.), *Handbook of intercultural communication*. Beverly Hills, Calif.: Sage, 1979b.

Pedersen, P. B., Holwill, C. F. and Shapiro, J. L. A cross-cultural training procedure for classes in counselor education. *Journal of Counselor Education and Supervision*, 1978, **17**, 233–237.

Revich, R. and Geertsma, R. Observational media and psychotherapy training. *Journal of Nervous and Mental Disorders*, 1969, **148**, 310–327.

Salomon, G. and McDonald, F. J. Pretest and post-test reactions to self-viewing one's teaching performance on videotape. *Journal of Educational Psychology*, 1970, **61**, 280–286.

Satir, V. *Conjoint family therapy*. Palo Alto, Calif.: Science and Behavior Books, 1964.

Slack, C. W. and Slack, E. N. It takes three to break a habit. *Psychology Today*, February 1976, 46–50.

Stroller, F. M. Group psychotherapy on television: An innovation with hospitalized patients. *American Psychologist*, 1967, **23**, 158–163.

Sue, D. W. Preliminary data from the DISC Evaluation Report #1. Hayward, Calif.: California State University, 1979.

Zuk, G. *Family therapy: A triadic based approach*. New York: Behavioral Publications, 1971.

Verbale Verhaltenstherapie

Hugh A. Storrow

Einige in diesem Buch beschriebene Therapien könnte man als unimodale *Therapien bezeichnen (z.B. das Focusing), andere Therapien sind dagegen* multimodal *und verbinden zwei oder mehr Ansätze miteinander (z. B. die* Nichtdirektive Psychoanalyse *und die* Strukturierte Lerntherapie*). Bei einem Rückblick auf die Pioniere in diesem Bereich können wir feststellen, daß sowohl Jung als auch Freud im wesentlichen unimodal ausgerichtet waren, während Adler ein multimodaler Theoretiker und Therapeut war.*

In welche Richtung wird sich die Therapie langfristig entwickeln? Ich persönlich nehme an, daß der „finale" Therapeut wirklich eklektisch *sein wird. Damit soll auf keinen Fall irgendeine der unimodalen Methoden herabgesetzt werden. Persönlich würde ich lieber zu einem fähigen Therapeuten gehen, der eine einzige Methode anwendet, als zu einem weniger fähigen Fachmann, der verschiedene Methoden miteinander verbindet. Ich glaube jedoch, daß es letztlich auf eine Kombination hinauslaufen wird.*

In Hugh Storrows Kapitel finden wir eine interessante Kombination von anscheinend widersprüchlichen theoretischen Elementen: 1. einen Appell an die Vernunft durch Worte und 2. eine Untermauerung des Behaviorismus, der die Bedeutung der Kognition bestreitet.

Mir scheint, daß dieser Ansatz, in dem offenbar widersprüchliche Elemente miteinander verbunden werden (wie in I. H. Pauls Nichtdirektiver Psychoanalyse), ein Schritt in die endgültige Richtung ist. Er ist Systemen wie zum Beispiel der Funktionalen Psychotherapie *verwandt. Storrows Verbindung von anscheinend widersprüchlichen Aspekten ist ein gut durchdachtes und logisches System für die Behandlung einer großen Zahl psychischer Probleme.*

Die Verbale Verhaltenstherapie ist eine Methode der Verhaltenstherapie. Theoretisch stützt sie sich auf die Grundsätze des *klassischen* und *instrumentellen Konditionierens,* das durch Banduras *Soziale Lerntheorie* (1977) erweitert und bereichert wurde, um die Vielfalt menschlicher Verhaltensweisen besser angehen zu können. Diese Therapie ist – unter methodischen Aspekten gesehen – *eklektisch* und entnimmt den traditionellen *einsichtsorientierten* Ansätzen die Interviewmethode und das Beziehungsmanagement und der *Verhaltenstherapie* viele spezielle Techniken. Wie in der Verhaltenstherapie steht auch hier die klare *Bestimmung der Zielprobleme* und die sorgfältige *Evaluation* der Behandlungsergebnisse im Mittelpunkt der Betrachtung. Die wichtigste Neuheit dieses Ansatzes ist die *Verbindung verschiedenartiger Elemente,* die sich hoffentlich einmal zu einer harmonischen und wirksamen Einheit zusammenfügen werden.

Geschichte

Vorläufer

Da die Verbale Verhaltenstherapie ein *eklektisches* Therapiesystem ist und alle Techniken, die sich als wirksam oder aussichtsreich erwiesen haben, miteinander verbinden kann, könnten theoretisch alle Entwicklungsrichtungen der Psychotherapie zu ihren Vorläufern gehören. Einige Richtungen jedoch haben keinen Einfluß ausgeübt.

Die nondirektiven Techniken, die bei den Interviews der Verbalen Verhaltenstherapie im Mittelpunkt stehen, gehören eindeutig zur *psychoanalytischen* Tradition. Die Geschichte dieser Entwicklung ist in der Vergangenheit mehrfach ausführlich behandelt worden und wird deshalb hier nicht mehr erwähnt werden. Carl Rogers (1951) und seine vielen Kollegen haben sowohl das Interview als auch Methoden zur Herstellung therapeutisch wirksamer Beziehungen zu Klienten exploriert.

John Dollard und Neal Miller haben mit ihrem Werk „Personality and Psychotherapy" (1950) den Impuls zur Entwicklung der Verbalen Verhaltenstherapie gegeben. Sie halfen mir, von der rein psychoanalytischen Ausrichtung meiner Lehrjahre zu *verhaltenstherapeutischen* Methoden überzugehen. Sie übernahmen psychoanalytische Prinzipien, die sie nach der Hullschen Lerntheorie umdefinierten. Ihr Einfluß wirkte elektrisierend auf mich; was zuvor konfus gewesen war, wurde plötzlich klar. Ich glaube, daß in einfacher Form das erklärt wurde, was Kuhn (1962) als "Paradigmawechsel" bezeichnet – für Einzelpersonen und auch für ganze Disziplinen. Die Wirkung des neuen Paradigmas ist oft ästhetischer wie auch rein wissenschaftlicher Art. Es macht einen besseren Eindruck und scheint auch mehr zu erklären. Das *Verhaltensparadigma* gefällt mir jedenfalls besser; es bietet mir den bisher besten „Aufhänger" für meine Therapie. Ich kann jedoch noch nicht beweisen, daß es mehr erklärt oder mehr verspricht als die Theorien, mit denen ich mich zuvor auseinandergesetzt habe.

Die Bewegung des *Behaviorismus* von Watson (1913) bis Wolpe (1958) ist kein eindeutiger Vorläufer der Verbalen Verhaltenstherapie. Nach ein paar anfänglichen – und oft erfolgreichen – Versuchen, psychische Störungen nach verhaltenstherapeutischen Gesichtspunkten zu erklären und zu behandeln, zogen sich die Behavioristen ins Experimentallabor zurück, bis sie Wolpe wieder zur klinischen Praxis zurückführte. Dieser langanhaltende klinische „Minderwertigkeitskomplex" ist schwer zu erklären. Wahrscheinlich war er vor allem auf den überwältigenden, wenn auch offensichtlich nur vorübergehenden Erfolg der *Psychoanalyse* während der ersten Hälfte des 20. Jahrhunderts zurückzuführen. Ein anderer Einfluß, der zur Entwicklung der Verbalen Verhaltenstherapie führte, kommt von den frühen *kognitiven Therapeuten*. Sie legten den Schwerpunkt auf bewußtes Denken, auf Ansichten, Wertsysteme, Erwartungen und Hypothesen über Ursache und Wirkung als voneinander unabhängigen Variablen, die starke Auswirkungen auf das Verhalten haben. Außerdem wiesen sie darauf hin, daß Versuche der Kontrolle über das Denken oft zu Verhaltensänderungen führen. Unter diesen kognitiven Therapeuten hatten Kelly (1955), Phillips (1956), Anderson (1957) und Ellis (1962) den größten Einfluß auf mich bzw. auf die Entwicklung meines Therapieansatzes.

Als die Verbale Verhaltenstherapie publik wurde, waren ihre theoretische Grundlage und ihre Techniken bereits vorhanden bzw. entwickelten sich gerade. Mein Beitrag bestand hauptsächlich darin, diese Elemente zu einem Ansatz für eine systematische Behandlung auszubauen. Darin unterscheidet sich mein Beitrag meiner Meinung nach nicht wesentlich von dem vieler anderer „innovativer" Psychotherapeuten. Ich glaube jedoch, daß ich ehrlicher bin.

Anfänge

Die Verbale Verhaltenstherapie entwickelte sich aus persönlichen Interessen, ähnlich wie einige der oben beschriebenen Strömungen. Die erste Veröffentlichung war ein Versuch, die *kognitive Reedukation* in der Psychotherapie anzuwenden (Storrow, 1963/64). Ein Jahr später unternahm ich einen ersten Versuch zur Entwicklung einer psychotherapeutischen Methode, die in erster Linie auf der *Lerntherapie* basierte, technisch jedoch schon *eklektisch* war (Storrow, 1965). In dieser Arbeit tauchte zum ersten Mal die Bezeichnung „Verbale Verhaltenstherapie" auf. Den umfassendsten Bericht über dieses System habe ich 1967 (Storrow, 1967) in Buchform veröffentlicht.

In den letzten 15 Jahren kam es natürlich zu einer Weiterentwicklung auf allen genannten Gebieten. Durch diese Veränderungen haben sich die Methoden vieler Therapeuten der hier vertretenen Position angenähert. Garfield und Kurtz (1976) stellten fest, daß amerikanische Psychologen verstärktes Interesse an der *Verhaltenstherapie* und an der *eklektischen Praxis* zeigen. Das waren zwar nicht die einzigen Trends, sie waren jedoch besonders auffallend. Ich bin mir darüber im klaren, daß mindestens zwei weitere Trends Anhänger unter den Psychotherapeuten gefunden haben. Einer dieser Trends ist das zunehmende Interesse an den *kognitiven* Therapien, die mit dem Namen Albert Ellis verknüpft sind. Es entwickelten sich weitere kognitive Systeme; sie basieren zwar auf den gleichen Grundvoraussetzungen, unterscheiden sich aber in der Theorie, in der Praxis oder in beidem in mehr oder weniger starkem Maße von Ellis (Beck, 1976; Greenwald, 1973; Mahoney, 1974; Maultsby, 1975; Meichenbaum, 1977).

Der andere wichtige Trend ist eine Tendenz zur *Annäherung* von Verhaltenstherapeuten und Therapeuten mit kognitiver Ausrichtung (Mahoney, 1977). Die meisten der zuvor genannten Therapeuten wenden bis zu einem gewissen Grad verhaltenstherapeutische Techniken an. Die Verhaltenstherapeuten beginnen nun aber auch die Bedeutung *kognitiver* Methoden zu erkennen (Goldfried/ Davison, 1976). Auf den ersten Blick erscheint eine solche Verbindung verschiedener Einflüsse eigenartig. Um ihre Arbeit auf verläßliche und übertragbare Beobachtungen zu gründen, haben die Verhaltenstherapeuten von jeher Schlußfolgerungen über innere Prozesse, wie Wahrnehmungen, Gedanken und Gefühle, vermieden. Kognitive Therapeuten jedoch beginnen mit der Übertretung dieses Gebotes der Verhaltenstherapie.

Was ist geschehen? Beide Gruppen hatten mit der Behandlung von Klienten nach ihren Methoden beachtliche Erfolge erzielt. Als aber beide Gruppen begannen, eine größere Bandbreite von Fällen zu behandeln, begannen die Schwierigkeiten. Verhaltenstherapeuten mit „schmalem Spektrum" hatten Schwierigkeiten bei der Behandlung komplexer menschlicher Probleme. Sie stellten auch fest, daß einfache Fälle bei etwas näherer Betrachtung komplexer wurden. Die kognitiven Therapeuten haben allmählich dieselben Lehren aus dem gezogen, was Klienten den einsichtsorientierten Therapeuten jahrelang beizubringen versucht haben: Ein Mensch kann alle richtigen Worte lernen, ohne aber sein Verhalten auch nur im geringsten zu ändern. Wegen dieser Schwierigkeiten hat eine Verschmelzung der kognitiven und der behavioristischen Standpunkte begonnen. Ein Mischprodukt davon ist die *Kognitive Verhaltenstherapie*.

Die Verbale Verhaltenstherapie war eine der ersten dieser kognitiv-behavioralen Verbindungen. Im Laufe der Zeit hat sie sich weiterentwickelt und versucht nun, sich auch mit anderen Aspekten des Verhaltens zu befassen.

Gegenwärtiger Stand

Die Verbale Verhaltenstherapie ist mit einer Reihe von augenblicklich populären *aktiv-direktiven* Therapien verwandt. In Übereinstimmung mit den oben beschriebenen Konvergenzen haben die meisten der „kognitiven" Therapien und die meisten der „Breitspektrum"-Verhaltenstherapien wichtige Voraussetzungen und Standpunkte gemein. Es gibt wohl theoretische und technische Unterschiede, die allerdings keinen starken Einfluß auf die Wirksamkeit ausgeübt haben. Folglich kann die therapeutische Ausbildung in einer Reihe von Universitätszentren und Instituten erfolgen.

Die Verbale Verhaltenstherapie als System ist nicht umfassend gelehrt oder propagiert worden. Gewöhnlich wurden nur Einzelelemente der Methoden dargestellt. Deshalb kann man das Gesamtsystem auch jetzt nur durch die Lektüre meiner einschlägigen Publikationen oder in Zusammenarbeit mit mir am College of Medicine der Universität Kentucky in Lexington erlernen. Die „Introduction to Scientific Psychiatry" (Storrow, 1967) ist immer noch die umfassendste Darstellung; das Buch ist im Augenblick vergriffen, eine Neubearbeitung ist jedoch geplant. Ein kurzer Bericht, in dem ein anderes Gebiet behandelt wird, wurde 1973 veröffentlicht (Storrow, 1973).

Theorie

Ich werde jeden Absatz in diesem Abschnitt mit einer Annahme, Feststellung oder Hypothese beginnen, die für die dem System zugrundeliegende Theorie von grundlegender Bedeutung sind, und ich werde sie dann in den folgenden Sätzen näher ausführen. Die wichtigsten Grundsätze sind die der behavioristischen Lerntheorie: *klassische* und *instrumentelle Konditionierung*. Meine Definition von Verhalten ist jedoch umfassender; ich verwende auch viele Prinzipien von Banduras Version der *Sozialen Lerntheorie* (1977).

Das Ziel der Psychotherapie ist die Verhaltensänderung. Diese Vorstellung liegt natürlich allen verhaltenstherapeutischen Methoden zugrunde. Sie liefert eine feste Grundlage, die für viele Kliniker bei der Auswahl und der Änderung der therapeutischen Strategie von unschätzbarer Bedeutung ist; das gleiche gilt für den Forscher, der herausfinden will, welches Verfahren bei welchen Problemen am wirksamsten ist.

Verhalten kann entweder *offen* oder *verdeckt* sein. *Offenes Verhalten* – Sprache, Handlungsweisen und körperliche Veränderungen – ist zumindest prinzipiell entweder direkt oder durch den Einsatz von Apparaturen zu beobachten. Offenes Verhalten ist der einzige Veränderungsfokus, auf den sich die verhaltenstherapeutischen Methoden mit „schmalem Spektrum" konzentrieren. Es ist jedoch nicht die einzige interessante Verhaltensweise, wenn man sich mit Menschen beschäftigt. *Verdecktes* oder *subjektives Verhalten* – Wahrnehmung, Vorstellung, Denken, Fühlen – ist von größerem Interesse: als Ziel einer oder als Instrument für eine Verhaltensänderung. Die beiden Verhaltensweisen unterscheiden sich nur in ihrer *Beobachtbarkeit.* Offenes Verhalten kann von jedem, der die entsprechende Ausbildung dafür hat, beobachtet und beschrieben werden; dadurch können die Beobachtungen auf ihre Zuverlässigkeit und Genauigkeit überprüft werden. Verdecktes Verhalten kann nur durch die „sich verhaltende" Person beobachtet werden; in diesem Fall ist eine Überprüfung von Beobachtungen nicht auf die gleiche Weise durchführbar. Bei der ambulanten Behandlung versagt jedoch oft sogar diese Unterscheidung; ein großer Teil der Zeit, mit der wir insgesamt auskommen müssen, ist ausgefüllt von der Berichterstattung des Klienten, unabhängig von der jeweils im Mittelpunkt des Interesses stehenden Verhaltensweise.

Obwohl sich der menschliche Organismus immer als ein Ganzes verhält, ist es aus praktischen Gründen angebracht, Verhalten als etwas zu betrachten, das in eine Reihe von mehr oder weniger genau definierten Kategorien unterteilt ist. Wir können dann jede dieser Kategorien überprüfen, wenn wir uns mit der Begutachtung und Therapieplanung befassen. Ich benutze folgende *Kategorien:*

1. Offenes oder objektives Verhalten
   a) Handlungen
   b) Sprache
   c) Körperliche Aktivität
2. Verdecktes oder subjektives Verhalten
   a) Wahrnehmung
   b) Vorstellung
   c) Denken
   d) Fühlen.

Jede dieser Verhaltenskategorien – Aspekte, Modalitäten – kann, und das ist oft der Fall, von einer oder von mehreren anderen Kategorien beeinflußt sein. Das Handeln eines Menschen kann z.B. abhängig sein von Sprache, körperlicher Aktivität, Wahrnehmung, Vorstellung, Denken und/oder Fühlen. Für die anderen Modalitäten können ähnliche Gleichungen aufgestellt werden.

Wenn eine bestimmte Seite des Verhaltens abnorm oder abweichend ist, treten auch in einer oder in mehreren der anderen Kategorien Störungen auf. Das bedeutet, daß man ein *Therapieprogramm* für die Änderung einer bestimmten Verhaltensweise zusammenstellen kann, indem man eine andere Modalität ändert, von der diese Verhaltensweise abhängt. Depressive Klienten beschreiben z.B. oft das Verhaltensmuster des Sichzurückziehens von normalen Aktivitäten, das mit nahezu zwanghaftem Grübeln über ihre persönliche Wertlosigkeit und Unfähigkeit zur Bewältigung größerer Anforderungen einhergeht. Auch wenn die depressive Stimmung von den als vegetative Symptome bezeichneten körperlichen Veränderungen begleitet ist, kann sie durch eine Behandlung des Sichzurückziehens (Handlungen) und des depressiven Grübelns (Denken) verschwinden.

Wenn eine abnorme Verhaltensweise von entsprechenden Störungen in verschiedenen anderen Bereichen begleitet ist, kann ein auf die Behandlung mehrerer Bereiche abgestelltes Programm zu einer dauerhafteren Veränderung führen als ein für nur einen Bereich zusammengestelltes Programm. Das ist die *multimodale* Annahme von Lazarus (1976). Ich halte diese Theorie zwar als allgemeine Anleitung für eine Therapieplanung für recht vernünftig, sie muß sich jedoch erst bewähren.

Alle Verhaltenskategorien werden stark von der jeweiligen Umgebung beeinflußt und können durch die bekannten Prozesse einfachen Lernens geprägt werden: durch *klassische* oder *respondente Konditionierung* und durch *instrumentelle* oder *operante Konditionierung*. Das wird durch die vielen verhaltenstherapeutischen Programme, die auf diesen Prinzipien basieren, z.B. die *Token-Economy*, hinreichend bewiesen.

Bei Menschen bieten jedoch gewöhnlich die komplexeren Prozesse des *substitutiven Lernens* und der *kognitiven Kontrolle* einen sichereren und schnelleren Weg zu verändertem Verhalten. Ein Kind braucht gewöhnlich nicht die aversive Erfahrung zu machen, von einem Auto angefahren zu werden, um seine Verhaltensweise des „vor Autos über die Straße laufen" zu unterlassen. Oft wird eine eindringliche Erklärung genügen (kognitive Kontrolle). Sicherlich wird das spätere Verhalten eines Kindes stark beeinflußt werden, wenn es einmal Zeuge wird, wie ein anderes Kind angefahren wird (substitutives Lernen). Ein allgemeineres Beispiel für substitutives Lernen ist die *Rollentauschtechnik* beim *Selbstbehauptungstraining,* bei dem der Klient die Rolle der Person mit der bedrohlichen Autorität übernimmt, während der Therapeut sich ihm gegenüber in der Rolle des Klienten behauptet. Diese beiden Prozesse – das substitutive Lernen und die kognitive Kontrolle – werden ausführlich von Bandura (1977) behandelt.

Wie steht es schließlich mit dem Problem *Determinismus* vs. *freien Willen?* Dieses Problem hat die Erfinder psychotherapeutischer Systeme jahrelang gequält, wenn es auch viele von ihnen vorzogen, dieses Problem zu ignorieren. Das Schlimme ist, daß ein Therapeut ein gewisses Maß an Determinismus akzeptieren muß, um an eine Wirkung seiner Bemühungen glauben zu können. Gleichzeitig muß er irgendeine Art des freien Willens akzeptieren als Erklärung dafür, daß eine Besserung bei dem Klienten oft nur zusammen mit Verhaltensweisen auftritt, die mit „er versucht" oder „er strengt sich an" bezeichnet werden. Bandura (1977) zieht sich am geschicktesten aus der Affäre – er schlägt den Begriff *reziproker Determinismus* vor. Verhaltenskausalität ist keine Einbahnstraße. Ein Mensch wird von seiner materiellen und sozialen Umwelt beeinflußt, aber das Verhalten dieses Menschen beeinflußt auch seine Umgebung. Nur um der „Wissenschaftlichkeit" willen sollte man die eindeutige Tatsache, daß ein Mensch sein eigenes Handeln weitgehend beeinflußt, nicht bestreiten; diese Tatsache ist nämlich zu erklären. Reziproker Determinismus liefert auch eine logische Grundlage für die Verfahren der *Selbstkontrolle,* die zu einem sehr wichtigen Aspekt der heutigen verhaltensorientierten Therapien geworden ist.

Methoden

Ähnlich wie eine Reihe anderer psychotherapeutischer Systeme sollte man die Verbale Verhaltenstherapie zweckmäßigerweise als in drei sich überschneidende Phasen eingeteilt betrachten: die *Eröffnungsphase,* die *mittlere Phase* und die *Schlußphase.* Die Eröffnungsphase steckt den Rahmen für die Therapie ab; in dieser Phase werden einige vorbereitende Arbeiten in Zusammenhang mit der Unterstützung des Klienten bei der Gewöhnung an seine Rolle bei der Therapie und mit der klinischen Diagnose der Probleme durchgeführt. Es handelt sich dabei um verschieden Aufgaben, die jedoch nicht unbedingt in der folgenden Reihenfolge durchzuführen sind: *Adaptation, diagnostische Untersuchung* und Besprechung des *Therapievertrages.*

Adaptation bedeutet, dem Klienten die Möglichkeit zu geben, sich an die therapeutische Atmosphäre zu gewöhnen, ehe Anforderungen an ihn gestellt werden. Es bedeutet auch, den Therapeuten als Verstärkungsinstanz aufzubauen. Wenn der Klient beginnt, den Therapeuten zu mögen, und ihm gefallen möchte, kann damit begonnen werden, das Lob des Therapeuten als Verstärker für dem Klienten abverlangte anstrengende Tätigkeiten einzusetzen, z.B. bei Durchführung von „Hausaufgaben". In der Adaptationszeit sollte in erster Linie eine einfühlsame, warme und glaubwürdige Atmosphäre geschaffen werden, und an den Klienten sollten nur die Anforderungen gestellt werden, die er zu erfüllen bereit ist. Es wirkt sich auch günstig aus, wenn der Therapeut die Beschwerden des Klienten sofort etwas lindern kann – z.B. durch Verschreibung eines leichten Tranquilizers.

Die *diagnostische Untersuchung* umfaßt folgende Aufgaben als Grundlage der Gesamtbehandlung:

1. Bestandsaufnahme der Symptome und Probleme
    a) Personal Data Form
    b) Case Study Form
2. Feststellung der Symptome und Probleme
3. Feststellung des zentralen Symptoms oder Problems
4. Bestimmung der Therapieziele
    a) Zentrales Symptom oder Problem
    b) Weitere wichtige Behandlungsziele
5. Bestimmung der Baseline
6. Funktionsanalyse der Therapieziele
    a) Was verschlimmert das Problemverhalten?
    b) Was bessert das Problemverhalten?
    c) Dem Problemverhalten vorausgehende Stimuli
    d) Konsequenzen des Problemverhaltens
7. Spezifizierung jedes Therapieziels.

Ich bezeichne diese Phase als *diagnostische Untersuchung,* obwohl ich weiß, daß die Diagnose für viele Therapeuten ein Reizwort ist. Ich möchte betonen, daß wir hier einer ähnlichen Aufgabe gegenüberstehen, wie sie der praktische Arzt täglich in seiner Praxis erlebt: der Suche nach funktionalen Zusammenhängen, die unsere Bemühung um eine Besserung der Beschwerden des Klienten unterstützen werden. Anfangs wissen wir nicht, ob wir es mit Syptomen eines Krankheitsprozesses oder mit sogenannten „Lebensproblemen" zu tun haben. In vielen Fällen werden wir diese Frage erst nach der Untersuchung beantworten können.

Die *Bestandsaufnahme* der Symptome und Probleme umfaßt die Zusammenstellung einer Datenbasis mit den Beschwerden des Klienten und seiner „Funktionsfähigkeit" in den verschiedenen Lebensbereichen. Ich benutze zwei Methoden, die mir bei dieser Untersuchung helfen sollen. Die „Personal Data Form" wird vom Klienten ausgefüllt, die „Case Study Form" lenkt und gliedert das diagnostische Gespräch oder die Gespräche. Beide sind in dem Buch „Introduction to Scientific Psychiatry" (Storrow, 1967) dargestellt.

Obwohl die verhaltenstherapeutischen Ansätze den Anschein der Objektivität erwecken, sind wir bei der ambulanten Behandlung immer noch von den Angaben des Klienten abhängig, und zwar auch dann, wenn das Verhalten unter idealen Bedingungen direkt beobachtet werden könnte. Deshalb sollten wir versuchen, Gesprächstechniken einzusetzen, bei denen den Berichten des Klienten die geringstmöglichen Vorurteile entgegengebracht werden. Das scheint bei Interventionstechniken der Fall zu sein, bei denen der Therapeut möglichst wenig aktiv ist, wie sie z. B. von Generationen von *einsichtsorientierten* Therapeuten gelehrt worden sind (vgl. hierzu im einzelnen Storrow, 1967).

Ziel der Datensammlung sollte die Aufdeckung aller Probleme sein, die eventuell Aufmerksamkeit verdienen; dann die Auswahl der Probleme, die im Mittelpunkt der Behandlung stehen werden. Wenn zentrale Symptome oder Probleme entdeckt werden, verdienen sie immer Aufmerksamkeit. Es sind sehr schnell zu erkennende Probleme, die sich als Kernproblem herausstellen, um das herum sich andere Probleme entwickeln. Wenn sie wirksam behandelt werden, bessern sich mit ihnen oft ganze Problembereiche. Weitere wichtige Therapieziele sind belastende Symptome oder Probleme, die ein Eigenleben zu führen scheinen und deshalb getrennt behandelt werden müssen.

Die *funktionale Analyse* konzentriert sich dann auf die *Therapieziele*. Genau wie in einer streng verhaltenstherapeutischen Funktionsanalyse gehört dazu die Erforschung der früheren Umweltbedingungen und deren Folgen. Darüber hinaus suchen wir jedoch nach Problemen in Verhaltensbereichen, die vor, während oder nach dem zum Therapieziel gewählten Verhalten auftraten. Diese anderen Probleme können dann direkt gemeinsam mit dem Zielproblem behandelt werden. Ein ängstlicher Klient hat z. B. oft angsterregende Gedanken, wenn er in Panik gerät. Ein guter Behandlungsplan könnte so aussehen: Man versucht, die Angst direkt durch *Entspannungsübungen* abzubauen und gleichzeitig die angsterregenden Gedankenmuster durch *kognitive Reedukation* zu beseitigen.

Als nächstes sollten wir versuchen, begründete Zielsetzungen für jedes Zielproblem zu finden. Wie wird sich der Klient nach Abschluß unserer Arbeit verhalten? Das Ziel kann die vollständige Heilung oder eine annähernde Heilung sein. Die Entscheidung über eine vernünftige Zielsetzung schließt die Betrachtung verschiedener Faktoren ein, z. B. seit wann dieses Problem besteht, die Art des Problems, der Zugang zu wichtigen Behandlungsvariablen, die Existenz bewährter Techniken zur Behandlung des betreffenden Problems usw.

Am Ende der Eröffnungsphase wird gewöhnlich eine Abmachung über die Behandlung getroffen. Der *Therapievertrag* enthält sowohl die Ziele und Bedingungen der Behandlung als auch deren logische Grundlage und erfordert die Zustimmung des Klienten zu jedem einzelnen Punkt. Jeder Punkt sollte dargelegt und erörtert und nicht etwa aufgezwungen werden. Das trägt zur Kooperation des Klienten während der Behandlung bei.

Es gibt sowohl allgemeine als auch problemspezifische Bedingungen. *Allgemeine Bedingungen* sind die Bedingungen, die den Erfolg unabhängig von den speziellen Behandlungsmaßnahmen zu begünstigen scheinen. Ich fordere die Klienten auf, sich zu verpflichten, sowohl in den Gesprächen als auch sich selbst gegenüber *ehrlich* zu sein und die *Verantwortung* für ihr Verhalten zu übernehmen. *Problemspezifische Bedingungen* sind die auf spezielle Probleme, Ziele und Behandlungspläne zugeschnittenen Bedingungen. Zum Beispiel enthalten viele meiner Behandlungspläne *zu Hause* durchzuführende Übungen, wie z. B. Übungen zur Entspannung, ein Rendezvous oder freies Reden in der Klasse. Ich erkläre meine Erwartungen und bitte den Klienten, die Anforderungen zu erfüllen.

Wie bei anderen verhaltensorientierten Methoden ist die *Therapieplanung* bei der Verbalen Verhaltenstherapie viel schwieriger als bei den traditionellen Ansätzen. Anstelle einer Methode für alle Probleme gibt es viele problemspezifische Methoden. Die meisten von ihnen wurden von Verhaltenstherapeuten konzipiert, einige Methoden entstammen auch der Tradition der Kognitiven Therapien. Mit der Zeit werden wir wahrscheinlich vielversprechende Verfahren aus der *Gestalttherapie* und aus den *erlebensorientierten Therapien* anwenden.

Ich werde hier keine Einzelheiten spezieller Behandlungstechniken erläutern. Der mit der Verbalen Verhaltenstherapie arbeitende Therapeut muß bei der Auswahl und beim Erlernen neuer Techniken vorurteilslos sein. Die meisten der geläufigen verhaltenstherapeutischen Methoden sind bei Goldfried und Davison (1976) zu finden. Methoden für die Verwendung von zu Hause durchzuführenden Übungen, die ich sehr befürworte, werden von Shelton und Ackerman (1974) ausführlich behandelt. Bei der kognitiven Reedukation ziehe ich Becks (1976) Ansatz dem von Ellis (1962) vor.

Ich möchte Therapeuten meiner Richtung vor einem warnen: Versuchen Sie nicht, eine neue Technik zu übernehmen, solange Sie sich nicht alle Mühe gegeben haben, diese sorgfältig zu erlernen. Lesen Sie ausführlich darüber, versuchen Sie, in etwa eine Übersicht darüber zu gewinnen, und wenden Sie sie dann erst an. Andernfalls wird die Methode wahrscheinlich nicht den angekündigten Erfolg haben, und Sie werden eine Sache aufgeben, die nützlich hätte sein können. Das Wesentliche der Verbalen Verhaltenstherapie liegt in ihrem Aufbau, in ihrer Betonung einer der Entfaltung dienlichen Atmosphäre bei der Behandlung – die in der verhaltenstherapeutischen Tradition selten ist – und ihrer Vorgehensweise bei der Diagnose. Sie basiert *nicht* auf einer Reihe spezieller technischer Tricks.

Die Auswahl des Therapieverfahrens hängt in beträchtlichem Maße von dem zu behandelnden Problem ab. Für „Verhaltensüberschuß"-Probleme, bei denen wir die Frequenz und/oder die Intensität von einem bestimmten Verhalten – wie z. B. Angst – abbauen wollen, gibt es *Extinktions-* und *Gegenkonditionierungstechniken*, wie *Reizüberflutung* (flooding) und *Desensibilisierung*. Für „Verhaltensdefizit"-Probleme, bei denen wir die Frequenz und/oder Intensität einer bestimmten Verhaltensweise – wie Selbstbewußtsein, Selbstbehauptung – steigern wollen, können Techniken wie das *Rollenspiel* und die *positive Verstärkung* angewandt werden. Komplexe Methoden, wie die *kognitive Reedukation* und *zu Hause* durchzuführende Übungen, können für beide Problembereiche angewandt werden.

Die Frage, ob spezielle *Zielprobleme* wirksam und effizient durch direkte Konzentration auf das Problem allein behandelt werden können oder vielleicht durch Konzentration auf eine andere Verhaltenskategorie, von der das Zielproblem abhängt, kann im Augenblick nicht durch Zahlenmaterial belegt werden. Lazarus (1976) würde sagen, wir sollten vielleicht das gesamte „BASIC ID" behandeln, d.h. alle Verhaltenskategorien, in denen in Verbindung mit dem Zielproblem Störungen auftreten. Ich selbst behandele zentrale Probleme so gründlich wie möglich und tue dasselbe mit anderen Symptomen und Problemen, die sich als therapieresistent erweisen. Ich neige dazu, andere Probleme auf einfachere und direktere Art zu behandeln.

In der *mittleren Behandlungsphase* wird der Therapieplan umgesetzt; dabei liegt der Schwerpunkt auf dem zentralen Symptom oder Problem – falls ein solches festgestellt worden ist. Ob sich Fortschritte einstellen oder nicht, wird durch ständige Eintragungen über die Frequenz und die Intensität des Problems und durch den Vergleich der neuen Daten mit den Baseline-Daten überprüft. Wenn eine Besserung nachzuweisen ist, dient diese als Verstärkung für weitere Versuche sowohl von seiten des Therapeuten als auch von seiten des Klienten. Wenn innerhalb eines angemessenen Zeitraums keine Besserung eintritt, so dient das als Signal für eine Überprüfung der Daten, um festzustellen, ob ein Fehler in der Diagnose, der Therapieplanung, der Durchführung der Therapie unterlaufen ist und/oder ob es an der Kooperation des Klienten liegt. Nach Korrektur des Fehlers bzw. der Fehler ist die Möglichkeit zu einem neuen Versuch gegeben.

Wenn sich Verhaltensänderungen dem in den Zielsetzungen festgelegten Stand annähern, sollte die *Beendigung der Behandlung* ins Auge gefaßt werden. Damit kommen wir zur Schlußphase der Behandlung. Ich denke beim Abschluß der Behandlung am liebsten an ein *vierstufiges* Verfahren: die Stufe vor dem Abschluß, die Gegenüberstellung, die Schlußphase und die Stufe nach dem Abschluß.

Die *Stufe vor dem Abschluß* beginnt während der mittleren Behandlungsphase. Im Laufe der Behandlung versuche ich, die Aufmerksamkeit des Klienten weiterhin auf die Zeit *zwischen* den Sitzungen zu lenken. Dadurch wird er daran gehindert, die Sitzungen so hoch zu bewerten, daß ein Ende der Behandlung schwerfallen könnte. Wir überprüfen gemeinsam Ereignisse, die sich zwischen den Sitzungen zugetragen haben, und konzentrieren uns sowohl auf die Erfolge als auch auf die Schwierigkeiten. Einer der Gründe dafür, weshalb ich *zu Hause* durchzuführende Übungen befürworte, ist folgender: Sie tragen dazu bei, daß der Klient diesen alltäglichen Stunden zwischen den Sitzungen Beachtung schenkt. Damit will ich meine Klienten davor bewahren, unsere Sitzungen als einen besonderen „way of life" zu betrachten. Die Beendigung der Behandlung ist dann im gegebenen Augenblick viel leichter.

Die *Gegenüberstellung* erfolgt, wenn ich den Abschluß für angebracht halte und diesen Punkt mit meinem Klienten bespreche. In diesem Augenblick steht der Gedanke „nur zur Diskussion". Wenn der Klient den Gedanken akzeptiert, gehen wir zur Schlußphase über. Wenn er Einwände hat, nehmen wir uns die Zeit für die Besprechung unserer möglichen neuen Ziele, wenn wir uns zur Fortsetzung der Behandlung entschließen sollten.

Der *Abschluß* dauert etwa einen Monat, nachdem sich der Klient damit einverstanden erklärt hat – oder ihn erstmals erwähnt hat. Damit gewinnt man Zeit zur Diskussion über das, was geschehen könnte, wenn wir unsere Sitzungen tatsächlich beendeten. Auch Klienten, die zuerst ungeduldig auf das Ende zu warten scheinen, können es sich später anders überlegen. In dieser Stufe haben wir die Möglichkeit, darüber zu sprechen. Die *Stufe nach dem Abschluß* beginnt unmittelbar nach Beendigung der Behandlung. Ich mache dem Klienten klar, daß es keine bekannte Form der Behandlung psychischer Störungen gibt, die vor einem *Rückfall* oder vor dem Entstehen neuer Probleme schützt. Ich sage, daß ich mich gern später mit ihm in Verbindung setzen werde, wenn er es für nötig halten sollte. Wir können dann entscheiden, ob eine Weiterbehandlung angebracht ist.

Anwendungsbereiche

Als die Verbale Verhaltenstherapie in den frühen sechziger Jahren entwickelt wurde, galt die *Systematische Desensibilisierung* als eine behaviorale Therapie für *Phobiker,* die man sowohl für die ambulante als auch für die stationäre Behandlung anwenden konnte. Ihre ganze Anwendungsbreite war jedoch noch nicht bekannt und ist es auch heute noch nicht ganz. Schon damals wurden verhaltensorientierte Methoden entwickelt, die zumeist auf dem *operanten Modell* basierten; diese erwiesen sich jedoch am erfolgreichsten bei *stationärer* Behandlung von Klientengruppen, wo bereits Möglichkeiten für eine sorgfältige Beobachtung und Aufzeichnung vorhanden waren, die für diese Verfahren typisch waren.

Als ein an der *ambulanten* Behandlung neurotischer Klienten interessierter Psychiater fragte ich mich, ob es nicht ein System gäbe, um bei all diesen Klienten verhaltensorientierte Methoden anwenden zu können. Da gewann ich den Eindruck, daß ich selbst eine solche Methode entwickeln müßte. Wenn man sich darauf verlassen könnte, daß die Klienten ihr Verhalten selbst beobachteten und wenn die Vorurteile gegenüber diesen Klientenberichten durch eine gute Befragungstechnik auf ein Minimum reduziert werden könnten, schien das möglich zu sein. So entstand die Verbale Verhaltenstherapie.

Aufgrund dieser kurzen Schilderung wäre zu erwarten, daß die Methode am besten für die *ambulante* Behandlung neurotischer Klienten geeignet ist. Sie erfordert jedoch ein beachtliches Maß an freiwilliger Mitarbeit des Klienten und funktioniert bei nicht sehr verantwortungsbewußten Klienten weniger gut. Im übrigen funktioniert bei solchen Klienten keine Therapie besonders gut; sie wollen oft nicht einmal Medikamente nach Vorschrift einnehmen. Wie andere behaviorale Methoden scheint sie sich am besten für diejenigen Klienten zu eignen, deren Probleme man genau definieren kann – wie z.B. *Phobiker* und *Zwangsneurotiker* –, und ist vielleicht weniger gut geeignet für Klienten, deren Probleme sich einer genauen Definition entziehen – wie z.B. Klienten mit *Existenzangst.* Zwischen beiden Gruppen wird jedoch nicht mehr so stark unterschieden, nachdem der Anwendungsbereich der Methode erweitert worden ist und den *verdeckten* Verhaltensweisen verstärkte Aufmerksamkeit gewidmet wird.

Klienten mit *Persönlichkeitsstörungen* aller Art sprechen auf keine Form der Psychotherapie stark an. Sie arbeiten meist nicht gut mit und steigen vorzeitig aus. Obwohl die Verbale Verhaltenstherapie diese Probleme nicht löst, gibt ihre vernünftige Betonung aktueller Probleme und der Verhaltensmodifikation diesen Klienten eine stärkere Motivation, als es die einsichtsorientierten psychotherapeutischen Methoden tun.

Meiner eigenen Überzeugung nach sind die meisten *psychotischen* Verhaltensweisen nicht mit Psychotherapie allein zu behandeln. Einige bei Psychotikern auftretende Probleme, wie z. B. fehlende soziale Fertigkeiten, können jedoch durch Psychotherapie beseitigt werden. Diese Probleme sind meiner Meinung nach besser mit verhaltenstherapeutischen Interventionen als mit traditionellen Therapien zu behandeln.

Fallbeispiel

Als Frau Morse ihre Behandlung mit der Verbalen Verhaltenstherapie begann, war sie 33 Jahre alt, verheiratet und hatte ein kleines Kind. In den Jahren vor der Behandlung hatte sie beinahe ständig unter Angst und zwanghaften Schuldvorstellungen gelitten. Sie war zweimal in stationärer Behandlung gewesen, und während der ersten stationären Behandlung, die etwa drei Jahre zurücklag, erhielt sie mehrere Elektroschocks. Diese Behandlungen hatten ihren klinischen Zustand fast gar nicht verändert. Sie hatte sich zuvor auch ziemlich lange mit einer traditionellen einsichtsorientierten Methode behandeln lassen, die jedoch keine große Wirkung auf ihre Symptome hatte.

Bei Beginn der Verbalen Verhaltenstherapie nahm die Klientin ziemlich große Dosen einer Medizin, die ein trizyklisches Antidepressivum und einen relativ starken Tranquilizer enthielt. Sie begann die Therapie etwa eine Woche nach der zweiten Entlassung aus dem Krankenhaus. Sie erklärte, daß sie sich „etwas besser fühle", ihr klinischer Zustand war jedoch im wesentlichen unverändert im Vergleich zu der zuvor erwähnten kurzen Krankengeschichte. Nun wurden die folgende *Anamnese* aufgenommen und folgende Probleme festgestellt:

Problem 1: Zwangsvorstellungen. Angst und zwanghafte Schuldvorstellungen, obwohl sie sich fast ständig darum bemüht, diese Gedanken auszuschalten.

Problem 2: Platzangstsyndrom. Die Klientin hat Angst, ihr Haus ohne Begleitung ihres Mannes oder ihres Kindes zu verlassen. Sie hat ihre Wohnung seit zwei Jahren nicht mehr allein verlassen. Obwohl sie einen Führerschein besitzt, ist sie seit drei Jahren weder allein noch in Begleitung Auto gefahren.

Problem 3: Mangelndes Selbstvertrauen. Die Klientin bezeichnet sich als schüchtern und unfähig, ihre Rechte durchzusetzen.

Es handelte sich um zwei Gruppen von *Zwangsvorstellungen,* die die Klientin klar unterschied. Die erste waren „böse Gedanken", Gedanken daran, ihrem

Kind etwas anzutun, gewöhnlich durch Erwürgen oder Erstechen. Die zweite waren „angsterregende Gedanken", Gedanken, daß ein anderer ihr Schaden zufügen könnte, daß sich ihre Symptome verschlimmern könnten, daß sie völlig unfähig werden könnte usw. Beide Gedankengruppen waren von Schuldgefühlen, intensiver Angst und schmerzhaften Muskelverspannungen, normalerweise im Halsbereich, im Bereich der Schultern, im oberen Rückenbereich und in den Oberarmen begleitet. Die Angst und der Bewegungsmangel, die das *Platzangstsyndrom* kennzeichneten, entstanden aus der Sorge heraus, daß sich ihre Angst so sehr verstärken könnte, daß sie jegliche Kontrolle über sich verlieren würde. Wenn sich eine solche Krise außerhalb ihrer Wohnung ereignen würde, könnte etwas Schreckliches passieren. Was passieren könnte, wußte sie nicht.

Das Problem des *mangelnden Selbstvertrauens* war nicht so gravierend. Die Klientin hatte ihr ganzes Leben lang Schwierigkeiten damit gehabt, sich zu behaupten. Sie schien durch dieses Problem nicht sehr beeinträchtigt zu sein, und die Intensität des Problems schien sich im Vergleich zu den beiden anderen Problemen nicht zu verändern.

Feststellung des zentralen Symptoms oder Problems. Obwohl es sich bei dem *mangelnden Selbstvertrauen* der Klientin um ein seit langem bestehendes Problem handelte, das auf den ersten Blick dem Kriterium eines zentralen Problems entspricht, standen ursprüngliches Auftreten und Schwankungen nicht in Zusammenhang mit den beiden Problemen, die Frau Morse am meisten quälten. Es war deshalb kein zentrales Problem. Da sich Frau Morse keine besonderen Sorgen über dieses Problem machte, würde es zu diesem Zeitpunkt nicht im Mittelpunkt der Behandlung stehen.

Die *zwanghaften Vorstellungen* waren zeitlich vor dem *Platzangstsyndrom* aufgetreten. Außerdem schienen die beiden Probleme miteinander verflochten zu sein. Die Klientin dachte z. B., daß die Angst, ihre Wohnung zu verlassen, eine „Bestrafung" für die „bösen Gedanken" sein könnte. Die zwanghaften Gedanken erwiesen sich als zentrales Symptom und sollten bei der Behandlung absolute Priorität haben. Erwähnenswert ist folgendes: Obwohl Frau Morse klar zwischen zwei Arten von zwanghaften Vorstellungen unterschied, wurden sie wie ein Problem behandelt, weil es für beide Probleme dieselben Behandlungsmethoden gab.

Bestimmung der Therapieziele. Unsere Behandlungsziele waren:

1. Zwangsvorstellungen – das zentrale Symptom und
2. das Platzangstsyndrom – das ebenfalls sehr unangenehm für die Klientin war.

Bestimmung der Baseline. Nachdem wir das für die beiden Behandlungsziele bezeichnende Verhalten so sorgfältig wie möglich definiert hatten, machte Frau Morse Aufzeichnungen über die Häufigkeit des Auftretens der beiden Probleme. Sie trug ihre Aufzeichnungen in einen Spiralblock in Taschenformat ein, den sie immer bei sich trug. Die Aufzeichnungen für eine Woche zeigten eine Frequenz zwanghafter Gedanken von 35–40 mal pro Tag. Die Verhaltensweisen, die wir als Indizes für die Stärke des Platzangstsyndroms wählten, traten mit folgender Frequenz pro Tag auf: die Wohnung allein verlassen – 0 mal, allein Auto gefahren – 0 mal; in Begleitung eines Familienmitglieds Auto gefahren – 0 mal.

Da die Frequenz aller interessanten Verhaltensweisen ziemlich gleichmäßig war, schien die Aufzeichnung über eine Woche als Grundlage geeignet. Wenn die Frequenz an den einzelnen Tagen unterschiedlicher gewesen wäre, hätte man eine Zwei-Wochen-Frist für die Aufzeichnungen genommen.

Funktionsanalyse der Therapieziele. Das *zwanghafte Denken* verstärkte sich, wenn die Klientin allein war. Die schlimmste Zeit war, wenn sie am Küchentisch saß und ihren 10-Uhr-Kaffee trank. Das Problem wurde schwächer, wenn sie „etwas anderes im Kopf hatte" oder wenn sie „etwas anderes zu tun hatte". In bezug auf die Stimuli schien es früher relativ wenige Stimuli zu geben, die zu Alternativverhalten hätten führen können. Die direkten Folgen waren aversive Gefühle wie Schuld und Furcht. Die einzigen positiven Folgen, die ich feststellen konnte, waren die Gespräche mit ihrem Mann über diese Gedanken. Diese Gespräche fanden meist nachts statt.

Zwangsvorstellungen, die zu aversiv erscheinenden Gefühlen führen, sind schwer operant zu erklären. Ich glaube, daß sich Klienten bei diesen Problemen übermäßige Sorgen um feindselige Gedanken machen. Sie beobachten so scharf, daß sie auf Gedankenfragmente achten, die den meisten von uns unbekannt sind.

Das *Platzangstsyndrom* bestand sowohl aus aversiven Gedanken – in erster Linie Angst – und aus einer Aktionshemmung – die Wohnung nicht verlassen, nicht Auto fahren usw. Die Aktionshemmung war immer sehr stark; die Klientin verließ die Wohnung niemals allein. Die Angst war jedoch unterschiedlich stark und wurde verstärkt, wann immer ein Grund zum Verlassen der Wohnung vorlag – z.B. wenn Lebensmittel benötigt wurden. Unter den entgegengesetzten Umständen waren die Angstgefühle schwächer. Die Folgen davon, daß sie das Haus nicht verließ, waren klar zu erkennen: Der Mann von Frau Morse kaufte Lebensmittel für sie ein und übernahm viele andere Verpflichtungen, die gewöhnlich von ihr erledigt wurden.

Das Verhalten in einem anderen Bereich hing auch mit den Komponenten des Platzangstsyndroms zusammen. Wenn die Angst stark war, stellte die Klientin folgenden Gedanken fest: „Ich werde ausgehen und nicht mehr zurückkommen können. Ich werde gefangen sein."

Spezifizierung jedes Therapieziels. Unser Ziel für die zwanghaften Gedanken war eine Reduzierung ihres Auftretens auf Null. Angesichts der üblichen Prognose für solche Probleme war das sicherlich etwas anspruchsvoll. Die Zielsetzung für das Platzangstsyndrom war auch etwas hochgesteckt: Die Klientin sollte in die Lage versetzt werden, problemlos überall dort hinzugehen, wohin sie gehen wollte.

Der Therapieplan sah die Behandlung der zwanghaften Gedanken als wichtigsten Fokus vor. Als erstes mußte dem Verhalten die positive Bekräftigung entzogen werden, die aus dem Gespräch mit ihrem Mann hätte kommen können. Die Klientin wurde aufgefordert, diese Probleme nur mit mir zu besprechen. Der nächste Schritt war der Versuch einer Reduzierung der Frequenz des Problemverhaltens durch selbstgesteuerte aversive Stimuli. Frau Morse wurde angewiesen, sich jedesmal das Wort *Halt* „zuzurufen", wenn sie entweder einen „Angstgedanken" oder einen „schlechten Gedanken" bemerkte. Wenn nach dreimaliger Anwendung dieser Methode die Gedankenfolge nicht zu unterbrechen sein würde, sollte eine andere Methode angewandt werden. Die Klientin sollte dann zu einem zuvor bestimmten Platz im Haus gehen und mußte die zwanghaften Gedanken immer wieder aufkommen lassen, bis sie es nicht mehr aushielt. Durch diese Methode soll das symptomatische Verhalten selbst aversiv gemacht werden und damit dessen Frequenz reduziert werden.

Für das Platzangstsyndrom wurde ein eigener Therapieplan aufgestellt. Es handelte sich um eine abgestufte Folge von zu Hause durchzuführenden Übungen. Frau Morse wurde angewiesen, jeden Tag ein Stück weiter von ihrer Wohnung wegzulaufen und genaue Aufzeichnungen über ihre Fortschritte zu machen. Eine ähnliche Reihe von Aufgaben wurde später für das Autofahren erteilt. Die negativen Gedanken in Zusammenhang mit der Angst vor dem Verlassen der Wohnung wurden auch sorgfältig beobachtet, und es wurde versucht, sie zu ändern. Die Klientin gab zu, daß sie nun nur selten „gefangen" war, daß sie fast immer nach Hause zurückkehren konnte, wenn die Panik auftreten sollte.

Frau Morse gab ihre Zustimmung zu dem Therapieplan und zu den allgemeinen Behandlungsbedingungen. Während der Gesamtdauer unserer Zusammenarbeit führte sie ihre Aufgaben gewissenhaft durch. Das war wahrscheinlich einer der Hauptgründe für den erzielten Erfolg.

Als einzige zusätzliche Maßnahme wurden während der Behandlung *Entspannungsübungen* eingeführt, um die Muskelspannungen zu bekämpfen, die zusammen mit der Angst auftraten.

Zwanghaftes Denken: Innerhalb eines Zeitraums von vier Monaten fand ein stufenweiser Abbau dieses Problemverhaltens statt. Zu einer größeren Unterbrechung kam es, als die Klientin zur Hochzeit eines Verwandten eingeladen wurde. Am Ende dieser Periode brauchte Frau Morse die Behandlung nur noch gelegentlich, und die zwanghaften Gedanken stellten sich durchschnittlich nur noch ein- oder zweimal wöchentlich ein. Dieser Grad der Besserung hielt ein Jahr lang an. Die medikamentöse Behandlung wurde abgesetzt.

Platzangstsyndrom: Über einen Zeitraum von fünf Monaten war eine allmähliche Besserung festzustellen. Am Ende dieses Zeitraumes war Frau Morse in der Lage, notwendige Einkäufe für den Haushalt allein mit dem Auto zu erledigen. Das Verlassen der Wohnung war kein Problem mehr, obwohl sie immer noch dichten Verkehr und belebte Parkplätze in Einkaufszentren mied. Sie konnte jedoch in belebten Geschäften einkaufen, wenn jemand anderes sie zum Einkaufszentrum fuhr. Sie war mit diesem Grad der Besserung zufrieden und wollte nicht weiter an dem Problem arbeiten. Während einer Nachuntersuchungszeit von einem Jahr ohne medikamentöse Behandlung hielt die Besserung an.

Zusammenfassung

Als die Psychoanalyse ihren Einfluß – manche sagen ihren Würgegriff – auf die Psychotherapie Mitte der fünfziger Jahre allmählich verlor, wurde dieses Gebiet zunehmend verworrener und verwirrender. Ich bin mir nicht eines einzigen für die Therapie wichtigen Grundsatzes bewußt, um den es keine Auseinandersetzungen gegeben hätte. Es ist eine aufregende, aber auch eine schwierige Zeit, sowohl für die Therapeuten als auch für die Klienten.

Die Verbale Verhaltenstherapie stellt den Versuch eines Therapeuten dar, etwas Ordnung in diesen Bereich zu bringen. Sie hat einige Vorzüge. Obwohl sie auf den festen Grundlagen einer konsequenten Theorie basiert, besitzt sie die Flexibilität des methodischen *Eklektizismus.* Sie hat die stark strukturierten Eigenschaften der *behavioristischen Methoden,* zu denen eine weitgefaßte Definition des Begriffs „Verhalten" hinzukommt.

Dieser Ansatz, der für die *ambulante* Behandlung konzipiert und hauptsächlich an ambulanten Klienten überprüft wurde, erkennt, daß man den Berichten der Klienten Vertrauen entgegenbringen muß. Er bemüht sich deshalb um die Einbeziehung *systematischer Bewertungsverfahren,* die die oft in solchen Berichten enthaltene Subjektivität verringern. Wer heute in der Psychotherapie arbeitet, muß seine Auswahl aus einem riesigen Warenangebot nebeneinander bestehender Theorien und Methoden treffen. Es stehen ihm dabei nur wenige zuverlässige Daten zur Verfügung. Ich würde empfehlen, daß er nach einem systematischen, aber flexiblen Ansatz suchen sollte, der Platz für Neuentwicklungen hat, wenn sich solche abzeichnen. Die Verbale Verhaltenstherapie ist ein solches System.

Literatur

Anderson, C. M. *Beyond Freud: A creative approach to mental health.* New York: Harper, 1957.

Bandura, A. *Social learning theory.* Englewood Cliffs, N.J.: Prentice-Hall, 1977.

Beck, A. T. *Cognitive therapy and the emotional disorders.* New York: International Universities Press, 1976.

Dollard, J. and Miller, N. E. *Personality and psychotherapy.* New York: McGraw-Hill, 1950.

Ellis, A. *Reason and emotion in psychotherapy.* New York: Lyle Stuart, 1962.

Garfield, S. L. and Kurtz, R. Clinical psychologists in the 1970s. *American Psychologist,* 1976, **31,** 1–9.

Goldfried, M. R. and Davison, G. C. *Clinical behavior therapy.* New York: Holt, 1976.

Greenwald, H. *Decision therapy.* New York: Wyden, 1973.

Kelly, G. A. *The psychology of personal constructs.* New York: Norton, 1955.

Kuhn, T. S. *The structure of scientific revolutions.* Chicago: University of Chicago Press, 1962.

Lazarus, A. A. *Multimodal therapy.* New York: Springer, 1976.

Mahoney, M. J. *Cognition and behavior modification.* Cambridge, Mass.: Ballinger, 1974.

Mahoney, M. J. Reflections on the cognitive-learning trend in psychotherapy. *American Psychologist,* 1977, **32,** 5–13.

Maultsby, M. C. *Help yourself to happiness.* New York: Institute for Rational Living, 1975.

Meichenbaum, D. *Cognitive behavior modification.* New York: Plenum, 1977.

Phillips, E. L. *Psychotherapy: A modern theory and practice.* New York: Prentice-Hall, 1956.

Rogers, C. R. *Client-centered therapy.* Boston: Houghton, 1951.

Shelton, J. L. and Ackerman, J. M. *Homework in counseling and psychotherapy.* Springfield, Ill.: Charles C Thomas, 1974.

Storrow, H. A. Learning, labeling, general semantics and psychotherapy. *General Semantics Bulletin,* 1963–64, **30, 31,** 84–86.

Storrow, H. A. Psychotherapy as interpersonal conditioning. In J. H. Masserman (Ed.), *Current psychiatric therapies,* vol. 5. New York: Grune & Stratton, 1965.

Storrow, H. A. *Introduction to scientific psychiatry: A behavioristic approach to diagnosis and treatment.* New York: Appleton, 1967.

Storrow, H. A. Verbal behavior therapy. In Ratibor-Ray M. Jurjevich (Ed.), *Direct psychotherapy.* Coral Gables, Fla.: University of Miami Press, 1973.

Watson, J. B. Psychology as the behaviorist views it. *Psychological Reviews,* 1913, **20,** 158.

Wolpe, J. *Psychotherapy by reciprocal inhibition.* Stanford, Calif.: Stanford University Press, 1958.

Verhaltenstherapie

Eva Jaeggi

Verhaltenstherapie im „klassischen" Sinne wird kaum noch praktiziert – allenfalls bei sehr jungen Kindern oder Retardierten. Die „klassischen" verhaltenstherapeutischen Methoden, z. B. die Systematische Desensibilisierung *oder das* Rollenspiel, *werden bei Erwachsenen meist nur in Verbindung mit kognitiven Verfahren oder anderen therapeutischen Techniken eingesetzt.*

Eva Jaeggi stellt diesen Stand und die „Wende" hin zu kognitiven Verfahren, Selbstinstruktions- und Selbstkontrolltechniken kurz und präzise dar. Weitere Beiträge in diesem Handbuch – z. B. Kognitive Verhaltenstherapie, Verbale Verhaltenstherapie, Rational-emotive Therapie, Multimodale Therapie, Strukturierte Lerntherapie, Selbstsicherheitstraining *– führen dem Leser recht eindrucksvoll vor Augen, welche Entwicklungen die klassische Verhaltenstherapie vollzogen hat.*

Unter Verhaltenstherapie versteht man eine Vielfalt von therapeutischen Methoden, deren Gemeinsamkeit darin besteht, daß sie ihre Entstehung *lernpsychologischen* Überlegungen verdanken. Es wird nämlich mittels verhaltenstherapeutischer Methoden versucht, unangepaßtes Verhalten *ver*lernen und/oder erwünschtes Verhalten *er*lernen zu lassen. Dies geschieht durch Methoden, die entweder dem Modell des *operanten Konditionierens,* dem des *respondenten Konditionierens* oder dem des *Modellernens* nachgebildet wurden. Diesem Vorgehen liegt ein Krankheitsmodell zugrunde, das unerwünschtes Verhalten nicht als Symptom einer „tiefer" liegenden Störung ansieht (medizinisches Modell); vielmehr wird gestörtes Verhalten als erlerntes Verhalten angesehen, wobei die Gesetzmäßigkeiten des Erlernens solchen Verhaltens dieselben sind wie diejenigen aller anderen (sogenannter „normaler") Verhaltensweisen.

Geschichte

Die Geschichte der Verhaltenstherapie beginnt eigentlich 30 bis 40 Jahre vor ihrer sozusagen „offiziellen" Begründung durch J. Wolpes Buch „Psychotherapy by Reciprocal Inhibition" (1958) durch die bekannten Versuche Watsons und Rayners (1920), in denen der Aufbau von Angstverhalten durch *klassisches Konditionieren* demonstriert wurde („Little Albert"). Jones' Versuche (1924), Angst durch Paarung des Angstreizes mit angenehmen Reizen zu „dekonditionieren", bildeten später eine Grundlage für Wolpes Überlegungen, der ähnliche Experimente mit ängstlichen Katzen durchführte. Etwa zur selben Zeit wie Watson machte die Pawlowsche Schule Versuche, *„experimentelle Neurosen"* zu erzeugen. Dies geschah etwa durch Anwendung extrem starker Reize, die Ausarbeitung allzu feiner Differenzierungsaufgaben in Entscheidungssituationen oder durch die Induzierung von Konflikten durch die gleichzeitige Darbietung negativer und positiver Reize. In allen diesen Fällen wurde die im Pawlowschen System wichtige Balance zwischen Hemmungs- und Erregungsprozessen gestört, und es blieben auffällige Verhaltensweisen zurück. Daß es im Umkreis von Pawlow trotz dieser grundlegenden Überlegungen nicht zur Ausbildung einer Therapieschule kam, beruht auf dem Umstand, daß man die Wiederherstellung der Balance zwischen Hemmungs- und Erregungsprozessen merkwürdigerweise *nicht* auf lernpsychologischem Weg versuchte, sondern relativ unspezifisch durch Psychopharmaka, Dauerschlaf oder Wechsel des Milieus (Blöschl, 1974).

Wolpe war der erste, der systematisch versuchte, die durch Lernprozesse entstandenen Störungen durch solche Methoden zu beseitigen, die – wie er dachte – lerntheoretischen Gesetzen folgten. Dies war bei Wolpe hauptsächlich eine *Dekonditionierung* von spezifischen Reizen und Angstreaktion durch die Induktion von Entspannung als *Hemmung*. Die von ihm favorisierte theoretische Grundlage beruhte auf Hulls *Theorie der reaktiven Hemmung*. Wolpe versuchte nämlich, unbedingte Hemmungen herzustellen, indem er zwei miteinander unvereinbare Verhaltensweisen hervorrief (z.B. Entspannung bei Angst). Die von ihm erfundene sogenannte *Systematische Desensibilisierung* hat weite Verbreitung gefunden, fand Eingang in alle Handbücher zur Verhaltenstherapie und wurde in Tausenden von Versuchen variiert, experimentell überprüft und theoretisch in verschiedenster Form fundiert. Von den anderen Methoden Wolpes hat vor allem das *Durchsetzungstraining* und der *Gedankenstopp* Beachtung erfahren.

Wolpe selbst gibt erstaunlich hohe Erfolgsquoten an (rund 90 Prozent), seine Nachfolger aber mußten sich mit weniger begnügen (zwischen 50 und 60 Prozent; zusammenfassend siehe Wengle, 1974). Zu Beginn der sechziger Jahre wurden verhaltenstherapeutische Methoden stark symptomzentriert verwendet, wobei die Systematische Desensibilisierung sich als „die" Methode zur Behandlung von *Phobien* erwies.

Obwohl auch Wolpe sich mit operanten Methoden beschäftigte, waren es doch vor allem Ullmann und Krasner (1965), die die im operanten Schema beheimateten *Bekräftigungsmethoden* bekannt machten. Vor allem bei der Behandlung kindlicher Störungen hatten sie gute Erfolge, wenn sie erwünschtes Verhalten durch positive oder negative Verstärkung aufbauten und unerwünschtes Verhalten „löschten". Sie gingen dabei in quasi-experimenteller Weise mit einem *ABAB-Design* vor.

Anfang bis Ende der sechziger Jahre wurden immer wieder neue Methoden erfunden, die einem oder mehreren Lernprinzipien verpflichtet waren. Einer der vehementesten Vertreter und Verkünder der neuen Therapie war Eysenck, der mit (von Bergin später korrigierten) Erfolgszahlen jonglierte, um die Höherwertigkeit der Verhaltenstherapie zu beweisen. Ein wichtiger Abschnitt für das Denken der Verhaltenstherapie begann mit Kanfer, der die *Verhaltensanalyse* zur Vorbedingung des gezielten Einsatzes verhaltenstherapeutischer Methoden machte (Kanfer, 1969). Erst nach einer differenzierten Abklärung der auslösenden Bedingungen und der Konsequenzen des gestörten Verhaltens sollte nun eine Hypothese über die aufrechterhaltenden Bedingungen aufgestellt werden, worauf sich dann der Therapieplan aufbaute. Dieses Vorgehen unterbrach das „kochrezeptartige" Anwenden verhaltenstherapeutischer Methoden und brachte sie in den Rang des „quasi-experimentellen" Vorgehens. Es wurden nun nicht mehr nur Klienten mit klar abgrenzbaren „Symptomen" behandelt, sondern auch solche mit eher unspezifischen Beschwerden wie Depressionen, Selbstwertproblemen, allgemeiner Ängstlichkeit etc.

Dies führte Ende der sechziger Jahre zu einem immer stärkeren Einbezug sogenannter *„kognitiver"* Methoden, da die Komplexität der Störungen den Einbezug innerer Stimuli (Gedanken, Gefühle) in die Therapie nötig machte. Seither bezeichnen die meisten Verhaltenstherapeuten ihre Tätigkeit als „kognitiv-verhaltenstherapeutisch".

Gegenwärtiger Stand

Es hat nicht den Anschein, als wären seit Beginn der siebziger Jahre neue, rein verhaltenstherapeutische Methoden erfunden worden. Meist werden ältere Verfahren, wie z. B. die *Systematische Desensibilisierung* oder das *Rollenspiel,* variiert und vor allem mit vielen *kognitiven Techniken* sowie mit Techniken aus anderen Therapieschulen kombiniert. Verhaltenstherapie im „klassischen" Sinn wird vermutlich nur mehr selten praktiziert. Was von der Verhaltenstherapie geblieben ist, ist neben einigen Standardtechniken eine bestimmte Art der *Problemkonzeptualisierung.* Danach wird jede „Beschwerde" eines Therapieklienten so behandelt, daß feststellbares Verhalten (inneres oder äußeres) in seiner Qualität, Häufigkeit, seiner Abhängigkeit von auslösenden Reizen und in seinen Konsequenzen genau analysiert wird; auf dieser Analyse baut der sogenannte *„Therapieplan"* auf; diese Planung beruht auf der Feststellung spezifischer (respondent konditionierter) Auslösesituationen und/oder derjenigen Faktoren, die unerwünschtes Verhalten aufrechterhalten bzw. erwünschtes Verhalten hemmen. Eine therapeutische Technik wird nur dann eingesetzt, wenn sie geeignet ist, solcherart gelerntes unerwünschtes Verhalten direkt „umzukonditionieren".

Im Verlaufe der Debatte um die Adäquatheit eines behavioristischen Lernmodells in bezug auf therapeutische Aktivitäten wurde allerdings immer wieder der „nichtautomatische" Anteil, den diese Therapiemethoden an sich haben, betont. Auch hier wurden Veränderungen der verhaltenstherapeutischen Methoden durch Einbezug *kognitiver Variablen* vorgenommen. Das dafür wichtigste Beispiel ist die Systematische Desensibilisierung, wo *Selbstinstruktionsmethoden* und *Gespräche über den Transfer des gelernten Verhaltens* eine große Rolle spielen.

Theorie

Die behauptete „Wissenschaftlichkeit" der Verhaltenstherapie gründet in zwei Ansätzen.

Der erstere – ältere – (Eysenck, 1965; Wolpe, 1958) nahm an, daß die von der behavioristischen Lerntheorie experimentell festgestellten Gesetzmäßigkeiten des Lernens *direkt* auf die komplexe therapeutische Situation übertragbar seien. Dabei wird einerseits die Genese von Verhaltensstörungen durch spezifische

Lernprozesse erklärt, andererseits die Anwendung lernpsychologischer Gesetze beim Erlernen erwünschten bzw. Verlernen unerwünschten Verhaltens akzentuiert. Da es „die" Lernpsychologie nicht gibt, sondern nur verschiedene lerntheoretische Positionen (Blöschl, 1974), sind dementsprechend auch die Erklärungsansätze für Genese oder Beseitigung psychischer Störungen jeweils etwas unterschiedlich.

Der zweite Ansatz (Yates, 1970) bezog die frühe Kritik an einer solcherart behaupteten Wissenschaftlichkeit in seine Position schon mit ein und postulierte nur mehr die *„quasi-experimentelle Herangehensweise"* bei der Beseitigung psychischer Störungen als das wissenschaftliche Fundament der Verhaltenstherapie. Demzufolge gilt es – wie im psychologischen Experiment –, Art, Häufigkeit und Bedingungen des Auftretens einer Störung vor der Behandlung festzuhalten *(base-line)* und im kontrollierbaren Setting dafür zu sorgen, daß die therapeutische Intervention (vergleichbar dem experimentellen Vorgehen) als unabhängige Variable und das Verhalten als abhängige Variable in einen direkten Zusammenhang zu bringen sind. Das Verhalten im therapeutischen Stadium ist nach den gleichen Kriterien zu messen wie im Stadium der Base-line-Messung; die Schlußfolgerung über die Wirksamkeit der therapeutischen Methode geschieht vor allem in korrelationsstatistischer Weise und nicht so sehr über die inhaltliche Ableitung der Methoden aufgrund lerntheoretischer Überlegungen.

In diesem Sinne läßt sich von Verhaltenstherapie auch dann noch sprechen, wenn nicht klar ist, mittels welcher Lernmechanismen eine therapeutische Methode eigentlich „wirkt". Wichtig ist die Kontrollierbarkeit ihres Einsatzes in bezug auf ein spezifizierbares unerwünschtes Verhalten hin, womit auch eine klare Zielsetzung des zu erwartenden Zustandes geliefert wird.

Beide theoretischen Positionen wurden kritisiert. Die lerntheoretische Position unterlag schon in den Jahren 1965/66 scharfer *Kritik* durch Breger und McGough. Sie wiesen auf, daß der Sprachgebrauch („stimulus", „response", konditionieren) eine experimentelle lerntheoretische Basis der Verhaltenstherapie vortäusche, die auf komplexe menschliche und interaktionelle Situationen nicht übertragbar sei. Auch die „quasi-experimentelle" Position blieb nicht unangetastet (London, 1972). Die (relative) Kontrollierbarkeit des experimentellen Settings ist demzufolge nicht gleichzusetzen der therapeutischen Interaktion, wo immer wieder neue und wechselnde Einflüsse auftauchen, die das therapeutische Ergebnis modifizieren. Die sicher wichtigste Variable ist in diesem Zusammenhang die *Klient-Therapeut-Interaktion,* die von Verhaltenstherapeuten bisher nur in unzureichender Weise konzeptualisiert wurde. Londons Absage an das Postulat der Wissenschaftlichkeit der Verhaltenstherapie basiert auf allen oben genannten Argumenten und läuft darauf hinaus, den Verhaltenstherapeuten die Behauptung ihrer Wissenschaftlichkeit nur mehr als eine „Ideologie" im Kampfe gegen andere Therapieformen zu bescheinigen.

Methoden

Die klassische Verhaltenstherapie kennt drei Methodengruppen.

Die erste ist eher dem Konzept der *respondenten Konditionierens* zuzurechnen. Es sind dies Methoden, wo eine Paarung von Stimuli vorgenommen wird, wie z. B. in der *Systematischen Desensibilisierung* und bei den *Aversionsmethoden*. Bei der Systematischen Desensibilisierung wird durch eine Paarung angsterregender Stimuli mit angenehmen Situationen – z. B. Entspannung – eine feste Verbindung von unkonditionierten emotionalen Reaktionen mit den angsterregenden Stimuli geschaffen, wodurch das unerwünschte Verhalten (z. B. Angst bei spezifischen Stimuli) „gelöscht" wird. Bei den Aversionsmethoden wird ein unerwünschtes Verhalten (z. B. übermäßiges Trinken) mit aversiven Stimuli gekoppelt, so daß das unerwünschte Verhalten zum Auslöser für eine konditionierte emotionale Situation (z. B. Angst, Erbrechen) wird (Rachman/Teasdale, 1969). Die publizistische Ausschlachtung der Aversionsmethoden zur Rufschädigung von Verhaltenstherapeuten steht allerdings in keinem Verhältnis zur seltenen Anwendung.

Anders steht es mit der Systematischen Desensibilisierung, die auch heute noch von vielen Therapeuten als die effizienteste in der Bekämpfung von Angstzuständen und Phobien betrachtet wird. Ihre oft verblüffende Wirksamkeit z. B. bei jahrelang andauernden (anderen therapeutischen Methoden gegenüber resistenten) *Agoraphobien* hat zu vielen experimentellen und empirischen Überprüfungen und zu noch mehr theoretischen Spekulationen Anlaß gegeben. Das Grundmuster: Vorstellen oder Aufsuchen angsterregender Reize (Situationen) mit gleichzeitiger „angenehmer" Verhaltensinduzierung (Entspannung, positive Gedanken...) wurde oftmals variiert und durch immer neue Methodenkombinationen verbessert. Andere Methoden, die dieser Gruppe zuzuordnen sind: *Überflutungstechnik, Durchsetzungstraining.*

Die zweite Gruppe von Methoden ist aus dem *Bekräftigungskonzept* sensu Skinner abgeleitet. Die zentrale Rolle, die in Skinners System die für jedes Verhalten spezifischen „Verstärkungspläne" spielen, geben für diese Gruppe von Methoden den Grundtenor an. Im Laufe einer *Verhaltensanalyse* wird festgestellt, durch welche (verstärkenden) *Konsequenzen* unerwünschte Verhalten aufrechterhalten werden, wobei manchmal schon der Wegfall dieser Konsequenzen (z. B. elterliche Aufmerksamkeit für den Tic eines Kindes) zur Eliminierung eines Verhaltens führen kann. Häufig muß aber auch erwünschtes Verhalten erst aufgebaut werden. Dies erfordert eine sorgfältige Untersuchung von wirksamen *„Bekräftigern"*, die geeignet sind, einen Menschen so zu steuern, daß neues Verhalten aufgebaut werden kann. Eine Liste solcher Bekräftiger erhält man durch Befragung, Beobachtung und durch sorgfältige Analyse der Sozialisationsgeschichte.

Natürlich wird auch dem *Bekräftigungsschema* („schedule of reinforcement") Augenmerk geschenkt, wobei – wie im Experiment – sich häufig eine *intermittierende Verstärkung* als besonders günstig erweist (Ullman/Krasner, 1965). Bekräftigungsmethoden werden häufig bei Kindern oder retardierten Erwachsenen angewandt; auch beim Aufbau prosozialen Verhaltens bei Schizophrenen (Azrin/Ayllon, 1964) haben sie sich bewährt. Bei sogenannten neurotischen Erwachsenen wird häufig in Kombination mit anderen verhaltenstherapeutischen Methoden auch noch darauf geachtet, ob verstärkende Konsequenzen ein unerwünschtes Verhalten aufrechterhalten, weshalb oft ein Teil des Therapieplanes aus Bekräftigungsmethoden besteht. (So z. B. bei Phobien, in denen mittels Systematischer Desensibilisierung einerseits die Angst abgebaut wird, andererseits auch noch darauf geachtet wird, daß positive Konsequenzen – z. B. dauernde Hilfeleistungen von Angehörigen – unterbleiben!)

Eine dritte Gruppe von Methoden ist im Bereich des *Modellernens* angesiedelt. Dazu gehört vor allem das *Rollenspiel*. Bei Kindern wird außerdem mit positiven Modellen (z. B. bei Angstreduktionstherapien) gearbeitet. Etwas unspezifischer soll außerdem das Verhalten des Therapeuten als „Modell" wirken (Bandura, 1969; Rotter, 1964).

Die Anfang der siebziger Jahre einsetzende Entwicklung konzentrierte sich erstmals auf *Selbstkontrolltechniken* (Kanfer/Karolyi, 1971), die – je nach theoretischem Standpunkt – zuerst mehr dem operanten Konditionierungsprinzip, später einem kognitiven Modell zugerechnet wurden.

Anwendungsbereiche

Verhaltenstherapeutische Methoden im engeren Sinn werden bei normalen Erwachsenen *nur mehr in Verbindung mit kognitiven Methoden* angewandt. Der Aufbau erwünschten Verhaltens bei *Retardierten* geschieht durch verhaltenstherapeutisch orientierte Programme, in denen der kognitive Anteil meist ziemlich gering ist. Auch bei *jüngeren Kindern* wird häufig mit Bekräftigungsmethoden gearbeitet, ohne Methoden anzuwenden, die eine Veränderung des kindlichen Denkens anstreben (Kuhlen, 1972). Das Bedürfnis danach wächst allerdings mit steigendem Alter der Kinder, so daß auch bei Vorschulkindern häufig z. B. mit Selbstkontroll- und Selbstinstruktionstechniken gearbeitet wird.

Zusammenfassend läßt sich sagen, daß verhaltenstherapeutische Methoden im klassischen Sinn hauptsächlich andere Methoden stützen oder in ganz bestimmten Phasen des therapeutischen Prozesses eingesetzt werden. Als *Heurismus* (planvolles, zielgerichtetes Vorgehen, Abklärung von Auslösern und Konsequenzen etc.) ist verhaltenstherapeutisches Denken sicher vielen lerntheoretisch orientierten Therapien inhärent, ohne daß klassische Methoden verwendet werden.

Fallbeispiel

Da es zum gegenwärtigen Zeitpunkt aus oben genannten Gründen schwierig ist, ein aktuelles Fallbeispiel zu finden, wird im folgenden (verkürzt) ein Fallbeispiel von Poser (1978) dargestellt. (Es handelt sich um eine freie Nacherzählung, zum Teil unter Verwendung von Satzteilen und Sätzen des Originals. Um das Lesen nicht unnötig zu erschweren, wurde auf die übliche Art des Zitierens verzichtet.)

Verhaltensproblem: Unangemessene persönliche Gewohnheit.

Psychiatrische Diagnose: Mongolismus.

Hauptintervention: Differentielle soziale Verstärkung.

Zusätzliche Methode: Kontingenzmanagement, Aversionstherapie, Verhaltensformung, Diskriminationslernen.

Allgemeines – Hauptbeschwerden

Fred, 30 Jahre alt, Anstaltsinsasse, hatte eine Gewohnheit, aufgrund derer er von anderen Insassen und auch von Angehörigen des Personals abgelehnt wurde: er tauchte seinen Kopf in das Toilettenbecken ein, während er die Toilette spülte. Fred verstand nur einfache Sätze wie Befehle, Lob, Tadel. Er sprach selbst nur in einfachen Sätzen. Gefragt nach seinem Eintauchverhalten, lachte er, schüttelte den Kopf und sagte: „Fred nicht eintauchen."

Entwicklung des Problemverhaltens

Das unerwünschte Verhalten hatte sich vor fünf Jahren erstmals gezeigt und war im Laufe der letzten drei Jahre immer häufiger geworden. Er wurde dafür getadelt, isoliert, ab und zu auch geklapst. Gegen die Isolierung (30 Minuten im leeren Raum) wehrte er sich zuerst, später verlangte er danach. Einmal hatte man eine Art „Sättigungstechnik" probiert: nach dem willentlichen Eintauchen wurde er gezwungen, den Kopf nochmals tief in das Toilettenbecken einzutauchen. Alle diese Maßnahmen hatten nichts gefruchtet. Er wurde durch sein Verhalten mehr und mehr zu einem Verbannten auf der Station. Auch wenn er nicht eingetaucht hatte, legte niemand Wert auf seine Gesellschaft.

Verhaltensanalyse

Das Verhalten stört eher die soziale Umwelt als den Klienten selbst. Die Eliminierung des Verhaltens soll seine Umwelt positiv beeinflussen, damit die natürliche soziale Verstärkung wiederhergestellt wird. Beobachtungen und (begrenztes) Interview führten zu dem Schluß, daß Freds Verhalten nicht klar bezogen war auf irgendein vorhergehendes Ereignis. Auch schien es nicht eingesetzt, um bestimmte Konsequenzen zu erreichen. Das Rauschen des Wasserhahns wurde im Beobachtungszeitraum über Kopfhörer dargeboten, um zu überprüfen, ob modalitätsspezifische akustische Effekte bei der Auslösung beteiligt sein könnten. Ähnliches wurde mit verschiedenen Gerüchen probiert. Es zeigte sich aber keinerlei Beziehung.

Daraus mußte geschlossen werden, daß Freds Affinität für das Eintauchen nicht aufrechterhalten wurde durch modalitätsspezifische Reizsuche. Es erschien vielmehr als eine Form der Selbststimulation, ab und zu eingeleitet durch soziale Ablehnung. Die Gewohnheit wurde wahrscheinlich aufrechterhalten durch die besondere Aufmerksamkeit, die er als deren Ergebnis bekam.

Behandlungsziele

1. Training prosozialer Gewohnheiten, die relevant für die Selbstversorgung sind;
2. Manipulation von sozialen Verstärkern in der institutionellen Umgebung des Klienten.

Methoden

1. Es mußte neues Toilettenverhalten gelernt werden.
2. Fred mußte sozial verstärkt werden, wann immer er sich für eine vorgeschriebene Periode vom Eintauchen zurückhielt.

Jedem Vorfall des Eintauchens sollte „time-out" von einer solchen Verstärkung folgen.

Fred mußte dem Personal mitteilen, wenn er auf die Toilette wollte. Es wurde ihm eine detaillierte Anweisung über die Benutzung der Toilette gegeben. Ein Mitarbeiter überwachte Freds Toilettenverhalten und belohnte ihn mit Süßigkeiten bei jeder erfolgreich abgeschlossenen Sequenz, deren es vier gab. Die Verstärkung blieb aus, wenn er eintauchte. Dadurch sank die Eintauchrate von 4,9 pro Tag auf 0,4.

In einem zweiten Schritt wurde versucht, den Nahrungsverstärker durch soziale Verstärkung zu ersetzen.

„Um sicherzugehen, daß dieses Verfahren konsequent von allen Mitarbeitern befolgt würde, wurde ein gelbes „Smiley"-Gesicht an der Wand der Pflegestation befestigt, wann immer Fred für wenigstens drei Stunden nicht eingetaucht hatte. Dies war ein Signal für das gesamte Personal auf der Station, sich besonders anzustrengen, sein gutes Verhalten zu loben und zu ermutigen und ihm besondere Aufmerksamkeit zu widmen. – Eintauchen dagegen führte sofort zum Ersetzen des gelben „Smiley"-Symbols durch ein rotes, abstoßendes Gesicht. Dies bedeutete, daß Fred vom gesamten Personal ignoriert werden sollte und er auch keinen Zugang zu anderen Patienten hatte. In den ersten acht Tagen dieses Programms stiegen die durchschnittlichen täglichen Eintauchungen auf 2,5 und sanken dann während der nächsten 30 Tage auf 0,75 Eintauchungen pro Tag".

Es wurde nun eine zweite Behandlungsmethode eingeführt, um auch das unerwünschte Restverhalten noch zu eliminieren: Schockaversion. Nun wurde ihm jedesmal, wenn er sich anschickte, den Kopf einzutauchen (bevor er ein Haar naßmachte), am Oberarm ein E-Schock versetzt. Während der nächsten drei Wochen kam es zu keinem weiteren Eintauchen mehr.

Behandlungsbewertung

Fred wurde an diesem Punkt krank und in eine andere Abteilung verlegt. Dort tauchte er seinen Kopf wiederum ein. Nach seiner Rückkehr in die Verhaltenstherapieabteilung wurden ihm weitere Schocks erteilt. Das Verhalten trat danach während vier Wochen nicht auf. Nach seiner Überweisung in eine andere Station tauchte das Verhalten allerdings ebensooft auf wie vorher. Eine Untersuchung der näheren Umstände ergab, daß dort das gelb-rote Signalsystem nicht von allen Pflegepersonen beachtet wurde.

Nachdem hier Abhilfe geschaffen wurde, wurde das Eintauchverhalten selten.

Vier Jahre nach Beginn der Behandlung wurde das Eintauchverhalten nur mehr „gelegentlich" notiert, etwa sechs- bis achtmal pro Jahr. Das rot-gelbe Signalsystem wurde daher nicht mehr beachtet. Sieben Jahre später zeigte sich bei einer Katamnese, daß das Eintauchverhalten immer noch auftrat, allerdings nur mehr „1–2mal pro Nachtschicht". Offenbar wurde es zu diesem Zeitpunkt aber als weniger störend empfunden, weshalb das Kontingenzprogramm auch nicht wieder aufgenommen wurde.

Zusammenfassung

Verhaltenstherapie wird in ihrer „klassischen" Form *vor* Entwicklung der *Kognitiven Verhaltenstherapie* dargestellt. Es werden die zwei Basisthesen der behaupteten „Wissenschaftlichkeit" – Fundierung in der Lerntheorie und experimentelles Vorgehen – kritisch diskutiert. Verhaltenstherapie wird in ihren drei wichtigsten Methodengruppen – *respondente* und *operante Konditionierung* und *Modellernen* – sowie als Resultat der Verhaltensanalyse mit darauf abgestimmten spezifischen Therapiezielen und Therapieplan geschildert.

Verhaltenstherapie ohne Einbezug kognitiver Methoden scheint heutzutage nur mehr bei sehr jungen Kindern und Retardierten möglich, weshalb als Fallbeispiel auch die Behandlung eines mongoloiden jungen Mannes gewählt wurde.

Literatur

Ayllon, T./Azrin, N. H. Reinforcement and instructions with mental patients. *J. Exp. Analysis Behav.* 7 (1964) 327–331.

Bandura, A. *Principles of behavior modification.* Holt, Rinehart & Winston, New York 1969.

Bergin, A. E. The evaluation of Therapeutic Outcomes. In: Bergin, A. E./Garfield, S. L. *Psychotherapy and Behavior Change.* John Wiley & Sons, New York 1971.

Blöschl, L. *Grundlagen und Methoden der Verhaltenstherapie.* Hans Huber, Bern 1974 (4. Aufl.).

Breger, L./Mc Gaugh, J. L. Critique and reformulation of „learning theory" approaches to psychotherapy and neurosis. *Psychol Bull.* 65 (1966) 338–358.

Eysenck, H. J. The effects of psychotherapy. *Internat. J. Psychiat.* 1 (1965) 97–178.

Jones, M. The elimination of children's fears. *J. Exp. Psychol.* 7 (1924) 382–390.

Jones, M. A laboratory study of fear. The case of Peter. *Pedagogical Sem.* 31 (1924) 308–315.

Kanfer, F. H. Verhaltenstherapie: Ein neues Theoriegerüst zur Lösung klinisch-psychologischer Probleme. *Psychologie und Praxis* 13 (1969) 1–18.

Kanfer, F. H./Karolyi, P. Self-regulation and its Clinical Application: Some additional Conceptualizations. In: Johnson, R. C., et al. (eds.) *Socialization: Development: of Charakter and Conscience.* Holt, Rinehart & Winston, New York 1971, 428–437.

Kuhlen, V. Verhaltenstherapie im Kindesalter. Juventa, München 1972.

London, P. The end of ideology in behavior modification. *American Psychologist* 27 (1972) 913–920.

Pawlow, I. P. *Conditioned reflexes.* Univ. Press, London, Oxford 1927.

Poser, E. G. *Verhaltenstherapie in der Klinischen Praxis*. Urban & Schwarzenberg, München 1978.

Rachman, S./Teasdale, J. *Aversion therapy and behavior disorder. An analysis*. Univ. of Miami Press, Florida 1969.

Rotter, J. B. *Clinical psychology*. Prentice Hall, Englewood Cliffs 1964.

Ullmann, L. P./Krasner, L. (Eds.) *Case studies in behavior modification*. Holt, Rinehart & Winston, New York 1965.

Watson, J. B./Rayner, R. Conditioned emotional reactions. *J. Exp. Psychol.* 3 (1920) 1–14.

Wengle, E.-M. Die systematische Desensibilisierung. In: Kraiker, Ch. (Hrsg.) *Handbuch der Verhaltenstherapie*. Kindler, München 1974.

Wolpe, J. *Psychotherapy by reciprocal inhibition*. Stanford 1958.

Yates, A. J. *Behavior therapy*. Wiley, New York 1970.

Vierundzwanzig-Stunden-Therapie

Eugene E. Landy und Arnold E. Dahlke

Eugene Landys Vierundzwanzig-Stunden-Therapie ist ein theoretisch plausibles und ziemlich neuartiges Verfahren. Wer zum ersten Mal davon hört, wird wahrscheinlich sagen, „Ja, das ist gesunder Menschenverstand..." Leider ist „gesunder Menschenverstand" nicht sehr verbreitet, und die Dinge werden häufig erst im nachhinein viel klarer.

Wie bei jeder wirklich erfolgreichen Methode, die sich in neuen Dimensionen bewegt, sind von Lesern, deren Denken festgefügte Formen angenommen hat und die die völlige Unterordnung des Klienten unter den Therapeuten ablehnen, heftige Widersprüche zu erwarten. Bemerkenswert finde ich die scheinbar innere Widersprüchlichkeit dieses Verfahrens: Eine Person soll durch extreme Abhängigkeit zur Selbständigkeit geführt werden.

Dieses Kapitel von Eugene Landy und Arnold Dahlke enthält viele wichtige theoretische Elemente, die das Familienleben und die Eltern-Kind-Beziehung, die geeignete Therapeutenrolle und die gesamte Mental-Health-Bewegung betreffen. Ich jedenfalls habe diesen anregenden Bericht mit Freude gelesen. Es wird empfohlen, dieses Kapitel im Zusammenhang mit dem Kapitel über Primärbeziehungstherapie *von Painter und Vernon und dem Kapitel über* Direkte Psychoanalyse *von Rosen zu lesen.*

Vierundzwanzig-Stunden-Therapie ist ein außergewöhnliches, intensives therapeutisches *Teamverfahren,* das Ende der sechziger und zu Beginn der siebziger Jahre von Eugene E. Landy entwickelt worden ist. Anders als in der traditionellen Therapie, bei der der Klient nur begrenzten Kontakt mit dem Therapeuten in einer Spechzimmersituation hat, oder in der institutionellen Therapie, bei der der Klient in eine kontrollierte, künstliche Umgebung plaziert wird, hält die Vierundzwanzig-Stunden-Therapie den Kontakt mit dem Klienten für 24 Stunden am Tag in dessen *eigener Umgebung* aufrecht. Ziel dieses intensiven Ansatzes ist, daß der Klient im Rahmen seiner normalen, problemstiftenden Umwelt, sei es zu Hause, am Arbeitsplatz oder beim Spiel, seine Fähigkeiten entwickelt.

Die Vierundzwanzig-Stunden-Therapie beruht auf dem zentralen Gedanken, daß der Mensch sich auf eine Art und Weise verhält, die seine echten oder eingebildeten Unzulänglichkeiten verbirgt. Er erreicht dies, indem er Fassaden und äußere *Hilfssysteme* aufbaut und sich an interpersonalen *Machtkämpfen* beteiligt, um seine Ziele zu erreichen. Es geht um diese „geheimen" Unzulänglichkeiten, die die Klienten vor anderen (und sogar vor sich selbst) versteckt halten, wenn Landy und seine Mitarbeiter die Privatsphäre ihrer Klienten restlos aufbrechen und die *völlige Kontrolle über jeden Aspekt* ihrer materiellen, persönlichen, sozialen und sexuellen Situation übernehmen. Landy und sein Team konfrontieren die Klienten mit den Geheimnissen ihrer echten und eingebildeten Unzulänglichkeiten mit Hilfe verschiedener Verhaltensstrategien, um ihnen dann beizubringen, wie sie ein starkes Gefühl der Selbständigkeit und Kontrolle über ihr Leben entwickeln können, worin Landy die *Kompetenz* oder *Fähigkeit* (adequacy) des Menschen sieht.

Geschichte

Vorläufer

Zu Beginn der sechziger Jahre erhielt Landy das Angebot, mit Frederick H. Stoller, dem Vater der *Marathontherapie,* zusammenzuarbeiten, der gerade seine Arbeit mit „swing groups" am Camarillo State Hospital beendet hatte (Stoller, 1967). Bei seiner Arbeit mit Stoller in Marathongruppen überraschte ihn, welche Bedeutung dem *Zeitfaktor* im Umgang mit den Klienten zukam. Er erkannte, wie viele Stunden es dauert, bis die Klienten ihre *Masken* fallen lassen oder, wie T. S. Eliot (1936) sagt, „ein Gesicht vorbereiten, um den Gesichtern zu begegnen, denen man begegnet ..." Wenn die Therapeuten lange genug mit den Klienten zusammenbleiben, so schien es Landy, lassen diese schließlich ihre Masken fallen und verhalten sich echter. Indem sie eine aufrichtigere Haltung im Umgang mit ihrer Umwelt einnehmen, bekommen sie das Gefühl, sich angemessener anderen gegenüber verhalten zu können, und entwickeln Vertrauen in diese Fähigkeit. Sie beginnen, Entscheidungen zu treffen, ohne zu ihren alten Fassaden zurückzukehren.

Landy bemerkte jedoch ein wichtiges Problem des Marathonansatzes. Wenn die Klienten die schützende Umgebung des Marathons verließen und in ihre *normale Umwelt* zurückkehrten, schwand ihre Aufrichtigkeit, und die Masken kamen wieder zum Vorschein. Die verhältnismäßig kurze Marathonerfahrung bot einfach nicht genügend Zeit, um neue Verhaltensweisen ausreichend einzuüben. Landy erkannte die Notwendigkeit einer länger dauernden therapeutischen Erfahrung, die innerhalb der normalen, täglichen Umgebung des Klienten stattfindet. Diese Einsicht war ein wichtiger Ausgangspunkt für die Entwicklung der Vierundzwanzig-Stunden-Therapie.

Mitte der sechziger Jahre arbeitete Landy an der Universität von Oklahoma als Berater für die Ausbildung von Job Corps und für Community-Action-Programme, die vom Office of Economic Opportunity gefördert wurden. Dort entwickelte er weitere Methoden, die intensive therapeutische Erfahrungen ermöglichen (Landy, 1967; Landy, 1970; Landy/Steele, 1967).

An der Universität schloß er enge Freundschaft mit W. Robert Hood, dem Direktor des Institute of Group Relations der Universität von Oklahoma, von dem er lernte, wie psychopharmakologische Behandlung in traditionelle Therapie integriert werden kann, und bei dem er soziologische Fertigkeiten zur Manipulation von natürlichen Umweltgegebenheiten erwarb (Sherif et al., 1954; Hood/Sherif, 1955). Ein weiterer Freund wurde Arnold Dahlke, stellvertretender Direktor des Instituts, dem es daran lag, das strikte Denken experimenteller Methoden auf klinische Situationen anzuwenden (Kelley et al, 1965; LaCharite/Dahlke, 1975; Jones/Dahlke/LaCharite, 1978).

Anfänge

Landy began mit der Verwirklichung seiner anfänglichen Vorstellungen im Jahre 1968, als er Direktor des Adolescent Program am Gateways Hospital and Community Mental Health Center in Los Angeles war. Während dieser Zeit stand er stark unter dem Einfluß der dynamischen, sozialen Philosophien Solon D. Samuels' (1971, 1976), einem der ersten Mitarbeiter Eric Bernes. Landy glaubt, Samuels habe bei ihm im persönlichen wie im beruflichen Bereich den stärksten Eindruck hinterlassen.

Landy arbeitete hauptsächlich mit *drogenabhängigen Jugendlichen.* Zunächst versuchte er, eine Klinikumgebung zu schaffen, die dem Straßenmilieu seiner Klienten ähnelte. Seine Absicht war, den Prozeß aufzudecken, der es diesen Jugendlichen so schwer machte, ihre normalen Lebensumstände zu bewältigen, so daß sie zum Mißbrauch von Mitteln (einschließlich Alkohol) Zuflucht nahmen, die er allesamt als „Rauschmittel" bezeichnete. Seine Beobachtungen führten ihn zur Unterscheidung von Rauschmitteln, die zum *Vergnügen* genommen wurden, und solchen, deren Wirkung Gefühle der *Unzulänglichkeit* verdecken sollte.

Außerdem entdeckte er unter den Personen, die Rauschmittel nahmen, *drei Haupttypen:* Personen, die anregende Mittel nahmen („uppers") – *Amphetamine* –, schienen zurückgezogen zu sein und Schwierigkeiten zu haben, sich als fähige Persönlichkeiten zu akzeptieren; Personen, die beruhigende Mittel nahmen („downers") – *Barbiturate, Hypnotika* und *Sedativa* –, zeigten viel Ärger und mangelnde Selbstkontrolle; Personen, die *psychodelische* Mittel benutzten, gaben sich eher intellektuell und existentiell verzweifelt.

Je länger Landy die Jugendlichen in der Kliniksituation beobachtete, desto deutlicher sah er ihre Neigung, sich in die Gruppen der „uppers", „downers" und der „Psychodeliker" zu spalten. Er entschied, sie alle zusammen in einem großen Haus unterzubringen, wo sie zu engem Kontakt miteinander gezwungen waren. Innerhalb kurzer Zeit kam es zu Streitigkeiten und heftigen Schlägereien. Daraufhin stellte Landy Personal bereit, das die ganze Zeit mit den Jugendlichen zusammen war. Das Personal hielt ihn ständig über die täglichen Gewohnheiten der Jugendlichen informiert. Er wurde auf die Unfähigkeit seiner Klienten aufmerksam, ohne Hilfe irgendwelcher Medikamente zurechtzukommen: Die „downers" (zornig und ohne Selbstkontrolle) gerieten ständig mit jedermann in Streit; die „uppers" (zurückgezogen und ängstlich) waren dauernd auf der Suche nach Hilfe und Bestätigung; und die „Psychodeliker" (immer auf dem intellektuellen Trip) fühlten sich gelangweilt und niedergeschlagen. Es war diese Rückmeldung, die Landy zu der Vermutung führte, die Jugendlichen benutzten die Drogen, um ihre Gefühle der Unzulänglichkeit zu verdecken.

Ausgehend von dem Klinikprogramm richtete Landy eine große Privatpraxis für jugendliche Drogenabhängige ein. Er verfaßte „The Underground Dictionary" (Landy, 1971), ein einzigartiges Kompendium der Sprache der *Drogenszene* und der *Subkulturen,* das noch heute häufig als Standardnachschlagewerk im Strafvollzug und von gesetzlichen, medizinischen und sozialen Institutionen benutzt wird. Das Buch hat auch bei vielen Eltern Interesse erregt, die Hilfe für ihre drogenabhängigen Kinder suchen.

Im Rahmen dieser Praxis entwickelte und erweiterte Landy einige der grundlegenden Konzepte der Vierundzwanzig-Stunden-Therapie. Mit Hilfe der Eltern blockierte er all die normalen Wege, die die Jugendlichen benutzten, um ihre Unzulänglichkeiten zu verdecken. Ihre Rechte und Privilegien mußten sie sich dann durch Leistung verdienen. Ihr Leben wurde im Hinblick auf das Ziel organisiert, sie zu fähigen Personen zu machen.

Landy gründete das Center for Adjunctive Therapeutic Activity (CATA), um den Jugendlichen bei ihrer Aufgabe zu helfen. Im CATA wurde ein außergewöhnliches Programm durchgeführt, bei dem Prinzipien der *Beschäftigungstherapie* in „echten Lebenssituationen" angewandt wurden. Das Programm bestand aus einem weiten Spektrum künstlerischer und handwerklicher Beschäftigungen, wie dramaturgische Aktivitäten, Lederarbeiten, Kerzenmachen. Der typische Klient begann gleichzeitig eine Einzel- und eine Gruppentherapie und wurde verschiedenen Klassen zugewiesen. Landy traf sich regelmäßig mit seinen Therapeuten und Ausbildern, um den Fortschritt seiner jugendlichen Klienten zu begutachten und neue Erfahrungen für sie vorzubereiten.

Bei der Arbeit am CATA ging man von der Annahme aus, ein Aspekt der Dynamik drogenabhängiger Jugendlicher sei ihre Unfähigkeit, auf unmittelbare Befriedigung zugunsten langfristiger Erfolgserfahrungen zu verzichten. Ihr Unterricht wurde daher so strukturiert, daß sie eine Reihe unmittelbarer Erfolge erleben konnten. Dem alten Sprichwort gemäß, „nichts ist so erfolgreich wie der Erfolg", schaffte Landy auf diese Weise eine Umgebung, die es seinen Klienten erlaubte, ein *allgemeines Gefühl des Vertrauens in ihre eigenen Fähigkeiten* zu entwickeln.

An diesem Punkt (Anfang der siebziger Jahre) begann Landy, seinen Ansatz, bei dem die gesamte Umgebung des Klienten einbezogen wird, bei einzelnen Klienten seiner Privatpraxis anzuwenden. Er verbesserte und erweiterte seine Methode, indem er diese mit Klienten durchführte, die aus den unterschiedlichsten Verhältnissen kamen. Mit Hilfe einer Kerngruppe seines Personals betrieb und betreibt er die Ausbildung von Fachleuten mit und ohne akademischer Qualifikation in den Techniken und Strategien der Vierundzwanzig-Stunden-Therapie.

Gegenwärtiger Stand

Seit Beginn der siebziger Jahre haben über 50 Klienten eine volle Behandlung mit Landys Ansatz erhalten. An die 200 andere Klienten haben eine Vierundzwanzig-Stunden-Therapie mitgemacht, die auf spezifischere Problembereiche in ihrem Leben einging, wie Kontrolle des Körpergewichts und der Einnahme von Drogen, Beziehungsprobleme und Schwierigkeiten im Berufsleben.

Außerdem praktizieren Mitarbeiter von Landy, die er bei früheren Fällen ausgebildet hat, dieses Verfahren zur Zeit an verschiedenen Orten bei ihren eigenen Klienten und bilden weiterhin Personal in ähnlichen Methoden aus. Landy gründete die F.R.E.E.-Stiftung (Foundation for the Rechanneling of Emotions and Education), ein Gemeindezentrum in Beverly Hills, an dem *Counseling* durchgeführt wird. Das Personal der F.R.E.E. benutzt Landys Ansatz in Ausschnitten bei Klienten, die bestimmte Formen der Unzulänglichkeit zeigen.

Gegenwärtig ist Landy damit beschäftigt, zusammen mit seinem Mitarbeiter Arnold Dahlke ein Buch über die Vierundzwanzig-Stunden-Therapie fertigzustellen. 1973 diskutierte er seinen Ansatz auf der American Psychological Association Convention in Montreal, wo er mit Joseph Wolpe und Harold Greenwald an einem Symposion teilnahm (Landy/Wolpe/Greenwald, 1973). In jüngerer Zeit sprach er über seine Vorstellungen in Gesprächsrunden beim Treffen der Western Psychological Association in Honolulu, Hawaii (1980a), und beim Treffen der American Psychological Association in Montreal, Kanada (1980b).

Landys Klienten kommen aus den verschiedensten Ländern der Welt und aus den unterschiedlichsten Verhältnissen; zu seinem Klientel gehören jugendliche Drogenabhängige und ihre Eltern, Führungspersonal und Hollywood-Superstars. Die erfolgreiche Durchführung seines Ansatzes bei Brian Wilson von den Beach Boys, dem Rockstar Alice Cooper und den Schauspielern Rod Steiger und Richard Harris (um nur die wenigen zu nennen, die ihre Teilnahme an der Vierundzwanzig-Stunden-Therapie öffentlich bestätigt haben) machte ihn zu einem umstrittenen Psychologen. Bei Landys Ansatz entwickelt der Klient eine *völlige Abhängigkeit* vom Therapeuten, und der Therapeut übernimmt vollkommen die *Kontrolle* für das Leben des Klienten. Die meisten Leute außerhalb des engsten Kreises des Klienten fürchten sich vor einer Person, von der eine derartige Abhängigkeit besteht und die eine so extreme Kontrolle ausübt.

Theorie

Das zentrale Konzept der Vierundzwanzig-Stunden-Therapie ist „Adequacy" bzw. *Fähigkeit.* Eine fähige Person ist jemand, der das Gefühl hat und die Fähigkeit besitzt, im Leben das zu erreichen, was er erreichen möchte. Leute, die sich fähig fühlen, *wissen,* daß sie in der Lage sind, etwas zu erreichen, selbst wenn ihnen im Augenblick die Fertigkeiten dazu fehlen; Personen, die sich unfähig fühlen, sagen häufig, „Das würde mir nie gelingen!"

Die Wurzeln der (echten oder eingebildeten) Fähigkeit einer Person liegen in der frühesten Kindheit. Landy betrachtet das neugeborene Kind im Grunde als ein „ungeformtes kleines Tier", das die Forderung mit sich bringt, ihm Leben, Kontinuität, zu geben, da es selbst keinerlei Kenntnisse besitzt. Entweder ist es in seiner intrauterinen Umgebung wohl versorgt worden und wird gesund geboren, oder es ist ungesund bei der Geburt und muß einen schweren Kampf ums körperliche Überleben führen.

Das Kind ist von Anfang an einem Lernprozeß unterworfen. Das erste, was es erlebt, ist eine fremde Umgebung. Es weiß nicht, was Hunger ist – es zeigt nur eine körperliche Reaktion. Es schreit. Jemand steckt ihm eine Flasche in den Mund, und der lebenslange Lernprozeß beginnt; das Kind findet schnell heraus, daß bestimmte Verhaltensweisen bestimmte Reaktionen hervorrufen.

Der wichtigste Faktor dieser lebenslangen Lernerfahrung ist die *soziale Umgebung* des Menschen. Diese besteht zuerst in der Kleinfamilie und dehnt sich dann auf den weiteren Familienkreis, Gleichaltrige und eine Reihe anderer bedeutsamer Personen, wie Lehrer und Arbeitgeber, aus. In jedem Entwicklungsstadium geben die Menschen dieser sozialen Umgebung ständig „wertende" Rückmeldung (Rogers/Roethlisberger, 1952). Das Kind wird gelobt, wenn es lernt, das Eßbesteck zu benutzen, wenn es seine ersten Worte sagt und wenn es am rechten Ort und zur rechten Zeit sein Geschäft macht. Es erfährt Mißbilligung, wenn es das Essen auf den Boden wirft, nicht ordentlich spricht und ins Bett macht, nachdem man es zur Reinlichkeit erzogen hat.

Teilweise führt diese ständige, wertende Rückmeldung zur Entwicklung von *Ängsten*. Wir fürchten, unsere Eltern geärgert zu haben. Wir fürchten, eine Prüfung nicht bestehen zu können. Wir sind ängstlich darauf bedacht, unsere Arbeit gut zu erledigen.

Der lebenslange Lernprozeß bestimmt, wie wir unsere „Adequacy" definieren. Wir wachsen mit einem unterschiedlichen Grad an Selbstvertrauen in unsere Fähigkeit, im Leben das zu erreichen, was wir wollen, heran. Einige von uns halten sich für fähig und glauben, sie könnten alles schaffen. Andere fühlen sich unfähig und zweifeln an ihrem Vermögen, selbst die einfachsten Aufgaben erledigen zu können.

Wir messen uns ständig an den Normen unserer Gesellschaft. Jeder von uns hat das Gefühl, bestimmte Dinge „besser", andere „schlechter" tun zu können. Dies führt bei uns allen zu kleinen Verstecken von *Unzulänglichkeiten;* diese Unzulänglichkeiten werden zu unseren Geheimnissen, die wir verborgen halten, wenn wir uns auf die Begegnung mit der Welt vorbereiten.

Wir bauen *Fassaden* auf, um unsere Geheimnisse vor anderen zu verstecken; damit vermeiden wir die Möglichkeit, von anderen negativ bewertet zu werden. Wir entwickeln Geschick in *manipulativen Spielchen,* mit denen wir unser Gefühl, im Grunde genommen unfähig zu sein, verdecken. Das Aufdecken und Verbannen dieser geheimen Unzulänglichkeiten ist für Landy die zentrale Aufgabe aller Therapie und besonders der Vierundzwanzig-Stunden-Therapie.

Eine wichtige Komponente der „Adequacy" ist *emotionale Kontrolle*. Fähige Menschen können passende Entscheidungen treffen, um ihr Ziel unter den ungünstigsten Umständen zu erreichen. Selbst unter dem Einfluß extremer Gefühlszustände, wie starker Furcht, sind sie in der Lage, rationale Entscheidungen zu treffen.

Dagegen werden unfähige Personen zum *Opfer ihrer Gefühle*. Sie treffen ihre Entscheidungen gewöhnlich aus Furcht. Ob es sich dabei um die Furcht handelt, eine Aufgabe nicht erfolgreich zu erledigen oder um die Furcht vor der Mißbilligung bedeutsamer Bezugspersonen, immer handeln sie aufgrund ihrer Gefühle anstatt ihres logischen Denkens. Im Unterschied zu fähigen Menschen, deren Handeln bewußten Entscheidungen folgt, sind sich unfähige Menschen ihrer Entscheidungsmöglichkeiten nicht bewußt.

Landy behauptet nicht, wir könnten uns von unseren Gefühlen befreien. Mit den Gefühlen verhält es sich wie mit Schweißausbrüchen: Wenn die heiße Sonne auf uns scheint, schwitzen wir. Das Problem ist nicht, ob wir das Schwitzen verhindern können, sondern was wir machen sollen, wenn es passiert. Ähnlich werden wir niemals aufhören können, gefühlsmäßig auf unsere Umwelt zu reagieren. Als fähige Personen können wir jedoch entscheiden lernen, was das Beste für uns ist, wenn solche Gefühlssituationen auftreten.

Da es sich bei der Einschätzung unserer eigenen „Adequacy" um eine *gelernte* Lebensauffassung handelt, ist es uns auch möglich, umzulernen. Therapie kann daher als *Umerziehungsprozeß* verstanden werden. In der Therapie verlernen wir nicht die dysfunktionalen Verhaltensweisen, die sich aus unseren Unzulänglichkeiten ergeben; wir lernen einfach *alternative Verhaltensweisen* dazu, und außerdem lernen wir, daß wir die Fähigkeit haben, eine Handlung zu wählen, die in einem bestimmten Moment die geeignetste für uns ist.

Methoden

Die Strategien und Techniken der Vierundzwanzig-Stunden-Therapie dienen alle einem zentralen Ziel: der Entwicklung von „Adequacy". Dieses Ziel kann nur erreicht werden, wenn die Therapie allumfassend ist. Der Therapeut dringt mit Hilfe eines *Teams* mehr oder weniger akademisch qualifizierten Fachpersonals in jede Lebenssphäre seines Klienten ein. Die Größe des Teams schwankt zwischen drei und dreißig Mitgliedern; es befindet sich immer ein Psychiater darunter, um mögliche medizinische Fragen zu entscheiden.

Alle Kontakte des Klienten mit anderen Leuten werden *überwacht* und *kontrolliert*. Durch unmittelbare Zusammenkünfte mit dem Klienten, häufige Telefongespräche mit dem Personal und den Einsatz von Video- und Tonbandgeräten ist der Therapeut über alles, was der Klient tut, informiert. In vielen Fällen erklärt der Therapeut dem Personal und den Familienmitgliedern bis ins einzelne, wie sie auf bestimmte Handlungen und Äußerungen des Klienten reagieren sollen. Es werden im voraus (oder spontan, als Reaktion auf die Handlung des Klienten) Situationen geplant, durch die dem Klienten ein Prinzip vermittelt oder eine wichtige Erfahrung ermöglicht werden soll. Tatsächlich organisiert der Therapeut für 24 Stunden am Tag ein sehr komplexes Aktivitätsmuster. Er gleicht dem Dirigenten eines großen Symphonieorchesters; und die Musik, die gespielt wird, heißt *Erziehung*.

Jeder Klient durchläuft ein speziell für ihn entwickeltes Programm der Vierundzwanzig-Stunden-Therapie. Die Dauer der einzelnen Programme variiert zwischen einer Woche und einem Jahr oder mehr. Jedes Programm enthält acht wesentliche Phasen:

1. Initiation;
2. Discovery;
3. Inadequacy;
4. Preadequacy;
5. Self-Adequacy;
6. Self-Functioning;
7. Adequacy; und
8. Termination.

Tabelle 1 gibt eine Zusammenfassung des Geschehens in jeder dieser Phasen.

Die Dauer jeder Phase ist eine direkte Funktion des Fortschritts, den der Klient zu einem gegebenen Zeitpunkt gemacht hat. Obwohl die Phasen einander ablösen, gibt es doch Überschneidungen: Beispielsweise mag der Therapeut in Phase 4 Unzulänglichkeiten aufdecken, die bestimmte Strategien der Phase 3 erforderlich machen; und während die Klienten auf einem Gebiet Phase 5 erreicht haben, kann es sein, daß sie sich auf einem anderen Gebiet noch in Phase 3 befinden. Bei dem gesamten Prozeß handelt es sich um eine fließende, *dynamische Strukturierung* des Lebens des Klienten, die darauf abzielt, ihn in seiner eigenen Umgebung zu einer fähigen Person zu machen.

Tabelle 1: Zusammenfassung der Phasen der Vierundzwanzig-Stunden-Therapie

1. Initiation	Klient und Familie stellen sich vor; dem Klienten werden alle finanziellen Mittel entzogen; die Familie erklärt sich zur Kooperation bereit; dem Therapeuten wird absolute Autorität zuerkannt.
2. Discovery	Sichtung der Unzulänglichkeiten des Klienten und seines gesamten Hilfssystems; völlige Übernahme des Hilfssystems des Klienten durch den Therapeuten; Schaffung totaler Abhängigkeit vom Therapeuten.
3. Inadequacy	Therapeut und Team stellen ihre Unterstützung ein und lassen den Klienten seine totale Unzulänglichkeit erfahren; Klient sieht Wahlmöglichkeiten und entscheidet sich, seine „Adequacy" zu entwickeln (das, was er wünscht, zu erreichen) oder unfähig zu bleiben (seine Wünsche unerfüllt zu lassen).
4. Preadequacy	Klient erkennt andere Möglichkeiten zum Erreichen seiner Ziele; Therapeut stellt Situationen her, die es leichter machen, neue Wege zu lernen, als ohne diese auszukommen; Klient merkt, daß er lernfähig ist.
5. Self-Adequacy	Klient beginnt für sich selbst zu sorgen und entwickelt ein Gefühl der Selbstzulänglichkeit; er lernt, daß man sich selber etwas geben kann; Therapeut beginnt, die Abhängigkeit des Klienten vom Therapeuten/Team zu lockern.
6. Self-Functioning	Erweiterung der Lernerfahrungen über den Bereich der Selbstversorgung hinaus in Richtung auf ein angemessenes Funktionieren in der Umwelt und das Erreichen der persönlichen Ziele; zunehmende soziale und sexuelle Funktionsfähigkeit; weiterer Abbau der Abhängigkeit des Klienten vom Therapeuten.
7. Adequacy	Allmählicher Rückzug des Therapieteams und zunehmender Einzelkontakt mit dem Therapeuten; Klient lernt, seine Fähigkeiten so zu integrieren, daß er im Leben selbständiger wird und ohne Therapieteam auskommt.
8. Termination	Klient erlangt völlige Selbstzulänglichkeit; er wohnt alleine oder mit einem Zimmergenossen, der nicht dem Therapieteam angehört. Therapeut wird zum Freund und Berater.

Phase 1: Initiation

Viele Klienten der Vierundzwanzig-Stunden-Therapie werden durch einen Familienangehörigen zur Therapie gebracht, der diese als letzte Möglichkeit ansieht, nachdem alle anderen Bemühungen gescheitert sind. Andere Klienten beginnen die Therapie mit der Absicht, an einem bestimmten Problembereich zu arbeiten, stellen dann aber bald fest, daß ihre Schwierigkeiten wesentlich tiefere Wurzeln haben; sie entscheiden sich, völlig in das Programm einzusteigen.

Der erste Kontakt mit dem Klienten und seiner Familie ist sehr wichtig, da der Therapeut dabei nicht nur feststellt, welches Gesicht der Klient der Welt zeigen möchte, sondern auch, wie die Familie den Klienten gesehen haben möchte. Der Therapeut erhält dadurch Anhaltspunkte, mit denen er sich ein Bild von dem Hilfssystem des Klienten machen kann.

Klient, Familie und Therapeut müssen sich auf *drei wichtige Bedingungen* einigen. Erstens muß dem Klienten der Zugang zu jeglichen finanziellen Mitteln für die Dauer der Therapie versperrt werden. Der Erfolg der Vierundzwanzig-Stunden-Therapie hängt von dem Ausmaß ab, in dem das therapeutische Team über jede Lebenssphäre des Klienten Kontrolle ausüben kann. Stehen dem Klienten finanzielle Mittel zur Verfügung, kann er sie leicht zum Vertuschen seiner Unzulänglichkeiten benutzen, ein in den Augen des Therapeuten für seinen Fortschritt dysfunktionales Verhalten.

Ein zweite wichtige Bedingung bildet die Bereitschaft jeder zum Hilfssystem des Klienten gehörenden Person, im allgemeinen sind das die Familienangehörigen, mit dem Therapeuten zusammenzuarbeiten. Wird die Zusammenarbeit verweigert, so muß diesen Personen jeglicher Kontakt mit dem Klienten untersagt werden. Ein unkooperatives Familienmitglied kann die Therapie leicht sabotieren, indem es den Klienten als unfähige oder unzulängliche Person behandelt, was seinen Fortschritt hemmen wird.

Eine dritte wichtige Bedingung ist die Anerkennung des Therapeuten als oberste Autorität. Für den Fall, daß der Klient einen Wunsch hat und sich damit, wie üblich, an einen Angehörigen seiner Familie wendet, bedeutet das zum Beispiel, daß dieses Familienmitglied folgende Antwort gibt: „Ich werde dir gerne helfen, wenn der Doktor damit einverstanden ist." Auf diese Weise bleibt das Familienmitglied mit dem Klienten verbunden, es hat ihn nicht verlassen, während es gleichzeitig die Autorität des Therapeuten stärkt.

Über diese drei Bedingungen ist unbedingt Einigkeit zu erzielen, bevor die Vierundzwangig-Stunden-Therapie beginnen kann, da der Therapeut den Klienten sehr schnell in eine Position der Abhängigkeit bringen muß. Durch die Abhängigkeit des Klienten gewinnt der Therapeut die notwendige Autorität für die Umgestaltung der Reaktionen des Klienten auf Situationen, die im allgemeinen ein Verhalten hervorrufen, das Unzulänglichkeiten verdeckt.

Phase 2: Discovery

Die zweite Phase der Therapie beginnt damit, die Unzulänglichkeiten des Klienten zu sichten und alle mehr oder weniger wichtigen Personen in seinem Hilfssystem auszumachen. Mit jeder Person dieses Systems wird Kontakt aufgenommen und ein ausführliches Gespräch geführt, um vom Standpunkt jeder Schlüsselperson im Leben des Klienten aus dessen „Geschichte" vollständig zu rekonstruieren. Von allen Gesprächen werden Tonbandaufzeichnungen gemacht und Transkripte angefertigt. Die Geschichte wird dann sorgfältig analysiert, um möglichst viele der Unzulänglichkeiten des Klienten aufzudecken.

Sind die Schlüsselfiguren im Hilfssystem des Klienten identifiziert, strukturiert der Therapeut dieses System. Entsprechend den Vereinbarungen der Phase 1 instruiert der Therapeut jede Person, wie sie auf bestimmte Handlungen und Äußerungen des Klienten reagieren soll. Außerdem zieht ein Teammitglied in die Wohnung des Klienten; der Therapeut sorgt dafür, daß der Klient den ganzen Tag lang mit Teammitgliedern zusammen ist und von ihnen beobachtet wird. Der Therapeut wird regelmäßig über alles informiert, was der Klient tut, und er meldet die Reaktionen des Teams dem Klienten ständig zurück.

An diesem Punkt hat der Therapeut den Klienten völlig von dem therapeutischen Team abhängig gemacht. Die nächste Phase der Therapie kann nicht beginnen, bevor dies nicht erreicht ist.

Phase 3: Inadequacy

In der dritten, entscheidenden Phase werden die Klienten gezwungen, sich ihren Unzulänglichkeiten zu stellen. Plötzlich stehen sie ohne ihre üblichen finanziellen oder familiären Hilfssysteme da, die ihnen bei der Bewältigung ihrer Unzulänglichkeiten helfen würden. Da sie jetzt völlig vom therapeutischen Team abhängig sind, versuchen sie, von diesem die Unterstützung zu bekommen, die ihnen früher von Familie und Freunden gewährt wurde. Wenn sie zu einem Teammitglied sagen, „Hilf mir, ich weiß nicht, was ich machen soll", so lautet die Antwort einfach, „Denk mal nach!" oder „Ich glaube bestimmt, daß du es herausfinden kannst" oder „Ich weiß, daß du damit zurechtkommen wirst." Das Teammitglied wartet dann darauf, dem Klienten mit der Logik zu helfen, die er benötigt, um zu einem Ergebnis oder einer Entscheidung zu gelangen. Früher kamen Familie und Freunde dem Klienten „zu Hilfe", um sein Handeln zu beschleunigen oder weil es ihnen selbst an Geduld mangelte; als Folge davon lernte der Klient nie, alleine zurechtzukommen.

In dieser Phase befinden sich die Klienten also in einer Position, in der sie leicht verwundbar sind: Indem sie ihre normalen Stützen verloren haben, stehen sie jetzt vor der Wahl, entweder an ihrer Unzulänglichkeit festzuhalten und auf das, was sie sich wünschen, zu verzichten, oder ihre Wünsche zu erfüllen, indem sie neue, angemessene Verhaltensweisen lernen. An diesem Punkt geraten viele Klienten in Panik. Mit dem Verlust der gewohnten Unterstützung von Familie und Freunden beginnen sie zu erkennen, daß sie für sich alleine eigentlich nicht funktionsfähig sind. Diese Erkenntnis läßt sie ihre Wahlsituation begreifen: „Entweder bleibe ich unfähig und erreiche nicht, was ich möchte, oder ich lerne neue Möglichkeiten, wie ich meine Ziele erreichen kann."

Landy glaubt, die Klienten müßten ihre Unzulänglichkeit in vollem Umfang erfahren, bevor die Therapie zum nächsten Stadium fortschreiten kann. Er vergleicht diese Phase mit einem Besuch beim Zahnarzt: Der Zahnarzt muß bis zur Wurzel bohren, ehe der Zahn wiederhergestellt werden kann.

Phase 4: Preadequacy

In dieser Phase, dem Stadium, bevor die Klienten ihre Adequacy voll ausbilden, erfahren sie, daß es andere Wege gibt, ihre Ziele zu erreichen. Der Therapeut stellt Situationen für sie her, die es ihnen tatsächlich leichter machen, solche neuen Wege zu lernen, als ohne sie auszukommen (unfähig zu bleiben).

Auf diese Weise beginnen die Klienten zu erkennen, daß ihnen keiner sagt, wie sie etwas machen sollen. Sie müssen das jetzt selbst herausfinden. Die Teammitglieder sind in diesem Prozeß dazu da, Informationen zu liefern. Sie werden vom Therapeuten instruiert, den Klienten nicht zu Hilfe zu eilen, sondern nur Fragen zu beantworten, in denen es um spezifische Informationen geht – um Informationen, die alternative Lösungen verdeutlichen.

Die Bedeutung dieser Phase liegt *nicht* in den Informationen, die die Klienten gewinnen, sondern eher in der *Erkenntnis ihrer Lernfähigkeit*. Wenn sie *wissen*, daß sie lernen *können*, wissen sie auch, daß sie die *Möglichkeit* haben zu lernen. Als unfähigen Personen war ihnen diese Möglichkeit nicht bewußt. In dieser Phase machen sie also einen wichtigen Schritt in Richtung auf Entwicklung ihrer Adequacy.

Phase 5: Self-Adequacy

Der Schwerpunkt liegt jetzt darauf, die Umwelt der Klienten so zu strukturieren, daß sie lernen, für sich selbst zu sorgen. Viele Klienten, die mit der Vierundzwanzig-Stunden-Therapie beginnen, haben sich gehen lassen; sie sind so daran gewöhnt, von anderen, für sie bedeutsamen Personen abhängig zu sein, daß sie niemals wirklich gelernt haben, selbständig zu sein. Vielen von ihnen muß beigebracht werden, wie man für sich selber sorgt; sie müssen so spezifische Dinge lernen wie Körperpflege, daß man Wert auf die äußere Erscheinung legt, wie man sich eine Arbeitsstelle verschafft und sie behält, wie man sein Geld einteilt, so daß man davon leben und sich seine Wünsche erfüllen kann (und es vermeidet, ständig Schulden zu machen) und wie man sich in der Stadt zurechtfindet. Im Prinzip lernen sie eine neue Einstellung, nämlich, daß man sich selbst etwas geben kann. Diese steht im Gegensatz zu ihrer früheren Haltung „psychischer Anorexia", in der sie sich so bemüht haben, andere dazu zu bringen, ihnen etwas zu geben, daß sie nie gelernt haben, wie man sich selbst etwas gibt.

Phase 6: Self-Functioning

Sobald die Klienten ihre Fähigkeit erkennen, daß sie selbst für sich sorgen können, besitzen sie die Voraussetzung, um in die sechste Phase der Vierundzwanzig-Stunden-Therapie einzutreten. In dieser Phase gehen sie in ihren Lernerfahrungen über ihren unmittelbaren persönlichen Lebensraum hinaus und wenden sich ihrer Umwelt zu. Sie lernen erst *soziale,* dann *sexuelle* Verhaltensweisen, was sie wiederum dazu anregt, Beziehungen mit anderen zu suchen und einzugehen. Unter Self-Functioning wird die Fähigkeit verstanden, sich trotz der normalen Gefühle des Ungewohnten, die wir alle in einer neuen Situation erleben, in eine fremde Umgebung, in der man niemanden kennt, zu begeben, zum Beispiel in eine Bar, eine Versammlung oder einen Unterrichtsraum, und mit den Anwesenden Kontakt zu knüpfen und zu interagieren.

Während dieser Phase nimmt die Abhängigkeit der Klienten vom Therapeuten merklich ab. Die Klienten lernen, ihre Funktionsfähigkeit zu erhöhen und entwickeln erfolgreiche und kreative Wege zur Nutzung ihrer Begabungen und Fertigkeiten.

Der Therapeut gestattet ihnen wieder den Umgang mit Mitgliedern ihres früheren Hilfssystems, nur handeln die Klienten jetzt aus einer Position der Selbständigkeit heraus, anstelle von Abhängigkeit. Familie und Freunde haben inzwischen durch ihren Kontakt mit dem therapeutischen Team oder durch eine unabhängig durchgeführte Therapie, die der Therapeut für sie arrangiert hat, selbst einen Lernprozeß durchgemacht.

Eine wichtige Fertigkeit, die die Klienten in dieser Phase lernen, ist das Einteilen ihrer Zeit. In den beiden vorangegangenen Phasen haben sie gelernt, Routinetätigkeiten zu entwickeln, die für die Selbstversorgung wichtig sind; jetzt berücksichtigen sie neben der eigenen auch die Zeitplanung anderer Leute. Sie lernen, in ihrem Umgang mit anderen wohltuende Zwanglosigkeit und Flexibilität walten zu lassen.

Phase 7: Adequacy

Wenn sie die siebente Phase der Therapie erreicht haben, haben die Klienten Methoden gelernt, um sich auf die Welt einzustellen; sie haben gelernt, sich selbst den Vorrang zu geben, gleichzeitig aber ihr Interesse an anderen aufrechtzuerhalten. In dieser Phase veranlaßt der Therapeut einen allmählichen Rückzug der Teammitglieder. Während sie früher für 24 Stunden am Tag mit dem Klienten zusammen waren, beginnt dieser jetzt, sein Leben häufiger alleine angemessen zu bestreiten.

Gleichzeitig nimmt der Klient jetzt regelmäßig an eher traditionellen Einzel- und Gruppensitzungen mit dem Therapeuten teil. In den Anfangsphasen hatten die Klienten hauptsächlich mit den Teammitgliedern zu tun. Gleichzeitig fühlten sie sich unfähig, auf den Therapeuten anders als mit Beschwichtigung oder Rückzug zu reagieren. Wenn sie Phase 7 erreichen, ist ihre Fähigkeit jedoch so weit entwickelt, daß sie dem Therapeuten selbst in Augenblicken des Widerspruchs oder Ärgers gegenübertreten können.

Phase 8: Termination

In der letzten Phase der Vierundzwanzig-Stunden-Therapie sind die Klienten vollkommen selbständig; sie handeln jetzt im vollen Bewußtsein ihrer eigenen Adequacy. Ihre Abhängigkeit vom Therapeuten ist nicht stärker als in jeder normalen Arzt-Patient-Beziehung, es besteht jedoch ein Gefühl der Nähe, nachdem man so viel miteinander durchgemacht hat.

Während dieser Phase wohnen die Klienten für sich alleine oder mit selbstgewählten Zimmergenossen. Der Kontakt mit den Teammitgliedern ist gering; er entspricht dem Kontakt, den eine vielbeschäftigte Person mit ihren Freunden hat. Die Klienten setzen jetzt alles, was sie gelernt haben, in die Praxis um.

Ihr Kontakt mit dem Therapeuten beläuft sich auf verhältnismäßig seltene Zusammenkünfte, die auf ihren Wunsch hin stattfinden, um spezifische Schwierigkeiten zu klären. Der Therapeut hat seine Rolle als starke Autorität, von der der Klient abhängig war, mit der eines Freundes und Beraters, von dem der Klient Objektivität erwarten kann, vertauscht.

Anwendungsbereiche

Landy behauptet, Vierundzwanzig-Stunden-Therapie könne bei allen diagnostischen Kategorien angewandt werden, solange es möglich ist, die Klienten in ihrer *normalen Umgebung* zu behandeln. Das ist eine besonders wichtige Bedingung, wenn man es mit geistig retardierten Klienten oder Klienten mit chronisch psychotischen Verhaltensweisen zu tun hat, die sich lange oder häufig in Kliniken aufgehalten haben. Die Klinikumgebung bietet ihnen nur sehr begrenzte körperliche und soziale Bewegungsfreiheit. Was noch wichtiger ist, fast jeder, der mit ihnen Kontakt hat, von Ärzten und Krankenschwestern angefangen bis zu den Verwandten, behandelt sie im allgemeinen so, als wären sie nicht imstande, für sich selbst zu sorgen und könnten im normalen Leben nicht angemessen funktionieren. Da sie als unfähige und unzulängliche Personen behandelt werden, beginnen sie, selber an ihre Unfähigkeit und Unzulänglichkeit zu glauben und sie als Tatsache zu akzeptieren. Solange sie in der künstlichen Klinikumgebung leben, werden sie weiter in ihrer Unfähigkeit bestärkt. Soll die Vierundzwanzig-Stunden-Therapie bei ihnen Erfolg haben, muß sie in ihrer normalen Umgebung, außerhalb der Klinik durchgeführt werden.

Es bestehen *keine Altersgrenzen*. Zwar wurde die Vierundzwanzig-Stunden-Therapie meistens bei Erwachsenen praktiziert, sie ist aber auch erfolgreich mit Jugendlichen und einigen Kindern durchgeführt worden. In diesen Fällen bleiben die wesentlichen Strategien und Phasen der Therapie die gleichen, während sich ihre Ziele und einige spezifische Maßnahmen etwas ändern.

Es bestehen auch *keine zeitlichen Begrenzungen*. Einige Klienten, die an ganz bestimmten Problembereichen gearbeitet haben, brauchten für die Vierundzwanzig-Stunden-Therapie nur eine Woche; ein Klient hat sich zwei Jahre lang völlig dieser Therapie gewidmet. Gleichgültig, ob die Klienten diese Therapie nur für eine Woche oder zwei Jahre lang durchführen, sie erleben dabei eine wesentlich intensivere und konzentriertere *Renaissance* als bei den traditionellen Therapieverfahren.

Wegen der starken Kontrolle, die der Therapeut in der Vierundzwanzig-Stunden-Therapie ausübt, reagieren Familie und Freunde auf bestimmte therapeutische Maßnahmen mit ärgerlichem *Widerstand*. Die Therapeuten müssen genügend Überzeugung besitzen und sich auch unter starkem Streß sicher genug fühlen, solches Verhalten nicht persönlich zu nehmen, sondern es als ängstliche Reaktion auf das Lösen der manipulativen Abhängigkeitsbeziehungen, die die Klienten mit ihren früheren Hilfssystemen unterhalten haben, zu verstehen. Mit anderen Worten, die Therapeuten der Vierundzwanzig-Stunden-Therapie dürfen nicht zulassen, daß diese unvermeidlichen Konfrontationen ihren Umgang mit den Klienten und ihre Entscheidungen beeinflussen. Sie müssen bereit sein, den unumgänglichen Ärger, den man ihnen entgegenbringen wird, aufzufangen.

Zur Zeit ist die Vierundzwanzig-Stunden-Therapie wegen des erheblichen Zeitaufwandes, der von einer großen Gruppe von Fachpersonal verlangt wird, sehr *kostspielig*. Landy und seine Mitarbeiter machen jedoch Versuche, die Kosten zu senken, indem sie mit psychologischen Assistenten arbeiten, die als Teil ihrer internen Ausbildung bei der F.R.E.E.-Stiftung als Halbtagskräfte abwechselnd an verschiedenen Fällen beteiligt sind. Es sind auch Bemühungen zur Kostensenkung in anderen Ausbildungs- und akademischen Institutionen zu erwarten, die Zuschüsse von staatlichen, landeseigenen und gemeindeeigenen Sozialstellen erhalten.

Fallbeispiel

Robert war 27 Jahre alt, als er die Therapie begann. Seit seinem 17. Lebensjahr hat er sich mit Unterbrechungen in therapeutischer Behandlung befunden, zuerst für ungefähr vier Jahre bei einem Psychoanalytiker (der eine chronische, undifferenzierte Schizophrenie bei ihm diagnostiziert hatte), anschließend für über sechs Jahre bei einem Psychiater.

Nach Abschluß der Höheren Schule hatte Robert ein Semester lang das College besucht, dann begann er für seinen Vater zu arbeiten. Im Alter von 19 war er kurze Zeit verheiratet gewesen; die Ehe wurde jedoch nach wenigen Monaten geschieden. Mit 21 Jahren heiratete er ein zweites Mal und wurde Vater zweier Kinder; seine Frau verließ ihn, als er 26 Jahre alt war.

Robert war im Alter von einer Woche von einem erfolgreichen Geschäftsmann der oberen Mittelschicht, dessen Frau keine Kinder haben konnte, adoptiert und als einziges Kind großgezogen worden. Er war für beide Eltern ein Kind, das sie sich gewünscht hatten; bis zu seinem neunten Lebensjahr behandelten sie ihn wie ihren eigenen Sohn, dann sagten sie ihm, daß er adoptiert war.

Phase 1: Initiation

Es war Roberts Vater, der als erster Kontakt mit Landy suchte, der diesen Fall als Therapeut übernommen hatte. Zum Zeitpunkt der Vorstellung war Robert teilweise „funktionsfähig". Er arbeitete als Leiter eines Geschäfts, das der Vater ihm aus Sorge über seine Lebensunfähigkeit gekauft hatte.

Bei seiner Zusammenkunft mit Roberts Vater informierte Landy diesen über die Bedingungen, unter denen er bereit wäre, den Fall zu übernehmen; finanzielle Kontrolle, totale Kooperationsbereitschaft der Familie und Anerkennung des Therapeuten als oberste Autorität in bezug auf Robert.

Wie mit dem Vater vereinbart, besuchte Landy einige Tage später als Kunde Roberts Geschäft, um dessen Verhalten zu beobachten. Im Prinzip sah er ihn als jemanden, der „damit beschäftigt ist, sich zu beschäftigen". Robert verbrachte seine Zeit in Gesprächen mit Angestellten, aber soweit Landy sehen konnte, übte er dabei keine ernsthafte leitende oder geschäftlichen Funktion aus. Auf diese Art und Weise verbrachte er 15- bis 20-Minuten-Phasen, wobei er mit flottem

Gang durch das Geschäft lief, hier und da etwas aufhob und es sich betrachtete, bis er dann in ein nahegelegenes Lokal verschwand, wo er für etwa eine halbe Stunde bei einem Bier saß. Dann kehrte er ins Geschäft zurück. In dieser Form verbrachte Robert den ganzen Tag, immer zwischen Geschäft und Lokal pendelnd.

Im Lokal, wo Landy (den Robert nicht kannte) ihn beobachtete und auf Tonband aufnahm, klagte er der Kellnerin sein Leid; er erzählte ihr, wie wenig er verdiente, wie viel er zu tun hatte und wie ihn das Ganze beanspruchte. Wenn man ihn hörte, konnte man meinen, sein Vater, den er als „den größten Gauner aller Zeiten" betrachtete, behandele ihn sehr ungerecht. (In Wirklichkeit zahlte ihm sein Vater ein Gehalt von $ 35 000 pro Jahr, übernahm alle Kosten für seinen Sportwagen und zahlte alle Rechnungen, einschließlich Miete, Wertpapieren, Kreditkarten und Versicherungen, da Robert unfähig war, für sich selbst aufzukommen.)

Kurz nach der ersten Beobachtung erzählte Roberts Vater seinem Sohn von Landy, und Robert erklärte sich bereit, den Therapeuten in seinem Büro zu treffen. Roberts Vater war mit allen Bedingungen Landys einverstanden. Landy schlug vor, die Bedingungen schriftlich niederzulegen und im Beisein Roberts zu unterzeichnen.

Beim ersten Treffen, an dem auch Roberts Vater teilnahm, beschwerte sich Robert über sein schweres Leben. Landy fragte ihn, was er seinem Vater gegenüber fühlte. Robert machte ein verwirrtes Gesicht und gab keine Antwort. Landy erzählte ihm, was er im Lokal gehört hatte. Robert stritt alles ab. Landy spielte die Tonbandaufnahme des Gesprächs im Lokal vor (in der Vierundzwanzig-Stunden-Therapie wird alles auf Tonband aufgenommen). Robert schien überrascht und verlegen und begann zu weinen. Er sagte, er würde lieber bei seinem letzten Therapeuten in Behandlung sein, der ihn niemals in einer Art und Weise behandelt habe, wie Landy es gerade getan habe, wodurch er sich so schlecht fühle. Landy erklärte Robert, er beabsichtige nicht zu veranlassen, daß er sich schlecht fühle; wenn Roberts Angaben wahr seien, würde er ihm vielmehr dabei helfen, aus seinem Vater einen weniger kritischen, herablassenden Menschen zu machen. Robert weinte weiter.

An dieser Stelle informierte ihn sein Vater, daß Landy jetzt die Kontrolle über alle finanzielle Unterstützung habe, die er ihm zukommen lassen wollte, und daß Robert sich mit Landys Büro und mit Landy in Verbindung setzen müsse, wenn er irgendetwas braucht; dann unterschrieb er in Anwesenheit von Robert, Landy und einem Notar ein entsprechendes Dokument.

Phase 2: Discovery

Landy stellte sofort ein Therapieteam zusammen, um ein vollständiges Bild von Roberts Vergangenheit zu erarbeiten und alle Schlüsselfiguren in seinem Hilfssystem ausfindig zu machen. Er mietete eine Wohnung mit zwei Schlafzimmern, in die Robert mit einem Teammitglied einzog. Von diesem Zeitpunkt an war ständig ein Teammitglied mit Robert zusammen oder zumindest in einer Position, von der aus er beobachtet werden konnte. Landy arrangierte auch eine Reihe von Zusammenkünften mit wichtigen Familienangehörigen und Freunden, die er instruierte, wie sie sich im Umgang mit Robert verhalten sollten, ohne Gefahr zu laufen, ihm „zu Hilfe zu kommen". Er erklärte ihnen, Robert sei ein „berufsmäßiges Opfer".

Robert gegenüber äußerte Landy, er erlaube ihm, weiter im Geschäft zu arbeiten, solange er keine Bestellungen aufgäbe, ohne erst von Landy die Genehmigung einzuholen. Robert war mit diesen Bedingungen einverstanden und verließ die Sitzung, ohne zu glauben, *sein Vater* würde „ihm das antun".

Robert stellte die Position seines Vaters und die Autorität des Therapeuten innerhalb von drei Tagen auf die Probe, als er Waren für sein Geschäft im Werte von fast $ 15 000 bestellte. Landy (der direkte Kommunikationskanäle zu jeder mit Robert in Verbindung stehenden Person hatte) wurde sofort davon informiert. Er ließ Robert zu sich ins Büro kommen und erklärte ihm, er sei betrübt über die Tatsache, daß Robert sich nicht an ihre Vereinbarung gehalten habe. Robert sagte, es täte ihm leid. Darauf erwiderte Landy, auch ihm täte es leid, aber er würde es Robert jetzt nicht erlauben, künftig irgendwelche Bestellungen aufzugeben, bis eine vollständige Bestandsaufnahme im Geschäft durchgeführt worden wäre.

Robert, der über diese Wendung der Dinge aufgebracht war, bedrohte seinen Vater mit einem Messer. Als sein Vater versuchte, mit ihm zu reden, drohte er, sich selbst zu verletzen. Landy beruhigte Roberts Eltern dahingehend, daß seinem fachlichen Verständnis nach Robert weder sich selbst noch anderen Schaden zufügen würde. Zu Robert sagte Landy, er würde das Geschäft schließen, wenn er nicht sofort mit der Bestandsaufnahme anfangen und sie zu Ende führen würde.

Robert stellte die Autorität seines Vaters und Landys erneut auf die Probe, indem er bei seinem Vater schriftlich um seine Entlassung bat. Zu seiner großen Überraschung gab der Vater (auf Landys Anweisung) seiner Bitte statt. Plötzlich fand sich Robert ohne Arbeit und ohne Geld. Er geriet in Panik und klagte, sein Vater habe „das Geschäft zu dem gemacht, was es heute ist", obwohl das Geschäft wegen seiner eigenen schlechten Führung in Wirklichkeit jeden Monat Tausende von Dollars verlor. Robert hatte nämlich nie gelernt, wie man Kassenbelege liest, und die Angestellten stahlen ganz offen Geld. Außerdem hatte Robert einen Geschäftsführer einstellen müssen, der die Angelegenheiten erledigte, die er selber nicht verstand. Landy ließ von einem Teammitglied sämtliche Kreditkarten des Unternehmens und alle Schlüssel zum Geschäft einsammeln.

Phase 3: Inadequacy

Durch das plötzliche Handeln Landys war Robert überrascht worden. In der Vergangenheit hatte Robert mit seinen Drohungen bei anderen Leuten ziemlichen Erfolg gehabt, da er sie vom Ernst seiner Behauptungen überzeugte und sie nicht wußten, was sie anders tun sollten, als ihn zu beschwichtigen. Er stellte schnell fest, daß Landy auf seine Drohungen nicht einging.

Vorher, als er in seinem Geschäft arbeitete, hatte Robert seine Unzulänglichkeiten verdeckt, indem er die Position des Leiters einnahm. Das gab ihm den Status und die sozialen Kontakte, die er benötigte. Als Landy ihm diese Stütze nahm, hatte Robert keine Freunde oder bedeutsame Beziehungen mehr. Es wurde ihm auch klar, daß er seine Drohungen nicht mehr benutzen konnte, um Einfluß auf seine Familie oder Leute, die für ihn gearbeitet hatten, auszuüben.

Da Robert das Handeln Landys als Bestrafung auffaßte, blieb er fast vier Monate lang in der Phase der Unzulänglichkeit verhaftet; wieder und wieder demonstrierte er seine Unzulänglichkeit. Beispielsweise mußte er seine Wohnung räumen und sein Auto aufgeben, da er keine Stelle fand.

Landy brachte ihn in einem Heim unter, wo er Unterkunft und Verpflegung erhielt. Als Robert sich in seiner neuen Umgebung sicherer zu fühlen begann, begriff er langsam, daß seine Mitbewohner körperlich und geistig behindert waren und nicht für sich selber sorgen konnten. Nach einer Weile gab man ihm eine Arbeit in dieser Einrichtung, drei Tage die Woche für $ 5 pro Tag. Das war die erste richtige Beschäftigung, die er jemals ausgeübt hatte. Er arbeitete sehr schwer und übertraf alle anderen.

Seine neue Position gefiel ihm so gut und brachte ihm so viel Erfolg, den ersten Erfolg, den er jemals gehabt hatte, daß Landy alle finanzielle Unterstützung einstellte, um ihn anzuregen, über diesen ersten Schritt hinauszugehen. Daraufhin weigerte sich das Heim, Robert länger zu behalten. Landy bot ihm ein ähnliches Heim in einem entlegenen, ihm unbekannten Stadtteil an, was Robert jedoch als zu bedrohlich erlebte. Statt dessen versuchte er, eine Arbeit zu finden, um selbst für seinen Lebensunterhalt sorgen zu können. Dies zeigte das Ende seiner Phase der Unfähigkeit an.

Phase 4: Preadequacy

Die Phase der Preadequacy begann Robert, indem er sich an verschiedenen Orten in der Stadt um Stellen bewarb; er zögerte jedoch, eine davon anzunehmen. Landy erwartete, daß Robert von seinen ersten Arbeitsplätzen gefeuert wird; daher erklärte er ihm, es spiele keine Rolle, welche Arbeit er wähle, da es sich bei der Übernahme seiner ersten Beschäftigung nur um eine „Übung" handele. Er setzte Teammitglieder ein, die Robert zeigten, wie man Bewerbungsformulare ausfüllt und wie man sich in einem Einstellungsgespräch verhält.

Da Robert kein Fahrzeug mehr besaß, mußte er lernen, das Busnetz zu benutzen, von dem er vorher nie Gebrauch gemacht hatte. Das war eine schmerzliche Erfahrung für ihn. Einmal, als er mehrere Meilen von seiner Wohnung entfernt gelandet war, blieb er fünf Stunden lang auf einer Bank sitzen (mit einem Teammitglied in der Nähe, das ihm nicht zu Hilfe kam), bevor es ihm einfiel, mit der Busgesellschaft Kontakt aufzunehmen und sich zu informieren, wie er nach Hause kommen konnte.

Allmählich akzeptierte Robert die Tatsache, daß ihm in diesem Stadium seines Lebens keiner zu Hilfe kommen würde und daß seine einzige Lebenschance darin lag, selbständig zu werden.

Phase 5: Self-Adequacy

Robert begann mehr Wert auf seine äußere Erscheinung zu legen und Anzug und Krawatte zu tragen. Er lernte, was er sich im Rahmen seiner finanziellen Mittel leisten konnte.

An diesem Punkt half Landy ihm dabei, ein Auto zu kaufen, mit der Auflage einer Knüppelschaltung; Robert hatte bisher vermieden, ein solches Modell fahren zu lernen. Zunächst fühlte Robert sich nicht fähig, diese Technik zu lernen, und fiel wieder in Unfähigkeit zurück; er ließ das Auto einfach am Straßenrand stehen, wo es schließlich abgeschleppt wurde. Nachdem er eine Weile mit dem Bus gefahren war, erklärte er Landy gegenüber endlich doch, er wolle lernen, den Wagen mit der Knüppelschaltung zu fahren. Robert traf entsprechende Maßnahmen und führte die Aufgabe langsam und qualvoll aus.

Als er über eine halbes Dutzend verschiedener Beschäftigungen hinter sich hatte, erhielt Robert schließlich die Stelle eines Verkäufers in einem großen Kaufhaus. Nachdem er seine Furcht überwunden hatte, er könne das Bedienen der elektronischen Kasse nicht lernen, blühte er richtig auf. Er entwickelte immer mehr neue soziale Beziehungen mit Leuten, die er an seinem Arbeitsplatz traf. Er arbeitete dort fast ein ganzes Jahr lang.

Phase 6: Self-Functioning

Landy ließ Robert mit einem Teammitglied in eine Wohnung einziehen, die in einem Komplex für Alleinstehende lag, in dem einiges los war. Wieder verfiel Robert auf einige unangemessene Verhaltensweisen; er zog sich zurück und weigerte sich, am geselligen Leben teilzunehmen. Landy erkannte ein Muster, bei dem es „drei Schritte vorwärts und zwei zurück" ging; er zog sich zurück und wartete. Daraufhin begann Robert kontaktfreudiger zu werden, da das die einzige Möglichkeit war, von Landy eine Reaktion zu erhalten.

Allmählich entwickelte Robert neue Kompetenzen. Er kam zu der Einsicht, um in der Welt zu bestehen, sei es keine besonders erfolgreiche Methode, viel Zeit zu vertun ohne etwas zu leisten und dann ein schlechtes Gefühl dabei zu haben. Er merkte immer mehr, wie gut er sich fühlte, wenn er etwas geschafft hatte. Er begann seinen zeitlichen Horizont auszudehnen, indem er längerfristige Pläne machte.

Phase 7: Adequacy

An diesem Punkt begann für Robert die Phase der Adequacy. Er konnte erfolgreich einer Beschäftigung nachgehen. Er schloß eine Reihe von Freundschaften, und allmählich fühlte er sich auch in der Gegenwart von Frauen nicht mehr deplaziert.

Er kam zu dem Schluß, daß er gerne wieder auf die Schule gehen würde, sich das aber nicht leisten konnte. Da ihm die Belastung, einen minimalen Lebensunterhalt zu verdienen und gleichzeitig die Abendschule zu besuchen, zu groß erschien, entschloß er sich, zum Militär zu gehen, wo er finanziell unterstützt wurde, während er eine Ausbildung erhielt. Er traf diese Entscheidung, da er von seiner Familie unabhängig sein wollte und weil er sich die während seiner Dienstzeit erhaltene Ausbildung nach der Entlassung zunutze machen konnte.

Phase 8: Termination

Robert begann mit der Grundausbildung. Als er begriff, daß er jetzt 28 Jahre alt war und sich unter einer Gruppe von 18jährigen befand, die alle in einer besseren körperlichen Verfassung waren als er, begann er wieder abzugleiten. Wegen seiner Unfähigkeit, sich befriedigend zu verhalten, drohte ihm die Entlassung.

Landy erklärte Roberts Stabsfeldwebel, wie dieser konstruktiv mit Robert umgehen könnte; er schlug Strategien vor, die die Weiterentwicklung von Roberts Adequacy fördern würden. Zwar benötigte Robert zwei zusätzliche Wochen, doch brachte er die Grundausbildung erfolgreich zum Abschluß und wurde zu einer Ausbildung in Elektronik nach Korea geschickt.

Robert ist immer noch beim Militär. Frauen gegenüber zeigt er jetzt wesentlich weniger Furcht. Er hat Freundschaften geschlossen. Er freut sich darauf, nach seinem Wehrdienst ins Universitätsleben zurückzukehren, wofür er nach amerikanischem Militärgesetz Unterstützung erhält.

Da Robert gewöhnt war, Dinge zu „haben", hatte er nun, nachdem er seine eigene Fähigkeit erkannt hatte, entschieden, sich die Dinge „selbst zu holen"; er wollte sich nicht mit einer sicheren, gering bezahlten Stelle als Verkäufer in einem Kaufhaus, in der er wenig Verantwortung hatte, zufriedengeben. Daher wählte er den Wehrdienst als ersten Schritt auf dem Weg, der zur Erfüllung seiner Wünsche führen sollte; er wollte alle die guten Dinge haben, die er vorher hatte, aber diesmal wollte er sie (und noch mehr) sich selber beschaffen. Er ist sich jetzt des Unterschieds bewußt, der dazwischen besteht, für die meiste Zeit im Leben „etwas von anderen bekommen zu haben", und der größeren Freude, die er erlebt, wenn er sich selbst etwas gibt.

Zusammenfassung

Landy vergleicht die Vierundzwanzig-Stunden-Therapie mit einem großen *Schachspiel;* der Klient macht einen Zug, der Therapeut reagiert darauf mit einem Gegenzug, auf den der Klient wiederum mit einem weiteren Zug antwortet. In diesem Prozeß wird die Absicht verfolgt, den Klienten aus allem, was sich ereignet, lernen zu lassen, seine *manipulativen Spiele* zu durchkreuzen und in seiner Umwelt Situationen herzustellen, die andauernd und in jeder Lebenssphäre das Auftreten spontaner Erfolgserlebnisse begünstigen.

Landy glaubt, die meisten traditionellen Therapieverfahren seien oberflächlich und begrenzt, da sich die Therapeuten in ihren verhältnismäßig kurzen Begegnungen mit den Klienten gegenüber deren *Privatbereich* zu respektvoll und höflich verhalten. Das bedeutet, sie gelangen selten zu den tiefsten Geheimnissen der Unzulänglichkeit ihrer Klienten, auf denen ihr ganzes manipulatives Verhalten und ihr Ausagieren beruhen. Ein Therapeut kann nur ein erfolgreicher Agent für Veränderungen beim Klienten sein, wenn er so schnell wie möglich an diese Geheimnisse herankommt.

Ein wichtiges Merkmal der Vierundzwanzig-Stunden-Therapie ist ihre Durchführung in der *natürlichen Umgebung* des Klienten. Bereits in den zwanziger Jahren erklärte J. L. Moreno, Klienten sollten *in situ* behandelt werden (Moreno, 1927). Lewis Yablonsky, bekannt für seine Arbeit mit dem *Psychodrama* (Yablonsky, 1976) und seit Beginn der sechziger Jahre ein Mitarbeiter Landys, erinnert sich, wie er Moreno bei der Behandlung einer psychotischen Klientin geholfen hat. Moreno hatte veranlaßt, daß die Frau in ein Haus einzog, in dem das Personal die Funktion von „Hilfs-Ichs" übernahm, in ihre Phantasiewelt eindrang und sie dann langsam in die Wirklichkeit zurückbrachte (Yablonsky, 1980).

Landy stellt die Frage, warum Klienten nicht eine ähnlich umfassende Behandlung erhalten wie Fußballprofis: Wenn sie ihre Diät nicht einhalten oder spät nach Hause kommen, müssen sie eine Strafe zahlen; sie werden in besonderer Weise behandelt, erhalten besondere Mahlzeiten, Massagen, eine spezielle Ausbildung und machen bestimmte Übungen. All dies geschieht nur, weil sie Athleten sind. Klienten haben Anspruch auf gleich gute Beratung, Hilfe und umfassende emotionale Unterstützung, wie wir sie unseren Gladiatoren angedeihen lassen.

Landys Konzepte der *extremen Abhängigkeit* und *totalen Autorität* entsprechen dem Leitprinzip der *Direkten Psychoanalyse*, die von John N. Rosen (1953) entwickelt worden ist. Rosen behauptet, der Therapeut müsse als der „omnipotente Beschützer" des Klienten handeln. Die Therapeuten der Vierundzwanzig-Stunden-Therapie haben ebensoviel ethische und berufliche Verantwortung, extreme Abhängigkeit und Autorität herzustellen und auszuüben, wie es ihnen obliegt, die Mitteilungen des Klienten vertraulich zu behandeln.

Rosen stimmt mit Landy darin überein, daß die Klienten in einer angenehmen therapeutischen Umgebung *außerhalb des Klinikmilieus* behandelt werden sollten (Rosen, 1980); Landy geht jedoch einen Schritt weiter und behauptet, die Klienten würden am besten in ihrer eigenen, *normalen Umgebung* behandelt, in der gleichen Umgebung, in der die Schwierigkeiten begonnen haben. Ein weiterer Unterschied zwischen Rosen und Landy besteht darin, daß Rosen und seine Mitarbeiter zwar wesentlich mehr Zeit mit dem Klienten verbringen, als es in der traditionellen Therapie üblich ist, Landy jedoch die Beschäftigung mit dem Klienten auf einen vollen Vierundzwanzig-Stunden-Tag ausdehnt.

Auch Jacqui Schiff (1970) dehnt ihre Behandlung in einem Verfahren, das sie „reparenting" nennt, auf 24 Stunden aus. Jedoch werden ihre Klienten, wie Levy (1978) bemerkt, dabei immer noch in eine künstliche Umgebung versetzt. Außerdem beziehen Schiffs Klienten tatsächlich Prügel und werden wie Kinder behandelt; Landy dagegen legt Gewicht darauf, die Fähigkeit des Klienten durch das Treffen erwachsenengemäßer Entscheidungen, durch logisches Denken und das Eintreten natürlicher Folgen zu fördern, anstatt durch strafendes Eltern-Therapeut-Verhalten.

Adequacy, das zentrale Konzept der Vierundzwanzig-Stunden-Therapie, ähnelt Albert Banduras Konzept der „Erfolgserwartung", womit das Ausmaß gemeint ist, in dem eine Person erwartet, für das Erreichen eines bestimmten Zieles notwendige Verhaltensweisen erfolgreich auszuführen (Bandura, 1977).

Die Stärke der Erfolgserwartung einer Person bestimmt, ob sie versuchen wird, schwierige Situationen in Angriff zu nehmen. Für Landy ist persönlicher Erfolg eine wichtige Komponente der Adequacy: Fähige Menschen haben starke Erfolgserwartungen. Bei Landy kommt jedoch hinzu, daß eine fähige Person um die Möglichkeit, sich erfolgreich oder nicht erfolgreich zu verhalten, weiß; fähige Personen sind zur Handlung bereit, selbst wenn sie vielleicht versagen werden. Zum Leben erfolgreicher Leute gehört die Bewältigung von Mißerfolgen. Diese Leute haben außerdem gelernt, wie sie mit Erfolg ihre Ziele erreichen können, ohne das Interesse an anderen Menschen zu verlieren.

Bei der praktischen Anwendung von Banduras *Theorie des sozialen Lernens*, was zur Zeit in zehntägigen, intensiven Workshops geschieht (Bandura, 1980), formen und führen die Therapeuten ihre Klienten durch bedrohliche Aktivitäten. Dabei führen sie entsprechende Verhaltensweisen sogar gemeinsam aus und geben, wenn notwendig, körperliche Hilfestellung. Bei Landy dagegen stehen Erfolgserlebnisse nicht eher auf dem Programm, bis die Klienten in der dritten Phase der Therapie in vollem Umfang ihre Unfähigkeit erfahren haben. Diese Erfahrung verdeutlicht die Möglichkeit der Entscheidung zwischen zwei extremen Alternativen: unfähig zu bleiben oder die eigene Adequacy zu entwickeln. In der Vergangenheit war den Klienten diese Wahlmöglichkeit nicht klar, da sie ihre Unzulänglichkeit so erfolgreich hinter den Fassaden versteckt hielten, die sie durch Manipulation der Angehörigen ihres Hilfssystems aufgebaut hatten. Das bedeutet auch, daß es ihre Entscheidung und nicht die des Therapeuten ist, ob sie lernen wollen.

Die Klienten entwickeln in ihrer intensiven, Rund-um-die-Uhr-Erfahrung sehr klare Alternativen. Auf der einen Seite sind die alten Fassaden und interpersonalen Manipulationen, ohne die sie vorher nicht leben konnten, da sie sie benutzten, um das Geheimnis ihrer Unzulänglichkeit zu verbergen. Auf der anderen Seite finden sich jetzt die neuen, selbständigen Verhaltensweisen, von denen sie als fähige Personen wissen, daß sie sie benutzen können, um ihre Ziele im Leben zu erreichen.

Eugene Landys Vierundzwanzig-Stunden-Therapie gibt den Klienten daher Gelegenheit, in ihrem Leben eine *persönliche Renaissance* durchzumachen.

Literatur

Bandura, A. *Social learning theory*. Englewood Cliffs, N.J.: Prentice-Hall, 1977.

Bandura, A. Personal communication. June 1980.

Eliot, T. S. *Collected poems, 1909–1935*. New York: Harcourt, 1936.

Hood, W. R. and Sherif, M. Personality oriented approaches to prejudice. *Sociology & Social Research*, 1955, **40**, 79–85.

Jones, M., Dahlke, A. E. and LaCharite, N. A. *An empirical examination of the helping relationship in a crisis intervention setting*. Washington, D.C.: American Institutes of Research, 1978.

Kelley, H. H., Condry, J. C., Jr., Dahlke, A. E. and Hill, A. H. Collective behavior in a simulated panic situation. *Journal of Experimental Social Psychology*, 1965, **1** (1), 20–54.

LaCharite, N. and Dahlke, A. E. *Improving information gathering for hotlines*. Washington, D.C.: American Institutes for Research, 1975.

Landy, E. E. Sex differences in some aspects of smoking behavior. *Psychological Reports*, 1967, **20**, 575–580.

Landy, E. E. Attitude and attitude change toward interaction as a function of participation vs. observation. *Comparative Group Studies*, 1970, **1**, 128–155.

Landy, E. E. *The underground dictionary*. New York: Simon & Schuster, 1971.

Landy, E. E. Twenty-four-hour therapy: Return from the land of Oz. Paper presented at the Western Psychological Association, Honolulu. May 1980a.

Landy, E. E. and Dahlke, A. E. Twenty-four-hour therapy: A personal renaissance. Paper presented at the American Psychological Association, Montreal. September 1980b.

Landy, E. E. and Steele, J. M. Graffiti. A function of population and building utilization. *Perceptual Motor Skills*, 1967, **25**, 711-712.

Landy, E. E., Wolpe, J. and Greenwald, H. Directive versus non-directive modes of therapy. Symposium presented at the American Psychological Association, Montreal. September 1973.

Levy, A. A comparison of reparenting techniques. Paper presented at the F.R.E.E. Seminar, June 1978.

Moreno, J. L. *Theatre of spontaneity*. New York: Beacon House, 1927.

Rogers, C. R. and Roethlisberger, F. J. Barriers and gateways to communication. *Harvard Business Review*, 1952, **30**, 28-35.

Rosen, J. N. *Direct analysis*. New York: Grune & Stratton, 1953.

Rosen, J. N. Personal communication. June 1980.

Samuels, S. D. Games therapists play. *Transactional Analysis Journal*, 1971, **1** (1), 95-99.

Samuels, S. D. On using our brains again. *Transactional Analysis Journal*, 1976, **6** (3), 245.

Schiff, J. L. *All my children*. New York: Evans, 1970.

Sherif, M., Harvey, O. J., White, B. J., Hood, W. R. and Sherif, C. W. *Experimental study of positive and negative intergroup attitudes between experimentally produced groups: Robbers Cave study*. Norman, Okla.: University of Oklahoma, 1954.

Stoller, F. H. Extending group functions by focused feedback with video tape. In G. Gazda (Ed.), *Basic innovations in group psychotherapy and counseling*. Springfield, Ill.: Charles C Thomas, 1967.

Yablonsky, L. *Psychodrama: Resolving emotional problems through role playing*. New York: Basic Books, 1976.

Yablonsky, L. Personal communication. June 1980.

Z-Prozeß-Beziehungstherapie*

Robert W. Zaslow

Als ich mit Bob Zaslow an der University of California in Berkeley studierte, etwa um 1955, war Bob bereits dafür bekannt, daß man bei ihm immer mit Neuerungen rechnen konnte. Daher war ich nicht sehr überrascht, als ich erfuhr, er habe ein neues psychotherapeutisches Verfahren entwickelt, das als „Wutablassen" („Rage Reduction") bekannt wurde. Als ich hörte, die Klienten würden bei dieser Methode festgehalten und gekitzelt, erinnere ich mich, gedacht zu haben, „Ja, das ist typisch Bob."

Bis ich dieses Kapitel erhielt, stammte mein einziges Wissen über den Z-Prozeß jedoch nur aus informellen Gesprächen und Artikeln in Zeitungen und Nachrichtenmagazinen. Dies reichte jedoch, um zu erkennen, daß es sich hier um eine wichtige, wenn auch umstrittene psychotherapeutische Technik handelt.

Die Theorien von Freud und Zaslow scheinen in verschiedenen Punkten völlig gegensätzlich zu sein. An den Stellen, wo sie nicht übereinstimmen, sind meiner Meinung nach Freuds Ansichten falsch, während Zaslows richtig sind: Freud irrt sich, wenn er als Hauptursache der Fehlanpassung Konflikte zwischen sexuellen Trieben und sozialen Sanktionen ansieht. Den Kern der Fehlanpassung bilden eher Beziehungslosigkeit und Trennung. Die Aufgabe der Psychotherapie besteht darin, den Menschen zu helfen, neue Beziehungen aufzubauen. Da ich Adlerianer bin, finde ich Zaslows Verfahren besonders wegen seiner Übereinstimmung mit der Theorie der Individualpsychologie faszinierend.

Z-Prozeß-Beziehungstherapie ist ein Ansatz, der sich auf *Störungen im Beziehungsverhalten* konzentriert, die in allen Stadien des Lebenszyklus, von der Kindheit bis ins Erwachsenenalter hinein, auftreten. Angefangen von weniger schweren Verhaltens- und Persönlichkeitsproblemen bis zu den Hauptformen der Psychosen werden alle funktionellen psychischen Störungen im Grunde als Störungen der *unmittelbaren* Beziehungen zwischen Menschen gesehen, die Folge von Ärger, Wut und Widerstand, den zentralen negativen bzw. pathologischen Verhaltensweisen, sind. Das *Gesicht* wird als der fokale Punkt menschlicher Bindungen betrachtet; es ist für die Integration der Wahrnehmung, des kognitiven, emotionalen und sensumotorischen Verhaltens verantwortlich, die für das Gleichgewicht im Verhalten notwendig ist. Mit der Z-Prozeß-Beziehungstherapie wird die Absicht verfolgt, pathologischen Widerstand abzubauen und Beziehungen/Bindungen und Wachstum zu fördern und damit dem Menschen seine Freiheit zu geben. Es handelt sich um ein umfassendes therapeutisches Verfahren, das hohen Energieeinsatz verlangt und in dem die Erregung bis zu *totaler Wut* gesteigert wird. Man nimmt an, die therapeutische Wirksamkeit der Wutreaktion werde dadurch maximiert, daß dem Klienten ins Gesicht geschaut und *Blickkontakt* mit ihm hergestellt wird, während man seinen Körper *festhält*;

---

* Im Amerikanischen: *Z-Process Attachment Therapy* (Ursprünglich war der Z-Prozeß als „Wutablassen" bekannt. „Z" bedeutet im Altgriechischen „er ist am Leben".)

das Ganze geschieht unter Kontrolle des Therapeuten. Mit dem Z-Prozeß wird erfolgreich der Widerstand gegen therapeutischen Fortschritt abgebaut, was zu dramatischen Verhaltens- und Einstellungsänderungen führt.

Das Verfahren habe ich mit Hilfe von Marilyn Menta entwickelt.

Geschichte

Vorläufer

Man kann bis zur Bibel zurückgehen und die Fesselung Isaacs durch Abraham, der ihn opfern sollte, als ein frühes Beispiel für den *Abbau destruktiver Aggressionen* durch Überwindung des Widerstandes auffassen. Die Prüfung bestand darin, sich dem Gebot Gottes, Isaac zu opfern, nicht zu widersetzen und auch gegenüber dem Gebot Gottes, den Opfervorgang abzubrechen, keinen Widerstand zu leisten. Durch Überwindung seines Widerstandes, der aus unterdrückter Wut herrührte, bezeugte Abraham sein Vertrauen in Gott, und es entstand eine dauerhafte Beziehung zwischen Abraham und seinem Sohn Isaac.

Nathan Ausubel (1948) berichtet über mittelalterliche, jüdische Erzählungen, in denen *Teufelsaustreibungen* beschrieben werden. Körperlich oder psychisch kranke Menschen wurden in die Synagoge gebracht, wo sie von einer „Minyan", einer zum Ausüben religiöser Praktiken auserssehenen Gruppe von 10 Männern, umgeben wurden. Die Gruppe ging daran, die leidende Person in extreme Wut zu versetzen. Dadurch würde sich der Teufel im Körper dieser Person unwohl fühlen und gezwungen sein, ihn zu verlassen. Im Anschluß an die Wutreaktion sollte das Leiden verschwinden.

Robert Harper (1959) zufolge war der Psychoanalytiker Sandor Ferenczi einer der ersten, der das *Halten* des Klienten als therapeutische Maßnahme durchführte. Er nahm seine Klienten auf den Schoß und behandelte sie wie Kinder, um ihre Kindheitskonflikte zu lösen. Er hoffte, auf diese Weise Gefühle des Vertrauens, der Liebe und Zuneigung hervorzurufen. Er gab dieses Verfahren jedoch wieder auf, da er mit dem starken Ärger und der Feindseligkeit, die dabei aufkamen, alleine nicht fertig werden konnte.

Lester Witmer (1922) beschrieb die Behandlung eines offensichtlich autistischen Jungen, der in extreme Wut geriet, wenn man ihn hielt. Allmählich lernte der Junge, daß Witmer dies kontrolliert tat. Sobald eine Beziehung zwischen ihnen hergestellt war, konnte der Lern- und Sozialisationsprozeß beginnen.

Helen Keller, deren Erziehung durch Anne Sullivan in „The Miracle Worker" (Gibson, 1973) beschrieben ist, wird als wilde und unkontrollierbare Person dargestellt, die mit anderen nur ihren eigenen Bedingungen genügende Beziehungen einging und deren Wutanfälle nicht in Griff zu bekommen waren. Nur durch ständige und heftige Konfrontationen gelang es Sullivan, eine Beziehung mit Helen aufzubauen, von der das „Wunder des Wachstums" seinen Ausgang nehmen konnte. Helens Wut wurde durch ständigen Kontakt, körperliche Kontrolle und Ausführen einer bestimmten Tätigkeit (eine Serviette falten und am Tisch sitzen) abgebaut.

Weder Witmer noch Sullivan waren durch eine komplexe Theorie vorbelastet. Sie traten mit diesen Kindern in natürlicher Weise in Beziehung, da sie einen

Wutanfall als das sehen konnten, was er ist. Sie kontrollierten ihn in konstruktiver und angemessener Form. Ohne eine Theorie aber waren ihre Ergebnisse für andere Fachleute etwas unverständlich; daher wurde dieser Ansatz auch nicht weitergeführt. Ein Beobachter mag in diesen Begegnungen nur „wilde Szenen" sehen und nicht die Bedeutung erkennen, die dem erregten Verhalten als *Möglichkeit der Energieabfuhr* zukommt, die das Formen von Bindungen zuläßt.

Ein jüngerer Vorläufer der Z-Prozeß-Beziehungstherapie ist ein therapeutisches Verfahren, das von Nora Waal (1955), einer norwegischen Fachärztin für Kinderpsychiatrie, entwickelt wurde. Zu ihrer Behandlungsmethode gehören z. B. das Halten des Klienten, körperliche Stimulation, die Manipulation verkrampfter Körperglieder und Umarmungen des Klienten in beruhigender und provozierender Weise. Auch rhythmisches Kitzeln, Berührungen, Stimulation der Augen und die Anregung zu Spielen mit Blicken sind therapeutische Interventionen. Schreien, Weinen, Toben, Beißen und Treten werden vom Therapeuten verbal akzeptiert und unterstützt, bis die Reaktionen des Kindes positive Formen annehmen. Der Z-Prozeß ähnelt auch der *Willenstherapie* Otto Ranks (1947), bei der dem negativen Willen des Klienten der positive Wille des Therapeuten gegenübergestellt wird, durch den er überwunden wird.

Unterstützung für die Theorie des Z-Prozesses liefern auch die Vorstellungen von Charles Darwin (1965) über die Nützlichkeit der Wut bei der Überwindung von Trauer und die Behauptung von Konrad Lorenz (1963), aggressive Arten gingen stärkere Bindungen ein.

Anfänge

Im August 1966 geschah es zum ersten Mal, daß ein Klient nach Art des Z-Prozesses gehalten wurde. Der Klient war ein fünfjähriger, normaler Junge namens Ted, bei dem die *Sauberkeitserziehung* erfolglos geblieben war. Ich hatte die Idee, den Jungen wie einen Säugling auf den Arm zu nehmen, da er sich mit seinem Widerstand gegen die Sauberkeitserziehung wie ein Säugling benahm. Ich war mir sicher, Ted würde als Zeichen seiner Unreife, seines Ärgers und Widerstandes in Wut geraten, wenn man ihn auf den Arm nahm. Die Entscheidung zur Durchführung dieser Maßnahme wurde durch den Druck, unter dem sich die Eltern fühlten, beschleunigt; Ted sollte bald in den Kindergarten gehen, und alle früheren therapeutischen Bemühungen, ihn zur Reinlichkeit zu erziehen, hatten keinen Erfolg gehabt.

Teds Mutter wußte, daß eine neue Maßnahme ausprobiert werden würde und war damit einverstanden. Ich fragte Ted: „Warum bist Du hier in meinem Büro?" Er antwortete: „Weil ich in die Hose mache." Ich fragte weiter: „Wer macht in die Hose, große Jungen oder Babies?" Als er antwortete: „Babies", erklärte ich ihm, ich würde ihn wie ein Baby halten. Ted sagte: „Sie machen Spaß." Ich antwortete: „Ich mache keinen Spaß" und nahm ihn sofort auf meinen Schoß, wo ich ihn mit dem Gesicht nach oben ganz fest hielt.

Der „brave" Junge reagierte wütend; er bekam einen Wutanfall. Ich versicherte der Mutter, es würde kein Schaden entstehen. Ted sollte eine einfache Frage beantworten, bevor ich ihn loslassen würde: „Was möchtest Du lieber sein, ein großer Junge oder ein Baby?" Anstatt zu antworten, tobte er weiter. Als er sich schließlich beruhigte, sagte er: „Ich will ein großer Junge sein." Dabei zuckten seine Augenlider, aus seiner Stimme klang heftiger Protest, und er zappelte gereizt. An dieser Stelle hielt ich es für richtig, eine weitere Bedingung hinzuzusetzen; er sollte mir während seiner Antwort voll *in die Augen schauen* und keine Bewegungen machen, die auf einen Konflikt hindeuteten.

Ich forderte Ted auf, die Aussage „Ich will ein großer Junge sein" jedesmal zu wiederholen, wenn er mit dem Fuß zuckte, hustete, die Augen schloß, seine Augenbrauen hochzog oder sich bewegte. Schließlich sah mir Ted voll in die Augen und sagte entspannt und ruhig: „Ich will ein großer Junge sein." Dabei war er körperlich ganz ruhig. Daraufhin ließ ich in los.

Als nächstes hatte ich die Absicht, Teds unreifen, indirekten Äußerungen der Wut und des Widerstandes die Form *direkteren* aggressiven Verhaltens zu geben. Ich sagte ihm, er solle seinen Ärger wie ein großer Junge zeigen, indem er mir auf die Handflächen meiner ausgestreckten Hände schlug. Ted begann damit, grinste mich dann an und sagte: „Ich will nicht mehr weitermachen." Im Anschluß an diese Phase *kontrollierter Aggression* hatte ich das Gefühl, wir beide seien uns nahegekommen. Ich sagte spontan: „Ich habe Dich lieb", worauf der Junge antwortete: „Ich habe Dich lieb."

Daraufhin stellte ich Teds Widerstand gegenüber Kontrollverhalten anderer Menschen auf die Probe, indem ich ihn aufforderte, sich auf einen Stuhl zu setzen. Ted ging auf den Stuhl zu, entschloß sich dann aber anders und rannte zu seiner Mutter. Wieder hielt ich ihn, und wieder tobte er, aber nur für wenige Minuten; dann beruhigte er sich aber, stand schließlich auf und setzte sich auf den Stuhl.

Der Mutter wurde geraten, den Jungen wie einen Fünfjährigen zu behandeln und ihn zu ermutigen, altersadäquate Aggressionen zu zeigen. Zu meiner Überraschung berichtete sie am nächsten Tag, Ted sei ohne Widerstand auf die Toilette gegangen. Eine sechs Monate später durchgeführte Nachuntersuchung ergab, daß Ted weiterhin auf die Toilette ging, in der Schule gut zurechtkam und sich von einem passiven Kind in einen durchsetzungsfähigen Jungen verwandelt hatte.

Einige Monate später wurde ein anderes Kind, die vier Jahre alte Sylvia, in einer Sitzung festgehalten. Sylvia hatte in der Vergangenheit zu Asthma, Allergien, Überaktivität und Wutausbrüchen geneigt. Ich verlangte das Absetzen der Medikamente, die Sylvia gegen die Allergien nahm, und führte dann das gleiche Verfahren durch, das bei Ted erfolgreich gewesen war. Sylvia bekam sofort einen Wutanfall. Sie äußerte ihren Zorn auch, indem sie schrie: „Ich will Dich mit dem Messer erstechen." Später schrie sie: „Ich will Dein Haus anzünden." Nachdem ich Sylvia längere Zeit festgehalten hatte und so ihrer Wut begegnet war, wurde sie ruhig und friedlich und sagte: „Ich will ein großes Mädchen sein", wobei sie mir voll in die Augen schaute. Bevor ich sie festgehalten hatte, hatte ich ihr ein Schokoladenplätzchen angeboten, wovon sie normalerweise einen Asthmaanfall bekam. Sylvia hatte das Plätzchen ängstlich abgelehnt. Nach der Sitzung bot ich ihr das Plätzchen nochmals an, und sie steckte es lächelnd in den Mund. Der erwartete Asthmaanfall blieb aus. Das Kind kam einen Monat lang zu wöchentlichen Sitzungen, in denen es gehalten wurde. Die unmittelbaren Ergebnisse, die in einer vier Jahre später durchgeführten Nachuntersuchung bestätigt wurden, bestanden darin, daß alle bei der Vorstellung herrschenden Symptome verschwunden und nach der ersten Sitzung, in der Sylvia gehalten worden war, keine Medikamente mehr notwendig waren.

Ich erkannte, daß die in den beiden soeben beschriebenen therapeutischen Prozessen erzielten Erfolge für die Verhaltenswissenschaft bedeutsam waren. Das Halten des Klienten schien eine sehr wirksame therapeutische Technik zu sein, die sich bei einer Reihe psychischer und psychosomatischer Störungen nützlich erweisen konnte. *Aktivierter Widerstand und Wut konnten von therapeutischem Nutzen sein, wenn sie kontrolliert und abgebaut wurden, indem man den Klienten festhielt und Blickkontakt mit ihm hatte.*

Die therapeutischen Kenntnisse, die über menschliche Bindungen gewonnen worden waren, wurden bei einem weiten Spektrum psychischer Störungen von Kindern und Erwachsenen in Situationen angewandt, in denen die Klienten gehalten und Gespräche geführt wurden. Von 1966 bis 1972 war eine Phase regelrechter Euphorie. Während dieser Periode machten über 200 Kinder und Erwachsene eine Z-Prozeß-Beziehungstherapie mit. In einem kurzen Zeitraum wurden überraschend gute Erfolge erzielt. Ich habe über 1000 Sitzungen durchgeführt, in denen Klienten gehalten wurden, und es ist zu keinen negativen Folgen gekommen.

Gegenwärtiger Stand

Das Ausbildungszentrum für die Z-Prozeß-Beziehungstherapie befindet sich an der San Jose State University in Kalifornien, wo seit 1970 spezielle Kurse über den Z-Prozeß gehalten werden. Auch an der University of California in Santa Cruz und San Diego werden Kurse durchgeführt.

Donald Saposnek (1972) berichtet von signifikanten positiven Veränderungen *autistischer Kinder,* die eine Z-Prozeß-Therapie mitgemacht haben. Menta (1972) wies in einem psychologisch-pädagogischen Forschungsprojekt, das für das Schulsystem von Los Angeles City durchgeführt wurde, signifikante positive Veränderungen in der sozialen Haltung, im Verhalten und in der Erziehbarkeit *autistischer* und *schizophrener* Kinder nach, die mit dem Z-Prozeß behandelt worden waren. John Allan (1977) benutzte Reaktionen auf Berührung und Gehaltenwerden als *diagnostische* Hinweise auf das Widerstandsverhalten autistischer Kinder. Allen (1976) veröffentlichte auch einen Artikel über die Bewältigung von Problemen mit schwierigen *Säuglingen* durch die Maßnahme des Haltens. Cremer (1973) zeigte die positive Wirkung des Z-Prozesses bei der Beruhigung *überaktiver Kinder,* die von der Mutter gehalten werden. Schreiber und Pirtle (1979) führten eine formale Analyse des Z-Prozesses mit der Absicht durch, psychotherapeutische Programme zu entwickeln.

James Carpenter (1976) wandte den Z-Prozeß-Ansatz bei *schizophrenen Jugendlichen* an. Robert Freidman (1970) benutzte die vom Z-Prozeß stammende Maßnahme des Haltens als diagnostische Technik bei *kleinen Kindern.* Freidman (1978) beschreibt auch ein *Elterntraining,* bei dem die Maßnahme des Haltens gelehrt wird, um wirksamer mit Kindern umzugehen, die omnipotente Züge und Verhaltensprobleme zeigen. Seine Erfolgsrate von 75 Prozent liegt in der Nähe meiner Erfolgsziffer von 80 Prozent, die ich bei Kindern mit ähnlichen Problemen erzielte.

Foster Cline (1978) erstellte für die American Association for the Advancement of Science einen Bericht über die erfolgreiche Durchführung des Z-Prozesses bei nichtpsychotischen Kindern.

Menta und ich haben gemeinsam drei Bücher über den Z-Prozeß veröffentlicht: „The Psychology of the Z-Process" (1975), „Face to Face with Schizophrenia" (1976) und „Rage, Resistance, and Holding" (1977). Die Grundlage dieser Bücher bildet ein früherer Band von mir, „Resistances to Growth and Attachment" (1970).

Theorie

Unser ganzes Leben lang gehen wir Beziehungen zu anderen Menschen ein; zu der ursprünglichen Bindung zwischen dem Kind und der Mutter kommen Bindungen mit anderen Familienangehörigen, mit Gleichaltrigen, mit den eigenen Kindern, Ehepartnern, dem eigenen Land, dem Heim, der Religion und allen möglichen Lebensaspekten hinzu. Die Beziehung zu anderen Menschen bildet die Grundlage des sozialen Verhaltens, des psychischen „Wachstums" und der Entwicklung und ist für die Formung bedeutsamer Beziehungen im Leben verantwortlich.

Der Z-Prozeß-Beziehungstheorie liegt die Prämisse zugrunde, daß die *Psychopathologie* im Prinzip eine *Beziehungsstörung* ist (Zaslow, 1970; Zaslow/Menta, 1975). Genauer gesagt:

„Das Gesicht ist die wesentliche und zentrale Zone sozialer Interaktion. Menschliche Beziehungen werden in der Hauptsache durch Reaktionen auf das, was sich im Gesicht der Partner abspielt, geschaffen. ... *Alle funktionellen Verhaltensstörungen sind das Ergebnis von Störungen in der Beziehung zum Gesicht des anderen.* Der wichtigste Widerstand gegen soziale Bindungen konzentriert sich auf das Gesicht" (Zaslow/Menta, 1975, S. 10).

John Bowlby (1977) gelangte zu der gleichen allgemeinen Auffassung:

„Die Beziehungstheorie erfüllt die üblichen Kriterien einer wissenschaftlichen Disziplin. Die Vertreter dieser Theorie behaupten, viele Formen psychischer Störungen könnten entweder auf eine anormale Entwicklung des Beziehungsverhaltens zurückgeführt werden, oder, in selteneren Fällen, auf das Fehlen der Ausbildung solchen Verhaltens. Der Mensch, und damit auch der Therapeut, kann durch die Erlebnisse, die er in der Vergangenheit mit seinen Eltern gehabt hat, beeinflußt und stark gestört werden. Zwar steht das Beziehungsverhalten besonders in der frühen Kindheit im Vordergrund, es charakterisiert den Menschen jedoch von der Geburt bis zu seinem Tod" (S. 201).

Bowlby schlägt jedoch kein besonderes therapeutisches Verfahren vor, das auf diesen Prinzipien beruhen und auf diese Störungen eingehen würde. Im Grunde vertraut er auf die konventionellen therapeutischen Ansätze. Die Z-Prozeß-Beziehungstheorie konzentriert sich auf die Rolle der *Aggression*, die menschliche Beziehungen entweder begünstigt oder zerstört. Freud (1933) postuliert in seiner Libidotheorie zwei Haupttriebe, den *Sexualtrieb* und den *Aggressionstrieb;* er ist jedoch nicht ausreichend auf die Aggression und ihre Komponenten, die *Wut* und den *Widerstand*, eingegangen.

Gregory Zilboorg (1941) zitiert Ludwig Jekels: „Sein starkes Bedürfnis nach Liebe war ein Hindernis für Freud ..., weil er so spät entdeckte, daß der Haß der Vorläufer der Liebe in der menschlichen Entwicklung ist." Zilboorg zitiert auch Freud: „Es kann sein, daß das die Bedeutung von Stekels Behauptung ist, Haß und nicht Liebe sei das grundlegende emotionale Band zwischen Menschen. Zu dem Zeitpunkt, als Stekel das schrieb, schien es mir undenkbar."

Im psychoanalytischen Denken ist die *Übertragung* eine Form des *Widerstandes* und der *Neurose*. Man betrachtet die negative Phase der Übertragung als unbedingt notwendig für den therapeutischen Fortschritt. Die negative Übertragung ist eine Form des Widerstandes, die durch starken Ärger, Ablehnung und eine allgemeine Feindseligkeit des Klienten gegenüber dem Therapeuten gekennzeichnet ist. Positive wie negative Übertragung können als *Ausdruck der Beziehungsbildung* verstanden werden, wobei die negative Phase therapeutisch wichtig ist, um die Verzerrungen oder Störungen der Bindungen des Klienten zu korrigieren. In der Z-Prozeß-Therapie wird der Übertragungszirkel rasch und dramatisch durchlaufen, was den gesamten Therapieprozeß beschleunigt und fördert.

Eine Theorie, die sich mit der Aggression beschäftigt, muß auf zwei wichtige Verhaltensmerkmale eingehen. Das erste sind die *negativen Gefühle* des Hasses, des Ärgers und der Wut, das zweite sind die *Widerstände,* die mit diesen Gefühlen in dynamischer Weise verbunden sind. Wenn wir ärgerlich sind, nehmen unser Widerstand und unsere Ablehnung zu. Widerstand nimmt häufig die Form offener Aggression an. Auf dem Schlachtfeld sind sowohl die Angreifer, wie diejenigen, die sich gegen den Angriff verteidigen, in einen Kampf verwickelt, in dem sie beide angreifen, so daß ihr Verhalten für einen Beobachter nicht zu unterscheiden ist. Sind Wut und Ärger verdeckt, unterdrückt oder gehemmt, tritt die Aggression nicht mehr als biologischer Akt, der konstruktive oder destruktive Formen annehmen kann, an den Tag. Statt dessen führen unterdrückter Ärger und Wut zu Streß, der sich in Gefühlen des Verletztseins, in Leiden, Trauer und einer allgemein negativen Lebenseinstellung manifestiert. Unterdrückter Haß und Feindseligkeit erscheinen jetzt in heimtückischer Form als *psychische Störungen,* da sie nicht klar erkannt und durch konstruktive Maßnahmen der Selbstbehauptung überwunden werden. Viele klinische Symptome stellen eine indirekte Möglichkeit dar, anderen Menschen gegenüber Feindseligkeit und Ärger auszudrücken. In der Z-Prozeß-Therapie sagen wir zu einem leidenden Klienten: „Schmerz verbirgt Haß." Bowlby (1960) erklärt: „Ich glaube, keine Erfahrung des kleinen Kindes wird bei ihm mit größerer Wahrscheinlichkeit starken und leidenschaftlichen Haß auf die Mutterfigur auslösen, als die Erfahrung der Trennung ..." Es ist normal, daß das Zerbrechen enger Bindungen *Haß* erzeugt. Bowlby (1961) schreibt auch: „Betrachtet man ihn als ein Mittel, das unter anderen Umständen dazu beiträgt, das verlorene Objekt wiederzugewinnen und die Verbindung mit ihm aufrechtzuerhalten, so kann dem für die Trauer typischen Ärger biologischer Nutzen zugesprochen werden." Er behauptet, nachdem im Alter von etwa sechs Monaten eine erste positive Bindung zwischen Mutter und Kind entstanden sei, mache das Kind beim Verlust der Mutter *drei typische Reaktionsphasen* durch:

1. Protest (Schreien und Wut), der dazu dient, die Mutter zurückzuholen;
2. Blieb dies ohne Erfolg, folgt eine Phase der Verzweiflung, die durch Rückzug, Niedergeschlagenheit und verminderte Aktivität gekennzeichnet ist;
3. Absonderung, charakterisiert durch mangelnde Reaktionsbereitschaft gegenüber anderen Menschen.

Eine zentrale Annahme der Z-Prozeß-Theorie ist, daß Menschen, die in unterschiedlichem Ausmaß unter Protest, Trauer, Verzweiflung und Absonderung leiden, in einen Zustand *aktiven Protests* versetzt werden müssen, um die für das Formen von Bindungen notwendige biologische Energie zu entwickeln. Der Z-Prozeß-Theorie zufolge besteht der Protest in Wut und Widerstand; hält man eine Person fest, während sie einem den Protest direkt ins Gesicht schreit, kann sich eine positive Beziehung entwickeln und zerbrochene Bindungen können wieder instandgesetzt werden.

Der Verhaltensforscher Konrad Lorenz (1963) bemerkte, daß die Bindung zwischen dem Jungtier und seiner Mutter bei aggressiven Arten wesentlich stärker ist. Man könnte schließen, je aggressiver eine Art ist, um so stärker werden Haß, Ärger und Feindseligkeit ausgedrückt, wenn die Bindungen bedroht oder zerstört werden.

Breger und ich (1969) behaupten:

„Streß kann als das Grundelement des Wohlbehagens im Entspannungszyklus betrachtet werden. Je größer und stärker die anfängliche Streßreaktion ist, um so tiefer ist die Entspannung am Ende des Prozesses. Waren solche Erfahrungen des Gehaltenwerdens nicht in genügender Zahl gegeben, kann dies die Grundlage für schwache und frühzeitig gestörte Beziehungen legen, die sich im Laufe der Zeit als Vorläufer des Autismus oder anderer Störungen in der Kindheit entpuppen können" (S. 252).

Harlows (1958) Experimente mit Affenkindern und Drahtpuppen als Mutterfiguren zeigten deutlich, daß das *Fehlen von Interaktionen,* in denen die Jungen gehalten werden, Absonderung und Verhaltensstörungen zur Folge hat.

Die Entwicklung der Z-Prozeß-Beziehungstheorie zur Behandlung psychopathologischer Erscheinungen war eine Reaktion auf die Herausforderung, die der Fall eines autistischen Kindes, das sich in extremer Form absonderte, darstellte. Von fachlicher Seite war behauptet worden, dieses Kind, das nicht von der Mutter getrennt war, habe keine Beziehungsprobleme, obwohl es sich offensichtlich von Menschen absonderte. Die positiven Ergebnisse, die mit diesem Ansatz bei dem Versuch erzielt wurden, dieses autistische Kind mit anderen in Beziehung zu bringen, wurden zur Grundlage eines allgemeinen theoretischen Modells zur Behandlung von Beziehungsstörungen, das auf ein weites Spektrum psychopathologischer Erscheinungen anwendbar ist.

Das *menschliche Gesicht* ist der Fokus für den emotionalen Ausdruck von Liebe und Haß, Anteilnahme und Aggression. Es ist das Zentrum der menschlichen Kommunikation und Beziehungsbildung. Eine Theorie der Aggression konzentriert sich daher auf Interaktionen, die von Angesicht zu Angesicht stattfinden, und unterscheidet sich darin von Freuds Betonung der Geschlechtsorgane und seiner Vermeidung des Gesichts in der Therapie. Im Z-Prozeß wird das Gesicht *als Gesicht* interpretiert, das für die Beziehung bedeutungsvoll ist und die wesentliche Zone für den *Ausdruck von Aggression und Liebe* ist.

Ronald Laing (1960) berichtet, Schizophrene fürchteten sich davor, anderen in die Augen zu sehen, da sie „in einen Stein verwandelt werden könnten ... ein Gefühl, der Blick des anderen könne ihnen gefährlich werden ... für die schizoide Persönlichkeit ist jedes Augenpaar ein Medusenhaupt, von dem sie glaubt, es habe wirklich die Macht, andere erstarren zu lassen, sie zu töten."

Der *Ödipusmythos* läßt sich am besten verstehen, wenn man ihn mit der Zerstörung früher Bindungen und unbewältigter Wut in Zusammenhang bringt. Als alles aufgedeckt war, stach Ödipus sich die *Augen* aus, er kastrierte sich nicht. In dieser Handlung spiegelt sich die Bedeutung der Augen wieder, die diese als zentraler Punkt für das Herstellen von Beziehungen über das Gesicht haben. Der *Medusenkomplex* scheint daher von grundlegenderer Natur zu sein als der Ödipuskomplex. Die Mutter von Ödipus wird zur Meduse, die er nicht ansehen kann, denn blieben seine Augen intakt, würde er psychisch in einen Stein verwandelt werden. Das elementarste krankhafte Beispiel für den Medusenkomplex sind *autistische Kinder,* die das Gesicht anderer und den Blickkontakt am stärksten vermeiden und mit Streßsymptomen und wütendem Widerstand reagieren, wenn man versucht, sie zum Anblicken eines menschlichen Gesichts zu zwingen. Die Art und Weise, wie sie durch andere hindurchblicken, zeigt an, daß sie *psychisch versteinert* sind.

Im Z-Prozeß sind spezifische Prinzipien der Beziehungsbildung in ein therapeutisches Verfahren eingebaut. Diese Prinzipien betreffen das Gehaltenwerden, die Wut und den Widerstand.

Gehaltenwerden ist ein wichtiges Beziehungsverhalten, da es den Zustand des Fötus, der im Mutterleib gehalten wird, außerhalb fortsetzt und die Entwicklung von angenehmem Körperkontakt möglich macht. Daraus ergibt sich eine positive Bindung, die für das Entstehen des Urvertrauens wichtig ist. Das *Urvertrauen,* so behauptet Erik Erickson (1950), tritt während des ersten Jahres der Kindheit auf, einer Phase, in der das Kind häufig gehalten wird und oft erregt ist.

Die *Wutreaktion* ist die stärkste einheitliche Reaktion, die ein Mensch produzieren kann. Obwohl es sich dabei im Grunde um ein *Angriffsverhalten* handelt, das entwickelt wurde, um körperliche oder psychische Gefahren abzuwehren, ist diese starke biologische Energie von therapeutischem Wert. Sie hat die besondere Eigenart, frei von Konflikt und Widerstand zu sein; unter geeigneten Bedingungen, wenn man der Person von Angesicht zu Angesicht gegenübersteht, kann das negative, feindselige Verhalten daher in positives, liebendes Verhalten verwandelt werden. Die psychobiologischen Wirkungen des Abbaus von Wut ähneln denen des sexuellen *Orgasmus* insofern, als ein Höhepunkt erreicht wird, auf den Entspannung und das Gefühl der Nähe folgen.

Widerstand ist eine notwendige organismische Aktivität zur Wahrung von *Autonomie.* Häufig wird er als negative Reaktion gesehen, die zu einer negativen Form der Autonomie führt. Er kann auch zu frühreifer Autonomie führen, wobei sich das Kind omnipotent, wie ein Säugling, gibt. Eine lebensförderliche Form der Autonomie besteht in einem System, das ein ausgewogenes Maß an positiven Verhaltensweisen und an Widerstand besitzt, die alle zusammen Wachstum und positive Bindungen begünstigen. *Negative* Widerstände verhindern die Formung und das Wachstum von Bindungen, was Desorganisation im Verhalten und schließlich emotionale Störungen zur Folge haben kann. *Positive* Widerstände schützen und fördern das Wachstum ähnlich wie bei der Immunisierung.

Wenn sich die Widerstände auf Körper- und Blickkontakt erstrecken, sind die Beziehungen stärker gestört, woraus sich die schweren psychotischen Formen der *Schizophrenie* ergeben können. Widerstand manifestiert sich häufig in Form unangemessener oder indirekter Antworten auf Fragen. Er kann bewußt oder unbewußt sein und sich in verbalen, emotionalen oder körperlichen Verhaltensweisen zeigen. Er wurzelt in chronischem Ärger, der als Wut zum Ausbruch kommen muß, damit der Widerstand vermindert werden kann. Verdeckter Widerstand gibt keine Hinweise auf den dahinterliegenden Ärger und die Wut, die ihn nähren. Der Z-Prozeß aktiviert den Widerstand, wodurch Ärger und Wut manifest werden. *Ist die Wut abgebaut, bricht der Widerstand zusammen.* Als Folge dessen wird die Energie, die in dem unbewältigten Ärger und der Wut eingeschlossen war, freigesetzt und kann jetzt für produktives, integratives „Wachstum" verwendet werden. Mit der Überwindung von Wut und Widerstand können Bindungen wieder instandgesetzt, gestärkt und belebt werden, womit die Entfaltung des Selbst weitergehen kann. Der Z-Prozeß stellt Bedingungen her, unter denen die Entwicklung sicher und gefahrlos für den Therapeuten wie den Klienten ablaufen kann. *Abbildung* 1 liefert eine schematische Darstellung dazu.

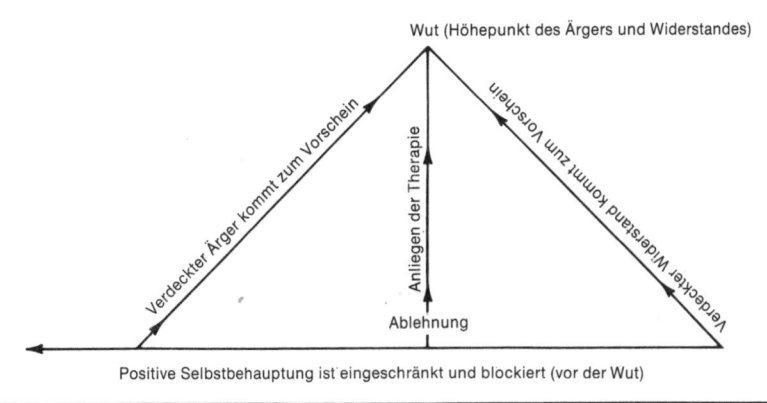

Abbildung 1: Schematische Darstellung des Z-Prozesses

Methoden

Das Grundelement der Z-Prozeß-Behandlung bildet eine Sitzung, in der der Klient gehalten wird. Die Bedingungen, unter denen dies geschieht, variieren je nach Alter des Klienten. Für ein kleines Kind ist ein Erwachsener notwendig, um es zu halten, ein älteres Kind braucht vielleicht zwei bis vier Personen, die es halten, und um einen Jugendlichen oder Erwachsenen zu halten, benötigt man möglicherweise sechs bis zwölf Personen. Im folgenden wird ein *allgemeines Modell* des Z-Prozesses dargestellt, das bei Jugendlichen und Erwachsenen angewandt werden kann.

Vorbereitung

Vor der Sitzung, in der der Klient gehalten wird, führt man mit ihm oder seinen Eltern ein oder zwei Gespräche. Während dieser Gespräche wird Material zur Fallgeschichte gesammelt, und es wird eine genaue Beschreibung des Verfahrens gegeben, damit der Klient oder seine Eltern wissen, was geschehen wird, und sie ihr Einverständnis geben können. Den Klienten wird auch erklärt, daß sie ihre Erlaubnis geben müssen, für einige Stunden gehalten zu werden, selbst wenn sie sich dann vielleicht losreißen wollen. Sie werden informiert, daß man aktiven Widerstand von ihnen erwarte, da die Aktivierung des Widerstandes ein notwendiger Aspekt dieses Prozesses sei, wenn er erfolgreich sein soll. Außerdem werden die Klienten darauf hingewiesen, daß sie in der Therapie vielleicht durch Berühren des Brustkorbes (Kitzeln) gereizt werden.

Es wird eine *schriftliche Einverständniserklärung* vom Klienten, seinen Eltern oder seinem gesetzlichen Vertreter eingeholt sowie ein *ärztliches Gutachten,* um sicherzustellen, daß der Klient körperlich gesund ist.

Verfahren

Der Klient wird von mehreren Personen gehalten; eine hält seinen Kopf im Schoß, die anderen halten seinen Körper fest. Die Person, die den Kopf des Klienten hält, schaut ihm ins Gesicht und hat verbalen und Körperkontakt mit ihm. Die übrigen Personen halten den Klienten fest und reagieren auf seine Versuche, Körperteile anzuspannen oder freizumachen, mit Gegendruck. Sie geben der Person am Kopf des Klienten Rückmeldung über dessen Körperreaktionen (die auf Widerstände hinweisen können). Die Person, die den Kopf hält, koordiniert und interpretiert die Informationen, die sie von den übrigen erhält; sie dirigiert prinzipiell das Geschehen in der Sitzung.

Der Klient wird in dieser Sitzung ständig gereizt, indem die Person, die seinen Kopf hält, oder ihre Helfer seinen Brustkorb berühren; einige Z-Prozeß-Therapeuten erzielen gute Erfolge, ohne Berührungsreize einzusetzen. Die Reizung des Brustkorbs hat folgende *Funktionen:*

1. Hand und Finger können leicht über den Brustkorb gleiten, womit sie für eine Form des Körperkontaktes sorgen.
2. Berührungen können benutzt werden, um den verbalen Mitteilungen des Therapeuten durch rhythmische Reizung geringer Intensität Nachdruck zu verleihen.
3. Bei heftigem Widerstand, wie man ihn bei Psychotikern findet, sind manchmal starke Berührungsreize notwendig, um diesen zu überwinden. Dabei kann es zu blauen Flecken kommen.

Die Dauer, des Gehaltenwerdens kann variieren; bei kleinen Kindern mögen es 10 Minuten sein, bei größeren Kindern zwei Stunden und bei Erwachsenen fünf Stunden. Die Sitzung wird vom leitenden Therapeuten kontrolliert, der der Person, die den Kopf des Klienten hält, Anleitungen gibt. Diese Person kann ein Elternteil oder ein in der Ausbildung befindlicher Therapeut sein. Als Vermittler zwischen Therapeut und Klient übernimmt sie bestimmte, im Augenblick notwendige Rollen, wie die von Mutter oder Vater, Ehemann oder Ehefrau, Bruder oder Schwester, oder die Rolle Gleichaltriger. Zu dem Team, das den Klienten hält, gehören auch Familienmitglieder. Dadurch wird es möglich, Probleme in ihrer Bedeutung für die ganze Familie in Angriff zu nehmen. Mit der Maßnahme des Haltens im Z-Prozeß werden Körper und Kopf des Klienten kontrolliert, eine Bedingung, ohne die therapeutische Veränderung nicht stattfindet.

Zu Beginn der Sitzung fragt der Therapeut den Klienten: „Geben Sie die Erlaubnis, festgehalten zu werden?" Die Antwort ist fast immer positiv; ist sie negativ, findet die Sitzung nicht statt. Erwachsene legen sich freiwillig hin, ebenso die große Mehrzahl der Kinder. Psychotiker, die nicht in der Lage sind, angemessene Entscheidungen zu treffen, können *ohne* ihre Einwilligung gehalten werden, sofern ihr gesetzlicher Vertreter einverstanden ist.

Reaktionen auf das Gehaltenwerden

Es ist ein Zeichen grundsätzlichen Vertrauens, wenn eine Person sich hinlegen kann und sicherfühlt, während sie festgehalten wird. Kleine Kinder beginnen manchmal zu schreien und sich dem Versuch, sie festzuhalten, zu widersetzen, ein Zeichen, daß sie dieses Grundvertrauen noch erwerben müssen. Einige Schizophrene werden sehr erregt, wenn man sie festhält; sie beginnen, sich in lebhaftem Rhythmus hin- und herzuwerfen, was ihre inneren Spannungen widerspiegelt. Das Erleben grundsätzlichen Vertrauens, während man gehalten wird, ist ihnen fremd; sie fühlen sich in dieser Situation nicht wohl. Die meisten Personen fühlen sich sicher und behaglich, wenn sie sich hinlegen, bis man sie mit ihren Problemen konfrontiert. Die Sitzung, in der der Klient gehalten wird, kann wie ein Schachspiel in drei Phasen eingeteilt werden, in die *Eröffnungs-*, die *Mittel-* und die *Endphase*. Im folgenden werden die Phasen einer einzelnen Sitzung beschrieben.

Phase 1. Die Ziele dieser Phase sind:

1. Sichtung der Probleme des Klienten in konventioneller Form. Während dieser Zeit wird auf die Reaktionen und Widerstände des Klienten geachtet.
2. Klärung der Frage: „Wer ist der Boß?"
3. Überprüfung und Berichtigung der körperlichen und verbalen Widerstände des Klienten.
4. Auslösen des Ausdrucks von Liebe/Haß, ja/nein, gut/schlecht in unterschiedlichen Intensitätsgraden und Überprüfen der Widerstände gegenüber diesen Äußerungen.
5. Herstellen eines angenehmen körperlichen Gleichgewichtszustandes beim Klienten, während er dem Therapeuten oder der Person, die seinen Kopf hält, antwortet.

Die erste Phase beginnt, sobald der Klient seinen Körper in eine bequeme Lage gebracht hat und die ihn haltenden Personen angewiesen worden sind, wie sie ihn halten sollen und worin ihre Rollen bestehen. Am Anfang der Sitzung steht ein Gespräch zwischen Therapeut (der Person, die den Kopf des Klienten hält) und Klient. Der Therapeut erklärt das Kriterium oder die Grundregel der *sensumotorischen Überflutung:* Wenn der Klient mit den Augen zwinkert, wegschaut, die Zunge herausstreckt, die Augenbrauen hochzieht oder die Augen schließt, mit irgendeinem Körperteil zuckt, die Zehen spreizt, steif wird, den Atem anhält oder hustet und so weiter, werden diese Reaktionen als *Konflikt* und *Widerstand* gewertet, gleichgültig, ob sie vor, während oder nach einer Antwort auftreten. Wenn solches „Widerstandsverhalten" auftritt, wiederholt der Therapeut die Frage oder Aussage, bis der Klient die richtige Antwort gibt und ohne Äußerung von Widerstand den Therapeuten anschaut. Diese Vorgehensweise ruft beim Klienten einen wohltuenden Gleichgewichtszustand hervor.

Die erste Frage lautet: *„Möchten Sie ein Baby oder eine Person Ihres Alters sein?"* Damit soll festgestellt werden, in welchem Ausmaß sich die Person *altersgemäß* geben möchte und welcher Widerstand gegen Veränderungen in Richtung auf Entfaltung besteht. Die Antwort sowie die Zeichen motorischer Erregung weisen auf die Stärke des Widerstandes hin, der in der Sitzung zu erwarten ist. Mit dieser Frage wird auch das Hauptziel der Sitzung definiert.

Die zweite Frage lautet: *„Wer ist der Boß?"* Ähnlich wie ein Kapitän oder ein Pilot hat der Therapeut eine bestimmte Funktion auszuüben, was normale Leute vernünftigerweise akzeptieren. Vorgesetzte gehören zum menschlichen Leben, und wenn der Therapeut einer Person hilft, Probleme zu lösen, muß er ein guter Vorgesetzter sein. Der Klient wird gefragt: *„Bin ich Ihr Boß, damit sich Ihr Zustand bessern kann?"* Die Antwort darauf lautet natürlich: *„Ja, Boß."*

Diese Frage führt zur ersten wesentlichen *Konfrontation* von Therapeut und Klient. Es geht um das Problem reifer Autonomie gegenüber frühreifer Autonomie. Unter *frühreifer Autonomie* wird die Tendenz verstanden, sich allen Versuchen, kontrolliert zu werden, blind zu widersetzen, genau wie es ein Kind vielleicht gegenüber den Eltern tut. Es handelt sich hierbei um ein Schlüsselproblem, da viele Menschen nicht angemessen kontrolliert oder „bevormundet" worden sind; das macht es ihnen schwer, Selbstkontrolle zu entwickeln und ein guter Boß ihrerselbst zu werden. *Positive Kontrolle ist ein Grundbedürfnis des Organismus; fehlt sie, entstehen emotionale Störungen. Je stärker die Störungen sind, um so größer ist der Widerstand gegenüber Kontrolle.*

Als nächstes geht es um die *Kognitionen* und den *Affekt.* Die kognitive Dimension betrifft die Fähigkeit, ja oder nein zu sagen. Viele Menschen verhalten sich ausweichend, wenn es wichtig wäre, mit einem klaren Ja oder Nein zu antworten. Zur affektiven Dimension gehört der Ausdruck von Liebe und Haß und Gefühlen wie „gut" und „schlecht". Dieses Verfahren ermöglicht es dem Klienten, ein ganzes Spektrum von Gefühlen auszudrücken und sich dieser Gefühle klar und sicher zu sein.

Sind diese Polaritäten bekannt und gut definiert, ist man weniger ambivalent und eher fähig, das Spektrum von Äußerungen zu nutzen, das zwischen den Polen liegt. Wenn die kognitiven und emotionalen Dimensionen geklärt sind, zeigt der Klient stärkere Integration, und die Kommunikation wird effektiver.

Phase 2. Die Ziele dieser Phase sind:

1. Exploration der Familiendynamik.
2. Exploration und Klärung der Selbstkonzepte des Klienten.
3. Konfrontation und Veränderung negativer Einstellungen gegenüber der Familie und dem Selbst.
4. Verbesserung und Stabilisierung des körperlichen Gleichgewichts des Klienten.

Während die erste Phase ziemlich strukturiert ist, gestaltet sich die zweite Phase fließender. Einem zufällig dazugekommenen Beobachter mag sie wegen der erreichten Intensität und der Interaktionsrhythmen manchmal sogar „wild" vorkommen. Der im Z-Prozeß ausgebildete Therapeut hat die Situation jedoch genau unter Kontrolle. Wenn man mit den Prinzipien dieses Prozesses vertraut wird, erkennt man, in welch starkem Ausmaß Logik, Präzision und Richtung notwendig sind, um Veränderungen zu erreichen.

In dieser Mittelphase, die die Hälfte der Zeit einer Sitzung dauert, wird der *Widerstand* am energischsten herausgefordert, und der Klient macht die dramatischsten Veränderungen durch. Es geht jetzt um die besonderen Dynamismen, die für den Klienten im Zusammenhang mit seiner Familie und anderen, ihm wichtigen Personen bedeutsam sind. Dabei handelt es sich um die gleichen Probleme, die gewöhnlich in der Einzel- und Familientherapie auftauchen.

Häufig behandelte Problembereiche sind Fragen der *sexuellen Identität* (dazu gehört immer die Frage an den Klienten, *„Sind Sie ein Mann oder eine Frau?"*) und frühe Gefühle der *Liebe* und des *Hasses* gegenüber wichtigen Familienangehörigen, besonders gegenüber Mutter und Vater. Zu diesem Komplex gehört die detaillierte Exploration von Kindheitserfahrungen, die mit Liebe/Haß, Kontrolle und Bindung zu tun haben. Der Klient muß mindestens ein positives und ein negatives Ereignis berichten, das er mit jedem Elternteil erlebt hat, als er ein Kind war. Ist dies geschehen und sind die Gefühle des Klienten über die gegenwärtigen Beziehungen mit seiner Familie exploriert, kann man ihn fragen: *„Worüber ärgern Sie sich jetzt bei Ihren Familienangehörigen?"* Es folgt ein Gespräch über berechtigten Ärger, wie er in konstruktiver Form ausgedrückt werden kann und worin angemessene Gefühle der Liebe bestehen.

Nicht nur der Widerstand des Klienten wird angegangen; während der Sitzung wird auch der Widerstand anderer Familienangehöriger aufgegriffen, wie der des Vaters und der Mutter. Wird ein Teenager zum Beispiel zu stark vom Vater kontrolliert, ohne ihm ein angemessenes Maß an Selbständigkeit zuzubilligen, wird der Widerstand des Vaters in dieser Angelegenheit angesprochen. Dies geschieht, während der Teenager vom Vater oder einer anderen Person gehalten wird. Das Kind lernt Widerstand von seinen Eltern; das heißt, zwischen Eltern und Kind besteht eine symbiotische Verknüpfung von Widerständen. Die Eltern können genauso Widerstand leisten, sich dumm anstellen oder „weiß nicht" sagen wie das Kind. Es ist leichter, den negativen Widerstand des Kindes zu verändern, wenn der Widerstand der Eltern bloßgestellt und überwunden worden ist.

Phase 3. Die Ziele dieser Phase sind:

1. Durch das Gespräch in noch bestehende Probleme und Konflikte Einsicht zu gewinnen, sie zu explorieren und zu lösen.
2. Besprechen weiterer Ziele und Aufgaben.
3. Demonstrieren von Gefühlen der Nähe.

Während der Klient in der zweiten Phase viel Ablehnung und Widerstand zeigt, ist die dritte Phase durch *Kooperation, vernünftiges Verhalten* und *Produktivität* gekennzeichnet. Der Klient hat jetzt die Konfrontation mit kritischen Fragen und Widerständen, die in den Phasen 1 und 2 Konflikte verursacht hat, hinter sich. Er fühlt sich wohler, ist integrierter, zeigt reiferes Verhalten, denkt und kommuniziert in klarer Form und ist sich selbst und anderen gegenüber freundlich und positiv eingestellt.

Der Sitzung, in der der Klient gehalten wurde, folgen innerhalb von zwei Wochen eine Reihe von therapeutischen Familien- oder Einzelgesprächen. In diesen Gesprächen werden Punkte behandelt, die aufgetaucht sind, als der Klient gehalten wurde, und es findet eine Bewertung seines Fortschrittes statt. Falls erforderlich, werden ein oder zwei weitere Sitzungen durchgeführt, in denen der Klient gehalten wird. Die Notwendigkeit hierfür hängt von der Schwere der Pathologie ab.

Therapeutische Prinzipien

1. Der Therapeut darf sich vor der Wut des Klienten nicht fürchten. Dadurch wird beim Klienten das Gefühl verstärkt, daß der Therapeut die Situation unter Kontrolle hat, was wiederum seine Omnipotenzgefühle vermindert, die durch die Wutreaktion verstärkt werden. Der Therapeut muß dem Klienten liebevoll begegnen und darf sich nicht auf Wortgefechte mit ihm einlassen.
2. Jedes Problem und die damit verbundenen Widerstände müssen systematisch überwunden werden, bevor man sich einem neuen Punkt zuwendet. Ungelöste Widerstände verhalten sich wie Krebszellen; sie wachsen und hemmen den therapeutischen Fortschritt.
3. Die Mitteilungen des Therapeuten müssen klar, exakt und eindeutig sein, um bei der Klärung der Gedanken und Gefühle des Klienten zu helfen und diesen daran zu hindern, Zweideutigkeiten als Widerstandsmöglichkeiten auszunutzen. Der Klient hat viele Antworten bereit, die ihm durch die richtigen Fragestellungen entlockt werden können.
4. Der Therapeut muß die Verantwortung auf sich nehmen, geeigneten Einfluß und Kontrolle auszuüben, um beim Klienten die Entwicklung von Selbstkontrolle zu fördern und diesen zu einer reiferen Form der Selbständigkeit zu führen, wodurch seine Abhängigkeit vermindert wird.
5. Der Therapeut muß in der Lage sein, zwischen entspannte Gesprächsphasen intensive Interaktionsrhythmen einzuschalten. Pathologische Widerstände werden zunächst durch den dominierenden Rhythmus des Therapeuten reduziert, später durch den Gebrauch verbaler Logik. Der Therapeut muß den Interaktionsrhythmus bestimmen, um der Sitzung den Schwung zu geben, der für das Erreichen der therapeutischen Ziele notwendig ist.

6. Der Therapeut muß dem Klienten ständig ins Gesicht sehen und Blickkontakt mit ihm herstellen. Er muß auf die motorische „Überflutung" des Klienten achten, wenn dieser gehalten wird und ihm im Gespräch gegenübersitzt.

Anwendungsbereiche

Da menschliche Bindungen angefangen von der Geburt, während des ganzen Lebens eine Rolle spielen, ist die Z-Prozeß-Beziehungstherapie bei einer großen Gruppe von Störungen, die im Laufe des Lebens auftreten, erfolgreich. Der Z-Prozeß hat ein breites Anwendungsspektrum. Viele Klienten sind mit Erfolg behandelt worden, darunter Fälle von:

1. verschiedenen Formen der Schizophrenie und frühkindlichem Autismus;
2. Depression;
3. neurotischen Störungen;
4. Familien- und Eheproblemen;
5. Problemen der Persönlichkeitsentfaltung;
6. Identitätsproblemen;
7. Kindheitsstörungen wie Koliken, Wutanfällen, Überaktivität, Schlaf- und Eßproblemen, Enuresis und Erziehungsschwierigkeiten;
8. psychosomatischen Reaktionen wie Asthma und Allergien.

Frühkindlicher Autismus

Die Z-Prozeß-Therapie ging aus dem Versuch hervor, die Beziehungsstörungen autistischer Kinder zu beheben. In Begriffen der Beziehungstheorie weisen die Verhaltensweisen des autistischen Kindes auf ein Fehlen von Bindungen im Kindesalter hin. Mit diesen Kindern sind signifikante Behandlungserfolge erzielt worden. Von den drei autistischen Kindern, über die ich und Breger (1969) berichteten, haben zwei ein im wesentlichen normales Verhalten entwickelt und besuchen jetzt öffentliche Schulen. Die Behandlung des dritten Kindes wurde unterbrochen und ergab keine Fortschritte. Menta (1972) zeigt in ihrer Arbeit, daß die beiden erfolgreichen Kinder im Verlauf eines Jahres Fortschritte im intellektuellen und sozialen Bereich machten.

Koliken

Koliken sind Störungen, die häufig in der Kindheit auftreten. Sie wurden mit einer besonderen Form der Z-Prozeß-Therapie erfolgreich behandelt. Dabei werden *Kompressionstechniken* eingesetzt, die die Intensität des Schreiens zunächst verstärken, dann jedoch mindern und den Streß der Kinder reduzieren. Es genügt, diese Technik in einer 10-Minuten-Phase dreimal für zwei Minuten anzuwenden, um aus dem Säugling ein glückliches, friedliches und munteres Kind zu machen.

Wutanfälle

Man hat Wutanfälle die „normale Psychose der Kindheit" genannt. Bei einem richtigen Wutanfall ist das Kind offensichtlich außer sich. Beim klassischen Wutanfall wirft sich das Kind auf den Boden, schreit und schlägt mit Händen und Füßen auf den Boden. Diese Wut ist diffuser und unreifer Natur; der Erwachsene realisiert seine Wut in auf ein bestimmtes Ziel gerichtetem Angriffsverhalten und in direkter Konfrontation.

Die Technik des Haltens kann mit zweierlei Absicht eingesetzt werden: Zum einen kann sie einfach nur benutzt werden, um das Kind ausreichend zu kontrollieren; wird das Kind in der vom Z-Prozeß vorgeschriebenen Position gehalten, auf dem Schoß mit dem Gesicht nach oben, wird es sich zum anderen dem Erwachsenen näherfühlen, wenn die Wut abklingt, und die freigewordene Energie wird eher zum Aufbau einer Bindung verwandt, anstatt sich ungenutzt zu verflüchtigen.

Asthma

Asthma ist als Streßreaktion des Atemsystems zu verstehen, die mit einer Wutreaktion unvereinbar ist. Durch Festhalten des Klienten in einem Zustand wütender Erregung wird der Streß dieses Systems vermindert, da sich die Energie gleichmäßig über den ganzen Körper des Klienten verteilt; die Konzentration der Energie und des Stresses im bronchialen System wird damit aufgelöst. Das streßhafte Inhalieren beim asthmatischen Atmen wird durch intensives Inhalieren während der Wutreaktion ersetzt. Wenn die gesundheitlichen Bedingungen eine Durchführung der Z-Prozeß-Therapie gestatten, können bei asthmatischen Klienten signifikante Erfolge erzielt werden.

Probleme der Persönlichkeitsentfaltung

Der folgende Bericht, in dem ein 21jähriger verheirateter Student seine persönlichen Erfahrungen beschreibt, macht die allgemeine, subjektive Wirkung des Z-Prozesses deutlich.

„Für mich hat das Leben erst vor einem Monat begonnen. Den Wendepunkt zwischen der bloßen Existenz und den Freuden eines volleren Lebens bildete der Abbau meiner Wut (Z-Prozeß). Mein ganzes Leben lang hatte ich eine Mauer um mich herum gebaut, mich von anderen isoliert, um mich gegen Aspekte meiner eigenen Persönlichkeit, die ich auf andere projizierte, abzuschirmen. Mit jedem Tag wurde die Mauer höher, dicker und undurchdringlicher. Ich wußte, daß ich niemandem trauen konnte; das hatten meine Mutter und mein Vater mir bewiesen. Niemand konnte die empfindlichen Gefühle verstehen, die sich in meinem Herz und meiner Seele so ineinander verstrickt hatten.

Ich weiß, ich war kein Mensch wie alle anderen. Ich machte mir vor, daß ich wirklich nichts mit anderen zu tun haben oder ihnen ähnlich sein wollte, obwohl ich mir meiner Selbsttäuschung ständig bewußt war. Die Mauer, die ich zu meinem Schutz errichtete, wuchs mir über den Kopf; sie war so hoch und so dick, und sie war mir so nahe auf den Leib gerückt, daß ich nichts mehr tun konnte, außer mich zu winden. Ich fühlte mich niedergeschlagen, einsam und hilflos.

Mehrmals habe ich um Hilfe gerufen. Ich konnte fühlen, wie Psychologen mit ihren konventionellen Werkzeugen an der Außenseite der undurchdringlichen Mauer kratzten. Ich wußte, daß mein Problem außergewöhnlich war und ich ihnen nicht trauen konnte; ungewollt baute ich den Teil der Wand wieder auf, den sie begonnen hatten, abzureißen. Während der nächsten drei Jahre fühlte ich mich so niedergeschlagen und dabei noch einsamer, daß ich verzweifelt nach Hilfe verlangte. Jeder Augenblick des Wutablassens kam mir wie eine Ewigkeit vor, doch wenn er vorüber war, schien er nur einen ganz kurzen Moment gedauert zu haben. Ich hatte noch nie einen Boß gehabt und war nicht bereit, jemanden als meinen Boß anzuerkennen. Ich mußte überzeut werden. Nach kurzer Zeit entschloß ich mich, einen Boß für meine Augen und meinen Mund zu akzeptieren, aber nicht für meinen Geist. Die albernen kleinen Spiele, die ich spielte, schienen so übermäßig wichtig zu sein. Ich war ein wenig wütend. Ich wechselte zwischen Wut und Entspannung und wartete darauf, daß eine der mich haltenden Personen ihren Griff lockern würde, damit ich mich losmachen konnte. Hier, dachte ich, gehe ich über meine Kenntnisse hinaus.

Wissend, daß ich in guten Händen war und beim Verlust meiner Kontrolle niemanden verletzen konnte, auch nicht mich selbst, fühlte ich mich wirklich sicher. Aufgrund der Erkenntnis, daß ich mit meiner Wut acht oder neun Personen beschäftigt halten konnte, fühlte ich mich mächtig, aber nicht omnipotent. Wie ich merkte, bereitete es mir die größte Frustration, wenn die mich haltenden Personen mir erklärten, die Natur meiner Spiele sei Abwehr oder Widerstand. Als eine Form des Widerstandes versuchte ich, mich zu übergeben, wurde daran jedoch gehindert, als jeder der mich haltenden Personen mir meine Motivation vor Augen hielt. Ich probierte jeden erdenklichen Zug, jedes Spiel und jeden Widerstand aus, erzielte mit meinen Bemühungen jedoch nur negative Ergebnisse.

Ich tobte auch, als man mir Merkmale meiner psychischen Konflikte entgegenhielt. Ich wußte, daß ich ein Mann sein wollte, daß mein Körper der eines Mannes war, aber ich fühlte mich nicht als Mann. Ich fühlte mich auch nicht als Frau. Ich wußte, was ich sein wollte, aber nicht, was ich war. Als man mir meine Ambivalenz vor Augen hielt, wurde ich ärgerlich und geriet in Wut.

Ich benutzte mein Mundwerk als Widerstand, bis die anderen mir auf die Schliche kamen. Solange wir ziellos plauderten, konnte ich so Unannehmlichkeiten wie Kitzeln und negative Zwischenbemerkungen ertragen. Wenn das Gespräch nur noch in einer Richtung verlief, so daß ich auf eine Wand des Schweigens stieß, war ich frustriert, diese Krücke verloren zu haben.

Am Morgen nach dem Wutablassen wachte ich auf, um mich auf eine Unterrichtsstunde vorzubereiten. Ich erlebte ein ähnliches Gefühl, wie ich es einmal hatte, als ich unter einer Zypresse auf einem Felsen saß, wo mir die salzige Gischt der Wellen ins Gesicht sprühte und ich mich völlig im Einklang mit der mich umgebenden Natur befand. Ich fühlte mich wohl und war völlig entspannt; ich konnte alle meine Körperteile auf unvertraute, aber angenehme Weise spüren und koordinieren.

Diese „Wiedergeburt", von der ich eben erzählte, hatte mit der Freisetzung der statischen Energie begonnen, die sich in meinem Geist und Körper seit vielen, vielen Jahren angestaut hatte. Dadurch wurde ich von mindestens 95 Prozent der Ängste und Schuldgefühle befreit, die meine *normalen* sozialen, intellektuellen, körperlichen und emotionalen Fähigkeiten behindert hatten. Als ich vor dem Spiegel stand, sah ich ein neues, schönes menschliches Gesicht. Es war, als sei ich vorher blind gewesen und hätte nun auf magische Weise das Sehvermögen wiedererlangt. Mein Gesicht war so entspannt, daß ich mich zum ersten Mal im Leben glatt rasieren konnte. Ich betrachtete meinen nackten Körper im Spiegel und freute mich an dem wunderbaren, machtvollen Gefühl, das mir der Gedanke gab, wirklich ein Mann zu sein. Nicht das Stereotyp eines James Bond, Herkules oder Paul Newman, sondern ein echtes, alltägliches Exemplar eines Mannes.

Meine Beziehungen zu meinem Arbeitgeber haben sich, seit ich ihn als Boß anerkenne, geändert. Ich kann jetzt die Ich-Spiele der anderen durchschauen und bin nicht mehr das empfindliche Opfer ihres Treibens. Ich habe erkannt, daß jeder unter psychischen Problemen leidet und daß viele Leute ähnliche Schwierigkeiten wie ich haben (besonders andere Männer, was ich bei einer Reihe von Sitzungen beobachtet habe). Meine Probleme waren nicht so außergewöhnlich, wie ich einmal glaubte. Einfach gesagt, hat mich diese Einsicht in harmonischere Beziehung zu allen Menschen gebracht und mir das Gefühl vermittelt, einer von ihnen zu sein, ein integraler und wichtiger Bestandteil der Rasse, die wir Menschen nennen.

Ich war auch fähig, meine beiden Eltern mit der Information und den Gefühlen zu konfrontieren, die bei dem Wutablassen aufgedeckt worden waren, ohne in einen emotionalen Konflikt zu geraten. Ich trauere nicht mehr dem nach, was verloren ist, und suche nicht mehr nach dem Leben, das ich mir als Kind gewünscht, aber nicht bekommen hatte. Ich lebe jetzt in der Gegenwart, in der Wirklichkeit, und setze mir realistische Ziele. Ich bin mir stärker meiner Fähigkeiten und Grenzen bewußt und scheine auf den Erfolg anderer nicht mehr mit Feindseligkeit und Neid zu reagieren."

Fallbeispiel

Der Fall von Ana, einem schizophrenen Mädchen, ist dem Buch „Face to Face with Schizophrenia" (Zaslow/Menta, 1976) entnommen. Ana ist einer von mehreren erfolgreich behandelten Fällen, der in psychiatrischen und klinischen Berichten dokumentiert wurde, über den Videobänder der Z-Prozeß-Behandlung existieren und bei dem Nachuntersuchungen durchgeführt worden sind.

Im Jahre 1972 wurden ich und Menta von Foster Cline, einem Psychiater in Colorado, gebeten, mit einer 16jährigen Klientin, Ana, die sich seit einem Jahr mit der Diagnose „Schizophrenie" in stationärer Behandlung befand, ein Z-Prozeß-Behandlungsprogramm durchzuführen. Ana hatte auf eine Behandlung mit Medikamenten, Psychotherapie und „reparenting"* nicht angesprochen. Etwa ein Jahr vor ihrer Klinikeinweisung hatte sie sich immer mehr von ihren Freunden und der Familie zurückgezogen und sich auf eine Holzfigur fixiert, die ein Gesicht hatte und die sie als ihre „Freundin Grüner Blick" bezeichnete. Sie entwickelte Wahnsysteme und eine schizophrene Sprache, nannte sich selbst einen „Pinguin", teilte andere Leute in die Gruppen der „Pica" und der „Elite" ein (Picas waren die Untergeordneten), fügte sich mit Zigaretten Brandwunden zu und behauptete, sie sei gestorben.

Anas leiblicher Vater war durch einen elektrischen Schlag getötet worden, als sie zwei Jahre alt war. Dieses Ereignis hatte offensichtlich tiefen Eindruck bei ihr hinterlassen, denn wenn man sie bat, einen Menschen zu zeichnen, gab sie ihm die Form eines elektrischen Leitungsnetzes. Alle diese Zeichen deuteten darauf hin, daß ein starker *Trennungs-* und *Depersonalisationsprozeß* eingesetzt hatte. Nach dem Tod ihres Vaters wurde Anas Mutter depressiv und war für die Dauer eines Jahres von Ana getrennt.

Ana war ein ruhiges und braves Kind. Als sie sechs Jahre alt war, heiratete ihre Mutter einen Mann, der mehrere eigene Kinder hatte. Als Ana 12 Jahre alt war,

---

* Der Klient macht bei dieser Methode nochmals – wie ein kleines Kind – einen Erziehungsprozeß durch (G. W.).

ließ sich ihre Mutter scheiden; sie heiratete ein drittes Mal, als Ana 14 Jahre alt war.

Ana stand unter dem ungünstigen Einfluß ihrer beiden Stiefväter, die wegen der durch ihre eigenen Kinder hervorgerufenen ambivalenten Gefühle Schwierigkeiten hatten, Ana gegenüber Gefühle der Zuneigung zu zeigen. Ein weiterer wichtiger Faktor war die symbiotische Beziehung zwischen Ana und ihrer Mutter. Scheinbar hatte in Ana zunehmend eine *Entfremdung* stattgefunden, die zu einer schizophrenen Spaltung führte. Diese trat kurz nach der letzten Eheschließung der Mutter auf und war wahrscheinlich eine Reaktion darauf. Anas Entwicklungsgeschichte war durch eine Reihe zerbrochener Bindungen gekennzeichnet, in der die Mutter die einzige konstante Figur war.

Behandlungsprogramm

Ana nahm einen Monat lang an mehreren vierstündigen Z-Prozeß-Sitzungen teil. Für diesen Zeitraum wurde ein Behandlungsprogramm entwickelt, das *Familientherapie, Gruppentherapie* mit Gleichaltrigen und *körperliche Aktivitäten* (wie Schwimmen) umfaßte. Anschließend fuhr Ana mit einer Reisegruppe nach Mexiko City.

Verhalten vor der Sitzung

Vor der ersten Sitzung kauerte sich Ana zwischen eine Tafel und die Wand. Sie wurde gebeten, mehrere Zeichnungen anzufertigen, einen Satz zu schreiben und ein Gespräch mit dem Therapeuten zu führen. Ihre Zeichnungen waren bizarr, die Sätze waren, außer ihr selbst, jedem unverständlich, und im Gespräch verteidigte sie auf unlogische Weise ihre seltsamen Vorstellungen, sie sei ein Pinguin, sie sei tot, sie sei nicht auf dem Planet Erde geboren und Berührungen würden sie verbrennen und zum Mord führen. Bei ihrem ersten Versuch, sich in den Schoß der sie haltenden Personen zu legen, kreuzte sie ihre Beine in der Yogaposition, eine Haltung, die sie häufig in der Klinik eingenommen hatte. Während des Gesprächs vor der ersten Sitzung nahm Ana wenig Blickkontakt auf.

Erste Sitzung

Ziel: Herstellen von Kommunikation und Blickkontakt und Beginn des Aufbaus einer emotionalen Beziehung. Als Ana gehalten wurde, war sie passiv, doch zeigten sich Spannungen in ihrem Gesicht. Sie schloß die Augen und machte heftige Anstrengungen, ihr Gesicht vom Therapeuten abzuwenden; der Therapeut übte sanft, aber bestimmt Gegendruck aus, um ihren Kopf in einer Position zu halten, in der er ihr ins Gesicht blicken konnte. Als man ihr eine Reihe von Fragen stellte, wie: „Wie heißt Du?" antwortete sie: „Pykit." Als man in der Absicht, ihre schizophrenen Widerstände zu durchbrechen, begann, sie durch Berührungen am Brustkorb zu reizen, rief sie aus: „Würden Sie wohl damit aufhören, Röntgenstrahlen auf mich zu richten!" Man zeigte ihr dann den Finger, der sie berührte, und fragte: „Was ist das?" Zunächst bestand Ana darauf, es sei ein „Röntgenstrahl", als die Reizung jedoch stark wurde, nannte sie ihn einen Finger. Nachdem man sie noch weiter gereizt hatte, sagte sie, ihr Name sei Ana. Damit begann sich die Kommunikation zu normalisieren, und ihre Identität begann sich herauszubilden. *Die Macht der Berührungsreize war ausschlaggebend für die Überwindung dieser ersten Widerstände.*

Später in der Sitzung, als die Therapeutin Anas Kopf hielt, begann diese ihre Stimme zu heben und heftigen Ärger zu zeigen. (Wir merkten, daß hinter ihrem flachen Gefühlsleben enorme Wut verborgen lag.) Ihr Ärger wurde stärker, und sie wurde in einem sich steigernden Rhythmus verbaler und taktiler Interaktionen mit ihrem Widerstand konfrontiert. Als wir ihre Widerstände aufgriffen, wurde Ana sehr ärgerlich. Wut und leidenschaftlicher Haß wogten der Therapeutin entgegen, als wir zu explorieren begannen, was es für Ana bedeutete, eine Frau zu sein und welche Gefühle sie gegenüber ihrer Mutter hatte. Sie geriet in „heiße" Wut, schrie und verbalisierte ihre Gefühle tiefsten Hasses gegenüber ihrer Mutter. Sie wurde ermutigt und unterstützt, ihren in ihrem Inneren wohnenden Ärger auszudrücken und ihre Entfremdung zu verlieren. Als Ana diese Gefühle zeigte, wurde sie *lebendig* und *echt*. Im Anschluß an das Wutablassen begann ihr Wahnsystem zusammenzubrechen, sie sprach nun ruhig und zusammenhängend, und es gelang ihr gut, Blickkontakt herzustellen. Als sie aufstand, war sie offen und konnte die Zuneigung anderer entgegennehmen. Ana wiederholte jetzt die Aufgaben, die man ihr vor der Sitzung gestellt hatte, und führte sie in normaler Manier aus; sie konnte andere Personen anfassen und sich anfassen lassen. Am nächsten Tag führte uns Ana gut gelaunt durch ihre Klinik; dann packte sie ihre Sachen, um nach Hause zu gehen.

Zweite Sitzung

Ziel: Wiederherstellen der Beziehung zwischen Ana und ihrer Mutter durch den direkten Ausdruck und die Überwindung der Wut in direkter Konfrontation mit der Mutter. Eigentlich war unser Ziel die Lösung des Medusenkomplexes. Zwei Tage später kam Ana mit ihren Eltern zur zweiten Sitzung. Die Mutter sprach von positiven Veränderungen in Anas Verhalten und war bereit, Anas Kopf während der Sitzung zu halten. Unter Anleitung des Therapeuten konfrontierte die Mutter Ana mit ihren Gefühlen. Ana brach in noch heftigere Wut aus und schrie der Mutter ihren starken Haß direkt ins Gesicht. Die Mutter, die zuerst ängstlich war, wurde ermutigt, und man zeigte ihr, wie sie sich *angesichts* Anas Wut verhalten konnte, wie sie mit Nachdruck zurückschreien und *positive Kontrolle* über ihre Tochter ausüben konnte. Dieser Austausch machte es Ana und ihrer Mutter möglich, ihre *Beziehung wiederherzustellen*. Sie begannen, Nähe und Zuneigung zueinander zu spüren, was sie durch Umarmungen und Lächeln ausdrückten. (Mit der Äußerung von Anas großer Wut gegenüber ihrer Mutter war das Kernproblem ihrer Psychose gelöst – wir hatten Anas Wutbarriere durchbrochen.)

Der Medusenkomplex offenbarte sich, als Ana zu ihrer Mutter sagte: „Ich schlage Dir den Kopf ab." (Der Psychiater Allan Brauer hatte eine schizophrene

Patientin, die in einer Sitzung, in der sie gehalten wurde, zu ihrer Mutter sagte: „Ich steche Dir die Augen aus.") Die Gefühle der Liebe und des Hasses wurden geklärt, und es entwickelte sich eine herzliche Beziehung zwischen Ana und ihrer Mutter. Sie kehrte zur Schule zurück und wurde wieder in die Gruppe ihrer Freunde aufgenommen, von denen einige an ihren Sitzungen teilgenommen hatten.

Nach einer einmonatigen Behandlungsphase fuhr Ana mit einer Gruppe Jugendlicher nach Mexiko; anschließend ging sie zurück auf die High School, wo sie ausgezeichnete Zensuren erhielt. Am Ende dieses Schuljahres wurde sie als Austauschschülerin für Schweden ausgewählt. Als sie wieder nach Hause kam, regte sie sich darüber auf, daß ihr Zimmer von einer lateinamerikanischen Studentin in Beschlag genommen worden war. Anas empfindliche Reaktion auf diese Situation führte in Kombination mit ihren ungelösten Beziehungsproblemen, die sie mit ihrem Stiefvater hatte, und dem Ärger, den sie ihm gegenüber hegte, zur Entwicklung von Symptomen der *Anorexia nervosa*. Ihr Psychiater begann eine Behandlung, aber ihr Zustand wurde ernst.

Wieder wurden Z-Prozeß-Therapeuten hinzugezogen, um bei der Bewältigung von Anas neuem Problem zu helfen. Wegen Anas schwachem körperlichem Zustand konnte sie nicht gehalten werden. Wir veränderten den Z-Prozeß-Ansatz daher in Richtung *konventioneller Familientherapie*. Wir machten sechs Hausbesuche von jeweils etwa dreistündiger Dauer; dabei wurden Gespräche geführt, in denen sich die Teilnehmer gegenübersaßen. Die vorangegangenen Sitzungen, in denen Ana gehalten worden war, hatten auf sie und ihren Vater genügend Wirkung gehabt, um auch diese weiteren therapeutischen Anstrengungen positiv zu beeinflussen. Der Wendepunkt der Therapie kam, als der Ärger, der zwischen Ana und ihrem Vater bestand, bewältigt wurde. Ana erholte sich von der Anorexia nervosa.

Wenige Wochen später wurde Ana vergewaltigt. Ihr Fortschritt wurde durch dieses Ereignis nicht behindert. Damit bewies Ana, daß sie mit Streß in einer Krisensituation umgehen konnte. Sie war aber sehr aufgebracht und verlangte die Bestrafung des Täters. Mit Hilfe ihres Vaters brachte sie den Täter vor Gericht, der für schuldig erklärt wurde.

Über einen Zeitraum von sieben Jahren durchgeführte Nachuntersuchungen ergaben, daß Ana keine Rückfälle hatte und ein normales Leben führte. Sie arbeitet jetzt in einer Kunstgalerie und ist außerdem bei einer Lokalzeitung als Journalistin angestellt.

Zusammenfassung

Die Z-Prozeß-Beziehungstherapie ist auf die Herausforderung eingegangen, sich einem fehlenden Glied in den therapeutischen Verfahren anzunehmen, der *Bewältigung von Wut*. In einer Zeit, in der *Aggression,* nicht Sexualität, das größte Problem ist, stellt die Kontrolle dieser starken biologischen Kraft eine lebenswichtige Aufgabe für uns dar. Die Menschen haben sich immer vor der destruktiven Macht der Wut gefürchtet, da der Verlust der Kontrolle zwei katastrophale Folgen haben kann: Töten oder Wahnsinnigwerden, manchmal auch beides.

Die Nutzbarmachung dieser großen Kraft stellt ähnliche Probleme wie die Atomenergie. Man möchte keine Atomexplosionen, wohl aber kontrollierte Kernreaktionen. Die potentiellen Wutreaktionen ihrer Klienten bereiten Therapeuten große Angst. Im allgemeinen vermeiden sie es, Wut zu erregen, womit sie ihre therapeutischen Ziele kompromittieren. Wenn die Therapeuten lernten, der Wut ihrer Klienten mit Sicherheit und Kontrolle zu begegnen, könnten sie ihre psychodynamischen oder verhaltensmodifizierenden Techniken bei der Bewältigung eines weiten Problemspektrums wesentlich wirksamer einsetzen.

Bei starker Erregung aktivierte Wut kann im Rahmen der Beziehungstheorie als eine Form von *Protestverhalten* verstanden werden, das anläßlich einer *Trennung* auftritt – anläßlich des Verlusts oder des drohenden Zerbrechens einer Bindung. Durch aktivierte Wut werden jedoch nicht nur Zustände der Trauer und Absonderung überwunden, sie liefert auch die notwendige psychobiologische Energie für eine rasche und erfolgreiche Wiedervereinigung, für Verhaltensänderungen und die Formung von Bindungen. Geht man mit der Wut angemessen um, entwickeln sich herzliche Beziehungen, die das Verhalten stabilisieren.

Einigen Fachleuten fällt es schwer, die weitreichenden Erfolge des Z-Prozesses anzuerkennen, da sie Wut eher in Newtonschen Begriffen verstehen als in Begriffen Einsteins. Damit die biologische Energie der Wutreaktion durch Abbau des Widerstandes in positives, konstruktives Verhalten umgewandelt werden kann, muß die Wut auf die Spitze getrieben werden. Nur dann kann der negative Widerstand durchbrochen werden.

Viele Therapeuten sind durch meine frühen Arbeiten über Wutablassen beeinflußt worden; in den *Schreitherapien – Urschrei-* und *Schreitherapie –* versäumt man es jedoch, volle Wutreaktionen gegenüber dem menschlichen *Gesicht* auszulösen, wodurch erst Wut und emotionale Probleme positiv bewältigt werden.

Die seit mehreren Jahren intensiv betriebene Arbeit mit der Z-Prozeß-Therapie zeigt, daß es sich um ein theoretisch stimmiges und therapeutisch nützliches Verfahren handelt.

Literatur

Allan J. The identification and treatment of "difficult babies": Early signs of disruption in the parent-infant attachment bond. *The Canadian Nurse*, 1976, 11–17.

Allan, J. The use of holding with autistic children. *Special Education in Canada*, 1977, **51** (3), 11–15.

Ausubel, N. *Treasury of Jewish folklore*. New York: Doubleday, 1948.

Bach, G. and Goldberg, H. *Creative Aggression*. New York: Doubleday, 1974.

Bowlby, J. Processes of mourning. *International Journal of Psychoanalysis*, 1960, **42**, 317–334.

Bowlby, J. Separation anxiety. *International Journal of Psychoanalysis*, 1961, **41**, 89–113.

Bowlby, J. The making and breaking of affectional bonds. *Journal of Psychiatry*, 1977, **130**, 201–210.

Carpenter, J. C. Single case study change in a schizophrenic adolescent as a result of a series of rage-reduction treatments. *Journal of Nervous and Mental Disease*, 1976, **162**, 58–63.

Champion, R. A. *Learning and activation*. New York: Wiley, 1969.

Cline, F. W. Z therapy may aid non-psychotic, antisocial children. *Clinical Psychiatry News*, 1978, **5**, 50.

Cremer, J. Effects of a two week Z-process treatment program with hyperkinetic children. Master's thesis. California State University, Long Beach, 1973.

Darwin, C. *The expression of the emotions in man and animals*. Chicago: University of Chicago Press, 1965.

Erickson, E. H. *Child and society*. New York: Norton, 1950.

Freud, S. *New Introductory Lectures on Psychoanalysis.* New York: Norton, 1933.

Freidman, R. A rage-reduction diagnostic technique with young children. *Child Psychiatry and Human Development,* 1970, **1,** 112–125.

Freidman, R., Dreizen, K., Harris, L., Schoer, P. and Shulman, P. Parent power: A holding technique in the treatment of omnipotent children. *International Journal of Family Counseling,* 1978, **6 (1),** 66–73.

Gibson, W. *The miracle worker.* New York: Bantam, 1973.

Guirand, F. *Greek mythology.* Trans. D. Ames. London: Paul Hamlyn, 1963.

Harlow, H. F. The nature of love. *American Psychologist,* 1958, **12,** 673–685.

Harper, R. A. *Psychoanalysis and psychotherapy.* Englewood Cliffs, N.J.: Prentice-Hall, 1959.

Laing, R. D. *The divided self.* New York: Pantheon, 1960.

Lorenz, K. *On aggression.* New York: Harcourt, 1963.

Menta, M. Psycho-educational project utilizing Z-Process Therapy. Master's thesis. San José State University, California, 1972.

Rank, O. *Will therapy and truth and reality.* New York: Knopf, 1947.

Reich, W. *Character analysis.* New York: Noonday Press, 1965.

Saposnek, D. An experimental study of rage reduction treatment in autistic children. *Child Psychiatry and Human Development,* 1972, **1,** 50–52.

Scheiber, E. and Pirtle, R. The Z-process approach to psychotherapy: A formal analysis toward theory and integration. Master's thesis. Fresno State University, Fresno, California, 1979.

Waal, N. A. A special technique of psychotherapy with an autistic child. In G. Caplan (Ed.), *Emotional problems of early childhood.* New York: Basic Books, 1955.

Witmer, L. Orthogenic cases, Don: A curable case of arrested development due to a fear psychosis, the result of shock in a three-year-old infant. *Psychological Clinic,* 1922, **13,** 97–111.

Zaslow, R. W. *Resistances to growth and attachment.* San Jose, Calif.: San Jose State University Press, 1970.

Zaslow, R. W. and Breger, L. A theory and treatment of autism. In L. Breger (Ed.), *Clinical-cognitive psychology: Models and integration.* Englewood Cliffs, N.J.: Prentice-Hall, 1969.

Zaslow, R. W. and Menta, M. *The psychology of the Z-process.* San Jose, Calif.: San Jose State University Press, 1975.

Zaslow, R. W. and Menta, M. *Face to face with schizophrenia.* San Jose, Calif.: San Jose State University Press, 1976.

Zaslow, R. W. and Menta, M. *Rage, resistance, and holding: Z-process approach.* San Jose, Calif.: San Jose State University Press, 1977.

Zilboorg, G. *A history of medical psychology.* New York: Norton, 1941.

Ausgewählte deutschsprachige Literatur

(Spezielle Literatur zu einzelnen Therapieformen konnte hier keine Berücksichtigung finden. Aufgenommen wurden jedoch neben Einführungswerken, Handbüchern und Überblicksdarstellungen insbesondere auch Beiträge zur Methodenintegration. G. W.)

Bach, G. R. / Molter, H.: Psychoboom. Wege und Abwege moderner Therapie. Reinbek b. Hamburg: Rowohlt, 1979
Badura, H.-D.: Psychotherapie. Stuttgart: Kohlhammer 1982
Bastine, R. / Fiedler, P. A. / Grawe, K. / Schmidtchen, S. / Sommer, G. (Hrsg.) Grundbegriffe der Psychotherapie. Weinheim: edition psychologie 1982
Baumann, U. (Hrsg.) Indikation zur Therapie psychischer Störungen. München, Wien, Baltimore: Urban & Schwarzenberg 1981
Benesch, H.: Wörterbuch zur Klinischen Psychologie. München: Kösel 1981
Bense, A.: Klinische Handlungstheorie. Erleben, Verhalten und Handeln in der Klinischen Psychologie. Weinheim: Beltz 1981
Berufsverband Deutscher Psychologen (Hrsg.) Handbuch der Angewandten Psychologie. Bd. 2: Behandlung und Gesundheit. Landsberg am Lech: Verlag Moderne Industrie, 1981
Binder, Virginia / Binder, A. / Rimland, B. (Hrsg.): Psycho-Fahrplan. Die wichtigsten Methoden zur Überwindung psychologischer Probleme. München: MVG 1980
Birtsch, Vera / Tscheulin, D. (Hrsg.) Ausbildung in Klinischer Psychologie und Psychotherapie. Weinheim und Basel: Beltz 1980
Böckmann, W.: Psychologie des Heilens. Freiburg: Herder 1982
Brandstädter, J.: Psychologische Prävention. Bern: Huber 1982
Castel, R. / Lovell, Anne: Psychiatrisierung des Alltags. Produktion und Vermarktung der Psychowaren in den USA. Frankfurt/M.: Suhrkamp 1982
Davison, G. C. / Neale, J. M.: Klinische Psychologie. Ein Lehrbuch. München, Wien, Baltimore: Urban & Schwarzenberg, 1979
Elsaesser, P. S.: Wenn sie dir zu nahe kommen ... Die seelische Ökonomie des Psychotherapeuten. Weinheim und Basel: Beltz, 1981
Ernst, S. / Goodison, L.: Selbsthilfe Therapie. Ein Handbuch für Frauen. München: Frauenoffensive 1982
Fiegenbaum, W. (Hrsg.): Psychologische Therapie in der Praxis. Stuttgart: Kohlhammer 1982
Frank, J. D.: Die Heiler. Wirkungsweisen psychotherapeutischer Beeinflussung. Vom Schamanismus bis zu den modernen Therapien. Stuttgart: Klett-Cotta 1981
Garfield, S. L.: Psychotherapie. Ein eklektischer Ansatz. Weinheim und Basel: Beltz, 1982
Gerlicher, K. (Hrsg.): Prävention. Göttingen: Vandenbach u. Ruprecht 1980
Goldstein, A. P. / Stein, N.: Maßgeschneiderte Psychotherapien. Darmstadt: Steinkopff 1980
Harper, R. A.: Die neuen Psychotherapien. Salzburg: Otto Müller 1979
Helm, J. / Rösler, H.-D. / Szewcyk, H. (Hrsg.): Klinische Psychologie. Theoretische und ideologische Probleme. Darmstadt: Steinkopff 1981

Howe, J. (Hrsg.): Integratives Handeln in der Gesprächstherapie. Weinheim und Basel: Beltz 1982
Howe, J. (Hrsg.): Therapieformen im Dialog. München: Kösel 1982
Jervis, G. Kritisches Handbuch der Psychiatrie. Frankfurt: Syndikat 1979
Kardorff, E. v. / Koenen E. (Hrsg.): Psyche in schlechter Gesellschaft. Zur Krise klinisch-psychologischer Tätigkeit. München/Wien: Urban & Schwarzenberg 1981
Kcupp, H. / Zaumseil, M. (Hrsg.): Die gesellschaftliche Organisierung psychischen Leidens. Zum Arbeitsfeld Klinischer Psycholoen. Frankfurt/M.: Suhrkamp 1978
Keupp, H. / Rerrich, D. (Hrsg.): Psychosoziale Praxis – gemeindepsychologische Perspektiven. Ein Handbuch in Schlüsselbegriffen. München, Wien, Baltimore: Urban & Schwarzenberg 1982
Kiernan, T.: Psychotherapie. Kritischer Führer durch Theorien und Praktiken. Frankfurt/M.: S. Fischer, 1978
Kovel, J.: Kritischer Leitfaden der Psychotherapie. Frankfurt und New York: Campus 1977
Linden, M. / Hautzinger, M. (Hrsg.): Psychotherapie-Manual. Berlin, Heidelberg, New York: Springer 1981
Linster, H. W. / Wetzel, H.: Veränderung und Entwicklung der Person. Grenzen und Möglichkeiten psychologischer Therapie. Hamburg: Hoffmann und Campe 1980
Minsel, W. R. / Scheller, R. (Hrsg.): Brennpunkte der Klinischen Psychologie. Bd. 1: Psychotherapie. München: Kösel 1981
Nagel, H. / Seifert, M.: Inflation der Therapieformen. Gruppen- und Einzeltherapien in der sozialpädagogischen und klinischen Praxis. Sinn und Unsinn der Psycho-Industrie. Reinbek b. Hamburg: Rowohl 1979
Neue Formen der Psychotherapie, hrsg. von d. Red. d. Zeitschrift Psychologie heute. Weinheim und Basel: Beltz 1980
North, M.: Mythos und Wirklichkeit der Psychotherapie. München, Wien, Baltimore: Urban & Schwarzenberg 1975
Payk, Th. R.: Therapie psychischer Erkrankungen. Stuttgart: Hippokrates 1982
Petzold, H. (Hrsg.): Die neuen Körpertherapien. Paderborn: Junfermann, 1979[3]
Petzold, H. (Hrsg.): Methodenintegration in der Psychotherapie. Paderborn: Junfermann 1982
Pongratz, L. (Hrsg.): Handbuch der Psychologie. Bd. 8: Klinische Psychologie. 1. und 2. Halbband. Göttingen: Hogrefe 1978
Quekelberghe, R. v.: Systematik der Psychotherapie. Vergleich und kognitiv-psychologische Grundlegung psychologischer Therapien. München: Urban & Schwarzenberg 1978
Quekelberghe, R. v. (Hrsg.): Modelle kognitiver Therapien. München, Wien, Baltimore: Urban & Schwarzenberg 1979
Revenstorf, D.: Psychotherapeutische Verfahren. Bd. 1: Tiefenpsychologische Therapie, Bd. 2: Verhaltenstherapie, Bd. 3: Humanistische Therapie. Stuttgart: Kohlhammer, 1982, 1983
Sager, C. J. / Kaplan, H. S. (Hrsg.): Handbuch der Ehe-, Familien- und Gruppentherapie. München: Kindler 1973
Schmidt, L. R. (Hrsg.): Lehrbuch der klinischen Psychologie. Stuttgart: Enke 1978
Schmidtchen, S. / Baumgärtel, F. (Hrsg.): Methoden der Kinderpsychotherapie. Stuttgart: Kohlhammer 1980
Sommer, G. / Ernst, H. (Hrsg.): Gemeindepsychologie. München, Wien, Baltimore: Urban & Schwarzenberg 1977
Strotzka, H. (Hrsg.): Psychotherapie: Grundlagen, Verfahren, Indikation. München, Wien, Baltimore 1978
Völker, U. (Hrsg.): Humanistische Psychologie. Ansätze einer lebensnahen Wissenschaft vom Menschen. Weinheim und Basel: Beltz, 1980

Wachtel, P. L.: Psychoanalyse und Verhaltenstherapie. Ein Plädoyer für ihre Integration. Aus d. Amerik. v. H. Kober. Stuttgart: Klett-Cotta 1980

Wienand, M. W.: Psychotherapie, Recht und Ethik. Weinheim und Basel: Beltz 1982

Wittchen, H.-U. / Fichter, M.: Psychotherapie in der Bundesrepublik. Materialien und Analysen zur psychosozialen und psychotherapeutischen Versorgung. Weinheim und Basel: Beltz 1980

Wittling, W. (Hrsg.): Handbuch der Klinischen Psychologie. 6 Bände. Hamburg: Hoffmann & Campe 1980

Wittmann, L.: Verhaltenstherapie und Psychodynamik. Therapeutisches Handeln jenseits der Schulengrenzen. Weinheim und Basel: Beltz 1981

Wurm, W.: Psychotherapie als soziale Kontrolle. Beziehungsformen, Behandlungsverläufe, Sozialisationseffekte. Weinheim: Beltz 1982

Sachregister

Abwehrmechanismen 984 ff., 1033
action focusing 188 f.
Actualizing Assessment Battery 3, 16
Adlersche Therapie
→ Individualpsychologie
Adaptations-Psychodynamik 803
affect focusing 186 f.
Affirmation 1127 ff.
Aggression 45, 461, 571 ff., 1224 f., 1450 ff.
Agoraphobie 142
Aguado System of Movement Awareness 516, 521 f.
Aikido 326, 515
Aktivhypnose, gestufte 340
Aktualisierungstherapie 1–22, 66, 281
Akupressur 416, 520, 523
Akupunktur 326, 514 ff.
Alexander-Technik 326, 417, 524, 1064
Alkoholiker, Alkoholismus 16, 44, 142, 195, 330 ff., 401, 437, 665, 755 ff., 772, 776
Altersprojektionstest 156 ff., 163
Amnesien, posthypnostische 338
Analytische Psychologie 26 f., 36, 998
Angst 6 ff., 52, 62, 116 ff., 142, 166 ff., 401, 440, 665 ff., 850 f., 1045 f., 1119, 1179 f., 1215
– A.vorm Fallen 11, 515
– A.bewältigungstraining 531, 538, 540
Anonyme Alkoholiker 44, 327, 331 f., 435 ff., 551, 755 ff.
Anorexia nervosa 466
Anschauungsbilder, eidetische 146 ff.
Anticounselor 1382 ff.
Antipsychiatrie 937
Antreiber 1318, 1327
Aqua-Energetik 23–51, 66, 146, 936, 1090
Arbeitsbündnis 308
Arbeitsstörungen 401
Arbeitstherapie 643, 685
AREBA 805, 819 ff.
Arica 326, 1127
– A.Chua K'a 518 ff.
– A.Psychocalisthenics 522 f.
– A. Vortex 520, 523
Asana 117
Assertion 574, 1169 ff.
Assoziation, freie 326, 432, 452, 604, 989 ff. 1033
Asthma 52, 1466
Aston-Patterning 516, 521

Atmung, Atmen 23, 56, 76 ff., 849 ff., 1127 ff.
– A.hocker 20
Augentrainingsmethode 1091 f.
autistische Kinder 1266 f., 1454, 1465
Autogenes Training 52–65, 117, 167, 261, 340, 453, 652, 680, 770, 777
Autosuggestionen 338
Autosymbolismus 452
Aversionsmethoden 1422

BASIC ID 697 ff.
Bauchpresse 68
Beck Depression Inventory 549
Begegnung 1008 ff.
Behavior-Drama 305, 1015
Behind-the-back-technique 555
Benevolant Sabotage 634
Beschäftigungstherapie 643
Bewältigungsfertigkeiten 534, 540, 644
Bewältigungsstrategien 590
Bewegung 76 ff., 96 f., 1256 ff.
– B.therapie 1256 ff.
– B.therapie, integrative 297
– B.therapie, konzentrative 729
Bibliotherapie 707 f., 904
Bildstreifendenken 453
Bioenergetik 27, 36, **66–110,** 281, 326 f., 416, 517, 521, 855, 1065, 1090
– B.hocker 93
bioenergetische Analyse, Prozeß, Techniken → Bioenergetik
Biofeedback 52, **111–131,** 167, 261, 707, 1220 ff.
Blumentest 455
Bluthochdruck 52, 54, 112, 428
Breitentherapie 1273 ff.
Buddhismus 679, 769 ff.
buddhistische Psychologie 658 f.

Caring Relationships Inventory 16
Carrying Forward 236 ff.
Chakras 514
Chanting
→ Sprechgesänge, monotone
Charakter 66 ff., 91
– Ch.analyse 13 ff., 68 ff., 514, 846 f., 854
– Ch.dialog 13 f.
– Ch.panzer, -panzerung 68 ff., 515, 846
– Ch.störungen 4 ff., 15

Charge 70
chronische Krankheiten 638ff.
Cloudbuster 24
Co-Counseling 784ff.
COEX-System 39
cognition focusing 187f.
Collusion 635
Compliance 632ff.
Comprehensive Relaxation Training
 → Entspannungsprogramm
Conditioned Reflex Therapy 1169ff.
Conjoint Family Therapy 36
Containment 71
Coping Skills 534, 540ff.
Coping Skills Training 531, 537, 540ff.
Coping Techniken 545ff.
Co-Therapeuten
 → Ko-Therapeuten
Counseling 782ff., 1148ff.
 → Neubewertendes C., Triadisches C.
Counselor
 – Anticounselor 1382ff.
 – Procounselor 1385ff.
 – transkultureller C. 1382ff.
Counteraction 265f.

Dale Carnegie Training 327
Daytop Lodge 804
Daytop Village 802ff.
Deep Tissue Release-Systeme 519f.
Depressionen, depressive Patienten 95, 126, 168ff., 190, 208f., 224, 401, 429, 436, 467, 583, 687, 875, 949, 1086, 1119, 1215
Desensibilisierung 578, 1410
Deutung 9f., 93f., 295, 995
Diät 166ff., 1228f., 1341
Dialektische Charakterkunde 392
Dialog 1022, 1065
Dialog, innerer 1057, 1071, 1322
Dialog, sokratischer 1115
Dialogtechniken 1116
Dichtung 901ff.
Direkte Psychoanalyse 132–145, 638, 1428, 1447
Dispareunie 1194, 1196
Disputation, kognitive 1114ff.
Doppel-Dyaden-Grid 876
Doppeln 1021f.
DOR-Buster 24
Drama-Dreieck 1318, 1332, 1338
Drogenmißbrauch, – abhängigkeit, – behandlung 43f., 97, 190, 297, 401, 665, 755, 797, 802ff. 875, 949, 1430f.
Droschkenkutscherhaltung 56
Dynamic Personality Inventory 225
Dynamische Psychotherapie 999f.

educational groups 1092
edukatives Programm 1220ff.

Egogramm 1318, 1337
Effort-Shape-System 1257, 1264f.
Eheberatung 929f.
Ehetherapie 1192, 1215
Eidetik, Eidetiker 146ff.
Eidetische Psychotherapie 146–165, 451, 1105
Ei-Diagramm 1055f.
Einstreutechnik 351, 358
Ejaculatio präcox (Vorzeitiger Samenerguß) 43, 1187ff.
eklektischer Ansatz (System, Therapeuten) 1, 16, 53, 259, 517ff. 1315, 1343, 1402ff.
eklektische Psychotherapie 111, 416, 574, 697ff, 824
Eklektizismus 417, 700f., 707, 713f., 783, 1417
Elektroschocktherapie
 → Schocktherapie
Elterntest, eidetischer 156, 158ff.
Emotional-Release-Techniken 513ff.
Emotions Anonymous 755ff.
emotive Verfahren 1117
Enactment 872
Encounter-Bewegung 292, 471, 938
Encounter-Gruppen 322f., 471, 474, 501, 505, 557, 1279
Encounter-Techniken 36, 569, 1099
Encounter-Therapie 375
Encouragement Therapy
 → Ermutigungstherapie
Energy-flow Balancing 513ff.
Entfremdung 434, 440, 448, 1074ff.
Entspannung 53ff., 111ff, 453, 540, 652ff., 707
 – E.,progressive 113, 117f., 1266
Entspannungsprogramm 166–176, 652, 1220
 – E.training 111ff. 161, 166ff, 541, 708, 713
 – E.techniken 261
Epilepsie 122
Erinnerungsübungen 792f.
Erlaubniserklärung 880ff.
Erlebnishöhepunkt 25ff.
Erlebnistherapie 1272, 1276, 1279, 1281f.
Erleuchtung 24, 32, 48, 514, 656ff.
Ermutigung 177ff., 400f., 412
Ermutigungstherapie 177–194, 390
Ersatzgefühle 1328
Ersatzmutter 46f.
Erziehungsmodell 259, 1428ff.
Esalen 293, 317, 416, 522, 1220
EST 327, 1127
Evaluation 884, 1204
Exhibitionismus 43
Existentialismus, Existenzphilosophie 179, 281, 288f., 317, 475
Existentielle Therapie 787, 826, 829
Existenzneurose 190
Existenzphilosophie 232
Existenzpsychotherapie 289
Experiencing 232ff., 382, 492f.
Experiential Therapy 1276

Familien-Palaver 581
Familientherapie 466, 581, 620 ff., 707 f., 716 ff., 1215, 1343, 1383
- wachstumsorientierte 292, 294
- systemorientierte 1014
→ auch Multiple Familientherapie
fantasy work 207
Fasten 329
Feedback 111 ff., 1020
- Alpha-F. 114 ff.
- elektrodermales F. 115 ff.
- elektromyographisches F. 113 ff.
- kardiovaskuläres F. 115 ff.
- thermales F. 115 ff.
Feeling-Therapy 264, 269, 272
Fehlkompensation 397 f.
Feindseligkeitsrituale 578 ff.
Feldenkrais (-Übung) 322 f., 326, 329, 417, 516, 521 ff., 1065, 1099, 1266
Feministische Therapie 195–215, 1205
Fetischismus 881
FIRO-B 1226 f.
Fischer-Hoffmann 327
Fitnessmodell, psychisches 259, 263 ff.
Fixationsmethode 339
Fixed-Role-Therapie 216–230, 864, 866, 874
Focusing 146, **231–258,** 451, 471, 1065
fokale Komplettierung (focal completion) 231 ff.
Fokaltherapie 1001
Fokussieren
→ Focusing
Fokussieren der Sensualität
→ sensate focus
Formative Spiritualität 1357 ff.
Frauenbewegung 212
Frauentherapiekollektive 196
Frigidität 43, 1187 ff.
Frustration 572, 576
Frustrations-Aggressions-Hypothese 576
Fünf-Stuhl-Technik 1337 f.
Funktionale Beratung
→ Funktionale Psychotherapie
Funktionale Psychologie, Funktionalismus 259 ff.
Funktionale Psychotherapie 66, **259–280,** 451, 1236, 1402

Gamblers Anonymous 755 ff.
ganzheitliches Lernen 1272 ff.
ganzheitlicher Ansatz
→ holistischer Ansatz
Geburtstrauma 28
Gedankenlesen 580
Gedankenstopp 1419
Gefühlserziehung 1090 ff.
gefühlshaftes Sprechen (feeling talk) 1176 f.
gefühlsmäßiges Erleben (felt sense) 231 ff., 1065

Gefühlspolaritäten 1 ff.
Gefühlsreflexion 9
Gegeneinschärfungen 1327
Gegenübertragung 609 ff., 644, 987 ff.
gelenkte Phantasien (Vorstellungen) 18, 917, 1065
gemeindenahes Unterstützungssystem 435, 438, 449
gemeindeorientierter Therapieansatz 638 ff.
Gemeinschaft, therapeutische 1010
Gemeinschaftlichkeit 1293, 1302
Gemeinschaftsgefühl 390, 396 f., 434, 445
Gemeinschaftspsychologie 392
gesellschaftstherapeutischer Ansatz 1272 ff.
Gesprächstherapie (Gesprächspsychotherapie) 292, 399, 471 ff.
Gestaltarbeit, (-techniken) 27, 41, 424
Gestaltdialog 13, 18
Gestaltpsychologie 289 ff., 317, 475
Gestalttherapie 36, 209, **281–320,** 322, 375, 416 f., 936, 1008, 1014 f., 1053
Gewissensprüfung 769 ff.
Grounding 70
Group Shorr Imagery Test 1036
Growth-Counseling 1054
Growth Process Inventory 3, 16
Growth-Zentren 28
Grundgefühle (primal emotions) 30
Gruppenarbeit im Pool 23, 48
Gruppendynamik 293 f., 318, 322, 1014 f., 1276
Gruppenmeditation 38
Gruppentherapie (-psychotherapie, -methode) 1, 7, 15, 19, 21, 94 f., 160, 317 f., 322, 370, 465, 468, 505, 560, 574, 716 ff., 740, 873, 907 ff., 1001 f., 1010, 1041 f., 1099, 1119, 1163, 1188 f., 1276 ff., 1337, 1367 f.
Gruppenzentrierte Führung 471
Guided (Affective) Imagery 117, 451, 1034

Habilitat 802
Haircut 579 ff.
Hatha Yoga 326
Halluzinationen 152, 190, 452, 669
Hegar-Stifte 1196
Heilmagnetiseure 114
Hemiplegie 125
Herzkrankheiten (-störungen) 62, 122, 166 ff., 466
Hilfstherapeuten 138 ff.
Hinter-dem-Rücken-Technik 555, 557, 561 ff.
Holismus 189, 321, 324, 327, 1284
Holistische Erziehung 66, 146, **321–335,** 755
holistische Gesundheitsvorsorge 1231, 1233
holistischer Ansatz (Methode) 24, 50, 65, 185, 318, 369, 415, 433, 526, 1063 f., 1090, 1127 ff., 1259
Homosexualität 195, 225
hospitalisierte Psychotiker (Klienten, Kinder) 16, 44, 605 f., 929

Hot Seat 293, 556, 579
Humanistische Psychologie 25, 33, 281, 292, 294, 301, 1274
Humanistische Psychotherapie 177, 184, 197, 259, 826, 829
Humanistische Therapieschulen 179
Human-Potential-Bewegung 317, 1053
Humor 956 ff., 1224
Hydrotherapie 25, 117 f., 979
Hyperventilation 27, 31, 36, 40
Hypnose 25, 52 ff., 114, 261, 336 ff., 557, 655, 680, 770, 979, 1117, 1220 ff.
Hypnotherapie 36, 336 ff., 458
Hypnotherapie 336–367, 620 f.
Hysterie (hysterische Störungen) 142, 157

Ich-Zustände 1322 ff.
Identifikation 137 ff., 286
Identitätskrise 440 ff.
Imagery 326, 329
Image sculpturing 161
imaginäres Bild 1032 ff.
imaginäre Situation 1042 ff.
Imagination 1032 ff.
Imagination, aktive 452, 1033
Imaginationstechniken 529
Imagination, rational-emotive 1117 f.
Imaginative Psychotherapie 451 ff.
Imitationslernen 718
Immediate Therapy 555 ff.
Impasse-Priority-Therapie 368–389, 390, 1236
Implikationsstrategie 1115 f.
Implosionstherapie 1034
Impotenz 1189 ff.
Individualpsychologie 177, 336, 368 f., **390–413,** 569, 998, 1015, 1052, 1106, 1450
Individuation 415
Information, begrenzte 840 ff.
Initialtherapie 127
Inkarnations-Wissenschaft (-Aspekt) 1357, 1366
inneres Sprechen (self-verbalization) 1179
Integrationszyklus
→ Reintegrationszyklus
Integrative Therapie 66, **414–433**
Integritätsgruppen 434–450, 755, 769, 802
Integritätstherapie 434
Intensive Therapie 880 ff.
Intensivgruppen 474, 505 f.
Interpersonale Schule 1032
Interpersonale Transaktions-Gruppe 873
Interpersonal Process Recall 1148 ff.
Interpersonelle Therapie 1010
Introjektion 287, 299, 302
Introspektion 231 ff., 836, 1148 ff.
In-Vivo-Techniken 707

Jin Shin 520, 523
Joga 25, 36, 117, 514 f., 523, 1266

Joga-Meditation 112
Jogging 47, 1137
Jungsche Analyse
→ Analytische Psychologie

Kampftraining 577 ff.
Katathymes Bilderleben 451–470, 1005, 1015
Katharsis 94, 102 ff., 217, 265 f., 416, 421, 453, 576, 979
Klaustrophobie 142
Klientenzentrierte Psychotherapie 232 ff., 281, 390, **471–512,** 824 ff., 558, 956 f.
Körperarbeit 10, 1341
Körperbild 1039, 1091, 1256 ff.
Körperbildarbeit 382
Körperbildprobleme 42
Körperexploration 57, 59
Körperpanzerung 30 ff.
Körpertherapie 66 ff., 322, **513–528,** 845 ff., 1090 ff.
Körperübungen 10 f.
kognitive Lerntherapie (n) 534, 541 ff.
kognitive Meditationsprozesse 530
kognitive Neubewertung 547
kognitive Reedukation 1409 ff.
kognitives Coping 546
kognitive Therapie 530, 534, 536, 546 ff., 1105 ff.
kognitive Umstrukturierung 534 ff., 1223 f.
Kognitive Verhaltenstherapie 529–554, 699, 1105 ff., 1405, 1418, 1426
Koliken 1465
kollektive Aktionen (Handeln) 196, 203 ff.
Konditionierung 529, 532, 553, 1169 ff., 1402 ff., 1418 ff.
Kommunikationstherapie 620 ff., 1014
Konfliktmanagement 588
Konfluenz 302
Konfrontation (stechniken) 560 ff., 956 ff., 994
Konfrontative Therapie 555–570, 1236
Konversion 555
Konzentrationstechnik 1033
Kopfschmerzen 53 f., 62, 113 ff., 166 ff.
Ko-Therapeuten (Ko-Therapie) 272 f., 717 ff.
Kreative Aggression 375, **571–586,** 936
kreatives Drama 382
kreative Synthese 15
Krebspatienten (-erkrankungen) 96, 356
Krise 587 ff., 620 ff., 1361 ff.
Krisenintervention 451 f., 466, 587 ff., 620 ff.
Krisenmanagement 587–600, 1205
Kundalini 25, 514
– K.-Yoga 326
Kunsttherapie 382, **601–619**
Kurztherapie 176, 216 f., 336, 355, 451 f., 466 ff., 595, **620–637,** 880 ff., 1001

Laienhelfer 1025
Laufen 323, 326

Lebendiges Lernen 1272ff.
Lebensenergie 29ff., 417ff., 518f., 1090ff.
Lebensrad 1224, 1226f.
Lebensreise 6
Lebensstil 369, 390, 397ff., 916
Lehnstuhlhaltung 56
Lehranalyse 393, 988
Leistungsfeedback 1236ff.
Lernbehinderte 608
Lerntheorien 558
Lesetherapie, transzendente 1368f., 1375f.
Literaturtherapie 205, 211
Lobotomie 134f., 141
Logotherapie 392
LSD-Sitzungen (-Therapie) 27, 36

Macht des Therapeuten 1205ff.
Machtmißbrauch 1074ff.
Magengeschwür 54, 62, 428
Magnetismus, animalischer 337
Mainstreaming 638–651
Malen (freies) 465, 601ff., 738
Manipulation 4ff., 30
Manipulationsanalyse 12f.
Manipulationsstrategien 12, 21
manipulativer Therapieansatz 1205ff.
Mantra 117, 517ff.
Marathon 95
Marathon-Growth-Gruppen 574
Masochismus 43
Massage 27, 118, 513ff., 1266
Masturbation 1191, 1197
Medikamentenabhängigkeit 402
Meditation 113, 117, 167, 261, 292f., 322f., 326, 453, 523, 540, **652–678**, 707, 713, 770, 777
– Einsichtsmeditation 658f., 662f., 667
– Transzendentale M. 167, 326, 662
Medizinische Moralisierungen 824
Meist-oder-zumindest-Fragen 1042ff.
Mesmerisches Fluidium 25
Mesmerisieren 337
Migräne 54, 62, 166ff., 428, 1119, 1179
Milieutherapie 902
Mind Control 1127
Minderwertigkeitsgefühl 371, 390, 394ff., 429
Mind reading 580
Minimaländerung 626
Miniskript 1318, 1328
– M.schule 1320
Modellernen 529, 707, 717ff., 1236ff., 1418, 1423, 1426
Monodrama 1023
Monolog 1022
Moral 434
Morita-Therapie 146, **679–696**, 771
Movement Awareness Training 513ff.
Multimodale Therapie 697–715, 1236, 1407, 1418

Multiple Familientherapie 716–728
→ auch Familientherapie
Musik 465, 729ff., 1265ff.
Musiktherapie 729–754
Musiktherapie, integrative 297
Muskelverspannungen (– spannungen, – panzerung) 18ff., 25, 30, 68ff., 848ff., 1090ff.
Mutual-Need-Therapie 755–767, 1052

Nachsorge 593f.
Nacktbaden 26
Nacktgruppe 26
Nackt-Marathon 27f., 48f.
Naikan-Therapie 146, 679, 755, **769–781**
Narzißmus 575
naszierender Zustand (nascent state) 232ff.
Nebentherapie 618
Neopsychoanalyse 999
Netzwerk, stützendes 639ff.
Neubewertendes Counseling 782–801, 802
Neuentscheidungen 1318ff.
Neuentscheidungsarbeit 1340
Neuentscheidungs-Konzept 1319
Neurohypnologie 339
Neurolinguistisches Programmieren 336, 354f., 965
Neurose (neurotischer Zustand, Störung) 15, 32, 142, 224, 297, 434ff., 466, 681ff., 773f., 817, 928, 980ff.
New-Identity-Prozeß 802–823, 936
Nichtdirektive Psychoanalyse 471, **824–844,** 1402
nichtdirektive Therapie 471ff.
Nirwana-Therapie 55
no-miss-Interpretationen 1212
Nullspiel 579
Nystagmus 161

one-down-Position 629
operante Konditionierung 530
Opfer der Therapie 195
ORANUR-Experiment 24
organische Störungen (Symptome) 190, 356
Orgasmus 380
Orgasmus-Reflex 69ff.
Orgastische Potenz 846
Orgon 25, 69, 74, 515, 845ff.
Orgonenergie 24, 1091f.
Orgonomie 845
Orgontherapie 66, 69, 111, 514, **845–863,** 1090f.
Overeaters Anonymous 755ff.
Oxford-Bewegung 757

Paartherapie 466, 1119, 1343
pacing and leading 353
Pädophilie 881
Pair Attraction Inventory 16
pairing-system 582

Sachregister

Paradoxe Intention 1188
Paradoxer Liebeseffekt 574
Paradoxe Vorschrift 629f.
Parturienz 231 ff.
Passivitätskonfrontation 1318
Past-Lives-Therapie 146
Pastoralberatung 262
Persönlichkeitssketch 866
Personal-Construct-Theorie 218 ff., 864 ff.
Personal-Construct-Therapie 216 f., **864–879**
personale Konstrukte 216 ff., 864 ff.
Personal Orientation Inventory (POI) 2 ff., 15 f., 49
Personal Science 539, 541, 548 ff.
Persuasionsmodell 1208
persuasive Techniken 1205 ff.
Perversionen 401
personenzentrierte Therapie (Ansatz) 186, 471
Phänomenologie 178 f., 288 f., 475, 1034 ff.
Phobie
→ Neurose, Angst
Phyloanalyse 824
Physiotherapien 145
Placebo-Effekte 337, 1205 ff.
PLISSIT-Modell 880–900, 1187
Poesietherapie 901–915
Polaritätstherapie 416, 424, 430, 432
Polarity 520, 523, 526
politischer Feminismus 195, 212
Pool-Therapie 23 ff.
Prävention 171 ff., 1024, 1231, 1272 ff., 1315, 1344
pragmatische Philosophie 261
Pranayama 117 f.
Primärbeziehungstherapie 916–935, 1090, 1428
Primärtherapie 23, 27, 66, 146, 261, 374, 416 f., 515, 521, 822, **936–955,** 1063, 1090, 1128, 1140, 1211
Primal Encounter 28, 50
Primary Relationship Therapy 916 ff.
Prioritätenliste 12
Proaction 265 f.
Problemlösungstherapien 541
Procounselor 1385 ff.
Projektion 97 ff., 155 ff., 287, 302, 985 f.
Prophylaxe
→ Prävention
Provokative Therapie 571, **956–977**
Prozeßanalyse 1020
pseudofreies Wahlmanöver 1211
PSI 1127
Psychiatrie 1074 ff.
psychiatrische Patienten 15, 248, 638 ff., 1074 ff., 1240 ff.
Psychoanalyse 26, 36, 66 f., 93, 199, 281, 285 ff., 294, 317, 327, 348, 374, 558, 569, 595, 602 ff., 824 ff., 845 ff., **978–1007,** 1016, 1221, 1277

Psychodrama 18, 36, 216 f., 281, 291, 322, 326, 390, 399, 521, 555 f., 866, 936, **1008–1031,** 1046
Psychoimaginationstherapie 52, 146, 451, **1032–1051,** 1105
Psychophysiologie 111 ff.
psychosomatische Störungen 96, 142, 157, 356, 401, 428, 463, 466, 665, 950, 1045, 1119, 1179 f., 1220 ff.
Psychose (psychotischer Zustand, Störung) 4 ff., 15, 44, 62, 96, 104 ff., 132 ff., 248, 356, 401, 466, 605 ff., 928, 1002
Psycho-Structural Balancing 517, 521 ff.
Psychosynthese 27, 36, 451, **1052–1073**
Pyramidenmethode 872 ff.

Quadrinity Process 333

Racketanalyse 1316 ff.
racketeering 1328
Racketentfaltung 1328 f.
Racketgefühle 1328
Racketglaubenssätze 1328
Rackets 1328
Radikale Psychiatrie 197, **1074–1089**
Radix–Gefühlserziehung 66, **1090–1104**
Radix Neo-Reichian Education 1090 ff.
Rational-emotive Therapie 187, 217, 225, 530, 534 ff., 956, 958, **1105–1126,** 1224, 1418
Raynaud-Krankheit 126
Reaktive Konditionierung 530
Realitätsprobe 1023
Realitätstherapie 180, 188 f., 569, 1106
Rebirthing 23, 28, 50, 52, 66, 111, 146, 327, 375, 515, 517, 521, **1127–1147**
Recall-Therapie 146, **1148–1168,** 1385
Recovery 327
Redecision-Schule 1342
Redecision-Therapy 1319
Reevaluation Counseling 781 ff.
reframing 353
Regression (Regredieren) 23, 46, 49, 93, 346, 349, 424 ff., 462 ff., 607, 1366
Rehabilitation 740, 771, 777
Rehabilitationsmodell 641 ff.
Reichsche Therapie (Techniken) 27, 36, 43, 70, 1128
Reintegration 265
Reintegrationszyklus 265 ff.
Reizüberflutung 707, 1410, 1422
Rekonstitution 231 ff.
Religion 437, 1357
religiöse Therapie 755 ff.
reparenting 916 ff., 1338, 1432, 1468
Retroflektion 287, 302
Reziproke Determinierung 530, 553
Role Construct Repertory Grid Test 225 ff., 869, 874 f.
role induction interview 1212
Rolfing 326, 515 f., 522, 524

Rollenmodelle 641 ff.
Rollenspiel 216 ff., 322, 399, 866, 917, 925, 1008 ff., 1063, 1236 ff., 1338, 1341, 1389, 1411, 1418, 1420
Rollentausch 222, 228, 791, 1015, 1018, 1021, 1407
Round-table-Gespräch 1193
Rücken-an-Rücken-Übung 720
Ruhebehandlung 679 ff., 824
Ruheformeln 57 f.
Ruhekur 979

Samurai 514
sanfte Geburt 940
Satzergänzung 1042 ff.
Schiff-Schule 1342
Schizophrenie 5, 108, 132 ff., 161, 224, 606 f., 639 ff., 867 f., 949, 1074 ff.
Schlafstörungen (Schlaflosigkeit) 52, 113, 126, 166 ff., 339, 345, 1179
Schleudersitz 556, 579, 716
Schmerzkontrolle 361 ff.
Schmerzen, chronische 687
Schocktherapie 132, 134 f., 141, 209, 642
Schreitherapie 802 ff., 1472
Schülerzentriertes Lehren 471
Schuld 440
Schulphobie 190
Selbstaktualisierung 1 ff., 290
Selbstanalyse 164, 1158 f.
Selbstbehauptung 116, 1169 ff.
– S.training 203 f., 207 f., 1169 ff., 1407
Selbstbewertungs-Verfahren 547
Selbstbild 1038 ff.
Selbsterfahrungsgruppen 322
Selbsterkenntnistraining 541
Selbstermutigung 177 ff.
Selbsterziehung 164, 571
Selbstexploration 534, 1161 f.
Selbstgesprächstherapie 187
Selbsthilfe 62, 64, 1105, 1119, 1189, 1202, 1250
– S.gruppen 196, 205, 434 ff., 755 ff., 1300
Selbsthypnose 652 ff., 1223, 1228
Selbstinstruktionstraining (-methoden) 534, 535, 540 ff., 1420
Selbstkontrolle 530, 1183
– S.techniken 1179, 1423
Selbstreflexion 769 ff.
Selbstsicherheitstraining 707 ff., **1169–1186**, 1418
Selbststeuerung 112, 653 ff.
Selbsttherapie 676, 769 ff.
Selbst-und-anderer-Fragen 1042 ff.
Selbstvertrauen 184 ff.
Selbstverwirklichung 25, 1055
Selbstregulierung 530
Selbstverstärkung 709
– S.programm 1246
Self-Support 305

Self-Talk-Therapy
→ Selbstgesprächstherapie
Sensate focus 43, 1193 ff.
Sensibilisierung 1016
sensorische Sättigung 25 f.
Sensualitätsübungen 708 f.
Serienvalidation 868
Sexismus 196, 198, 201 f.
Sexualität 207, 460 f., 848, 1187 ff.
Sexualtherapie 581 f., 880 ff., **1187–1204**
Sexuelle Probleme (Störungen) 43, 209 f., 405 f., 466, 880 ff., 1046, 1179 f.
shame-attacking exercises 1117
Sharing 1020
Shiatsu 416
Shorr Imagery Test 1035
Shorr Parental Imagery Test 1036
Shuttling-Methode 13
Skriptanalyse 1315 ff.
Social-Influence-Therapie 336, 471, **1205–1219**
Soforthilfe
→ Krisenmanagement
Somatische Therapien 135 f.
Somnambulismus 338, 345
Soziale Lerntheorie 532, 553, 1402 ff., 1448
Soziometrie 1010 ff.
Spezifische Suggestionen 880 ff.
Spiegeln (mirroring) 607 f.
Spiegeltechnik 1022
Spielanalyse 1316 ff.
Spiele 1331
– S.ersten Grades 1331
– S.zweiten Grades 1331
– S.dritten Grades 1331
Spieler 755
Spielsketch 220 ff.
spirituelle Erfahrungen (Erlebnisse, Therapie) 55, 756 ff., 1052 ff., 1127 ff.
spirituelle Formung 1359
Sprechgesänge, monotone 326, 522 f.
Squeeze-Technik 1195
Stegreifspiel 1008 ff.
Stop-Start-Technik 1195
Stottern 52, 218, 874 ff., 1119
Streß 52 ff., 116, 166 ff., 375, 572, 587 ff., 1220 ff.
– S.bewältigung 653 ff.
– S.impfung 538, 545 ff.
– S.training 540, 545 ff.
Stress Inoculation Training 540
Streßmanagement 52, **1220–1235**
Strukturanalyse 1315 ff.
Strukturierte Lerntherapie **1236–1255**, 1402, 1418
Sünde 434, 437
Suggestion 422
Suggestion, entspannende 117, 167
Suggestionen, indirekte 336 ff.
Suizidneigung 583, 868 f.

Sukzessive Approximation 1016
Supervision 72f., 150, 198, 424, 465, 632, 636, 959, 1025, 1148ff.
Supplementary Shorr Imagery Test 1036
Swedish 522
Symboldrama 451, 453
Symbolkonfrontation 453, 455, 465
Symptomneurosen 341
Symptomverschreibung 629f.
Synanon 327, 802ff.
S-You-R-Psychologie 183
Systematische Desensibilisierung 530, 532, 540, 701, 707, 1034, 1178f., 1183, 1217, 1412, 1418ff.
Systemperspektive 626
Systemtherapie 718
Szenenvisualisation 1228
Szientismus 1127

Tagebuch 685ff., 776
Tagtraum 451ff., 738f., 902, 1033
T'ai-chi 326, 514f., 522f.
Tantrismus 514
tantrische Vereinigung (tantric union) 43, 50
Tanztherapie 66, 521, 729, **1256–1271**
Taoismus 292, 514, 653
Telefonseelsorge 383
Telefonseminare 959
Themenzentrierte Interaktion 281, **1272–1314**
Therapieforschung 486, 499ff.
Therapievertrag 1408ff.
Therapy Session Report 1162
Theta 1127ff.
Tiefenpsychologie 454, 468
Toastmasters 327
Tod, hysterischer 133
Tod, psychologischer 133
Token-Economy 1407
tracking 946
Trager-Psychophysical-Integration-Methode 516
Trager-System 521f., 524
Tranceinduction 340ff.
Tranceutilisation 340ff.
Trancezustand 114, 167, 342ff., 655
Transaktionen 1315, 1329
– blockierende 1332
– doppeldeutige 1331
– gekreuzte 1330
– komplementäre 1329
– parallele 1329
– tangentielle 1332
– verdeckte 1331
Transaktions-Analyse 66, 209, 292, 416, 1014f., 1053, **1315–1356**
Transformationszyklus 265ff.
transkulturelle Therapie 1382ff.
transpersonale Phänomene 1382
transpersonaler Vektor 24, 50

transpersonales Erlebnis 43
transpersonales Selbst 1052ff.
Transsexualität 881
Transzendenz 1357ff.
Transzendenzkrise 1357ff.
Transzendenztherapie 146, 231, 755, 1052, **1357–1381**
Trauerarbeit 305
Traum 26, 133, 136, 263, 309, 399f., 451, 613, 886f., 1065, 1341f.
Traumanalyse 133, 276ff., 993
Traumarbeit 313ff.
Traumforschung 264
Trepidations 522
Triadisches Counseling 1382–1401
Typ-A-Persönlichkeiten 1220ff.

Überlebensstrategien 6ff.
Übertragung 139, 416, 455, 464f., 604, 609ff., 980ff.
Übungstransfer 1236ff.
Umdeuten (Reframing) 353, 628
Umerziehungsprozeß 1433
Unbewußtes 133ff., 349, 416, 827ff., 1053ff.
Urerlebnis (primal) 936ff.
Urschmerzen 936ff.
Urschrei 26
Urszenen 945
Utilisationstechniken 353ff.

Vaginismus 1194, 1196
Vegetotherapie, charakteranalytische 66, 69, 514
Verantwortung, persönliche 178, 183ff., 202, 229, 321ff., 439
Verbale Verhaltenstherapie 1105, **1402–1417**
Verdeckte Konditionierung 540, 1179, 1183
Verdeckte Sensibilisierung 530
Verdecktes Modellernen 530, 534, 537, 540ff.
Verdrängung 984ff.
Vergewaltigung 196ff.
Verhaltenserprobung (behavioral rehearsal) 707, 1178, 1183
Verhaltensorientierte Problemlösung 539, 548ff.
Verhaltenstherapie 36, 113, 197, 209, 225, 281, 530ff., 680, 698, 1106, 1170f, 1402ff., **1418–1427**
Verstehen, einfühlendes 476ff.
Vertragsarbeit, Methode der 1335f.
Videoeinsatz in der Therapie 1148ff., 1390ff.
Vierundzwanzig-Stunden-Therapie 1428–1449
Vispassana 667
Visualisierung 58ff.
Vorstellungsbilder 1032ff.
Vorstellungsbilder, eidetische 146ff.
Vorstellungsmodellierung 161

Wachsuggestionen 338
Wachträume 207
Wahrnehmungsreflexion 9
Widerstand 6, 67, 116f., 139, 163, 308f., 342ff., 353, 358, 416, 422, 559, 562ff., 610, 980ff., 1372, 1382ff., 1455ff.
Widerstandsanalyse 67f., 93, 983ff.
Wiedergeburt 24, 1127ff., 1366
Wille 1054ff.
Willenstherapie 998, 1452
Wutablassen (rage reduction) 1450ff.

YAVIS-Klienten 970

Yoga
→ Joga

Zeitmanagement-Techniken 1224
Zen 112, 293, 475, 514, 653
Zen-Meditation 36, 317
Z-Process-Attachment Therapy 1450ff.
Z-Prozeß-Beziehungstherapie 23, 146, **1450–1473**
Zukunftsprojektion 1023
Zwangsneurotische Patienten, Zwangsneurosen 607, 1002, 1045, 1412f.

Autorenregister

Abrams, A. S.   903
Abrams, E.,   1119
Adams-Webber, J. R.,   217f., 225, 228f., 878
Addario, D.,   119
Adler, A.,   179f., 391ff., 415, 560, 916f., 1106
Adler, C. S.,   114f.
Adler, S. M.,   114f.
Adorno, Th. W.,   1288
Aguado, O.,   516
Aguilera, D. C.,   588
Ahlsen, A.,   147ff.
Alberti, R. E.,   708
Alden, L.,   1113
Alexander, A. B.,   121
Alexander, F.,   1221
Allan, J.,   1454
Allen, R. E.,   639
Allport, G. W., 1, 147f.
Alperson, E. D.,   1261
Alvin, J.,   740
Ammann, A. N.,   452
Ancoli, S.,   124
Anderson, C. M.,   1403
Annon, J. S.,   881ff., 1189, 1193
Ansbacher, H.,   391ff., 918
Ansbacher, R.,   391ff., 918
Ansell, C.,   906
Anthony, E. J.,   1002
Antoch, R. F.,   396ff.
Appelbaum, S. A.,   263
Arbuthnot, J.,   1243
Arnkoff, D. B.,   530ff., 548
Art, B. N.,   1119
Art, C. C.,   1119
Aspy, D. N.   501
Assagioli, R.,   1055ff.
Ausubel, N.,   1451
Authier, J.,   1385
Avalon, A.,   147
Ayllon, T.,   1422
Azrin, N. H.,   1422

Babcock, D. E.,   1319ff.
Bach, G. R.,   572ff., 581ff.
Bach, H.,   999
Bachelard, G.,   1034
Baer, J.,   1171
Baker, E. F.,   847
Balint, A.,   455, 463

Bandler, R.,   351, 353f.
Bandura, A.,   530, 532, 542ff., 701, 1243f., 1402, 1405, 1407, 1423, 1447f.
Bannister, D.,   217f., 867f., 878, 1189, 1202
Barbach, L.,   207
Barber, T. X.,   344, 345
Bard, M.,   588
Bardwick, J.,   201
Barling, W. R.,   1344
Barnes, G.,   1319, 1321f., 1345
Bart, P.,   208
Basmajian, J. V.,   113ff., 122, 125f.
Bateson, G.,   50, 352, 621
Beavin, J.,   294, 340, 1290
Beck, A. T.,   530, 534ff., 543, 546ff., 1113, 1404, 1410
Beck, D.,   1001
Becker, S. S.,   1038
Bellack, A. S.,   641
Bellak, L.,   1001
Bem, S.,   202
Bender, W.,   1024f.
Benesch, H.,   36
Bennet, D.,   1319
Benson, H.,   167, 665
Berenberg, A. N.,   680, 688
Bergeest, H. G.,   503
Berger, H.,   112
Berger, M. A.,   1149
Bergmann, M. S.,   998
Bernard, M. E.,   1113
Berne, E.,   415, 1315ff.
Bernhard, Y.,   583
Bernheim, H.,   339, 342
Bernstein, P. L.,   1259
Bever, J.,   121
Bielitzer, G.,   75, 78
Binder, J.,   262
Bindrim, P.,   28
Bixenstein, V. E.,   439
Blanchard, E. B.,   120, 126, 167
Blanchard, W. H.,   959
Blank, L.,   28
Blanton, S.,   903
Blechschmidt, E.,   75
Bleuler, E.,   5
Blöschl, L.,   1419, 1421
Block, J.,   1119
Bloom, B. S.,   1149

Blumberg, S. R., 118
Bolay, V., 730f., 734
Boller, R., 734
Bolman, W. M., 1383
Boltuch, B. S., 1151
Bonarius, J., 217f., 221, 225, 229
Bone, H., 825
Borman, L., 438
Borneman, E., 397
Boss, M., 666
Bour, P., 1016
Boudreau, 665
Bowen, M. V., 474
Bowlby, J., 1455f.
Bowers, K., 345
Bowers, K. S., 1114
Brachfeld, O., 453
Braid, J., 339
Brammer, L. M., 3, 10
Bramwell, J. M., 339
Brandsma, J., 957ff.
Brecher, E. M., 1193
Breen, D., 876
Breeskin, J., 574
Breger, L., 1457, 1465
Brekony, K. A., 126
Brenman, M., 346
Brenner, C., 825
Breuer, J., 1033
Bright, M., 179, 186
Brodsky, A., 197, 200, 204
Broverman, I. K., 196, 202
Brown, B. B., 115, 124
Brown, D., 657, 663
Brown, M., 1319ff.
Bruhn, M., 502
Brunell, L. F., 699
Buber, M., 1, 288, 306, 1289
Budzynski, Th., 113, 124f.
Büntig, W., 66, 68, 95f.
Bugenthal, J. F. T., 675
Bunz-Schlösser, G., 1022, 1025
Burke, J. B., 1160
Burns, J. L., 588
Burrow, T., 261, 1156
Burtle, V., 197
Bustanoby, A., 16
Byrd, G. R., 1207

Cannon, W. B., 1221
Capers, H., 1327
Caplan, G., 202, 588
Caplow, T., 1387
Carlsson, S. G., 114, 126, 207
Carples, S., 449
Carter, D., 197ff.
Cartwright, D., 499
Caslant, E., 1034
Casriel, D., 805

Cassius, J., 1341
Castaneda, C., 672
Cautela, J. R., 530, 534ff.
Chace, M., 1258
Chaiklin, S., 1260, 1262
Cheney, W. D., 1316f.
Chernell, E., 1149
Chesler, P., 196, 201, 208
Chessick, R. D., 1106
Childress, R., 1207
Childs, E., 207
Chiles, R., 1161
Chodorhoff, B., 499
Christie, M. J., 112, 121
Chye Cheah, K., 1344
Cleveland, S., 1260
Cline, F., 1455
Cobb, S., 1222
Cohn, R. C., 1274ff
Coine, J. C., 1112, 1114
Coles, R., 619
Comfort, A., 1188
Concannon, J. P., 1316
Condon, W. S., 1258, 1262
Connella, J. A., 1036
Corriere, R. J., 261ff.
Corsini, R. J., 370, 444, 555, 561ff., 958
Covner, B., 1149
Craighead, W. E., 122, 1112
Crampton, M., 1052ff.
Cremerius, J., 998
Croft, H. A., 883

Dahlke, A. E., 1429
Daley, 665
Danish, S. J., 1162
Dare, Ch., 295, 308, 984, 992
Darwin, Ch., 1452
Davidson, 665
Davis, M. A., 1258
Davison, G. C., 701, 1404, 1410
Deckard, B., 199, 201
Deikman, A., 657, 672
Deitz, S. R., 118
De Kruif, P., 1185
De Leo, 665
Dell, C., 1264
Dell, D. M., 1206
Desoille, R., 453, 1034
Detre, T., 716
Deutsch, H., 984
Deutsch, R., 582ff.
Dewey, C., 205
Diamond, S., 127
Diemer, A., 288f.
Dinkmeyer, D., 182, 186ff.
Disraeli, R. J., 115, 126
Dixon, M. C., 588
Doehrman, M., 1150, 1161

Dokecki, P., 439
Dolan, A. T., 152, 157, 164
Dollard, J., 1403
Dollase, R., 1012
Don, N. S., 241, 493
Dreikurs, R., 179, 186, 398, 926, 1226
Dreshin, T., 665
Dubois, P., 1106, 1109f.
Dührßen, A., 1001
Dürckheim, K., 77, 83, 94f.
Duggan, D., 1256
Duhl, B., 720
Duhl, F., 720
Dusay, J. M., 1316f., 1337
Dymond, R. F., 500
D'Zurilla, T. J., 539ff., 548

Eccles, J., 1108
Edgar, K., 906
Eibach, H., 463, 466, 1025
Eibl-Eibesfeldt, I., 574
Eisenberg, J. M., 1119
Eißler, K. R., 997
Elgin, D., 661
Eliot, T. S., 1429
Ellenberger, H. F., 112, 261, 394
Elliott, J., 28
Ellis, A., 2, 180, 187, 217, 225, 415, 530, 534ff., 543, 698, 958, 1106ff., 1224, 1403, 1410
Ellrich, U., 1113
Emmons, M. L., 708
Engelke, E., 1022, 1025
English, F., 1317ff.
Engstrom, D., 262
Epstein, F. R., 217f., 229, 878
Epstein, N., 1119
Erickson, M. H., 343ff., 621
Erickson, R. C., 639
Erikson, E., 981
Ernst, K., 1319
Erskine, R. G., 1328, 1337, 1341
Eschenröder, C., 1107, 1115
Eysenck, H. J., 531, 1170, 1420

Fadiman, J., 674
Fair, P. L., 118, 120, 123
Farau, A., 1275, 1280, 1282, 1292
Farberow, N. W., 588
Farrell, M. A., 588
Farrelly, F., 957ff.
Fay, A., 708
Feder, B., 293
Federn, P., 287f.
Feldenkrais, M., 515ff.
Fenichel, O., 295, 346, 825, 860, 982, 996ff.
Fensterheim, H., 1171
Ferenczi, S., 346
Fernando, C. K., 125f.
Ferreira, A. J., 941f.

Ferson, J., 202
Feshbach, S., 582
Festinger, L., 186, 555, 560, 941
Field, P., 1222
Fink, P. J., 601ff.
Fiorito, E. M., 126
Fisch, R., 340, 623
Fischer, J., 883
Fisher, K. A., 976
Fisher, S., 1260
Fithian, M. A., 1193
Forgione, A. G., 114, 121
Foulkes, S. H., 1002
Fox, J., 5
Francone, C. A., 54
Frank, J., 1206, 1208, 1215
Frank, L., 453
Frank, R., 80
Frankel, F. H., 1222
Franklin, M., 127
Franks, V., 197
Fransella, F., 217f., 874ff.
Freed, H., 1149
Freeman, J., 206
Freidman, R., 1454
Freire, P., 1286, 1291
Freiwald, M., 463
Fremouw, W., 449
French, C. A., 121
French, M., 214
Freud, A., 286f.
Freud, S., 287, 243, 452f., 657, 902, 978ff., 1033, 1221, 1455
Friedenberg, W. P., 1207
Friedman, M., 173, 1222
Fromm, E., 1033
Fürstenau, P., 981

Gale, E. N., 114, 126
Gambrill, E. D., 898
Gannon, L., 113
Gantt, L., 608
Garfield, S. L., 1107, 1404
Gartner, A., 438
Gazda, G., 180
Gerl, W., 343, 355
Geertsma, R., 1389
Geissmann, P., 54
Gelb, H., 128
Gendlin, E., 232ff., 492, 1066
Gerler, E. R., 699
Gershaw, N. J., 1248ff.
Gessel, A. H., 126f.
Giber, D., 654, 665
Gibson, W., 1451
Gill, M. M., 346
Gillis, J. S., 1207ff.
Girodo, 665
Glasser, R., 1106

Glasser, W., 180, 188, 329
Gluckstern, N., 202, 205
Glueck 665
Gochros, H. L., 883
Goffman, E., 1158
Goldberg, H., 581 ff.
Goldfried, M. R., 531, 537 ff., 548, 1113 ff., 1404, 1410
Goldman, M. J., 601 ff.
Goldman, M. S., 122
Goldstein, A. P., 1206, 1238 ff.
Goldstein, K., 492, 558, 1278
Goleman, D., 657, 658
Gombert, K., 1024
Goodman, N. J., 121
Gornick, V., 208
Gottsegen, G. B., 28
Goulding, M. M., 1317 ff.
Goulding, R. L., 1317 ff.
Graecen, J., 329
Grand, R. K., 1163
Greden, J. F., 168
Greenson, R. R., 295, 985 ff.
Greenspan, M., 205, 209
Greenstone, J. L., 588
Greenwald, H., 1404, 1431
Greifer, E., 903
Grey, L., 179
Grieger, R., 1107
Grimberg, L., 1002
Grinder, J., 351, 353, 354
Grof, S., 39
Gross, M. L., 144
Grundy, D. E., 904
Grygier, T. G., 225
Gunnison, H., 506
Guttman, H. A., 722

Hacker, H., 201
Hajes, S. C., 1107, 1119 f.
Haley, J., 357 ff., 621
Handler, S., 716
Haney, J., 160
Hanna, T., 150
Happich, C., 453
Harari, H., 1206
Hare-Mustin, R., 204
Harlow, H. F., 26, 1457
Harms, E., 602
Harper, R., 36, 1117, 1451
Harrel, T. H., 1112
Harris, V. A., 118
Harrower, M., 904
Hart, J. T., 261 ff., 473
Hartman, W. E., 1193
Hartmann, H., 827, 981, 998, 1033
Hartmann-Kottek, L., 297
Hartshorn, K., 263
Hartson, D. L., 1161, 1163

Hauck, P. A., 1119
Heider, F., 555
Heigl, F., 999
Heigl-Evers, A., 1002
Heiman, J., 708, 1189
Heinl, H., 301, 315
Heisterkamp, G., 397, 398, 400
Heller, K., 1206
Heneker, A., 1243
Henle, I., 466
Henley, N., 206
Henry 665
Hes, J. 716
Hilgard, E. R., 342, 361
Hill, C., 204
Himes, K. H., 1244
Hindle, W. H., 882 f.
Hirayama, H., 883
Hite, S., 1197
Hjelle 665
Hodges, W., 1118
Hoellen, B., 1107, 1109, 1113
Hoffmann, S. O., 981
Hogan, D., 1190
Holder, A., 295, 308, 984, 992
Holfeld, H., 466
Hollander, T. F., 1244
Holmes, T. H., 1226
Holt, R. R., 560
Holwill, C. F., 1384 f., 1393
Holzmann, P., 992
Honsberger 665
Hood, W. R., 1429
Horn, G., 454, 466
Horn, K., 1275
Horney, K., 284, 1044, 1153 f.
Horowitz, M., 1038
House, J. F., 119
Howard, K. C., 1162
Huber, D., 1119
Huber, H. P., 1119
Hull, C. L., 1170
Huppmann, G., 738
Hurley, S., 1161 f.

Iberg, J. R., 237, 239 f.
Ishida, R., 770
Ivey, A., 180, 1385

Jackins, H., 786 f, 790 f., 796
Jacklin, C., 201
Jackson, D., 294. 340, 1290
Jacob, S. W., 54
Jacobsen, A., 680, 688
Jacobson, E., 113, 167, 588, 981
Jacobson, L. I., 532, 542
Jacoby, K., 392
Jaensch, E. R., 147
Jaffe, Y., 582

Jakubowsky, P., 1118
Jakubowsky-Spector, P., 203f.
James, J., 207
James, M., 1316ff.
James, W., 1237
Janet, P., 261
Janov, A., 26, 31, 415, 937ff.
Jessen, F., 1331
Jessop, N., 439
Johnson, D., 516
Johnson, F., 771
Johnson, G., 119, 125
Johnson, M., 204, 207
Johnson, R. C., 439
Johnson, V., 43, 1188, 1193ff.
Johnston, J. A., 1149
Jones, E., 343, 346, 1213
Jones, F., 449
Jones, M., 1418, 1429
Jones, R. E., 902
Jongeword, D., 1319, 1321, 1327
Jordan, Ch. S., 161, 164
Jourard, S., 441
Jung, C. G., 25, 415, 452, 466, 902
Jus, A., 54

Kagan, N., 1150ff.
Kahler, T., 1327f.
Kaiser, H., 825
Kamiya, J., 124
Kanfer, F.H., 1419, 1423
Kantor, D., 720
Kaplan, A.G., 203
Kaplan, H., 1189, 1191ff.
Kaplen, D.M., 588
Karacan, I., 1192
Karle, W., 261ff.
Karolyi, P., 1423
Karpman, S. B., 1331
Karst, T. O., 218, 225, 229
Katkin, E. S., 118
Katz, D., 1163
Kausen, R., 393, 395, 398, 401
Kaye, B., 439
Kazdin, A. E., 1185
Keat, D. B., 699
Keepers, T. D., 1319ff.
Kefir, N., 439
Keleman, S., 71, 74, 77f.
Kell, B. L., 1150, 1156, 1161
Kelley, Ch., 1092, 1099f.
Kelley, H., 1389, 1429
Kelley, G. A., 216ff., 864ff, 898, 1403
Kendall, P. C., 1118
Kennell, J., 75
Kernberg, O. F., 296, 310, 455, 981, 997
Kessler, D., 716
Keßler, B. H., 1107ff.

Kestenberg, J., 1260
Keutzer, C. S., 1244
Keyes, R., 440
King, N. J., 883
Kingdon, M. A., 1163
Kinsey, A., 1188
Kirkpatrick, C. C., 1188, 1202
Kirsch 665
Kirsten, G., 926
Kitsuse, J. I., 770
Klaus, M., 75
Klein, D., 1106
Klein, M. H., 1206
Kleinewiese, E., 1343
Klessmann 454, 460, 466
Knapp, R. R., 5, 15
Koch, W., 466
Koertge, N., 1283
Kohut, H., 455, 463, 981, 997, 1014
Kondo, A., 680
Kora, T., 685f.
Kornfield, J., 659, 664, 666
Kotses, H., 121
Kottje-Birnbacher, L., 460, 466
Kottwitz, G., 1320, 1322, 1337, 1340
Krainin, J. M., 1206
Kramer, E., 603, 608
Krapf, G., 339
Krasner, L., 1419, 1422
Krathwohl, D., 1151, 1161
Kreische, R., 454, 465
Kretschmer, E., 453
Krippner, S., 657
Krumboltz, J. D., 10
Kümmel, W. F., 731
Kuhlen, V., 1423
Kuiper, P. C., 982
Kulessa, Ch., 466
Kuhn, T., 1403
Kumasaka, A., 688
Kumasaka, Y., 688
Kunce, J. T., 1161, 1163
Kurtz, R., 1107, 1404
Kwiatkowska, H., 608

Laban, R., 1257, 1264
La Charite, N. A., 1429
Ladd, P. C., 506
Lader, M. H. 119
Laing, R. D., 1035, 1089, 1458
Lair, J., 759
Lambelet, L., 1001
Landau, E., 462
Landfield, A. W., 218f., 868, 873, 878
Landy, E. E., 1429ff.
Lang, I., 454, 466
Lang, P., 116, 1206
Lange, A. J., 1118
Langen, D., 339, 343, 345

Langer, M., 1002
Langs, R., 825, 994ff.
Langsley, D. G., 588
La Pointe, K. A., 1112
Laqueur, H. P., 716f., 722, 728
Laskin, D. M., 123, 126
Lauer, R., 904
Lazar, 665
Lazarus, A. A., 10, 119f., 149, 664, 698ff., 1116, 1153, 1407, 1411
Lazovik, D. J., 1206
Leary, T., 1f.
Leavis, D. J., 1034
Lebovici, S., 1016
Leboyer, F., 78, 940
Lee, R. M., 122
Leedy, J., 903f.
Leibovitz, M. P., 261
Lembo, J. M., 1119
Lemoine, G., 1016
Lerman, H., 196, 199, 202f., 207
Lesh, 665
Leuner, H., 453ff.
Leung, 665
Leutz, G. A., 1013, 1016ff.
Levick, M., 601ff.
Levin, S., 997
Lévine, S., 654
Levinson, D., 204, 207
Leviton, S. B., 588
Levy, A., 1447
Levy, J., 688
Levy, L., 825
Lewin, K., 290
Lichtenstein, E., 1244
Liedloff, J., 75, 78, 82
Liddick, B., 263
Lindemann, E., 588
Linden, 665
Linke, N., 738
Lindsley, D. B., 112
Liotti, G., 1108
Lipsky, M. J., 1117
Lobitz, W. C., 1189
Loch, W., 982
Loevinger, J., 248
London, P., 261f., 1421
Loos, G., 741
Lo Piccolo, J., 708, 1188ff.
Lo Piccolo, L., 708, 1188ff.
Lorenz, K., 151, 1452, 1457
Losoncy, L., 179ff.
Lowen, A., 3, 11, 13, 39, 45, 70ff., 415, 517, 1258
Lowenstein, R. M., 1049
Ludwig, A. M., 960
Lückel, K., 297
Luft, H., 997
Luthe, W., 54ff., 114, 118, 167

Lynch, J., 1224
Lyon, H. C., 506

Mc Cary, J. L., 1189
Mc Collester, G., 717
Mc Cormick, P., 1340
Mc Donald, F. J., 1389
Mac Donald, L. R., 124
Mc Fall, R. M., 1243
Mc Gaugh, J. L., 1421
Mc Gaw, W. H., 505
Mc Gee, R., 588
Mc Govern, K. B., 1188, 1202
Mc Hugh, P., 1158
Mc Niell, J., 435
Mc Quellon, R., 1161
Mc Reynolds, W. T., 1206
Maccoby, E., 201
Madison, P., 439
Mahler, M. S., 981
Mahoney, M. J., 530ff., 548, 1112, 1114, 1404
Maier, H. W., 451
Mair, J. M. M., 874
Malamuth, N. M., 582
Malan, D., 1001
Mander, A., 197, 199, 201ff.
Marcel, G., 306
Marks, J., 1192, 1198
Marks, L. E., 674
Marlatt, 665
Marston, A. R., 1243
Martin, C. E., 1188
Maslow, A. H., 1f., 25, 570, 1053f., 1287
Masters, W., 43, 1188, 1193ff.
Mathias, U., 299, 1017
Matross, R., 1206
Matson, K., 327
Mattingly, M., 168
Matzdorf, P., 1299
Maultsby, M. C., 1119, 1404
May, R., 181
Mayer, W. D., 507
Meador, B. D., 505
Meerloo, J. A. M., 905
Meichenbaum, D., 532ff., 542ff., 548, 1404
Meininger, J., 1319
Meiyers, J. J., 1118
Mendel, W. M., 638ff.
Menninger, K., 825, 992
Menta, M., 1454ff.
Merkle, R., 1119
Merleau-Ponty, M. M., 288, 290
Messick, J. M., 588
Meyers, A. W., 122
Michael, W. B., 5
Mierzwa, J., 185
Miller, G., 260
Miller, J., 197
Miller, N. E., 1403

Miller, R., 1151, 1161
Miron, M., 1250
Mischel, W., 249
Mitchell, S. W., 500
Mizutani, K., 680
Moacanin, R., 688
Möller, H. J., 730
Moleski, L. M., 164
Moleski, R., 1119
Montgomery, D., 3
Moore, F. J., 1149
Moran, B., 208
Moreno, J. L., 217, 561, 866, 1009ff., 1447
Morgan, C., 1036
Morita, S., 680
Morris, J. B., 876
Morton, T. L., 883
Mosak, H. H., 1106
Mowrer, O. H., 434ff., 773
Mozak, H., 186
Mueller, W. J., 1150, 1156, 1161
Müller, J., 147
Murase, T., 771f.
Murrey, E. J., 532, 542
Mutzek, W., 1305

Naliboff, B. D., 123
Naumburg, M., 602ff.
Nawas, M. M., 1185
Nerenz, K., 463
Newmark, E., 1113
Nicholson, L., 581ff.
Nicolis, G., 153
Nidich, S., 665
Nielsen, G., 1150
Nirenburg, J., 168
Nordoff, P., 737, 740
Nouwen, A., 126
Novaco, R. W., 1119

Ockel, A., 1274f., 1281, 1293f., 1303, 1305
O'Connell, W. E., 179, 186
Ogawa, B., 687
Ohara, K., 680, 686
Ohmann, A., 114, 126
Oliver, L., 204
Olsen, L. E., 248
Ophnysen, J., 287
Orff, G., 737, 740
Orlinsky, D. E., 1162
Orr, L., 27, 517, 1127ff.
Osborn, S., 1207

Paine, D. A., 153
Pallasch, W., 1305
Panagiotou, N., 153, 157, 162
Patel, C. H., 117, 665
Patrick, S. W., 1207
Patterson, C. H., 1156, 1171

Paul, I. H., 824f.
Pavlov, I., 1221
Pearce, J., 942
Pedersen, P. B., 1382ff.
Pelleteir, 665
Penfield, W., 149
Pensinger, W. L., 153
Perlis, D. B., 115, 126
Perls, F. S., 2, 12, 281ff., 415, 1342
Perls, L., 289f.
Perry, M. A., 1243
Peter, B., 343, 355, 357
Petersen, G., 1322
Peterson, D., 439
Petzold, H., 74, 297, 299ff., 353, 1014f., 1017, 1020, 1325
Pfaff, H., 1107
Phillips, E. L., 1403
Pion, R. J., 882f., 1189
Pirtle, R., 1454
Platt, J. J., 539
Polster, E., 296
Polster, M., 296
Pomeroy, W. B., 1188
Pope, K. S., 155
Popler, K., 699
Popper, K., 1108
Portele, G., 1275
Poser, E. G., 1423
Prescot, F. C., 902
Preuß, H. G., 1002
Pribram, K., 153, 940
Priestley, M., 738f.
Prigogine, I., 153
Prindull, E., 455
Prouty, G., 248
Pudel, V., 466

Raasoch, J. W., 717, 722, 728
Rachmann, S. J., 1106, 1113, 1120, 1422
Rahe, R. H., 1226
Rajneesh, B. S., 675
Raknes, O., 24, 846ff.
Ram Dass, 654ff.
Ramseyer, U., 731
Rank, O., 475, 1452
Rapaport, D., 828, 940
Raskin, M., 119, 121, 125, 499
Rathjen, D., 1453
Rathjen, E., 1243
Rattner, J., 392
Ravanette, A. T., 876
Rawlings, E., 197ff.
Ray, S., 27, 517
Rayner, R., 1418
Reda, M., 1108
Reich, W., 25, 69, 286, 415, 846ff., 985, 996, 1090ff., 1257
Resnikoff, A., 1151, 1161, 1163

Revich, R., 1389
Reyna, L. J., 1171
Reynolds, D. K., 679ff., 772
Rice, L. N., 474
Richard, J. T., 699
Richardson, F., 164, 531, 538ff., 548
Richter, M., 740
Riesman, D., 1
Riessman, F., 438
Riley, C., 15
Robbins, C., 737, 740
Robertiello, R., 926
Robertson, D., 168
Robinson, C. H., 882f., 889
Robinson, V., 261, 279
Roche, L., 664
Rodrigue, E., 1002
Roebuck, 501
Roethlisberger, F. J., 1432
Rogers, C. R., 2, 179, 186, 224, 232ff., 473ff., 558, 958, 1014, 1112, 1149, 1156, 1403, 1432
Rogoll, R., 1331
Rohde-Dachser, C., 1024
Rohlen, T., 771
Rolf, J., 516
Rolls, L. J., 439
Ronall, R., 293
Rondestvedt, J. W., 119, 125
Rose, R., 1222
Rose, S., 946
Rosen, J. V., 134, 1447
Rosenberg, B., 444
Rosenberg, M. B., 245f.
Rosenbluh, F. S., 588
Rosenman, R., 173, 1222
Roskies, E., 1222
Rossi, E. L., 344, 347, 349, 351, 352
Roth, J. W., 463, 466
Rothenberg, A., 904
Rotter, J. B., 1423.
Rowe, M., 875
Rubin, R. J., 904
Rückert, H. W., 1115
Rudestam, K. E., 1118
Rudolph, J., 503
Ruesch, R., 621
Rugh, J. D., 115, 126
Rush, A. J., 197, 208, 548
Rychlak, J. F., 1237
Rycroft, Ch., 295
Ryle, A., 876

Sachnoff, E., 207
Sachsse, 454
Safran, J., 1113
Sagan, C., 1157
Sahakian, W. S., 1185
Salmon, P. A., 870
Salomon, G., 1389

Salter, A., 144, 1169ff.
Salvisberg, H., 466
Samuels, A., 1341
Samuels, S. D., 1430
Sandler, J., 295, 308, 984, 992, 994
Sank, L. I., 699
Saposnek, D., 1454
Sappington, J. T., 126
Sarason, S., 440
Sarbin, T. R., 346
Sartre, J.-P., 179
Satir, V., 1, 36, 294, 1383
Satprem, 668
Savary, L. M., 1319
Sawyer, D., 168
Sayers, J., 716
Schauble, P. G., 1151, 1161f.
Schein, E. H., 1208f.
Schiff, J. L., 1320, 1325, 1332f., 1340, 1342, 1447
Schiff, T., 787
Schilder, P., 1258
Schlegel, L., 1319, 1327
Schmal, M. S., 608
Schloss, G. A., 904
Schmidt, B., 1025
Schmidt, L. D., 1206, 1213
Schmidt, R., 400, 409
Schneider, K., 309
Schönke, M., 1025
Scholander, T., 118
Schonbar, R., 825
Schreiber, E., 1454
Schubert, G., 738
Schützenberger, A., 1016
Schultz, D. P., 260
Schultz, J. H., 55, 63, 114, 167, 453
Schumacher, E. F., 658
Schultz, W. C., 11, 322, 328, 330, 1226
Schwabe, Ch., 730f., 738
Schwartz, D., 1119
Schwartz, G. E., 116
Scobie, G. E., 149
Scott, D. S., 125
Sears, W., 736
Sechrest, L., 1206
Sedlacek, K., 118
Seeger, U., 1024
Seelmann, K., 394
Seeman, W., 499, 665
Seer, P., 1119
Seidel, U., 399ff.
Seithe, A., 466
Selle, E. W., 731
Serban, G., 641
Shannon, B. J., 122
Shapiro, D., 116, 654ff., 665
Shapiro, J. L., 676, 1384, 1393
Sheikh, A. A., 149ff.

Sherif, M., 1429
Shlien, J. M., 499
Shorr, J. E., 1032 ff.
Shostrom, E., 2 ff.
Shure, M. D., 539, 541
Silberer, H., 452
Silver, B. V., 167
Simeons, A. T. W., 941
Simkin, J. P., 296
Simmons, R., 118
Simon, W. C., 738
Singer, E., 825
Singer, J. L., 155, 451 f., 460, 1033, 1038
Skene, R. A., 217 ff.
Skinner, B. F., 415
Slack, C. W., 1383
Slack, E. N. 1383
Small, L. 1001
Smith, M., 574
Snyder, A. F., 1262
Sobel, G., 1036
Solinger, J. W., 126
Sollod, R. N., 1112
Soltz, V., 179, 926
Somers, B., 786
Sorcher, M., 1250
Sperry, R., 941
Spiegel-Rösing, I., 315
Spillane, R., 1108
Spinelli, D. N., 940
Spivack, G., 539 ff.
Spravkin, R. P., 1238 ff.
Staats, A. W., 883
Stärke, A., 287
Stainbrook, E., 906
Stamm, S., 454, 458
Stampfl, T. G., 1034
Standal, S. W., 958
Starr, A., 1015
Staub, E., 1243
Steele, J. M., 1429
Stein, N., 1240
Steiner, C., 1089, 1316 ff.
Steiner, E., 466
Sterba, R., 996
Sterman, R. A., 119
Stevens, B., 284
Stocker, E., 207
Stoller, F. H., 1429
Stoller, R. J., 572, 582
Stone, L., 989, 992
Stone, M., 207
Stone, R. K., 124
Storrow, H. A., 1402 ff.
Stoyva, J. M., 112 ff.
Stratton, J., 588
Straub, H. H., 1013, 1024
Strelnick, A. H., 717
Strobel, W., 738

Stroebel, 665
Stroller, F. M., 1389
Strong, S. R., 1206, 1213
Stuntz, E. C., 1338
Sue, D., 1385
Suinn, R. B., 531, 538 ff., 548
Sullivan, H. S., 1037, 1153
Sutcliff, J. P., 361
Sutton, J. M., 370
Sutton, K., 1243
Sutton-Simon, K., 1113, 1115
Suzuki, R., 695
Suzuki, T., 695
Szasz, T., 201, 1089
Szent-Gyorgyi, A., 492

Taft, J. J., 261
Takeuchi, K., 772
Tansey, D., 1036
Tart, C. T., 656, 659
Tarthang Tulku, 673
Tausch, R., 502 f.
Teasdale, J., 1422
Tennov, D., 196, 200
Thibeaut, J., 1389
Thiel, G., 503
Thoresen, C. E., 10
Thorne, F., 416
Titze, M., 400
Tomlinson, T. M., 473
Tomory, R. E., 1153, 1157, 1161 f.
Toomim, H., 118
Toomim, M. K., 118
Torbet, L., 575, 581
Torrey, E. F., 1206, 1213
Tory, C., 1206
Tosi, D. J., 1119
Townsend, R. E., 119
Trexler, L. D., 218, 225, 229
Truax, C. B., 500
Truöl, L., 1024
Tucker, H., 1149
Turin, A. C., 168
Turner, D., 160
Twente, G. E., 160
Tyrer, P. J., 119

Ullmann, L. P., 1419, 1422
Ulman, E., 603 ff.
Urbain, E. S., 1118
Vaccaro, V. M., 618
Vaihinger, H., 866
Van Kaam, A., 1357 ff.
Van Noord, R., 1161 f.
Vargiu, J., 1055
Vattano, A. J., 434 ff., 654 ff.
Venebles, P. H., 112, 121
Völkel, E., 731
Vogel, P., 439

Waal, N., 1452
Wachtel, P. L., 1112
Wächter, H. W., 466
Waelder, R., 286, 298, 828
Walen, S. R., 1116f., 1119
Wallace, 665
Walsh, R. N., 654ff.
Walter, L., 1022, 1025
Wandel, F., 1319
Ward, D. E., 370
Washbourn, P., 201
Watson, J. B., 1403, 1418
Watzlawick, P., 294, 306, 340, 620, 622, 628, 1014, 1290, 1338
Weakland, J., 340, 620, 623, 625
Weitzenhoffer, A. M., 344
Wengle, E. M., 1419
Wessler, R., 248
West, J. M., 1149
Wetterstrand, O., 343
Wexler, D. A., 474
Wheatley, P., 28, 49
Whitaker, C., 581
Whitehouse, M., 1258, 1261
Wickramasekera, I., 115
Wilber, K., 656, 664
Wilke, E., 454, 458, 466
Williams, M., 1189
Williamson, D. A., 126
Wilson, G. T., 701, 1106, 1113, 1120
Windes, K. R., 1343
Witmer, L., 1451
Wittkower, E. D., 1221
Woldenberg, L., 266
Wolf, D., 1119

Wolf, S. L., 119
Wolpe, J., 167, 532, 541, 698, 701, 1171, 1403, 1418, 1420, 1431
Wolpert, E., 1108
Woolfolk, 669
Woollams, S., 1319ff.
Wrage, K. H., 1303
Wyckoff, H., 201ff.
Wyden, P., 574

Yablonsky, L. 1447
Yalom, I., 444, 718f.
Yamamoto, J. 684
Yates, A. J., 1421
Yokoyama, K., 680
Young, D., 582

Zacker, J., 588
Zalcman, M. J., 1328
Zander, E., 299
Zander, W., 299
Zaslow, R. W., 1468
Zastrow, Ch., 180, 187
Zeig, J. K., 349, 351
Zeigarnik, B. V., 560, 563
Zeintlinger, K., 1024f.
Zettle, R. D., 1107, 1119f.
Zetzel, E. R., 987
Zifferblatt, 665
Zilboorg, G., 1456
Zimring, F. M., 499
Zingle, H. W., 1119
Zuk, G., 1383
Zunin, L. M., 1106

Verzeichnis der Autoren dieses Handbuchs

Jack R. Adams-Webber, Ph. D.
Brock University
Ontario, Canada

Jack S. Annon, Ph. D.
Private practice, Psychotherapy
1380 Lusitana Street, Suite 909
Honolulu, Hawaii

George R. Bach, Ph. D.
Institute of Group Psychotherapy
Los Angeles, California

Elworth F. Baker, M. D.
Private practice
200 East End Avenue
New York, New York

Paul Bindrim, Ph. D.
Private practice, Psychotherapy
2000 Cantana Drive
Hollywood, California

Patricia A. Boger
University of Florida
Gainesville, Florida

Volker Bolay, Prof. Dipl.-Päd.
Fb Musiktherapie der Stiftung Rehabilitation Heidelberg
D-6900 Heidelberg

Heide F. Brenneke
Autogenic therapist
1935 East Calhoun Street
Seattle, Washington

Laura S. Brown, Ph. D.
University of Washington
Seattle, Washington

Wolf Büntig, Dr. med.
Zist 3 – Zentrum für Individual- und Sozialtherapie
8122 Penzberg

Daniel M. Casriel, M. D.
Private practice, Psychiatry
47 East 51st Street
New York, New York

Ruth C. Cohn, Dr. phil. h. c.
WILL – Workshop Institute for Living Learning
CH-6085 Hasliberg-Goldern
Schweiz

Richard J. Corriere, Ph. D.
Clinic for Functional Counseling and Psychotherapy
Los Angeles, California

Raymond J. Corsini, Ph. D.
Private practice, Psychotherapy
140 Niuki Circle
Honolulu, Hawaii

Martha Crampton, M. A.
Private practice, Psychosynthesis
Redding, Connecticut

Arnold E. Dahlke, Ph. D.
Foundation for the Rechanneling of Emotions and Education
Beverly Hills, California

Diane Duggan, M. S.
Registered Dance Therapist
149 West 4th Street
New York, New York

Ernst Engelke, Dr. phil.,
Professor an der Fachhochschule Würzburg-Schweinfurt
D-8700 Würzburg

Franz R. Epting, Ph. D.
University of Florida
Gainesville, Florida

Frank Farrelly, A. C. S. W.
Private practice, Psychotherapy
1414 East Washington
Suite 104
Madison, Wisconsin

Albert G. Forgione, Ph. D.
Massachusetts Psychological Center
Boston Massachusetts

John P. Foreyt, Ph. D.
Baylor College of Medicine
Houston, Texas

Darryl L. Gentry, M. S. W.
Private practice, Psychotherapy
3713 Heathrow Drive
Winston Salem, North Carolina

Dianne Gerard, M. S. W.
University of Hawaii
Honolulu, Hawaii

N. Jane Gershaw, Ph. D.
Veterans Administration Medical Center
Syracuse, New York

John S. Gillis, Ph. D.
Oregon State University
Crovallis, Oregon

Arnold P. Goldstein, Ph. D.
Syracuse University
Syracuse, New York

G. Ken Goodrick, Ph. D.
University of Houston
Houston, Texas

Sophie T. Goren
Mainstreaming technician
University of Southern California
School of Medicine
Los Angeles, California

Barry Green, Ph. D.
Institute of Psycho-Structural Balancing
1122 4th Avenue
San Diego, California

James L. Greenstone, Ed. D.
Marriage and Familiy Counselor
8609 Nothwest Plaza Drive
Suite 440 A
Dallas, Texas

Ute Hagehülsmann und
Heinrich Hagehülsmann, Dr.
D-2903 Bad Zwischenahn

Joseph T. Hart, Ph. D.
University of Southern California
Psychology Research & Service Center
Los Angeles, California

Lotte Hartmann-Kottek-Schroeder, Dr.,
Klin. Abt. d. Hardtwaldklinik Kassel
3584 Zwesten

S. O. Hoffmann, Prof. Dr. med.
Klinik u. Poliklinik f. Psychosomat. Medizin u. Psychotherapie d. Univ. Mainz
D-6500 Mainz

Reed Holmberg, R. N., M. A.
Massachusetts Psycholgy Center
Boston, Massachusetts

James R. Iberg, Ph. D.
Private practice, Psychotherapy
5321 South Woodlawn
Chicago, Illinois

Eva Jaeggi, Prof. Dr.
TU Berlin, Inst. für Psychologie
D-1000 Berlin 10

Eve Jones, Ph. D.
Los Angeles City College
Los Angeles, California

Charles S. Jordan, Ph. D.
Medical University of South Carolina
Charlestown, South Carolina

Norman I. Kagan, Ph. D.
Michigan State University
East Lansing, Michigan

Werner Karle, Ph. D.
Center for Feeling Therapy
7165 Sunset Boulevard
Los Angeles, California

Nira Kefir, Ph. D.
Alfred Adler Institute
Tel Aviv, Israel

Bernd Keßler, Dr.
Uni d. Saarlandes, Fb 6
D-6600 Saarbrücken

Dennis O. Kirkman
Denver Primal Center
Denver, Colorado

Charles B. Kreitzberg, Ph. D.
Multimodal Therapy Insitute
Kingston, New Jersey

Jesse Lair, Ph. D.
Montana State University
Bozeman, Montana

Eugne E. Landy, Ph. D.
Foundation for the Rechannelling of
Emotions and Education
Beverly Hills, California

Verzeichnis der Autoren dieses Handbuchs

Arnold A. Lazarus, Ph. D.
Rutgers University
Piscataway, New Jersey

Arthur Lerner, Ph. D.
Los Angeles City College
Los Angeles, California

Hanscarl Leuner, Prof. Dr. med.
Abt. f. Psychotherapie und Psychosomatik
der Universitätskliniken
D-3400 Göttingen

Grete Anna Leutz, Dr. med.
Leiterin des Moreno-Instituts für Psychodrama, Soziometrie und Gruppendynamik
D-7700 Überlingen

Myra Levick, M. Ed.
Hahnemann Medical College
Philadelphia, Pennsylvania

Sharon B. Leviton, B. A.
Southwestern Academy of Crisis
Interveners
Dallas, Texas

Nechama Liss-Levinson, Ph. D.
Brooklyn College
Brooklyn, New York

George Lockwood, M. A.
840 Fred R. D. #21
Lansing, Michigan

Lew Losoncy, Ed. D.
Insitute for Personal and Organizational
Development
Reading, Pennsylvania

Stephanie N. Lynch, Ph. D.
Clinical psychologist
19 Muzzey Street
Lexington, Massachusetts

Paul Matzdorf, Prof. Dr. phil.
Fachhochschule und Uni Köln
D-5000 Köln

Richard McQuellon, M. A.
Michigan State University
East Lansing, Michigan

Werner M. Mendel, M. D.
University of Southern California School of
Medicine
Los Angeles. California

Dan Montgomery, Ph. D.
Southern California College
Costa Mesa, California

Arthur Nelson, M. D.
Private practice, Psychiatry
71 Park Avenue
New York, New York

Harry A. Olson, Ph. D.
Private practice, Psychology
313 Main Street
Reisterstown, Maryland

Genevieve Painter, Ed. D.
Private practice, Psychology
2333 Kapiolam
Honolulu, Hawaii

I. H. Paul, Ph. D.
City University of New York
New York, New York

Paul B. Pedersen, Ph. D.
Cultural Learning Institute
East-West Center
Honolulu, Hawaii

Burkhard Peter, Dipl.-Psych.
Institut für Integrierte Therapie (iit)
D-8000 München

John W. Raasoch, M. D.
Monadrock Family and Mental
Health Service
Keane, New Hamsphire

David K. Reynolds, Ph. D.
TODO Institute
Los Angeles, California

Joan Roberts, Ph. D.
Private practice, Psychotherapy
313 Main Street
Reisterstown, Maryland

Carl R. Rogers, Dr.
Center for Studies of the Person
La Jolla, California

John N. Rosen, M. D.
Private practice, Psychotherapy
144 East Oakland Avenue
Doylestown, Pennsylvania

Andrew Salter, B. S.
Private practice, Psychotherapy
903 Park Avenue
New York, New York

Valerie J. Sasserath
Multimodal Therapy Institute
Kingston, New Jersey

Robert F. A. Schaef, Ph. D.
Denver Primal Center
Denver, Colorado

Will C. Schutz, Ph. D.
Private practice, Psychotherapy
Box 259
Muir Woods, California

Lynn Segal, M. S. W.
Mental Research Institute
Palo Alto, California

Ulrich Seidel, Dr. phil.
Psych. Institut d. Uni Bonn
D-5300 Bonn 1

Anees A. Sheikh, Ph. D.
Marquette University
Milwaukee, Wisconsin

Joseph E. Shorr, Ph. D.
Institute for Psycho-Imagination Therapy
Los Angeles, California

Everett L. Shostrom, Ph. D.
Private practice, Psychotherapy
205 West 20th Street
Santa Ana, California

Robert P. Sprafkin, Ph. D.
Veterans Administration Medical Center
Syracuse, New York

Hugh A. Storrow, M. D.
University of Kentucky Medical Center
Lexington, Kentucky

Claude Steiner, Ph. D.
Private practice, Psychology
2901 Piedmont Avenue
Berkeley, California

Alan C. Turin, Ph. D.
Private practice, Psychology
19 Muzzy Street
Lexington, Massachusetts

Barbara Ungashick
Denver Primal Center
Denver, Calorado

Walter J. Urban, Ph. D.
Research psychoanalyst
6320 Drexel Street
Los Angeles, California

Adrian van Kaam, Ph. D.
Dusquesne University
Pittsburgh, Pennsylvania

Anthony J. Vattano, Ph. D.
University of Illinois
Urbana, Illinois

Sally Vernon, M. A.
Private practice, Psychotherapy
2333 Kapiolam
Honolulu, Hawaii

Roger N. Walsh, M. D., Ph. D.
University of California Medical School
Irvine, California

Elaine Warburton, M. Ed.
Radix Institute
Ojai, California

Robert W. Zaslow, Ph. D.
San José State University
San José, California

Verzeichnis der Übersetzer

Hannelore von Gemmingen: Autogenes Training / Krisenmanagement / Streßmanagement / Verbale Verhaltenstherapie

Astrid Gessert: Direkte Psychoanalyse / Eidetische Psychotherapie / Entspannungsprogramm / Feministische Therapie / Mainstreaming / Morita-Therapie / Naikan-Therapie / Neubewertendes Counseling / Nichtdirektive Psychoanalyse / Poesietherapie / Primärtherapie / Recall-Therapie / Tanztherapie / Transzendenztherapie / Triadisches Counseling / Vierundzwanzig-Stunden-Therapie / Z-Prozeß-Beziehungstherapie

Sylvia Höfer: Ermutigungstherapie / Fixed-Role-Therapie / Holistische Erziehung / Konfrontative Therapie / Kreative Aggression / Kunsttherapie / Multiple Familientherapie / Mutual-Need-Therapie / Personal-Construct-Therapie / Primärbeziehungstherapie / Provokative Therapie / Psychoimaginationstherapie / Radikale Psychiatrie / Social-Influence-Therapie

Ingrid Koch-Dubbers: Funktionale Psychotherapie / Impasse-Priority-Therapie / Kognitive Verhaltenstherapie / Meditation / Multimodale Therapie / New-Identity-Prozeß / Sexualtherapie / Strukturierte Lerntherapie

Barbara Lorey: Orgontherapie / Radix-Gefühlserziehung

Margret Schmitz: Biofeedback

Jürgen Schneeweiß: Aqua-Energetik / Focusing / Integrative Therapie / Integritätsgruppen / Klientenzentrierte Psychotherapie / PLISSIT-Modell / Psychosynthese / Rebirthing / Selbstsicherheitstraining

Gerd Wenninger: Aktualisierungstherapie / Körpertherapie / Kurztherapie

Einzelausgabe aus der „Psychologie des 20. Jahrhunderts"

TIEFEN-PSYCHOLOGIE

4 Bände DM 235,–
ISBN 3-407-83050-5

Herausgegeben von Dieter Eicke. Jeder Band in Leinen mit Schutzumschlag. Zahlreiche Abbildungen.

Band 1
Sigmund Freud – Leben und Werk
783 Seiten, DM 82,–   ISBN 3-407-83039-4

Aus dem Inhalt

Die Psychoanalyse: Freud und seine Zeit – Freuds Schriften – Freuds Briefwechsel – Freuds klassische Fälle.

Freuds Weggenossen: Karl Abraham – Sándor Ferenczi – Freud im Spiegel seiner Biographen.

Theoriebildung der Psychoanalyse: Das Unbewußte – Abwehrmechanismen – Fehlleistungen – Witz und Humor – Traum – Triebtheorie – Sexualität – Ich-Begriff – Narzißmus – Masochismus – Über-Ich – Angst – Symbolbildung – Ödipuskomplex – Hysterie – Der Zwang in Neurose und Gesellschaft – Abweichungen im Sexualverhalten.

Band 2
Neue Wege der Psychoanalyse
Psychoanalyse der Gesellschaft
Die psychoanalytische Bewegung
738 Seiten, DM 79,–   ISBN 3-407-83040-8

Aus dem Inhalt

Die schizophrenen Psychosen – Delinquenz – Suizid – Sucht – Seelische Entwicklung des Kleinkindes – Der Beitrag der Psychoanalyse zur psychosomatischen Medizin.

Die Gesellschafts-, Kultur- und Religionskritik bei Freud – Marxsimius und Psychoanalyse – Psychoanalyse und Sozialpsychologie – Gruppeneigenschaften des psychischen Apparates.

Die psychoanalytische Bewegung in West und Ost.

Band 3
Die Nachfolger Freuds
399 Seiten, DM 49,–   ISBN 3-407-83041-6

Aus dem Inhalt

Leben und Werk von Anna Freud – Heinz Hartmann – Melanie Klein – Michael Balints Beitrag zur Psychoanalyse – Erik H. Erikson – D. W. Winnicott – Wilhelm Reich – Die Neo-Psychoanalyse von Harald Schultz-Hencke – Karen Horney, Harry Stack Sullivan und Erich Fromm.

Band 4
Individualpsychologie und Analytische Psychologie
583 Seiten, DM 67,–   ISBN 3-407-83042-4

Aus dem Inhalt

Die Individualpsychologie: Alfred Adler – Adlers Lebenslauf – Adler als Autor – Adlers Individualpsychologie – Falldarstellungen Adlers aus heutiger Sicht – Individualpsychologie heute.

Die Analytische (Komplexe) Psychologie: C. G. Jung – Jungs Hauptwerke – Jung in seinen Briefen – Psychodynamik der Polarität – Individuation – Psychische Energetik – Jung und die psychosomatische Medizin – Schüler Jungs – Der wachsende Einfluß der Analytischen Psychologie in den USA.

Nachfolgende Richtungen: Daseinsanalyse – Schicksalsanalyse – Gesprächspsychotherapie – Gestaltungstherapie.

BELTZ

Beltz Verlag, Postfach 11 20, 6940 Weinheim
Verlag Beltz Basel, Postfach 23 46, 4002 Basel

Einzelausgabe aus der „Psychologie des 20. Jahrhunderts"

PSYCHIATRIE

Herausgegeben von Uwe Henrik Peters. 2 Bände mit insgesamt ca. 1200 Seiten. Jeder Band in Leinen mit Schutzumschlag. Zahlreiche Abbildungen. Subskriptionspreis bis 31. 12. 83 DM 98,– (später DM 128,–) ISBN 3-407-83058-0

Aus dem Inhalt

Grundfragen der Psychiatrie: Deutsche Psychiatrie im 20. Jahrhundert. Die Schule Bleuler. Die Psychopathologie von Karl Jaspers. Das Problem der Intersubjektivität. Normalität.

Beiträge psychologischer und sozialwissenschaftlicher Theorien zur Psychiatrie: Strukturalismus. Rollentheorie. Psychometrie. Projektive Verfahren. Anthropologie. Piaget. Aggressionstheorien. Sozialpsychiatrie.

Die Lebenszyklen des Menschen und ihre psychiatrische Bedeutung: Reifung. Adoption. Elternschaft. Eheliche Störungen. Scheidung. Verlust. Entwicklungskrisen. Probleme der Lebensmitte. Pensions- und Rentenalter. Tod.

Schizophrenie – Manisch-depressive Erkrankung – Zykloide Psychosen – Psychologie des Wahns – Epilepsie – Intelligenzstörungen – Hirnorganische Syndrome – Psychodynamische Theorien in der klinischen Psychiatrie – Abhängigkeit und Sucht – Akute psychiatrische Situationen und ihre Therapie – Psychotherapien in der psychiatrischen Klinik und Praxis – Psychiatrie der Verfolgten – Psychiatrie und andere Disziplinen.

BELTZ

Beltz Verlag, Postfach 11 20, 6940 Weinheim
Verlag Beltz Basel, Postfach 23 46, 4002 Basel

Einzelausgabe aus der „Psychologie des 20. Jahrhunderts"

PSYCHO-SOMATIK

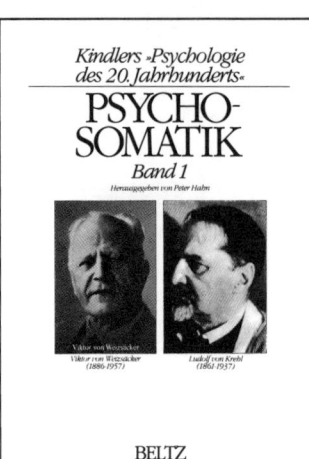

Herausgegeben von Peter Hahn.
2 Bände mit insgesamt ca. 1100 Seiten. Jeder Band in Leinen mit Schutzumschlag. Zahlreiche Abbildungen. Subskriptionspreis bis 31. 12. 83 DM 98,– (später DM 128,–) ISBN 3-407-83068-0

Aus dem Inhalt:

Methodologie

Psychosomatische Arbeitsmodelle: Konversion. Spezifitätsmodelle. Psychoanalytische Modelle. Objektpsychologisches Modell. Gestaltkreis und Medizinische Anthropologie. Integrative Psychotherapie. Daseinsanalytische Psychosomatik. Lerntheorie. Streßmodell. Kybernetische Modelle. Sozialpsychologische Modelle.

Probleme der psychosomatischen Diagnostik – Psychosomatische Erkrankungen in den einzelnen Fachgebieten: Allgemeinmedizin. Innere Medizin. Neurologie. Chirurgie. Orthopädie. Gynäkologie. Kinderheilkunde. Hals-Nasen-Ohren-Heilkunde. Augenheilkunde. Zahn-, Mund- und Kieferheilkunde. Dermatologie. Geriatrie.

Therapie: Ambulante Therapie. Stationäre Therapie. Verlaufs- und Erfolgskontrollen.

BELTZ

Beltz Verlag, Postfach 11 20, 6940 Weinheim
Verlag Beltz Basel, Postfach 23 46, 4002 Basel